TTT

Temes de Transport i Territori
Temas de Transporte y Territorio
16

Explotación de líneas de ferrocarril

Andrés López Pita

Primera edición (en la colección): enero de 2009
Reimpresión: octubre de 2009

Diseño de la cubierta: Edicions UPC
Fotografías de cubierta, cortesía de RENFE
Diseño y compaginación: Addenda

©   Andrés López Pita, 2008

©   Edicions UPC, 2008
    Edicions de la Universitat Politècnica de Catalunya, SL
    Jordi Girona Salgado 1-3, 08034 Barcelona
    Tel.: 934 137 540   Fax: 934 137 541
    Edicions Virtuals: www.edicionsupc.es
    E-mail: edicions-upc@upc.edu

Producción: LIGHTNING SOURCE

Depósito legal: B-30177-2008
ISBN: 978-84-9880-354-9

Cualquier forma de reproducción, distribución, comunicación pública o transformación de esta obra solo puede ser realizada con la autorización de sus titulares, salvo excepción prevista por la ley. Diríjase a CEDRO (Centro Español de Derechos Reprográficos, www.cedro.org http://www.cedro.org) si necesita fotocopiar o escanear algún fragmento de esta obra.

A Jorge Miarnau Banús,
por su contribución empresarial
a la modernización del ferrocarril español
y a la formación de ingenieros en este modo de transporte.

A Jorge Miarnau Monserrat,
por su apoyo incondicional y continuado
a la investigación ferroviaria en el ámbito universitario
y a la difusión del conocimiento.

PRESENTACIÓN

En las últimas décadas, se ha asistido al renacer del ferrocarril europeo al construirse nuevas infraestructuras y al efectuarse su explotación mediante la implementación de servicios de alta calidad.

En consecuencia, en este período temporal se han realizado notables progresos en el conocimiento de los diversos ámbitos que configuran el ferrocarril como modo de transporte. Estos progresos han hallado reflejo en publicaciones técnicas a cuya lectura y análisis los profesionales del sector y, sobre todo, los nuevos ingenieros que se incorporan a este modo no siempre pueden dedicar el tiempo necesario.

Sin embargo, cada día resulta más imprescindible conocer los avances que hacen posible una ingeniería técnicamente más factible y económicamente más interesante. A título indicativo, hace apenas tres décadas, no tenían la relevancia que presentan en la actualidad los problemas relacionados con la interacción pantógrafo-catenaria, la electrificación en 2x25 kV o el sistema de señalización ERTMS.

Por ello, en el marco de la Cátedra de Empresa que COMSA apadrina en la Escola Tècnica Superior d'Enginyers de Camins, Canals i Ports de Barcelona (ETSECCPB), pensamos que sería de interés para la comunidad científica disponer de un libro que, como continuación del publicado en 2006 con el título *Infraestructuras ferroviarias*, reflejara el estado actual de conocimiento en el ámbito de la explotación de líneas de ferrocarril. Este documento va destinado, pues, a quienes tienen esta disciplina como actividad profesional del día a día, pero también a cuantos deseen formarse en ella.

Deseo agradecer de nuevo al profesor López Pita el haber aceptado la tarea de elaborar el presente libro, lo que ha comportado un trabajo excepcional.

Me gustaría concluir destacando que esta obra no es una reproducción, más o menos afortunada, de los conocimientos existentes, sino una publicación estructurada y ordenada sobre la base de un criterio personal del autor, que constituye una novedad por el enfoque adoptado.

Estoy convencido de que, gracias a su originalidad y a su aportación al conocimiento, será una obra de utilidad para el sector del ferrocarril.

Jorge Miarnau Montserrat
Presidente del Grupo COMSA
Barcelona, 2008

PRÓLOGO

Explotar una línea o una red de ferrocarril es algo que podría compararse a una partida de ajedrez. Todo el mundo conoce perfectamente las reglas del juego y el movimiento de las piezas, pero jugar bien y ganar no es fácil y requiere mucha experiencia. Son también comunes la gran cantidad de técnicas y astucias que se pueden y deben emplear, en el caso del ferrocarril, para realizar con éxito una buena explotación y, en ambos casos, para ganar la partida al contrario.

Sin embargo, una diferencia importante entre un explotador de ferrocarril y un ajedrecista es que los rivales del ferrocarril son muchos y no siempre se tienen enfrente.

La explotación del ferrocarril se caracteriza porque requiere una meticulosa planificación de las instalaciones, del material, de los niveles de tráfico y de servicio, de todas las posibles afectaciones, etc., que han de considerarse con detalle ya desde los primeros momentos de la concepción de una línea o de la compra del material rodante. Y ello es fundamental para que todos los esfuerzos (principalmente inversores) que se realizan para la puesta en funcionamiento del ferrocarril se vean aprovechados al máximo y para alcanzar los objetivos finales.

Ello explica por qué la bibliografía sobre explotación ferroviaria es muy reducida, y es por ello que el libro que ahora presentamos es especialmente bienvenido.

Con su habitual claridad y maestría, y empleando la capacidad de trabajo que se requiere para recapitular una gran cantidad de información, el profesor Andrés López Pita nos presenta, con rigor y meticulosidad, los elementos esenciales de la explotación de las líneas de ferrocarril.

Tras una breve visión histórica, que nos ayuda a comprender mejor la concepción actual del ferrocarril y de su explotación y cómo se ha llegado a ella, junto a un enfoque económico, que nos permite centrar el ferrocarril en la realidad del mundo competitivo en el que se mueve, el libro analiza los elementos clásicos de la explotación ferroviaria e incorpora los últimos avances y tendencias. Así, describe con detalle la señalización, la electrificación, el frenado, los medios y las técnicas para planificar el movimiento de los trenes, la organización de los servicios, etc.

Además, incorpora una interesante novedad: por primera vez en una obra de estas características, se incluyen conceptos tan interesantes y útiles como son los capítulos dedicados a la energía y al medio ambiente, a la explotación de la alta velocidad y a la manera europea de concebir la explotación ferroviaria, distinguiendo entre la gestión de la infraestructura, por un lado, y los operadores, por otro. Esta última circunstancia condiciona la explotación ferroviaria y da lugar a numerosas consecuencias relativas a la gestión de la capacidad del sistema y al pago de un peaje por su utilización, algo que hasta el momento no se había explicado de manera clara en ninguna obra de estas características.

Todo ello, junto con una excelente documentación, la claridad en las explicaciones y los numerosos gráficos y las fotografías que contiene, contribuye a que el presente tratado de explotación de los ferrocarriles sea una obra imprescindible y única en lengua castellana, tanto para los gestores como para los responsables de la concepción de las líneas de ferrocarril, que encontrarán en él una fuente importantísima de información y de consulta.

Y para todos cuantos nos interesamos por la cultura y la técnica ferroviarias de nuestros días, este libro es un lujo (uno más que nos ofrece el autor) que nos permite seguir disfrutando y aprendiendo de nuestro querido profesor y amigo Andrés, con quien seguimos estando en deuda.

Iñaki Barrón de Angoiti
Antiguo alumno de la ETSECCPB
Director de Alta Velocidad de la Unión Internacional de Ferrocarriles (UIC)
París, abril de 2008

AGRADECIMIENTOS

Una de las misiones de la universidad es transmitir a la sociedad los conocimientos que en ella se generan y hacer partícipes de los mismos a cuantos profesionales o estudiosos deseen estar al día del progreso. En este caso, del ferrocarril como modo de transporte.

Convencidos de esta obligación que tenemos quienes trabajamos en el ámbito universitario, hace más de dos décadas preparamos una obra, integrada por varios volúmenes, que agrupamos bajo la denominación de «Curso de ferrocarriles».

Desde entonces, numerosos han sido los avances experimentados en distintas áreas ferroviarias. Por tanto, hemos pensado que podría ser interesante preparar, con un enfoque adaptado a las necesidades actuales, una nueva publicación que permitiera al lector acercarse y profundizar en este campo renovado que constituye el ferrocarril del siglo XXI.

Con este objetivo, en mayo de 2006 se publicó el primer volumen, dedicado a las *Infraestructuras ferroviarias*. En él avanzábamos que se hallaba en fase de preparación un segundo volumen, dedicado a la explotación de las líneas de ferrocarril. Tras dos años de trabajo, su publicación ya es una realidad. Con ella hemos puesto a disposición de la sociedad los conocimientos más actuales del mundo del ferrocarril comercial.

En el camino recorrido hasta completar estos dos volúmenes, he encontrado ayudas que han resultado imprescindibles para alcanzar el objetivo indicado. En primer lugar, deseo recordar a quienes me abrieron las puertas del mundo del transporte, especialmente del ferrocarril, y agradecerles el apoyo que me brindaron. Sin ellos, mi discurrir profesional no me habría conducido a la universidad. Especialmente artífices de esta orientación fueron, en el ámbito personal, Fernando Oliveros y, en el empresarial, RENFE.

Pero también quisiera destacar la aportación de Jorge Miarnau Banús, que en los años setenta del siglo pasado, siendo yo todavía un joven profesor, me animó a poner a disposición de los alumnos de ingeniería un texto que les sirviese de incentivo hacia el mundo del ferrocarril. Su impulso durante tantos años, que posteriormente se plasmaría en la creación de la Cátedra COMSA en la Escola Tècnica Superior d'Enginyers de Camins, Canals i Ports de Barcelona (ETSECCPB), fue sin duda decisivo para que este libro vea hoy la luz. Jorge Miarnau Montserrat ha continuado y extendido la tarea iniciada por su padre, y siempre he recibido de él todas las ayudas necesarias para perseverar en la investigación ferroviaria, en la formación de ingenieros y en la difusión del conocimiento. Gracias.

Otras muchas personas me han ofrecido, a lo largo de mi trayectoria profesional, la posibilidad de participar en actividades de gran interés, o bien han facilitado mi proceso de formación, gracias al cual he podido llevar a cabo, años más tarde, la redacción de este libro. Mi más sincero agradecimiento a todas ellas. En particular a quien, deseando permanecer siempre en el anonimato, es el mejor reflejo del significado práctico de la palabra *amistad*.

Mi reconocimiento también a la Generalitat de Catalunya, que desde hace más de dos décadas me viene brindado numerosas oportunidades para participar en los proyectos ferroviarios profesionalmente más atractivos. Algunas de las experiencias adquiridas en ellos han quedado reflejadas en esta publicación.

Es obligado reconocer que la UPC en general, y la Escola Tècnica Superior d'Enginyers de Camins, Canals i Ports de Barcelona (ETSECCPB) en particular, crearon el marco adecuado para poder elaborar este libro. Gracias.

Gracias también a Edicions UPC, que, como en el primer volumen, ha dedicado toda su profesionalidad a lograr la mejor publicación y ha solucionado todos los problemas derivados de una documentación gráfica tan profusa. En esta tarea, el resultado no habría sido el mismo sin la contribución incansable de Ana Martí. Gracias también a Josep Escarp. Finalmente, la cuidada edición ha sido el resultado del esfuerzo de Montse Mañé, cuyo interés no podría ser mayor.

Y, por encima de todos, el agradecimiento a mi mujer Maite y a mis hijos Silvia, Laura y Andrés, que aceptaron con el mejor agrado y comprensión mis largas ausencias para dedicar tiempo al libro y no a ellos. Su apoyo para concluir un trabajo especialmente difícil y prolongado ha resultado imprescindible para la preparación de esta publicación. En estas ocasiones, la palabra *gracias* no refleja completamente el verdadero sentimiento.

A. López Pita

ÍNDICE

1.	**Organización inicial de la explotación ferroviaria.**	
	Apuntes históricos	**19**
1.1	Introducción	19
1.2	Tracción vapor	19
1.3	Tracción diesel	20
1.4	Tracción eléctrica	22
	1.4.1 Electrificación de una línea	22
	1.4.2 Electrificación en corriente continua	24
	1.4.3 Electrificación en corriente alterna monofásica con frecuencia especial	24
	1.4.4 Electrificación en corriente alterna monofásica con frecuencia industrial	24
	1.4.5 Comparación económica de los diversos sistemas de tracción en la década de los años sesenta del siglo XX	25
1.5	Señalización y enclavamientos	28
1.6	Comunicaciones	34
1.7	El sentido de circulación de los trenes	36

2.	**La moderna señalización ferroviaria de líneas convencionales y de alta velocidad**	**39**
2.1	Introducción	39
2.2	El circuito de vía	39
2.3	Velocidad de circulación y longitud de los cantones	43
2.4	Repetición de señales en la locomotora y control de velocidad	45
	2.4.1 Repetición de señales por cocodrilo y baliza	45
	2.4.2 Sistema francés de repetición de señales y control de velocidad (Preanuncio)	45
	2.4.3 Sistema francés de control de velocidad por balizas (KVB)	46
	2.4.4 Sistema alemán Indusi	47
	2.4.5 Sistema español ASFA	47
	2.4.6 Sistema español ATP (Ebicab 900)	50
2.5	Señalización en líneas de alta velocidad	51
	2.5.1 Introducción	51
	2.5.2 Sistemas TVM	52
	2.5.3 Sistema LZB	57
2.6	Sistema ERTMS	59

3.	**Electrificación de una línea**	**69**
3.1	Introducción	69
3.2	Línea aérea de contacto	69
	3.2.1 Ecuación de catenaria	74
	3.2.2 Longitud de la catenaria	76
	3.2.3 Principales componentes de la línea aérea de contacto	76
	3.2.4 Tipos de catenarias	78
3.3	Análisis de los componentes de la catenaria	81
	3.3.1 Postes	81
	3.3.2 Ménsulas	86
	3.3.3 Aisladores	87
	3.3.4 Hilo sustentador	87
	3.3.5 Péndolas	87
	3.3.6 Hilo de contacto	87
	3.3.7 La catenaria en túnel	88
	3.3.8 Aisladores de sección	88
	3.3.9 Seccionadores	89
	3.3.10 Agujas aéreas	90
	3.3.11 Pórticos	91
3.4	Compensación mecánica de la catenaria	94
3.5	Interacción pantógrafo-catenaria	95

	3.5.1	Introducción	95
	3.5.2	Comportamiento dinámico	98
	3.5.3	Frecuencia de oscilación propia de la catenaria	106
	3.5.4	Velocidad crítica de la catenaria	107
	3.5.5	Velocidad límite de la catenaria	108
	3.5.6	Esfuerzo pantógrafo-catenaria	111
3.6	Principales tipos de catenarias utilizadas en líneas de alta velocidad	121
	3.6.1	Francia	121
	3.6.2	Alemania	123
	3.6.3	Catenarias en Francia y Alemania para circulaciones experimentales a muy alta velocidad	123
	3.6.4	España	124
3.7	Principales características de la electrificación de una línea en corriente contínua	124
	3.7.1	Aspectos básicos	124
	3.7.2	Metodología de cálculo	125
3.8	Principios de la electrificación en corriente alterna	128
	3.8.1	Generación y distribución de energía	128
	3.8.2	Alimentación de energía a las líneas de ferrocarril	132
	3.8.3	Sistemas de electrificación en corriente alterna	134
	3.8.4	Dimensionamiento de la electrificación en corriente alterna	141
3.9	La electrificación de las líneas de ferrocarril en la actualidad	143

4.	**Sistemas técnicos de explotación**	**149**
4.1	Introducción	149
4.2	Estaciones en línea	149
	4.2.1 Configuración de vías en estaciones de líneas con vía única	150
	4.2.2 Configuración de vías en estaciones de líneas con vía doble	152
4.3	Análisis de los principales sistemas de bloqueo	152
	4.3.1 Bloqueo telefónico	154
	4.3.2 Bloqueo eléctrico manual	154
	4.3.3 Bloqueo automático	154
4.4	Vías banalizadas e instalaciones permanentes de contrasentido	160
4.5	Sistemas de bloqueo actuales en el ferrocarril español	162
4.6	Sistema de radiotelefonía	162
4.7	Control de la circulación en líneas de alta velocidad	166
4.8	Zonas singulares de la explotación ferroviaria: pasos a nivel	166
	4.8.1 Introducción	166
	4.8.2 Sistemas tradicionales de protección de un paso a nivel	167
	4.8.3 Funcionamiento de un paso a nivel	168
	4.8.4 Protección de pasos a nivel con V > 160 Km/h	169
	4.8.5 Eliminación de pasos a nivel. Criterio de decisión en España	171

5.	**Planificación del movimiento de trenes**	**175**
5.1	Introducción	175
5.2	Servicios de viajeros	175
	5.2.1 Cercanías	175
	5.2.2 Regionales	177
	5.2.3 Grandes líneas (largo recorrido)	177
5.3	Servicios de mercancías	180
5.4	Planificación de la circulación de los trenes	181
	5.4.1 Estudio de horarios	181
5.5	Gráficos de marcha	185
	5.5.1 Conceptos básicos	185
	5.5.2 Trazado de un gráfico	185
	5.5.3 Gráficos de marcha típicos	187
	5.5.4 Gráficos reales de algunas líneas de ferrocarril	188
5.6	Horario cadenciado	188
	5.6.1 Introducción	188
	5.6.2 Elementos de referencia	188
	5.6.3 El material necesario	193
	5.6.4 Implementación práctica	195
5.7	Libros de itinerarios	196
5.8	La organización del material de transporte y de los equipos humanos necesarios	197

6.	**Capacidad de líneas**	**201**
6.1	Introducción	201
6.2	Conceptos preliminares	201
6.3	Análisis de los factores que influyen en la capacidad de una línea	203
6.4	Espaciamiento mínimo entre trenes consecutivos con señalización lateral	204
	6.4.1 Bloqueo manual	204
	6.4.2 Bloqueo automático	205
	6.4.3 Espaciamiento mínimo y capacidad de una línea	207
6.5	Cálculo de la capacidad de una línea	209
	6.5.1 Introducción	209
	6.5.2 Método AAR	209
	6.5.3 Método de los ferrocarriles alemanes (1975)	210
	6.5.4 Método UIC (1979)	211
6.6	La capacidad de una línea y la petición de sillones	212
	6.6.1 Una nueva perspectiva sobre la capacidad	212
	6.6.2 Evaluación de la capacidad consumida	214
6.7	Órdenes de magnitud de la capacidad de una línea	217
6.8	Aumento de la capacidad de las líneas	217
6.9	La construcción de nuevas líneas y la falta de capacidad de las líneas convencionales	221
6.10	Capacidad de líneas en infraestructuras de alta velocidad	223

7.	**La organización de los servicios de viajeros**	**227**
7.1	Introducción	227
7.2	Servicios de cercanías	228
	7.2.1 El inicio de los servicios de cercanías	228
	7.2.2 La red actual de cercanías en España	230
	7.2.3 Factores determinantes en los servicios de cercanías	235
	7.2.4 La medida de la calidad del servicio	239
	7.2.5 La relación entre la calidad del servicio y la demanda de tráfico	240
	7.2.6 El material para los servicios de cercanías	241
	7.2.7 Evolución y situación actual de los servicios de cercanías	245
7.3	Servicios regionales	246
	7.3.1 Introducción	246
	7.3.2 Los servicios regionales en España: organización y tendencias	247
	7.3.3 Evolución del tráfico de viajeros y de la calidad del servicio	251
	7.3.4 Los servicios regionales en Francia	253
	7.3.5 Los servicios regionales en Alemania	257
7.4	Servicios interurbanos de viajeros	260
	7.4.1 Apuntes históricos	260
	7.4.2 Indicadores de la calidad de la oferta en los servicios diurnos	265
	7.4.3 La organización de los servicios de largo recorrido en el ferrocarril español	279
	7.4.4 Evolución del tráfico de viajeros de grandes líneas y AVE	284
7.5	El tráfico de viajeros por ferrocarril en algunos países europeos	288
7.6	Terminales de viajeros	290
	7.6.1 Introducción	290
	7.6.2 Tipología de estaciones de líneas en grandes corredores	296
	7.6.3 Tipología de grandes terminales	299
	7.6.4 Dimensionamiento de estaciones de línea y de grandes terminales	305
7.7	Estaciones de ferrocarril en aeropuertos	316
	7.7.1 Introducción	316
	7.7.2 Estaciones para acceder a los aeropuertos con líneas convencionales de ferrocarril	317
	7.7.3 Estaciones de ferrocarril en aeropuertos conectados a la red de alta velocidad	318
	7.7.4 Valoración global de la situación actual y de las tendencias previstas	320
8.	**Organización del transporte de mercancías**	**325**
8.1	Antecedentes de referencia	325
8.2.	Principales factores de elección modal en el transporte de mercancías	331
8.3	La organización del transporte de mercancías en RENFE a partir de 1992	334
8.4	El transporte internacional de mercancías y el ancho de vía	337
8.5	La evolución de la demanda de transporte de mercancías por ferrocarril desde 1992 en RENFE	341
8.6	La situación del transporte de mercancías por ferrocarril en Europa	341
8.7	El transporte combinado en Europa	350
8.8	El tráfico de mercancías por ferrocarril a través de los Pirineos y los Alpes	366
8.9	Transporte marítimo y ferrocarril	376
	8.9.1 Introducción	376
	8.9.2 El papel de ferrocarril en el preencaminamiento o postencaminamiento de las mercancías para transporte marítimo.	377
	8.9.3 La potencialidad del ferrocarril en los principales puertos europeos: Horizonte 2005/2010	381
	8.9.4 La potencialidad del ferrocarril en el transporte de mercancías entre continentes	392
9.	**El movimiento de un tren: potencia necesaria y carga remolcable en composiciones clásicas**	**395**
9.1	Planteamiento general	395
9.2	Resistencias al avance	396
	9.2.1 Resistencia debida al rozamiento en las cajas de grasa	396
	9.2.2 Resistencia debida a la rozadura	396
	9.2.3 Resistencia debida a la flexión del carril	397
	9.2.4 Resistencia debida a las curvas	397
	9.2.5 Resistencia debida a las rampas	399
	9.2.6 Resistencia total al avance. Primeras expresiones	403
	9.2.7 Modernas expresiones de resistencia al avance	405
	9.2.8 Resistencias en el interior de un túnel	407
9.3	Resistencias al arranque	407
9.4	Carga remolcable por una locomotora	408
	9.4.1 Introducción	408
	9.4.2 La adherencia	408
	9.4.3 Limitación del gancho de tracción	411
	9.4.4 Carga remolcable en el arranque	411
	9.4.5 Carga remolcable a velocidad constante	412
	9.4.6 Limitaciones complementarias para establecer la carga práctica remolcable	412
	9.4.7 Diagramas esfuerzo-velocidad de una locomotora	415
9.5	Potencia necesaria	416
10.	**Resistencias al avance, adherencia y potencia de las ramas de alta velocidad**	**419**
10.1	Introducción	419
10.2	La resistencia al avance de ramas de alta velocidad: la experiencia francesa	422
10.3	Fórmulas prácticas de resistencia al avance de ramas de alta velocidad	424
10.4	La experiencia japonesa	426

10.5	Adherencia a alta velocidad	430
10.6	Potencia de las ramas de alta velocidad	432

11.	**Frenado**	**437**
11.1	Introducción	437
11.2	Condicionantes principales. El freno con zapatas	437
11.3	Sistema de accionamiento de los frenos con zapatas	442
11.4	Potencia de frenado y distancia de parada	445
11.5	Evolución y desarrollo de los sistemas de frenado	448
11.6	Limitaciones de velocidad debidas al frenado	453
11.7	Frenado a alta velocidad	454

12.	**Planificación y explotación comercial de líneas de alta velocidad**	**461**
12.1	Origen y justificación de la alta velocidad en el ferrocarril europeo	461
	12.1.1 El límite de velocidad de los itinerarios clásicos	461
	12.1.2 Los problemas de falta de capacidad y su influencia en la construcción de nuevas líneas	462
	12.1.3 Las dificultades comerciales del ferrocarril convencional frente al desarrollo de la carretera y la aviación	463
	12.1.4 Los progresos técnicos que hicieron posible la alta velocidad	464
	12.1.5 Alta velocidad y muy alta velocidad	464
	12.1.6 Sistema de explotación de las líneas de alta velocidad	466
	12.1.7 ¿Tráfico de viajeros o tráfico mixto?	483
12.2	Impacto comercial de los servicios de alta velocidad por ferrocarril	488
	12.2.1 La experiencia japonesa: una referencia obligada	488
	12.2.2 La experiencia europea	490
12.3	Optimización del papel del ferrocarril en los servicios interurbanos de viajeros	496
	12.3.1 El progreso técnico del ferrocarril	496
	12.3.2 El interés comercial del incremento de la velocidad	497
	12.3.3 Posibles nuevos escenarios de servicios en líneas de alta velocidad	499

13.	**Ferrocarril, energía y medio ambiente**	**501**
13.1	Introducción	501
13.2	Consumo energético del ferrocarril en el transporte interurbano de viajeros (1970-1990)	503
13.3	Consumo energético del ferrocarril en el transporte interurbano de viajeros (1990-2007)	504
13.4	Consumo energético en el tráfico de cercanías y regionales	507
13.5	Consumo energético en el transporte de mercancías	507
13.6	Contaminación atmosférica, cambio climático y ferrocarril	508
13.7	Una visión integrada del impacto de una línea de alta velocidad sobre el medio ambiente	513

14.	**Gestores de infraestructuras y operadores de transporte**	**515**
14.1	Introducción	515
14.2	La organización tradicional de las empresas ferroviarias: el caso de RENFE	516
14.3	La directiva 91/440 y su repercusión en la organización de las empresas ferroviarias tradicionales	518
14.4	El canon por el uso de la infraestructura ferroviaria	519

Anexo. Estimación de la demanda de viajeros por las nuevas líneas de alta velocidad	**525**
Introducción	525
Estimación del tráfico de viajeros en la red japonesa de alta velocidad	525
Estimación del tráfico de viajeros en la línea TGV-Sudeste	526
Eje Barcelona-Narbona	528
Línea TGV-Atlántico	531
Línea Madrid-Barcelona	532
Línea Milán-Roma-Nápoles-Battipaglia	534

Bibliografía	**537**

1

ORGANIZACIÓN INICIAL DE LA EXPLOTACIÓN FERROVIARIA. APUNTES HISTÓRICOS

1.1 INTRODUCCIÓN

En el libro *Infraestructuras ferroviarias* se analizaron los componentes que configuran una vía de ferrocarril y la hacen apta para soportar la circulación de trenes de viajeros y mercancías.

Para que la explotación comercial de una línea sea posible, desde el punto de vista técnico, se necesita disponer del material motor y remolcado adecuado para circular a una cierta velocidad. En paralelo, es asimismo necesario implantar, a lo largo de una línea, un sistema de señalización y de comunicaciones que posibilite la marcha segura y fiable de las distintas composiciones ferroviarias.

Es de interés destacar que velocidad y señalización son dos componentes de la explotación que interaccionan mutuamente, de tal modo que su evolución en el tiempo fue consecuencia del progreso experimentado por ambos. A mayores velocidades de circulación, resultaban precisos sistemas de señalización más sofisticados y con mayores prestaciones. Esta dualidad se ha mantenido hasta el momento actual. En efecto, la llegada de la alta velocidad ha requerido la puesta a punto de una señalización en cabina y el abandono de las señales fijas en la vía.

En el ámbito de este proceso de los sistemas de explotación, el presente capítulo tiene por finalidad exponer, de forma obligadamente sintética, algunos de los rasgos fundamentales que caracterizaron la explotación comercial de las líneas de ferrocarril en los primeros tiempos de existencia de este modo de transporte. Esta perspectiva permitirá apreciar mejor, en los capítulos siguientes, la evolución experimentada por el ferrocarril en este campo.

La exposición histórica se iniciará señalando los aspectos más característicos de la tracción, comenzando por la tracción vapor, siguiendo por la tracción diesel y finalizando por la tracción eléctrica.

La última parte del presente capítulo estará dedicada a la señalización y a las comunicaciones.

1.2 TRACCIÓN VAPOR

La primera línea de ferrocarril entre las poblaciones de Darlington y Stockton (44 km) (Fig. 1.1), abierta el 27 de noviembre de 1825, vio circular la *Locomotion* en su viaje inaugural, locomotora de vapor desarrollada por G. Stephenson, considerado el padre del ferrocarril.

Fue, sin embargo, con ocasión del célebre concurso de Rainhill, celebrado en 1829, cuando el citado autor, con la locomotora *Rocket*, estableció las bases de las posteriores locomotoras de vapor. La citada máquina alcanzó en aquella ocasión 38 km/h, arrastrando un tren de 20 t; 47 km/h con un tren de 13 t y 56 km/h en vacío.

Cabe mencionar que uno de los trenes más célebres fue el denominado *Flying Scotsman* (Fig. 1.2), que efectuaba el recorrido Londres-Edimburgo. En 1862, cuando se creó, recorría esta relación de 630 km en 10 horas. En el decenio que va de 1920 a 1930, el tiempo de viaje fue de 5 h 45 m, lo que significó una velocidad comercial próxima a 110 km/h, excepcional para la época.

Con el paso del tiempo, los sucesivos progresos que se alcanzaron en la fabricación de locomotoras de vapor hicieron posible lograr 160 km/h de velocidad punta. En el primer tercio del siglo XX tanto en Alemania como en el Reino Unido se superaron ligeramente los 200 km/h durante circulaciones especiales. La tracción vapor dejó de funcionar en servicios comerciales de las principales redes ferroviarias europeas hacia finales de los años sesenta del pasado siglo XX.

ITINERARIO DARLINGTON-STOCKTON

Fuente: Voies Ferrees

Fig. 1.1

1.3 TRACCIÓN DIESEL

El nacimiento de este tipo de tracción se debió al ingeniero alemán Rudolph Diesel, que en 1897, presentó el motor que él mismo había diseñado. Poco tiempo después, en 1912, el constructor suizo Sulzer concibió la primera locomotora con motores diésel. Considerada inicialmente como la solución ideal para los países con limitados recursos de agua, este tipo de locomotora se impondría de forma generalizada con el paso del tiempo y conduciría al abandono de la tracción vapor.

En Estados Unidos las locomotoras diésel comenzaron a utilizarse a partir de 1920, y en la década siguiente en Francia. Es de interés recordar que la más célebre locomotora diésel del mundo fue la serie F construida a finales de los años treinta. Su nacimiento fue la respuesta de la industria a la necesidad de las redes americanas de disponer de máquinas muy potentes capaces de arrastrar más de 5.000 toneladas. Sus ventajas, en este ámbito, fueron evidentes: en una rampa de 4‰, la locomotora de vapor podía remolcar 5.400 t a 16 km/h, frente a los 42 km/h que permitía la locomotora diésel tipo F.

A pesar de esta ventaja, el desarrollo de la tracción diésel en Europa no se produjo con la rapidez que quizás podía imaginarse. Algunos de los aspectos que influyeron en ello fueron señalados por M. Châtel (1960): funcionamiento irregular de las locomotoras diésel; elevado coste y necesidad de importar el combustible. Por otro lado, los ingenieros de las principales administraciones ferroviarias dudaban de la pertinencia de abandonar la tracción vapor (ya dominada por los agentes ferroviarios) y sustituirla por un sistema

TREN FLYING SCOTSMAN EN 1930 A LA SALIDA DE LONDRES

Fuente: Tomada de F. Allen (1979)

Fig. 1.2

que tenía las limitaciones antes señaladas, especialmente en un momento (1935-1955) en que el interés de la tracción eléctrica crecía de forma muy rápida.

En España, la primera locomotora diésel de línea que circuló lo hizo en los años cincuenta y era de origen americano, de la casa ALCO. Otras locomotoras relevantes utilizadas en el ferrocarril español fueron las de la serie 4.000 (posteriormente serie 340, Fig. 1.3a), que llegaron entre 1966 y 1969; con posterioridad, en 1974, se incorporaría la serie 333 (Fig. 1.3b).

Cabe destacar, por último, las locomotoras expresamente concebidas, en sus inicios, para remolcar los trenes Talgo. Entre ellas, las series 353 y 354 (Fig. 1.3c y 1.3d). En 1978 un Talgo pendular

LOCOMOTORAS DIESEL DE RENFE

a) Serie 4000

c) Serie 353

b) Serie 333

d) Serie 354

Fuente: RENFE

Fig. 1.3

con tracción diésel (serie 353) estableció el récord mundial, con ocasión de un viaje de demostración, al alcanzar entre Alcázar de San Juan y Río Zancara una velocidad de 230 km/h. Más recientemente, el Talgo XXI, en julio del año 2002, elevó el citado récord a 256 km/h.

1.4 TRACCIÓN ELÉCTRICA

1.4.1 Electrificación de una línea

La utilización de las locomotoras de vapor presentaba, en ciertas líneas, problemas relevantes, y de modo concreto, en las secciones que discurrían en el interior de túneles, especialmente en tramos de cercanías con elevada densidad de tráfico, a causa de la atmósfera existente; análogamente las dificultades eran notables en el caso de tramos con rampas importantes. No sorprende, por tanto, que la primera aplicación de la tracción eléctrica tuviese lugar el 1 de agosto de 1895, en el acceso a la ciudad de Baltimore (EEUU), en un tramo de 6 km de longitud, dotado de una rampa continua comprendida entre 8 y 15‰. Al discurrir en túnel (2.200 m), su explotación con tracción vapor era muy difícil a causa de la práctica inexistencia de ventilación. En Europa se introdujo en 1899, en la línea suiza de Burgdorf a Thoune.

La figura 1.4, debida a R. Kaller (1985), muestra la evolución de los distintos sistemas de electrificación, así como la dependencia de esta evolución de la correspondiente a la electrotecnia. Puede observarse como la tracción en corriente continua fue el primer sistema que se desarrolló, inicialmente con tensiones bajas (600 a 1.000 voltios). Este sistema fue utilizado principalmente en los transportes urbanos y suburbanos.

En la segunda década del siglo XX la idea de incorporar la electrificación a las líneas principales de ferrocarril en el ámbito europeo empezó a consolidarse. Dos fueron los interrogantes que se plantearon:

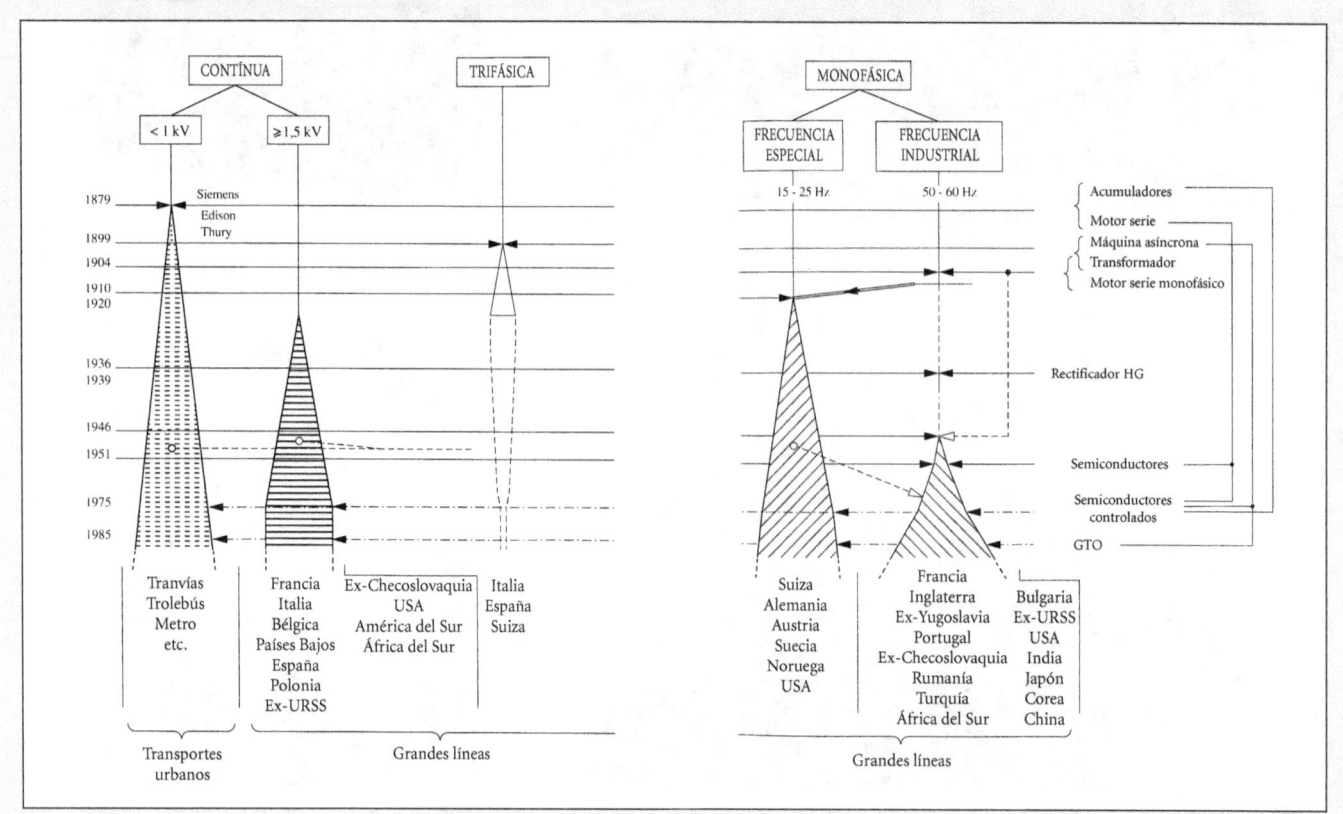

Fig. 1.4

1. Qué líneas deberían ser electrificadas.
2. Cuál debía ser el sistema de corriente elegido.

En el primer ámbito existió un amplio consenso sobre la pertinencia de asociar electrificación a líneas de fuerte densidad de tráfico, con independencia de la dureza o no de su perfil. En paralelo, se consideró que para obtener las mayores ventajas de la electrificación sería deseable disponer de un conjunto de líneas completamente electrificadas.

En este contexto, resulta de interés mencionar el estudio realizado en España (1919), en el marco del Ministerio de Fomento, bajo el título: «Conveniencia y posibilidad de electrificar los ferrocarriles españoles». Las principales conclusiones del mismo fueron las siguientes:

«a) Técnicamente se impone la electrificación de aquellas líneas en las que, por su perfil accidentado, resulta insuficiente el actual sistema de tracción, a causa de la débil potencia relativa de las locomotoras de vapor. Esta necesidad es urgente en la línea de Asturias y empieza a hacerse notar en la de Miranda a Bilbao y en la de Zaragoza a Barcelona.

b) La conveniencia económica de la electrificación depende, por lo general, en cada línea, de la magnitud y condiciones de su tráfico, existiendo para cada una de ellas un límite inferior del mismo por debajo del cual no resulta económica la transformación del sistema de tracción. Este límite, alcanzado hoy en algunas secciones, no lo ha sido todavía para la totalidad de la red, no presentando, por tanto, ventajas económicas dicha transformación más que para determinadas secciones.»

Por lo que respecta al sistema de electrificación que debería adoptarse, los puntos de vista de cada país no eran coincidentes. A título indicativo, en Francia, el gobierno decidió la electrificación en corriente continua a 1.500 V, a causa de la garantía de seguridad que presentaba. Y ello a pesar de que un informe elaborado por un grupo de expertos propugnaba el empleo de un mayor voltaje. En España hubo diversas orientaciones: alterna trifásica para la línea Gergal-Santa Fe (en Almería), según la experiencia suiza en la electrificación del túnel del Simplón; corriente continua a 3.000 V en la electrificación del Puerto de Pajares, en el tramo de 62 km comprendida entre Ujo y Busdongo (sistema eléctrico análogo al utilizado en la relación americana Chicago-Milwauke). Otros países europeos adoptaron la corriente alterna monofásica con frecuencia especial de 15 2/3 Hz (caso de Alemania, Austria y Suiza entre otros países), o bien, la corriente alterna monofásica con frecuencia industrial (50 o 60 Hz) (Fig. 1.5).

El nacimiento de la tracción en corriente alterna monofásica tuvo lugar en los primeros años del siglo XX (Fig. 1.4). Ello se debió a la necesidad de disponer de potencias y tensiones superiores a 3.000 V en las líneas principales. Es de interés señalar que la elec-

SISTEMAS DE ELECTRIFICACIÓN EN ALGUNOS PAÍSES EUROPEOS

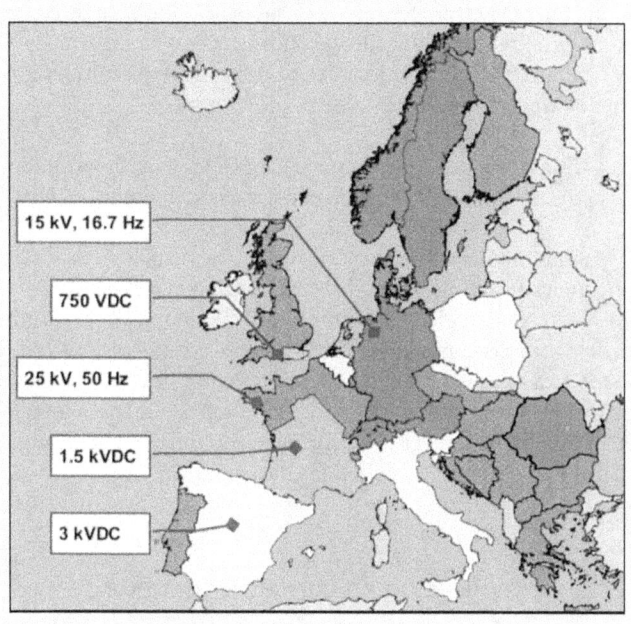

Fuente: Hartig, K. J. et al. (2005)   Fig. 1.5

ESQUEMA DE UN CIRCUITO DE TRACCIÓN

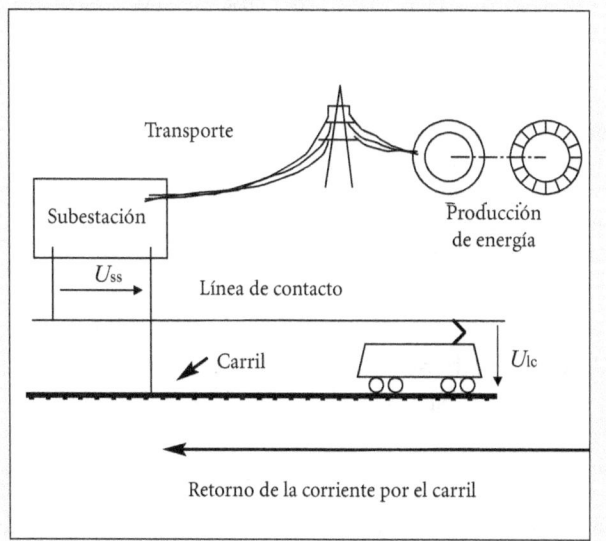

Fuente: R. Kaller et al. (1995)   Fig. 1.6

ción entre corriente continua y corriente alterna fue objeto durante muchos años de un fuerte debate a causa de las ventajas e inconvenientes que se derivaban de una u otra elección.

En efecto, la observación del denominado «circuito de tracción» en una línea (Fig. 1.6), formado por subestaciones, línea de contacto, material motor y circuito de retorno, pone de manifiesto, de forma inmediata, que en todo sistema de tracción eléctrica intervienen dos aspectos fundamentales.

1. Transporte de la energía hasta el pantógrafo de la locomotora
2. Utilización de esta energía por el material motor

Ambos problemas no constituían, en general, una preocupación simultánea de los ingenieros de la época. Un grupo de ellos, los que centraron su actividad en el transporte de energía, adoptaron la corriente alterna como mejor solución, por las ventajas que desde la perspectiva «transporte» presenta este tipo de corriente. Por el contrario, los ingenieros que se preocupaban más por la explotación ferroviaria, preferían el uso de corriente continua, por ser el motor del mismo nombre el mejor para la tracción.

1.4.2 Electrificación en corriente continua

La utilización de este tipo de corriente llevó consigo importantes problemas prácticos, dado que no se sabía transformar fácilmente, en un principio, la tensión de la corriente.

Dado que los motores en las locomotoras funcionaban a 700, 1.500 o 3.000 voltios, esta tensión debía ser la empleada también para el transporte. Como se sabe, dichas magnitudes se encuentran lejos de los valores habitualmente utilizados para el transporte de energía.

Este hecho se traducía en la necesidad de disponer, para evitar fuertes caídas de tensión en la línea, de catenarias con grandes secciones, intensidades elevadas y sub-estaciones bastante próximas, del orden de 20 km, para 1.500 V.

Junto a esta situación cabe añadir que las subestaciones eran complicadas puesto que debían convertir la corriente trifásica de la línea de alta tensión en la corriente continua empleada.

1.4.3 Electrificación en corriente alterna monofásica con frecuencia especial

Admitiendo como preponderante el problema del transporte, la utilización de la corriente alterna permitía, con sólo disponer de un transformador en la locomotora, escoger para el transporte una tensión elevada (11.000 V en América y 15.000 V en Europa), lo que daba lugar a catenarias muy ligeras y subestaciones muy sencillas, al reducirlas a simples transformadores, y más separadas que en el caso de corriente continua, del orden de 50 km.

Las ventajas indicadas tenían su contrapunto en el funcionamiento de la locomotora, en donde la utilización del motor monofásico, mucho más delicado que el motor a corriente continua, obligaba a emplear una frecuencia especial más baja que la frecuencia normal. Este hecho originaba la imposibilidad de conectar la línea de alimentación a la red general del país, a no ser que se introdujese una estación de conversión de frecuencia que complicaba, y encarecía el sistema.

1.4.4 Electrificación en corriente alterna monofásica con frecuencia industrial

Los dos sistemas a los que nos hemos referido precedentemente constituyeron la base del desarrollo de la tracción eléctrica durante la primera mitad del siglo xx.

Las ventajas del sistema en corriente continua (excelente motor de tracción, instalaciones de distribución conectadas directamente a la red general) y del sistema en corriente alterna y frecuencia especial (instalaciones de distribución más ligeras y más espaciadas) hacían intuir la posibilidad de alcanzar un nuevo sistema que aprovechase las ventajas de ambos.

En efecto, el aligeramiento de las instalaciones de distribución constituye una ventaja incuestionable para la tracción monofásica. Por otro lado, la conexión de la tracción a la red general es en ciertos países un principio fundamental.

El desarrollo generalizado de este nuevo sistema de electrificación, tanto en los países que se incorporaban a la tracción eléctrica por primera vez como en aquellos que ya disponían de otros sistemas de corriente, se produjo a partir de la primera mitad de la década de los años cincuenta del siglo xx, gracias a los progresos técnicos experimentados en aquella época.

En efecto, si el sistema de corriente alterna monofásica a frecuencia industrial no había tenido éxito con anterioridad, a pesar de las ventajas demostradas en Hungría de 1930 a 1940, ello se debió a que tanto la industria como el propio ferrocarril pensaban que era deseable disponer de locomotoras con motores funcionando directamente con corriente monofásica a 50 o 60 Hz. Sin embargo, el problema se encontraba en la dificultad de fabricar este tipo de motores para potencias elevadas.

Los progresos logrados durante la guerra en la realización de rectificadores de vapor de mercurio a muy alta potencia unitaria permitieron fabricar en los años cincuenta locomotoras a corriente monofásica independientes de la frecuencia y equipadas con motores de corriente continua, cuyo buen funcionamiento era conocido desde hacía mucho tiempo. La aparición posterior de los diodos (1956) y de los tiristores (1963) mejoró todavía más el funcionamiento de este tipo de locomotoras. Como se sabe, un diodo es un componente electrónico que no deja pasar la corriente más que en un sentido. Los diodos permitieron constituir rectificadores para las locomotoras monofásicas.

Resulta de interés comprobar, en el plano económico, las ventajas que presentaba la corriente alterna respecto a la corriente continua. Puede verse, a este respecto, en el cuadro 1.1., el estudio realizado en 1940/41 con ocasión del proyecto de electrificación de la sección Burdeos-Montauban en dirección a Toulouse (5‰ de pendiente máxima). Nótese en el citado cuadro 1.1 como la comparación de costes de inversión y de explotación se realizó para dos sistemas de electrificación en corriente continua (1.500 y 3.000 voltios) y análogamente para dos sistemas también en corriente alterna (15.000 v. y 16 2/3 Hz, junto a 20.000 v. y 50 Hz). La comparación se efectuó para una línea de 200 km de longitud en doble vía y un tráfico previsto de 3 millones de trenes-km y 1.400 millones de tkbr (toneladas kilómetro brutas remolcadas). Los costes se expresan en millones de francos.

Los resultados obtenidos pusieron de manifiesto que la inversión necesaria para la electrificación de la línea, incluyendo los recursos necesarios para la adquisición del material motor preciso, eran, en media, un 16% menores en corriente alterna que los correspondientes a la electrificación en corriente continua. La comparación de resultados entre la electrificación a 1.500 V y la electrificación en corriente alterna a 20.000 V y 50 Hz, significaba una reducción de costes del orden del 25%. Los costes anuales de explotación de cada sistema no presentaban diferencias tan significativas como los mencionados para los costes de electrificación y adquisición de material motor.

CUADRO 1.1. ANÁLISIS COMPARADO DEL COSTE DE LA ELECTRIFICACIÓN EN CORRIENTE CONTINUA Y EN CORRIENTE ALTERNA DE LA LÍNEA BURDEOS-MONTAUBAN (1941)

Elemento	Electrificación			
	Corriente continua		Corriente alterna	
	1.500 v	3.000 v	15.000 v 16 2/3 Hz	20.000 v 50 Hz
Líneas de alta tensión 60 a 150 Kv	235 km 50 Mf	235 km. 48 Mf	150 km 30 Mf	40 km 10 Mf
Subestaciones				
• Número	13	7	4	5
• Coste (Mf)	113	68	60	20
Catenaria y equipos de vía	500 km 165 Mf	500 km 132 Mf	500 km 110 Mf	500 km 112 Mf
Otros trabajos de acondicionamiento	19 Mf	20 Mf	25 Mf	25 M
Material motor				
• Línea	9 (52 Mf)	10 (60 Mf)	10 (66 Mf)	10 (73 Mf)
• Maniobras	31 (112 Mf)	30 (120 Mf)	30 (132 Mf)	30 (145 Mf)
Total Mf	511	448	423	385
Conservación				
• Líneas A.T.	0,8	0,8	0,5	0,2
• Catenaria	6,4	4,2	3,5	3,3
Energía eléctrica	3	2,9	3,3	2,8
Conducción y conservación material motor	20,8	22,1	22,7	23,2
Total anual explotación	31,0	30,0	30,0	29,5

Fuente: Tomado de Y. Machefert Tassin et al. (1986)

1.4.5 Comparación económica de los diversos sistemas de tracción en la década de los años setenta del siglo xx

Como se indicó con anterioridad, inicialmente la electrificación de una línea venía determinada por la necesidad de resolver problemas específicos tales como la explotación de líneas de montaña con numerosos túneles o fuertes rampas, así como las líneas de cercanías. Sin embargo, posteriormente, y en especial con la electrificación en corriente alterna monofásica a 25 kV y 50 o 60 Hz, el interés se extendió al ámbito de la reducción de los costes de explotación.

Surgió de este modo la noción de balance financiero como forma de identificar el interés económico de la posible electrificación de una línea. La formulación práctica del concepto precedente puede verse en Garreau (1965) o con mayor detalle en Tessier (1978), entre otras referencias. El análisis puede sintetizarse en los siguientes términos:

Las instalaciones fijas de alimentación de energía y los equipos de la vía representan gastos que no sólo son importantes sino que, en gran parte, son independientes del tráfico que circule por la línea. En efecto, las líneas de alta tensión que conducen la corriente a las subestaciones, así como el número de postes para sujetar la catenaria, son los mismos independientemente del número de trenes que circulen cada día. Tan sólo los gastos de adquisición de las locomotoras eléctricas son directamente proporcionales al tráfico.

Es preciso destacar, no obstante, que al contrario de lo que sucede con los gastos de primer establecimiento, los gastos de explotación pueden considerarse proporcionables al tráfico. Dicho de otro modo, sólo la existencia de un cierto tráfico hace rentable el capital invertido. A dicho tráfico se le denomina *umbral de rentabilidad*.

BALANCE ECONÓMICO DE LA ELECTRIFICACIÓN DE UNA LÍNEA

a) Evolución gastos anuales de los distintos sistemas de tracción

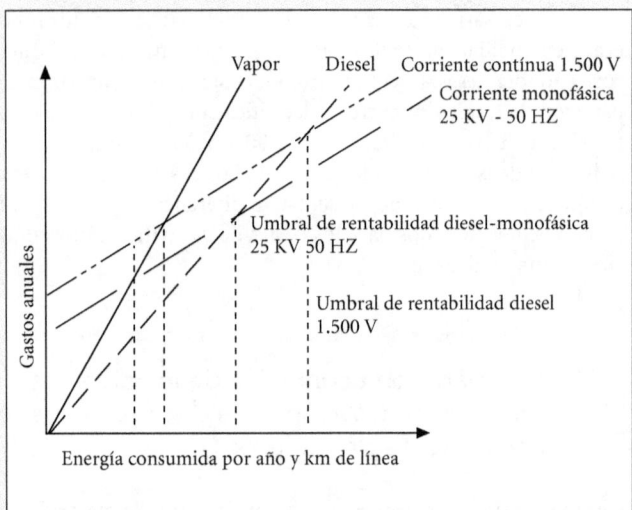

b) Comparación gastos de establecimiento de la electrificación a 1.500 y 25.000 V.

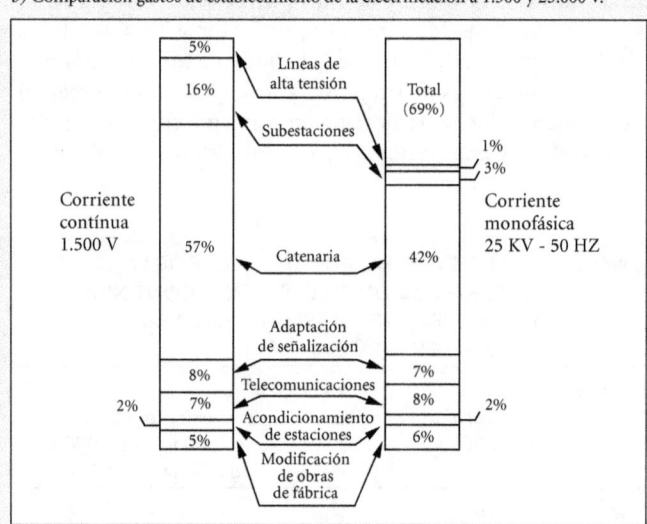

c) Comparación gastos anuales por tkbr

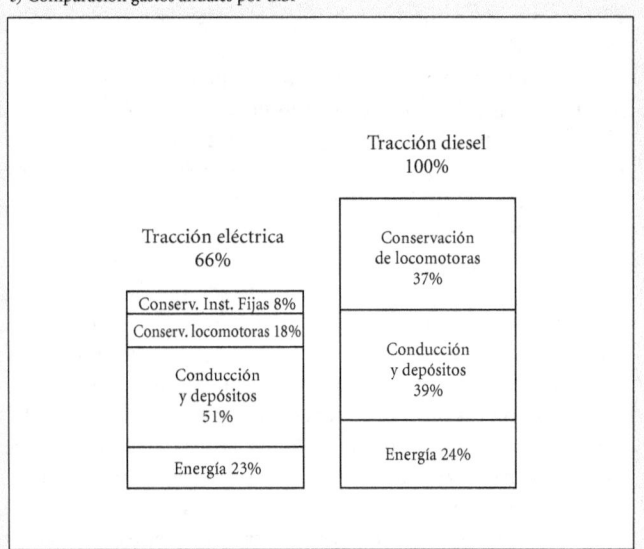

d) Gastos totales actualizados

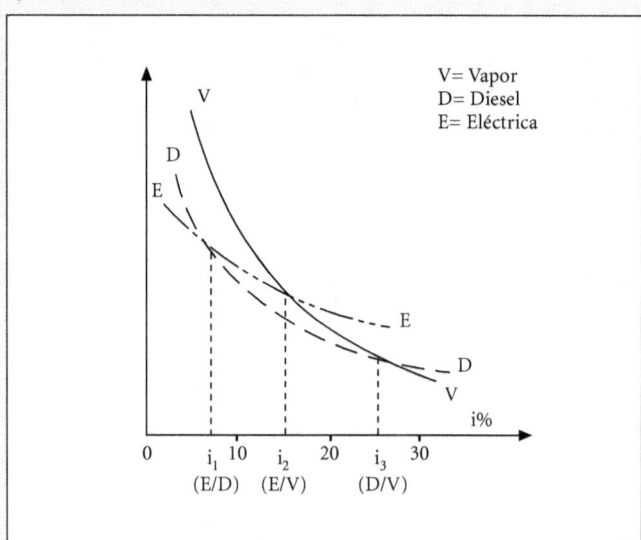

Fuente: M. Tessier (1978)

Fig. 1.7

Una representación simple (Fig. 1.7a) permite ilustrar la noción de rentabilidad si en ordenadas se indican los gastos anuales (suma de los gastos de explotación y de las cargas de capital) y en abscisas, la densidad del tráfico, expresada en toneladas o bien en consumo de energía, por kilómetro de línea y año; esta unidad tiene la ventaja de incluir las características de la línea (perfil) y del servicio que debe prestarse, particularmente la velocidad de los trenes. El gráfico de la figura 1.7a ilustra el hecho de que los gastos de primer establecimiento son más elevados para la tracción con corriente continua que con corriente alterna. En la figura 1.7b, Tessier (1978) estableció los órdenes de magnitud comparativos de la electrificación en corriente continua a 1.500 V y en corriente alterna a 25.000 V y 50 Hz para la situación de los ferrocarriles franceses en dicho momento temporal. Concluyó señalando que los costes de las instalaciones fijas, para la mayoría de sus componentes, eran independientes del tráfico y representaban en corriente alterna el 69% de los correspondientes a los de corriente continua a 1.500 voltios.

Por lo que respecta a la adquisición de las locomotoras, cuyas cargas de capital constituían una parte importante de los gastos proporcionales al tráfico, puntualizaba que su coste era del mismo orden en alterna que en continua, pues a pesar de que el precio unitario en alterna era algo más elevado, se podía realizar el mismo tráfico total con un menor parque de locomotoras, por la mayor adherencia de las locomotoras en corriente alterna.

En cuanto a los costes de explotación por tonelada bruta remolcada por kilómetro (tkbr), el gráfico de la figura 1.7c reflejaba que, en media, su valor era en tracción diésel superior en un 50% a los de la tracción eléctrica. Es de interés recordar, como señalaba el autor francés, que la comparación no era completamente rigurosa, al no poderse realizar a igualdad de servicios. En efecto, con tracción eléctrica, la mayor potencia de las locomotoras permitía incrementar la carga remolcable y la velocidad de circulación. Por este motivo, los gastos de energía en tonelada bruta remolcada por kilómetro en tracción eléctrica se encontraban aumentados para las velocidades más elevadas; los gastos de conducción a la tkbr eran disminuidos por el mayor tonelaje de los trenes e igualmente por las velocidades más elevadas. En relación con los gastos de energía se señala que en la década de los años setenta, una composición Trans-Europ-Expres con tracción eléctrica consumía del orden de 8,1 gramos equivalentes de petróleo (gep)/tkbr, frente a 10 gep/tkbr en el caso de utilizar tracción diésel.

En síntesis, la observación de la figura 1.7a reflejaba el interés de utilizar la corriente alterna monofásica, al reducirse con ella el umbral de rentabilidad, es decir, haciendo posible la electrificación de líneas con menor volumen de tráfico. Como referencia, algunas publicaciones de la década de los años setenta indicaban que el citado umbral para los ferrocarriles alemanes se situaba en torno a doce millones de toneladas brutas por año.

El análisis de la figura 1.7a puede ser completado para disponer de una visión más exacta de la rentabilidad de una electrificación. Basta para ello tener en cuenta la previsible evolución del tráfico en un cierto periodo de tiempo (en general, veinte años) (Fig. 1.7d).

La evolución de los sistemas de tracción eléctrica en el mundo, en las tres últimas décadas, puede verse en el cuadro 1.2. En él sólo se han considerado los cuatro tipos de corrientes más habituales, pero en su conjunto suman más del 90% de los distintos sistemas.

A nivel mundial se constata el notable avance experimentado por la electrificación en corriente alterna a 25 Kv, que pasó de representar, en 1970, el 18,2%, a superar el 38,6% en el año 2000. En corriente continua se subraya el avance de la electrificación a 3 Kv (28,6% en 1970, frente al 35,7% en 2000) respecto al sistema de 1,5 Kv.

Como ejemplo representativo de la coexistencia en un mismo país de diferentes sistemas de electrificación, en la figura 1.8a, se muestra la situación en la red francesa y en la figura 1.8b la de la red española a finales del siglo xx. En la figura 1.9 se sintetizan los sistemas de electrificación existentes en los principales países europeos a mediados de la década pasada.

CUADRO 1.2. EVOLUCIÓN DE LOS SISTEMAS DE TRACCIÓN ELÉCTRICA EN EL MUNDO (%)

Tipo de corriente		Corriente alterna		Corriente continua		Total
		25 Kv	15 Kv	3 Kv	1,5 Kv	
1970	Mundo	18,2	31,3	28,6	14,9	93
	Unión Europea	11,6	46,9	21,4	14,4	94,3
2000	Mundo	38,6	17,1	35,7	4,6	96
	Unión Europea	18,5	43,3	24,2	10,7	96,7

Fuente: Adaptado de P. L. Guida y E. Milizia (2001)

COEXISTENCIA DE DIFERENTES SISTEMAS DE ELECTRIFICACIÓN EN UNA RED

a) Electrificación de la red ferroviaria francesa (1999)

b) Electrificación de la red ferroviaria española (1997)

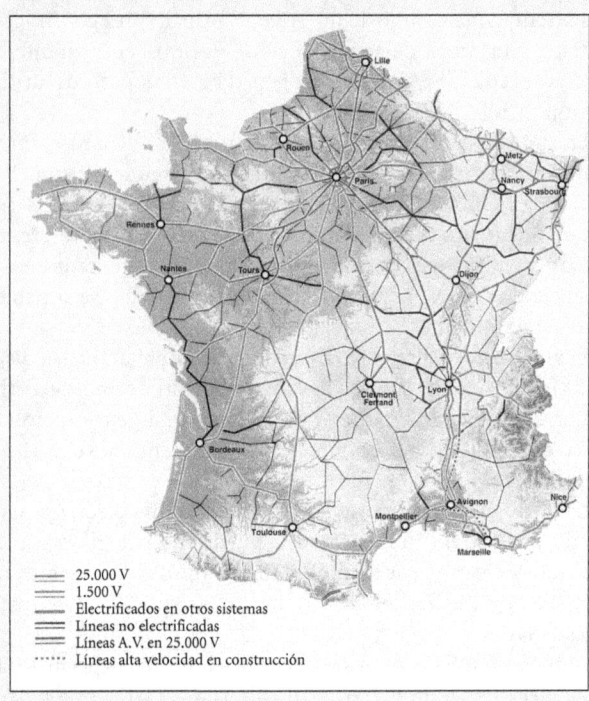
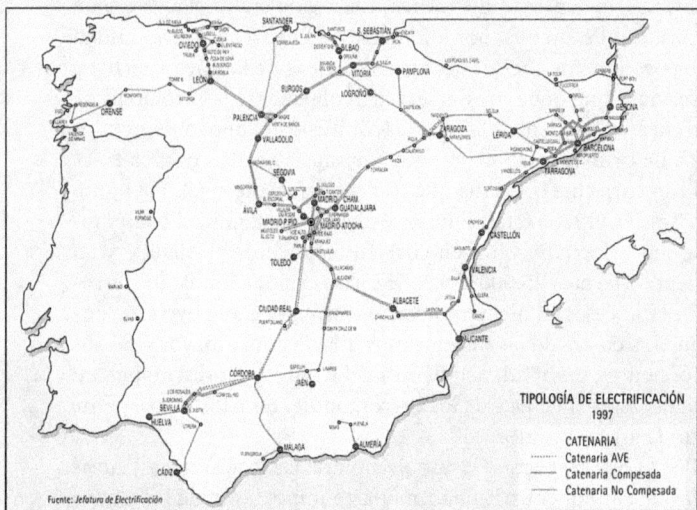

Fuente: SNCF y RENFE

Fig. 1.8

1.5 SEÑALIZACIÓN Y ENCLAVAMIENTOS

Desde los inicios de la explotación ferroviaria se fue consciente de la necesidad de establecer en las líneas algunas referencias que permitiesen, básicamente (Fig. 1.10):

- Mantener una distancia de seguridad entre dos trenes consecutivos circulando por la misma vía.
- Posibilitar la circulación de trenes en sentido contrario, en condiciones de seguridad.
- Regular el paso de los trenes de acuerdo con la densidad de servicio y la velocidad exigida.

Inicialmente, dado el bajo número de trenes que circulaban y la reducida velocidad de los mismos, los objetivos citados con anterioridad se lograron mediante la ubicación, a lo largo de una línea, de los denominados *policías de ferrocarriles*. Como muestra la figura 1.11, con la ayuda de banderas de día y de linternas de noche indicaban a los maquinistas las acciones a realizar.

Como parece evidente, la seguridad de este sistema era muy limitada, ya que para dar la señal correspondiente los agentes sólo

VISUALIZACIÓN DE ALGUNAS FUNCIONES DE SEÑALIZACIÓN

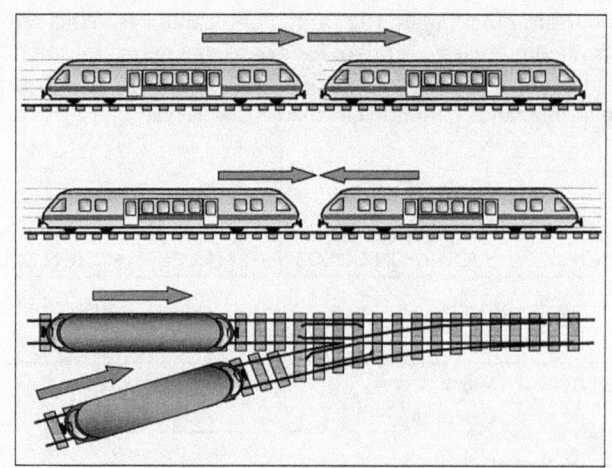

Fuente: P. Chapas (2006)

Fig. 1.10

DISTRIBUCIÓN DE LOS SISTEMAS DE ELECTRIFICACIÓN EN LOS PRINCIPALES PAÍSES EUROPEOS (1996)

	Corriente alterna		Corriente continua			Ancho de vía	Longitud km.	Nota
	15 000 V 16 Hz 2/3	25 000 V 50 Hz	3 000 V	1 500 V	Autres < 1 500 V			
☆ Alemania	16 840	24		23	393	Normal	43 555	DBAG (40355)
☆ Austria	3 304	65	2	10	137	N	5 616	DBB (5258)
☆ Bélgica		15	2 363			N	3 411	25 Kv en línea nueva
Bulgaria		2 650				N	4 049	
Croacia		1 016	197			N	2 699	
☆ Dinamarca		156		170		N	2 874	DSB (2349)
☆ España		471	6 387		44	L 1 668 N	→ 12 570 → 515	
☆ Finlandia		1 867				L 1 524	5 859	
☆ Francia	12	7 864	1	5 833		N	32 776	SNCF (31940)
☆ Grecia		76 *				N	1 565	
☆ R. Unido		3 082			1 956	L 1 600 N	→ 357 (Irlanda du Nord) → 16 970	
Hungría		2 214				N	7 526	
☆ Irlanda				37		L 1 600	1 944	
☆ Italia			10 983			N	17 981	FS (16188)
Lietchenstein	19					N	19	
☆ Luxemburgo		243	19			N	275	
Macedonia		232				N	700	
Noruega	4 071					N	4 071	NSB (4027)
☆ Holanda				1 991		N	2 891	NS (2757)
Polonia			11 496		29	L 1 524 N	→ 656 → 22 655	
☆ Portugal		436		25		L 1 668	2 768	
Rumanía		3 866				N	10 887	
R. Checa		990	1 619	46		N	9 316	
Eslovaquia			1 378			N	3 507	
Eslovenia			489			N	1 201	
☆ Suecia	7 490					N	10 065	BV (9760)
Suiza	3 700			16	14	N	3 748	CFF (2983)
Yugoslavia		1 341				N	3 960	

☆ Países pertenecientes a la UE (1-6-1996)

Fuente: Alain Wiart (1996)

Fig. 1.9

ANTECEDENTES DE LA SEÑALIZACIÓN

Fuente: RENFE   Fig. 1.11

atendían al tiempo transcurrido desde que el último tren había pasado por su posición, no pudiendo, por tanto, constatar fehacientemente que la vía estuviese libre a no ser que hubiera suficiente visibilidad hasta el lugar en el que se encontraba su compañero.

La conclusión lógica fue la de establecer un sistema fijo de señalización, lo que dio lugar a la aparición de un tipo de señalización que ha llegado hasta nuestros días (a excepción de las líneas de alta velocidad), aunque, como se verá con posterioridad, adaptándolo en función de las necesidades de la explotación.

Como se observa en la figura 1.12, un brazo mecánico sustituyó al brazo humano. El accionamiento del mismo se producía, en los primeros tiempos, a pie de mástil, pero pronto se utilizó un alambre para unir esta señal con la estación más próxima, desde la cual se accionaba el mecanismo. Cabe subrayar que la distancia a recorrer no era muy grande, toda vez que por aquellos años la señalización se limitaba a estar presente a la entrada y salida de las estaciones, por lo que los esfuerzos necesarios para mover estas señales no eran muy elevados. Para las circulaciones nocturnas todavía seguía siendo necesario que un agente se aproximase hasta la señal y encendiese una lámpara de petróleo, lámpara que ofrecía una luz blanca, si la vía estaba expedita, o roja, si se encontraba ocupada. Este sistema se mantuvo así hasta que el desarrollo de la electricidad permitió la iluminación automática de las señales. En la figura 1.12b y 1.12c se establece el paralelismo existente entre la señalización mecánica y la señalización luminosa, que en España se implantó por primera vez con ocasión de la electrificación en 1924 del puerto de Pajares.

Con el paso del tiempo y el aumento del tráfico fue necesario que en las grandes estaciones se incrementase el número de vías para hacer frente al mayor número de circulaciones. Ello significó multiplicar el número de agujas y señales a las entradas de las citadas estaciones y en consecuencia se produjo un aumento de los agentes que debían accionarlas, máxime si se tiene en cuenta que un buen número de estas operaciones se hacían todavía al pie de los aparatos.

Pero el problema no estaba tanto en el mayor número de señales y de agujas, como en que éstas debían estar perfectamente coordinadas para que no pudiera producirse un accidente, algo que no resultaba infrecuente debido a errores de los propios agentes encargados de su accionamiento, dada la cada vez mayor complejidad de los sistemas de vías. Es por esta razón por la que, en un primer momento, se ideó la concentración de las palancas de accionamiento en determinados puntos para reducir de esta manera los peligros derivados de los descuidos. Pero esto no fue suficiente. Pronto se vio que para evitar los errores era necesario relacionar mecánicamente los órganos de maniobra de esos aparatos, de manera que se impidiese mover una palanca cuando pudiese poner en peligro la circulación. Así nacieron lo que hoy en día conocemos como *enclavamientos* que, en realidad, son todo dispositivo mecánico o eléctrico, o la combinación de ambos, que evite una falsa maniobra que pueda afectar a la circulación ferroviaria. Los enclavamientos están constituidos, pues, por una serie de dispositivos de accionamiento de aparatos de vía, señales, etc. que se encuentran en relación de dependencia, de tal manera que no es posible la realización de falsas maniobras en los distintos elementos de control de la estación.

En este contexto es importante destacar que el paso de una circulación por una zona en la que existan aparatos de vía requiere asegurar, básicamente, que:

- El itinerario se encuentre libre.
- Las agujas se encuentren convenientemente dispuestas.
- El itinerario esté protegido contra todo movimiento convergente, secante, de sentido contrario.
- Las condiciones precedentes no se modifiquen antes de que la circulación haya terminado de recorrer el itinerario considerado.

Los enclavamientos se clasificaban, normalmente, en dos categorías:

1. Enclavamientos ligados al paso de las circulaciones (mantenimiento de un aparato de vía en la buena posición, etc.).
2. Enclavamientos entre aparatos para asegurar que todos ellos se encuentran inmovilizados en la buena posición.

De una manera general, en la figura 1.13 se visualizan algunos de los principales enclavamientos (P. Bouvarel, 2004):

SEÑALIZACIÓN LATERAL MECÁNICA

a)

b)
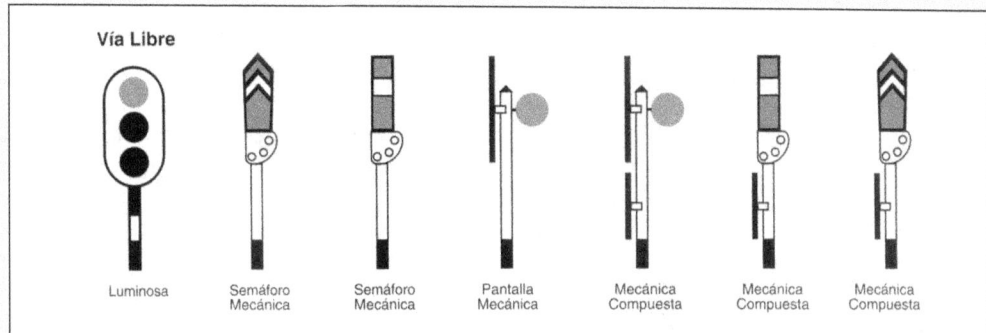

c)
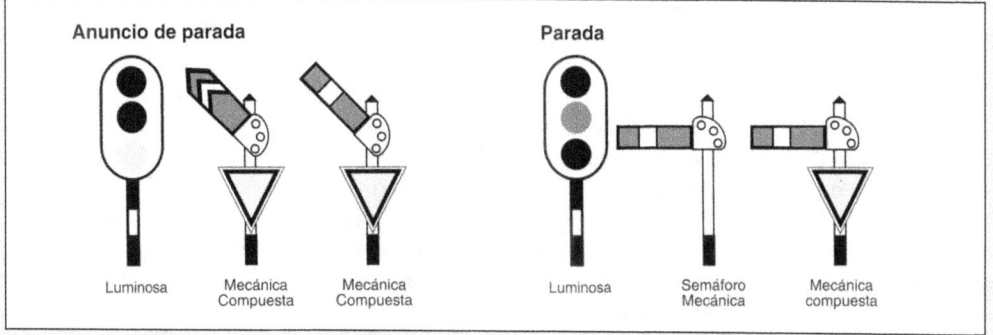

Fuente: RENFE y P. Lozano (1998)

Fig. 1.12

PRINCIPALES TIPOS DE ENCLAVAMIENTOS

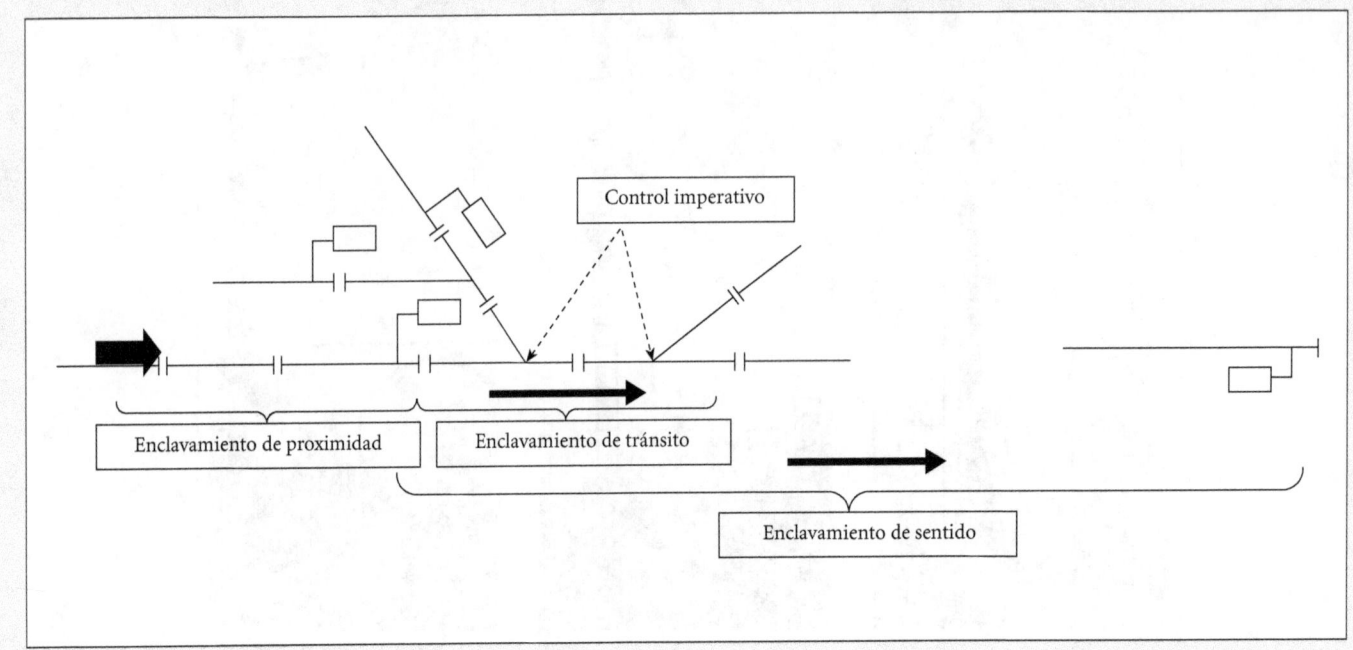

Fuente: P. Bouvarel (2004)

Fig. 1.13

Las principales funciones de cada uno de ellos son las siguientes:

a) *Control imperativo.* Verifica la inmovilización y el encerrojado de las agujas y actúa sobre las señales. Trata, esencialmente, de asegurar que los aparatos de vía se encuentran en la posición correcta.
b) *Enclavamiento de proximidad.* Impide la modificación del itinerario durante la ocupación de la zona de aproximación por la circulación, inmovilizándolo desde el momento en que se produce la apertura de la señal de entrada.
c) *Enclavamiento de tránsito.* Inmoviliza las agujas antes y durante el paso de la circulación. Es activo hasta que se produce la liberalización por el tren de la zona de conflicto.
d) *Enclavamiento de sentido.* Impide la apertura simultánea de las señales de dos itinerarios de sentido contrario.

Los aparatos que realizan las condiciones impuestas por el programa de enclavamiento (al que nos referiremos posteriormente) pueden dividirse en dos grupos: los de maniobra de aparatos de vía y señales por palancas no concentradas, y los de concentración de palancas.

En el primer grupo, la inmovilidad de las palancas que accionaban las agujas y las señales se aseguraba *in situ* mediante cerraduras. Para ello se extraían las llaves de las cerraduras y posteriormente se relacionaban en una cerradura central, impidiendo que se pudieran extraer aquellas otras llaves que permitían mover agujas o señales incompatibles con el itinerario deseado. Cuando no existía cerradura central, la relación se establecía directamente entre las cerraduras de las propias palancas de las agujas y señales, aunque en este caso el enclavamiento era menos completo al ser prácticamente imposible relacionar la totalidad de las cerraduras de agujas y señales de todas las bandas de la estación.

De acuerdo con F. Cayón et al. (1998), el más económico de los sistemas de enclavamiento fue el muy conocido de las cerraduras Bouré, unas cerraduras que se utilizaban en estaciones de pequeña o mediana capacidad sin gran intensidad de tráfico, mientras que los sistemas centralizados se empleaban en aquellas con mayores circulaciones, en donde se modificaban con mayor frecuencia los aparatos de vía y señales y era por tanto necesario disponer de unos sistemas que ofreciesen unos niveles de seguridad más elevados.

Paul Bouré, el creador de las cerraduras que llevan su nombre, fue inspector principal de Explotación de los Ferrocarriles Franceses. Sus cerraduras eran de dos tipos: las que se aplican individualmente a cada uno de los aparatos y señales que se querían inmovilizar, y las que llamaba *cerradura central*, que realizaban el enclavamiento exigido desde la oficina de la estación. Esta cerradura central guardaba las llaves que se precisaban para abrir las cerraduras anteriores y sólo liberaba cada vez las que se precisaban para establecer un itinerario, reteniendo las llaves que correspondían a otros itinerarios incompatibles. Las cerraduras centrales no eran en origen, en definitiva, más que una combinación estudiada de pestillos con tacos. Cada llave tenía un lugar indicado en la cerradura central. Al girar una llave para sacarla, su pestillo correspondiente, vertical u horizontal, se deslizaba. Entonces los tacos que llevaba el pestillo se desplazan con él y hacían tope con los que correspondían a otras llaves, impidiendo así su desplazamiento y con ello que se pudieran girar para extraer sus llaves. También existieron cerraduras Bouré con dos y tres llaves, con las que se podían hacer enclavamientos sin cerradura central, pudiendo estar conjugados con la llave fija o entre sí (F. Cayón et al., 1998).

En los aparatos de concentración de palancas (Fig. 1.14a) se diferenciaban los llamados *mecánicos*, de transmisión rígida (por barras) o funicular (por alambres) entre las palancas de accionamiento y los aparatos de vía y de señal, y los denominados *dinámicos* de transmisión de un fluido, que desde el punto de concentración de palancas van al pie de la aguja o señal, donde un motor transforma en movimiento su energía, para accionar cada una de ellas.

En función del tipo de fluido que utilicen los enclavamientos dinámicos, se clasificaban en hidráulicos, neumáticos y eléctricos. La combinación entre ellos dio lugar a los enclavamientos hidroneumáticos, electroneumáticos e hidroelectroneumáticos.

El primer enclavamiento apareció en 1854 en Francia (enclavamiento Vignier, ingeniero de la Compañía Francesa de los Ferrocarriles del Oeste). Sin embargo, pronto se hicieron tentativas para sustituir este tipo de enclavamiento mecánico por otro que evitase el gran esfuerzo humano que requería y para que a su vez fuese mayor la distancia a la que operase este. La primera solución la proporcionó, en 1884, el enclavamiento hidroneumático. Véase (Fig. 1.14b) el enclavamiento mecánico de transmisión hidráulica de la estación de Madrid-Atocha en la época, dotado de palancas de accionamiento de señal por itinerario. Su lentitud operativa y otros defectos hicieron que cediese su sitio al enclavamiento electroneumático, que obtuvo su mayor desarrollo hacia 1890. Le siguió el enclavamiento completamente eléctrico, que comenzó a utilizarse a finales del siglo XIX.

Hasta mediados del citado siglo, prácticamente todos los enclavamientos eléctricos existentes eran de mandos individuales de agujas y señales. A partir de ese momento, en las terminales de cierta importancia, con gran número de agujas y travesías, se introdujo la modalidad NX (principio-final), en la que la mesa se encargaba de establecer el itinerario y las señales de forma automática

ENCLAVAMIENTO MECÁNICO DE CONCENTRACIÓN DE PALANCAS

a) Algunos tipos de enclavamientos

b) Palancas de accionamiento de señal por itinerario

Fuente: RENFE

Fig. 1.14

sólo con actuar o pulsar el principio y final del movimiento deseado. A finales de los años setenta del pasado siglo, se perfeccionaron estos enclavamientos a través de los denominados *enclavamientos eléctricos de grupos geográficos*. En estos, los diferentes relés que controlan los elementos de campo (agujas, señales, etc.) se agrupan en forma geográfica con la estructura de vías de la estación en módulos, simplificándose de esta manera cualquier modificación posterior.

El avance más importante en los últimos años, que supuso una ruptura total con los sistemas anteriores, fue la aparición de enclavamientos eléctricos basados en la tecnología de microprocesadores que reciben la información, la contrastan y, si no existe incompatibilidad, dan las órdenes oportunas a las señales y aparatos de vía para establecer el itinerario.

Las interrelaciones que han de ser satisfechas por las instalaciones de seguridad de una estación quedaban definidas, en sus aspectos recíprocos, por los cuadros de servicio correspondientes. Como referencia, en la figura 1.15 se muestra un ejemplo de un cuadro de servicio. Nótese como en él se explicita, para cada tipo de movimiento, las agujas que necesariamente tienen que estar enclavadas, las indicaciones de las señales y los circuitos de vía necesariamente libres, y además, la incompatibilidad existente entre los distintos itinerarios.

1.6 COMUNICACIONES

Las características de la explotación ferroviaria convirtieron las comunicaciones entre los distintos puestos y estaciones en un elemento estratégico del que dependían tanto la seguridad como la velocidad de las circulaciones y la capacidad de las líneas. Por ello, el ferrocarril fue incorporando las tecnologías que en cada momento estuvieron disponibles (F. Cayón et al. 1998).

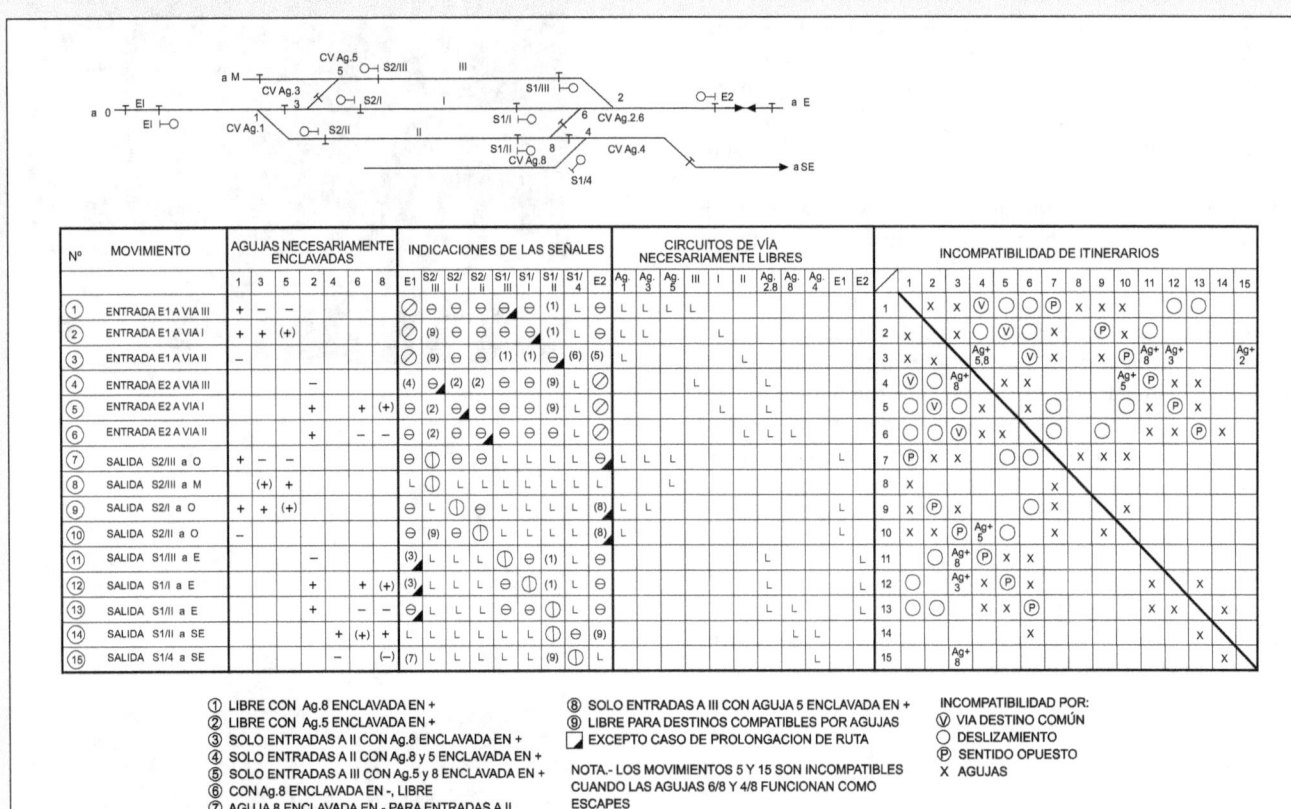

Fuente: Oliveros et al. (1998)

Fig. 1.15

En este contexto, aunque el ferrocarril comenzó utilizando, inicialmente, el telégrafo, tipo Breguet o Morse (Fig. 1.16) acabó por imponerse este último por su sencillez y por dejar inscritos los signos en una cinta de papel, dando con ello mayores garantías de seguridad. El fundamento de su funcionamiento se encontraba en la unión de las dos estaciones de referencia por un hilo conductor. En cada una de ellas existía: una fuente de corriente (pila B), un interruptor M, y un electroimán R. Para transmitir, se manipulaba el interruptor de manera que cerrase el circuito alimentado por la correspondiente pila, y la corriente que así se engendraba pasaba por la línea al electroimán de la otra estación que, accionado por esa corriente, producía una señal. El aparato transmisor del Morse era una palanca susceptible de oscilar entre dos posiciones. La duración del contacto de la palanca con el tope de trabajo podía hacerse breve o larga, dando lugar así a puntos y rayas, únicos signos que, combinados, constituían el código Morse.

Con posterioridad, el telégrafo fue sustituido por el teléfono en las comunicaciones ferroviarias. El primer sistema propio del ferrocarril, denominado *sistema de circuito* o *batería local*, tenía por misión enlazar cada estación con sus dos colaterales. Sin embargo,

COMUNICACIONES POR TELÉGRAFO

a) Vista de conjunto

b) Receptor Morse

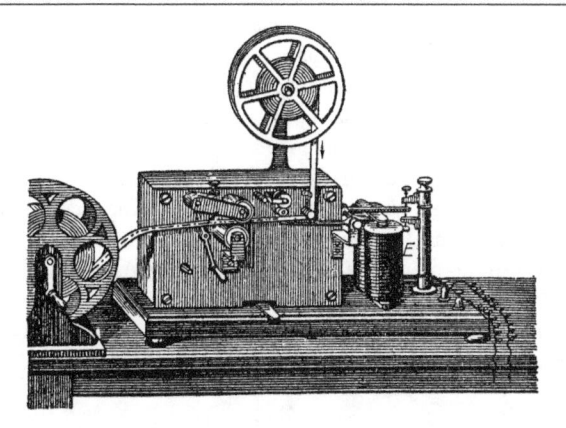

c) Manipulador Morse

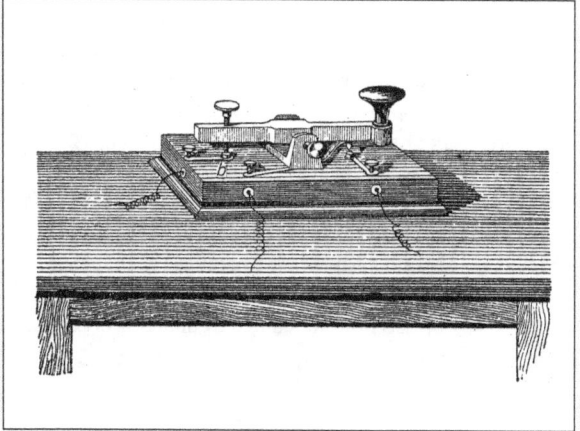

Fuente: P. Lozano y F. Wais

Fig. 1.16

el sistema telefónico más característico de los ferrocarriles fue la denominada *telefonía selectiva*. La filosofía que presidía la misma consistía en que las llamadas se seleccionaban desde un puesto central, de manera que sólo afectaba a la estación con la que se quería hablar. Con este sistema, desde el puesto de mando se vigilaba la marcha de los trenes. El agente encargado de dirigir la circulación sobre una línea estaba en comunicación constante, conjunta o separadamente, con todas y cada una de las estaciones de aquella.

Con este sistema se podían hacer tres tipos de llamada: a cualquiera de las estaciones (llamada selectiva), por medio del envío a la línea de una serie de tres grupos de impulsos, que eran distintos para cada estación; a un grupo determinado de estaciones (llamada de grupo) y, por último, a todos los puestos secundarios (llamada general). El teléfono selectivo constituyó, pues, una instalación de gran interés para la explotación de líneas de ferrocarril. En España, este sistema tuvo sus primeras aplicaciones durante los años 1922 y 1923 a través de las compañías MZA y del Norte.

1.7. EL SENTIDO DE CIRCULACIÓN DE LOS TRENES[1]

La observación del sentido de marcha utilizado en el ferrocarril pone de manifiesto que no existe, a nivel mundial, un posicionamiento único sobre el criterio adoptado por cada Administración. Por ello se utilizan términos como «circular por la derecha», cuando los trenes, en el caso de una vía doble, avanzan por la vía de la derecha en el sentido de su marcha.

Como consecuencia de esta correspondencia entre una vía y un sentido de circulación, se denomina «vía par» a la que emplean para circular los trenes de sentido par, y «vía impar» a la que utilizan para su circulación los trenes impares. En cada línea se define convencionalmente un sentido denominado «par», y otro «impar», que se corresponden con el número de los trenes: aquellos que circulan en sentido impar se designan por un número impar y viceversa.

El sentido preferente de circulación más empleado en la red general española actualmente es por la vía de la derecha en el sentido de la marcha: en el 77,7% de la longitud de las líneas dotadas de vía doble se circula preferentemente en este sentido. De hecho, así se hace en todas las líneas dotadas de vía doble, excepto en las de Madrid a Hendaya (entre Pinar de las Rozas y Hendaya), Venta de Baños a Palencia y a León, León a la Robla, Pola de Lena a Gijón, Orduña a Bilbao-Abando, Bilbao-Abando a Santurzi y Redondela a Chapela.

Se trata de líneas procedentes de la antigua Compañía del Norte de España, que impuso la práctica de circular por la izquierda en sus líneas.

La figura 1.17a permite apreciar, de forma esquemática, la manera en que se resuelve el enlace entre los dos tramos de una línea por los que se circula con diferente sentido. Corresponde a la estación de Pinar de las Rozas, en las proximidades de Madrid.

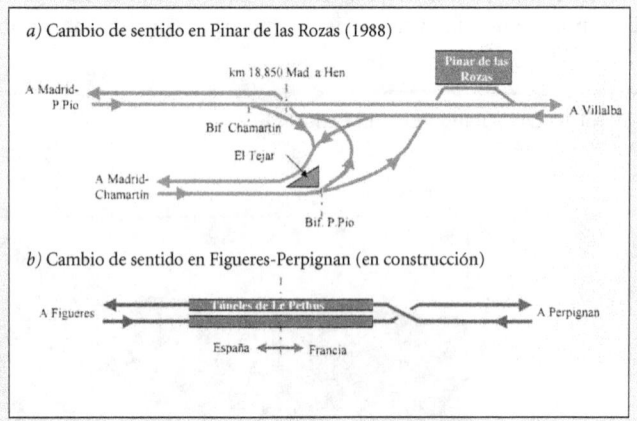

CONEXIONES ENTRE LÍNEAS DE DIFERENTE SENTIDO DE CIRCULACIÓN

Fuente: A. García (2007)   *Fig. 1.17*

En la citada estación coinciden la línea del Norte de Madrid Príncipe Pío a Hendaya (con circulación por la izquierda) y la línea de los enlaces ferroviarios de Madrid procedente de Chamartín (1964) en la que se decidió circular por la derecha. Ello obliga a que la vía impar procedente de Chamartín cruce bajo las dos vías generales que vienen de Príncipe Pío. Posteriormente, cuando en 1988 se construyó el *By Pass* para permitir la circulación de Chamartín a Príncipe Pío, en lugar de hacer lo mismo, se cambió el sentido de la circulación entre Pinar de las Rozas y Príncipe Pío, lo que obligó a construir un *salto de carnero* en las líneas generales de Madrid a Hendaya, de forma que una pasa por encima de la otra, para dar continuidad al sentido de circulación: de Príncipe Pío a Pinar, por la derecha, de Pinar a Hendaya por la izquierda.

Otros países donde se comenzó a circular por la derecha fueron Alemania, Noruega, Dinamarca, Rusia y Estados Unidos. Por el contrario, se escogió circular por la izquierda en Inglaterra, Francia, Italia, Suiza, Portugal Argentina y Japón, entre otros.

En el estudio mencionado anteriormente de A. García, el citado autor señala que no parece claro por qué en el siglo XIX se produjo la elección de un sentido concreto de circulación en cada uno de los países o redes. En Inglaterra, donde el ferrocarril circula por la

---

(1) Este apartado se ha elaborado a partir de la publicación «La vía doble en España y el sentido de la circulación de los trenes por ella». Alberto García Alvarez, Fundación de los Ferrocarriles Españoles (2007).

izquierda, parece lógico pensar que pudiera ser porque en los caminos también se circula en ese sentido; un razonamiento simétrico puede aplicarse a Alemania, donde se eligió la derecha, que era el mismo sentido de circulación de los caminos ordinarios.

Sin embargo, por razones desconocidas, en Francia, donde en los caminos ordinarios se circula por la derecha, se escogió para el ferrocarril el sentido de circulación por la izquierda, que aún perdura. Desde Francia, la circulación por la izquierda se introdujo en diversos países por influencia de las compañías de capital francés que explotaban el ferrocarril en el extranjero, como fue el caso de España, donde Norte adoptó este sentido de circulación; mientras que la compañía de MZA, también de capital francés, mantuvo el sentido de circulación por la derecha.

Por otro lado, añade que en los momentos en que se implanta la doble vía (desde mediados del siglo XIX y en España, sobre todo, desde el primer tercio del siglo XX) la totalidad de las máquinas eran de vapor carbón, y en ellas la dotación fue de un maquinista y un fogonero. El maquinista necesitaba accionar la palanca de la distribución con una de sus manos y el regulador con la otra, siendo en principio indiferente que hiciese una u otra tarea con la mano derecha o con la izquierda.

Sin embargo, el fogonero tenía que pasar con su pala el carbón desde el ténder, o desde la parte trasera de la locomotora, hasta el hogar. Este movimiento, para los fogoneros, era mucho mejor hacerlo desde el lado izquierdo de la máquina, ya que en esta posición el impulso fundamental se hacía con la mano normalmente prioritaria, la derecha. Por ello, la ubicación de los mandos, que condicionaba la de los puestos de conducción de la mayor parte de las locomotoras de vapor, era esa: maquinista a la derecha de la cabina, y fogonero a la izquierda. Así fue mientras la vía única dominó, e incluso en el siglo XIX muchas locomotoras inglesas, fabricadas con el puesto del maquinista a la izquierda, fueron cambiadas a la derecha (Peironcely, 1907).

Sin embargo, en Francia, en muchos casos, se situó el puesto del maquinista a la izquierda desde 1900 para poder ver mejor las señales circulando en doble vía por la izquierda. En Italia y Suiza los mandos de las máquinas de vapor estaban a la derecha, pese a circularse por la iquierda.

Finalmente, A. García destaca la coherencia entre la posición del maquinista y el sentido de circulación en doble vía, por razones de explotación. En este sentido, considera que el hecho de que el maquinista esté situado en el lado exterior de la doble vía (esto es, a la izquierda si se circula por la iquierda, y a la derecha de la máquina si se circula por la derecha) no solo le facilita la visión de las señales fijas, sino que favorece de forma importante la visión de «orden de marcha» dada por el factor o jefe de estación, y además el maquinista puede ver el andén y los viajeros que suben y bajan de los trenes, lo que puede ser importante para garantizar la seguridad si, por ejemplo, hubiese que frenar una vez iniciada la marcha por movimientos imprevistos de los viajeros

En la actualidad, la cuestión del sentido de circulación en las dobles vías ha perdido importancia, toda vez que han desaparecido todas las ventajas inherentes a uno u otro sentido o a la combinación entre el sentido adoptado y otros criterios de explotación. En todos los trenes modernos, la visibilidad de las señales desde el puesto del maquinista es prácticamente total, sea cual sea el lugar de la cabina en que tal puesto esté ubicado y el lado de la vía en que se encuentren las señales. Incluso en algunos casos se circula con señalización en cabina, que no requiere la visión de las señales. Además, el maquinista dispone de retrovisores o cámaras que permiten ver el andén de los viajeros sea cual fuere el lado en que estén en la cabina.

Puede afirmarse, por ello, que la circulación en cualquiera de los sentidos es posible sin que exista ninguna ventaja en la circulación por un sentido frente a la circulación por el otro. Por las mismas razones, se han perdido las ventajas de la unificación del sentido de la circulación en una misma red, puesto que las señales estarán siempre situadas en la parte exterior de la vía, desde la que son visibles desde cualquier punto de la cabina.

Unicamente la comodidad de los viajeros, que siempre esperan que el mismo tren llegue por el mismo andén (y la facilidad y la claridad a la hora de señalizar los andenes) aconseja que en una misma línea los trenes circulen siempre en el mismo sentido, pero sin que sea mejor que lo hagan por la derecha o por la izquierda, o sin que sea necesario que el sentido sea el mismo que en otra línea.

Se señala, por último, que la diferencia de criterio existente en Francia (se circula preferentemente por la izquierda) respecto al vigente en España (preferentemente por la derecha) no ha supuesto, tradicionalmente, ningún inconveniente en las fronteras entre ambos países, dado que a causa del diferente ancho de vía, se tenía necesidad de trasbordar o de cambiar los ejes.

Sin embargo, la nueva línea de alta velocidad de Figueres a Perpignan, debe enlazar en Figueres con la línea española —en la que se circulará por la derecha— y en Perpignan con la francesa —en la que se circula por la izquierda. La solución adoptada ha sido cambiar la posición relativa de las vías, de forma que, al entrar en Francia, las dos vías se cruzan entre sí por medio de una gran pérgola (Fig. 1.17b), dando continuidad la vía de la derecha en España con la de la izquierda en Francia, y viceversa.

2

LA MODERNA SEÑALIZACIÓN FERROVIARIA DE LÍNEAS CONVENCIONALES Y DE ALTA VELOCIDAD

2.1 INTRODUCCIÓN

La señalización de una línea es uno de los principales componentes de la explotación ferroviaria, al ser condición necesaria para una circulación segura de los trenes que el maquinista reciba de forma clara y oportuna las informaciones que hagan posible la regulación de la velocidad, incluyendo su detención completa.

Si bien en una primera fase temporal el objetivo «seguridad» pudo considerarse como el único de la señalización, posteriormente otros condicionantes se fueron incorporando al marco de la misma: regularidad de la circulación, aumento de la velocidad media, incremento de la capacidad, etc.

De forma sintética, puede decirse que fue durante el primer tercio del siglo xx cuando se establecieron los principios que deberían regir los equipos de una señalización moderna: indicación positiva de vía libre; utilización de una señal de anuncio de disminución de velocidad y, finalmente, empleo de la señalización luminosa.

2.2 EL CIRCUITO DE VÍA

La base de la señalización moderna se encuentra en el circuito de vía.[1] Su configuración esquemática se muestra en la figura 2.1a. Como se observa en ella, la vía se aísla eléctricamente en tramos de una cierta longitud, llamados *cantones*, por medio de juntas aislantes. Por un extremo del cantón se introduce una alimentación eléctrica, y en el otro extremo del mismo se conecta un relé. Cuando el cantón se encuentra libre de cualquier vehículo, existe un circuito eléctrico desde la fuente de alimentación, a lo largo del carril y a través de la bobina del relé, que retorna por el otro carril (Fig. 2.1b). En el caso de presencia en el cantón de un vehículo en cualquier punto del mismo, se provoca un cortocircuito de la bobina del relé, a través de los ejes y las ruedas del referido vehículo (Fig. 2.1c).

Al no recibir la bobina, en este caso, suficiente corriente, se libera la armadura del relé, que al no estar traccionada provoca la apertura de los contactos del bloque. Las posiciones del relé, excitado o desexcitado, se corresponden con dos tipos de señales: verde y roja respectivamente.

Es importante hacer notar que en el supuesto de que se produzca alguna incidencia, por ejemplo por fallo en la alimentación del circuito de vía, por rotura del carril, etc., el relé se desexcita y proporciona, por tanto, el elevado índice de seguridad que se necesita.

La longitud de los cantones suele oscilar entre 1.000 y 1.500 m. Uno de los elementos principales de un circuito de vía es el denominado *shunt limite*. Es decir, el valor de la mayor resistencia que, colocada en derivación en un punto cualquiera del circuito, asegura la desexcitación del relé de vía, en las condiciones más desfavorables de explotación. Se comprende que este tipo de condiciones corresponde a los siguientes casos: tensión de alimentación del circuito de vía a su valor máximo; resistencia de los carriles a su valor mínimo, o bien, aislamiento de la vía a su valor máximo. Ha sido usual especificar una resistencia de *shunt* mínima de 0,5 ohmios, aun cuando también se han aceptado valores algo menores: 0,2 a 0,3 ohmios.

Como se ha indicado con anterioridad, el *shuntado* del circuito de vía se produce por los ejes de los vehículos. Por tanto, un ele-

---

(1) El circuito de vía fue inventado por W. Robinson en 1870

PRINCIPIO DE FUNCIONAMIENTO DEL CIRCUITO DE VÍA

a) Visión de conjunto

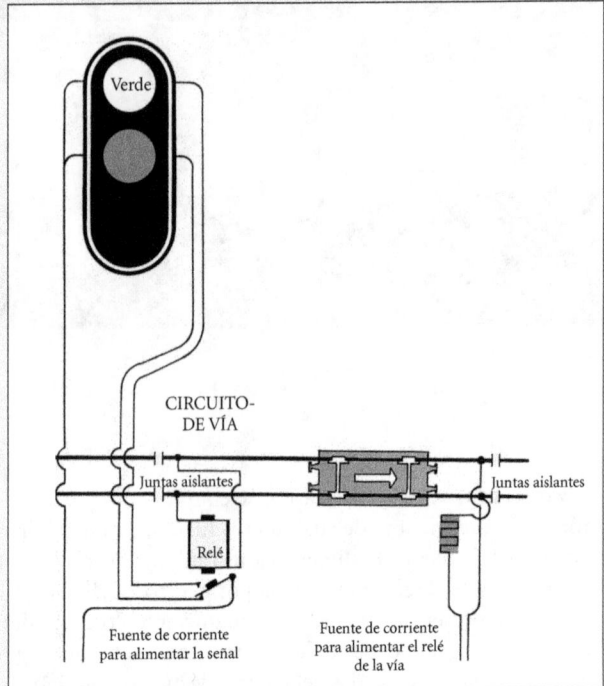

c) Representación esquemática

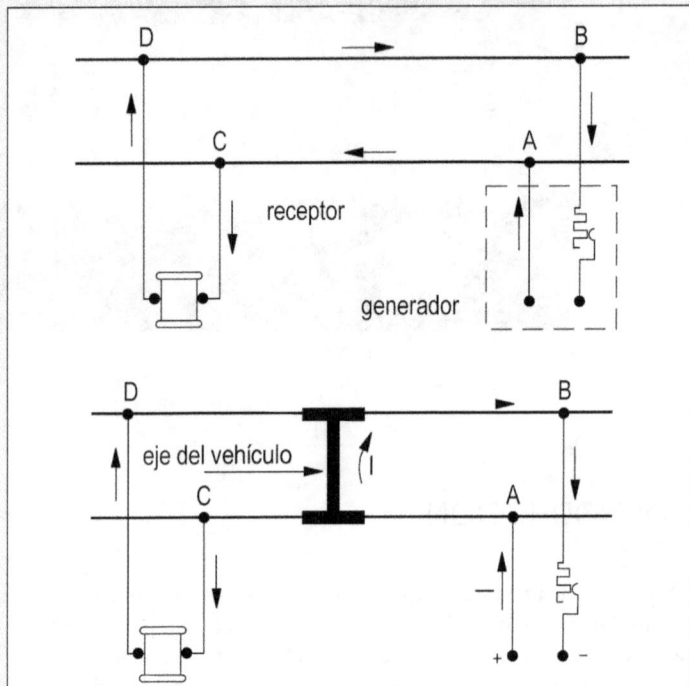

b) Detalle del circuito de vía

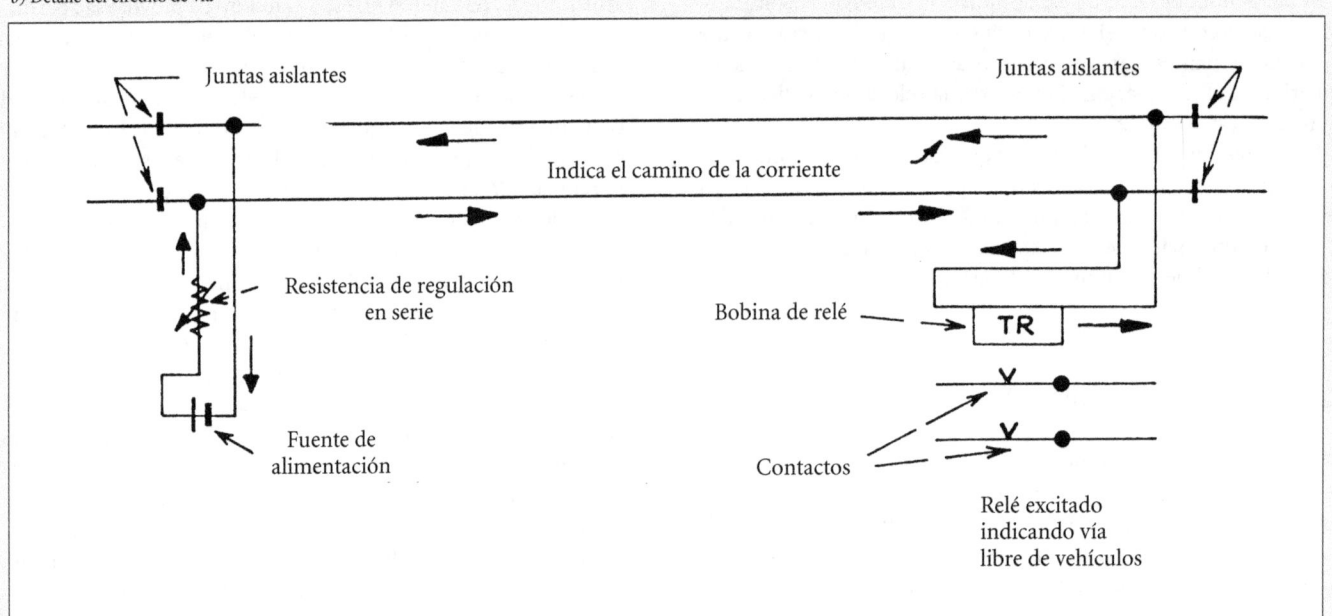

Fuente: SNCF/RENFE

Fig. 2.1

mento esencial es conocer la resistencia que los citados ejes ofrecen al paso de la corriente eléctrica. La resistencia de un eje se compone de dos sumandos: el primero corresponde a su resistencia intrínseca, situada normalmente en el entorno de 0,01 ohmios en el caso de ejes nuevos, y de 0,1 ohmios para ejes usados; el segundo sumando se debe a la resistencia de contacto con el carril, que puede estar influenciada por condiciones locales (carriles con grasa, carriles con arena, etc.). Se deduce, en consecuencia, al comparar los valores del *shunt límite* y de la resistencia de un eje, que se dispone de un elevado coeficiente de seguridad. Ya hemos señalado, no obstante, que esta magnitud puede verse reducida de forma sensible en función de determinadas condiciones atmosféricas y locales.

Por lo que respecta a las juntas aislantes, cuya misión es cortar la corriente en un punto determinado de la vía, se utilizaron de diversos tipos a lo largo del tiempo. En la figura 2.2. se muestran dos de ellos. El primero (Fig. 2.2.a), denominado *junta Weber*, disponía de una parte aislante constituida por tacos de madera, pletinas y casquillos de fibra, asegurando el enlace mecánico entre carriles mediante una escuadra y dos bridas metálicas. El segundo (Fig. 2.2b), denominado *junta encolada*, consistía en dos cupones de carril aislados en su unión y enlazados fuertemente por procedimientos especiales. Dicho conjunto se fabricaba previamente, siendo necesario efectuar su montaje cortando la vía e intercalando la junta en el corte, para soldar posteriormente sus extremos a la vía (Fig. 2.3).

En un circuito de vía coexisten dos aspectos: por un lado, desde el punto de vista de la señalización, los cantones laterales deben aislarse; por otro lado, se debe dar continuidad al retorno de la corriente de tracción que lo hace a través del propio carril. En el primer caso, la solución se encuentra en las juntas aislantes que ya hemos visto, y en el segundo, en las juntas inductivas que desarrollamos a continuación.

Están constituidas por dos bobinas, conectadas cada una de ellas a los extremos de los carriles finales de los dos cantones contiguos. Las bobinas presentan una alta impedancia para corriente alterna y una baja resistencia en corriente continua, permitiendo el retorno de la corriente de tracción a pesar de estar seccionada por las juntas aislantes (Fig. 2.4).

JUNTAS AISLANTES

a) Junta Weber

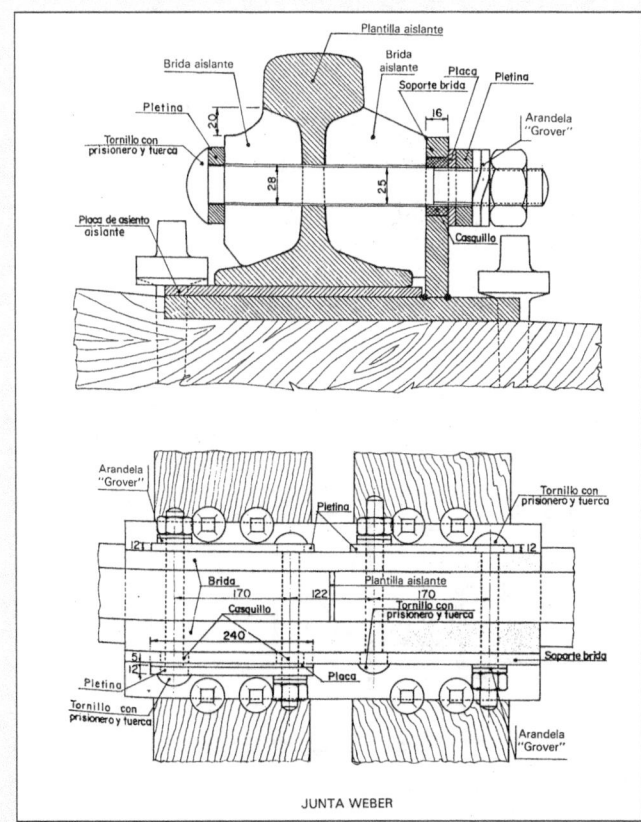

b) Junta encolada

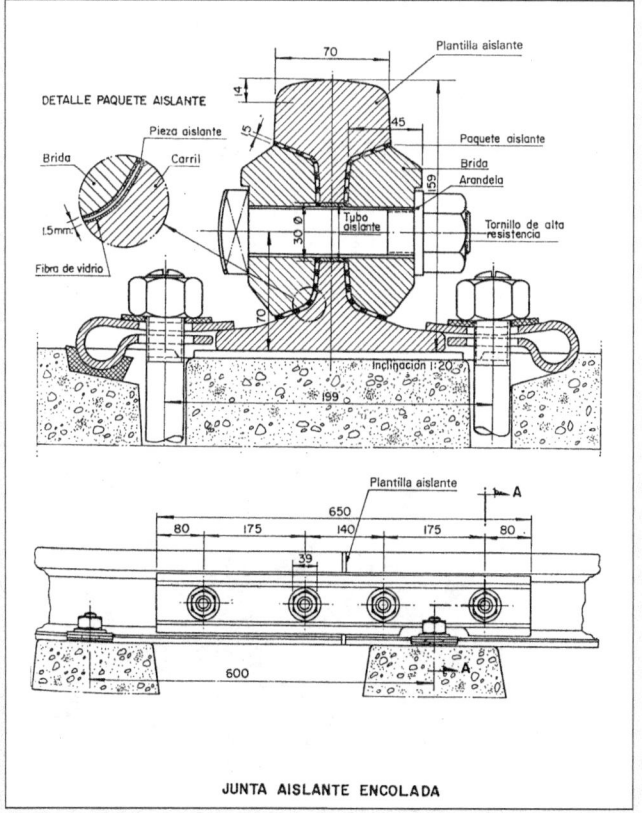

Fuente: RENFE

Fig. 2.2

VISTA DE UNA JUNTA ENCOLADA

Fuente: R. Retiveau (1987)

Fig. 2.3

JUNTA INDUCTIVA

a) Esquema eléctrico

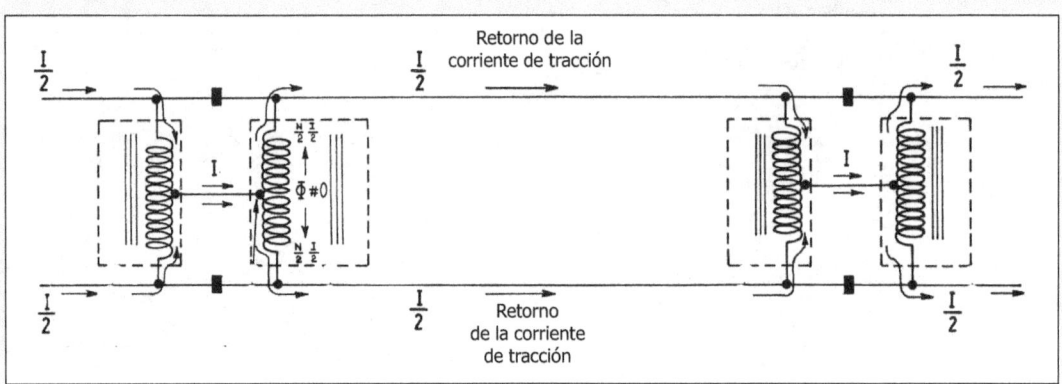

b) Instalación en vía

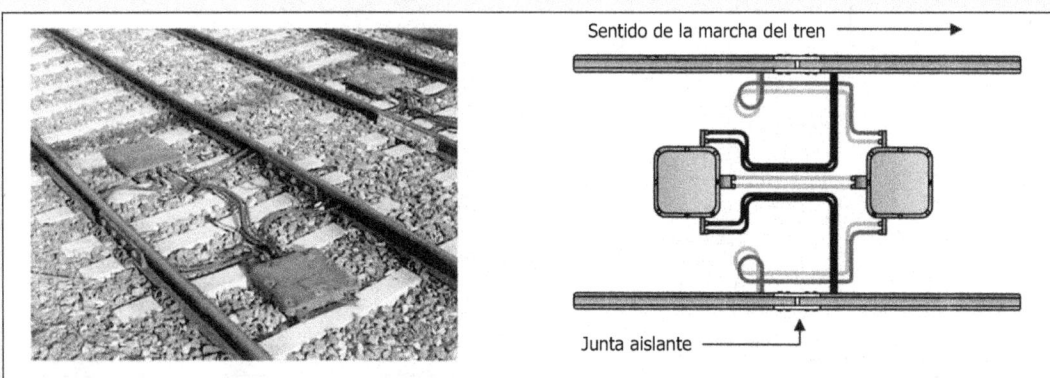

Fuente: V. R. González (2007)

Fig. 2.4

2.3 VELOCIDAD DE CIRCULACIÓN Y LONGITUD DE LOS CANTONES

El empleo del circuito de vía, tal como ha sido descrito en el apartado anterior, permitió descomponer la distancia existente entre dos estaciones consecutivas en una serie de cantones tal como muestra la figura 2.5. De esta forma era el propio tren quien aseguraba la seguridad a lo largo de un recorrido dado. Es preciso recordar que la longitud de los cantones osciló en el intervalo de los 800 a 1.000 o 1.200 m en función de las velocidades máximas practicadas en los primeros tiempos, 80 a 120 km/h. Con las citadas distancias las composiciones ferroviarias podían detenerse, en caso necesario, utilizando un sólo cantón. Sin embargo, al incrementarse la velocidad de circulación a 140/160 km/h, la longitud de los citados cantones resultaba insuficiente. En efecto, aceptando como referencia la siguiente expresión:

$$d \simeq 0{,}038 \, \frac{V^2}{\gamma}$$

para la relación entre la distancia de parada d (metros) de un tren circulando a V (km/h) con una deceleración γ (m/seg^2), se deduce para $\gamma = 0{,}75$ m/seg^2, considerada como magnitud de referencia en un frenado todavía confortable, la siguiente pareja de valores:

Velocidad de circulación (km/h)	Distancia de parada (m)
80	325
100	506
120	730
140	993
160	1.300
200	2.026

Se constata, por tanto, que para 140 km/h se necesitarían cantones de aproximadamente 1.000 m; longitud que se elevaría a 2.000 m cuando se circulase a 200 km/h. La solución a este problema consistiría, teóricamente, en incrementar la longitud inicial de los cantones.

DESCOMPOSICIÓN DE LA VÍA EN CANTONES ENTRE DOS ESTACIONES CONSECUTIVAS

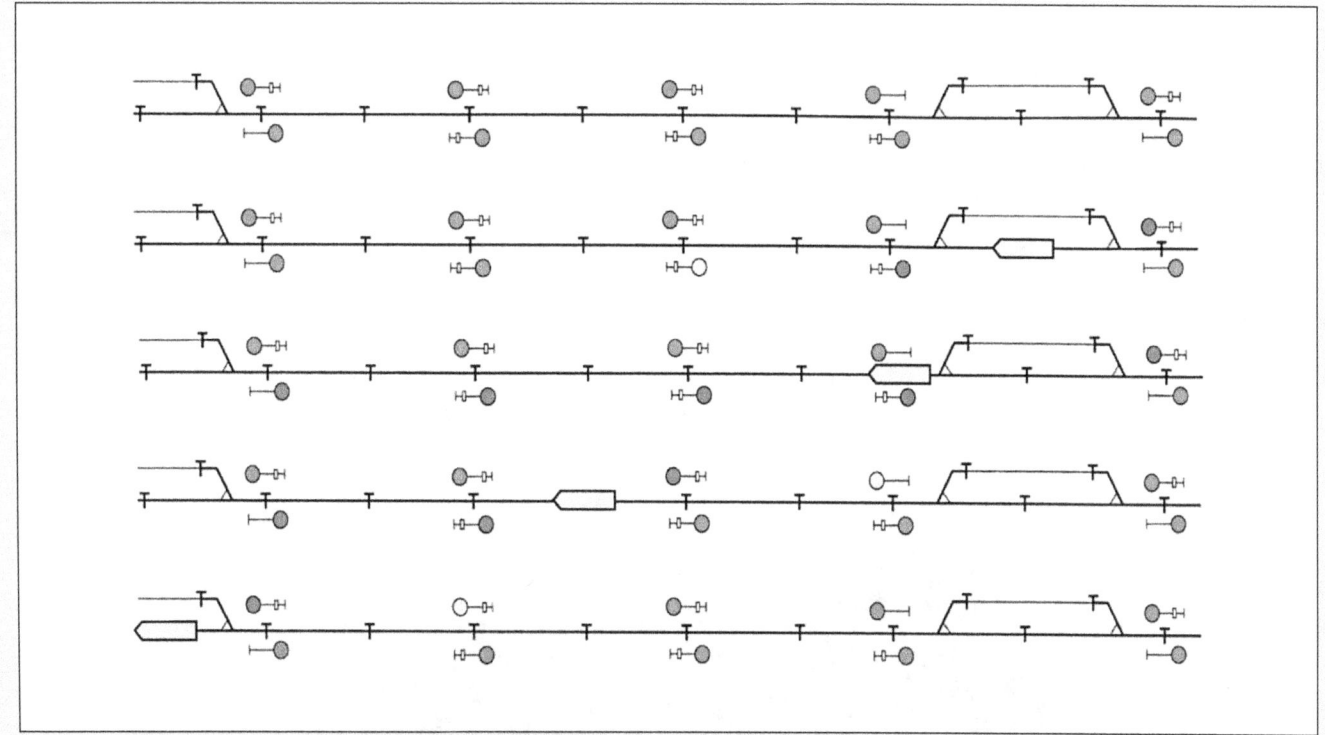

Fuente: Tomada de ETR (2001)

Fig. 2.5

Sin embargo, esta actuación presentaría una complejidad enorme si, como es habitual, fuese necesario mantener en servicio las circulaciones comerciales durante el tiempo que durasen los trabajos de adaptación de la señalización. Debe hacerse notar, por otro lado, que al aumentar la distancia entre señales la capacidad de la línea se ve disminuida, dado que los trenes más lentos emplean más tiempo en recorrer los cantones y, por tanto, impiden que a igualdad de tiempo circulen el mismo número de trenes.

Desde enero de 1988 RENFE incorporó un nuevo tipo de señalización para solventar el problema del mencionado aumento de la velocidad. La idea fue introducir una nueva indicación de señal denominada *verde destellante*. Por su color, verde, indica paso libre a las circulaciones, mientras que sus destellos indican al maquinista de un tren que circula a 200 km/h la necesidad de comenzar a reducir la velocidad, de manera que en el inicio del siguiente cantón la velocidad máxima no supere 160 km/h, permitiendo al tren detenerse, si fuese necesario, al finalizar el citado cantón. La figura 2.6 permite visualizar el funcionamiento de este sistema y lo compara con el existente para velocidades inferiores. Para un tren que circule a V ≤ 160 km/h, el verde destellante es equivalente a la existencia del verde tradicional, es decir, vía libre sin restricciones.

A lo largo de un trayecto resulta posible encontrar en la línea otro tipo de señales de las indicadas con anterioridad. Se colocan en aquellos tramos en los que por diversas razones resulta obligado reducir la velocidad máxima autorizada. Ello puede ser debido a la realización de obras en la vía, problemas de calidad geométrica, etc.

Los anuncios de limitación de velocidad se efectúan por intermedio de señales verticales que contienen un número dentro de un círculo (Fig. 2.7). Ordenan no exceder la velocidad indicada por dicho número al paso por la siguiente señal, que se presenta en

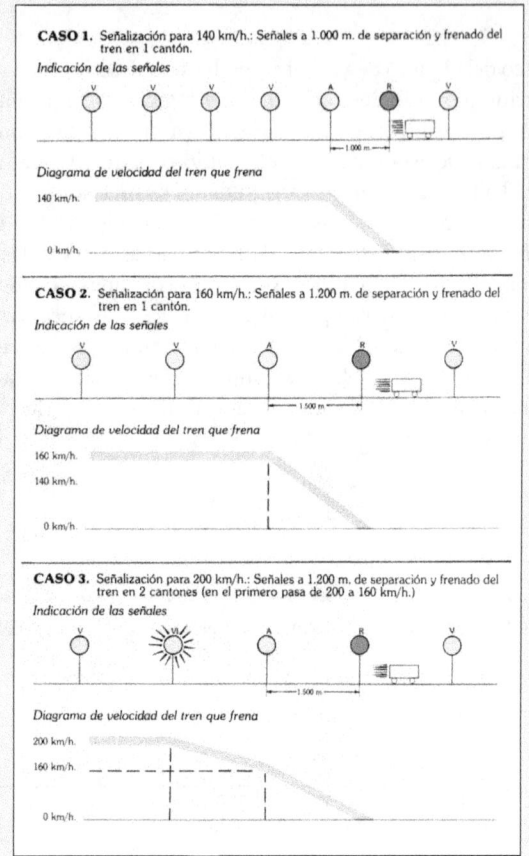

SEÑALIZACIÓN ESPAÑOLA EN FUNCIÓN DE LA VELOCIDAD DE CIRCULACIÓN

Fuente: RENFE (1988)

Fig. 2.6

SEÑALES FIJAS EN LA VÍA DE REDUCCIÓN DE VELOCIDAD

Fuente: J. L. Torres y J. F. Iñiguez (2000)

Fig. 2.7

forma de rombo. Estas señales pueden calificarse de permanentes o temporales, estando en este último caso tanto el círculo como el rombo coloreados en amarillo.

2.4 REPETICIÓN DE SEÑALES EN LA LOCOMOTORA Y CONTROL DE VELOCIDAD

La seguridad de la explotación ferroviaria se basó tradicionalmente en la existencia de un código de señales y en su cumplimiento por parte del maquinista. Admitiendo que la instalación física funcione correctamente, no cabía descartar que aquel, por error, cansancio, malas condiciones climatológicas que le impidiesen observar el estado de las señales, no respetase su indicación. Por esta causa, en el último tercio del siglo XIX se hicieron intentos para tratar de sustituir la acción del hombre por un dispositivo. Dos fueron las orientaciones que se adoptaron: la primera tenía como finalidad llamar, de una manera inconfundible, la atención del maquinista en su locomotora para que frenase o disminuyese la velocidad, en el caso de que la señal indicase una actuación en tal sentido; la segunda incorporaba, además de la atención del maquinista, el frenado automático del tren con independencia de cuál fuese la actuación de aquel.

Los ferrocarriles belgas y franceses eran partidarios de la actuación de «sólo aviso», dado que el frenado automático disminuía la atención del maquinista, que no se sentiría atraído por observar las señales. Por el contrario, los ferrocarriles suizos y alemanes, partidarios de la solución de «frenado automático», aducían que desde el momento en que debía realizarse una instalación muy parecida para los dos criterios, en la máquina y en la vía, consideraban preferible aprovechar el momento para instalar el frenado automático. La lógica de la reflexión conduciría a la generalización de este último sistema.

De una manera sintética, los diferentes sistemas de señalización existentes en Europa pueden agruparse en tres tipos:

1. Los sistemas que aportan una información sobre las indicaciones de las señales y que, en el caso de no respetarse, proceden al frenado automático del tren. A este grupo pertenecen, entre otros, el Cocodrile francés; el Indusi alemán, el ASFA español, o el AWS inglés.
2. Los sistemas que aportan una supervisión continua de la velocidad, con transmisión puntual de información a través de balizas, como el sistema Ebicab, existente en el corredor mediterráneo español.
3. Los sistemas que además de supervisar la velocidad cuentan con transmisión continua de información. Se utilizan en las líneas de alta velocidad y son conocidos por la denominación: LZB (alemán), TVM (francés) y BACC (italiano). A este tipo de sistemas nos referiremos en el apartado 2.5.

2.4.1 Repetición de señales por cocodrilo y baliza

Este sistema utilizado en Francia desde 1872 constaba, como puede observarse en la figura 2.8, de una pieza metálica alargada llamada «cocodrilo» (por su forma), que se colocaba según el eje de la vía. La repetición de señales funcionaba por contacto entre el cocodrilo y un cepillo colocado en la parte inferior de la locomotora. La indicación sonora producida al paso por el cocodrilo (instalado algunos metros delante de la señal) debía ser atendida por el maquinista en pocos segundos ($\approx$ 5 seg). En caso necesario, se produciría un frenado automático. Los ferrocarriles franceses utilizaron también un sistema de balizas sin contacto que funcionaba por el efecto de inducción entre la baliza y el captador de la locomotora.

REPETICIÓN DE SEÑALES EN LA LOCOMOTORA (*SISTEMA COCODRILO*)

Fuente: R. Rétiveau (1987) *Fig. 2.8*

2.4.2 Sistema francés de repetición de señales y control de velocidad (Preanuncio)

En 1968 los ferrocarriles franceses elevaron la velocidad máxima de circulación de algunos trenes en determinadas secciones de las líneas París-Toulouse y París-Burdeos, a 200 km/h respecto a los primitivos 160 km/h. Surgió, en ese momento, la necesidad de disponer de un sistema de señalización adaptado al nuevo nivel de prestaciones, dado que los cantones más cortos existentes eran de tan sólo 1.350 metros de longitud.

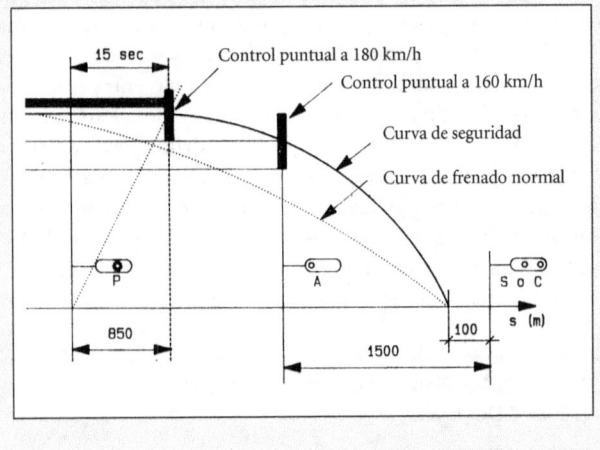

Fuente: SNCF — Fig. 2.9

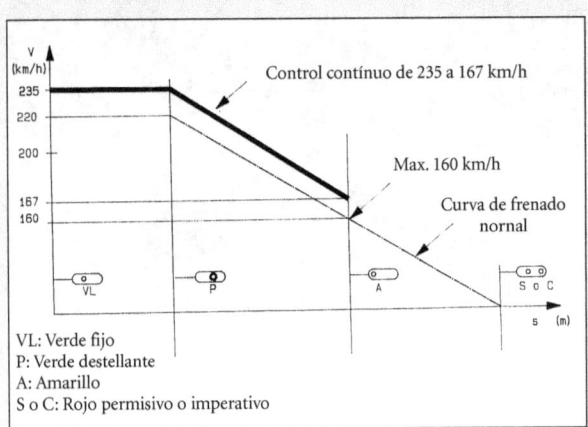

VL: Verde fijo
P: Verde destellante
A: Amarillo
S o C: Rojo permisivo o imperativo

Fuente: A. Guaragna et al. (1992) — Fig. 2.10

De entre las posibles soluciones que la tecnología ofrecía en aquel entonces, como era la modificación de la posición de las señales laterales, la SNCF adoptó la que consistía en incorporar una cuarta indicación respecto a las tres tradicionalmente existentes: verde, amarillo y rojo. Se trataba de disponer de una nueva señal (verde destellante) en un cantón de longitud mínima (1.400 m), de manera que se contará con una distancia de frenado en torno de 2.800 m. La repetición discontinua de las señales en la cabina de conducción iba acompañada de un control de la velocidad de circulación que en caso necesario producía un frenado de emergencia (Fig. 2.9).

Con posterioridad, a partir de 1986, este sistema se modernizó, dotándose de un control continuo de la reducción de velocidad desde 200 hasta 160 km/h (Fig. 2.10). De forma específica, el paso por la señal de indicación de anuncio de parada (señal amarilla) no se permitía a una velocidad superior a 167 km/h.

2.4.3 Sistema francés de control de velocidad por balizas (KVB)

En la segunda mitad de la década de los años ochenta del siglo xx, la SNCF adoptó un nuevo sistema de señalización que trataba de superar algunas de las limitaciones que presentaba el sistema de preanuncio y que había dado lugar a algún accidente.

Este nuevo sistema denominado *control de velocidad por balizas*, abreviadamente KVB, se compone de dos elementos: unas instalaciones en el suelo y otras embarcadas en el vehículo.

En el primer ámbito el sistema dispone de:

a) Un codificador (Fig. 2.11) que recibe las informaciones sobre el estado de la señalización (en cada señal), así como sobre el itinerario a seguir. Los mensajes a transmitir al material motor se envían a una o varias balizas.
b) Un mínimo de dos balizas (por razones de seguridad) (A) y (B) por punto de información. Están separadas entre sí por una distancia variable de 2,3 a 3,5 metros. La misión de las balizas es trasmitir la información a los equipos situados a bordo del material motor, vía transmisión electromagnética y de la antena existente en el citado material. (Fig. 2.11)

En el segundo ámbito, el material motor, el sistema dispone de un equipo que capta y analiza las informaciones que recibe del equipo existente en la vía. Además detiene el vehículo en caso necesario. Para ello tiene una unidad central (o unidad de evaluación), la antena y los paneles situados en las cabinas del material motor. En estos últimos cabe diferenciar: el panel de visualización en el que aparecen, entre otros datos, las indicaciones de velocidad, y el panel de los datos que permite la entrada de las características del tren.

En todo momento, el calculador, teniendo en cuenta el conjunto de los datos fijos o variables recibidos, optimiza permanentemente los controles a efectuar: velocidad máxima y control de reducción de velocidad o parada. Para que el control de velocidad sea eficaz es necesario determinar en cada punto de la línea la velocidad que no se debe superar, de tal modo que la actuación del frenado de urgencia

SISTEMA FRANCÉS DE CONTROL DE VELOCIDAD POR BALIZAS (KVB)

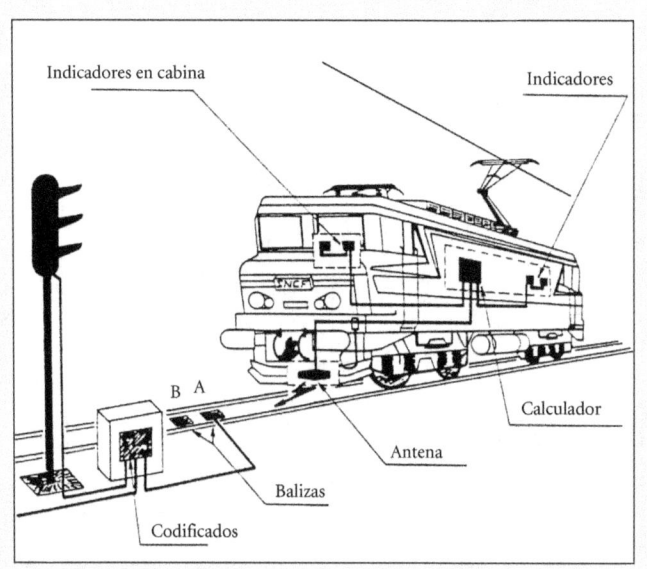

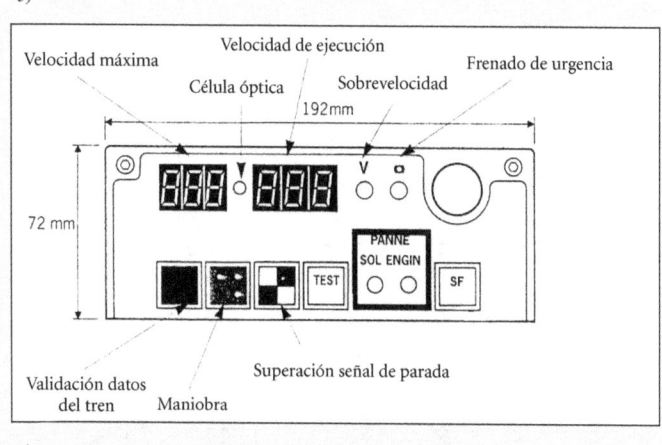

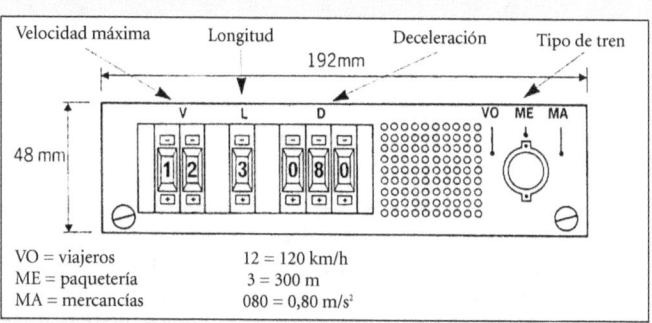

Fuente: A. Blanc (1990)

Fig. 2.11

permita detener el tren antes de la señal de parada afectada, o bien, la velocidad en caso de reducción de la misma. Para calcular la llamada *curva de control de velocidad* resulta preciso disponer de la información que caracteriza la vía y la señalización (a través de las balizas), y de los parámetros del tren. Estos últimos son introducidos antes de la salida del mismo por el maquinista y se refieren a: velocidad límite del tren, longitud del tren, deceleración en frenado de urgencia, etc. Los equipos instalados en la vía y en el material tienen un periodo de vida estimado entre 15 y 20 años.

2.4.4 Sistema alemán Indusi

En los ferrocarriles alemanes la repetición de las señales en la locomotora se basó en la colocación en ella de un imán y de otro en la vía. Su funcionamiento respondía al aprovechamiento de las propiedades de los campos magnéticos, evitando de este modo el contacto directo como en el caso francés. Como se refleja en la figura 2.12, en la vía se colocaban tres bobinas separadas y con tres frecuencias distintas. El sistema Indusi estaba concebido de forma tal que en cada fase del proceso de frenado se pudiese desencadenar de forma automática un frenado de urgencia si fuese necesario.

2.4.5 Sistema español ASFA

Desde 1978, en el ferrocarril español se comenzó a utilizar este sistema cuyas siglas corresponden a «anuncio de señales y frenado automático». El sistema tenía las funciones de repetir en cabina, óptica y acústicamente, las indicaciones de las señales laterales luminosas y de frenar automáticamente el tren en caso necesario. La información de las señales llegaba al tren desde las balizas situadas en la vía, a través de un captador situado en la parte baja del tren. Cada señal luminosa tenía dos señales asociadas: la *previa*, entre 300 y 500 metros antes de la señal, y la llamada *de señal*, situada a un mínimo de 5 metros de la propia señal (Fig. 2.13a).

SISTEMA INDUSI	SISTEMA INDUSI PARA VELOCIDADES DE 200 KM/H
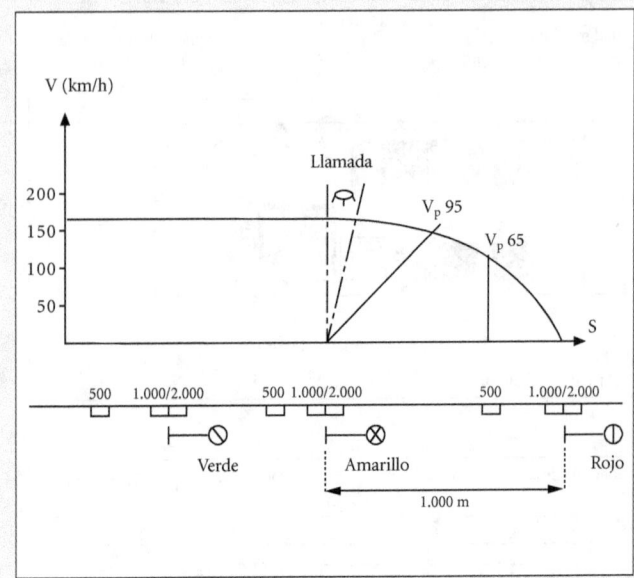	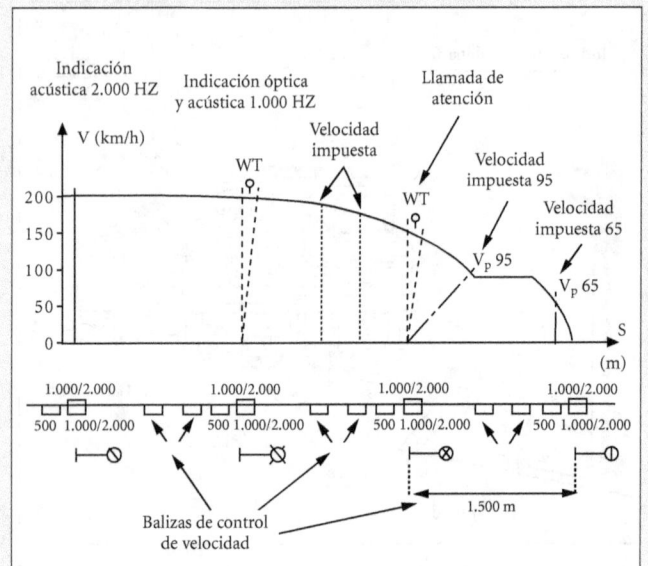

Fuente: Wehner (1978) Fig. 2.12

Al paso por las dos balizas precedentemente indicadas: *previa y de señal*, si no existía ninguna restricción al paso de la circulación (indicación de vía libre), el equipo embarcado emitía un ligero sonido de medio segundo de duración.

Por el contrario, si la baliza previa y la baliza de señal, con una señal dada, indicasen anuncio de parada, anuncio de precaución, o, en general, una señal de parada o de reducción de la velocidad, la luz del panel y el sonido antes mencionado permanecían activos hasta que se producía un reconocimiento o actuación por parte del maquinista.

En el caso de que la baliza previa o de señal ordenen parada, se enciende una luz roja en el panel y suena un sonido. Si fuera una baliza previa y el tren cumple la limitación de velocidad, la señal acústica dura tres segundos y la óptica diez. Si el tren pasa a mayor velocidad de la debida, ambas señales actúan de forma continua. Por último, si es la baliza de señal la que ordena parada y en el caso de que su rebase esté autorizado, la señal acústica es de tres segundos y la óptica de diez, y si el rebase no está autorizado, ambas indicaciones son continuas. Al margen del anuncio de señales en cabina, si el tren pasa, a cualquier velocidad, por la baliza de señal con una señal que ordene parada, se produce de inmediato su frenado. El maquinista cuenta en cabina con un pulsador llamado *de rebase autorizado* que debe accionar diez segundos antes de pasar sobre la baliza con una señal que ordene parada en el caso de tener autorizado su rebase (A. García, 2006).

En el caso de que el tren se acercase a excesiva velocidad a una señal que ordena parada, al paso por la baliza previa de dicha señal se produce también un frenado de emergencia con el objeto de evitar el rebase de la señal.

Al paso por la baliza previa y por la baliza de señal con una señal que ordena parar ante la siguiente señal, o reducir la velocidad después de ella —anuncio de parada o anuncio de precaución—, el sistema requiere el reconocimiento del maquinista de tal situación, por lo que debe accionar un pulsador antes de tres segundos. En caso contrario, el ASFA interpreta que no ha reconocido la señal e inicia el proceso de frenado de urgencia.

El sistema descrito corresponde a la versión ASFA denominada *tipo 160*, por ser esta la velocidad máxima a la que permite circular. Para velocidades superiores, 200 km/h, como se indicó precedentemente, el frenado de un tren no puede realizarse en un único cantón (cuya longitud típica en horizontal no supera 1.500 metros). En este caso, el sistema ASFA 200 incluye una funcionalidad más, al ser preciso efectuar el frenado en dos cantones. En el primero, se debe bajar la velocidad máxima a 160 km/h, y en el segundo, protegido por una señal de anuncio de parada, se debe bajar la velocidad de 160 a 0 km/h. En caso de anuncio de parada, el sistema requiere bajar a 180 km/h en diecisiete segundos y, en cinco más, a 160 km/h. Es el sistema ASFA 200 propiamente dicho (Fig. 2.13b). Desde septiembre del 2007 se encuentra operativa la nueva versión del sistema, denominada ASFA Digital.

PRINCIPIO DEL SISTEMA ASFA

a)

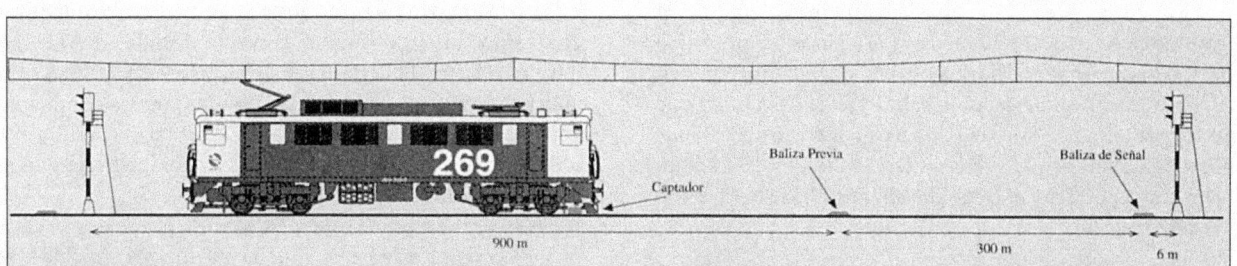

1. La baliza de Asfa transmite al vehículo motor la indicación de la señal.

2. El maquinista, en su equipo de a bordo, debe reconocer la información que se le aporta.

3. Antes de llegar la señal, el maquinista deberá actuar adecuadamente según la indicación.

4. En caso contrario, el sistema actúa sobre el freno de urgencia del tren.

b)

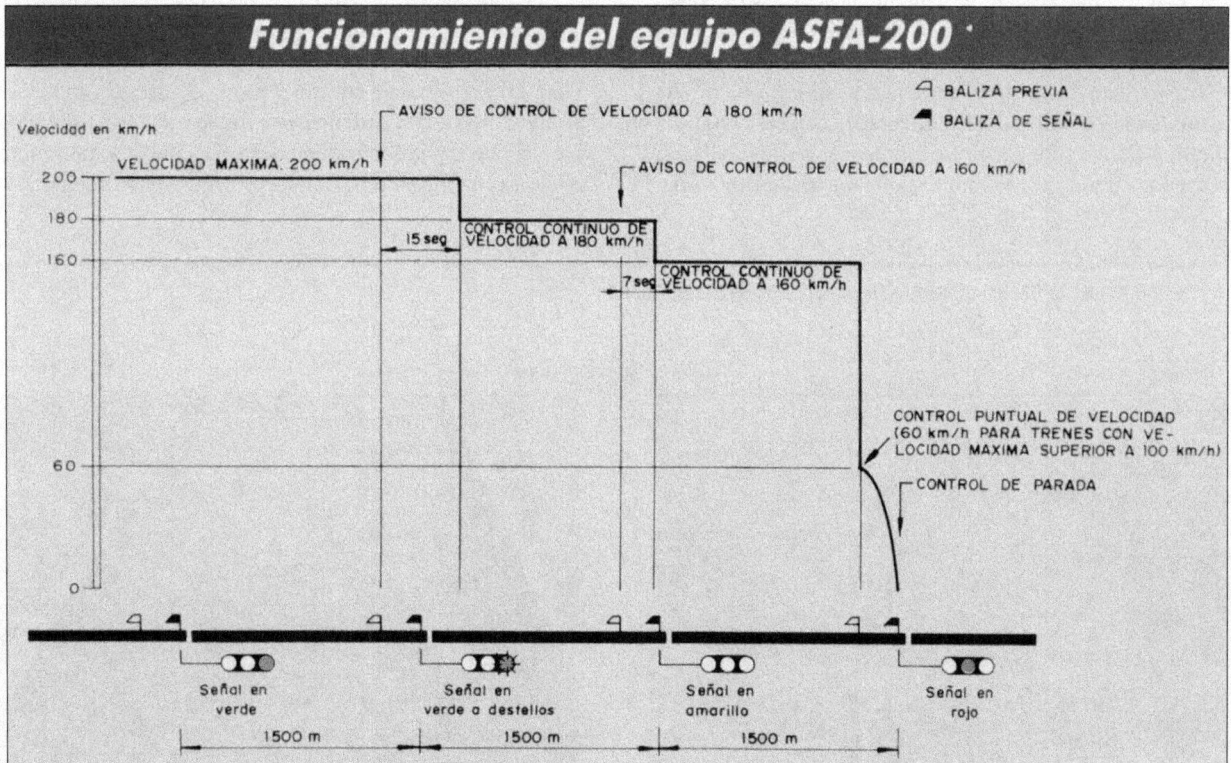

Fuente: RENFE (1988)

Fig. 2.13

En líneas como las de alta velocidad, en el que un cantonamiento está basado en una gran distancia entre señales, el cantón es más largo, de unos dos kilómetros, lo que unido a los quinientos metros a los que en este caso se sitúa la baliza previa antes de la señal, permite disponer de 2.500 metros para pasar, en un único cantón, de 200 kilómetros por hora a cero, lo que es suficiente en horizontal. En este caso, al paso por la baliza previa de la señal que indica anuncio de parada o anuncio de precaución existe un tiempo de veintidós segundos para reducir la velocidad a 160 km/h, actuando, en caso contrario, el freno de emergencia. Este es el sistema ASFA 200 Ave.

2.4.6 Sistema español ATP (Ebicab 900)

Se denomina *sistema de protección automática del tren*. Sus orígenes se remontan a mediados de los años noventa del pasado siglo, al constatarse las dificultades técnicas del sistema ASFA para circular a más de 200 km/h.

A diferencia del tradicional sistema ASFA (anuncio de señales y frenado automático), que informa sobre la indicación de las señales y, caso de rebasar una señal en rojo, actúa sobre el freno de emergencia, el ATP supervisa continuamente la velocidad a través de la información puntual que recibe de las balizas en la vía, llega a actuar en los equipos de tracción y freno y, por tanto, mejora notablemente la seguridad en la circulación. El equipo de vía consta de una serie de balizas interconectadas con las señales y enclavamientos a través de decodificadores. Las primeras están situadas entre los carriles de rodadura y a lo largo del eje de la vía; se agrupan funcionalmente hasta cuatro como máximo en lo que se denominan *puntos de información*, puntos geográficos en los que se transmite información relevante al tren a su paso por los mismos. Son de dos tipos: los *fijos*, que ofrecen una información constante (inicio o final de trayecto dotado de ATP, referencias para el cálculo de distancias, etc.), y los *asociados a señales*, que aportan datos invariables relacionados con las condiciones topográficas y estáticas del lugar donde se instalan (perfil de velocidad, identidad de la baliza, etc.), y otros cambiantes relativos a las condiciones dinámicas (aspectos de las señales).

A su vez, los puntos de información asociados se clasifican en *previos*, con una sola baliza situada 300 metros antes de la señal, que tienen como objetivo liberar el freno del tren si así se indica, y *de señal*, con dos balizas a pie de ésta y separadas entre sí de dos a tres metros (F. Barber y R. González, 2004).

El equipo a bordo del que van dotados los trenes está integrado por un subsistema de captación ATP y otro de ASFA, un equipo de control y proceso (ECP), una unidad de anulación de equipo, tacogeneradores e interfaz hombre-máquina.

Las balizas ATP permanecen inactivas hasta que la antena de captación de la locomotora está cerca. Entonces, la baliza transmite al tren el mensaje que envía el codificador, con velocidad de transmisión y formatos determinados.

El sistema de captación a bordo recibe el mensaje, lo decodifica y envía al equipo de control y proceso, que extrae información fija y variable, la trata y la presenta al maquinista en el panel de conducción. En el equipo de control y proceso instalado en la locomotora se encuentran tres ordenadores independientes, que procesan en paralelo los datos que reciben de la vía y que sólo permiten la salida de datos cuando existe un consenso entre los tres canales.

SISTEMA ATP INSTALADO EN EL CORREDOR MEDITERRÁNEO ESPAÑOL

a) Indicación en cabina

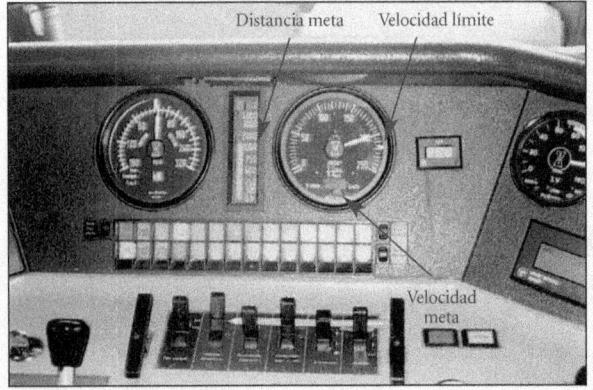

b) Baliza en la vía

Fuente: R. Barber y R. González (2004)

Fig. 2.14

Los tacogeneradores situados en los ejes permiten que el ECP calcule continuamente la velocidad real y la compare con la máxima permitida, comunicando al maquinista por señales ópticas y acústicas si ambas no se ajustan. En caso necesario, actúa sobre el freno de servicio o emergencia. El sistema configura así una curva de velocidad de todo el trayecto hasta la siguiente señal, fruto de la información variable de las señales, de la línea y de los datos básicos del tren, desde la velocidad máxima y longitud hasta los equipos de frenado; el maquinista, por tanto, conoce la velocidad que no puede sobrepasar, la distancia a la que se encuentra el próximo punto de parada y el lugar exacto donde tiene que frenar.

En la figura 2.14 se explicitan las indicaciones que aparecen en la cabina de conducción que son las siguientes:

Velocidad límite

Indicada por una aguja roja situada en el velocímetro. Informa al maquinista de la velocidad que no debe exceder en ningún momento durante la marcha del tren. Se calcula comparando y tomando la menor entre:

- La velocidad máxima de la línea, que es la que depende del estado de la infraestructura y de sus características geométricas (curvas, trazado) y se transmite por las balizas.
- La velocidad máxima del tren, que es la que está relacionada con la capacidad de frenado. La introduce en el equipo el maquinista durante la puesta en marcha, o bien ya está programada previamente.
- La velocidad máxima impuesta por la señalización, que es la que el sistema calcula construyendo la curva de frenado, desde el punto donde está el tren al punto de parada o limitación de velocidad que haya más adelante.

Velocidad meta

Indicada por tres dígitos en el velocímetro del tren. Señala la velocidad máxima al paso por un determinado punto situado en el sentido de la marcha a una distancia determinada (distancia meta). Esta velocidad la calcula el sistema en función de la información proporcionada por las balizas ATP.

Distancia meta

Indicada por una barra luminosa situada junto al velocímetro que marca de cero a cuatro mil metros. Informa de la distancia que resta para alcanzar el punto donde debe circular, como máximo, a la velocidad meta. Cuando se alcanza una limitación de velocidad, muestra la distancia que resta hasta el final de la misma. Esta distancia la calcula el sistema en función de la información proporcionada por las balizas ATP.

El sistema ATP del modelo Ebicab 900 se encuentra instalado en el Corredor Mediterráneo español a lo largo de más de 500 km, habiendo requerido la instalacion de más de 3.700 balizas.

2.5 SEÑALIZACIÓN EN LÍNEAS DE ALTA VELOCIDAD

2.5.1 Introducción

Es conocido que el primer país en el mundo en que se circuló en servicio comercial a más de 200 km/h fue Japón con ocasión de la inauguración de la línea de alta velocidad entre Tokio y Osaka, en 1964, (210 km/h de velocidad máxima). Se establecieron entonces los principios en que debería basarse la señalización de una línea de alta velocidad.

El primer principio hacía referencia a la necesidad de abandonar la señalización lateral, es decir, prescindir de la utilización de señales colocadas a lo largo de la vía. Dos razones básicas justificaban este principio:

a) La dificultad de observar las señales por parte del maquinista en ciertas circunstancias, como podía ser la presencia de niebla en la línea, cuando se circulaba por encima de 200 km/h. Con este nivel de prestaciones, en caso de buen tiempo la señal puede ser vista durante aproximadamente 30 a 40 segundos. Sin embargo, con niebla puede reducirse a 3 ó 4 segundos. Por otro lado, con independencia de las condiciones climatológicas existentes, la visión de la señal a 260 km/h resulta difícil.

b) El incremento de la distancia de parada con la velocidad, que crece con el cuadrado de la misma. En efecto, mientras que a 160 km/h la distancia de parada se sitúa en torno a 1.500 m, cuando se circula a 260 km/h esta distancia en frenado normal puede llegar a superar los 5.500 m. En este último caso se comprende que por razones de capacidad en la línea no resultase posible adoptar cantones con la citada longitud.

El segundo principio, que se deducía del anterior, era la necesidad de que la señalización debía ser presentada al maquinista del tren, es decir, en su puesto de conducción (señalización llamada de cabina). En consecuencia, la señalización no se presentaría ya bajo forma de indicaciones coloreadas, sino bajo la forma numérica de una velocidad de consigna.

El tercer principio respondía a la idea de que la señalización no debía ser solamente indicativa, sino tener un carácter imperativo. Este hecho implicaba que la señalización en cabina estuviese asociada a un control de velocidad; dispositivo que desencadenaría un frenado de urgencia cuando la velocidad real del tren superase la que debería llevar en cada momento.

El cuarto y último principio hacia referencia a la necesidad de que la transmisión desde la vía a la cabina de conducción de las informaciones de señalización fuese continua. En apoyo de esta necesidad existían dos razones: la primera, relativa a la seguridad: parecía difícilmente aceptable que una información tan fundamental como la del cantonamiento reposase sobre una «puesta en memoria», en un automatismo embarcado durante un importante lapso de tiempo; la segunda, relativa a la capacidad de la línea, corroboraba la anterior: se perdería un tiempo apreciable si el restablecimiento de la velocidad de consigna (derivada de la liberación de un cantón por el tren precedente) no fuese comunicada al tren siguiente de forma inmediata.

La aplicación práctica de los principios expuestos con anterioridad condujo al desarrollo de dos grandes sistemas de transmisión de información vía-máquina.

1. Los sistemas que utilizan el carril para la transmisión de la información.
2. Los sistemas que utilizan un conductor distinto del carril, básicamente un cable situado en el eje de la vía.

Del primer grupo de sistemas el más representativo quizás fue el empleado por los ferrocarriles franceses en sus primeras líneas de alta velocidad, denominado con las siglas TVM (transmisión vía-máquina). En el segundo grupo de sistemas se sitúa el utilizado por los ferrocarriles alemanes, designado por las siglas LZB (Linien Zug Beeinflussung $\simeq$ acción sobre los trenes en línea).

2.5.2 Sistemas TVM

2.5.2.1 TVM 300

Como en las líneas convencionales, la vía de una línea de alta velocidad se descompone en cantones de longitud de 2.100 m o incluso superiores cuando el tramo se encuentra en pendiente. La elección de esta distancia estuvo motivada, entre otras consideraciones, por el hecho de que para la velocidad máxima prevista en la línea en los primeros tiempos, 260 km/h, el espaciamiento entre trenes consecutivos basado en la existencia de tres cantones proporcionaba, prácticamente, la mayor capacidad posible en la línea.

Resulta de interés hacer notar que si se considera la curva de frenado velocidad (V) – distancia (L), para una velocidad inicial de 260 km/h, se obtiene que a las distancias (L/3) y (2L/3) les corresponden las velocidades de 225 y 160 km/h respectivamente (Fig. 2.15). Por razones derivadas de las siguientes consideraciones,

a) la velocidad máxima que permitirían los aparatos de vía para el paso por vía desviada sería de 220 km/h,
b) la velocidad máxima que permitía la señalización lateral era de 160 km/h,

SEÑALIZACIÓN FRANCESA PARA LA LÍNEA PARÍS-LYON

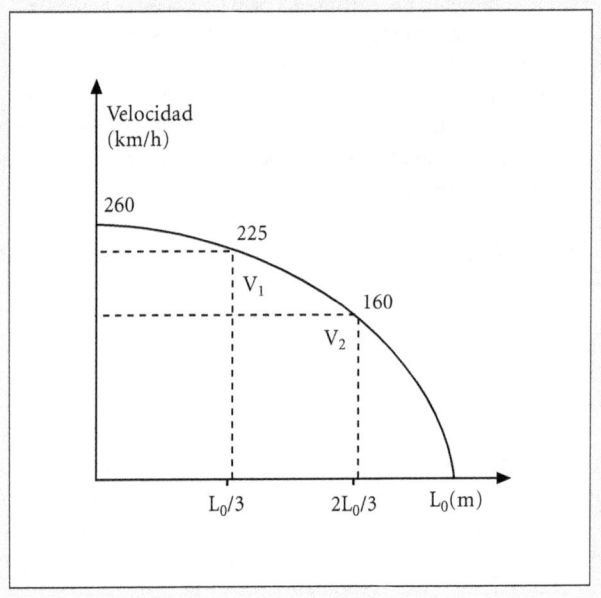

Fuente: SNCF

Fig. 2.15

SECUENCIA DE PARADA DE LA TVM 300 EN LA LÍNEA TGV-SUDESTE

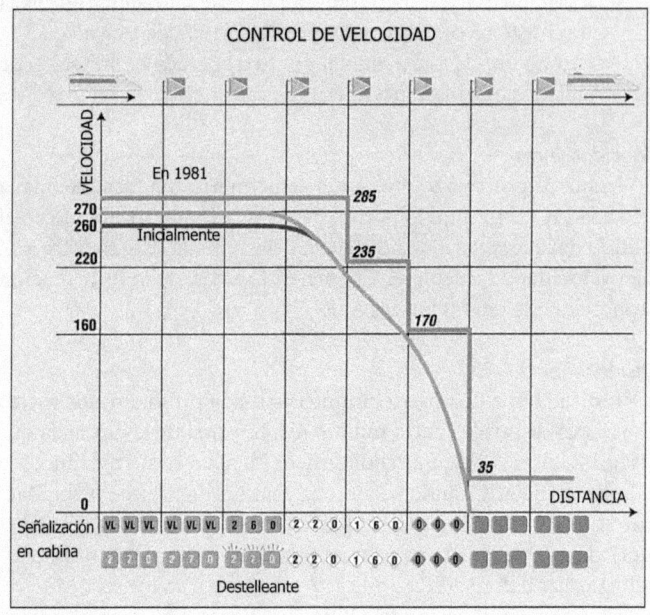

Fuente: F. Nathan (1981)

Fig. 2.16

se adoptó como longitud del cantón la distancia más restrictiva de pasar de 260 a 220 km/h; de 220 a 160 km/h, o bien, de 160 km/h a cero. Los cálculos mostraron que la situación más restrictiva correspondía al caso de reducir la velocidad de 220 a 160 km/h, que requería una distancia de 2.093 m.

Si se tiene en cuenta que debía existir un margen entre la velocidad de consigna y la velocidad de control, a partir de la cual se desencadenaría el frenado de emergencia, se adoptaron como velocidades de control para cada intervalo de velocidades las siguientes magnitudes: 235 km/h para la velocidad de consigna de 220 km/h; 170 km/h para 160 km/h y 35 km/h para velocidad nula (Fig. 2.16).

Nótese en la figura 2.17 las indicaciones que el conductor recibe en la cabina en relación con la velocidad a que está autorizado a circular en cada momento. En el primer caso, 270 km/h* indica al maquinista que puede circular a la velocidad máxima de la línea. En el segundo caso, la velocidad autorizada es 220 km/h. Finalmente, la indicación a 160 km/h (por la forma del fondo, octógono) expresa la velocidad a la que debe tender el maquinista. Naturalmente, la

VISUALIZACIÓN EN CABINA DEL TGV DE LAS INDICACIONES DE VELOCIDAD

a)

b)

c)

d)

Fuente: B. Collardey (1999)

Fig. 2.17

(*) Inicialmente, la velocidad máxima autorizada en la línea París-Lyon fue 260 Km/h. Poco tiempo después se elevó a 270 Km/h para mejorar la regularidad del servicio.

velocidad indicada en cada momento es función de la posición que ocupen en la línea las ramas que circulan por delante del tren de referencia.

Como se indicó con anterioridad, la vía se descompone en cantones y la transmisión de información al tren se produce en la forma esquematizada de la figura 2.18. Nótese, en primer lugar, como cada cantón se encuentra delimitado por los denominados circuitos limitadores (*circuit bouchon* en la terminología francesa). En la línea París-Lyon los circuitos de vía utilizados fueron del tipo UM71 (M por modulación y 71 por el año de su puesta en servicio). Dado que en la línea existía carril continuo soldado, el aislamiento eléctrico entre dos cantones consecutivos se realizó por medio de juntas eléctricas de separación (Fig. 2.18). Para evitar la posible transferencia de energía de un circuito a otro, tanto en sentido longitudinal (sobre la misma vía) como en sentido transversal (sobre la vía contigua), la frecuencia de la corriente de los distintos circuitos de vía se fijó en la forma siguiente (Fig. 2.18a).

- Sobre las vías impares: 1.700 Hz y 2.300 Hz, cambiando alternativamente en cada cantón.
- Sobre las vías pares: 2.000 Hz y 2.500 Hz, cambiando también de forma alternativa en cada cantón.

PRINCIPIO DEL CIRCUITO DE VÍA Y DISTRIBUCIÓN DE FRECUENCIAS EN CANTONES SUCESIVOS EN LA LÍNEA DE ALTA VELOCIDAD PARÍS-LYON

a) Visión de conjunto

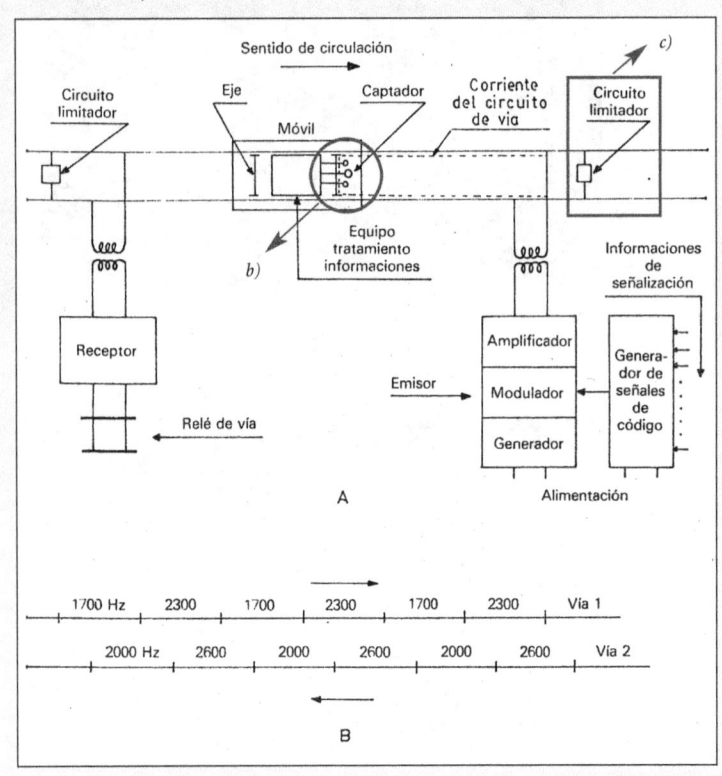

b) Captadores en el tren

c) Circuito delimitador

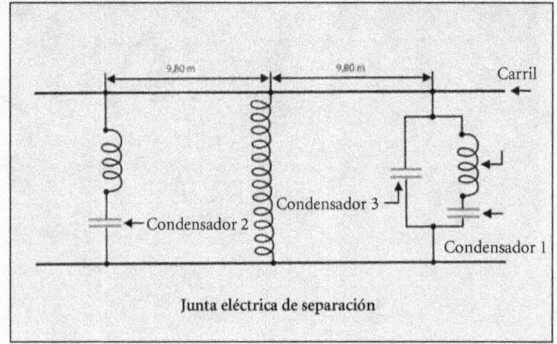

Fuente: F. Nathan (1981) y C. Soulie et al. (2002)

Fig. 2.18

Por lo que se refiere al funcionamiento del propio circuito de vía, se señala que su corriente es completamente derivada por el eje del tren más próximo al emisor, cerrando el circuito eléctrico. Ello obligó a que los captadores, por inducción, fueran colocados en el primer eje en el sentido de la marcha del tren. Cada información recibida es interpretada por un descodificador a bordo que la tra-

duce bajo la forma de una indicación de velocidad. La ausencia de información se traduce por la información (OOO) que obliga a la parada del tren. Cabe señalar, por último, que la entrada de cada cantón está indicada por una referencia fija que consta de un cuadrado con fondo azul y un triángulo en fondo amarillo cuya punta se dirige hacia la vía que se pretende referenciar (Fig. 2.19).

REFERENCIAS DE SEÑALIZACIÓN EN LA LÍNEA TGV-SUDESTE

a) Referencias fijas

c) Referencias por sentido de circulación

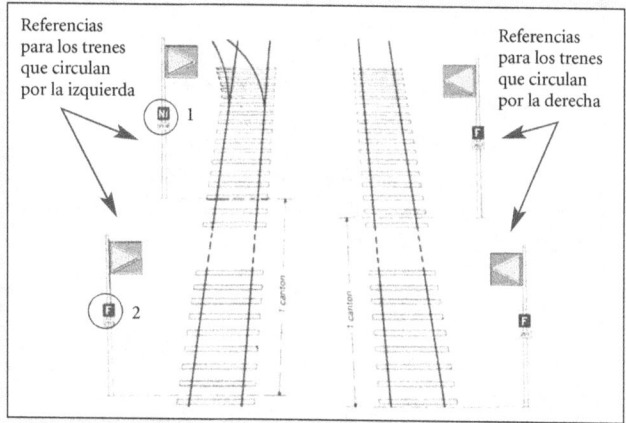

b) Referencia (F). El origen y el final de un cantón

d) Referencia (Nf) en el origen de un desvío

Fuente: R. Retiveau (1987)

Fig. 2.19

El sistema descrito hasta el momento fue utilizado en la línea de alta velocidad París-Lyon y recibió la denominación de TVM 300. Con carácter de síntesis puede decirse que fue el resultado de un compromiso entre la capacidad necesaria en la línea, el perfil de la misma, que incluía rampas de hasta 35 mm/m, y las características de frenado de las primeras ramas TGV.

Los progresos experimentados entre la primera línea (1981/83) y la segunda línea de alta velocidad en Francia: TGV-Atlántico (1989/90), en el ámbito del frenado de las ramas, junto a un trazado con un perfil longitudinal menos duro, permitió reducir la longitud media de los cantones de señalización de 2.100 m (París-Lyon) a 2.000 m (TGV-Atlántico). Este hecho hizo posible que el tiempo mínimo entre dos trenes consecutivos pasase de los 5 minutos, en la línea TGV-Sudeste, a 4 minutos, en la línea TGV-Atlántico. La capacidad teórica pasó entonces de 12 trenes/hora/sentido a 15 trenes/hora/sentido.

En relación con las mejoras en el frenado cabe destacar que en las ramas TGV-Atlántico la utilización de nuevos discos de freno permitió ofrecer una potencia de frenado superior en un 70% a la obtenida en las ramas TGV-Sudeste.

2.5.2.2 TVM 430

A pesar de las excelentes prestaciones indicadas para la señalización TVM 300, que permitía 12 circulaciones/hora/sentido, los ferrocarriles franceses consideraron, en el momento de proyectar la nueva línea de alta velocidad TGV-Norte, que no serían suficientes para la explotación prevista en esta línea con un elevado potencial de tráfico. Cabe recordar a este respecto que la nueva infraestructura ferroviaria afectaría no sólo al tráfico interno de París y al resto de Francia (a través de la línea Interconexión) con la Región Nord-Pas-de Calais, sino también a las relaciones internacionales desde París con destino al Reino Unido, Bélgica, Holanda y parte de Alemania. Por ello, el departamento de señalización decidió desarrollar un sistema de señalización permitiendo un intervalo entre trenes consecutivos de tan solo 3 minutos. Surgió, de este modo, la señalización TVM 430, que se aplicó a las nuevas líneas mencionadas (Fig. 2.20).

El logro del citado intervalo fue posible gracias a la introducción de las siguientes modificaciones:

a) Una mejor distribución de los escalones de velocidad en el proceso de frenado, con objeto de repartir mejor la disipación de la energía durante el citado proceso:

TVM 300:   300 – 270 – 220 – 160 – 0
TVM 430:   300 – 270 – 230 – 170 – 0

b) Visualización en cabina de una información de aviso sobre la reducción de velocidad, cuando la velocidad que permitiría el cantón siguiente fuese inferior a la que llevara el tren en ese momento. Visualización a base de destellos. De esta manera el maquinista podía comenzar a frenar con más tiempo.

c) Elaboración informática de una curva de control de velocidad, parabólica continua, que permitiera una acción más precisa sobre el sistema de frenado. Se recuerda que en la señalización TVM 300 el control se hacía por escalones.

Estas disposiciones permitieron que la longitud de los cantones se redujese a 1.500 m, frente a los 2.000 m requeridos en la línea TGV-Atlántico (Fig. 2.21). Este nuevo tipo de señalización, TVM 430, fue empleado también en la nueva línea de alta velocidad Lyon-Valance (1994) y posteriormente en el TGV-Mediterráneo, Valencia-Marsella (2001).

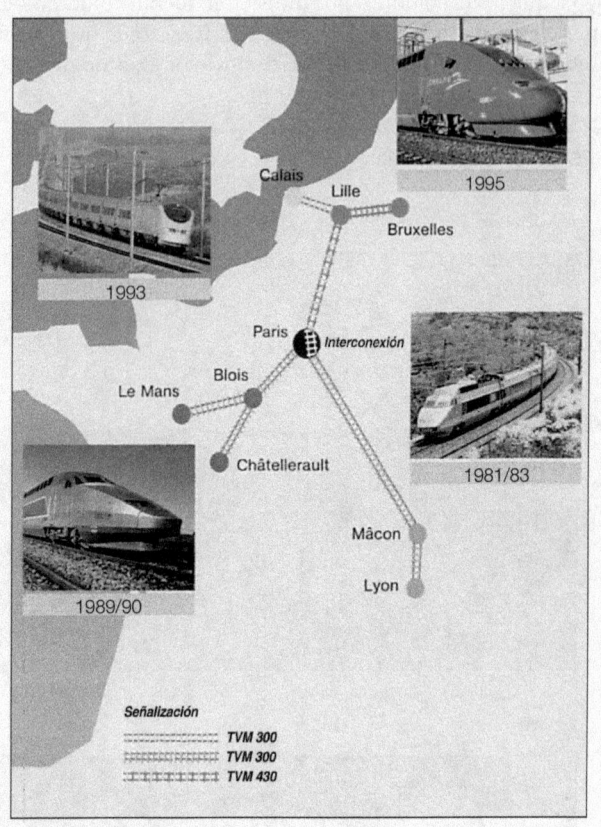

SEÑALIZACIÓN TVM 300 Y TVM 430

Fuente: SNCF   Fig. 2.20

COMPARACIÓN DE LA SECUENCIA DE FRENADO CON TVM 300 Y TVM 430

a) Secuencia de parada con TVM 300

b) Secuencia de parada con TVM 430

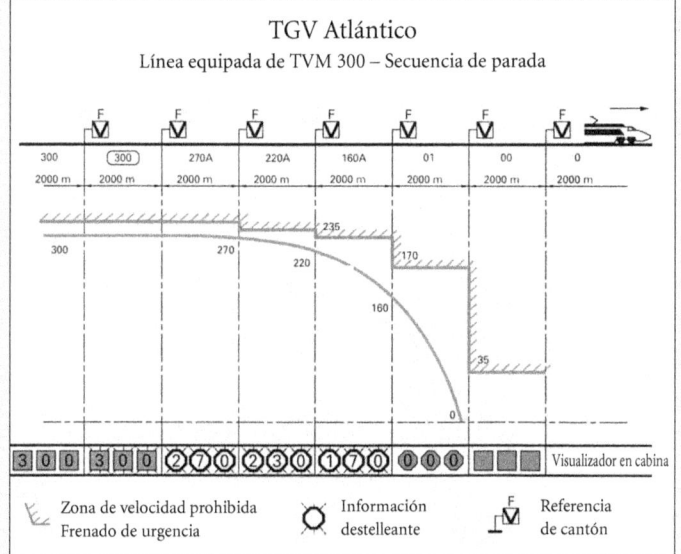
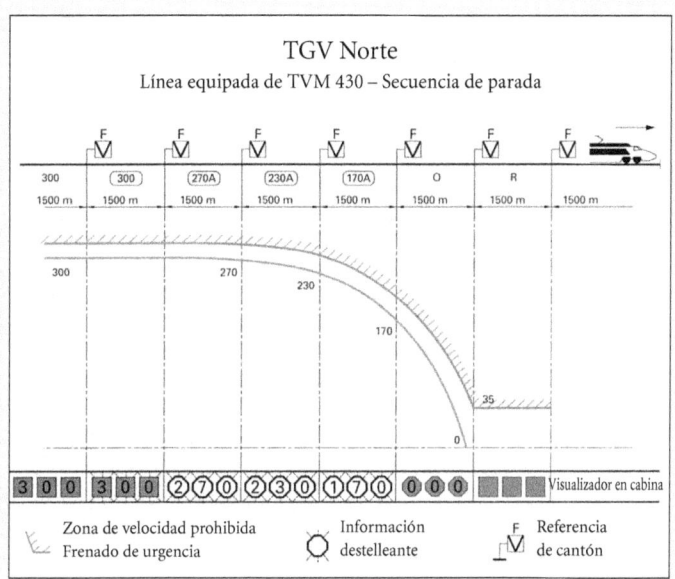

Fuente: J. Rigaud (1997)

Fig. 2.21

2.5.3 Sistema LZB

Constituye el sistema de información continua ideado por los ferrocarriles alemanes para sus líneas de alta velocidad, que con posterioridad sería empleado también en la línea de alta velocidad Madrid-Sevilla.

El principio de funcionamiento del sistema LZB se basa en la elaboración y emisión por parte de las centrales LZB de las correspondientes órdenes de velocidad máxima permitida a los trenes (Fig. 2.22). Estas órdenes son elaboradas por los ordenadores de las centrales LZB a base de las informaciones que reciben y son enviadas continuamente desde las citadas centrales hasta los trenes.

Por lo que respecta a las informaciones que reciben las centrales LZB, cabe destacar que la central LZB tiene almacenada en su memoria los datos correspondientes a las características físicas del trayecto (perfil, limitaciones de velocidad, etc.). A su vez, cada tren existente en la línea envía a la central del sistema LZB la información correspondiente a sus datos fijos (número de tren, velocidad máxima del tren, longitud del tren, tipo y características del equipo de frenado), así como sus datos variables (velocidad real y situación en la línea). Con estas informaciones y teniendo en cuenta la ocupación de los cantones, los ordenadores de la central LZB determinan la velocidad máxima permitida, que se refleja en la cabina de conducción.

En realidad, la información que transmite al conductor del tren es más completa, dado que en el pupitre del mismo queda reflejada (Fig. 2.23):

a) la velocidad real a la que circula el tren en cada momento
b) la velocidad de consigna, que es la velocidad máxima permitida en el lugar donde se encuentra el tren en ese momento
c) la distancia meta, que corresponde a la distancia existente entre el lugar donde se encuentra el tren en ese momento y el punto meta
d) la velocidad meta, que será la velocidad de consigna cuando el tren llegue al punto meta

El *punto meta* se define como el lugar donde se producirá (por causa de las circulaciones existentes delante del tren o por restricciones del trazado) un cambio de la velocidad máxima permitida en ese momento.

SEÑALIZACIÓN DE LA LÍNEA DE ALTA VELOCIDAD MADRID-SEVILLA (ESQUEMA DEL SISTEMA)

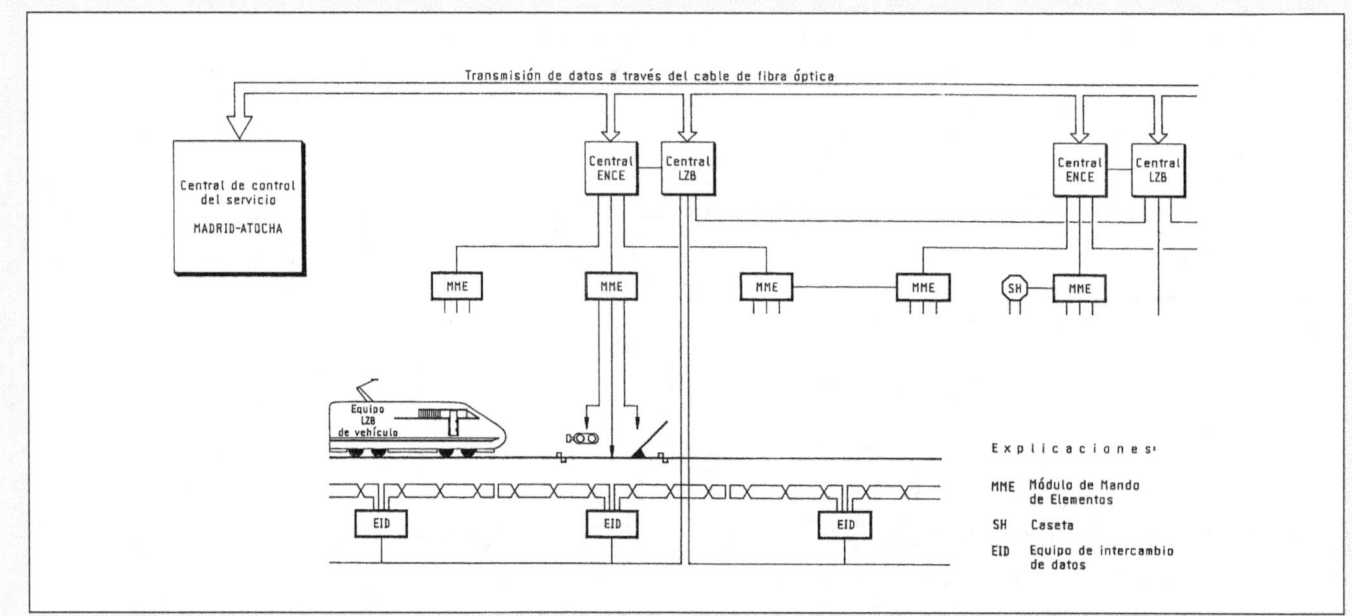

Fuente: M. Pérez-Beato et al. (1991)

Fig. 2.22

INFORMACIÓN EN LA CABINA DEL AVE

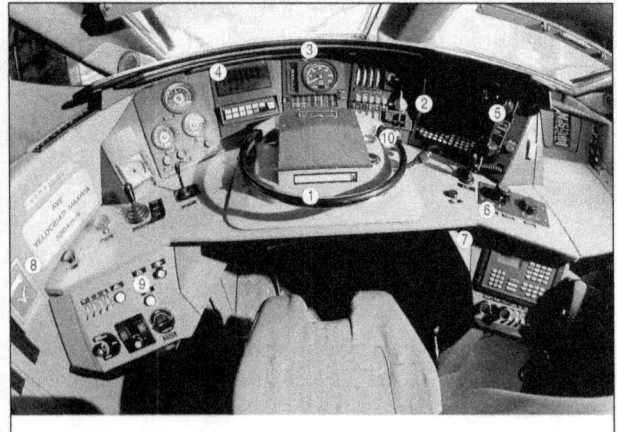

1. Regulador tracción y freno
2. Ordenador
3. Sistema LZB
4. Panel averías
5. Tf. interior
6. Control pantógrafo
7. Sistema tren-tierra
8. Freno de emergencia

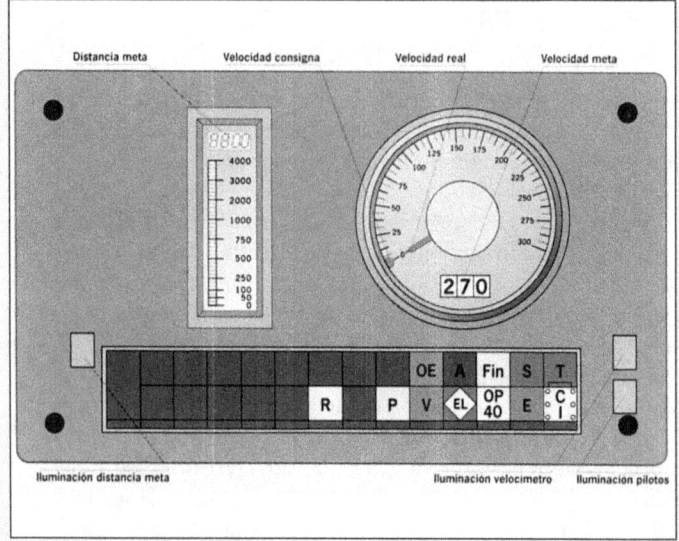

Fuente: RENFE y Pilar Lozano (1998)

Fig. 2.23

SECUENCIA DE PARADA DEL AVE CON EL SISTEMA LZB

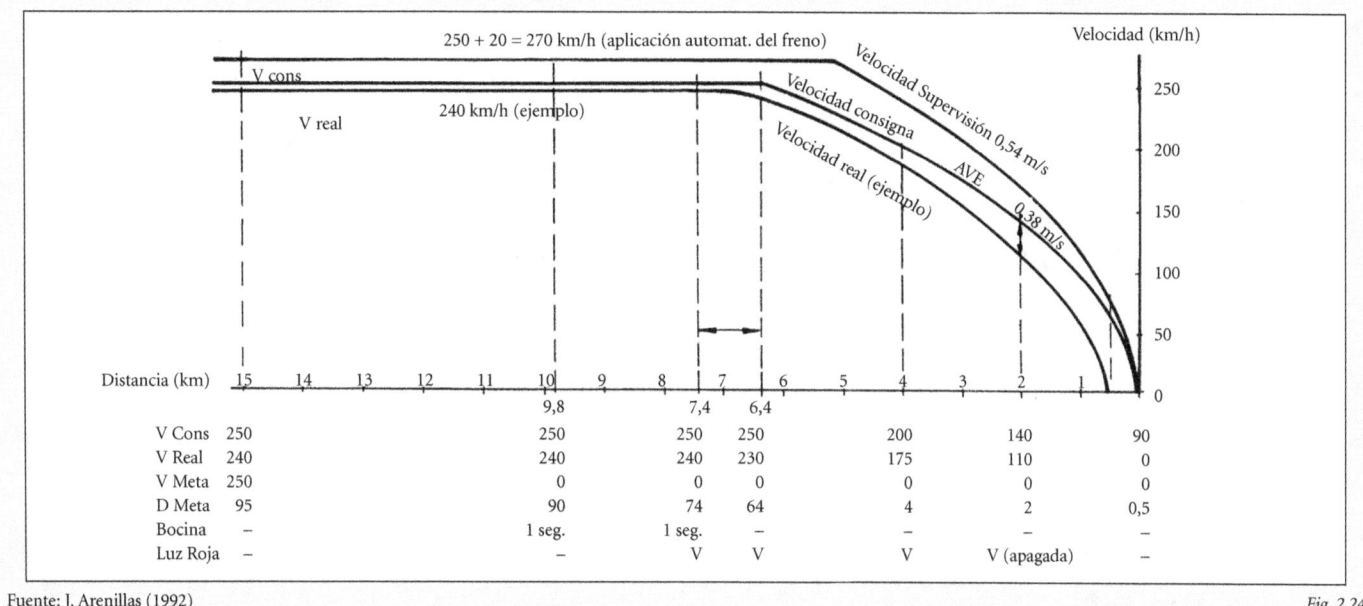

Fuente: J. Arenillas (1992)

Fig. 2.24

En la figura 2.24 se visualiza el proceso de información de estas cuatro variables en la hipótesis de parada de un tren.

El equipo LZB del vehículo supervisa continuamente la velocidad real del tren, de forma que si ésta sobrepasase la velocidad de consigna, entre ciertos márgenes, se desencadenaría automáticamente el frenado de urgencia. Como se deduce del concepto distancia a meta, el maquinista puede saber en cada momento y hasta una distancia máxima de casi 10 km la situación en que se encuentra la línea.

La nueva línea Madrid-Sevilla (471 km) está dividida en ocho secciones, estando cada una de ellas gobernada por una central LZB. Cada central LZB consta de tres ordenadores, por razones de seguridad y de fiabilidad. Los tres ordenadores se encuentran siempre trabajando simultáneamente y comparando sus salidas entre sí, que deben ser idénticas. En caso de avería de un ordenador, se detecta por mayoría (dos contra uno) y se desconecta automáticamente. La misma filosofía de los tres ordenadores se aplica también en el equipo LZB embarcado en los vehículos.

Con relación a la transmisión de la información, señalemos la utilización del denominado cable conductor de línea, formado por un cable que se sitúa en el eje de la vía, y por otro que se coloca a lo largo del patín de uno de los carriles (Fig. 2.25). Un circuito de este tipo tiene una longitud máxima de 12,7 km y por razones de localización del tren y de equilibrado de efectos electromagnéticos, el cable se cruza cada 100 m.

La posición del tren se determina por medio de dos datos: el primero corresponde al número de la «sección de zona» que ocupa (sección de 100 m de longitud que permite una localización aproximada del tren); el segundo dato corresponde a la situación del tren dentro de la zona, a cuyo efecto ésta se encuentra subdividida en elementos de 12,5 m.

2.6 SISTEMA ERTMS

En apartados anteriores se han expuesto los principales aspectos de algunos de los diferentes sistemas de control de velocidad de los trenes utilizados en Europa. La heterogeneidad existente al comparar las soluciones adoptadas en España, Francia y Alemania puede ser extendida al resto de países. Cabe destacar que aun aceptando la diversidad de sistemas para las líneas convencionales por razones históricas, resultaba menos razonable volver a reproducir la citada heterogeneidad con ocasión de la construcción de las nuevas infraestructuras ferroviarias aptas para la circulación a alta velocidad. Ello daría lugar a una limitación importante en la explotación de servicios internacionales de calidad, a causa de la necesidad de instalar a bordo los diferentes sistemas de señalización operativos en cada país, con el consiguiente incremento de los costes de adquisición y explotación de las ramas de alta velocidad.

Con carácter indicativo, puede afirmarse que, en el momento actual, existen en Europa más de veinte sistemas de señalización y control de la velocidad que son totalmente incompatibles entre sí

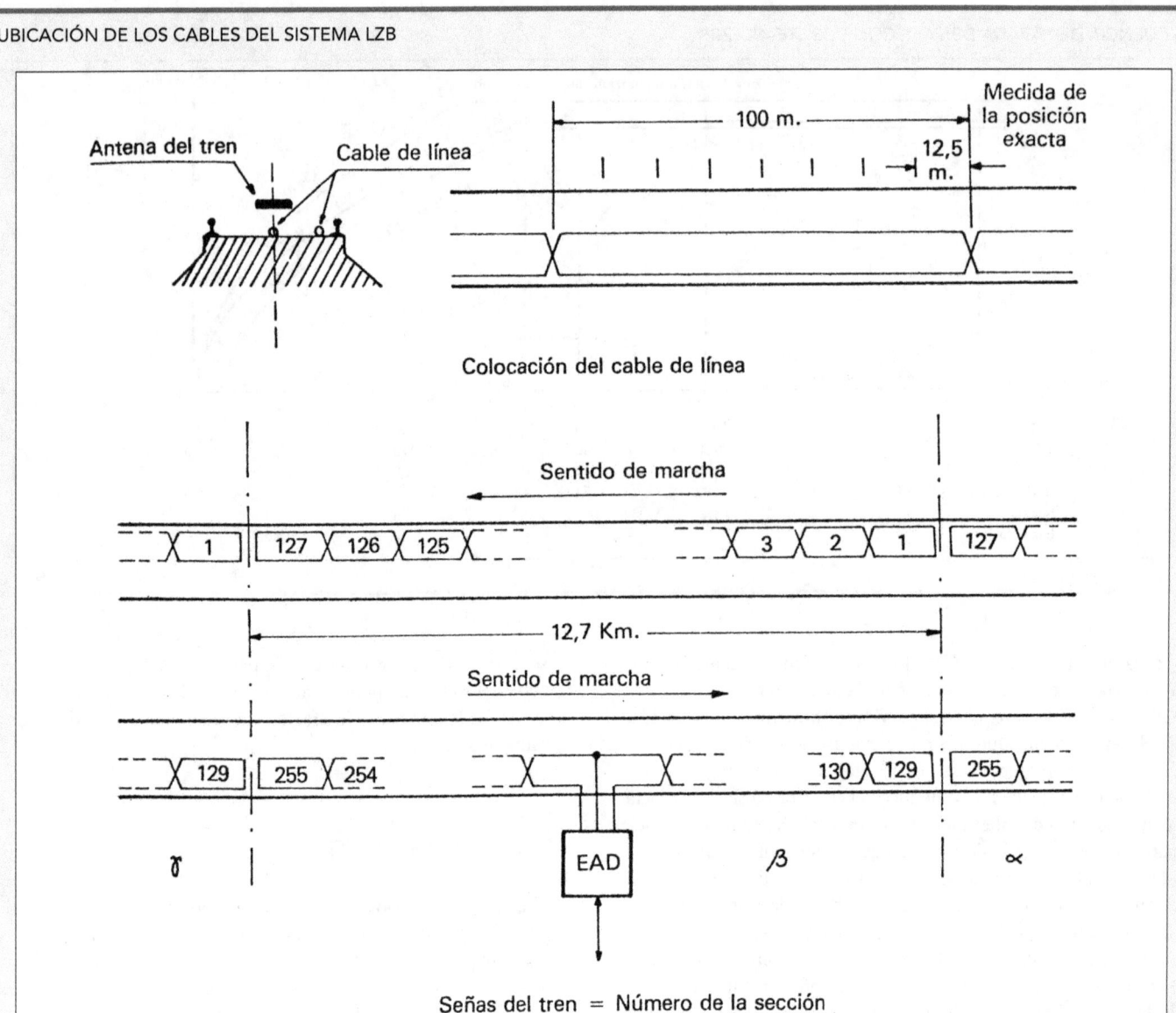

Fig. 2.25

(Fig. 2.26). Así, por ejemplo, el tren Thalys de alta velocidad, que une París con Bruselas, Colonia y Amsterdam, está equipado con no menos de siete sistemas diferentes, como se deduce de la observación de la figura 2.26, lo que lleva aparejado un aumento en el coste del material del 75% y un incremento del 35% de los costes de conservación, así como un incremento de los riesgos de avería, además de una mayor complejidad en el trabajo del conductor del tren.

No sorprende, por tanto, que desde la década de los años ochenta del siglo XX, se hicieran esfuerzos para tratar de concebir un nuevo sistema de señalización y control de la velocidad que, aprovechando los avances experimentados por el sector de las telecomunicaciones, evitase que cada país tuviese su propio sistema. Los distintos intentos realizados han dado lugar, bajo el impulso de la Comisión Europea, al nacimiento del denominado sistema ERTMS (*European Rail Traffic Management System*). Este sistema está destinado a remplazar los numerosos sistemas de señalización existentes en Europa.

SISTEMAS DE ELECTRIFICACIÓN Y DE CONTROL DE LA VELOCIDAD EN LOS FERROCARRILES EUROPEOS

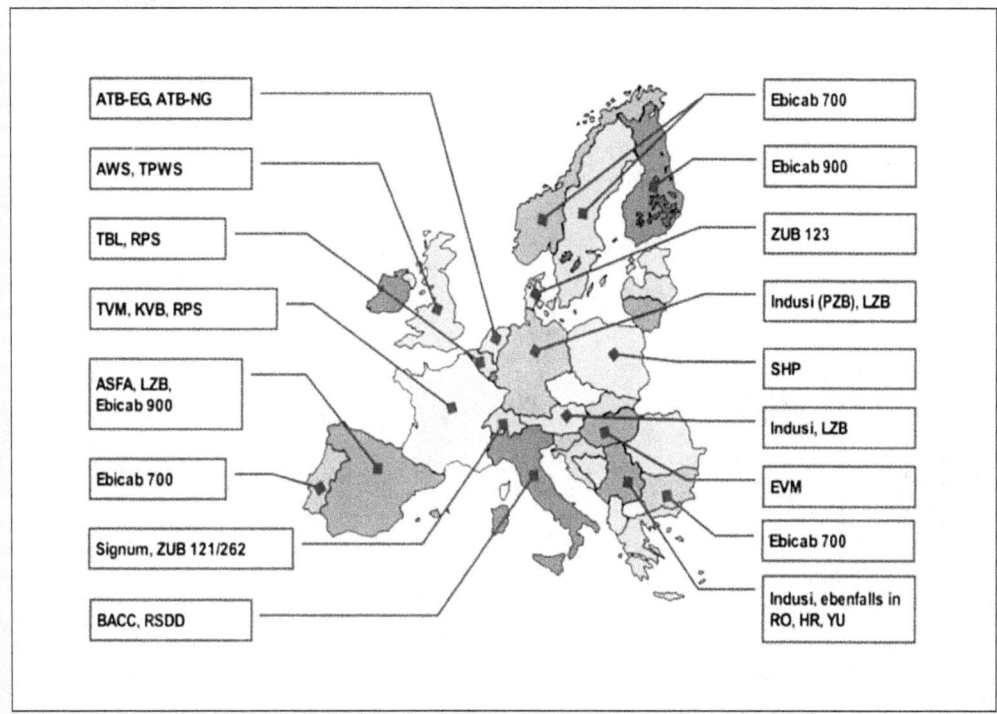

Fuente: Hartig, K. J. et al. (2005)

SISTEMAS DE SEÑALIZACIÓN DEL TREN THALYS

Año 2006. 7 sistemas de señalización

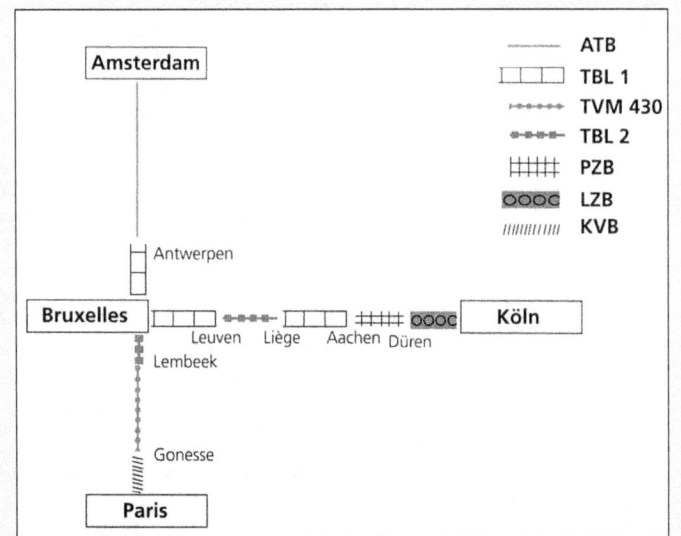

Año 2008. 8 sistemas de señalización

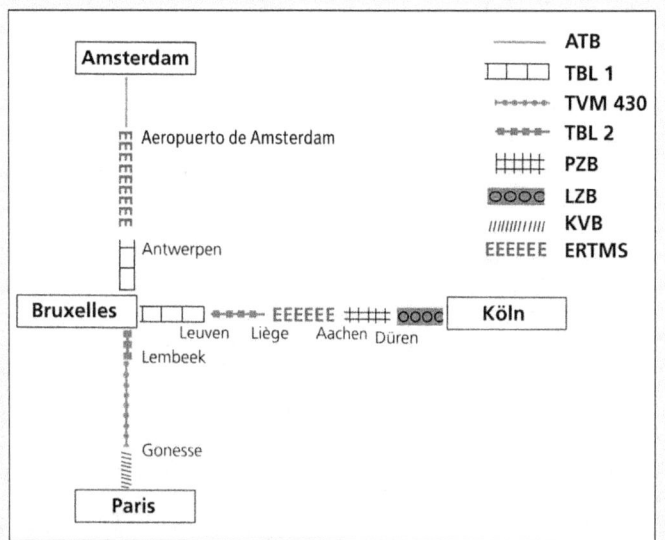

Fuente: J. M. Dancoisne (2006)

Fig. 2.26

ANTENAS PARA LA TELEFONÍA GSM-R

a) Línea TGV-Este

b) Detalle de la antena

c) Pilona de multioperadores GSM y GSM-R en la línea TGV-Este

Fuente: J. M. Cherrier (2006)

Fig. 2.27

Los componentes fundamentales que en la actualidad configuran el ERTMS son dos:

- GSM-R, sistema de radio utilizado para intercambiar información entre el vehículo y la vía (Fig. 2.27). Tiene su fundamento en los estandares del GSM de telefonía móvil, pero utiliza frecuencias diferentes, propias del ferrocarril, y dispone de avanzadas funciones. Permite al conductor dialogar con los centros de regulación y puede ser utilizado para transmitir al tren la velocidad máxima permitida.
- ETCS (*European Train Control System*), sistema europeo de control de trenes, que permite no solamente transmitir al conductor las informaciones relativas a la velocidad autorizada, sino también controlar permanentemente el respeto de estas indicaciones. El ordenador de a bordo compara la velocidad del tren con la velocidad máxima permitida y frena automáticamente el tren en caso de que ésta sea sobrepasada.

El sistema ERTMS debe dar respuesta a necesidades funcionales muy variadas, lo que ha conducido a imaginar tres niveles técnicos con las características indicadas en el cuadro 2.1.

CUADRO 2.1. NIVELES DEL SISTEMA ERTMS

Nivel ERTMS	Modo de transmisión de la información del suelo al tren	Modo de detección de la posición de los trenes
1	Puntual por eurobaliza	Detección por el suelo
2	Continuo por GSM-R	Detección por el suelo
3	Continuo por GSM-R	Autolocalización por los trenes

Las prestaciones del ERTMS forman parte de las especificaciones del sistema; por ejemplo, el tiempo de respuesta de los equipos a bordo.

Se señala que la Agencia Ferroviaria Europea, con sede en Lille-Valenciennes (Francia), al estar encargada de crear, revisar o completar las especificaciones técnicas de interoperabilidad en el sector ferroviario, puede decirse que juega el papel de «autoridad para el sistema ERTMS».

El funcionamiento de las distintos niveles ERTMS se explicita a continuación para cada uno de ellos. Específicamente en lo que concierne a la localización del tren y a la transmisión de datos.

ERTMS nivel 1

En este nivel, la localización del tren y su identificación se realiza por medio de circuitos de vía y de balizas (eurobalizas) situadas a lo largo de la línea (Fig. 2.28) y asociadas a las señales laterales. El número y la distancia entre las balizas depende de las características de la línea, estando conectadas a la señalización luminosa lateral que se mantiene en la vía (Fig. 2.29).

EUROBALIZAS EN VÍAS DE ITALIA

Fuente: *La vie du rail* (2001)   Fig. 2.28

EQUIPO LATERAL EN UNA SEÑAL EN EL ERTMS NIVEL 1

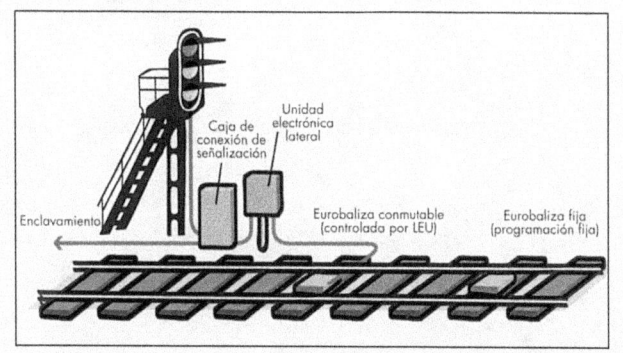

Fuente: M. Pottendorfer et al. (2004)   Fig. 2.29

ERTMS nivel 2

En este nivel, la transmisión de datos se realiza de forma continua por GSM-R (Fig. 2.30). El centro de control en tierra (RBC = *radio block centre*) recibe la información sobre la posición del tren por medio de sistemas situados en la vía como son los circuitos de vía. Efectúa los cálculos pertinentes y transmite al tren autorización para desplazarse. La autorización se realiza en función de los cantones fijos establecidos en la línea. Se estima que la capacidad de la línea puede ser aumentada hasta en un 15% con relación al nivel 1, a causa de la mayor información disponible.

ERTMS nivel 3

En este último nivel quizás la característica más importante sea la ausencia de circuitos de vía (Fig. 2.30). Los centros de control (RBC) atribuirán por GSM-R cantones fijos o móviles y utilizarán

NIVELES DEL SISTEMA ERTMS

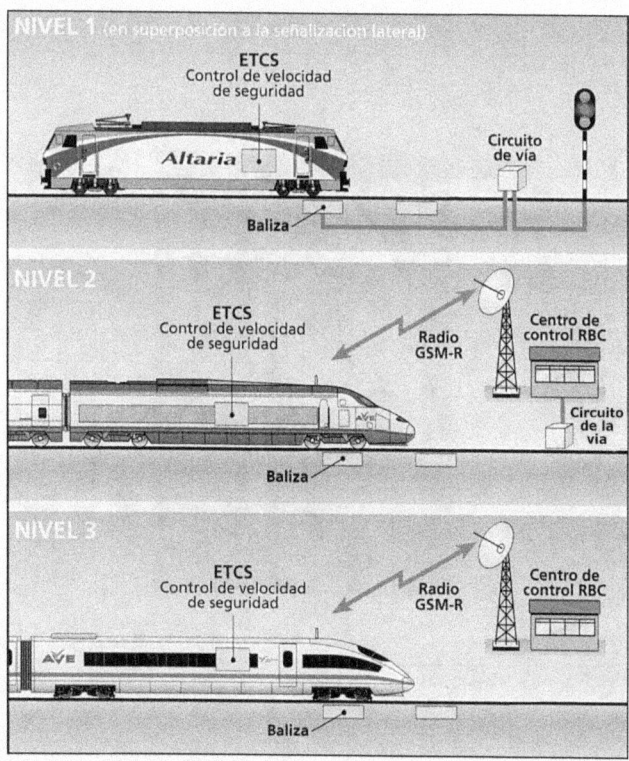

Fuente: *Vía libre* (2005)   Fig. 2.30

la localización proporcionada por los trenes para conocer la ocupación de la vía. La figura 2.31 visualiza la presentación a bordo del tren de la información ERTMS.

El funcionamiento práctico del ERTMS tiene lugar de la forma siguiente (Comisión Europea y P. Hérissé, 2006) (Fig. 2.32).

En el nivel 1, al lado de cada señal se implanta una baliza. Cuando el tren 2 (esquema A) pasa por la baliza A de una señal en vía libre, recibe autorización para circular hasta el final del cantón 2. En principio, la citada autorización le permite circular a la velocidad máxima de la línea (en el ejemplo considerado se ha supuesto 160 km/h) hasta la baliza B situada en la señal siguiente.

En ausencia de nueva información, después de pasar por la baliza B el tren 2 deberá pararse al llegar a la baliza C. En situación normal de operación, cuando el tren 2 llegue a la baliza B (esquema B), el tren 1 habrá liberado ya el cantón 3 y, por tanto, el tren 2 recibirá una nueva autorización de circular hasta la baliza D. En forma análoga a la situación precedente, el tren 2 será autorizado a circular a la velocidad máxima de la línea (en este caso 160 km/h).

Sin embargo, si el tren 1 no hubiese liberado el cantón 3 (esquema C), la baliza B transmitirá al tren 2 una información que le indicará detenerse en la baliza C. En consecuencia, el tren 2 reducirá progresivamente su velocidad. Todas las informaciones transmitidas por las balizas pueden efectuarse también por radio con la tecnología GSM-R, que constituye la base del sistema ERMTS nivel 2. En ese caso no resulta necesaria la señalización lateral, y en consecuencia se obtiene una importante reducción de los costes de instalación de las mismas y de su mantenimiento. La detección de la posición de los trenes está, no obstante, asegurada por el *shuntado* de los circuitos de vía que delimitan los cantones fijos establecidos en el terreno.

En el nivel ERTMS 2 (esquema D), el tren puede recibir en cualquier momento una indicación de circulación por intermedio de la tecnología radio GSM-R. Desde el momento en que el tren 1 libera

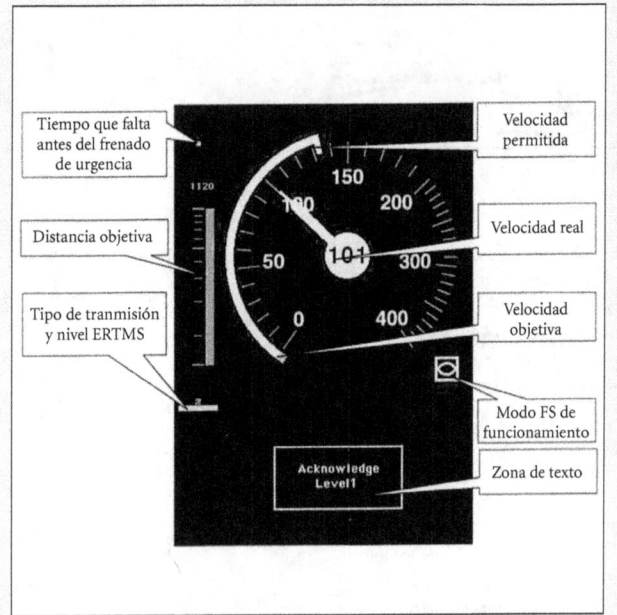

PRESENTACIÓN A BORDO DEL TREN DE LA INFORMACIÓN ERTMS

Fuente: G. Bouchard et al. (2004) Fig. 2.31

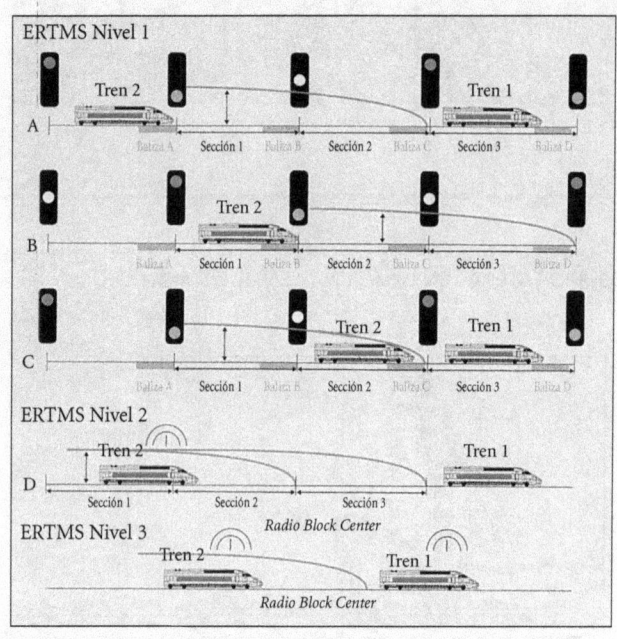

FUNCIONAMIENTO PRÁCTICO DEL SISTEMA ERTMS

Fuente: P. Hérissé (2006) / Comisión Europea Fig. 2.32

el cantón 3, el puesto central de control recibe la información correspondiente del suelo (circuitos de vía) y transmite inmediatamente una nueva autorización de circulación al tren 2, para permitirle proseguir la marcha hasta el final del cantón 3. En el nivel ERTMS 1, esta nueva información no podría haberse recibido por el tren 2 hasta que hubiera recorrido el cantón 2. En consecuencia, el tren 2 circularía por este cantón 2 (con el nivel 1) a menor velocidad de la que permite el nivel 2. Dado que en este nivel 2 la información de la liberalización del cantón 3 por el tren 1 es inmediata, el tráfico se fluidifica y por tanto se aumenta la capacidad de la línea.

En el nivel ERTMS 3 (esquema E) los trenes son capaces de transmitir por ellos mismos su posición exacta. El cantonamiento fijo deja paso a cantones móviles deformables, lo que incrementa aún más la capacidad de la línea y reduce las instalaciones en la vía con el consiguiente ahorro económico.

En el cuadro 2.2, se sintetizan las principales características de los diferentes niveles ERTMS.

CUADRO 2.2. SEÑALIZACIÓN: NIVELES ERTMS

Equipos/ subsistemas	Niveles ERTMS		
	Nivel 1	Nivel 2	Nivel 3
Señales	Si	No	No
Circuitos de vía	Si	Si	No (integridad propia del tren)
Renovación de la información	Puntual/semicontinua: transmisión por balizas/lazos	Continua: transmisión por radio GSM-R	Continua: transmisión por radio GSM-R
Balizas/lazos	Con información fija y variable: eurobalizas/ eurolazos	Con información fija para posicionamiento: eurobaliza	Con información fija para posicionamiento: eurobaliza
Sistema de gestión de bloqueo	Balice block center BBC	Radio block center RBC	Radio block center: RBC
Autorización de movimiento	Cantón fijo	Cantón fijo	Cantón móvil

La implementación del sistema ERTMS en líneas de alta velocidad se encuentra, por el momento, a finales del año 2007, limitada a las relaciones: Madrid-Barcelona, Córdoba-Málaga y Madrid-Valladolid, en España; Roma-Nápoles en Italia y en el primer tramo del TGV-Este (París-Estrasburgo) en Francia. A corto-medio plazo, también estará instalado, entre otras líneas, en las relaciones: Amberes-Amsterdam y Florencia-Milán-Turín (Fig. 2.33).

Cabe señalar que en el TGV-Este coexisten la señalización TVM 430 y el ERTMS, con objeto de evitar que en el momento de su inauguración (junio 2007) se produjesen problemas en la explotación, si el ERTMS no hubiese alcanzado la fiabilidad necesaria.

ERTMS y líneas convencionales

Por su propia naturaleza, la tecnología ERTMS tiene una aplicación práctica que va más allá de su empleo en las líneas de alta velocidad. Sin embargo, su desarrollo en itinerarios en donde la alta velocidad no sea referencia obligada se efectúa con mayor lentitud.

En efecto, en el momento actual el despliegue del GSM-R en Europa se encuentra muy avanzado, dado que la práctica totalidad de los estados miembros están reemplazando sus sistemas de radio, que se quedan absoletos por la llegada de las técnicas digitales y el sistema GSM-R.

Por el contrario, el despliegue del ETCS se produce con menor rapidez. El motivo se encuentra, por un lado, en la repercusión económica que lleva consigo su introducción, y, en segundo lugar, porque las ventajas que supone dependen de una visión global y no de una visión limitada al efecto de este nuevo sistema sobre una línea. En el ámbito económico (Cuadro 2.3) puede decirse que, en las condiciones económicas de 2004, la parte del sistema ETCS embarcada a bordo para una locomotora nueva representa un coste aproximado de 100.000 euros. El coste del módulo en tierra del ETCS depende de la densidad del tráfico y de la forma de imputar determinados gastos. En todo caso, una cifra de 40.000 euros por kilómetro de vía doble (sin tener en cuenta el GSM-R) podría ser una magnitud adecuada para una línea de alta velocidad.

CUADRO 2.3. INDICADORES DE COSTE DEL SISTEMA ERTMS/ ETCS (1.000 EUROS)

	Nivel 1	Nivel 2
Equipo a bordo (por rama)		
– Nueva locomotora	92	125
– Locomotora existente	105	135
Equipo en la línea (por km)		
– Nueva línea y baja densidad de tráfico	45	160
– Nueva línea y alta densidad de tráfico	80	210

Fuente: UNIFE. (Tomado de R.G.I, 2006)

Los expertos indican, no obstante, que cuando se trata de equipar líneas existentes, el sistema ETCS debe estar conectado con los equipos de las mismas; por ejemplo, con los puestos de mando de las agujas, que no están estandarizados. En este caso la instalación se complica sensiblemente y, por tanto, también los costes. De todas maneras, en la medida en que diversas industrias puedan ofrecer los productos básicos, el nivel de los costes se irá reduciendo.

DESARROLLO EN EUROPA DEL SISTEMA ERTMS

a) En servicio comercial. Junio 2007

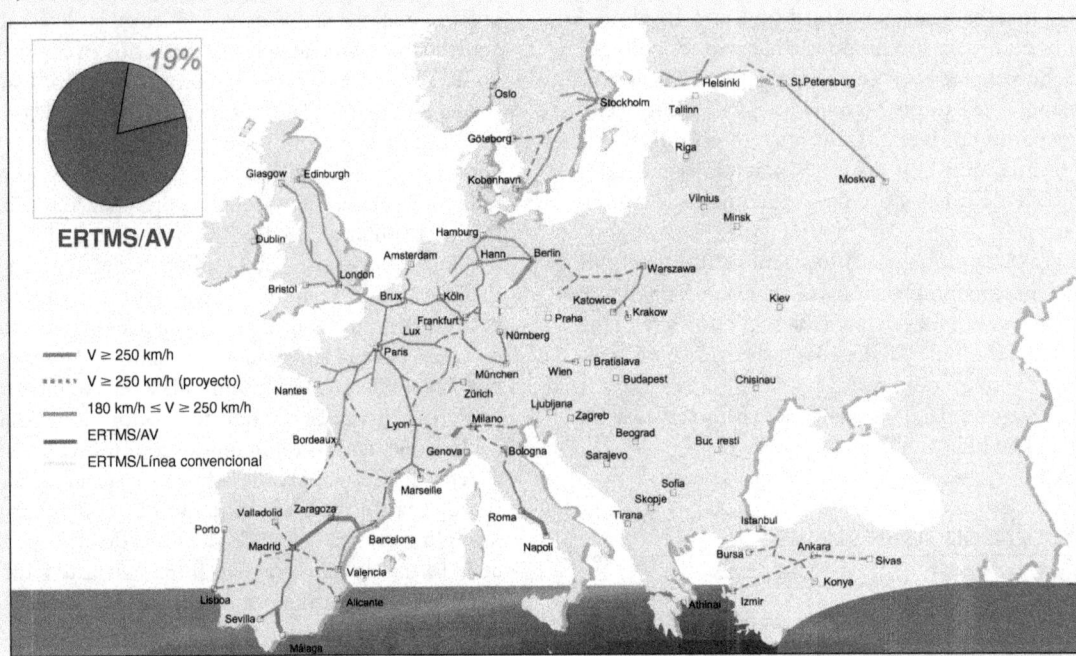

b) Previsión en el horizonte (2010/2012)

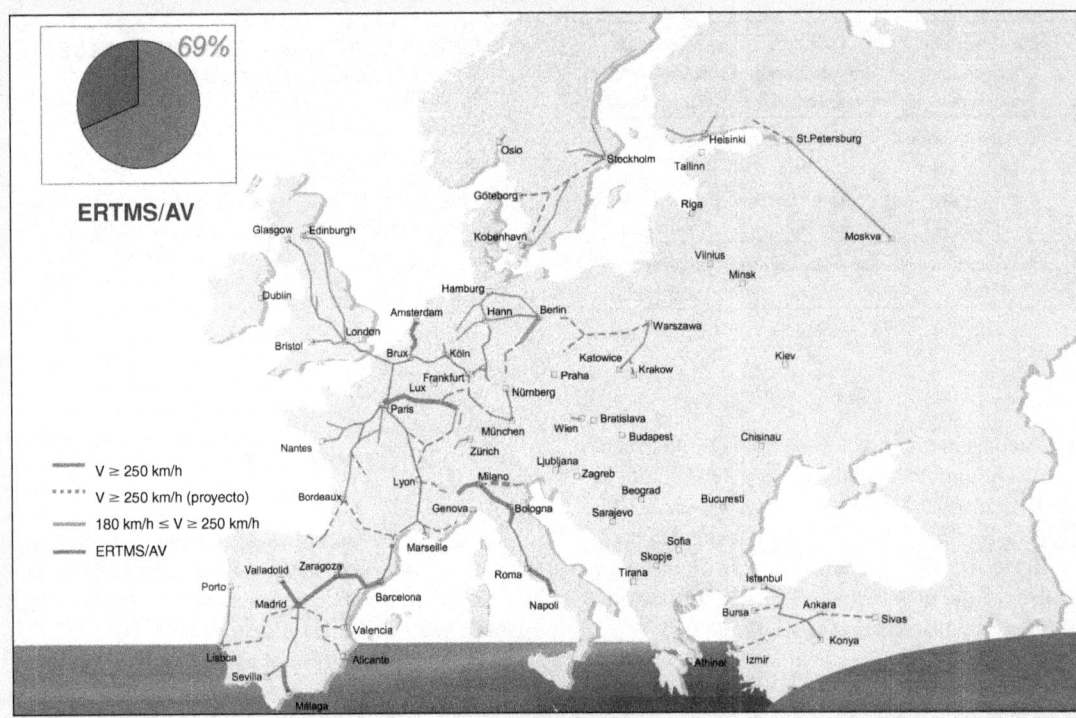

Fuente: P. De Cicco (2007)

Fig. 2.33

Desde la perspectiva de la implementación práctica del ERTMS, se señala que, en marzo de 2006, la Comisión Europea y los ferrocarriles europeos decidieron dar prioridad a su desarrollo a lo largo de los seis corredores indicados en la figura 2.34, afectando a una longitud total de casi 13.000 km. Los citados corredores representan, en longitud, el 6% de la red europea, pero soportan el 20% del tráfico transportado en ella.

El objetivo principal del citado desarrollo es favorecer la calidad del servicio en el transporte de mercancías y reducir, en paralelo, los costes de dicho transporte. Las estimaciones efectuadas hasta el momento sobre la repercusión que tendrá la instalación del sistema ERTMS en el corredor A, en las mencionadas variables: calidad de la oferta y coste de transporte, se sintetizan en el cuadro 2.4.

CUADRO 2.4. EFECTOS DE LA INSTALACIÓN DEL SISTEMA ERTMS EN EL CORREDOR A

Concepto	Horizonte	
	Año 2005	Año 2012
Tiempo de viaje entre Rotterdam y Milán	22 horas	18 horas
Productividad de las locomotoras eléctricas	190.000 km/año	250.000 km/año
Coste de transporte por ferrocarril	15 euros/km	13,5 euros/km
Puntualidad (retrasos > 30')	70%	85%
Cuota de mercado del ferrocarril	22%	28%

Fuente: Tomado de IRJ (2006)

CORREDORES SELECCIONADOS PARA EL DESARROLLO PRIORITARIO DEL SISTEMA ERTMS

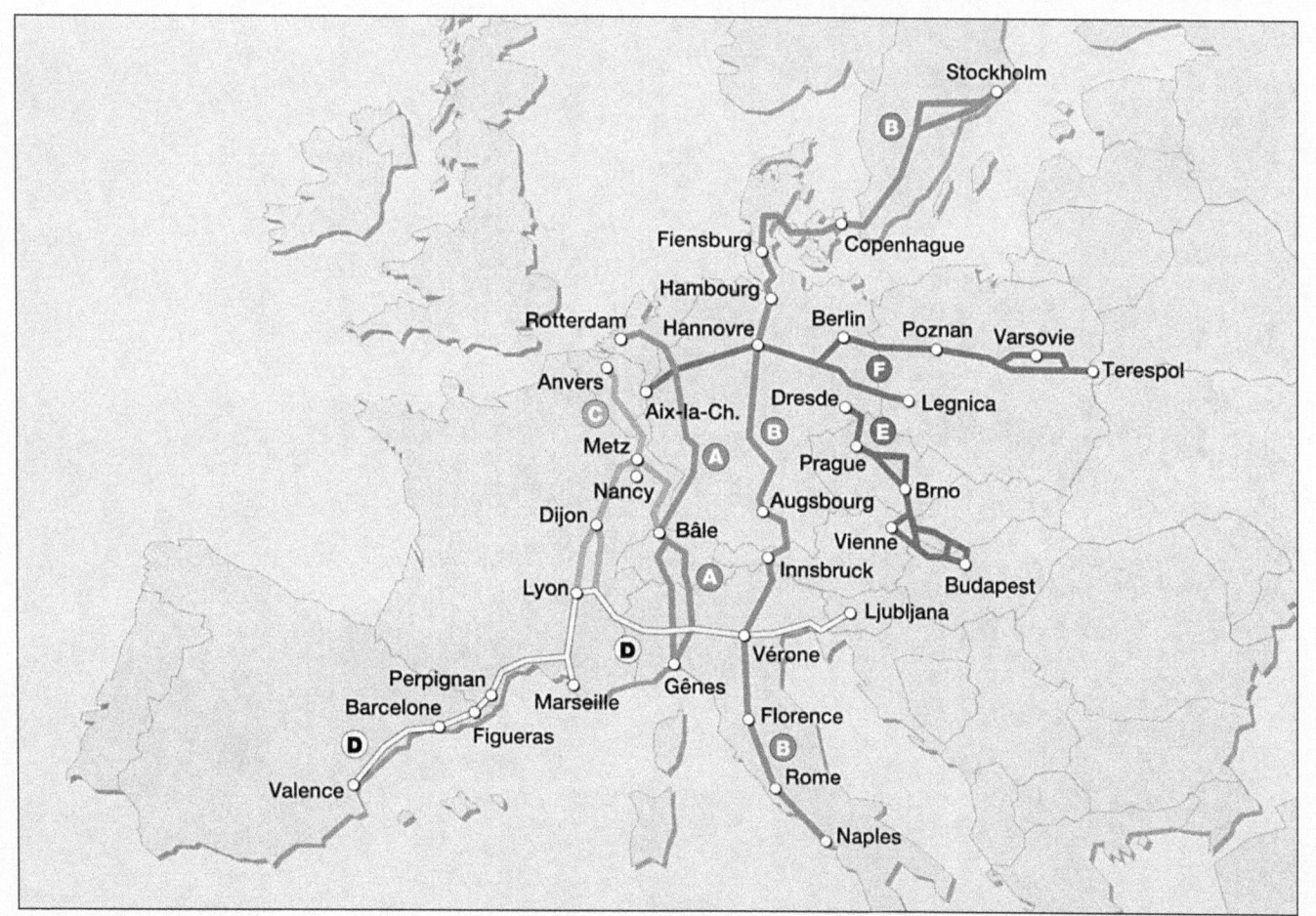

Fuente: Unión Europea/*La vie du rail* (2006)

Fig. 2.34

3 ELECTRIFICACIÓN DE UNA LÍNEA

3.1 INTRODUCCIÓN

En el capítulo 1 se ha subrayado que, en la actualidad, las principales líneas de ferrocarril de los diferentes países se encuentran electrificadas. Este proceso consiste en lograr que, a partir de una distribución de energía en alta tensión, y mediante la construcción de unos puestos fijos, llamados *subestaciones,* la corriente eléctrica llegue al material motor por intermedio de un conductor llamado *catenaria.* En la locomotora se transforma la energía eléctrica en energía mecánica para asegurar la tracción. Finalmente, la corriente es devuelta a la subestación por el circuito de retorno constituido por el propio carril de la vía.

En la figura 3.1a puede verse un esquema global de la alimentación de energía de la línea Madrid-Sevilla de alta velocidad. La alimentación se toma en las subestaciones de la red de alta tensión a 220 kV perteneciente a la Red Eléctrica de España. Esta línea discurre próxima a la traza de la línea ferroviaria con distancias máximas a las subestaciones de tracción de 19 km. En la figuras 3.1b y 3.1c se visualiza la situación correspondiente a las líneas de alta velocidad París-Lyon y París-Strasbourg. En ambas líneas, la tensión de 220 kV de la red eléctrica se reduce en las subestaciones a 25 kV. En la figura 3.2 se ofrece una vista de conjunto de la conexión que se establece entre la red de alta tensión y las subestaciones.

El transporte de la corriente desde la subestación hasta el material motor se efectúa por medio de un conductor aéreo* (Fig. 3.3) suspendido de soportes colocados al lado de la vía. El paso de la corriente del conductor al material se realiza a través de unos aparatos denominados *pantógrafos* (Fig. 3.3).

Es importante destacar que los fenómenos de interacción pantógrafo-catenaria constituyen un aspecto fundamental en la circulación a alta velocidad. La dificultad de lograr un correcto funcionamiento de ambos elementos, en los primeros tiempos, con el aumento de la velocidad, condujo a los ferrocarriles franceses a analizar las posibilidades de utilizar la turbina de gas en la tracción ferroviaria, trabajos que se iniciaron en 1965 y condujeron a la fabricación del Turbotren TGV 001 (Fig. 3.4), con el que se realizaron numerosos ensayos de velocidad (más de 200 circulaciones a una velocidad igual o superior a 300 km/h). A pesar de su excelente comportamiento, la tracción eléctrica fue adoptada frente a la tracción con turbinas, a causa de su menor coste de mantenimiento y de consumo de energía.

3.2 LÍNEA AÉREA DE CONTACTO

La instalación que sirve para proporcionar la energía necesaria al material motor eléctrico para que funcionen sus motores recibe el nombre de *línea de contacto.* Como se observa en la figura 3.5, se trata de un cable suspendido por sus dos extremos situados a la misma altura. Dicho cable está cargado con su propio peso o con él y una sobrecarga uniforme (viento, nieve, etc.).

Se demuestra que un cable en las citadas condiciones forma una curva que se conoce con el nombre de *catenaria.* De ahí que en el

---

(*) La toma de corriente puede hacerse también mediante un tercer carril, similar al de rodadura, colocado sobre la plataforma, a poca altura y distancia de la vía. En general, este sistema, llamado *tercer carril,* se reserva para las líneas metropolitanas.

ESQUEMA DE ALIMENTACIÓN ELÉCTRICA DE ALGUNAS LÍNEAS DE ALTA VELOCIDAD

a) Madrid-Sevilla

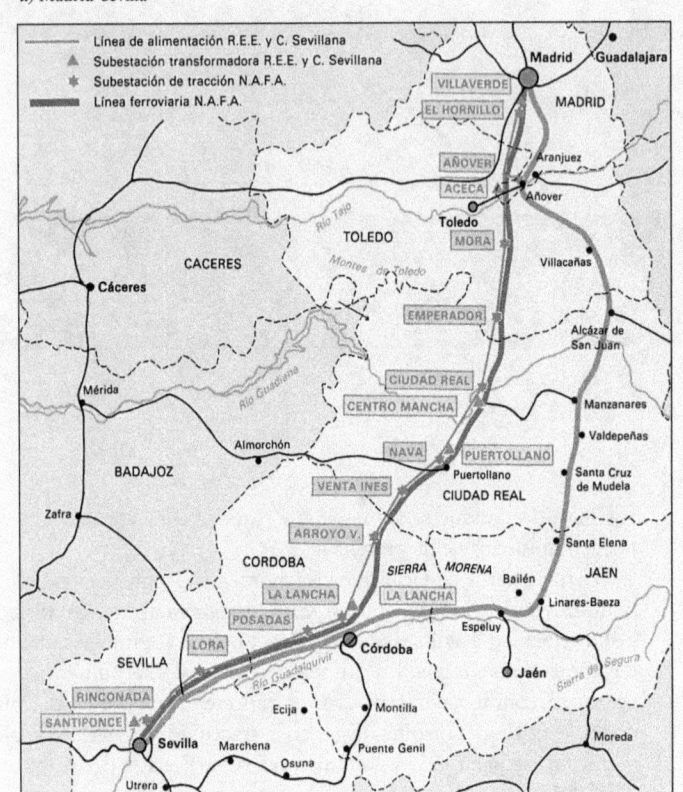

Fuente: RENFE (1992)

b) París-Lyon

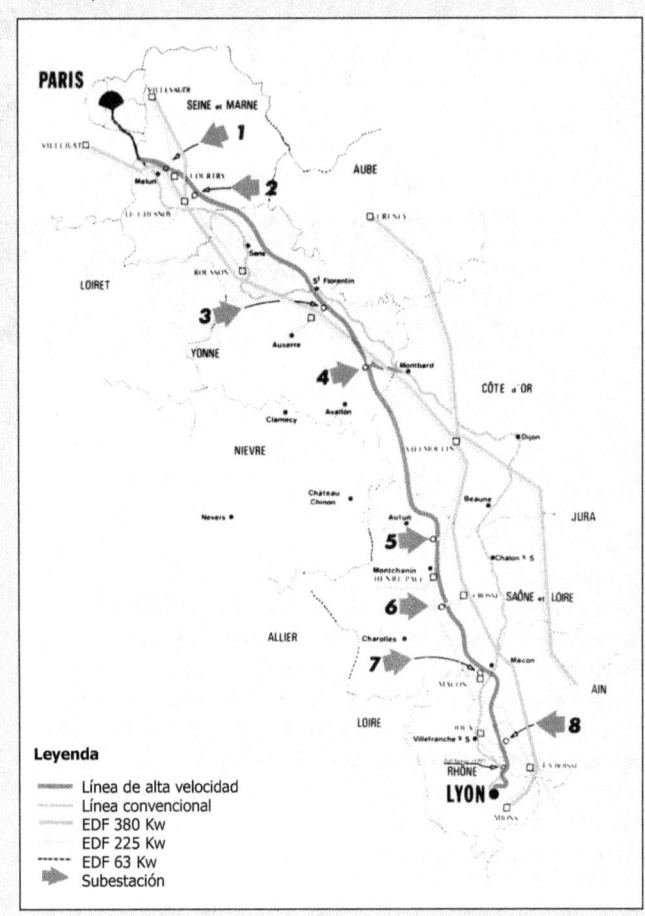

Fuente: P. Lorin (1981)

c) París-Strasbourg

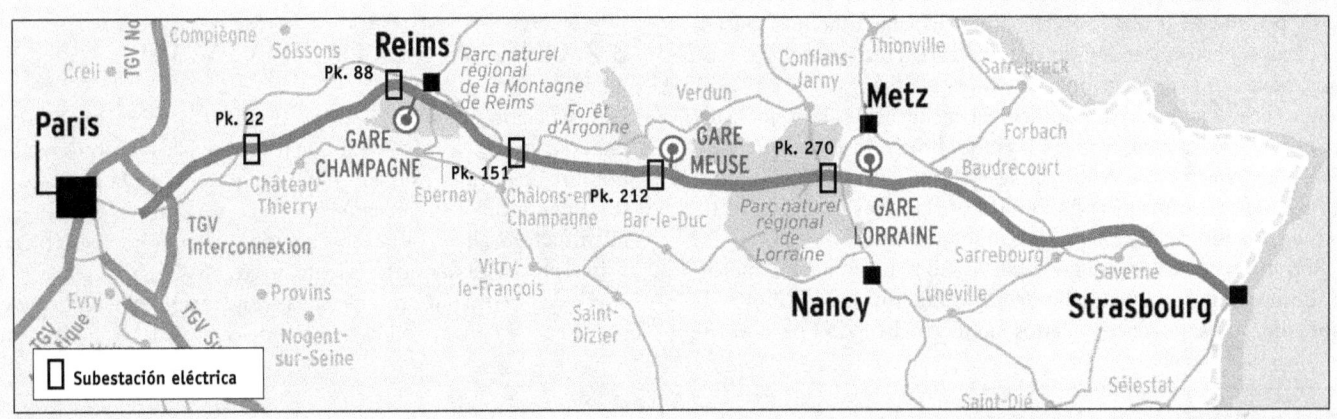

Fuente: E. Seguier (2007)

Fig. 3.1

LÍNEAS DE ALTA TENSIÓN Y SUBESTACIONES

a) Subestación de tracción

b) Líneas de alta tensión

c) Transformadores en las subestaciones

Fuente: RENFE y P. Lorin (1981)

Fig. 3.2

SUBESTACIÓN - LÍNEA AÉREA DE CONTACTO - PANTÓGRAFO

a) Subestación

b) Línea aérea de contacto

c) Pantógrafo en posición desplegada

d) Pantógrafos en posición abatida

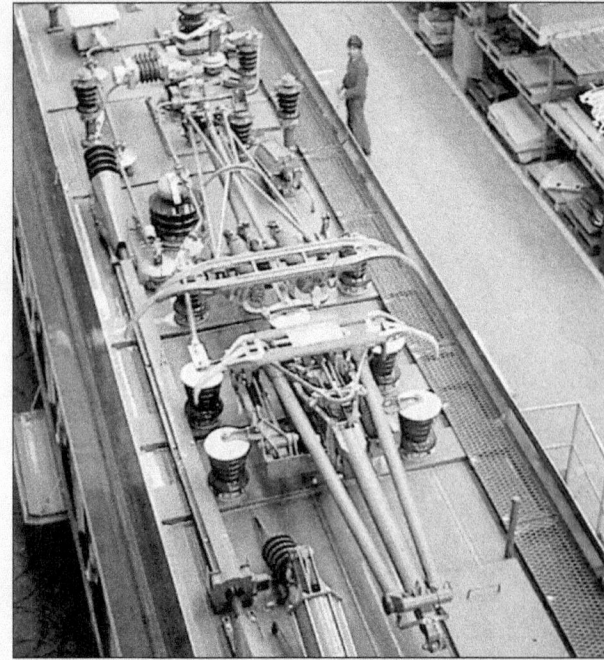

Fuente: DBAG y P. Lorin

Fig. 3.3

TREN TGV CON TURBINAS

a)

b)

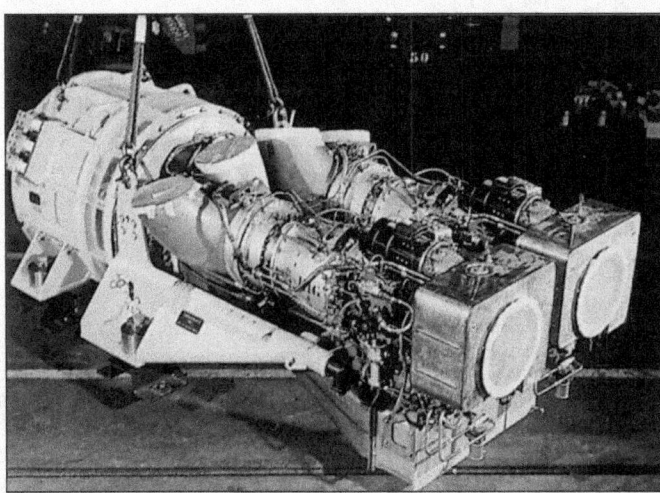

c)

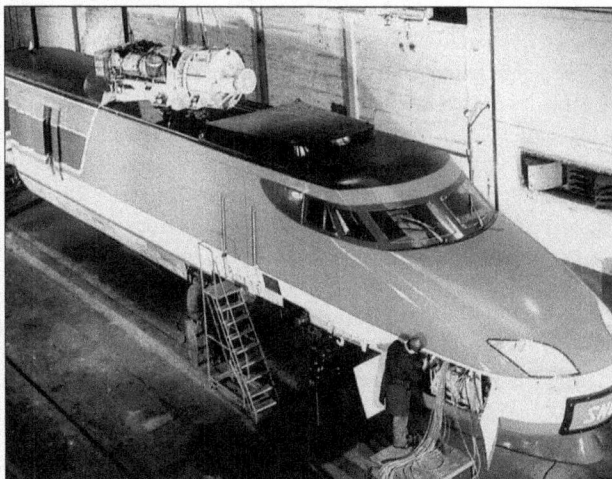

Fuente: O. Constant (1998) y C. Soulie/J. Tricoire (2002)

Fig. 3.4

VISTA GENERAL DE LA LÍNEA AÉREA DE CONTACTO

Fuente: D. Rodríguez (2002)

Fig. 3.5

ámbito ferroviario el sistema de línea aérea se designe habitualmente con el nombre de la citada curva. Su ecuación se deduce en el apartado siguiente.

3.2.1. Ecuación de la catenaria

Analicemos el caso de un cable de longitud L sujeto por sus dos extremos que están separados por una distancia (a) y situados a la misma altura. Sea p el peso por unidad de longitud del cable. En la figura 3.6 se muestran las fuerzas que actúan sobre el segmento de cable ubicado entre los puntos A y B, cuya longitud es l_{AB}. Estas fuerzas son: el peso del segmento, la fuerza que ejerce la parte izquierda del cable sobre el extremo izquierdo A de dicho segmento y la fuerza que ejerce la parte derecha del cable sobre el extremo derecho B del segmento.

De la condición de equilibrio se puede escribir lo siguiente:

$$T \cos\theta = T_0$$

$$T \,\text{sen}\theta = p \cdot l_{AB}$$

Dividiendo la segunda ecuación por la primera y teniendo presente la definición de tangente se encuentra:

$$\tan\theta = \frac{p}{T_0} l_{AB} = \frac{dy}{dx}$$

Derivando con respecto a x

$$\frac{d}{dx}\left(\frac{dy}{dx}\right) = \frac{p}{T_0} \frac{dl_{AB}}{dx}$$

Teniendo en cuenta que la longitud del arco diferencial es $dl_{AB}^2 = dx^2 + dy^2$, se obtiene:

$$\frac{d}{dx}\left(\frac{dy}{dx}\right) = \frac{p}{T_0}\sqrt{1+\left(\frac{dy}{dx}\right)^2}$$

Si hacemos $u = dy/dx$, entonces se tiene que

$$\frac{du}{dx} = \frac{p}{T_0}\sqrt{1+u^2}$$

Separando variables

$$\frac{du}{\sqrt{1+u^2}} = \frac{p}{T_0}dx \qquad (3.1)$$

Integrando y teniendo en cuenta que para $x = a/2$ (en el punto más bajo A de la curva), $dy/dx = 0$, resulta

ESQUEMAS DE REFERENCIA PARA DEDUCIR LA ECUACIÓN DE LA CATENARIA

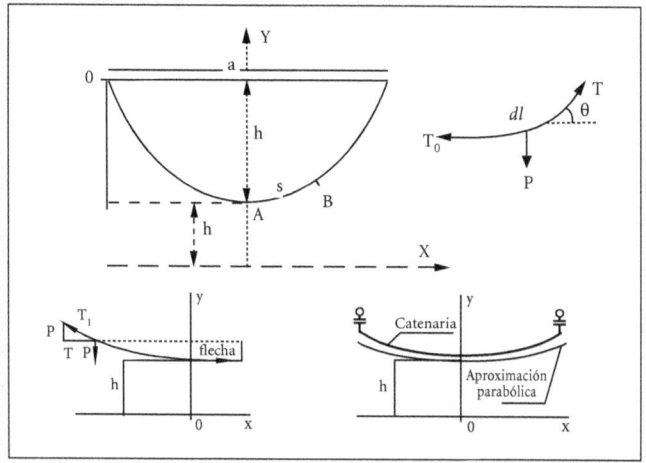

Fuente: F. Bacigalupe (1999) Fig. 3.6

$$\mathrm{senh}^{-1}(u) = \frac{p}{T_0} x$$

Es decir:

$$u = \mathrm{senh}\, \frac{p}{T_0} x \tag{3.2}$$

y dado que $u = dy/dx$ resulta:

$$y = \frac{T_0}{p} \cosh \frac{p}{T_0} x$$

Del esquema de la figura 3.6 se deduce que para $x = 0$, el valor de y es h, luego:

$$y = h = \frac{T_0}{p}$$

Por tanto:

$$y = h \cdot \cosh \frac{x}{h} \tag{3.3}$$

que es la ecuación de la catenaria.

Se señala que la tensión T_0 en el punto inferior de la catenaria es menor que la tensión T en los amarres, tal como se visualiza en el esquema de la figura 3.6.

En realidad, T_0 es, como se observa en el esquema, la componente horizontal de T, siendo p (peso del cable) la componente vertical.

Matemáticamente se demuestra la relación

$$T_1 - T_0 = p \cdot f$$

Generalmente, la flecha es inferior al 2% de la longitud del vano correspondiente y, en consecuencia, el término pf tiene un valor reducido. Se considera, pues, que $T_1 = T$, es decir, que existe constancia en las tensiones de los diversos puntos de la curva, y que éstas son iguales a la tensión en el punto más bajo, para el cual la flecha es máxima.

Como se sabe, la expresión 3.3 puede ser expresada a partir del valor de $\mathrm{Cosh}\, \frac{x}{2}$, que vale:

$$\mathrm{Cosh}\, \frac{x}{2} = \frac{e^{x/h} + e^{-x/h}}{2}$$

Resultando:

$$y = \frac{h}{2}(e^{x/h} + e^{-x/h})$$

Desarrollando en serie de Mac–Laurin, $e^{x/h}$ y $e^{-x/h}$, se obtiene:

$$e^{x/h} = 1 + \frac{x/h}{1} + \frac{x^2/h^2}{2} + \ldots$$

$$e^{-x/h} = 1 - \frac{x/h}{1} + \frac{x^2/h^2}{2} - \ldots$$

y, por tanto,

$$y = h\left[1 + \frac{x^2}{2h^2} + \ldots\right]$$

Dado que $h = \frac{T}{p}$ tiene un valor elevado, al ser T mucho mayor que p (se verá posteriormente que $T \geq 1.200$ kg y $p \simeq 1{,}5$ a 3 kg/ml); y puesto que h figura en el denominador de los diversos términos de la serie, se puede prescindir, sin cometer errores sensibles, de los términos de la serie a partir del tercero, quedando reducida la fórmula 3.3 a la expresión:

$$y = h\left(1 + \frac{x^2}{2h^2}\right) = h + \frac{x^2}{2h}$$

que es la ecuación de la parábola.

Si se desplaza el eje de coordenadas (0) al punto A (Fig. 3.6), se obtiene:

$$y = \frac{x^2}{2h}$$

o bien, sustituyendo el valor de *h*:

$$y = \frac{px^2}{2T}$$

Para $x = a/2$, $y =$ flecha máxima de la catenaria (f), luego

$$f = \frac{pa^2}{8T}$$

con las siguientes unidades:

f (m); p (Kg/ml); a (m) y T (Kg)

3.2.2 Longitud de la catenaria

Por lo que respecta a la longitud de la catenaria, su evaluación se efectúa a partir de la relación de un elemento (dl) de longitud:

$$dl^2 = dx^2 + dy^2$$

luego:

$$dl = \sqrt{dx^2 + dy^2} = dx\sqrt{1 + \left(\frac{dy}{dx}\right)^2}$$

Dado que $u = dy/dx$ como vimos, resulta:

$$\int dl = \int dx \sqrt{1 + u^2}$$

Recordando la expresión 3.1,

$$dx = \frac{T}{p} \frac{du}{\sqrt{1+u^2}}$$

luego:

$$\int dl = \int \frac{T}{p} \frac{du}{\sqrt{1+u^2}} \sqrt{1+u^2}$$

es decir,

$$\int dl = \frac{T}{p} \int du = \frac{T}{p} u$$

y puesto que u vale lo que la expresión 3.2,

$$u = \operatorname{senh}\left(\frac{p}{T} x\right)$$

resulta:

$$l = \frac{T}{p} \operatorname{senh} \frac{p}{T} x$$

o bien:

$$l = h \operatorname{senh} \frac{x}{h}$$

Por el desarrollo en serie de Mac-Laurin y limitando el mismo a los dos primeros términos, como en la ecuación de la catenaria, se tiene

$$l = h\left(\frac{x}{h} + \frac{x^3}{6h^3}\right)$$

La longitud de la catenaria L será igual a $2l$, luego:

$$L = 2x + \frac{2x^3}{6h^2}$$

Dado que $a = 2x$, se obtiene

$$L = a + \frac{a^3}{24h^3} = a\left(1 + \frac{a^2p^2}{24T^2}\right)$$

de donde:

$$L = a\left(1 + \frac{a^2p^2}{24T^2}\right)$$

3.2.3 Principales componentes de la línea aérea de contacto

El elemento fundamental de la catenaria es el cable de frotación con el pantógrafo del material motor. A este cable se le denomina *hilo de contacto*. En algunas catenarias pueden existir dos hilos de contacto (Fig. 3.5). Para que el rozamiento entre el pantógrafo y el hilo de contacto de la catenaria sea lo más homogéneo posible, es necesario que éste mantenga su altura constante respecto a los carriles.

Cuando las velocidades a las que se desplazan los trenes son relativamente bajas, de hasta 40-50 km/h, es suficiente en el montaje de los hilos de contacto que la diferencia de altura entre los apoyos y el centro del vano sea del 1 por mil de la longitud del vano, y con un máximo de 20 cm, pudiendo conseguirse estos valores mediante el propio tensado mecánico del hilo de contacto.

Sin embargo, cuando la velocidad aumenta, esta diferencia de alturas entre el apoyo y el centro del vano se vuelve más crítica, siendo necesaria una mayor uniformidad en las alturas. Como el tensado mecánico del hilo de contacto no puede aumentar indefinidamente, es necesario tender otro cable, denominado *sustentador*, y sujetar el hilo de contacto al nuevo cable tendido mediante unas retenciones, denominadas *péndolas*, situadas longitudinalmente cada cierta distancia (Fig. 3.5). De esta forma y mediante la mayor o menor longitud de las péndolas, se logra mantener constante la altura del hilo del contacto.

En lo que sigue analizaremos, en primer lugar, las condiciones que debe cumplir la línea aérea para una explotación ferroviaria, lo que da lugar a diferentes tipos de catenarias como se verá posteriormente. En este ámbito se señala que cada administración ferroviaria fue adoptando el tipo de catenaria que consideró mas adecuado a la velocidad de circulación.

Dos grupos de condiciones se exigen a la catenaria: por un lado, las de *tipo eléctrico,* que afectan a la conducción de la corriente, y por otro, las de *tipo mecánico*, responsables del buen contacto pantógrafo-catenaria, aunque no se puedan disociar completamente ambas condiciones.

3.2.3.1 Condiciones eléctricas

Se concretan en la necesidad de contar con una cierta sección equivalente de cobre, la cual depende de las características del tráfico de cada línea, pero sobre todo del sistema de electrificación. Como órdenes de magnitud pueden indicarse los valores del cuadro 3.1.

Siguiendo a Montesinos y Carmona (2002), se destaca que cuando los consumos de corriente son elevados, además de la temperatura ambiente se ha de considerar también, en el diseño de una catenaria, el calentamiento que tanto en el sustentador como en los hilos de contacto produce el propio paso de la corriente eléctrica, calentamiento que también debe ser tenido en cuenta en la determinación de los límites de funcionamiento del conjunto de la instalación.

Este calentamiento de los hilos de contacto y sustentador tiene considerable importancia en el diseño de las catenarias a 1.500 y 3.000 V, para circulaciones a velocidad alta y en las redes de cercanías, ya que al ser los consumos elevados, del orden de 2.000 A, es necesario, para evitar calentamientos excesivos en los cables, que las secciones de cobre sean elevadas, y esto se opone a las características básicas de una catenaria de elevadas prestaciones, que ha de ser ligera y flexible.

Para aunar las características de ligereza y flexibilidad permitiendo elevados consumos de corriente, se recurre al tendido de otros cables, normalmente de cobre, que convenientemente aislados se montan, bien sobre cabeza de poste o lateralmente sobre palomilla apoyada en el propio poste. Se conectan a la catenaria cada cierta distancia, normalmente entre 120 y 300 metros; a este tipo de cables se les denomina *feeder de acompañamiento*, (Fig. 3.9) De esta forma se consigue reducir la sección del sustentador e hilos de contacto, manteniendo una sección equivalente de línea considerable y adaptada a los elevados consumos.

3.2.3.2. Condiciones mecánicas

Dos aspectos fundamentales cabe destacar: el que hace referencia a la aptitud de la catenaria para resistir efectos como los del viento, la nieve, etc., y aquel que está directamente relacionado con su comportamiento al paso del pantógrafo. Es éste el problema más importante y en el que centraremos las reflexiones siguientes.

CUADRO 3.1. ÓRDENES DE MAGNITUD DE LAS SECCIONES DE DISTINTOS TIPOS DE CATENARIAS

Tipo de catenaria	Componente	Sección (mm^2)
Catenaria para corriente continua 1.500 V (1)	– Sustentador principal	116
	– Sustentados auxiliar	104
	– Hilos de contacto	2 x 107
	TOTAL	400
Catenaria para corriente continua 3.000 V (2)	– Sustentador	153
	– Hilos de contacto	2 x 107
	– Sustentador	153
	TOTAL	367
Catenaria para corriente alterna 15 kV y 16 2/3 Hz (3)	– Sustentador	70
	– Hilo de contacto	120
	TOTAL	190
Catenaria para corriente alterna 25 kV y 50 Hz (4)	– Sustentador	65
	– Hilo de contacto	107
	TOTAL	172

Fuente: Elaboración propia con datos de: (1) y (4), Tessier (1978); (2) RENFE (1976) y (3) Kiebling et al. (2001).

En este sentido, la experiencia pone de manifiesto, afortunadamente, que a diferencia de lo que sucede cuando se realiza un contacto entre dos puntos fijos, no es necesaria más que una pequeña superficie de contacto para captar grandes intensidades.

Resulta, por tanto, que si el contacto es regular y si el apoyo de la banda de rozamiento sobre el o los hilos de contacto es permanente, el hecho de utilizar corriente alterna o continua no aumenta la dificultad del problema notablemente, a pesar de pasar de los cientos de amperios en c.a. a los miles de amperios en c.c. Bastará prever en este último caso un hilo más de contacto.

Hemos indicado la necesidad de que el contacto pantógrafo-catenaria sea constante. En este ámbito el factor de mayor influencia es la *flexibilidad de la catenaria en sentido vertical*.

En efecto, el pantógrafo debe ejercer una cierta presión sobre la catenaria, para asegurar el citado contacto, lo cual dará lugar a la elevación de la línea aérea en la medida en que la flexibilidad de ésta lo permita.

Ahora bien, si se considera la figura 3.5, la flexibilidad de la catenaria será máxima en el centro del vano para disminuir a medida que se aproxima a los apoyos y hacerse nula en su vertical. Se tiende por tanto a que la línea de contacto no esté directamente relacionada con los soportes, como veremos posteriormente.

3.2.4 Tipos de catenarias

Siempre bajo la idea fundamental de regularizar la flexibilidad de la catenaria y teniendo en cuenta las exigencias eléctricas, la evolución de los diferentes tipos de catenaria ha sido notable, tal como se visualiza en la figura 3.7.

Desde el punto de vista práctico, los sistemas actualmente vigentes son los siguientes:

1. Para catenaria de 1.500 v

No puede hablarse de un único tipo de catenaria, porque, en función de las características del tráfico soportado por cada línea y de la antigüedad de la misma, resulta posible encontrar diferentes tipologías. A título indicativo, la figura 3.8 muestra la catenaria existente en la línea convencional París-Burdeos, donde las ramas TGV alcanzan una velocidad máxima de 220 km/h.

Nótese que está constituida por un sustentador principal, un sustentador auxiliar y dos hilos de contacto. El sustentador principal en lugar de soportar directamente los hilos de contacto sostiene, por intermedio de péndolas, un sustentador auxiliar. A este último se encuentran unidos los hilos de contacto por medio de unos elementos llamados estribos.

2. Para catenaria de 3.000 v

Puede efectuarse análoga reflexión que en el caso anterior, pues en función de la velocidad máxima de circulación se dispone de una configuración diferente. Si nos referimos al caso español, podemos distinguir la catenaria denominada CRU 140-160, de la catenaria CR 220, correspondiendo la asignación numérica a las velocidades máximas de diseño (Fig. 3.9). Las principales diferencias entre ambas catenarias en el ámbito mecánico y eléctrico son las siguientes:

Catenaria	Secciones (mm^2)		Tensión mecánica (Kg)	
	Sustentador	Hilos de contacto	Sustentador	Hilos de contacto
CRU 140/160	153	2 x 107	2.450	2.040 (por hilo)
CR 220	184	2 x 150	1.389	1.000 (por hilo)

Fuente: Elaboración propia con datos de RENFE

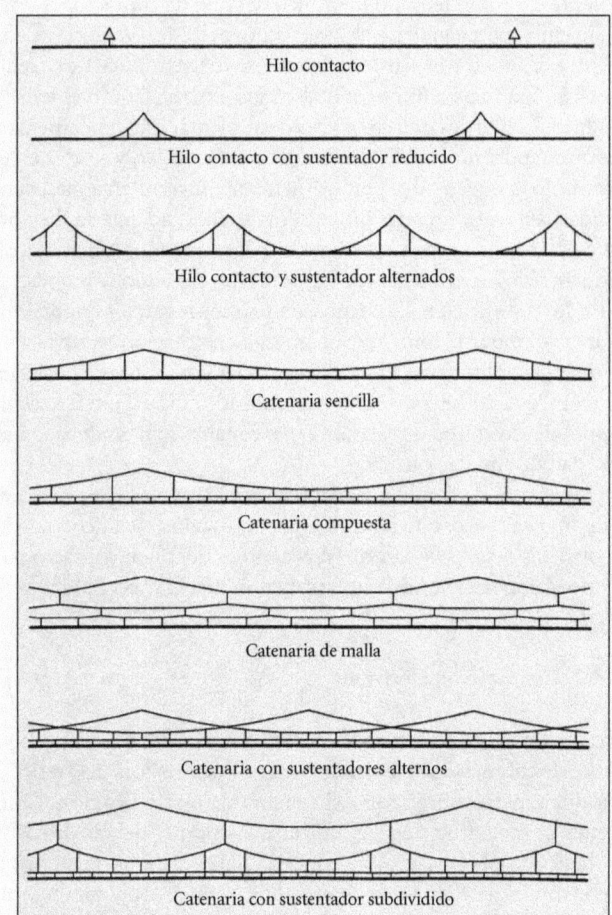

ESQUEMAS DE DISTINTOS TIPOS DE CATENARIAS

Fuente: RENFE (150 años de infraestructura ferroviaria) *Fig. 3.7*

CATENARIA PARA 1500V DE LA LÍNEA CONVENCIONAL PARÍS-BURDEOS

Fuente: Rail Passion (1999) *Fig. 3.8*

CATENARIAS RENFE TIPO 140/160 Y 220 Km/h

a) Catenaria CRU 140-160

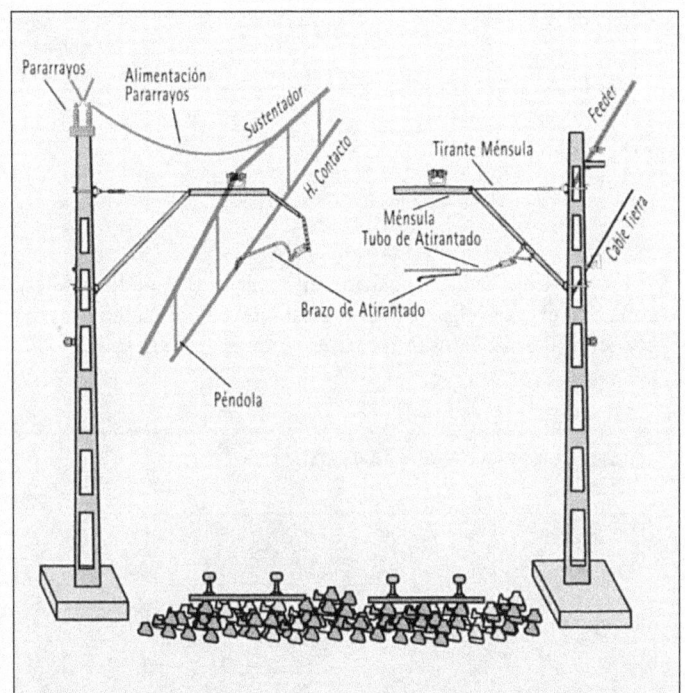

c) Catenaria CR 220

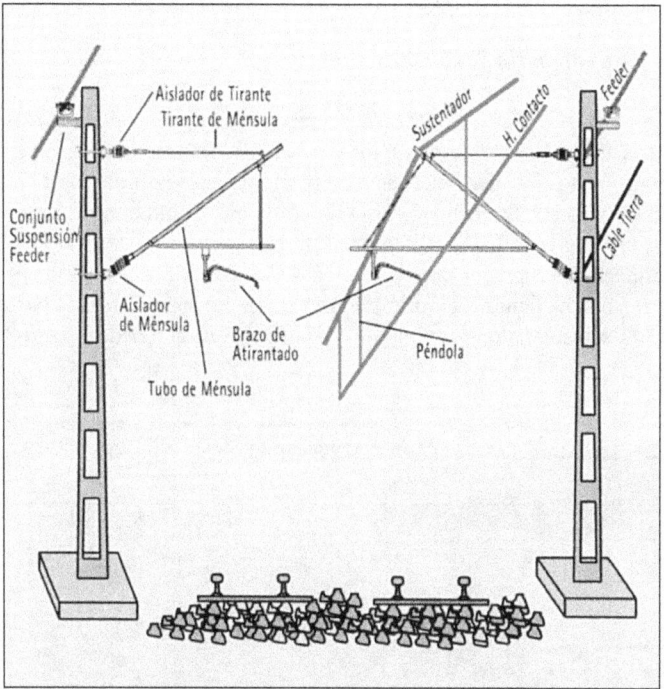

b) La Llagosta (1997)

d) Variante de Socuéllamos (1998)

Fuente: RENFE (1998)

Fig. 3.9

3. Para catenaria de 15.000 V y 16 2/3 Hz

Si se adoptan como referencia las soluciones retenidas por los ferrocarriles alemanes, se distinguen dos esquemas, según la velocidad considerada sea 160 o 200 km/h. Para esta última prestación, la figura 3.10 muestra sus principales características.

4. Para catenaria de 25.000 V y 50 Hz

Con anterioridad a la entrada en servicio comercial de la línea París-Lyon de alta velocidad, los ferrocarriles franceses pusieron a punto dos tipos de catenarias para corriente alterna monofásica a 25 kV y 50 Hz. En realidad existe un gran paralelismo entre ambas, de tal manera que las diferencias se encuentran en los valores numéricos adoptados para la sección de la catenaria y la tensión en la misma. La figura 3.11 muestra este tipo de catenaria formada por un hilo sustentador y un hilo de contacto. Las características de los dos tipos de catenaria más utilizados en la actualidad en Francia se indican en el cuadro 3.2.

CUADRO 3.2. CATENARIAS PARA 25.000 V Y 50 HZ EN FRANCIA

Catenaria	Velocidad (km/h)	Sección del hilo (mm^2)		Tensión (Kg) hilo de contacto
		Sustentador	Contacto	
VERSIÓN 98	≤ 140	35	107	S. D
VERSIÓN 85	> 140	65	107	1.200

Fuente: Elaboración propia con datos de A. Conseil (1989) y B. Monteil (2004)

Si se exceptúa la disposición en Y en la zona de los postes, se constata el paralelismo físico existente en las catenarias para corriente alterna de los ferrocarriles alemanes y franceses.

CATENARIA ALEMANA PARA CORRIENTE ALTERNA A 15.000V

Fuente: DBAG *Fig. 3.10*

CATENARIA FRANCESA PARA 25.000 V

Fuente: Le Train (2005) *Fig. 3.11*

3.3 ANÁLISIS DE LOS COMPONENTES DE LA CATENARIA*

3.3.1 Postes

La observación de las figuras 3.12 y 3.13 permite disponer de una visión próxima de los postes y de la posición relativa de la catenaria para electrificaciones en 25.000 V en corriente alterna y en 3.000 V y 1.500 V en corriente continua.

Los postes son los elementos estructurales encargados de soportar la catenaria, así como los elementos auxiliares que la componen. Suelen ser de acero galvanizado, pero también se utilizan postes cilíndricos de hormigón pretensado y armado.

Los postes se fijan al suelo mediante macizos de hormigón con una profundidad de aproximadamente 1 metro. Como se ve en la figura 3.14, el eje del poste se coloca fuera del entorno del gálibo de circulación, estando en el caso de RENFE a una distancia aproximada de 3 m del eje de la vía. Para compensar los esfuerzos correspondientes al peso de la ménsula, sustentador, hilos de contacto, etc., los postes no se colocan, de forma general, perpendiculares, sino que tienen una pequeña inclinación o flecha (5 a 8 cm).

ESQUEMA DE LA CATENARIA PARA 25.000V EN ALTERNA Y 1.500V EN CONTINUA

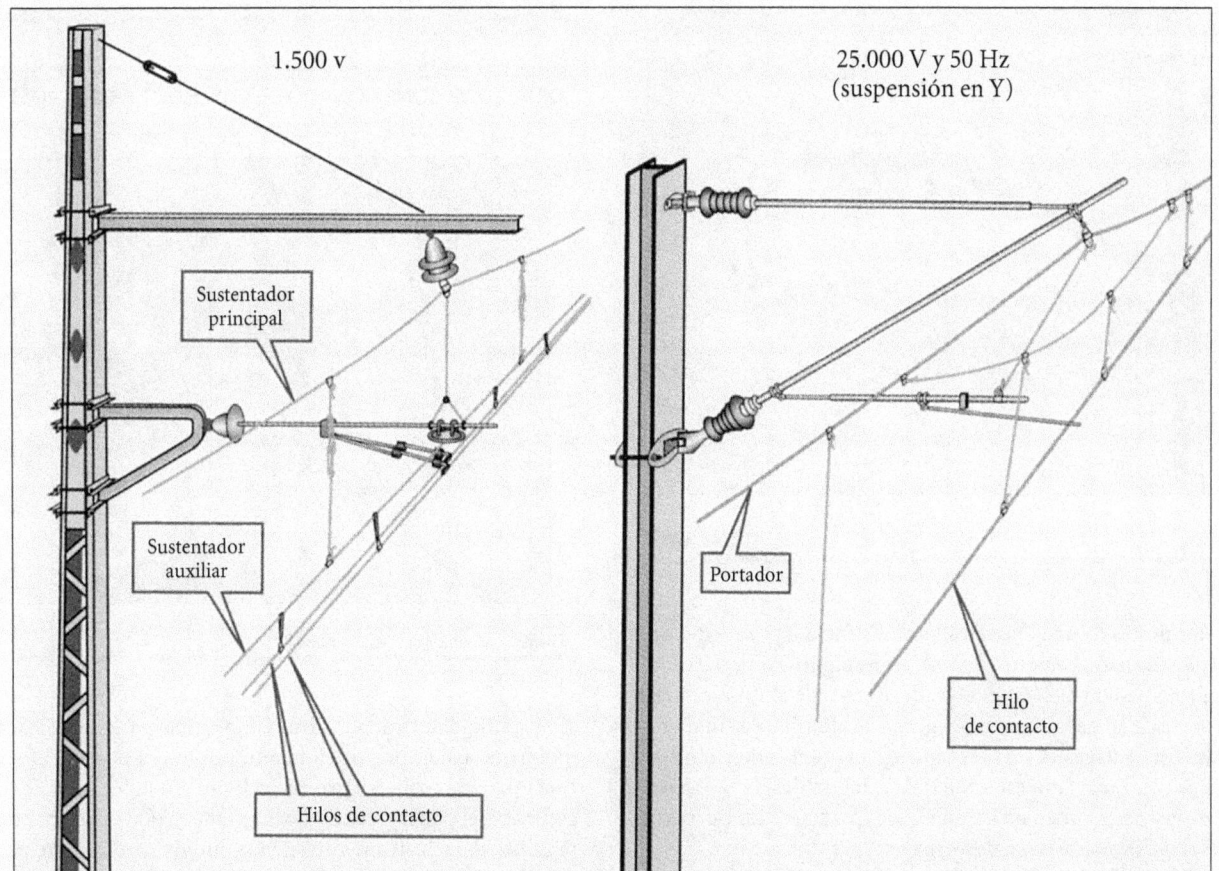

Fuente: C. Soulié y J. Tricoire (2002)

Fig. 3.12

(*) La descripción de los componentes está tomada de la obra: «Tecnología de la catenaria» de J. Montesinos y M. Carmona (2002).

CATENARIAS PARA 3000V EN LA RED FERROVIARIA ESPAÑOLA

a) Catenaria tipo CR160 en curva

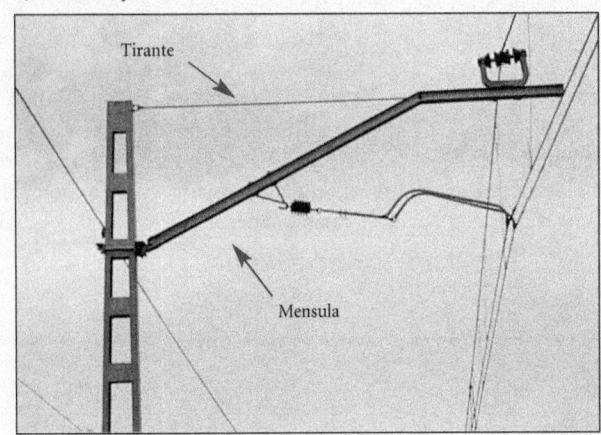

b) Catenaria tipo CRT 200

Fuente: RENFE *Fig. 3.13*

SITUACIÓN RELATIVA DE LOS POSTES DE LA CATENARIA RESPECTO AL EJE DE LA VÍA

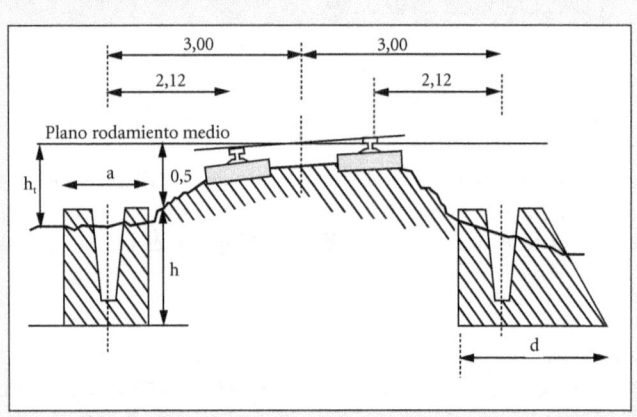

Fuente: J. Montesinos y M. Carmona (2002) *Fig. 3.14*

DETALLE DE CONEXIONADO DE CABLE DE TIERRA A POSTE

Fuente: J. Montesinos y M. Carmona (2002) *Fig. 3.15*

Todos los postes de una línea están unidos entre sí por medio de un cable (denominado *cable de guarda*), conectándose a tierra cada 1.000 m aproximadamente. Este cable, de acero o de aluminio, une todos los postes mediante una pieza o grapa de aluminio de manera que permita una buena sujeción mecánica y un buen contacto eléctrico. (Fig. 3.15). En las líneas de vía doble, los cables de tierra de cada una de las vías se unen en las estaciones mediante los pórticos rígidos o, si no existen, se unen de forma expresa.

Las instalaciones de puesta a tierra están constituidas por las líneas de tierra y por uno o varios electrodos. Estos se encuentran formados por materiales metálicos en forma de varillas, perfiles, etc. Los electrodos pueden disponerse de distintas maneras: picas hincadas en el terreno, barras o cables enterrados, etc.

La posición normal del hilo de contacto sería sobre el eje de la vía y a una determinada altura. Sin embargo, esta ubicación haría que frotara siempre en el mismo punto del pantógrafo, en su eje central, con lo que se produciría, por un lado, un calentamiento excesivo del pantógrafo en dicho punto y, por otro lado, un desgaste puntual exclusivamente en el punto de rozamiento, produciéndose la rotura de las pletinas del pantógrafo.

Para evitar esta problemática, el hilo (o los hilos) de contacto de la catenaria se va desplazando alternativamente a uno y otro lado del eje central (Fig. 3.16). A la distancia que, en horizontal, existe desde el eje de la vía hasta la posición del hilo de contacto se la denomina *descentramiento*. Un valor normal suele ser de 20 a 25 cm.

DESCENTRAMIENTO DEL HILO DE CONTACTO

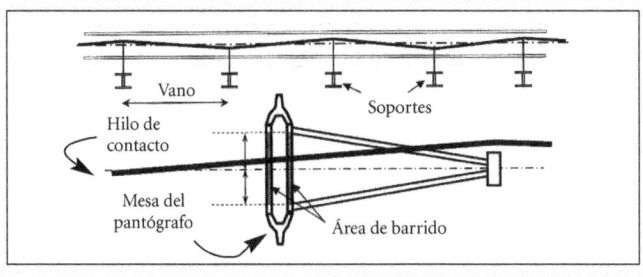

Fuente: J. M. Allenbach (2007) Fig. 3.16

VISUALIZACIÓN EJE DEL PANTÓGRAFO

Fuente: Rail Passion Fig. 3.17

La ficha UIC 799 establece que el hilo de contacto debe estar a una altura sobre el carril de 5 a 5,5 m para 200 < V < 230 km/h y entre 5,08 y 5,30 para V > 230 km/h. La altura mínima, para el primer intervalo de velocidades, se fija en 4,91 m, y la altura máxima en 6,5 m.

La distancia entre dos postes consecutivos y por tanto la determinación de la longitud óptima de cada vano es un problema cuya solución se encuentra en consideraciones técnico-económicas. Desde esta última perspectiva, interesaría la mayor distancia posible para reducir su número a lo largo de una línea dada. Sin embargo, la desviación lateral que puede experimentar el hilo de contacto bajo la acción de un viento transversal condiciona la distancia máxima admisible. En efecto, el desplazamiento lateral del hilo de contacto no puede ser superior al semieje del pantógrafo (Fig. 3.17).

Si el área del hilo expuesta al viento es A, la fuerza (F) que ejerce sobre él vale:

$$F = c \cdot q \cdot A$$

siendo c el coeficiente aerodinámico de forma del hilo y q la presión.

La relación entre q y la velocidad del viento v viene dada por la expresión:

$$q = \frac{1}{2} \gamma v^2$$

con γ = densidad del aire (a 20°C, $\gamma \simeq 1{,}250$ Kg/m^3).

Para las aplicaciones prácticas resulta la expresión:

$$q = \frac{v^2}{1{,}6}$$

con q (N/m^2) y v (m/seg).

La fuerza (F') por unidad de longitud (l) del cable, con un diámetro d, vale:

$$F' = F/l = \frac{1}{2} \gamma v^2 c A = \frac{1}{2} \gamma v^2 c d_1$$

siendo (d_1) el diámetro del conductor.

Veamos ahora qué relación debe existir entre la longitud del vano y el descentramiento del hilo de contacto para que la desviación máxima de éste no supere el valor del semieje del pantógrafo.

Consideramos para ello, inicialmente, el caso de una alineación recta con catenaria recta sin descentramiento inicial. Por el efecto del viento (esfuerzo F), la catenaria adopta una posición de equilibrio con la desviación (d) en medio del vano, tal como muestra el esquema adjunto.

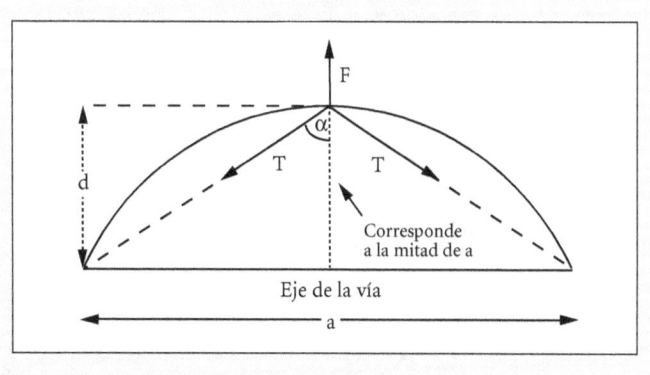

En la posición de equilibrio se verificará:

$$F = 2T\cos\alpha$$

Por otro lado,

$$\cos\alpha \simeq \frac{d}{\sqrt{d^2 + a^2/4}} \simeq \frac{d}{a/2}$$

de donde se deduce:

$$F = 4\,Td/a \qquad (3.4)$$

Si se denomina V el esfuerzo del viento por unidad de longitud, el valor de la fuerza F que corresponde a la aplicación en el centro del vano valdrá:
$$\qquad (3.5)$$
$$F = \frac{V \cdot a}{2}$$

De las expresiones 3.4 y 3.5 se obtiene:

$$a = \sqrt{\frac{8Td}{V}}$$

Aceptando para d el valor máximo posible del descentramiento, que deberá ser inferior al semieje del pantógrafo, resulta
$$\qquad (3.6)$$
$$a = \sqrt{\frac{8Td_{max}}{V}}$$

En la práctica, el hilo de contacto se desplaza, como se indicó con anterioridad, en forma de zigzag a cada lado del eje de la vía. Por efecto del viento, se tendrá, en medio del vano una desviación del hilo de contacto. Pero en este caso la desviación que es preciso considerar es D (ver esquema adjunto), es decir, la desviación perpendicular al eje de la vía.

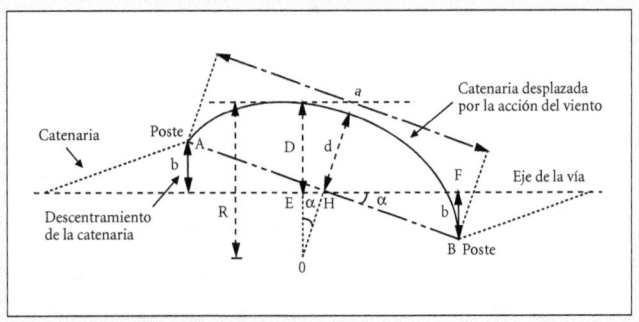

Del citado esquema se deduce:

$$R - D = (R - d)\cos\alpha$$
(triángulo OEH)

$$sen\alpha = \frac{b}{a/2}$$
(triángulo HFB)

Por tanto:

$$D = R - (R - d)\sqrt{1 - \left(\frac{b}{a/2}\right)^2}$$

Por otro lado:

$$R^2 = (R - d)^2 + \left(\frac{a}{2}\right)^2$$
(triángulo OAH)

de donde:

$$R = \frac{d}{2} + \frac{a^2}{8d}$$

y despreciando $d/2$ frente a R, resulta:

$$R = \frac{a^2}{8d}$$

Luego:

$$D = \frac{a^2}{8d} - \left(\frac{a^2}{8d} - d\right) \cdot \sqrt{1 - \left(\frac{b}{a/2}\right)^2}$$

Si se desarrolla en serie el término $\sqrt{1 - \left(\frac{b}{a/2}\right)^2}$ se obtiene:

$$\sqrt{1 - \left(\frac{b}{a/2}\right)^2} = 1 - \frac{1}{2}\left(\frac{b}{a/2}\right)^2 - \frac{1}{8}\left(\frac{b}{a/2}\right)^4 \ldots$$

es decir:

$$\sqrt{1 - \left(\frac{b}{a/2}\right)^2} = 1 - \frac{2b^2}{a^2} - 2\frac{b^4}{a^4} \ldots$$

Si se desprecia el término $\left(\dfrac{b^4}{a^4}\right)$ y los siguientes, resulta:

$$D = \dfrac{a^2}{8d} - \left(\dfrac{a^2}{8d} - d\right)\left(1 - \dfrac{2b^2}{a^2}\right)$$

operando:

$$D = \dfrac{a^2}{8d} - \dfrac{a^2}{8d} + d + \dfrac{b^2}{4d} - \dfrac{2db^2}{a^2}$$

y prescindiendo del término $\left(\dfrac{b^2}{a^2}\right)$, se obtiene finalmente;

$$D = d + \dfrac{b^2}{4d}$$

que se pone en la forma:

$$d^2 - dD + \dfrac{b^2}{4} = 0$$

El máximo de esta ecuación corresponde al valor:

$$d_{max} = \dfrac{D + \sqrt{D^2 - b^2}}{2}$$

Sustituyendo esta expresión en la fórmula 3.6 se obtiene:

(3.7)
$$a \leq \sqrt{\dfrac{4T\left(D + \sqrt{D^2 - b^2}\right)}{V}}$$

con: a (m); T (Kg); V (Kg/m); D (m) y b (m).

Veamos a qué valores prácticos conduce la expresión precedente. Consideremos para ello la catenaria indicada en la figura 3.10, correspondiente al sistema alemán, para $V = 200$ km/h. Aceptando una velocidad del viento de 100 km/h (equivalente a 11,5 N/m de acuerdo con las medidas realizadas; respetando que $D = 0{,}55$ m (el pantógrafo tiene una anchura útil de 1,2 m); siendo $b = 0{,}4$ m y $T = (10.000 + 10.000)$ N, resulta:

$$a_{max} = \sqrt{\dfrac{20.000\, N\,m}{11{,}5\, N}\left(0{,}55\,m + \sqrt{0{,}55^2\,m^2 - 0{,}4^2\,m^2}\right)} = 80{,}3\,m$$

Este valor se corresponde con el criterio adoptado por los ferrocarriles alemanes como distancia máxima para este tipo de catenarias.

En la práctica, la distancia entre postes, se mueve más próxima a 60/65 m para tramos en alineación recta. En presencia de tramos curvos, aparece una nueva problemática derivada de la geometría de la vía (ver esquema adjunto).

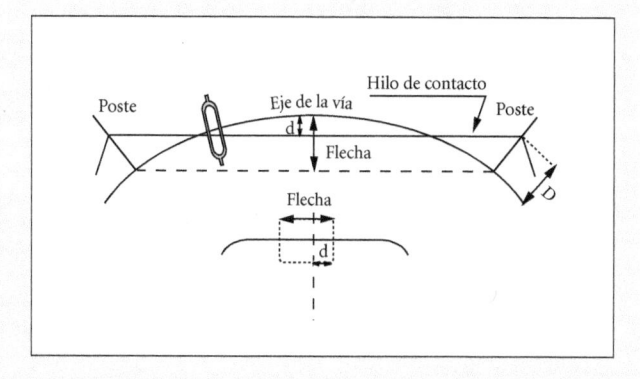

Se demuestra que la expresión 3.7, en el caso de un tramo en curva de radio R, adopta la siguiente forma:

$$a_{max.} = \sqrt{\dfrac{8(D + b)}{\left(\dfrac{V}{T} + \dfrac{1}{R}\right)}}$$

Nótese que, si no se considera el viento ($V = 0$), se obtiene:

$$a_{max} = \sqrt{8R(D + b)} = \sqrt{8Rf}$$

Expresión que corresponde a la relación existente entre el radio de una circunferencia (R) y la flecha (f) para una cuerda de valor ($a_{máx}$); en este caso, la distancia entre dos postes consecutivos.

Por tanto, como el valor aceptable para la flecha depende de la semilongitud del pantógrafo, para $f \simeq 0{,}50$ m (con unos semipantógrafos de 0,60 m de longitud de frotación)

$$L \simeq \sqrt{4R}$$

Es decir, que para una curva de 900 m, la longitud del vano sería del orden de 60 m. Nótese que en esa curva la velocidad aproximada de circulación sería de 135 km/h. Por el contrario, para las curvas con radio mínimo de 300 a 400 metros presentes

PROXIMIDAD DE LOS POSTES DE CATENARIA EN UN TRAMO CURVO

a) Trazado francés

Fuente: V. Labouisse et al. (2001)

b) Proximidades de Modane (Francia) 1997

Fuente: Rail Passion (2005)

Fig. 3.18

en general en vías principales, la distancia entre postes sería del orden de 40 m. La figura 3.18 visualiza la proximidad de los postes en tramos curvos. La influencia de vientos fuertes en estos casos puede suponer disminuir la distancia entre postes del orden de 5 a 6 m.

3.3.2 Ménsulas

De acuerdo con Montesinos y Carmona (2002), es el elemento que apoyándose en el poste permite la colocación de la catenaria en su posición adecuada (Fig. 3.12 y 3.13). Existen dos tipos de ménsulas: de celosía y tubulares. Las primeras están formadas por un elemento principal constituido por dos perfiles de acero galvanizado en forma de U y unidos por su parte inferior. La ménsula se completa con un tirante en la parte superior, que cuando trabaja a tracción es un redondo o cable de acero, pero que si ha de experimentar esfuerzos de compresión dispone de un perfil con la rigidez adecuada. Las ménsulas tubulares están constituidas por un tubo de acero o de aluminio. La diferencia básica de montaje entre una ménsula de celosía y una tubular consiste en que esta última se encuentra siempre en tensión eléctrica, sujetándose los distintos tipos de cables directamente a la ménsula, mientras que la de celosía se encuentra conectada a tierra y, por tanto, los cables se sujetan a la ménsula mediante aisladores.

3.3.3 Aisladores

La línea aérea de contacto está formada por conductores desnudos, necesitando estar aislada de los apoyos y de tierra por medio de aisladores. Estos normalmente son de porcelana, vidrio o material plástico (Fig. 3.9c). La sujeción de los aisladores a los apoyos se realiza por medio de herrajes complementarios.

3.3.4 Hilo sustentador

El cable sustentador tiene como misión soportar el peso del sistema formado por los hilos de contacto y las péndolas, así como mantener todo el sistema con una determinada tensión mecánica. Cuando el sustentador se apoya en la ménsula (Fig. 3.13a), la catenaria recibe el nombre de *apoyada*. Por el contrario, se denomina *catenaria suspendida* aquella en la que el sustentador pasa por debajo de la ménsula (Fig. 3.13b). El cable sustentador utilizado en corriente continua es de cobre y bronce, y en corriente alterna de bronce.

3.3.5 Péndolas

Se denomina con este nombre al conjunto de cables de cobre o bronce que tienen como principal misión mantener el o los hilos de contacto a una determinado distancia del plano de rodadura medio de forma homogénea (Fig. 3.9). Existen diferentes tipos de péndolas como consecuencia de la evolución experimentada a lo largo del tiempo (Fig. 3.19). Los elementos encargados de coger el hilo de contacto sin que se interfiera el paso del pantógrafo se denominan *grifas* y van montadas sobre las ranuras que posee el hilo de contacto. La longitud de las péndolas varía con su posición en el vano y con la magnitud de éste.

3.3.6 Hilo de contacto

Es sin duda el elemento fundamental de la línea aérea de contacto. Sobre él y durante la circulación de los trenes, el pantógrafo roza y suministra la corriente necesaria para el desplazamiento del tren y para los equipos auxiliares.

PÉNDOLAS DE SUSTENTACIÓN DEL HILO DE CONTACTO

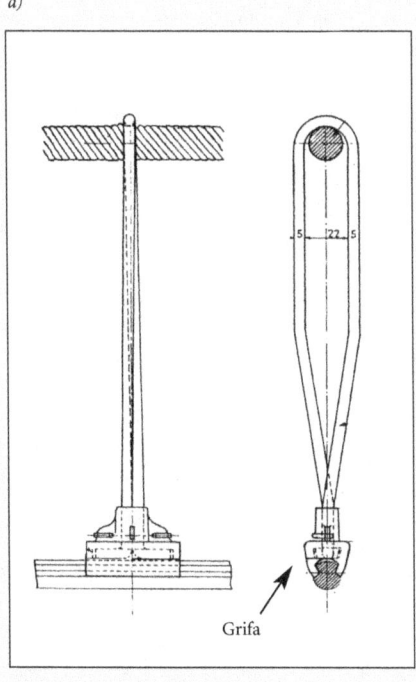

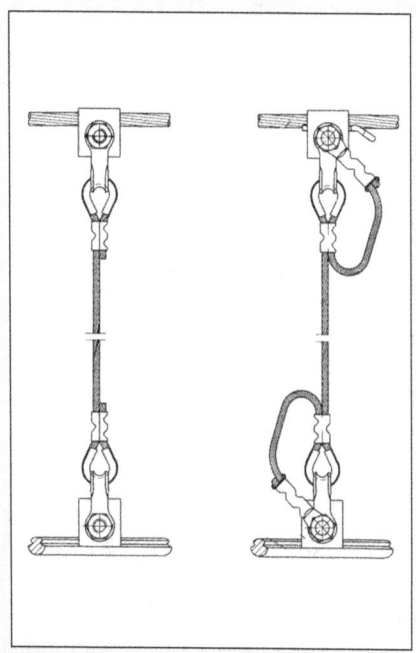

Fuente: Kiebling et al. (2001)

Fig. 3.19

El hilo de contacto tiene unas ránulas laterales (Fig. 3.19) para ser soportado a lo largo del vano por medio de las péndolas. Debe tener la sección apropiada en función de la demanda de corriente, y en general es de cobre, aunque en la actualidad se utilizan también aleaciones con plata (aumenta la conductividad), selenio y cadmio (dado que aumentan la dureza). En el cuadro 3.3 se muestran las dimensiones correspondientes al hilo de contacto en función del área de su sección transversal.

CUADRO 3.3. DIMENSIONES DEL HILO DE CONTACTO

Designación en base a la norma EN 50149	Sección transversal y nominal (mm^2)	Dimensiones mm				
		a	b	c	d	r
AC-80	80	5,6	8,0	3,8	10,6	0,4
AC-100	100	5,6	8,6	4,0	12,0	0,4
AC-100	107	5,6	8,6	4,0	12,3	0,4
AC-120	120	5,6	8,6	4,0	12,3	0,4

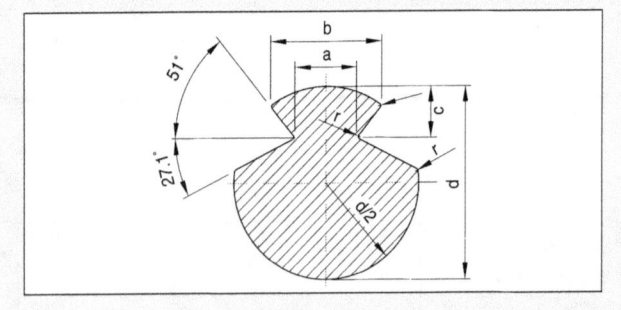

Fuente: Kiebling et al. (2001)

3.3.7 La catenaria en túnel

Las especiales condiciones que se dan en los túneles obligan a adoptar disposiciones singulares para sujetar la catenaria. La figura 3.20 muestra la solución adoptada para la catenaria que equipa la línea del nuevo túnel de Lötschberg.

3.3.8 Aisladores de sección

En las instalaciones de la línea aérea de contacto, tanto en las estaciones como en los trayectos entre ellas, se deben establecer diferentes circuitos con objeto de poder interrumpir la corriente en todos ellos o en parte, en función de las necesidades de explotación de la línea.

CATENARIA EN EL NUEVO TÚNEL DE LÖTSCHBERG

Fuente: S. Meillasson (2006)   Fig. 3.20

El aislador de sección es un equipo que se conecta en el hilo o los hilos de contacto y sirve para interrumpir la continuidad eléctrica, pero no la mecánica, de la línea. En realidad, aun cuando éste es el aislador propiamente dicho, en el hilo sustentador se coloca también otro aislador para interrumpir también el paso de la corriente (Fig. 3.21a). Los aisladores se utilizan para separar eléctricamente unas vías de otras con objeto de independizar sus alimentaciones y formar circuitos eléctricos independientes.

Los componentes principales de un aislador de sección son cuatro: aisladores, deflectores, cuernos apagachispas y grifas de unión con los hilos de contacto. Los primeros, los aisladores, están formados normalmente por una o dos barras y tienen como misión unir mecánicamente y separar eléctricamente las catenarias situadas a cada lado del aislador de sección. Los deflectores son piezas colocadas lateralmente a la barra de unión. Según su forma, determinan si el pantógrafo en su transición de un lado a otro del aislador dejará o no en algún momento de estar en tensión. Cuando, por la forma y posición de los deflectores, el pantógrafo deja de tener tensión al pasar de un lado a otro, el aislador se denomina *aislador de sección simétrico* (Fig. 3.21b). Si, por el contrario, el pantógrafo nunca deja de tener tensión, el aislador, se denomina *aislador de sección asimétrico* (Fig. 3.21c).

El aislador de sección simétrico sirve para interrumpir la continuidad eléctrica de una vía, pero mantiene las tensiones mecánicas en los hilos de contacto. Como este aislador evita la continuidad eléctrica, cuando el pantógrafo se desplaza por él, se utiliza en aquellos sitios en que en un determinado momento cada uno de los lados del aislador puede estar a distinto potencial. Es el caso, por ejemplo, de vías de carga o descarga, en las que resulta necesario que haya tensión en la línea cuando entra una locomotora a depositar vagones, pero, sin embargo, durante el proceso de carga o descarga de los mismos la línea debe estar sin tensión y, en su caso, puesta a tierra.

Con el aislador de sección asimétrico se separan también eléctricamente los cables situados a uno y otro lado del mismo, y se mantie-

AISLADORES DE SECCIÓN

a) Vista general

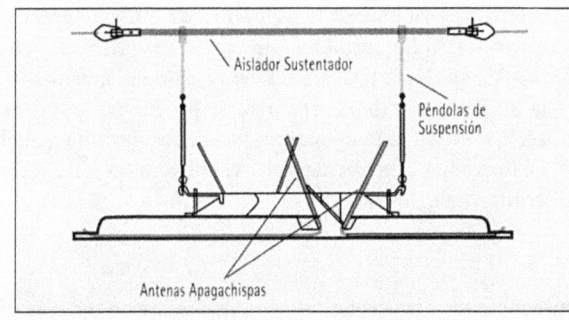

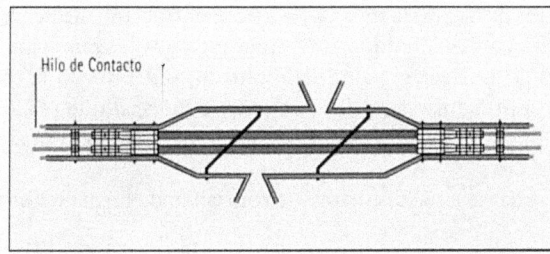

b) Aislador de sección simétrico

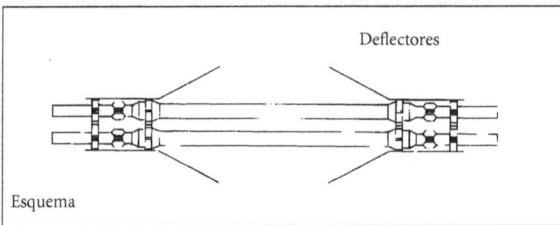

Vista general aislador simétrico

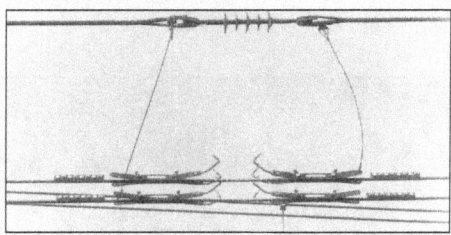

c) Aislador de sección asimétrico

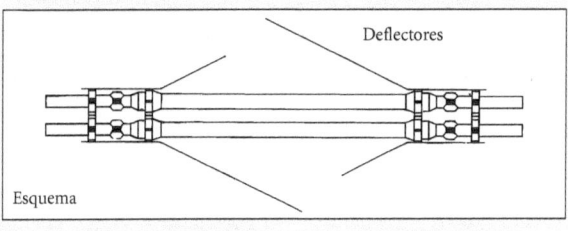

Vista general aislador asimétrico

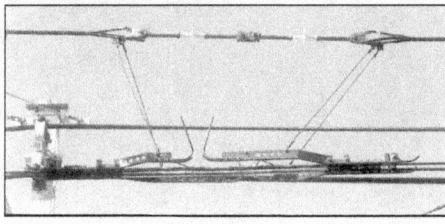

Fuente: RENFE y J. Montesinos/M. Carmona (2002)

Fig. 3.21

nen las características mecánicas de la línea. Sin embargo, tiene la característica de que el pantógrafo puentea los deflectores al paso por él, con lo que aquel no queda nunca sin tensión eléctrica. Las dos partes del aislador están en tensión, pero cada una de un circuito eléctrico diferente, por lo que el pantógrafo no dejará de tener tensión en ningún momento mientras esté pasando por el aislador, permitiendo al mismo tiempo la independización de los circuitos.

Los dos últimos componentes de los aisladores son los cuernos apagachispas y las grifas de unión. Los primeros están formados por unas barras normalmente de acero inoxidable que tienen como finalidad disipar el arco eléctrico que se forma cuando pasa un pantógrafo de uno a otro lado del aislador. Estas barras están unidas a los deflectores, siendo la continuación de ellos. Por su parte, las grifas de unión son los elementos que unen el propio aislador de sección con los hilos de contacto de las catenarias situadas a ambos lados del mismo.

3.3.9 Seccionadores

Son aparatos o dispositivos destinados a abrir o cerrar un circuito, asegurando la continuidad o discontinuidad de la línea aérea de contacto a conveniencia. El montaje de los seccionadores de apertura en carga se puede realizar sobre la cabeza del poste, o bien, sobre un soporte adosado a éste, situado a una altura adecuada para evitar el contacto físico accidental de las personas. Para facilitar su buen funcionamiento, los cables de unión entre la línea y el seccionador deben ser flexibles.

Los seccionadores están constituidos por dos aisladores sobre armazón de hierro: uno fijo con mordaza como contacto fijo en su parte superior y otro giratorio. Ambos contactos disponen de un dispositivo de ruptura por medio de antenas de acero inoxidable, que actúan de explosores sobre los contactos, evitando que se cebe el arco voltaico sobre las cuchillas del seccionador.

3.3.10 Agujas aéreas

Cuando un tren cambia de una vía a otra en tracción eléctrica, es necesario que durante todo el tiempo que dura la transición de una vía a la contigua el pantógrafo esté en contacto con la catenaria, necesitándose para ello un montaje especial que recibe el nombre de *aguja aérea* (Fig. 3.22a), y que requiere de una atención especial.

Inicialmente las agujas aéreas se realizaban de forma tal que el pantógrafo rozaba al pasar por la aguja tanto la catenaria de vía directa como la catenaria de vía desviada. Esta disposición ocasionaba un cambio en la homogeneidad de la elasticidad vertical de la catenaria, originando incrementos de esfuerzo entre pantógrafo y catenaria, lo que producía un mayor desgaste puntual y la generación de arcos eléctricos. Para evitar estos inconvenientes y conseguir la uniformidad de la catenaria, se desarrolló un montaje de aguja aérea denominado *aguja tangencial*, que permite que el pantógrafo de los trenes que circulan por vía directa no roce la catenaria de la vía desviada.

AGUJAS TANGENCIALES AÉREAS

a) Estación de Salou

b) Desvío aéreo

Fuente: Ferran (2000)

Fig. 3.22

AGUJAS AÉREAS

a) Gráfico de aguja tangencial

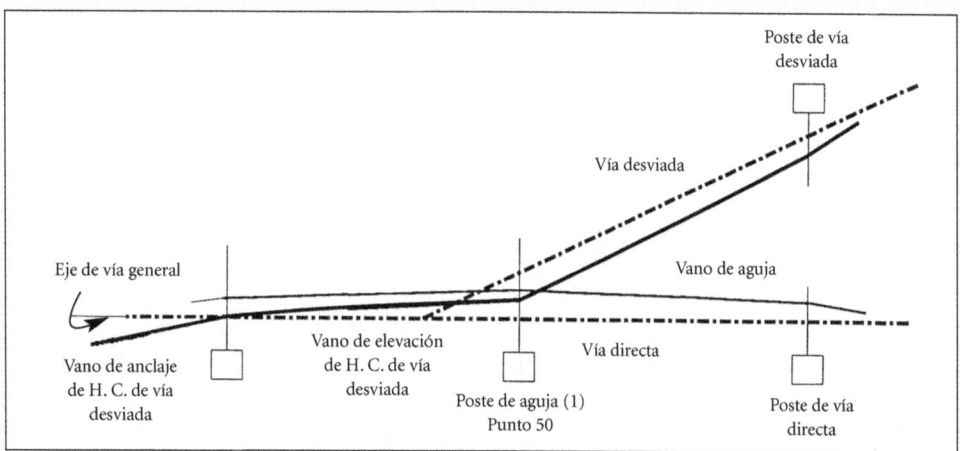

b) Evolución del pantógrafo al paso por vía desviada

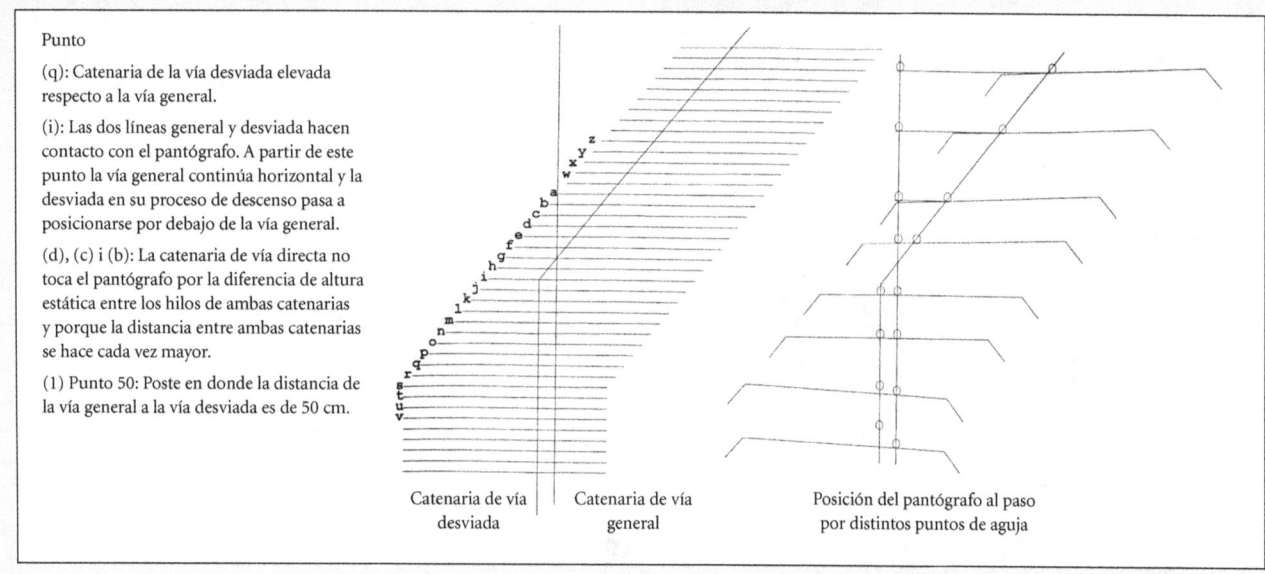

Fuente: J. Montesinos y M. Carmona (2002)

Fig. 3.23

La figura 3.23a muestra un esquema representativo de una aguja tangencial. Nótese como se distinguen: el *vano de anclaje*, en el que se aumenta la elevación de la catenaria de vía desviada y se produce la fijación de dicha catenaria al poste denominado de anclaje; el *vano de elevación*, vano común para la catenaria de vía directa y para la catenaria de vía desviada; y la *junta de contraaguja*, punto de encuentro de la vía general y la vía desviada. En la figura 3.23b se visualiza la evolución del pantógrafo cuando el tren pasa de vía directa a vía desviada.

3.3.11 Pórticos

Como se expuso con anterioridad, la disposición más habitual para soportar la línea aérea de contacto es la utilización de postes situados al lado de cada vía. Es decir, cada parte soporta únicamente su correspondiente catenaria. Sin embargo, otras soluciones han sido también utilizadas, tal como muestra la figura 3.24. Son disposicio-

DIFERENTES DISPOSICIONES CONSTRUCTIVAS PARA SOPORTAR LA CATENARIA

a) Línea Burdeos-Irún

Fuente: M. Carémentrant (2000)

b) Proximidades de Utrecht (Holanda)

Fuente: M. Vocke (2000)

c) Pont-Cardinet (Francia)

Fuente: B. Collardey (1988)

d) Estación de Zaragoza

Fuente: Vía libre (2003)

Fig. 3.24

nes constructivas empleadas en Francia, Holanda y España, entre otros países. A su favor estaba la mayor solidez que confería a la línea aérea; en el lado contrario, la posible repercusión en la otra vía de una incidencia en la catenaria de la vía contigua.

Cuando la electrificación afecta a la playa de vías de una estación, es normal recurrir al empleo de pórticos (Fig. 3.25), bien sean flexibles o rígidos, con objeto de reducir el espacio necesario entre dos vías o, en ocasiones, en ausencia de un espacio suficiente.

POSTES Y PÓRTICOS DE SUSTENTACIÓN DE LA CATENARIA

a) Sustentación independiente de la catenaria por vía

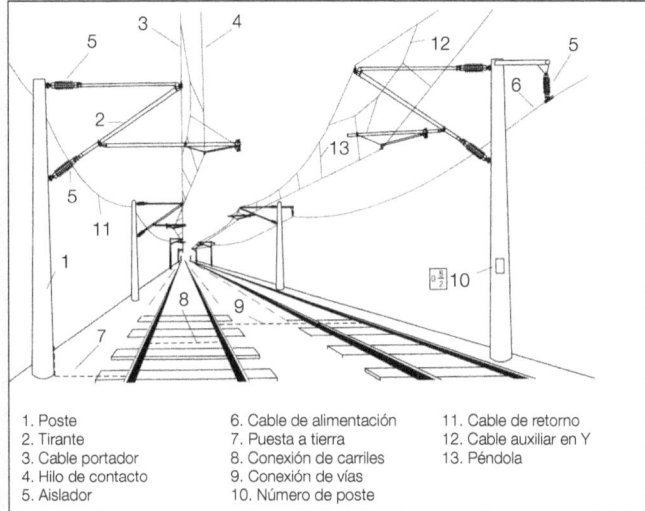

1. Poste
2. Tirante
3. Cable portador
4. Hilo de contacto
5. Aislador
6. Cable de alimentación
7. Puesta a tierra
8. Conexión de carriles
9. Conexión de vías
10. Número de poste
11. Cable de retorno
12. Cable auxiliar en Y
13. Péndola

Fuente: Kiebling et al. (2001)

b) Pórtico rígido

Fuente: Tutto Treno

c) Pórtico flexible

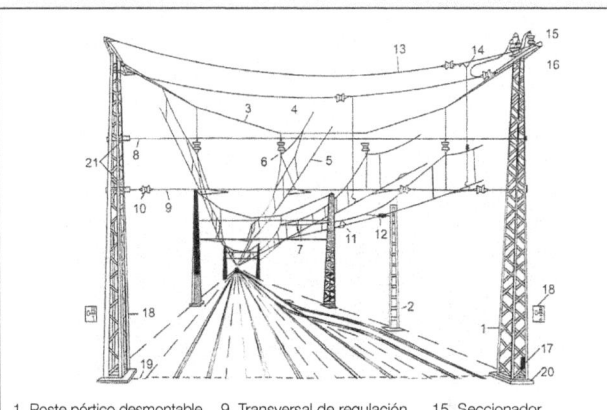

1. Poste pórtico desmontable
2. Poste plano desmontable
3. Cable portante transversal
4. Cable portante
5. Hilo de contacto
6. Punto de apoyo en la estructura port.
7. Conector de corriente
8. Transversal de regulación sup.
9. Transversal de regulación inferior
10. aislador
11. aislador de sección
12. Cable tensor de la curva
13. Línea horizontal de conmutación
14. Línea vertical de conmutación
15. Seccionador
16. Viga de seccionador
17. Mecanismo eléctrico de conmutación
18. Número de poste
19. Cable de tierra
20. Cimiento del poste
21. Muelle del transversal de regulación

Fuente: Kiebling et al. (2001)

d) Pórtico rígido

Fuente: Rail Passion (2000)

Fig. 3.25

3.4 COMPENSACIÓN MECÁNICA DE LA CATENARIA

La línea aérea de contacto está formada por cables sometidos a una cierta tensión. En presencia de variaciones climatológicas se producen modificaciones de su longitud. El incremento de temperatura da lugar a un aumento de longitud en los distintos cables que forman la catenaria, ocasionando una variación de la tensión inicial con la que fueran montados y, en consecuencia, variaciones de altura respecto al plano de rodadura de los vehículos.

Se comprende que cuanto mayor sea la velocidad de circulación de los trenes, mayores serán las dificultades para que el pantógrafo siga las variaciones de altura del hilo de contacto. Se producirán, por tanto, con mayor probabilidad, faltas de contacto entre el pantógrafo y la catenaria (fenómeno conocido como despegue). La influencia práctica de los despegues es la reducción de la potencia del material motor, así como la generación de esfuerzos incontrolados entre el pantógrafo y el hilo (o hilos) de contacto, lo que puede ocasionar averías.

De acuerdo con Montesinos y Carmona, para contrarrestar el efecto de las dilataciones de los diferentes cables que configuran una catenaria, se procede a dividir la línea aérea en secciones de longitud comprendida entre 900 y 1.200 metros, medidas de anclaje a anclaje de cables. A cada una de estas secciones en que se divide la línea aérea se la denomina *cantón*. En el centro de cada cantón se montan unos cables que sujetan y estabilizan al hilo sustentador y a los hilos de contacto, impidiendo que toda la línea se desplace hacia uno u otro lado. A este punto se le denomina *punto fijo* y a la parte situada a derecha e izquierda del mismo *semicantón*, que tendrá una longitud máxima de 600 m (Fig. 3.26).

El punto central del cantón (el denominado *punto fijo*) debe coincidir con una ménsula o poste y mantenerla sin desplazamientos o giros de ningún tipo, con independencia de la temperatura ambiente o de los cables. La estabilización de dicha ménsula se realiza mediante un cable de acero, convenientemente aislado, que sujeta al conjunto de suspensión y a través de éste la ménsula, el sustentador y los hilos de contacto. Los cables de acero se fijan a los postes adyacentes, y para evitar que éstos se doblen, se refuerzan mediante un tirante denominado *tirante del anclaje de punto fijo* (Montesinos y Carmona).

La compensación de las dilataciones o contracciones de la catenaria se realiza principalmente mediante un sistema automático a base de poleas y contrapesos, bien de forma conjunta para el sustentador y los hilos de contacto, o de forma independiente para cada uno de ellos. Dado que la naturaleza y características de dilatación de los materiales que forman el sustentador y los hilos de contacto son diferentes, lo normal es compensar cada uno de ellos con poleas distintas. Para ello se

COMPENSACIÓN DE LA CATENARIA

a) Representación esquemática de un cantón para compensación de una catenaria

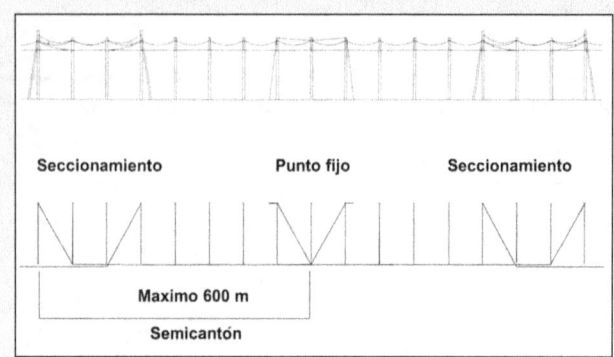

b) Vista general. Sistema de compensación de la catenaria

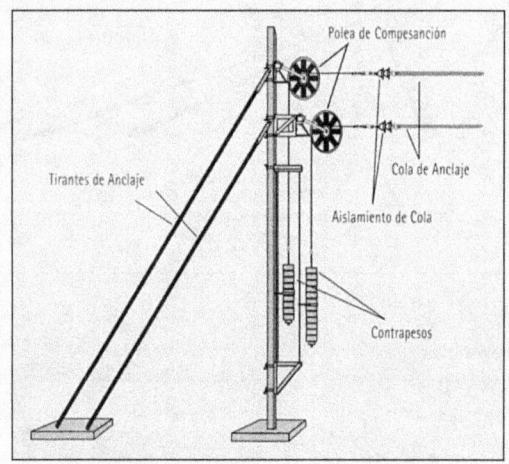

c) Detalle del sistema de contrapesos

Fuente: J. Montesinos, M. Carmona y RENFE

Fig. 3.26

montan en los extremos del cantón unos equipos formados por dos poleas solidarias y concéntricas. El cable que proviene de la línea se arrolla sobre la polea de diámetro menor y los contrapesos se cuelgan de un cable que va arrollado sobre la polea mayor. De esta forma, cuando aumenta la longitud del cable del semicantón, los contrapesos mantienen constante la tensión mecánica, ya que arrollan el cable excedente de la línea sobre la polea pequeña por el efecto que las contrapesos realizan sobre la polea grande. La relación de transformación se obtiene mediante el cociente entre los diámetros de las distintas poleas. Las relaciones de poleas usadas normalmente son las de 5:1 y 3:1 (Montesinos y Carmona).

Como se ha indicado con anteriordad, la línea aérea de contacto está formada por una sucesión continua de cantones. Para que el pantógrafo no encuentre discontinuidad en la línea, los cables se deben solapar, de tal forma que cuando un cantón de línea termine, empiece el siguiente. La zona donde se solapa una sección de cable con otra se denomina *seccionamiento* (Fig. 3.26), distinguiéndose dos tipos: seccionamiento de cantón y seccionamiento de lámina de aire.

El primero es el existente en plena línea. Para asegurar una buena continuidad eléctrica de la línea en el seccionamiento, se unen los sustentadores entre sí y con los hilos de contacto de la línea que se encuentra ya elevada en las proximidades de cada uno de los apoyos. El segundo tipo de seccionamiento (de lámina de aire) tiene la misión mecánica de separar, y la misión eléctrica de aislar, dos tramos distintos de la línea aérea de contacto. Sus características constructivas son diferentes de las correspondientes a los seccionamientos de cantón, puesto que tienen la posibilidad, como se ha indicado, de dar o no continuidad eléctrica a la línea aérea de contacto mediante el cierre o la apertura del seccionador asociado al seccionamiento. Cuando el seccionador esté cerrado, el seccionamiento se comporta como si fuese de cantón. Cuando esté abierto el seccionador, la línea quedará aislada eléctricamente. Estos seccionamientos se instalan por lo general a la entrada y salida de las estaciones (Fig. 3.27) y en aquellos sitios donde es necesario aislar eléctricamente una línea de otra.

Algunos seccionamientos de lámina de aire se identifican más por la función que desempeñan que por sus características constructivas. En este contexto se habla del *seccionamiento de zona neutra*, cuyo nombre deriva del hecho de ser accionado por el personal de mantenimiento para dejar una zona de seguridad sin tensión, además de la propia zona donde se está trabajando. De este modo se evita que cualquier circulación invada la zona de trabajo y ponga en tensión la línea. Por su parte, el *seccionamiento de puenteo* tiene por finalidad unir la catenaria alimentada por el feeder de estación con la catenaria que alimenta el *feeder* de la vía general. Permite, en su caso, dejar fuera de servicio una subestación intermedia, alimentando la línea mediante las dos colaterales.

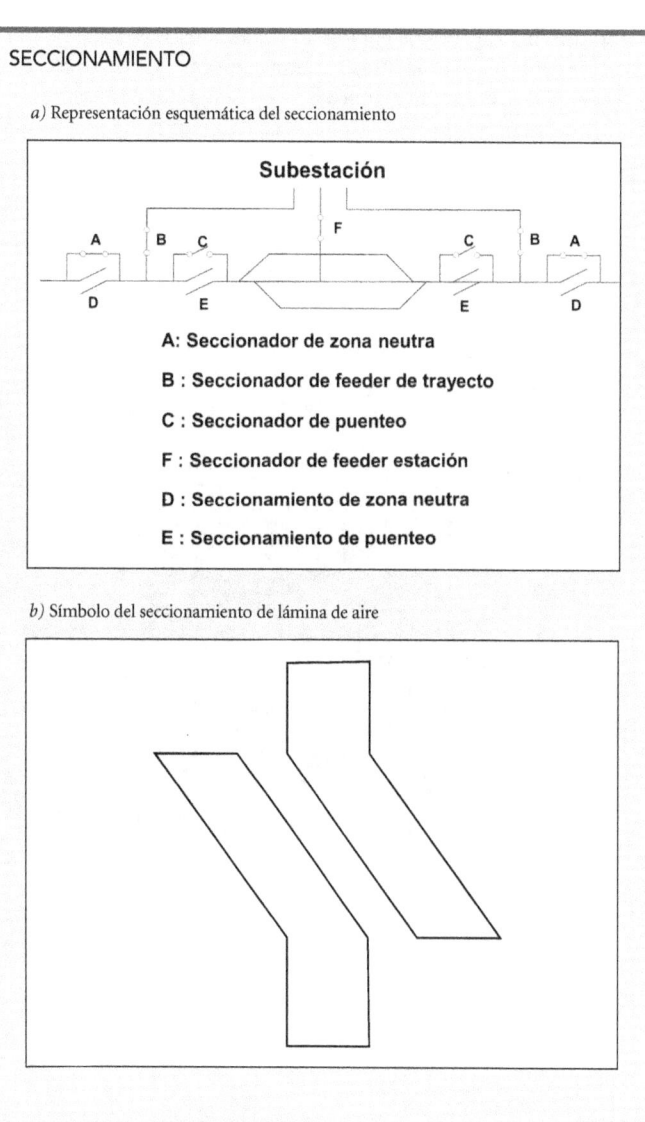

SECCIONAMIENTO

a) Representación esquemática del seccionamiento

A: Seccionador de zona neutra
B: Seccionador de feeder de trayecto
C: Seccionador de puenteo
F: Seccionador de feeder estación
D: Seccionamiento de zona neutra
E: Seccionamiento de puenteo

b) Símbolo del seccionamiento de lámina de aire

Fuente: J. Moratinos y M. Carmona (2002)   *Fig. 3.27*

3.5 INTERACCIÓN PANTÓGRAFO-CATENARIA

3.5.1 Introducción

La captación de corriente por parte del material motor se efectúa por intermedio de un elemento denominado *pantógrafo*, ubicado en la parte superior de dicho material. A lo largo de la historia del ferrocarril y por las razones que se expondrán posteriormente, han sido numerosos los sistemas de pantógrafos utilizados, buscando siempre el mejor contacto pantógrafo-catenaria. Con carácter de síntesis, en la figura 3.28 se muestran algunos de los pantógrafos empleados.

En un pantógrafo se distinguen cuatro componentes fundamentales (Fig. 3.29): bastidor, sistema articulado, mecanismo de elevación y mesilla. El bastidor es el armazón que soporta el sistema articulado constituido por una estructura tubular. El mecanismo de elevación está formado por el conjunto de elementos que al actuar sobre el sistema articulado eleva o hacer descender la masilla en la que va el frotador del pantógrafo con la catenaria.

TIPOLOGÍA DE ALGUNOS PANTÓGRAFOS

a) Pantógrafo romboidal

Fuente: RENFE

b) Pantógrafo semirromboidal

Fuente: M. Combrexelle

c) Pantógrafo moderno

Fuente: J. Cuynet (2005)

d) Pantógrafo de doble piso

Fuente: C. Soulie et al. (2002)

Fig. 3.28

PRINCIPALES COMPONENTES DE UN PANTÓGRAFO

a) Vista general de un pantógrafo

b) Detalle de un pantógrafo

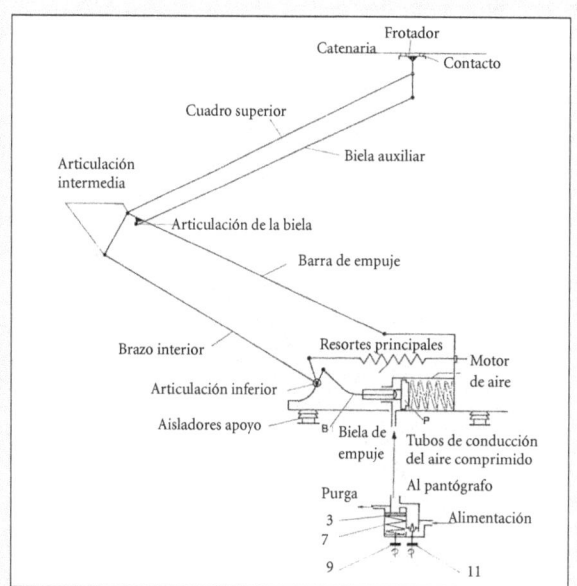

c) Visualización relativa de las dimensiones de un pantógrafo

A: Bastidor
B: Mecanismo de elevación
C: Muelles antagonistas
D: Trencillas
E: Zapata
F: Frotadores
G: Trocadores
H: Entrada de aire comprimido para elevación
I: Conexión eléctrica

Fuente: RENFE/Adaf/Rail Passion

Fig. 3.29

3.5.2 Comportamiento dinámico

La calidad de la captación de corriente depende, fundamentalmente, del comportamiento dinámico del pantógrafo y de la catenaria. Para analizar algunos de los parámetros que intervienen en la interacción entre ambos elementos: pantógrafo y catenaria, resulta útil recurrir al planteamiento efectuado por Kumezawa (1962).

A partir del esquema adjunto, resulta inmediato deducir las ecuaciones diferenciales que gobiernan el movimiento del hilo de contacto y el movimiento del pantógrafo.

MODELO PARA EL ANÁLISIS INTERACCIÓN PANTÓGRAFO-CATENARIA

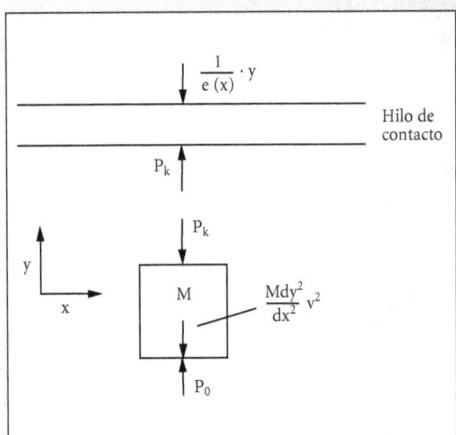

Fuente: Fotografía de C. Soulie (2002)

a) Movimiento del hilo de contacto

$$m(x)\frac{d^2y}{dt^2} = P_K - K(x)\,y \qquad (3.8)$$

siendo:

$m(x)$ = masa de la catenaria distribuida a lo largo de un vano

P_K = esfuerzo de contacto entre la catenaria y el pantógrafo

$K(x)$ = rigidez vertical de la catenaria en un punto (x)

$e(x)$ = elasticidad vertical de la catenaria en un punto (x)

b) Movimiento del pantógrafo

$$M\frac{d^2y}{dt^2} = P_o - P_K \qquad (3.9)$$

siendo:

M = masa efectiva del pantógrafo

P_0 = presión de aplicación constante del pantógrafo

De la consideración conjunta de las expresiones 3.8 y 3.9 se deduce la ecuación diferencial para el trayecto recorrido por el contacto pantógrafo-catenaria:

$$\left[m(x) + M\right]\frac{d^2y}{dt^2} + K(x)\,y = P_o$$

De la observación de la ecuación precedente se infiere la importancia de conocer la ley de variación de la masa $[m(x)]$ de la catenaria a lo largo de la misma, así como la ley de variación de la rigidez vertical de la catenaria a lo largo de la longitud de un tramo. A continuación se analizan dichas leyes de variación, comenzando por la flexibilidad vertical de la catenaria.

3.5.2.1 Flexibilidad vertical de la catenaria

De una manera intuitiva se comprende que el mejor contacto entre el pantógrafo y la catenaria tendría lugar en el caso de que la rigidez vertical de la misma se mantuviese constante a lo largo de cada vano. Sin embargo, por la propia disposición constructiva de la catenaria, resulta imposible. De hecho, y utilizando el concepto de flexibilidad vertical (por oposición al de rigidez vertical), se intuye que la flexibilidad será máxima en el centro de la catenaria situada entre dos postes y mínima en la vertical de dichos postes. Se entiende por flexibilidad vertical de una catenaria el cociente entre el desplazamiento vertical producido y el esfuerzo aplicado sobre ella en la misma dirección.

Medidas realizadas en Japón, a finales de los años cincuenta y principios de los años sesenta del siglo XX, permitieron conocer la forma general de variación de la rigidez vertical de la catenaria a lo largo de un vano, así como también la masa equivalente de aquella. En la figura 3.30a se presentan los resultados publicados por Kumezawa en 1962, para dos tipos de catenaria. Es de interés destacar que los resultados obtenidos correspondían a distancias entre postes de 60 m y a cables con tensión de 1.000 Kg. En efecto, para otros

VARIACIÓN LONGITUDINAL DE LA RIGIDEZ DE ALGUNAS CATENARIAS EN JAPÓN

a) Rigidez vertical y masa equivalente de la catenaria a lo largo de un vano

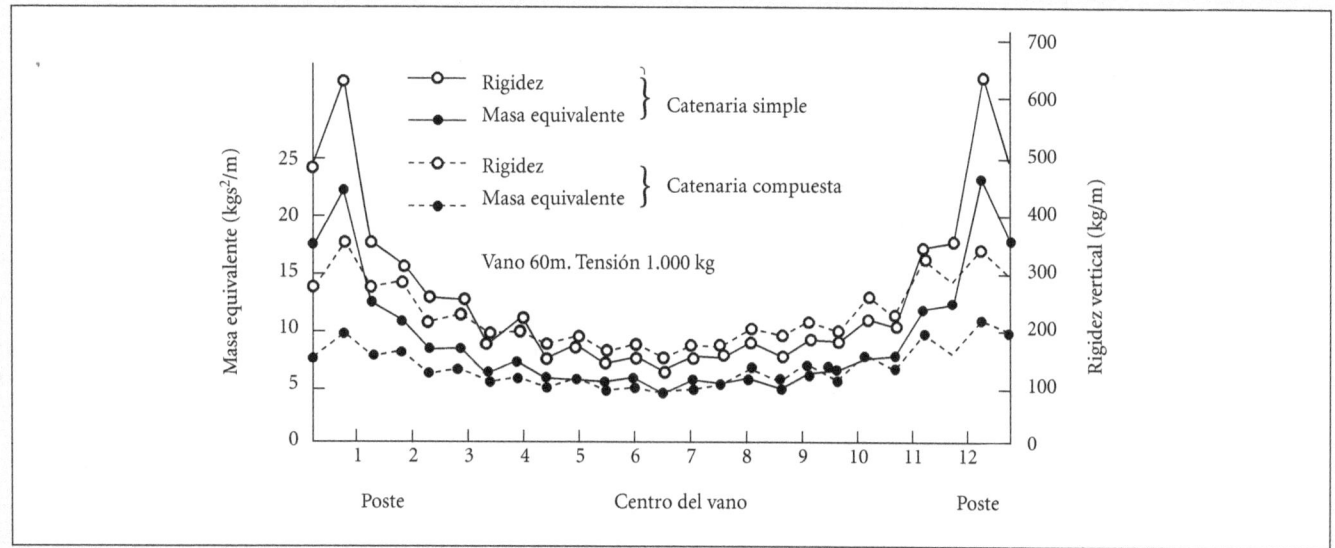

Fuente: I. Kumezawa (1962)

b) Catenaria compuesta

Fuente: P. Semmens (1997)

c) Catenaria simple

Fuente: P. Semmens (1997)

Fig. 3.30

esfuerzos de tensión la rigidez vertical de la catenaria sería diferente, como posteriormente se justifica.

Del análisis de la figura 3.30a se deduce que, para la catenaria simple, la rigidez vertical máxima (en los postes) se situaba en torno de 500 a 600 Kg/m, es decir, valores de flexibilidad vertical de 0,02 a 0,16 mm/N.

La influencia de la tensión existente en el hilo de contacto y en el hilo sustentador en relación con la flexibilidad de la catenaria puede ser establecida de forma matemática a partir de cálculos relativamente inmediatos. Considérese para ello el esquema adjunto (Pascucci 1962):

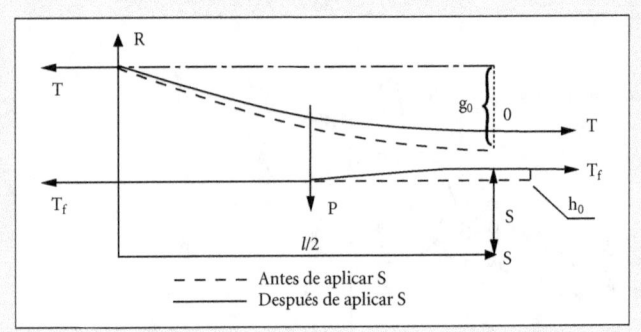

Bajo la acción de una fuerza vertical S aplicada de abajo hacia arriba en la catenaria, en un punto cualesquiera de ésta, los hilos de contacto (o hilo de contacto) se desplazan verticalmente, el cable sustentador se descarga y, en consecuencia, también se eleva. En el caso en que S se aplica en el centro del vano, del equilibrio de fuerzas y tomando momentos respecto al punto O, se deduce:

a) *Equilibrio de fuerzas*

$$R = P - S/2$$

siendo $P = pl/2$ con p = peso por unidad de longitud de la catenaria.

Por otro lado, en el apartado 3.2.1. se obtuvo:

$$g_0 = \frac{pl^2}{8T_0}$$

siendo:

g_0 = flecha del hilo sustentador antes de aplicar el esfuerzo vertical S

T_0 = tensión del hilo sustentador antes de aplicar el esfuerzo vertical S

a) *Momento de fuerzas respecto al punto 0*

$$T(g_0 - h_0) - T_f h_0 - R\frac{l}{2} + p\frac{l}{4} = 0$$

siendo T la tensión en el hilo sustentador después de aplicar el esfuerzo vertical S.

Sustituyendo en la ecuación anterior los valores antes encontrados para R y g_0, se obtiene:

$$h_0 = \frac{\frac{Sl}{4} - \frac{pl^2}{8}\left(1 - \frac{T}{T_0}\right)}{(T + T_f)}$$

En el caso donde la tensión en el hilo sustentador está regulada, es decir, $T = T_0$, se deduce:

$$h_0 = \frac{Sl}{4(T_0 + T_f)}$$

La elasticidad de la catenaria en el centro del vano vale entonces:
(3.10)
$$e = \frac{h_0}{S} = \frac{l}{4(T_0 + T_f)} \qquad \begin{array}{l} e \text{ (mm/N)} \\ l \text{ (m)} \\ T_0 \text{ y } T_f \text{ (KN)} \end{array}$$

para el caso de una catenaria simple como la considerada.

Se comprueba que la elasticidad aumenta a medida que lo hacen las tensiones a que se encuentran sometidos los hilos de la catenaria (sustentador y de contacto).

Resulta de interés comprobar (Fig. 3.31a) la razonable concordancia existente entre los valores obtenidos para la elasticidad de la catenaria, en el centro del vano, utilizando la expresión 3.10, y deducidos de medidas experimentales efectuadas en diversas catenarias alemanas.

Las reflexiones realizadas hasta el momento se han basado en considerar, como referencia, la elasticidad de la catenaria en el centro del vano. Un cálculo análogo al efectuado para deducir el citado valor puede realizarse para determinar la elasticidad de la catenaria (e_x) en un punto situado a una distancia (x) del poste. Se demuestra la siguiente relación:

$$e_x = \frac{x(l-x)}{l(T_0 + T_f)} + \frac{x_0 T_0 (C - x_0)}{CK(T_0 + T_f)}$$

siendo

l = longitud del vano entre dos postes

C = distancia entre las péndolas

ELASTICIDAD EN EL CENTRO DEL VANO PARA DISTINTAS TENSIONES MECÁNICAS

a)

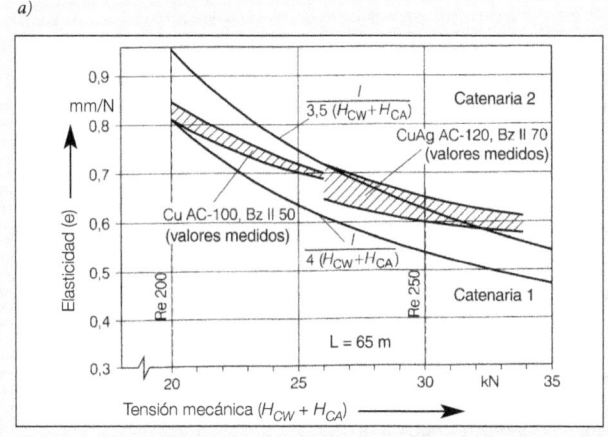

b)

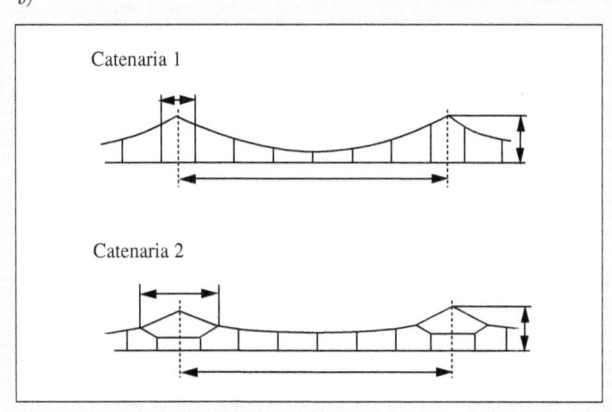

Fuente: Tomadas de F. Kiebling et al. (2001)   Fig. 3.31

VARIACIÓN DE LA ELASTICIDAD EN UN VANO PARA DISTINTAS CATENARIAS

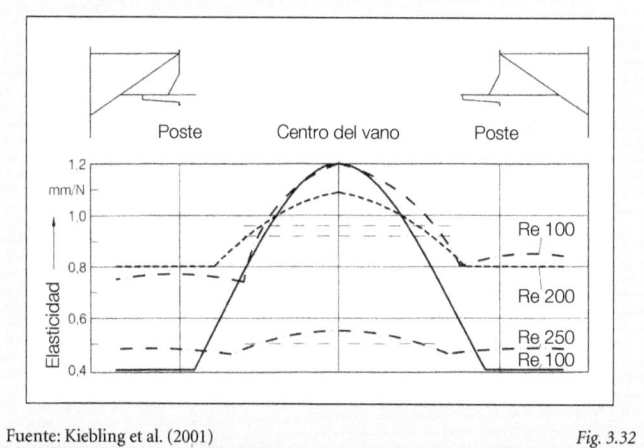

Fuente: Kiebling et al. (2001)   Fig. 3.32

ELASTICIDAD CALCULADA POR ELEMENTOS FINITOS PARA LA CATENARIA RE 250

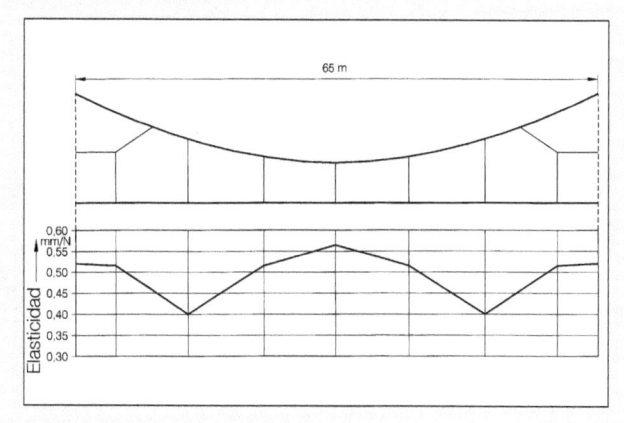

Fuente: Kiebling et al. (2001)   Fig. 3.33

x_0 = distancia entre la péndola cargada y el punto de aplicación de la fuerza vertical (S)

T_0 = tensión del hilo sustentador

T_f = tensión en el hilo de contacto sobre el que se aplica la fuerza (S)

Nótese como haciendo $x = l/2$ y $x_0 = 0$, se obtiene la expresión 3.10.

En la figura 3.32 puede verse, según medidas experimentales, la variación de la elasticidad a lo largo de un vano en las diferentes catenarias utilizadas por los ferrocarriles alemanes en función de la velocidad máxima de circulación: 100, 160, 200 y 250 km/h. Para esta última velocidad, la figura 3.33, obtenida mediante la aplicación del método de elementos finitos, muestra la excelente concordancia existente entre los valores teóricos de la elasticidad de la catenaria y los resultados prácticos.

Siguiendo a Kumezawa (1962), es razonable afirmar, según las medidas realizadas (expuestas en la figura 3.30a), que la elasticidad a lo largo de un vano varía con la expresión

$$e_x = e_m \left(1 - \varepsilon_k \cos 2\pi \frac{x}{l}\right) \quad (3.11)$$

siendo:

e_m = valor medio de la elasticidad de la catenaria

$$e_m = \frac{e_{max} + e_{min}}{2}$$

ε_k = irregularidad de la catenaria

Matemáticamente se define en la forma:

$$\varepsilon_k = \frac{e_{max} - e_{min}}{e_{max} + e_{min}}$$

En la Fig. 3.34 se visualiza la forma de variación de la elasticidad de la catenaria a lo largo de un vano.

VARIACIÓN DE LA ELASTICIDAD DE LA CATENARIA

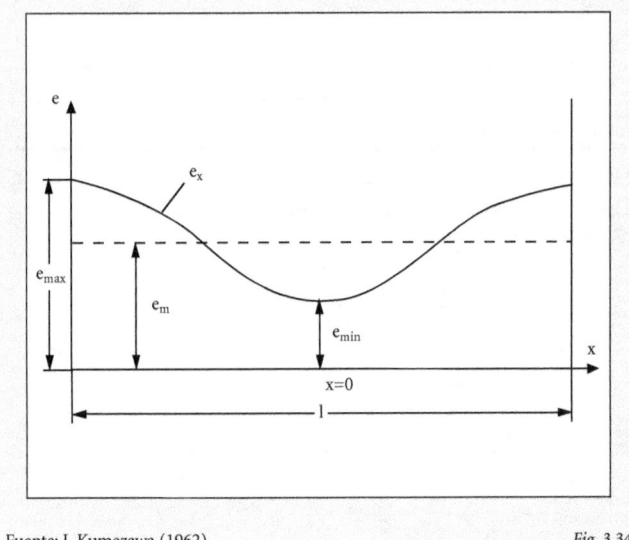

Fuente: I. Kumezawa (1962)   Fig. 3.34

La ficha UIC 799 (2001) establece las siguientes recomendaciones para los valores de (ε_k) en función de la velocidad de circulación:

200 < V ≤ 230 km/h ε_k (< 40 para catenaria sin Y, y < 20 para catenaria con Y)

230 < V ≤ 300 km/h ε_k (< 40 para catenaria sin Y, y < 10 para catenaria con Y)

V > 300 km/h ε_k (< 25 para catenaria sin Y, y < 10 para catenaria con Y)

Como indica la expresión 3.10 la elasticidad depende del nivel de tensión del hilo sustentador y del hilo de contacto. En consecuencia, los valores de aquella deben referirse a estas magnitudes. Por razones que con posterioridad se expondrán, los niveles de tensión se han ido aumentando con el paso del tiempo en paralelo al incremento de las velocidades de circulación de los trenes más rápidos, lo que ha ocasionado la modificación de la elasticidad vertical de catenarias geométricamente análogas pero mecánicamente distintas.

Por el momento, pretendemos mostrar en qué forma influyen algunas disposiciones constructivas de la catenaria en la elasticidad vertical de la misma. Con carácter de síntesis, este hecho se visualiza en la figura 3.35. Se constata la favorable influencia de la disposición en Y que durante algunos años fue utilizada en algunas redes ferroviarias y en otras adoptada de forma definitiva. Entre estas últimas se encuentra la red alemana, tal como refleja la figura 3.35. Nótese los reducidos valores de irregularidad que se logran con independencia de la velocidad máxima para la cual la catenaria se ha proyectado.

ELASTICIDAD VERTICAL E IRREGULARIDAD DE LAS CATENARIAS ALEMANAS PARA VELOCIDADES DE HASTA 200 KM/H

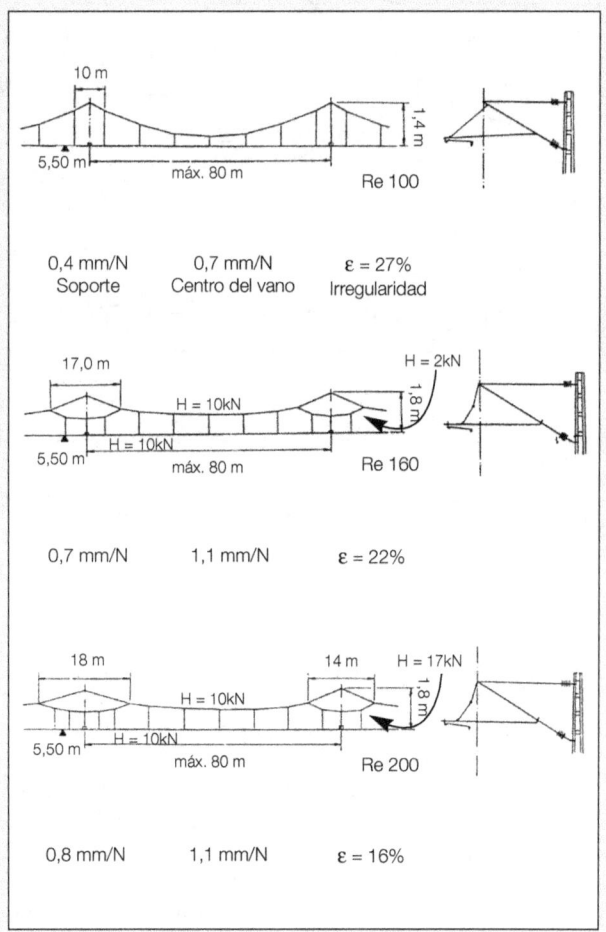

Fuente: H. Bartholomae (2001)   Fig. 3.35

CATENARIAS UTILIZADAS EN ITALIA PARA CORRIENTE CONTINUA A 3.000V Y VELOCIDADES DE HASTA 200 KM/H

	Intensidad de tráfico	Hilo sustentador		Hilo de contacto	
		Sección (mm^2)	Tensión (daN)	Sección (mm^2)	Tensión (daN)
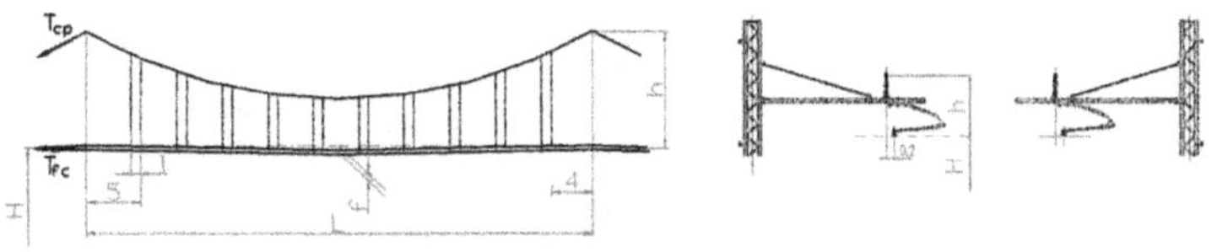 a) Sección total = 320 mm^2 — Irregularidad (ε = 34%)	Baja	120	1.375	100	1.000
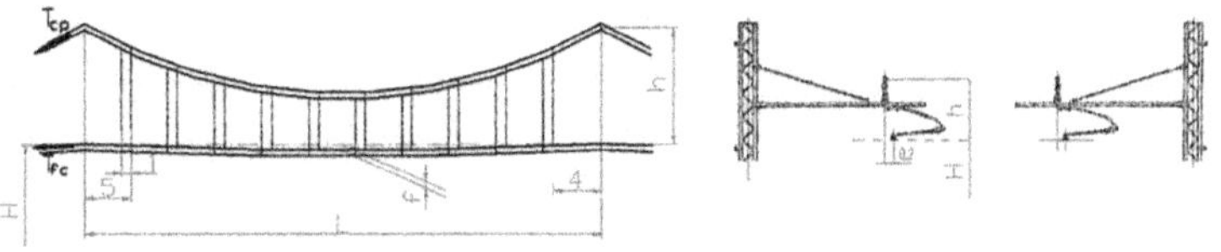 b) Sección total = 440 mm^2 — Irregularidad (ε = 39%)	Media	120	1.125	100	1.000
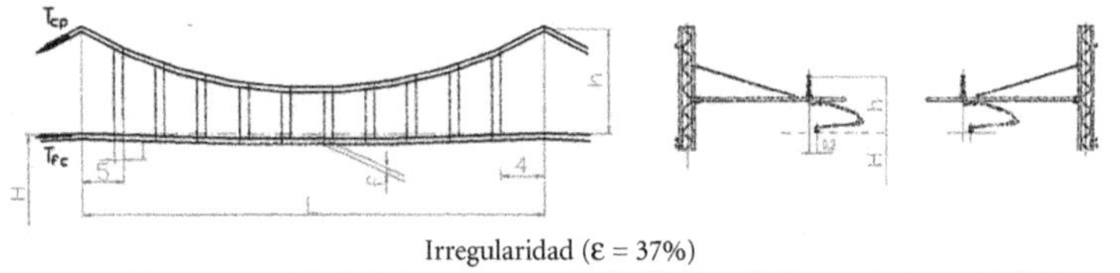 c) Sección total = 610 mm^2 — Irregularidad (ε = 37%)	Alta	155	1.000	150	1.125

Fuente: Adaptado de A. Fumi et al. (2002)

Fig. 3.36

Por lo que respecta a la línea aérea de contacto para corriente continua a 3.000 voltios, en la figura 3.36 se muestran las principales características de las catenarias utilizadas en Italia, para su red convencional y para velocidades máximas de hasta 200 km/h. Puede apreciarse que la ausencia de la catenaria en Y en los postes da lugar a un mayor valor de la irregularidad de aquella.

3.5.2.2 Masa de la catenaria a lo largo de un vano

Con anterioridad se expuso el interés de conocer la ley de variación de la masa de la catenaria a lo largo de un vano dado que ello permitiría, junto con la ley de variación ya señalada para la elasticidad de la catenaria, resolver la ecuación diferencial que gobierna el trayecto recorrido por el contacto pantógrafo-catenaria.

En este objetivo es util recurrir de nuevo a los trabajos de Ikuro Kumezawa, quien a comienzos de la década de los años sesenta del siglo XX era el Director del Laboratorio de Catenaria del prestigioso *Railway Technical Research Institute*, en Japón. El citado autor señaló que la distribución de masas a lo largo de la catenaria seguía la ley:

$$m(x) = \overline{m}\left(1 - \varepsilon_m \cos\frac{2\pi}{l}x\right)$$

siendo:

$$\overline{m} = \frac{1}{2}\left(m_{max} + m_{min}\right)$$

$$\varepsilon_m = \frac{m_{max} - m_{min}}{m_{max} + m_{min}}$$

3.5.2.3 Trayectoria del punto de contacto pantógrafo-catenaria. Velocidad crítica

En el apartado 3.5.2 se expuso que la ecuación diferencial que gobierna el contacto pantógrafo-catenaria venía dada por la expresión:

$$\left[m(x) + M\right]\frac{d^2y}{dt^2} + K(x)\,y = P_0 \quad (3.12)$$

en ausencia de amortiguamiento por parte del pantógrafo.

$m(x)$ = masa de la catenaria distribuida a lo largo de un vano

M = masa efectiva del pantógrafo

$K(x)$ = rigidez vertical de la catenaria en el punto x

P_0 = presión de aplicación constante del pantógrafo

Si se supone, lo que es habitual, que el pantógrafo tiene un coeficiente (μ) de amortiguamiento y se desprecia el valor de $m(x)$ frente a M, la ecuación 3.12 adopta la forma:

$$M\frac{d^2y}{dt^2} + \mu\frac{dy}{dt} + K(x)\,y = P_0 \quad (3.13)$$

y puesto que:

$$\frac{d^2y}{dt^2} = V^2\frac{d^2y}{dx^2} \qquad y \qquad \frac{dy}{dt} = V\frac{dy}{dx}$$

resulta:

$$MV^2\frac{d^2y}{dx^2} + \mu V\frac{dy}{dx} + K(x)\,y = P_0 \quad (3.14)$$

Si se sustituye en la expresión 3.14 la variación de la rigidez vertical de la catenaria a lo largo de un vano (que tendrá la misma forma que la correspondiente a la variación de la elasticidad [ecuación 3.11]) se obtiene:

$$MV^2\frac{d^2y}{dx^2} + \mu V\frac{dy}{dx} + K_m\left(1 - \varepsilon_k\cos\frac{2\pi}{l}x\right)y = P_0$$

Para encontrar la solución de esta ecuación diferencial se supone que aquella será del tipo:

$$y = a_0 + a_1\cos\frac{2\pi}{l}x \quad (3.15)$$

Derivando la expresión anterior, sustituyendo los valores respectivos de dy/dx y de d²y/dx² y aceptando que $\mu = 0$, resulta:

$$\left\{\left[-MV^2\frac{4\pi^2}{l^2} + K_m\right]a_1 + \varepsilon_k K_m a_0\right\}\cos\frac{2\pi}{l}x +$$

$$\left[K_m a_0 - \frac{\varepsilon_k K_m a_1}{2}\right] - \frac{1}{2}\varepsilon_k K_m a_1\cos\frac{4\pi}{l}x = P_0$$

Prescindiendo del último término, resulta que para que la igualdad se verifique para P_0 = cte, es necesario que:

$$K_m a_0 - \frac{\varepsilon_k K_m a_1}{2} = P_0$$

y que:

$$-\varepsilon_k K_m a_0 + \left(-MV^2\frac{4\pi^2}{l} + K_m\right)a_1 = 0$$

De las precedentes ecuaciones se deduce:

$$a_0 = \frac{P_0}{K_m}\left[1 + \frac{1}{2}\frac{\varepsilon_k^2}{\left(1 - \frac{MV^2\,4\pi^2\,\varepsilon_k^2}{2K_m l^2}\right)}\right] \quad (3.16)$$

$$a_1 = \frac{P_0}{K_m} \frac{\varepsilon_k}{\left(1 - \dfrac{MV^2 \, 4\pi^2 \, \varepsilon_k^2}{2K_m l^2}\right)} \quad (3.17)$$

Nótese como para una determinada velocidad de circulación V, los coeficientes a_0 y a_1 son infinitos y, por tanto, (según la expresión 3.15) también el desplazamiento de la catenaria. De la observación de las ecuaciones 3.16 y 3.17 se deduce de forma inmediata que la situación indicada se producirá cuando se verifique que:

$$1 - \frac{MV^2 \, 4\pi^2 \, \varepsilon_k^2}{2K_m l^2} = 0$$

Es decir:

$$V_{crítica} = \sqrt{1 - \frac{1}{2}\varepsilon_k^2} \cdot \frac{l}{2\pi}\sqrt{\frac{K_m}{M}}$$

que para pequeños valores de ε_k se convierte en:

$$V_{crítica} = \frac{l}{2\pi}\sqrt{\frac{K_m}{M}} \quad (3.18)$$

La expresión precedente fue deducida en 1957 por Fujii y Shibata. Algunos años después, Kumezawa (1962) estableció para la catenaria y el pantógrafo las ecuaciones del movimiento utilizando la misma formulación y aceptando las mismas hipótesis que los dos autores citados con anterioridad, pero sin considerar despreciable la masa de la catenaria. Es decir, aceptando para ésta la expresión dada en el apartado 3.5.2.2. En este contexto, obtuvo la siguiente relación para evaluar la velocidad crítica:

$$V_{crítica} = \sqrt{1 - \frac{\varepsilon_k^2}{2}} \cdot \frac{l}{2\pi} \sqrt{\frac{K_m}{M + m\left(1 - \dfrac{\varepsilon_m \varepsilon_k}{2}\right)}} \quad (3.19)$$

Para una catenaria simple como la indicada en la figura 3.31b (sin Y), el autor japonés proporcionaba los siguientes valores de referencia:

l = longitud del vano (60 m)

m = masa efectiva media de la catenaria (13 Kgs²/m)

M = masa efectiva del pantógrafo (2,2 Kgs²/m)

km = constante de elasticidad media de la catenaria (375 Kg/m)

ε_m = irregularidad de la masa de la catenaria (0,615)

ε_k = irregularidad de la elasticidad de la catenaria (0,6)

que, sustituidos en la expresión 3.19, proporcionan una velocidad crítica de valor:

$$V_{crítica} = \sqrt{1 - \frac{0.6^2}{2}} \cdot \frac{60}{2\pi} \cdot \sqrt{\frac{375}{2.2 + 13\left(1 - \dfrac{0.65 \cdot 0.6}{2}\right)}} = 46.79 \text{ m/s}.$$

es decir, aproximadamente, 168,5 km/h.

Con la ayuda de los valores (a_0) y (a_1) de la ecuación (3.15) para el caso de no despreciar la masa de la catenaria, se puede conocer la variación de (y) con la velocidad de circulación del vehículo. Para la catenaria con los valores indicados con anterioridad, Kumezawa (1962) representó gráficamente (Fig. 3.37) la citada variación. Representación efectuada para amortiguamiento nulo del pantógrafo y para un cierto valor de éste (30,2 Kgs/m).

La expresión 3.19 proporciona la velocidad crítica de una catenaria simple. Puede obtenerse a partir de ella una expresión aproximada que permite apreciar la influencia en la citada velocidad crítica, de la tensión mecánica existente en la catenaria.

VARIACIÓN DE LA AMPLITUD DEL PUNTO DE CONTACTO PANTÓGRAFO-CATENARIA CON LA VELOCIDAD DE CIRCULACIÓN DEL VEHÍCULO

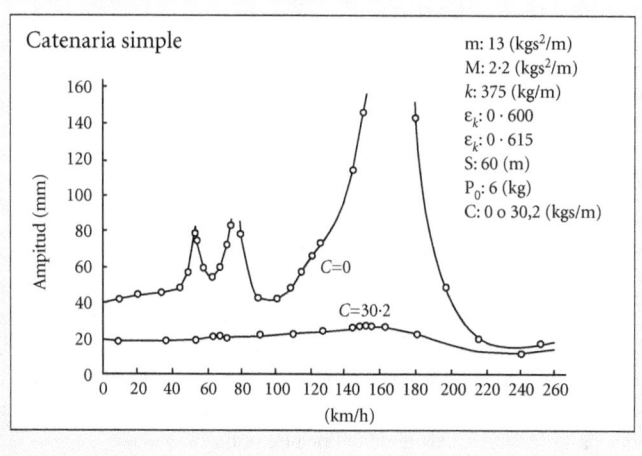

Fuente: I. Kumezawa (1962)

Fig. 3.37

En efecto, si se tienen en cuenta los valores precedentemente indicados para ε_k (0,600) y ε_m (0,615), la expresión 3.19 se convierte en la relación aproximada:

$$V_{crítica} = \frac{l}{2\pi \sqrt{(M+m)\, e_m}} \qquad (3.20)$$

sin más que despreciar $\dfrac{\varepsilon_k^2}{2}$ frente a 1 $\left(\dfrac{\varepsilon_k^2}{2} = 0{,}18\right)$ y, en forma análoga, $\dfrac{\varepsilon_m \varepsilon_k}{2}$ frente a 1.

Si como se ha indicado, la elasticidad varía de forma sinusoidal, se tiene:

$$e_m = \frac{2}{\pi} e_{max}$$

y recordando la expresión 3.10

$$e_{max} = \frac{l}{4\,(T_0 + T_f)}$$

De donde la expresión 3.10 se convierte en:

$$V_{crítica} = \frac{l}{2\pi} \sqrt{\frac{4\,(T_0 + T_f)\,\pi}{2\,(M+m)\,l}}$$

es decir

$$V_{crítica} = \sqrt{\frac{(T_0 + T_f)\, l}{2\pi\,(M+m)}} \qquad (3.21)$$

Expresión que permite conocer la velocidad crítica de una catenaria a partir de algunos de los parámetros principales que la configuran, como es la tensión en los cables.

3.5.3 Frecuencia de oscilación propia de la catenaria

El cálculo de la frecuencia propia de una catenaria puede hacerse, de forma simplificada, considerando tan solo los movimientos verticales y prescindiendo de las fuerzas disipativas. La idea de base [Pascucci (1962)] consiste en igualar la energía cinética máxima y la energía potencial máxima de la línea de contacto.

A partir del esquema adjunto, se efectúa la hipótesis de asimilar la configuración del hilo sustentador a una parábola. En este caso, el

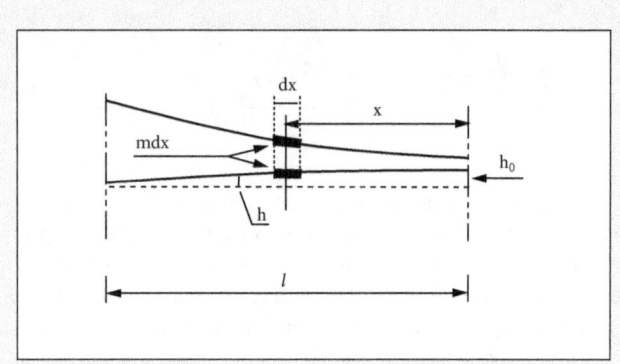

desplazamiento h de la masa (mdx) siendo m la masa total uniformemente distribuida a lo largo del vano, puede expresarse por la relación:

$$h_x = h_0 \left(1 - \frac{4}{l^2} x^2\right) \qquad (3.22)$$

para el caso de un punto situado a una distancia x del centro de la catenaria.

Si se acepta que la oscilación de la línea de contacto es armónica:

$$h_0 = h_{omáx}\, \mathrm{sen}\, wt \qquad (3.23)$$

expresión en donde $h_{omáx}$ es la amplitud de la oscilación en el centro del vano, y donde el tiempo t se toma a partir de la posición horizontal del hilo, la energía cinética de la línea será:

$$E_c = 2 \int_0^{l/2} \frac{1}{2}\, m\, dx\, V^2 = 2 \int_0^{l/2} \frac{1}{2}\, m\, dx \left(\frac{dh}{dt}\right)^2$$

A partir de las expresiones 3.22 y 3.23, y considerando que el valor máximo de la energía corresponde al momento en el que el hilo pasa por la posición horizontal, es decir, $wt = K\pi$ (K = 0, 1, 2, ...) se obtiene:

$$E_{cmax} = \frac{4}{15}\, m l h_{0max}^2 w^2$$

Para calcular la energía potencial máxima de la línea de contacto, se considera que el instante corresponde al desplazamiento máximo de la línea de contacto, es decir, cuando

$$wt = \pi/2 + K\pi\ (K = 0, 1, 2, ...)$$

Si se denomina S a la fuerza que produce, en el centro del vano, el desplazamiento h_0, el trabajo efectuado hasta el momento en que dicho desplazamiento es máximo será:

(3.24)
$$E_{pmax} = \int_0^{h_{0máx}} S dh_0$$

variando S con h_0.
Si se recuerda la expresión 3.10 se tiene:

$$S = h_0 \frac{4(T_0 + T_f)}{l}$$

resultando al sustituir en la expresión 3.24 que:

$$E_{pmax} = \frac{2(T_0 + T_f)}{l} h_{0max}^2$$

Por lo tanto, igualando la energía cinética máxima a la energía potencial máxima se obtiene:

$$\frac{4}{15} ml h_{0max}^2 w^2 = \frac{2(T_0 + T_f)}{l} h_{0max}^2$$

de donde se infiere:

$$w = \sqrt{\frac{15}{2} \cdot \frac{(T_0 + T_f)}{ml^2}}$$

y puesto que $f = w/2\pi$, se obtiene:

$$f = \frac{0{,}435}{l} \sqrt{\frac{(T_0 + T_f)}{m}}$$

En la actualidad, se estima que una mejor aproximación a la realidad para calcular f se obtiene aplicando la expresión:

(3.25)
$$f = \frac{0{,}5}{l} \sqrt{\frac{(T_0 + T_f)}{m}}$$

con: l (m); T_0 y T_f en (da N) y m en (Kg/m).

Órdenes de magnitud de f son los comprendidos en el intervalo de 0,75 a 1,1 Hz.

3.5.4 Velocidad crítica de la catenaria

Se denomina *velocidad crítica* a la velocidad para la cual la frecuencia propia de las oscilaciones de la catenaria es igual a la frecuencia de las solicitaciones ejercidas por el pantógrafo y, por tanto, a la de paso del pantógrafo de un vano al siguiente.

Matemáticamente:

$$\frac{1}{f} = \frac{l}{V_{crítica}}$$

luego:

(3.26)
$$V_{crítica} = 3{,}6 f l$$

con V (km/h); f (Hz) y l (m)

Si en la expresión 3.26 se sustituye el valor (3.25) de f, se obtiene:

(3.27)
$$V_{crítica} = 1{,}8 \sqrt{\frac{(T_0 + T_f)}{m}}$$

Se deduce, por tanto, que la velocidad crítica no depende de la longitud de los vanos y que varía con la raíz cuadrada de la tensión mecánica de la catenaria y es inversamente proporcional a la raíz cuadrada de la masa de la catenaria. Interesa, por tanto, para aumentar la velocidad crítica, incrementar la tensión de los cables y disminuir el peso de la catenaria.

Es importante destacar que los diversos ensayos realizados han mostrado que la velocidad crítica tiene un carácter transitorio y que, una vez superada dicha velocidad, la calidad del contacto pantógrafo-catenaria mejora notablemente. En todo caso, es relevante subrayar también que, en presencia de un tren con varios pantógrafos, es la distancia entre dos consecutivos la que puede determinar una situación de resonancia.

Como referencia se señala que la velocidad crítica de la catenaria francesa utilizada para velocidades máximas de hasta 220 km/h, catenaria simple con suspensión Y, se sitúa en torno a 180 km/h. La catenaria del mismo tipo utilizada en la línea de alta velocidad París-Lyon tenía su velocidad crítica en 202 km/h (esta catenaria se diferenciaba de la anterior, entre otros factores, en la mayor tensión mecánica del hilo sustentador y de contacto, 1,4 veces superior).

3.5.5 Velocidad límite de la catenaria

3.5.5.1 Velocidad de propagación de las ondas mecánicas

El pantógrafo en su desplazamiento deforma la línea de contacto y la onda de deformación se propaga a lo largo de la catenaria. Si la velocidad del pantógrafo es igual o sobrepasa a la de propagación de la onda, la línea de contacto perderá sus propiedades apareciendo esfuerzos muy elevados entre el pantógrafo y el hilo de contacto, esfuerzos que pueden dar lugar a la destrucción de uno o los dos elementos.

La velocidad de propagación de la onda de deformación de la catenaria, cuando es excitada por un pantógrafo en movimiento, constituye la velocidad máxima posible a la que puede ser realizada una captación normal de corriente. Esta velocidad, disminuida del orden del 20%, se considera la velocidad máxima admisible de circulación de composiciones eléctricas bajo catenaria.

La velocidad de propagación de la citada onda se deduce fácilmente a partir del esquema adjunto (D. C. Giancoli).

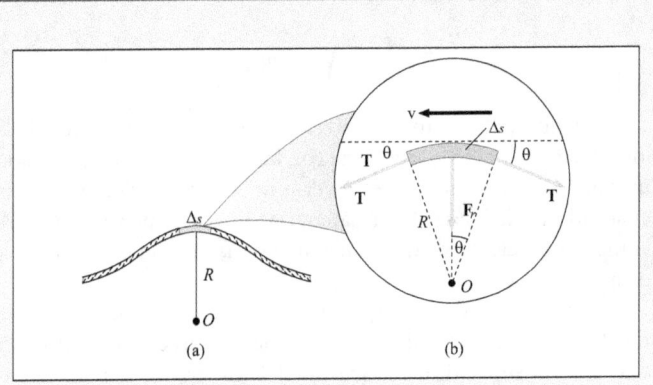

Se considera para ello un pequeño segmento de cuerda, de longitud Δs, que tiene la forma aproximada de un arco de circunferencia de radio R. Se supone que el segmento se mueve hacia la izquierda a una velocidad V a través del arco. Cuando se mueve a través del arco, se puede considerar el segmento como una partícula con un movimiento circular uniforme. El segmento experimenta una aceleración centrípeta de valor V^2/R, producida por los componentes de la tensión T a la que se encuentra sometida el cable. La tensión T en la cuerda es una fuerza tangencial en cada extremo del arco, cuyas componentes horizontales se anulan entre sí y cuyas componentes verticales se suman dando como resultante:

(3.28)
$$F_v = dT \operatorname{sen}\theta \simeq 2T\theta$$

dado que el ángulo θ es muy pequeño.

El segmento (Δs) tiene una masa m = μ Δs siendo μ la masa de la cuerda por unidad de longitud. Dado que Δs = 2 Rθ, resulta:

$$m = 2\mu \cdot R\theta$$

Y puesto que la fuerza centrípeta (F) tiene por valor:

$$F = \frac{mV^2}{R}$$

se obtiene:

$$F = 2\mu\,\frac{R\theta V^2}{R} = 2\mu\theta V^2$$

y recordando 3.28, resulta:

$$T = \mu V^2$$

de donde:

(3.29)
$$V_{crítica} = \sqrt{\frac{T}{\mu}}$$

Si se expresan T (Kg), μ (Kg/m) y V (km/h), la expresión anterior adopta la forma:

(3.30)
$$V_{crítica} = 3{,}6 \sqrt{\frac{T}{\mu}}$$

Se observa, por tanto, que la velocidad de propagación de una onda de deformación en la catenaria está influenciada básicamente por la tensión total de los cables que constituyen la catenaria.

Como referencia, en la catenaria simple utilizada por los ferrocarriles franceses para electrificación en corriente alterna a 25 kV y 50 Hz y líneas convencionales, la velocidad de propagación se sitúa en torno a 400 km/h.

$$V_{crítica} = 3{,}6 \sqrt{\frac{20.000\;\text{Kg} \cdot 9{,}8\;\text{m/seg}^2}{16\;\text{Kg/m}}} = 399\;\text{Km/h}$$

Se comprueba por tanto que, en general, la velocidad de propagación es superior a la de circulación de los trenes de alta velocidad (300/320 km/h) en servicio comercial (cuadro 3.4).

CUADRO 3.4 VELOCIDAD DE PROPAGACIÓN DE LAS ONDAS EN CATENARIAS DE ALTA VELOCIDAD

País	Tipo	Velocidad máxima	Tensión hilo contacto	Tipo hilo sustentador	Tipo hilo contacto	Tipo sustentador	Velocidad onda (km/h)
Alemania	Re250	300	15.000 N	15.000 N	AC 120	Bz II 70	426,24
Alemania	SICAT HI	330	27.000 N	1.000 N	AC 120	Bz II 120	571,86
Italia	FR6	300	20.000 N	16.250 N	Cu 150	Cu 120	440,63
Bélgica	RI 350	300	20.000 N	14.000 N	AC 150	Bz 65	440,63
Bélgica	RI 350r	350	30.000 N	14.000 N	AC 150	AC 94	539,66
Francia	4/20 KN	300	20.000 N	14.000 N	Cu 150	Bz 65	440,63
Francia	20/25 KN	350	25.000 N	20.000 N	AC 150	Bz 116	492,64

Fuente: T. Vega y J. Cabello (2006)

Desde el punto de vista físico la figura 3.38 visualiza el hecho de que a velocidades convencionales (por ejemplo, 160 km/h), la onda debida al pantógrafo se propaga mucho mas deprisa que la velocidad que lleva el tren. Sin embargo, cuando la velocidad de éste alcanza valores muy elevados (a título indicativo, los 515,3 km/h que los ferrocarriles franceses lograron en ensayo, en 1990), el tren de alta velocidad atrapa a la onda debida al pantógrafo y la catenaria se despega delante de éste.

VELOCIDAD DE PROPAGACIÓN DE LA ONDA DE PERTURBACIÓN DE LA CATENARIA Y VELOCIDAD DE CIRCULACIÓN

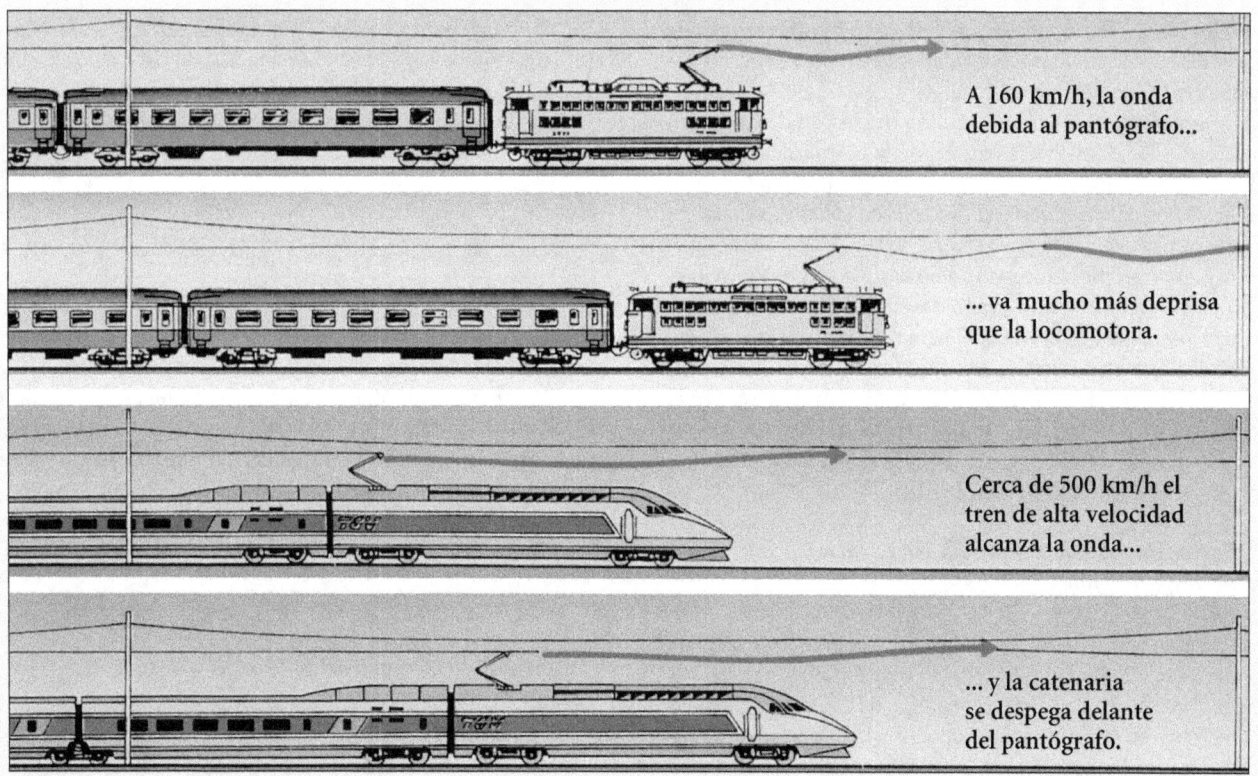

Fuente: R. de la Taille (1990)

Fig. 3.38

RÉCORD DE VELOCIDAD A 574,8 KM/H

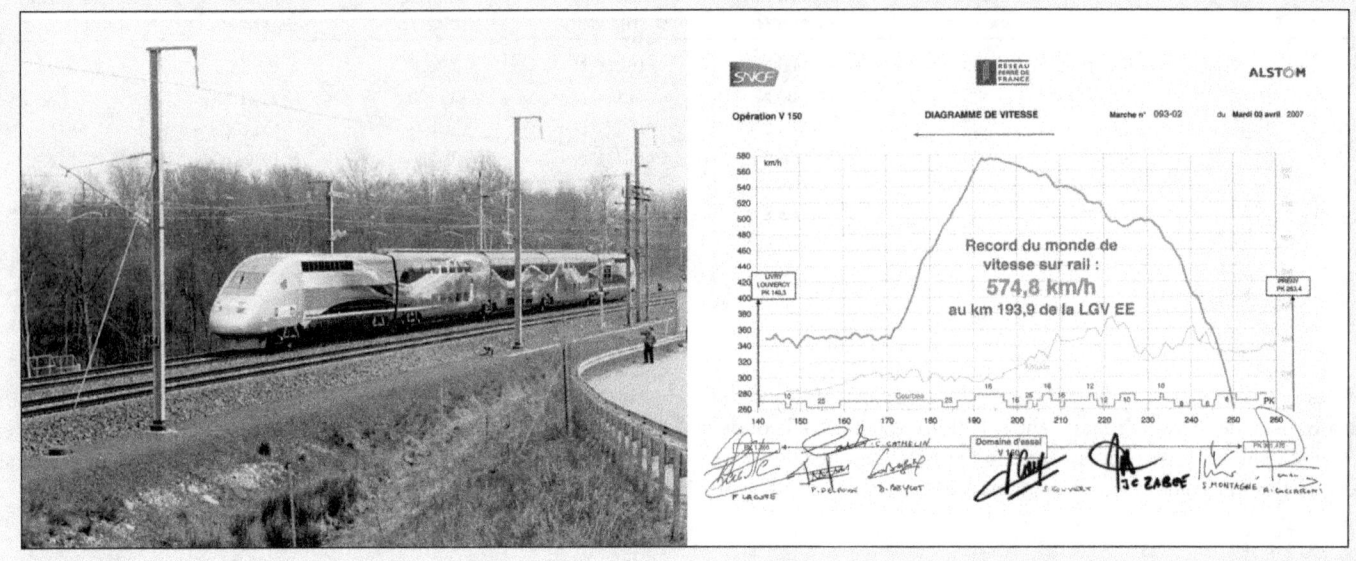

Fuente: P. Mirville (2007)

Es de interés señalar cómo se procede cuando por razones de investigación se desea circular a velocidades netamente superiores a las utilizadas en explotación comercial.

Como referencia, en 1990, con ocasión del récord de velocidad antes indicado (515,3 km/h), la tensión de la catenaria de la línea TGV-Atlántico, en la que se alcanzó dicha velocidad, se modificó. En efecto, de los 2.000 daN con que se proyectó la citada línea, se pasó en el tramo del récord a tensar la catenaria a 3.300 daN. De este modo se dispuso de un margen de al menos 40 a 50 km/h respecto a la velocidad de propagación de las ondas generadas en el hilo de contacto.

Más recientemente, en abril 2007, para poder alcanzar el nuevo record de 574,8 km/h (ver gráfico adjunto), los ferrocarriles franceses tensaron la catenaria de la línea TGV-Este, donde se realizó la marcha de ensayo, a 4.000 daN. De esta forma, duplicando la tensión respecto al valor habitual, se logró que la velocidad crítica de la catenaria superase los 610 km/h.

3.5.5.2 Factor Doppler, factor de reflexión y factor de amplificación

Como se ha indicado con anterioridad, para lograr un excelente comportamiento dinámico del contacto pantógrafo-catenaria, es determinante que la velocidad de propagación de las ondas generadas por el pantógrafo en la catenaria sea superior a la velocidad de circulación de los trenes. De acuerdo con la expresión 3.27, el aumento de la velocidad de propagación de la onda puede lograrse incrementando la tensión mecánica del hilo de contacto y/o del sustentador.

El *factor Doppler* indica la relación existente entre la velocidad de propagación de las ondas y la velocidad de circulación de una composición ferroviaria, debiendo ser tan elevada como sea posible.

De una manera habitual, el factor Doppler (α) se expresa a través de la relación

$$\alpha = \frac{V_p - V_c}{V_p + V_c}$$

siendo V_p la velocidad de propagación de las ondas en la catenaria y V_c la velocidad de circulación del tren.

En catenarias de alta velocidad se suele tener $V_c \simeq (0{,}6 \text{ a } 0{,}7)V_p$.

Por otro lado, para caracterizar el comportamiento dinámico de la catenaria se utiliza también el denominado *factor de reflexión* (r), que mide la interacción entre las ondas transversales, el sustentador y los hilos de contacto. Matemáticamente se evalúa por la relación:

$$r = \frac{F_{sust} \cdot M_{sust}}{F_{sust} \cdot M_{sust} + F_{cont} \cdot M_{cont}}$$

siendo:

F_{sust} = fuerza de tensado del sustentador en newtons

M_{sust} = masa por metro líneal del sustentador en Kg/m

F_{cont} = fuerza de tensado de los hilos contacto en newtons

M_{cont} = masa por metro líneal de los hilos de contacto en Kg/m

Finalmente, se considera como criterio también de calidad el denominado *factor de amplificación* (χ), que corresponde al cociente entre el factor de reflexión (r) y el factor doppler (α). Este indicador caracteriza la influencia de la onda mecánica reflejada sobre el comportamiento dinámico de la catenaria. Matemáticamente:

$$\chi = \frac{r}{\alpha}$$

En relación con los indicadores precedentes, la ficha UIC 799 establece los siguientes valores recomendados para velocidades superiores a 200 km/h (Cuadro 3.5).

CUADRO 3.5. RECOMENDACIONES UIC PARA LOS FACTORES DOPPLER, DE REFLEXIÓN Y AMPLIFICACIÓN DE UNA CATENARIA

Factor	Velocidad (km/h)		
	200 < V ≤ 230	230 < V ≤ 300	V > 300
Doppler	> 0,26	> 0,18	> 0,17
De reflexión	< 0,5	< 0,4	< 0,4
De amplificación	< 1,9	< 2,2	< 2,3

Para las catenarias utilizadas en RENFE, velocidades comprendidas entre 220 y 300 km/h, en el cuadro 3.6 se muestran las magnitudes de los precedentes indicadores.

CUADRO 3.6. FACTORES DOPPLER, DE REFLEXIÓN Y AMPLIFICACIÓN DE CATENARIAS RENFE

Tipo de catenaria	Velocidad de propagación de las ondas (km/h)	Factor Doppler	Factor de reflexión	Factor de amplificación
CRU 220	407,8	(200 km/h) 0,341	0,376	1,10
CR 220	432	(200 km/h) 0,367	0,382	1,04
AVE	425,9	(350 km/h) 0,260	0,433	1,70
AVE	425,9	(300 km/h) 0,173	0,433	2,50

Fuente: Adaptado de J. Montesinos y M. Carmona (2002)

3.5.6 Esfuerzo pantógrafo-catenaria

3.5.6.1 Planteamiento teórico-práctico

Como se indicó precedentemente, la energía eléctrica necesaria para la tracción de los trenes se capta por intermedio del pantógrafo, cuya parte superior roza con la catenaria. La simplicidad de esta captación no significa que no existieran grandes dificultades técnicas para implementar en la práctica dicho principio.

En efecto, se trata de lograr que el pantógrafo aplique sobre la catenaria una determinada fuerza vertical con el fin de asegurar una correcta captación de la corriente. Sin embargo, el pantógrafo se ve sometido a las perturbaciones que se derivan del movimiento de los vehículos, influenciados por el estado geométrico de la vía, así como por los propios movimientos de la catenaria. Estos fenómenos pueden dar lugar, esencialmente, a dos tipos de situaciones:

a) El esfuerzo aplicado por el pantógrafo sobre la catenaria es importante. En este caso, la elevación de la catenaria puede alcanzar valores inadmisibles que ocasionen, en determinadas situaciones, el desenganche del hilo o incluso su ruptura.
b) El esfuerzo aplicado es tan débil que aparecen arcos eléctricos. Estos arcos son provocados por breves rupturas del contacto entre el pantógrafo y la catenaria.

Resulta, por tanto, imprescindible conocer la magnitud de dicho esfuerzo y los parámetros que sobre él influyen, con objeto de optimizar el diseño tanto del pantógrafo como de la catenaria.

La experiencia práctica ha permitido cuantificar experimentalmente la variación del esfuerzo pantógrafo-catenaria con la velocidad de circulación del vehículo. La figura 3.39a muestra algunos de los resultados experimentados obtenidos por los ferrocarriles franceses y la figura 3.39b los correspondientes a las experiencias italianas. Nótese como para velocidades de 200 km/h y en función del tipo de pantógrafo utilizado, el esfuerzo pantógrafo-catenaria podía elevarse hasta 30 daN, frente a los 8 daN en condiciones estáticas. Los resultados mostrados en la figura 3.39b para el tren italiano de alta velocidad ETR 500 muestran el óptimo diseño alcanzado con el binomio pantógrafo-catenaria, dado que a 250 km/h el esfuerzo de contacto se sitúa en torno a los 11 daN. Por otro lado, se constató que la relación esfuerzo-velocidad podía presentar, en ocasiones, la forma indicada en la figura 3.39c. Es decir, para una determinada velocidad de circulación, dejaría de existir contacto entre el pantógrafo y la catenaria.

El análisis matemático de la interacción mecánica entre la catenaria y el pantógrafo es un problema de notable complejidad, que se complica con la presencia en ocasiones de un segundo pantógrafo (Fig. 3.40) y la interacción que en el primero induce.

VARIACIÓN DEL ESFUERZO PANTÓGRAFO-CATENARIA
CON LA VELOCIDAD DE CIRCULACIÓN

a)

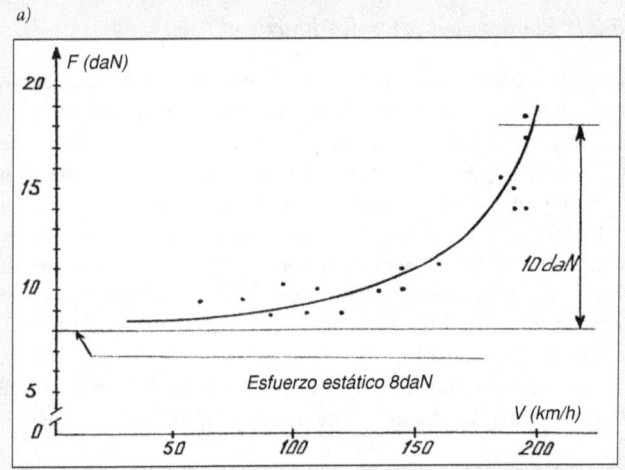

b)

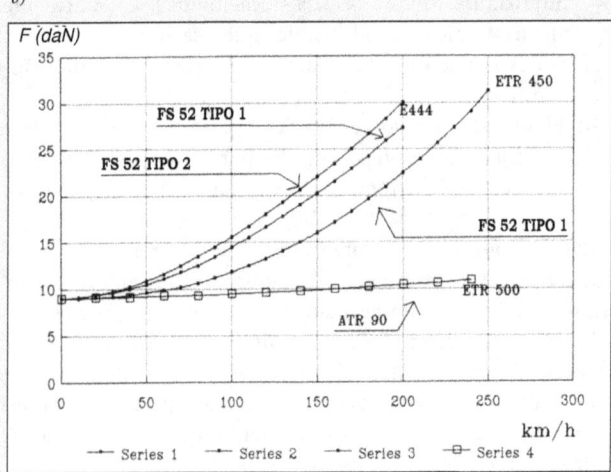

c)

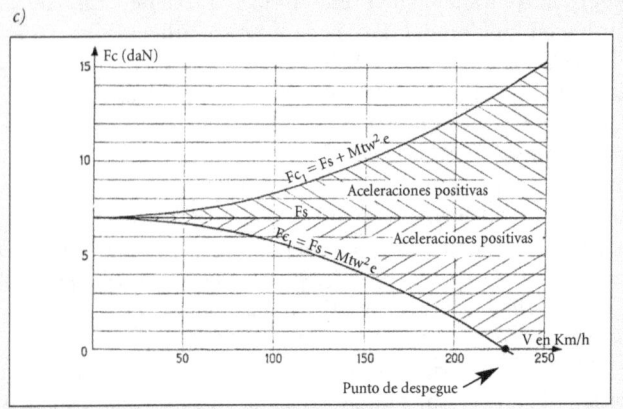

Fuente: SNCF   Fig. 3.39

VISUALIZACIÓN DE LA UTILIZACIÓN DE DOS PANTÓGRAFOS
PARA LA CAPTACIÓN DE CORRIENTE

Fuente: Rail Passion (2006)   Fig. 3.40

De forma simplificada, para el estudio del problema puede adoptarse el esquema de la figura 3.41. El aparato de captación de corriente se asimila a dos masas Mc y m, que representan respectivamente la masa del cuadro y la de la mesilla, las cuales se encuentran unidas por un sistema elástico de rigidez (K), Boissonnade (1975). La fuerza estática aplicada por la mesilla sobre el hilo de contacto se transmite desde los muelles de trabajo a través de las citadas masas (Mc y m).

COMPORTAMIENTO DINÁMICO PANTÓGRAFO-CATENARIA

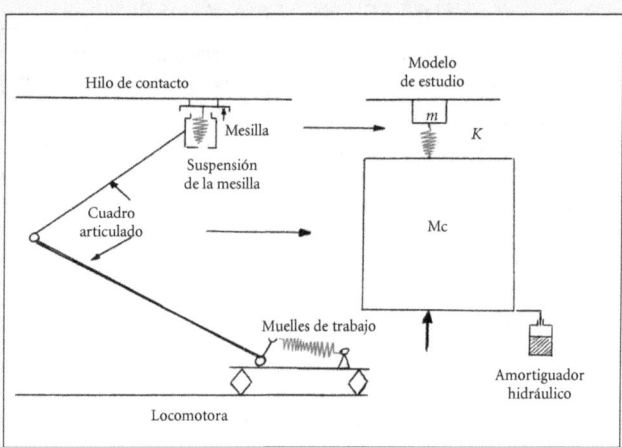

Fuente: M. Tessier (1978)   Fig. 3.41

Si la catenaria tuviese una elasticidad constante a lo largo del vano, en cada punto del mismo experimentaría la misma elevación y se aseguraría siempre un buen contacto pantógrafo-catenaria. Sin embargo a pesar de las diferentes soluciones que se adoptan para conseguir una constancia en la flexibilidad de la catenaria, no puede evitarse que sea mayor en el centro del vano que en sus extremos. Como consecuencia, bajo la acción dinámica del pantógrafo la deformación del hilo de contacto sigue aproximadamente un comportamiento sinusoidal, lo que se traduce en imprimir al conjunto $M_t = (M_c + m)$ un movimiento sinusoidal.

En la figura 3.42 se muestra la trayectoria del punto de contacto del pantógrafo con el hilo de la catenaria. Es de interés destacar que, a medida que aumenta la velocidad de circulación, el punto de máxima flexibilidad de la catenaria se va desplazando en la dirección de la marcha del vehículo (Fig. 3.42) desde el centro hacia el soporte. Este hecho puede dar lugar a despegues del pantógrafo por causa del incremento de la pendiente de bajada. Las desnivelaciones de esta trayectoria muestran que el pantógrafo está sometido a una aceleración vertical (γ) de manera que el esfuerzo total real sobre la catenaria es: $Fs \pm M\gamma$, siendo (Fs) el esfuerzo estático. En efecto:

Si es e la deformación del hilo de contacto (Fig. 3.43), las ecuaciones que definen el movimiento serán:

$$e_t = e \, \text{sen} \, wt$$

$$v_t = ew \cos wt$$

$$\gamma_t = -w^2 e_t$$

siendo $w = 2\pi/T$ y T el tiempo necesario para recorrer la distancia L entre dos postes consecutivos, a la velocidad V. La masa total M_t se encuentra, pues, sometida a una aceleración γ_t, que da lugar a un esfuerzo total de contacto (Fc) igual a:

$$F_c = F_s \pm M_t w^2 e_t \qquad (3.31)$$

Las aceleraciones positivas favorecen el contacto por aumento del esfuerzo del mismo nombre, pero a cambio someten a la catenaria a esfuerzos de elevación cada vez más importantes. Las aceleraciones negativas disminuyen progresivamente el esfuerzo de contacto, que llega a hacerse nulo a partir de una cierta velocidad. En ese momento hay desconexión de la mesilla con el hilo de contacto.

Puesto que el parámetro negativo o perturbador es $M_t \cdot w^2 \cdot e$, resultan claros los procedimientos para disminuir su influencia:

a) Disminuir al máximo la masa M_t del pantógrafo.
b) Adoptar las disposiciones constructivas necesarias para que la deformación (e) se reduzca, para cuyo fin debe buscarse la homogeneización de la flexibilidad a lo largo del vano.

TRAYECTORIA DEL PUNTO DE CONTACTO PANTÓGRAFO-CATENARIA

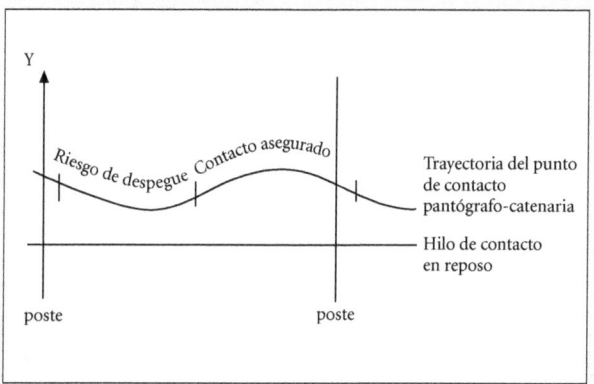

Fuente: J. Luppi (1981)

Desplazamiento de los puntos de máxima y mínima flexibilidad al aumentar la velocidad

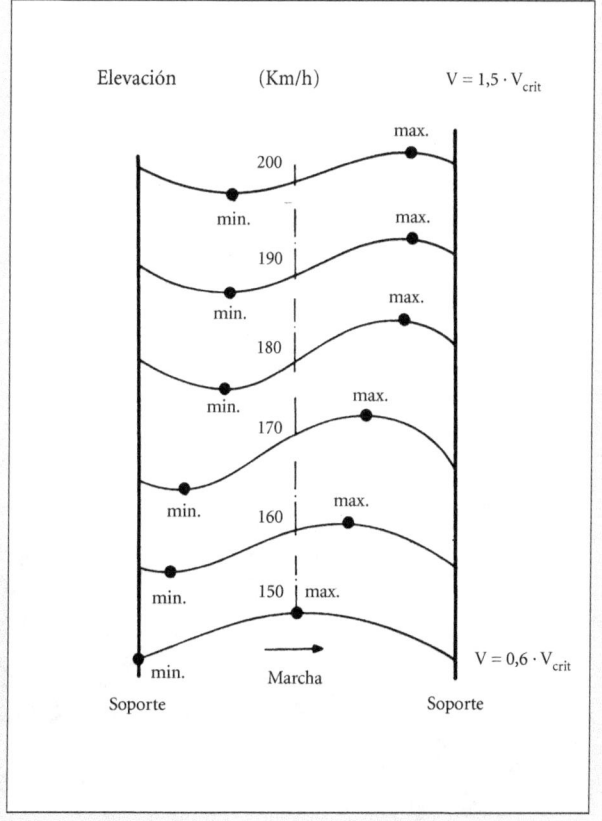

Fuente: G. Pérez Morales (1976)

Fig. 3.42

COMPORTAMIENTO DINÁMICO DEL PANTÓGRAFO

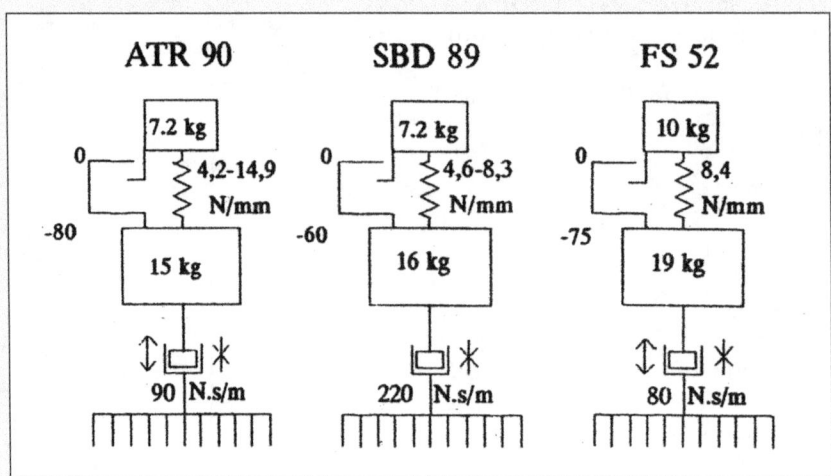

Fuente: M. Tessier (1978)

Fig. 3.43

Por lo que se refiere al primer factor, cabe distinguir por un lado la *masa de la mesilla*, y por otro la *masa del cuadro*. Aquella depende esencialmente de la intensidad de corriente captada, mientras que la del cuadro es función del desarrollo del pantógrafo y, por tanto, de la altura máxima y mínima del hilo de contacto con relación al nivel de los carriles. La figura 3.44 muestra las características de algunos pantógrafos utilizados en Italia.

La expresión 3.31 resulta válida para velocidades de circulación donde los efectos aerodinámicos juegan un papel poco relevante. En efecto, a medida que la velocidad de circulación aumenta, el esfuerzo del pantógrafo sobre la catenaria se ve influenciado por la componente aerodinámica, de valor kV^2, siendo K un coeficiente que caracteriza el aerodinamismo del pantógrafo y de la parte superior del vehículo. Se tiene, por tanto, la expresión general:

ESQUEMA MECÁNICO DE DIFERENTES PANTÓGRAFOS UTILIZADOS EN LA RED FERROVIARIA ITALIANA

a) Distribución de masas

b) Pantógrafo ATR 90

c) Pantógrafo FS52

Fuente: C. Bianchi et al. (1993)

Fig. 3.44

$$F_T = F_S \pm M\gamma + kV^2 \qquad (3.32)$$

Valores habituales del esfuerzo aerodinámico (kV^2) son de 5 Kg para 160 km/h y de 15 Kg para 260 km/h, siendo despreciable a bajas velocidades, en donde, para asegurar una buena captación, es preciso que el esfuerzo F_S sea al menos igual a 7 Kg.
De la observación de la expresión (3.32) se deduce la posible existencia de dos situaciones:

a) $F_S + kV^2 - M\gamma > F_0$

Se trata de lograr siempre que exista un esfuerzo del pantógrafo sobre la catenaria, al menos igual a F_0 ($\simeq$ 7 a 8 da N) para lograr un buen contacto. Y puesto que $F_S \simeq F_0$, se deduce la necesidad de que se verifique:

$$kV^2 > M\gamma$$

Esta desigualdad se puede lograr actuando sobre:

- K, es decir, incrementando el aerodinamismo del pantógrafo
- M, es decir, disminuyendo la masa del pantógrafo
- γ, es decir, homogenizando la elasticidad vertical de la catenaria

b) $F_S + kV^2 + M\gamma \geq F_0$

En este caso, aun cuando el esfuerzo pantógrafo-catenaria es siempre positivo, para evitar una elevación excesiva de la catenaria es necesario que los términos kV^2 y $M\gamma$ sean los más bajos posibles

3.5.6.2 Resultados experimentales y criterios de referencia

Analizados en el apartado anterior los principales aspectos teórico-prácticos que caracterizan los esfuerzos entre pantógrafo y catenaria, nos proponemos a continuación exponer algunos de los resultados obtenidos durante la circulación de trenes en líneas francesas y alemanas bajo diferentes catenarias.

La figura 3.45 muestra la forma típica de variación de la fuerza de contacto pantógrafo-catenaria a lo largo de un tramo de línea. En este contexto resulta de interés observar (Fig. 3.46) el favorable efecto que tiene el incremento de la tensión mecánica en la catenaria en el comportamiento de la misma y por tanto en los esfuerzos pantógrafo-catenaria. Nótese (Fig. 3.46) que para una circulación a 280 km/h, la utilización de una tensión mecánica de 21 KN representa una sensible reducción de los citados esfuerzos, al compararlos con los que se producen en la misma catenaria pero con una tensión mecánica de 15 KN. En esta última disposición, la fuerza de contacto alcanza un valor máximo de 180 N, frente a los 140 N en el caso de tensión mecánica a 21 KN. Se constata también como la banda de variación de los

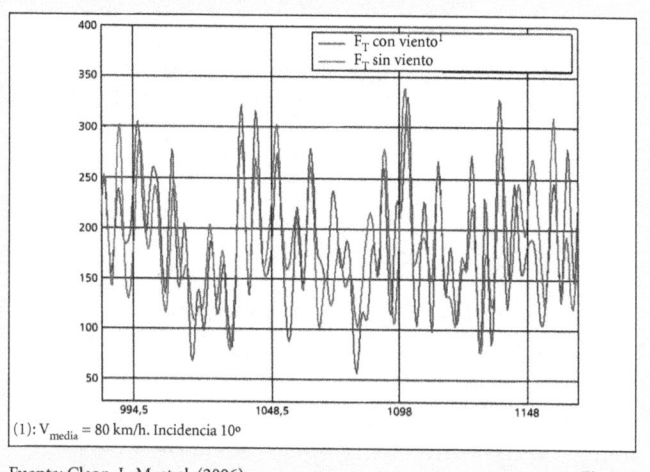

FORMA TÍPICA DE VARIACIÓN DE LA FUERZA DE CONTACTO PANTÓGRAFO-CATENARIA CON Y SIN VIENTO

Fuente: Cleon, L. M. et al. (2006)   Fig. 3.45

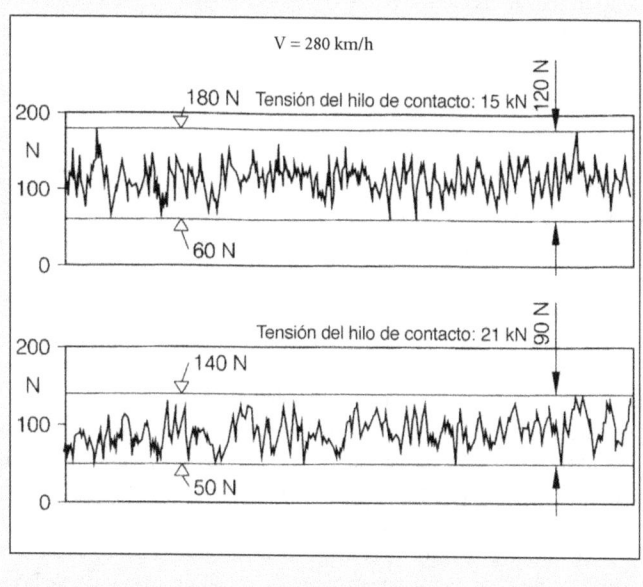

INFLUENCIA EN LA FUERZA DE CONTACTO DE LA TENSIÓN MECÁNICA DE LA CATENARIA

Fuente: Kiebling et al. (2001)   Fig. 3.46

esfuerzos es de 120 N en el primer supuesto (15 KN), frente a los 90 N en el supuesto de (21 KN).

Para una catenaria dada, la fuerza de contacto pantógrafo-catenaria varía con la velocidad de circulación de acuerdo con la curva indicada en la figura 3.47. Para una velocidad dada, la citada fuerza

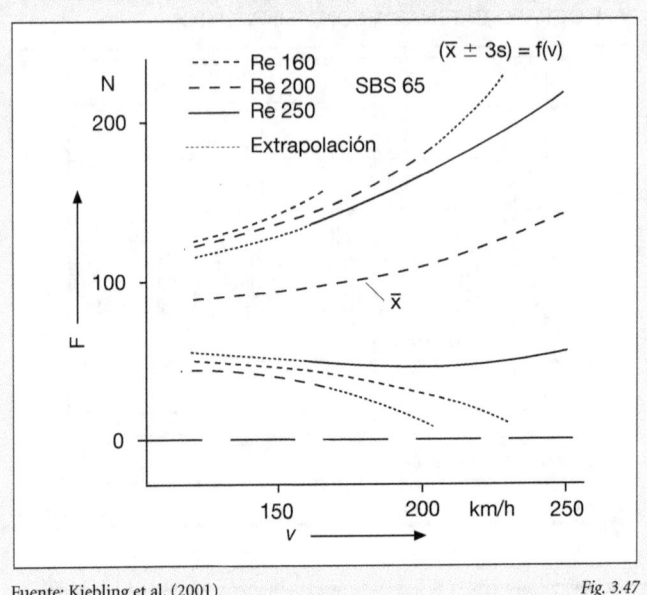

VARIACIÓN DE LA FUERZA DE CONTACTO CON LA VELOCIDAD

Fuente: Kiebling et al. (2001) Fig. 3.47

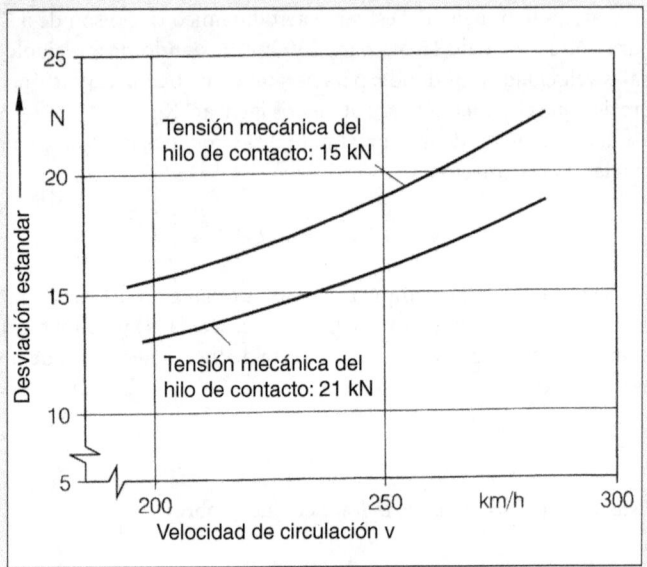

VARIACIÓN DE LA DESVIACIÓN TÍPICA DE LA FUERZA DE CONTACTO CON LA TENSIÓN MECÁNICA DE LA CATENARIA

Fuente: Kiebling et al. (2001) Fig. 3.48

de contacto presenta una distribución normal (en forma análoga a como lo hacen los esfuerzos verticales sobre una vía). La ficha UIC 799 (2001) establece para velocidades superiores a 200 km/h la fuerza máxima de contacto ($F_{máx}$) según la fórmula.

$$F_{max} \simeq F_m + 3\sigma$$

siendo F_m la media del esfuerzo de contacto y σ la desviación típica no debe superar los 250 N.

Nótese en la figura 3.48, la variación de σ con la velocidad de circulación y en función de la tensión mecánica adoptada para la catenaria. La figura 3.49 permite apreciar la influencia del tipo de pantógrafo utilizado sobre una misma catenaria en la variación del esfuerzo de contacto y la figura 3.50 la variación de la desviación típica con la velocidad de circulación del tren.

Naturalmente, el citado esfuerzo genera unos desplazamientos verticales de la catenaria que se limitan para asegurar un buen contacto con el pantógrafo y a veces porque el sistema de suspensión elegido para la catenaria no permite desplazamientos superiores a un cierto valor por razones constructivas. La figura 3.51 muestra la magnitud de dichos desplazamientos para diferentes catenarias y velocidades de circulación. La ficha UIC 799 (2001) establece el valor máximo de 120 mm para la elevación máxima admisible del hilo de contacto al paso del pantógrafo en la vertical del soporte.

En la explotación comercial se da en ocasiones una situación en la que una composición ferroviaria utiliza más de un pantógrafo para su desplazamiento a una cierta velocidad. Es indudable que el segundo pantógrafo encuentra alterada la catenaria por el paso del primero y por tanto se produce un incremento de las acciones diná-

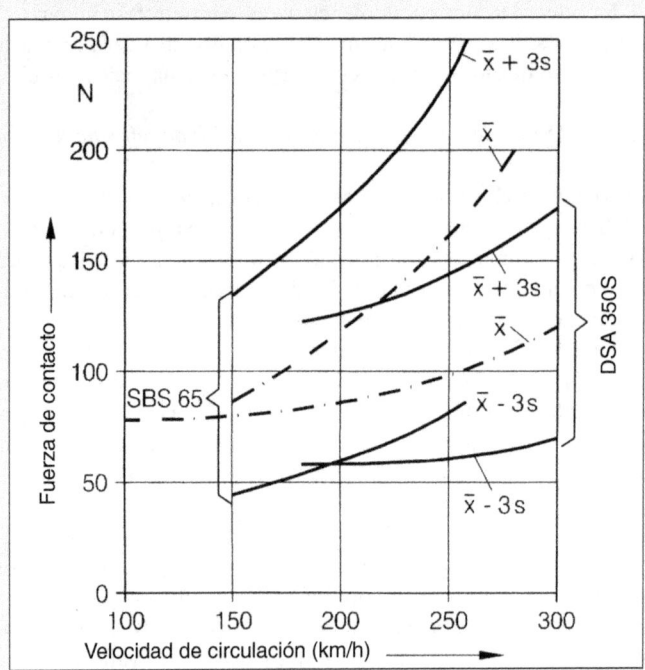

INFLUENCIA DEL TIPO DE PANTÓGRAFO EN LA FUERZA DE CONTACTO

Fuente: Kiebling et al. (2001) Fig. 3.49

INFLUENCIA DEL TIPO DE PANTÓGRAFO EN LA DESVIACIÓN TÍPICA DE LA FUERZA DE CONTACTO

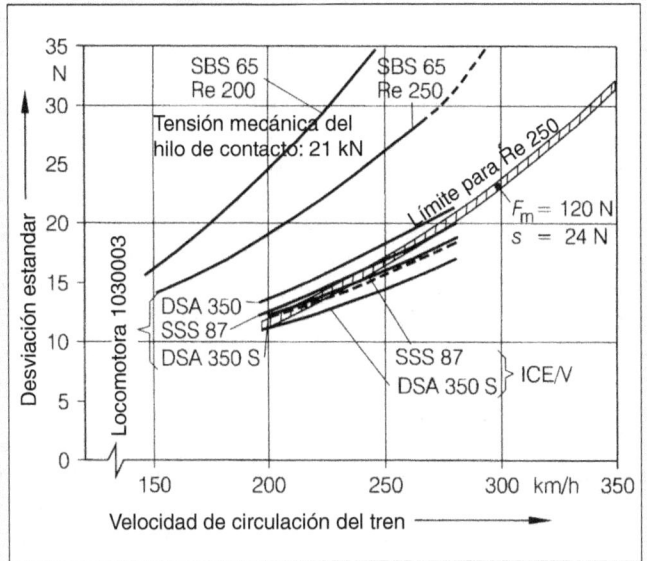

Fuente: Kiebling et al. (2001) *Fig. 3.50*

ELEVACIÓN DE LA CATENARIA EN FUNCIÓN DE LA VELOCIDAD DE CIRCULACIÓN

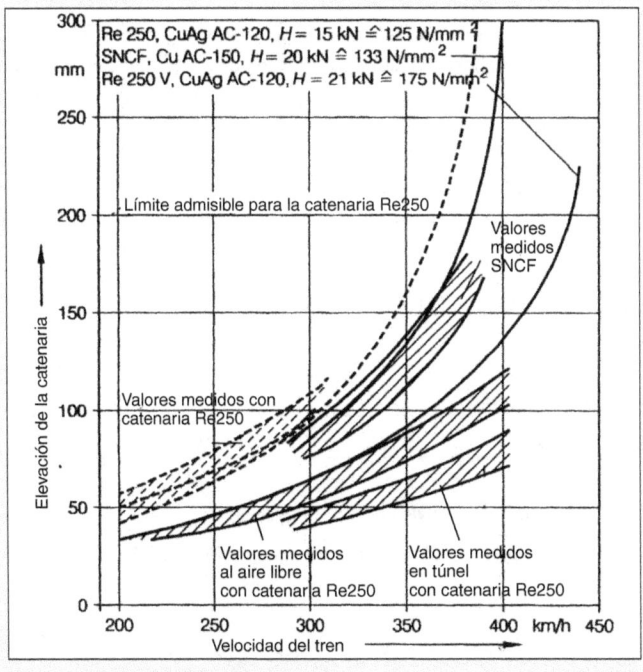

Fuente: Kiebling et al. (2001) *Fig. 3.51*

INFLUENCIA DE LA CIRCULACIÓN CON DOS PANTÓGRAFOS LEVANTADOS

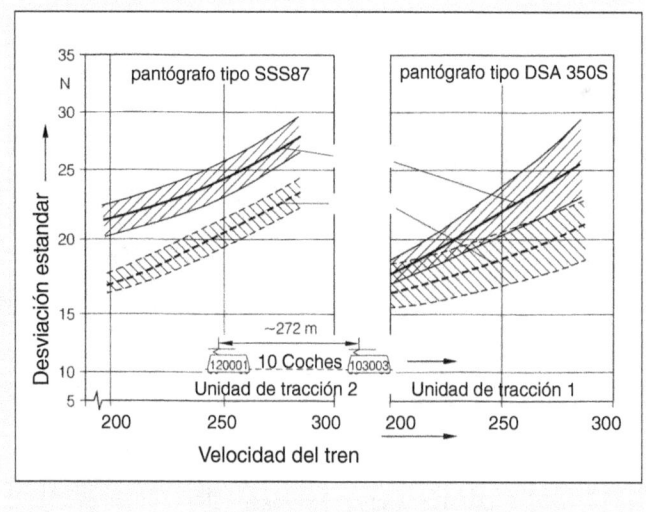

Fuente: Kiebling et al. (2001) *Fig. 3.52*

micas. La figura 3.52 muestra la repercusión de la presencia de dos pantógrafos a una distancia dada en la modificación de la desviación típica de la fuerza de contacto pantógrafo-catenaria para distintas velocidades de circulación. La figura 3.53 permite apreciar la influencia de la distancia entre dos pantógrafos consecutivos sobre la elevación de la catenaria. La recomendación que se deduce de estos resultados es que para velocidades superiores a 200 km/h la distancia mínima que debería existir entre dos pantógrafos levantados es aconsejable supere 200 m.

3.5.6.3 La evolución de los pantógrafos en el material francés de alta velocidad

Como se ha expuesto precedentemente, la circulación a alta velocidad obliga a disponer de un sistema catenaria-pantógrafo que permita una excelente captación de la energía. Por otro lado, a lo largo de una relación dada pueden encontrarse situaciones muy diferentes respecto a la altura de la catenaria desde la superficie del carril. Mientras que en una línea de alta velocidad la citada altura se mantiene relativamente constante, no sucede lo mismo en una línea convencional. En efecto, en las líneas francesas de estas características, la altura de la catenaria varía entre 4,8 m bajo los puentes de carretera y 6,2 m en los pasos a nivel (para permitir el paso de vehículos terrestres de importantes dimensiones), con un valor medio comprendido entre 5,5 y 5,7 m.

Se deduce, por tanto, que esta variación de altura, así como el tipo de electrificación adoptado, debe tenerse presente en el momento de decidir el tipo de pantógrafo más conveniente para

ELEVACIÓN DE LA CATENARIA CON DOS PANTÓGRAFOS

a) Pantógrafo tipo DSA 350 S

b) Elevación de la catenaria

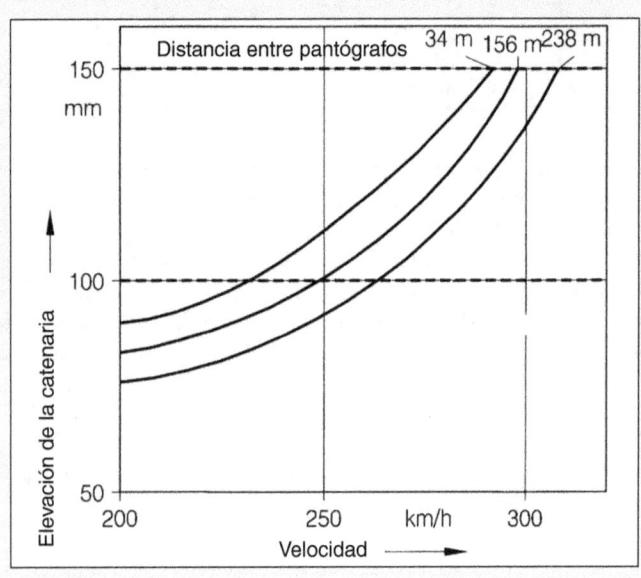

Fuente: Kiebling et al. (2001) Fig. 3.53

cada línea. Por otro lado, la explotación de la línea de alta velocidad París-Lyon en 1981/83, implicó la extensión de los servicios TGV a destinos situados más allá de Lyon, a los cuales se accedía por líneas electrificadas en corriente continua a 1.500 V y no en corriente alterna a 25 kV y 50 Hz. Tal sucedía con las relaciones Lyon-Marsella o Lyon-Montpellier.

No sorprende, por tanto, que las ramas TGV-PSE dispusiesen de dos pantógrafos: el AM55 para la circulación por líneas electrificadas a 1.500 V y el pantógrafo AMDE, reservado a la línea de alta velocidad (25 kV) (Fig. 3.54).

Con la introducción del TGV-Atlántico, los ferrocarriles franceses incorporaron un nuevo pantógrafo, denominado GPU (*grand plongeur unique*) (Fig. 3.54). Se diferencia del pantógrafo AMDE, básicamente, en la disposición de un gran cilindro vertical, en el cual se desplaza un pistón a muelles, que soporta el arco. Este dispositivo mejora el aerodinamismo del pantógrafo y disminuye la sensibilidad del mismo al viento lateral.

Se menciona, finalmente, el pantógrafo Cx (Fig. 3.54), que mejora el aerodinamismo de los pantógrafos anteriormente citados. Su característica más relevante es la existencia de un colchón de aire que es accionado automáticamente, en función del esfuerzo ejercido sobre la catenaria, según la velocidad de circulación y otras variables. En el cuadro 3.7, se precisa el tipo de pantógrafo utilizado por cada rama francesa de alta velocidad.

3.5.6.4 Indicadores de calidad en la interacción pantógrafo-catenaria

Para determinar el comportamiento del sistema pantógrafo-catenaria en una línea, la experiencia ha puesto de manifiesto la pertinencia de considerar una serie de variables y acotar el valor admisible para las mismas. Son las siguientes:

a) *Esfuerzo de contacto pantógrafo-catenaria*

De una manera general, se considera que la magnitud del esfuerzo de contacto es satisfactoria si el cociente entre el esfuerzo dinámico y la suma del esfuerzo estático más el esfuerzo aerodinámico se mantiene por debajo de un cierto límite.

CUADRO 3.7 PANTÓGRAFOS UTILIZADOS EN LAS RAMAS FRANCESAS DE ALTA VELOCIDAD

Rama	TGV Sud-Est			TGV Atlantique	TGV Réseau	Thalys PBA	Thalys PBKA	Eurostar	Duplex
Año de construcción	1978-1995			1988-1992	1993-1996	1996	1996-1997	1993-1994	1996-2006
Tipo	Bicorriente	Tricorriente	Postal	Bicorriente	Bicorriente	Tricorriente	Tricorriente	Cuadricorriente	Tricorriente Cuadricorriente	Bicorriente
Pantógrafo									
1,5 kV	AM 55 o AX	AM 55		GPU	GPU	GPU	Cx 25		GPU	Cx 25
25 kV	AM DE			GPU	GPU	GPU	Cx25	GPU	GPU	

Fuente: Adaptado de M. Caremantrant (2006)

PANTÓGRAFOS DE LAS RAMAS DE ALTA VELOCIDAD EN FRANCIA

a)

b) Pantógrafo GPU

c) Pantógrafo CX

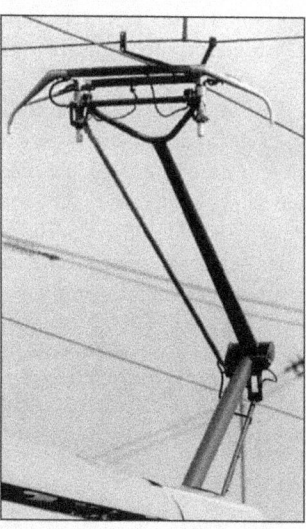

d) Pantógrafo AM55

e) Pantógrafo ADME

f) Dimensiones de referencia en un pantógrafo

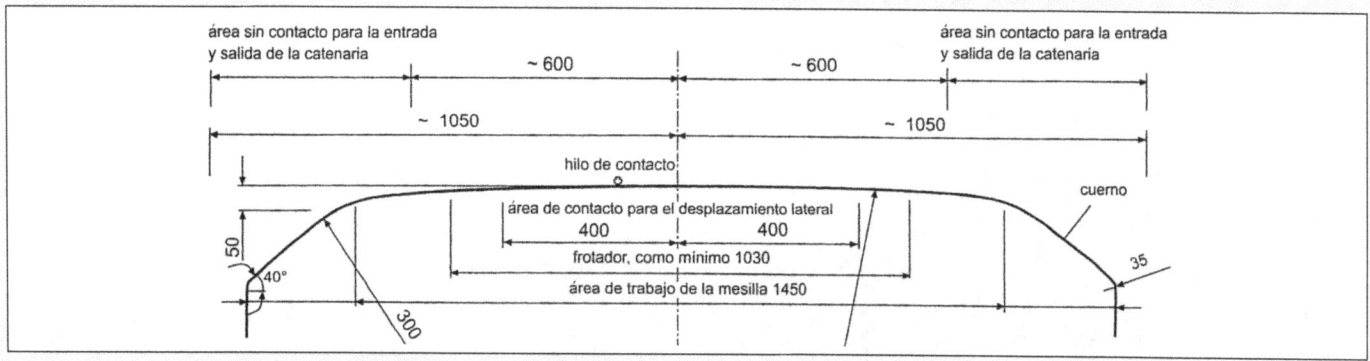

Fuente: C. Soulie/J. Tricoire (2002)/B. Litchberger (2007)

Fig. 3.54

b) *Elevación del hilo de contacto en la vertical de los postes*

La ficha UIC 799 (OR) (agosto 2001) establece que, para velocidades superiores a 200 km/h, la elevación del hilo de contacto no debe superar los 12 cm. La figura 3.55 muestra los resultados del TGV Mediterráneo, claramente inferiores.

c) *Desgaste del hilo de contacto*

El efecto de rozamiento entre el pantógrafo y el hilo de contacto provoca un desgaste de material en los dos elementos que intervienen: en el pantógrafo se desgastan las pletinas, que deberán ser sustituidas después de un cierto número de kilómetros. Las pletinas suelen ser de cobre en electrificaciones en corriente continua, y de grafito en la electrificaciones en corriente alterna; el hilo de contacto también se desgasta por causa del citado rozamiento. La ficha UIC 799 (OR) señala que debe poder permitir el hilo de contacto el paso de al menos 2 millones de pantógrafos antes de alcanzar su desgaste máximo admisible.

d) *Número de arcos eléctricos*

La separación de dos contactos recorridos por una corriente eléctrica da lugar a la aparición de un arco, cuya primera manifestación es la emisión de una luz intensa. En nuestro caso, el arco eléctrico aparece cuando se pierde el contacto entre el pantógrafo y la catenaria (Fig. 3.56). Desde el punto de vista práctico, el arco va acompañado de una elevación de temperatura muy importante que puede destruir tanto al pantógrafo como a la catenaria.

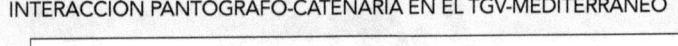

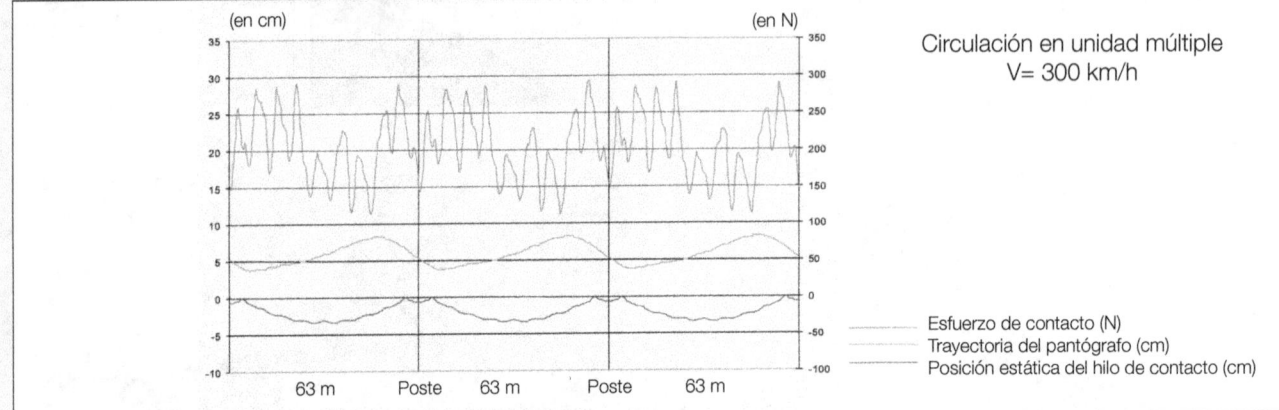

Fuente: J. P. Menuet (2005)

Fig. 3.55

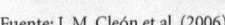

Fig. 3.56

La cuantificación de este fenómeno se efectúa a partir de dos parámetros:

- La duración temporal de los arcos (en % del tiempo de viaje)
- El número de arcos producidos (teniendo una duración comprendida entre 10 y 25 milisegundos) referido a la longitud de 100 m

Se establece que el citado número de arcos debe ser inferior a 1% para asegurar una buena calidad de captación de corriente.

3.6 PRINCIPALES TIPOS DE CATENARIAS UTILIZADAS EN LÍNEAS DE ALTA VELOCIDAD

En apartados precedentes se han mostrado algunos de los tipos de catenarias utilizados en el ferrocarril europeo; de forma concreta, en la figura 3.36 las catenarias empleadas en Italia para velocidades máximas de 200 km/h y electrificación en corriente continua a 3.000 voltios; en forma análoga, en la figura 3.35 las catenarias adoptadas en Alemania para velocidades de 100, 160 y 200 km/h. En lo que sigue nos proponemos exponer y analizar las catenarias empleadas en líneas donde se circula a alta velocidad.

3.6.1 Francia

La primera línea de alta velocidad en Europa contó con una catenaria simple equipada con suspensión en Y, como puede verse en la figura 3.57. Con relación a la catenaria análoga utilizada en líneas convencionales, presentaba una sección de 120 mm^2 en el hilo de contacto, frente a 107 mm^2 en la catenaria convencional.

Otra de las diferencias más relevantes fue la elevación de la tensión mecánica tanto en el sustentador como en el hilo de contacto, pasando de 1.000 a 1.400 daN. Análoga orientación fue adaptada para la tensión del cable en Y, que se elevó de 150 a 400 daN.

Si se recuerda la relación existente entre la elasticidad máxima y la tensión mecánica de la catenaria (expresión 3.10), se comprende el incremento de la elasticidad de la catenaria para alta velocidad. De forma análoga se explica la disminución de la irregularidad de la catenaria, pasando del 27 al 20%(Fig. 3.57). Por el contrario, el empleo de una mayor sección en el hilo de contacto hizo aumentar el peso de la catenaria por unidad de longitud. Al incrementar la tensión mecánica de la catenaria, de acuerdo con la expresión 3.21, elevó la velocidad crítica de la catenaria de alta velocidad.

En la segunda línea de alta velocidad francesa (TGV-Atlántico, Fig. 3.58) se elevó notablemente la tensión mecánica del hilo de

---

CATENARIA DE LA LÍNEA TGV-SUDESTE

a) Vista general

b) Elementos diferenciadores

Elasticidad en luces de 63 m (mm/daN)	Catenaria	
	Línea clásica	Para alta velocidad TGV-Sudeste
Máxima	9,4	6,7
Mínima	5,4	4,5
Media	7,4	5,6
Irregularidad	(27%)	(20%)

Fuente: F. Nathan (1981) y J. Luppi (1981)

Fig. 3.57

CATENARIA PARA LA LÍNEA TGV-ATLÁNTICO

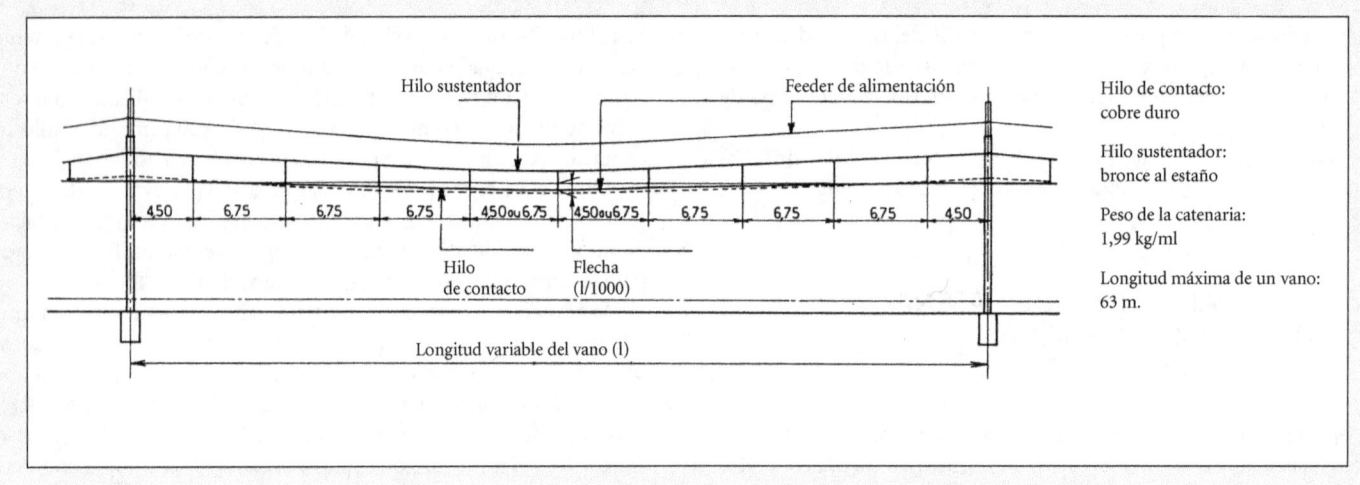

Fuente: SNCF (1986)

Fig. 3.58

contacto con relación a la del TGV París-Sudeste, pasando de 1.400 a 2.000 daN. Este incremento permitió suprimir el cable Y (Fig. 3.59), que presentaba dificultades de mantenimiento. La sección del hilo de contacto se aumentó de 120 a 150 mm^2 (Fig. 3.59). Esta disposición constructiva se mantuvo en las posteriores líneas de alta velocidad: TGV Norte, Interconexión y TGV Rhone-Alpes.

CATENARIA DE LAS LÍNEAS TGV SUDESTE Y ATLÁNTICO

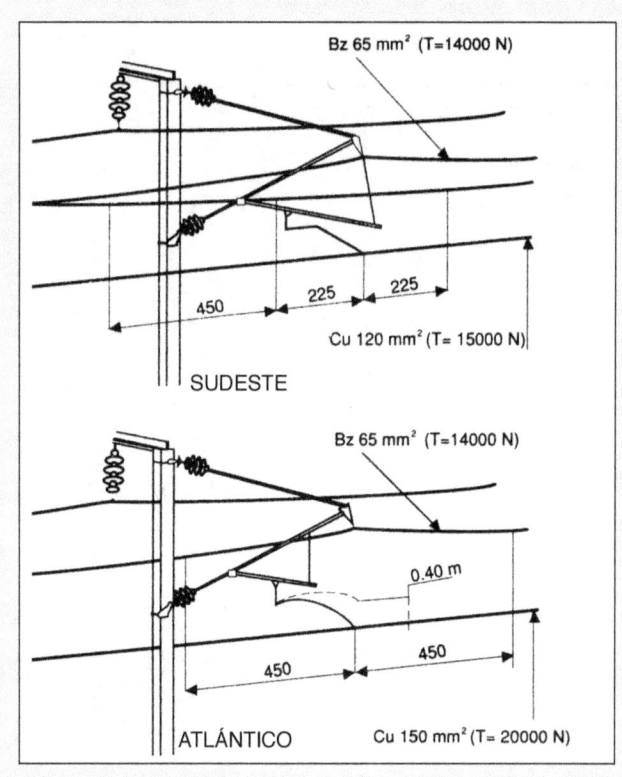

Fuente: SNCF (1988)

Fig. 3.59

CUADRO 3.8 PRINCIPALES CARACTERÍSTICAS DE LAS CATENARIAS DE LÍNEAS DE ALTA VELOCIDAD EN FRANCIA

Línea y longitud	Tensión mecánica HS/HC	Sección hilo de contacto	Suspensión Y	Flecha del plano de contacto
PSE V270 (410) km	1.400/1.500 daN	120 mm^2	Y de 15 m	$l/1.000$
TGVA V300 (285) km	1.400/2.000 daN	150 mm^2		$l/1.000$
TGV Norte Interconnexión Rhône-Alpes V300 (530) km	1.400/2.000 daN	150 mm^2		$l/2.000$
Mediterráneo V350 (260) km	2.000.2.500 daN	150 mm^2 aleación de Cu Mg		$l/2.000$

Fuente: SNCF

Para el TGV Mediterráneo, en donde la velocidad de diseño fue de 320 km/h, se decidió aumentar la tensión mecánica tanto del sustentador (se pasó de 1.400 a 2.000 daN) como del hilo de contacto (que se elevó de 2.000 a 2.500 daN). En el cuadro 3.8 se sintetizan algunas de las principales características de los mencionados tipos de catenarias. Puede observarse como la preflecha del hilo de contacto se fue reduciendo progresivamente de la primitiva l/1.000 a la actual l/2.000, siendo l la longitud del vano. Para $l \simeq 63$ m, resulta una flecha respectiva de 6,3 y 3,15 cm.

3.6.2 Alemania

Las primeras líneas de alta velocidad en Alemania se concibieron para velocidades máximas normales de 250 km/h, con posibilidad de circular a 280 km/h. Con posterioridad, la construcción de la nueva línea entre Colonia y Frankfurt elevó el citado nivel de prestaciones por encima de 300 km/h. Para dar respuesta a las necesidades de ambas líneas se proyectaron dos tipos de catenarias, cuyos esquemas respectivos se muestran en la figura 3.60.

Las magnitudes de las tensiones mecánicas en la catenaria, sección transversal del sustentador, del hilo de contacto y del cable en Y se muestran en el cuadro 3.9. La diferencia esencial se encuentra en el importante aumento experimentado por la tensión mecánica del hilo de contacto (prácticamente duplicado en la catenaria

CUADRO 3.9 CARACTERÍSTICAS DE LAS CATENARIAS ALEMANAS PARA 250 Y 330 KM/H

	Catenaria para 250 km/h	*Catenaria para 330 km/h*
Sustentador		
– Material	Bronce	Bronce
– Sección (mm^2)	70	120
– Tensión (KN)	15,0	21
Hilo de contacto		
– Material	Cu Ag	Cu Mg 0,7
– Sección (mm^2)	120	120
– Tensión (KN)	15,0	27,0
Cable en Y		
– Material	Bronce	Bronce
– Sección (mm^2)	35	16
– Tensión (KN)	2,8	3,5
– Longitud (m)	18	18
Péndolas		
– Material	Bronce	Bronce
– Sección (mm^2)	16	16

Fuente: Adaptado de H. Bartholomae (2001).

para 330 km/h con relación a la catenaria para 280 km/h). Se destaca también el incremento de la tensión en el sustentador, pasando de 15 KN a 21 KN.

3.6.3 Catenarias en Francia y Alemania para circulaciones experimentales a muy alta velocidad

La puesta en servicio comercial de líneas de alta velocidad, con puntas de hasta 300/320 km/h, condujo a las principales administraciones ferroviarias en la década de los ochenta y los noventa del siglo pasado a realizar pruebas a velocidades netamente superiores a las previstas para los citados servicios comerciales. De forma concreta, en 1981, en Francia se alcanzaron 380 km/h; en 1988, en Alemania, 407 km/h; en Francia, en 1991, se circuló a 515 km/h y, finalmente, también en Francia, en 2007, a 574,8 km/h.

En este contexto resulta de interés efectuar un análisis comparativo de las características adoptadas por cada uno de los citados países para alcanzar las referidas velocidades de circulación. Se incluye también, en la comparación, la catenaria alemana para 330 km/h.

En el citado análisis se cuantifican los indicadores de calidad expuestos en un precedente apartado, tales como el factor doppler o

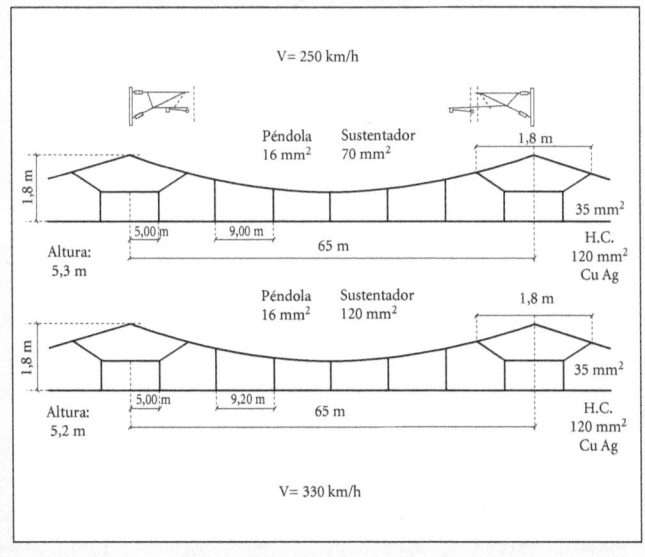

CATENARIAS PARA LÍNEAS ALEMANAS DE ALTA VELOCIDAD

Fuente: H. Bartholomae (2001). Fig. 3.60

CUADRO 3.10 CATENARIAS UTILIZADAS EN CIRCULACIONES DE ENSAYO A MUY ALTA VELOCIDAD

	Unidades	SNCF 1981	Re 250 DB 1988	Re 330 DB	SNFC 1991
Hilo de contacto		Cu AC-150	CuAg AC-120		Cu AC-150
Tensión	kN	20	21	27	33
Sustentador		Bz II 65	Bz II 70	Bz II 120	Bz II 70
Tensión	kN	14	15	21	15
Propagación de la onda	km/h	440	504	572	560
Factor de reflexión		0,363	0,392	0,469	0,314
Elasticidad en el centro del vano	mm/N	0,53	0,44	0,39	0,33
Velocidad máxima	km/h	380	407	–	515
Factor Doppler					
a 250 km/h	–	0,275	0,337	0,392	0,383
a 450 km/h	–	–	0,057	0,120	0,109
a velocidad máxima	–	0,073	0,106	–	0,042
Amplificación					
a 250 km/h	–	1,3	1,2	1,2	0,8
a 450 km/h	–	–	6,9	3,9	2,9
a velocidad máxima	–	5,0	3,7	–	7,5

Fuente: Kiebling et. al. (2001).

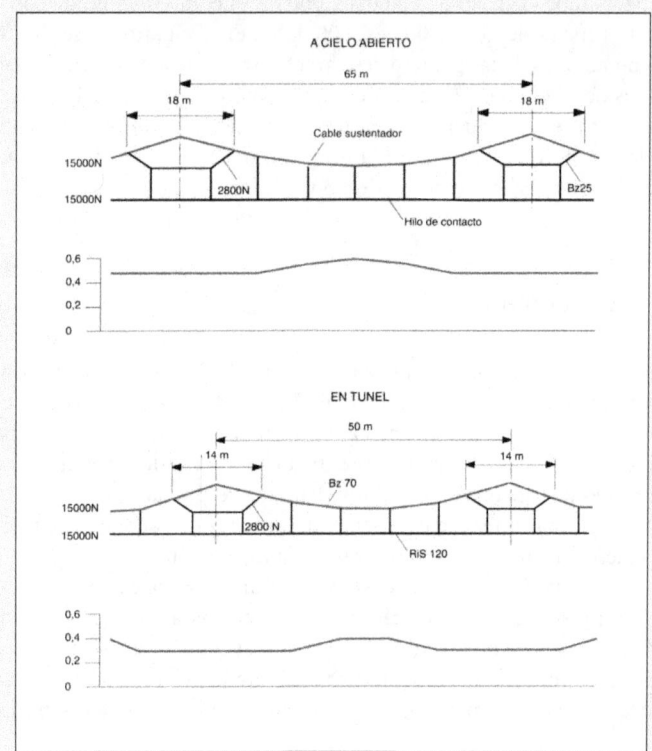

Fuente: Ministerio de Fomento (1991) Fig. 3.61

el factor de amplificación. En el cuadro 3.10, debido a Kiebling et al. (2001), se presentan los valores de referencia.

La observación del citado cuadro 3.10 permite apreciar el progresivo incremento de la tensión en el hilo de contacto con el aumento de la velocidad. Los datos del cuadro 3.8 y 3.10 conducen a señalar que pasar de 260 a 515 km/h implicó multiplicar por 1,65 la tensión mecánica.

3.6.4 España

Para la primera línea de alta velocidad en España, entre Madrid y Sevilla, se adoptó la catenaria utilizada por los ferrocarriles alemanes para 250 km/h, es decir, la denominada *Re 250*, que se muestra en la figura 3.61. Nótese que la distancia entre postes es de 65 m a cielo abierto, mientras que en túnel se reduce a 50 m.

Para la línea de alta velocidad entre Madrid y Barcelona, con una velocidad máxima prevista en explotación comercial en torno a 330/350 km/h, la catenaria adoptada difiere, lógicamente, de la existente en la línea Madrid-Sevilla.

3.7 PRINCIPALES CARACTERÍSTICAS DE LA ELECTRIFICACIÓN DE UNA LÍNEA EN CORRIENTE CONTINUA

3.7.1 Aspectos básicos

En apartados precedentes se han expuesto algunas de las principales características que identifican las diferentes catenarias instaladas en las líneas de ferrocarril. Las disposiciones constructivas indicadas, así como los órdenes de magnitud señalados para determinadas variables, son el resultado de la experiencia disponible y de los procesos de cálculo que han permitido verificar la bondad de las soluciones adoptadas. ¿Pero cómo se efectúa, metodológica y prácticamente, el proyecto de electrificación de una línea de ferrocarril? ¿Cuáles son las principales variables que se deben calcular?

En lo que sigue trataremos de dar respuesta a los interrogantes planteados.

De una manera esquemática, la electrificación de una línea necesita definir y cuantificar los siguientes parámetros:

- *Líneas de conexión de la Red de Alta Tensión (en general) a las subestaciones ferroviarias*

- *Subestaciones. Determinación de:*
  – Número de subestaciones
  – Ubicación
  – Potencia que se debe instalar
  – Equipos eléctricos
  – Telemando
  – Obra civil

- *Catenaria. Definición de:*
  – Características eléctricas
  – Características mecánicas. Regulación de la tensión
  – Descentramiento de la catenaria
  – Vano
  – Péndolas: número, distancia y longitud
  – Postes o pórticos

Aunque todas las variables son importantes por cuanto el conjunto de las mismas define el sistema «electrificación», el problema fundamental se encuentra en la definición de:

a) el número de subestaciones, su localización y potencia que se debe instalar
b) las características eléctricas y mecánicas de la catenaria

En lo que sigue nos referiremos, inicialmente, a la electrificación en corriente continua, por ser el sistema más ampliamente extendido en el ferrocarril español.

3.7.2 Metodología de cálculo

La búsqueda de la solución a las cuestiones a y b debe tener presente dos fenómenos físicos:

1. La caída de tensión entre la subestación y el pantógrafo del material motor no puede ser superior a un determinado valor, para permitir a aquél utilizar su capacidad de tracción y asegurar una marcha regular de los trenes. Naturalmente se limita también el valor máximo de la tensión para evitar la avería de los motores de tracción. La ficha UIC 600 establece las tensiones mínimas y máximas indicadas en el cuadro 3.11. En él aparecen también los límites referidos a la electrificación en corriente alterna.

CUADRO 3.11 TENSIONES MÍNIMAS Y MÁXIMAS ADMITIDAS POR LA FICHA UIC 600 PARA LOS DISTINTOS TIPOS DE ELECTRIFICACIÓN

Tipo de corriente	Mínimo instantáneo	Mínimo	Valor nominal	Máximo
Corriente continua	-	500	750	900
	-	1.000	1.500	1.800
	-	2.000	3.000	3.600
Corriente monofásica				
16 2/3 Hz	11.000	12.000	15.000	16.500
50 Hz	17.500	19.000	25.000	27.500

Nótese que en el citado cuadro 3.11 se establece que la caída máxima de tensión en el caso de corriente continua a 3.000 voltios es de 1.000 voltios, es decir, un 33%. El objetivo es permitir el funcionamiento de los equipos eléctricos del material motor. En general, se acepta una caída media de tensión inferior o igual al 10% de la tensión nominal en la línea. En este caso, la finalidad es permitir al material motor una circulación regular de los trenes.

2. La catenaria no puede soportar sin riesgo de destrucción una densidad de corriente indiscriminada, a causa de la elevación de temperatura que tiene lugar. En la figura 3.62, se

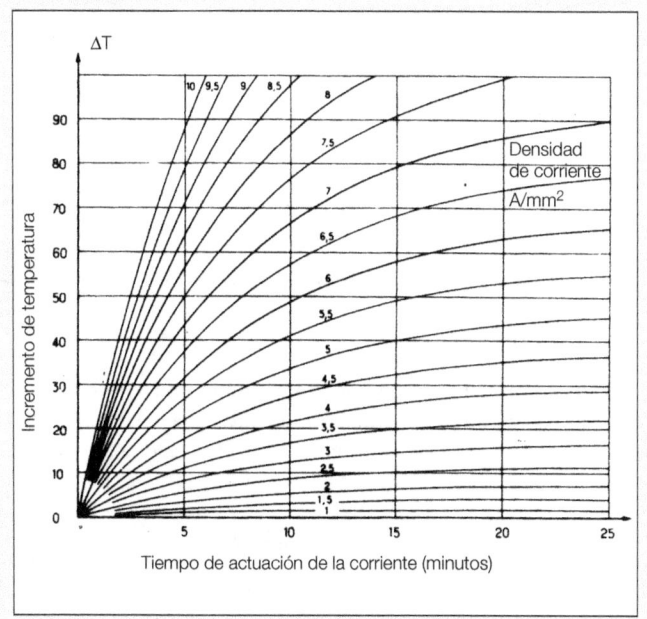

Fuente: M. Tessier (1978)   *Fig. 3.62*

muestra el diagrama de variación de la temperatura en un hilo en función de la densidad de corriente que soporta y del tiempo en que está actuando esta densidad de corriente. Si se tiene en cuenta que la temperatura admisible del hilo de contacto suele ser de 80º centígrados, se comprende que los límites de densidad de corriente aceptables (con un cierto margen de seguridad) se sitúen en torno a:

– 3 a 4 amperios/mm², en régimen constante
– 6 amperios/mm² en periodos de 3 minutos

La implementación práctica de la primera restricción (caída de tensión entre la subestación y el material motor) se realiza a partir del esquema de la figura 3.63, que corresponde al caso habitual en que la línea eléctrica está alimentada por dos subestaciones contiguas.

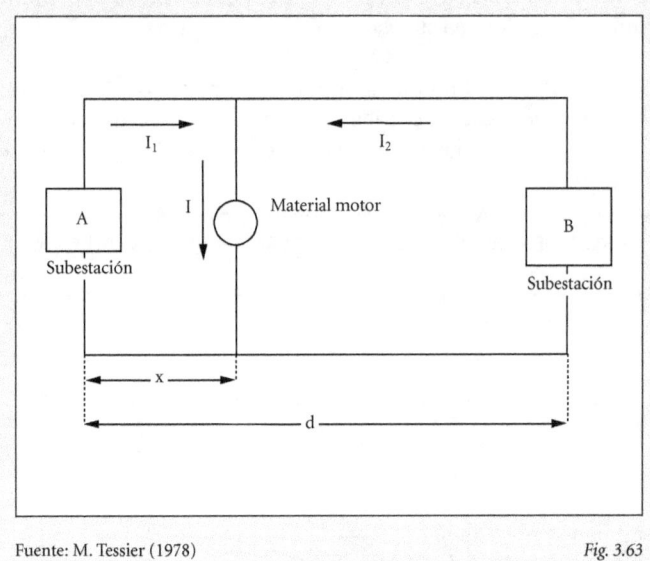

ESQUEMA PARA EL CÁLCULO DE LA CAÍDA DE TENSIÓN EN LA CATENARIA

Fuente: M. Tessier (1978)   Fig. 3.63

Si se supone que por la línea sólo circula un tren, la caída de tensión (ΔU) en un punto situado a una distancia (x) de una subestación vale, como se sabe, el producto de la intensidad por la resistencia en esa distancia. Matemáticamente:

$$\Delta U = \rho x I_1 = \rho (d - x) I_2$$

con:

$$I = I_1 + I_2$$

de donde se obtiene:

$$\Delta U = \rho x \frac{d - x}{d} I \qquad (3.33)$$

siendo:

ρ = resistencia del circuito por unidad de longitud

d = distancia entre subestaciones

I = intensidad de energía absorbida por el material motor

La ecuación 3.33 se corresponde con la de una parábola. La caída media de tensión puede obtenerse fácilmente por la expresión:

$$\Delta U = \frac{1}{2} \int_0^d \Delta U dx = \rho \frac{Id}{6}$$

El valor máximo de la caída de tensión se deduce al considerar $\Delta U' = 0$, es decir, para $x = d/2$. Por tanto, se obtiene:

$$\Delta U_{max} = \rho \frac{Id}{4}$$

El cálculo de la caída de tensión puede hacerse para otras hipótesis respecto al número y posición de trenes en la línea con igual facilidad que para el caso de un solo tren.

Por lo que respecta a la resistencia (ρ) del circuito, se señala que su valor se obtiene sumando la resistencia de la vía y la resistencia de la catenaria.

Se acepta, generalmente, una expresión del tipo:

$$\rho = \underbrace{\frac{18,8}{S}}_{\text{resistencia de la catenaria}} + \underbrace{\frac{0,9}{P}}_{\text{resistencia de la vía}} \qquad \text{(ohm/km)}$$

siendo:

S = sección equivalente de la catenaria (mm²)

P = peso del carril por metro líneal de vía

Este último dato es conocido cuando se inicia el proyecto de electrificación de una línea.

Para las catenarias de RENFE, tipo 160 y 220 km/h, se consideran las siguientes resistencias óhmicas:

Tipo de catenaria	Resistencia óhmica por kilómetro	Secciones (mm2)		
		Sust.	Cont.	Feeder
CR 160	0,051	153	2 x 107	-
CRU 220	0,026	153	2 x 120	2 x 153
CR 220	0,026	184	2 x 150	1 x 225

En los valores anteriores se ha considerado que la resistividad del cobre es de 17,24 ohmios/mm² · km, y que el hilo de contacto de cada catenaria se encuentra desgastado por uso un 15%.

En cuanto a la resistencia ofrecida por la vía, en función del tipo de carril utilizado, se obtienen las siguientes magnitudes expresadas en ohmios/km.

Tipo de carril (Kg/ml)	Resistencia por hilo	Resistencia por vía
45	0,019	0,0095
54	0,016	0,008
60	0,014	0,007

La determinación de I es compleja, pues depende de muchos factores: características del tráfico, perfil virtual de la línea, tipos de locomotoras, etc. No obstante, su cuantificación se resuelve a partir de las curvas características de los motores de tracción o bien a partir de fórmulas empíricas.

En síntesis, se dispone de las siguientes expresiones matemáticas:

$$\Delta U_{máx} \leq \text{Caída máxima admisible} \quad (3.34)$$

$$I/S \leq \text{Densidad admisible de corriente} \quad (3.35)$$

en donde $\Delta U_{máx} = f(I, d, S)$, como se expuso con anterioridad.

Para determinar los valores buscados de S y d, es decir, de la sección equivalente de cobre de la catenaria y de la distancia entre subestaciones, resulta preciso incorporar una nueva restricción de carácter económico.

En efecto, con las restricciones (3.34) y (3.35) se podrían obtener, teóricamente, infinitas combinaciones de S y d. La indeterminación se resuelve introduciendo la variable coste, dado que el precio de las subestaciones, referido al kilómetro, disminuye cuando aumenta d y el precio por kilómetro de catenaria aumenta [al ser necesaria mayor sección equivalente de cobre (S) para disminuir ρ] cuando lo hace d.

Matemáticamente se tiene entonces:

$$\Delta U = f(I, S, d) \leq \Delta U \text{ admisible}$$

$$I/S \leq \text{cte}$$

$$C_T = N_s C_s + C_c D$$

coste total = coste subestaciones + coste catenaria

N_S = nº de subestaciones = D/d

C_S = coste unitario de la subestación

C_c = coste de la catenaria por unidad de longitud = $\varphi(S)$

D = longitud total de electrificación

Los cálculos técnico-económicos realizados en distintas redes ferroviarias y la experiencia disponible han permitido acotar el intervalo de variación de S y d, tal como se muestra en el cuadro 3.12. para las diferentes circunstancias de tráfico que pueden encontrarse en cada línea.

CUADRO 3.12 INTERVALO DE VARIACIÓN NORMAL DE LA DISTANCIA ENTRE SUBESTACIONES Y DE LA SECCIÓN EQUIVALENTE DE LA CATENARIA EN CORRIENTE CONTINUA

Concepto	Electrificación	
	1.500 v	3.000 v
Distancia entre subestaciones (km)	6 a 20	25 a 60
Sección equivalente de cobre (mm²)	400 a 480	300 a 400

Por lo que respecta a la distancia entre subestaciones, los valores indicados en el cuadro 3.12 tienen un carácter de referencia y no pueden ser aplicados en la práctica sin precauciones, dado que es preciso tener en cuenta:

a) Las posibilidades ofrecidas por la orografía del terreno por donde discurre la línea a electrificar para ubicar la subestación con el menor coste de construcción posible.
b) La mayor o menor dificultad de acceder a la subestación, que puede incluir la necesidad de construir un camino o carretera, lo que encarecería notablemente el coste total de la electrificación.
c) La proximidad o lejanía de la subestación en relación con la Red de Alta Tensión, lo que podría obligar a establecer largas líneas de alimentación a la subestación.

Por estas y otras causas, cuando se decide la electrificación de una línea la localización de las subestaciones se fija a priori, respetando los valores orientativos indicados en el cuadro 3.12, y comprobando posteriormente que las caídas de tensión se encuentran en el intervalo de valores admisibles. Como referencia de la realidad, en la línea convencional española entre Miranda de Ebro y Zaragoza, las subestaciones estaban situadas a distancias comprendidas entre 16 y 29 km, con una distancia media de 23 km. Por el contrario, en la línea clásica entre Sevilla y Córdoba la citada distancia osciló entre 16 y 22 km, con un valor medio de 19 km.

Para calcular la potencia que se debe instalar en una subestación; es necesario tener en cuenta tanto el tráfico que va a circular por la línea como su evolución durante un periodo de tiempo razonable de años. Una metodología de cálculo podría ser la indicada de forma esquemática a continuación:

1. Se considera en el trayecto comprendido entre las dos subestaciones objeto de cálculo, el gráfico de trenes previsto entre ambas.
2. Con ayuda del mismo se determina cada cierto tiempo la situación de los diversos trenes y el sentido de su marcha.

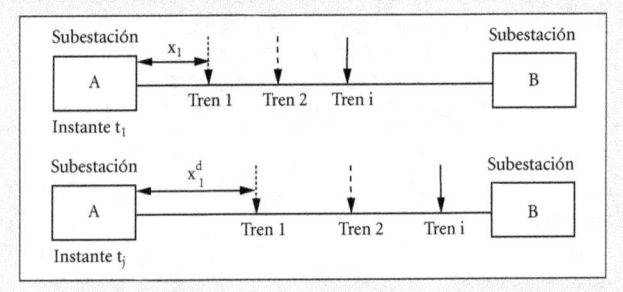

3. Conocidas las cargas que remolcan, las rampas y las curvas, se calculan las velocidades de marcha y las intensidades eléctricas consumidas por los motores.
4. Estas intensidades se evalúan a partir de las curvas características de los motores
5. Las intensidades calculadas se reparten entre ambas subestaciones en razón inversa a la distancia a que se encuentre cada vehículo de ellas.

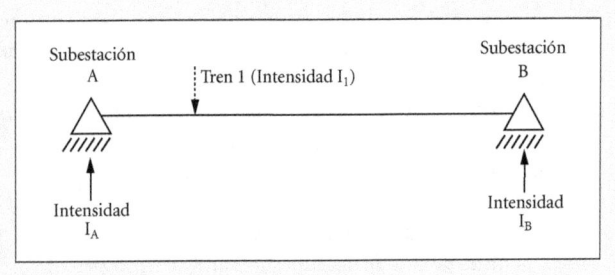

Para distribuir la intensidad (I_1) entre las dos subestaciones, se procede como si se tratase de calcular la reacción en los apoyos A y B de una viga sometida a una carga puntual de valor (I_1).

Análogamente se tratan las intensidades absorbidas por los distintos trenes que circulan por la vía.

6. La suma de las intensidades totales consumidas por cada vehículo permite obtener la intensidad consumida en cada subestación en función del tiempo.
7. El producto de dicha intensidad por la tensión de la línea proporciona el valor de la potencia necesaria de la subestación en función del tiempo y por tanto los valores medios y máximos.
8. La inclusión de los rendimientos, así como las posibles necesidades futuras, permiten establecer la potencia que se debe instalar en cada subestación.

3.8 PRINCIPIOS DE LA ELECTRIFICACIÓN EN CORRIENTE ALTERNA

3.8.1 Generación y distribución de energía

La distribución de la energía eléctrica, desde las centrales generadoras hasta los centros de consumo, se realiza por un conjunto de redes de muy diversas tensiones interconectadas entre sí por medio de transformadores eléctricos trifásicos, bien sea instalados aisladamente en pequeñas celdas de transformación, sobre columnas en el campo, o bien agrupados en grandes subestaciones, como las que poseen las compañías suministradoras o las grandes industrias.

En la figura 3.64 se muestra de forma esquemática y simplificada cómo son estas redes de distribución (F. Martínez, 2003).

Las redes nacionales de muy alta tensión (380 y 220 kV) conectan las grandes centrales entre sí y compensan las fluctuaciones habidas en el suministro de energía entre unas regiones y otras, que pueden variar por motivos puramente estacionales, o bien, por motivos puntuales en la demanda de energía.

Las redes de alta tensión (110 kV o 132 kV generalmente) se conectan a las anteriores, como siguiente etapa de distribución, y con estas tensiones ya se suelen alimentar grandes complejos industriales, grandes ciudades, etc. (Martínez, 2003).

Las redes que podríamos llamar de media tensión (generalmente desde 3 kV a 66 kV), como etapa siguiente de distribución general, se emplean para la alimentación de industrias de menor tamaño, poblaciones en general y otros lugares de mediano consumo.

Por último, desde estaciones transformadoras de baja tensión, con salidas a 220 V o 380 V generalmente, se alimentan las viviendas, redes de alumbrado, público y privado, máquinas herramientas y, en

GRÁFICO DE DISTRIBUCIÓN DE LA ENERGÍA ELÉCTRICA

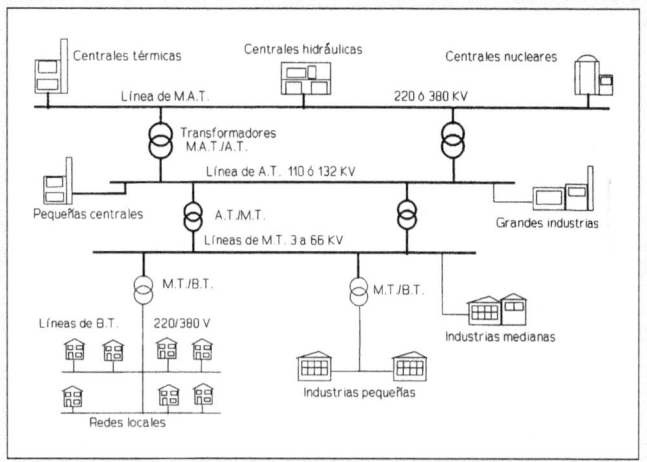

Fuente: F. Martínez (2003)   Fig. 3.64

CONEXIÓN EN ESTRELLA Y EN TRIÁNGULO

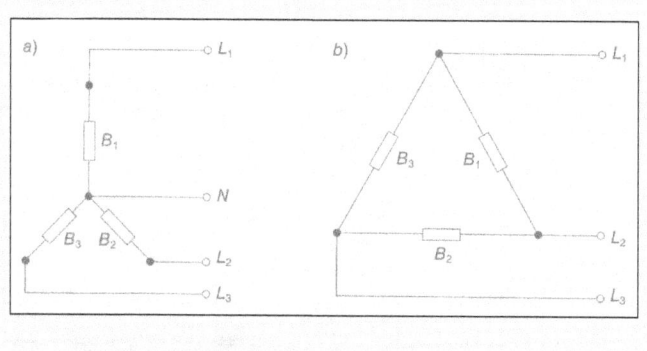

general, la mayoría de máquinas y sistemas de alumbrado actualmente en funcionamiento, tanto domésticos como industriales.

La gran mayoría de los sistemas eléctricos de potencia están concebidos como sistemas de corriente alterna trifásica, fundamentalmente por razones de economía, pero también por razones de índole técnica. (F. Martínez, 2003).

El generador de corriente alterna trifásica tiene tres bobinas o fases, en lugar de solo una como en la corriente alterna monofásica. Las tres bobinas están desfasadas entre sí 120º, de manera que un mismo generador produce tres señales alternas distintas (Fig. 3.65).

ALTERNADOR DE CORRIENTE ALTERNA TRIFÁSICO

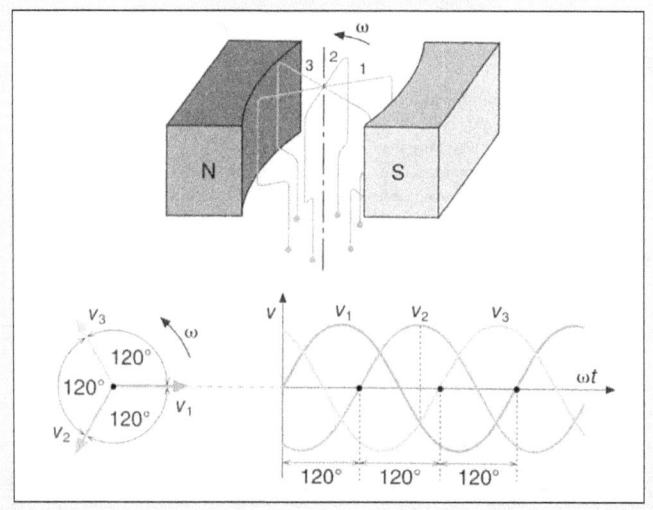

Fuente: J. L. Ruiz (2006)   Fig. 3.65

La diferencia entre un sistema trifásico y tres sistemas monofásicos es que en aquél los tríos de elementos están interconectados de forma que, por ejemplo, un receptor trifásico no es exactamente un conjunto constituido por tres monofásicos y por tanto seis conexiones exteriores, sino por dichos tres monofásicos interconectados en estrella o en triángulo (ver esquema adjunto), de modo que el conjunto sólo presenta tres conexiones exteriores, a veces cuatro si se conecta el centro de la estrella (J.L. Ruiz).

En la primera disposición las tres fases se conectan uniendo sus salidas en un punto común denominado *neutro* (N). En este punto no es necesario conectar ningún hilo de retorno, ya que según la primera Ley de Kirchhoff, la suma de las corrientes que salen y llegan es nula, siempre que la distribución de cargas sea simétrica en las tres fases. La forma más utilizada es la conexión en estrella.

En este hecho estriba una parte de las razones económicas que justifican el uso general de los sistemas trifásicos. Para ilustrar la diferencia entre un conjunto de tres sistemas monofásicos; y un sistema trifásico se representan (F. J. Chacón) en la figura 3.66a los citados tres sistemas monofásicos, se ve que aparecen, entre otros, tres generadores y un conjunto de líneas de transmisión que presentan un total de seis conductores.

Sin embargo, la figura 3.66b representa, en forma inusualmente espacial y a efectos exclusivamente didácticos, un sistema trifásico en el que, por sencillez, todos los elementos se han conectado en estrella. (F. J. Chacón)

En ella se puede vislumbrar la posibilidad de uso de un único generador trifásico, así como el hecho de que la línea de transmisión trifásica ya sólo tiene tres conductores, aunque pueda aparecer un cuarto como elemento de unión entre todos los centros de estrella, pero que puede no existir cuando el sistema es completamente equilibrado.

En la figura 3.67 se muestra de forma esquemática el proceso de generación y transporte de energía.

SISTEMAS TRIFÁSICOS

a) Conjunto de tres sistemas monofásicos

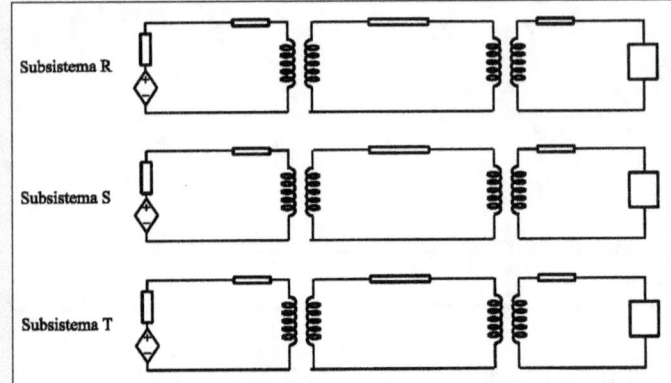

b) Sistema trifásico. Representación espacial

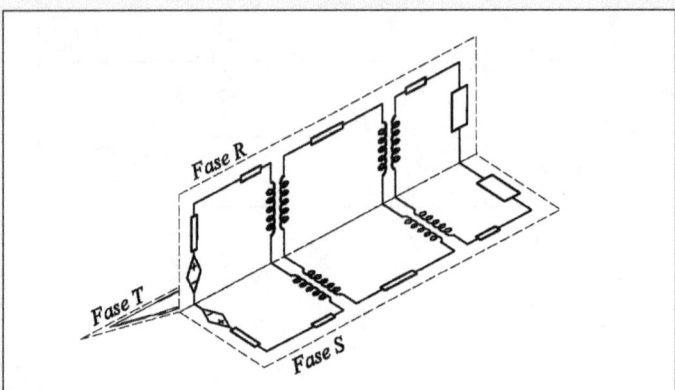

Fuente: F. Julián Chacón (2003)

Fig. 3.66

PRESENTACIÓN ESQUEMÁTICA DEL PROCESO DE GENERACIÓN Y TRANSPORTE DE ENERGÍA

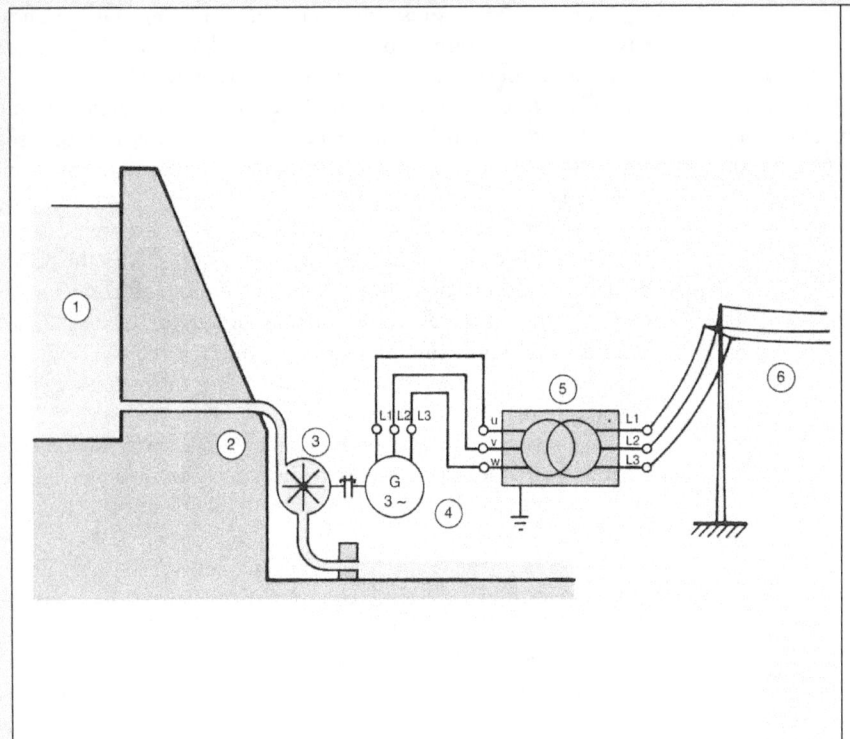

1. Pantano. Presa para la retención de agua. Base de la energía hidroeléctrica

2. Salto de agua. Conducción del caudal (m3/s) del agua a una determinada presión (bar)

3. Turbina movida por el caudal de agua que a su vez acciona el generador

4. Generador eléctrico trifásico, cuyos datos principales son:
   - Tensión, en V
   - Potencia activa, en kW o MW
   - Frecuencia, en Hz

5. Transformador de tensión BT/AT.
   Eleva la tensión generada en BT, para disponer la energía eléctrica para su transporte.
   Al elevar la tensión se reduce la intensidad en la misma proporción, con lo que se consigue:
   a) Reducir la intensidad de corriente a transportar
   b) Reducir la sección de los conductores de la red eléctrica Menor costo.
   c) Reducir la caída de tensión de la red y la energía perdida en el transporte

6. Red eléctrica de Alta Tensión (AT).
   Transporte de la energía eléctrica

Fuente: F. Martínez (2003)

Fig. 3.67

Parámetros eléctricos en una conexión trifásica

Los diferentes parámetros eléctricos que hay que tener en cuenta en una conexión trifásica son:

- *Tensiones simples o de fase.* Cada bobina del alternador trifásico se comporta como un generador monofásico, generando entre sus terminales una tensión denominada simple o de fase (V_f): V_{10}, V_{20} y V_{30}.

- *Tensión de línea o tensión compuesta.* Son las tensiones que aparecen entre cada una de las fases (V_L): V_{12}, V_{23} y V_{13}.

- *Intensidad de línea.* Las tensiones simples quedan aplicadas a cada una de las cargas del receptor, apareciendo una corriente por cada conductor de línea (I_L) I_{L1}, I_{L2} e I_{L3}. La intensidad de línea es igual a la intensidad de fase para la conexión estrella.

Se demuestra fácilmente que en la conexión estrella, la tensión de línea (V_L) está relacionada con la tensión de fase (V_f) por el factor $\sqrt{3}$. En efecto, a partir del esquema adjunto y teniendo presente el desfase existente entre las tensiones, se puede demostrar la relación indicada. La tensión en línea se considerará con la suma geométrica de los vectores que representan las tensiones.

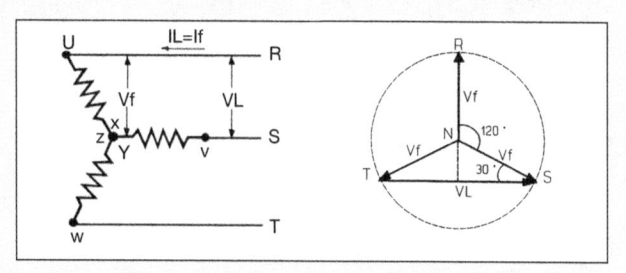

En el esquema se han representado vectorialmente las tensiones de fase V_{RN}, V_{SN} y V_{TN}; por tanto, las tensiones de línea estarán representadas por los vectores V_{RS}, V_{ST} y V_{TR}. Teniendo en cuenta el ángulo de 30º que forman entre sí los vectores de línea y de fase, la tensión de línea (V_L) vale:

$$V_L = 2V_f \cos 30 = 2\frac{\sqrt{3}}{2}V_f = \sqrt{3}\, V_f \qquad (3.36)$$

Un sistema trifásico es equilibrado cuando todos los tríos de tensiones y de intensidades lo están, entendiendo por un trío equilibrado aquel cuyos valores eficaces son iguales y cuyos desfases angulares son 120º sexagesimales.

Por consiguiente, las tensiones e intensidades de un sistema trifásico equilibrado presentan la forma:

(3.37)

$$u_R(t) = U_F \sqrt{2}\, \text{sen}\,(\omega \cdot t); \qquad i_R = I_F \sqrt{2}\, \text{sen}\,(\omega \cdot t - \varphi)$$

$$u_S(t) = U_F \sqrt{2}\, \text{sen}\,(\omega \cdot t - 120\,p); \qquad i_S(t) = I_F \sqrt{2}\, \text{sen}\,(\omega \cdot t - \varphi - 120\,p)$$

$$u_T(t) = U_F \sqrt{2}\, \text{sen}\,(\omega \cdot t - 240\,p); \qquad i_T(t) = I_F \sqrt{2}\, \text{sen}\,(\omega \cdot t - \varphi - 240\,p)$$

Potencia de las corrientes trifásicas

En los sistemas trifásicos, ya estén conectados en estrella o triángulo, la potencia se genera en cada una de las tres fases, por lo que puede decirse que la potencia activa en un sistema trifásico es igual a la suma de las potencias de cada una de las ramas de la estrella o del triángulo.

Matemáticamente:

$$p(t) = u_R(t) \cdot i_R(t) + u_S(t) \cdot i_S(t) + u_T(t) \cdot I_T(t)$$

y recordando las ecuaciones 3.37, se obtiene:

$$p(t) = 2 \cdot U_F \cdot I_F \cdot [\text{sen}\,(\omega t) \cdot \text{sen}\,(\omega t - \varphi) + (\text{sen}\,(\omega t - 2\pi/3)$$
$$\text{sen}\,(\omega t - \varphi - 2\pi/3 + \text{sen}\,(\omega t - 4\pi/3) \cdot \text{sen}\,(\omega t - \varphi - 4\pi/3] =$$
$$= U_F \cdot I_F \cdot [3 \cdot \cos \varphi - \cos(2\omega t - \varphi) - \cos(2\omega t - \varphi - 4\pi/3) -$$
$$- \cos(2\omega t - \varphi - 8\pi/3)]$$

Los tres términos en conseno corresponden a tres funciones senoidales trifásicas equilibradas, de frecuencia doble, cuya suma es nula. Por tanto, la expresión de la potencia instantánea se reduce a:

$$p(t) = 3\, U_F \cdot I_F \cdot \cos \varphi$$

Expresión que indica que el *valor instantáneo de la potencia total es constante y no pulsatoria* como en el caso de la potencia instantánea en monofásica.

Si para el caso de la conexión en estrella se recuerda la relación existente entre la tensión en línea y la tensión eficaz 3.36 resulta:

$$P = 3\, \frac{I_L V_L}{\sqrt{3}} \cos \varphi$$

de donde:

$$P = \sqrt{3}\, I_L V_L \cos \varphi$$

En forma análoga, se obtendría el valor de la potencia aparente (S) y reactiva (Q):

$$S = \sqrt{3}\, I_L \cdot V_L$$

$$Q = \sqrt{3}\, I_L \cdot V_L\, \text{sen}\, \varphi$$

Justificación del uso de sistemas trifásicos (F. J. Chacón, 2003)

Un estudio muy elocuente, aunque no excesivamente riguroso, que permite presentar en el terreno del transporte las ventajas económicas del sistema trifásico respecto al monofásico, es el siguiente: supongamos que pretendemos transportar una determinada potencia desde un lugar a otro que distan una longitud Λ. Dicha potencia, aparente se puede repartir entre tres líneas monofásicas que transporten cada una la tercera parte, o bien, una sola que transporte el total. Si la tensión de transporte es común, la potencia vendrá definida por la intensidad. Sean I e I/3 las intensidades de un solo monofásico o de cada uno de los tres monofásicos.

Una sola línea monofásica: 2 conductores de longitud Λ; $I_c = I$

$$P_p = 2 \cdot R_c \cdot I^2$$

Pero además;

$$R_c = \rho \cdot \frac{\Lambda}{A_c} = \frac{P_p}{2I^2}$$

y de aquí:

$$A_c = \rho\, \frac{2\Lambda I^2}{P_p}$$

Y el volumen total es:

$$\text{Vol} = 6 \cdot A_c \cdot \Lambda = \rho\, \frac{4\Lambda^2 I^2}{P_p}$$

Tres líneas monofásicas: 6 conductores de longitud Λ: $I_C = I/3$

$$P_p = 6 \cdot R_c \cdot (I/3)^2 = 2R_c \cdot I^2/3$$

$$R_c = \rho\, \frac{\Lambda}{A_c} = \frac{3P_p}{2I^2}$$

y de aquí:

$$A_c = \rho\, \frac{2\Lambda I^2}{3P_p}$$

Y el volumen total es:

$$\text{Vol} = 6 \cdot A_c \cdot \Lambda = \rho\, \frac{4\Lambda^2 I^2}{P_p}$$

En ambos casos, el volumen de cobre es el mismo. Consideremos ahora una línea trifásica de sólo tres conductores; el cuarto no es necesario, ya que al ser equilibrado, la suma de las tres intensidades en el nudo central de cada estrella es nula. También aquí, aunque tensiones e intensidades vayan desfasadas en 120º, las potencias por fase son iguales entre sí e iguales a la tercera parte de la total, lo que repercute en que la intensidad por cada conductor sea la tercera parte de una sola línea monofásica.

Una línea trifásica: 3 conductores de longitud Λ: $I_c = I/3$

$$P_p = 3 \cdot R_c \cdot (I/3)^2 = R_c \cdot I^2/3$$

$$R_c = \rho\, \frac{\Lambda}{A_c} = \frac{3P_p}{2I^2}$$

y de aquí:

$$A_c = \rho\, \frac{\Lambda I^2}{3P_p}$$

Y el volumen total es:

$$\text{Vol} = 3 \cdot A_c \cdot \Lambda = \rho\, \frac{\Lambda^2 I^2}{P_p}$$

Que resulta ser la cuarta parte del volumen de cobre en los dos casos anteriores, lo que supone un ahorro del 75% en el peso del cobre.

3.8.2 Alimentación de energía a las líneas de ferrocarril

Como en el caso de la electrificación en corriente continua, a lo largo de las líneas de ferrocarril se construyen una serie de subestaciones eléctricas de tracción que se conectan a las redes públicas trifásicas de alta tensión (en general de 220 kV o 400 kV).

En la figura 3.68 se muestran las subestaciones con que contaban los servicios de cercanías de Madrid, a finales de la década pasada. Se observa que para hacer frente al importante aumento del tráfico de viajeros fue necesario construir nuevas subestaciones y aumentar la potencia de las ya existentes.

El objetivo planteado para los núcleos de cercanías fue llegar a disponer de una subestación cada cinco o cada diez kilómetros, dependiendo de la densidad en trenes de cada línea.

SUBESTACIONES DE TRACCIÓN PARA LÍNEAS DE CERCANÍAS DE MADRID

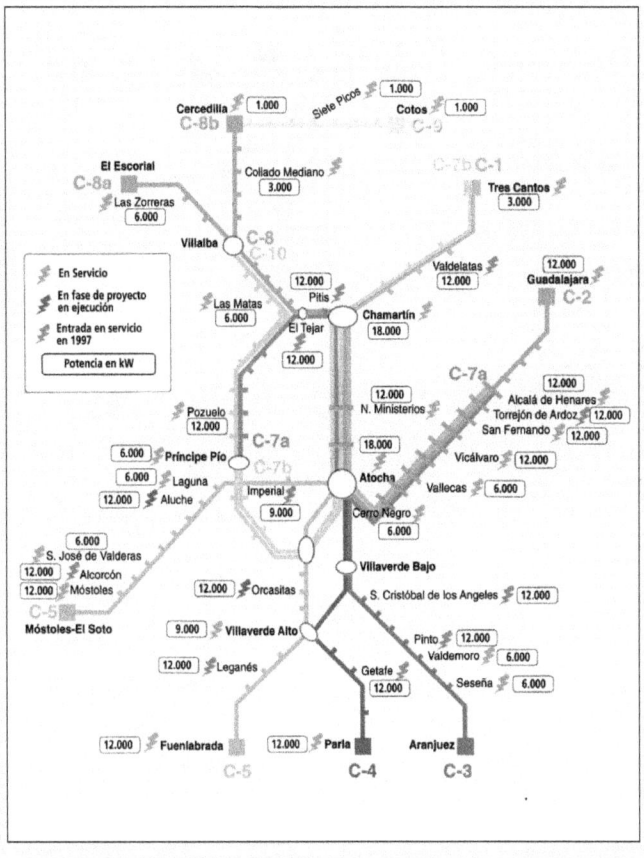

Fuente: RENFE (1997)   *Fig. 3.68*

PRINCIPIO DE ALIMENTACIÓN DE UNA CATENARIA

a) Esquema de alimentación eléctrica a la catenaria

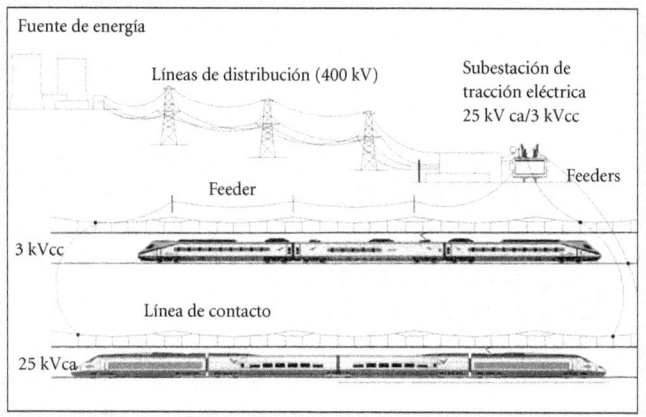

b) Subestación de tracción

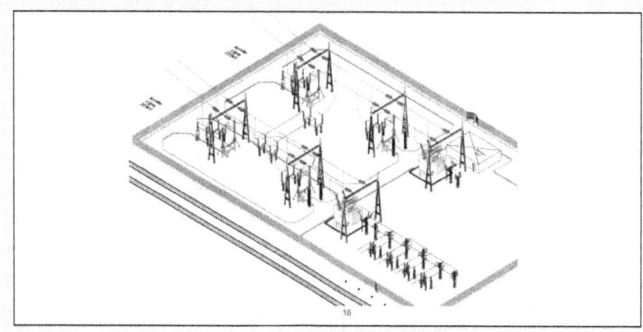

c) Esquema de principio de alimentación de catenaria en 25 kV

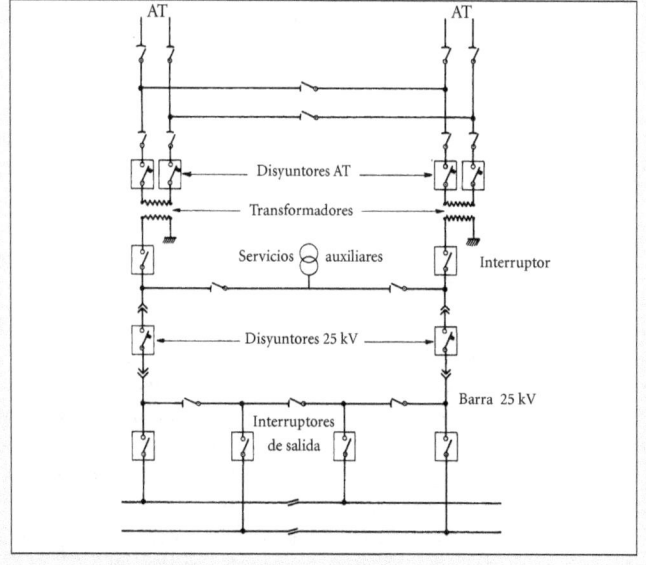

Fuente: J. Conrado et al. (2007), J. P. Menuet (2007) y Tessier (1978)   *Fig. 3.69*

En una subestación se encuentran tres zonas:

a) La parte de alta tensión, conectada a la red primaria de alimentación (red pública).
b) La parte que cuenta con uno o varios grupos de transformación de la corriente (reducen su tensión).
c) La parte que distribuye la corriente hacia la catenaria.

La figura 3.69 permite visualizar el esquema de principio de la alimentación de catenarias a 25 kV o 3 kV. Nótese como el transformador de una subestación está alimentado, en el primario, por la red de alta tensión, mientras que su secundario se encuentra unido a la catenaria y al carril. Obsérvese también como la alimentación de energía a la catenaria se lleva a cabo por medio de disyuntores y de interruptores.

3.8.3. Sistemas de electrificación en corriente alterna

El sistema de electrificación utilizado en el ferrocarril mediante corriente alterna ha sido, tradicionalmente, el denominado a 25 kV y 50 Hz. Incluso la primera línea de alta velocidad en España, entre Madrid y Sevilla, contó con este sistema. Como se observa en la figura 3.70, consiste en un sistema bifásico, en el cual mediante una fase se alimenta a la catenaria y mediante la otra fase se conecta a los carriles y a tierra. La diferencia de potencial entre los carriles y la catenaria es de 25 kV, permitiendo la alimentación de corriente a los trenes que circulen por la línea.

En la línea del AVE, las subestaciones de la Compañía Suministradora han sido de nuevo diseño (Fig. 3.77) y se han ubicado en las proximidades de la subestación del AVE, utilizándose estas subestaciones como centros de maniobra y protección de la línea de distribución general, que en este caso es de 132 kV y 220 kV. Desde la subestación trifásica salen dos líneas que alimentan a las subestaciones de tracción. Cada subestación dispone de dos transformadores de 20 MW cada uno, capaces de soportar sobrecargas del 50% durante 15 minutos y del 100% durante 6 minutos (Montesinos et al. 2003).

Como los sistemas de donde se toma la corriente son trifásicos, se producen desequilibrios en la red de suministro. Para reducir los mismos se adoptan una serie de precauciones entre las que se encuentra la de conectar a fases alternativas dos subestaciones consecutivas (Fig. 3.70) con la finalidad de lograr la mejor distribución de cargas. Una característica que distingue a la alimentación de la línea en corriente alterna es (J. Montesinos et al. 2002) que la catenaria se alimenta solamente por un solo lado, y no por dos extremos, como sucede en corriente continua. Esta particularidad se debe a que como cada subestación en alterna alimenta la línea con una fase diferente, si alimentáramos por los dos lados un tramo de catenaria, provocaríamos un cortocircuito. Para evitar esta situación, aproximadamente en la mitad del trayecto suele existir una zona neutra (Fig. 3.70) de una longitud aproximada entre 300-500 metros, que está sin tensión. En dicha zona los trenes circulan por inercia.

Se señala que esta sección de separación también existe cuando a lo largo de una línea coexisten dos sistemas de electrificación distintos. Es el caso, por ejemplo, de la conexión de la nueva línea de alta velocidad Barcelona-Perpignan, electrificada a 25 kV y 50 Hz, con la red ferroviaria convencional francesa, electrificada en esta zona a 1.500 V (Fig. 3.71).

La existencia de esta sección de separación obliga a informar al maquinista del tren de las maniobras que debe realizar en la locomotora y, por tanto, se deduce la necesidad de disponer sobre el terreno de una señalización particular. En la figura 3.72 se muestra la empleada en la red francesa.

Aun cuando el sistema de electrificación 1x25 kV funciona satisfactoriamente, debe señalarse que desde hace más de dos décadas se ha generalizado, en Europa, un nuevo sistema de alimenta-

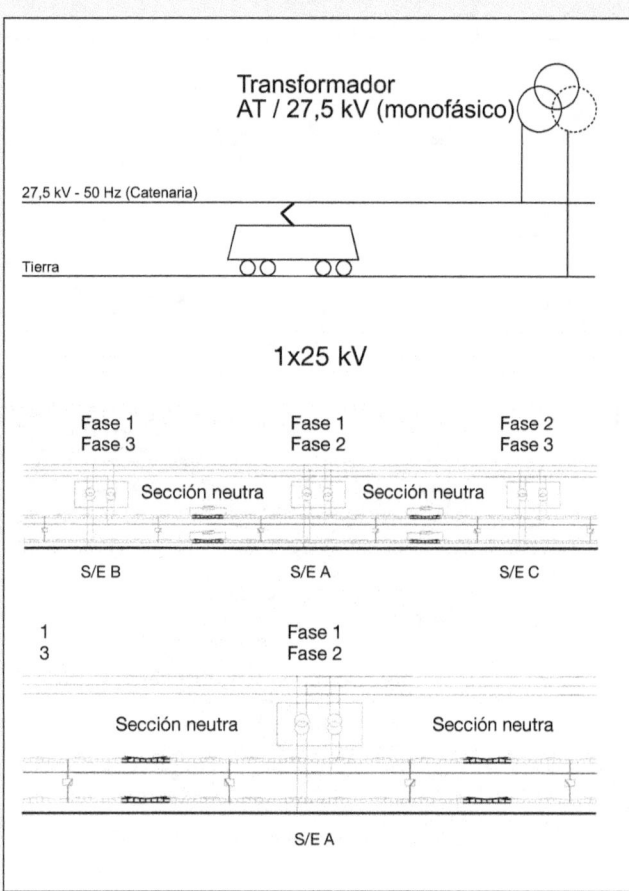

ESQUEMA ALIMENTACIÓN DE CORRIENTE EN 25 kV

Fuente: J. Conrado et al. (2007)

Fig. 3.70

ción de energía, denominado 2x25 kV, después que fuese empleado en algunas secciones de la línea de alta velocidad París-Lyon. Debe subrayarse, no obstante, que este sistema fue utilizado en Estados Unidos a comienzos del siglo XX y empleado por los ferrocarriles japoneses en su línea de alta velocidad Osaka-Okayama, en los inicios de los años setenta del pasado siglo.

El interés de este nuevo sistema se puso de manifiesto en Francia con ocasión de los problemas que se presentaron en la electrificación de la línea París-Lyon de alta velocidad. ¿Qué tipo de problemas? La adopción del sistema 1x25 kV fue la disposición inicialmente elegida necesitando de la construcción de 10 subestaciones, distribuidas aproximadamente cada 40 km. En general, cada una de estas subestaciones se encontraría cerca de la red de alta tensión francesa ≤ 30 km, tal como muestra la

TRAMO INTERNACIONAL PERPIGNAN-FIGUERAS

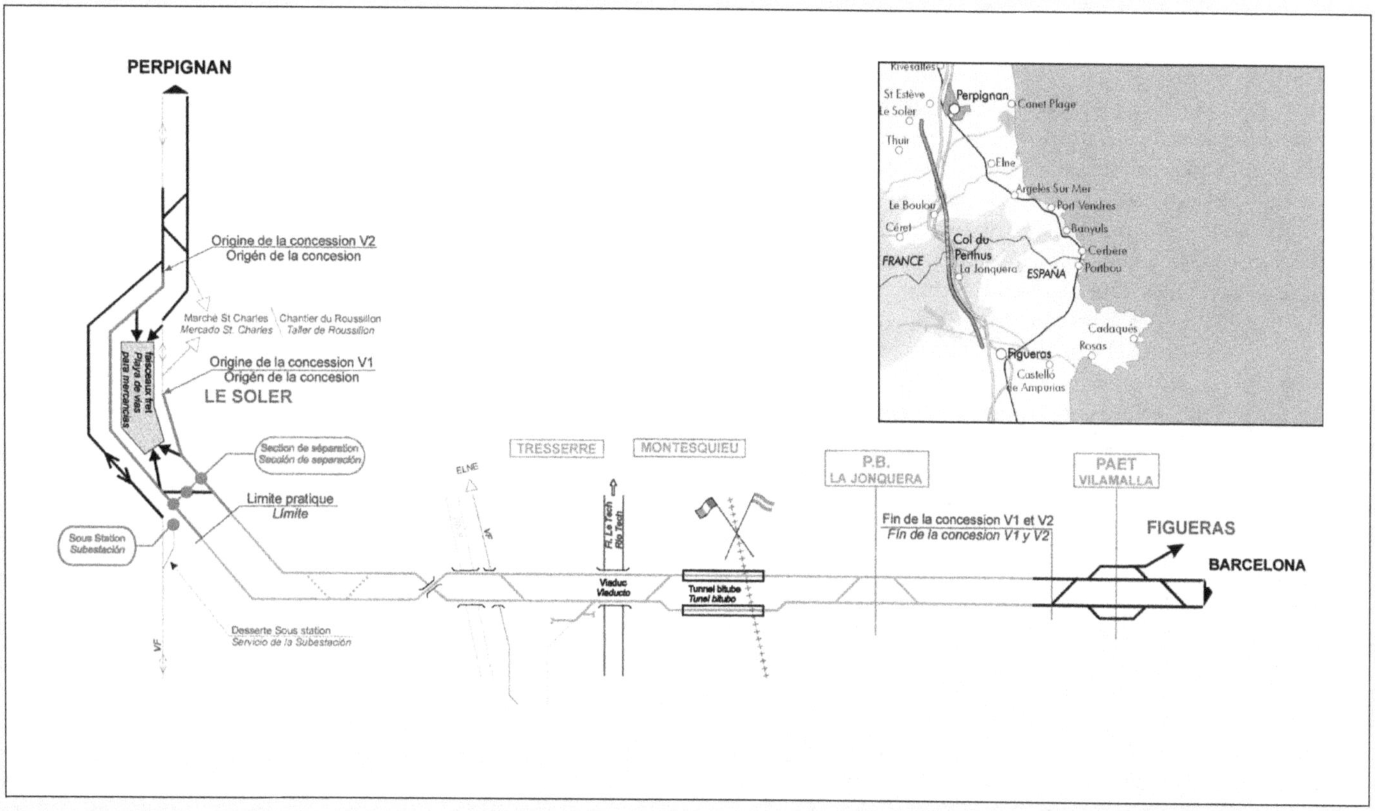

Fuente: M. Fomento/T. P. Ferro (2007)

Fig. 3.71

INDICACIÓN EN LA VÍA DE LA SECCIÓN DE SEPARACIÓN

a) Anuncio a 1000 m.

b) Bajada del pantógrafo

c) Elevación del pantógrafo

Fuente: R. Retiveau (1987)

Fig. 3.72

figura 3.73. Sin embargo entre la subestación 2 y la 3 así como entre la 4 y la 5, la alimentación de la red de alta tensión a las respectivas subestaciones hubiese requerido la construcción de líneas de enlace de mayor longitud, encareciendo por tanto la inversión. Pero, de no construirse las mencionadas estaciones, que podríamos denominar 2' y 4', las caídas de tensión hubiesen sido inaceptables en la línea de alta velocidad. Se recurrió, por este motivo, a la solución denominada 2x25 kV, que ya había sido utilizada por los ferrocarriles en la línea de alta velocidad San-Yo, es decir, entre Osaka y Okayama. Esta disposición eléctrica permite multiplicar por 2,5 la distancia habitual entre subestaciones, pero manteniendo las caídas de tensión en valores aceptables. Nótese en la figura 3.73 como las subestaciones finalmente construidas se encuentran en los P.K 17,0; 39,4; 129,4; 164,0; 257,0; 296,1; 333,1 y 377,2.

Para comprender mejor las diferencias existentes entre los sistemas 1x25 kV y 2x25 kV, se señala que, en el primero, la catenaria es alimentada por un transformador monofásico cuyo arrollamiento secundario se une por un lado a la catenaria y por el otro al carril de la vía, que se utiliza como conductor de retorno de la corriente a la subestación (Fig. 3.74).

En la solución 2x25 kV, el arrollamiento secundario de un transformador a 50 kV (en lugar de 25 kV como en la solución 1x25 kV) se conecta por un lado a la catenaria y por otro a un cable suplementario, denominador *feeder* (soportado por los postes de la catenaria) con una tensión en oposición de fase con la de la catenaria [de ahí que se le llame *feeder* negativo (-25 kV)]. El punto medio del arrollamiento secundario se conecta al carril (Fig. 3.74).

En este sistema de 2x25 kV se colocan autotransformadores a distancias determinadas ($\simeq$ 10 a 15 km) (Fig. 3.74). La energía del tren o los trenes situados en el módulo comprendido entre dos autotransformadores se conduce a 25 kV, mientras que la energía de los trenes situados fuera de ese módulo se conduce hasta el módulo en que se encuentran a 50 kV, por tanto con la mitad de intensidad de corriente y la mitad de caída de tensión.

Además, por el *feeder* negativo circula una corriente igual y contraria a la que circula por la catenaria, en los tramos exteriores al módulo en que se encuentra el tren, con lo que los efectos de la inducción de las corrientes por catenaria se contrarrestan con los efectos de las corrientes por el *feeder* negativo. En consecuencia, las perturbaciones electromagnéticas que se derivan de los campos inductores creados por los dos conductores son prácticamente inexistentes, reduciéndose por tanto, las necesidades de protección de los circuitos adyacentes.

Por el contrario, los inconvenientes del sistema 2x25 kV se concretaban, básicamente, en su mayor coste de construcción y de mantenimiento, dada la existencia del *feeder*, de los centros de autotransformación, etc.

En relación con el *feeder* negativo se señala que es un cable de aluminio-acero de aproximadamente 288 mm^2 de sección, equiva-

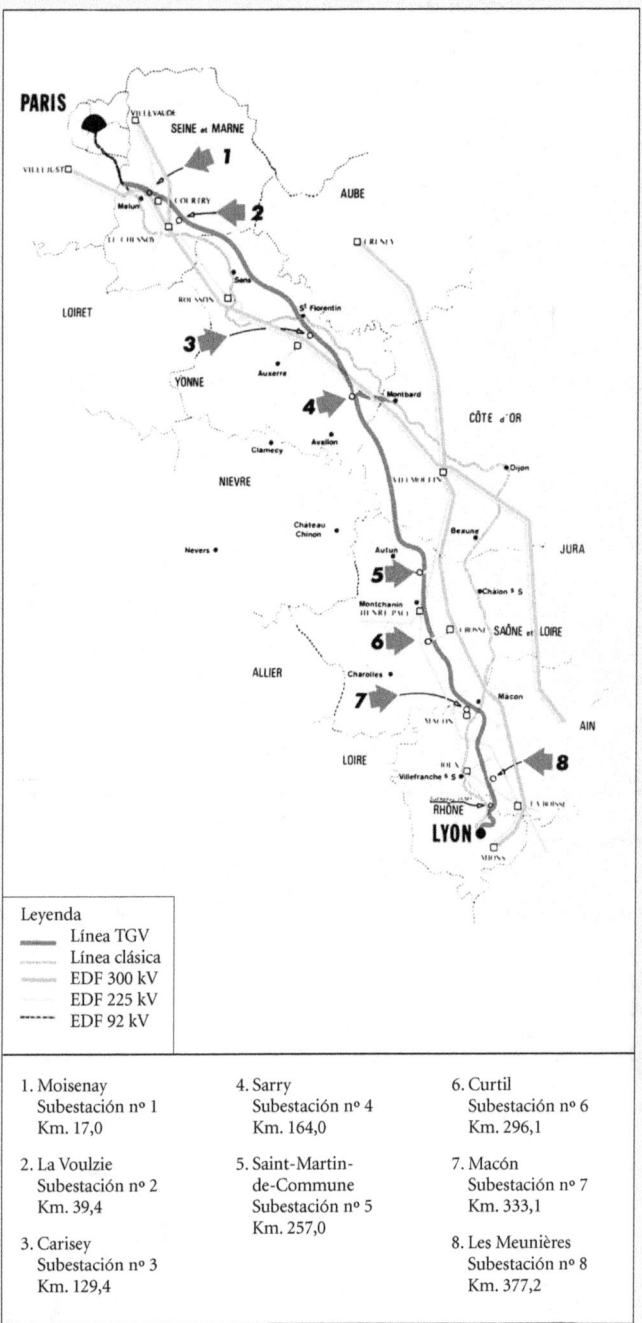

LOCALIZACIÓN DE LAS SUBESTACIONES EN LA LÍNEA PARÍS-LYON

Leyenda
— Línea TGV
— Línea clásica
— EDF 300 kV
— EDF 225 kV
--- EDF 92 kV

1. Moisenay
   Subestación nº 1
   Km. 17,0

2. La Voulzie
   Subestación nº 2
   Km. 39,4

3. Carisey
   Subestación nº 3
   Km. 129,4

4. Sarry
   Subestación nº 4
   Km. 164,0

5. Saint-Martin-de-Commune
   Subestación nº 5
   Km. 257,0

6. Curtil
   Subestación nº 6
   Km. 296,1

7. Macón
   Subestación nº 7
   Km. 333,1

8. Les Meunières
   Subestación nº 8
   Km. 377,2

Fuente: P. Lorin (1981)

Fig. 3.73

SISTEMAS DE ELECTRIFICACIÓN 1x25 Y 2x25 kV

a) Sistema 1x25 kV

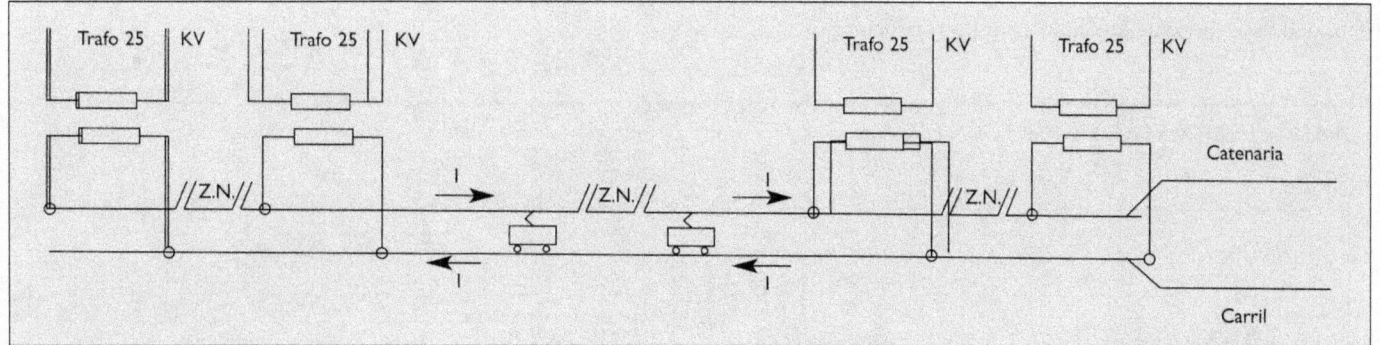

b) Sistema 2x25 kV

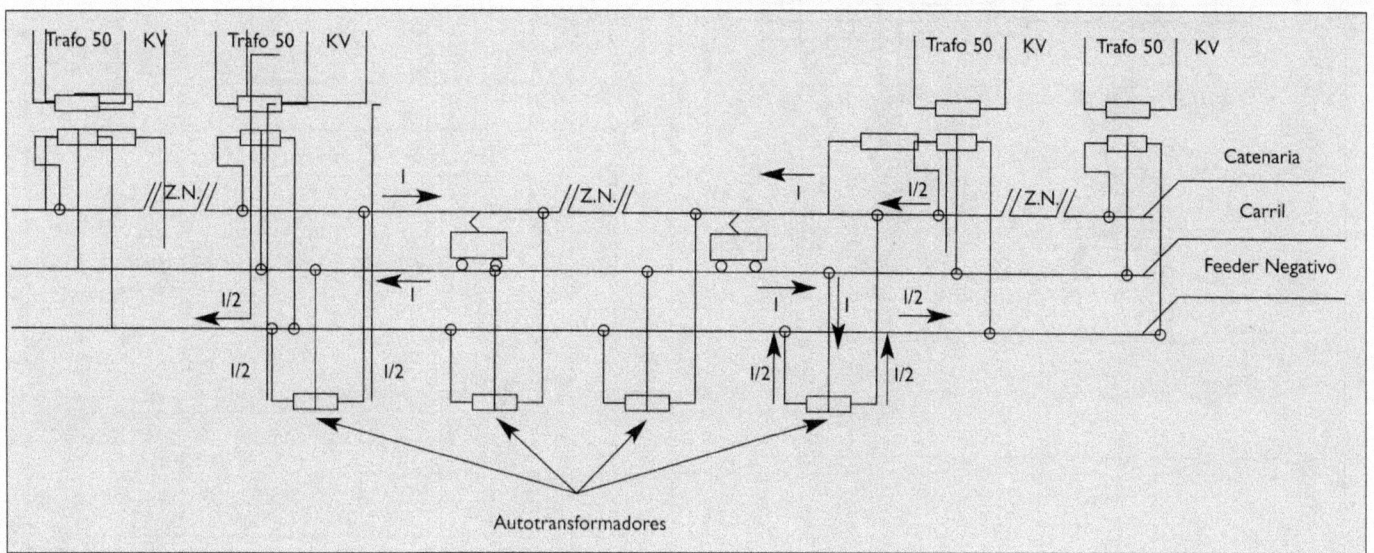

c) Sistema monotensión 1x25 kV

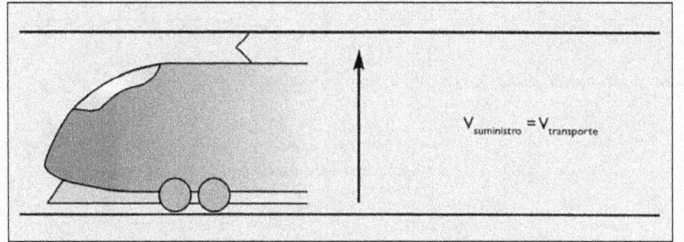

d) Sistema bitensión 2x25 kV

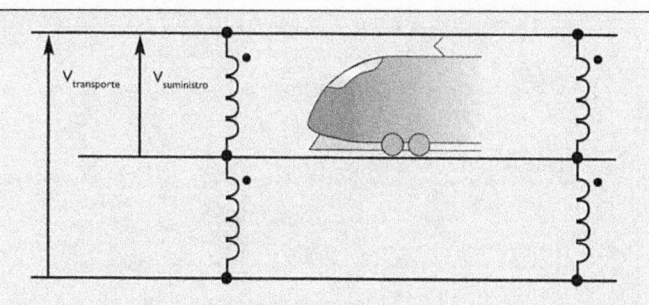

Fuente: A. Hernández (2007) y E. Pilo et al. (2002)

Fig. 3.74

lentes a una sección de cobre de 143 mm^2; es decir, aproximadamente igual a la de la catenaria.

En la figura 3.75 se muestra la repercusión del esquema de electrificación en 2x25 kV, respecto a 1x25 kV, en lo que atañe a la intensidad de la corriente que circula por los conductores.

En paralelo se visualiza con mayor detalle el papel jugado por los autotransformadores en el sistema 2x25 kV.

Señalamos por último que entre dos subestaciones consecutivas se disponen:

DETALLE DEL SISTEMA DE ELECTRIFICACIÓN 2x25 kV

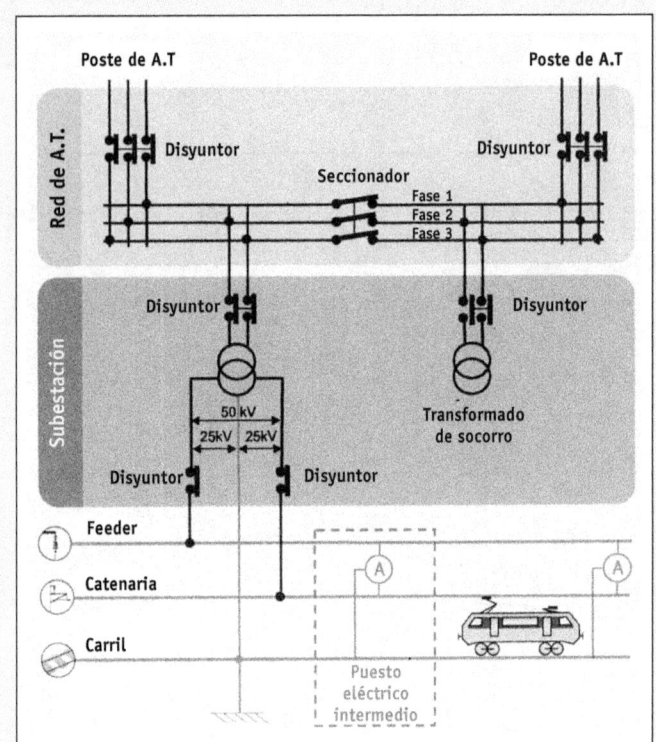

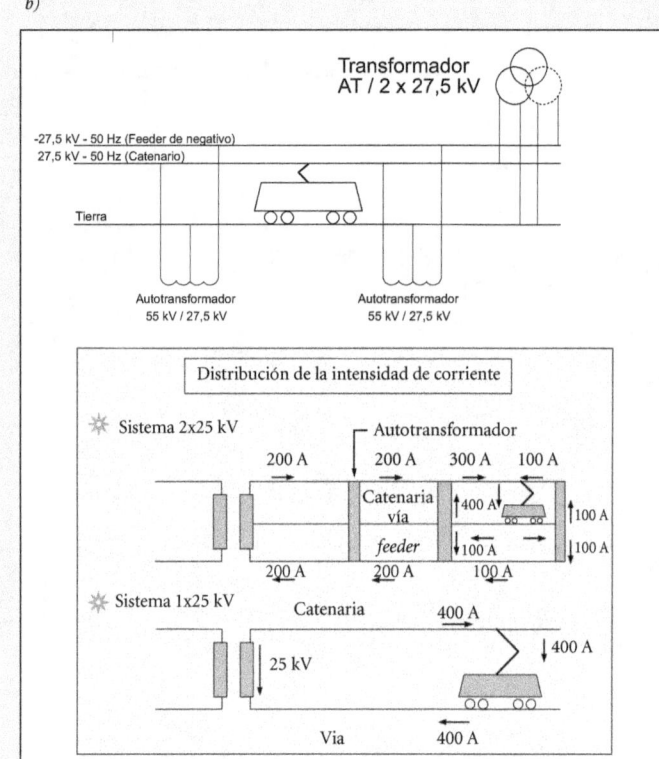

Fuente: M. Olea (2002)

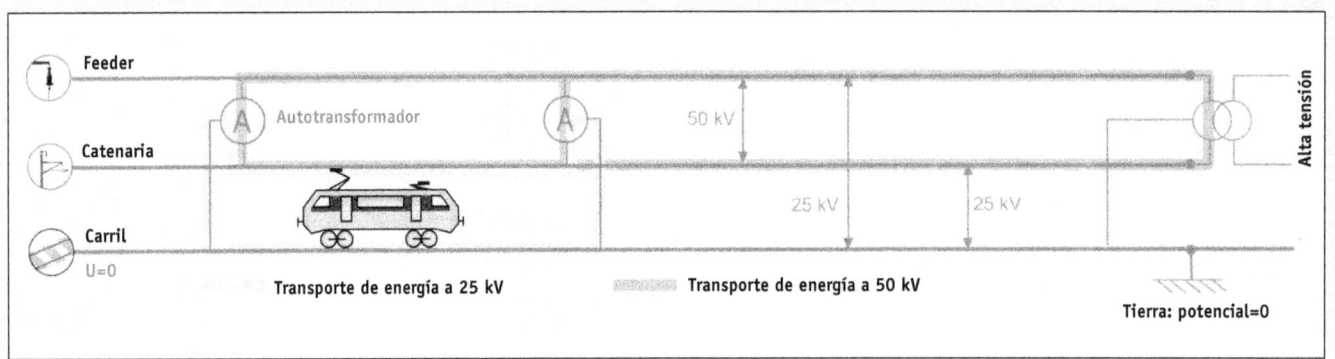

Fuente: Reseau Ferrè de France (2007)

Fig. 3.75

1. En medio del intervalo espacial existente entre ellas, un puesto de seccionamiento y de puesta en paralelo (SP), con una sección de separación. Esta tiene por finalidad aislar los sectores adyacentes (Fig. 3.76).
2. En medio de cada semi-intervalo (es decir, entre la subestación y el puesto de seccionamiento y de puesta en paralelo) se coloca un puesto de subseccionamiento y de puesta en paralelo (SSP). Así se logra reducir la longitud que no dispone de corriente cuanto ésta se corte, por causa, por ejemplo, de trabajos en la catenaria. Además, se señala que la puesta en paralelo de las dos vías de una línea reduce las caídas de tensión.

Balance económico del sistema 2x25 kV

Expuestas las características de los sistemas 2x25 y 1x25, es de interés sintetizar las principales ventajas e inconvenientes que presentan cada uno de ellos, desde una perspectiva abstracta (Cuadro 3.13). Sin embargo es útil concretar, en la práctica, en qué se traducen las citadas diferencias. Para ello nos apoyaremos en el análisis comparativo efectuado con ocasión del proyecto de la nueva línea de alta velocidad Barcelona-Perpignan (1990) (Cuadro 3.15).

Se consideraron para ello los siguientes elementos de referencia:

- Instalaciones de alta tensión y subestaciones de la nueva línea
- Instalaciones necesarias de la catenaria
- Incidencia de cada sistema de electrificación en las instalaciones ferroviarias existentes
- Incidencia sobre las instalaciones de gas
- Incidencia sobre las instalaciones de telecomunicación existentes

En relación con el primer aspecto: alimentación de energía y subestaciones, los resultados obtenidos se sintetizan en el cuadro 3.14. Se constata como la inversión requerida por el sistema 2x25 kV era un

CUADRO 3.13. ANÁLISIS COMPARATIVO DE LOS SISTEMAS DE ELECTRIFICACIÓN 1x25 kV Y 2x25 kV

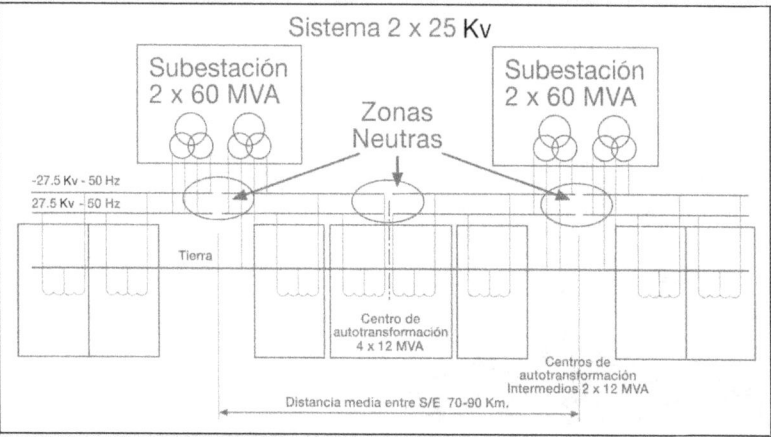

Fuente: J. Lastra y M. Olea (2003)

PUESTOS DE SECCIONAMIENTO Y DE PUESTA EN PARALELO

a)

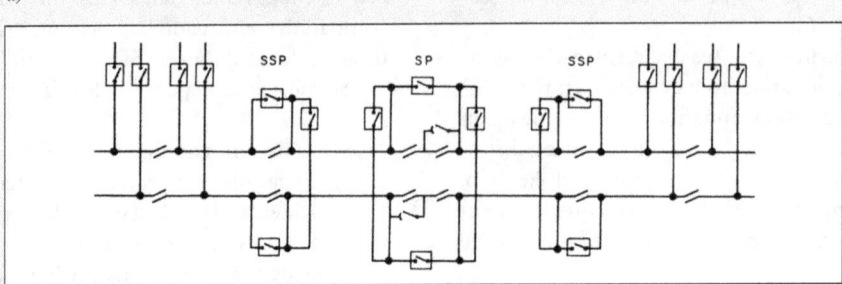

b)

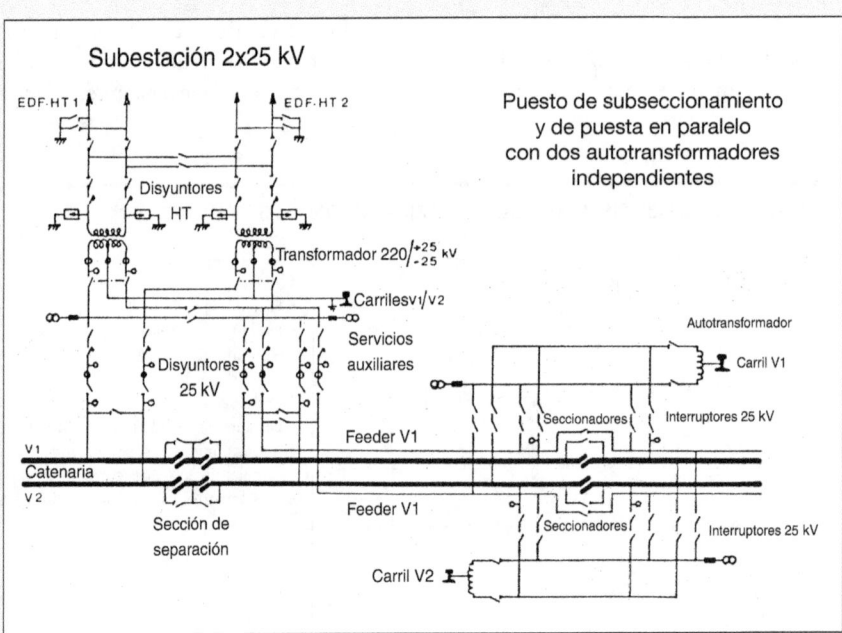

c) Puesto de subseccionamiento en la línea TGV-Sudeste

Fuente: M. Tessier y Reseau Ferrè de France

Fig. 3.76

CUADRO 3.14 ESTIMACIÓN DEL COSTE DE ALIMENTACIÓN DE ALTA TENSIÓN Y SUBESTACIONES EN 1x25 Y EN 2x25 kV

Elemento	Electrificación 1x25 kV	Electrificación 2x25 kV
Alimentación de alta tensión a las subestaciones	4 subestaciones. Importe (Índice) 100 (45%)	2 subestaciones Importe (Índice) 50 (27%)
Subestaciones	4 subestaciones. Importe (Índice) 100 (45%)	2 subestaciones Importe (Índice) 72 (36%)
Puestos SP	4 puestos. Importe (Índice) 25	2 puestos con autotransformadores Importe (Índice) 100
Puestos SSP	8 puestos. Importe (Índice) 15	8 puestos con 2 autotransformadores Importe (Índice) 100
Interruptores de línea	18. Importe (Índice) 66	18 Importe (Índice) 100
Interruptores de alimentación	3. Importe (Índice) 100	3 Importe (Índice) 100
Interruptores de puesta en paralelo	1. Importe (Índice) 100	1 Importe (Índice) 100
Telemando de subestaciones	Importe (Índice) 100 (8%)	Importe (Índice) 100 (10%)
Otros	Importe (Índice) 100	Importe (Índice) 100
Total	Importe (Índice) 100	Importe (Índice) 77

Fuente: Proyecto nueva línea Barcelona-frontera francesa. FGC (1990)

23% inferior a la demandada por el sistema 1x25 kV. Los datos que aparecen en círculo en el citado cuadro 3.15 indican la importancia, en porcentaje, de los principales elementos de la inversión.

En cuanto a las instalaciones de la catenaria, la diferencia principal se encontraba en el coste del *feeder* en el sistema 2x25 kV. Para las vías principales, la diferencia de coste era del orden de + 24%. Si se incluía la inversión necesaria en las vías de servicio de las estaciones o puestos de adelantamiento y apartado considerados, el sistema 2x25 kV suponía una inversión superior a la del sistema 1x25 kV en aproximadamente un 22%.

Por lo que respecta a las perturbaciones de cada sistema de electrificación en las instalaciones-ferroviarias existentes (circuitos de vía, señalización, telecomunicaciones, etc.), el sistema 1x25 kV requería llevar a cabo una inversión, para proteger a las citadas instalaciones ferroviarias de las perturbaciones, un 25% superior a las necesarias con el sistema 2x25 kV.

Las posibles perturbaciones sobre las instalaciones de gas existentes a lo largo de la línea eran análogas en un sistema de electrificación y otro, presentando una reducida inversión para su protección.

Finalmente, y en lo que concierne a las posibles perturbaciones en las instalaciones de telecomunicación existentes (telefónica, autopista, etc.), el sistema 1x25 kV requería una inversión de protección de tres a cinco veces superior a la del sistema 2x25 kV.

En términos globales, el sistema 1x25 kV suponía una inversión superior en aproximadamente un 10% a la requerida por el sistema 2x25 kV. Por lo que se refiere al mantenimiento de las instalaciones, se obtuvo que:

- En materia de subestaciones, el coste de mantenimiento en el sistema 2x25 kV era sensiblemente inferior al del sistema 1x25 kV.
- Para las catenarias, el coste de mantenimiento en ambos sistemas era el mismo, incluso considerando el *feeder* en el sistema 2x25 kV.
- Para la señalización y las telecomunicaciones, no había diferencias sensibles en el mantenimiento.

Por tanto, también en términos globales, el sistema 2x25 kV se consideró de mayor interés para su implantación en la línea Barcelona-frontera francesa de alta velocidad.

3.8.4 Dimensionamiento de la electrificación en corriente alterna

La definición completa de los componentes de la electrificación de una línea de ferrocarril en corriente alterna es el resultado de un proceso que comprende, con carácter de síntesis, cuatro etapas (M. Olea, 2003):

En la 1ª, a partir de los datos de base referidos a las características de la línea en planta y alzado; a la tipología de los trenes que se prevé circulen por la línea, incluyendo su velocidad, el número de paradas, etc., y teniendo en cuenta las características preliminares de los conductores de la catenaria, se efectúa un primer cálculo de necesidades para poder explotar la línea.

Se efectúan unas ciertas hipótesis sobre la ubicación de las subestaciones y se evalúa la potencia nominal y en régimen de sobrecarga que deberían proporcionar. También se lleva a cabo una estimación de los previsibles desequilibrios que, en relación con la tensión y la intensidad, podría producir la electrificación de la línea en la red de energía.

Llegados a este punto, se está en condiciones, en la 2ª fase, de presentar las necesidades de energía del ferrocarril a la o las diversas compañías que podrían suministrar la misma.

La 3ª fase consiste en el análisis de las diferentes ofertas que puedan existir para proporcionar la referida energía, tanto en el plano técnico como económico. La 4ª y última fase permitiría la toma de decisiones con los ajustes que fuesen necesarios, y en consecuencia proceder a la realización del proyecto de electrificación.

Por lo que respecta a los cálculos eléctricos que deben realizarse, se explicitan los siguientes:

- Tensión en los pantógrafos
- Densidad de corriente en los conductores
- Potencia demanda por los trenes
- Potencia suministrada por cada subestación
- Desequilibrio en la red eléctrica

correspondientes tanto a una situación normal de funcionamiento del sistema como a una situación degradada.

En cuanto a la tensión en los pantógrafos, las Especificaciones Técnicas de Interoperabilidad (ETI) fijan, para las líneas de alta velocidad, el valor de la tensión media útil mínima aceptable (22,5 kV).

Por lo que respecta a la potencia demandada por los trenes y la suministrada por cada subestación, la figura 3.77b muestra la evolución del consumo de energía en las subestaciones de la línea de alta velocidad Madrid-Sevilla (en el periodo, 1993-2002). Nótese como son las subestaciones de Mora y Ciudad Real las de mayor consumo, situadas en los tramos de mayor demanda de tráfico de toda la línea, al coincidir en ellos no sólo los trenes de largo recorrido, sino también los servicios lanzadera a Ciudad Real y Puertollano. Obsérvese también como la subestación de Mora coincide con la sección en donde se circula a mayor velocidad (Fig. 3.77c). A los efectos del diseño de las subestaciones, la figura 3.78 permite comprobar la necesidad de efectuar el proyecto de electrificación con un horizonte temporal amplio (en general 30 años), dado el rápido incremento del tráfico ferroviario y por tanto del consumo de energía (Fig. 3.78). Nótese como en el periodo 1993-2002, el consumo anual de energía de tracción aumentó en la línea Madrid-Sevilla en más de un 50%. Se llama la atención, no obstante, sobre los progresos que se efectúan para reducir el consumo unitario (Fig. 3.79).

En este contexto de evaluación de la potencia que deben suministrar las subestaciones, se estima de interés mostrar los datos de referencia correspondientes a las líneas francesas de alta velocidad (Cuadro 3.15). Dos son las principales variables que influyen en los valores indicados: la velocidad máxima de circulación y la densidad de servicios ofrecida (número de trenes por hora).

CONSUMO DE ENERGÍA EN CADA SUBESTACIÓN DE TRACCIÓN DE LA LÍNEA MADRID-SEVILLA

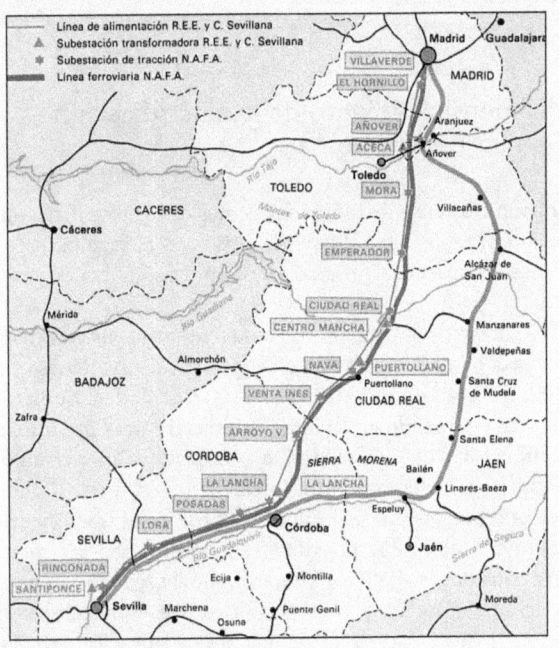

a) Línea AVE Madrid-Sevilla

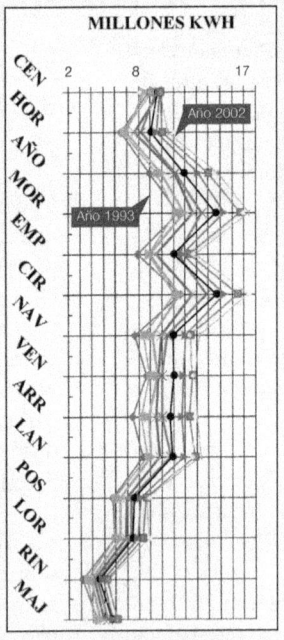

b) Millones KVH

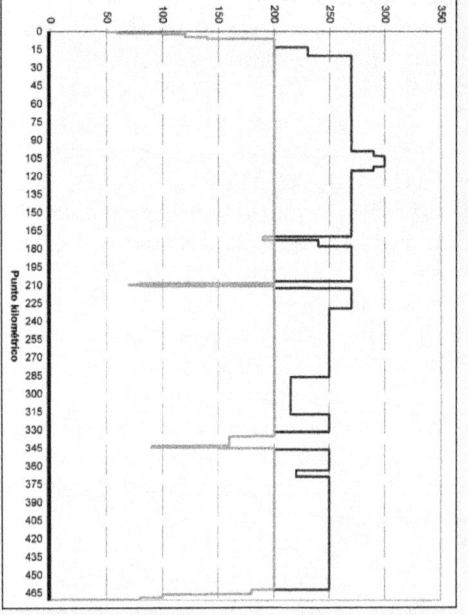

c) Diagrama de velocidades máximas para las ramas de alta velocidad y los trenes Talgo

Fuente: A. López Pita (2007) con datos de RENFE y Manuel Olea

Fig. 3.77

LÍNEA AVE MADRID-SEVILLA: CONSUMO DE ENERGÍA

a) Kilometros anuales recorridos (1993-2002)

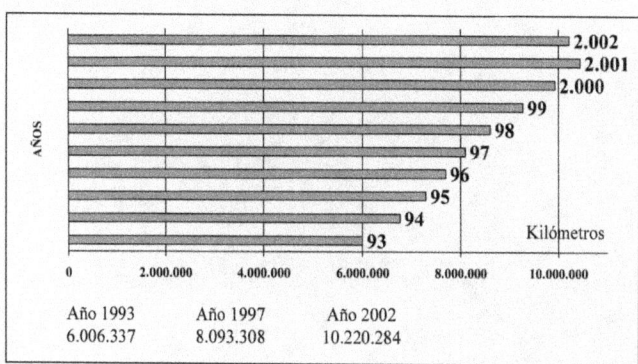

Año 1993	Año 1997	Año 2002
6.006.337	8.093.308	10.220.284

b) Subestaciones tracción. Consumo anual energía tracción

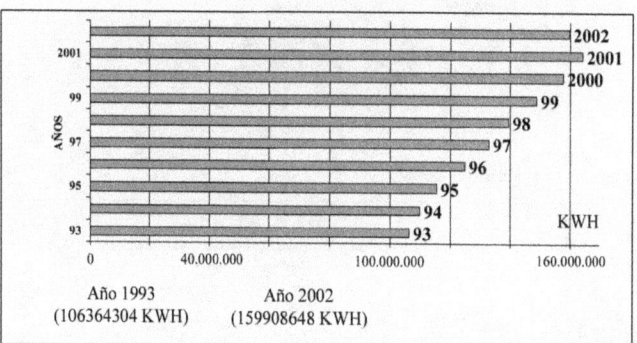

Año 1993 (106364304 KWH)   Año 2002 (159908648 KWH)

Fuente: M. Olea (2003)   *Fig. 3.78*

EVOLUCIÓN DEL CONSUMO UNITARIO DE ENERGÍA EN LA LÍNEA MADRID-SEVILLA

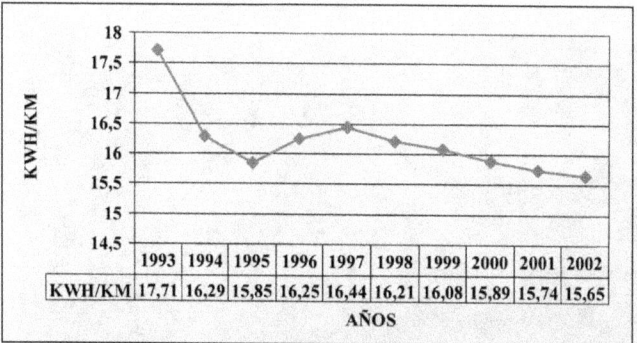

AÑOS	1993	1994	1995	1996	1997	1998	1999	2000	2001	2002
KWH/KM	17,71	16,29	15,85	16,25	16,44	16,21	16,08	15,89	15,74	15,65

Fuente: M. Olea (2003)   *Fig. 3.79*

CUADRO 3.15 POTENCIA DE ALGUNAS SUBESTACIONES DE LÍNEAS FRANCESAS DE ALTA VELOCIDAD

Línea	Potencia
TGV-Sud-Est. 270 km/h (frecuencia cada 5')	0,7 MVA/km
TGV-Atlántico (frecuencia cada 3')	1,2 MVA/km
350 km/h (frecuencia cada 3')	2 MVA/km

Por lo que se refiere al desequilibrio en la red eléctrica trifásica (μ) se recuerda que se define como el cociente entre la potencia media en la subestación (S_n) y la potencia de cortocircuito de la línea, en el punto de conexión de la subestación eléctrica de tracción (S_{cc}).

Matemáticamente:

$$\mu = \frac{S_n}{S_{cc}}$$

Se acepta que el desequlibrio máximo admisible sea de 1,5% en régimen permanente y de 2% en corto periodo de tiempo.

Es importante destacar que la electrificación de una línea puede dar lugar a perturbaciones en ciertas instalaciones próximas a ésta, por causa de los fenómenos de inducción electromagnética generados por aquélla, a título indicativo, en instalaciones de señalización y de telecomunicaciones ferroviarias situadas cerca de la nueva línea; en instalaciones de telecomunicaciones de las compañías de autopistas, gas, teléfonos, etc. Por tanto, se requiere un estudio de su posible impacto y, en su caso, de las medidas de protección necesarias.

3.9 LA ELECTRIFICACIÓN DE LAS LÍNEAS DE FERROCARRIL EN LA ACTUALIDAD

Las ventajas de la electrificación de una línea de ferrocarril en relación con la explotación de la misma hacen que, en la actualidad, toda línea de nueva construcción se electrifique. ¿Qué sucede respecto a las líneas que permanecen sin electrificar y se explotan con tracción diésel? ¿Cuál es la tendencia actual?

No es posible responder de forma precisa, puesto que en la decisión de electrificar una línea intervienen numerosas variables que hacen que cada caso requiera de un análisis particular. No debe olvidarse que la electrificación de una línea necesita una inversión económica relevante y de ahí que sea preciso valorar adecuadamente las ventajas que se derivarían de una decisión favorable.

El análisis de las circunstancias que han concurrido en algunas de las últimas líneas electrificadas puede ayudar a comprender mejor el proceso que conduce a una decisión en tal sentido. Consideramos para ello, inicialmente, el caso de la línea Rennes-Saint Malo (Fig. 3.80a).

ELECTRIFICACIÓN DE LÍNEAS CLÁSICAS EN LA RED FRANCESA

a) Líneas de ferrocarril en Bretaña

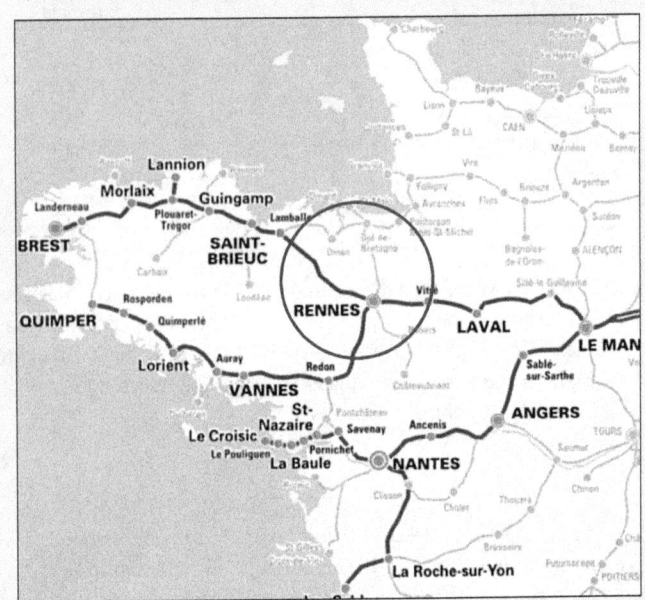

b) Línea Rennes-Saint-Malo

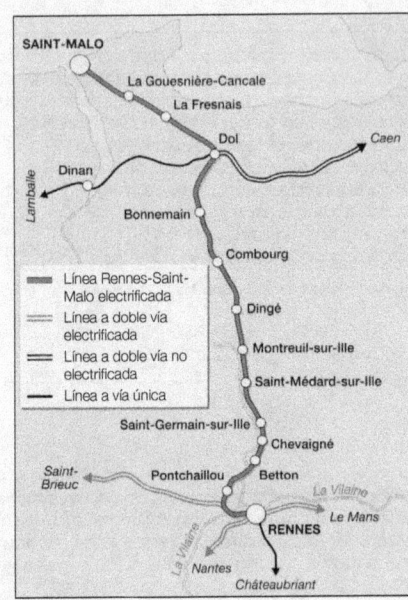

c) Línea Nantes-Les Sables d'Olonne

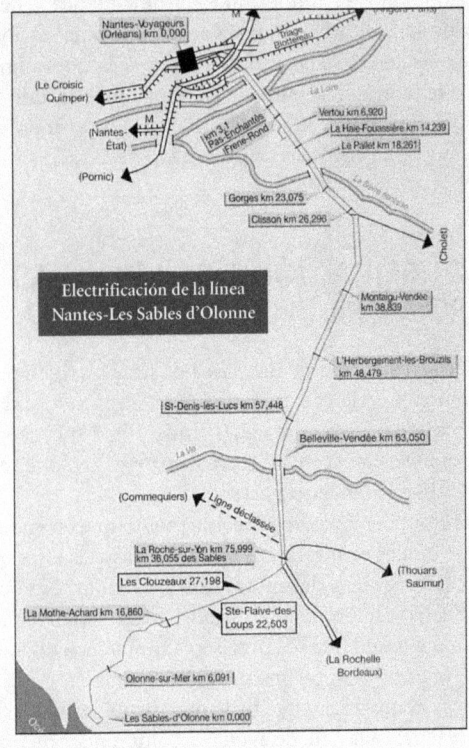

Fuente: B. Collardey (2004)

d) TGV París-Les Sables arrastrado con tracción diesel

Fuente: B. Collardey (2004)

e) Ter Nantes-Les Sables-d'Olonne

Fuente: B. Collardey (2004)

Fig. 3.80

Desde el año 1990, la apertura a la explotación comercial de la línea TGV Atlántico, que permitía llegar a las proximidades de Le Mans en alta velocidad (Fig. 3.80a), hacía posible que la relación París-Rennes se efectuase en prácticamente dos horas. Al no estar electrificada la sección Rennes-Saint Malo, no resultaba posible la continuación de las ramas TGV. De tal manera que la relación París-Saint Malo, con cambio en Rennes, daba lugar a un tiempo total de casi 3 h 30, a pesar de que la distancia Rennes-Saint Malo era de tan sólo 80 km.

La decisión de electrificar este tramo, unida a una modernización del trazado que ha permitido elevar la velocidad de circulación en algunos tramos de 120 a 150 km/h y, en otros, de 120 a 140 km/h, concluida en diciembre del año 2005, ha posibilitado el establecimiento de servicios directos entre París y Saint Malo con un tiempo de viaje ligeramente inferior a tres horas. Cuando la línea de alta velocidad entre Le Mans y Rennes sea realizada (horizonte 2012), el tiempo de viaje indicado con anterioridad se verá reducido a 2 h 15. En todo caso, resulta de interés destacar que la electrificación de la línea Rennes-Saint Malo y la modernización de su trazado supuso un trabajo de cuatro años y una inversión total de 135 millones de euros, es decir, 1,7 millones de euros/km, o bien, 4,5 millones de euros por minuto de tiempo ganado.

Una situación análoga motivó el inicio en el año 2005 de la electrificación de la línea Nantes-Les Sables d'Olonne (112 km), que estará concluida en el año 2008. Durante algún tiempo (2000-2004) el deseo de las autoridades locales condujo a adoptar una situación transitoria consistente (Fig. 3.80d) en remolcar el TGV en tracción diésel, lo que evitaba la ruptura de carga para los viajeros en Nantes, pero no significaba reducción en el tiempo de viaje.

En un contexto diferente se sitúa la decisión de electrificar la línea Tours-Nevers ($\simeq$ 200 km). Como se observa en la figura 3.81, esta conexión ferroviaria forma parte de la línea transversal Nantes-Lyon, que permite enlazar el complejo portuario de la fachada atlántica (Nantes/Saint-Nazaire) con la Región de Rhône-Alpes y, por vía de continuación, con el Mediterráneo, Alsacia, Suiza e Italia. De esta línea, la sección entre Vierzon y Bourges (28 km) fue electrificada en 1997, en corriente continua a 1.500 voltios, y la sección Saincaize-Nevers se encuentra también electrificada (Fig. 3.82).

La finalidad principal de la electrificación de esta línea transversal reside en potenciar las relaciones interregionales y el tráfico de mercancías, dado que los servicios de viajeros de largo recorrido se encuentran bien servidos con la utilización de las líneas de alta velocidad: TGV Atlántico, TGV Sudeste e Interconexión en París. Como ejemplo, la relación Lyon-Nantes se efectúa, en la actualidad, por las mencionadas líneas de alta velocidad en 4 h 20. Por el contrario, utilizando la línea transversal Lyon-Bourges-Vierzon-Tours-Nantes, el recorrido entre la primera y la última de las mencionadas ciudades no puede hacerse en menos de siete horas, a causa de las velocidades máximas a las que se puede circular por este itinerario. La electrificación prevista se efectuará en corriente alterna a 25 kV y 50 Hz, a pesar de que el tramo Vierzon-Bourges está electrificado, como se indicó, en corriente continua (1.500 v).

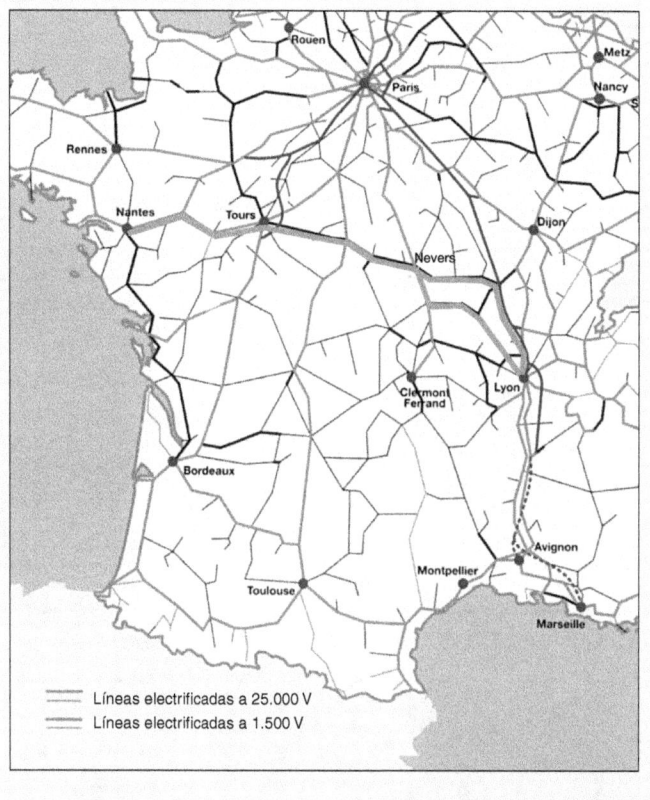

Fuente: RFF   Fig. 3.81

En análogo contexto (favorecer el transporte de mercancías) se inscribe la reciente (año 2002) electrificación de la línea Dinant-Athus (Fig. 3.83). En realidad se la conoce como la línea Athus-Meuse, siendo este último nombre el del río que pasa por la población de Dinant. Esta línea, de 142 km, a pesar de discurrir por territorio belga, cuyas líneas de ferrocarril se encuentran electrificadas a 3.000 voltios en corriente continua, ha sido electrificada a 25.000 voltios y 50 Hz, por las ventajas que presenta este sistema. La finalización de los trabajos potenció notablemente el tráfico de mercancías que desde el puerto de Amberes se dirige hacia Suiza e Italia en particular. En esta óptica de potenciación del puerto de Amberes se sitúa la electrificación de la denominada línea 24 entre Montzen y la frontera alemana (Fig. 3.84). Se trata de un tramo de tan sólo 8 km que evitará el cambio de tracción y permitirá tener electrificados los 162 km que unen el citado puerto con la frontera alemana.

Nos referiremos, finalmente, a la electrificación de la línea de Bourg-en-Bresse a Bellegarde, de 65 km de longitud (Fig. 3.85a). En la actualidad, las relaciones entre París y Ginebra por ferrocarril se realizan a través del recorrido formado por dos secciones. La primera, entre París y Maçon, en alta velocidad; la segunda, entre Maçon y

DETALLE DEL CORREDOR NANTES-LYON

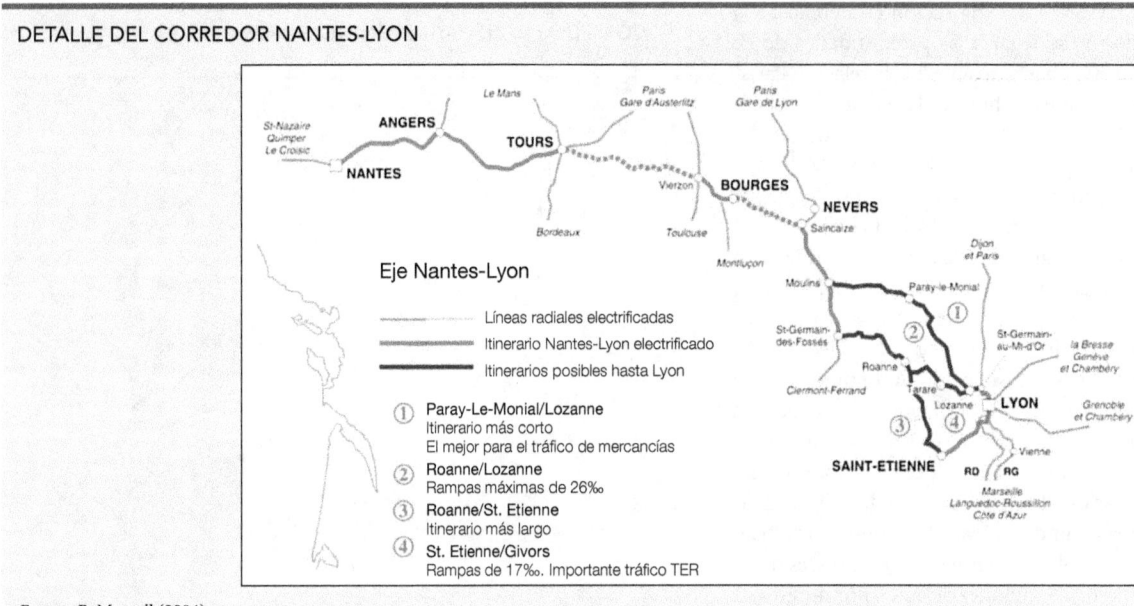

Fuente: B. Monteil (2004)   Fig. 3.82

ELECTRIFICACIÓN DE LA LÍNEA DINANT-ATHUS

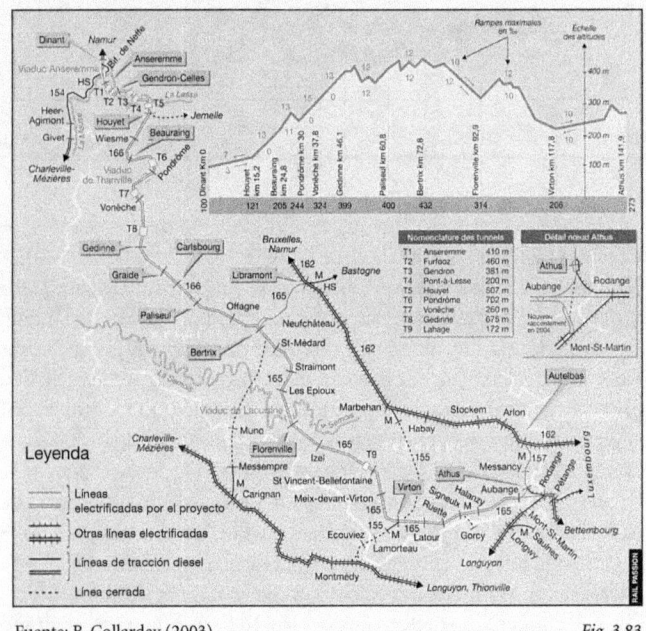

Fuente: B. Collardey (2003)   Fig. 3.83

ELECTRIFICACIÓN MONTZEN-FRONTERA ALEMANA

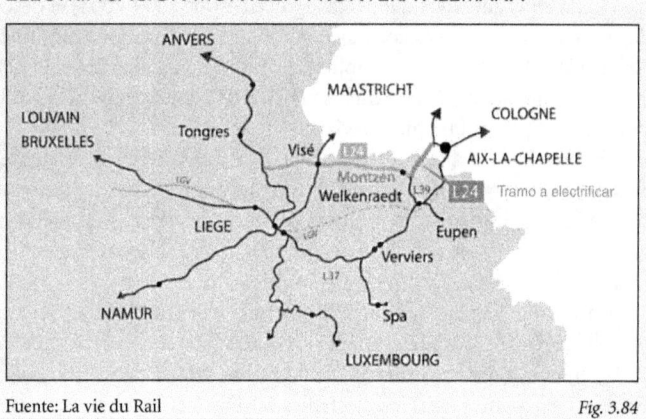

Fuente: La vie du Rail   Fig. 3.84

garde, dado que su distancia (65 km) es sensiblemente inferior a la que discurre desde Bourg-en-Bresse por Amberieu y Culoz, cuya longitud es de 112 km. Sin embargo, las dificultades que en términos de limitación de velocidades máximas presenta el trazado directo son importantes, tal como refleja la figura 3.85. De hecho, la línea se encontraba parcialmente cerrada al tráfico.

La necesidad de hacer más competitivos los servicios por ferrocarril entre París y Ginebra, 3h 30 en la actualidad, condujo a Francia y Suiza a analizar diversas actuaciones, tal como refleja la figura 3.85a, en particular un enlace vía Chambery y Annecy. La solución adoptada finalmente fue la modernización del trazado actual y la electrificación del mismo (Fig. 3.85d). Como se aprecia en la figura 3.85c, la eleva-

Ginebra a través del itinerario: Maçon-Bourg-en-Bresse-Amberieu-Culoz-Ginebra.

Desde una perspectiva puramente física, es indudable que el itinerario deseable sería el que une directamente Bourg-en-Bresse con Belle-

ción de las velocidades máximas de circulación será relevante. Esta situación, junto a la electrificación en 25 kV y 50 Hz, requerirá una inversión superior a 260 M euros. A su finalización, la relación París-Ginebra podrá efectuarse en 3 h, es decir, 30 minutos menos que en el momento actual.

En conclusión, la electrificación de una línea es el resultado de la consideración de diversas variables, que pueden ser distintas en cada caso, pero que se encuentran relacionadas con la economía de la explotación, la capacidad de transporte y el nivel de prestaciones comerciales. En el cuadro 3.16 se muestra la evolución de los sistemas de electrificación en Europa, en la segunda mitad del siglo XX y en la actualidad (año 2003).

CUADRO 3.16 EVOLUCIÓN DE LA LONGITUD DE LÍNEAS ELECTRIFICADAS (Km) EN EUROPA (1940-2003)

Sistema de corriente	Año						Variación 1970 a 2003
	1940		1970		2003		
	Total	%	Total	%	Total	%	
Continua 1.500 y 3.000 V	13.470	51	25.967	45	45.448	40	19.481
Monofásica a 15 kV y 16 $^2/_3$ Hz	12.995	49	23.462	41	36.225	31	12.763
Monofásica a 25 kV y 50 Hz	245	–	8.948	14	33.207	29	24.259
Total	26.510	100	57.927	100	114.880	100	56.953

Fuente: Adaptado de F. Delaborde (2005).

ELECTRIFICACIÓN DE LA LÍNEA BOURG-EN-BRESSE-BELLEGARDE

a) Ubicación de la línea *b)* Sinuosidad del trazado *c)* Diagrama de velocidades

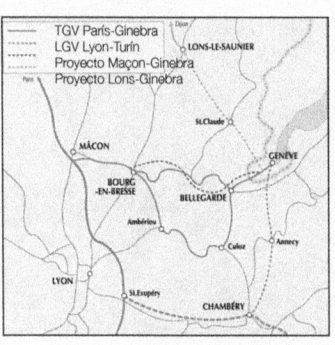

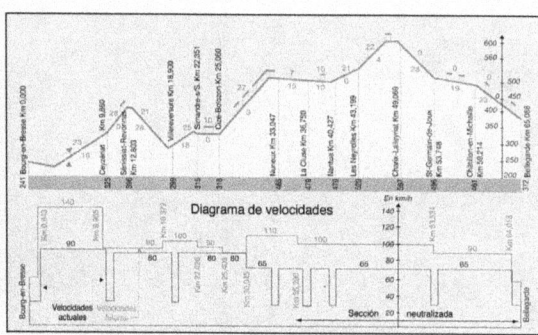

d) Actuaciones previstas

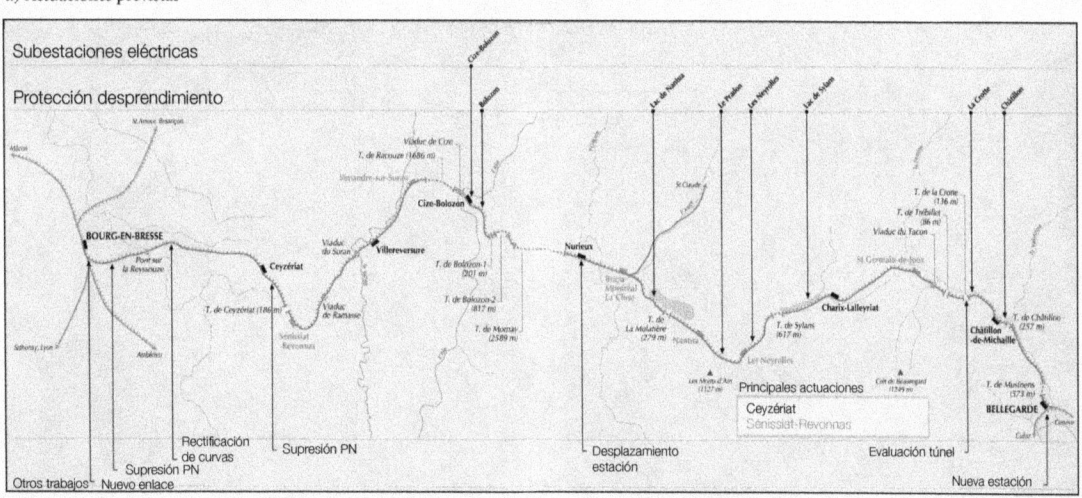

Fuente: O. Carmelle et al. (2006)

Fig. 3.85

4

SISTEMAS TÉCNICOS DE EXPLOTACIÓN

4.1 INTRODUCCIÓN

El objetivo principal de los distintos sistemas de explotación es permitir la circulación segura de los trenes evitando que se produzcan alcances, cuando se desplazan en el mismo sentido, o bien, choques cuando se mueven en sentido contrario.

Como se indicó con anterioridad, en los comienzos del ferrocarril la protección de los trenes se aseguró por medio de guardas que presentaban señal de parada desde el momento del paso de un tren. Esta señal se mantenía durante un tiempo determinado, generalmente de cinco a diez minutos. En este periodo temporal todo tren que llegaba a la señal debía pararse. Esta reglamentación de la circulación fue denominada *espaciamiento de trenes por el tiempo*.

Se comprende, no obstante, que este sistema sólo aseguraba un intervalo conveniente entre dos trenes consecutivos si estos respetaban la velocidad normal. Por otro lado, este modo de señalización tenía el inconveniente de limitar notablemente la capacidad de las líneas: seis trenes por hora, si el intervalo entre dos consecutivos era de diez minutos, o bien, cuatro trenes por hora, si el perfil de la línea exigía intervalos de quince minutos. Finalmente, el sistema no daba seguridad plena, por cuanto la protección del tren, en el caso de una parada en plena vía, dependía exclusivamente de los agentes del tren averiado. En este caso, el conductor del mismo debía correr en sentido contrario al de la marcha del tren para avisar al siguiente tren del problema existente.

Los accidentes, que se produjeron en aquel entonces pusieron de manifiesto la insuficiencia del sistema y la necesidad del *sistema de espaciamiento por intervalo*, que se denominó, genéricamente, *sistema de bloqueo*. Como se expuso con anterioridad, la vía se dividió en una serie de cantones, estando autorizada la entrada a cada uno de ellos por una señal. Esta indicaba detención desde el momento en que un tren entraba en un cantón, y no indicaba vía libre hasta que el tren no hubiese salido del citado cantón.

El conjunto de las señales colocadas en una línea se podían accionar a mano o bien automáticamente. En líneas de poca circulación el sistema de señalización podía quedar reducido, en realidad, a utilizar las estaciones como puestos de bloqueo. En cambio, en líneas de fuerte densidad de tráfico, los puestos de bloqueo se intercalaban entre las estaciones. Se comprende que al aumentar el número de cantones en una línea se incrementase también el número de trenes circulando simultáneamente en la misma y, por tanto, la capacidad de la línea.

4.2 ESTACIONES DE LÍNEA

La explotación de una línea viene condicionada por las instalaciones existentes a lo largo de la misma, instalaciones que esencialmente se refieren a contar o no con vía doble, y en el caso de tramos en vía única, a la distancia entre estaciones y a la playa de vías ubicada en ellas, influyendo de forma importante la longitud de las vías en las citadas estaciones, que, como se expondrá posteriormente, condiciona la posibilidad de cruce de trenes en una estación dada.

Es conveniente, por tanto, disponer de una cierta visión de conjunto sobre la configuración de una red ferroviaria, en relación con las instalaciones indicadas, antes de analizar los sistemas de explotación adoptados para cada tipo de línea. Cabe recordar que el desarrollo de la red en un país dado se produjo a través de la configuración de itinerarios en los que se instalaban secciones de línea en vía

EVOLUCIÓN DE LA RED FERROVIARIA DE RENFE (1983-2002)

a) Red ferroviaria española en 1983

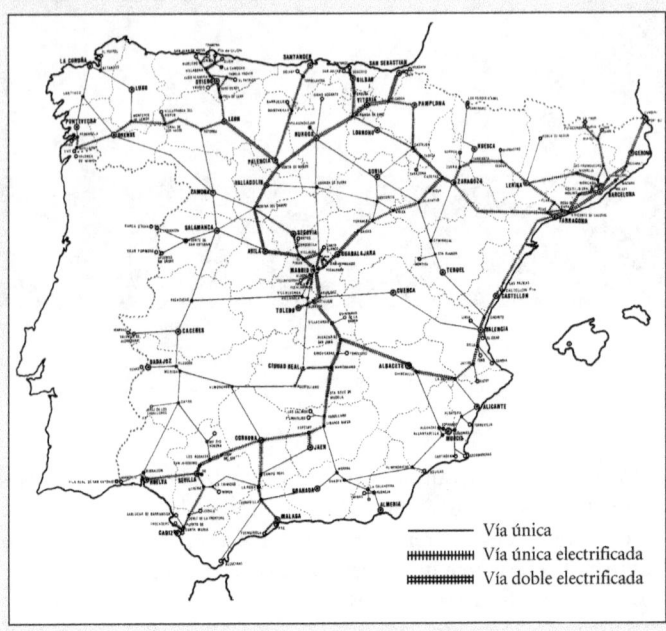

b) Red ferroviaria española en 2002

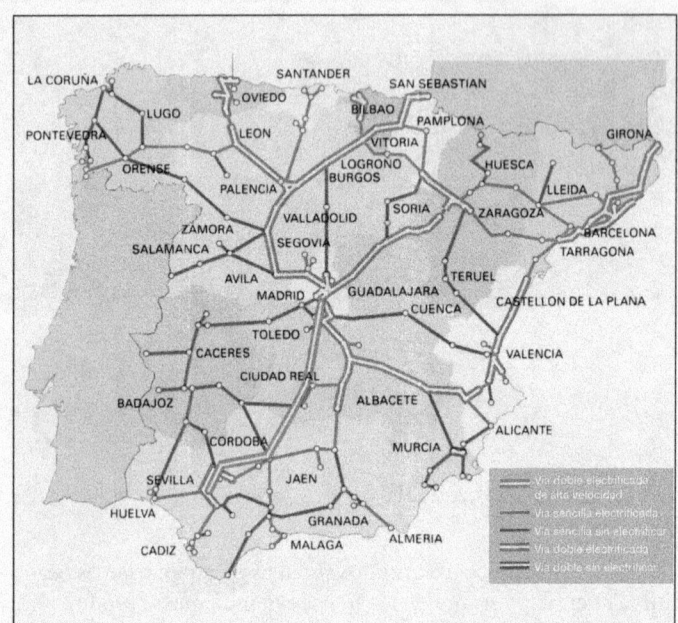

Fuente: RENFE y Pilar Lozano

Fig. 4.1

única o en vía doble, normalmente en función de la importancia del tráfico y teniendo en cuenta también la magnitud de las dificultades orográficas del terreno por el que discurría cada línea.

En este contexto, es de interés observar en la figura 4.1 a la situación de la red ferroviaria española a comienzos de la década de los años ochenta del siglo XX. En ella se constata la existencia de algunos tramos en vía única en relaciones de primer orden. Tal situación se daba entre Baides y Ricla, en la línea Madrid-Barcelona; entre Castellón y Tarragona, en la línea Valencia-Barcelona; entre la Encina y Játiva, en la línea Madrid-Valencia, o entre Santa Cruz de Mudela y Lora del Río, en la línea Madrid-Sevilla, por no citar más que algunos de los ejemplos más representativos.

Con el paso del tiempo, esta situación se fue modificando en la medida en que se llevó a cabo la duplicación de vía en algunos de los tramos mencionados o se construyeron itinerarios alternativos, como fue el caso de la línea de alta velocidad entre Madrid, Córdoba y Sevilla. La situación de la red ferroviaria española a comienzos del siglo XXI se muestra en la figura 4.1b.

4.2.1 Configuración de vías en estaciones de líneas con vía única

La tipología de vías que puede verse en este grupo de estaciones es muy diversa, tal como se refleja en la figura 4.2. Así, en función de la importancia del tráfico, disponen de una o dos vías de apartado (Fig. 4.2a y Fig. 4.2b). En ocasiones, la proximidad de centros industriales de producción aconseja que las vías que comunican con los mismos se unan a la línea general en las propias estaciones (Fig. 4.2c) con objeto de limitar las posibles interferencias con la vía denominada *general*. La importancia del tráfico de mercancías en una estación puede dar lugar a la existencia de un número de vías de apartado relativamente elevado (Fig. 4.2d). A los efectos de la explotación de la línea, una de las variables de mayor incidencia es la longitud de las vías de apartado para posibilitar el cruce de trenes. La figura 4.3 muestra la variedad tipológica de estaciones que se encuentran en el itinerario Cartagena-Murcia, a título indicativo.

EJEMPLOS DE CONFIGURACIÓN DE VÍAS EN ESTACIONES DE LÍNEAS EN VÍA ÚNICA

a)

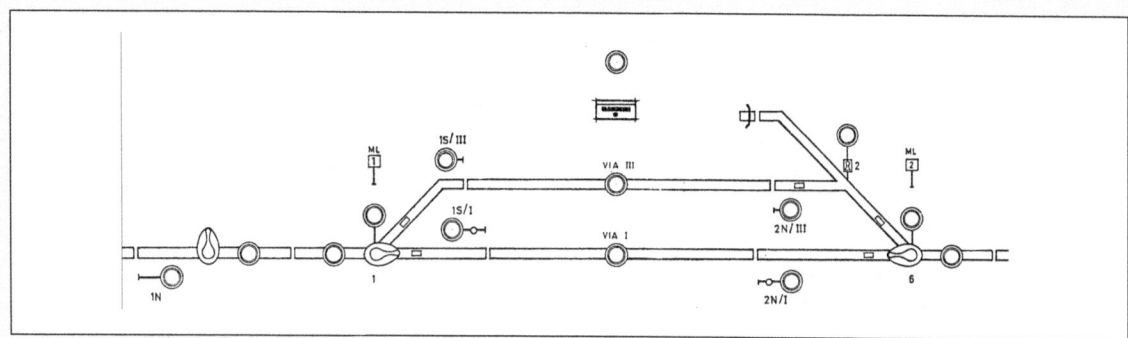

b)

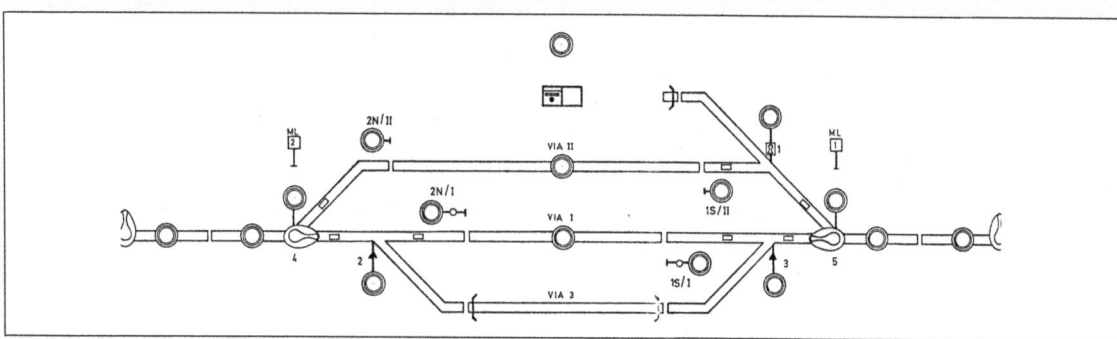

c)

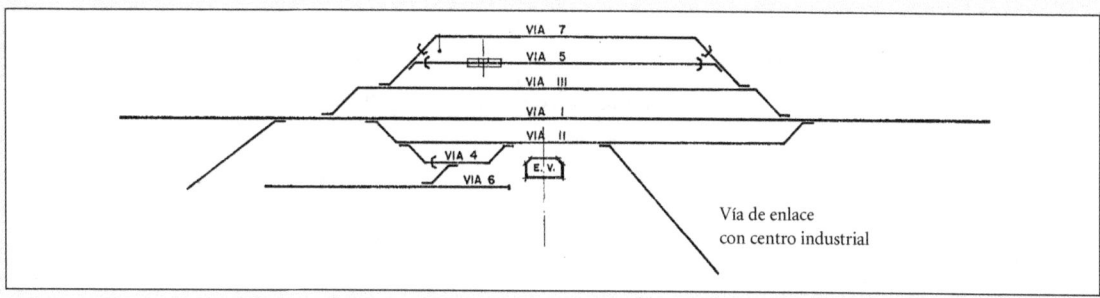

d)

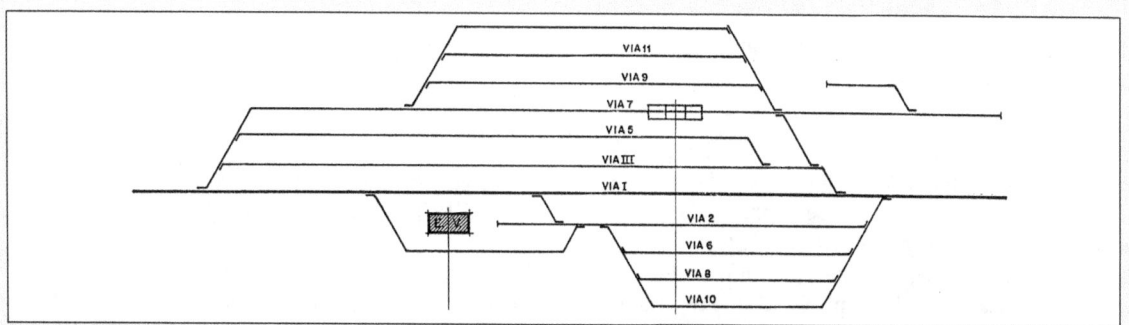

Fuente: Adaptado de RENFE

Fig. 4.2

ESTACIONES DE LA LÍNEA MURCIA-CARTAGENA

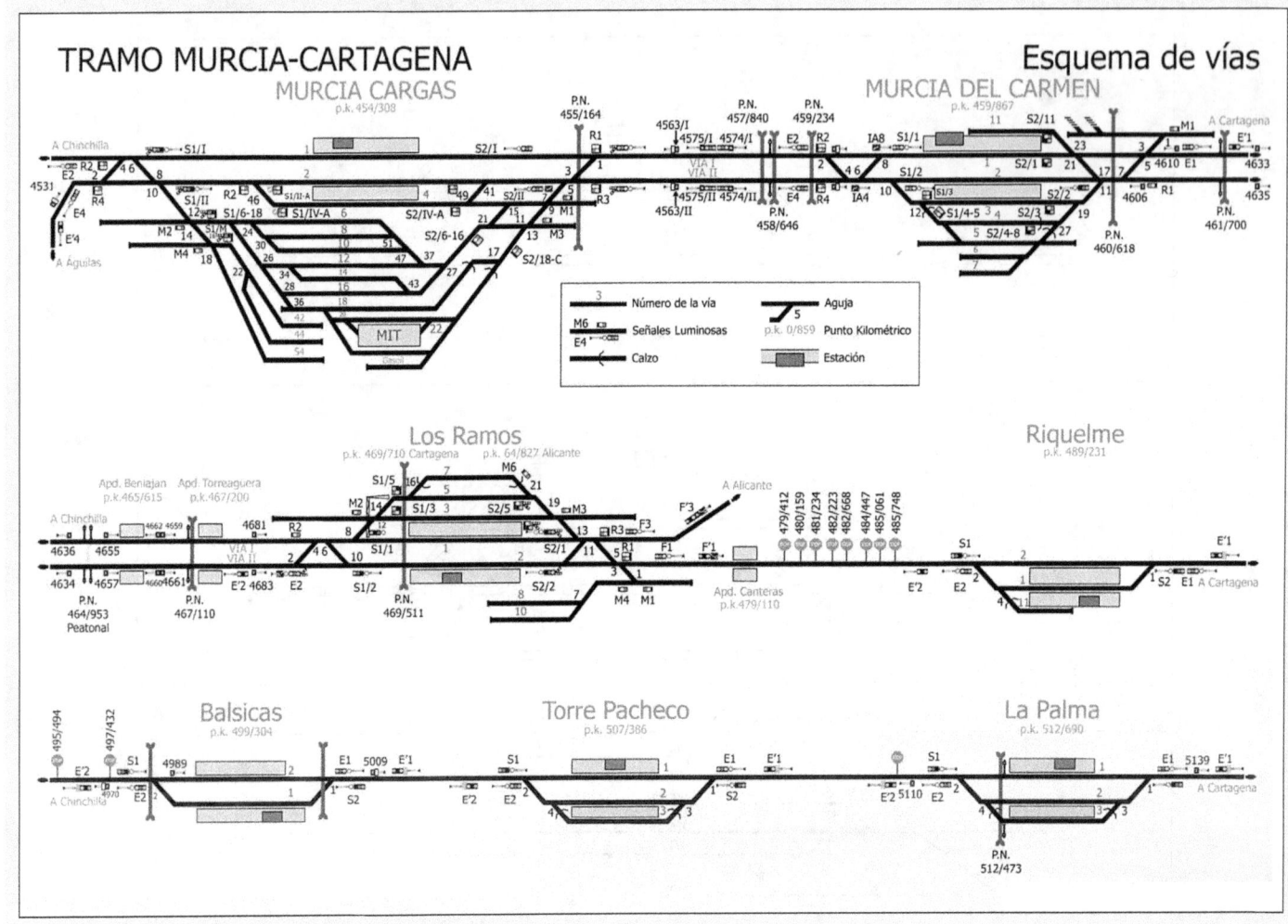

Fuente: Manuel Galán y Gabriel Galán

Fig. 4.3

4.2.2 Configuración de vías en estaciones de líneas con vía doble

De forma análoga, en la figura 4.4 se muestran algunos ejemplos de la playa de vías en estaciones insertadas en líneas que disponen de vía doble. En la figura 4.4b puede observarse la presencia de dos pasos a nivel en el ámbito de la propia estación. El sistema de protección de ambos se encuentra integrado en el conjunto de dispositivos que gobierna la señalización de la propia estación. En la figura 4.4c aparecen reflejados los andenes que permiten la bajada y subida de los viajeros. Como se verá posteriormente, tres son los factores que caracterizan, esencialmente, a los mismos: altura sobre el carril, ancho y longitud.

4.3 ANÁLISIS DE LOS PRINCIPALES SISTEMAS DE BLOQUEO

Se entiende por *bloqueo* todo procedimiento verbal, escrito o tecnológico que sirva para evitar la colisión frontal en vía única y el alcance de trenes en vía doble. A continuación se describen los principales sistemas de bloqueos utilizados.

EJEMPLOS DE CONFIGURACIÓN DE VÍAS EN ESTACIONES DE LÍNEAS CON DOBLE VÍA

a)

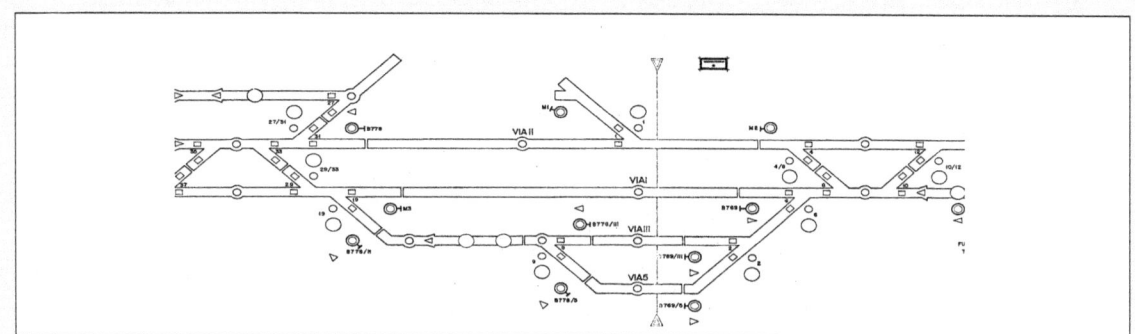

b)

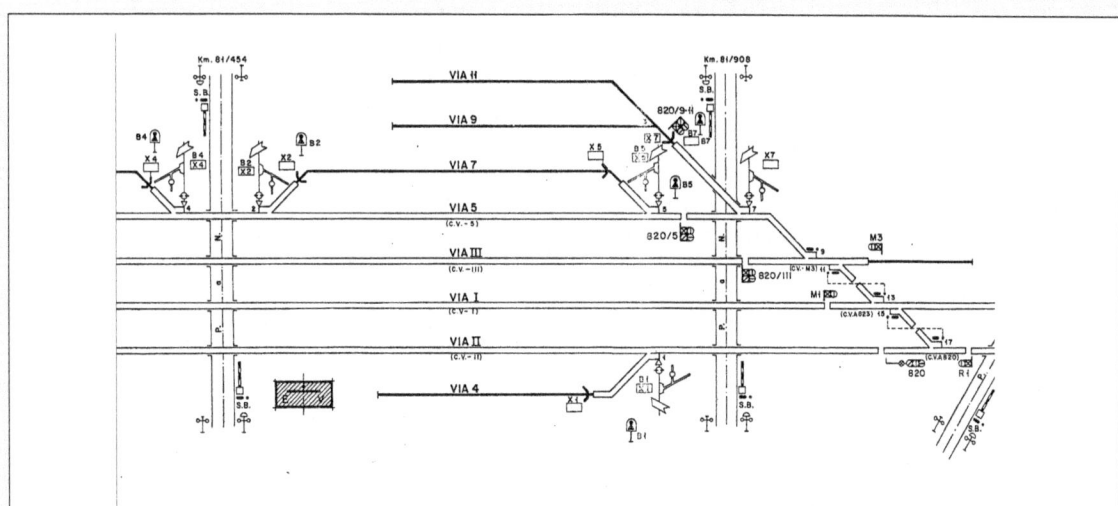

c)

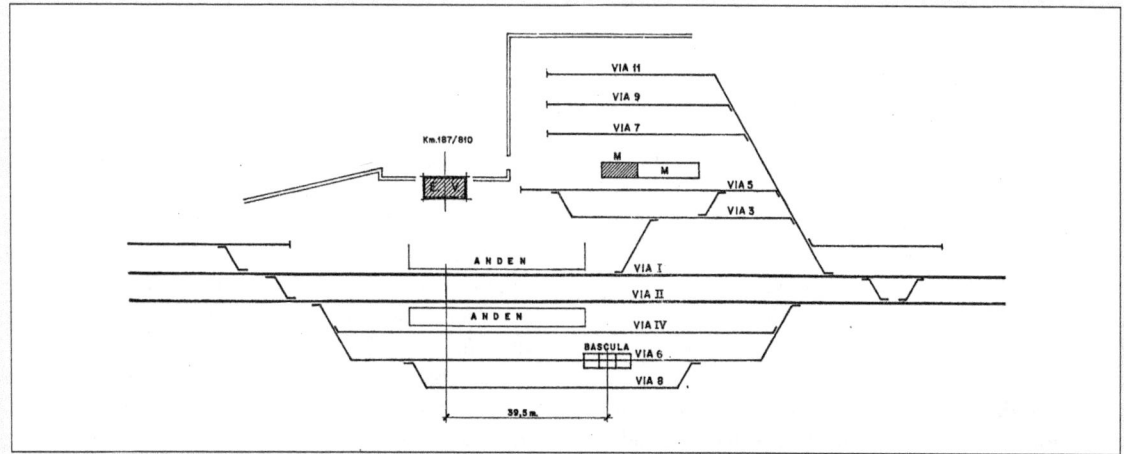

Fuente: RENFE

Fig. 4.4

4.3.1 Bloqueo telefónico

Ha sido el sistema más generalizado en el ferrocarril español para líneas en vía única. En este sistema la seguridad de las circulaciones se logra mediante el aviso de la llegada del tren a una estación (A) (Fig. 4.5a), la petición de vía por parte de esta estación a la contigua (B), y la concesión por esta última estación de dicha solicitud por medio de telefonemas emitidos al efecto.

Este sistema es, evidentemente, muy flexible, puesto que permite expedir cualquier circulación, y en cada sentido, sin necesidad de preverla con anterioridad. Por el contrario, la detención de los trenes era total si se producía una avería telefónica. Por otro lado, si la distancia entre las estaciones contiguas era muy elevada, la capacidad de la línea se limitaba sensiblemente, al tener que esperar un tren a la llegada de otro tren a la estación siguiente.

4.3.2 Bloqueo eléctrico manual

Se trata de un sistema eléctrico que relaciona la señalización de las estaciones colaterales, de tal modo que cuando una de ellas expida un tren hacia la otra, queden imposibilitadas las señales de salida de ambas para poder abrirse mientras el tren no haya llegado a su destino (estación próxima). Existieron, en su momento, dos tipos de bloqueos eléctricos: el primero, denominado *toma de vía*, y el segundo, conocido bajo la denominación: *petición-concesión*.

El primero (Fig. 4.5b1) permitía que cualquiera de las dos estaciones contiguas tomase la prioridad para enviar un tren. Bastaba para ello girar una maneta dispuesta al efecto, y a continuación abrir la señal de salida. Eso significaba que si en las dos estaciones había un tren preparado para salir (suponemos que existía vía única entre ambas estaciones), el primer agente ferroviario que efectuase el movimiento de la citada maneta podía enviar su tren hacia la otra estación, en perjuicio tal vez del otro tren, cuya marcha pudiera ser más rápida.

Surgió de este modo el segundo sistema: *petición-concesión*, que presentaba (Fig. 4.5b2) respecto al sistema anterior una diferencia sustancial, puesto que para que una estación pudiese abrir su señal de salida era necesario que se pusiese de acuerdo con la estación colateral. En efecto, al girar la maneta para pedir vía, la estación contigua recibía una señal acústica en una sonería y otra luminosa en un visor del cuadro de mando. La estación contigua podía, girando la correspondiente maneta, conceder o denegar la autorización de salida del tren desde la otra estación. Las señales eran accionadas por los agentes ferroviarios de cada estación.

4.3.3 Bloqueo automático

La introducción en la explotación ferroviaria de este sistema se deriva del lógico deseo de suprimir la intervención humana en el accionamiento de las señales de bloqueo. Con este nuevo sistema, son las propias circulaciones quienes establecen a su paso la señalización correspondiente.

4.3.3.1 Con pedales

El sistema más sencillo de bloqueo automático fue el constituido por unos dispositivos colocados próximos al carril (denominados pedales), de tal modo que al pisar sobre ellos las ruedas de los vehículos accionaban interruptores eléctricos que ponían en funcionamiento el mecanismo que actuaba sobre las señales. Uno de sus inconvenientes se derivaba del hecho de que, en caso de que el tren no llegase completo a la siguiente estación (por ejemplo por rotura del gancho de tracción en el último o últimos vehículos), el sistema no tendría en cuenta este hecho y, creyendo que la vía estaba libre, permitiría la salida de un nuevo tren con el consiguiente riesgo de accidente. Por ello, la estación que recibía un tren debía comprobar que el tren llegaba completo. Bastaba para ello que verificase que el vehículo de cola llevaba las correspondientes señales que permitían reconocerle como tal.

4.3.3.2 Con contadores de ejes

Una variante del primitivo sistema expuesto en el apartado anterior es el constituido por *contadores de ejes*. En su versión inicial estaban formados, esencialmente (Fig. 4.6a), por un imán que se colocaba con sus armaduras frente a la cabeza del carril. Al paso de una rueda por él, en la posición M, se interponía entre el imán y el carril. El impulso producido por cada rueda en la bobina del imán hacía que el mecanismo se alejase de su posición de reposo cada vez un poco más. En el extremo opuesto de la línea (posición N de la Fig. 4.6a), el paso de cada rueda provocaba una acción en el imán de sentido contrario, es decir, el mecanismo se movía hacia su posición de reposo. Se trataba, por tanto, de verificar que el número de ejes que había pasado por M era igual al de N, actuando en este caso convenientemente la señal correspondiente.

En tiempos más recientes, desde hace aproximadamente un par de décadas, los contadores de ejes dotados de equipos electrónicos (técnicamente más seguros para revelar la presencia y el sentido de circulación de un determinado tren) en una sección específica de vía se utilizan como alternativa a los circuitos de vía, representando una notable reducción de la inversión económica necesaria.

La ocupación de una vía se determina con la ayuda de un contador electrónico (Fig. 4.6b) cuyo contenido se va incrementando por cada eje que entra en la sección de vía y disminuyendo

SISTEMAS TÉCNICOS DE EXPLOTACIÓN

BLOQUEO TELEFÓNICO

a.1)

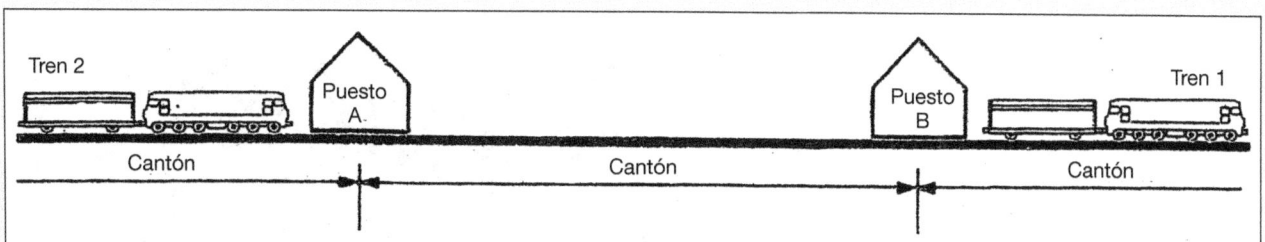

a.2) *a.3)*

BLOQUEO ELÉCTRICO MANUAL

b.1) Sistema «Toma de vía»

b.2) Sistema «Petición-concesión»

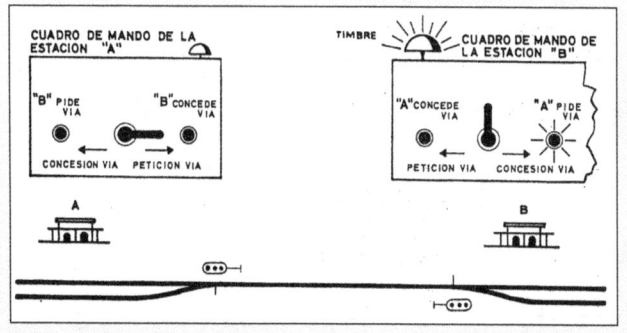
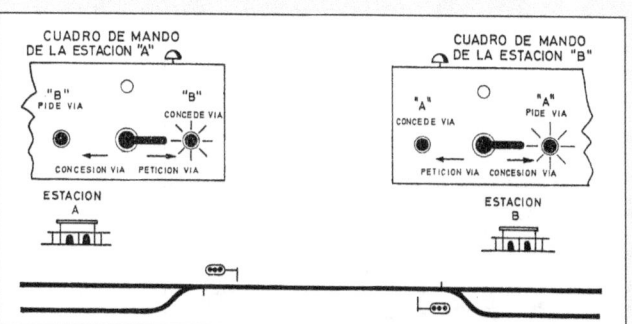

Fuente: RENFE y P. Lozano

Fig. 4.5

BLOQUEO AUTOMÁTICO ENTRE ESTACIONES CON CONTADORES DE EJES

a)
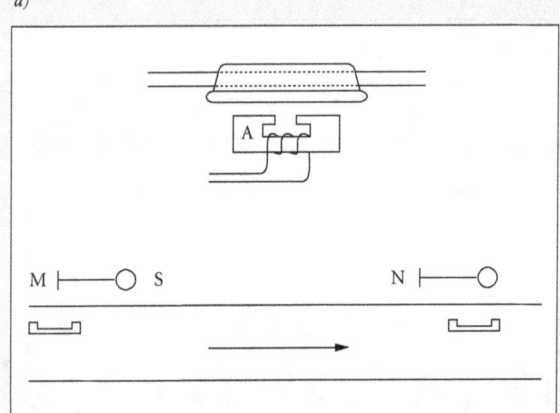

b)

c)

d)
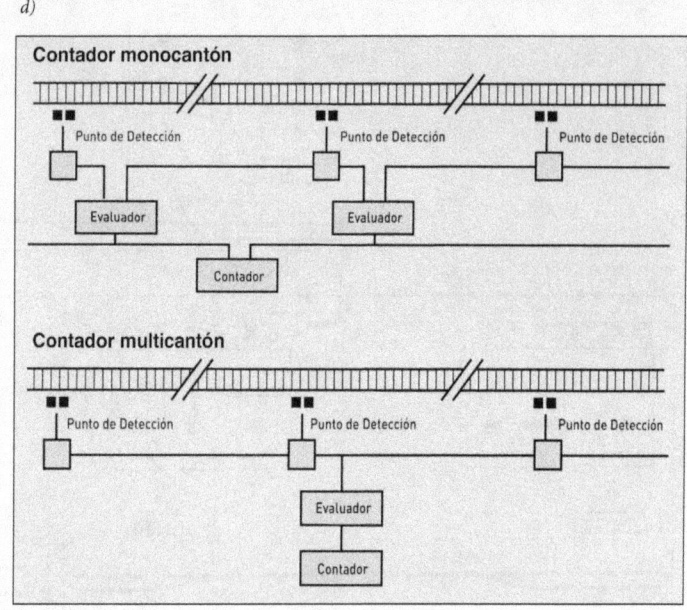

Fuente: RENFE y Víctor González (2007)

Fig. 4.6

por cada eje que sale de la misma (Fig. 4.6c). El circuito estará ocupado cuando el valor neto del recuento entre los puntos de detección sea positivo, es decir, cuando el número de ejes que entran en una sección es superior al de ejes que salen de la misma. Los modernos contadores de ejes están basados en microprocesadores y utilizan códigos para asegurar la transmisión de los datos con independencia del equipo de comunicación que se utilice: cable de cobre, fibra óptica o radio.

Los sistemas de contadores de ejes pueden ser monocantón o multicantón (Fig. 4.6d). En el primer caso, los contadores de ejes utilizan un evaluador por sección de vía supervisada. En el segundo tipo, un solo evaluador supervisa las diferentes secciones o tramos de vía. El sistema más utilizado hoy día es el multicantón. En el ferrocarril español (ADIF) existen algunas líneas funcionando con este sistema.

4.3.3.3 Con circuitos de vía

Como se indicó con anterioridad, un circuito de vía está formado por un tramo de vía denominado cantón, aislado eléctricamente del cantón adyacente, sin detrimento de la resistencia mecánica exigida por la rodadura y el guiado de los trenes. El funcionamiento más sencillo de circuito de vía corresponde al esquema de la figura 4.7a. En él se observa como ambos carriles se encuentran conectados a un generador de corriente (G). En el extremo opuesto de los carriles se derivan de ellos las terminales de un relé R. Si el cantón estuviese libre de circulaciones, la corriente dada por G recorrería la bobina de R y mantendría atraída la armadura (a), con lo que estaría encendida la luz verde de la señal (S1) del cantón, indicando por tanto vía libre.

Si en estas condiciones entrase una circulación por el extremo (1) del circuito de vía, el eje de los vehículos *shuntaría* el circuito, es decir, la corriente generada por G pasaría por el eje y no llegaría al relé. Por tanto, este se desexcitaría y caería su armadura, apagándose la luz verde y encendiéndose la luz roja, al estar el cantón ocupado. El relé no volverá a excitarse y la señal no recobrará la indicación de vía libre hasta que el último eje del tren haya rebasado la junta aislante (2).

Con este dispositivo se constata que no existen más que dos indicaciones: señal verde (vía libre) y señal roja (de parada del tren). Ahora bien, el maquinista no puede encontrarse bruscamente con la señal de parada; es preciso que encuentre siempre y con anterioridad una señal de precaución (amarillo), de forma que disponga de suficiente espacio para frenar.

Se requiere, en consecuencia, que cuando un cantón esté ocupado, la señal que le protege se encuentre en rojo, pero también que, simultáneamente, la señal del cantón anterior dé la indicación amarilla de precaución. En síntesis, para que una señal esté en verde (vía libre) no basta con que el cantón que protege esté libre, sino que ha de estarlo también el cantón siguiente.

El modo en que se resolvió esta necesidad puede visualizarse en la figura 4.7b: utilizando los llamados relés de vía y los relés de línea

BLOQUEO AUTOMÁTICO CON CIRCUITOS DE VÍA

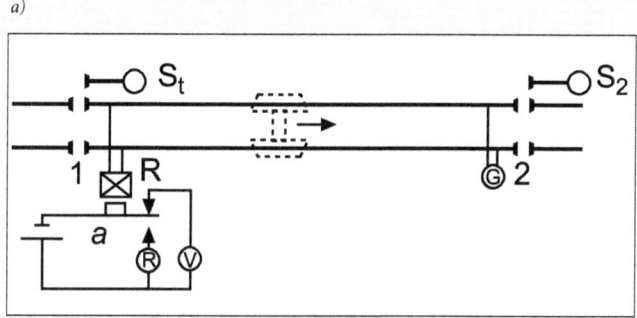

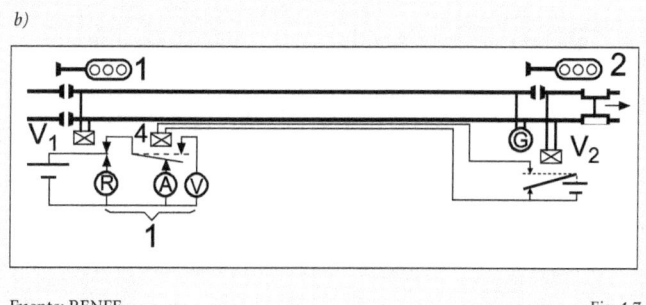

Fuente: RENFE
Fig. 4.7

(L). Nótese que al estar el cantón (1) libre, el relé de vía (V1) está excitado. El relé de vía (V2) del cantón siguiente estará desexcitado, por estar, como se ve en la figura 4.4b, su vía ocupada. En este caso, el relé de línea (L1) de la señal (1) se encontrará también desexcitado y la luz encendida será la amarilla, es decir, la de anuncio de precaución.

4.3.3.4 Bloqueo automático luminoso

Este tipo de bloqueo resulta de la combinación de los circuitos de vía y de la señalización luminosa. Como se observa en la figura 4.8, cada panel luminoso presenta tres focos: verde, amarillo y rojo, encontrándose bajo la dependencia de dos relés: relé de vía del cantón que cubre, y relé de línea que está bajo la dependencia del relé de vía del cantón siguiente. La longitud media de los cantones en plena vía, entre dos paneles consecutivos, es del orden de 1,5 km. La figura 4.9 muestra la secuencia del cambio de las señales durante el funcionamiento del bloqueo automático luminoso.

En los ferrocarriles franceses se utiliza un tipo de bloqueo automático denominado *permisividad restringida* y designado por las siglas BAPR. Se utiliza en líneas con velocidad máxima de 160 km/h, y se caracteriza porque los cantones tienen una longitud superior a 6 km. En la figura 4.10, se compara este tipo de bloqueo con el bloqueo automático luminoso.

PRINCIPIO DE FUNCIONAMIENTO DEL BLOQUEO AUTOMÁTICO LUMINOSO

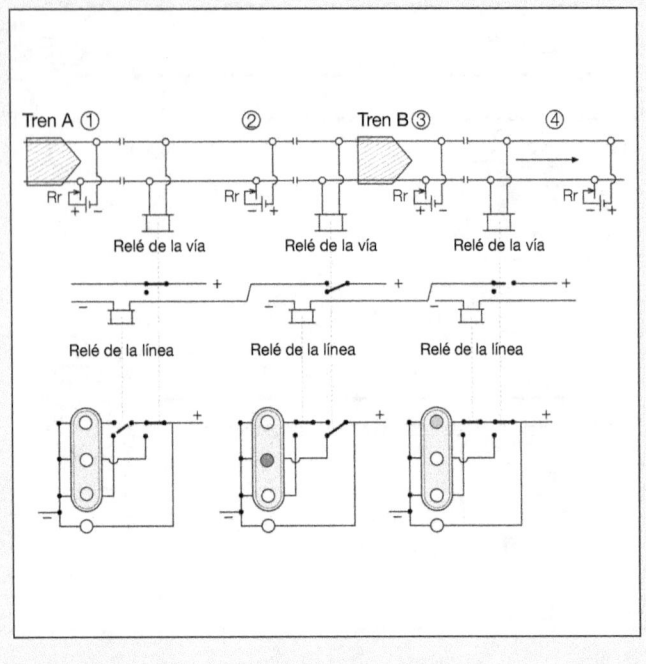

Fuente: RENFE

Fig. 4.8

SECUENCIA DEL CAMBIO DE SEÑALES DURANTE EL FUNCIONAMIENTO DEL BLOQUEO AUTOMÁTICO LUMINOSO EN DOBLE VÍA

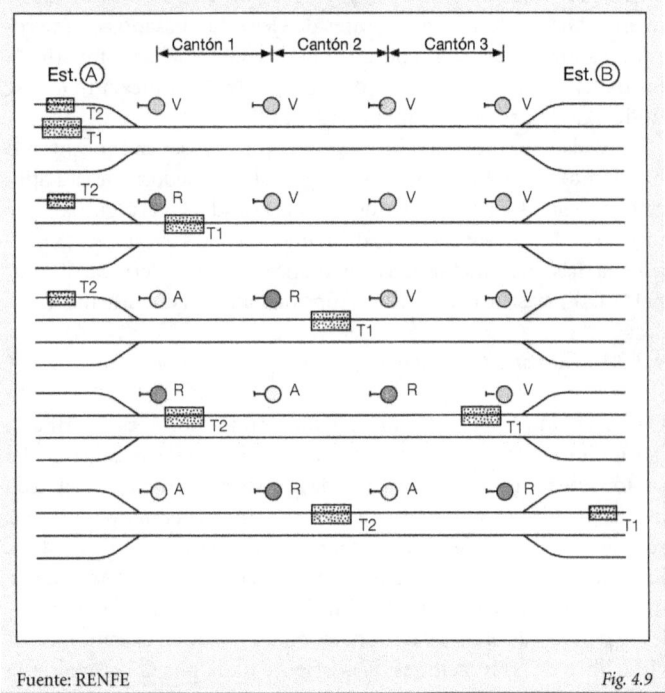

Fuente: RENFE

Fig. 4.9

BLOQUEO AUTOMÁTICO LUMINOSO Y A PERMISIVIDAD RESTRINGIDA

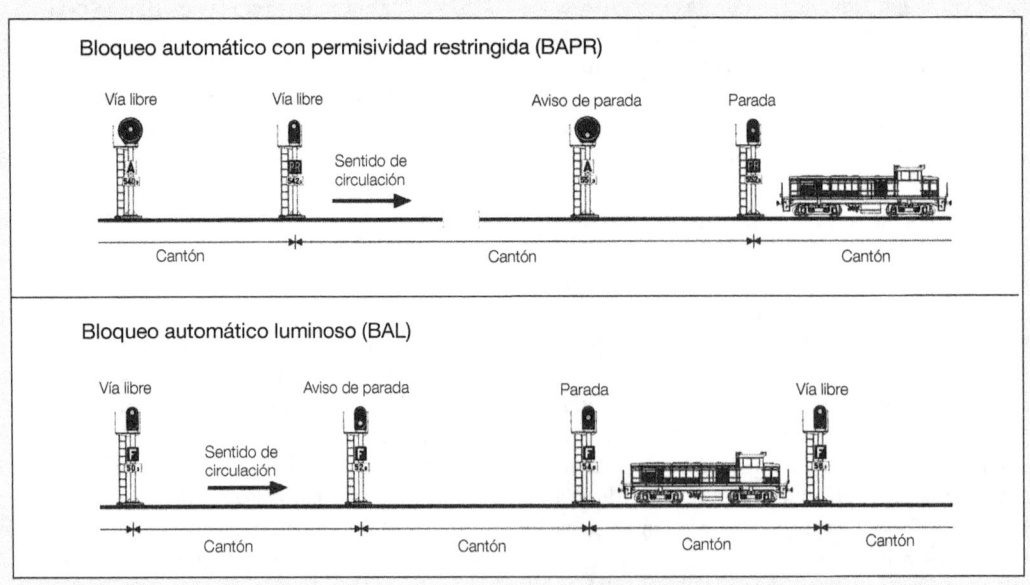

Fuente: P. Lherbon (2005)

Fig. 4.10

4.3.3.5 Bloqueo automático con CTC

El significado de este tipo bloqueo: control de tráfico centralizado (CTC) corresponde, como su nombre indica, a un sistema de señalización en el que un solo operador gobierna todo el tráfico existente en un trayecto determinado a través del telemando desde una mesa o pupitre, y todas las agujas y señales existentes en dicho trayecto. Las órdenes de mando desde la citada mesa a los aparatos de vía y a las señales colocadas a lo largo de la línea se transmiten mediante impulsos eléctricos, modificando la posición de aquellos.

Como se deduce de la exposición precedente, la implantación del CTC permitía, en teoría, la supresión completa del personal de circulación que trabajaba en las estaciones, lo que implicaba una importante reducción de costes.

El sistema CTC es de origen americano y se desarrolló mucho antes que en Europa y también en mayor extensión. La razón de ser de esta realidad se encuentra en el modo diferente de concebir la explotación en uno y otro continente. En efecto, en EEUU, por las circunstancias que se dieron durante la construcción del ferrocarril hacia las despobladas tierras del Oeste, la explotación se organizó de manera que no fuese preciso disponer de personal en las estaciones de paso, que en realidad no solían ser estaciones con el significado europeo, sino más bien apartaderos para los cruces y alcances de trenes. En Europa, por el contrario, era el personal de las estaciones el que tenía a su cargo la función de la circulación y el que ejecutaba la maniobra de las agujas y señales, utilizando el bloqueo telefónico o el bloqueo manual para coordinarse con las estaciones colaterales,

En España, el primer CTC en vía única se instaló en 1954 en el trayecto comprendido entre las estaciones de Ponferrada y Brañuelas (49 km) (Fig. 4.11). Con posterioridad, se fue utilizando este sistema perfeccionado en otros itinerarios de la red ferroviaria española, de tal modo que, a finales de la década pasada, el sistema CTC afectaba en la red convencional a más de 3.100 km de líneas (Fig. 4.12a). Al finalizar

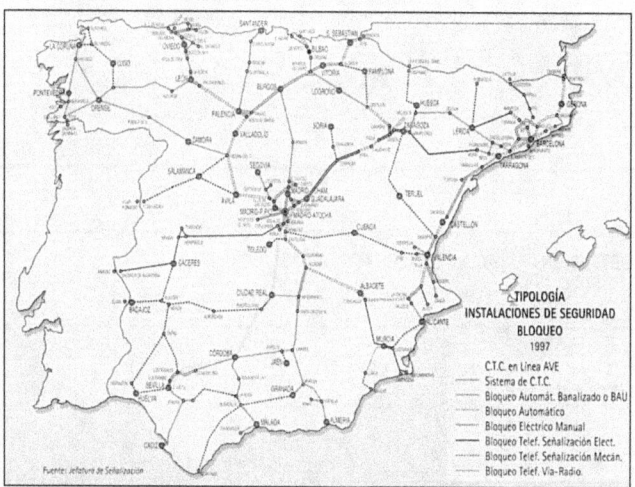

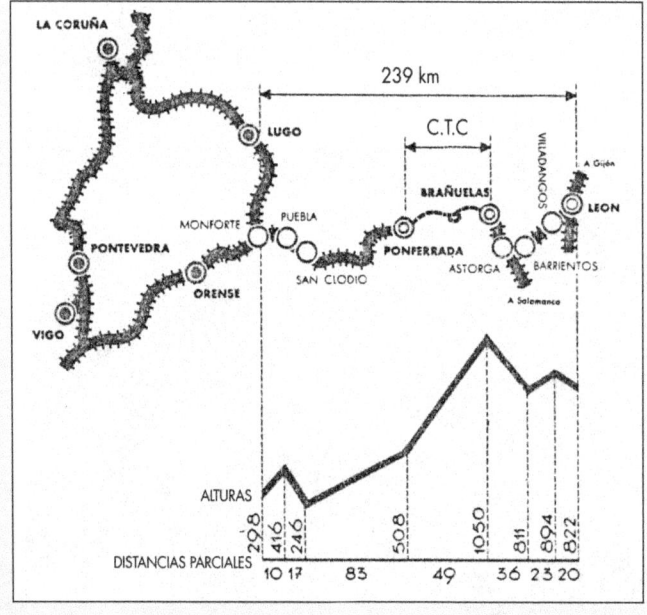

Fuente: Mateo Silvela (1955) Fig. 4.11

Fuente: RENFE (2005) Fig. 4.12

PUESTO DE MANDO DE UN CTC ACTUAL: LEÓN (1993)

Fuente: RENFE   Fig. 4.13

la presente década, el CTC afectará a las líneas indicadas en la figura 4.12b. Por último, en la figura 4.13 se muestra un puesto de mando actual de un CTC.

Los elementos básicos del CTC: mesa de control con reproducción de los esquemas de vías en la línea y en las estaciones, así como el accionamiento eléctrico de agujas y señales, se visualizan en la figura 4.14 para la sección comprendida entre Montcada-Ripollet y Vic ($\simeq 60$ km). Desde el puesto central ubicado en la estación de Barcelona-Sants, se controlan 70 señales de vía general, 6 pasos a nivel y 36 motores. El esquema representado corresponde a la situación de 1990, que afectaba a más de 60 circulaciones/día.

4.4 VÍAS BANALIZADAS E INSTALACIONES PERMANENTES DE CONTRASENTIDO

La característica más habitual de la explotación de una línea en vía doble reside en la utilización de cada una de ellas para un sentido de

ESTACIONES BAJO EL CONTROL DEL CTC

a)

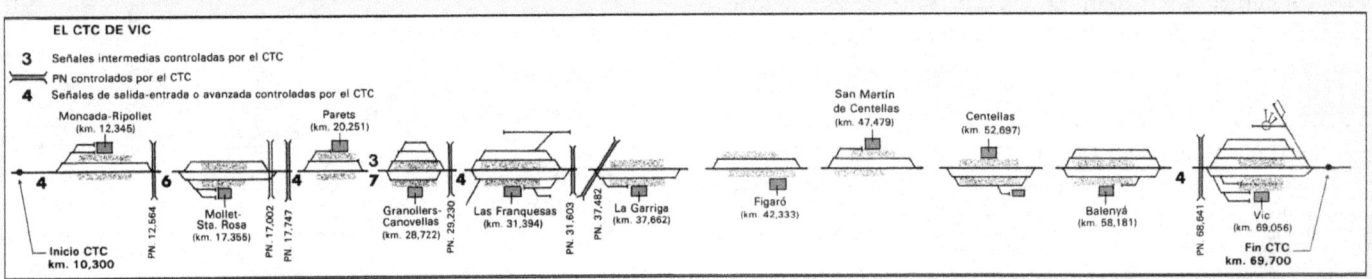

b) Indicación de comienzo de vía dotada con CTC   c) Accionamiento eléctrico de agujas   d) Mesa de control del CTC

Fuente: RENFE (1990)   Fig. 4.14

circulación. Se excluía en principio, por tanto, la posibilidad de circular normalmente en los sentidos inversos a los establecidos. En este contexto los equipos de señalización se concebían y disponían en función de la orientación de las vías, no asegurando, en consecuencia, la protección efectiva de los trenes más que en un solo sentido.

Sin embargo, en la práctica diaria, se presentaban numerosas ocasiones en donde resultaba obligado hacer circular los trenes por la vía contraria a la establecida. Ello podía ser debido, entre otras causas, a la obstrucción de una vía por incidentes en la circulación (descarrilo de un vehículo, caída de materiales, etc.), o por trabajos de mantenimiento en la línea, bien fuese en la vía o en la catenaria.

En estas ocasiones y para poder continuar la explotación con las menores repercusiones prácticas posibles, se adoptaban medidas transitorias como era la de limitar la velocidad de circulación de los trenes que marchaban a *contravía*. Ello se traducía en una sensible reducción de la capacidad de la línea, especialmente problemática en itinerarios con elevada densidad de tráfico. Por ello ser recurrió al sistema de vías banalizadas, es decir, a vías en las que los equipos de señalización permitan la circulación segura de los trenes en cualquier vía y sentido (Fig. 4.15).

BANALIZACIÓN DE VÍAS

a) La banalización permite que el tren de viajeros (izqda.) adelante al tren de mercancías

Fuente: RENFE (1989)

c) Detalle de la señalización existente en cada vía de una línea banalizada

Fuente: RENFE (1989)

b) En Ancy-Le-Franc el tren pasa de vía 2 a vía 1 para circular en vía banalizada

Fuente: S. Assez/Rail Passion (2005)

d) Vía banalizada

Fuente: RENFE (1989)

Fig. 4.15

Con este sistema de vías banalizadas era posible obtener un aprovechamiento integral de la infraestructura, una gran flexibilidad en la explotación para adaptarse a todo tipo de necesidades y situaciones conflictivas, así como la factibilidad de permitir el desarrollo de los trabajos de conservación en playas horarias valle, sin perturbar el tráfico de trenes en dichas playas. En general, se consideró que este nuevo sistema estaba aconsejado en presencia de los siguientes hechos:

a) Un número de circulaciones diarias comprendido entre 350 y 400 trenes (en varias vías)
b) Existencia de playas horarias en donde predominasen los tráficos en un sentido
c) Presencia de trenes de viajeros y mercancías circulando con diferencias significativas de velocidad

Cabe destacar que en un primer tiempo no todos los ferrocarriles fueron partidarios de utilizar vías banalizadas, dado que necesitaban de unas instalaciones de alta fiabilidad (no siempre fácil de lograr), puesto que cualquier incidencia en las citadas instalaciones podría provocar una notable perturbación en la circulación del conjunto de vías afectadas por el sistema. Los ferrocarriles británicos se oponían de forma casi categórica a su uso; los italianos y los suecos lo empleaban ampliamente, y los ferrocarriles franceses y alemanes bajo ciertas condiciones. Los ferrocarriles españoles iniciaron su incorporación en el tramo comprendido entre Pola de Lena y Oviedo, que más tarde se amplió a Veriña (a cuatro kilómetros de Gijón). Después se incorporó el sistema de vías banalizadas a los tramos: Zaragoza-Miraflores ($\simeq$ 4 km); túnel de Atocha a Chamartín en Madrid ($\simeq$ 7 km), y Barcelona-Sants al Prat. Todos estos tramos funcionaban ya al inicio de la década pasada.

La banalización de una línea es una solución que tiene un alto coste económico, al exigir prácticamente la duplicación de las señales existentes en vías con bloqueo automático unidireccional. Por esta razón, hace ya algunas décadas, los ferrocarriles franceses adoptaron, para algunos tramos, un nuevo sistema de explotación denominado abreviadamente IPCS (instalación permanente de contrasentido, Fig. 4.16), que constituye un sistema intermedio entre la explotación convencional a contra vía y la banalización.

4.5 SISTEMAS DE BLOQUEO ACTUALES EN EL FERROCARRIL ESPAÑOL

En la actualidad en el ferrocarril español se utilizan la mayor parte de los sistemas de bloqueo a los que nos hemos referido en el apartado 4.4. En el cuadro 4.1. se explicitan los bloqueos utilizados en la red y en la figura 4.17 se visualizan los existentes en cada línea. Nótese la existencia del sistema denominado CCR, es decir, control de circulación por radio, que se utiliza en líneas de débil tráfico.

CUADRO 4.1 EXTENSIÓN DE CADA TIPO DE BLOQUEO EN LA RED FERROVIARIA DEL ADIF (2005)

		%
Bloqueo de Control Automático (BCA)	518,0 km	–
Bloqueo de Señalización Lateral (BSL)	469,4 km	–
Bloqueo Automático (BA)	6.415,9 km	48
Bloqueo de Liberalización Automática (BLA)	1.127,3 km	8
Bloqueo Eléctrico Manual (BEM)	469,6 km	–
Bloqueo Telefónico (BT)	4.163,5 km	31
Control Centralizado por Radio (RADIO)	57,6 km	–
Sin bloqueo	166,3 km	–
Total	13.387,6 km	100

Fuente: ADIF

4.6 SISTEMA DE RADIOTELEFONÍA

La radiotelefonía de ayuda a la explotación ferroviaria se conoce bajo la denominación de *tren-tierra*. En el ámbito español surgió hace dos décadas como respuesta a la creciente complejidad de la explotación de las líneas. Su finalidad es asegurar una comunicación permanente entre el puesto de mando y los trenes, con una repercusión directa sobre la seguridad de las circulaciones.

El sistema *tren-tierra* está formado por tres elementos: una red fija, los equipos a bordo y los puestos centrales de radio. La red fija está constituida por puestos fijos o estaciones de radio colocadas a lo largo de la vía. El número de puestos fijos viene determinado por las particularidades de la orografía y del terreno que atraviesa la infraestructura ferroviaria. Por lo que se refiere a los puestos centrales de radio (PCR), se señala que conforman el cerebro del sistema, estando situados físicamente en los edificios de los puestos de mando de circulación. El establecimiento de la comunicación entre el regulador y el maquinista precisa de la existencia de dos tipos de enlaces: uno, vía radio, entre la locomotora y los puestos fijos, y el otro, mediante cable físico (línea telefónica) entre estos últimos y el PCR.

El *tren-tierra* se utiliza tanto para la comunicación de voz entre el puesto de mando y el maquinista como para el envío de mensajes

INSTALACIÓN PERMANENTE DE CONTRASENTIDO

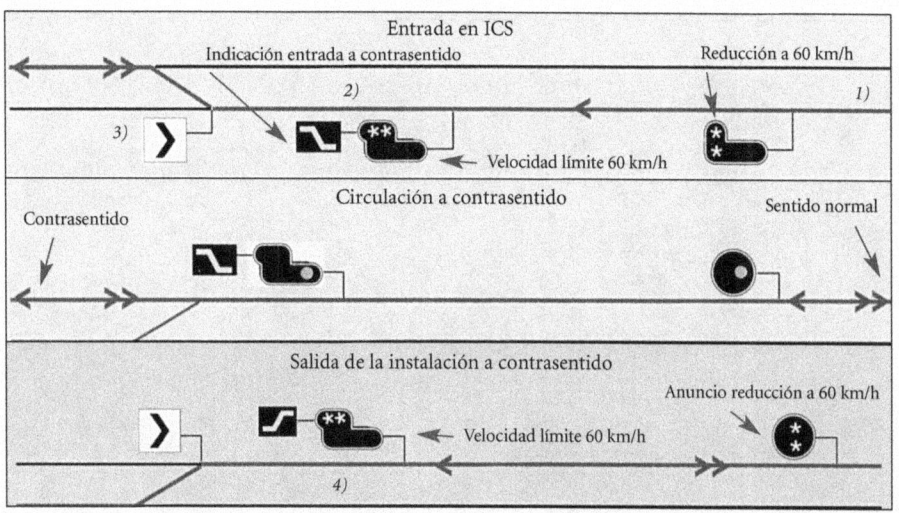

1) Circulación normal

2) Inicio contrasentido

3) Indicación de circulación a contrasentido

4) Inicio salida contrasentido

Fuente: S. Assez/Rail Passion (2005) y R. Rétiveau (1987)

Fig. 4.16

SISTEMAS DE BLOQUEOS EXISTENTES EN LAS LÍNEAS DE ADIF (2007)

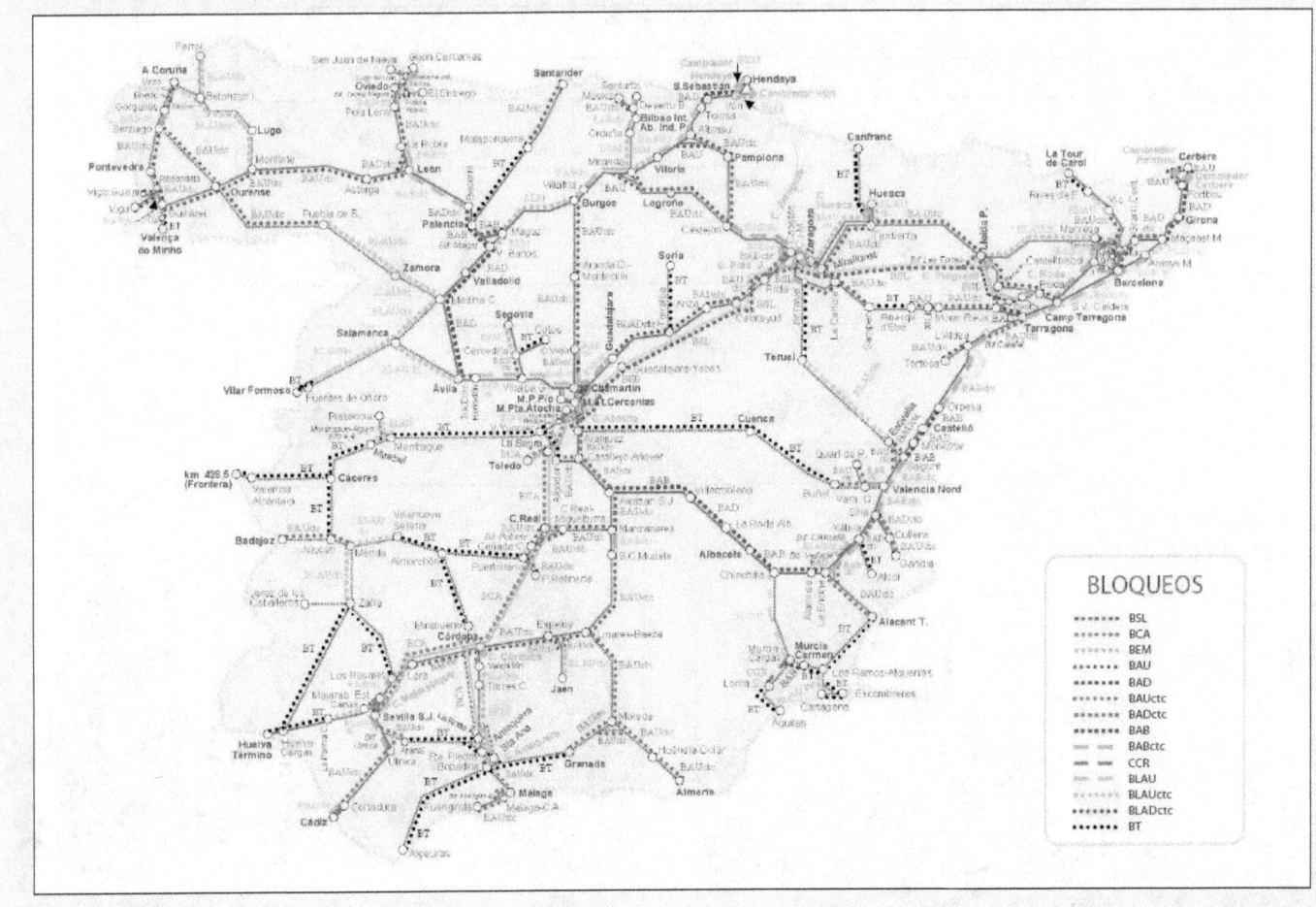

Fuente: Adif (2007) Fig. 4.17

codificados, mediante consolas del sistema o textos confeccionados. La comunicación tren-tierra se hace por cuatro tipos: A, B, C y D. El tipo A engloba cuatro modos de transmisión: en dúplex, el maquinista puede hablar y escuchar al puesto central de radio (PCR) previa petición de llamada, de forma selectiva. También puede hacer llamada de emergencia. El PCR puede comunicarse con un solo maquinista o con todos a la vez, mediante llamada general. Existe la posibilidad de interconexión con la red de conmutación de RENFE por PCR, que permite al maquinista establecer contacto con la base de tracción y al revés, o acceder a la red comercial de telefonía. El segundo tipo es de mensajes codificados sobreimpresionados en la pantalla de la consola. También es posible enviar y recibir, entre el maquinista y el PCR, textos confeccionados y establecer otro tipo de transmisión, como radiolocalización y automatización de sitra (balizas pasivas), que facilitan al regulador de PCR información sobre la situación de una circulación en un momento dado. Está en desuso.

El tipo B permite la comunicación entre dos bandas de regulación, mientras que el C se utiliza en el ámbito de las estaciones para maniobras, tratándose de una comunicación abierta y *simplex*, semejante a la de *Walkie-talkies*.

Por último, el Tipo D permite el uso de las antenas de la red fija como repetidores, lo que conduce a superar limitaciones de cobertura.

En la actualidad la radio telefonía tren-tierra se encuentra instalada en prácticamente 8.000 km de líneas de la red ferroviaria española, visualizándose su ubicación en la figura 4.18.

El futuro de las comunicaciones ferroviarias pasa por el sistema GSM-R. Se trata de un sistema con tecnología digital en lugar de analógica, con mayor capacidad y calidad de transmisión, y que,

SISTEMAS DE SEGURIDAD Y RADIOTELEFONÍA EN LAS LÍNEAS DE ADIF

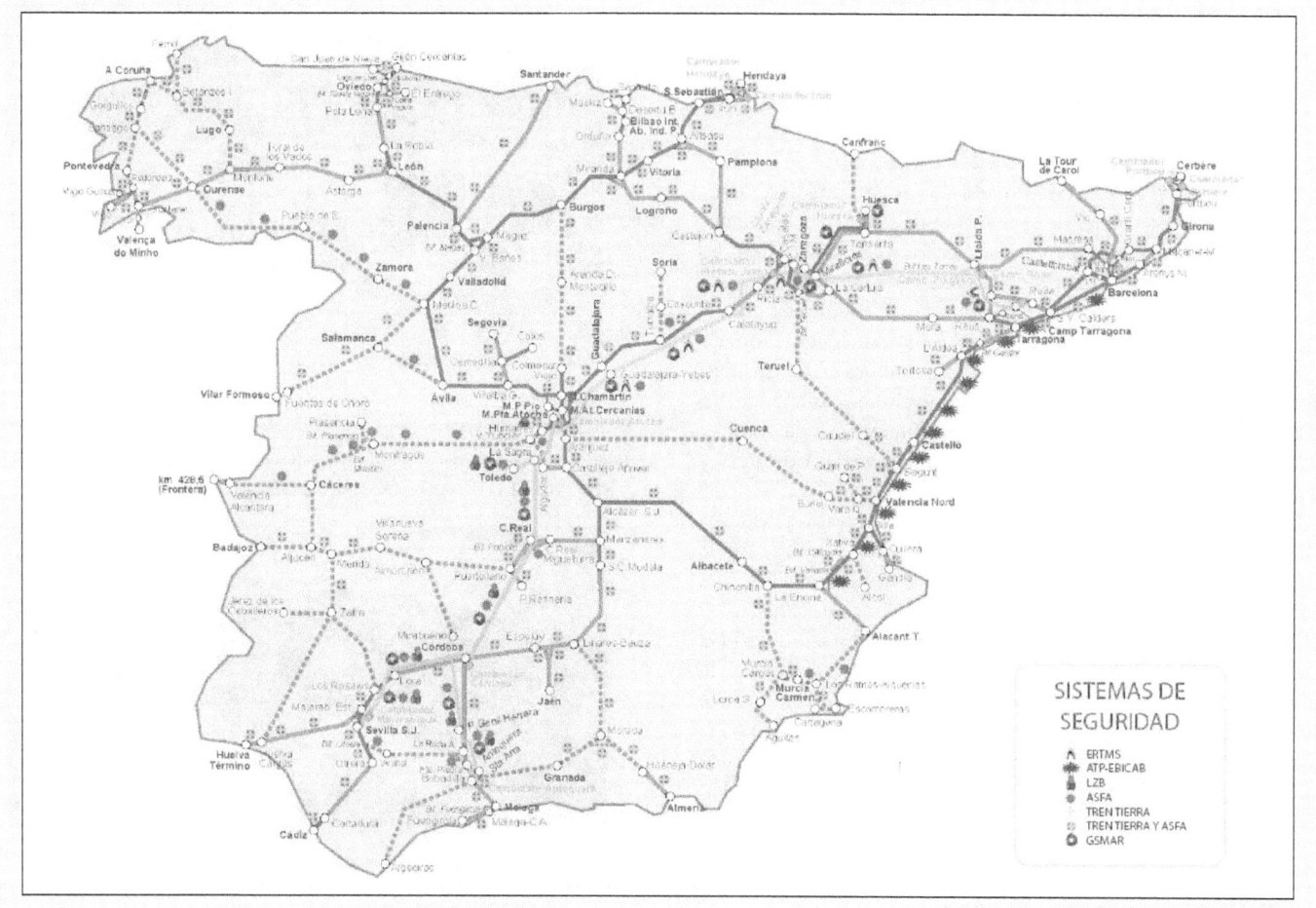

Fuente: Adif (2006)

Fig. 4.18

como se indicó en el capítulo 2, es la base del moderno sistema de gestión de tráfico ferroviario conocido por las siglas ERTMS.

En Europa las redes de telecomunicaciones analógicas de las compañías ferroviarias, cuya misión es asegurar la gestión de la explotación y del material, funcionaban tradicionalmente con una multitud de especificaciones que hacían incompatibles los distintos sistemas. En este ámbito, desde la década de los años ochenta del siglo XX, la UIC puso de manifiesto la necesidad de modernizar los sistemas existentes en base a la adopción de un sistema dotado de mayores funcionalidades, de tecnología numérica y estandarizado para el conjunto de las redes ferroviarias.

La UIC decidió, en 1993, adoptar el sistema GSM (*Global System Mobile*) como sistema de telecomunicaciones. Esta decisión dio lugar a la realización, en el marco del proyecto EIRENE (*European Integrated Railway Radio Enhanced Network*), de numerosos ensayos y estudios durante la década de los años noventa del pasado siglo con el fin de lograr la normalización. Por su parte, la Comisión Europea, como consecuencia de la directiva 96/48, seleccionó el consorcio MORANE (*Mobile radio for railway Networks in Europe*) para continuar los estudios y ensayos de validación del sistema GSM-R.

En el ámbito europeo se utiliza una banda de frecuencia común (900 MHz) para permitir lograr la interoperabilidad entre las redes ferroviarias. El sistema GSM-R constituye una infraestructura reservada a las citadas redes, presentando una fiabilidad y calidad de servicio sensiblemente superiores a las de las redes públicas GSM. Es un sistema más seguro y que tiene en cuenta las especificidades propias del uso en la explotación ferroviaria. Se prevé que la introducción del sistema GSM-R en las líneas principales europeas se produzca durante un periodo de 8 a 10 años.

4.7 CONTROL DE LA CIRCULACIÓN EN LÍNEAS DE ALTA VELOCIDAD

La explotación de las líneas de alta velocidad se realiza desde un puesto central de control (PCC). En él se sitúan los equipos técnicos que permiten la vigilancia de la circulación y el control de los diferentes itinerarios. El PCC está dotado de los equipos necesarios para vigilar las instalaciones de explotación en estaciones, apartaderos, así como en las subestaciones de tracción y catenaria a lo largo de la línea. Controla también todo el sistema de telecomunicaciones, que incluye: las instalaciones telefónicas, los equipos de comunicación tren-tierra, la vigilancia por televisión de las estaciones y las instalaciones de megafonía para comunicaciones en las mismas. Como consecuencia de esta concepción centralizada e integrada, no es necesaria la presencia de personal de explotación a lo largo de la línea, a excepción, naturalmente, del personal de trenes y del personal de mantenimiento.

Esta forma de proceder permite una mejor organización del tráfico ferroviario, una mayor rapidez en la toma de decisiones en caso de incidencias, y una explotación con un reducido número de personas, lo que incide favorablemente en el balance económico de la línea.

Por razones funcionales ergonómicas y de explotación, todo el control de las líneas se efectúa desde una única sala en el PCC, en la que se encuentran instalados diversos monitores, tal como puede observarse en la figura 4.19, que visualiza el puesto de mando de la línea de alta velocidad entre Madrid y Sevilla, en la estación de Atocha. En la figura 4.20 se muestra el PCC de la línea de alta velocidad París-Sudeste.

PUESTO CENTRAL DE CONTROL DE LA LÍNEA MADRID-SEVILLA

Fuente: Vía Libre (2005) y SNCF (1991) *Fig. 4.19*

PUESTO CENTRAL DE CONTROL DE LA LÍNEA PARÍS-SUDESTE

Fuente: Vía Libre (2005) y SNCF (1991) *Fig. 4.20*

4.8 ZONAS SINGULARES DE LA EXPLOTACIÓN FERROVIARIA: PASOS A NIVEL

4.8.1 Introducción

La explotación de una línea de ferrocarril se ve influenciada de forma muy negativa por la presencia de pasos a nivel. Estos configuran una zona singular que requiere de la instalación de equipos especiales para asegurar el paso de las circulaciones ferroviarias y de los vehículos de carretera.

El problema de la intersección de la carretera y el ferrocarril se inició con la aparición de este último modo, ya que desde la construcción de las primeras líneas, éstas tuvieron que atravesar caminos y, en ocasiones, calles urbanas. En aquellos años, sin embargo, ni la frecuencia ni la velocidad de los respectivos modos de transporte constituyeron un obstáculo serio a la marcha de cada uno de ellos. Tuvieron que transcurrir varias décadas desde la aparición del ferrocarril para que comenzaran a establecerse las primeras regulaciones legales.

A comienzos de la década de los años ochenta del siglo XX, el número de pasos a nivel existente en los principales países europeos presentaba la dimensión indicada en el cuadro 4.2. De su observación se deducía que, en términos estadísticos, existían de 0,6 a más de 2 pasos a nivel por kilómetro de línea.

Desde entonces y hasta el momento actual, el crecimiento en frecuencia y velocidad de los servicios ferroviarios, así como el espectacular desarrollo del transporte por carretera, ha obligado a adoptar soluciones que al mismo tiempo que garantizasen la seguridad redujesen la interferencia mutua ente ambos modos de transporte.

De forma inmediata se plantea la cuestión de analizar la factibilidad de suprimir la totalidad de los pasos a nivel existentes como mejor respuesta al problema del cruce entre el ferrocarril y la carretera. La repercusión económica que en términos de inversión

CUADRO 4.2 NÚMERO DE PASOS A NIVEL EN LOS PRINCIPALES
            PAÍSES EUROPEOS (1981-1998)

Países	km. de línea	Pasos a nivel 1981	Pasos a nivel 1998	PN/km. línea 1981	PN/km. línea 1998
Inglaterra (BR)	17.818	11.342	8.323	0,64	0,51
Alemania F. (DB)	28.545-33.500	26.819	26.980	0,94	0,71
Italia (FS)	16.133	12.989	S. D.	0,80	S. D.
Francia (SNCF)	34.076	27.221	19.340	0,80	0,58
Suecia (SJ)	11.382	25.722	S. D.	2,26	S. D.
Portugal (CP)	3.588	7.595	S. D.	2,12	S. D.
España (RENFE)	13.531	8.473	4.465	0,62	0,32

4.8.2 Sistemas tradicionales de protección de un paso a nivel

A largo de la historia del ferrocarril, y en función de la importancia del tráfico concurrente en cada paso a nivel, se adoptaron diferentes sistemas para proteger el mismo de accidentes. En la figura 4.21 se visualizan algunos de los mencionados sistemas. De entre los mismos, merece la pena destacar las semibarreras, que sólo interceptan la mitad de calzada, precisamente el lado derecho en el sentido de la circulación de la carretera. De esta forma se impide el acceso de los vehículos al paso a nivel, pero no se intercepta la salida de aquellos que estuviesen dentro de la zona de las vías al bajar las barreras. Esta situación podría producirse, dado que, en general, la barrera se acciona a distancia. Junto al sistema propiamente dicho de protección, se instalan una serie de señales horizontales y verticales que completan los dispositivos de información y seguridad.

supondría una actuación como la mencionada hace que su implementación no pueda llevarse a cabo más que de forma progresiva. Mientras tanto, se disponen de ciertas soluciones que, en general, proporcionan un resultado relativamente satisfactorio desde el punto de vista de la seguridad de circulación.

SISTEMAS TRADICIONALES DE PROTECCIÓN DE UN PASO A NIVEL

a)

b)

c)

d)

Fuente: Rail (2004), A. Le Roux (2004) y M. Caremantrant (2002)

Fig. 4.21

4.8.3 Funcionamiento de un paso a nivel

El sistema tradicional de funcionamiento de un paso a nivel en el ferrocarril fue el accionamiento del mismo por parte del agente encargado de cuidarlo, una vez que recibía información sobre la próxima llegada de un tren. En general, esta información era transmitida en forma de sonería por el propio tren al citado agente, a través del accionamiento de algún equipo instalado en la propia vía. Los pasos a nivel de las estaciones suelen estar relacionadas con el enclavamiento. Esto quiere decir que las señales sólo autorizan un movimiento que afecte al paso a nivel si éste se encuentra cerrado.

Un progreso notable se produjo con la incorporación de las semibarreras automáticas que permitieron un funcionamiento totalmente autónomo. Se eliminaba, de este modo, el factor humano y se lograba una mayor seguridad y economía. En la figura 4.22

PRINCIPIO DEL FUNCIONAMIENTO DE LA PROTECCIÓN DE UN PASO A NIVEL CON SEMIBARRERAS AUTOMÁTICAS

a)

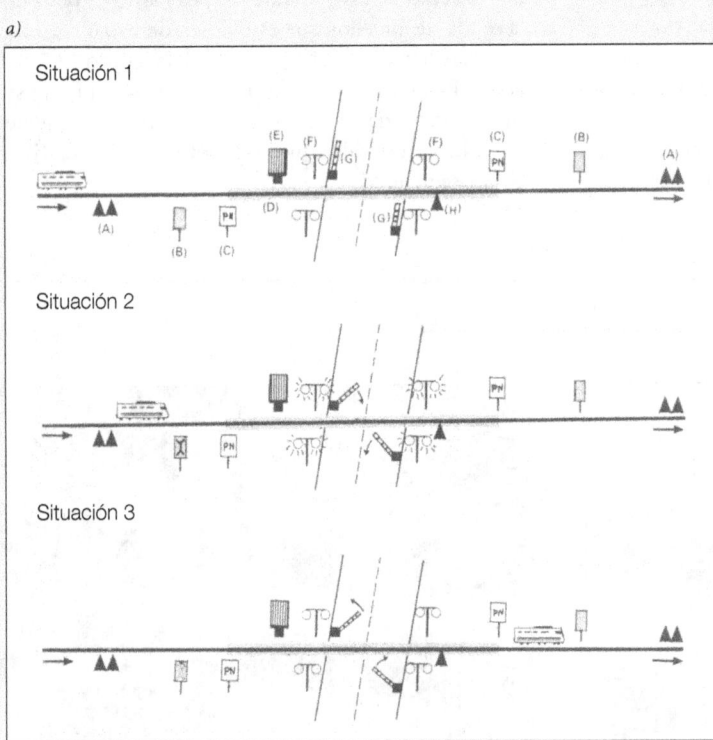

(A) Pedal direccional
(B) Señal luminosa de protección del paso
(C) Señal de Paso a Nivel
(D) Circuito de vía
(E) Mando local
(F) Semáforos
(G) Semibarrera automática
(H) Pedal de desarme

El sistema se encuentra en reposo con las señales de protección apagadas y las semibarreras levantadas.

El pedal direccional ha detectado el paso de un tren y ha generado una orden de cierre de las semibarreras. Una vez garantizado el cierre, la señal luminosa de protección indica al maquinista mediante una doble flecha invertida blanca que puede circular a marcha normal.

Una vez superado el pedal de rearme y liberado el circuito de vía se levantan las semibarreras y la señal de protección se apaga.

b)

c)

Fuente: RENFE (1988)

Fig. 4.22

se esquematiza el principio de su funcionamiento. Se basa en el accionamiento por parte del tren de un pedal direccional, que al detectar el paso del tren genera una orden de cierre de las semibarreras. Una vez superado el pedal de rearme y liberado el circuito de vía, se levantan las semibarreras.

4.8.4. Protección de pasos a nivel con V > 160 km/h

A medida que las velocidades de circulación fueron aumentando sobre las líneas convencionales, la magnitud de un posible accidente indujo a introducir nuevos sistemas que asegurasen la detención del tren en caso de existir un obstáculo en la vía. Así, la reglamentación francesa obligó a que en pasos a nivel donde la velocidad del tren fuese superior a 160 km/h, se contase con equipos de detección de obstáculos en los mismos. A mediados de la década de los años setenta del siglo XX, la red francesa disponía de más de 15 pasos a nivel dotados con el tipo de sistema de protección que se indica a continuación.

El citado sistema debía responder a las cuatro premisas siguientes:

- Detectar bajo cualquier circunstancia, en particular en desfavorables condiciones atmosféricas, la presencia en el paso a nivel de cualquier obstáculo metálico o no, una vez se encontrasen bajadas las barreras del paso a nivel.
- Detectar la presencia de cualquier obstáculo incluso con ocasión de un hundimiento de las barreras.
- Desencadenar automáticamente una señal de alarma en caso de existencia de obstáculos.
- Funcionar según las normas de seguridad de las instalaciones de señalización ferroviaria.

De entre las diferentes posibilidades técnicas, la SNCF eligió un sistema de microondas que permitía la detección de elementos no metálicos, como animales. Después de una primera fase de experimentación utilizando una serie de emisores y receptores dispuestos cara a cara, como se observa en la figura 4.23a, se adoptó finalmente el esquema de la figura 4.23b.

SISTEMA DE PROTECCIÓN DE PASOS A NIVEL EN LA SNCF PARA V ≧ 160 KM/H

a) Sistema inicial

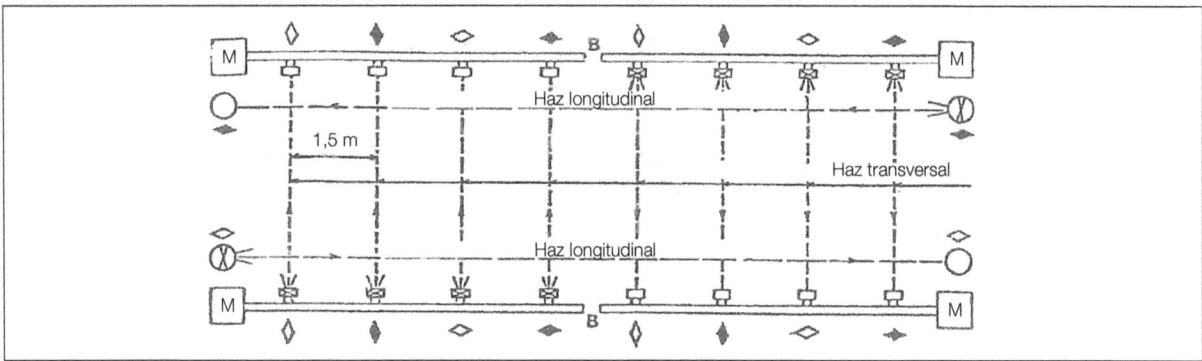

b) Sistema final

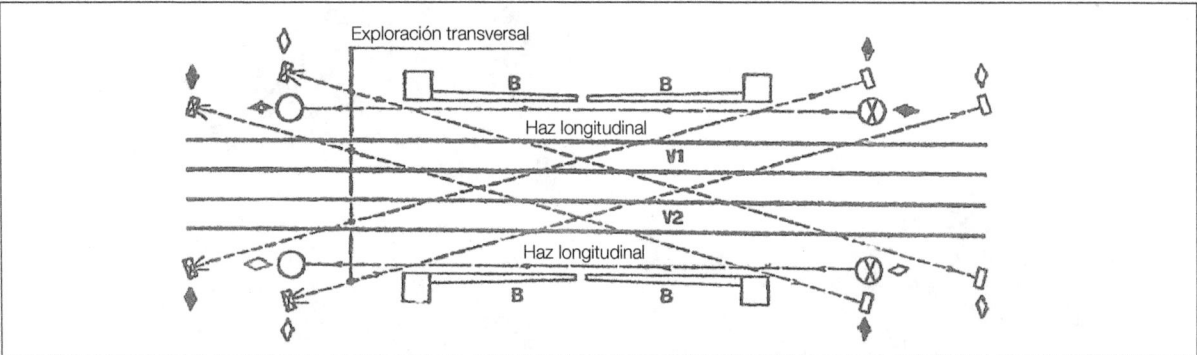

Fuente: SNCF (1970)

Fig. 4.23

Más recientemente (2005), el ferrocarril español introdujo en una serie de pasos a nivel un sistema de detección de obstáculos en la zona del paso a nivel existente entre las barreras, y de información al personal de conducción de esta situación a través de la señalización ferroviaria. La incorporación de esta tecnología está especialmente recomendada en pasos a nivel con: barreras que cubren todo el ancho de la calzada; accesos de salida en que puedan provocarse retenciones de vehículos; tráfico de vehículos pesados o de materias peligrosas, y en pasos a nivel con dos o más vías donde la visibilidad es reducida.

El sistema es de naturaleza magnética, integrado por uno o varios bucles o lazos a base de cables de hilo de cobre situados bajo la calzada, en forma de ocho o rectangular, y conectados a un equipo electrónico. Todo ello permite detectar vehículos de más de dos ruedas con una base metálica de superficie superior a los dos metros cuadrados y paralela al plano de tierra a una altura no superior a cincuenta centímetros.

El módulo electrónico detecta las variaciones de frecuencia producidas por la presencia de vehículos metálicos que, al invadir el área cubierta, modifican el valor de la frecuencia natural de resonancia del circuito oscilante, disponiendo el equipo de hasta cuatro niveles diferentes de sensibilidad para ajustar el funcionamiento a las condiciones específicas de cada caso.

El equipo va unido al del propio sistema del paso a nivel. Cuando este último detecta la llegada de un tren, ya sea a través de un circuito de vía o de pedales situados junto al carril, se activa el subsistema de cierre de la instalación: se enciende la señalización luminosa (semáforos) y acústica (sonería) y, entre cinco y siete segundos después, se inicia la bajada de las barreras o semibarreras.

Cuando las barreras llegan a la posición horizontal, el sistema de detección envía información al equipo de mando del paso a nivel si observa la presencia de algún vehículo y la señalización en vía indicará que la intersección con la carretera no está protegida.

De esta manera, además de informar a los vehículos de la llegada de un tren y de garantizarse el cierre correcto de las barreras, tal y como exige la normativa actual, el sistema asegura la inexistencia de obstáculos que pongan en riesgo la seguridad de las circulaciones.

SUPERFICIE DE RODADURA ENTRE CARRILES DE VÍA DE UN PASO A NIVEL

a)

c)

b)

d)

Fuente: Ministerio de Fomento y Rail Passion (2002)

Fig. 4.24

Una de las causas que pueden determinar la parada de un vehículo de carretera en el interior de un paso a nivel es la calidad de la continuidad física entre ambos modos de transporte. Asegurada, tradicionalmente, por medio de largueros de madera (Fig. 4.24a, b y c), modernamente han sido sustituidos por sistemas que proporcionan una mayor calidad de rodadura (Fig. 4.24) y reducen notablemente las posibilidades de quedar atascado un automóvil o camión en el paso a nivel.

4.8.5. Eliminación de pasos a nivel. Criterio de decisión en España

La importancia numérica de los pasos a nivel existentes en una red ferroviaria y la imposibilidad económica de proceder a su eliminación de forma simultánea llevó al establecimiento de determinados criterios para establecer el grado de prioridad que, en relación con su sustitución por un paso a distinto nivel, debía darse a cada uno de ellos.

En este ámbito, a comienzos de la década de los años sesenta del pasado siglo el ferrocarril español utilizó el concepto de *momento diario de la circulación o momento de tráfico*. Se definía como el producto del número medio de circulaciones ferroviarias por el número medio de vehículos de la carretera que cruzaba un paso a nivel durante las veinticuatro horas de un día, representándose abreviadamente por el índice AT. Cuando este indicador era superior a 24.000, el paso a nivel debía ser suprimido. La aplicación práctica de este criterio no siempre encontró la viabilidad deseada por motivos económicos.

Es de interés recordar que la financiación de las obras de supresión de un paso a nivel se efectuaba a cargo del servicio o entidad que tenía a su cargo la carretera si la intensidad media diaria (IMD) de circulación de vehículos automóviles era igual o superior a 1.000. La empresa ferroviaria se encargaba de la inversión económica de sustitución del paso a nivel si por éste pasaban al menos 24 circulaciones por día. En el caso de darse simultáneamente ambos supuestos, el coste de la obra se efectuaría asumiendo los organismos afectados (ferrocarril y carretera) el 50% de la inversión.

La legislación existente a finales de los años setenta del siglo XX, en el ferrocarril español, se muestra en el cuadro 4.3. Para cada valor del momento de tráfico AT se explicitaba el sistema de protección con el que debía contar el paso a nivel.

En el ámbito conceptual la utilización del índice AT fue objeto posteriormente de modificaciones significativas, basadas en el hecho de que un paso a nivel podía tener un *momento de tráfico muy fuerte*, y sin embargo, que el riesgo de colisión fuera prácticamente nulo, tal como se pone de manifiesto con el ejemplo siguiente (1.000 coches circulando de 8 a 20 horas sin ningún tren y 40 trenes de 20 a 8 horas sin ningún coche pasando por el paso a nivel). Se llegó de este modo a introducir el índice SAT (suma de productos AT), es decir, la suma de los productos de las circulaciones medias diarias por ferrocarril y carretera en cada uno de los períodos siguientes: de 6 a 22 h y de 22 a 6 h. En el cuadro 4.4 se indica la repercusión práctica del valor SAT, de cada paso a nivel, en relación con el sistema de protección o con su eliminación.

CUADRO 4.3 PROTECCIÓN DE UN PASO A NIVEL EN ESPAÑA (1978)

A x T	EN TRAYECTOS	EN ESTACIONES Y APARTADEROS (***)
↑ 24.000	SUPRIMIR (GUARDADO O PROTEGIDO AUTOMÁTICAMENTE HASTA QUE SE SUPRIMA)	SIMPLES O DOBLES SEMIBARRERAS ENCLAVADAS / HASTA SU SUPRESIÓN
↑ 2.500	GUARDADO (*) O PROTECCIÓN AUTOMÁTICA	
↑ 1.500	VISIBILIDAD < 500 m — GUARDADO (*) O PROTECCIÓN AUTOMÁTICA | VISIBILIDAD > 500 m (**) — SIN GUARDAR	SIMPLES O DOBLES SEMIBARRERAS ENCLAVADAS
↑ 0	SIN GUARDAR	

(*) Con teléfono y/o sonería
(**) Desde 5 m antes del carril más próximo del FFCC (Decreto 25-8-78)
(***) Zona comprendida entre las dos señales de entrada a los dos postes de punto protegido

Con posterioridad y con ocasión del desarrollo de la Ley de Ordenación de los Transportes Terrestres en España, se establecieron (1994) nuevas directrices respecto a los pasos a nivel, siendo las de mayor interés, a los efectos del presente libro, las siguientes:

1) Eliminación de los pasos a nivel situados en líneas en que se circulase a velocidades iguales o superiores a 160 km/h y los que presentasen un momento de circulación superior a 24.000. La norma establecía que los trenes debían reducir la velocidad de circulación por debajo de 160 km/h al pasar por un paso a nivel.
2) Los pasos a nivel situados entre sí a menos de 500 metros de distancia serían concentrados en uno solo. Se intentaría hacer lo propio en aquellos distanciados menos de 1.000 metros.
3) Si una línea férrea se duplicaba o modificaba su trazado, desaparecerían los pasos a nivel que hubiera.
4) Para que una línea férrea aceptase velocidades iguales o superiores a 200 km/h. no debía presentar ningún paso a nivel.

En paralelo, se estableció una clasificación de los distintos pasos a nivel, de la clase A a la clase F, en función del sistema de protección que disponían. Así, los pasos a nivel de la clase A se encontra-

CUADRO 4.4 CLASIFICACIÓN DE LOS PASOS A NIVEL CON INDICACIÓN DE LAS SOLUCIONES TÉCNICAS MÍNIMAS

MOMENTO DE CIRCULACIONES SAT	VISIBILIDAD		SOLUCIÓN TÉCNICA MÍNIMA
SAT > 100.000	Cualquiera que sea la visibilidad		Paso a distinto nivel
50.000 < SAT ≤ 100.000	Cualquiera que sea la visibilidad Realización de un estudio económico que determinará la solución más adecuada		Paso a distinto nivel – 4 semiherram. o 2 semibarreras con seto – aviso automático al F.I. o bien teléfono para uso público
35.000 < SAT ≤ 50.000	Cualquiera que sea la visibilidad		– 4 semibarreras o 2 semibarreras con seto – aviso automático al T.E. o bien teléfono para uso público
2.000 < SAT ≤ 35.000	Cualquiera que sea la visibilidad		2 semibarreras
1.000 SAT ≤ 2.000	Cualquiera que sea la visibilidad		Señalización luminosa automática
SAT ≤ 1.000	Visibilidad prácticamente continua desde 60 m hasta 4 m de la vía, o ambos lados del paso 12" o 20" según las con.) antes de la llamada del tren		Solamente señalización fija a la carretera
	Visibilidad desde 4 m pero no desde 60 m a ambos lados de paso 12" (según los con.) antes de la llegada del tren.	IMD 40 IMD 40	Señalización luminosa automática Solamente señalización fija a la carretera
	Sin visibilidad	IMD 20 IMD 20	Señalización luminosa automática Solamente señalización fija a la carretera

ban protegidos exclusivamente por señales fijas, y los pasos a nivel de la clase C protegidos por semibarreras o barreras automáticas o enclavadas. Ante la dificultad de establecer de forma objetiva la prioridad de supresión de cada paso a nivel, el ferrocarril estableció un sistema de parámetros ponderados que facilitase la asignación prioritaria de los recursos económicos (Cuadro 4.5).

Finalmente, en el año 2001, se modificó la legislación anterior para introducir criterios más restrictivos. Dos son los aspectos de mayor relevancia: el primero, relativo al concepto de *visibilidad técnica*; el segundo, a la reducción del valor del momento de circulación (AT) para suprimir un paso a nivel. En relación con el primer concepto, se entiende por *visibilidad técnica* la distancia en metros que recorre un tren a la velocidad máxima permitida durante el tiempo que tarda el vehículo carretero en cruzar, de un lado a otro, el paso a nivel. La visibilidad técnica de cada paso a nivel se obtiene mediante la aplicación de la siguiente fórmula, establecida en función de la velocidad máxima del tren en km/hora a su cruce por dicho paso y el número de vías a atravesar por el móvil carretero en dicho paso:

$$D_t = 1{,}1\, Vm\, (m/s) \times (6{,}25 + n)^{1/2}$$

Siendo:
- D_t, la visibilidad técnica del paso a nivel en metros
- Vm, la velocidad máxima del tren en km/h a la altura del paso a nivel

- n, número de vías existentes en el paso a nivel

Se considera como *visibilidad real* (D_r) la distancia que existe entre el punto de intersección de los ejes del ferrocarril y la carretera y el punto donde se encuentra el móvil ferroviario que se dirige hacia dicho paso, en el preciso momento en que el mismo comienza a divisarse desde el punto de parada obligatorio en la carretera o camino.

Por último, y en lo que concierne al momento de circulación, se establece que un paso a nivel será eliminado cuando dicho indicador (AT) alcance el valor de 1.500 (frente a los 24.000 establecidos por la legislación anterior) o cuando en la línea se prevean circulaciones ferroviarias a velocidad igual o superior a 160 km/h. (Fig. 4.25). Se establecen las clases de protección para los pasos a nivel indicadas en el cuadro 4.6.

En términos económicos, la supresión de un paso a nivel y su sustitución por otro a diferente nivel depende de numerosos factores, en particular de la configuración geográfica o de la densidad urbana, que puede en ocasiones hacer imposible su reemplazamiento. En todo caso, cuando la supresión de un paso a nivel necesita la construcción de una obra de fábrica (Fig. 4.26), el coste se sitúa en el intervalo de 2 a 6 millones de euros (condiciones económicas 2006). En zona urbana, el intervalo anterior se modifica: de 10 a 20 millones de euros, como orden de referencia.

CUADRO 4.5 VALOR RELATIVO ENTRE LOS PARÁMETROS DE LOS PASOS A NIVEL

Grupos de parámetros	Parámetros	Porcentaje del grupo respecto al total	Porcentaje de cada parámetro respecto al grupo	Peso de cada grupo en el 60% del total	Peso de cada parámetro en el 60% del total	Porcentaje de cada parámetro sobre el total
Parámetros de Circulación	Momento de circulación		53%		16	26,67%
	Número de automóviles	50%	20%	30	6	10,00%
	Número de trenes		27%		8	13,33%
Parámetros de Visibilidad	Visibilidad menor de 500 metros		40%		2	3.33%
	Visibilidad en función de la velocidad del tren	8,30%	40%	5	2	3,33%
	Probabilidad de la presencia de niebla		20%		1	1,64%
Parámetros de Explotación	Velocidad del tren más rápido		50%		5	8,33%
	Tipo de línea ferroviaria	16,70%	30%	10	3	5,00%
	Categoría de la carretera		20%		2	3,37%
Parámetros de Costes	Tiempo de espera ante el paso		34%		5	8,34%
	Coste de funcionamiento y conservación	25%	33%	15	5	8,33%
	Ratio de accidentabilidad		33%		5	8,33%
TOTALES		100%	–	60	50	100%

Fuente: RENFE (1996).

ELIMINACIÓN DE PASOS A NIVEL POR CONSTRUCCIÓN DE VARIANTE DE TRAZADO

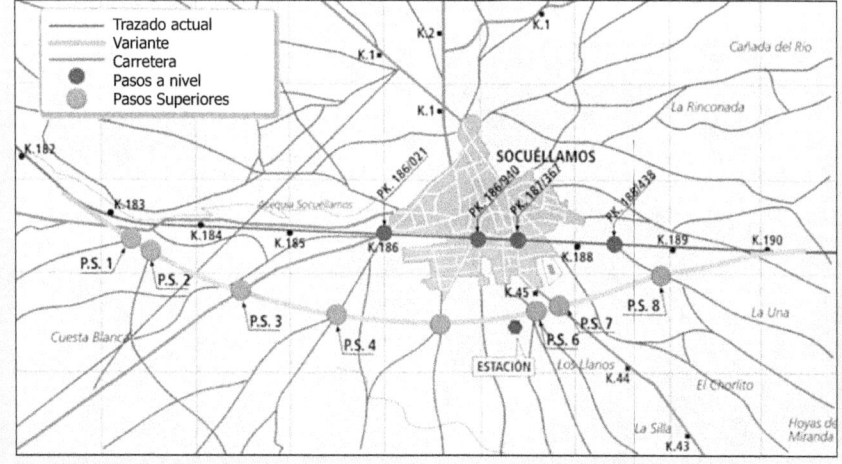

Fuente: RENFE (1998)

Fig. 4.25

CUADRO 4.6 NORMATIVA ESPAÑOLA DE PASOS A NIVEL

Clase de protección	Protección	Aplicación En vía general	Aplicación En estaciones	Observaciones
A	Señales fijas	A x T < 1.000, excepto aplicación 3 de clase B	Sólo con carácter transitorio, hasta establecer la protección de clase C.	
B	Señales fijas, luminosas y acústicas (activación automática)	Velocidad > 40 km/h y: (1.000 < = A x T < 1.500) y A < 100 (100 < A x T < 1.000) y $DV_r < DV_t$	–	En áreas urbanas se creará una zona exclusiva para peatones
C	Señales fijas, luminosas, acústicas y semibarreras o barreras (activación automática)	Velocidad > 40 km/h (1.000 < = A x T < 1.500) y A ≥ 100	Velocidad > 40 km/h Excepto particulares y clase F	En áreas urbanas se creará una zona exclusiva para peatones
D	En régimen de consigna (parada del tren y agente), con señalizador auxiliar	Velocidad > 40 km/h (1.000 < = A x T < 1.500)		
E	Señales fijas, luminosas, acústicas y barreras o semibarreras con personal a pie de paso	Sólo se aplica en los pasos existentes que disponen de esta protección		
F (Uso exclusivo para peatones y peatones con ganado)	Señales fijas	Todos		Se ubicarán burladeros y se vallará la zona colindante
	Señales fijas, luminosas y acústicas	Si existe un elevado tráfico peatonal	Perceptiva si V > 40 km/h	Se ubicarán burladeros y se vallará la zona colindante

DV_t (Distancia de visibilidad técnica): es la distancia en metros que recorre un tren a la velocidad máxima permitida, durante el tiempo que tarda el vehículo carretero en cruzar, de un lado a otro, el paso a nivel. $DV_t = 1,1 \times V_{máx} \times (6,25 + n)^{1/2}$.
DV_r (Distancia de visibilidad real): es la distancia que existe entre le punto de intersección de los ejes del ferrocarril y la carretera y el punto donde se encuentra el móvil ferroviario que se dirige hacia dicho paso, en el preciso momento en que el mismo comienza a divisarse desde el punto de parada obligatoria en carretera o camino, cinco metros antes del carril más próximo de la vía
AxT: es el producto de la intensidad media de coches (A) y trenes (T) que franquean diariamente el paso.
Fuente: Ministerio de Fomento (2005)

SUSTITUCIÓN DE UN PASO A NIVEL

a)

b)

Fuente: Ministerio de Fomento

Fig. 4.26

5 PLANIFICACIÓN DEL MOVIMIENTO DE TRENES

5.1 INTRODUCCIÓN

A lo largo del tiempo, el ferrocarril ha ido adaptando las características de su oferta a las necesidades de la demanda, tanto para el transporte de viajeros como de mercancías. De tal modo que en la actualidad pueden diferenciarse en ambos ámbitos, viajeros y mercancías, una serie de servicios que con materiales específicos pretenden dar respuesta a las necesidades de desplazamiento por este modo de transporte.

La planificación del movimiento de trenes consiste en determinar, para cada línea de una red ferroviaria, los horarios de los trenes que van a circular de forma que técnicamente sean posibles y den lugar a una explotación económica del conjunto de los servicios. En paralelo, otras finalidades son la organización de los medios humanos y del material de transporte necesario para realizar los citados servicios.

En este contexto, el presente capítulo comienza proporcionando una visión general de la tipología de servicios hoy día existentes en el ferrocarril, tipología que es válida para la práctica totalidad de países, aun cuando los materiales utilizados puedan variar notablemente de una red a otra.

5.2. SERVICIOS DE VIAJEROS

Con carácter de síntesis, el cuadro 5.1 muestra los principales tipos de servicios que el ferrocarril ofrece para el transporte de viajeros, tanto para desplazamientos nacionales como internacionales.

CUADRO 5.1 TIPOLOGÍA DE SERVICIOS PARA EL TRANSPORTE DE VIAJEROS

NATURALEZA DE LA RELACIÓN	Servicios	PERIODO TEMPORAL DE ACTUACIÓN
Nacional	Cercanías	Diurno
	Regionales	Diurno
	Largo recorrido (interurbanos)	Diurnos Nocturnos
Internacional	Largo recorrido (principalmente)	Diurnos Nocturnos

A continuación se exponen las principales características que identifican a cada uno de los mencionados servicios, incluyendo el material específicamente utilizado para la prestación de los mismos.

5.2.1 Cercanías

Los servicios de cercanías, especialmente en España, fueron creados como tales en tiempos relativamente recientes (aproximadamente tres décadas) con objeto de dar respuesta adecuada a las crecientes necesidades de movilidad en el entorno de los grandes núcleos urbanos. En general, se considera que este tipo de servicios tienen un radio de acción en torno a 60 a 70 Km de distancia respecto a la principal población considerada. Como referencia, en la figura 5.1 se muestran las redes de cercanías de Madrid y Barcelona, por ser las de mayor importancia en términos de via-

RED DE CERCANÍAS DE RENFE EN MADRID Y BARCELONA (2004)

a) Madrid

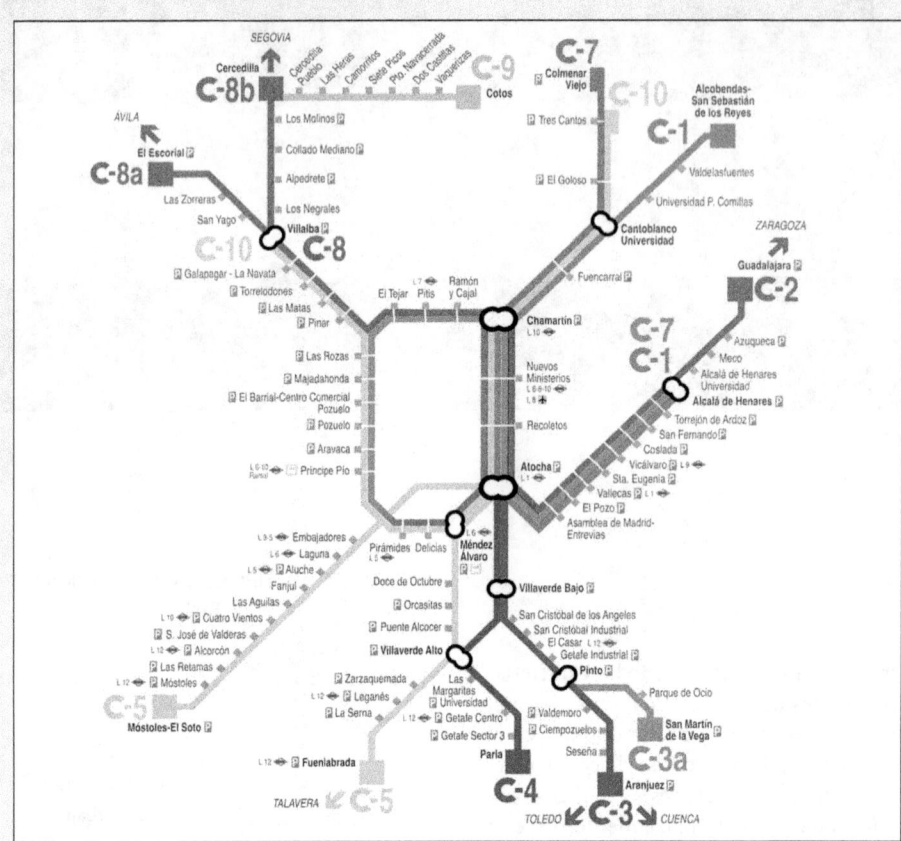

b) Barcelona

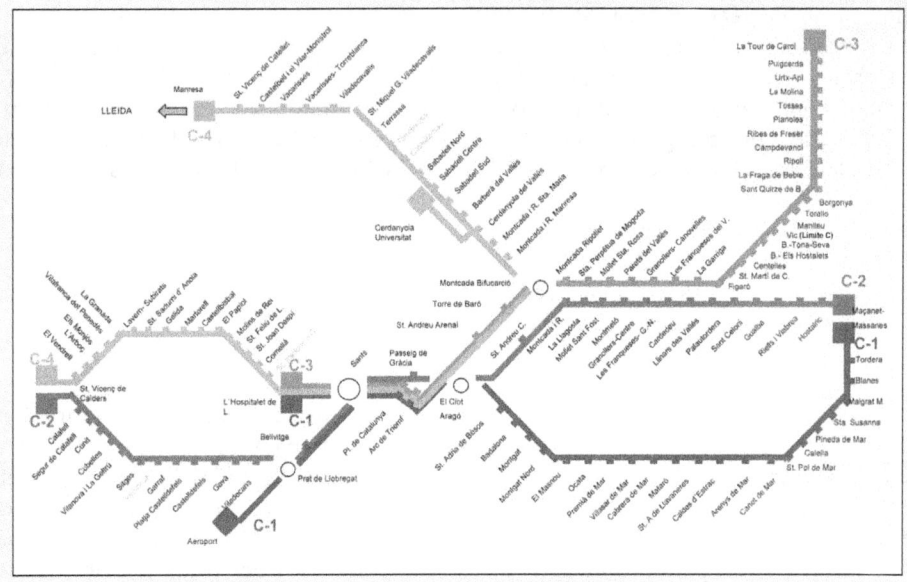

Fuente: RENFE

Fig. 5.1

jeros transportados. Otros núcleos urbanos con menor población disponen también, en España, de sus propias redes de cercanías, como se expondrá posteriormente.

En este tipo de servicios la característica más importante es la frecuencia de paso de los trenes, que en función de la línea considerada oscila entre los 3 y los 10 minutos. El material con que se efectúa este tipo de servicios está constituido por series de varias generaciones, la última de las cuales recibe el nombre de CIVIA (Fig. 5.2c). La velocidad máxima de las unidades de cercanías se sitúa en torno a 120-140 Km/h. La capacidad de transporte depende del número de coches que equipe cada composición, pero suele oscilar entre 400 y 900 plazas, de las cuales, aproximadamente, el 50% son plazas sentadas.

5.2.2 Regionales

El radio de acción de los servicios regionales suele situarse en torno a los 200 Km. Durante bastantes años, los servicios regionales por ferrocarril en Europa ocuparon un puesto muy secundario en la oferta de este modo de transporte. Esta se realizaba por material de escasas prestaciones técnicas y limitado confort, por lo que la respuesta de la demanda estaba en sintonía con el nivel de la oferta.

Sin embargo, en los últimos quince años esta situación ha cambiado de forma muy notable y con carácter general en los principales países europeos: Alemania, España, Francia e Italia. Ello ha sido debido a la incorporación de nuevo material, adaptado específicamente a las necesidades de este tipo de desplazamientos.

En particular, en RENFE, las unidades eléctricas 447 fueron sustituidas por material de las series 594 y 598, tal como puede verse en la figura 5.3. Son trenes diésel dotados de un sistema de caja inclinable en las curvas para aumentar la velocidad de circulación en los trazados geométricos de menores prestaciones. La velocidad punta es de 160 Km/h y su capacidad algo inferior a las 200 plazas.

5.2.3 Grandes líneas (largo recorrido)

Las relaciones por ferrocarril entre núcleos urbanos de significativa población y situados a distancias de al menos 300 Km se designan como servicios de largo recorrido, grandes líneas, o bien, en la denominación inglesa de comienzos de los años setenta del siglo XX, servicios *intercity* o servicios interurbanos de viajeros. A diferencia de los servicios de cercanías y de regionales, que operan únicamente durante el día, los servicios de grandes líneas se distribuyen también a lo largo de la noche cuando la distancia y la demanda así lo requieren.

Los servicios diurnos se han prestado, tradicionalmente, con composiciones formadas por una locomotora que remolcaba un número variable de coches de viajeros en función de la demanda (Fig. 5.4a.) Sin embargo, recientemente se emplean también compo-

MATERIAL DE CERCANÍAS DE RENFE

a) Serie 447. Década años 90 del siglo XX

b) Serie 451. Década años 90 del siglo XX

c) Civia (2004)

Fuente: RENFE

Fig. 5.2

MATERIAL RENFE PARA SERVICIOS REGIONALES

a) Material tradicional. Serie 447

c) Moderno material. Series 594 y 598 respectivamente

b) Visualización caja inclinable

d) Interior coche de la serie 598

Fuente: Adaptado de J. Goikoetxea y E. Robles (2004)

Fig. 5.3

siciones autopropulsadas (Fig. 5.4b y 5.4c), a semejanza de las ramas de alta velocidad (Fig. 5.4d). La velocidad máxima de circulación de los trenes convencionales se sitúa en el intervalo de 160 a 220 Km/h, y la de los trenes de alta velocidad entre 250 y 300 Km/h.

En cuanto a la capacidad de transporte, las composiciones formadas por locomotora y coches disponen de un número de plazas, en general comprendido entre 230 y 500. Las ramas autopropulsadas, entre 160 y 200 plazas. Finalmente, el AVE dispone de 320 plazas. Los trenes franceses de dos pisos tienen del orden de 500 plazas, por lo que circulando acopladas dos ramas, su capacidad se eleva a 1.000 viajeros.

Uno de los aspectos de mayor interés en las composiciones formadas por locomotora más coches es determinar la capacidad de remolque del material motor, es decir, el número de toneladas que puede arrancar y hacer circular a una cierta velocidad el material motor. A este aspecto nos referiremos posteriormente.

Por lo que respecta a los servicios nocturnos, su composición habitual es la formada por una locomotora y una serie de coches dotados de asientos, literas y plazas acostadas. Con el desarrollo de los servicios de alta velocidad, los trenes nocturnos han ido perdiendo interés en las relaciones que disponen de este tipo de servicios diurnos de altas prestaciones.

MATERIAL GRANDES LÍNEAS DE RENFE PARA EL TRANSPORTE DE VIAJEROS

a) Altaria

c) Alaris

b) Electrotrén

d) Ave

Fuente: RENFE

Fig. 5.4

En cuanto a los servicios internacionales, se señala que circulan tanto de día como de noche, en función de las distancias que separan a los principales núcleos de población. Por lo que se refiere al ferrocarril español, existen los siguientes servicios:

a) *Diurnos*
Enlazan Alicante, Valencia y Barcelona con Montpellier.
a) *Nocturnos*
Permiten desplazarse desde Barcelona hasta París, Turín, Milán y Zurich, así como desde Madrid a Lisboa y París.

Nos hemos referido, exclusivamente, a los servicios que, utilizando el sistema de cambio de ancho de vía de los coches Talgo, permiten superar el paso por las fronteras sin ruptura de carga.

5.3 SERVICIOS DE MERCANCÍAS

Para el transporte de mercancías, el ferrocarril implementa composiciones formadas por locomotora y vagones adaptados a las necesidades de las cargas que se desea transportar: automóviles, productos químicos, camiones, contenedores, etc. La figura 5.5 muestra algunos de los vagones utilizados por el ferrocarril. Su velocidad máxima de circulación es preponderantemente de 100 Km/h, aun cuando una cierta parte del parque europeo puede circular a 120 Km/h. Solo un limitado porcentaje de vagones, a nivel europeo, está autorizado a alcanzar 140-160 Km/h. Con carácter excepcional, se circula a 200 Km/h para un tráfico ligero muy concreto. La carga remolcable de los trenes de mercancías se sitúa en máximos de 750 toneladas, lo que equivale a una carga neta en torno a 400 toneladas.

VAGONES PARA EL TRANSPORTE DE MERCANCÍAS POR FERROCARRIL

a) Vagones para contenedores

b) Vagones portaautomóviles

Fuente: RENFE

Fig. 5.5

5.4 PLANIFICACIÓN DE LA CIRCULACIÓN DE LOS TRENES

En los apartados precedentes se ha indicado la tipología de servicios que concurren en las líneas de ferrocarril. Si nos referimos ahora a los aspectos cuantitativos, es de interés comprobar (Cuadro 5.2) la importante densidad de circulaciones existente en la red ferroviaria española.

CUADRO 5.2 NÚMERO DE TRENES CIRCULADOS * POR LA RED DE RENFE (AÑO 2004)

SERVICIO	CIRCULACIONES ANUALES	MEDIAS/DÍA	% RESPECTO AL TOTAL
Cercanías	1.107.000	3.033	65
Regionales	227.000	622	13
Grandes líneas	115.000	315	7
Alta velocidad	31.000	85	2
Mercancías	222.000	608	13
TOTAL	1.702.000	4.663	100

* Valores redondeados

Se constata que, en media, cada día circulan en la red más de 4.600 trenes, de los que casi el 70% corresponde a trenes de cercanías. Resulta, por tanto, necesaria una adecuada planificación que, compatibilizando las respectivas exigencias de cada servicio, asegure una circulación segura y fiable de los trenes programados. El problema, cuya dificultad se deduce de forma inmediata, se complica por la necesidad de incorporar en el diagrama de circulaciones de cada red, los servicios internacionales que la atraviesan, cuya importancia depende del país que se considere. La figura 5.6a y b muestra algunos de los servicios diurnos y nocturnos internaciones existentes en centroeuropa en la actualidad. Como consecuencia del creciente número de problemas que se planteaban con los trenes internacionales, en 1914 se creó en Berna la denominada Conferencia Europea de Horarios para facilitar la inserción de los citados trenes en las redes nacionales. Debe hacerse constar que, en todo caso, los horarios asignados a un tren determinado son el resultado de un compromiso entre diversas exigencias: correspondencias que debe asegurar, aprovechamiento del material, etc.

5.4.1 Estudio de horarios

Para confeccionar los horarios de los trenes se necesita disponer, básicamente, de dos tipos de datos: técnicos y comerciales (Cuadro 5.3).

A partir de los primeros, se establece, para cada línea, cada material motor previsto y para la carga remolcable establecida, la velocidad o *marcha base*. Naturalmente, el tren necesita un cierto tiempo para alcanzar la citada velocidad o marcha tipo, así como otro intervalo de tiempo para pasar de dicha velocidad a detenerse en la estación correspondiente.

CUADRO 5.3 DATOS TÉCNICOS Y COMERCIALES NECESARIOS PARA LA CONFECCIÓN DE HORARIOS

Datos técnicos

– Perfil de la vía del trayecto que se trate
– Velocidades máximas, limitadas por la geometría de la vía en el trayecto considerado
– Tipo de tracción a utilizar y curvas características de las locomotoras
– Composición y carga del tren
– Condiciones de seguridad. Tipo de frenado, enclavamiento y bloqueos.
– Longitud de estaciones

Datos comerciales

– Programa de llegadas y salidas en estaciones, apeaderos, etc.
– Enlaces y esperas
– Tiempos de parada en las estaciones
– Cadencia de los trenes

Desde un punto de vista teórico, la suma de los tiempos de arranque, circulación a la velocidad de régimen y frenado deberían proporcionar el tiempo de recorrido entre dos puntos dados. Sin embargo, en la práctica, la marcha de los trenes difiere de su marcha teórica. La dispersión de los valores de la duración del recorrido, alrededor de un valor medio, es inevitable. Algunos de los motivos que pueden incrementar el tiempo de recorrido son: trabajos de mantenimiento o renovación de las vías (lo que obliga a reducir la velocidad); incidencias técnicas al nivel del material o de las instalaciones; superación de los tiempos concedidos en las paradas comerciales, etc. El cumplimiento de los horarios es, no obstante, un indicador de calidad de primordial importancia para todo operador ferroviario. Como consecuencia, resulta obligado introducir unos determinados márgenes de tiempo que aseguren la fiabilidad del servicio.

5.4.1.1. Análisis cualitativo de los márgenes de tiempo

De acuerdo con la ficha UIC 451-1 (diciembre 2000), se definen los siguientes conceptos:

a) *Tiempo de la marcha-tipo*
Es el tiempo necesario entre dos puntos para adoptar como horario de un tren. Es la suma del tiempo deducido de la marcha de base más los márgenes de regularidad y suplementarios que se le incorporen.

EJEMPLO DE SERVICIOS INTERNACIONALES DIURNOS Y NOCTURNOS POR FERROCARRIL EN EUROPA

a) Diurnos

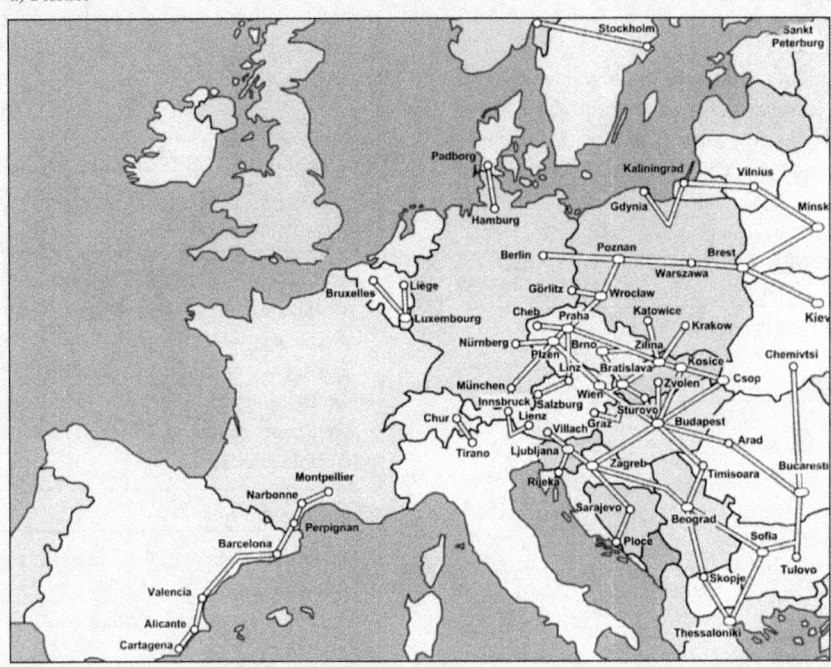

b) Nocturnos

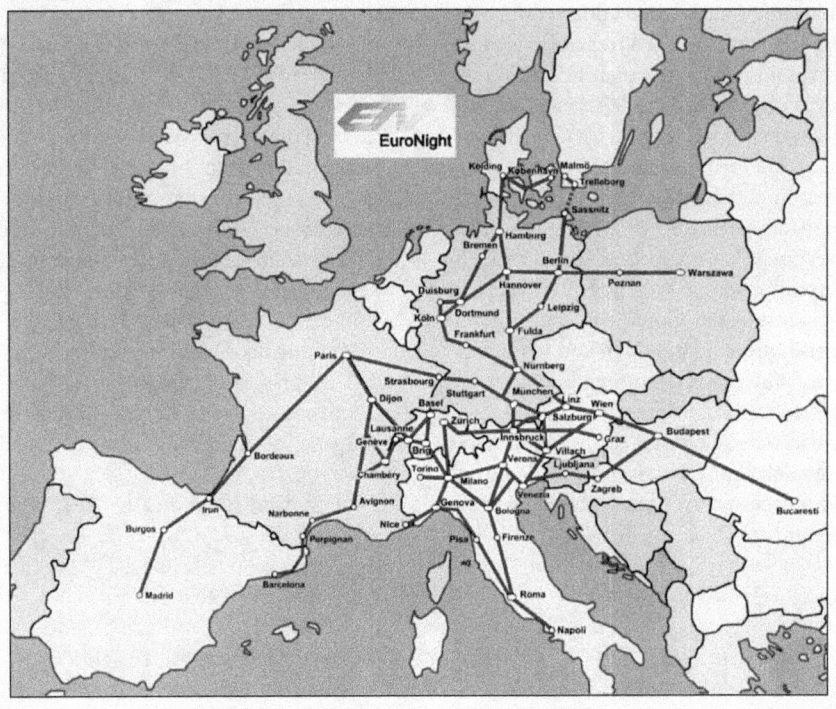

Fuente: J. P. Malaspina (2006)

Fig. 5.6

b) *Marcha de base*

Es el tiempo más corto posible para recorrer una sección determinada de línea remolcando una cierta carga, a partir de la consideración de los valores medios referidos a:

- La conducción del tren por parte del maquinista
- Las prestaciones técnicas ofrecidas por el material motor
- La alimentación de la corriente de tracción
- La adherencia
- La resistencia ofrecida por el material remolcado y por las secciones de línea (rampas, curvas, etc.)
- La velocidad permitida por el trazado (Fig. 5.7)

c) *Margen de regularidad*

Representa un tiempo suplementario al tiempo de recorrido calculado en el apartado b) para compensar los retrasos debidos a:

- Los trabajos periódicos de conservación de las instalaciones, que son susceptibles de ser planificados y modulados.
- Los posibles tiempos perdidos a causa de incidentes técnicos a nivel de explotación, condiciones meteorológicas adversas, estacionamientos elevados en estaciones por una elevada afluencia de viajeros, etc.

d) *Margen suplementario*

Representa un incremento de tiempo destinado a compensar los retrasos debidos a la realización de importantes trabajos en las

VELOCIDADES MÁXIMAS EN LAS LÍNEAS DE ADIF

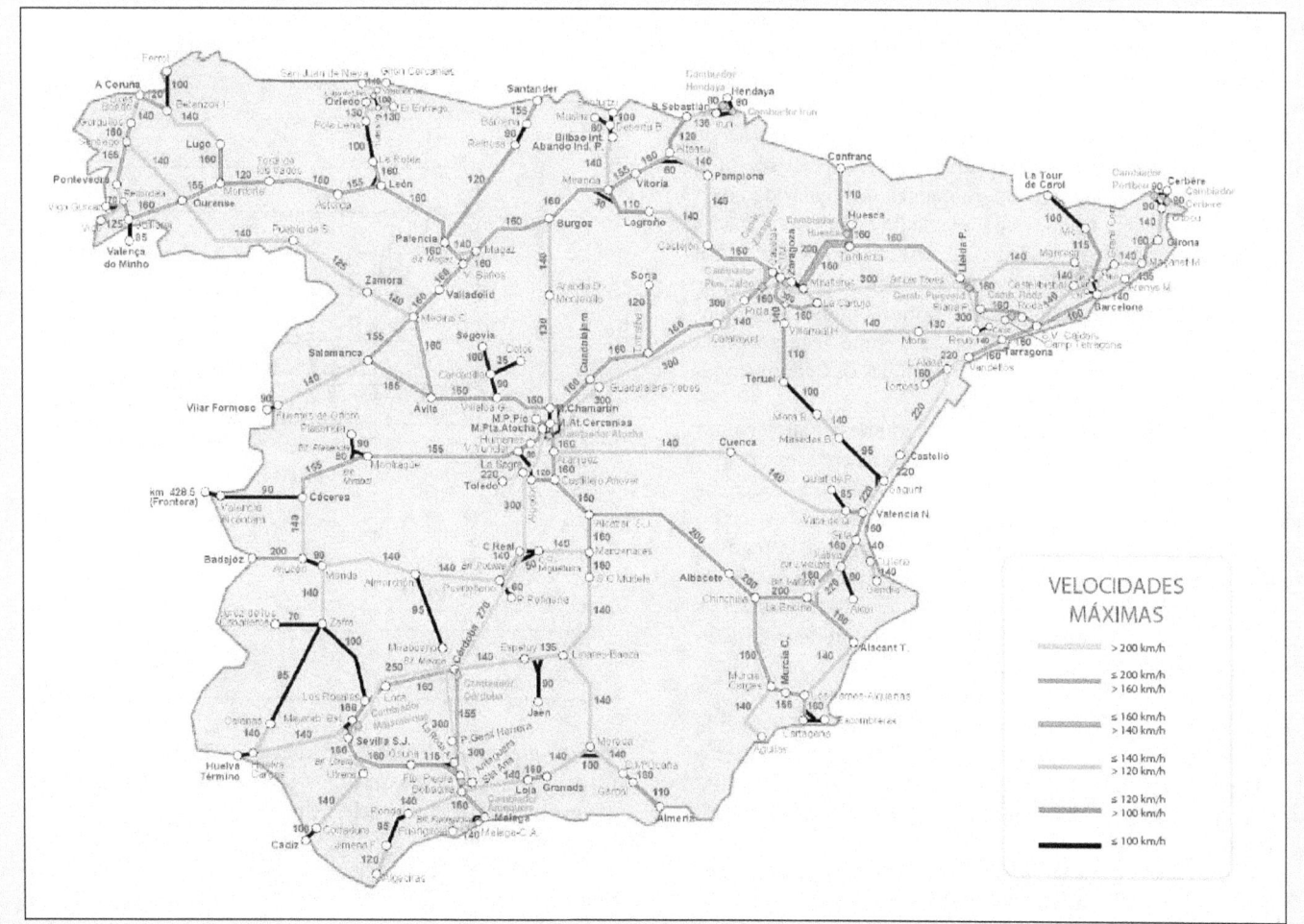

Fuente: Adif (2007)

Fig. 5.7

instalaciones y durante un periodo prolongado de tiempo. También se incluyen los retrasos que se producen en grandes nudos ferroviarios por causa de las operaciones de maniobra que se derivan de la configuración de su infraestructura.

5.4.1.2 Evaluación cuantitativa de los márgenes de tiempo

Si nos referimos, en primer lugar, a los *márgenes de regularidad*, se señala que las distintas administraciones ferroviarias han establecido tres categorías de márgenes en la forma siguiente:

a) En función de la distancia recorrida. Se expresa en minutos por cada 100 Km.
b) En función del tiempo de recorrido. Se expresa como porcentaje del tiempo de viaje.
c) Como valor constante (minutos) por estación o nudo ferroviario.

En cuanto al primer criterio, los valores habituales han oscilado alrededor de 4 a 5 minutos por cada 100 Km de recorrido. Por lo que respecta al segundo criterio, la magnitud adoptada varía del 3 al 5%.

Es de interés representar gráficamente el significado práctico de ambos criterios para distintas velocidades o marchas base. En la figura 5.8a se muestra, suponiendo un margen de regularidad de 4 min/100 Km, el porcentaje que este suplemento representa respecto al tiempo que teóricamente podría realizarse sin él. Por ejemplo, a 200 Km/h, la distancia de 100 Km se recorrería en 30 minutos, y por tanto el citado margen de regularidad supondría un tiempo suplementario del (4/30 x 100) 13,3%. Se observa como al aumentar la velocidad máxima de circulación los porcentajes de tiempo suplementarios aumentan de forma relevante.

Si se procede de manera análoga con el criterio del suplemento como porcentaje del tiempo de recorrido, se obtienen los resultados de la figura 5.8b. Por ejemplo, para una distancia de 100 Km, circulando a 200 Km/h, se tardaría 30 minutos, y estableciendo el tiempo suplementario como porcentaje del tiempo de viaje, se obtendría, para un porcentaje del 3%, 0.9 minutos, y para un porcentaje del 5% resultaría 1,5 minutos. La observación de los gráficos de las figuras 5.8a y 5.8b pone de manifiesto que, para un determinado intervalo de velocidades, los dos criterios precedentes proporcionan valores casi idénticos del margen de regularidad.

Por otro lado, la experiencia pone de manifiesto que a medida que aumenta la carga remolcable las posibles incidencias respecto del tiempo previsto se incrementan. De ahí que la citada ficha UIC proponga tener en cuenta, al cuantificar el margen de regularidad, este aspecto.

En síntesis, la mencionada ficha establece los márgenes de regularidad indicados en el cuadro 5.4. Nótese como son una combinación de los indicadores (a y b) explicitados anteriormente.

Los márgenes de regularidad se distribuyen a lo largo de una

MÁRGENES DE REGULARIDAD. FICHA UIC 451–1

a) Margen de regularidad basado en un tiempo por distancia recorrida

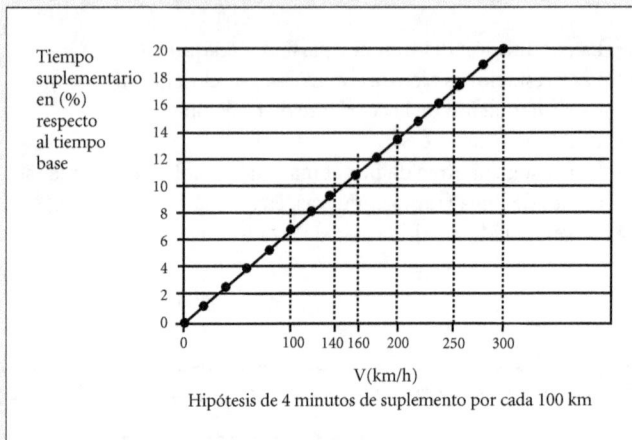

Hipótesis de 4 minutos de suplemento por cada 100 km

b) Margen de regularidad basado en porcentaje del tiempo de recorrido

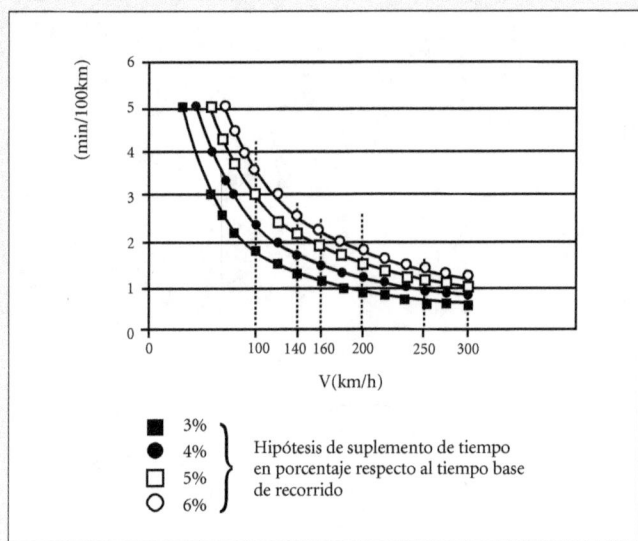

- 3%
- 4%
- 5%
- 6%

Hipótesis de suplemento de tiempo en porcentaje respecto al tiempo base de recorrido

Fuente: Adaptado de UIC (2000)   Fig. 5.8

línea de manera uniforme por lo que se refiere a la componente ligada al tiempo de recorrido, y en la proximidad de los nudos ferroviarios en lo que concierne a la componente ligada a la distancia.

Por lo que respecta al margen suplementario, la ficha UIC señala que su magnitud debe ser equivalente a la pérdida real de tiempo. En caso de tratarse de un margen debido a un nudo ferroviario, es deseable que no supere los 3 minutos.

CUADRO 5.4 MARGEN DE REGULARIDAD POR TIPO DE TRENES. UIC (2002)

A) TRENES DE VIAJEROS NO AUTOMOTORES

– Un mínimo de 1,5 minutos/100 km mayorado en base al siguiente criterio

V. límite Tonelaje	≤140 km/h	141-160 km/h	161-200 km/h	>200 km/h
≤ 300 t	3%	3%	4%	5%
301-500 t	4%	4%	5%	%
501-700 t	4%	5%	6%	%
> 700 t	5%	5%	6%	7%

– Un mínimo de al menos 3,5 minutos/100 km

B) TRENES DE VIAJEROS AUTOMOTORES

– Un mínimo de 1 minuto/100 km mayorado en base al siguiente criterio

V. límite	141-160 km/h	161-200 km/h	201-250 km/h	>250 km/h
	3%	4%	5%	6%	7%

– En líneas de alta velocidad donde solo circulen ramas autopropulsadas, el porcentaje suplementario respecto al tiempo de recorrido puede variar entre el 3 y el 7% para V> 200 km/h

C) TRENES DE MERCANCÍAS

– Para V ≤ 120 km/h, una de las tres opciones siguientes: 1 minuto/100 km mayorado del 3%; 3 minutos/100 km; 4%

– Para V > 120 km/h, como en el apartado A

5.5 GRÁFICOS DE MARCHA

5.5.1 Conceptos básicos

La previsión del servicio de trenes que afectará a una línea o a un tramo de la misma se efectúa por medio de los denominados *gráficos de marcha*. Estos gráficos son la representación cartesiana de los recorridos de todos los trenes que durante un periodo de 24 horas deberían circular en la línea o en la sección considerada. Sobre el eje horizontal se indican las horas y los minutos del tiempo. Sobre el eje vertical se escriben, por el orden en que se encuentran, las estaciones de la línea. La figura 5.9 muestra un gráfico de marcha para un caso sencillo en cuanto a número de estaciones y de trenes en servicio. Cada una de las líneas que aparecen en el gráfico corresponde a un tren determinado, que se identifica por el número que le es asignado según unas ciertas reglas. La inclinación de cada línea indica, lógicamente, el sentido de la circulación del tren.

5.5.2 Trazado de un gráfico

El objetivo principal en el trazado de los gráficos de marcha se centra en alcanzar un elevado nivel en los índices de explotación de una línea (velocidades comerciales de los trenes, reducción de las paralizaciones de los trenes de mercancías, etc.), de manera que se garantice el mejor aprovechamiento posible de la capacidad de circulación sobre una infraestructura dada.

EJEMPLO DE GRÁFICO DE MARCHAS EN UNA LÍNEA FRANCESA

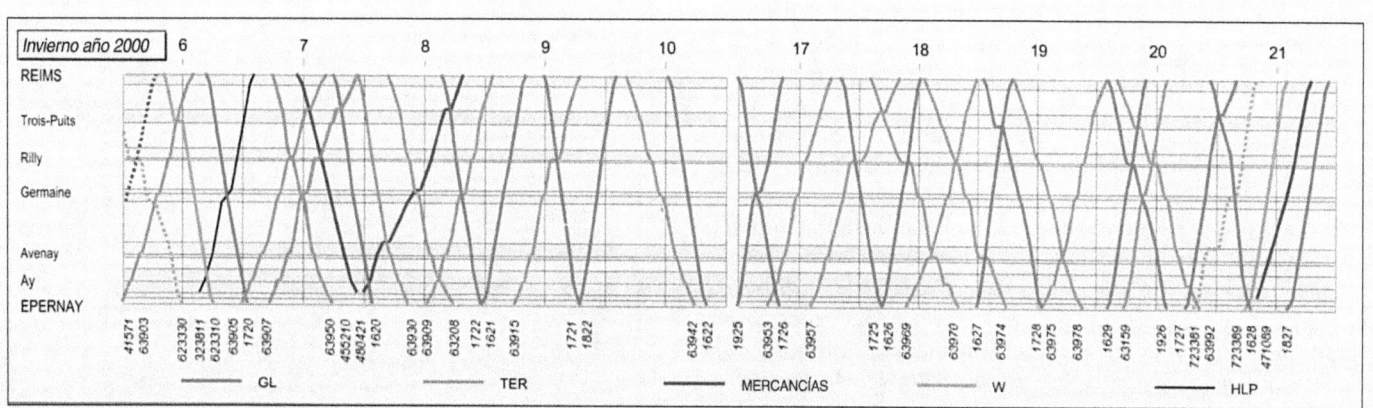

Fuente: G. Laurent (2006)

Fig. 5.9

ESQUEMA PARA EL ESTABLECIMIENTO DE GRÁFICOS DE MARCHA POR ORDENADOR

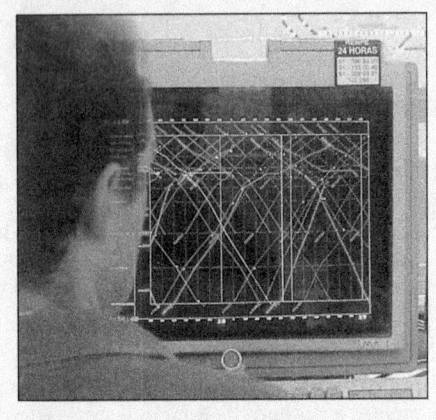
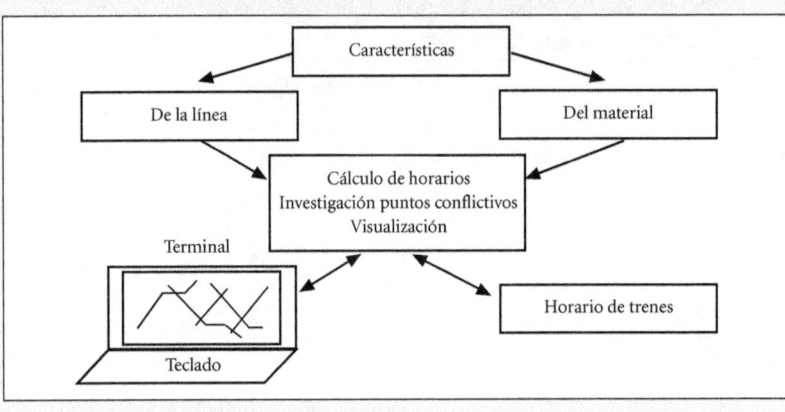

Fuente: RENFE

Fig. 5.10

Para lograrlo, el agente encargado de trazar el gráfico tiene en cuenta numerosas variables, tanto de tipo técnico como comercial; en el primer ámbito, a título indicativo, las reglas para la separación de los trenes en la línea considerada; en el segundo caso, las posibilidades de correspondencia entre los trenes más lentos y más rápidos.

En la óptica técnica sería deseable, en las secciones de línea de especial dificultad por causa de las rampas y pendientes existentes en las mismas, que cuando un tren circulase en rampa, otro lo hiciese en pendiente. Esta configuración sería de interés en caso de que el material motor dispusiese de frenado de recuperación, lo que no siempre ocurre, y de que las subestaciones fuesen también capaces de recibir energía.

En la óptica comercial, se subraya, a título indicativo, el interés de los expedidores y destinatarios de trenes de mercancías en disponer de unos determinados periodos horarios para la circulación de sus trenes. Como referencia, a comienzos de esta década la Unidad de Negocio de Transporte Combinado de RENFE, estableció el producto *Combipack*. La hora máxima de entrega de la mercancía al ferrocarril eran las 19.30 h en Barcelona para una salida del tren a las 20.30 h y llegada a Madrid a las 5.40 h, con una puesta a disposición del cliente de la mercancía transportada fijada a las 6.15 h.

Las reflexiones efectuadas hasta el momento han pretendido mostrar tan sólo algunos de los aspectos que condicionan el establecimiento de los gráficos de marcha de una línea. En la medida en que el número de trenes circulando en la misma se incrementa, se comprende la dificultad de satisfacer los objetivos completos de cada servicio comercial. Desde hace más de cuatro décadas los sistemas informáticos han contribuido notablemente a facilitar el establecimiento de los citados gráficos (Fig. 5.10). Finalmente, en la figura 5.11, se muestra el proceso de análisis que conduce a determinar la factibilidad técnica de incorporar un nuevo servicio en un gráfico ya existente.

Por último, resulta de interés destacar el hecho de que la explotación comercial de los servicios ferroviarios ha incorporado desde hace algún tiempo (década de los años noventa del siglo XX) un compromiso de calidad respecto a la puntualidad de los trenes que implica la devolución total o parcial del importe del viaje en función del tiempo de retraso en la llegada. La planificación del movimiento de trenes debe tener presente este hecho.

PROCESO DE PROGRAMACIÓN DE UN TREN

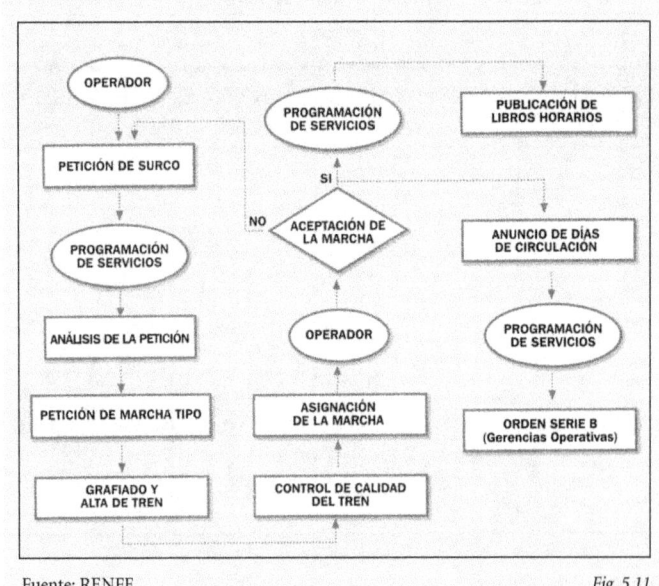

Fuente: RENFE

Fig. 5.11

5.5.3 Gráficos de marcha típicos

La diversidad de circunstancias técnicas y comerciales que concurren en cada línea hace que los gráficos de marcha puedan adoptar diferentes formas. Resulta, no obstante, de interés analizar algunos de los más representativos, comenzando por los que proporcionarían la capacidad máxima de circulación en una línea dada.

Se intuye que esta situación de máximo aprovechamiento de la infraestructura se correspondería con una configuración en donde todos los trenes tuviesen la misma velocidad y los mismos puntos de parada, estando trazados con el mínimo intervalo posible entre dos trenes consecutivos. Son los denominados *gráficos paralelos* (Fig. 5.12a). Sin embargo, en la mayor parte de las líneas de ferrocarril coexisten trenes de velocidades muy diferentes. No solo por tratarse de trenes de mercancías y de viajeros, sino por existir diferencias en el interior de cada grupo. Como referencia, en el cuadro 5.5, se muestra la heterogeneidad de velocidades en algunas líneas europeas.

En consecuencia, lo normal es encontrar gráficos no paralelos, tal como se muestra en la figura 5.12b. La observación de la misma pone de manifiesto hasta qué punto la diferencia de velocidades puede afectar a la capacidad de la línea. La figura 5.12c permite apreciar como la introducción de un tren de menor velocidad puede representar la supresión de 3 o 4 trenes rápidos. En forma análoga, la circulación de un tren rápido implicaría la supresión de 3 o 4 trenes lentos, dependiendo de la diferencia de velocidades.

Finalmente, en la figura 5.12d se visualiza un gráfico correspondiente a un horario cadenciado, es decir, aquel en el que cada movimiento de un tren se repite a intervalos fijos y constantes a lo largo de la línea durante un cierto periodo de tiempo.

GRÁFICOS DE MARCHA TÍPICOS EN ALGUNAS LÍNEAS DE FERROCARRIL

a) Gráfico paralelo

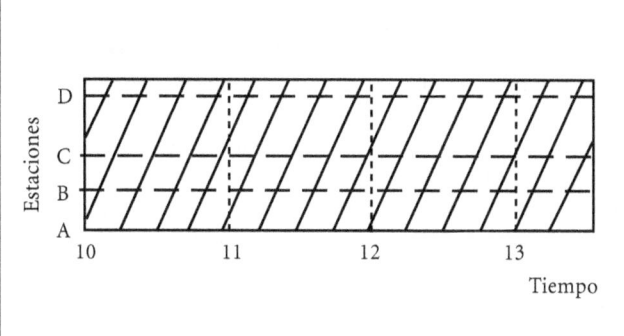

b) Gráfico no paralelo

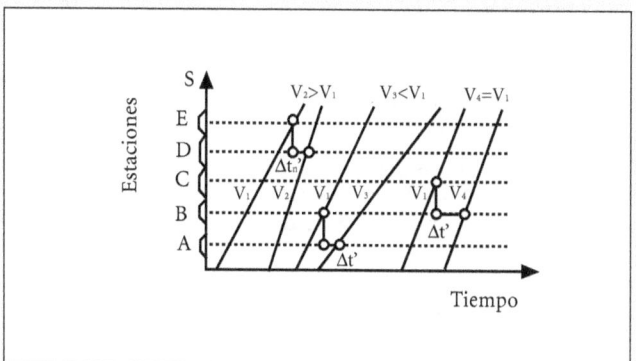

c) Influencia de la heterogeneidad de velocidades en la capacidad de una línea

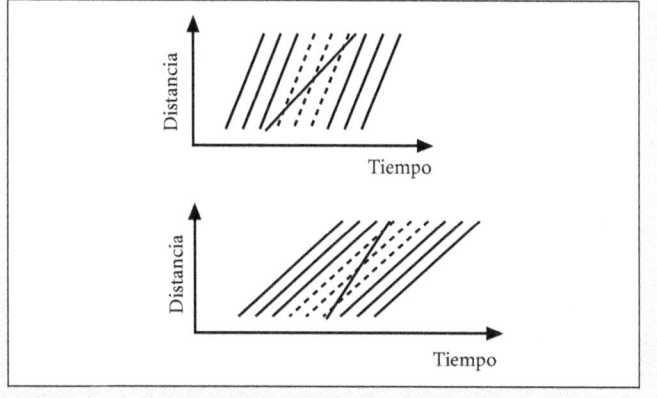

d) Gráficos de horarios cadenciados

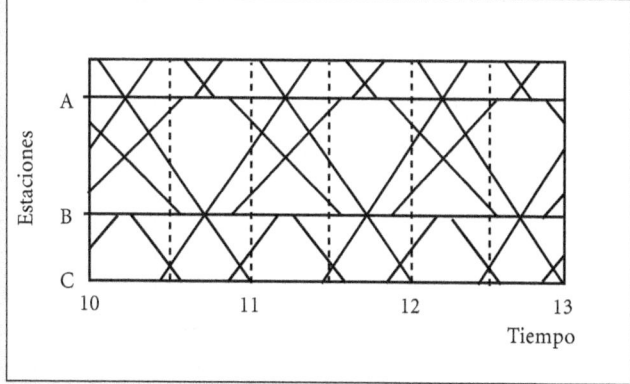

Fuente: Elaboración propia con datos de diversas fuentes

Fig. 5.12

CUADRO 5.5 DISTRIBUCIÓN DE VELOCIDADES EN ALGUNAS LÍNEAS EUROPEAS

LÍNEA	Nº MEDIO DE CIRCULACIONES POR DÍA			PERÍODO TEMPORAL
	TRENES DE VIAJEROS		TRENES DE MERCANCÍAS	
	V=200 km/h	160 < V < 140km/h	100 a 120 km/h	
París-Burdeos	20	110	106	Finales años 80 siglo xx
Dortmund-Hannover	28	77	123	Finales años 80 siglo xx

Fuente: Elaboración propia con datos SNCF y DB

5.5.4 Gráficos reales de algunas líneas de ferrocarril

Los gráficos de una línea van evolucionando con el tráfico que soportan. Como ilustración, la figura 5.13a muestra el correspondiente al momento temporal de la puesta en servicio comercial de la línea de alta velocidad entre París y Lyon en 1981. Veinte años después, un tramo de la sección París-St. Florentín presentaba la densidad de trenes indicada en la figura 5.13b. En forma análoga, en la figura 5.14 se visualiza el gráfico de marcha correspondiente a la línea de alta velocidad Tokio-Osaka (60 circulaciones/día) en 1964, junto al existente en 1996 (287 circulaciones/día).

Dos ejemplos más de gráficos de marcha son ofrecidos en la figura 5.15. El primero corresponde a la línea convencional entre París y Lyón (sección St. Florentín-Dijon), a finales de los años setenta del siglo xx. Esta elevada densidad de circulaciones fue uno de los motivos que condujo a la construcción de una nueva línea. El segundo gráfico corresponde a la malla de trenes programada en el corredor Turín-Milán-Nápoles, de alta velocidad, para su explotación cuando las nuevas infraestructuras estén concluidas. Nótese como por las distancias a recorrer (Milán-Nápoles, 800 Km) y por el tiempo de viaje previsto entre ambas ciudades (4.30h), la circulación de trenes de viajeros se concentra durante las horas del día y se reserva la noche para la circulación de algunos trenes de mercancías, trenes nocturnos de larga distancia (p.ej. Zurich-Nápoles) y para la realización de las operaciones de mantenimiento de la línea

5.6 HORARIO CADENCIADO

5.6.1 Introducción

Es un término utilizado para indicar una sucesión regular de los movimientos de las circulaciones ferroviarias. Este particular tipo de horario se caracteriza por dos elementos fundamentales: *estandarización y repetitividad*. Estandarización en relación con la oferta y desde el punto de vista del recorrido, el tiempo empleado y las paradas realizadas; repetitividad por lo que respecta al horario.

En realidad, este tipo de oferta es habitual en otros modos de transporte desde hace tiempo en algunas relaciones. Es el caso de los servicios de puente aéreo existente en determinados corredores, o bien, en los servicios de acceso a algunos aeropuertos por autobús.

La implantación de un horario cadenciado en el ferrocarril presenta ventajas tanto desde el punto de vista comercial como técnico. En el primer ámbito, por la facilidad que supone para los viajeros, que no necesitan retener unos determinados horarios. En el segundo caso, porque posibilitan una mejor gestión de la red y del material. Como referencia, puede señalarse que su introducción en el ferrocarril suizo desde diciembre del año 2004 permitió aumentar el tráfico en un 12% y reducir los costes de explotación. El primer país europeo que adoptó el horario cadenciado fue Holanda en 1939. Con posterioridad se introdujo en Dinamarca, Bélgica y Alemania, entre otros países.

Es importante destacar que puede hablarse de horario cadenciado en una relación dada, o bien, de horario cadenciado en la red, lo que implica la optimización del conjunto del servicio y, en particular, el estudio en profundidad de las conexiones en los nudos ferroviarios más importantes.

5.6.2 Elementos de referencia

El horario cadenciado se caracteriza por un módulo que se repite a lo largo del día, durante un período de tiempo preestablecido y a un intervalo regular. Dicho módulo es definido para cada sentido (Fig. 5.16a) y viene representado por el diagrama espacio-tiempo que caracteriza la oferta de transporte ferroviario. En la citada figura 5.16a se muestra el módulo para una línea de vía doble que no es simétrico. La repetición del módulo a intervalos fijados (I) configura el gráfico de marcha correspondiente.

De forma sintética, las variables que caracterizan el horario cadenciado son (Fig. 5.16b):

- Tp: tiempo de recorrido entre dos estaciones A y B, que define la forma de la traza.

EVOLUCIÓN DEL GRÁFICO DE MARCHA EN LA LÍNEA PARÍS-LYON DE ALTA VELOCIDAD (1981-2000)

a) Septiembre 1981

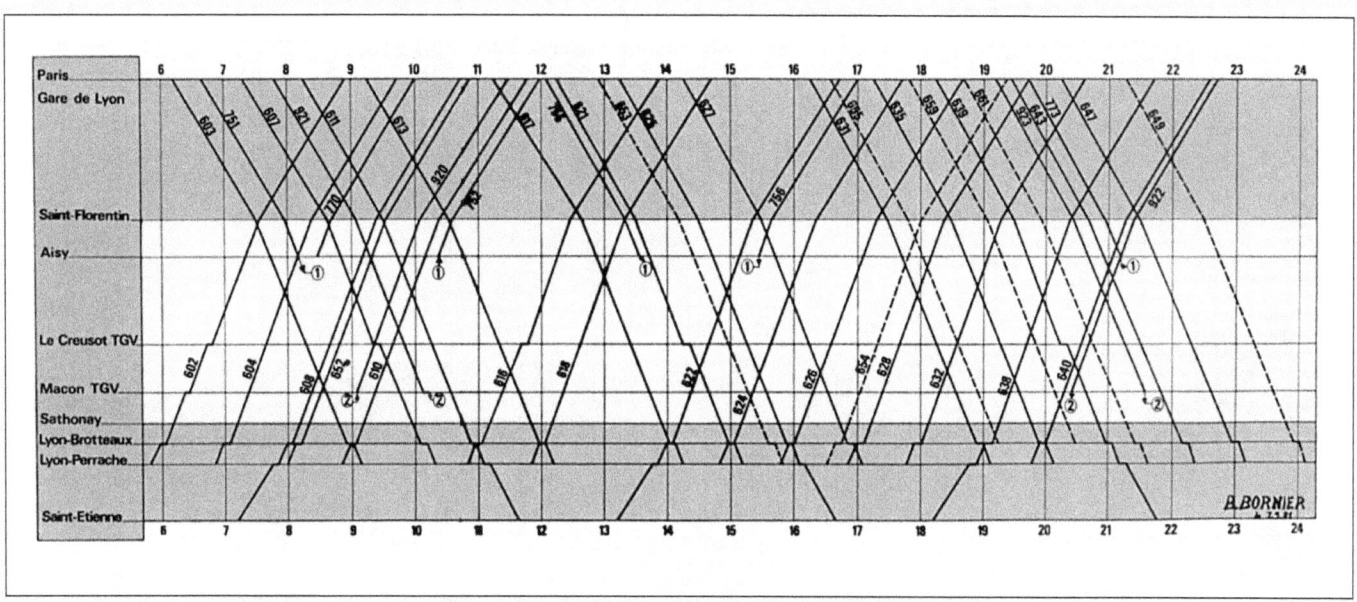

b) Extracto del gráfico de marchas de la línea de alta velocidad París-Lyon (sección Combs-La-Ville, año 2000)

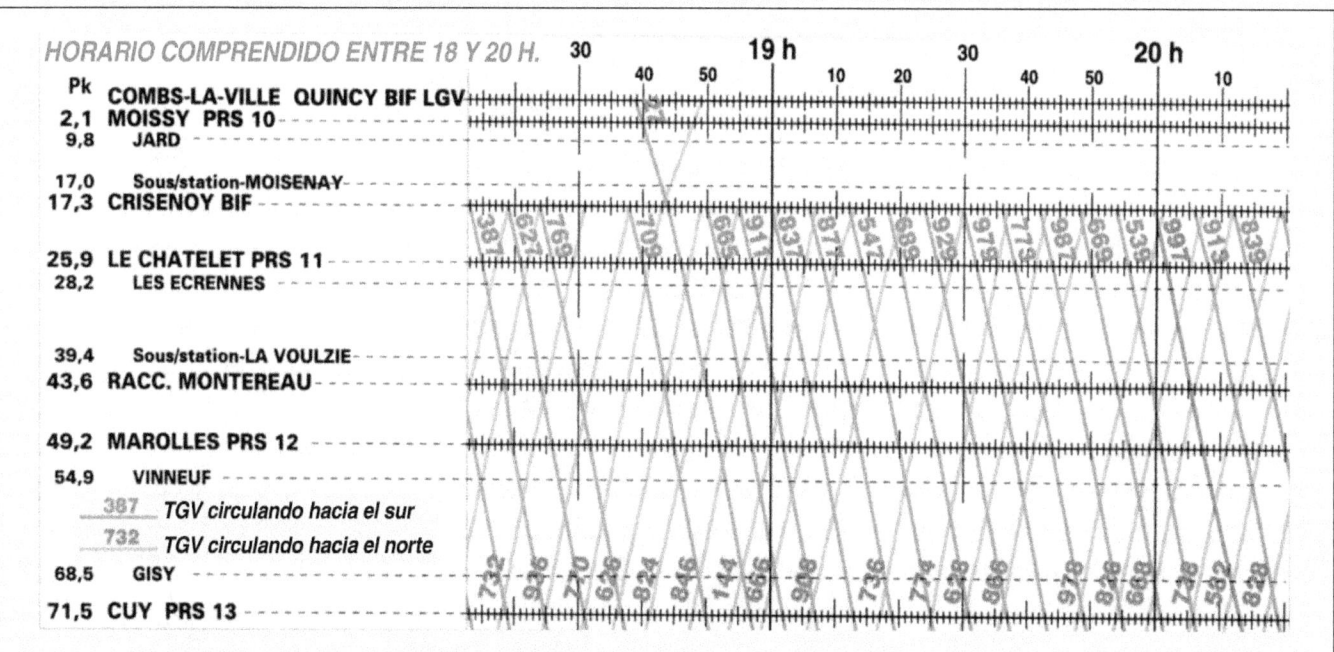

Fuente: La Vie du Rail

Fig. 5.13

EXPLOTACIÓN DE LÍNEAS DE FERROCARRIL

EVOLUCIÓN DEL GRÁFICO DE MARCHA DE LA LÍNEA TOKIO-OSAKA DE ALTA VELOCIDAD (1964-1996)

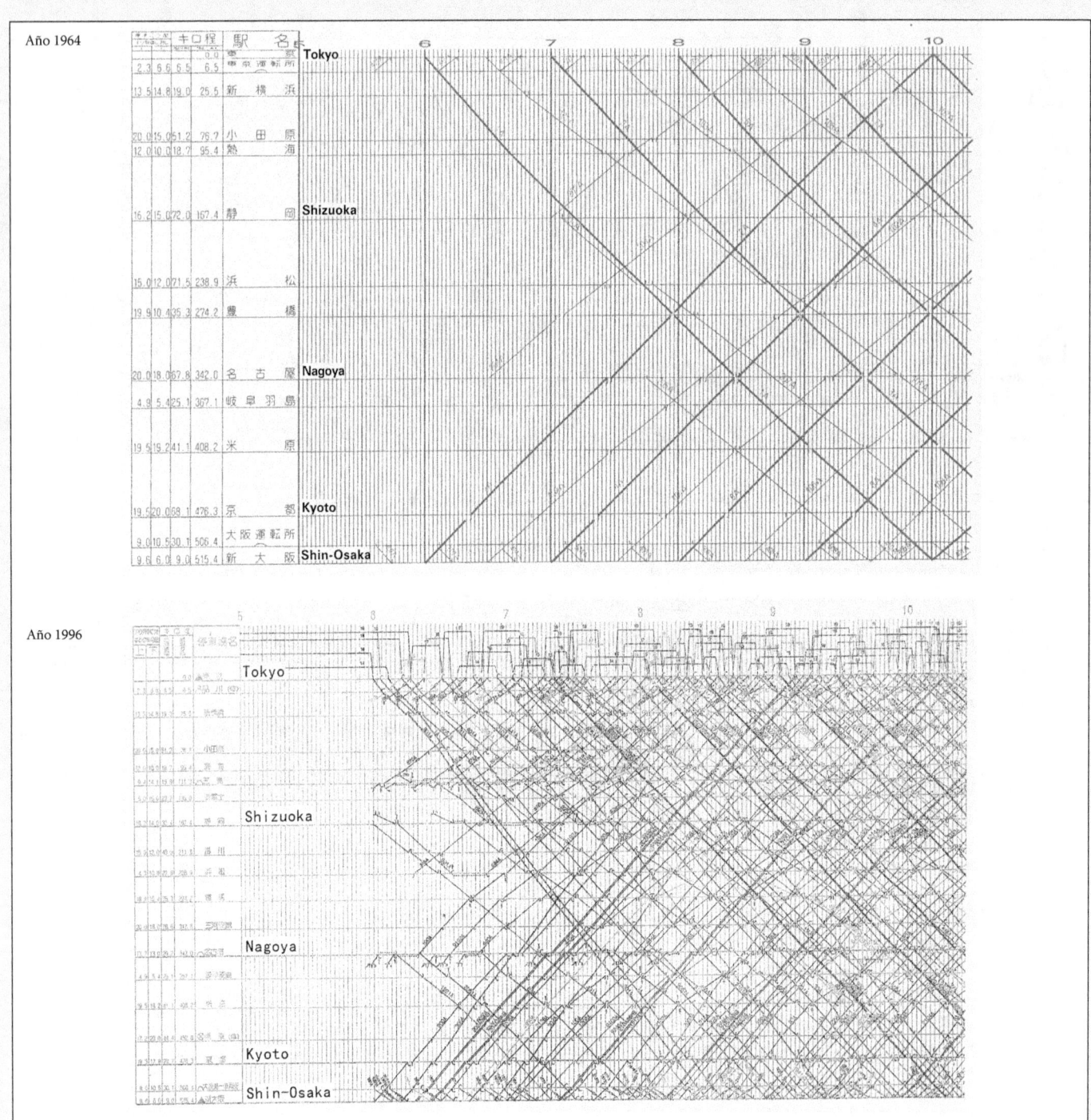

Fuente: P. Semmens (1997)

Fig. 5.14

GRÁFICOS DE MARCHA EN ALGUNAS LÍNEAS EUROPEAS

a) Línea clásica París-Lyon. Sección St. Florentin-Dijon

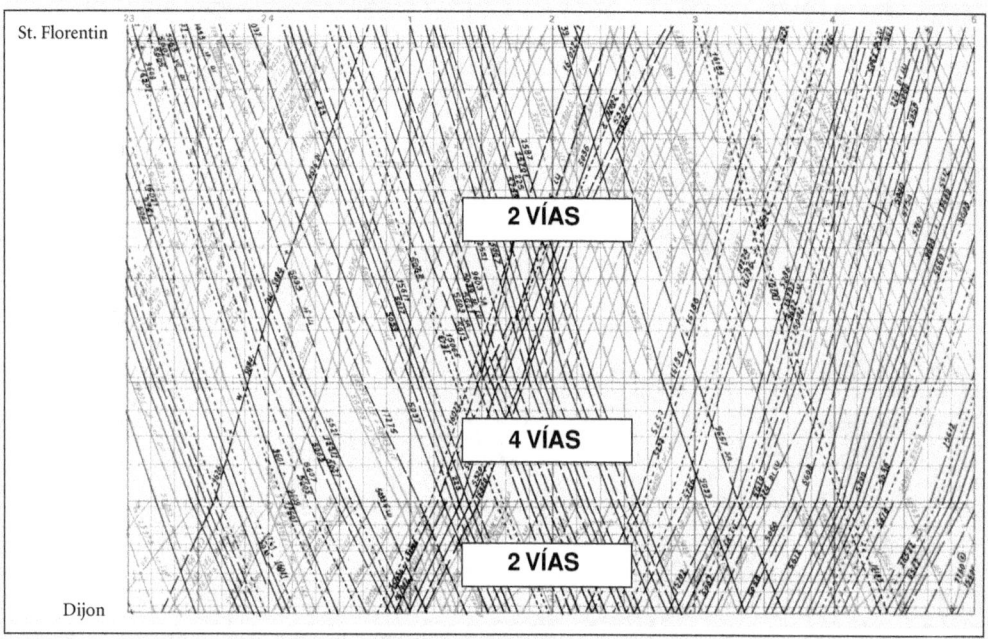

b) Malla de trenes programados en la línea de alta velocidad Turín-Nápoles

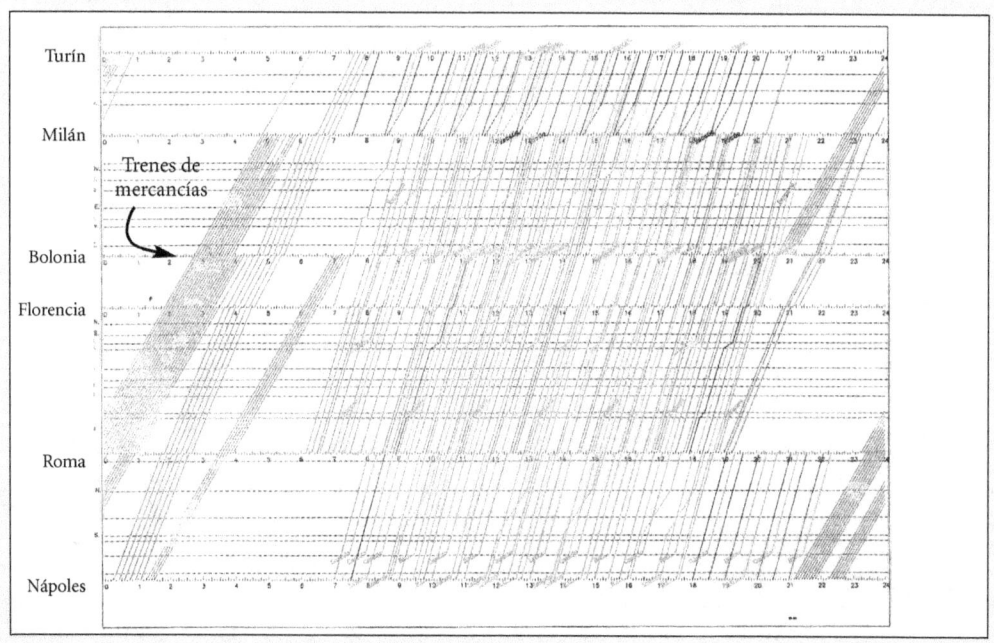

Fuente: SNCF (1981) y Marzullo y Mancini (1998)

Fig. 5.15

ASPECTOS BÁSICOS DEL HORARIO CADENCIADO

a) Horario cadenciado

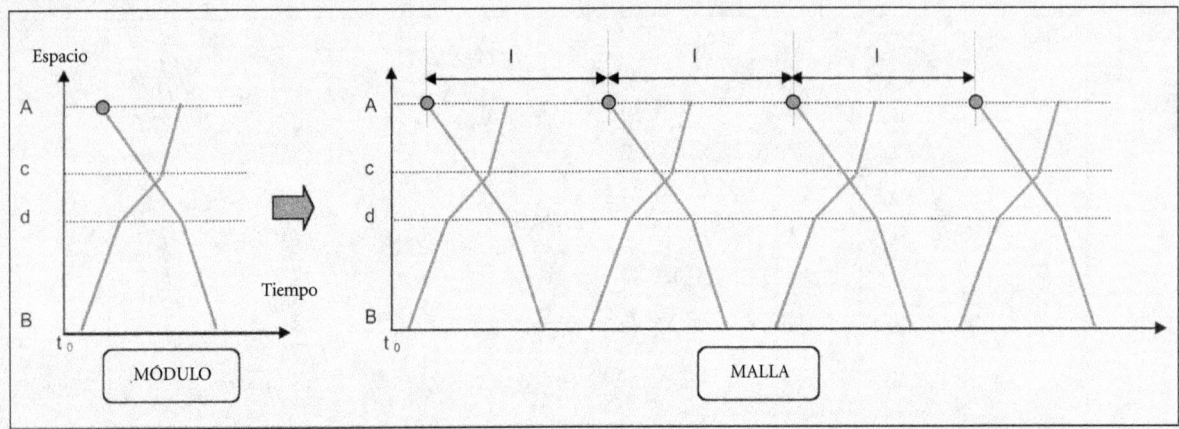

b) Variables del horario cadenciado

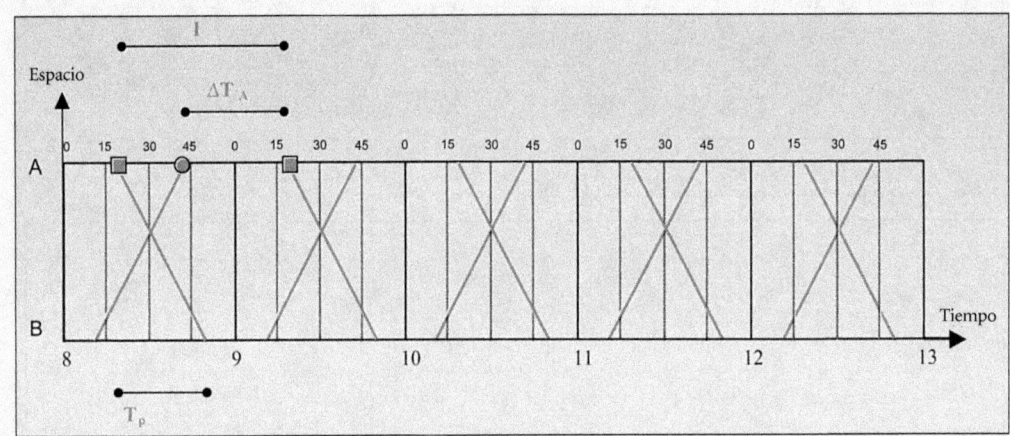

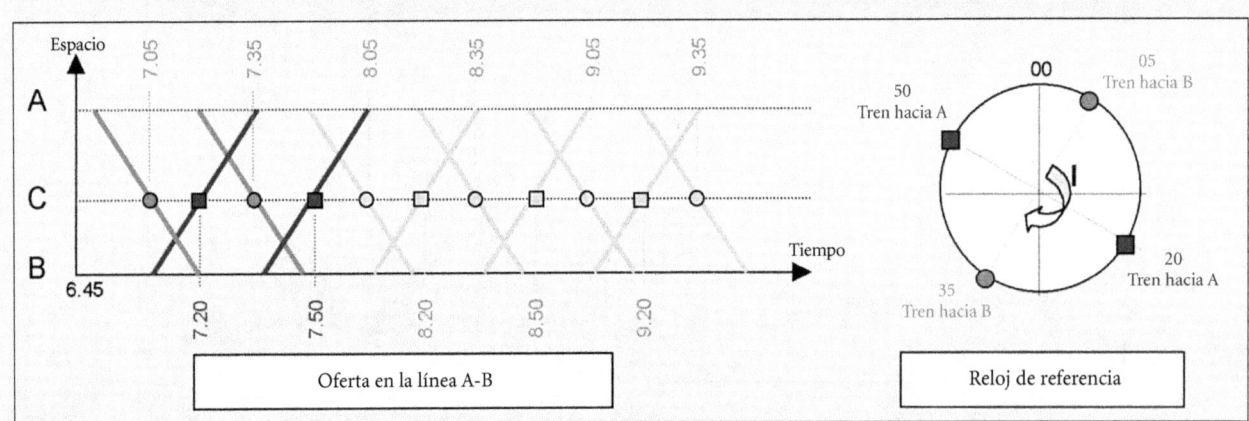

Fuente: F. Ciuffini (2003)

Fig. 5.16

- I: intervalo de cadenciamiento, que identifica la frecuencia de repetición del servicio.
- ΔT: indica la estructura de cadenciamiento, es decir, es el tiempo que transcurre entre la llegada de un tren y la salida del siguiente en sentido contrario.

Para una estación (C) situada en un punto entre A y B, el horario cadenciado se representa por medio del reloj indicado en la figura 5.16b. Algunas de las posibles orientaciones en relación con el horario cadenciado se muestran en la figura 5.17.

5.6.3 El material necesario

Es intuitivo pensar que en función de la estructura de cadenciamiento que se adopte, las necesidades de material para prestar el servicio ferroviario serán diferentes. Esta situación puede verse de forma gráfica en la figura 5.18a, en la que se presentan configuraciones de servicio que requieren dos o tres composiciones. Si se considera el esquema de la figura 5.18b, y se utiliza la notación DT= TSA (o TSB), según la estación que se considere, resulta:

$$T_{STOTAL} = T_{SA} + T_{SB}$$

Por otro lado,

$$2Tp + T_{STOTAL}$$

es el tiempo que transcurre desde que una composición sale de la estación A, llega a la B, vuelve a A y está en condiciones de salir nuevamente hacia B.

Se demuestra que la relación existente entre el número N de trenes necesarios y las variables precedentes es la siguiente:

$$N = \frac{2T_P + T_{STOTAL}}{I}$$

DIFERENTES ESQUEMAS DE HORARIOS CADENCIADOS

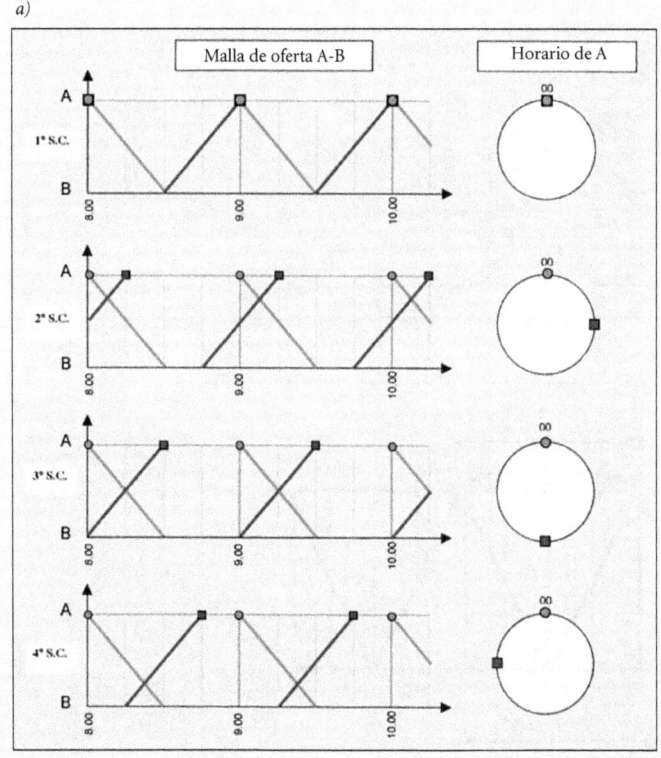
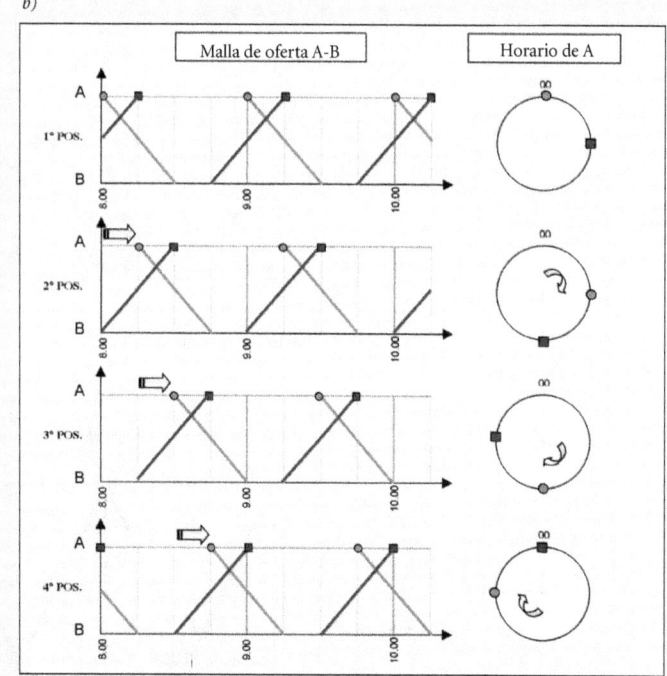

Fuente: F. Ciuffini (2003)

Fig. 5.17

PARQUE DE MATERIAL NECESARIO EN ESQUEMAS DE HORARIOS CADENCIADOS

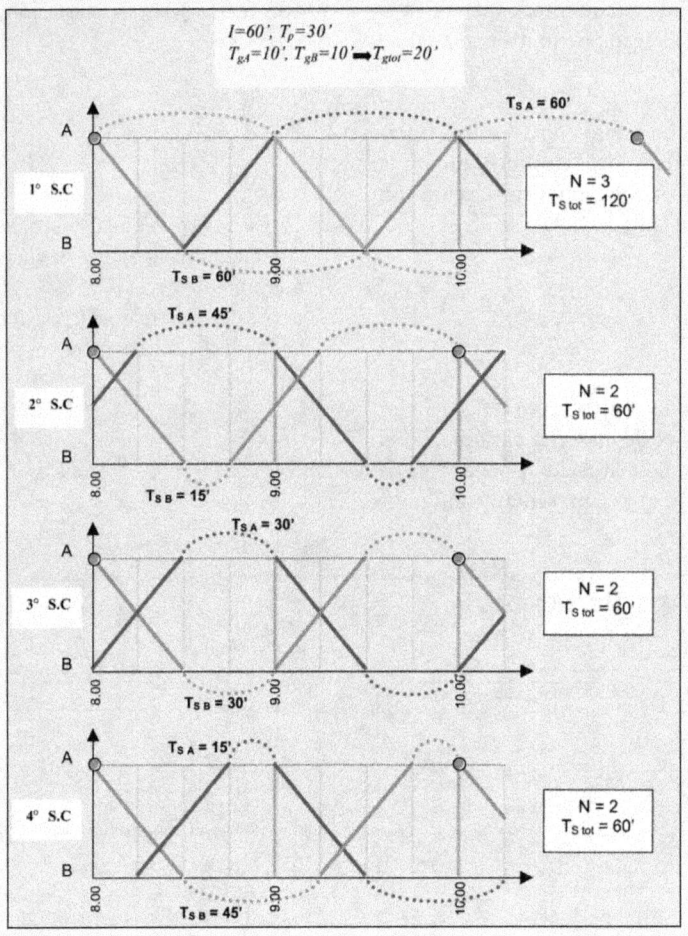

TIEMPOS QUE INTERVIENEN EN HORARIOS CADENCIADOS

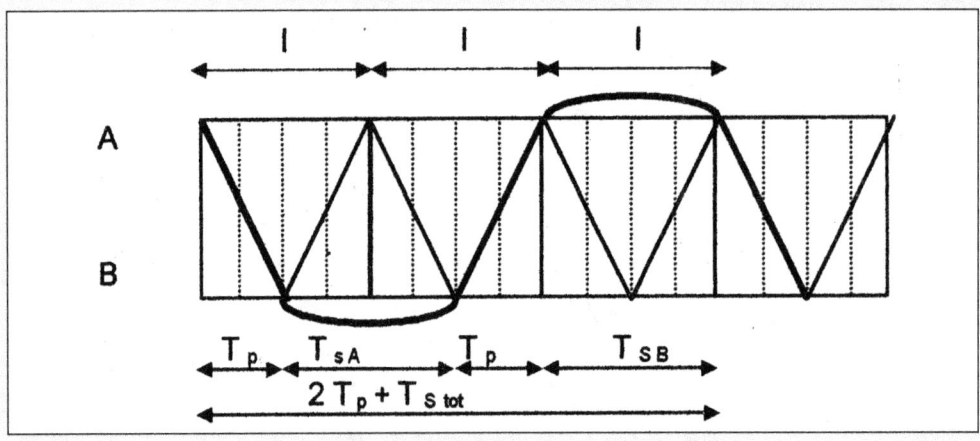

Fuente: F. Ciuffini (2003)

Fig. 5.18

Se hace notar que cuando resulta necesario el cambio de sentido de la circulación al llegar a una estación para volver a la primera, se estima necesario un tiempo del orden de diez minutos.

5.6.4 Implementación práctica

Se ha indicado precedentemente que uno de los objetivos principales del ferrocarril a nivel europeo, en el ámbito de los horarios de servicio, es llegar a disponer de un horario cadenciado en la red, de manera que el viajero note de forma relevante las ventajas que se derivan del mismo.

Con objeto de visualizar éstas ventajas se estima de interés reproducir el sistema de correspondencias adoptado por la Región Rhône-Alpes en Francia (Fig. 5.19). Como se observa, la cadencia permite efectuar de una manera simple y eficaz las correspondencias en estaciones.

Considérese, a título indicativo, el caso de una estación B que se encuentra en la confluencia de una línea principal (AC) y otra regio-

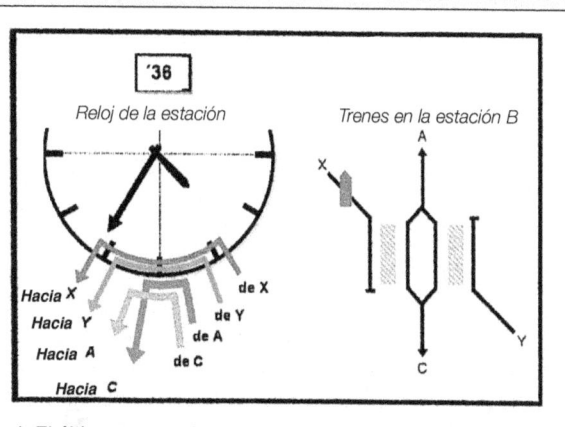

PLANIFICACIÓN DE CORRESPONDENCIAS EN HORARIOS CADENCIADOS

a) 1. Los trenes regionales llegan a la estación

b) 2. Los trenes de la línea principal llegan a la estación

c) 3. Todas las correspondencias son posibles

d) 4. El último tren regional sale de la estación

Fuente: Región Rhône-Alpes (2007)

Fig. 5.19

nal (XY). Se trata de lograr que los trenes regionales permitan efectuar correspondencias con la línea principal. En el ejemplo considerado, los trenes regionales llegan a la estación en el minuto 26 (Fig. 5.19a). Tres minutos más tarde entrarían en la estación B los trenes de la línea principal (Fig. 5.19b). Si en el minuto 30 todos los trenes están en la estación B, resulta posible efectuar todas las correspondencias deseadas (Fig. 5.19c). Finalmente, en los minutos siguientes todos los trenes de la línea principal y regional salen de la estación B.

En la figura 5.20 se muestra el desarrollo temporal del horario cadenciado en Europa y el sentido práctico de dicho concepto. En paralelo, la evolución experimentada en Alemania en el periodo 1979/1991.

5.7 LIBROS DE ITINERARIOS

Como se ha indicado con anterioridad, los gráficos de marcha son los documentos esenciales sobre los cuales se estudia un determinado servicio, siendo utilizados, una vez aprobados, por los agentes encargados de regular la circulación de los trenes. Su empleo no sería práctico, sin embargo, para el personal de conducción del material motor. Por ello se establecen los denominados *libros de itinerarios*, en donde se recogen los servicios de trenes correspondientes a cada uno de ellos.

DESARROLLO DEL HORARIO CADENCIADO EN EUROPA

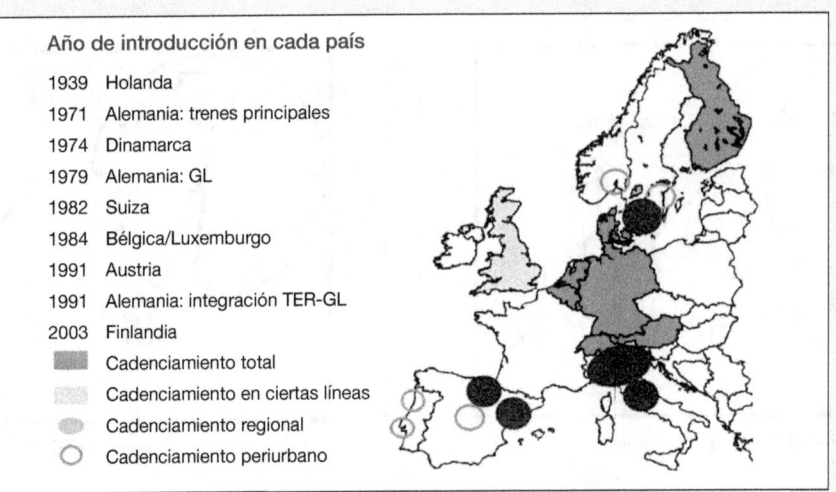

EVOLUCIÓN DEL HORARIO CADENCIADO EN ALEMANIA

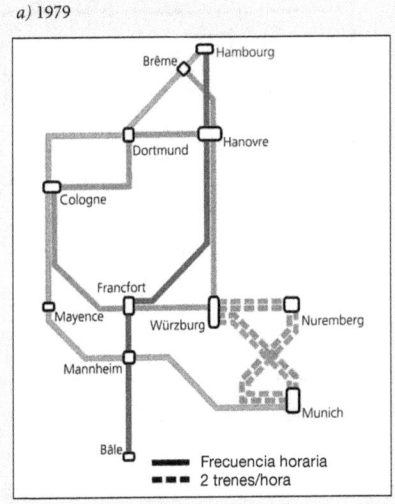

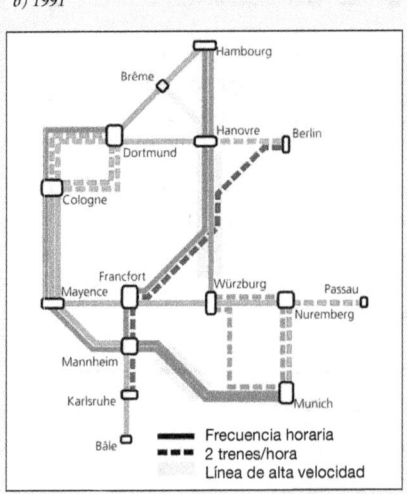

Fuente: DBAG (1993)

Fig. 5.20

En la figura 5.21, se reproduce el libro de itinerario correspondiente al tren Intercity Barcelona-Valencia en el tramo comprendido entre las estaciones de Barcelona y Tarragona. La información que contiene se refiere a dos aspectos: el primero concierne a las instalaciones con que cuenta la línea; el segundo, a la explotación propiamente dicha. Para proporcionar indicaciones sobre las instalaciones, se utilizan una serie de signos convencionales. En la línea considerada se explicita el significado práctico de cada uno de ellos. Esta información ayuda al maquinista. Por lo que respecta a la explotación, el libro de itinerarios indica:

- Velocidad máxima de circulación, en cada tramo (p. ej. 90 Km/h entre Barcelona y Bif. Prat)
- Tiempo concedido para recorrer un tramo dado (p. ej. 7 minutos en el tramo indicado anteriormente)
- Hora de llegada a las estaciones donde efectúa parada el tren
- Tiempo de parada: comercial, para subida y bajada de viajeros en su caso; técnica, por razones de explotación
- Hora de salida o de paso por cada estación del itinerario

Con esta información, el conductor del tren sabe cómo lograr los tiempos de viaje comercialmente establecidos en una relación dada.

5.8 LA ORGANIZACIÓN DEL MATERIAL DE TRANSPORTE Y DE LOS EQUIPOS HUMANOS NECESARIOS

El establecimiento de los itinerarios con las marchas de cada tren constituye tan solo una de las fases de la planificación del movimiento de trenes, ya que resulta necesario también analizar las disponibilidades de material motor y remolcado, el personal de conducción y de acompañamiento de los trenes, etc., con objeto de realizar los distintos servicios con la máxima economía y rendimiento.

En el ámbito de los recursos humanos se establecen los denominados turnos de servicio, en los que se fijan para cada agente los períodos de trabajo e inactividad, teniendo en cuenta las necesidades de reposo, toma y deje del servicio, etc. En forma análoga a como se fijan las actividades de las tripulaciones de los vuelos comerciales.

Para poder asegurar el servicio, los operadores ferroviarios disponen de un cierto parque de coches de viajeros y de vagones de mercancías. Este parque está en relación con la extensión de la red de cada administración, pero es más lógico fijar el citado parque no por el número de kilómetros de la red abiertos a la explotación comercial, sino por el número de trenes-kilómetro que se realiza o incluso de ejes-kilómetro.

LIBRO DE ITINERARIOS (EDICIÓN 28/10/1996)

Situación kilométrica	Canal de radio	Estaciones	Velocidad máxima	Tiempo concedido	Horas llegada	Tiempo parada Comerc.	Técnica	Horas salida o paso	Observaciones
99.0		Barcelona-Sants						16.30	
674.8		Bif. Gornal		4				16.34	
673.8		Bellvitge (APD)	90	1				16.35	
672.9	66	Bif. Can Tunis		1				16.36	
671.9		Bif. Prat		1				16.37	
670.2		El Prat de Llobregat	125	1				16.38	
664.2		Viladecans (APD)		2 ½				16.40 ½	
662.7		Gavá	160	1 ½				16.42	
658.9		**Castelldefels**		3				16.45	
656.6		Platja de Castelldefels (APD)		1				16.46	
651.8		Garraf	140	2 ½				16.48 ½	
647.9		Vallcarca (APD)	120	2 ½				16.51	
643.3	64	Sitges		2 ½				16.53 ½	
636.0		**Vilanova i la Geltrú**	145	4				16.57 ½	
630.9		Cubelles (APD)		3				17.00 ½	
627.0		Cunit		1 ½				17.02	
624.9		Segur de Calafell (APD)		1				17.03	
622.3		Calafell (APD)	160	1				17.04	
618.0		**Sant Vicenç de Calders**		2				17.06	
13.6	65	Torredembarra		6 ½				17.12 ½	
10.8		Altafulla-Tamarit (APD)		2				17.14 ½	
275.6		**Tarragona**		7 ½	17.22	2		17.24	
272.0	99	Aguja clasif. km. 272.0	140	4 ½				17.28	
270.5		La Pineda (CGD)		1				17.29 ½	

Fuente: RENFE (1996)

Fig. 5.21

Es indudable que el parque de material de transporte no es suficiente para satisfacer completamente la demanda que pueda existir en periodos punta, pues ello llevaría consigo grandes periodos de inmovilización para cierta parte del parque. A título indicativo, en la figura 5.22 se muestra una variación típica del tráfico de viajeros en el ferrocarril español a lo largo de los diferentes meses de un año, para los segmentos de mercado: grandes líneas, alta velocidad y AVE lanzadera.

La observación de los datos de la figura 5.22 permite obtener las siguientes conclusiones de referencia:

1) La demanda de tráfico de los servicios grandes líneas presenta variaciones notables en los distintos meses de un año. El valor

EVOLUCIÓN TIPO DE LA DEMANDA DE TRÁFICO EN LOS SERVICIOS INTERURBANOS DE VIAJEROS DEL FERROCARRIL ESPAÑOL

a) Grandes líneas

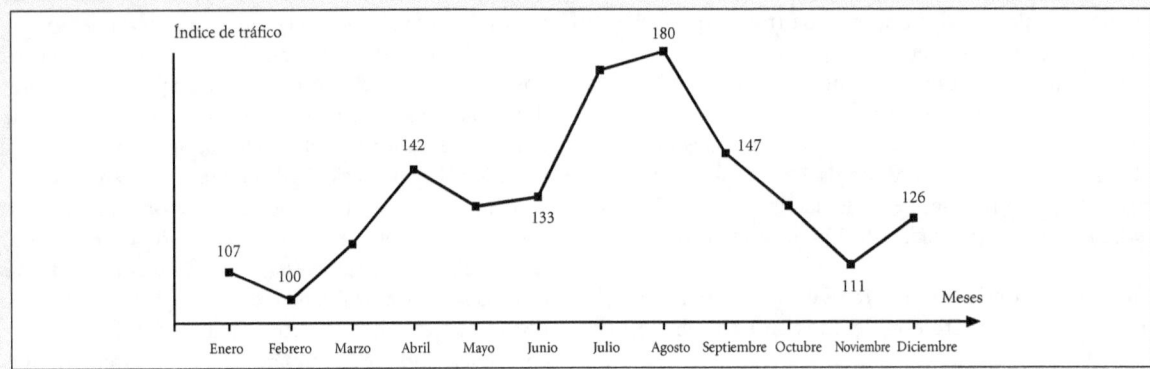

b) Largo recorrido (AVE + Talgo)

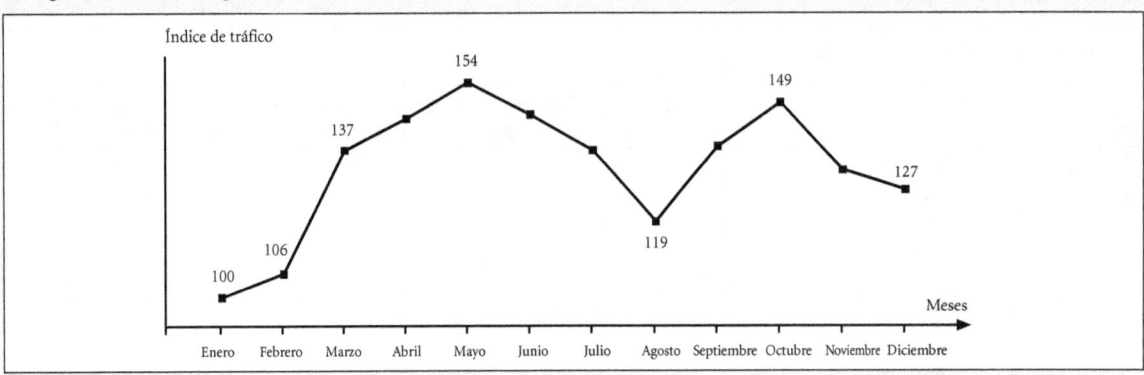

c) AVE lanzadera

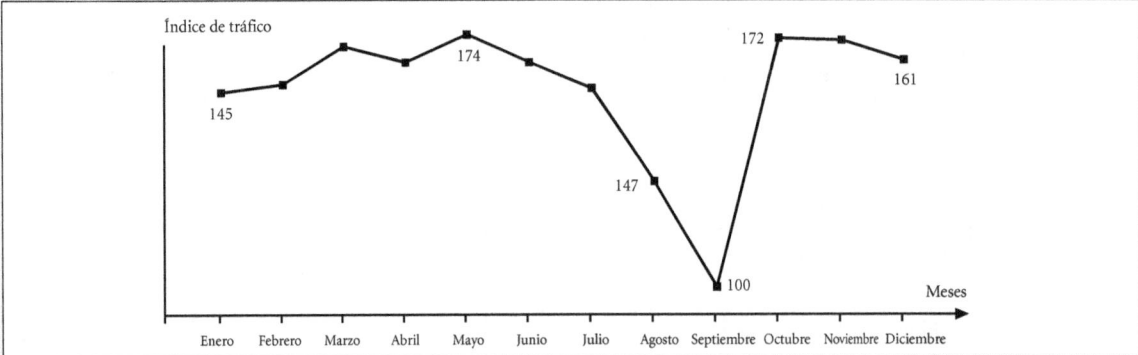

Fuente: Elaboración propia con datos RENFE

Fig. 5.22

mínimo tiene lugar en febrero y el valor máximo en agosto, mes en el que el tráfico es 1,8 veces superior al valor mínimo.

2) Para los desplazamientos de viajeros a través de la línea del AVE, bien sea en ramas de alta velocidad o en composiciones Talgo 200, las diferencias de demanda entre los valores máximos y mínimos son menos acusadas. El primero tuvo lugar en mayo y fue 1.5 veces superior al mínimo que se verificó en enero.

3) Para los desplazamientos AVE lanzadera, el valor mínimo de demanda se produjo en el mes de septiembre, y el máximo en los meses de mayo y octubre. Las diferencias entre ambos valores fueron análogos a las encontradas en los desplazamientos a través de los servicios grandes líneas (x 1,74).

Se constata, por tanto, la necesidad de analizar cada segmento de mercado de forma específica. Conociendo la distribución de la demanda a lo largo del año y, en consecuencia, las necesidades de material, resulta posible programar la conservación de los vehículos en los períodos de menor demanda. En todo caso, los servicios de explotación saben que para la organización del movimiento de trenes el parque normalmente disponible se sitúa en torno a 90 al 95% del parque total.

Por lo que respecta a la utilización de vagones de mercancías, la programación es más compleja, como consecuencia de la propia naturaleza de la demanda. Por otro lado, no suele suceder que la corriente de transporte en un sentido dado se encuentre equilibrada por una corriente de igual intensidad en sentido contrario.

En lo que concierne al material motor, se señala la evolución experimentada en el ferrocarril español, en términos organizativos. En la década de los años ochenta, cuando la red se estructuraba en zonas geográficas, los principios vigentes eran, básicamente: la no utilización de locomotoras diésel por líneas que estuviesen electrificadas, y la circulación de cada locomotora dentro de su zona, en la medida de lo posible. En la actualidad cada servicio comercial (cercanías, largo recorrido, etc.) cuenta con su propio material motor con objeto de proporcionarle una mayor capacidad organizativa. En todo caso, para cada material se establece una programación específica, tal como se muestra en la figura 5.23 para algunas locomotoras en determinados momentos temporales en Francia e Italia.

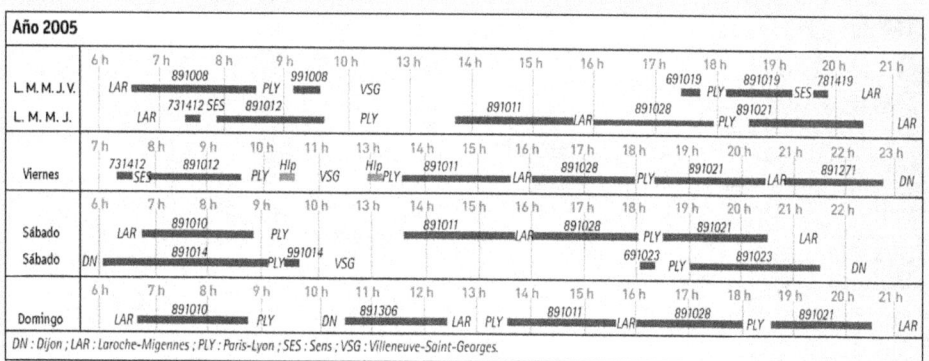

PLANIFICACIÓN DE LA ACTIVIDAD DE ALGUNAS LOCOMOTORAS EN FRANCIA E ITALIA

Fuente: Rail Passion (1996 y 2005)

Fig. 5.23

En el cuadro 5.6, se explicita el parque de material con que cuentan algunos operadores ferroviarios europeos para efectuar la implementación de los servicios de viajeros y mercancías.

Por lo que respecta a la programación de los servicios de las ramas de alta velocidad, la fig. 5.24 muestra la correspondiente a ciertas composiciones. Nótese el importante recorrido que efectúan diariamente.

CUADRO 5.6 PARQUE DE MATERIAL DE ALGUNOS OPERADORES FERROVIARIOS EUROPEOS (AÑO 2004)

Operador (País)	Locomotoras (incluyendo locotractores)	Número de automotores	Número de coches	Vagones propios
OBB (Austria)	1281	290	3418	16094
SNCB (Bélgica)	769	759	3292	13458
SNCF (Francia)	4670	2479	15627	37509
DBAG (Alemania)	4950	4774	15286	98982
FS (Italia)	3331	1378	10036	49028
RENFE (España)	821	826	3843	16054

Fuente: Elaboración propia con datos UIC

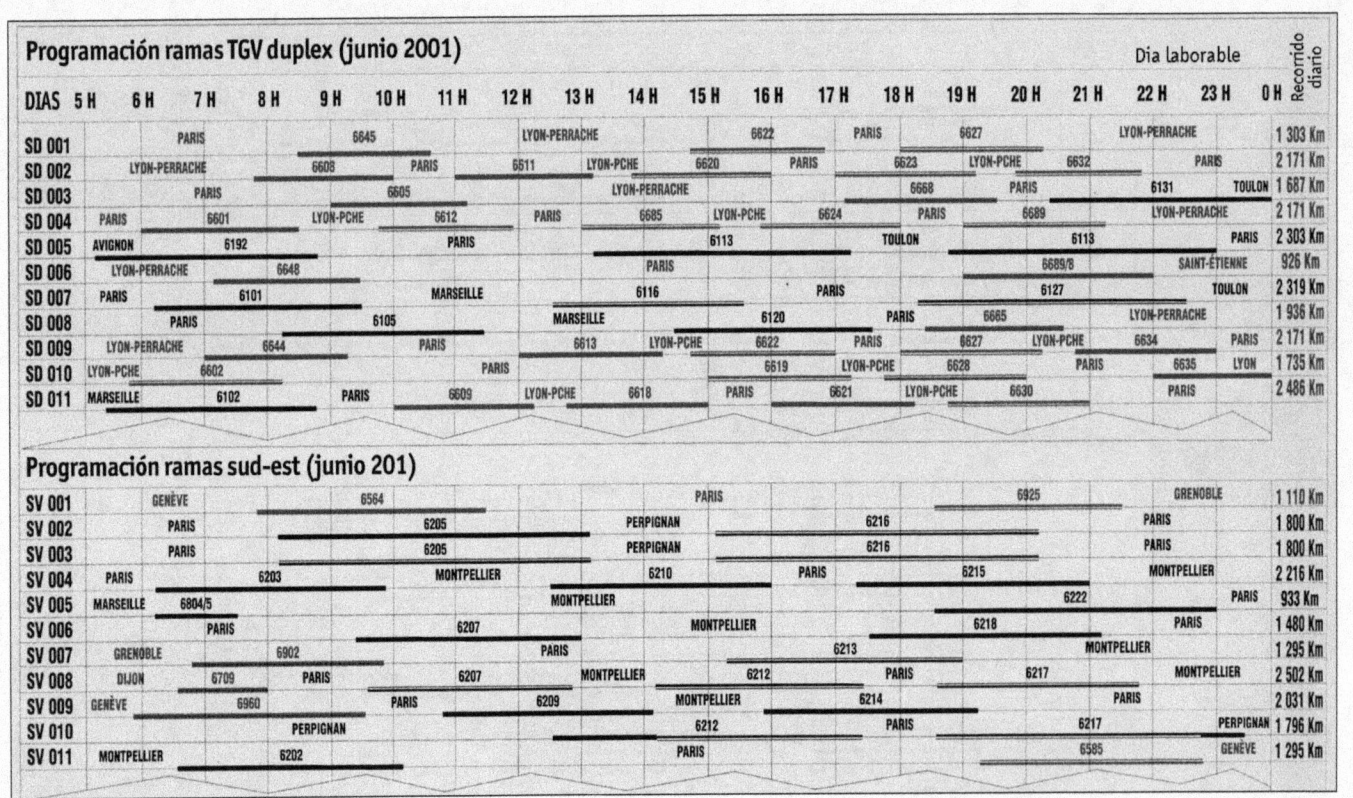

Fuente: Rail Passion (2001)

Fig. 5.24

6 CAPACIDAD DE LÍNEAS

6.1 INTRODUCCIÓN

Analizados en el capítulo anterior los principales aspectos de la planificación del movimiento de trenes por una línea dada, se plantea de forma inmediata y natural la cuestión de conocer cuál es la capacidad de dicha línea o, en otras palabras, cuál es el número de trenes que pueden circular por ella.

Sin embargo, la respuesta a esta pregunta no puede efectuarse de modo preciso si no se introducen ciertas premisas; en caso contrario, se produciría una ambigüedad que daría a la contestación poca utilidad práctica. Las citadas precisiones se refieren, básicamente, a condiciones técnicas y de explotación como son: el sistema de señalización con que cuenta la línea, la distancia entre estaciones, etc.

Además y como es habitual en otros ámbitos, es necesario señalar el periodo de tiempo al que se referirá el dato de capacidad. Normalmente se utiliza la hora y el día, dando lugar, respectivamente, a los conceptos de capacidad horaria y capacidad diaria. El interés del primer concepto se pone de relieve con sólo considerar los servicios de cercanías en las primeras horas de la mañana en los núcleos de los grandes centros demográficos.

Los aspectos relacionados con la capacidad de las líneas de ferrocarril evolucionaron con el tiempo y dieron lugar al establecimiento de numerosas metodologías para su cuantificación numérica (prácticamente cada administración ferroviaria tenía su propio método).

Sin embargo, las consecuencias que se derivan de la directiva 91/440, relativa a la separación entre las infraestructuras y los operadores ferroviarios, obligan a disponer de un concepto único sobre la noción de capacidad disponible en una infraestructura dada. En este sentido se inscriben los trabajos llevados a cabo por la UIC en los últimos años, que dieron lugar a la aparición de la primera edición moderna de la ficha UIC-406R *Capacidad*, en septiembre del año 2004, a la que nos referiremos posteriormente. Con carácter previo analizaremos los conceptos que han sido la referencia en la concreción del concepto capacidad de una línea.

6.2 CONCEPTOS PRELIMINARES

La necesidad de precisar las referencias al concepto *capacidad* condujo a una serie de definiciones bajo la siguiente denominación:

- *Sección (o cantón)*: Parte de una línea comprendida entre dos estaciones, puntos de cruce, etc.
- *Tramo*: Sucesión correlativa de secciones.
- *Línea*: Sucesión correlativa de tramos que enlazan dos puntos importantes de una red.

A cada uno de los citados conceptos se puede asociar una capacidad, hablando por tanto de capacidad de una sección, de un tramo o de una línea. La medida de la capacidad se efectúa habitualmente bajo dos formas distintas aunque relacionadas entre sí:

- *Capacidad en volumen o tonelaje máximo* que puede transportarse en un intervalo de tiempo dado.
- *Capacidad en circulaciones* o número de trenes que pueden circular en igual intervalo de tiempo.

Ambas definiciones son dos formas análogas del concepto capacidad, ya que la carga máxima de un tren que admite la línea en cuestión es el parámetro que relaciona las unidades de medida en los dos casos. En efecto, en el caso más simple de una línea exclusivamente con tráfico de mercancías, la capacidad de circulaciones necesarias para asegurar el encaminamiento de un volumen dado de dicho tráfico, expresado en toneladas y durante un año, vendría dada por la relación:

$$n_t = \frac{T \cdot 10^6}{365 \cdot \eta \cdot Q}$$

siendo:

n_t = número de trenes necesarios por año

T = volumen del tráfico de mercancías en millones de toneladas/año

Q = carga, en toneladas brutas, de un tren

η = coeficiente que permite pasar de carga bruta a carga neta (0,4 a 0,7)

En el caso de líneas con tráfico mixto, lo que es habitual, la relación entre ambos conceptos de capacidad puede obtenerse de forma análoga. En la práctica, la capacidad de una línea se expresa en número de trenes por período horario considerado.

Del concepto de capacidad derivan el de *saturación* y el de *capacidad potencial*. El primero, intuitivo en cuanto a su significado, no es un fenómeno fácil de constatar en el terreno, como sucede en la carretera, y en general se presenta sólo en ciertos períodos del día. En todo caso, existen algunos síntomas que permiten prever la proximidad de saturación de una línea:

INFLUENCIA DE LA DENSIDAD DE TRÁFICO EN UNA LÍNEA EN LA CALIDAD DEL SERVICIO

a) Red ferroviaria alemana (1975)

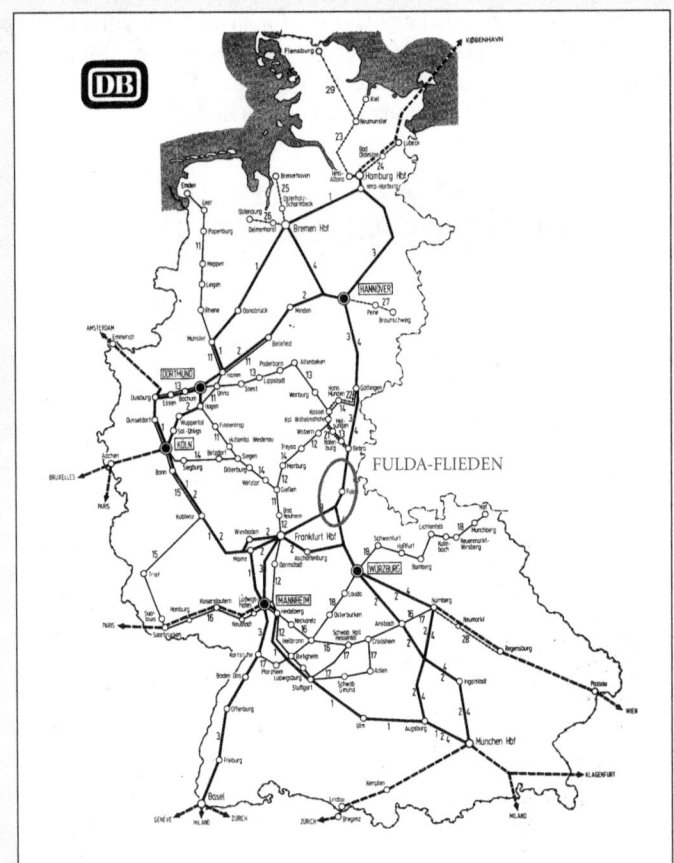

b) Evolución del tráfico en la SECCIÓN FULDA-FLIEDEN (1950-1974)

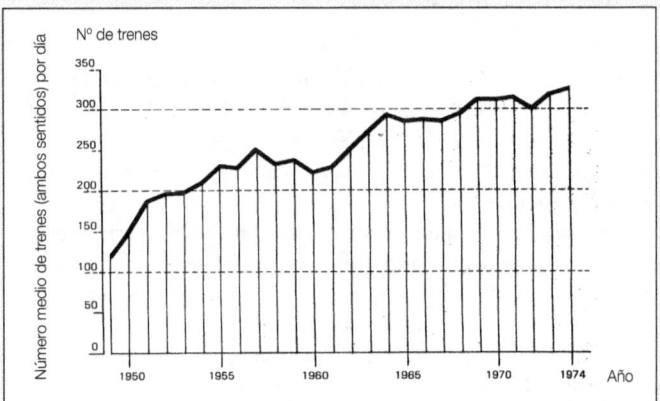

c) Calidad de servicio y densidad de tráfico

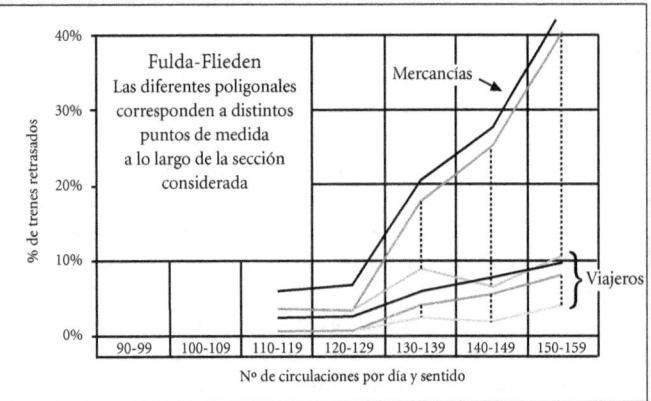

Fuente: E. Sitzmann (1975)

Fig. 6.1

1. Una *mala regularidad* en la circulación de los trenes de viajeros y mercancías. Es de interés observar la figura 6.1, que muestra la evolución del retraso de los trenes en el eje norte-sur de los ferrocarriles alemanes, en la década de los años setenta del siglo XX, al aumentar el número de trenes que circulaban en el citado eje. Se deduce que la capacidad máxima de la sección considerada estaba situada en torno a 130 trenes/día/sentido. Por encima de esta cifra el porcentaje de trenes retrasados crecía rápidamente.
2. La dificultad de introducir nuevos trenes analizando los gráficos de marcha ya existentes.
3. Alteraciones importantes en la explotación en el caso de tener lugar ligeros incidentes.
4. Coste elevado en los trabajos de conservación de las instalaciones de vía o de electrificación como consecuencia de la dificultad de obtener intervalos de trabajo de duración suficiente.

Es preciso insistir, una vez más, en la idea de que la noción de capacidad de saturación no tiene un valor absoluto, pues depende de los diferentes tipos de trenes caracterizados por sus valores límites de velocidad y su distribución temporal, entre otros aspectos.

Por lo que se refiere a la *capacidad potencial*, se señala que se sitúa, como es natural, por debajo del límite de saturación, teniendo en cuenta que su valor incluye ciertas normas de elasticidad y de calidad de servicio. En particular, la noción de elasticidad significa la posibilidad de permitir una circulación fluida de los trenes incluso en el caso en que se den ciertos retrasos. Los estudios llevados a cabo por la UIC recomiendan fijar para la capacidad potencial el 60% de la capacidad de saturación, es decir, un margen de elasticidad del 40% con relación a la saturación absoluta diaria.

6.3 ANÁLISIS DE LOS FACTORES QUE INFLUYEN EN LA CAPACIDAD DE UNA LÍNEA

De una manera intuitiva se comprende que la capacidad de una línea viene influenciada por numerosos factores. Con objeto de proporcionar una visión lo más completa posible de los mismos, en la figura 6.2 se presenta un esquema que permite identificar buen número de dichos factores. En efecto, considérese a título indicativo el caso de un tramo en vía única situado entre dos estaciones A y B. Supóngase también que el sistema de explotación consiste en que cada tren que sale

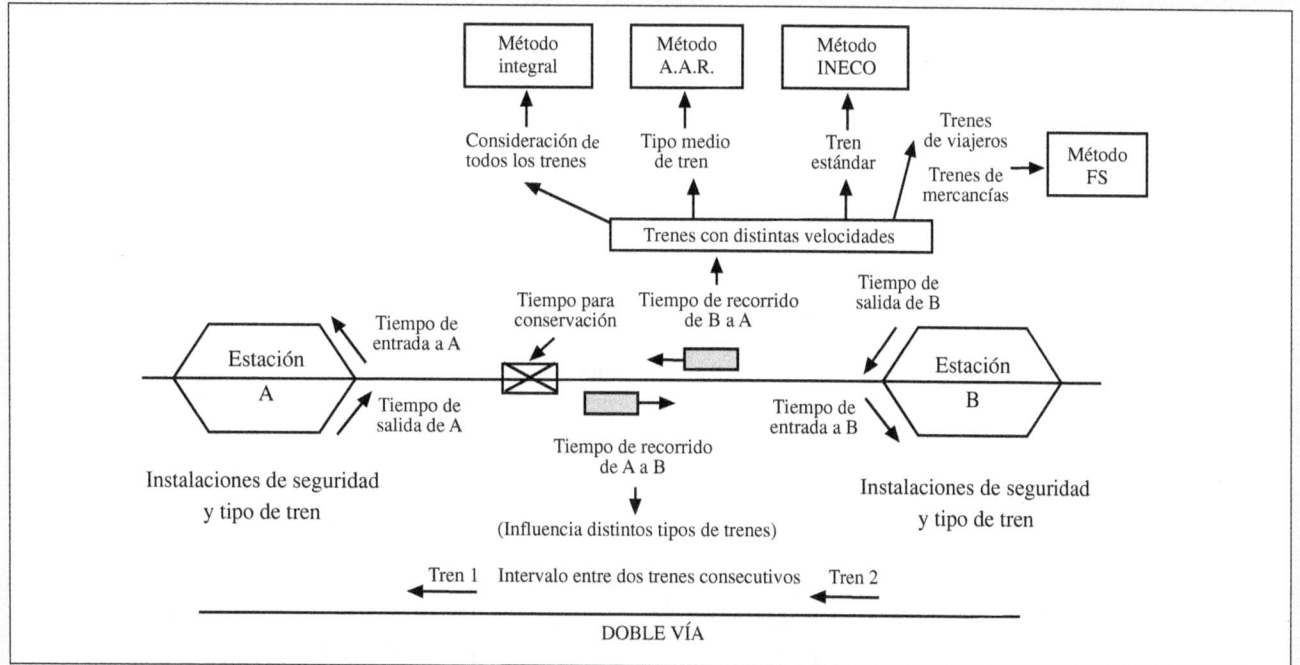

ESQUEMA DE BASE PARA LA EVALUACIÓN DE LA CAPACIDAD DE UNA SECCIÓN DE LÍNEA

Fuente: A. López Pita (1984)

Fig. 6.2

de A entre en la estación B y se estacione en una vía de apartado. Hipótesis análoga para la circulación de los trenes de B a A.

Con carácter de síntesis, se señala que lo que se busca es determinar el tiempo necesario para efectuar el recorrido de A a B y de B a A, lo que nos permitirá deducir el número de trenes que pueden circular en un período de tiempo dado, es decir, la capacidad de la línea.

De la observación del esquema de la figura 6.2 pueden identificarse los siguientes tiempos para un desplazamiento de un tren de A a B y de otro de B a A.

1) *Tiempo de salida del tren desde la estación A*

La magnitud del mismo dependerá, por un lado, de las instalaciones de seguridad con que cuente la estación A para planificar y ejecutar las correspondientes agujas y señales en posición de salida; por otro lado, del trazado de las vías y la velocidad que permitan, así como de la capacidad de aceleración del tren considerado.

Por lo que respecta a las instalaciones de seguridad, la ficha UIC-405R, en su versión de 1979, señalaba la necesidad de considerar dos períodos de tiempo:

- *Tiempo de reacción* necesario para dar y recibir la orden de marcha al tren que se encuentra parado en la estación A ($\simeq 0.4$ minutos).
- *Tiempo* necesario *para la formación y destrucción de los itinerarios* y la liberación de las instalaciones de bloqueo, cuyo valor podía fijarse en base al siguiente criterio, de acuerdo con la citada ficha UIC.

	INSTALACIÓN DISPONIBLE	
Estación	Puesto mecánico	Puesto todo relés
Importante	1,5 minutos	1,0 minuto
Poco importante	1,0 minutos	0,5 minutos

En lo que concierne al trazado de las vías y a la velocidad permitida, así como a la capacidad de aceleración de los trenes, la casuística es grande, dada la variedad de materiales y playas de vías existentes en una red. La aceleración de arranque de los trenes de cercanías es de 0,6 a 0,8 m/seg^2, mientras que la de los trenes de mercancías se sitúa en el intervalo de 0,2 a 0,4 m/seg^2.

2) *Tiempo invertido para efectuar el recorrido de A a B*

En este ámbito, la influencia del trazado en planta de la línea es muy importante al limitar las curvas la velocidad de circulación y, en consecuencia, la capacidad de aquella. Se destaca que no siempre el tiempo invertido en el sentido AB es el mismo que en el sentido BA, por causa de la orografía existente. Por otro lado, las posibles precauciones de la línea, a causa, por ejemplo, de trabajos de mantenimiento o renovación, condicionan el citado tiempo de desplazamiento. Obviamente, las prestaciones del material influencian también el tiempo invertido en recorrer el trayecto AB o BA.

3) *Tiempo necesario para entrar el tren en la estación B*

Dependerá de las características de la playa de vías de la estación B y de la naturaleza de las instalaciones de seguridad con que se encuentre equipada.

Si nos referimos ahora a una línea en su conjunto, otros aspectos relacionados con la capacidad son a destacar:

1) Por lo que concierne a la incidencia del *número de vías en estaciones terminales,* se comprende que la existencia de un haz de vías suficientemente grande permite recibir varios trenes al mismo tiempo, mientras que otros trenes se preparan para su salida; si el haz es pequeño, la capacidad de la línea queda supeditada al número de trenes que puede recibir y expedir la estación terminal.
2) Respecto a las *estaciones de cruce en líneas de vía única,* la existencia de una sola vía de apartado limita las posibilidades de aprovechamiento del bloqueo, al no permitir más que una sola operación de cruce o adelantamiento, con la consiguiente incidencia en la capacidad.

6.4 ESPACIAMIENTO MÍNIMO ENTRE TRENES CONSECUTIVOS CON SEÑALIZACIÓN LATERAL

En el apartado anterior se ha analizado el caso simplificado de la circulación entre dos estaciones en vía única, con un sistema de explotación que podía corresponder al que denominamos en su momento *bloqueo telefónico*. Si consideramos ahora la explotación en bloqueo manual y en bloqueo automático, se pondrán de manifiesto las posibilidades que ambos sistemas permiten para hacer circular el mayor número posible de trenes.

El problema radica en determinar, en ambos casos, el tiempo mínimo que puede existir entre dos trenes consecutivos, en el supuesto de disponer de una línea en doble vía.

6.4.1 Bloqueo manual

El esquema adjunto visualiza la distancia mínima entre dos trenes consecutivos.

Sea D la distancia entre dos señales consecutivas y d la distancia entre la señal de anuncio de parada y la de parada propiamente dicha. Sean así mismo dos trenes sucesivos de longitud l y velocidad

ESQUEMA BLOQUEO MANUAL

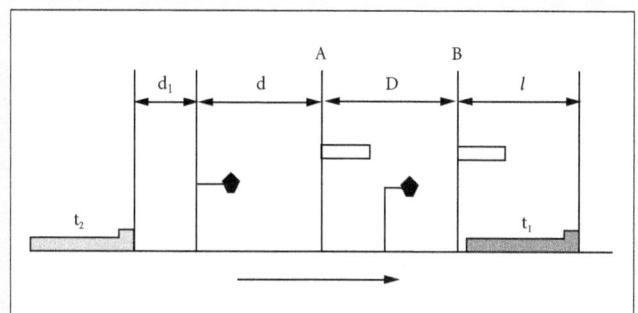

ESQUEMA BLOQUEO AUTOMÁTICO

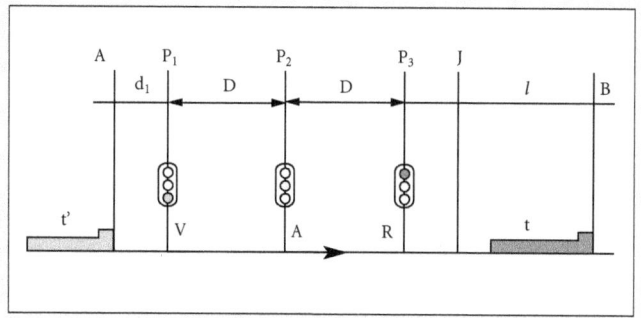

V (m/seg) y supongamos que uno de ellos, el t_1, franquea completamente la señal existente en B. En ese momento el agente que se encuentra en B puede hacer que la señal A permita el paso del tren t_2. Se admite habitualmente que el conjunto de esas operaciones exige un período de tiempo próximo a los 60 segundos.

Para que el segundo tren (t_2) circule en buenas condiciones es preciso que en el momento en que la señal A señale vía libre el tren (t_2) se encuentre a una distancia mínima (d_1) de la señal.

En este contexto el intervalo de tiempo mínimo (T) admisible entre los trenes t_1 y t_2 es igual al tiempo necesario para que la cabeza del tren t_2 supere la distancia ($d_1 + d + D + l$) aumentada en el tiempo mínimo necesario para la maniobra de los aparatos, es decir ($\simeq 1'$) tal como hemos indicado.

Matemáticamente:

$$T = \frac{d + d_1 + D + l}{V} + 60 \qquad (6.1)$$

Resulta, por tanto, de esta ecuación, que la capacidad de la línea será tanto mayor cuanto menor sea la distancia entre cantones (D). Sin embargo, el aumento de estos tiene por efecto un incremento de los gastos de primer establecimiento y sobre todo de los gastos de personal necesarios en los puestos de control (A y B del esquema anterior).

6.4.2 Bloqueo automático

En forma análoga al caso anterior, el esquema adjunto sirve de base para determinar el tiempo mínimo que puede existir entre dos trenes consecutivos.

Como se expuso en su momento, se dispone de tres señales que permiten de forma consecutiva proporcionar las indicaciones de verde, amarillo y rojo, a través de dos cantones de igual longitud (D).

Cuando la cola del tren supera el cantón $P_2 P_3$ o, más exactamente, el circuito de vía correspondiente, que termina en la junta aislante J, a algunos metros de distancia de la señal P_3 ($\simeq 380$ m), las señales P_2 y P_1 indicarán respectivamente la señal de anuncio de parada y de vía libre. Para que un segundo tren t' circule en condiciones satisfactorias, es necesario que en el momento en que aparece en P_1 la señal verde, aquél (t') se encuentre al menos a una distancia d_1 de la señal P_1.

El intervalo de tiempo mínimo T entre los trenes t y t' es igual al tiempo necesario para que la cabeza del tren t pueda recorrer la distancia AB. Matemáticamente:

$$T = \frac{d_1 + 2D + l}{V} \qquad (6.2)$$

Comparando las expresiones 6.1 y 6.2 se pone de manifiesto que dos factores favorecen el incremento de capacidad que proporciona el bloqueo automático respecto al bloqueo manual:

- Por un lado, la eliminación de los tiempos de maniobra de las señales.
- Por otra parte, la posibilidad de seccionar la línea en cantones, tan cortos como sea necesario sin que se encuentre condicionado por el incremento subsiguiente de los gastos de personal, tal como sucede en el bloqueo manual.

En el caso de circular por una línea clásica a 200 Km/h, se dispone, como se indicó, de un sistema de bloqueo automático basado en cuatro aspectos (verde destelleante, verde fijo, amarillo y rojo). El tiempo mínimo entre dos trenes consecutivos viene dado entonces por la expresión:

$$T = \frac{d_1 + 3D + l}{V}$$

En relación con las variables que aparecen en las fórmulas precedentes, es de interés precisar que:

a) La distancia de visibilidad considerada por cada operador ferroviario era diferente, oscilando entre 200 y 300 m. La UIC recomendaba adoptar, para velocidades superiores a 80 Km/h, una distancia del orden de 500 m.

En la práctica, en algunas administraciones ferroviarias adoptan a efectos de cálculo un tiempo de reconocimiento de la indicación. Los ferrocarriles franceses [Bouvarel (2004)] retienen: 35 segundos para los trenes de cercanías, 45 segundos para los trenes de largo recorrido y 55 segundos para los trenes de mercancías.

b) La longitud de los trenes (l) no es un parámetro constante, al variar con el tipo de servicio considerado. Para los trenes de cercanías se adopta 225 m, magnitud que se eleva a 400 m para las ramas de alta velocidad que circulan acopladas (200 m por rama) y, finalmente, a 750 m para los trenes de mercancías.

c) La longitud de los cantones (distancia D entre señales consecutivas) es variable, en función de la línea que se considere. Como se indicó, en la práctica se suelen encontrar longitudes no inferiores a 800 m y, en general, de 1.500 m para las líneas principales.

En este ámbito, longitud de los cantones, es de interés señalar que su magnitud teórica óptima, para un tipo de tren y velocidad dada, puede establecerse en forma aproximada de manera sencilla. En efecto, si se adapta la longitud del cantón (L) a la distancia de frenado (D_f), se tendría:

$$D_f = L = \frac{V^2}{2\gamma}$$

suponiendo un movimiento uniformemente decelerado.
Si se tiene en cuenta que el valor (γ) de la deceleración es del orden de:

- $\gamma = 0.3$ m/seg^2 para trenes de mercancías
- $\gamma = 0.66$ m/seg^2 para trenes de largo recorrido
- $\gamma = 0.90$ m/seg^2 para trenes de cercanías

se deduce que la longitud de los cantones para los trenes mencionados a los cuales corresponden, normalmente, velocidades de 100 Km/h, 160 Km/h y 120 Km/h respectivamente, debería ser de 1.286 m, 1.496 m y 617 m.

Para un bloqueo automático de tres indicaciones y una línea donde todos los trenes circulasen a la misma velocidad, el intervalo mínimo entre dos consecutivos se obtendría por la expresión 6.2, o bien, en la forma:

$$T = \chi + \frac{2D + L}{V}$$

siendo χ el tiempo de reacción del maquinista.

Sustituyendo D por su valor límite ($V^2/2\gamma$), resultarían los siguientes valores para cada uno de los trenes considerados anteriormente:

1) *Trenes de mercancías*

$$T = 55 \text{ seg} + \frac{(2 \cdot 1.286 + 750) \text{ m}}{100 \text{ km/h } (= 27{,}78 \text{ m/seg})} = 174 \text{ seg} (= 2{,}54")$$

2) *Trenes de largo recorrido*

$$T = 45 \text{ seg} + \frac{(2 \cdot 1496 + 400) \text{ m}}{160 \text{ km/h } (= 44{,}4 \text{ m/seg})} = 121 \text{ seg} (= 2{,}01")$$

3) *Trenes de cercanías*

$$T = 35 \text{ seg} + \frac{(2 \cdot 617 + 225) \text{ m}}{120 \text{ km/h } (= 33{,}3 \text{ m/seg})} = 78 \text{ seg} (= 1{,}18")$$

En la práctica de la explotación de líneas convencionales, la existencia de un tráfico homogéneo en cuanto a composición y velocidad de circulación es prácticamente imposible de encontrar, dado que se produce la circulación tanto de trenes de viajeros como de mercancías a distintas velocidades máximas. En este contexto cabe preguntarse cuál es el tiempo mínimo que debe existir entre dos trenes consecutivos que circulan con diferente velocidad. Dos situaciones pueden considerarse:

a) Tren rápido seguido por un tren lento
b) Tren lento seguido por un tren rápido

tal como se visualizan en el esquema adjunto:

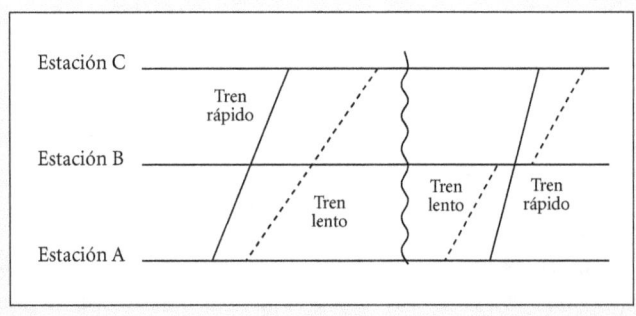

De un modo general se supone que el tren lento se apartaría en la estación B para dejar paso al tren más rápido. De acuerdo con M. Mejía (1984), el tiempo mínimo entre dos trenes consecutivos de distintas velocidades puede evaluarse, para las dos hipótesis precedentes, por las expresiones:

a) *Tren rápido (R) seguido de tren lento (L)* (detenido en un apartadero)

$$T = \frac{2D + L_R}{V_R} + t_a + t_b$$

b) *Tren lento (L) seguido de tren rápido (R)*

$$T = \frac{2D + D_{SR}}{V_R} + t_m + t_b + d\left(\frac{1}{V_L} - \frac{1}{V_R}\right)$$

siendo:

D = distancia entre señales (Km)

L_R = longitud del tren más rápido (Km)

t_a = tiempo necesario para dar y recibir la orden de marcha por el tren lento que se encuentra parado en una estación (horas)

t_b = tiempo necesario para la formación y destrucción de los itinerarios y la liberación de las instalaciones (horas)

D_{SR} = distancia de visibilidad para el tren rápido (Km)

t_m = tiempo necesario para el apartado del tren lento en una estación situada a d (Km)

V_L y V_R = velocidad del tren lento y del tren rápido (Km/h)

El segundo caso presenta un mayor interés a efectos de reflexión y pone de manifiesto el decisivo papel que desempeña la diferencia de velocidades entre los trenes más rápidos y más lentos en la capacidad de la línea.

6.4.3 Espaciamiento mínimo y capacidad de una línea

Como se expuso precedentemente, en una línea moderna el sistema de explotación habitualmente empleado es el denominado bloqueo automático, basado en la existencia de una serie de cantones de longitud fija. En este contexto, resulta de interés analizar las relaciones existentes entre las diferentes variables que intervienen en el bloqueo automático y su relación con la capacidad de una línea, desde una perspectiva general (Genovesi et al. 2006).

Si b es la longitud de un cantón, la distancia mínima entre dos trenes consecutivos (δ_{min}) puede escribirse en la forma:

$$\delta_{min} = d + L_t + f$$

siendo:

d = distancia fija

L_t = longitud del tren

f = coeficiente de seguridad

En consecuencia, el flujo de trenes (q) correspondiente a la citada distancia mínima viene dado por la expresión:

$$q = \frac{V}{d + L_t + f}$$

siendo V la velocidad de circulación del tren.

En relación con la distancia (d), se señala que representa el espacio físico que permite al tren siguiente no detenerse, y depende del número de indicaciones que la señalización pueda adoptar. Es una función de la longitud de la sección del bloqueo (ver esquema adjunto).

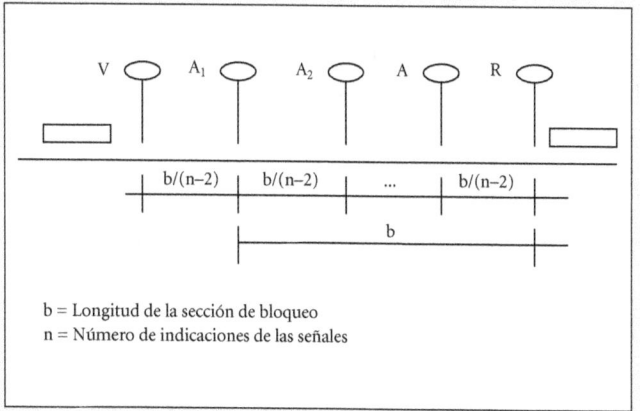

BLOQUEO AUTOMÁTICO Y CAPACIDAD DE LÍNEA

b = Longitud de la sección de bloqueo
n = Número de indicaciones de las señales

Matemáticamente:

$$d = b + \frac{b}{n-2} = \frac{n-1}{n-2}b$$

La función de flujo (q) para el caso de n indicaciones es, por tanto;

$$q = \frac{V}{\frac{n-1}{n-2} b + L_t + f} \qquad (6.3)$$

Nótese que para el caso habitual del bloqueo automático con 3 indicaciones (n = 3) resulta:

$$q = \frac{V}{2b + L_t + f}$$

La velocidad crítica (V_c) se calcula igualando la distancia de frenado a la distancia de parada (b). Recordando que en un movimiento uniformemente decelerado (γ):

$$V^2 = 2\gamma \cdot \frac{b}{K}$$

con K = coeficiente de seguridad, se obtiene:

$$V_{crítica} = \sqrt{\frac{2\gamma b}{K}}$$

Por lo que sustituyendo en (6.3) resulta:

$$q = \frac{\sqrt{\frac{2\gamma b}{K}}}{\frac{n-1}{n-2} b + L_t + f} \qquad (6.4)$$

Ecuación que permite analizar la influencia en la capacidad de las variables b y n, es decir, de la longitud de la sección de bloqueo y del número de indicaciones de las señales.

a) Influencia en la capacidad de la longitud de la sección de bloqueo. En este caso, la ecuación 6.4 adopta la forma gráfica adjunta:

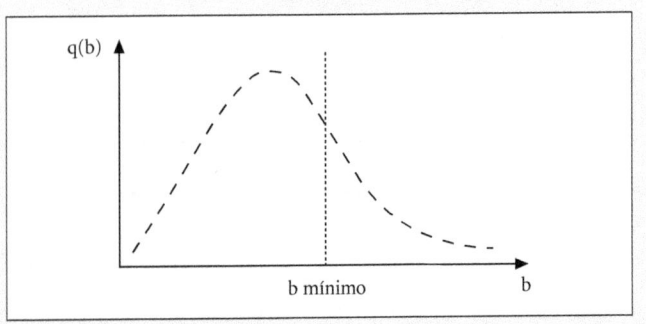

La validez práctica se limita al intervalo (b_{min}, ∞). Se deduce que la capacidad disminuye al aumentar b, aspecto bastante intuitivo.

b) Influencia en la capacidad del número de indicaciones de las señales. En este caso, la ecuación 6.4 puede ponerse en la forma siguiente:

$$q = \frac{\sqrt{\frac{2\gamma b}{K}} (n-2)}{(n-1) b + (L_t + f)(n-2)}$$

es decir:

$$q = \frac{n\sqrt{\frac{2\gamma b}{K}} - 2\sqrt{\frac{2\gamma b}{K}}}{n(b + L_t + f) - (b + 2L_t + f)}$$

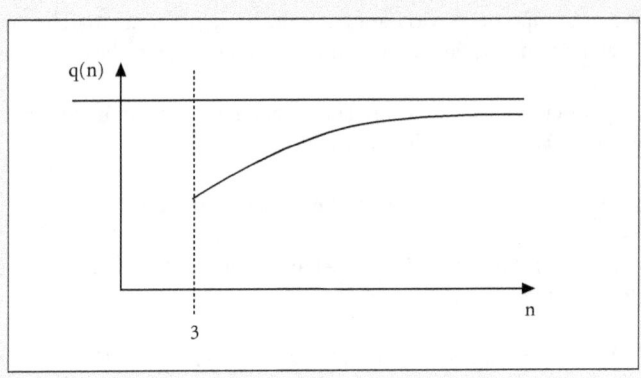

cuya representación gráfica es la indicada en el esquema adjunto.

La validez práctica de la misma se inicia, de forma evidente, con el valor $n = 3$. En ese caso,

$$q = \frac{\sqrt{\frac{2\gamma b}{K}}}{2b + L_t + f}$$

En el cuadro 6.1, se muestra [Genovesi et al. (2006)] la capacidad teórica para algunos supuestos en cuanto al número de indicaciones de la señalización.

CUADRO 6.1 CAPACIDAD TEÓRICA DE UNA LÍNEA CON BLOQUEO AUTOMÁTICO Y VELOCIDAD CRÍTICA

Longitud de la sección de bloqueo (b)(m)	Número de indicaciones de la señalización (n)	Velocidad crítica (Km/h)	Capacidad teórica (trenes/hora)
450	3	73	62
900	3	103	45
1500	3	133	38
1500	4	133	49
2000	3	154	34
2000	4	154	44
2000	5	154	49
5000	3	243	23
5000	4	243	30
5000	5	243	34
5000	6	243	36

Fuente: P. Genovesi y C. D. Ronzino (2006)

6.5 CÁLCULO DE LA CAPACIDAD DE UNA LÍNEA

6.5.1 Introducción

Con carácter preliminar debe insistirse en que no puede hablarse propiamente del término *capacidad de una línea* en sentido amplio, puesto que en general los tramos que la forman no presentan capacidades similares. Debe entenderse, entonces, por tal denominación, la sección de la misma que permite la circulación del menor número posible de trenes.

En relación con el concepto *capacidad*, pueden formularse dos interrogantes:

1) Dada una línea en lo que concierne a sus características de trazado e instalaciones, calcular el volumen de tráfico que puede circular por ella.
2) Dada una línea por la que circula ya un cierto tráfico, evaluar la magnitud del tráfico suplementario que podría admitirse.

De esta segunda cuestión surge de forma natural el concepto de *grado de saturación*, definido como el cociente entre el número de trenes en circulación y el realmente posible.

A lo largo de los últimos cincuenta años han sido muy numerosos los métodos utilizados por cada administración ferroviaria.

Cada uno de ellos respondía a determinadas hipótesis, de tal modo que no eran fácilmente comparables entre sí. En consecuencia, su utilidad quedaba reservada a su empleo en el interior de cada red. Sin embargo, en un contexto de incremento de los tráficos internacionales resultaba cada vez más necesario disponer de una herramienta única que fuese fácilmente implementable y que sirviese de base para las reflexiones entre diferentes países. Por ello, a finales de la década de los años setenta del siglo XX, la UIC estableció en la ficha 405 (1979) una metodología que pretendía dar respuesta a la existencia de un criterio único de referencia.

De entre los métodos más sencillos en su aplicación cabe destacar el propuesto por la American Association of Railroads, que se conoció como *método AAR*. Puede decirse que fue el primer método de cálculo de la capacidad de una línea, siendo su sencillo planteamiento más útil para evaluar la capacidad de las líneas de ferrocarril americanas, basadas, en general, en una explotación de trenes homogéneos de mercancías.

6.5.2 Método AAR

Para establecer la expresión que permite evaluar la capacidad de una línea, este método comienza por definir los dos conceptos siguientes:

Módulo neto (M_n): suma de los tiempos sin parada que invierte un tren en recorrer las dos direcciones de un trayecto parcial (vía única) o el tiempo invertido por un tren en recorrer la dirección interesada (vía doble); este valor es específico de cada tipo de velocidad y de la longitud del cantón.

Módulo bruto (M_b): valor de la suma del módulo neto más un cierto tiempo necesario para realizar las operaciones de entrada y salida de un tren en una estación de apartado y que designamos por t_e; este valor es específico para cada tipo de velocidad e instalaciones de la línea (Cuadro 6.2).

Si en una vía única son t_1 y t_2 los tiempos invertidos en recorrer, en cada sentido, una distancia dada, la capacidad de esa línea en un período de tiempo T viene dada por la expresión inmediata:

$$C_{Vu} = \frac{2T}{t_1 + t_2}$$

Para un tramo en vía doble, la capacidad será el número máximo de trenes que circulan en una sola dirección de la misma:

$$C_{VD} = \frac{T}{t_1 \text{ (o } t_2)}$$

CUADRO 6.2 TIEMPO NECESARIO PARA REALIZAR LAS OPERACIONES DE ENTRADA Y SALIDA DE UN TREN EN UNA ESTACIÓN DE APARTADO (t_e)

TIPO DE TREN	VÍA DOBLE				VÍA ÚNICA		
Km/h	Bloqueo automático	C.T.C.	Bloqueo telefónico	Bloqueo manual	C.T.C.	Bloqueo telefónico	Bloqueo manual
140	2	2	2	2	2	2	2
120	2	2	2	2	2	2	2
110	2	2	2	2	2	2	2
100	2	2	2	3	2	3	3
90	2	2	2	2	2	2	2
80	3	3	5	4	3	5	5
60	3	3	5	5	4	6	6

Es decir, que de acuerdo con la definición de módulo bruto ($M_b = M_n + t_e$), se tiene:

$$C_{Vu} = \frac{2T}{M_b} \quad y \quad C_{VD} = \frac{T}{M_b}$$

En paralelo se define el concepto de capacidad técnica (C_R) por la relación:

$$C_R = f \cdot C_t$$

Con f como factor de corrección, según el tipo de instalaciones de bloqueo. Se suelen adoptar para f (que refleja los márgenes de tolerancia, tiempos muertos por conservación de instalaciones, etc.) los valores siguientes:

$f = 0,9...$ para líneas dotadas de CTC o bloqueo automático
$f = 0,8...$ para líneas que no tengan las instalaciones precedentes

Es importante señalar que, cuando se calcula la capacidad diaria, no se puede considerar todo el tiempo T (= 24 horas), puesto que es preciso prever un cierto intervalo de tiempo (t') para trabajos de conservación de la línea. Se estima un valor de t' del orden de 4 horas.

La aplicación práctica de este método requiere establecer, previamente, para qué tipo de tren se efectúa el cálculo del módulo neto, es decir, el tiempo sin parada en un trayecto parcial. Habitualmente se considera como «tren tipo» el que resulta de la ponderación de los trenes existentes con sus respectivas velocidades. Esta forma de proceder permite afirmar que este método resulta más adecuado para responder al segundo de los interrogantes anteriormente planteados en relación con la capacidad de una línea, es decir, el grado de saturación de la misma, que para precisar, a priori, el número de trenes posibles. En la figura 6.3 se muestra un ejemplo de aplicación del método AAR.

6.5.3 Método de los ferrocarriles alemanes (1975)

A mediados de la década de los años setenta del siglo XX, los ferrocarriles alemanes disponían de un sofisticado método para calcular la capacidad de una línea, cuya exposición detallada no es posible. Es de interés, sin embargo, hacer referencia a un método simplificado, derivado del anterior, que proporcionaba razonables órdenes de magnitud de la capacidad buscada.

La idea fundamental del mismo es la introducción del concepto de *calidad de servicio* y de la consideración solamente de dos tipos de trenes: S (rápidos) y L (lentos). El primer criterio de calidad establecía que el apartado de un tren lento en una estación para dejar pasar al tren rápido solo podía realizarse como máximo en una de cada tres estaciones. Por tanto el «tramo característico» a considerar debería ser aquel en el que el tiempo de recorrido de un tren lento, entre cuatro estaciones, fuese máximo. Un segundo criterio de calidad fue que el número de trenes que se sucedían unos a otros a intervalos medios no superase la cifra de siete. El intervalo medio considerado se determinaba para el «tramo característico» con ayuda de los intervalos mínimos de los cuatro casos de sucesión posibles: L-S, S-S, S-L y L-L. Estos intervalos mínimos se ponderaban con ayuda de la probabilidad de aparición de los diferentes casos de sucesión. La suma de los intervalos así ponderados por las probabilidades permitían obtener el intervalo de sucesión Z (en minutos). Matemáticamente:

$$\bar{Z} = \sum_{i,j}^{z} \frac{n_i}{N} \cdot \frac{n_j}{N} \cdot Z_{ij}$$

EJEMPLO DE APLICACIÓN DEL MÉTODO AAR EN UNA VÍA ÚNICA

Estación	Distancia parcial (Km)	Modulo neto Par (minutos)	Modulo neto Impar (minutos)	Circulaciones a lo largo de la línea
A				38 circulaciones de las siguientes características: 2 trenes a 140 km/h 4 trenes a 120 km/h 32 trenes a 100 km/h
B	6,0	4	6	
C	7,6	8	8	
D	9,0	8	8	
E	7,6	7	8	
F	12,7	10	13	Bloqueo CTC
G	11,1	9	9	
H	17,1	⑬	⑬	
I	12,2	9	10	
J	10,2	11	8	
K	10,0	10	9	
L	5,2	3	7	
M	9,4	8	9	
N	9,1	7	8	
O	10,6	8	9	

CANTÓN CRÍTICO: EL QUE DISCURRE ENTRE LAS ESTACIONES G y H

Ponderación del tipo de tren:

$$\frac{140 \cdot 2 + 120 \cdot 4 + 100 \cdot 32}{38 \text{ trenes}} = 104,2$$

Tipo medio: 104 km/h

Cálculo de la capacidad:

$$t_e = 2 \,;\, M_n = 26$$

$$M_b = M_n + t_e = 26 + 2 = 28$$

$$C_r = \frac{2.880}{28} = 102,8$$

$$C_{\text{real}} = 0,9 \times 102,8 = 92,52$$

Capacidad horaria:

$$C_H = \frac{C_r}{24 \times f}$$

$$C_H = \frac{92,52}{24 \times 0,9} = 4,28$$

Fuente: RENFE

Fig. 6.3

siendo:

n_{ij} = número de trenes de las categorías i = L, j = S

Z_{ij} = intervalo de sucesión de los diferentes casos (p. ej. la sucesión L - S).

Puesto que, de acuerdo con el segundo criterio de calidad antes indicado, el número de trenes que pueden sucederse en un intervalo medio mínimo Z no debe ser superior a siete, y que, por otro lado, un mayor número de trenes no aparecería más que con una probabilidad estadística inferior a 1%, se obtiene como intervalo fijo:

$$t = 7 \cdot \overline{Z} \quad y \quad r_{\max} = 7$$

siendo (r) el número de trenes de una batería. El valor probable es, para esta batería, en virtud de la distribución de Poisson:

$$\alpha t = 2,33$$

Si se considera el periodo T de 24 horas (1.440 minutos), la capacidad diaria de la línea será:

$$K = \frac{2,33 \cdot 1.440}{7\,\overline{Z}} \simeq \frac{480}{\overline{Z}} \text{ (trenes/día)}$$

Con ayuda de este método simplificado los ferrocarriles alemanes efectuaron, con resultados satisfactorios, numerosas evaluaciones de capacidad en distintas líneas.

6.5.4 Método UIC (1979)

Como se indicó con anterioridad, los diversos métodos disponibles en la década de los años setenta del pasado siglo no permitían obtener conclusiones que pudiesen ser aceptadas mas allá del ámbito de cada red ferroviaria. Por esta causa, la UIC estableció en 1979 un método de cálculo que permitiera llevar a cabo una comparación relativa entre los diferentes tramos de una línea o entre líneas de distintas redes, por lo que se refiere al ámbito *capacidad*. De este modo resultaría posible analizar, en particular, la situación de aquellas líneas que se encontrasen en un itinerario internacional, adoptando en consecuencia las medidas necesarias para evitar los puntos de estrangulamiento del tráfico.

Los principios básicos del método UIC se centraban en: la posibilidad de ser aplicados por todas las redes, evitándose por esta causa una metodología basada en el tratamiento electrónico de los datos; la sencillez de su aplicación; la necesidad de tener en cuenta la heterogeneidad del tráfico de las líneas y, finalmente, en la inclusión de las características propias de las instalaciones de seguridad de las líneas.

El cálculo de la capacidad se concreta, en este método, en la determinación del número de trenes que en un período de referencia pueden circular por un tramo de una línea dada.

Matemáticamente:

$$L = \frac{T}{t_{fm} + t_r + t_{zn}}$$

siendo:

L = número de trenes en el período de referencia T

t_{fm} = intervalo medio de sucesión mínima entre trenes consecutivos (minutos)

t_r = margen de incidencias (minutos) (margen de regularidad)

t_{zn} = tiempo suplementario (minutos)

El período de referencia T en principio es el día (1.440 minutos), aun cuando en ocasiones la indicación de la capacidad horaria es de gran importancia para evaluar la ocupación de un trayecto en horas punta.

El cálculo de t_{fm}, es decir, del intervalo de tiempo necesario para separar dos trenes consecutivos, se efectúa a partir de la media de los intervalos mínimos de los trenes calculados para todos los casos posibles de sucesiones de trenes existentes sobre una sección de línea.

El valor de t_{fm}, para el caso de vía doble, viene dado por la expresión:

$$t_{fm} = \frac{\sum n_i n_j t_{fij}}{\sum n_i \cdot n_j}$$

siendo:

n_{ij} = número de casos de sucesión de trenes posibles
t_{fij} = tiempo mínimo entre dos trenes consecutivos para cada caso de sucesión

En cuanto a t_r (margen de regularidad), que es un tiempo suplementario previsto después de cada duración de sucesión mínima de trenes para reducir el riesgo de aparición de retrasos en cascada, cabe señalar que la magnitud de dicho tiempo ejerce una notable influencia sobre la calidad de la explotación de una línea.

Según la experiencia de algunas redes, se sabe que la calidad de la explotación es aceptable siempre que la ocupación sea inferior al 60% de la máxima. En este caso se adopta:

$$t_r = 0{,}67\ t_{fm}\ (\text{minutos/tren})$$

Cuando se trata de determinar la capacidad horaria se adopta:

$$t_r = 0{,}33\ t_{fm}\ (\text{minutos/tren})$$

Finalmente, t_{zn} es un tiempo adicional previsto después de cada duración de sucesión mínima de trenes para garantizar, aproximadamente, sobre un tramo de línea la calidad de servicio deseada, incluso en el caso de un cierto número diferente de secciones de línea. Matemáticamente:

$$t_{zn} = a \cdot 0{,}25\ (\text{minutos/tren})$$

siendo a el número de secciones de línea.

En la figura 6.4, se realiza una aplicación práctica del método a partir de los datos tomados de la ficha UIC-405.

6.6 LA CAPACIDAD DE UNA LÍNEA Y LA PETICIÓN DE SILLONES

6.6.1 Una nueva perspectiva sobre la capacidad

El proceso de separación entre el gestor de la infraestructura de una línea y el operador u operadores de la misma, establecido en la Directiva 91/440, así como el proceso de liberación del transporte de mercancías, y en el futuro, del transporte de viajeros, ha obligado a profundizar en el concepto de capacidad y en la forma de hacer uso de dicho concepto para dar respuesta adecuada a la petición de sillones de paso por parte de los operadores ferroviarios.

De una manera sintética, puede decirse que en el momento actual son varios los puntos de vista con los que se aborda el tema de la capacidad de una línea. La ficha UIC 406 (2004) señala cuatro: el mercado (que recoge las necesidades de los clientes); los planificadores de la infraestructura; los planificadores de los horarios y, finalmente, los explotadores.

Así, mientras que las exigencias de capacidad, desde la perspectiva del mercado, tienden a cubrir los valores de punta, la planificación de la infraestructura debe ser orientada hacia una definición de la capacidad que asegure una utilización rentable de la infraestructura. Para el planificador de horarios, la capacidad es el resultado de comparar la infraestructura existente y la petición de nuevos sillones. Finalmente, en el plano operacional, la capacidad fluctúa constantemente en función de la disponibilidad de la infraestructu-

EJEMPLO PRÁCTICO DE CÁLCULO DE LA CAPACIDAD DE UNA LÍNEA CON LA FICHA UIC 405 (1979)

Etapa 1) Datos de partida. Tiempos invertidos en recorrer el tramo por los distintos trenes que circulan

Tren	Tiempo invertido	Tren	Tiempo invertido	Tren	Tiempo invertido	Tren	Tiempo invertido
1	8,5	15	9,0	29	6,5	43	9,0
2	4,6	16	9,0	30	4,5	44	4,1
3	4,5	17	7,0	31	10,0	45	5,0
4	3,7	18	8,0	32	4,1	46	11,0
5	4,5	19	8,0	33	4,5	47	4,5
6	5,0	20	8,0	34	8,0	48	8,0
7	4,5	21	8,0	35	4,5	49	8,0
8	6,5	22	8,0	36	4,5	50	4,5
9	9,0	23	10,0	37	10,5	51	7,5
10	9,0	24	9,0	38	6,5	50	9,0
11	10,0	25	8,0	39	4,5	53	4,5
12	8,0	26	7,0	40	4,5	54	4,7
13	6,5	27	7,0	41	4,2	55	8,0
14	4,5	28	8,0	42	5,0	56	8,0

Etapa 2) Agrupación en clases de los tiempos de viajes

> Clase 1. Todos los trenes con tiempo de recorrido inferior a 5,5 minutos se consideran con tiempo medio igual a 4,5 (valor adoptado) (22 trenes).
>
> Clase 2. Todos los trenes con tiempos de recorrido comprendidos entre 5,6 y 7,5 minutos se consideran con tiempo medio igual a 6,5 (8 trenes).
>
> Clase 3. Todos los trenes con tiempos de recorrido superiores a 7,6 minutos se consideran con tiempo medio igual a 8,5 (26 trenes).

Etapa 3) Cálculo del intervalo mínimo de sucesión de trenes

Tren precedente	Tren siguiente		
	Clase 1	Clase 2	Clase 3
Clase 1	4,20	4,40	4,78
Clase 2	5,60	5,79	5,97
Clase 3	7,60	7,12	7,50

Etapa 4) Evaluación de t_{fm}

n_1	n_2	t_{fi}	$n_i \, n_j \, t_{fij}$
22	22	4,20	2.032,80
22	8	4,40	774,40
22	26	4,78	2.734,16
8	22	5,60	985,60
8	8	5,79	370,56
8	26	5,97	1.241,76
26	22	7,60	4.347,20
26	8	7,12	1.480,96
26	26	7,50	5.070,00
$\sum n_{ij} = 3.316$		$\sum n_i \, n_j \, t_{fij} = 19.037,44$	

$$t_{fm} = \frac{19.037,44}{3.136} = 6,07 \text{ minutos/tren}$$

Etapa 5) Aplicación de la fórmula de capacidad

$$L = \frac{20h. \times 60 m.}{6,07 + 0,67 \times 6,07 + 0,25 \times 7} = 100 \text{ trenes/día}$$

Se ha supuesto un intervalo para conservación de 4 horas/día, y que la línea tenía 7 secciones

Fuente: A. López Pita (2006) con datos ficha UIC 405 (1979)

Fig. 6.4

ra en un momento dado, de los avances en los trabajos de construcción, de los retrasos, etc.

En el fondo, se habla (ficha UIC-406) del concepto de *equilibrio de capacidad*, que se visualiza en la figura 6.5 para el caso de una línea convencional explotada en tráfico mixto y para una explotación metropolitana. Nótese como la capacidad pretende lograr un equilibrio entre el número de trenes que pueden circular por una infraestructura dada; la velocidad a la que pueden desplazarse; la heterogeneidad de las composiciones y, finalmente, la estabilidad del conjunto.

Por eso se dice que la capacidad es un concepto de dimensiones variables que se ve influenciada por ellas. Si el número de trenes que circula aumenta, resultará más difícil lograr la fiabilidad del sistema. A medida que el tráfico es más heterogéneo, en términos de velocidades de circulación, se consume más capacidad sin que por ello aumente el número de trenes.

Aun cuando no existe una definición exacta y única de capacidad, se reconoce que la capacidad de la infraestructura está constituida por el número total de sillones posibles en una ventana de tiempo definida. Al referirnos a la capacidad de una red surgen los conceptos de: *núcleos ferroviarios*; *línea*, como enlace entre dos núcleos importantes, correspondiente habitualmente a la suma de varias secciones de línea; *itinerario*, como sucesión de líneas y de nodos entre un origen y un destino dados y, finalmente, *corredor*, como todo itinerario posible entre un origen y un destino dados.

6.6.2 Evaluación de la capacidad consumida

Las dificultades ya señaladas para medir la capacidad de una línea aconsejan enfocar los cálculos hacia el nivel de capacidad consumida. Es necesario para ello partir de la existencia de un horario operacional real, o bien, de un horario teórico para la infraestructura objeto de análisis.

La ficha UIC-406 explicita que el consumo de capacidad debe ser realizado sobre una sección de línea, comprimiendo los sillones horarios de los trenes en una ventana de tiempo predefinida, sin tener en cuenta los efectos que esta compresión pudiera tener para las secciones adyacentes de línea. Este enfoque es aceptable en la medida en que el análisis del consumo de capacidad debe efectuarse para la sección de línea más restrictiva. La figura 6.6 muestra el significado físico del concepto *compresión de los sillones horarios de los trenes*. Dado que el consumo de capacidad varía según el período de la jornada, día de la semana o mes que se considere, la compresión debe hacerse sobre la base de elegir un día representativo y durante un período de punta de al menos dos horas.

Es relevante subrayar que si el estudio de capacidad pusiese de relieve que se dispone de una cierta capacidad residual, no significaría automáticamente que la incorporación del sillón correspondiente a un tren suplementario a un horario dado sea posible.

El consumo de capacidad se mide por la ocupación de la infraestructura en un tiempo dado, al que se suman los tiempos necesarios para garantizar la estabilidad del horario y, eventualmente, el derivado de las exigencias del mantenimiento (Fig. 6.7). En relación con el tiempo de ocupación básico, la figura 6.8 ofrece una presentación esquemática para el caso de una sección dotada de bloqueo. Por lo que respecta a los tiempos «tampón», que aparecen en la figura 6.7, se señala que corresponden a los tiempos que permiten reducir los retrasos.

En síntesis, la expresión aplicable a la determinación del consumo de tiempos es:

$$k = A + B + C + D$$

siendo:

k = tiempo total consumido (min)

A = tiempo de ocupación de la infraestructura (min)

B = tiempo tampón (min)

C = tiempo añadido en el caso de vía única (min)

D = tiempo añadido por mantenimiento

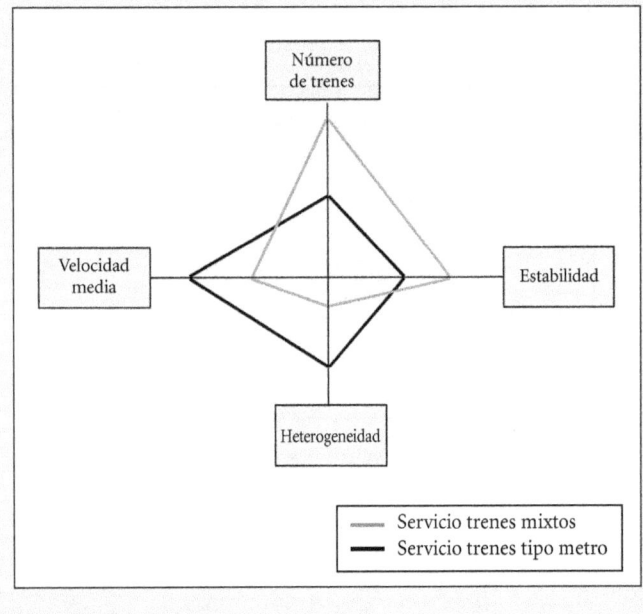

EQUILIBRIO DEL CONCEPTO CAPACIDAD

Fuente: Ficha UIC 406 (2004)

Fig. 6.5

DISTRIBUCIÓN DEL TIEMPO EN UNA SECCIÓN DE LÍNEA

a) Vía única sin compresión

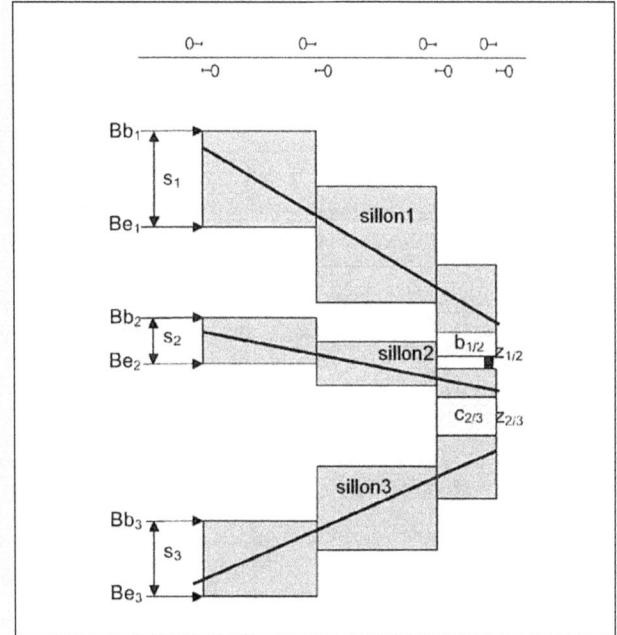

b) Vía única con compresión

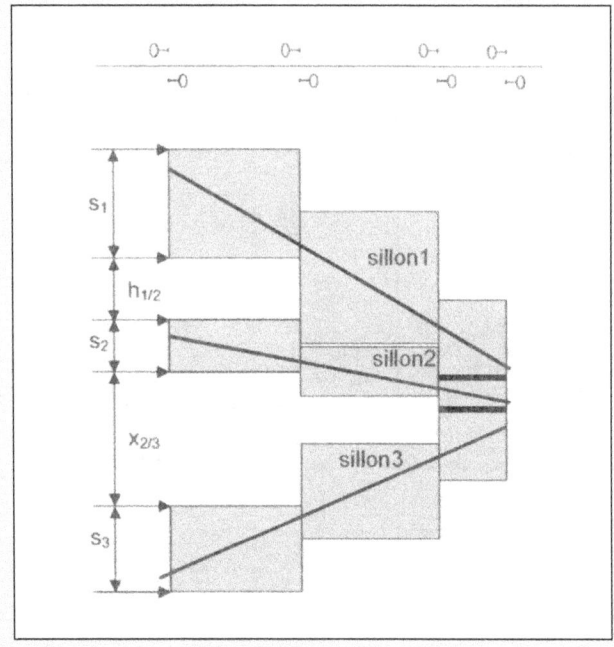

c) Vía doble sin compresión

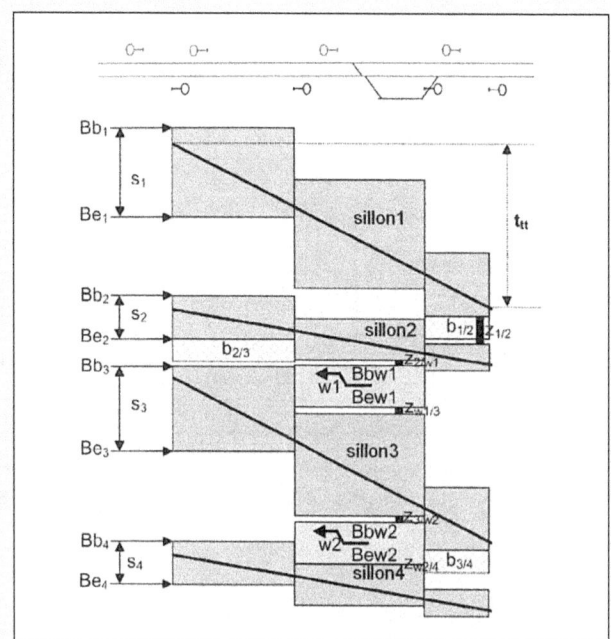

d) Vía doble con compresión

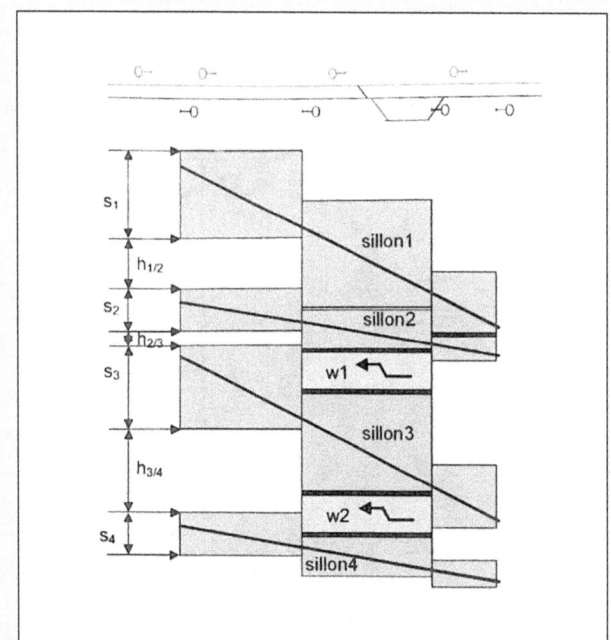

Fuente: Ficha UIC 406 (2004)

Fig. 6.6

EVALUACIÓN DE LA CAPACIDAD CONSUMIDA EN UNA SECCIÓN DE LÍNEA

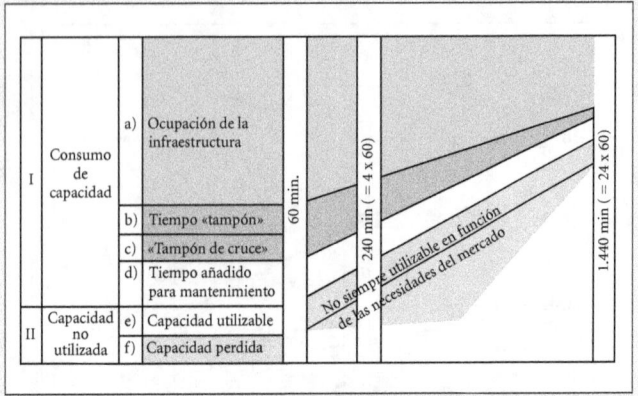

Fuente: ficha UIC 406 (diciembre 2006)

Fig. 6.7

En consecuencia, el consumo de capacidad (K) será:

$$K = k \cdot 100/U$$

siendo expresado k en % y siendo U la ventana de tiempo escogida (minutos).

La diferencia entre el consumo de capacidad y la ventana de tiempo adoptada es lógicamente, la *capacidad no utilizada*. Ahora bien, esta capacidad no utilizada es la suma de dos términos: el primero viene dado por la capacidad utilizable, en el sentido de que puede ser empleada para incorporar sillones de trenes suplementarios respondiendo a las exigencias de los clientes; el segundo corresponde a la capacidad perdida, en la medida en que esta capacidad no puede ser utilizada para introducir un nuevo sillón.

Se llega de este modo al concepto de *infraestructura saturada*,

REPRESENTACIÓN ESQUEMÁTICA DEL TIEMPO DE OCUPACIÓN DE LA INFRAESTRUCTURA EN LA SECCIÓN CON BLOQUEO

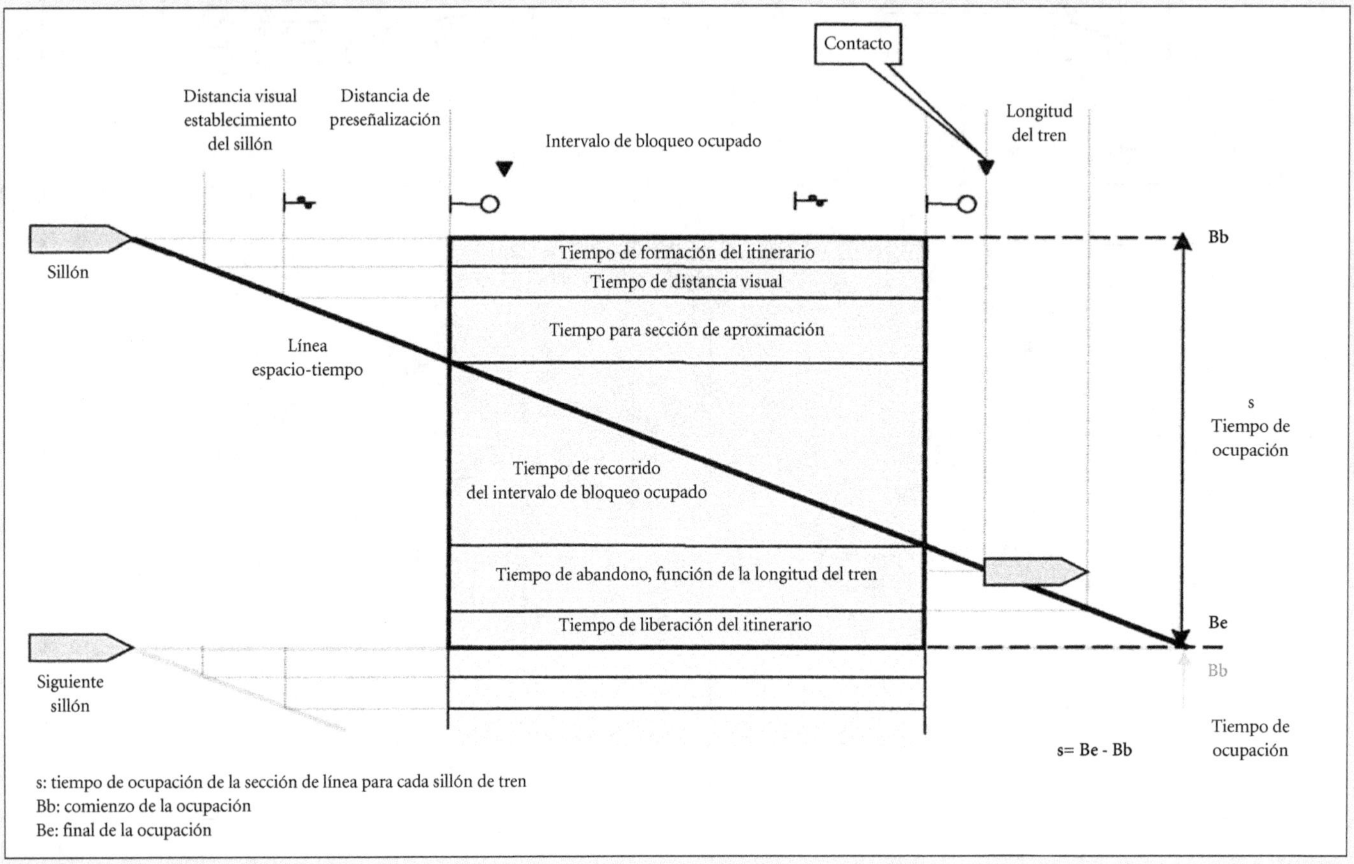

s: tiempo de ocupación de la sección de línea para cada sillón de tren
Bb: comienzo de la ocupación
Be: final de la ocupación

Fuente: Ficha UIC 406 (diciembre 2004)

Fig. 6.8

que correspondería a la situación en la que la ocupación de la infraestructura superase un determinado valor, dado que no sería posible entonces incorporar nuevos sillones. La experiencia pone de manifiesto que el aspecto más condicionante en la saturación es la estabilidad del horario. Es decir, que si bien técnicamente sería posible introducir nuevos sillones, esta incorporación iría acompañada de un elevado riesgo de que cualquier incidencia en la explotación perturbase seriamente la calidad de la misma.

Se comprende, por tanto, que el establecimiento de un límite para determinar cuándo está saturada una infraestructura venga condicionado, entre otros factores, por la fiabilidad de la infraestructura, la fiabilidad del material rodante, el nivel de calidad exigido a la explotación, etc. En este contexto es de interés recordar el criterio establecido por los servicios AVE: devolución del importe del viaje a los viajeros en caso de llegada del tren con retraso superior a 5 minutos por causas propias.

En el estado actual de conocimientos y de experiencia, la ficha UIC establece con carácter indicativo los siguientes valores límites para la capacidad consumida:

Tipo de línea	En hora punta	A lo largo de un día
Línea dedicada al tráfico de cercanías	85%	70%
Línea dedicada a servicios de alta velocidad	75%	60%
Líneas de tráfico mixto	75%	60%

6.7 ÓRDENES DE MAGNITUD DE LA CAPACIDAD DE UNA LÍNEA

Las reflexiones efectuadas en apartados precedentes reflejan claramente las dificultades existentes para fijar un valor para la capacidad de una línea si no se precisan tal número de variables que hacen perder la utilidad práctica de la citada magnitud de capacidad.

Como referencia de las referidas dificultades, es de interés explicitar aquí los valores de capacidad que proporcionan diversos métodos de cálculo aplicados a una misma línea. De acuerdo con Reitani et al. (1995), puede establecerse el cuadro 6.3.

Los resultados de capacidad corresponden al tramo Milán-Tortono (79 Km) (en el eje ferroviario Milán-Génova), que dispone de 11 estaciones intermedias. Por él circulan tanto trenes de viajeros como de mercancías.

Es indudable, sin embargo, que para la tipología de explotación tradicional vigente en las distintas redes ferroviarias, basada en la circulación de trenes de viajeros con velocidades máximas de hasta 200 Km/h y de trenes de mercancías con velocidades de 100/120 Km/h, la experiencia práctica ha puesto de manifiesto la influencia, en la capacidad de una línea, de dos factores: la existencia o no de vía doble, por un lado, y el tipo de bloqueo con que se encuentra equipada cada línea, por otro.

CUADRO 6.3 CAPACIDAD DEL TRAMO MILÁN-TORTONA

Criterio de cálculo	Capacidad (N° trenes/día)
Fórmula Ferroc. Italianos	258
Método de Corriere (1976)	216
Fórmula Ferroc. alemanes	169
Método UIC	142
Fórmula de Canciani (1991)	275
Método de Cascetta (1980)	200
Método de Reitani (1995)	164 a 240

Fuente: G. Reitani y R. Malaspina (1995)

A partir de las consideraciones precedentes, resulta posible disponer de ciertos órdenes de magnitud sobre la capacidad que razonablemente tiene cada tipo de línea. Debe insistirse, una vez más, en que la circulación de un mayor número de trenes que los indicados en el cuadro 6.4 sería posible, pero sin poder garantizar entonces, en general, la calidad necesaria en la explotación.

CUADRO 6.4 ORDEN DE UNA MAGNITUD DE LA CAPACIDAD DE UNA LÍNEA

Tipo de vía	Sistema de bloqueo	Nª de trenes por día
ÚNICA	Telefónico	26 – 60
	Eléctrico Manual	30 – 70
	C.T.C	60 – 80
DOBLE	Entre estaciones	100 – 150
	Automático luminoso	220 – 270
	Banalización	300 – 350

6.8 AUMENTO DE LA CAPACIDAD DE LAS LÍNEAS

El incremento del tráfico en las distintas redes ferroviarias da lugar a la necesidad de aumentar la capacidad de algunos de sus itinerarios, adaptándola a la demanda. La forma de realizar dicho incre-

CUADRO 6.5 MEDIDAS PARA INCREMENTAR LA CAPACIDAD DE UNA LÍNEA

1°. Medidas referentes a la organización de la explotación

Se refieren a los siguientes aspectos:
- Aumento de la velocidad de los trenes
- Agrupamiento de las diferentes velocidades de circulación
- Formación de baterías de trenes
  - En vía doble, en función de la velocidad
  - En vía única, por sentido
- Programación de los trabajos de conservación

2°. Medidas técnicas

Se subdividen en los siguientes ámbitos:

a) *Referentes a las instalaciones de seguridad y comunicaciones*
- Modificación de los cantones
- Incorporación de la banalización
- Reducción del tiempo necesario para la formación y destrucción de itinerarios mediante la modernización de las instalaciones de seguridad
- Introducción y modernización de los sistemas de seguimiento de los trenes

b) *Referentes a la infraestructura*
- Mejora de las líneas existentes
- Desdoblamiento de vías únicas, en ciertos tramos de las mismas, con el fin de evitar los cruces y permitir el paso, sin parada, de los trenes
- Modernización de las vías existentes de adelantamiento por:
  - el aumento de la velocidad de entrada y de salida
  - el aumento de la longitud útil de las vías
- Construcción de pasos a diferente nivel (saltos de carnero) en estaciones y bifurcaciones
- Mejora del trazado en las líneas existentes
- Acondicionamiento de los nudos ferroviarios
- Modernización de las operaciones de conservación, permitiendo circular los trenes a la velocidad normal en el menor tiempo posible
- Construcción de nuevas líneas

c) *Referentes a la tracción*
- Electrificación de la línea
- Introducción de locomotoras policorrientes (en redes con varios sistemas de electrificación)

Fuente: Ficha UIC 405-2 (1983)

mento debe ser el resultado de un análisis específico para cada problema, de manera que se logre la mejor relación entre los beneficios que se obtengan y los recursos económicos que es preciso destinar. En todo caso, es recomendable proceder desde la consideración de las posibles actuaciones que causen un menor impacto en la explotación de la línea considerada.

Es factible encontrar, en ocasiones, respuestas sencillas a problemas de falta de capacidad, en particular en las líneas que disponen de vía única: como referencia, la reapertura de estaciones cerradas al tráfico por falta de demanda, para facilitar el cruce de trenes; en forma análoga, el alargamiento de ciertas vías de apartado para permitir el cruce con trenes de mercancías de una cierta longitud.

En todo caso, la ficha UIC 405-2 (1983) estableció un catálogo de posibles medidas para mejorar la fluidez de las líneas con fuerte tráfico. Se sintetizan en el cuadro 6.5. Debe tenerse en cuenta que la construcción de una nueva vía constituye el último recurso, no sólo por su elevado coste de construcción y mantenimiento, sino porque es posible aumentar la capacidad en ocasiones, recurriendo a modificar los sistemas de explotación.

A continuación mostraremos, gráficamente, algunas de las actuaciones llevadas a cabo en España, Francia e Italia, para incrementar la capacidad de algunas secciones críticas.

Nos referiremos, en primer lugar, a la construcción de dos puestos de adelantamiento de trenes (denominados PAET) en la línea Lleida-Roda de Bará (Fig. 6.9).

Se trata de una línea con vía única que tenía dos cantones críticos (Borges Blanques-Vinaixa y Vinaixa-L'Espluga de Francolí), que no disponían de la capacidad necesaria para hacer frente al incremento de tráfico derivado de la entrada en funcionamiento de la línea de alta velocidad Madrid-Zaragoza-Lleida. La figura 6.9 permite visualizar la ubicación de los nuevos PAET. De esta manera se redujo, sensiblemente, la distancia entre las estaciones contiguas de Borges Blanques y Vinaixa (≈ 16 km) pasando a algo más de la mitad. Análogamente, se mejoró la situación con el PAET nº 2, ubicado entre Vinaixa y l'Espluga.

La figura 6.10 visualiza algunas de las actuaciones llevadas a cabo en el corredor Marsella-Génova.

En la figura 6.11 se visualizan las actuaciones que hubiese sido necesario llevar a cabo en los corredores París-Le Mans y París-Tours para hacer frente al incremento de la demanda de tráfico, en la década de los ochenta del siglo XX. Nótese como algunos de los citados trabajos consistían en disponer de 4 e incluso de 6 vías en algunas secciones. El balance económico de las referidas actuaciones aconsejó la construcción de una nueva línea de alta velocidad, denominada TGV-Atlántico.

CAPACIDAD DE LÍNEAS 219

ACTUACIONES PARA AUMENTAR LA CAPACIDAD EN LA LÍNEA LLEIDA-RODA DE BARÁ

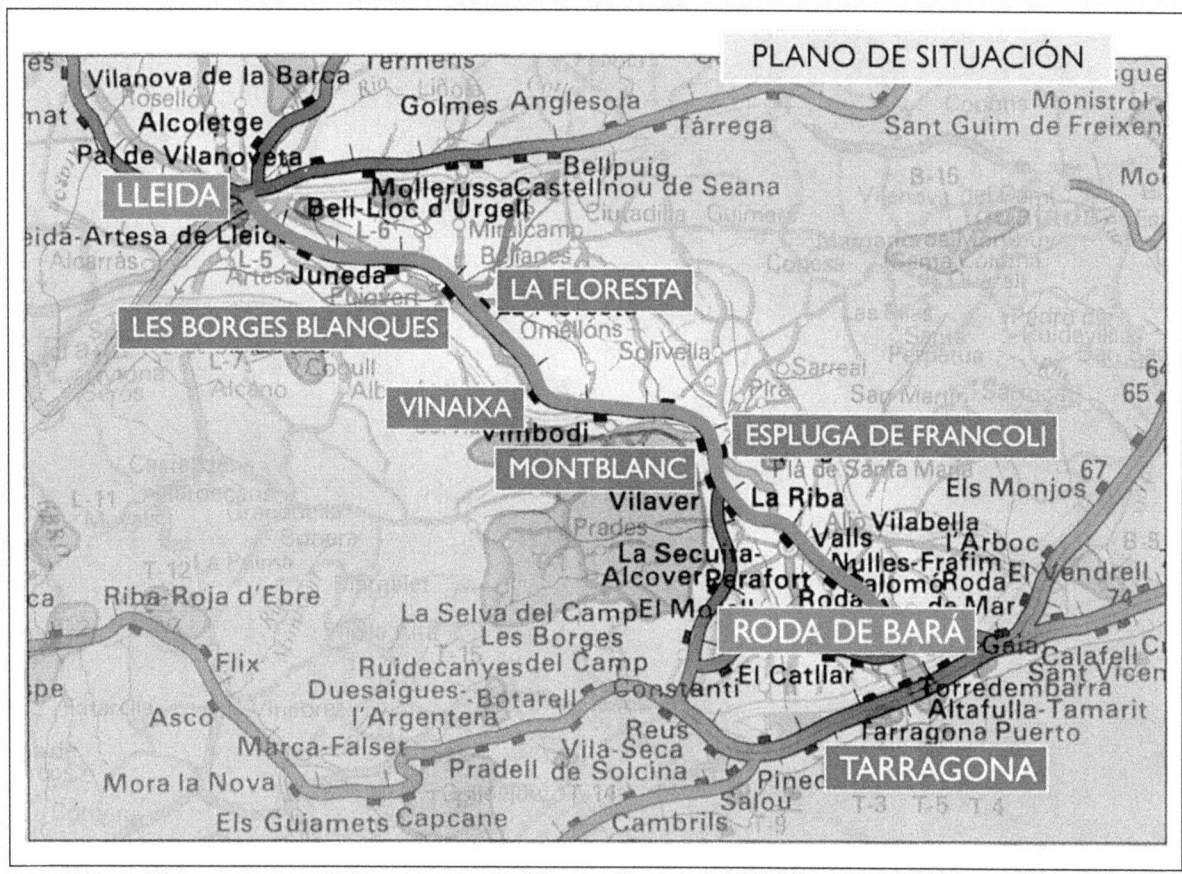

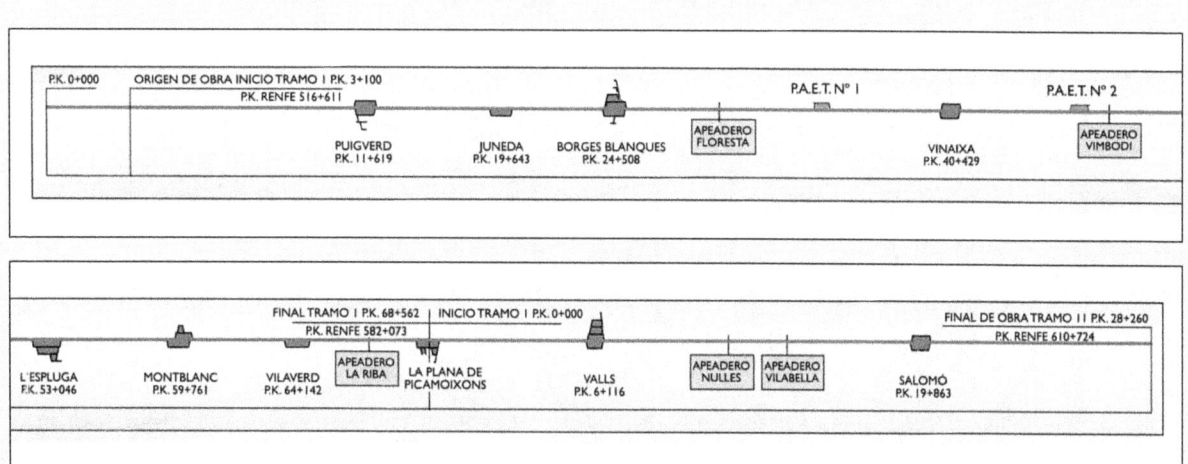

Fuente: Ministerio de Fomento (2002)

Fig. 6.9

ACTUACIONES DE AUMENTO DE CAPACIDAD EN LA LÍNEA MARSELLA-GÉNOVA

a) Incorporación de una tercera vía entre Marsella y Aubagne

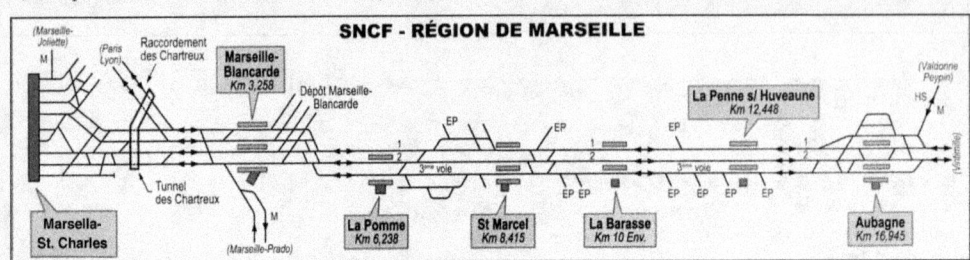

b) Duplicación de trazado en la línea Ventimiglia-Génova (2001)

Longitud de túneles

T28 SANTO SPIRITO	315 m/291m	T42 TERRABLANCA	793 m
T29 VADINO	419 m	T43 DEI FRANTOI	103 m
T30 DEGLI OLIVI	231 m	T44 SANTO STEFANO	7.853 m
T31 MURONERO	59 m	T45 CAPO VERDE	5.367 m
T32 SANTA CROCE	503 m	T46 CAPO NERO	7.221 m
T33 CAPO MELE	1.327 m	T47 MATTONE GROSSO	1.183 m
T34 CAPO ROLLO	183 m	T47 sis VOTALUNGA	311 m
T35 CAPO TORRE	188 m	T47 ter DELLA RUOTA	263 m
T36 CERVO	221 m	T47 quater DELLE PALME	215 m
T37 CAPO BERTA	2.435 m	T48 CAPO BORDIGUERA	316 m/303 m
T38 ONEGLIA	480 m	T49 SAN AMPEGLIO	261 m
T39 ANNUNZIATA	432 m		
T40 PRINO	427 m		
T41 PRAROLA	214 m		

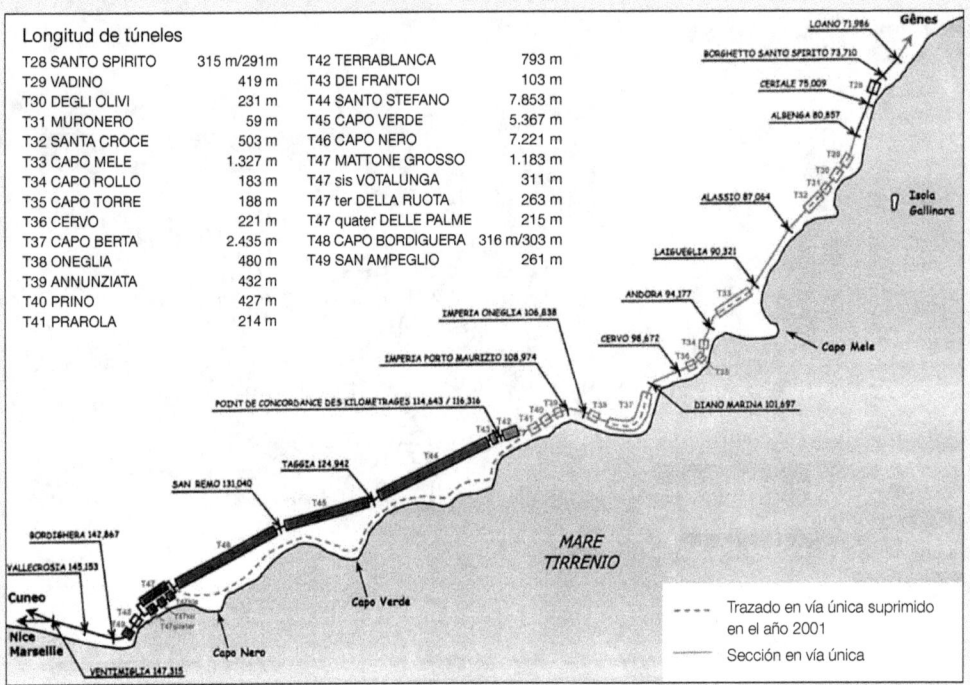

c) Variante de San Remo (1997)

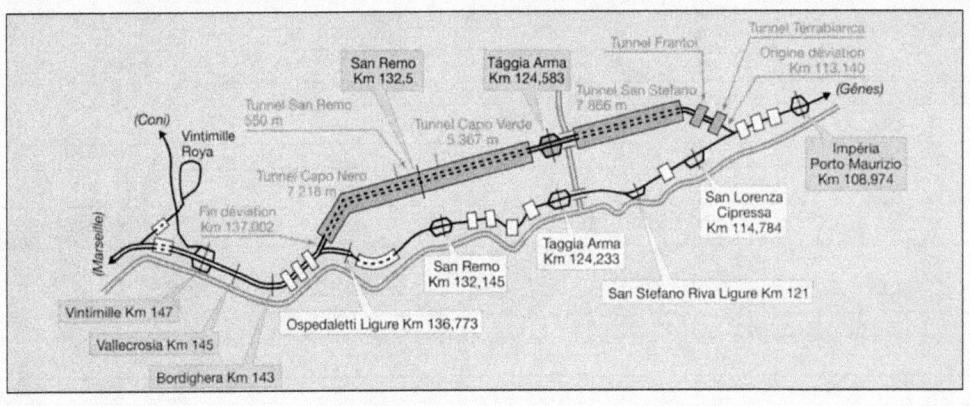

Fuente: Rail Passion (1996 y 2007) y Chemins de Fer (2002)

Fig. 6.10

MODERNIZACIÓN DE LA LÍNEA PARÍS-TOURS

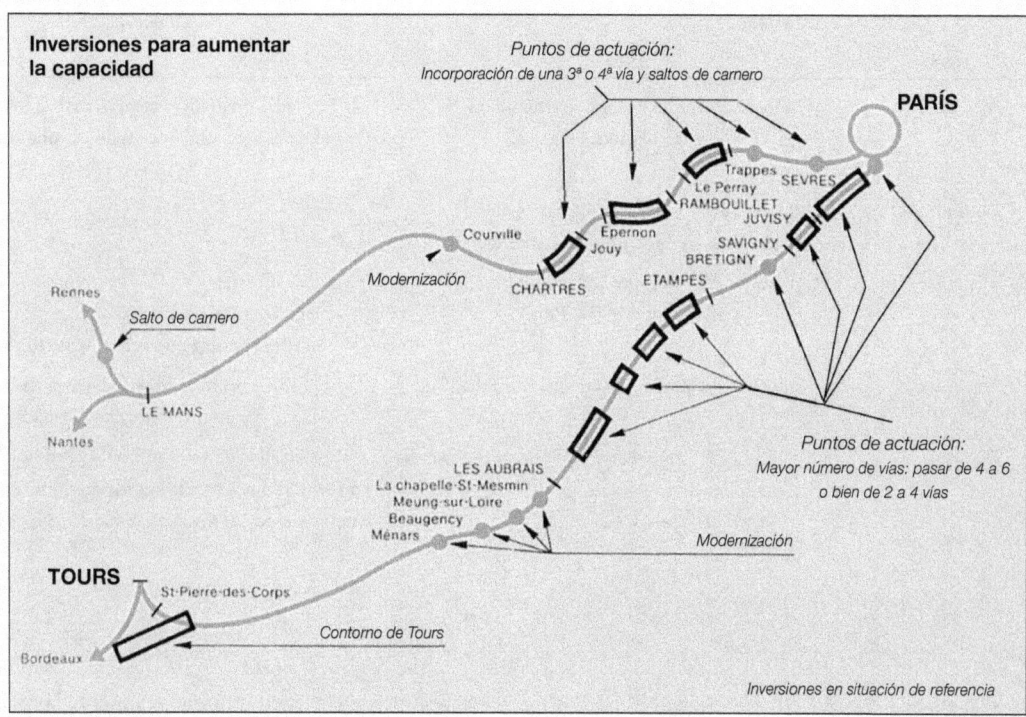

Fuente: SNCF

Fig. 6.11

6.9 LA CONSTRUCCIÓN DE NUEVAS LÍNEAS Y LA FALTA DE CAPACIDAD DE LAS LÍNEAS CONVENCIONALES

Es de interés recordar y destacar que la construcción de nuevas infraestructuras de ferrocarril aptas para la circulación a alta velocidad tuvo su origen en los problemas de falta de capacidad existentes en algunos itinerarios europeos. Es indudable que también estuvo presente en la decisión la necesidad de circular a mayor velocidad (cosa que los trazados clásicos no permitían) para reducir los tiempos de viaje y hacer más competitivo este modo de transporte.

En todo caso, el desencadenante principal que dio lugar al estudio de nuevas relaciones fue la falta de capacidad existente en algunos itinerarios. Y es que, básicamente, los problemas a los que se enfrentaba el ferrocarril, haciendo una gran abstracción, provenían de su obsolescencia respecto a los tiempos de viaje y plazos de transporte, por un lado, y por otro, de la saturación de algunas líneas, bien por discurrir en vía única, bien por constituir arterias, en vía doble, con elevada densidad de tráfico.

Resulta posible afirmar, por tanto, que el origen de las nuevas líneas europeas, como París-Lyon, Roma-Florencia o las alemanas Hannover-Wurzburg o Mannheim-Stuttgart, estuvo en el deseo de encontrar solución a los problemas derivados de la falta de capacidad de algunos trayectos.

Así, las primeras ideas sobre la conveniencia de llevar a cabo la realización en Francia de nuevos trazados surgen a mediados de la década de los años sesenta, cuando la Dirección de Instalaciones Fijas de la SNCF, recibió el encargo de establecer el anteproyecto de una nueva línea entre París y Lyon.

El fundamento básico de tal decisión se encontraba en los problemas de saturación que se preveían para la citada relación, particularmente en la sección de dicha línea que discurre entre St. Florentin y Dijon, que años más tarde (1975) alcanzaría un tráfico medio de 250 circulaciones/día (Cuadro 6.6), límite difícilmente superable en una doble vía equipada con instalaciones de seguridad completamente automatizadas.

Con posterioridad, una década más tarde, nuevos problemas de saturación en el eje París-Sud-Oeste, específicamente en las secciones que discurren entre Juvisy y Savigny, con 573 circula-

CUADRO 6.6 CARACTERÍSTICAS DE TRÁFICO Y TRAZADO EN ALGUNOS ITINERARIOS EUROPEOS CON ANTERIORIDAD A LA CONSTRUCCIÓN DE NUEVAS LÍNEAS

Línea	Características		Observaciones
	Trazado	Tráfico	
París-Lyon	Vía doble	Entre St. Florentín y Dijon se alcanzaban 250 circulaciones/día	Dificultades orográficas complicaban la introducción con estándares geométricos elevados de una nueva doble vía paralela a la existente.
París-Sud-Oeste	Cuadruple vía	Entre Juvisy y Savigny 573 trenes/día. Entre Versailles y St. Cyr 486 trenes/día	
Roma-Florencia	Vía doble	Tramo más cargado: 220 trenes/día. Tráfico bruto: 96.000 t/día	Durante ≃ 45% del recorrido, con curvas de radio ≤ 500 m, la velocidad máxima posible no supera los 90/105 Km/h.
Hannover-Wurzburg	Vía doble	Tráfico en días punta: 370 circulaciones/día.	El 37% del trazado se encuentra en curva con limitaciones de velocidad.
Manheim-Stuttgart	Vía doble	Sin datos	La velocidad de 160 Km/h sólo puede autorizarse en pocos kilómetros. En algunas secciones no se pueden sobrepasar los 50 Km/h a causa del radio de las curvas.

Fuente: A. López Pita

ciones/día, y entre Versailles y Saint Cyr, con 486 trenes/día, dotadas en ambos casos con 4 vías, darían lugar al proyecto de construcción de la línea denominada TGV-Atlántico, como se ha indicado.

Por lo que respecta al caso italiano, cabe señalar que el eje principal del tráfico ferroviario está constituido por la relación Milán-Nápoles, que, con una longitud de 846 Km (≃ 5% del total de la red), soportaba el 30% de los VKm y las TKm que circulaban por la red de la FS, en la década de los años setenta del siglo XX.

Insertada en dicho eje se encuentra la línea de Roma a Florencia, que en sus 314 Km desarrollaba un importante tráfico, tanto nacional como internacional, hacia las diversas fronteras alpinas. Dos datos apoyan esta afirmación: el número de circulaciones al día, que en períodos punta alcanzaba las 220, y el tráfico bruto, que se elevaba a 96.000 Tn/día.

Junto a estas cifras, que ponían de relieve la posible existencia de problemas de saturación en la línea, se encontraba el hecho de la dificultad de su trazado. En efecto, durante aproximadamente el 45% de su recorrido y a causa de la presencia de curvas y contra curvas de radio inferior o igual a 500 m, las velocidades de circulación no superaban el intervalo de los 90-105 Km/h. Se tenían por tanto, tiempos de viaje para los trenes más rápidos no excesivamente inferiores a las 3 h, lejos de las exigencias de la demanda actual.

No resulta, en consecuencia, sorprendente que la FS pensara, desde hacía décadas, en la necesidad de establecer un nuevo trazado entre Roma y Florencia, aunque realmente las primeras ideas sobre este tema pueden encontrarse ya en los escritos de los años treinta del siglo XX.

Análogo fundamento al expuesto para mostrar el origen de la construcción de nuevas líneas en Francia e Italia podría indicarse para justificar la realización de los nuevos trazados alemanes entre Hannover y Wurzburg (tal como se deduce del cuadro 6.6), así como entre Mannheim y Stuttgart, entre otros.

Por lo que se refiere al ferrocarril español, a mediados de la década de los años ochenta del siglo XX, los problemas de falta de capacidad se presentaban en numerosos puntos, tal como se muestra en la figura 6.12. En ella se indica el grado de saturación de algunas secciones de línea, básicamente como consecuencia de la presencia de tramos en vía única. Nótese especialmente la difícil situación, en términos de capacidad, que presentaba el paso por Despeñaperros, entre Santa Cruz de Mudela y Linares-Baeza, en donde el grado de ocupación era del 122%. Ello suponía la circulación con retraso de los trenes. Como se sabe, la solución a este problema fue la construcción de la nueva línea de alta velocidad entre Madrid, Córdoba y Sevilla.

En la actualidad la mayoría de las secciones críticas han sido eliminadas con la realización de la variante de la Encina; la duplicación del corredor Mediterráneo, y la nueva línea de Madrid a Zaragoza. Los accesos a Bilbao por Orduña se resolverán cuando entre en funcionamiento la denominada Y vasca.

GRADO DE SATURACIÓN DE LA RED FERROVIARIA DE RENFE (1987)

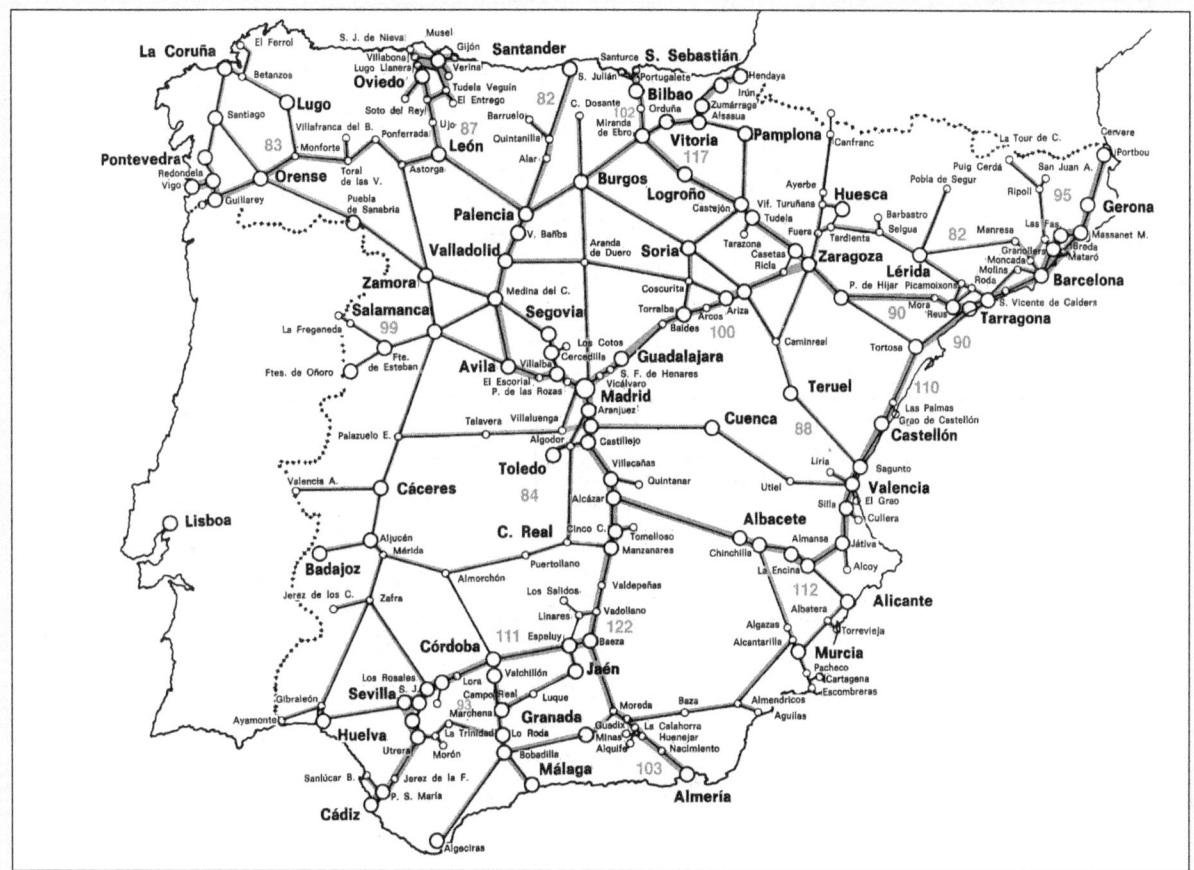

Fuente: Plan de transporte ferroviario (1987)

Fig. 6.12

6.10 CAPACIDAD DE LÍNEAS EN INFRAESTRUCTURAS DE ALTA VELOCIDAD

En el caso de las líneas de alta velocidad en Francia, donde los trenes circulan a la misma velocidad, la aplicación de la misma filosofía que la considerada al analizar el bloqueo automático con señalización lateral proporciona resultados de interés.

Se parte para ello del esquema de la figura 6.13a, que reproduce la disposición típica de una señalización lateral convencional.

La distancia (D) entre dos trenes consecutivos viene dada, de forma evidente, por la relación:

$$D = 2C + L + l$$

siendo (C) la longitud de los cantones supuesta homogénea; (L) la longitud del tren y (l) la distancia de visibilidad de la señal ($\simeq 300$ metros).

Para esta distancia (D), el intervalo entre dos trenes consecutivos corresponde a la expresión:

$$V = \frac{D}{T}$$

siendo V la velocidad de circulación de los trenes.

Por tanto, la capacidad de trenes por hora (N) es:

$$N = \frac{3.600}{T}$$

es decir:

$$N = \frac{3.600 V}{D} = \frac{3.600 V}{2C + L + l}$$

VELOCIDAD DE CIRCULACIÓN Y CAPACIDAD EN LÍNEAS DE ALTA VELOCIDAD

a) Intervalo entre dos trenes en señalización lateral

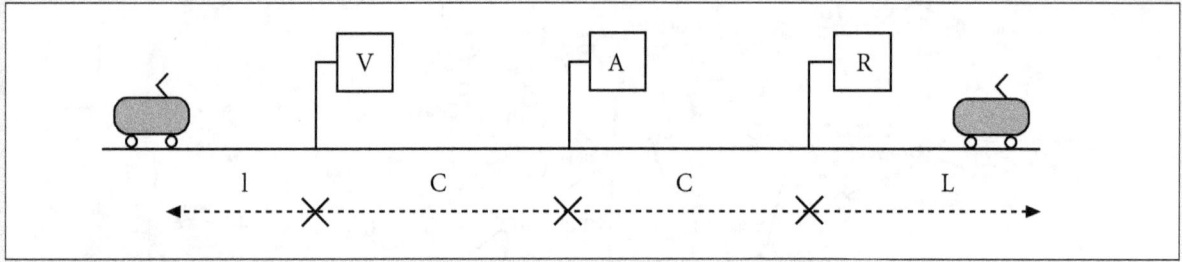

b) Secuencia de parada del TGV-Atlántico con V = 300 km/h y TVM 300

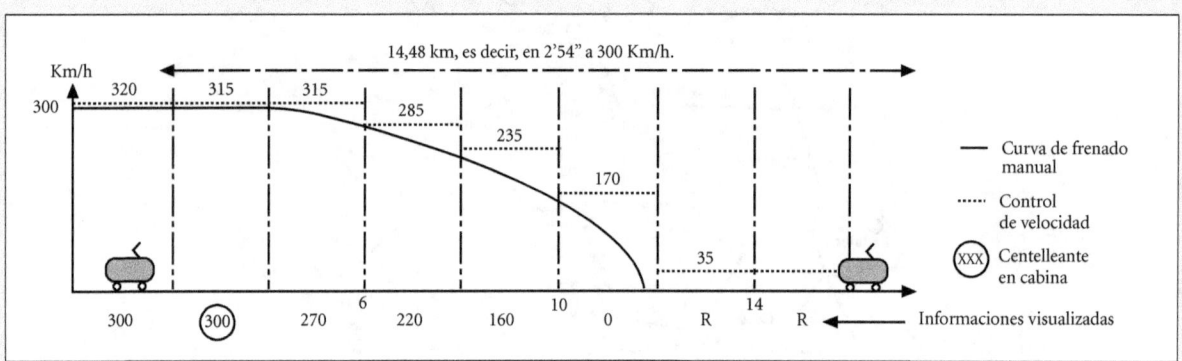

c) Secuencia de parada del TGV-Norte con V = 300 km/h y TVM 430

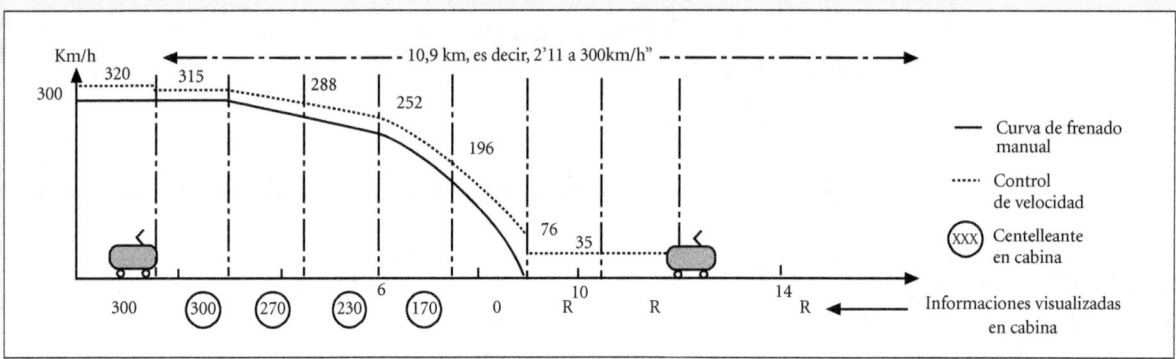

c) Capacidad de la línea TGV-Atlántico y TGV-Norte

Tipo de señalización	Tipo de Rama	Velocidad límite (V)	Longitud (C) del cantón	Longitud (L) de dos ramas	Distancia (D) entre dos ramas	Intervalo de tiempo entre 2 TGV (T = D/V)	Intervalo tomado en cuenta (T')	Capacidad horaria (N) (N = 60/T')
TVM 300 Atlántico	TGV Atlántico	300 km/h	2.000 m	480 m	D = 7C+L = 14.480 m	2 min 54 s	4 min	15
TVM Norte	TGV Réseau	300 km/h	1.500 m	400 m	D = 7C+L = 10.900 m	2 min 11 s	3 min	20

Fuente: Adaptado de B. Colombaud et al. (1992)

Fig. 6.13

Expresión que pone de manifiesto que la capacidad de una línea aumenta con la velocidad de circulación y con la reducción de la longitud de los cantones. En este último caso es necesario reforzar el sistema de frenado, como tuvo lugar en la línea TGV-Atlántico.

La aplicación de los principios anteriores a la línea TGV-Atlántico con señalización TVM 300 y a la línea TGV-Norte, con señalización TVM 430, conduce a los resultados indicados en la figura 6.13 b y c, teniendo en cuenta el diagrama de frenado de cada línea.

Se constata que los trenes de alta velocidad, circulando a 270/300 Km/h, podrían sucederse a intervalos de tiempo comprendidos entre 2 y 3 minutos, lo que equivaldría a decir que la distancia existente entre dos trenes consecutivos sería de 11 a 15 Km. En la práctica, y como se muestra en la citada figura 6.13, el intervalo mínimo que se adopta entre dos circulaciones es de 3 a 5 minutos. En conjunto se obtiene, por tanto, una capacidad en las citadas líneas comprendida entre 12 y 20 trenes por hora y sentido. Es importante destacar que la experiencia pone de relieve que no es recomendable superar, en la práctica, el 75% de la capacidad teórica (ficha UIC-405-1-R de 1979), es decir, de los 12 a 20 trenes/hora anteriormente mencionados. En consecuencia, la capacidad horaria máxima sería 20/1,33 = 15 trenes/hora.

En el caso de una línea de alta velocidad equipada con el sistema LZB, según el esquema adjunto, se tendría que:

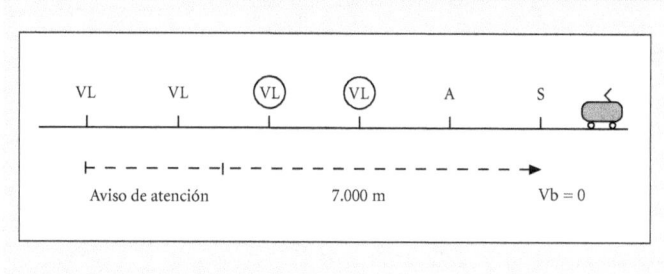

La distancia mínima (D) entre dos trenes de alta velocidad sería igual a la distancia de atención más la distancia objetivo y la longitud del tren.

$$T = \frac{12.400 \text{ m} \cdot 3.600 \text{ seg}}{300.000 \text{ m}} = 149 \text{ seg}$$

Por tanto, la capacidad teórica (C_T) sería:

$$C_T = \frac{3.600}{149} = 24,2 \text{ trenes/hora}$$

En consecuencia, la capacidad práctica (C_p) sería de:

$$C_p = \frac{24,2}{1,33} = 18 \text{ trenes/hora}$$

Lo que refleja la potencialidad de esta señalización.

Es de interés comparar, finalmente, la capacidad de transporte del ferrocarril con la carretera (Cuadro 6.7)

CUADRO 6.7 CAPACIDAD DE TRANSPORTE DEL FERROCARRIL Y DE LA CARRETERA

Variable	Ferrocarril	Carretera
Vías/carriles	2 vías	2x3 carriles
Superficie ocupada	25 m	75 m
Capacidad unitaria (plazas)	380 a 1.000	4
Número de trenes/coches por hora/sentido	12 a 18	4.500
Capacidad máxima (viajeros)	4.560 a 18.000	4.500 a 18.000

Fuente: UIC

Se constata la menor superficie de terreno ocupada por el ferrocarril (1/3 de la carretera) para análoga capacidad de transporte.

7 LA ORGANIZACIÓN DE LOS SERVICIOS DE VIAJEROS

7.1 INTRODUCCIÓN

En el sector del transporte de viajeros el ferrocarril ofrece sus servicios, como se ha indicado, en tres segmentos de mercado: cercanías, regionales y grandes líneas, incluyendo en este último grupo los servicios prestados por líneas convencionales y de alta velocidad. Con carácter previo al análisis de las principales características de oferta y demanda en cada uno de los mencionados servicios, se estima de interés proporcionar una visión general de su importancia en términos de tráfico, de ingresos y de balance de explotación, para cada uno de los citados servicios.

Por lo que respecta a la demanda de transporte, se tienen las siguientes magnitudes de referencia para el ferrocarril español en el año 2005 (Memoria de RENFE).

Servicio	Tráfico de viajeros (millones)	Porcentaje (%)
Cercanías	458,1	90,6
Regionales	27,6	5,4
Grandes líneas	12,6	2,5
AVE	7,2	1,5
Total	505,4	100,0

Se constata que más del 90% del tráfico de viajeros realizado corresponde a los servicios de cercanías, estando el 10% restante distribuido aproximadamente en la proporción 58 y 42% respectivamente entre los servicios regionales y de largo recorrido.

Si la variable considerada es el nivel de ingresos comerciales que proporciona cada segmento de mercado, las cifras de referencia son las indicadas a continuación (Memoria de RENFE).

Servicio	Ingresos comerciales (millones de euros)	Porcentaje (%)
Cercanías	361,4	31,5
Regionales	122,7	10,7
Grandes líneas	411,3	35,9
AVE	249,5	21,9
Total	1.145	100,0

Nótese como el tráfico interurbano de viajeros (grandes líneas + servicios AVE) proporcionan el 57% de los ingresos comerciales obtenidos por el ferrocarril español. Los servicios regionales tan solo aportan el 11%, siendo el otro segmento importante, en términos de viajeros, las cercanías, con casi el 32% de los ingresos.

Es relevante hacer notar que el Estado aporta a los ingresos de cercanías un montante económico del orden de 180 millones de euros, en concepto de obligaciones por servicio público. Además, los convenios con las comunidades autónomas y otras fuentes proporcionan 22 millones de euros. Los ingresos totales de esta unidad de negocio son, por tanto, 565 millones de euros.

En forma análoga, en los servicios regionales, a los ingresos mencionados con anterioridad (122,7 millones de euros) se suman las aportaciones que realiza el Estado, en concepto de obligaciones por servicio público (68 M euros) y las realizadas por las comunidades autónomas (27 M euros) en virtud de los convenios suscritos con ellas.

Por lo que se refiere a la cuenta de resultados de cada unidad de negocio, los resultados obtenidos durante el año 2005 son los indicados a continuación:

Servicio	Resultados * (millones de euros)		
	Antes de amortización, intereses e impuestos (EBITDA)	Antes de intereses e impuestos (EBIT)	Globales
Cercanías	119	27	20
Regionales	29	12	8
Grandes líneas	−2	−45	−52
AVE	33	−3	−14

* Valores redondeados

La observación de las magnitudes económicas explicitadas reflejan la situación de cada segmento de mercado. Se constata la dificultad de los servicios de grandes líneas para equilibrar sus cuentas. En cuanto a la unidad de negocio de alta velocidad debe subrayarse que en ella se encuentran incluidos tanto los servicios AVE de larga distancia como los de media distancia, así como los servicios Talgo 200.

7.2 SERVICIOS DE CERCANÍAS

7.2.1 El inicio de los servicios de cercanías

En el capítulo 5, apartado 5.2.1, se señaló que en la actualidad el concepto de cercanías afecta a los desplazamientos que se efectúan hasta distancias máximas de 60 a 70 Km. Desde este punto de vista, puede decirse que los servicios de cercanías nacieron con el ferrocarril, dado que las primeras líneas que entraron en servicio se caracterizaron por tener longitudes máximas comprendidas en el determinado radio de acción (60 a 70 Km), tal como se muestra en el cuadro 7.1

Sin embargo, si a la variable distancia se le suma el conjunto de características que identifican hoy en día a los servicios de cercanías (regularidad, frecuencia de paso de los trenes, material adecuado, etc.), el nacimiento de este tipo de servicios se remonta a apenas tres o cuatro décadas.

En efecto, hasta finales de los años cincuenta o primeros de los sesenta del siglo XX no empezaron a configurarse en España los servicios de cercanías. Aun cuando cabe precisar que en aquella época

CUADRO 7.1. LONGITUD DE LAS PRIMERAS LÍNEAS DE FERROCARRIL EN EUROPA

Alemania (Nüremberg-Furth)	1835	(9 km)
España (Barcelona-Mataró)	1848	(28 km)
Francia (St. Etienne-Andrezieux)	1828	(18 km)
Reino Unido (Darlington-Stockton)	1825	(34 km)
Italia (Nápoles-Portici)	1839	(7 km)

los servicios existentes no disponían de una organización sistematizada, no circulaban con horarios cadenciados y, desde luego, la puntualidad dejaba mucho que desear. No es menos cierto, sin embargo, que en aquel entonces tampoco era tan necesaria la precisión que se exige en la actualidad, al existir poco tránsito desde la periferia al centro de las grandes ciudades.

Puede decirse que esta situación se mantuvo hasta el año 1975, en que se crearon dos nuevas líneas destinadas por completo a los servicios de cercanías: Málaga-Fuengirola (31 Km) y Madrid-Móstoles (17 Km). Un año antes (1974), se pusieron en servicio comercial las unidades de la serie 440 (Fig. 7.1b), que sustituyeron a las series 436 a 438 (Fig. 7.1a) en las cercanías de Madrid y Barcelona. Quizás fueron estas nuevas unidades las que comenzaron a identificar los servicios de cercanías por primera vez en el ferrocarril español. En todo caso, cabe recordar que al iniciarse la década de los años ochenta, en las estadísticas de RENFE el tráfico de cercanías y de regionales aparecía como un todo único (Cuadro 7.2), lo que indicaba la ausencia de una especialización para cada servicio.

CUADRO 7.2 SEGMENTOS DE MERCADO DEL F.C. ESPAÑOL EN EL TRANSPORTE DE VIAJEROS (INICIOS AÑOS 80)

Millones de viajeros-kilómetro

	1979	1980	1981	1982	1983	Variación 1983/79
Largo recorrido	7.623	8.287	8.897	9.151	9.437	+ 24%
Rápidos y expresos	5.660	5.940	6.332	6.593	6.729	+ 19%
Talgo	796	938	1.024	1.106	1.256	+ 58%
TER y TAF	810	808	729	637	655	− 20%
Electrotrén	357	601	812	815	797	+ 123%
Cercanías y regionales	5.048	5.240	5.364	5.552	5.655	+ 12%
TOTAL	12.671	13.527	14.261	14.703	15.092	+ 19%

Fuente: RENFE (1983)

PRIMERAS COMPOSICIONES PARA SERVICIOS DE CERCANÍAS

a) Serie 436/438

b) Serie 440

c) Serie 446

Fuente: Vía libre (2005 y 2006) y RENFE (2003)

Fig. 7.1

El salto definitivo hacia la consolidación de los servicios de cercanías tuvo lugar, a comienzos de 1988, con la creación en RENFE de la Dirección Autónoma de Cercanías. Se definió el ámbito de actuación de la misma y se identificaron los once núcleos y cuarenta y dos líneas en las que se prestaría un servicio específico de cercanías. Prácticamente coincidente con la constitución de la citada Dirección, se incorporaría un nuevo material para efectuar dicho tráfico (Fig. 7.1c).

Es indudable que los servicios de cercanías en España han ido evolucionando en paralelo al crecimiento demográfico de las poblaciones situadas en el entorno del radio de acción de las grandes ciudades. En este contexto, es de interés visualizar en la figura 7.2 el crecimiento urbano del área metropolitana de Madrid en el periodo 1950/1990, con un especial enfoque en la zona sur de la misma.

7.2.2 La red actual de cercanías en España

Los servicios de cercanías por ferrocarril en España se prestan en la actualidad, por distintas compañías: RENFE, Ferrocarriles de la Generalitat de Cataluña (FGC), Ferrocarriles de la Generalitat Valenciana (FGV), Ferrocarriles Españoles de Vía Estrecha (FEVE), Ferrocarriles del País Vasco y Servicios Ferroviarios de Mallorca (SFM). Durante el año 2004, RENFE transportó a más de 439 millones de viajeros; FEVE, algo menos de 12 millones y el resto de las compañías citadas, en su conjunto, algo más de 103 millones de viajeros.

Los núcleos urbanos que cuentan con servicios de cercanías de RENFE se muestran en la figura 7.3 a 7.6. Para cada uno de ellos se ofrece el entorno demográfico en el que se encuentran y se precisan los desplazamientos que desde el mismo pueden hacerse por ferrocarril.

CRECIMIENTO URBANO EN EL ÁREA METROPOLITANA DE MADRID

a) Vista del conjunto

b) Año 1963

c) Año 1990

Fuente: RENFE (1994) y (2004)

Fig. 7.2

NÚCLEOS URBANOS CON SERVICIOS DE CERCANÍAS DE RENFE (I)

a) Asturias. Densidad de población

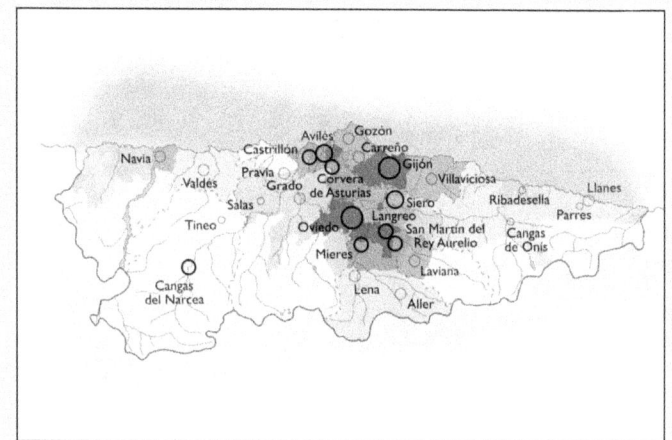

Líneas de cercanías

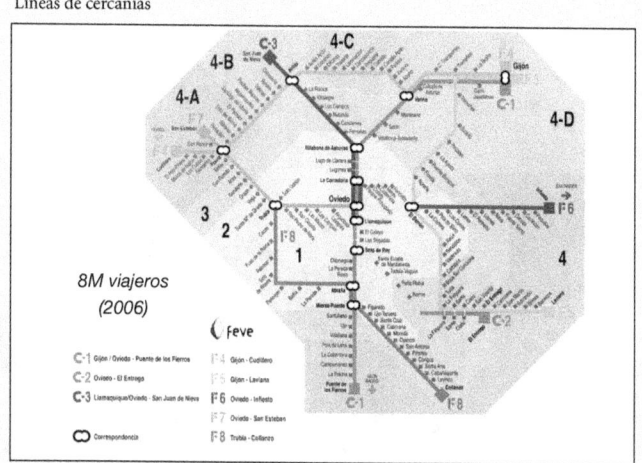

b) Santander. Densidad de población

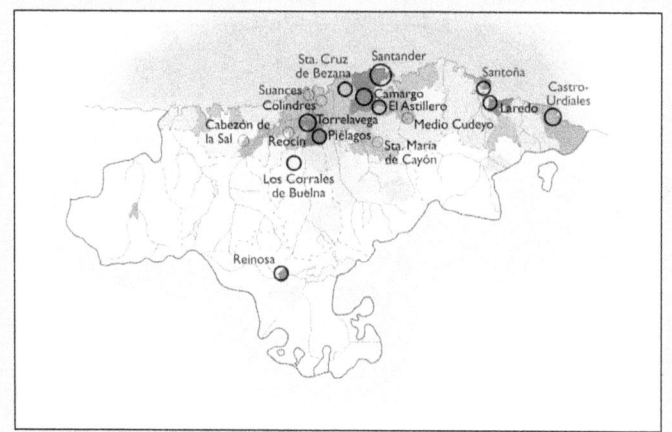

Líneas de cercanías

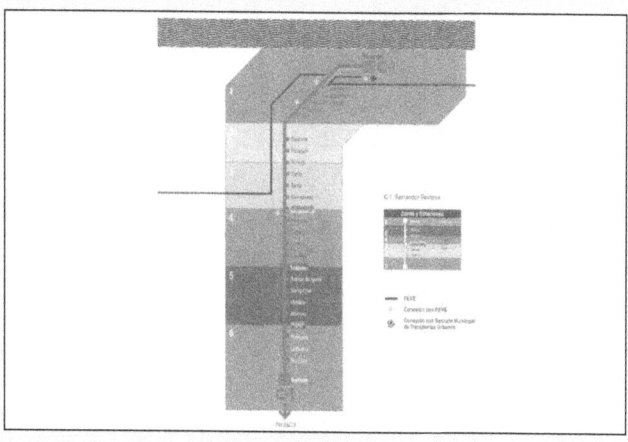

c) Madrid. Densidad de población

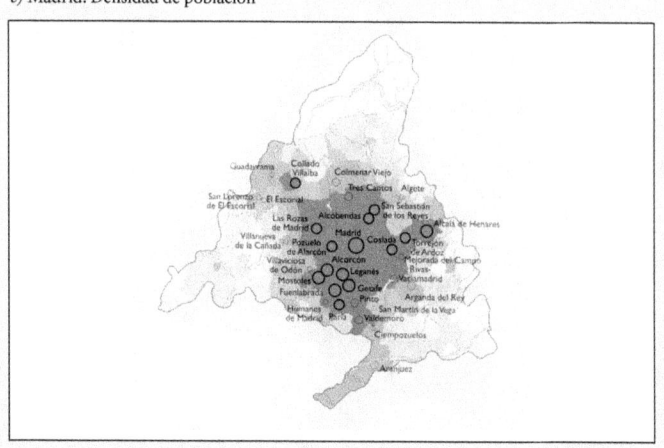

Líneas de cercanías

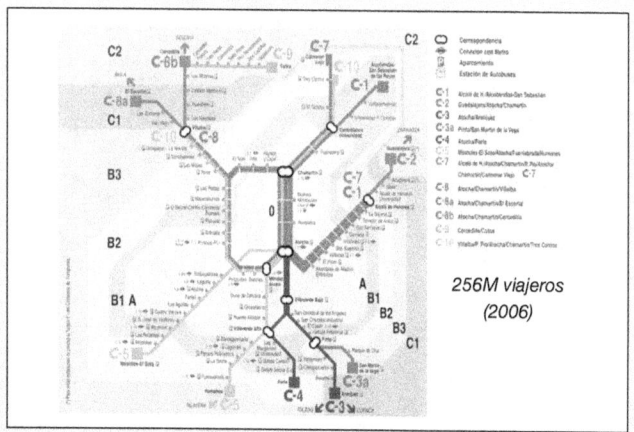

Fuente: National Geographic (2004) y RENFE

Fig. 7.3

NÚCLEOS URBANOS CON SERVICIOS DE CERCANÍAS DE RENFE (II)

a) Líneas de Bilbao

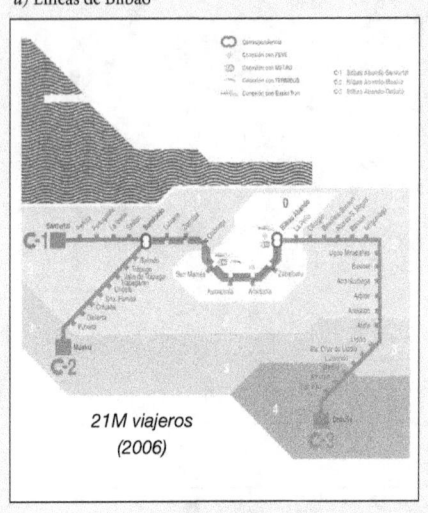

21M viajeros
(2006)

País Vasco. Densidad de población

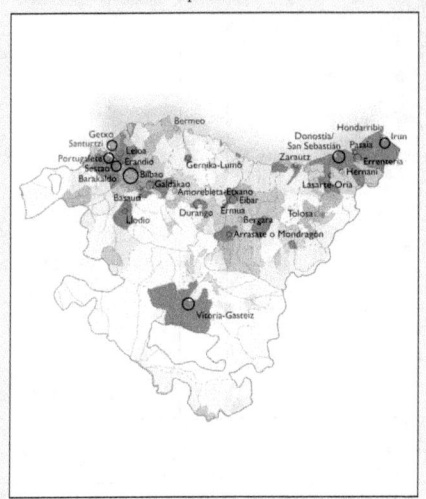

Líneas de San Sebastián

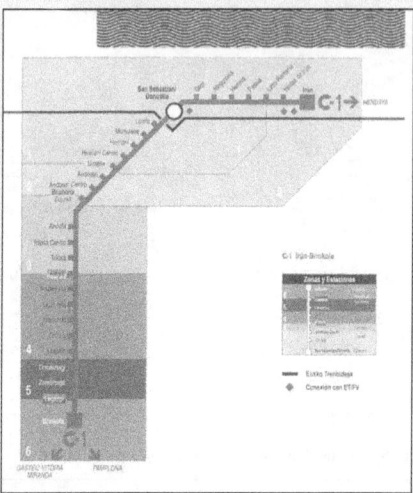

b) Murcia. Densidad de población

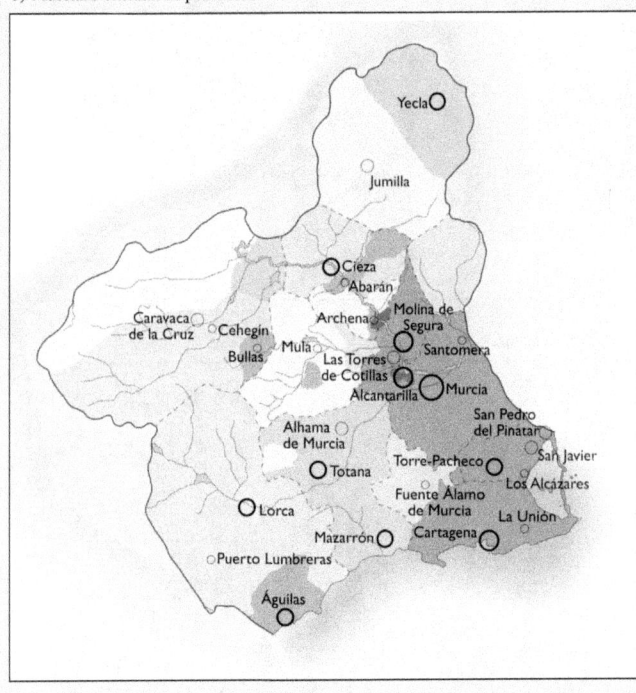

Línea de cercanías

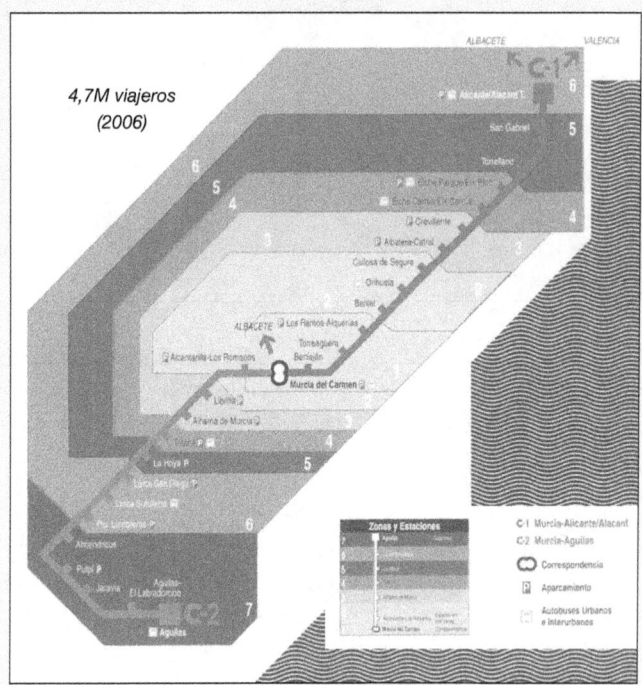

4,7M viajeros
(2006)

Fuente: National Geographic (2004) y RENFE

Fig. 7.4

LA ORGANIZACIÓN DE LOS SERVICIOS DE VIAJEROS 233

NÚCLEOS URBANOS CON SERVICIOS DE CERCANÍAS DE RENFE (III)

a) Comunidad Valenciana. Densidad de población

Líneas de cercanías

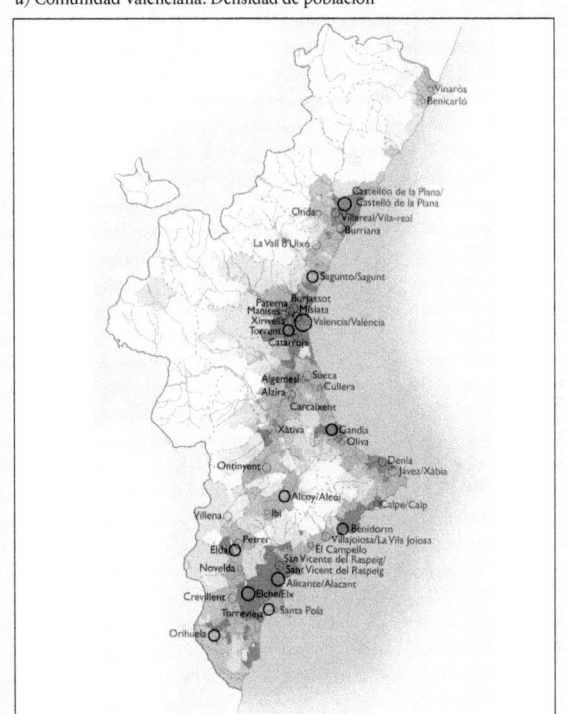
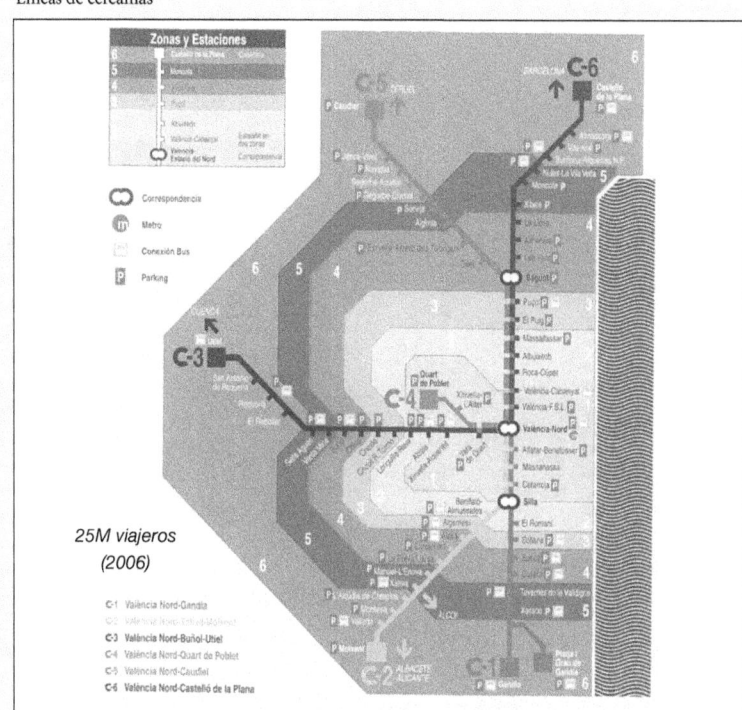

25M viajeros (2006)

b) Cataluña. Densidad de población

Líneas de cercanías

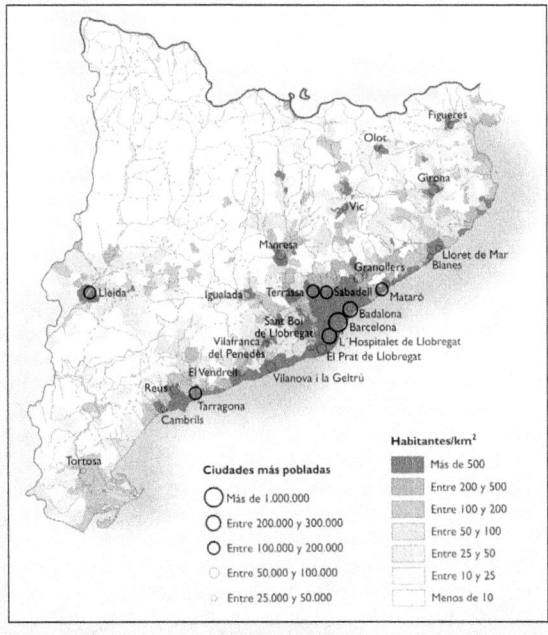
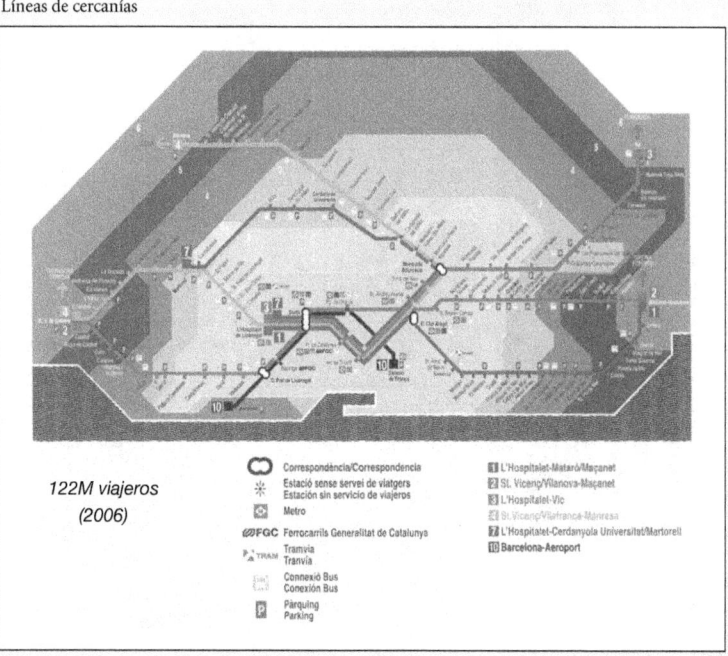

122M viajeros (2006)

Fuente: National Geographic (2004) y RENFE

Fig. 7.5

NÚCLEOS URBANOS CON SERVICIOS DE CERCANÍAS DE RENFE (IV)

a) Andalucía. Densidad de población

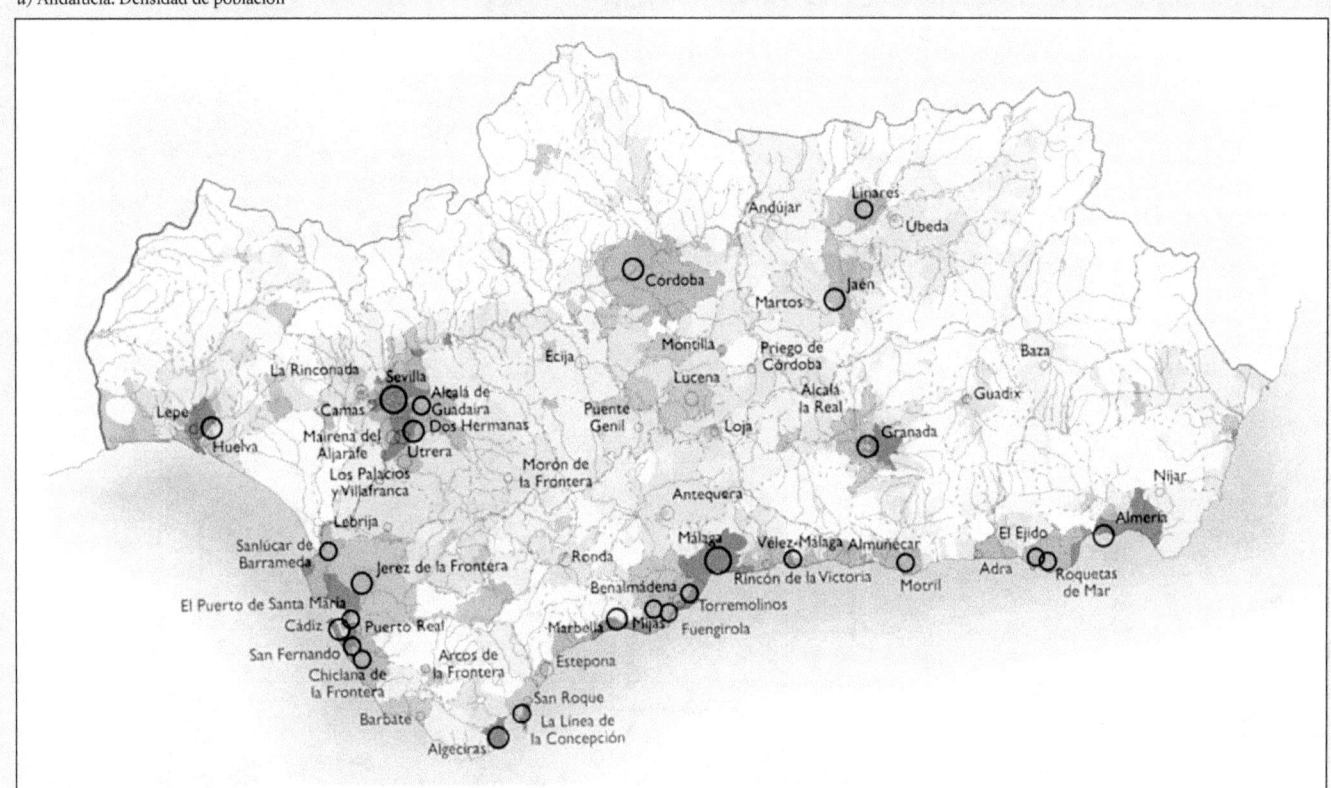

b) Cádiz. Líneas de cercanías

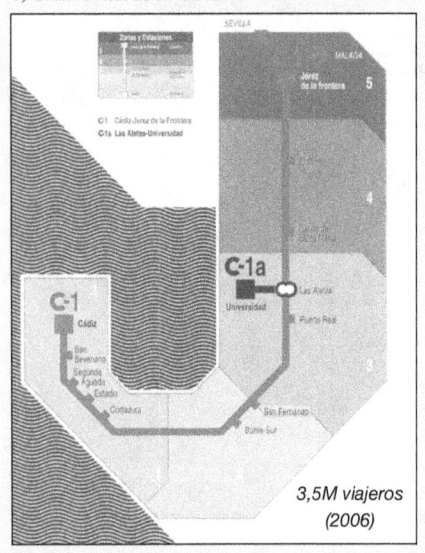

3,5M viajeros (2006)

c) Sevilla. Líneas de cercanías

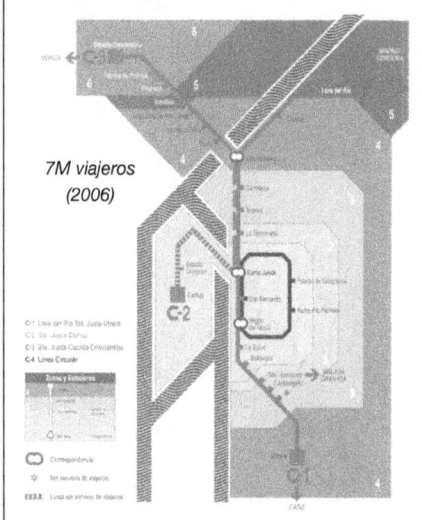

7M viajeros (2006)

d) Málaga. Líneas de cercanías

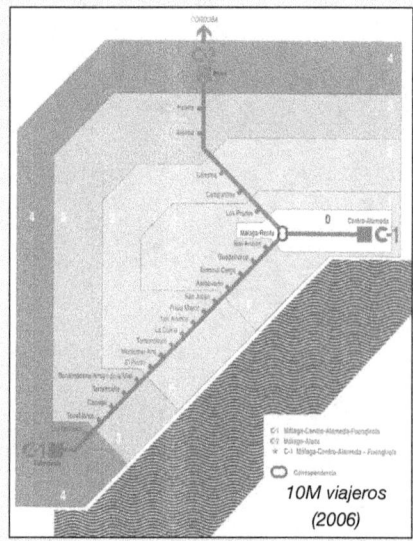

10M viajeros (2006)

Fuente: National Geographic (2004) y RENFE

Fig. 7.6

7.2.3 Factores determinantes en los servicios de cercanías

La experiencia en la explotación de este tipo de servicios y los resultados de las numerosas encuestas realizadas por el ferrocarril español han puesto de manifiesto cuáles son los factores que juegan un papel determinante en la utilización de estos servicios (Cuadro 7.3).

CUADRO 7.3 FACTORES DETERMINANTES EN LA UTILIZACIÓN DE LOS SERVICIOS DE CERCANÍAS

Ámbito	Variables
Acceso al ferrocarril	– Facilidad para llegar a la estación
	– Conexión con otros modos de transporte
	– Posibilidad y condiciones económicas de aparcamiento en la estación
Servicio propiamente dicho	– Horarios y frecuencias
	– Tiempo de viaje
	– Confort del material (espacial, acústico y ambiental)
	– Capacidad del material: número de plazas ofrecidas
	– Fiabilidad del servicio (puntualidad)
	– Nivel tarifario
Aspectos complementarios	– Limpieza
	– Información
	– Seguridad

Fuente: Elaboración propia a partir de datos RENFE

Como se observa en el citado cuadro, los distintos factores pueden agruparse en tres ámbitos: el primero se refiere a las condiciones de accesibilidad a las estaciones; el segundo, a la calidad del servicio ferroviario propiamente dicho, y el tercero contempla aspectos a los que los viajeros atribuyen también importancia y están relacionados con la información en las estaciones, la seguridad, etc.

Por lo que concierne al primer grupo, es importante destacar la relevancia de las condiciones de acceso al ferrocarril en la utilización de este modo de transporte. En este contexto, el crecimiento del parque automovilístico es uno de los grandes retos a los que el ferrocarril debe hacer frente. De ahí que se haya considerado prioritaria la creación de aparcamientos disuasorios en los recintos de las estaciones (Fig. 7.7), que han contribuido a reducir el flujo de vehículos privados en los accesos a las grandes ciudades.

Por otro lado, se subraya que la potencialidad de los servicios de cercanías se refuerza, significativamente, en la medida en que la llegada a los principales núcleos urbanos posibilite la conexión con otros modos de transporte. Como referencia pueden explicitarse los siguientes ejemplos:

APARCAMIENTOS DISUASORIOS

Fuente: RENFE   Fig. 7.7

a) *Intercambiador de Príncipe Pío (Madrid)*

Construido en la antigua estación terminal de RENFE del mismo nombre, que era una de las tres estaciones del ferrocarril en Madrid de mayor dimensión en su época, junto con Atocha y Chamartín (Fig. 7.8). En este intercambiador coexisten dos líneas de Metro, dos líneas de cercanías de RENFE, ocho líneas de autobuses urbanos y trece interurbanas.

b) *Estación de Sevilla-Santa Justa*

En esta estación de nueva construcción, con motivo de la llegada del AVE a Sevilla, en 1992, coexisten servicios de alta velocidad, servicios regionales con el resto de capitales andaluzas, y servicios de cercanías (Fig. 7.9).

INTERCAMBIADOR DE PRÍNCIPE PÍO

Fuente: Metro de Madrid   Fig. 7.8

COEXISTENCIA DE SERVICIOS DE CERCANÍAS Y LARGO RECORRIDO: ESTACIÓN DE SEVILLA

Fuente: RENFE   Fig. 7.9

c) *Estación de Barcelona–Sants*

La principal estación de viajeros de RENFE en Barcelona permite que los viajeros que utilizaban el servicio de cercanías puedan conectar con otros servicios y modos de transporte: metro, largo recorrido, conexión con el aeropuerto del Prat y con la terminal de autobuses (Fig. 7.10).

Dos de las actuaciones en curso, previstas para mejorar la potencialidad de los servicios de cercanías en Madrid y Barcelona, consistirán en la construcción de nuevos túneles que atraviesen ambas ciudades.

En el caso de Madrid, y como se visualizó en la figura 7.8, se contaba con tres estaciones desde las que partían los diferentes trenes radiales de viajeros interurbanos, sin que existiese conexión entre ellas. Los primeros estudios de interconexión se iniciaron en

CONEXIÓN ESTACIÓN DE SANTS-AEROPUERTO

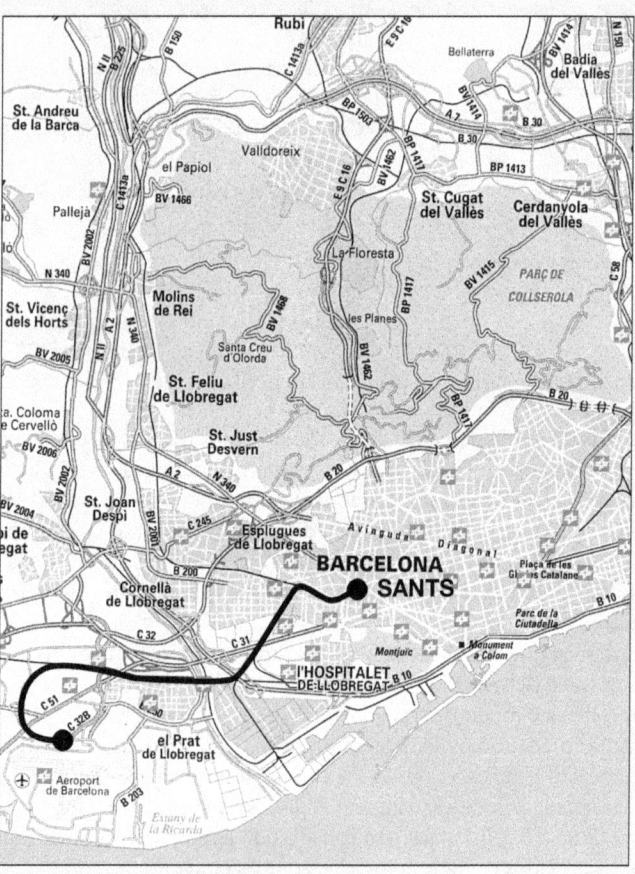

Fuente: Anaya (2004)   Fig. 7.10

TÚNEL EXISTENTE Y PREVISTO EN EL EJE CHAMARTÍN-ATOCHA

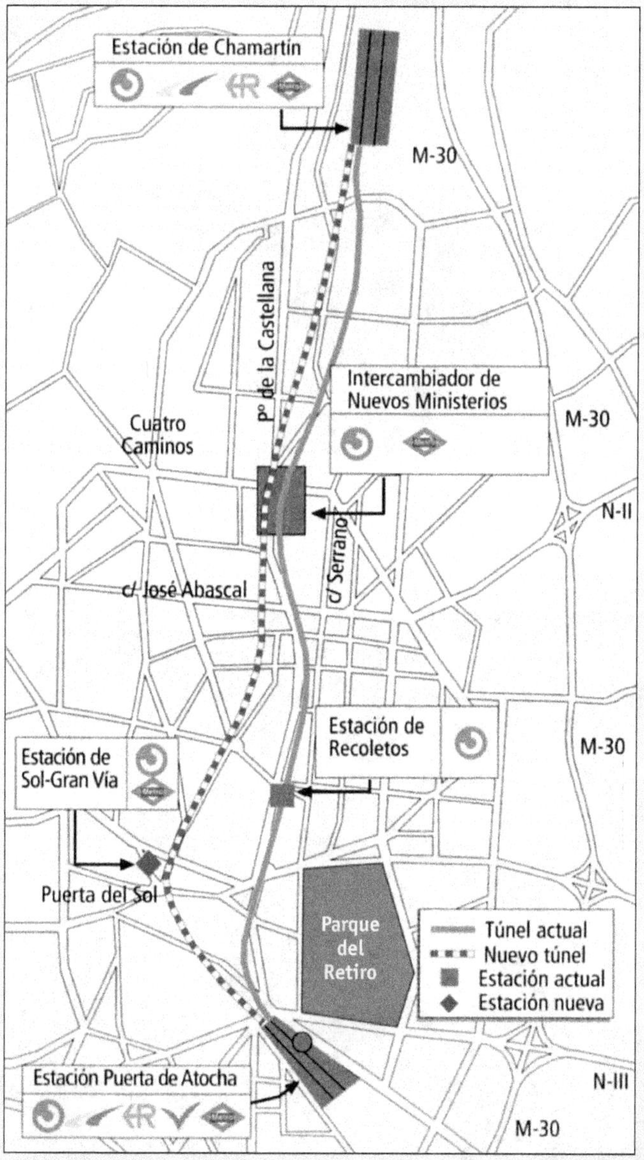

Fuente: RENFE (2003)

Fig. 7.11

el primer tercio del siglo XX. La entrada en servicio de un túnel que uniese las estaciones de Chamartín y Atocha (Fig. 7.11) tuvo lugar a mediados del año 1967.

Desde entonces, este túnel, de una longitud superior a siete kilómetros, ha visto incrementar notablemente el número de circulaciones ferroviarias. Dispone de dos estaciones intermedias y su trazado es relativamente duro al existir rampas de hasta 18‰. Como se observa en la figura 7.11, el nuevo túnel contará con tres estaciones y tendrá una longitud total de 7,5 Km. Su puesta en servicio se prevé para el año 2008. La construcción de este nuevo túnel es consecuencia de los problemas de falta de capacidad en el existente y del deseo de facilitar los desplazamientos sur-norte en Madrid.

Por lo que respecta a la capacidad del túnel actual, se señala que, a finales de la década pasada (es decir, en el momento de decidir la realización de un nuevo túnel) el número de circulaciones diarias en el mismo superaba las 480. En el año 2003, el tráfico alcanzó 585 circulaciones, de las cuales 518 eran trenes de cercanías, 37 de grandes líneas y 30 servicios regionales, con independencia de circulaciones no grafiadas (30/día).

En cuanto a la mejora de la movilidad en los desplazamientos sur-norte, nótese (Fig. 7.12a) como los viajeros que utilizan las líneas C_3 (Aranjuez), C_4 (Parla) y C_5 (Fuenlabrada y Móstoles) se ven obligados a cambiar de tren en la estación de Atocha, si desean dirigirse hacia el norte de Madrid. Ello se debe a que los trenes de dichas líneas finalizan su recorrido en Atocha, al no ser sus vías pasantes. De acuerdo con las estadísticas disponibles (RENFE, 2005), el 45% de los viajeros realiza transbordos con otras líneas, empleando 10 minutos de tiempo y el 20% de los viajeros transborda al metro. Ello da lugar a problemas de congestión en los andenes (Fig. 7.12b). En consecuencia, una vez realizado el nuevo túnel y convertidas las líneas en pasantes, se obtendrán los ahorros de tiempo indicados en el cuadro 7.4 y se reducirán sensiblemente los citados problemas de congestión. En la figura 7.12c se observa que una de las líneas afectadas por el transbordo en Atocha (C_5) es la que mayor tráfico soporta.

Además de estas ventajas, la línea de metro que une Atocha con la estación de Sol se verá descongestionada, dado que los viajeros podrán acceder directamente desde los trenes de cercanías a la zona más céntrica de Madrid, opción ahora inexistente.

Por lo que respecta a la actuación prevista en Barcelona, se señala que el objetivo es unir las estaciones de Sants y Sagrera por un nuevo túnel que, junto al existente, proporcione una elevada capacidad de transporte (Fig. 7.13).

En cuanto a los factores propiamente ferroviarios, en el cuadro 7.3 se han explicitado los más significativos. Es indudable, no obstante, que los servicios de cercanías guardan un cierto paralelismo con los servicios de tipo metro, y en consecuencia, la variable esencial para el viajero es, en general, la frecuencia de paso de los trenes. Este hecho encuentra comprobación práctica si se examina el contenido del cuadro 7.5, referido a la evolución del tráfico de cercanías en Madrid. En efecto, se constata como el aumento de la frecuencia

PROBLEMÁTICA DE LA ESTACIÓN DE ATOCHA

a) Configuración de vías de cercanías

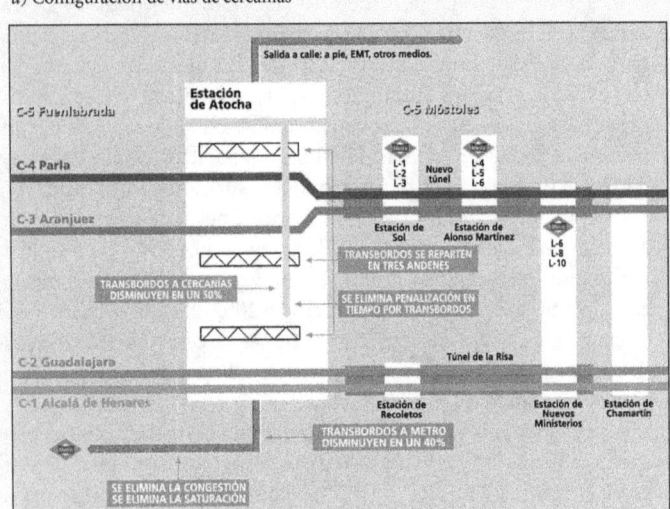

b) Problemas de capacidad en los andenes

c) Tráfico anual de algunas líneas de cercanías (año 2002)

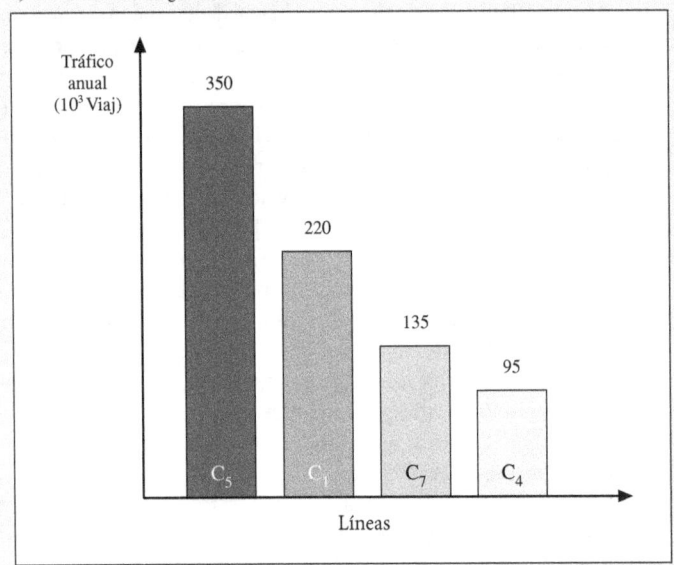

d) Adecuación de la capacidad de los andenes a la demanda

Fuente: RENFE

Fig. 7.12

NUEVA CONEXIÓN SANTS-SAGRERA

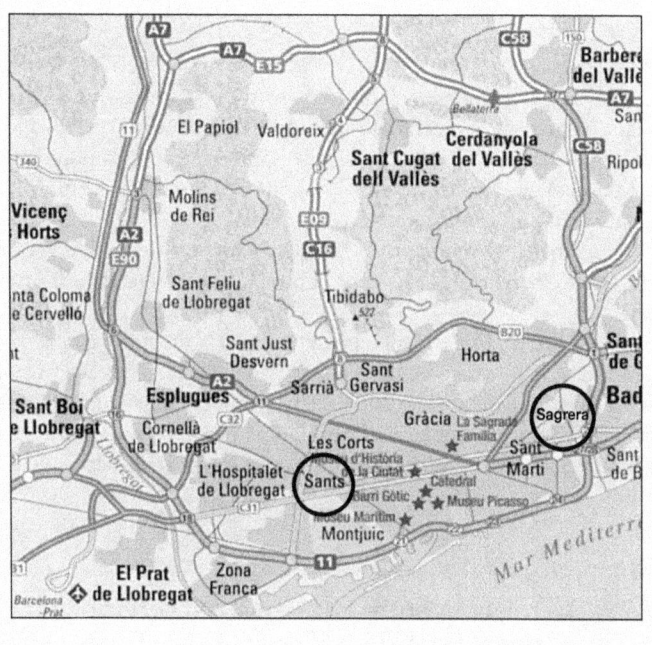

Fuente: Atlas Collins

Fig. 7.13

de servicios significó una notable variación de la demanda de viajeros, dado que en el resto de los factores y durante el periodo temporal considerado no se produjeron variaciones significativas.

CUADRO 7.4 REDUCCIÓN DEL TIEMPO DE VIAJE CON EL NUEVO TÚNEL CHAMARTÍN-ATOCHA (MINUTOS)

Entre	Parla		Getafe centro		Pinto	
	Situación actual	Situación futura	Situación actual	Situación futura	Situación actual	Situación futura
Sol	39	27	30	18	37	25
Alonso Martínez	44	29	35	20	42	27
Nuevos Ministerios	39	31	30	22	37	29
Chamartín	45	36	36	27	42	34

Fuente: Ministerio de Fomento (2005)

CUADRO 7.5 EVOLUCIÓN DE LA FRECUENCIA DE TRENES Y SU INCIDENCIA EN LA DEMANDA EN LOS SERVICIOS DE CERCANÍAS POR FF.CC EN MADRID

Línea	Intervalo entre servicios		Tráfico por FF.CC*	
	1989	1993	1989	1993
C_2	7,5'	5'	80.000	110.000
C_4	7,5'	4'	21.000	73.000
C_5	7,5'	3	65.000	148.000
C_6	5	3	85.000	200.000
C_7	15	10	23.000	69.000
C_8	30	20	31.000	43.000

* viajeros/día

Fuente: Elaboración propia a partir de datos RENFE

7.2.4 La medida de la calidad del servicio

El conocimiento de la calidad del servicio que se presta es una herramienta imprescindible para adaptar la oferta a las necesidades de la demanda. En el ámbito concreto de los servicios de cercanías, el ferrocarril español introdujo a comienzos de los años noventa del siglo XX una serie de indicadores para medir la citada calidad.

Para ello se consideró necesario tener en cuenta dos aspectos: la calidad percibida por los clientes (IQP) por un lado, y por otro, la calidad ofrecida por el ferrocarril (IQO). De este modo se disponía de una doble información que permitía adoptar las decisiones más adecuadas para la mejora del producto.

El índice de calidad percibida por los clientes (IQP) se cuantificaba a partir de encuestas realizadas periódicamente por RENFE entre los viajeros. Las variables consideradas eran, básicamente: puntualidad, limpieza, mantenimiento, oferta de trenes, comunicación, regularidad, seguridad, comodidad y condiciones económicas. Para cada una de ellas se deseaba conocer la importancia que tenía para los clientes y, en paralelo, la valoración que efectuaban para la situación existente de la oferta en el momento de efectuar la encuesta. En el cuadro 7.6, se muestran los resultados obtenidos para el año 1997. Se comprueba, como se indicó anteriormente, la importancia que se atribuía a la oferta de trenes de cercanías, es decir, a la frecuencia del servicio.

Por lo que respecta al índice de calidad objetiva (IQO), su elaboración se llevaba a cabo por la expresión:

$$IQO = 0,6 \, IDB + 0,4 \, IMA - IMR$$

siendo:

IDB = índice de días blancos

CUADRO 7.6 IMPORTANCIA Y VALORACIÓN DE LOS ATRIBUTOS DE LOS SERVICIOS DE CERCANÍAS EN RENFE (AÑO 1997)

Atributos	Importancia que se le concedía	Valoración* que que se efectuaba de la oferta
Oferta de trenes	74%	7,66
Comodidad	41%	7,66
Nivel tarifario	38%	6,55
Puntualidad	29%	7,58
Seguridad	27%	6,94
Comunicación en las estaciones	31%	7,62
Mantenimiento (trenes y estaciones)	23%	7,89
Atención al cliente	14%	7,25
Información	10%	6,78

* Sobre 10 puntos
Fuente: M. Salá (2000)

IMA = índice medio de atención

IMR = índice mensual de reclamaciones

En cuanto al índice de días blancos (IDB), se señala que cada día, de cada mes, se catalogaba como día blanco, *light*, anodino o negro, en función del número de minutos de retraso de los trenes en relación con los viajeros afectados por esas incidencias. Matemáticamente se utilizaron las siguientes expresiones:

$$\text{Indicador diario} = \frac{\text{Puntualidad de la circulación (A)} + \text{Incidencias de la circulación (B)}}{2}$$

siendo:

$$A = \frac{\overline{\% \text{ de puntualidad}}}{10}$$

$$B = 10 - \frac{\text{Incidencias en horas valla } (B_1) + \text{Incidencias en horas punta } (B_2)}{\text{Viajeros afectados} \times \text{Tiempo medio al día}}$$

En función del valor del indicador diario, se señalaba el día como blanco, light, anodino o negro, siguiendo el criterio que se señala a continuación:

DÍA	VALOR DEL INDICADOR DIARIO
BLANCO	> 9,5
LIGHT	9 a 9,49
ANODINO	5 a 8,99
NEGRO	< 5

Por lo que se refiere al indicador IMA, su cuantificación se efectuaba a partir de los resultados obtenidos mediante encuestas a los clientes sobre cuatro factores: limpieza, información, comodidad y atención al cliente. Se obtenía como media aritmética de puntuaciones de 0 a 10 sobre los citados factores.

Finalmente, y en cuanto al IMR, su valor se obtenía dividiendo el número de reclamaciones por el número de viajeros transportados.

Otros indicadores, como el denominado ICQ, índice de control de calidad, que tenía en cuenta el servicio realizado en relación con el servicio programado, o el índice (ISC) que reflejaba la satisfacción del cliente, considerando numerosas variables, fueron puestos a punto por otras administraciones como Ferrocarriles de la Generalitat de Catalunya.

7.2.5 La relación entre la calidad del servicio y la demanda de tráfico

Inicialmente y con anterioridad a la creación de la Dirección de Cercanías en RENFE, en 1989, el valor del IQP superaba ligeramente el valor de 5 puntos sobre 10 en la percepción de los usuarios de los servicios de cercanías de Madrid. Los esfuerzos realizados por RENFE en el periodo 1989/93 permitieron elevar el citado indicador por encima de 7 puntos. La respuesta del mercado no se hizo esperar, tal como muestra el cuadro 7.7.

CUADRO 7.7 EVOLUCIÓN DEL ÍNDICE DE CALIDAD PERCIBIDA POR EL VIAJERO Y EL TRÁFICO POR FERROCARRIL EN LAS CERCANÍAS DE MADRID

FECHA	IQP	ÍNDICE DE VARIACIÓN DE LA CALIDAD	ÍNDICE VARIACIÓN DEL TRÁFICO
Junio 1989	5,2	100	–
Junio 1990	5,4	104	100
Junio 1991	5,6	108	132
Junio 1992	6,2	120	155
Junio 1993	7,5	145	159

Fuente: A. López Pita (1995).

Nótese, en efecto, que existió bastante paralelismo entre el índice de crecimiento de la calidad percibida y el numero de viajeros que utilizó los servicios de cercanías.

Para un periodo temporal posterior a 1993, el ferrocarril español mantuvo el (IQP) por encima de 7 y el tráfico de viajeros en cercanías experimentó crecimientos medios anuales del 3 al 4% (Cuadro 7.8).

CUADRO 7.8 EVOLUCIÓN DE LA CALIDAD DEL SERVICIO Y DEL TRÁFICO DE VIAJEROS POR FERROCARRIL EN RENFE–CERCANÍAS

INDICADOR	AÑO				
	1994	1995	1996	1997	1998
IQP	7,29	7,70	7,66	7,77	7,90
IQO	6,82	7,58	7,32	7,49	8,16
Tráfico (10^6 viajeros)	316	329	339	354	363

Fuente: A. López Pita (1999)

7.2.6 El material para los servicios de cercanías

Hasta la creación de la Dirección de Cercanías, es decir, finales de los años ochenta del siglo XX, RENFE disponía (I. Barron, 1994) de varias series de unidades de tren eléctricas. De todas ellas la más moderna y numerosa era la 440 (Fig. 7.1b), que databa de 1974 y alcanzaba las 254 unidades. Otra serie numerosa en funcionamiento y de la misma época era la 436/438 (Fig. 7.1a), que databa de 1958 y contaba con cerca de 150 trenes.

Sin embargo, las características de ambas series no respondían a las exigencias de la demanda, en los comienzos de los años noventa (aire acondicionado, mayor número de plazas, megafonía interior, etc.). Surgió de este modo la serie 446/447 (Fig. 7.1c). Desde el punto de vista de la capacidad, la serie 436/438 disponía de 148 plazas sentadas, frente a las 240 plazas sentadas (y 519 de pie) de la serie 446. Por otro lado, estas últimas disponían de una aceleración en arranque y una deceleración en servicio de 1 m/seg^2, magnitud necesaria para este tipo de servicios con numerosas paradas. La velocidad máxima era 120 Km/h.

Para hacer frente al incremento de la demanda, a mediados de la década pasada RENFE puso en servicio trenes dotados de dos pisos, como tenían también otros países. Estas composiciones, de la serie 450, tienen una capacidad de transporte de hasta 1000 plazas (Fig. 7.14). Cada coche remolcado tiene 100 asientos en el piso inferior y 96 en el piso superior.

La última incorporación de una nueva serie de trenes para los servicios de cercanías en RENFE fue la de los trenes denominados Civia (Fig. 7.15a), que desde comienzos del año 2004 circulan por algunas líneas.

TRENES DE CERCANÍAS DE DOS PISOS

a)

b)

c)

Fuente: Vía libre

Fig. 7.14

TRENES CIVIA: ASPECTOS FUNCIONALES

a) Vista general

b) Zona de piso bajo

c) Continuidad total y asientos ergonómicos

Fuente: A. R. Vía Libre (2004)

Fig. 7.15

Estos trenes suponen un cambio total en relación a las composiciones precedentes no sólo en el ámbito comercial, sino también en el técnico. En el primer caso, por el notable incremento de confort para el viajero que suponen. En el segundo caso, por sus mejores prestaciones, incluyendo la reducción de consumo de energía por plaza-kilómetro.

Desde el punto de vista del viajero, los trenes Civia se caracterizan por:

1) *Disponer de una zona de piso bajo* (Fig. 7.15b)

Esta cualidad es muy importante en los servicios de cercanías para permitir una rápida entrada y salida de los viajeros. Como en las líneas de cercanías españolas los andenes de las estaciones se encuentran a una altura de 68 cm, los trenes Civia disponen de un coche con una zona de piso a esta altura. De esta forma el paso se efectúa sin salvar ningún desnivel y una rampa permite la entrada de personas en silla de ruedas. (Fig. 7.15 b)

2) *Disponer de continuidad total* (Fig. 7.15c)

Como se aprecia, el viajero puede desplazarse a lo largo del tren sin tener que abrir ninguna puerta y sin que el paso de un coche a otro suponga una cierta discontinuidad.

3) *Tener asientos ergonómicos* (Fig. 7.15c)

Están situados con una distribución que deja más espacios libres y favorece la salida y entrada de los viajeros.

4) *Disponer de información visual* (Fig. 7.16)

Cuenta con una serie de pantallas, claramente visibles, que facilitan el recibir y procesar toda la información necesaria.

Cabe destacar que el tren cuenta con un sistema que permite la comunicación del viajero con la cabina de conducción o con el centro de control.

PANTALLAS DE INFORMACIÓN EN LOS TRENES

Fuente: A. R. Vía Libre (2004)   Fig. 7.16

Desde la perspectiva técnica, los trenes Civia se caracterizan por;

1) El empleo de una aleación ligera de aluminio para la construcción de las cajas. Se reduce el peso y el consumo de energía.
2) La utilización de unos *bogies* extremos no motorizados de tecnología convencional (Fig. 7.17) y de un *bogie* compartido entre cada dos coches adyacentes. Está motorizado y dispone de un doble sistema de apoyo para cada una de las cajas sobre la suspensión secundaria neumática.
3) Estar concebidos como un tren modular, partiendo de tres tipos diferentes de coches acoplados de la forma necesaria, para configurar una composición de dos, tres, cuatro o cinco coches. De esta forma resulta posible adaptar la oferta a la demanda de cada línea.
4) Alcanzar velocidades máximas de 120, 140 o 160 Km/h, optimizando la prestación de cada servicio.
5) Disponer de un sistema de contaje de viajeros, que permite contabilizar el número de viajeros que entran y salen del tren Civia en cada estación.

Un análisis comparativo de las características de los trenes de la serie 447 y de los trenes Civia (Cuadro 7.9) refleja las indudables ven-

CUADRO 7.9 CARACTERÍSTICAS COMPARADAS DE LOS TRENES DE CERCANÍAS SERIE 447 Y CIVIA

CARACTERÍSTICAS	SERIE 447 (1)	TREN CIVIA (4 coches) (2)	DIFERENCIA (2) – (1) EN %
LONGITUD (m)	75,9	80,3	+ 5,7
Nº DE COCHES	3	4	+ 25
Nº DE BOGIES	6	5	– 17
PESO (t)	162,5	131,5	– 19,1
PLAZAS SENTADAS	234	223	– 1
MASA POR PLAZA SENTADA (Kg)	694	589	– 15,1
CONSUMO NETO POR PLAZA KM (Wh)	6,02	3,96	– 34,22
ENERGÍA CONSUMIDA (KWh/Km)	5,87	5,11	– 23
VELOCIDAD MÁXIMA (Km/h)	120	120	–
ACELERACIÓN DE ARRANQUE (m/seg^2)	1,1	1,1	–
ACELERACIÓN DE 0 a 120 Km/h (m/seg^2)	0,5	0,6	+ 20
FRENADO DE SERVICIO (DE 120 Km/h a 0)	1,0	1,10	+ 10
FRENADO DE URGENCIA (m/seg^2)	1,20	1,30	+ 8,3
PORCENTAJE DE ENERGÍA DEVUELTA	34	36	+ 2 puntos

Fuente: Vía Libre

TRENES CIVIA: ASPECTOS MECÁNICOS

a) Vista general

b) Bogies extremos e intermedios

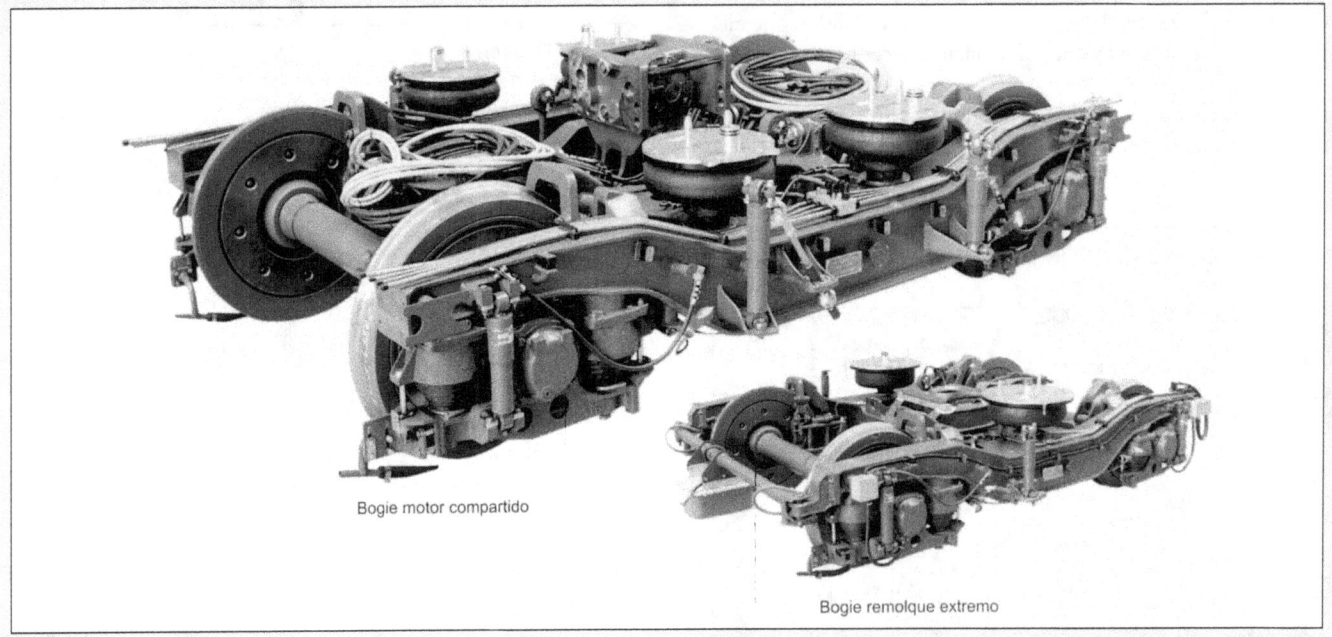

Bogie motor compartido

Bogie remolque extremo

Fuente: RENFE

Fig. 7.17

tajas de estos últimos, concebidos con la experiencia adquirida en las dos décadas precedentes y con la tecnología hoy en día disponible.

7.2.7 Evolución y situación actual de los servicios de cercanías

Desde la creación como tal de los servicios de cercanías por ferrocarril en RENFE, en 1989, la demanda de transporte no ha cesado de crecer, pasando de algo menos de 200 millones en el citado año a los más de 458 millones transportados durante el año 2005 (Fig. 7.18). Es decir, que el tráfico actual supera en 25 veces el realizado en los inicios del servicio hace más de 16 años.

Siguiendo a J. Pérez Sanz (2006), puede afirmarse que en los primeros años de despegue del servicio de cercanías, el crecimiento fue muy acelerado (se recuerda la progresiva incorporación de nuevo material de mayor calidad). Los viajeros aumentaron (Fig. 7.18) a un ritmo medio anual acumulativo de casi el 15%, con puntas anuales del 24%. La figura 7.19 muestra la evolución del tráfico de viajeros en Madrid y Barcelona en el periodo 1987-1992. Se constata, en efecto, el rápido incremento de la demanda de transporte de un año a otro.

El citado autor señala que, una vez consolidado el servicio, el crecimiento anual de viajeros continuó, pero con tasas del 3,8% hasta el año 2002. Desde entonces se observa una importante contención del ritmo de crecimiento, situándose en los últimos tres años (2002-2005) en el 1,4% anual acumulativo. J. Pérez Sanz atri-

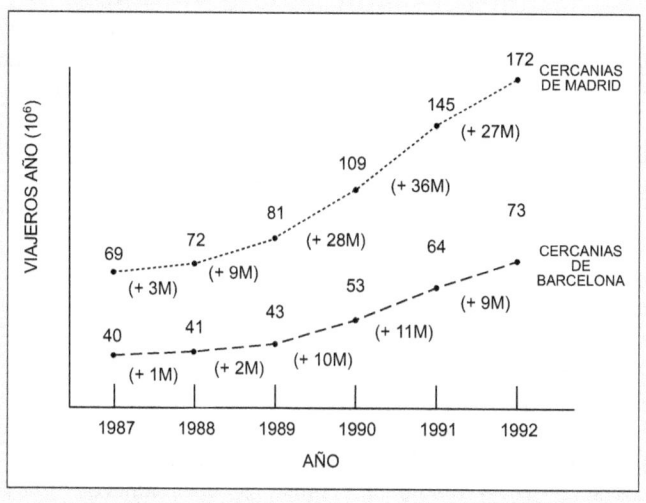

EVOLUCIÓN DEL TRÁFICO DE CERCANÍAS EN RENFE (1987-1992) EN MADRID Y BARCELONA

Fuente: A. López Pita con datos de RENFE Fig. 7.19

buye esta cifra a que se apuntan síntomas de agotamiento de la capacidad máxima de transporte disponible, tanto la aportada por la flota de trenes actualmente existente como por la situación de las infraestructuras en líneas y tramos esenciales.

En la figura 7.20 se muestra la evolución del índice (IQP) de calidad percibida por los viajeros, que salvo en el periodo inicial siempre se ha mantenido por encima de 7 con puntas próximas a 8,

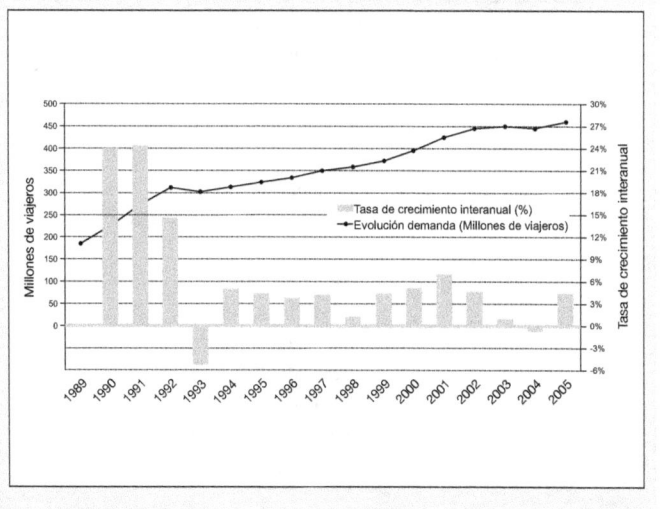

EVOLUCIÓN DE LA DEMANDA DE VIAJEROS DE CERCANÍAS DE RENFE Y SU INCREMENTO INTERANUAL (1989-2006)

Fuente: J. Pérez Sanz (2006) Fig. 7.18

EVOLUCIÓN DE LA PUNTUALIDAD Y LA CALIDAD DE LOS SERVICIOS DE CERCANÍAS DE RENFE (1989-2006)

Fuente: J. Pérez Sanz (2006) Fig. 7.20

excelente magnitud que va acompañada de un coeficiente de puntualidad que permanece en los últimos diez años por encima del 98%.

Una visión de conjunto de la dimensión de los servicios de cercanías se muestra en el cuadro 7.10. En él se explicita para cada núcleo urbano: el parque de trenes con que cuenta para efectuar el servicio; el número de estaciones servidas y los kilómetros de vías afectados; el número de circulaciones diarias; el aforo de viajeros en un día tipo, así como los ingresos obtenidos.

Es de interés destacar que según estimaciones realizadas por RENFE (J. Pérez Sanz, 2006) «de no existir los servicios de cercanías, los 458 millones de viajeros transportados deberían haber sido absorbidos por el transporte por carretera (50% en vehículo particular y otro tanto en autobús).

»Esto significaría que las redes viarias metropolitanas, ya congestionadas, tendrían que admitir un tráfico adicional anual de más de 150.000.000 de coches. Tráfico adicional que incorporaría unos sobrecostes por externalidades de, aproximadamente, según criterios de valoración comúnmente admitidos, 300 millones de euros al año, cifra que es prácticamente el doble de la cuantía anual de la aportación del Estado para equilibrar la cuenta de resultados del servicio de Cercanías.

»Es decir, el servicio de Cercanías aporta en términos de contabilidad socioeconómica un superávit cuya cuantía es comparable a la aportación Estatal de equilibrio. Cada viajero que utiliza las Cercanías de RENFE contribuye a la calidad medioambiental de las áreas metropolitanas con una mejora neta valorable en 0,33 euros.» En el año 2006 RENFE transportó 466 millones de viajeros en cercanías.

7.3 SERVICIOS REGIONALES

7.3.1 Introducción

En las tres últimas décadas los esfuerzos realizados por las distintas administraciones ferroviarias de carácter estatal se han centrado, en el ámbito europeo, en la modernización de los servicios de cercanías y de los servicios interurbanos de viajeros a media y larga distancia. Y ello debido a que quizás, hace veinte años, existía un convencimiento casi-generalizado sobre las escasas posibilidades del ferrocarril para ocupar un cierto espacio en el transporte regional de viajeros.

En el ámbito español fue durante el periodo temporal comprendido entre julio de 1991 y junio de 1992, cuando se llevó a cabo el primer estudio exhaustivo sobre los hábitos de movilidad de la población española en los trayectos a media distancia. Los resultados del mencionado estudio reflejaron que, globalmente, el ferrocarril ostentaba una cuota de mercado del 5,3%. Ello no excluía que en algunas relaciones concretas se superase, ampliamente, dicha cifra. A título indicativo: 15,5% en la relación Barcelona-Tarragona; 17,5% entre Madrid y Ávila, e incluso el 25% entre A Coruña y Pontevedra, o el 30% entre Madrid y Ciudad Real.

En la actualidad, no puede decirse que la evolución de la demanda en la última década haya mantenido una tendencia muy dinámica. Por un lado, a causa del escaso crecimiento de la mayoría de las zonas servidas. Por otro lado, por el estancamiento de la ofer-

CUADRO 7.10 DATOS BÁSICOS POR NÚCLEOS DE CERCANÍAS*

	Parque de trenes	Estaciones	Km de vías	Circulaciones diarias	Aforo viajeros Día Tipo	Ingresos viajeros (M€)
ASTURIAS	16	42	117,7	178	27.531	6,408
BARCELONA	161	103	429,2	720	373.966	96,003
BILBAO	23	42	68,2	577	67.751	11,186
CÁDIZ	6	11	48,6	54	11.000	2,923
MADRID	257	99	337,1	1.385	885.819	158,002
MÁLAGA	6	25	67,9	90	24.000	7,935
MURCIA	12	26	195,2	79	12.462	5,163
S. SEBASTIÁN	12	29	82,2	83	26.023	5,533
SANTANDER	7	27	88,1	47	3.029	0,952
SEVILLA	11	21	139,7	86	24.000	4,745
VALENCIA	47	70	364,7	392	77.000	25,347
TOTAL	558	491	1.938,6	3.691	≈1.550.000	324,198

* Datos aproximados años 2004/2005.
Fuente: Tomado de Tecni Rail (junio, 2005) y M. de Fomento (2006)

ta ferroviaria frente al desarrollo experimentado por los otros modos de transporte terrestre.

No es menos cierto, sin embargo, que los esfuerzos efectuados en Alemania y Francia, principalmente, para transferir a los *landers*, en el primer caso, y a las regiones, en el segundo caso, la responsabilidad del transporte regional por ferrocarril han contribuido a modificar la perspectiva que se tenía respecto a este tipo de servicio hace algunos años. También, como se expondrá posteriormente, la llegada de la alta velocidad a los servicios interurbanos ha supuesto un nuevo revulsivo para el transporte regional por ferrocarril.

7.3.2 Los servicios regionales en España: organización y tendencias

Se indicó con anterioridad que, a comienzos de la década de los años noventa del pasado siglo, se desarrollaron actividades específicas para la mejora de los servicios de cercanías y regionales. En este último ámbito, el ferrocarril trató de configurar una oferta que hiciese frente a los dos modos concurrentes: vehículo particular y autobús. La principal virtud del primero reside, como se sabe, en la flexibilidad que proporciona para efectuar el desplazamiento en el momento temporal que se desea. La ventaja del autobús reside, básicamente, en tener un nivel tarifario inferior al del ferrocarril.

Por ello RENFE implantó una oferta caracterizada por diferentes tipos de productos, agrupados en las siguientes denominaciones:

- *Regional exprés*: Trenes regionales que unían grandes poblaciones, efectuaban pocas paradas y estaban dotados, en general, de clase única y con climatización.
- *Regional*: Tren regional entre ciudades y sus áreas de influencia, o entre aquellas y núcleos de cercanías de grandes urbes, mediante trenes cadenciados.
- *Delta*: Trenes regionales no cadenciados en la malla de cercanías, que unían poblaciones medias con estos núcleos. Generalmente, disponían de pocas paradas.
- *Lince*: Servicios de entrada y salida de grandes urbes en fines de semana; viaje de ida los viernes por la tarde y regreso los domingos por la noche.

Sin embargo, el material que se utilizaba para la prestación de los citados servicios era de limitada calidad, en parte derivado del que se empleaba en aquella época en los servicios de cercanías (Fig. 7.21). Hubo, no obstante, alguna excepción con los servicios denominados *Catalunya Exprés* (Fig. 7.22), en donde se emplearon, después de renovarse, electrotrenes que habían prestado servicio en determinadas relaciones interurbanas de largo recorrido. La velocidad comercial se situaba entre 75 y 85 Km/h.

A pesar de las moderadas prestaciones ofrecidas, la demanda de viajeros en la red Catalunya Exprés se incrementó sensiblemente, alcanzando en 1994 la cifra de 2,5 millones. Además, fue el producto de servicios regionales más rentable, cubriendo ampliamente los ingresos comerciales los costes de explotación. En la figura 7.23, se visualizan las redes de servicios regionales de primer nivel existentes en el año 1995 y los corredores exprés.

Dado que no todos los servicios regionales tenían una demanda que justificase económicamente su funcionamiento, RENFE estableció acuerdos con comunidades autónomas, diputaciones provinciales y ayuntamientos, con el objetivo de financiar aquellos servicios que no estuviesen justificados desde una lógica empresarial pero sí por su utilidad social. En la figura 7.24 se esquematiza el sistema de planificación del transporte regional y los diferentes actores que intervenían en el mismo.

A partir de 1997, RENFE introdujo dos nuevos tipos de trenes: los regionales diésel (TRD) (Fig. 7.25) y los trenes ligeros (TL) (Fig. 7.26). Los primeros se caracterizaban por su versatilidad, pudiendo acoplarse hasta cinco trenes, configurando una oferta total superior a las 600 plazas. Los trenes ligeros fueron una adaptación de trenes ya existentes a los que se les incorporó un nuevo diseño interior. Estaban concebidos para atender a la demanda real de líneas de débil tráfico. Las primeras aplicaciones de ambos trenes fueron: los TRD en Galicia, Andalucía y Castilla-León; el TL en la línea Madrid-Soria.

Los nuevos TRD ofrecían notables mejoras técnicas y de confort con relación a los trenes de primera generación. Velocidad máxima elevada de 120 a 160 Km/h y equipamiento interior con mayor espacio, mesas abatibles y asientos reclinables (Fig. 7.27).

Con posterioridad (año 2004) RENFE incorporó un nuevo tipo de composiciones derivadas de la serie 594, pero dotada de diversas mejoras e innovaciones (Fig. 7.29). Se trataba, en particular, del Sistema Integrado de Basculación Integral (SIBI) que, a través del GPS, localizaba la posición del tren y reconocía el trazado por donde se encontraba circulando, haciendo inclinarse las cajas de acuerdo con la velocidad y el radio de las curvas. Disponían de una capacidad de transporte de aproximadamente 190 plazas.

A comienzos de la presente década la situación de la demanda de transporte en servicios regionales por ferrocarril era la indicada en la figura 7.28. Se observa que existe una importante diferencia de viajeros, según cuál sea la comunidad autónoma considerada. Pueden clasificarse en cuatro grupos:

1) Catalunya, con más de 10 millones de viajeros/año.
2) Comunidades con un tráfico comprendido entre 1,5 y 5 millones de viajeros/año: Andalucía, Castilla y León, Galicia, Madrid y Castilla la Mancha, por orden de importancia.
3) Comunidades con un tráfico comprendido entre 300.000 y 800.000 viajeros: Valencia, Aragón, País Vasco, Extremadura y Navarra.
4) Comunidades con un tráfico igual o inferior a 100.000 viajeros/año: La Rioja, Murcia, Cantabria y Asturias.

TRENES REGIONALES DE PRIMERA GENERACIÓN

a)

b)

c)

d)

Fuente: RENFE (1992)

Fig. 7.21

REGIONAL CATALUNYA EXPRÉS

a)

d)

b)

c)

Fuente: RENFE (1992)

Fig. 7.22

PRINCIPALES SERVICIOS REGIONALES (1995)

Fuente: RENFE (1995) — Fig. 7.23

PLANIFICACIÓN DEL TRANSPORTE REGIONAL

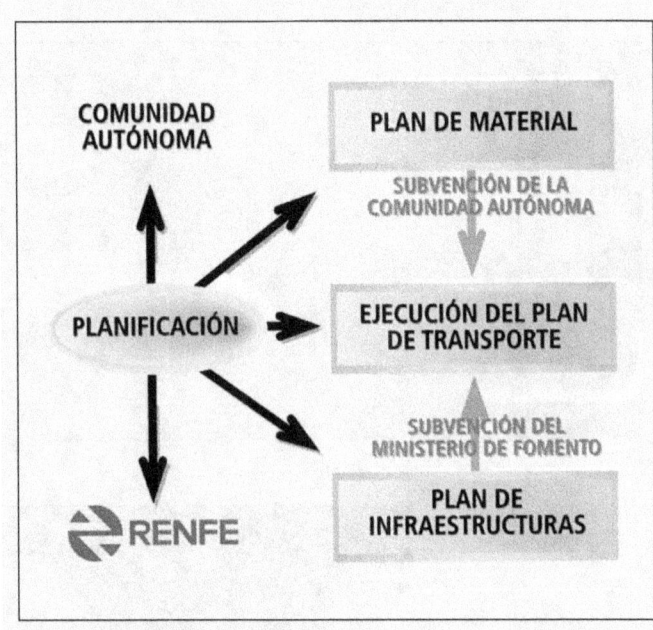

Fuente: RENFE (1998) — Fig. 7.24

TREN REGIONAL DIÉSEL (TRD). SERIE 594

Fuente: RENFE (1998) — Fig. 7.25

TREN LIGERO (TL)

Fuente: RENFE (1998). — Fig. 7.26

INTERIOR TREN TRD

Fuente: Vía Libre Fig. 7.27

TRÁFICO DE VIAJEROS POR FERROCARRIL (MILLONES) EN SERVICIOS REGIONALES (2002)

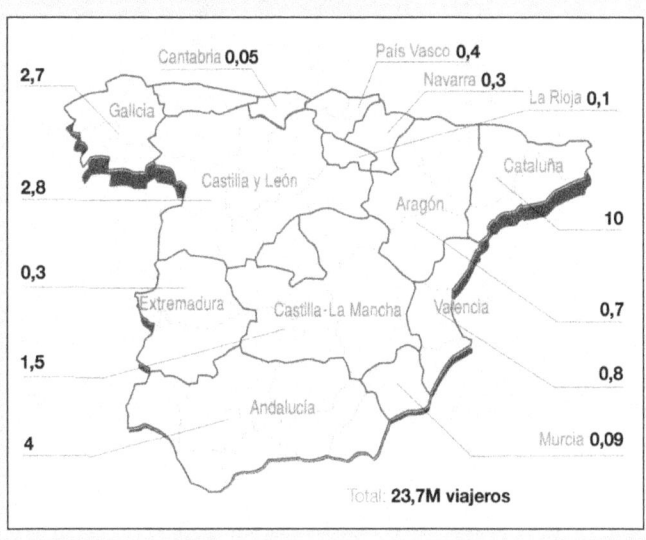

Fuente: RENFE Fig. 7.28

TREN REGIONAL SERIE 598

a) Vista exterior

b) Vista interior

Fuente: Vía Libre Fig. 7.29

7.3.3 Evolución del tráfico de viajeros y de la calidad del servicio

En el momento de la toma en consideración de los servicios regionales por ferrocarril como unidad especializada, año 1991, RENFE transportó 21,11 millones de viajeros. El año 2005, el volumen de viajeros ascendió a 27,58 millones, lo que representa un crecimiento anual medio en el citado periodo temporal (14 años) próximo al 2%. En la figura 7.30a se muestra la evolución de la demanda año a año y las tasas de crecimiento interanuales. De acuerdo con J. Pérez Sanz (2006), uno de los factores que ha limitado el desarrollo ha sido la antigüedad del parque (el 70% tiene más de veinte años). Además de antiguo, el citado autor señala su carácter heterogéneo, lo que no propicia una imagen de marca o producto que facilite su identificación.

Estas circunstancias merman la apreciación cualitativa del servicio y tampoco ayudan a ofrecer altos niveles de fiabilidad. En el gráfico de la fig. 7.30b, se muestra la evolución de la puntualidad y de la calidad del servicio percibida. Se observa que el (ICP) por los viajeros está prácticamente estabilizado en los últimos diez años, en torno a 6,6 (sobre 10). La puntualidad, medida en porcentaje de

EVOLUCIÓN DE LOS SERVICIOS REGIONALES DE RENFE (1991-2005)

a)

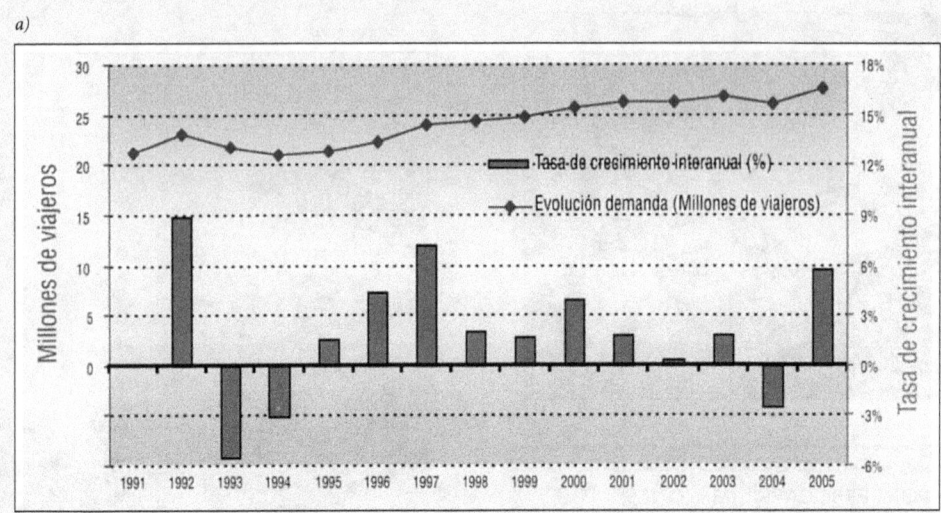

b)

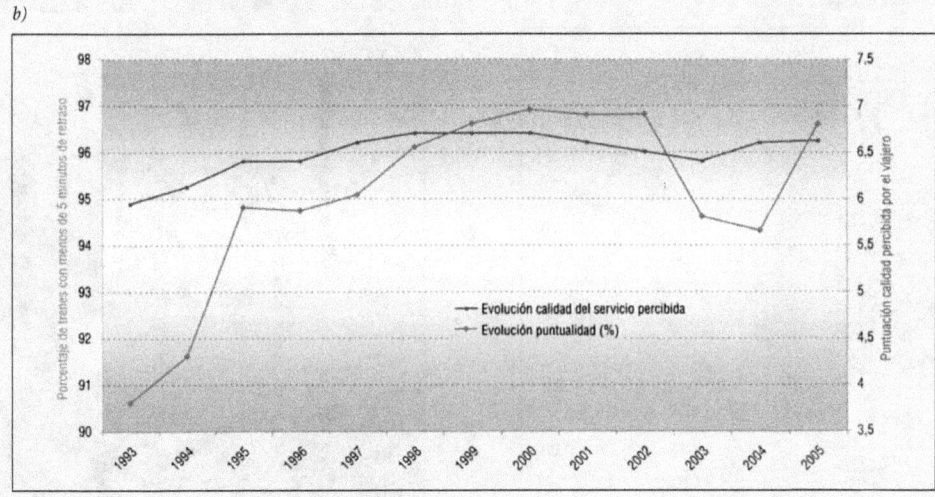

c)₁ Década años 80

c)₂ Década años 90

c)₃ Década años 2000

Fuente: J. Pérez Sanz (2006) y Fotos Vía Libre

Fig. 7.30

trenes que llegan a su destino con menos de 5 minutos de retraso, siempre ha superado el 95% desde el año 1997.

En promedio, el número de viajeros que utiliza los trenes regionales es de 84 (frente a 79 en el año 2000), lo que da lugar a que el grado de aprovechamiento de la oferta, medido como cociente entre los viajeros-kilómetros transportados y el número de plazas-kilómetro-ofrecido, sea del 35%.

7.3.4 Los servicios regionales en Francia

7.3.4.1 Introducción

El inicio de la transformación de los servicios regionales por ferrocarril en Francia hasta llegar a la situación actual, puede decirse que comenzó con la publicación, en 1969, del llamado Informe Nora, que abordaba la situación de las empresas públicas en el citado país, y proponía diversas actuaciones para mejorar su gestión. Una de las empresas analizadas fueron los ferrocarriles franceses.

A los efectos de este capítulo, las conclusiones más relevantes del citado informe se plasmarían en el hecho de que, a partir de 1977, el estado francés comenzaría a contribuir económicamente en la financiación del transporte regional, dado el carácter público de este servicio.

Desde el año 1973 se establecieron los denominados Esquemas Regionales de Transportes (SRT), tratando de modificar la negativa tendencia que experimentaba el tráfico regional por ferrocarril, tal como refleja la figura 7.31.

Fue, sin embargo, la aprobación de la LOTI (Ley de Orientación de los Transportes Interiores) en Francia, en 1982, la que permitió a las regiones francesas el establecimiento de convenios con la SNCF respecto a los servicios regionales por ferrocarril, lo que cambiaría la tendencia de este tipo de servicios.

En efecto, desde el año 1985, los servicios regionales estuvieron configurados por las propuestas efectuadas de común acuerdo entre la SNCF y las regiones, plasmadas en convenios firmados por ambas instituciones. Esta situación llevó consigo una importante modificación de la oferta tratando de adaptarla mejor a las necesidades de la demanda, en particular mediante la incorporación de nuevo material.

En este contexto, surgió, en 1987, el concepto de Tren Exprés Regional (TER), que contribuyó al cambio de imagen de este tipo de servicios y produjo un significativo aumento del tráfico regional en algunas regiones (Cuadro 7.11) en el periodo 1985-1990.

En 1993 el Informe Haenel, del senador francés de Haut-Rhin («Regiones, SNCF, hacia una renovación del servicio público») propuso, entre otras actuaciones, que se trasfiriesen a las regiones las competencias sobre el transporte regional, así como los recursos económicos necesarios para asumirlas. Poco tiempo después, en 1994, el Informe Cuq profundizaba en la misma idea y propugnaba

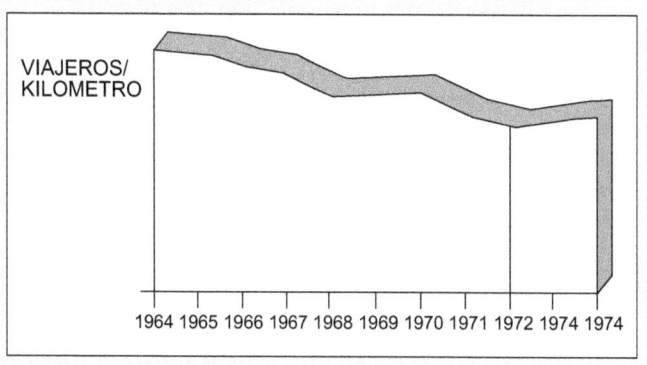

EVOLUCIÓN DEL TRÁFICO REGIONAL POR FERROCARRIL EN FRANCIA (1964-1974)

Fuente: P. H. Emangard et al. (2002)   Fig. 7.31

que las regiones se constituyesen como autoridades organizadoras del transporte regional. Después de un periodo experimental voluntario para las regiones, en la actualidad todas ellas ejercen la función indicada precedentemente.

Es de interés mostrar, en la figura 7.32, la evolución del tráfico regional de viajeros en las regiones que se prestaron a la experimentación durante el periodo 1996-2001 y en las que no participaron en dicho proceso.

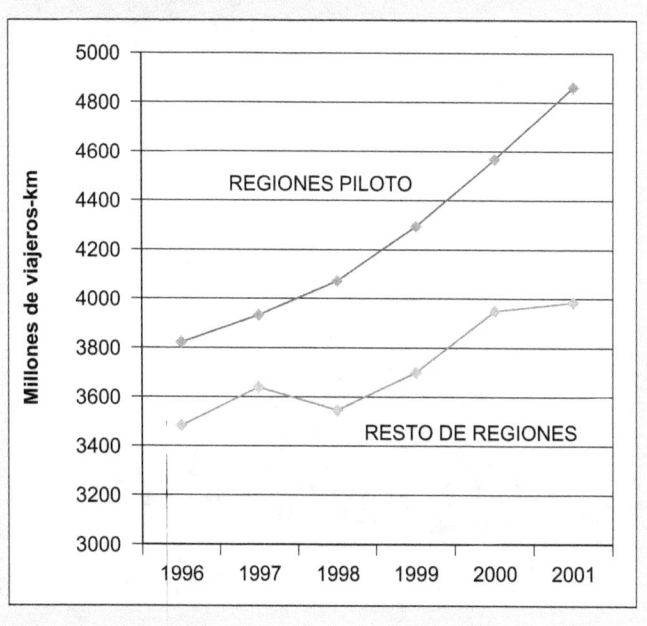

EVOLUCIÓN DEL TRÁFICO REGIONAL DE VIAJEROS POR FERROCARRIL EN FRANCIA (1996-2001)

Fuente: Adrina Bachiller (2005)   Fig. 7.32

CUADRO 7.11 EVOLUCIÓN DEL TRÁFICO REGIONAL POR FERROCARRIL EN ALGUNAS REGIONES FRANCESAS EN EL PERÍODO 1985-1990

Región	Tráfico 1985	Tráfico 1990	Incremento de tráfico
Alsacia	245.000	312.000	+67.000
Franche-Comté	100.000	148.000	+48.000
Languedoc-Rousillon	150.000	233.000	+83.000
Midi-Pyrenées	262.000	366.000	+104.000
Nord-Pas-de-Calais	532.000	684.000	+152.000
PACA	328.000	402.000	+74.000

Fuente: Elaboración propia con datos SNCF

Se constata que, en el periodo temporal considerado, las regiones que asumieron la responsabilidad del transporte regional incrementaron su tráfico (medido en términos de viajeros-kilómetro) en casi un 27%, frente a crecimientos en las restantes regiones, del 14%.

Debe subrayarse que las regiones-piloto efectuaron una importante aportación de fondos económicos para adquirir nuevo material ferroviario que sustituyese al existente (Fig. 7.33 y 7.34) De forma específica, en el periodo enero 1997-enero 2000, compraron material por un valor total de 940 millones de euros. En la figura 7.35 se esquematiza el diferente modo de financiación de los servicios regionales de viajeros, antes y con ocasión del proceso de regionalización.

MATERIAL REGIONAL ANTERIOR A 1970

a)

b)

MATERIAL REGIONAL MODERNO POSTERIOR A 1995

c)

d)

Fuente: P. Bazin (2005) CDR

Fig. 7.33

MODERNO MATERIAL PARA SERVICIOS REGIONALES

a) Tren AGC

b) Interior 1ª clase (AGC) 2005

c) Tren Ter 2 niveles NG

d) Interior 2ª clase

Fuente: La Vie du Rail y Le train

Fig. 7.34

MODO DE FINANCIACIÓN DE LOS SERVICIOS REGIONALES DE VIAJEROS EN FRANCIA

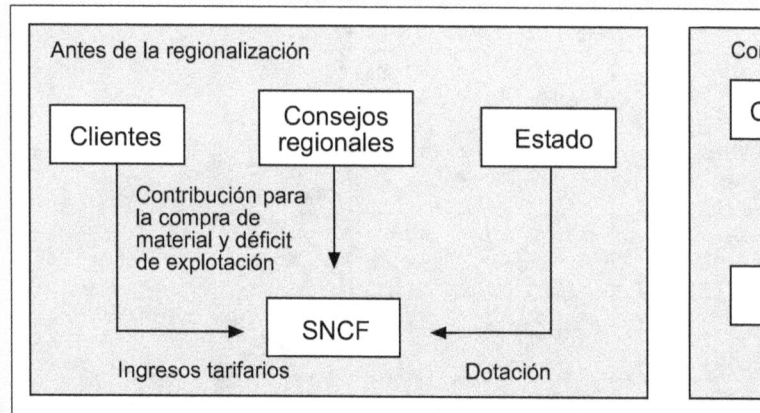
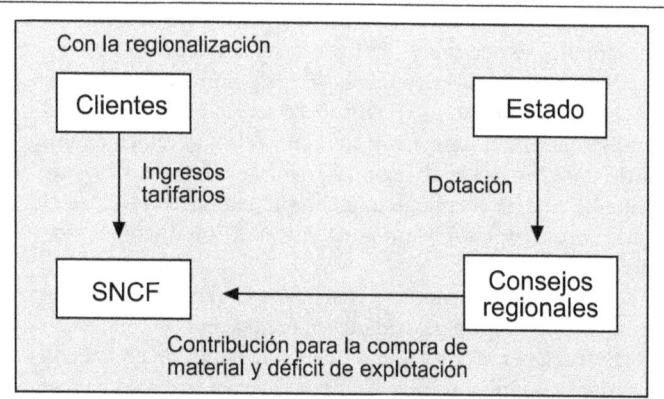

Fuente: J.P. Decourcelles

Fig. 7.35

Cabe señalar, por último, que la firma de los convenios entre las regiones y los ferrocarriles franceses tuvo lugar completamente en el transcurso del año 2002. No todos los convenios presentan las mismas características en cuanto a su contenido y el grado de involucración de las regiones en términos de ingresos y costes. El periodo de vigencia de los convenios oscila entre un mínimo de 5 años y un máximo de 10 años.

Transcurrido un cierto tiempo desde la regionalización de los servicios ferroviarios en Francia, es razonable preguntarse por el impacto que ha tenido en términos de demanda de tráfico. Globalmente, el balance ha sido muy positivo por lo que respecta al incremento de la demanda de viajeros, tal como se muestra en el cuadro 7.12 para las regiones que han experimentado mayores crecimientos.

Recientemente, algunos de los convenios suscritos entre las regiones y la SNCF, como operadora de los servicios, finalizaron su periodo de vigencia (diciembre 2006). La renovación de los mismos con ocho regiones permite destacar los siguientes aspectos:

1. El periodo de vigencia del convenio oscila entre 6 y 10 años.
2. Se establecen una serie de penalidades en función de la oferta programada y no realizada por el operador ($\approx$ 6 a 7 euros/tren-kilómetro).
3. Se establece un sistema de *bonus-malus* en función de la calidad del servicio ofertado, medido por las variables: puntualidad, limpieza, servicio a bordo, información, etc. Se fija un límite económico máximo que oscila entre 75.000 euros y 1,7 millones de euros, en función de la región considerada.

Uno de los avances más notables con la nueva oferta en algunas regiones, como Rhone-Alpes, fue la incorporación de servicios regionales cadenciados a partir de diciembre 2007, lo que repercutió en el resto de los servicios a nivel red. El cadenciamiento afectó a 1.100 trenes diarios regionales.

En nuestra opinión, la llegada de la alta velocidad al ferrocarril europeo no sólo no ha supuesto el fin de la existencia de las líneas convencionales y, por tanto, de los servicios que, como los de carácter regional, discurren a través de ellas, sino que ha sido un revulsivo para la mejora de este tipo de servicios. En efecto, el impacto visual y de confort entre el material de alta velocidad y el utilizado para los servicios regionales era de tal dimensión que difícilmente podría aceptarse una complementariedad entre el largo y el corto desplazamiento por ferrocarril con diferencias de calidad tan relevantes.

Se señala, finalmente, que aun cuando los servicios regionales se realizan, en general, con velocidades máximas de 140/160 Km/h, hace ya prácticamente dos décadas que se introdujeron en Francia los servicios denominados TER 200 (por la velocidad máxima que alcanzaban). Los primeros servicios comerciales de estas características se establecieron en 1991 entre Estrasburgo y Mulhouse (Fig. 7.36) y posteriormente fueron prolongados hasta Basilea.

CUADRO 7.12 EVOLUCIÓN DEL TRÁFICO REGIONAL DE VIAJEROS EN ALGUNAS REGIONES FRANCESAS (1997-2004)

REGIÓN	VARIACIÓN 1997/2002	AÑO			VARIACIÓN 2002/2004
		2002	2003	2004	
		MILLONES DE VKM			
Alsace	33,1%	490,5	514,6	553,9	12,9%
Languedoc-Rousillon	32,7%	312,6	327,1	346,9	10,98%
Pays de la Loire	33,4%	432,4	443,4	478,1	10,58%
Centre	32,1%	729,9	748,2	796,5	9,12%
Rhone-Alpes	30,8%	1.551,3	1.549,7	1.631,8	5,19%

Fuente: Adrina Bachiller a partir de datos de J. Chavineau (2003) y P. Laval (2005)

SERVICIOS REGIONALES DE ALTAS PRESTACIONES ENTRE ESTRASBURGO Y MULHOUSE/BASILEA

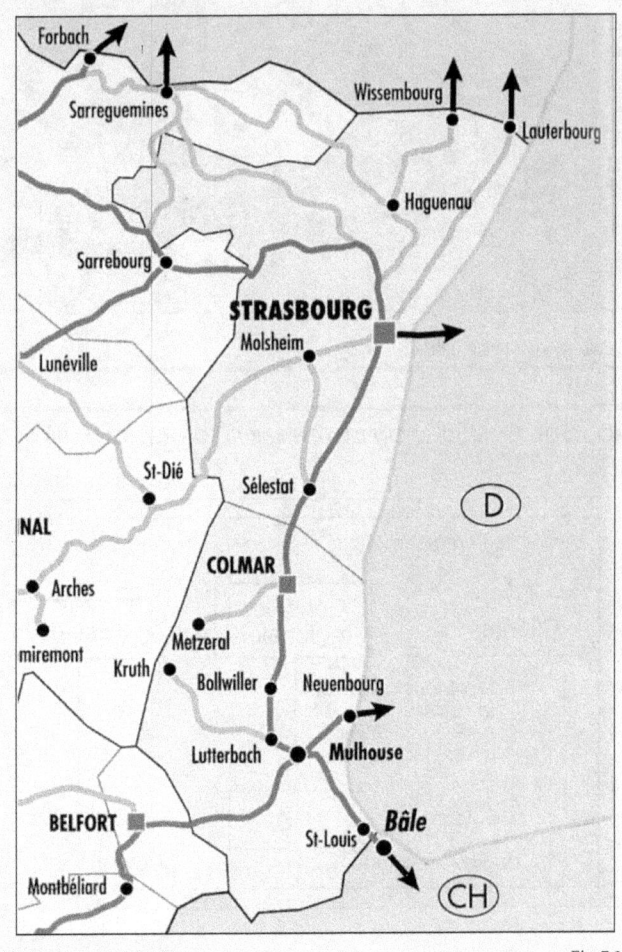

Fuente: Le train (2005)

Fig. 7.36

Estas composiciones constan de una locomotora que arrastra seis coches de viajeros, uno de ellos de primera clase. Con una oferta inicial de 6 servicios/día/sentido, en 1995, en la actualidad existe un servicio cada hora e incluso cada media hora en periodos punta. En total: 19 servicios/día/sentido. La velocidad comercial es del orden de 100 a 110 Km/h.

7.3.5 Los servicios regionales en Alemania

En forma análoga a lo indicado para el caso francés, la Ley de Regionalización, de diciembre de 1993, estableció que a partir del uno de enero de 1996, los *lander* (Fig. 7.37) asumirían la responsabilidad de los servicios de cercanías y regionales (Fig. 7.38). En paralelo se fijó la contribución económica que recibirían los lander para poder hacer frente a a la citada responsabilidad (Fig. 7.39) recursos económicos que tienen su origen en las tasas sobre los hidrocarburos.

Los efectos de la regionalización en el ámbito de la oferta y de la demanda existente se constataron desde sus inicios. En efecto, en el periodo 1996/1997 se ofertaron un 10% más de servicios que en 1993/1994, con un incremento de la ocupación de los trenes del 35%. En el año 2000, es decir, cuatro años más tarde de comenzada la regionalización, se logró disponer de una cadencia de horarios adaptada a las necesidades de los *lander*, un incremento anual del 5% en el número de viajeros, y una reducción media del 20% en los costes de explotación.

Es de interés observar en la figura 7.40 la evolución del tráfico regional de viajeros y del tráfico de larga distancia. Se constata que,

DISTRIBUCIÓN GEOPOLÍTICA DE ALEMANIA

Fuente: DB

Fig. 7.37

TREN REGIONAL EN ALEMANIA

Fuente: DB

Fig. 7.38

APORTACIÓN DE RECURSOS ECONÓMICOS A LOS LANDER PARA EL TRÁFICO REGIONAL

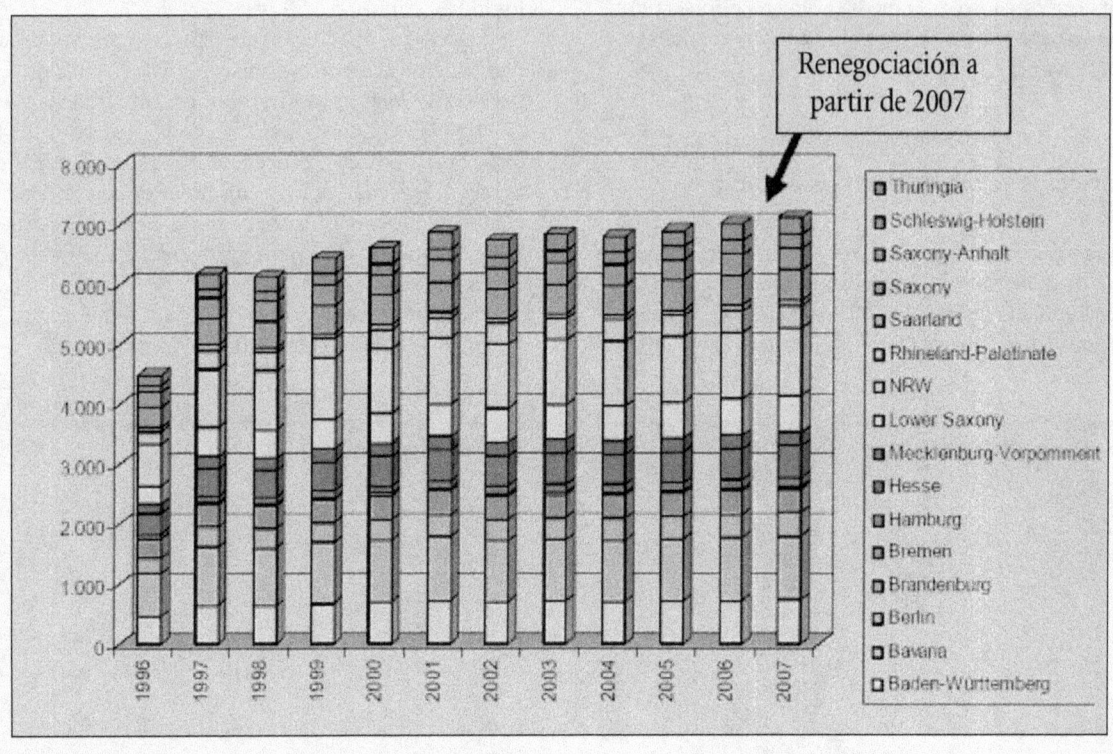

Fuente: DB *Fig. 7.39*

EVOLUCIÓN DEL TRÁFICO REGIONAL Y DE LARGO RECORRIDO EN ALEMANIA (1994-2004)

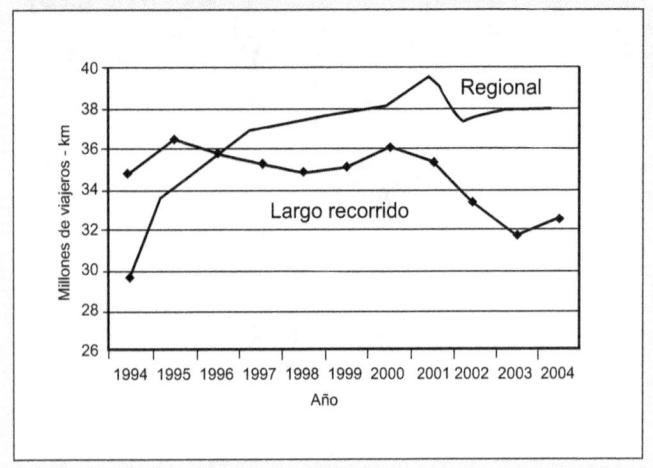

Fuente: DB *Fig. 7.40*

en el periodo de diez años comprendido entre 1994 y 2004, el tráfico de larga distancia se redujo en un 7,2%, mientras que el trafico regional realizado por DB Regio aumentó en un 27,7%.

Los ferrocarriles alemanes procedieron también a la adquisición de nuevo material más adaptado a las necesidades de los servicios regionales, tal como se visualiza en la figura 7.41.

Un aspecto relevante del tráfico regional de viajeros en Alemania es que, desde 1996, los *lander* pueden elegir para la prestación del citado servicio a otra compañía que no sea los ferrocarriles alemanes, al haber sido liberalizado este tipo de servicios. Desde hace años otras compañías como Connex, Arriva, Abellio, etc. tratan de abrirse un hueco en el mercado alemán (Fig. 7.42). Las estadísticas disponibles indican (Fig. 7.43 y 7.44) que la DB Regio continua siendo el principal operador de servicios regionales y que el resto de compañías ostentan una cuota de mercado algo inferior al 7%. Por otro lado, en términos de relación calidad/precio, la DB Regio ocupa una posición de privilegio en comparación con la existente en otros países, tal como muestra la figura 7.45.

TRENES REGIONALES EN ALEMANIA

a) DET 445

b) DESIRO

Fuente: DB

Fig. 7.41

REDES OPERADAS POR LAS PRINCIPALES COMPAÑÍAS PRIVADAS EN ALEMANIA

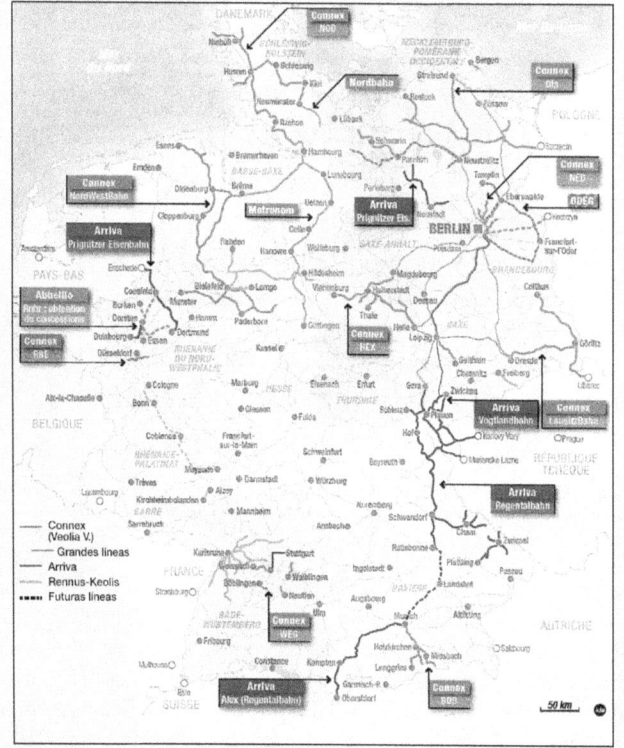

Fuente: La vie du rail (2006)

Fig. 7.42

OFERTA DE SERVICIOS REGIONALES EN ALEMANIA

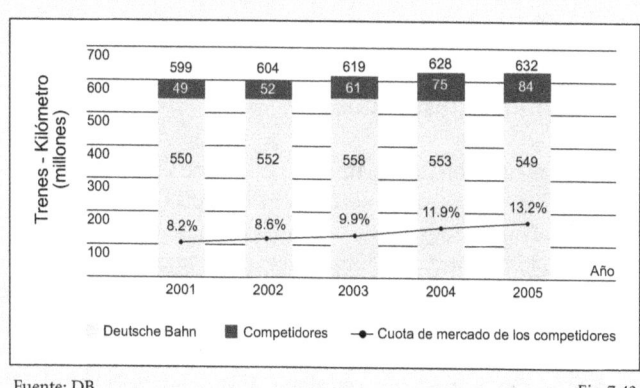

Fuente: DB

Fig. 7.43

TRÁFICO REGIONAL EN ALEMANIA (MILLONES DE VIAJEROS-KILÓMETRO) (2001-2005)

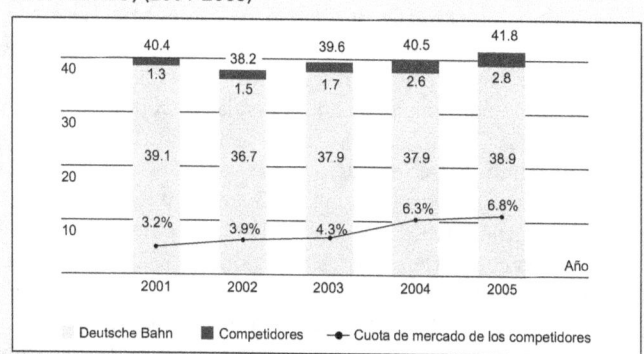

Fuente: DB

Fig. 7.44

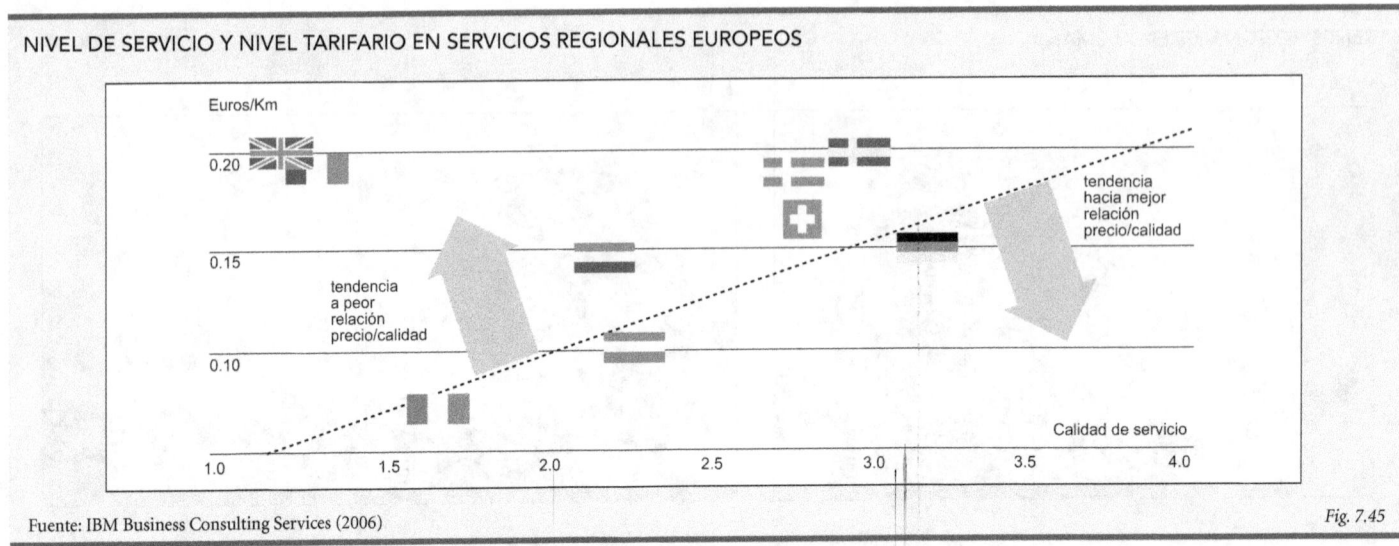

Fuente: IBM Business Consulting Services (2006) Fig. 7.45

7.4 SERVICIOS INTERURBANOS DE VIAJEROS

7.4.1 Apuntes históricos

Hasta la inauguración de la primera línea de ferrocarril en el primer tercio del siglo XIX, el modo normal de transporte fue la diligencia. Siguiendo al historiador Santos Madrazo, puede decirse que, coincidiendo con la apertura de la línea Barcelona-Mataró, las diligencias unían Madrid con Barcelona, a través de Zaragoza, en 75 horas, lo que suponía, incluyendo paradas, una media de 8 Km/hora (Fig. 7.46). Dado que la línea entre Stockton y Darlington, de aproximadamente 34 Km, fue recorrida en algo más de 2 horas, la llegada del ferrocarril supuso duplicar la velocidad promedio conseguida por las diligencias.

No sorprende, por tanto, que el ferrocarril se extendiese rápidamente en todos los países, dado que a sus mayores prestaciones, en términos de tiempo de viaje, unía también un confort más elevado. El impacto de este nuevo modo de transporte en la sociedad fue muy relevante, tal como reflejan algunas cifras referidas a la demanda de viajeros, en particular en aquellas relaciones donde era más difícil la circulación por las infraestructuras viarias.

A título indicativo, recordemos que, en 1849, del orden de 13.000 personas atravesaron la ruta del Gotardo en diligencia. Cifra que ascendió hasta 60.000 personas en 1882, poco tiempo antes de inaugurarse la línea de ferrocarril entre Lucerna y Milán a través del túnel de San Gotardo (Fig. 7.47). En el primer año de funcionamiento de esta nueva línea, el tráfico ferroviario fue de más de un millón de viajeros. Al finalizar el siglo XIX, es decir, dieciocho años después, se multiplicó por tres.

Fuente: A. López Pita (2004) y S. Madrazo (1991) Fig. 7.46

Un voluntario salto en el tiempo nos permite situarnos a finales de la década de los años cincuenta del pasado siglo. El ferrocarril europeo ve como poco a poco la carretera, y especialmente el avión, comienzan a atraer a los viajeros que utilizaban el ferrocarril como modo de transporte. La publicidad de la aviación era realmente un buen reclamo: en 3 horas se podía atravesar París a pie, desplazarse en avión desde la capital francesa a Marsella (Fig. 7.48), o bien, efectuar, también en avión, un viaje de ida y vuelta a Londres.

IMPACTO DEL FERROCARRIL EN EL TRÁFICO DE LA RELACIÓN ZURICH-MILÁN

Fuente: A. López Pita (2004) y Cisalpino (2003) Fig. 7.47

PUBLICIDAD DE LA COMPAÑÍA AIR FRANCE (1960)

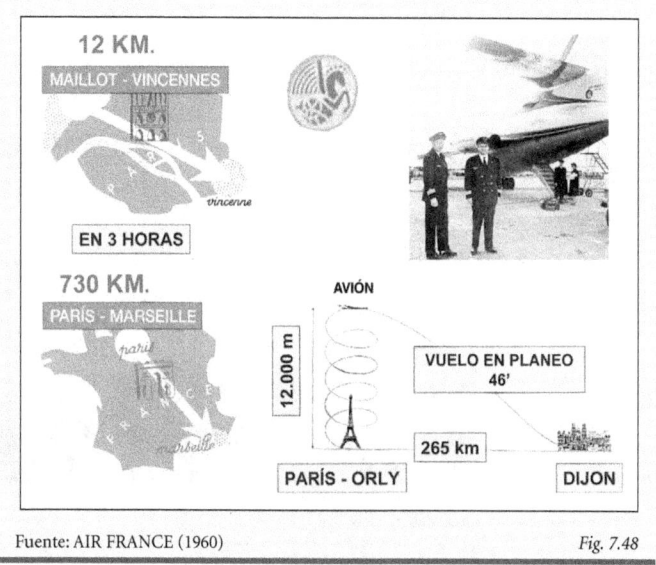

Fuente: AIR FRANCE (1960) Fig. 7.48

RED TRANS-EUROPE-EXPRESS (1957)

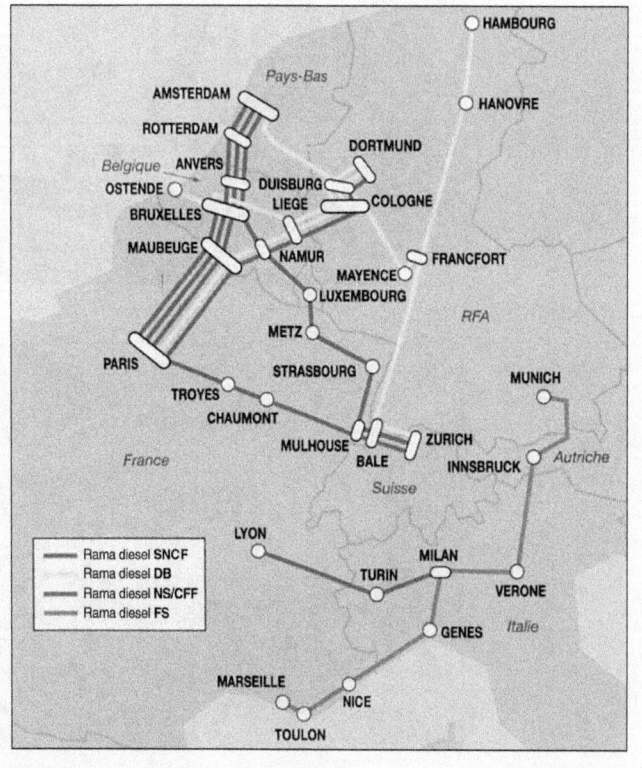

Fuente: J. Tricoire (2007) Fig. 7.49

En paralelo, la demostración de seguridad en caso de fallo de los motores efectuada a mediados de los años cincuenta con un avión Caravelle que planeando recorrió la distancia que separaba París de Dijón (265 Km) en 45 minutos (Fig. 7.48), contribuía a favorecer los viajes en avión.

Ante esta amenaza, que se convertiría en dura realidad a mediados de los años setenta, como veremos posteriormente, el ferrocarril europeo trató de dar un nuevo impulso a la calidad de sus servicios interurbanos de viajeros, especialmente en recorridos diurnos.

En 1957 se materializó la denominada red TEE (Trans-Europe-Express) (Fig. 7.49), constituida por el conjunto de los servicios de mayor calidad y confort con que contaba el ferrocarril europeo. Es preciso reconocer que, al reducirse al mínimo las paradas comerciales, al efectuarse a bordo del tren los trámites de aduana correspondientes al paso de fronteras y al disponer de un confort espacial y de restauración excelente, la red TEE significó un importante revulsivo para la oferta ferroviaria y supuso un aumento relevante de la demanda de transporte por ferrocarril. A esta red de trenes prestigiosos perteneció el Talgo desde junio de 1969, que efectuaba el recorrido Barcelona-Ginebra (Fig. 7.50).

ALGUNAS COMPOSICIONES TEE

a) Capitol

b) Catalán Talgo

c) Cisalpino

Fuente: M. Mertens (1986)

Fig. 7.50

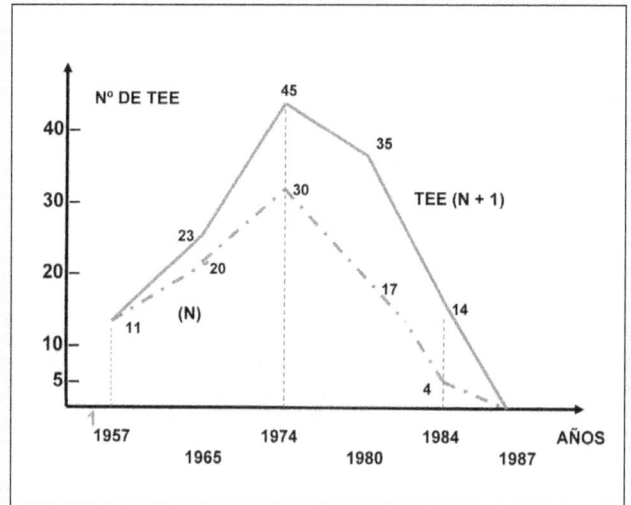

EVOLUCIÓN DE LA RED TEE (1957-1987)

T.E.E. Hamburgo-Colonia (1964)

Fuente: A. López Pita (1987) y M. Mertens (1986)   Fig. 7.51

El mayor impacto de la red TEE tuvo lugar en el período comprendido entre su creación en 1957 y mediados de los años setenta (Fig. 7.51). En efecto, a partir de 1974 el modo aéreo atrajo una parte notable de la clientela que hasta entonces utilizaba el ferrocarril para sus desplazamientos. Las diferencias tarifarias existentes entre ambos modos, entre un 30 y un 100% superiores en el avión, no parecieron influir sensiblemente en la elección de este último modo para viajar. La red TEE desapareció en la segunda mitad de la década de los años ochenta (Fig. 7.51), momento temporal en el que los servicios de alta velocidad ya se habían introducido en Europa.

En este contexto, es de interés destacar que la carretera pasó de una situación de base configurada por redes nacionales (1 x 1 carril) a otra de autopistas (al menos 2 x 2 carriles) a partir de 1935.

La aviación pasó de los motores de hélice a los de reacción y a los sistemas de aterrizaje «todo tiempo», en la década de los años cincuenta a sesenta. Por el contrario, el ferrocarril tuvo que esperar hasta la década de los ochenta para pasar de los ferrocarriles construidos el siglo XIX a los trazados aptos para la circulación a alta velocidad (Fig. 7.52).

La realidad del sistema de transporte, que ha sido sintetizada antes, comenzaba a poner de relieve que:

1) El tiempo de viaje y la frecuencia de servicios eran dos de las variables que mayor incidencia tenían en la elección de uno u otro modo de transporte.
2) Desde la perspectiva del factor tiempo de viaje, el ferrocarril europeo se encontraba estructuralmente penalizado. Para una relación dada y como media, la distancia a recorrer superaba en 50 Km a la de la carretera y en más de 150 Km a la del avión.
3) Los trazados ferroviarios no permitían, en general, alcanzar velocidades de circulación mantenidas por encima de 160 Km/h.

El resultado era, por tanto, un tiempo de viaje para el ferrocarril incompatible con las exigencias de la demanda y, por vía de consecuencia, la imposibilidad de ofrecer una elevada frecuencia de servicios en una relación dada.

Sin duda fue esta la realidad que condujo a Louis Armand a dejar constancia, con el término *si sobrevive al siglo* XX, de la enfermedad de un paciente llamado «ferrocarril convencional».

Sin embargo, el académico francés confiaba en las posibilidades intrínsecas del ferrocarril para superar la delicada situación que atravesaba este modo de transporte. ¿Se encontraba fundamentada esta confianza? En todo caso, la vinculaba al incremento de las velocidades de circulación, dado que el autor francés señaló también que *el futuro del transporte de viajeros por ferrocarril no podía concebirse sin el desarrollo de las altas velocidades*.

Cabe recordar que, en octubre de 1903 (Fig. 7.53), el ferrocarril europeo había alcanzado, en ensayo, 210 Km/h de velocidad máxima. Años más tarde, los ferrocarriles franceses trataron de mostrar al mundo la potencialidad que en materia de velocidades todavía guardaba este modo de transporte. El 28 de marzo de 1955 se alcanzaron, en las Landas francesas, 331 Km/h de velocidad máxima (Fig. 7.53), aunque tuvieron que pasar veinticinco años para que dicha velocidad se alcanzase sin deteriorar la vía.

La conjunción de nuevas infraestructuras ferroviarias y la puesta a punto de composiciones capaces de circular por encima de 200 Km/h de velocidad máxima constituyeron probablemente el fundamento de la confianza de Louis Armand en el futuro del ferrocarril. Cabe recordar, en este contexto, que en 1964, con motivo de la inauguración de la nueva línea de alta velocidad entre Tokio y Osaka, los ferrocarriles japoneses introdujeron servicios comerciales a 210 Km/h de velocidad máxima (Fig. 7.53).

EVOLUCIÓN TECNOLÓGICA DEL TRANSPORTE EN EUROPA

Fuente: A. López Pita (1994)

Fig. 7.52

EVOLUCIÓN TECNOLÓGICA DEL FERROCARRIL

Berlín. 23 de octubre 1905
V= 210 km/h

Francia. 29 de marzo 1955
V= 331 km/h

Tokio-Osaka. 1 de octubre 1964
V= 210 km/h

Fuente: A. López Pita (2004)

Fig. 7.53

7.4.2 Indicadores de la calidad de la oferta en los servicios diurnos

Se reconoce, en general, que la calidad de la oferta ferroviaria en el transporte de viajeros a media y larga distancia, en servicios diurnos, viene conformada por la magnitud o características que presentan los factores que se indican en el cuadro 7.13, aun cuando no todos ellos tengan el mismo peso a la hora de establecer un indicador global que los agrupe.

CUADRO 7.13 PRINCIPALES INDICADORES DE LA CALIDAD DE LA OFERTA FERROVIARIA EN EL TRANSPORTE DE VIAJEROS A MEDIA Y LARGA DISTANCIA EN SERVICIOS DIURNOS

1. CONFORT

– Espacial:	Superficie unitaria ofrecida al viajero
	Coches con departamentos y/o pasillo central
– Acústico:	Niveles de ruido admisibles. Índices de calidad acústica
– Ambiental:	Climatización
– Vibratorio:	Aceleraciones soportadas por los viajeros

2. REGULARIDAD

– En la salida
– En la llegada
– En función de la velocidad de circulación

3. FRECUENCIA

– Número de servicios y plazas ofrecidas
– Tiempo disponible en destino
– Distribución horaria

4. VELOCIDAD

– Máxima en explotación
– Comercial
– Distribución de velocidades comerciales en las distintas líneas

Fuente: A. López Pita (1987)

En lo que sigue, nos proponemos exponer los principales aspectos que concurren en la concreción práctica de los citados factores.

Confort

En este contexto debe señalarse, por lo que respecta al primer factor, el confort, que su definición no resulta fácil, al ser un aspecto eminentemente subjetivo que tiene componentes psicológicas y fisiológicas. Es posible, no obstante, caracterizarlo por intermedio de los siguientes indicadores:

MATERIAL CONVENCIONAL

a) Coche con departamentos

b) Coche con pasillo central

Fuente: RENFE   Fig. 7.54

- *Confort espacial,* o superficie ofrecida al viajero (expresada habitualmente en m^2/plaza).
- *Confort acústico,* referido al nivel de ruidos que el viajero debe soportar.
- *Confort ambiental,* que concierne a los factores de humedad, temperatura, ventilación e iluminación existentes en el interior de los vehículos.
- *Confort vibratorio,* o nivel de aceleraciones a que se somete al viajero, tanto vertical como lateralmente.

Por lo que se refiere al *confort espacial*, se señala que los vehículos utilizados por el ferrocarril se han agrupado, tradicionalmente, en dos grandes grupos, atendiendo a que dispusiesen de departamentos y pasillo lateral, o bien, de un pasillo central (Fig. 7.54). Con la llegada de la alta velocidad, esta doble tipología de configuraciones interiores se continúa practicando en función de la rama que se considere (Fig. 7.55). Se comprueba que para los coches convencionales la citada superficie por plaza presenta valores màximos en 2ª clase de hasta 0,59 m², y hasta 0,87 m² en primera clase (cuadro 7.14 y 7.15), sensiblemente superior a la correspondiente a la superficie ofrecida a los viajeros de avión, que suele estar próxima a 0,49 m².

Esta forma de medir el confort espacial se puede prestar a una cierta confusión, al no precisarse siempre el origen de la medida. En efecto, la forma más sencilla para su estimación es dividir la superficie disponible de cada coche por el número de plazas existentes en él. Se obtiene un valor medio de la superficie por plaza ofrecida al viajero. Esta magnitud da una cierta idea del espacio útil, pero es tan sólo una aproximación, al mezclarse las dimensiones de los asientos con las del pasillo. Una forma más precisa resultaría de dividir el espacio ocupado por los asientos entre el número de éstos. Proporcionaría una idea de la habitabilidad real de un coche. No se considerarían, sin embargo, las dimensiones de los pasillos de los coches, que influyen en la mayor o menor sensación de confort percibida por el viajero.

Por este motivo, se suelen utilizar como referencias del confort espacial otros indicadores, entre los cuales el más apreciado es la distancia entre asientos, tal como se muestra en la figura 7.56. Para el caso de las ramas TGV Atlántico y TGV Duplex, en la citada figura 7.56, se proporcionan los correspondientes órdenes de magnitud. La comparación efectuada en 1989 por A. Mochizuki entre el Shinkansen serie 100 y las ramas TGV e ICE de primera generación se muestra en el cuadro 7.16.

RAMAS DE ALTA VELOCIDAD

a) Rama ICE

b) Rama TGV 1ª generación

Fuente: DB y Lorin   Fig. 7.55

CUADRO 7.14 CARACTERÍSTICAS DE LOS COCHES CON PASILLO CENTRAL

	1ª Clase		2ª Clase	
Denominación	m²/plaza	Nº plazas	m²/plaza	Nº plazas
Gran Confort				
A8tu (SNCF)	0,740	46	–	–
Talgo	0,692	24	0,585	34
Coches VTU 75	0,680	58	0,530	83
Talgo (T.E.E.)	0,870	17	–	–
Electrotren	0,654	52	0,481	72

Fuente: SNCF (1975)

CUADRO 7.15 CARÁCTERÍSTICAS DE LOS COCHES CON DEPARTAMENTOS

	1ª Clase		2ª Clase		
Denominación	M²/plaza	Nº de departamento (Plazas totales)	M²/plaza	Nº de departamento (Plazas totales)	Denominación
Coches TEE y Gran Confort tipo A8u SNCF	0,689	8 (48)	0,590	11 (66)	B11u (departamentos de 6 plazas)
Coche estándar europeo (VSE)	0,720	9 (54)	0,477	10 (80)	B10 UIC tipo Y (8 plazas por departamento)
Coches 8000 RENFE	0,660	10 (60)	0,477	11 (88)	B11 SL (SNC) (8 plazas por departamento)
Coche A9UIC Tipo Y	0,707	9 (54)	0,590	12 (96)	Coches 8.000 RENFE

Fuente: SNCF (1975)

DISTANCIAS ENTRE ASIENTOS (MM) EN RAMAS TGV

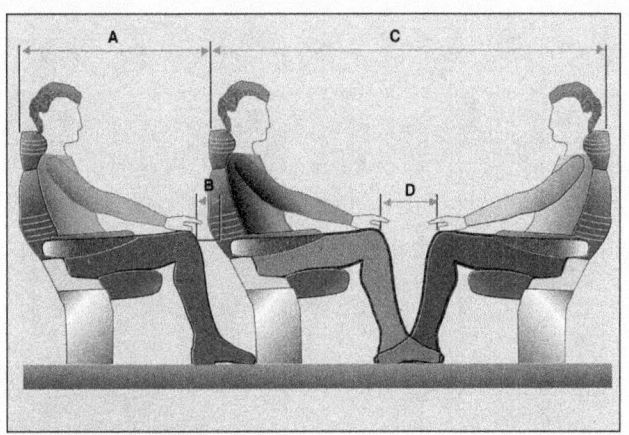

1ª CLASE	A	B	C	D
TGV Atlántico	957	226	2008	260
TGV Dúplex	950	220	1920	332
2ª CLASE	A	B	C	D
TGV Atlántico	850	120	1857	106
TGV Dúplex	920	189	1900	316

Fuente: D. Constant (SNCF) Fig. 7.56

CUADRO 7.16 COMPARACIÓN DE ESPACIOS* EN ALGUNAS RAMAS DE ALTA VELOCIDAD

Factor	Shinkansen		TGV		ICE	
	2ª clase	1ª clase	2ª clase	1ª clase	2ª clase	1ª clase
Ancho del asiento	520	650	540	650	600	750
Distancia entre asientos	1.040	1.160	860	970	1.025	1.144
Pasillo	600	640	450	560	500	650

* (mm)
Fuente: A. Mochizuki (1989)

Una comparación de interés es la que proporciona el considerar los otros modos de transporte concurrentes con el ferrocarril: el vehículo privado, el autocar y el avión, incluyendo en este último modo tanto las denominadas antiguamente *compañías de bandera*, como las recientes *low cost*.

De forma gráfica, la figura 7.57 proporciona una visión global de la distancia entre asientos ofrecida por cada modo. Nótese

ANÁLISIS COMPARADO DE LA DISTANCIA ENTRE ASIENTOS EN FERROCARRIL Y AVIÓN

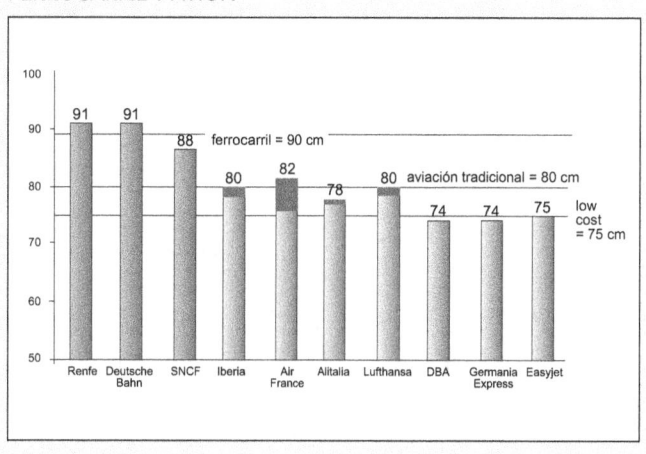

Fuente: Cristina Barco (2005) Fig. 7.57

como el ferrocarril, en media, se sitúa en torno a 90 cm; las compañías aéreas tradicionales, próximas a 80 cm y, por último, las compañías *low cost*, con distancias del orden de 75 cm. El autocar presenta distancias entre asientos variable entre 75 y 85 cm, mientras que en el vehículo privado se encuentran valores que se sitúan en el intervalo de 79 a 90 cm.

Por lo que concierne al *ruido*, se comienza recordando que para analizar el campo acústico en el interior del espacio dedicado a los viajeros, es necesario tener en cuenta que las fuentes principales del mismo son: la rodadura, el equipamiento auxiliar, el comportamiento acústico estructural de la caja y, para elevadas velocidades, el ruido de origen aerodinámico. Algunas de esas fuentes se transmiten al interior del coche tanto por vía aérea como por vía estructural. La figura 7.58 muestra una representación esquemática de la transmisión del ruido al interior de los coches ferroviarios.

Como se sabe, el ruido se define como un sonido no deseado. Es, por tanto, la sensación auditiva no deseada que, generalmente, corresponde a una variación aleatoria de la presión a lo largo del tiempo. Es un sonido complejo que puede ser caracterizado por:

a) la frecuencia de los sonidos puros que lo componen
b) la amplitud de la presión acústica correspondiente a cada una de esas frecuencias

Si estas frecuencias son muy numerosas, el ruido se caracteriza por la repartición de la energía sonora en bandas de frecuencias contiguas, definiendo lo que se denomina como *espectro frecuencial* del ruido. El espectro de frecuencias de un ruido varía aleatoriamente a lo largo del tiempo.

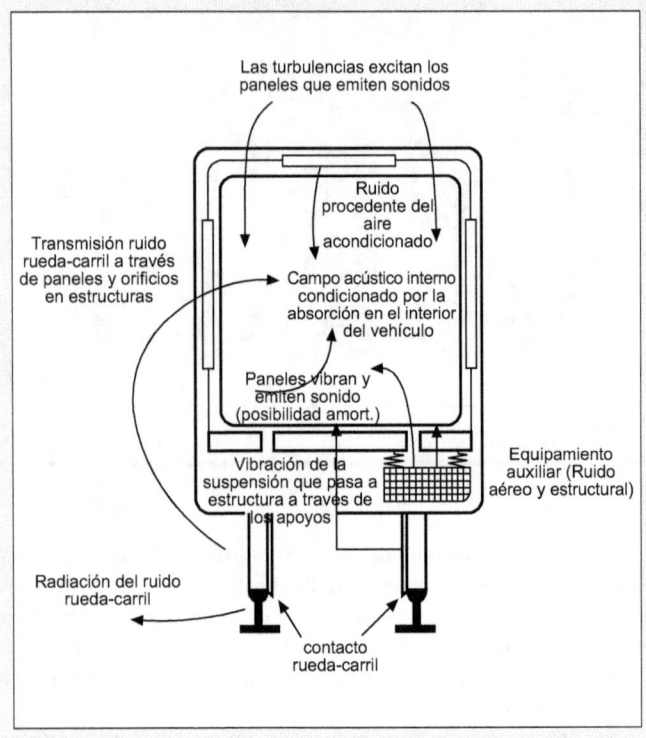

Fig. 7.58

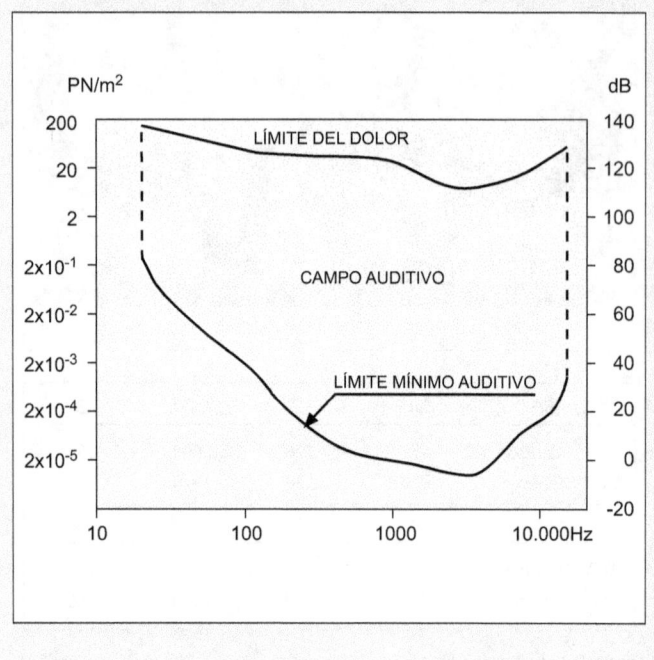

Fig. 7.59

Las presiones acústicas a las cuales es sensible el oído humano varían en un gran intervalo, tal como se muestra en la figura 7.59. Se observa que el umbral inferior de la audición humana, es decir, la presión acústica mínima que provoca una sensación auditiva, es $2·10^{-5}$ Pa (N/m^2), y que el umbral máximo se sitúa alrededor de 20 Pa, que representa el límite del dolor. Se constata también en la citada figura 7.59 que, fuera del intervalo de 20 a 10.000 Hz, las variaciones de presión no suponen ninguna sensación auditiva.

El trabajo práctico con una variable como la presión acústica, que varía en un campo de valores tan amplio, de $2·10^{-5}$ hasta 20 N/m^2, no resulta cómodo. Por este motivo se ha recurrido a utilizar una escala alternativa dada por la relación matemática:

$$L_p = 20 \log P/P_o$$

en donde:

L_p = nivel de presión sonora (decibelios = dB)

P = presión acústica

$P_o = 2·10^{-5}$ N/m^2 (menor presión acústica audible por un oído humano normal)

La figura 7.59 muestra la equivalencia entre P y Lp. Se señala que el comportamiento del oído humano está más cerca de una función logarítmica que de una lineal. El oído humano es capaz de percibir y soportar sonidos correspondientes a niveles de presión sonora comprendidos entre 0 y 120 dB. En la figura 7.60, se visualiza el nivel sonoro correspondiente a distintas situaciones típicas.

El oído humano no es igualmente sensible a las diferentes frecuencias. Para un mismo nivel de presión sonora, un ruido será tanto más molesto cuanto mayor proporción de altas frecuencias contenga. Para tener en cuenta este hecho, se definieron una serie de filtros con el objetivo de ponderar la señal de acuerdo con la sensibilidad del oído (Fig. 7.61). Es decir, atenuando las frecuencias bajas para poder reflejar un nivel sonoro representativo de la sensación de ruido realmente percibida.

CAMPO AUDITIVO DEL SER HUMANO

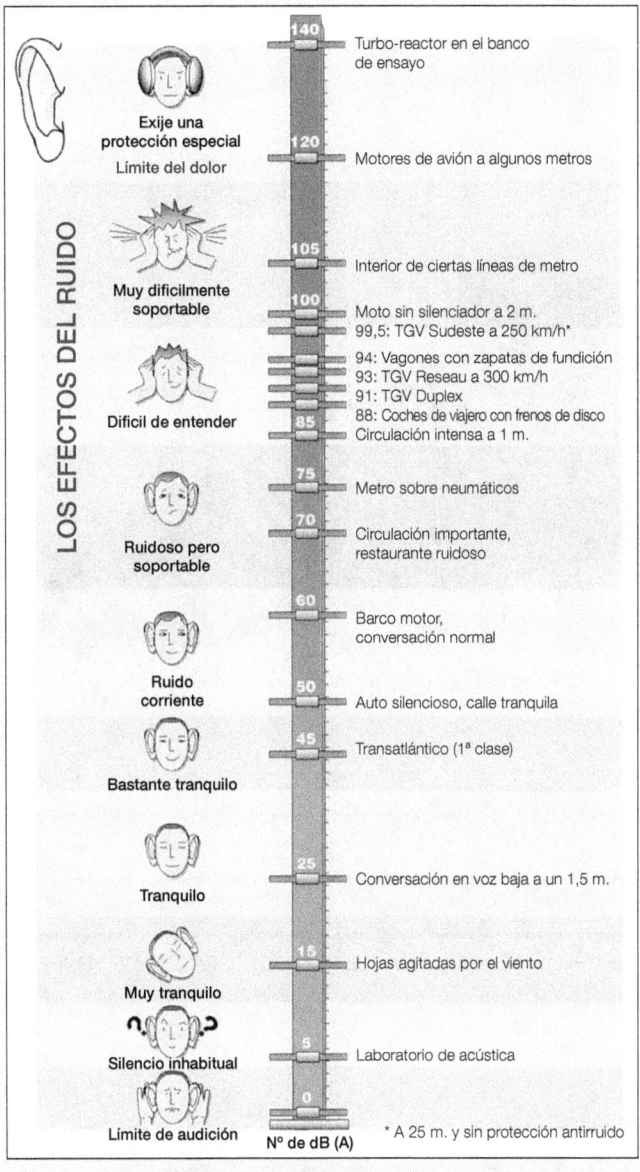

Fuente: La vie du rail (2000)

Fig. 7.60

CURVAS DE PONDERACIÓN DEL RUIDO

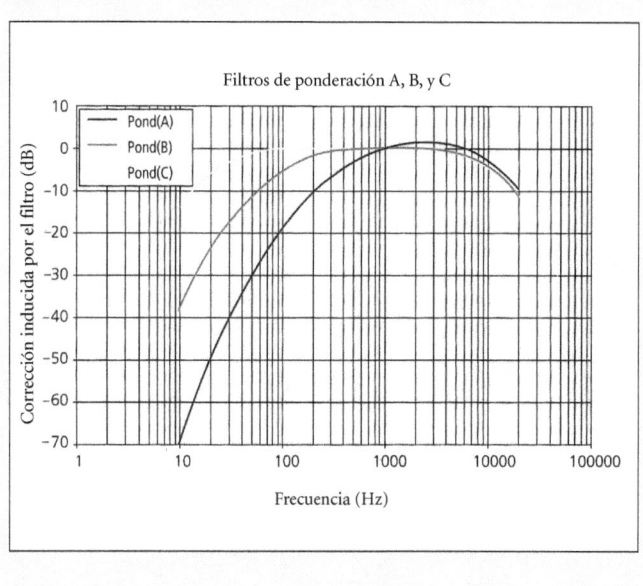

Fig. 7.61

a) Con Δ_f = cte. Cuanto más estrecha sea la banda (1 Hz por ejemplo), mayor precisión tendrá el espectro.

b) Con Δ_f/f_c = cte. Siendo f_c la frecuencia central.

Este último análisis (b), denominado de ancho proporcional a la frecuencia central, es el más utilizado en la práctica. Da lugar a su vez a dos tipos de análisis:

1) Por filtros de octava, en donde $f_2/f_1 = 2$

2) Por filtros de tercio de octava, en donde, $f_2 = \sqrt[3]{2} \cdot f_1$

Las frecuencias de banda de octava y de tercio de octava se encuentran normalizadas (Fig. 7.63a). En la citada figura se muestra la relación existente entre ambas.

El análisis espectral realizado en tercios de octava es más fino que en octavas. Los niveles obtenidos para una octava son superiores a los obtenidos para un tercio de octava, ya que cada uno de los primeros resulta de la suma energética de los niveles de los tres tercios de octava que contienen (Fig. 7.62).

Si nos referimos al ruido de rodadura propiamente dicho, el nivel que puede medirse en el *bogie* de un vehículo depende tanto de las características constructivas de éste como de la vía (Fig. 7.63) y de la velocidad de circulación. Las medidas efectuadas para los coches de viajeros utilizados habitualmente en las últimas décadas condujeron a los resultados de las figuras 7.64 y 7.65. En general la

---

Los filtros de ponderación actúan de manera que los niveles de presión de cada banda de frecuencias son corregidos en función de éstas (las frecuencias) y según unas curvas de ponderación. Los filtros más conocidos son denominados con las letras A, B, C y D. En el dominio del ruido del transporte, el más utilizado es el filtro A (Fig. 7.61).

Es de interés recordar que en la representación espectral de frecuencias se distinguen dos tipos de análisis:

ESPECTRO EN BANDAS DE OCTAVA Y TERCIO DE OCTAVA

a)

OCTAVAS en Hz	1/3 OCTAVAS en Hz
	15
	20
	25
31,5	31,5
	40
	50
63	63
	80
	100
125	125
	160
	200
750	250
	315
	400
500	500
	630
	800
1000	1000
	1250
	1600
2000	2000
	2500
	3150
4000	4000
	5000
	6300
8000	8000
	10000
	12500
16000	16000
	20000

b)

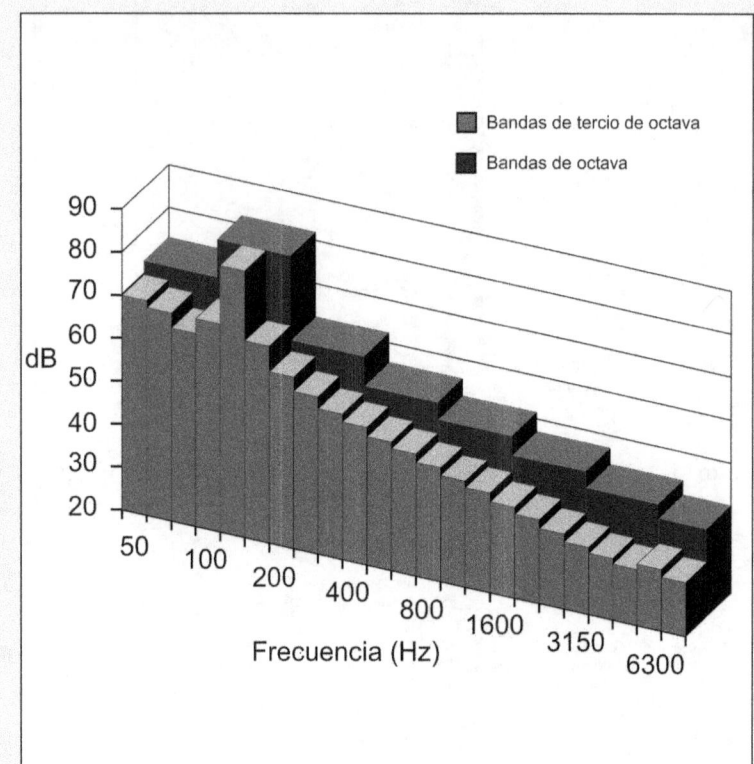

Fig. 7.62

GENERACIÓN Y PROPAGACIÓN DEL RUIDO EN UN VEHÍCULO FERROVIARIO

Fuente: SNCF

Fig. 7.63

EJEMPLOS DEL CAMPO ACÚSTICO DE UN COCHE DE VIAJEROS A 160 KM/H

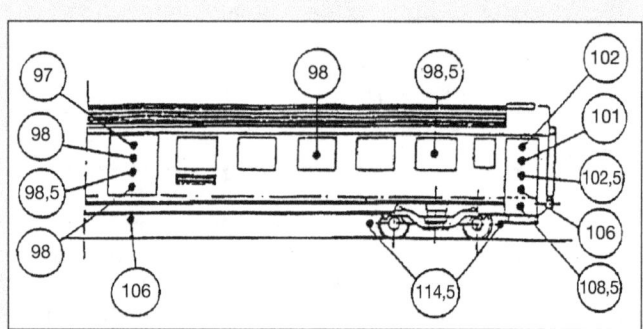

Fuente: SNCF

Fig. 7.64

influencia de la velocidad en el nivel sonoro puede cuantificarse por la expresión:

$$\Delta L_p \,(dBA) = 30 \log \frac{V_2}{V_1} \qquad (7.1)$$

siendo V_1 y V_2 las velocidades de circulación que se comparan. Se deduce que, cuando $V_2 = 2\,V_1$, se obtiene un incremento del nivel sonoro de 9 dB (A).

El aspecto de mayor interés, desde la perspectiva del viajero, reside en conocer el nivel sonoro percibido en el interior del vehículo ferroviario. Si se consideran los puntos de medida estandarizados en el interior de los citados vehículos, se obtienen valores comprendidos entre 60 y 70 dB (A). En particular, en los vehículos «Gran Confort» de la SNCF, durante su circulación en los trenes Aquitania, Etendard y Capitole, a 200 Km/h, el nivel de ruido en el centro de los coches fue de 60,5 dB (A), mientras que en los departamentos extremos alcanzó 66 dB (A). Es preciso tener en cuenta que en

PUNTOS DE MEDIDA DEL RUIDO EN LOS VEHÍCULOS

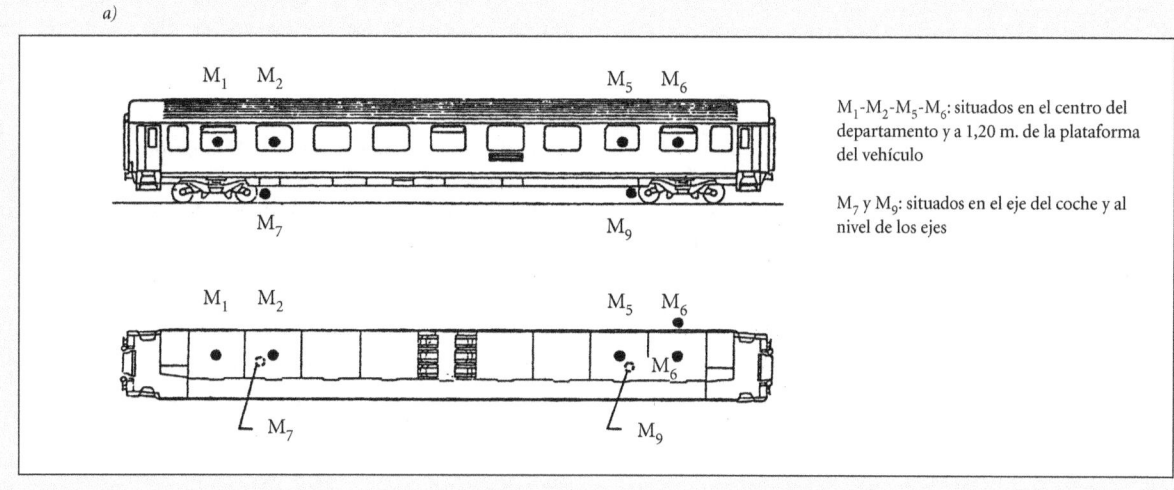

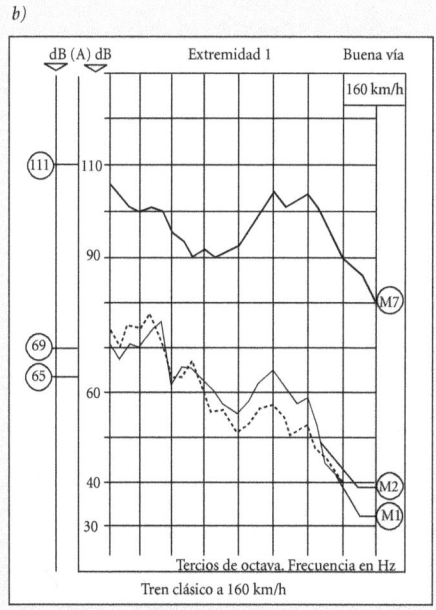

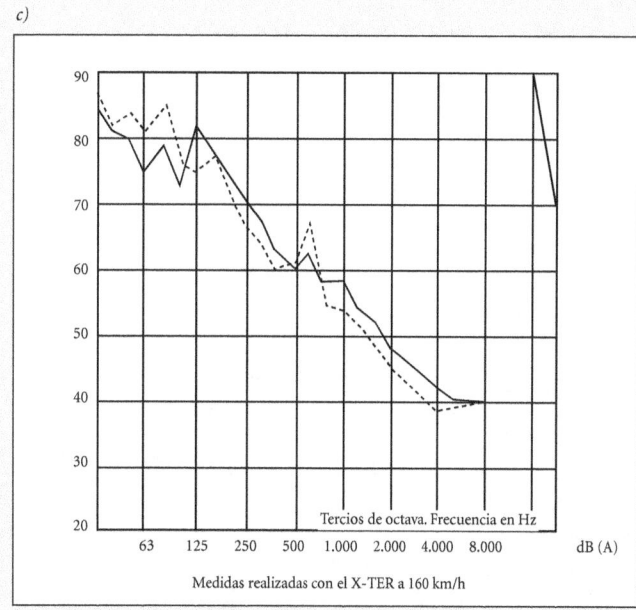

Fuente: G. Luccia (1999)

Fig. 7.65

dichos extremos coincide la presencia de las puertas de acceso y de los túneles de intercomunicación entre vehículos que constituyen puntos débiles de resistencia al ruido.

La diferencia entre el nivel sonoro a nivel del *bogie* y en el interior del vehículo ferroviario proporciona un índice de calidad acústica (iq) que se expresa en dB (A) para una velocidad dada. Es un indicador de la calidad acústica de la construcción. Atendiendo al valor de iq se establecían seis niveles de calidad (Cuadro 7.17) y se relacionaban con los servicios que prestaba el vehículo de referencia en la forma siguiente:

ÍNDICE DE CALIDAD ACÚSTICA	TIPO DE SERVICIO PRESTADO POR EL VEHÍCULO
Excelente y muy bueno	Trenes diurnos gran confort y trenes nocturnos
Bueno y satisfactorio	Trenes diurnos de largo recorrido
Satisfactorio y aceptable	Trenes de cercanías y regionales

En la actualidad se trata de lograr el mayor confort posible en cada tipo de servicio, en la medida que los materiales utilizados en la construcción de los vehículos lo han ido permitiendo.

En términos absolutos, los valores de referencia del nivel sonoro global se muestran en el cuadro 7.18. Se señala que a finales de la década pasada los ferrocarriles franceses fijaban en 68 dB (A) el valor aceptable en el interior de los vehículos.

Un factor más a considerar en el ámbito del ruido es el que se refiere a la posibilidad de que dos personas sentadas en lugares próximos puedan tener una conversación, sin que el ruido afecte a su comprensión. En este sentido, se utiliza para medir el grado de comprensión un índice *i* que se expresa por la relación matemática siguiente:

$$i = \frac{s}{S} 100$$

Para su determinación se superponen en un gráfico (Fig. 7.66) el espectro de frecuencia del ruido que existe en un coche de viajeros y el espectro de la voz humana, que se sitúa como se sabe entre 200 y 6.000 Hz. El índice *i* es por tanto la parte del espectro de la voz que no es cubierta por el espectro del ruido. Se admite, en general, que un índice del 60% garantiza la comprensión total; por debajo del 30%, la comprensión es difícil.

La llegada de la alta velocidad al ferrocarril supuso la circulación por encima de los 200 Km/h máximos que, en las líneas convencionales, alcanzaban los trenes más rápidos. Cabe preguntarse, por tanto, si con el aumento de la velocidad el confort acústico de los viajeros se ha mantenido en los niveles de calidad anteriormente mencionados.

A finales de la década pasada, se llevaron a cabo diversas medidas con diferentes ramas de alta velocidad y con distintos niveles de prestación (200 a 300 Km/h). Para cada una de ellas se evaluó el denominado $L_{Aeq}(T)$, es decir, el nivel de presión sonora continuo

CUADRO 7.17 VALORES DEL ÍNDICE DE CALIDAD ACÚSTICA RECOMENDADOS Y DE LOS NIVELES SONOROS

	Índice de calidad acústica en dB (A)					
	Insuficiente	Aceptable	Satisfactorio	Bueno	Muy bueno	Excelente
Departamento extremo	iq < 35	35 a 40	41 a 45	46 a 50	51 a 55	iq 55
Departamento medio	iq < 40	40 a 45	46 a 50	51 a 55	56 a 60	iq 60
Pasillos (para vehiculos con departamentos)	iq < 25	30	< iq	< 40	≥ 40 ≥ 45	(Extremo) (Medio)
Plataformas	iq < 25	30	< iq	< 35	iq	> 35

CUADRO 7.18 NIVELES SONOROS GLOBALES EN DB (A)

VELOCIDAD 140 Km/h. NIVEL SONORO MEDIO DE RODADURA 115 dB (A)

	Insuficiente	Aceptable	Satisfactorio	Bueno	Muy bueno	Excelente
Departamento extremo	Más de 80	75 a 80	70 a 74	65 a 69	60 a 64	Menos de 60
Departamento medio	Más de 75	70 a 75	65 a 69	60 a 64	55 a 59	Menos de 55
Pasillo extremo	Más de 90		85 a 75			Menos de 75
Pasillo medio						Menos de 70
Plataformas	Más de 90		85 a 80			Menos de 80

ÍNDICE DE INTELIGIBILIDAD

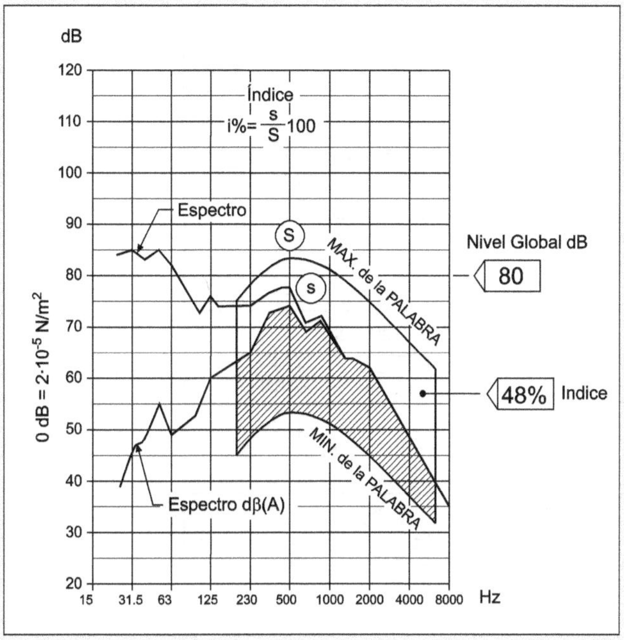

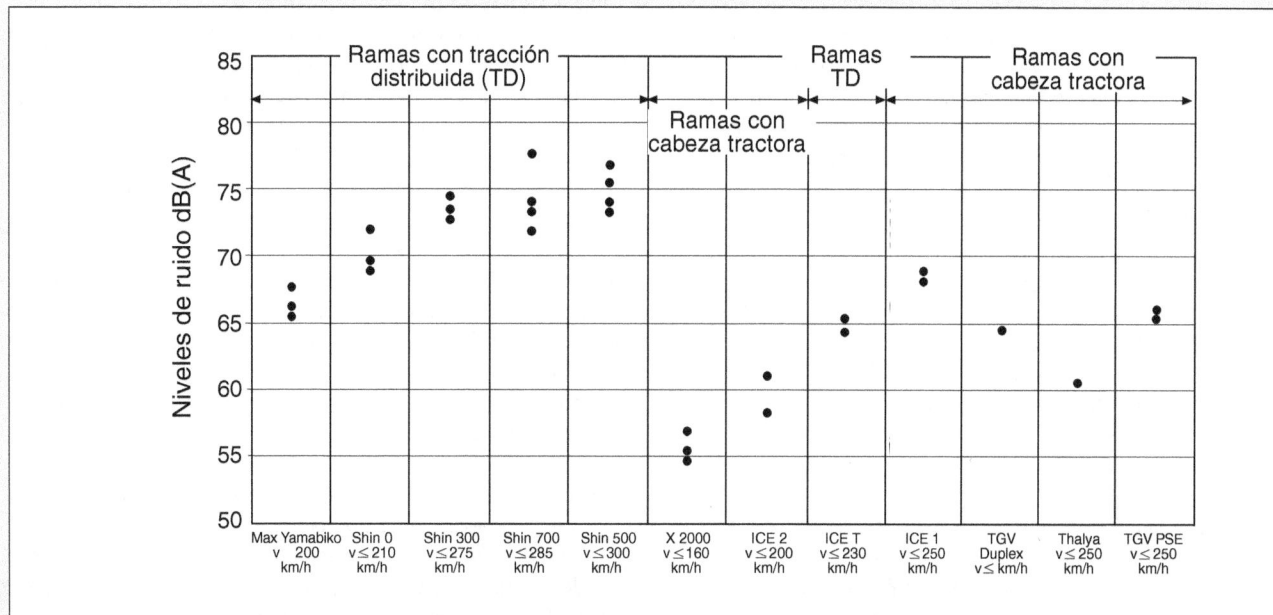

Fuente: SNCF

Fig. 7.66

equivalente. Como se sabe, expresa la medida de la energía sonora percibida por un individuo en un intervalo de tiempo. Representa el nivel de presión que habría sido producido por un ruido constante con la misma energía que el ruido realmente percibido durante el mismo intervalo de tiempo. Debe ir siempre acompañado este indicador del periodo de tiempo al que se refiere. Se expresa por L_{Aeq} (T), que corresponde a la utilización de la curva de ponderación a la que nos hemos referido precedentemente.

Matemáticamente:

$$L_{Aeq} = (10)\log\left[\frac{1}{t_2 - t_1}\int_{t_1}^{t_2} \frac{P(t)^2}{Po}\, dt\right]$$

Si el ruido se distribuye de manera escalonada, manteniendo niveles de presión L_i constantes durante los intervalos de tiempo $T_i = t_{i+1} - t_1$, siendo $T = \Sigma\, T_i$, la expresión anterior puede ponerse en la forma:

$$L_{Aeq}(T) = 10\log\left[\frac{1}{T}\Sigma_i T_i \cdot 10^{\,Li/10}\right]$$

siendo t_i el tiempo de exposición a nivel $L1_i$.

Los resultados obtenidos, publicados por M. Marschollek y G. Eibisch (2001) se muestran en las figuras 7.67 y 7.68.

COMPARACIÓN DE LOS NIVELES SONOROS EN TRENES DE ALTA VELOCIDAD

Fuente: Marschollek et al. (2001)

Fig. 7.67

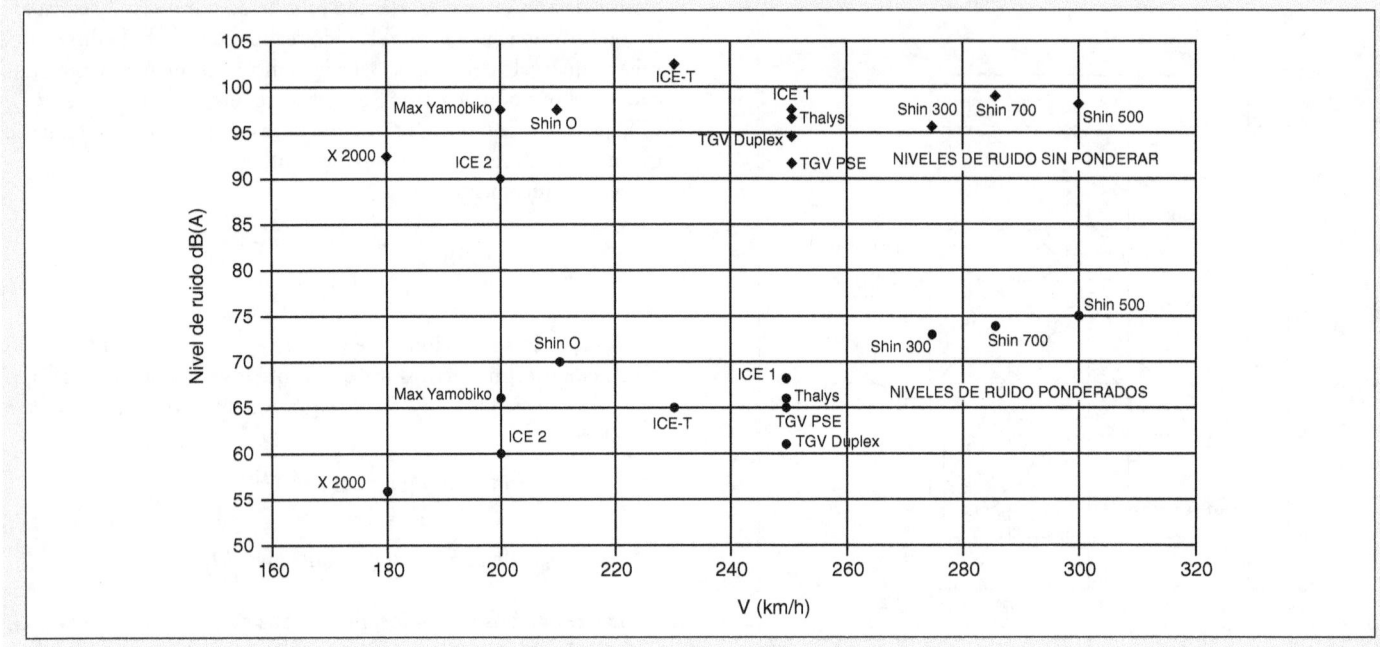

EVOLUCIÓN DEL RUIDO INTERNO CON LA VELOCIDAD DE CIRCULACIÓN EN RAMAS DE ALTA VELOCIDAD

Fuente: M. Marschollek et al. (2001)

Fig. 7.68

En la primera, se presentan los niveles de sonido medidos en el interior de los vehículos de 2ª clase, en el caso de trenes europeos, y de la clase correspondiente en los trenes japoneses, es decir el nivel de decibelios (A) obtenido con los distintos trenes y con velocidades comprendidas entre 200 y 300 Km/h. Se constata como en el límite inferior de las citadas prestaciones el nivel sonoro se sitúa entre 65 y 68 dB (A). Para el límite superior, el ruido se encuentra en torno a 75 dB (A). Se observa el crecimiento del ruido con la velocidad de circulación. La aplicación de la expresión (7.1) se corresponde, en términos aproximados, con los valores obtenidos para 200 y 300 Km/h respectivamente.

En la citada figura 7.68, puede apreciarse como en el caso de trenes europeos del tipo X 2000 (sueco) e ICE (alemán) para velocidades comprendidas entre 180 y 250 Km/h, el ruido interior varía desde 55 a 68 dB (A). Finalmente, en el caso de los trenes TGV y Thalys, con velocidad de 250 Km/h, el ruido se sitúa entre 60 y 65 dB (A).

Resulta de interés comprobar (Fig. 7.68) la influencia que tiene la utilización de la curva de ponderación tipo A en el ruido. Sin su empleo, los valores de éste se moverían entre 90 y 105 dB, mientras que aplicando la citada curva se obtienen valores entre 55 y 75 dB (A). La influencia exacta para cada tipo de tren, incluyendo los coches de 1ª y 2ª clase, se muestra en el cuadro 7.19. Obsérvese como en el caso de las ramas japonesas, las diferencias de ruido en primera y segunda clase son apreciables. Se señala, en este contexto, que la sensación subjetiva de las variaciones de presión sonora, expresada en decibelios, es de difícil evaluación. Sin embargo, a título indicativo, puede decirse que: 1 dB es detectable; 3 dB proporcionan una mejora sensible, y 5 dB justifican una cierta inversión.

A modo de conclusión, los autores del estudio indicaban que las ramas de alta velocidad, con el equipamiento considerado durante las medidas (condiciones normales de explotación), con viajeros en el interior de las mismas y circulando a 300 Km/h, generaban un ruido en torno a 70 dB (A).

Por nuestra parte, desearíamos subrayar el hecho de que la información contenida en las figuras 7.68 y 7.69, así como en el cuadro 7.19, tienen un carácter indicativo y no deberían usarse, sin más, para obtener conclusiones sobre la mayor o menor ruidosidad de una rama u otra. En nuestra opinión, lo relevante es disponer de órdenes de magnitud sobre el nivel de ruido existente en ramas de alta velocidad.

En todo caso y con caracter de síntesis, puede decirse, siguiendo a Bianchi et al. (2003), que:

a) Para V < 40 km/h, el ruido proviene de los equipos de tracción y de los equipos auxiliares
b) Para 60 < V < 250 km/h, la emisión acústica es consecuencia del contacto rueda-carril, a causa de las imperfecciones existentes en la superficie de rodadura.
c) Para V > 280 km/h, el rudio está dominado por los efectos aerodinámicos

CUADRO 7.19 NIVELES DE SONIDO (LINEALES Y PONDERADOS A) REGISTRADOS EN EL INTERIOR DE DIFERENTES TRENES DE ALTA VELOCIDAD Y DEPENDIENTES DE LA VELOCIDAD

	Valor medio L_A en dB (A)		Valor medio L_L en dB	
	Green Car (Japón), primera clase (trenes europeos)	Ordinary Class (Japón), segunda clase (trenes europeos)	Green Car (Japón), primera clase (trenes europeos)	Ordinay Class (Japón), segunda clase (trenes europeos)
X 2000 $v \leq 180$ Km/h	–	56	–	92
Mas Yamabiko $v \leq 200$ Km/h	67	66	91	97
Shinkansen Serie 0 $v \leq 210$ Km/h	–	70	–	97
Shinkansen Serie 200 $v \leq 275$ Km/h	66	73	92	95
Shinkansen Serie 500 $v \leq 300$ Km/h	65	75	92	98
Shinkansen Serie 700 $v \leq 285$ Km/h	68	71	95	97
ICE 2 $v \leq 200$ Km/h	58	60	91	90
ICE-T $v \leq 230$ Km/h	65	65	102	103
ICE 1 $v \leq 250$ Km/h	–	68	–	98
TGV PSE $v \leq 250$ Km/h	–	65	–	92
TGV Duplex $v \leq 250$ Km/h	–	61	–	94
Thalys $v \leq 250$ Km/h	–	66	–	97

L_L = niveles de presión de sonido (lineales)
L_A = niveles de presión de sonido (ponderados A)

Se destaca que Bianchi et al. (2003) publicaron los resultados obtenidos en la línea de alta velocidad Roma-Florencia, con el ETR 500. Esta rama se equipó con ruedas normales y antirruido, así como con un carenado singular. La figura 7.69 sintetiza algunas de

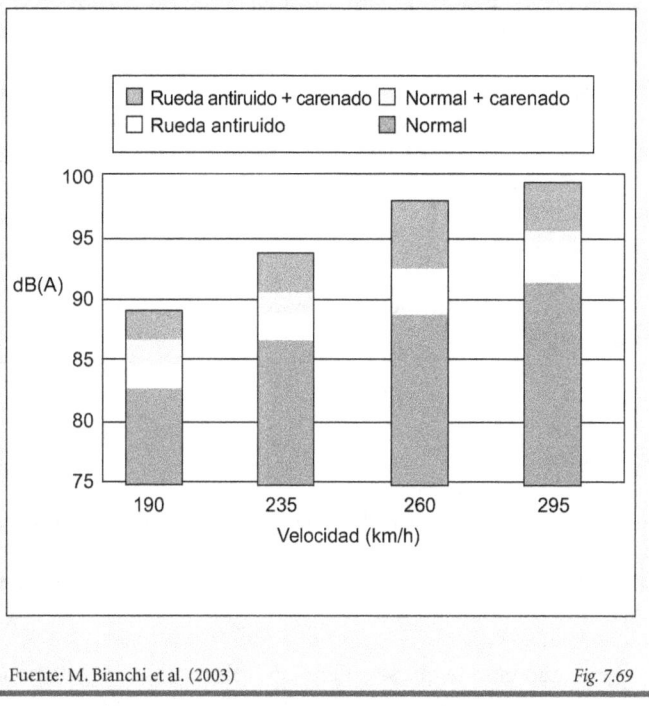

INFLUENCIA DE LA VELOCIDAD DE CIRCULACIÓN EN LAS EMISIONES ACÚSTICAS (ETR 500)

Fuente: M. Bianchi et al. (2003)   Fig. 7.69

las magnitudes obtenidas y permite apreciar la influencia de la velocidad para una rama dada.

No haremos mención explícita del *confort ambiental*, por cuanto en la actualidad la climatización de los vehículos ferroviarios está generalizada para las composiciones que se utilizan en los servicios de media y larga distancia.

Por lo que concierne al *confort vibratorio*, en el libro *Infraestructuras ferroviarias* nos referimos en detalle. Nos limitaremos a señalar los aspectos más relevantes siguiendo el criterio que para evaluar el confort vibratorio establece la ficha UIC 513, Norma UNE-ENV 12299.

La comodidad de marcha es, para un viajero, una sensación compleja producida por los movimientos de la caja del vehículo ferroviario y transmitida a todo el cuerpo a través de los asientos. En esta sensación se distingue, habitualmente, la llamada *sensación promedio*, basada en la vibración aplicada durante un periodo prolongado de tiempo (al menos varios minutos) y la denominada *sensación instantánea*, derivada de una modificación repentina de la sensación media, debido a un evento de corta duración (cambio de valor de la aceleración transversal media, etc.).

Cuando se calcula la *comodidad media*, se tienen en cuenta tanto la sensación promedio como la sensación instantánea. Cuando se evalúa la comodidad de las curvas de transición, sólo se considera la sensación instantánea, y análogamente, cuando lo que se pretende es evaluar la comodidad en eventos discretos (por ejemplo, oscilación transitoria en recta).

Para la medida de la comodidad media, la norma UNE ENV 12299 (1999) establece dos procedimientos:

1. *Simplificado*, basado en la medición de la aceleración sobre el suelo, que permite calcular el índice de comodidad (N_{MV}).
2. *Completo*, basado en la medición de la aceleración en la interfaz entre los viajeros y el vehículo. Permite evaluar los índices de comodidad: N_{VA} (para viajeros sentados) y N_{VD} (para viajeros de pie).

El cálculo del índice de comodidad (N_{MV}) se efectúa a través de la expresión:

$$N_{MV} = 6\sqrt{\left(a^{W_{ad}}_{XP95}\right)^2 + \left(a^{W_{ad}}_{YP95}\right)^2 + \left(a^{W_{ad}}_{ZP95}\right)^2}$$

siendo a el valor eficaz de la aceleración, en m/seg², sobre un periodo de 5 segundos.

Los índices que aparecen en la expresión precedente tienen el siguiente significado:

W_i = superíndice que se refiere a los valores de frecuencia ponderados conforme a la curva de ponderación de cada eje

P = interfaz con el suelo

95 = el centil utilizado

En función de los valores obtenidos para N_{MV}, se establece la siguiente escala:

$N \leq 1$	Muy buen confort
$1 < N \leq 2$	Buen confort
$2 < N \leq 4$	Confort aceptable
$4 < N \leq 5$	Mal confort
$N > 5$	Muy mal confort

Para calcular el indicador N_{VA}, la expresión matemática es:

$$N_{VA} = 4\left(a^{W_b}_{ZP95}\right) + 2\cdot\sqrt{\left(a^{W_d}_{YA95}\right)^2 + \left(a^{W_b}_{ZA95}\right)^2 + \left(4\,a^{W_c}_{XD95}\right)}$$

siendo:

N_{VA} = índice de confort para un viajero sentado

95 = para el 95 centil

a = valor eficaz de la aceleración según el eje X, Y o Z

W_1 = valor de ponderación en frecuencia según cada eje (b = vertical; d = horizontal; c = espalda del asiento)

A = para asiento
P = para plataforma
D = para espalda

La expresión para un viajero de pie es la siguiente:

$$N_{VD} = 3\sqrt{16\left(a^{W_d}_{XP50}\right)^2 + 4\left(a^{W_d}_{YA50}\right)^2 + \left(a^{W_b}_{ZP50}\right)^2 + 5\left(a^{W_d}_{YP95}\right)}$$

siendo:

N_{VD} = índice de confort para un viajero de pie

50 = para el 50 centil

Las expresiones precedentemente indicadas tienen por finalidad obtener un indicador representativo del confort medio.

Regularidad

En lo que concierne a la puntualidad, se subraya la importancia que ha adquirido en los últimos tiempos, de tal manera que, como ha sucedido en otros modos de transporte, se establecen por parte del ferrocarril compromisos económicos derivados de la llegada tarde de algunos trenes respecto a la hora programada. El criterio de puntualidad en el ferrocarril español es el siguiente:

- Servicios AVE (Madrid-Sevilla): 3 minutos
- Servicios Talgo 200 y Grandes Líneas: 10 minutos

El compromiso de puntualidad que RENFE tiene establecido para algunos trenes en el año 2007 es el siguiente:

a) Trenes AVE, Madrid-Sevilla

Por un retraso superior a 5 minutos sobre la hora fijada de llegada, se devuelve el importe íntegro del billete si el retraso es imputable a RENFE AVE.

b) Trenes AVE y Alvia: Madrid-Zaragoza (Huesca)-Barcelona

Se devuelve el 50% del importe del billete, si el retraso está comprendido entre 16 y 30 minutos. Para más de 30, minutos se devuelve el 100% del billete.

c) Trenes Talgo 200, Madrid-Málaga

En caso de producirse un retraso imputable a RENFE AVE, la compensación económica establecida es la siguiente:

- Devolución del 25% del importe del billete para retrasos de 21 a 40 minutos.
- Devolución del 50% para retrasos de 41 a 60 minutos.

Para retrasos superiores a 60 minutos, se devuelve el 100% del importe del billete.

Frecuencia

En cuanto a la frecuencia de los servicios, se subraya que en la actualidad desempeña, junto al tiempo de viaje un papel esencial en la captación de demanda por parte del ferrocarril. En particular, el establecimiento de servicios cadenciados es un objetivo al que se tiende.

En este ámbito, es de interés recordar que la fórmula de servicios frecuentes, rápidos y cadenciados fue introducida, por primera vez en 1966 por los ferrocarriles británicos, bajo la acepción de *servicios Intercity*, desde Londres y con destino a las principales ciudades del Reino Unido situadas a menos de 500 Km de la capital inglesa (Cuadro 7.20). Algunos años más tarde, en 1971, los ferrocarriles alemanes siguieron la filosofía británica, en las cuatro líneas siguientes (Fig. 7.70):

Línea 1: Hamburgo-Bremen-Colonia-Mannheim
Línea 2: Hannover-Dortmund-Colonia-Franckfurt-Wurzbourg-Munich
Línea 3: Hamburg-Hannover-Franckfurt-Mannheim-Bale
Línea 4: Bremen-Hannover-Wurzbourg-Nuremberg-Muncih

poniendo en explotación comercial servicios Intercity dotados exclusivamente de vehículos de 1ª clase.

La frecuencia fue de un tren cada 2 horas. La respuesta de la

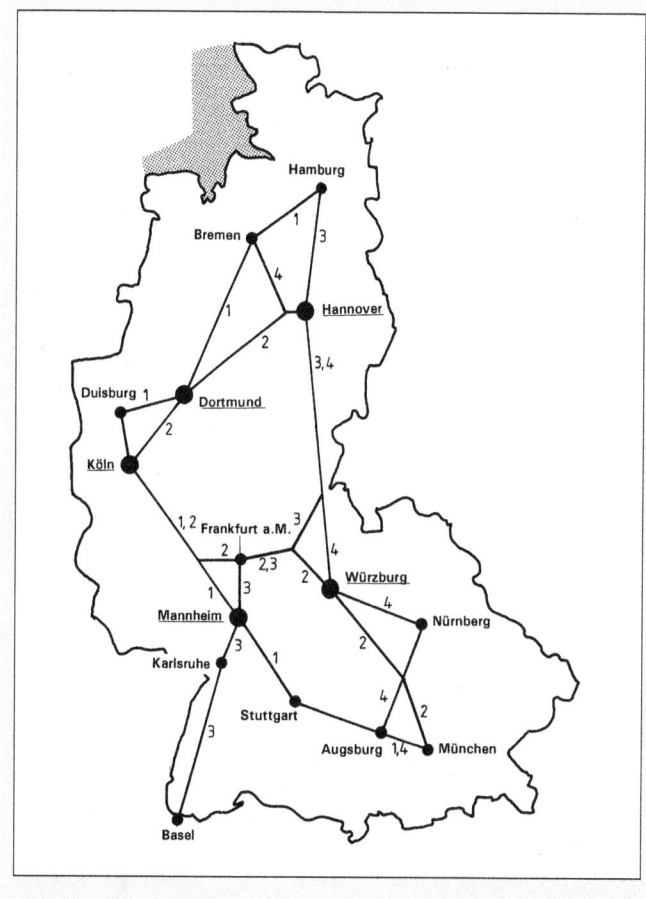

PRIMEROS SERVICIOS INTERCITY EN LA DB (1971)

Fuente: La Vie du Rail (1971) Fig. 7.70

demanda fue inmediata y, en los ocho primeros meses de entrada en servicio de los Intercity, el incremento del tráfico fue del 30% respecto a igual período del año precedente. A partir de 1978 se introducen, por primera vez, en las composiciones, vehículos de 2ª clase y paralelamente en algunas líneas la frecuencia se incrementa a un tren por hora. La captación de tráfico fue significativa, al conjugarse el aumento de la frecuencia y el acceso a la 2ª clase, con una reducción de los tiempos de viaje. Los resultados obtenidos superaron las previsiones (Cuadro 7.21).

La experiencia española, a comienzos de los años ochenta del siglo XX fue similar. Se pusieron en funcionamiento servicios Intercity de Madrid a Valencia, con una frecuencia media aproximada a 3,5 horas, y servicios análogos entre Madrid y Zaragoza, con frecuencia próxima a las 2 horas. El impacto en la captación de tráfico en ambas líneas y la disminución del tráfico aéreo se muestra en el cuadro 7.22.

CUADRO 7.20 PRIMEROS SERVICIOS INTERCITY EN EL REINO UNIDO (AÑOS 60)

Relación (Km)	Tiempo de viaje	Velocidad Comercial (Km/h)	Frecuencia de Servicios
Londres-Manchester -Liverpool (300/320)	2h 35	120	Horaria
Londres-Newcastle (430)	3h 30	123	Horaria
Londres-Bristol-Cardiff (190/232)	1h 30/2h 07	127/110	Horaria
Londres-Norwick (185)	2h	92	Horaria
Londres-Birmingham (186)	2h	93	Cada 30'
Londres-Sheffield (270)	2h 50	95	Horaria

Fuente: A. López Pita (1999)

CUADRO 7.21 INFLUENCIA DE LOS SERVICIOS INTERCITY EN LA DEMANDA DE TRÁFICO POR F.C. EN LA DB (1979)

Red Intercity 4 ejes principales	Incremento de tráfico junio – diciembre 1979	
	Previsión 500.000 viajeros	Realidad 1.600.000 viajeros

Fuente: Elaboración propia a partir de datos de ADLER (1980)

Tiempo de viaje

Finalmente, y en lo que respecta al tiempo de viaje ofrecido por el ferrocarril, es útil recordar el criterio establecido por la Unión Internacional de Ferrocarriles (UIC) con ocasión de la preparación del denominado Plan Director Europeo de Infraestructura (PDEI) en 1973.

En efecto, en relación con el criterio «tiempo de viaje», el PDEI señaló que:

1. El tiempo de transporte por ferrocarril debía ser inferior a los 2/3 del tiempo necesario en automóvil, suponiendo para éste una velocidad media de 90 Km/h.
2. Las velocidades comerciales por ferrocarril debían ser tales que permitiesen viajar y regresar el mismo día en distancias no superiores a 500 Km, disponiendo de suficiente tiempo útil en destino.
3. En el interior de las zonas de distancia de 500 Km, en relaciones terrestres, haría falta, en la medida de lo posible, obtener una duración de viaje por ferrocarril igual a la del avión, teniendo en cuenta los recorridos terminales y los tiempos de espera producidos en este último modo de transporte.
4. En ciertas grandes relaciones, un viaje de noche debía ser posible, estando la duración comprendida entre las 8 y las 12 horas.

Es indudable que, en la actualidad, las proposiciones del PDEI continúan vigentes con sólo incrementar la velocidad media asignada a los desplazamientos en automóvil.

En este contexto de establecimiento de criterios de calidad de la oferta ferroviaria, la figura 7.71 muestra el resultado de los estudios llevados a cabo en Alemania con ocasión de la puesta en servicio comercial de las primeras líneas de alta velocidad entre Hannover y Wurzburg, así como entre Mannheim y Stuttgart. Nótese como establecieron las velocidades comerciales que el ferrocarril alemán debía lograr según fuese el modo concurrente la carretera o el avión.

En cuanto a la posibilidad de efectuar un viaje de ida y vuelta en el mismo día, se dispone de un criterio que tiene en cuenta tanto el tiempo necesario para efectuar el desplazamiento (ida y vuelta) como el tiempo útil en destino, variable esencial. La cuantificación de los citados tiempos y su relación con la calidad del servicio se explicita en el cuadro 7.23.

En cuanto a la frecuencia deseable de los servicios ferroviarios, el PDEI estableció que debería verificarse la relación.

$$X > Y + T_e$$

siendo:

X = tiempo de viaje por carretera

CUADRO 7.22 IMPACTO EN EL TRÁFICO FERROVIARIO DE LA INTRODUCCIÓN DE SERVICIOS CADENCIADOS EN ALGUNAS RELACIONES ESPAÑOLAS (EN MILES DE VIAJEROS/AÑO)

	1977	1978	1979	1980	1981	1982	82/79
Ferrocarril							
Madrid-Valencia	136	130	124	148	176	184	+ 48%
Valencia-Madrid	135	127	120	144	171	177	+ 47%
Total	271	257	244	292	347	361	–
Aviación							
Madrid-Valencia	–	–	345,6	294,3	260,8	261.5	–24%
Ferrocarril							
Madrid-Zaragoza	200	194	196	209**	224	241	+ 15%
Zaragoza-Madrid	151	144	147	156	180	193	+ 24%
Total	351	338	343	365	404	434	–
AVIACIÓN							
Madrid-Zaragoza	–	–	103,4	104,9	90,3	78,0	–25%

Fuente: Dirección Comercial Viajeros de RENFE, Subsecretaría de Aviación Civil e Iberia.
* En este año entran en servicio los trenes intercity.
** En este año entran en servicio los trenes corail.

Y = tiempo de viaje por ferrocarril

T_e = tiempo de espera entre dos servicios por ferrocarril

Es decir, se consideraba conveniente que la frecuencia de servicios debía ser tal que la suma del tiempo de viaje por ferrocarril y del tiempo medio de espera entre dos trenes sucesivos no superase el tiempo de viaje en automóvil.

La importancia que se atribuye a cada uno de los factores que configuran la calidad de la oferta que hemos abordado y de otros que por el propio contexto del presente capítulo no han sido analizados (facilidad de acceso a las terminales ferroviarias, nivel tarifario, etc.) es diferente según la motivación del viaje. En efecto, una importante encuesta realizada en Alemania a mediados de la década pasada permitió conocer la influencia que desempeñaba el que se tratase de viajes de negocios, privados o de vacaciones (Fig. 7.72). Nótese en particular que en los viajes de negocios la importancia que se atribuía al nivel tarifario era muy baja (lo que podía interpretarse como que el viajero no pagaba el desplazamiento, sino la empresa a la que pertenecía). En cambio, para este tipo de viajes la rapidez (tiempo de viaje) era el atributo más valorado.

CUADRO 7.23 INDICADORES DE LA CALIDAD DE LOS SERVICIOS DIURNOS EN UNA RELACIÓN FERROVIARIA DE IDA Y VUELTA

Tiempo en destino		Tiempo total de transporte/ tiempo en destino	
Muy bueno	> 7 horas	Muy bueno	< 0,7
Bueno	De 5 a 7 h	Bueno	De a 0,7 a 1
Aceptable	De 3 a 5 h	Mediocre	De 1 a 1,4
Malo	< 3 horas	Malo	> 1,4

7.4.3 La organización de los servicios de largo recorrido en el ferrocarril español

Los desplazamientos a distancias relativamente importantes se consideraron tradicionalmente en el ferrocarril español como de largo recorrido. Las estadísticas de la época, en los años ochenta del siglo XX, agrupaban bajo este concepto los siguientes trenes: rápidos y

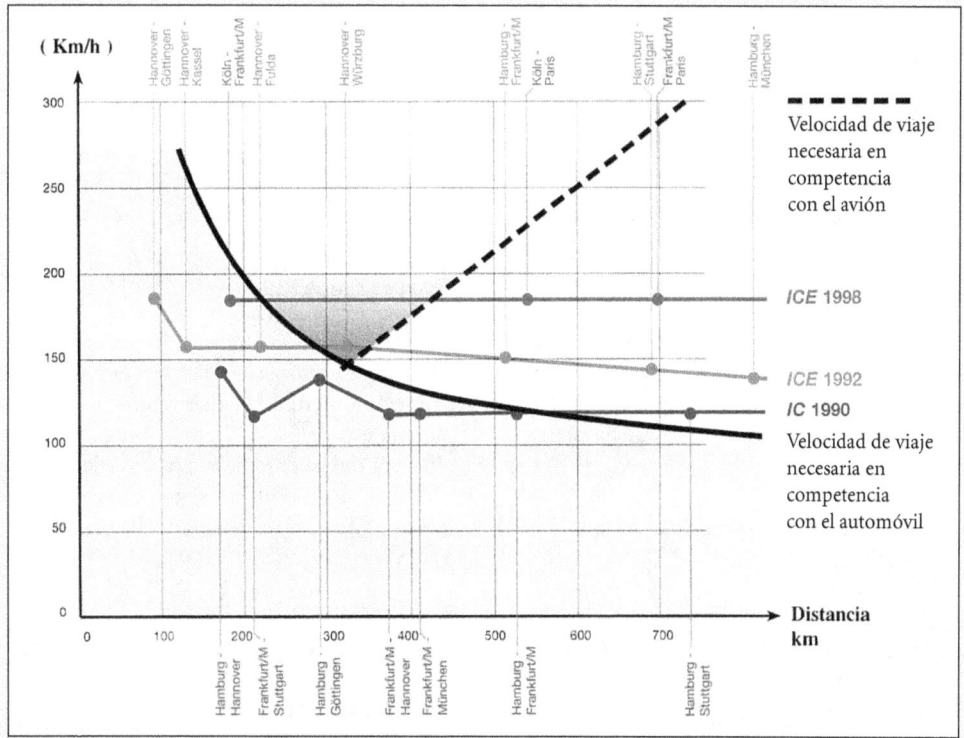

LA CONCURRENCIA FF.CC. – CARRETERA – AVIÓN EN ALEMANIA

Fuente: DB (1998)

Fig. 7.71

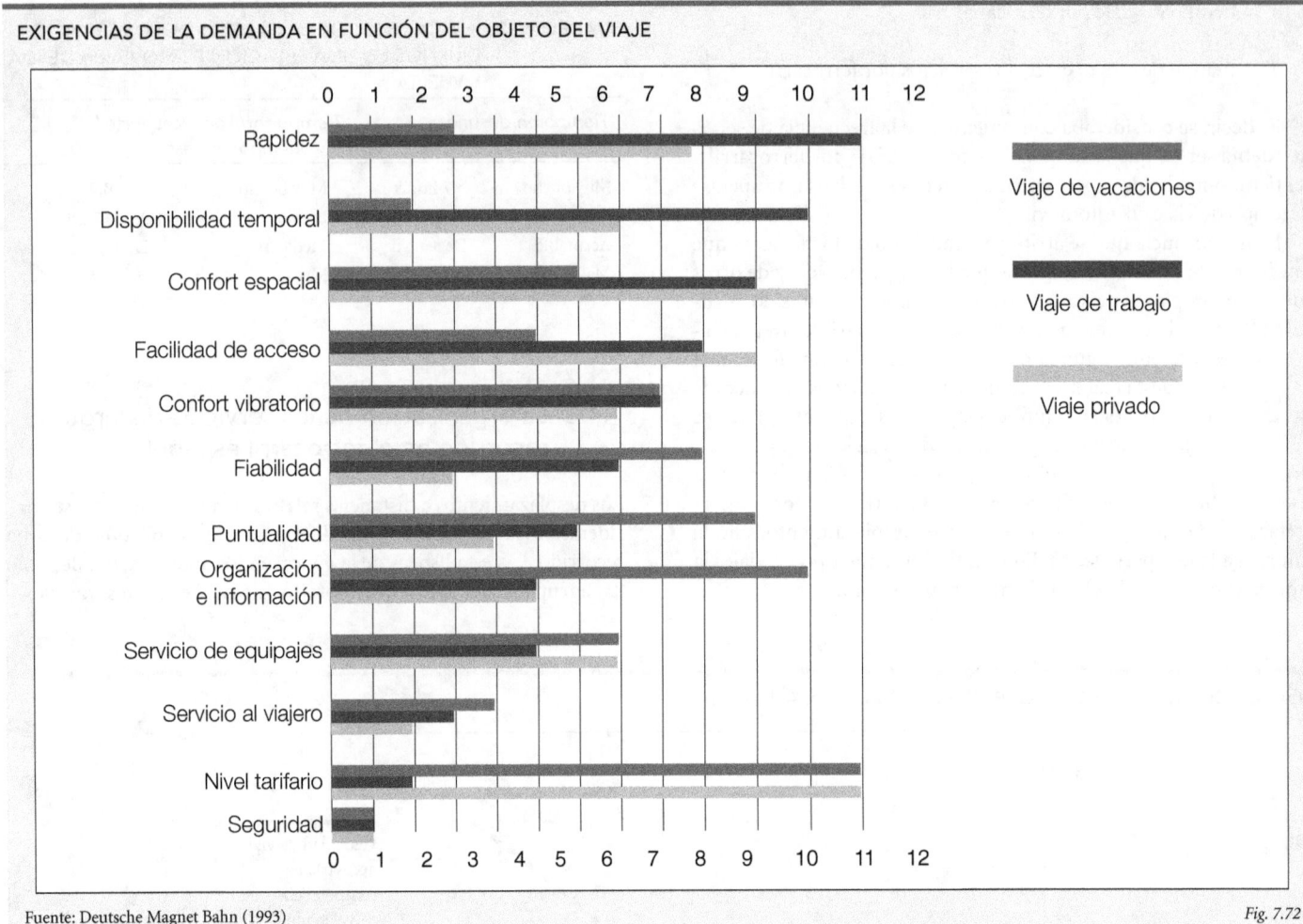
Fig. 7.72

expresos; Talgo, TER y TAF, junto a los electrotrenes en función del tipo de material (Fig. 7.73) con que se prestase cada servicio.

La creación de las unidades de negocio (en 1990) como herramienta básica de la gestión de la oferta y demanda ferroviaria, así como la introducción de los servicios de alta velocidad en 1992, dieron lugar a que en el tráfico de viajeros a larga distancia se distinguiese:

- La UNE de largo recorrido (propiamente dicha)
- La UNE de alta velocidad

Esta última se encargaba de gestionar los servicios que se prestaban por la línea de alta velocidad (Madrid-Córdoba-Sevilla), bien a través de los trenes AVE, bien por medio de los trenes Talgo 200 (por la velocidad máxima a que circulaban). Los AVE, en las relaciones Madrid-Córdoba-Sevilla, y los Talgo 200, inicialmente, entre Madrid y Málaga (enero 1993) y, posteriormente (julio 1993 y agosto 1993) entre Madrid y Cádiz, así como entre Madrid y Huelva, respectivamente.

De tal manera que, en 1994, el ámbito territorial de la UNE de largo recorrido era el que se visualiza en la figura 7.74. Nótese como su actividad se desarrollaba a lo largo de siete corredores por medio de las siguientes líneas de producto: trenes diurnos, diurnos de calidad. Intercity, estrella y trenes hotel. Con posterioridad, a la unidad de largo recorrido se la denominó *Grandes Líneas*. Su actividad se desarrolla en la actualidad (2006) en torno a seis corredores:

- Norte
- Nordeste
- Sur
- Este-Mediterráneo
- Transversal
- Elipsos (trenes España-Francia/Suiza/Italia)

MATERIAL UTILIZADO POR RENFE EN LOS SERVICIOS DE LARGO RECORRIDO (1980)

a)

b)

c)

Fuente: RENFE (1994)

Fig. 7.73

ÁMBITO TERRITORIAL DE ACTUACIÓN DE LOS CORREDORES DE RENFE (1994)

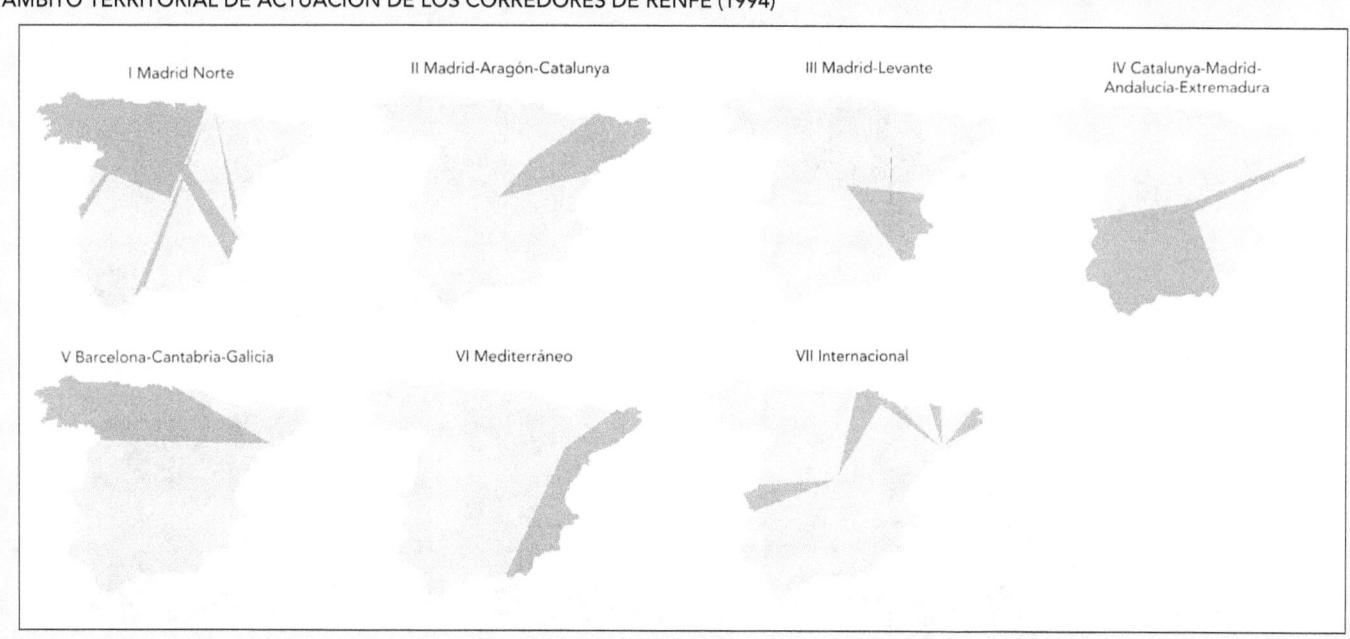

Fuente: RENFE (1994)

Fig. 7.74

dado que la puesta en servicio comercial progresiva de la nueva línea Madrid-Barcelona ha originado que los trenes que por ella circulan sean responsabilidad de la UNE de alta velocidad.

Los productos que hoy día ofrece RENFE en las largas distancias son muy numerosos y reciben las siguientes denominaciones: Trenes Alaris, Altaria, Alvia, Arco, AVE, Diurno, Estrella, Euromed, Intercity, Talgo, Talgo 200 y Trenhotel. De forma sintética, RENFE los define del siguiente modo:

- *Alaris*; incorporado en 1999, en las relaciones desde Madrid con Levante. Dotados de caja inclinable, pueden alcanzar velocidades máximas de 200/220 Km/h (Fig. 7.75a).
- *Altaria*; incorporado en el año 2000, está formado por talgos pendulares de séptima generación (Fig. 7.75b).
- *Alvia*; incorporado a la explotación comercial en el año 2006, dispone de *bogies* «Brava» o Talgo que permiten sin interrumpir la marcha pasar de un ancho de vía a otro. $V_{máx} = 250$ Km/h (Fig. 7.75c).
- *Arco*; formado por coches de la serie 10.200 y aptos para circular a 200 Km/h.
- *AVE*; tren de alta velocidad (300 Km/h), incorporado a RENFE en 1992 (Fig. 7.75d).
- *Diurno*; formado por material convencional que cubre relaciones transversales de larga distancia (500 Km). Dotado de coches con 2ª clase.
- *Estrella*; tren diseñado para viajes nocturnos, dotado con camas, literas y plazas sentadas.
- *Intercity*; tren que actúa como complemento de otros servicios diurnos de larga distancia; dotado de plazas en primera y segunda clase.
- *Euromed*; adaptación de las composiciones AVE, para circular por ancho ibérico, a velocidades de hasta 200 Km/h.

PRODUCTOS RENFE PARA EL SERVICIO DE VIAJEROS GRANDES LÍNEAS Y ALTA VELOCIDAD

a)

c)

d)

Fuente: Elaboración propia con fotos de RENFE (2007)

Fig. 7.75

- *Talgo*; utilizado en viajes de larga distancia, con coches de distintas generaciones como consecuencia de su evolución tecnológica. A partir de la cuarta generación disponen de un sistema de pendulación pasiva. Velocidad máxima de 160 a 200 Km/h.
- *Talgo 200*; utilizado en la relación Madrid-Málaga, con la velocidad máxima que indica el número.
- *Trenhotel*; servicio nocturno de gama alta. Dispone de camas y plazas sentadas.

Además, y para los servicios internacionales directos, se utilizan trenes Talgo que unen de noche Madrid con París y con Lisboa. Desde Barcelona existen servicios con París, Milán, Ginebra, Zurich (Fig. 7.76).

PRODUCTOS RENFE PARA EL SERVICIO DE VIAJEROS EN RELACIONES INTERNACIONALES

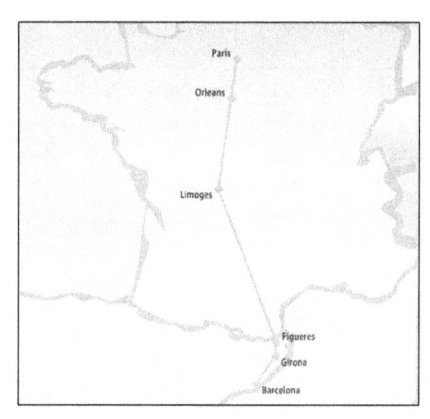
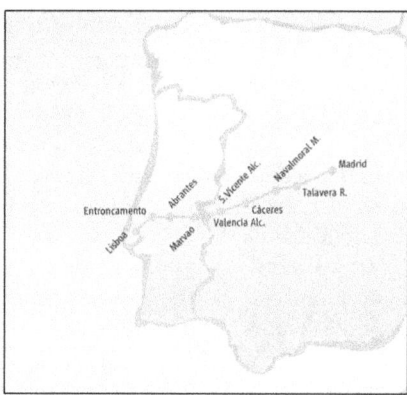
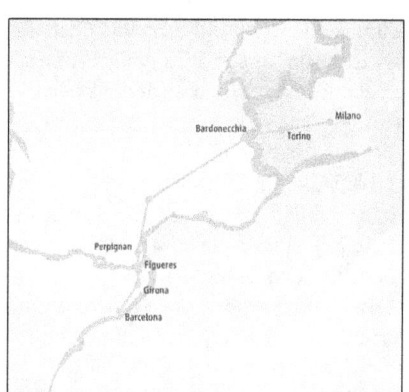

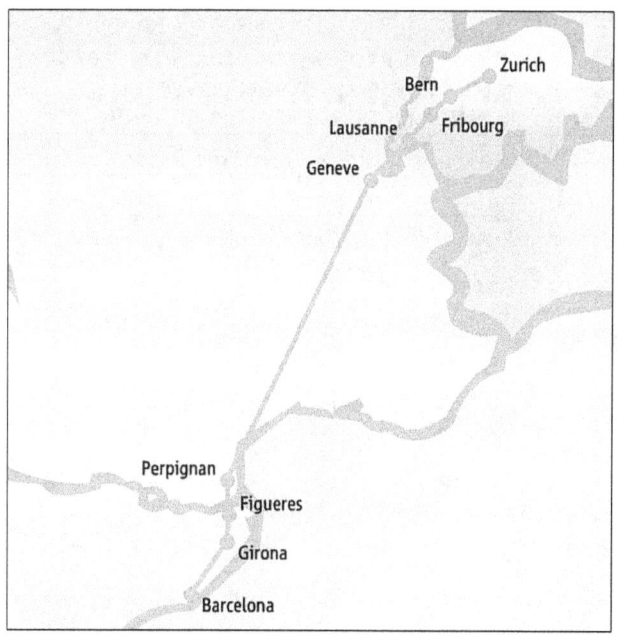

Fuente: Elaboración propia con gráficos de RENFE (2006)

Fig. 7.76

7.4.4 Evolución del tráfico de viajeros de grandes líneas y AVE

Consideraremos como punto de partida para el análisis evolutivo del tráfico y de la calidad del servicio el año 1993, correspondiente a la puesta en explotación de la línea de alta velocidad entre Madrid y Sevilla, durante todo el periodo anual.

Por lo que respecta al tráfico de grandes líneas en el citado año de referencia, el número de viajeros transportados fue de 12,4 millones. Diez años más tarde, es decir, en el año 2003, momento de la entrada en servicio de la nueva línea Madrid-Zaragoza-Lleida (octubre), el citado tráfico fue de 12,8 millones. Por tanto se constata un estancamiento durante la citada década del número de viajeros que utilizaron los servicios grandes líneas.

Una explicación razonable debería encontrarse en los siguientes hechos:

1) La dificultad del ferrocarril español para configurar una oferta de calidad en los servicios diurnos de viajeros a larga distancia, a causa de las restricciones de velocidad derivadas de la sinusoidad de las líneas.
2) Los avances producidos en la modernización de las infraestructuras viarias españolas, posibilitando una sensible reducción de los tiempos de viaje.
3) La llegada al mercado español de nuevas compañías aéreas, incluyendo las denominadas de bajo coste.

CUADRO 7.24 COMPARACIÓN DE DISTANCIAS KILOMÉTRICAS EN LOS PRINCIPALES ITINERARIOS SEGÚN LOS DISTINTOS MODOS DE TRANSPORTE. ESPAÑA

Itinerario	Distancia por			
	Ferrocarril		Carret.	Aviac.
	Absoluta	Diferencia con Carret. / Aviac.		
Madrid-Barcelona	683	+62 / +203	621	480
Madrid-Málaga	635	+91 / +206	544	429
Madrid-Sevilla	574	+36 / +182	538	392
Madrid-Valencia	498	+146 / +215	352	283
Madrid-Coruña	775	+143 / +269	609	483
Madrid-Bilbao	534	+139 / +216	395	318
Madrid-Alicante	455	+33 / +101	422	354
Madrid-Zaragoza	338	+13 / +87	325	251
Zaragoza-Barcelona	349	+53 / +90	296	259
Valencia-Barcelona	371	+22 / +77	349	294
Barcelona-Bilbao	690	+70 / +224	620	466
Madrid-S. Sebastián	591	+122 / +241	469	350
Valor medio		+78 / +176		

Fuente: A. López Pita (1994)

Por lo que respecta al primer hecho, en el libro *Infraestructuras ferroviarias* se hizo un análisis bastante detallado de las dificultades de los trazados ferroviarios españoles para poder circular a elevadas velocidades. Por otro lado, es destacable la mayor distancia que presenta este modo para unir dos puntos dados, respecto a la que es preciso recorrer por carretera o avión (Cuadro 7.24). Esta característica también se da en el resto de países europeos (Cuadros 7.25 a 7.27).

CUADRO 7.25 DISTANCIAS POR MODOS EN FRANCIA

Relación	Carretera	FF.CC.		Avión
	(Km)	Absoluta	Diferencia con Carretera / Avión	(Km)
París-Grenoble	561	641	+80 / +195	446
París-Marsella	764	863	+99 / +233	640
París-Perpignan	854	926	+82 / +242	684
París-Burdeos	559	581	+22 / +69	512
París-Toulouse	679	713	+34 / +123	590
París-Nantes	389	396	+7 / +37	359
París-Lille	219	258	+39 / +63	195
París-Nice	694	1088	+194 / +404	684
París-Lyon	456	512	+56 / +111	401
Valor medio			+68 / +163	

Fuente: A. López Pita (1994)

En cuanto a los avances en la mejora de las infraestructuras viarias, es útil recordar (Fig. 7.77) la situación de la red de carreteras españolas y la correspondiente al ferrocarril en el año 2004. Ello da lugar a que existan unas diferencias de tiempo muy apreciables en función del modo de transporte utilizado para desplazarse de un punto a otro (Fig. 7.78), en particular para las relaciones desde Madrid con el País Vasco, Cantabria, Asturias y Galicia. En consecuencia, no debería sorprender el estancamiento del tráfico de grandes líneas.

Por último y por lo que se refiere al mercado aéreo, se recuerda que Air Europa y Spanair se incorporaron al ámbito de los vuelos regulares en España en 1993/1994, que hasta entonces ocupaba Iberia. Más recientemente, 2004, la compañía aérea de bajo coste, Vueling, se sumó a dicho grupo, y en el año 2006, Clickair.

La oferta de Grandes Líneas ha sido, en los últimos años, de aproximadamente 9.800 a 10.000 millones de plazas-kilómetro, correspondientes a 36/37 millones de km-tren. El grado de aprovechamiento es del orden del 64%. Cada tren, en media, transporta 170/180 viajeros.

En lo que concierne al índice de calidad percibido por los clientes de grandes líneas, se señala que desde los inicios de la presente década su valor se encuentra estabilizado en torno a 7,2 sobre 10.

CUADRO 7.26 DISTANCIAS POR MODOS EN ITALIA

Relación	Carretera	FF.CC. (Km)			Avión
	(Km)	Absoluta	Diferencia con Carretera	Avión	(Km)
Roma-Florencia	277	312	+ 35	+ 68	244
Roma-Milán	572	630	+ 58	+ 133	497
Roma-Nápoles	219	214	- 5	+ 26	188
Roma-Turín	669	783	+ 114	+ 243	540
Turín-Venecia	402	411	+ 9	+ 47	364
Roma-Génova	501	501	–	+ 89	412
Roma-Venecia	528	571	+ 43	+ 149	422
Roma-Bologna	379	411	+ 32		–
Valor medio			+ 36	+ 108	

Fuente: A. López Pita (1994)

CUADRO 7.27 DISTANCIAS POR MODOS EN ALEMANIA

Relación	Carretera	FF.CC. (Km)			Avión
	(Km)	Absoluta	Diferencia con Carretera	Avión	(Km)
Roma-Florencia	277	312	+ 35	+ 68	244
Hamburgo-Munich	805	819	+ 14	+ 219	600
Hamburgo-Frankfurt	509	624	+ 15	+ 110	414
Hamburgo-Colonia	433	452	+ 19	+ 87	365
Munich-Colonia	578	625	+ 47	+ 187	438
Berlín-Frankfurt	555	602	+ 47	+ 169	433
Frankfurt-Munich	395	458	+ 63	+ 158	300
Hamburgo-Stuttgart	653	742	+ 89	+ 189	553
Valor medio			+ 42	+ 160	

Fuente: A. López Pita (1994)

RED DE CARRETERAS Y DE FERROCARRIL EN ESPAÑA (2004)

Fuente: Ministerio de Fomento (2005)

Fig. 7.77

En el ámbito de los servicios que utilizan la línea de alta velocidad Madrid-Sevilla, cabe diferenciar tres tipos de productos:

- AVE larga distancia (Madrid-Córdoba/Sevilla)
- AVE lanzadera (Madrid-Ciudad Real/Puertollano)
- Trenes Talgo 200 (Madrid-Málaga/Cádiz/Algeciras)

A diferencia del tráfico de Grandes Líneas, el número de viajeros transportados por la unidad de negocio de alta velocidad fue creciendo de forma paulatina desde la apertura de la nueva línea Madrid-Sevilla. En efecto, si durante el primer año de funcionamiento (1993) el tráfico fue de 3,25 millones de viajeros, en el año 2002, antes de la inauguración de la línea Madrid-Zaragoza-Lleida (año 2003), el citado tráfico se elevó a 6,23 millones de viajeros. Es decir, prácticamente se duplicó en nueve años (7.79).

Por otro lado, destacó el impacto que produjo en los desplazamientos aéreos en la relación Madrid-Sevilla, en donde el ferrocarril alcanzó rápidamente una cuota de mercado respecto al avión

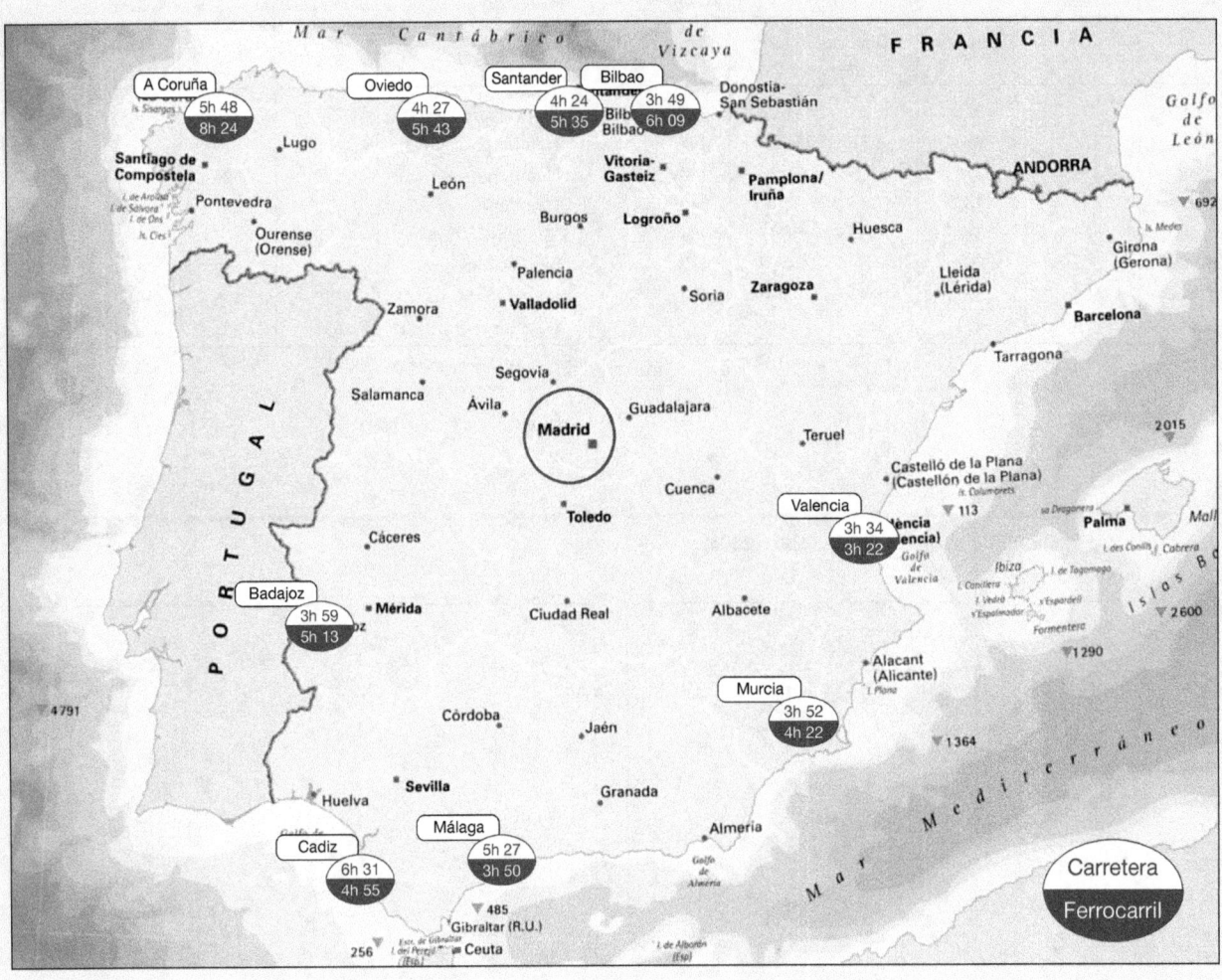

TIEMPOS DE VIAJE POR FERROCARRIL Y CARRETERA DESDE MADRID (2004)

Fuente: A. López Pita (2004)

Fig. 7.78

superior al 80%. Un impacto menor, pero igualmente significativo, tuvo lugar en la relación Madrid-Málaga, donde a pesar del tiempo ofrecido por el ferrocarril (> 4 horas), este modo superó el 40% en términos de cuota de mercado (Fig. 7.79). Es relevante reflejar la alta valoración que los clientes han tenido durante los diez años considerados, tal como se refleja en la figura 7.79, para cada uno de los productos existentes en esta nueva línea de alta velocidad.

Es de interés resaltar el paralelismo exitente entre la evolución experimentada por el tráfico de grandes líneas (estancamiento) en el ferrocarril español y el tráfico AVE (crecimiento) con el que tuvo lugar en Francia con ocasión de la entrada en servicio comercial de la primera línea de alta velocidad. En efecto, durante el periodo 1981-1985, en los primeros años de funcionamiento de la línea París-Lyon,
el tráfico de viajeros aumentó en ella en un 50%. Por el contrario, en el mismo periodo de tiempo, en el resto de las líneas francesas de largo recorrido la demanda permaneció prácticamente estancada.

Resulta ilustrativo recordar que en la relación París-Burdeos, a pesar de que la velocidad comercial ofrecida por el ferrocarril se situó en el entorno de 150 km/h, el tráfico de viajeros en este modo permaneció estancado en el periodo temporal considerado anteriormente como referencia. Por el contrario, el avión incrementó su demanda en 400.000 viajeros, es decir, en un 70% respecto al tráfico existente en 1981 ($\simeq$ 600.000 viajeros).

Para un periodo temporal mas amplio (1982-1990), el tráfico de viajeros por ferrocarril en la relación París-Estrasburgo (velocidad comercial a 130 km/h) aumentó tan solo en un 6%.

IMPACTO COMERCIAL DE LA LÍNEA DE ALTA VELOCIDAD MADRID-CÓRDOBA-SEVILLA

a) Tren AVE

b) Evolución del tráfico de viajeros

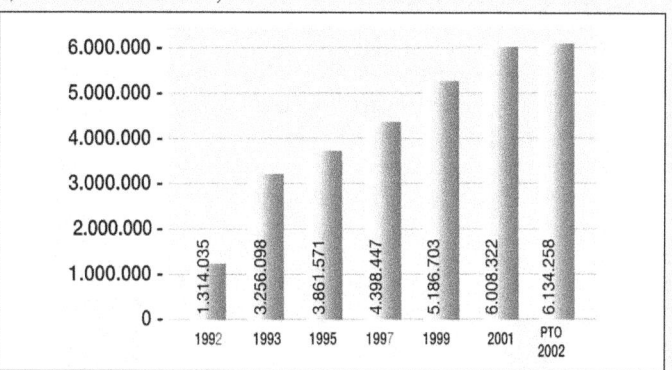

c) Distribución modal ferrocarril-avión en la relación Madrid-Sevilla

d) Distribución modal ferrocarril-avión en la relación Madrid-Málaga

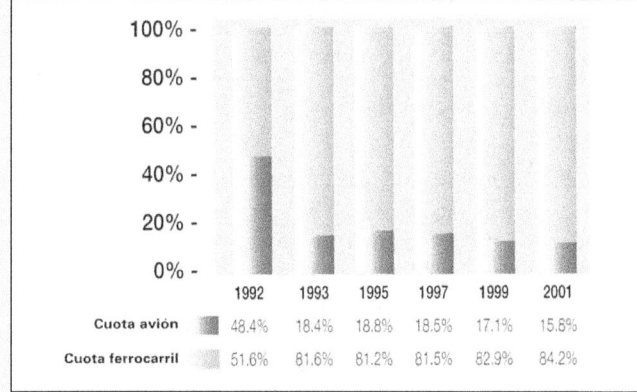
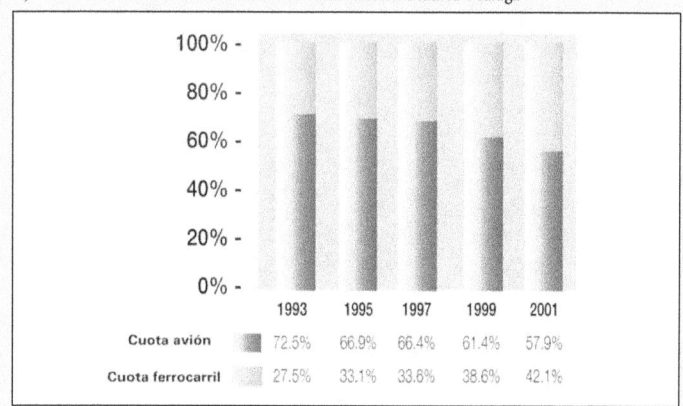

e) Valoración de los servicios de alta velocidad

f) Evolución de la valoración de los servicios por ferrocarril

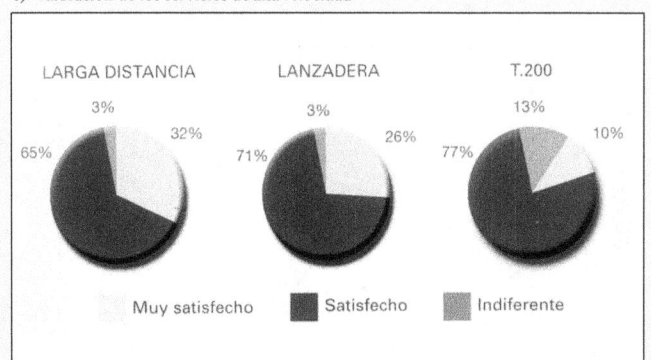

	1992	1993	1995	1997	1999	2000	2001	2002
Larga Distancia	8,64	8,65	8,56	8,6	8,5	8,5	8,4	8,5
Lanzadera	-	8,6	8,37	8,4	8,8	8,4	8,2	8,4
Talgo 200	-	8,16	7,97	8,1	8,1	8,0	8,0	7,6

Fuente: RENFE (2002)

Fig. 7.79

7.5 EL TRÁFICO DE VIAJEROS POR FERROCARRIL EN ALGUNOS PAÍSES EUROPEOS

Con objeto de proporcionar una visión global de la dimensión que tiene el ferrocarril en el transporte de viajeros en los principales países europeos, todos los segmentos de mercado incluidos en el cuadro 7.28 se explicita el número de viajeros transportados en los citados países y por los ferrocarriles que se mencionan (año 2005).

CUADRO 7.28 TRÁFICO DE VIAJEROS POR FERROCARRIL EN ALGUNOS PAÍSES EUROPEOS (2005)

País	Ferrocarril (compañía)	Población (millones de habitantes)	Kilómetros de líneas	Viajeros transportados (millones)
Austria	OBB	8	5.690	192
Bélgica	SNCB	11	3.542	187
Francia	SNCF	61	29.286	967
Alemania	DBAG	83	34.218	1.785
Italia	FS	59	16.225	517
Holanda	NS	16	2.813	321
Polonia	PKP	38	19.507	218
Portugal	CP	11	2.839	131
España	RENFE	44	12.839	505
Reino Unido	ATOC	60	15.810	1.078
Suiza	CFF	7	3.017	276

Fuente: Elaboración propia a partir de datos UIC

Por lo que respecta al ferrocarril español, en el cuadro 7.29 se muestran los datos correspondientes a los distintos segmentos de mercado durante el periodo 1995-2006, para tener en cuenta la repercusión de los servicios de alta velocidad.

CUADRO 7.29 EVOLUCIÓN DEL TRÁFICO DE VIAJEROS (MILLONES) POR FERROCARRIL EN RENFE (1995-2006)

Segmento de mercado	1995	2000	Año 2002	2004	2006
AVE	3,9	5,6	6,3	6,2	8,7
Largo recorrido	11,6	13,6	13,3	12,4	12,8
Regionales	21,4	25,8	26,3	26,1	28,3
Cercanías	238,6	393,9	439,6	439,7	466,6
Total	365,5	438,9	485,5	484,4	516,4

Fuente: Elaboración propia a partir de datos del Ministerio de Fomento

El aspecto quizás mas relevante de la observación de los datos del cuadro 7.29 es el hecho del estancamiento de la demanda de transporte en los trenes de largo recorrido que circulan por líneas convencionales.

Finalmente, se estima de interés exponer (Cuadro 7.30) el desarrollo del tráfico de viajeros en la red francesa que, en la actualidad, con sus 1.800 km de líneas de alta velocidad, es la que dispone de mayor extensión de servicios de altas prestaciones.

CUADRO 7.30 EVOLUCIÓN DEL TRÁFICO DE VIAJEROS (MILLONES) POR FERROCARRIL EN FRANCIA (1995-2006)

Segmento de mercado	1995	2000	Año 2002	2004	2006
Ile de France	487	547	575	615	655
Red principal	254	314	325	329	358
– Interior	238	284	296	305	SD
– Internacional	16	30	29	24	SD
Servicios TGV	46,6	79,7	88,0	90,9	100
Otros servicios	207,4	234,3	237,0	238	SD
Total	741	861	900	944	1.013

Fuente: Elaboración propia con datos del Ministere de l'Equipement francés

La unidad utilizada para cuantificar la demanda de transportes ha sido el número de viajeros. Sin embargo, en la práctica, además de este indicador, se emplea el número de viajeros-kilómetro. Si se recuerda que hasta hace pocas décadas (hasta el momento de la introducción de los servicios de alta velocidad en Europa) la tarifa ferroviaria se fijaba en términos de unidad monetaria por kilómetro recorrido, se comprende que el citado indicador proporcionaba una referencia de la actividad económica realizada. En el cuadro 7.31 se muestran las cifras correspondientes a algunos países europeos (año 2005).

CUADRO 7.31 TRÁFICO DE VIAJEROS-KILÓMETRO POR FERROCARRIL EN ALGUNOS PAÍSES EUROPEOS (2005)

País	Viajeros transportados (millones)	Viajeros-kilómetro realizados
Austria	192	8.470
Bélgica	187	9.150
Francia	967	76.159
Alemania	1.735	72.554
Italia	517	46.144
Holanda	321	14.730
Polonia	218	16.742
Portugal	131	3.412
España	505	19.809
Reino Unido	1.078	43.000
Suiza	276	13.830

Fuente: Elaboración propia con datos UIC

Para el caso del ferrocarril RENFE, el total de viajeros-kilómetro se distribuye, por segmentos de mercado, en la forma siguiente:

- AVE   2.325 M viajeros-kilómetro
- Grandes Líneas 6.322 M viajeros-kilómetro
- Regionales   2.745 M viajeros-kilómetro
- Cercanías   8.417 M viajeros-kilómetro

Se observa que aun cuando en el segmento grandes líneas, el tráfico de viajeros es el más bajo ($\simeq$ 12 milones de viajeros), en términos de viajeros-kilómetro representa el segundo más elevado despues del tráfico de cercanías.

Una visión global de la actividad realizada en el ámbito de la oferta y la demanda, en cada segmento de mercado se obtiene considerando los siguientes indicadores:

a) Respecto a la oferta ferroviaria:
 – Número de plazas-kilómetro ofrecidas (P.K.O)
 – Kilómetros/tren ofertados
 – Plazas ofrecidas por el tren

b) Respecto a la demanda del transporte:
 – Viajeros transportados
 – Viajeros-kilómetro

La combinación de algunas de ellas proporciona el grado de aprovechamiento de la oferta ferroviaria. Como referencia:

1. Número de viajeros por tren
2. Relación entre el número de viajeros-kilómetro realizados y el número de plazas-kilómetro ofertadas

Finalmente, desde la perspectiva comercial-económica se utilizan los siguientes indicadores:

- Ingresos por kilómetro tren
- Percepción media por viajero y por kilómetro

Para el caso de RENFE los valores de los citados indicadores para cada uno de los segmentos de mercado de su actividad se muestran en el cuadro 7.32.

La observación de los datos del cuadro 7.32 permite deducir conclusiones de gran interés sobre la actividad ferroviaria. Nótese, en efecto, como la percepción media por viajero/km es análoga en el caso de los servicios de cercanías y regionales. En el extremo opuesto se encuentra la percepción media en el caso de los servicios de alta velocidad, que es algo mayor del doble de la correspondiente a los citados servicios de cercanías.

Un segundo aspecto que destacata es el diferente grado de ocupación de los trenes en los diferentes servicios que se prestan, Es razonable que el valor inferior corresponda a los trenes de cercaní-

CUADRO 7.32 PRINCIPALES INDICADORES DE LA ACTIVIDAD FERROVIARIA EN EL TRÁFICO DE VIAJEROS DE RENFE (AÑO 2005)

Indicador	AVE	Grandes Líneas	Regionales	Cercanías
P.K.O.	3.869	9.810	7.824	21.770
Kilometros/tren (miles)	12.137	37.427	32.804	56.555
Plazas/tren	308	262	239	385
Viajeros/tren	192	19	84	149
V km/P.K.O (%)	60,1	64,4	35,1	38,7
Ingresos tren-km (euros)	20.557	10.989	4.558	6.391
Percepción media por V km	0,107	0,065	0,045	0,043

Fuente: Elaboración propia con datos Memoria RENFE

as, dado que en este tipo de servicios la frecuencia de paso de los trenes es una variable de especial importancia, lo que determina una menor ocupación.

Es indudable que las variables económicas indicadas en el cuadro 7.32 representan tan solo una faceta de la actividad ferroviaria, la que se refiere a los ingresos comerciales. Sería del mayor interés relacionar estas magnitudes con los costes que conlleva la puesta en práctica de la citada oferta. Sin embargo, el desarrollo de esta segunda faceta desborda ampliamente el objetivo de esta publicación.

En todo caso, puede señalarse, como referencia, que en las condiciones económicas del año 2003 se estimaba a nivel europeo que el coste del viajero-kilómetro para los servicios de alta velocidad se situaba en torno a 0,07 euros.

Debe señalarse que en España, además de RENFE, otras empresas de ferrocarriles prestan servicio en algunas Comunidades Autónomas. De forma específica puede mencionarse a: FEVE (11,3 millones de viajeros en 2006); Ferrocarriles de la Generalitat de Cataluña (79 millones de viajeros) que oferta un servicio básicamente de cercanías y de regionales desde Barcelona; Ferrocarriles de la Generalitat Valenciana (67,1 millones de viajeros), cuya oferta de servicio es similar a la indicada para Cataluña; Ferrocarriles del País Vasco que también en el año 2006 transportaron 21,1 Mviajeros y, finalmente, Ferrocarriles de las Islas Baleares, que en el mismo período temporal transportó 3,4 millones de viajeros. En conjunto el tráfico efectuado por estas compañías se situó en el entorno de 184 millones de viajeros. Esta cifra representa, aproximadamente, el 40% del volumen de viajeros que RENFE transporta en los servicio de cercanías. Es de interés destacar que las empresas mencionadas actúan sobre redes propias, independientes de la malla que configura la infraestructura de ADIF. Ello no impide, sin embargo, que en algunas relaciones el desplazamiento pueda efectuarse utilizando una compañía ferroviaria u otra, pero no por la misma línea.

7.6 TERMINALES DE VIAJEROS

7.6.1 Introducción

Una estación ferroviaria puede definirse como un lugar de transferencia entre el ferrocarril y los distintos modos de transporte complementarios que efectúan tareas de concentración y dispersión de los viajeros.

De forma sucinta, puede decirse que las necesidades que presenta una estación son de naturaleza técnica y comercial. En el primer ámbito, técnico, las estaciones deben permitir la recepción, estacionamiento, descomposición, formación y cruce de trenes. En el segundo ámbito, comercial, las estaciones deben posibilitar las operaciones que entrañan la llegada, salida, transbordo y espera de viajeros y acompañantes.

A comienzos de la década de los años noventa del pasado siglo, la unidad de negocio de Estaciones de RENFE gestionaba 1.365 estaciones, agrupándose cada una de ellas en función de su importancia y del servicio prestado (Fig. 7.80a). Se observa que la suma de las estaciones de tipo: gran terminal, gran estación y estación Intercity, era del orden de 80, y podían considerarse como las de mayor interés comercial. Al iniciarse la presente década, el número de estaciones adscritas a esta unidad de negocio se eleva a 89, con la distribución geográfica indicada en la figura 7.80b.

Se comprende, por tanto, que la tipología física del conjunto de estaciones en una red ferroviaria sea muy diversa y que, además, haya ido evolucionando con el paso del tiempo en función de la variación de las necesidades de la demanda.

Algunas estaciones han sido remodeladas y ampliadas en fechas relativamente recientes, con objeto de hacerlas más funcionales, desde el punto de vista ferroviario, y más atractivas desde la perspectiva comercial. En ocasiones los trabajos llevados a cabo han sido consecuencia de la incorporación de nuevos servicios (alta velocidad en particular). Tal ha ocurrido, por ejemplo, con las estaciones de Madrid-Atocha, (Fig. 7.81). Barcelona-Sants y Málaga (Fig. 7.82).

En otros casos, la construcción de nuevas líneas ha obligado a ubicar nuevas estaciones en zonas diferentes a las que contaban con estaciones tradicionales. Esta situación se ha dado con la ejecución de las estaciones de Sevilla-Santa Justa (Fig. 7.83) y Zaragoza-Delicias (Fig. 7.84), por no citar más que dos ejemplos.

Por último, a lo largo de las líneas de alta velocidad se han construido nuevas estaciones de menor entidad física: Campo de Tarragona, Antequera-Santa Ana, y Puente Genil entre otras.

Más allá de los Pirineos, en el resto de Europa, puede encontrarse una situación muy parecida a la indicada en el caso español. Como referencia, la remodelación de la estación de Amberes en Bélgica (Fig. 7.85), para convertir una terminal *cul-de-sac* (sin salida) en una estación pasante; la construcción de la nueva estación de Lyon-Part Dieu (Fig. 7.86a), o la realización de más de una docena de nuevas estaciones en puntos concretos de las líneas de alta velocidad en Francia: Picardie, Valence TGV, Aix-en-Provence TGV, Vendôme, Le-Creusot, Meuse, Lorraine, etc.

Una mención especial debe hacerse para las estaciones de ferrocarril construidas en los aeropuertos. Dos situaciones pueden darse:

ESTACIONES DE VIAJEROS EN RENFE

a) Tipología de estaciones de viajeros en RENFE (1992)

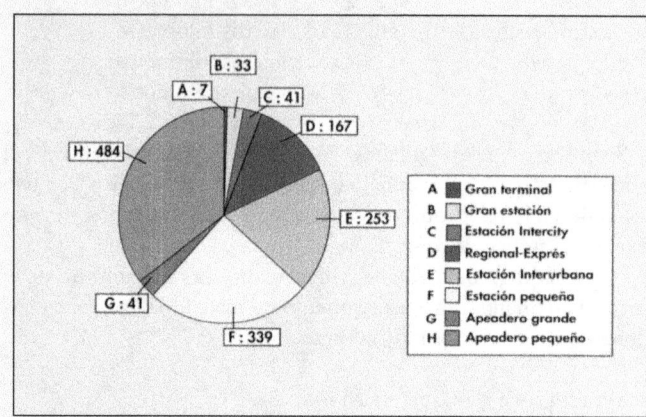

b) Principales estaciones de viajeros en RENFE (2001)

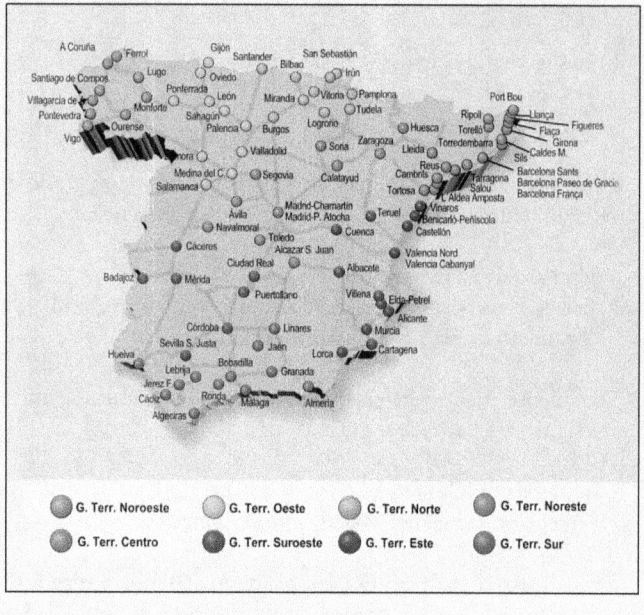

Fuente: RENFE

Fig. 7.80

ESTACIÓN DE ATOCHA: CONFIGURACIÓN TRADICIONAL Y AMPLIACIÓN

Ampliación

Estación tradicional

Fuente: RENFE

Fig. 7.81

ESTACIÓN DE MÁLAGA

a) Antes de la remodelación del año 2007

b) Antes de la remodelación de 2007

c) Después de la remodelación del año 2007

d) Después de la remodelación de 2007

Fuente: RENFE y Adif, Ministerio de Fomento y F. Costa

Fig. 7.82

ESTACIONES DE SEVILLA HASTA 1992 Y CON POSTERIORIDAD

a) Ubicación de la estación de Santa Justa

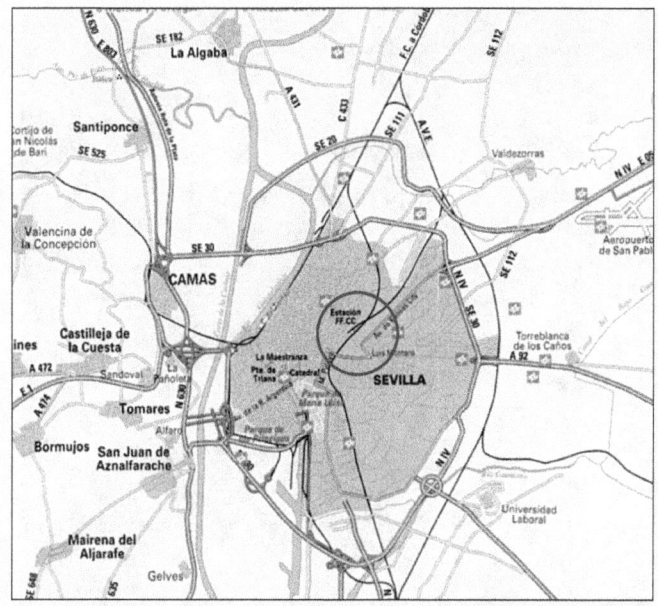

c) Estación de Santa Justa

b) Sevilla Plaza de Armas

d) Fachada Estación Plaza de Armas

Fuente: RENFE, Vía Libre y C. Mazzoni (2001)

Fig. 7.83

EVOLUCIÓN DE LAS ESTACIONES EN ZARAGOZA

a) Configuración 1960

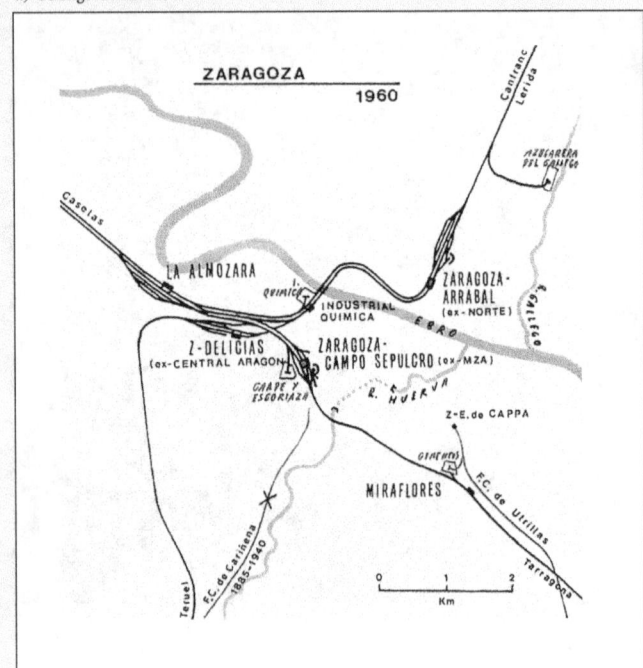

b) Configuración 1998

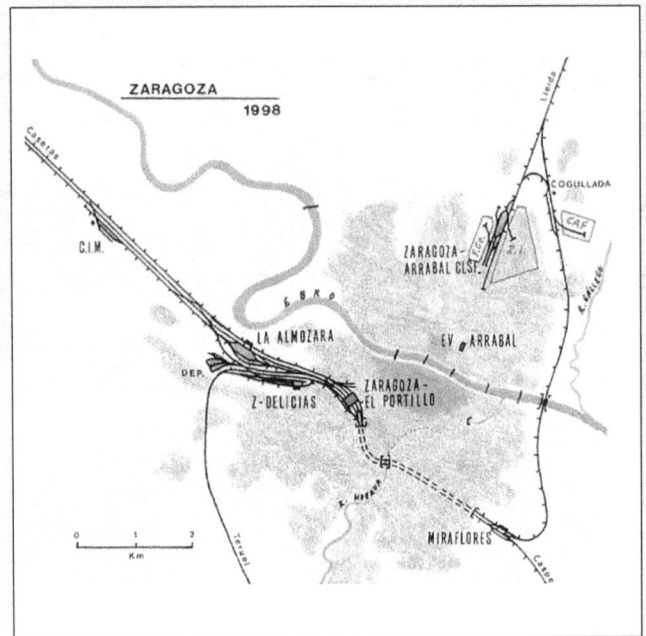

c) Estación de Zaragoza El Portillo (1998)

d) Nueva Estación de Delicias (2003)

Fuente: RENFE, G. Beltrán y E. Padilla (1999)

Fig. 7.84

estaciones que permiten al viajero el desplazamiento ciudad-aeropuerto, y aquellas estaciones que forman parte de la red de alta velocidad y posibilitan, en consecuencia, efectuar desplazamientos interurbanos de media y larga distancia. En relación con el primer ámbito, de acceso a los aeropuertos, en Europa existe una amplia experiencia desde el establecimiento por primera vez, en 1955, de la conexión entre la estación de Bruselas y su aeropuerto. En cuanto al segundo ámbito, de conexión del aeropuerto con la red de alta velocidad ferroviaria, las realizaciones, a mediados de los años noventa del pasado siglo, de las estaciones en los aeropuertos de París-Charles de Gaulle y Lyon-Satolos (hoy día Lyon-Saint-Exupéry) (Fig. 7.86b) marcaron el inicio de una era en la construcción de estaciones con esta funcionalidad.

ESTACIÓN DE AMBERES (2000)

Fuente: Anne-Marie Grué

Fig. 7.85

ESTACIONES EN LYON (1979)

a) En el centro de la ciudad

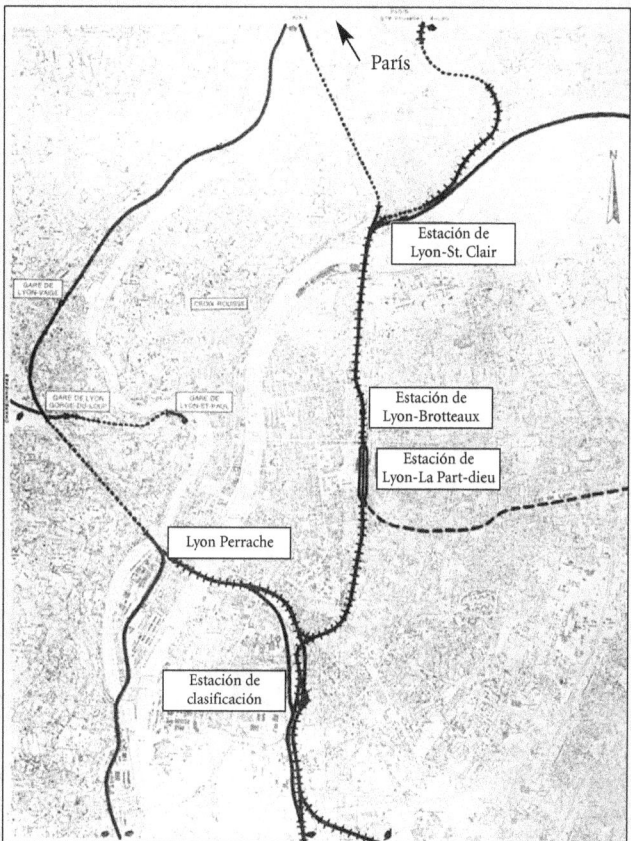

b) En el aeropuerto

Fuente: La Vie du Rail (1981) y Aeropuerto de Lyon

Fig. 7.86

7.6.2 Tipología de estaciones de línea en grandes corredores

Como se ha indicado con anterioridad, la estación de ferrocarril existente en una ciudad es el resultado de su concepción histórica y de las posibles mejoras que haya experimentado a lo largo del tiempo. Es importante señalar que desde hace dos décadas se viene prestando una atención especial a la configuración física de las estaciones, por considerar de la mayor relevancia la forma en que el viajero toma contacto, por primera vez, con este modo de transporte. Es preciso reconocer, en este ámbito, que la aviación a través de los aeropuertos abrió el camino para orientar la modernización de las estaciones ferroviarias.

Es evidente, no obstante, que el conocimiento de la realidad existente hace apenas dos décadas estimamos proporciona una excelente base de referencia para: poder valorar mejor el esfuerzo realizado por el ferrocarril español, y también para identificar el camino que todavía queda por recorrer.

Desde esta perspectiva, nos proponemos a continuación proporcionar unas imágenes visuales representativas de algunas estaciones del ferrocarril español, analizando los aspectos más representativos desde el punto de vista de su funcionalidad.

La observación del mapa de la red ferroviaria española pone de relieve la existencia de un grupo de estaciones de línea de posible interés para el análisis. Nos referimos a aquellas que son punto de enlace o bifurcación de más de un corredor. Históricamente, algunas de las de mayor importancia han sido: Monforte de Lemos (Fig. 7.87), entrada del ferrocarril a Galicia en dirección a Lugo y La Coruña por un lado, y hacia Orense, Vigo y Pontevedra, por otro; Venta de Baños, estación en la que concurren los itinerarios que desde Asturias y Cantabria se dirigen hacia la Meseta

ESTACIÓN DE MONFORTE DE LEMOS (GALICIA)

a) Vista general

b) Principales líneas en Galicia

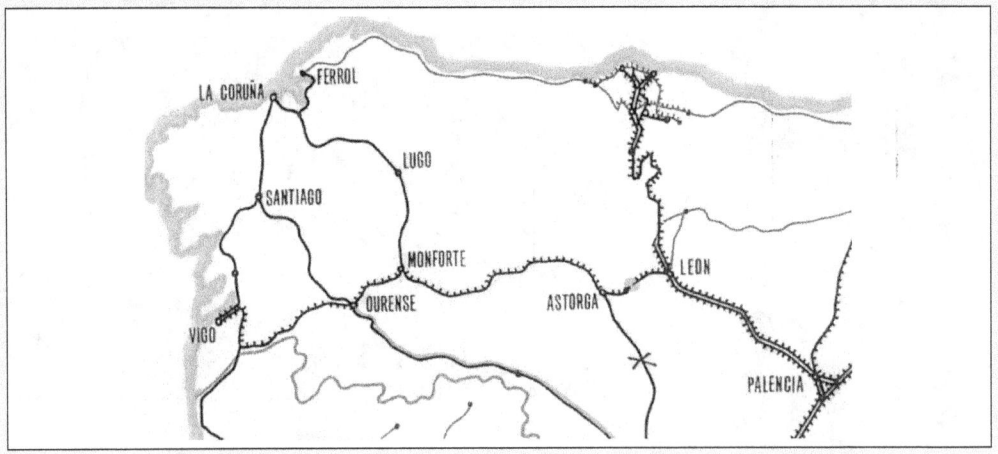

c) Playa de vías

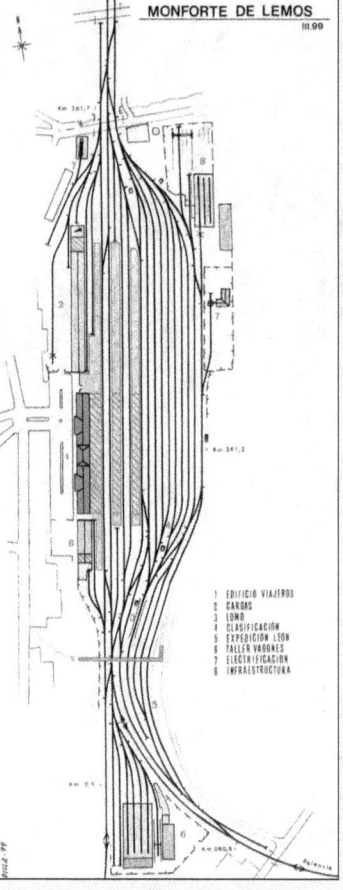

Fuente: RENFE

Fig. 7.87

Central; Miranda de Ebro, que permitía el acceso a Bilbao y San Sebastián; Alsasua, que unía el corredor transversal que desde el Mediterráneo se dirigía al País Vasco; Alcázar de San Juan, punto de encuentro del corredor de Levante y de Andalucía; y Linares-Baeza, en donde concurrían los servicios de Andalucía Oriental y Occidental. Otras estaciones, como Medina del Campo, Castejón, Bobadilla, etc. fueron también relevantes en la explotación ferroviaria.

Como representante de este grupo de estaciones, en la figura 7.87 se muestra la configuración de la playa de vías de la estación de Monforte de Lemos. A finales de la década pasada contaba con cinco vías principales dotadas de andén que se complementaban con otras nueve vías. En realidad, no puede hablarse de un dimensionamiento *ad hoc* de vías y espacios comerciales a las necesidades de la demanda, por ser su realidad en gran medida derivada de configuraciones históricas.

Para la subida y bajada de los viajeros se dotaba a la estación de los mencionados andenes cubiertos por marquesinas, tal como se aprecia en la figura 7.87. La anchura de los andenes era, en general, reducida, no superior a cinco metros. Su longitud tendía a ser igual a la del tren más largo en la línea. Las magnitudes de referencia fueron, tradicionalmente, las siguientes:

- Trenes regionales $\simeq$ 240 m
- Trenes Intercity $\simeq$ 300 m
- Trenes diurnos de largo recorrido $\simeq$ 430 m
- Trenes nocturnos de largo recorrido $\simeq$ 520 m

(Con la llegada de las ramas de alta velocidad, se utilizan 200 m para composiciones simples y 400 m para ramas acopladas.)

Una de las limitaciones de la estación considerada en la figura 7.87 era la ausencia de paso directo para los trenes en la relación Orense-León, lo que obligaba a efectuar retrocesos en Monforte, invirtiendo la ubicación de la locomotora e incrementando, por tanto, el tiempo de viaje.

Análoga situación se daba en la estación de Miranda de Ebro, en donde los trenes que desde Burgos se dirigían a la Rioja se veían obligados a pasar por la mencionada estación y realizar la consiguiente inversión del sentido de la marcha. La construcción de una variante junto al *by-pass* indicado en la figura 7.88 permitió ganar del orden de treinta minutos a los servicios ferroviarios transversales que no tenían obligación comercial de detenerse en Miranda.

Un segundo grupo de estaciones de línea para el análisis estaría formado por las correspondientes a poblaciones de una cierta entidad demográfica. En este ámbito, la figura 7.89 muestra el equipamiento ferroviario de la estación de Pamplona ($\simeq$ 190.000 habitantes) y la figura 7.90 el de Valladolid ($\simeq$ 320.000 habitantes). Nótese la diferente ubicación relativa de la estación con relación al núcleo urbano. Para este tipo de estaciones, el espacio

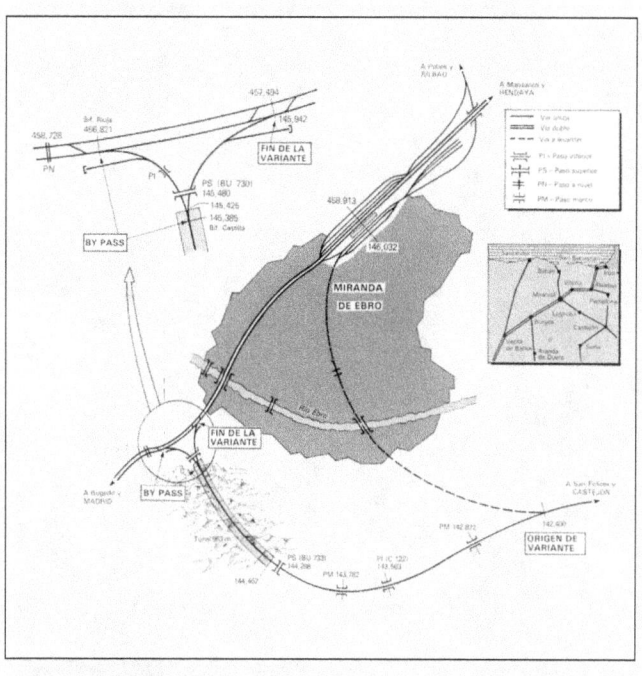

VARIANTE Y *BY PASS* DE MIRANDA DE EBRO

Fuente: RENFE (1987)   Fig. 7.88

dedicado a los viajeros responde, en general, al esquema en planta indicado en la figra 7.91. Se desea que exista una separación clara de la zona de llegadas y salidas, respecto al área de espera. Sin embargo, en algunas estaciones se confunden las tres áreas mencionadas.

Un tercer grupo de estaciones de línea estaría configurado por aquellas que han experimentado una fuerte remodelación. Es el caso de la estación de Lleida, con ocasión de la llegada a esta ciudad de la nueva línea de alta velocidad. En la figura 7.92 se muestra una visión de conjunto anterior a la referida remodelación, con el edificio de viajeros original de 1923. Como se observa en la citada figura 7.92, los trabajos de modernización consistieron en ubicar un nuevo edificio junto al existente, para ampliar la capacidad de recepción de viajeros, y en construir tres marquesinas onduladas de espectaculares dimensiones por el lado de los andenes, para proteger a estos de las inclemencias meteorológicas. En esta estación coexisten las nuevas vías de ancho internacional con las de ancho RENFE. Las primeras son utilizadas por los trenes de alta velocidad y las segundas por los trenes convencionales. Con esta mejora, la estación cambió su antiguo nombre por el de Lleida-Pirineos.

ESTACIÓN DE PAMPLONA (1990)

Fuente: RENFE   Fig. 7.89

ESTACIÓN DE VALLADOLID (1990)

Fuente: RENFE   Fig. 7.90

ESPACIOS FUNCIONALES DE REFERENCIA EN UNA ESTACIÓN DE LÍNEA DE MEDIA DIMENSIÓN

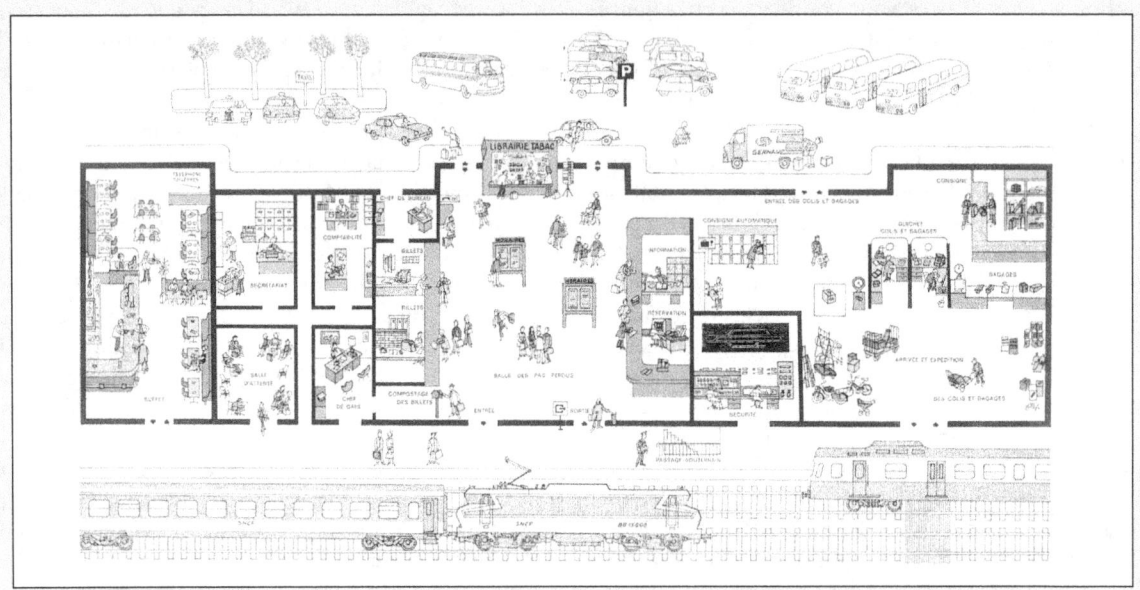

Fuente: SNCF   Fig. 7.91

ESTACIÓN DE LLEIDA ANTES Y DESPUÉS DE SU MODERNIZACIÓN

a) Antes de su modernización

b) Después de su modernización

c) Detalles de la dimensión de la modernización

Fuente: J. Sans Pont (2003) y X. Maraña (2003)

Fig. 7.92

7.6.3 Tipología de grandes terminales

Este grupo de estaciones corresponde a las terminales construidas en las grandes ciudades europeas que, en ocasiones, disponen de más de una estación de estas características. Su realización fue efectuada en el siglo XIX, y a lo largo del tiempo han experimentado diversos procesos de modernización. Algunas de ellas pueden considerarse verdaderos monumentos, tal como se deduce de la observación de la figura 7.93. Entre estas estaciones se encuentran las de Milán-Central, Helsinki, París-Est, Amberes, Toledo y Almería, entre otras.

La mayoría de las grandes estaciones terminales en Europa se caracterizan por contar con una playa de vías en *cul de sac*, es decir, sin continuidad. Véase a este respecto, en la figura 7.94, la situación existente en las estaciones de Budapest, Zurich, Viena y Praga a título indicativo. En la figura 7.95 se muestra la configuración de la estación de Barcelona-Francia.

Desde el punto de vista de la explotación ferroviaria, esta disposición tiene el inconveniente de necesitar el cambio de máquina (de cabeza a cola). En todo caso, en trenes que se detienen en ellas pero que posteriormente continúan, se produce un alargamiento de la parada, lo cual puede conducir a necesitar de un mayor número de vías para la explotación.

ALGUNAS ESTACIONES CONSIDERADAS MONUMENTOS

a) Milán Central

d) Toledo

b) Helsinki

c) Estación del Norte (París)

e) Almería

Fuente: Vía libre y La Vie du Rail

Fig. 7.93

EJEMPLOS DE ESTACIONES TERMINALES SIN CONTINUIDAD

a) Budapest

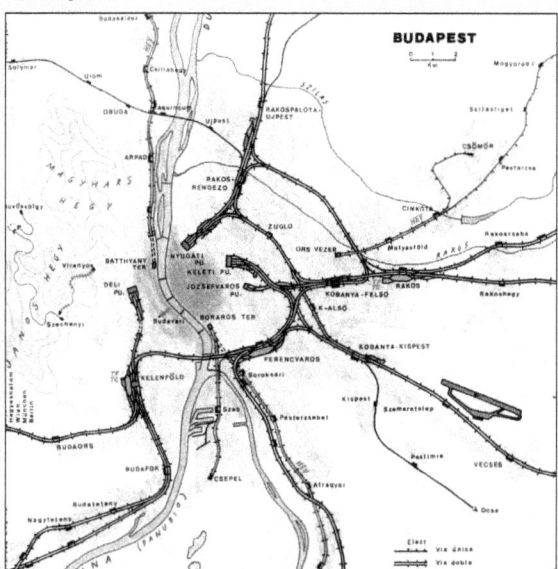

c) Viena

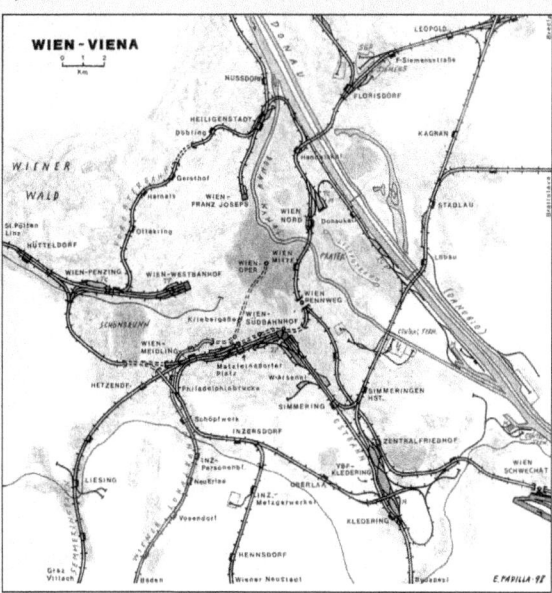

b) Zurich

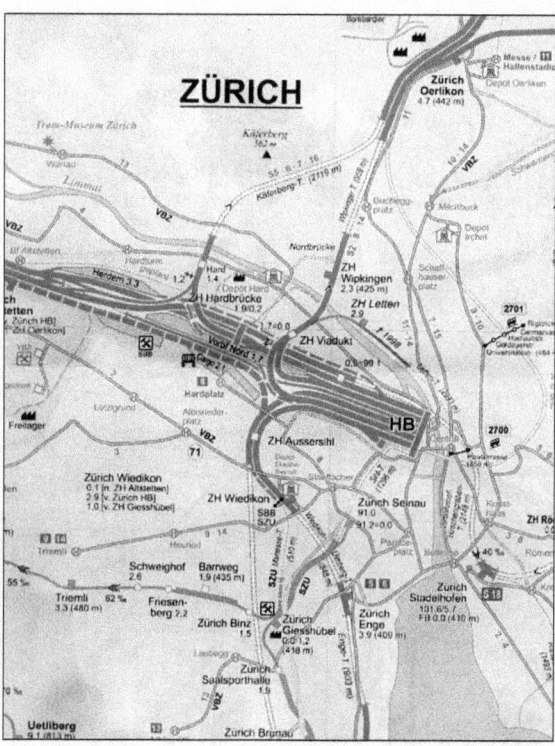

d) Praga

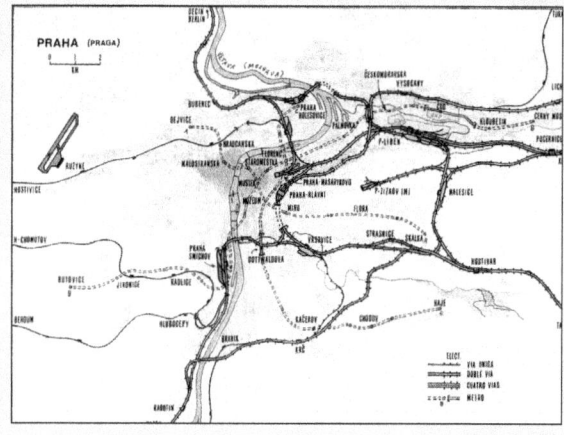

Fuente: E. Padilla et al. (1997); D. Cantero et al. (1989)

Fig. 7.94

En el ámbito español resulta de interés observar en la figura 7.96 las dificultades que se derivan de la configuración física de la estación de Valencia para efectuar los desplazamientos por ferrocarril entre el norte de Valencia y Cartagena. Análoga configuración y problemática se presenta en las estaciones de Murcia y Alicante.

Desde la perspectiva del viajero, este tipo de estaciones en *cul de sac* suelen ofrecer, generalmente, puntos de salida por el extremo frontal de los andenes, lo cual obliga a los viajeros a recorrer trayectos horizontales muy largos (300 a 400 m) (Fig. 7.95).

Algunas de estas grandes estaciones tienen la particularidad de presentar un trazado curvo, lo que complica la explotación de las mismas, de forma especial por lo que respecta a la anchura de los

ESTACIÓN DE BARCELONA–FRANCIA

a)

b)

c)

d)

Fuente: E. Mateos (2005)

Fig. 7.95

andenes, que se va reduciendo de forma progresiva y llega a ser claramente insuficiente para el desplazamiento de los viajeros (Fig. 7.95a). En general, la anchura de los andenes en las estaciones clásicas se encuentra comprendida entre 5 y 8 metros, en su sección de mayor magnitud.

Por lo que respecta al número de vías y a la longitud de las mismas, existe una gran variedad de situaciones. Para la primera variable, estas grandes estaciones podían llegar a tener de 15 a 20 vías, y en cuanto a su longitud, oscilaba entre 300 y 500 metros. Algunas referencias concretas son Barcelona-Sants (con anterioridad a la remodelación con la llegada del AVE) con 12 a 14 vías, y Madrid-Chamartín, con 21 vías y 12 andenes. Se insiste en que, a medida que las necesidades de explotación se han ido modificando, también las características y el número de vías de una estación dada se fueron adaptando.

Se señala, por último, que en las terminales importantes resultaba necesaria la existencia de una estación auxiliar próxima (denominada *estación de tratamiento técnico*), en la que se pudiesen efectuar operaciones de estacionamiento de los trenes; limpieza y equipamiento de los mismos; revisión del estado del material, etc. Este es el caso de las estaciones de Barcelona-Sants (fig. 7.97); Madrid-Chamartín (Fig. 7.98); París-Lyon (Fig. 7.99) y Madrid-Atocha (Fig. 7.100).

Por lo que respecta al centro técnico de la estación de Barcelona-Sants, se señala que su inauguración tuvo lugar en el año 1979, coincidiendo con la entrada en servicio de la estación de viajeros. El citado

ESTACIÓN Y CONFIGURACIÓN DE LA PLAYA DE VÍAS EN VALENCIA TÉRMINO

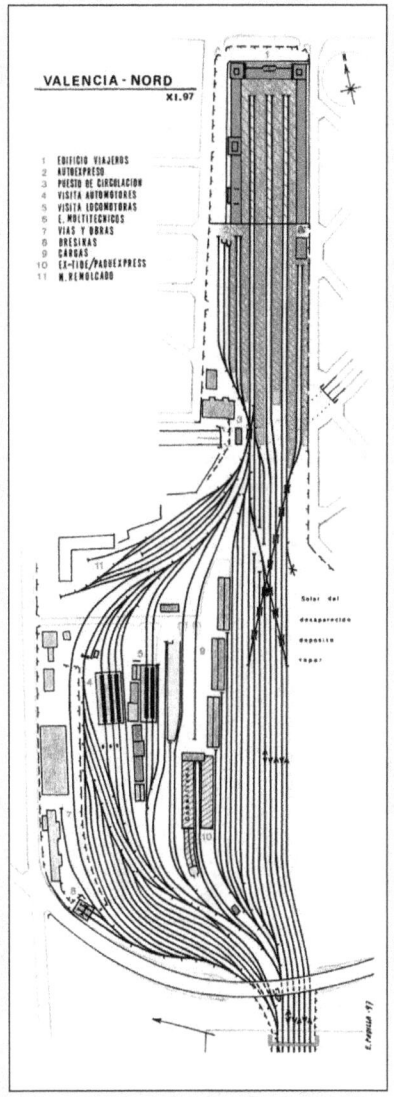
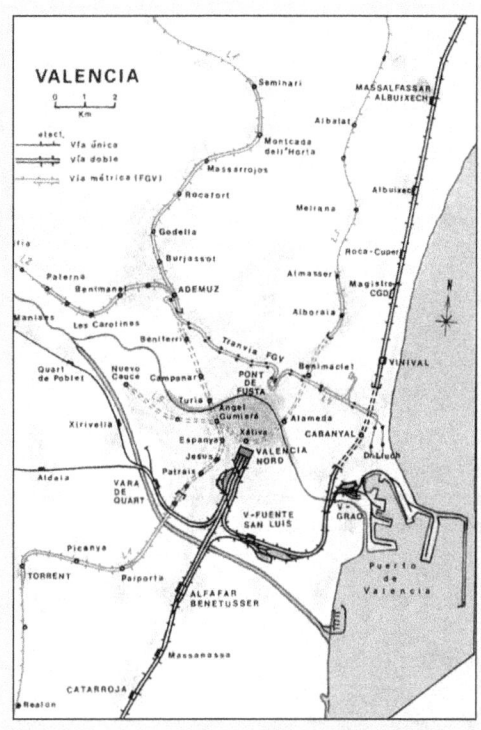

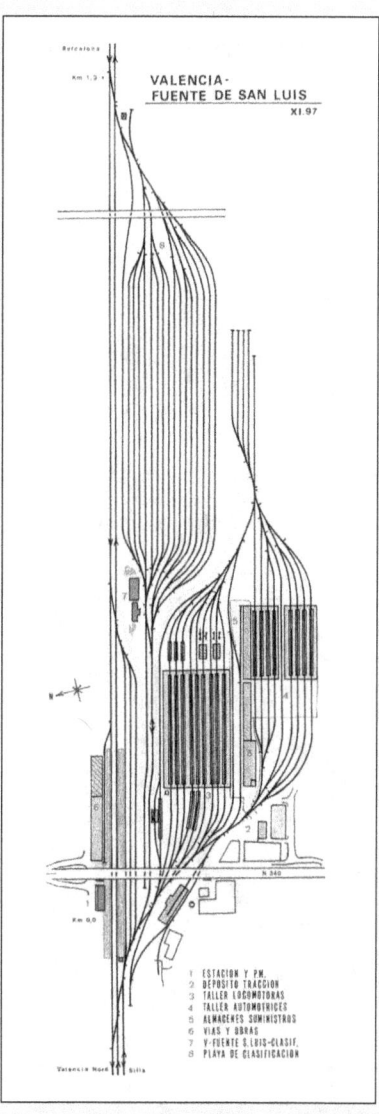

Fuente: G. Betrán y E. Padilla (1998)

Fig. 7.96

centro recibió el nombre de «Complejo Ferroviario de Can Tunis» (Casa Antúnez) y se extendió a lo largo de 750.000 m² (Fig. 7.97). Se dividió, inicialmente, en tres áreas: la primera, dedicada al material de viajeros; la segunda, configurada por un depósito de tracción y, finalmente, la tercera, dedicada a las mercancías. La zona del material de viajeros contaba con una playa de 21 vías para la formación y estacionamiento de ramas, cuatro de las cuales se utilizaban para el lavado y avituallamiento de los vehículos. La longitud de las vías era del orden de 500 m. Respecto a la zona de mercancías, se señala que constaba de un haz de 10 vías de recepción-expedición accesibles en vía doble tanto desde la estación del Prat como desde las vías generales de la estación de Sants. También a dichas vías accedía el ramal de la Zona Franca y el Puerto Autónomo de Barcelona. La longitud de cada una de las vías excedía de 600 m. El conjunto se unía con la vía que continuaba hasta la terminal de contenedores de Barcelona-Morrot y algunos apartaderos portuarios.

ESTACIÓN DE BARCELONA–SANTS

a)

CENTRO DE TRATAMIENTO TÉCNICO DE CAN TUNIS

b)

Fuente: Vía libre (2006)

Fuente: Comsa

Fig. 7.97

ESTACIÓN Y CENTRO DE TRATAMIENTO TÉCNICO DE MADRID–CHAMARTÍN

a) Centro de tratamiento técnico de Fuencarral

b) Estación de Chamartín

c)

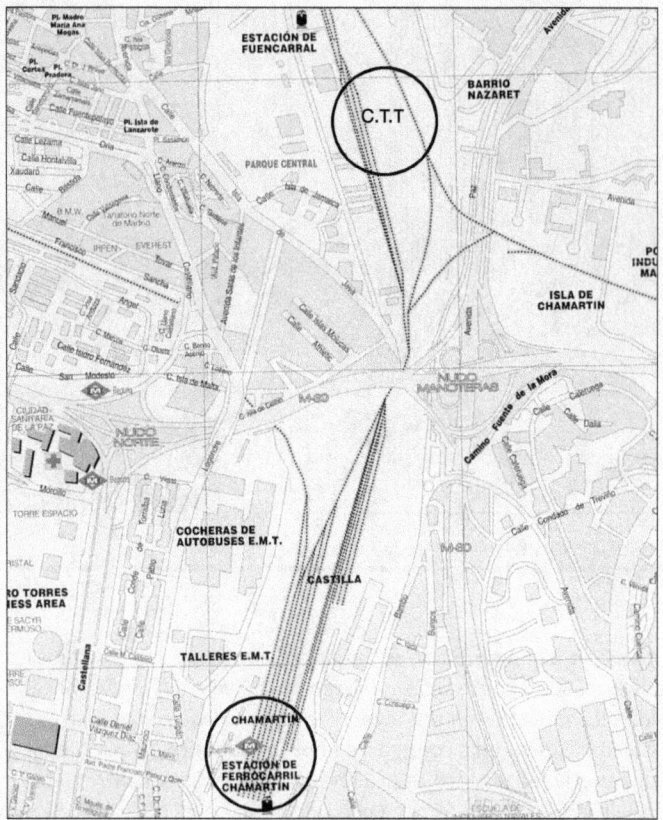

Fuente: Elaboración propia con fotos de RENFE

Fig. 7.98

ESTACIÓN Y CENTRO TÉCNICO DE PARÍS–LYON (2005)

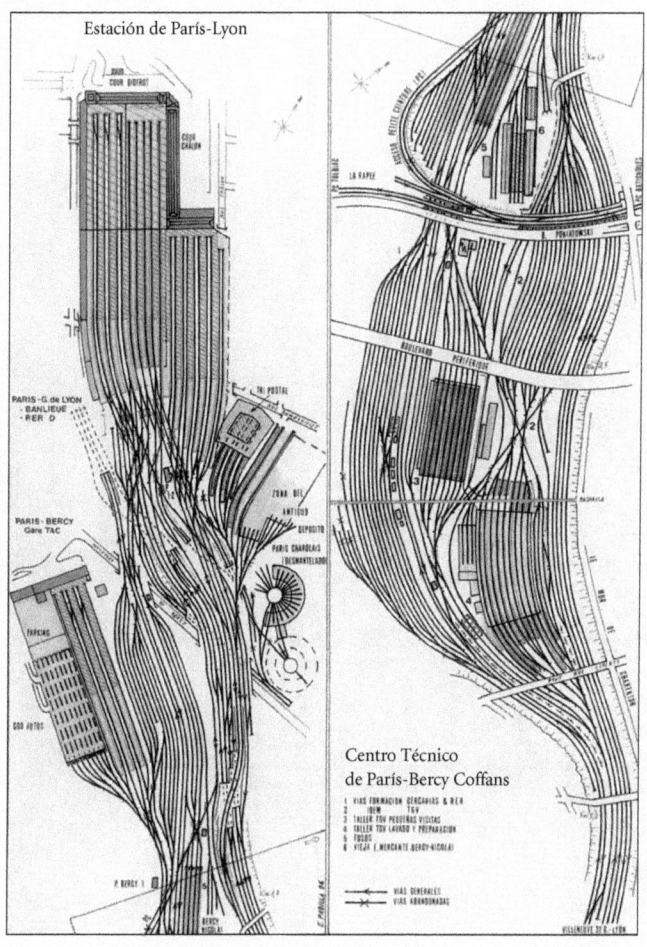

Fuente: E. Padilla (2007)   *Fig. 7.99*

ESTACIÓN Y CENTROS DE TRATAMIENTO TÉCNICO DE MADRID-ATOCHA

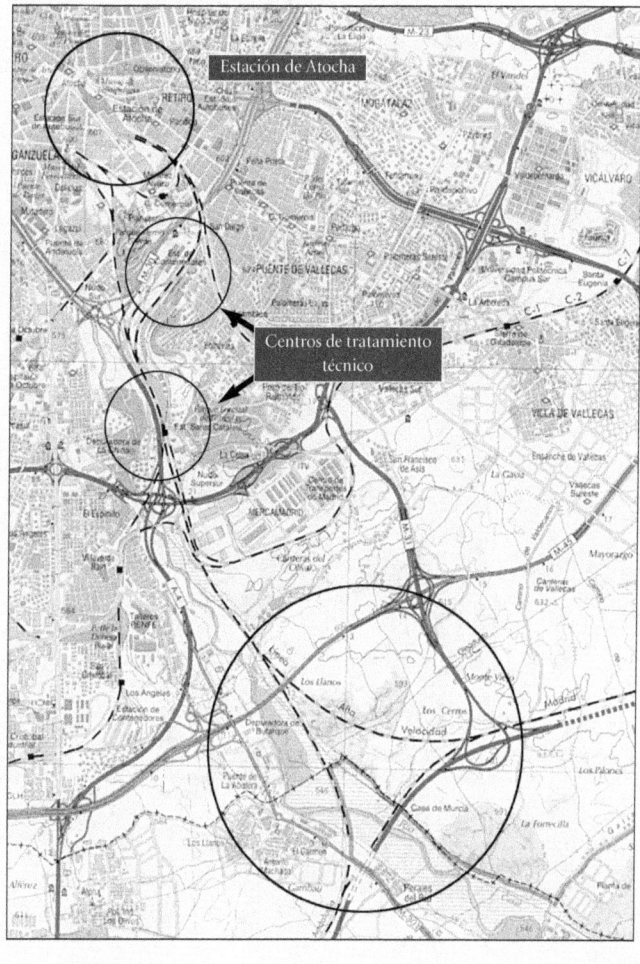

Fuente: Elaboración propia   *Fig. 7.100*

7.6.4 Dimensionamiento de estaciones de línea y de grandes terminales

La llegada de la alta velocidad al ferrocarril ha supuesto en algunos países, como España, Francia, Bélgica y el Reino Unido, la construcción de nuevas estaciones de línea y también de grandes terminales. Estas realizaciones han conducido a plantear el problema de las características funcionales y comerciales con las que debían construirse. De una manera formal, no existe una metodología única de criterios, sino más bien las conclusiones que se derivan de la experiencia disponible.

En este contexto y por lo que respecta a las estaciones en línea, la configuración ferroviaria habitual es la formada por dos vías generales de paso (para los trenes sin parada) y dos vías de apartado para los trenes que se detienen en ella. La figura 7.101 visualiza esta disposición para las nuevas estaciones construidas en la sección de línea de alta velocidad comprendida entre Córdoba y Málaga. Es decir, las estaciones de Puente Genil y Antequera-Santa Ana.

En la primera, Puente Genil, la infraestructura ferroviaria se compone de cuatro de vías y dos andenes de 400 m (equivalentes a la longitud de dos ramas de alta velocidad acopladas). La anchura de los andenes es de seis metros, provistos de marquesinas. Dispone de un aparcamiento protegido por este mismo sistema con capacidad para 250 plazas.

INSTALACIONES EN LA NUEVA LÍNEA CÓRDOBA-MÁLAGA

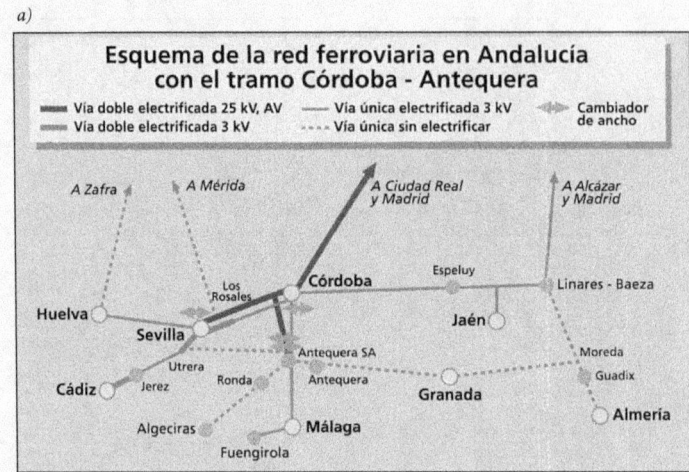

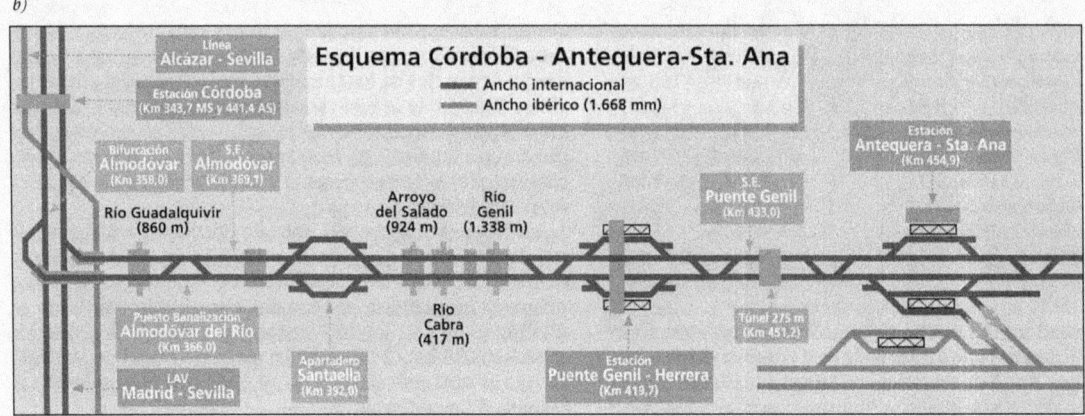

Fuente: Vía libre (2007)

Fig. 7.101

En la segunda estación, Antequera-Santa Ana, la playa de vías existente se corresponde con el papel distribuidor de tráfico que efectuará la estación. En efecto, dado que a través de la misma se podrá acceder tanto a Málaga y Algeciras como a Granada, la infraestructura ferroviaria cuenta con cinco vías de ancho internacional y dos andenes de 400 m de longitud y ocho metros de anchura. Se han colocado también dos vías de ancho ibérico y un andén con longitud de 240 m y anchura de ocho metros. Como en la estación precedente, los andenes están cubiertos con marquesinas. Existe un párking con capacidad para 290 vehículos.

En la figura 7.102, puede verse como la infraestructura ferroviaria adoptada para la estación de Avignon, en el ámbito de la línea de alta velocidad TGV Mediterráneo (Valence-Marsella), en el año 2001, fue análoga a la indicada para el ámbito español. Se recuerda que el Gran Avignon (abarcando un radio de acción de 20 Km desde el centro de esta población) afecta a una población de más de 450.000 habitantes. El número de plazas previsto en el parking se sitúa en torno a 1.600. El tráfico de viajeros que utilizará esta estación se estimó que se situaría en torno a 2 millones en los primeros años de funcionamiento de la misma. La figura 7.103 muestra la dotación de vías de la estación Valence TGV.

La figura 7.104 visualiza la distribución geográfica de las nuevas estaciones de línea construidas en Francia con ocasión del desarrollo de la red de alta velocidad.

ESTACIÓN AVIGNON–TGV

a)

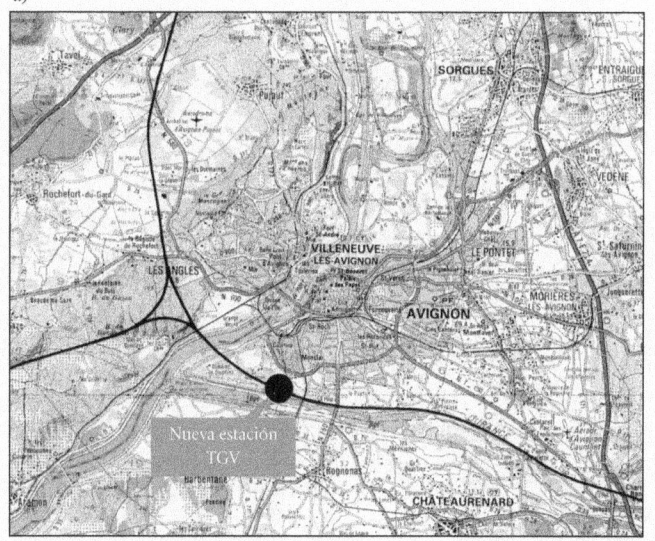

b)

Fuente: SNCF

Fig. 7.102

ESTACIÓN VALENCE–TGV

a)

b)

Fuente: SNCF

Fig. 7.103

ESTACIONES DE NUEVA CONSTRUCCIÓN EN LAS LÍNEAS DE ALTA VELOCIDAD FRANCESA (2001)

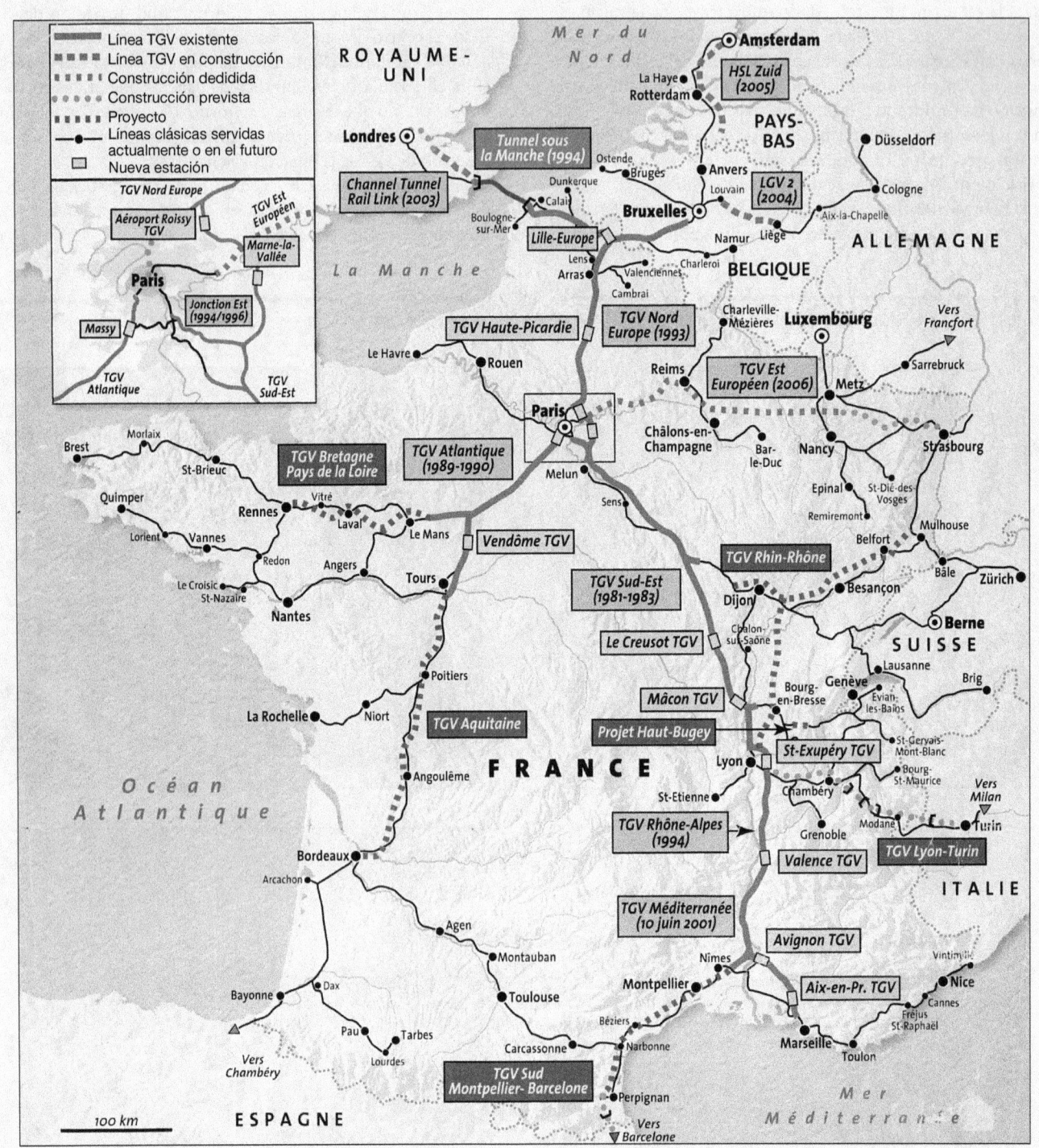

Fuente: Le Moniteur (2001)

Fig. 7.104

Por lo que respecta a las grandes terminales, la referencia obligada la constituye la nueva estación de Lyon-Part Dieu (Fig. 7.105), puesta en servicio en 1983. Su realización se llevó a cabo a partir de dos reflexiones principales:

a) Las limitaciones físicas que presentaba la ampliación de la estación ya existente de Lyon-Brotteaux (Fig. 7.86) para hacer frente al importante incremento de tráfico de viajeros previsto.
b) El deseo de las instituciones locales de la ciudad de proceder a una modernización de la zona, en donde la presencia de una nueva estación proporcionaría una notable reactivación y puesta en valor de esta zona de Lyon.

Desde la perspectiva de las infraestructuras ferroviarias, se señala que contó inicialmente con ocho vías y cuatro andenes de 450 m de longitud, protegidos de la lluvia en el 40% de su longitud (Fig. 105a). Además se dispusieron tres andenes para el servicio de equipajes, comunicados entre sí por una galería subterránea (Fig. 7.105c). Con el paso del tiempo y el incremento del tráfico, se amplió, como se observa en la figura 7.105a, el número de vías y de andenes.

En la óptica del servicio comercial al viajero, el vestíbulo de la estación tenía unas dimensiones de 120 m de longitud por 65 m de ancho. La figura 7.105e muestra la asignación de espacios efectuada.

ESTACIÓN DE LYON PART–DIEU

a)
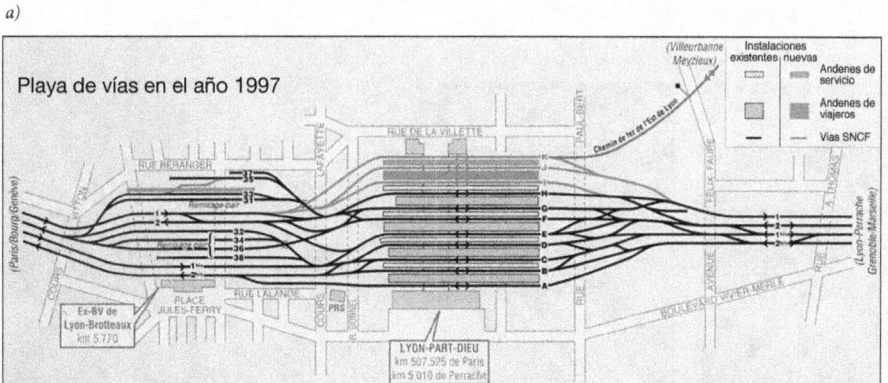

b)

c)

d)
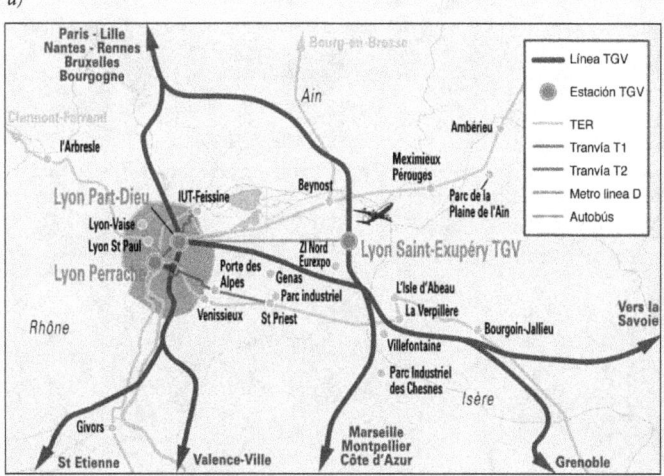

e)

Fuente: La Vie du Rail y SNCF

Fig. 7.105

La segunda referencia obligada es la ampliación (en realidad nueva construcción) de la estación de Madrid-Atocha, con motivo de la puesta en servicio comercial de la línea de alta velocidad entre Madrid y Sevilla. La figura 7.106 permite apreciar el alcance de la remodelación y la extensión efectuada. Nótese como en la gran nave central de acero, de cubierta curvada, se eliminó todo el equipamiento de vías y se transformó en un jardín tropical de 4.000 m². Al finalizar la nave, se construyó una nueva estación, dotada inicialmente de quince vías: las siete primeras en ancho internacional y las ocho restantes en ancho RENFE. La longitud de los ocho andenes existentes fue de 510 m y su anchura de 10 m.

Recientemente, en el año 2003, concluyó una nueva remodelación en el interior de la estación, con objeto de establecer dos zonas bien diferenciadas: una para el acceso de los viajeros al tren (desde un piso superior y por intermedio de rampas mecánicas) (Fig. 7.107) y otra para la salida de los viajeros desde el tren (a nivel).

La tercera y última referencia corresponde a las nuevas estaciones de Sevilla-Santa Justa y de Córdoba. En la primera (Fig. 7.108), las instalaciones ferroviarias están formadas por seis andenes de 525 m de longitud, para trenes de largo recorrido, y uno de 320 m para los servicios de cercanías. La anchura de los andenes es de 9 m. El párking de la estación puede acoger del orden de 800 vehículos.

La estación de Córdoba (Fig. 7.109) consta de 9 vías pasantes con cuatro andenes de viajeros de 520 m de longitud. A ellos se accede desde el vestíbulo por medio de escaleras mecánicas. El párking tiene una capacidad para más de 400 vehículos.

Los parámetros fundamentales que definen una estación se agrupan en dos ámbitos: el de la funcionalidad ferroviaria propia-

ESTACIÓN DE MADRID ATOCHA ANTES Y DESPUÉS DE LA MODERNIZACIÓN–AMPLIACIÓN

a) Antes de la modernización

b) Después de la modernización

Fuente: RENFE, Ministerio de Fomento

Fig. 7.106

NUEVA ESTACIÓN DE MADRID–ATOCHA (2003)

a) Distribución de espacios

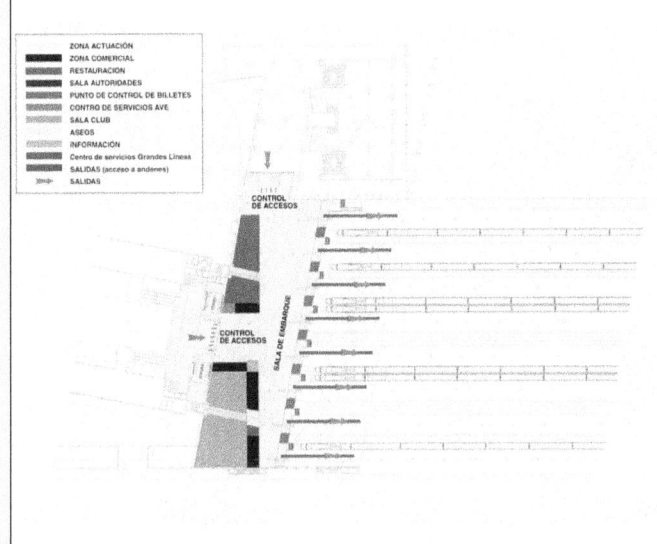

b) Acceso a los andenes

c) Andenes

Fuente: Ministerio de Fomento

Fig. 7.107

NUEVA ESTACIÓN DE SEVILLA-SANTA JUSTA

a)

b)

Fuente: RENFE

Fig. 7.108

ESTACIÓN DE CÓRDOBA

a) Antes del AVE

Con la llegada del AVE

b) Hall principal

c) Acceso a vías

d) Acceso a andenes

e) Andenes

Fuente: RENFE

Fig. 7.109

mente dicha, y el de la funcionalidad comercial. En el primero, dos son las variables esenciales: el número de vías y el número de andenes (longitud y anchura). En el segundo, las superficies del vestíbulo, salas de espera, número de taquillas, etc.

Para el dimensionamiento ferroviario, desde hace más de tres décadas: se utilizan modelos de simulación que permiten cuantificar la capacidad disponible a partir de la consideración del gráfico de circulaciones preestablecido. Sin embargo, durante mucho tiempo fue usual recurrir para el diseño a las conclusiones obtenidas mediante la explotación comercial de otras estaciones, o bien, a sencillas expresiones matemáticas que proporcionaban unos ciertas órdenes de magnitud.

Así, por lo que respecta a la capacidad de una estación (expresada en pares de trenes que podrían circular durante un cierto periodo de tiempo T) en función del número de vías de la misma, se empleaba la relación:

$$N = \frac{T \cdot m}{K_s\, e_{ts} + K_{LL}\, e_{tLL}} \text{ pares de trenes/T}$$

siendo:

N = número de pares de trenes en la estación durante un periodo de tiempo T

m = número de vías de la estación

e_{ts} = estacionamiento medio de una composición para salida de un tren

K_s = coeficiente de mayoración por causa de: retrasos, incompatibilidad de itinerarios, desajustes, etc., en la salida

e_{ts} = estacionamiento medio de una composición a la llegada de un tren

K_{LL} = coeficiente de mayoración por causa de retrasos (etc.) en la llegada

Para el estacionamiento medio de una composición que efectuara su salida desde la estación considerada, el tiempo que se estimaba era de 60 minutos (e_{ts}). En el caso de una llegada, ese tiempo (e_{tll}) se suponía igual a 30 minutos. Para los dos coeficientes de mayoración K_s y K_{LL}, deducidos de la experiencia europea, se suponían valores de 1,3 y 1,4 respectivamente.

Como ilustración, puede decirse que la aplicación de la expresión precedente al caso de la estación de Madrid-Atocha, en su configuración de vías de 1980 (14 vías útiles), proporcionaba una capacidad de aproximadamente 115 pares de tren de largo recorrido, en el periodo de tiempo comprendido entre las 7 h 30 y las 24 h 00.

En cuanto a la longitud de los andenes, ya indicamos con anterioridad que su magnitud venía dada por la de las composiciones más largas previstas en la explotación comercial. Por lo que se refiere a su anchura, ha sido usual utilizar como criterio para su cuantificación el tiempo máximo en el que razonablemente el viajero debería estar en condiciones de abandonar el anden ($\simeq$ 70% de los viajeros en tres minutos).

El análisis se efectuaba a partir de la evaluación, en primer lugar, del número de viajeros que era necesario considerar. Debe señalarse que no se trataba sólo de las personas que efectuaban el desplazamiento realmente, sino también del número de acompañantes en la salida y/o en la llegada del tren.

Si se designaba por V_T el número medio de plazas de los trenes que salían o llegaban a la estación, el número de personas (V) a considerar en el diseño se estimaba por la expresión:

$$V = 1,1 \times 0,8 \cdot V_T = 0,88 \cdot V_T$$

siendo:

- 1,10, el coeficiente que tenía en cuenta el hecho de que del total de los viajeros, un 10% eran acompañantes

- 0,8, el coeficiente que tenía en cuenta la ocupación razonable de plazas, entre el teórico correspondiente a la ocupación completa y el valor del grado de aprovechamiento de plazas

A partir de dicho volumen de viajeros, varias soluciones eran posibles en la práctica:

1. Andenes mixtos de llegada y salida. El programa de explotación de la estación admitía o exigía la posibilidad de entrada simultánea de dos trenes al mismo andén con sus intervalos punta de movimiento de viajeros coincidentes total o parcialmente (Nivel a).
2. Andenes mixtos de llegada y salida, pero no se admiten llegadas simultáneas, aunque el programa de explotación prevé la simultaneidad compatible de una llegada y una salida (Nivel b).
3. Andenes mixtos de llegada y salida, incompatibles ambas posibilidades a excepción de dos salidas (Nivel c).
4. Andenes especializados en su tráfico de llegada y salida (Nivel d).

A continuación se detalla el cálculo de la anchura de los andenes correspondientes al Nivel a. Se partía para ello de los siguientes datos:

- Volumen de personas que debían circular por el andén:

$$V = 0,88\ V_T$$

- Capacidad de circulación de un corredor por metro de ancho:

  – Se suponían 100 personas/minuto, teniendo en cuenta que éstas circulan a una velocidad de 3 Km/h en llano y en línea recta, lo que equivalía a unos 50 m por minuto.
  – Dado que una de las características del citado movimiento es la marcha con equipajes ($\simeq$ 35 al 60% de los viajeros), era aconsejable reducir el valor anterior a 50 personas/minuto.

Se tenía entonces, en el caso de dos puntos de salida del andén:

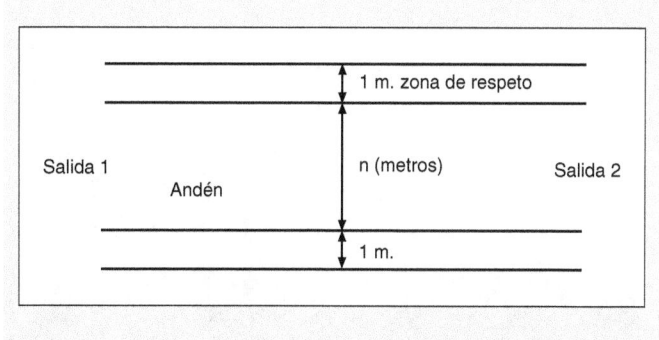

Luego:

$$n = \frac{2 \text{ trenes} \cdot 70\% \cdot 0,88\ V_T}{50 \cdot \text{número de salidas (s)}} \cdot \frac{1}{3}$$

en el caso general de un cierto número de salidas (s).

Al valor de n así calculado era preciso añadir unas longitudes suplementarias para tener en cuenta que, de la anchura total del andén, no puede contarse con:

a) la distancia de seguridad entre el borde del andén y la posición del primer viajero ($\simeq 1$ m)
b) la zona por la que circulaban las carretillas para el transporte de equipajes o bultos (1,5 C), siendo C el número de pistas previstas.
c) la existencia de obstáculos en el andén, como escaleras, postes, etc. Se cuantifica por su dimensión transversal (R) en m.

En síntesis, la anchura real (Ar) del andén debía ser para la hipótesis considerada:

$$A \text{ (m)} = \frac{2 \cdot 70\% \cdot 0{,}88 \, V_T}{50 \cdot s} \cdot \frac{1}{3} + 2m + 1{,}5 \, C + R$$

Las expresiones matemáticas correspondientes a las otras situaciones son:

Nivel b: $A = \dfrac{0{,}88 \, V_T}{50 \cdot s} \cdot \dfrac{1}{s} \cdot \dfrac{0{,}70}{3} + \dfrac{0{,}88 \, V_T}{50} \cdot \dfrac{1}{S} \cdot \dfrac{0{,}18}{5} + 2 + 1{,}5C$

Nivel c: $A = \dfrac{0{,}88 \, V_T}{50 \cdot s} \cdot \dfrac{1}{s} \cdot \dfrac{0{,}70}{3} + 2 + 1{,}5C + R$

Nivel d: $A = \dfrac{0{,}88 \, V_T}{50 \cdot s} \cdot \dfrac{0{,}18}{5} + 2 + 1{,}5C + R$

Es de interés efectuar una aplicación práctica para disponer de unos ciertos órdenes de magnitud. Si consideramos para ello dos trenes con 500 viajeros, se obtendrá $V_T = 1.000$. Si se supone una única salida, como es el caso de las estaciones en *cul de sac*, resulta:

$$A = 10{,}21 + R$$

suponiendo ($C = 0$)

La práctica aconseja retener el valor de 1 a 1,5 m para R, lo que conduce a una anchura total deseable para los andenes de 12 m, o cuanto menos comprendida entre 10 y 12 metros. La realidad es que en estaciones clásicas la anchura se sitúa entre 6 y 8 m. En cambio, en las nuevas estaciones se adoptan ya los mencionados valores deseables.

En cuanto a la altura de los andenes de una estación, se señala que por convenio se define a partir de la superficie de rodadura del carril, tal como se muestra en el esquema adjunto.

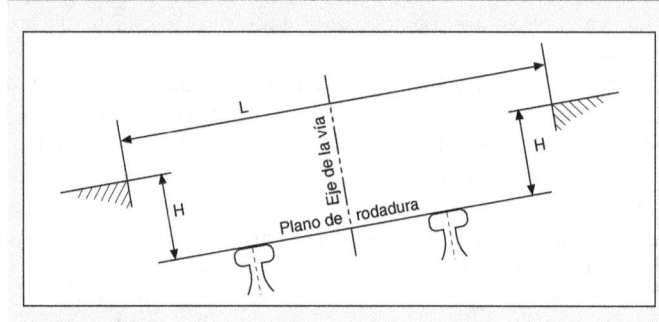

ALTURA DE ANDENES Y PLATAFORMA DE VEHÍCULOS FERROVIARIOS

a)

b)

c)

Fuente: Elaboración propia con fotos de diversas fuentes

Fig. 7.110

Naturalmente, la altura está relacionada con la accesibilidad de los viajeros a las distintas composiciones ferroviarias (Fig. 7.110). La dificultad para establecer una altura única se deriva de la diversidad de materiales que eventualmente pueden circular por una línea dada. Por ello fue frecuente referirse a «andenes bajos» cuando su altura sobre el carril se situaba en el entorno de 30 cm, y a «andenes altos» para alturas de hasta 75/85 cm.

Para tráficos densos los andenes altos presentan la ventaja de procurar una mayor facilidad de acceso, reduciendo por tanto los plazos de evacuación y ocupación de las composiciones. En consecuencia, son muy útiles para los servicios de cercanías, si la estación dispone de vías únicamente dedicadas a estos tráficos.

Por el contrario, para los servicios de trenes de largo recorrido, debe observarse que los coches de viajeros poseen escalones cuya separación al límite del gálibo de material móvil crece con la altura a que están situados, de forma que, ante un andén alto, el último escalón, situado a nivel de la plataforma del coche, se encuentra más o menos alejado del borde del andén, y el espacio vacío a franquear por los viajeros puede implicar riesgo de accidente para los mismos.

Por lo que se refiere a RENFE, el análisis de las distintas posibilidades (habida cuenta de los diferentes materiales existentes, y en particular que el Talgo tiene una altura de plataforma de 63 cm sobre el carril) condujo al valor de 55 cm. Nótese (Fig. 7.111) como algunos vehículos tienen su plataforma a más de un metro sobre la superficie del carril.

VISUALIZACIÓN ALTURA DE ANDENES Y PLATAFORMA DE COCHES FERROVIARIOS

a) Marquesina típica de protección de andenes

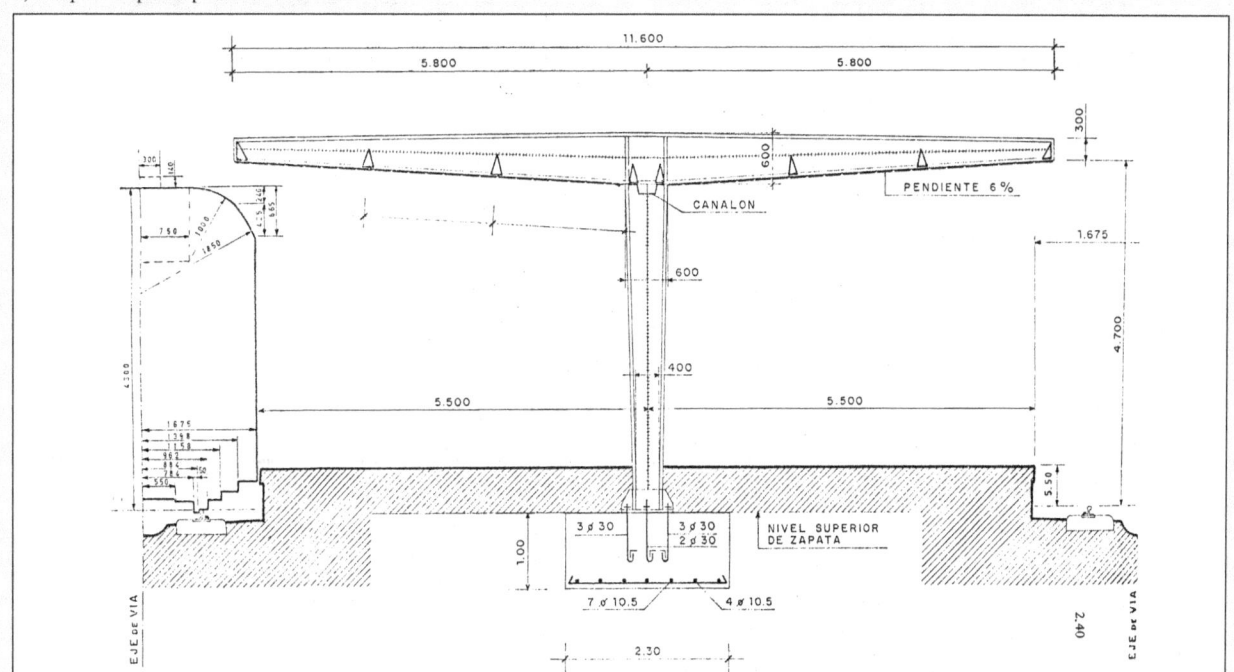

b) Altura de la plataforma de los trenes sobre el carril

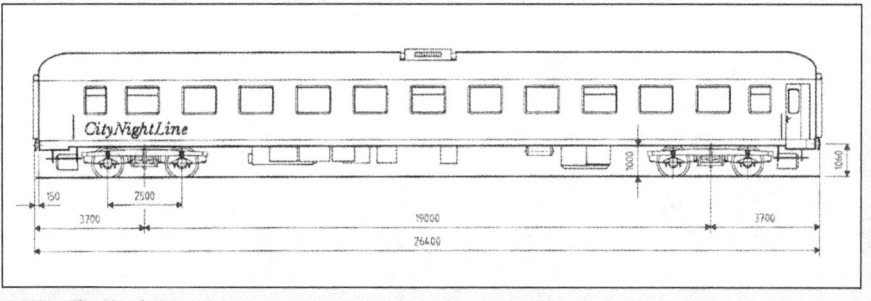

c) Tren Talgo

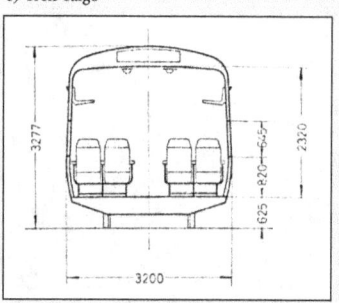

Fuente: RENFE y Chemins de Fer

Fig. 7.111

En cuanto al segundo aspecto, se destaca el hecho de que al final de la década pasada la mayoría de los aeropuertos que superaban los 6 millones de viajeros al año disponían de una conexión ferroviaria del tipo metro, ferrocarril suburbano, o bien integrada en la red nacional de ferrocarriles de cada país (Fig. 7.113).

En este contexto, cabe señalar que sólo los aeropuertos de Frankfurt, Amsterdam y Zurich, entre los de mayor importancia, disponían de conexiones que ofrecían al viajero la posibilidad de utilizar servicios ferroviarios integrados en la red de larga distancia de cada país. En los demás aeropuertos, resultaba obligada una ruptura de carga en la estación central de la ciudad, al disponerse la terminal ferroviaria del aeropuerto en *cul-de-sac*, como era el caso de Roma (Fig. 7.114), Barcelona y Londres, entre otros.

La idea de la complementariedad entre los servicios aéreos y los de alta velocidad por ferrocarril en los aeropuertos se remonta, lógicamente, a fechas mucho más recientes. De hecho surgió, por lo que a Europa se refiere, en la segunda mitad de la década de los años ochenta, en Francia. En ese momento, el gobierno francés decidió construir la línea de altas prestaciones denominada Interconexión, que enlazaría, en las cercanías de París, las líneas de alta velocidad TGV Sudeste, TGV Atlántico y TGV Norte, y en paralelo serviría al aeropuerto Charles de Gaulle. Esta primera estación de alta velocidad entró en servicio comercial en noviembre de 1994.

Casi simultáneamente, de hecho unos meses antes, se abrió también a la explotación comercial la estación TGV en el aeropuerto de Lyon-Satolas, hoy llamado Saint-Exupéry. En el transcurso del año 2003, entró en operación la nueva estación ICE en el aeropuerto de Frankfurt y otra estación en el aeropuerto de Colonia-Bonn en el año 2004. En realidad, la nueva estación de Frankfurt ya se encontraba en funcionamiento y acogía trenes de alta velocidad, pero debido a la inexistencia de la nueva línea entre Frankfurt y Colonia no podía prestar servicios de alta velocidad.

En breve, la estación ya existente en el aeropuerto de Schiphol en Amsterdam recibirá los servicios Thalys de alta velocidad. Sin fecha establecida, los aeropuertos de París-Orly y Milán-Malpensa podrían disponer de una línea de alta velocidad discurriendo bajo sus terminales.

7.7.2 Estaciones para acceder a los aeropuertos con líneas convencionales de ferrocarril

7.7.2.1. Aeropuerto de Bruselas

La conexión del aeropuerto de Bruselas a la red ferroviaria belga se remonta a la década de los años setenta, cuando se introdujo un servicio lanzadera entre la estación de Bruselas-Central y el aeropuerto de Zaventem (Fig. 7.115).

Las limitaciones que presentaba este tipo de servicio, con independencia de su ubicación en *cul-de-sac*, se debían a que obligaba a

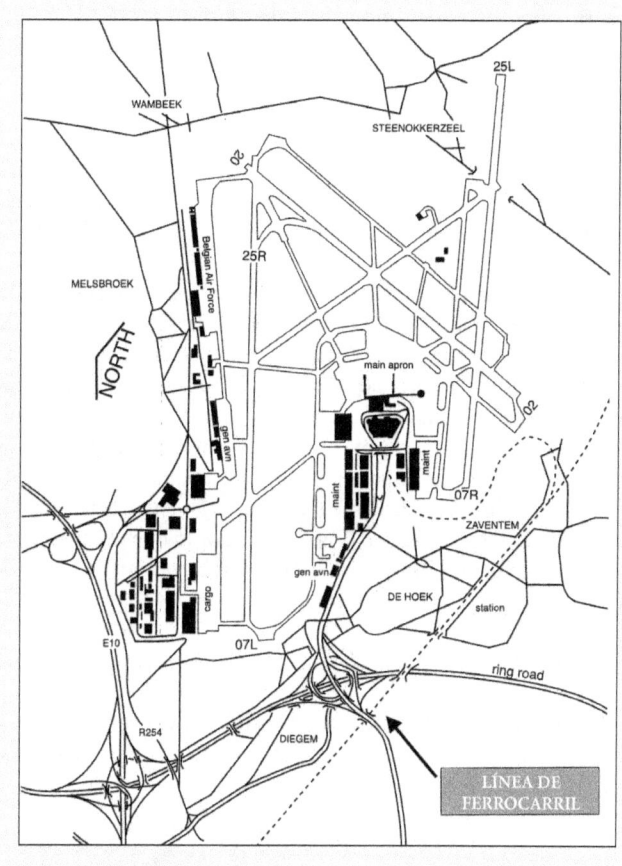

Fuente: A. Lord (2000) Fig. 7.115

un elevado número de viajeros a cambiar de tren para acceder a otros destinos, dado que los servicios de largo recorrido utilizan la estación de Bruselas-Midi como zona de parada.

Esta problemática dio como resultado que en 1998 el mencionado servicio lanzadera fuese eliminado. Las conexiones con el aeropuerto fueron desde entonces la prolongación de algunos servicios interregionales con origen en Gante, Mons, Alost, etc. Al mismo tiempo, la antigua estación en el aeropuerto fue reemplazada por otra de mayores dimensiones y adaptada a su integración en la red de largo recorrido belga.

7.7.2.2 Aeropuerto de Frankfurt

El aeropuerto de Frankfurt fue uno de los primeros de Europa en contar con un enlace ferroviario. Cuando se inauguró, en 1971, su finalidad era básicamente permitir que en 12 minutos, a través de la red de servicios regionales (S), se pudiese acceder al centro de la ciudad.

Con posterioridad, se integrarían los servicios *intercity* de largo recorrido y, durante un cierro tiempo, a comienzos de los años ochenta, operaría el denominado *Lufthansa Airport Service*, que desde Düsseldorf permitía enlazar, por ferrocarril, con el aeropuerto de Frankfurt.

7.7.2.3 Aeropuerto de Amsterdam

La conexión del aeropuerto de Amsterdam a la red ferroviaria holandesa se efectuó en varias etapas a lo largo de varias décadas, a partir de los años sesenta.

La estación subterránea de ferrocarril fue abierta a la explotación comercial a mediados de 1981, momento en el cual se había construido también una nueva línea entre Leiden y Amsterdam-RAI. La dificultad técnico-económica de hacer llegar la nueva línea hasta la estación central de Amsterdam hacía que el enlace con el aeropuerto quedase inicialmente en antena, de tal forma que el enlace entre Amsterdam-RAI y Amsterdam Central se efectuaba por medio de un tranvía.

En 1986 se inauguró finalmente la conexión ferroviaria entre la línea de Schiphol y Sloterdijk (Fig. 7.116), por lo que el aeropuerto de Amsterdam quedó incorporado a la red ferroviaria holandesa de largo recorrido.

7.7.2.4 Aeropuerto de Zurich

Desde junio de 1980 el aeropuerto de Zurich se encuentra unido a la red suiza de ferrocarriles a través de la variante de trazado mostrada en la figura 7.117.

7.7.3 Estaciones de ferrocarril en aeropuertos conectados a la red de alta velocidad

7.7.3.1 Aeropuerto de Lyon

La primera conexión ferroviaria de un aeropuerto con una línea de alta velocidad en Europa tuvo lugar en Lyon, en julio de 1994, con la entrada en servicio comercial de la Estación TGV Satolas.

La decisión de realizar esta terminal de ferrocarriles comenzó a materializarse en 1986, cuando los estudios llevados a cabo por la SNCF para prolongar la línea de alta velocidad desde Lyon hasta Valence pusieron de relieve que la mejor alternativa de trazado pasaba por efectuar el contorno de Lyon por el este y en las proximidades del aeropuerto de Satolas (Fig. 7.118).

Con el fin de aprovechar esta oportunidad, las colectividades locales de la región Rhône-Alpes se movilizaron para lograr que el trazado definitivo de la línea permitiese construir una estación en el aeropuerto. El apoyo institucional de la región se plasmó en la cofinanciación de la misma, en la forma indicada en la figura 7.119.

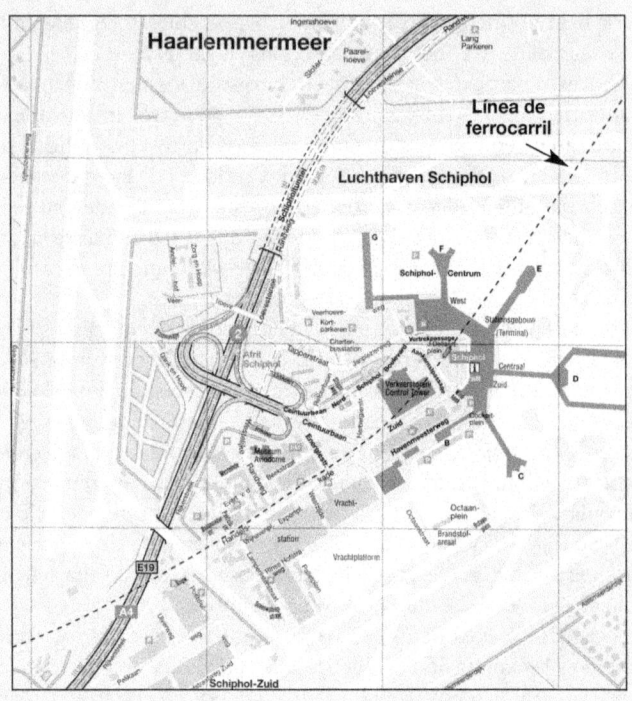

CONEXIÓN POR FERROCARRIL DEL AEROPUERTO DE AMSTERDAM

Fuente: Euro Amsterdam (Marco Polo) — Fig. 7.116

VARIANTE DE FERROCARRIL EN EL AEROPUERTO DE ZURICH-KLOTEN

Fuente: Aeropuerto de Zurich (1994) — Fig. 7.117

UBICACIÓN TRAZADO TGV Y AEROPUERTO DE LYON

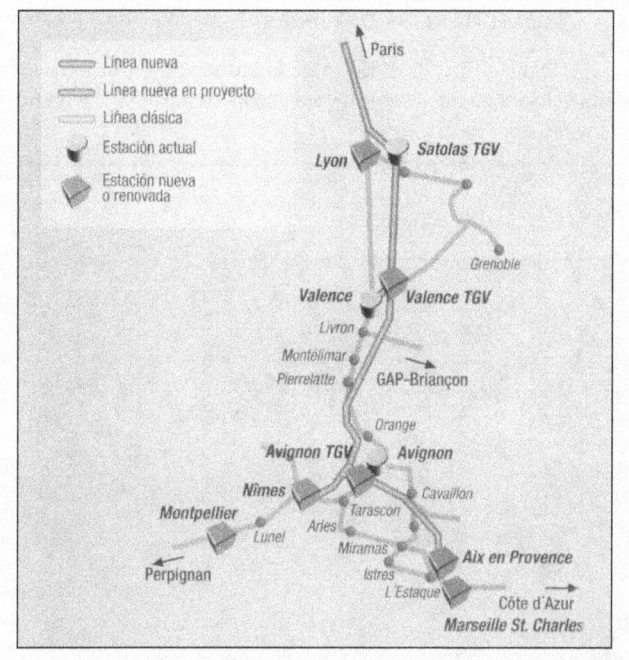

Fuente: SNCF/RENFE   Fig. 7.118

FINANCIACIÓN DEL AEROPUERTO DE LYON

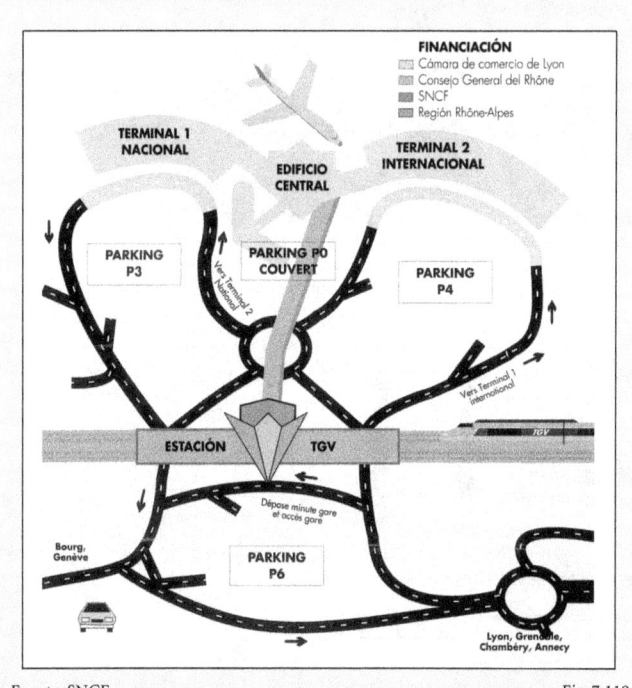

Fuente: SNCF   Fig. 7.119

7.7.3.2 Aeropuerto de París-Roissy

La conexión ferroviaria de alta velocidad con el aeropuerto Charles de Gaulle fue el resultado, por un lado, de la preocupación (J. Douffiagues, 1987) por:

a) Dotar al aeropuerto Charles de Gaulle del mayor número de posibilidades en la competencia con el resto de aeropuertos europeos.
b) Proporcionar a los usuarios del transporte la mayor flexibilidad, con la instalación en Roissy de una estación TGV.
c) Crear en torno al aeropuerto, gracias a la existencia de una red de infraestructuras realmente excepcional, un centro de actividad terciaria de alcance internacional.

La figura 7.120a permite visualizar la ubicación de la terminal TGV en el aeropuerto de Roissy. La figura 7.120b proporciona, de forma esquemática, la configuración de terminales aeroportuarias en el horizonte 2020, así como la posición relativa de la estación TGV en el conjunto aeroportuario.

Es de interés señalar que el paso de la línea TGV Interconexión por el aeropuerto Charles de Gaulle supuso un alargamiento del enlace teórico más directo entre el TGV Norte y el TGV Interconexión, tal como se ilustra en la figura 7.121. Aproximadamente, unos 15 Km suplementarios.

Por otro lado, se constata que, a consecuencia de la decisión de pasar por el aeropuerto de Roissy, los radios en planta de las curvas en algunas secciones del trazado se vieron sensiblemente reducidos respecto a los valores habituales (radios de 2.200 m frente a los de 4.000 y 6.000 m que se consideraban, normalmente, como criterio de proyecto en las líneas de alta velocidad en Francia).

La estación en el aeropuerto Charles-de-Gaulle fue financiada por el Consejo Regional de Ile de France (9%), Aeropuertos de París (39%) y Ferrocarriles franceses (52%).

7.7.3.3 Aeropuerto de Frankfurt

Con ocasión de la construcción de la línea de alta velocidad entre Colonia y Frankfurt, iniciada en 1995, se decidió realizar una segunda estación en el aeropuerto de esta última ciudad, con la finalidad de destinarla exclusivamente al tráfico *intercity* de viajeros.

La nueva estación, situada a unos 200 m de la existente y al otro lado de la autopista (Fig. 7.122), se convirtió, desde finales del año 2002, en un verdadero centro de intercambio modal entre la aviación y el ferrocarril, sustituyendo este último modo a algunos de los servicios aéreos hasta entonces operativos.

Es de interés destacar que los viajeros que llegan al aeropuerto por ferrocarril de alta velocidad pueden efectuar el *check-in* para su desplazamiento aéreo en el propio vestíbulo de la estación. En caso de no existir este emplazamiento para la facturación de equipajes, el viajero debería recorrer una distancia próxima a 250 m hasta los mostradores ubicados en la propia terminal aérea. Es indudable que esta posibilidad implica un sobrecoste de facturación para las compañías aéreas, por lo que no todas disponen de este servicio.

7.7.4 Valoración global de la situación actual y de las tendencias previstas

La experiencia disponible acerca de las conexiones por ferrocarril de alta velocidad en los aeropuertos europeos permite efectuar una

INTERMODALIDAD EN EL AEROPUERTO DE PARÍS-CHARLES DE GAULLE

a) Terminal TGV en el aeropuerto Charles De Gaulle

b) Configuración del aeropuerto de Roissy

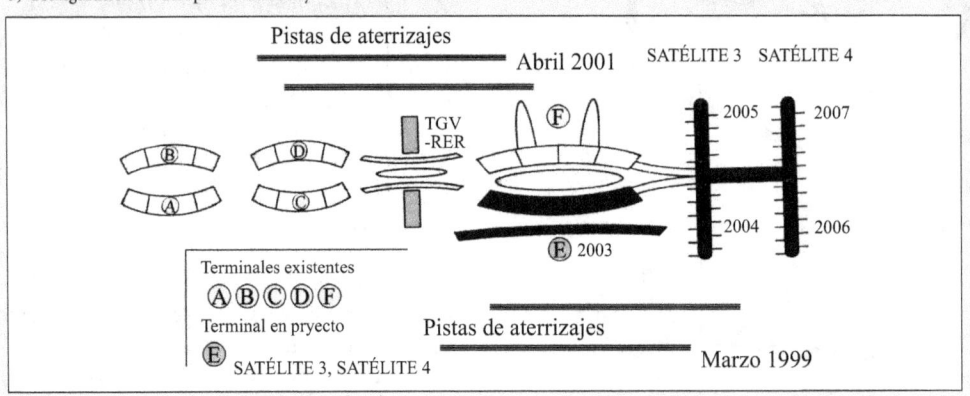

Fuente: Aéroports Magazine (1997) y SNCF

Fig. 7.120

LA ORGANIZACIÓN DE LOS SERVICIOS DE VIAJEROS

INTERCONEXIÓN DE LAS LÍNEAS TGV EN LAS CERCANÍAS DE PARÍS

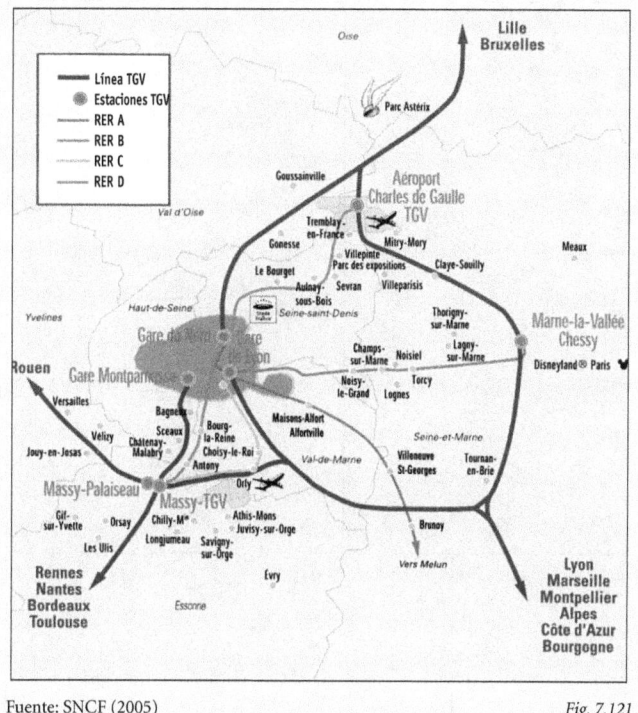

Fuente: SNCF (2005)

Fig. 7.121

valoración global sobre las características básicas de este tipo de enlaces ferroviarios. Pueden diferenciarse dos grandes ámbitos:

1. Los aeropuertos que disponen o tienen previsto disponer de una conexión directa con líneas de alta velocidad.
2. La tipología con la que implementan dicha conexión, es decir, a través de una variante del trazado general, o bien, sobre la propia línea de alta velocidad.

Por lo que concierne al primer ámbito, cabe distinguir dos grupos: el primero englobaría al conjunto de aeropuertos que se encuentran en el mismo cuadrante de la línea de alta velocidad, tomando como centro de los ejes de referencia el de cada ciudad considerada; el segundo aglutinaría aquellos aeropuertos que, siguiendo los mismos criterios anteriores, no se hallan situados en el mismo cuadrante que el que ocupa la nueva infraestructura ferroviaria.

La clasificación precedente no tiene una finalidad teórica y sí eminentemente práctica, puesto que pone de relieve la razonable factibilidad de establecer, en un aeropuerto dado, una conexión con la red de alta velocidad, tal como se ilustra en la figura 7.123. La observación de los diferentes esquemas representados en dicha figura 7.123 evidencia que, exceptuando el caso del aeropuerto de Marsella, en el resto de los aeropuertos de las poblaciones que disponen de líneas de alta velocidad o de altas prestaciones (en la actualidad o en el futuro) y que éstas discurren por el mismo cuadrante donde se encuentra el aeropuerto, la conexión ferroviaria con el aeropuerto ha sido establecida o está programada.

NUEVA ESTACIÓN DE FERROCARRIL EN EL AEROPUERTO DE FRANKFURT

Fuente: DBAG

Fig. 7.122

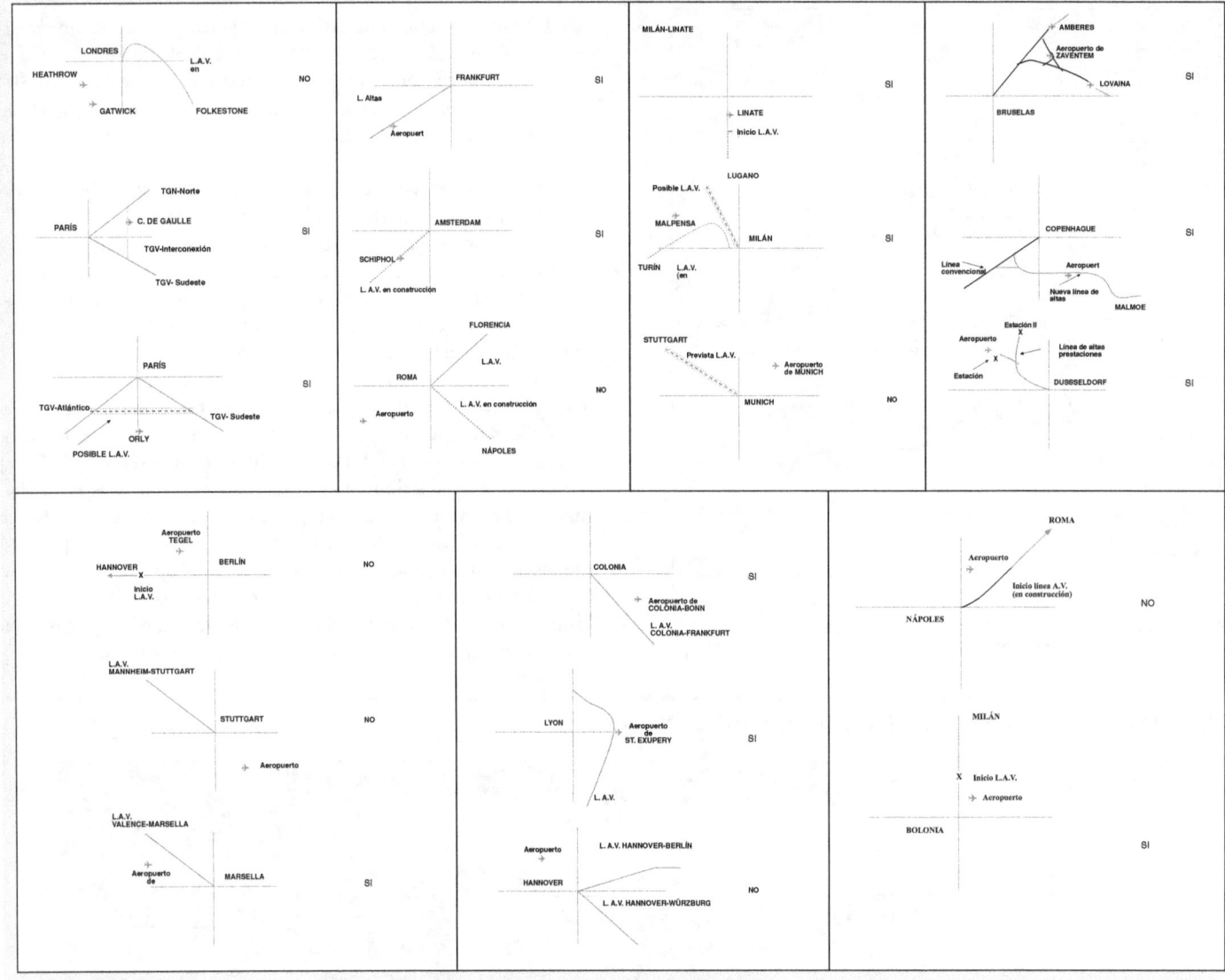

Fig. 7.123

Los aeropuertos afectados presentaban (a comienzos de la presente década) un tráfico aéreo muy variable, que oscilaba entre los 6 millones de viajeros/año de los aeropuertos de Lyon y Colonia, en el límite inferior, y en el límite superior, los aeropuertos de Amsterdam (39 millones de viajeros/año), París-Roissy (45 millones) y Frankfurt (49 millones). En una posición intermedia se hallan los aeropuertos de Düsseldorf, Copenhague, Bruselas, París-Orly y Milán-Malpensa, con 16 y 27 millones de viajeros/año.

Por lo que respecta a la tipología con que se implementa la conexión ferroviaria de alta velocidad en el aeropuerto, en el cuadro 7.33 se sintetiza la configuración adoptada en cada caso, que refleja un predominio de la solución de paso con vía general. La figura 7.124 proporciona una composición gráfica de los enlaces en los aeropuertos de Zúrich, Amsterdam, Frankfurt y París.

En todo caso, estimamos que cada aeropuerto presenta una problemática propia, que requiere un análisis específico para poder adoptar la decisión que optimice prestaciones, recursos e incidencia en el territorio.

CUADRO 7.33 TIPOLOGÍA DE LAS CONEXIONES FERROVIARIAS DE ALTA VELOCIDAD EN LOS AEROPUERTOS

Aeropuerto	Tipología de la conexión ferroviaria		Velocidad de referencia (Km/h)
	Vía general	Variante	
París-Charles De Gaulle	X		230 Km/h
Frankfurt	X		160-200
Amsterdam	X		160-200
Milán-Malpensa		X	s.d.
Bruselas			
Relación Bruselas-Amsterdam		X	s.d.
Relación Amsterdam-Colonia	X		s.d.
Düsseldorf	X		160-200
Colonia		X	130-180-130-160
Lyon	X		300

Fuente: A. López Pita (2003)

LÍNEAS DE ALTA VELOCIDAD EN ALGUNOS AEROPUERTOS EUROPEOS

Amsterdam

Frankfurt

Milán-Malpensa

Zurich

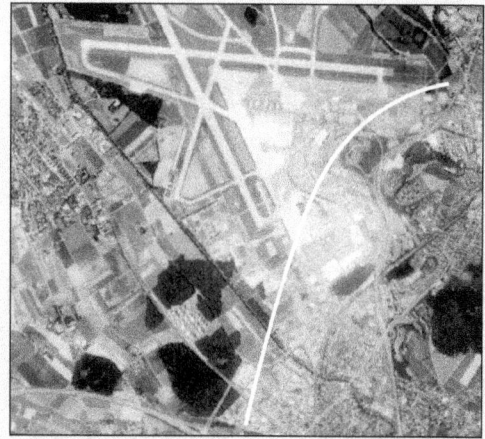

Fuente: Adaptado de G. Güller (2001)

Fig. 7.124

Por lo que concierne a las velocidades de circulación que pueden considerarse como referencia al paso de la línea por el aeropuerto, cabe realizar una reflexión análoga, pues oscila entre los 80-130 Km/h de la conexión del aeropuerto de Colonia y los 300 Km/h que posibilita el tránsito de la línea de alta velocidad que discurre por el aeropuerto de Lyon-Saint-Exupéry.

Por último, y en lo relativo al número de servicios de alta velocidad, no se dispone todavía de experiencia suficiente para poder efectuar una valoración global.

Es indudable, sin embargo, que la conexión ferroviaria por vía general propicia, en principio, la existencia de un mayor número de trenes con parada en el aeropuerto. Es el caso de los aeropuertos de París-Roissy, Frankfurt, Amsterdam y Düsseldorf.

No obstante, no cabe olvidar dos situaciones concretas: la del aeropuerto de Zúrich, donde la variante realizada a comienzos de los años ochenta se ha convertido de hecho en la vía general; la del aeropuerto de Lyon, en cuya estación, aunque se encuentra en la vía general de la línea de alta velocidad París-Marsella, sólo tienen parada por el momento un número limitado de trenes.

En la figura 7.125 se muestra la previsión de los ferrocarriles franceses para las conexiones ferroviarias con el aeropuerto de París-Roissy.

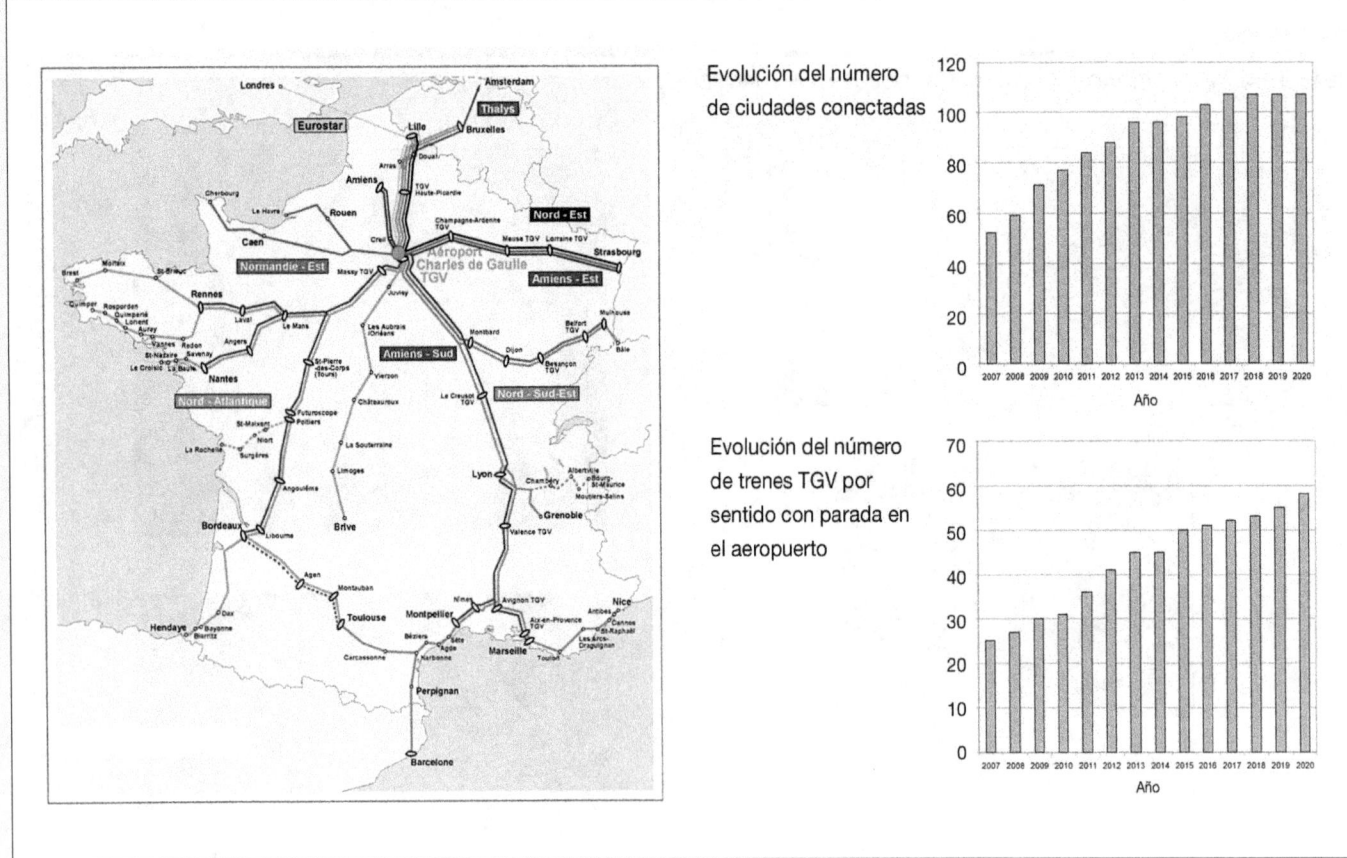

Fuente: Michel Leboeuf (2006)

Fig. 7.125

8 ORGANIZACIÓN DEL TRANSPORTE DE MERCANCÍAS

8.1 ANTECEDENTES DE REFERENCIA

Durante el primer tercio del siglo XX fue usual dividir el tráfico de mercancías por ferrocarril en dos grandes grupos:

- Las mercancías que podían formar *un vagón completo*, denominado habitualmente *tráfico de completos*.
- Las mercancías transportadas por bultos más pequeños, denominadas *tráfico de detalle*.

Asimismo, ambas mercancías eran transportadas por algunos ferrocarriles en dos regímenes distintos de velocidad: gran velocidad y pequeña velocidad, estando obligados a aceptar todas las mercancías que se presentasen, a tal efecto, en cualquier estación.

Este enfoque trajo consigo, por un lado, el establecimiento de trenes que sirviesen todas las estaciones con un rendimiento económico muy dudoso, como lo confirma el hecho de que en un estudio económico realizado en RENFE en los años cincuenta se obtuviese, para el transporte de mercancías de detalle, un coeficiente de explotación del orden de 320, es decir, que los gastos de transporte eran 3,2 veces superiores a los ingresos que producían.

En el caso del tráfico por vagón completo, sólo existían trenes directos cuando se podía reunir un mismo tipo de mercancía para un número limitado de clientes de un solo destino. No siempre era posible por la diversificación de los puntos de carga y la poca capacidad productora o consumidora de la industria. Circulaban entonces trenes directos sólo cuando se trataba de minerales de hierro y carbón, y productos de gran consumo.

El gran problema que se planteó ya en la década de los años cincuenta, a todas las administraciones ferroviarias, fue disminuir los costes de explotación teniendo presente que todo régimen de transporte era un compromiso entre dos tendencias opuestas:

1. La necesidad de asegurar una buena rentabilidad al material conducía a la utilización de *trenes pesados* al máximo de sus cargas.

2. La rentabilidad de los vagones (rotación), la rapidez del transporte, y la regularidad en la entrega de envíos, aconsejaban, por el contrario, la circulación de trenes ligeros y frecuentes. Esta dualidad sirvió de base para la organización del transporte de mercancías por ferrocarril, que se configuró en torno a tres regímenes de transporte.

- Régimen de detalle
- Régimen de vagón completo
- Regímenes especiales: $\begin{cases} \text{Correspondencia} \\ \text{Paquexprés} \\ \text{Contenedores} \end{cases}$

El tráfico integrado de transporte de detalle, al que se denominó TIDE, consistía en el transporte puerta a puerta de mercancías, en expediciones que no cubrían un vagón completo. Se utilizaba para ello el transporte combinado ferrocarril-carretera, es decir, de cargas fraccionadas de hasta 5.000 Kg que requerían un plazo medio de transporte a un precio asequible.

Para la realización de este tráfico se contaba con un cierto número de estaciones específicas, denominadas *estaciones centro* (Fig. 8.1), en las que se concentraban y dispersaban las mercancías que había que transportar. Dicha concentración y dispersión se efectuaba desde y hacia las estaciones pertenecientes al área de

ESTACIONES CENTRO EN RENFE (AÑO 1975)

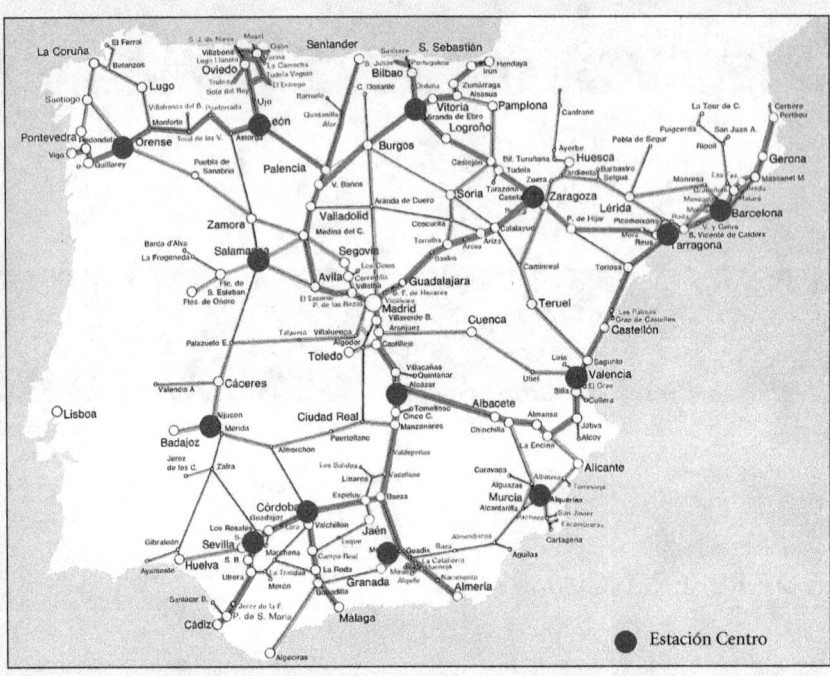

Fuente: Elaboración propia con datos de RENFE

Fig. 8.1

ESTACIONES DE CLASIFICACIÓN EN RENFE (AÑO 1975)

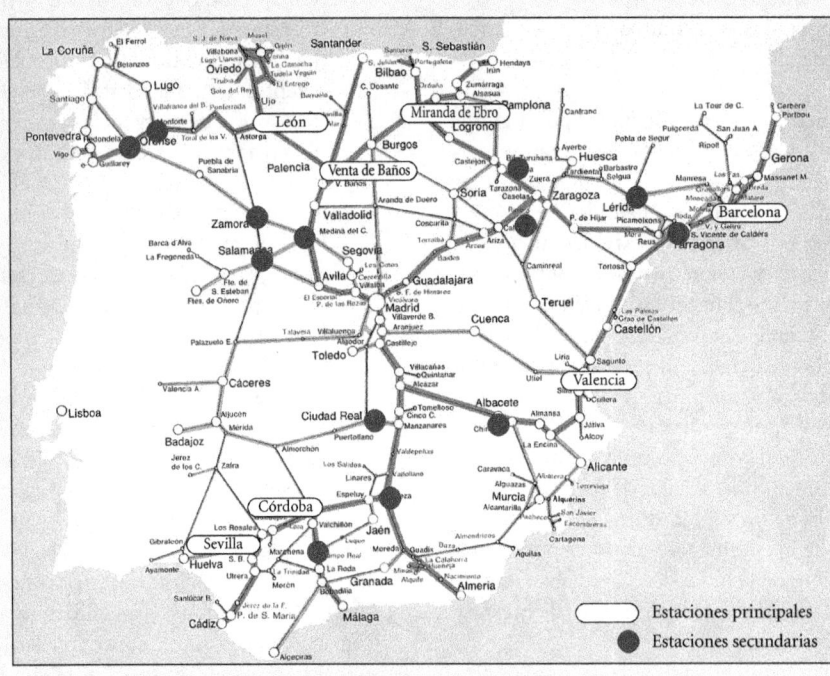

Fuente: Elaboración propia con datos de RENFE

Fig. 8.2

influencia de la correspondiente estación centro, por medio de trenes llamados *colectores*. Estos recogían y entregaban las expediciones de detalle de todas las estaciones de su línea, mezclando en sus vagones todo tipo de mercancías y destinos, de tal manera que, al llegar el *tren colector* a su estación centro, se hacía necesario reordenar todas las mercancías, clasificándolas por estaciones centro de destino, formándose así los trenes que enlazaban estas estaciones centro.

Ya en el año 1968, el tráfico así establecido arrojaba un gran déficit económico, siendo una de las causas principales la utilización de los trenes colectores, los cuales, además de ofrecer un bajo índice de utilización y velocidades comerciales reducidas, necesitaban numeroso personal. Ante esta situación, se acordó efectuar la Operación Detalle, que comprendía dos fases: cerrar las estaciones con menor tonelaje anual (afectó a más de 1.100); utilizar como estaciones centro aquellas donde se generase un tráfico que pudiese dar lugar a un tren diario de vagones como mínimo, y sustituir los trenes colectores por servicios por carretera con camiones, dado que para cortas distancias el transporte viario era más barato que el ferroviario.

Por lo que respecta al régimen de vagón completo, la organización de su transporte se efectuaba, en la mayor parte de las administraciones ferroviarias, mediante dos sistemas:

- Trenes completos
- Encaminamiento de vagones completos aislados

El primer sistema, trenes completos, tenía lugar cuando el volumen de mercancías alcanzaba un mínimo (variable para cada red ferroviaria en función de la importancia que diese a la rapidez del transporte o a la economía y rentabilidad del mismo).

En cuanto al tráfico de vagones completos, se recuerda que la organización de su transporte se basaba en la existencia de una serie de estaciones denominadas de clasificación (Fig. 8.2).

Los vagones que había que transportar eran recolectados en sus puntos de origen (conjunto de estaciones terminales de mercancías que podían recibir o expedir vagones completos) por trenes del plan llamado de encaminamiento complementario, conduciéndoles a la estación de clasificación más próxima, la cual clasificaba dichos vagones para formar los trenes del plan denominado *encaminamiento principal*, con destino a las demás estaciones de clasificación. Llegado el vagón a la estación de clasificación más próxima, a su destino final volvía a incorporarse a los trenes de encaminamiento complementario que lo situaban en el punto de destino definitivo.

Los trenes del Plan de Encaminamiento Complementario tenían por función colectar y distribuir los vagones dispersos en el área de influencia de una estación de clasificación. Dada su función, se caracterizaban por ser trenes muy numerosos, de corto recorrido medio, con poco aprovechamiento de carga y con maniobras en todas las estaciones de su itinerario para agrupar y segregar los vagones. Por consiguiente, lentos y necesitados de equipos adicionales de personal de maniobras.

En general, las redes ferroviarias ofrecían dos tipos de encaminamiento de los vagones: gran velocidad y pequeña velocidad, a los cuales correspondían dos niveles tarifarios distintos. Por lo que se refiere a la velocidad media practicada, se señala que en gran velocidad se alcanzaban 23 km/h y la tercera parte, es decir, del orden de 7,5 km/h en pequeña velocidad.

En el caso de RENFE, la organización del transporte de mercancías de vagón completo coincidía, básicamente, con la indicada precedentemente; no obstante, presentaba algunas particularidades: la existencia de dos tipos de estaciones de clasificación: principales (con un volumen de removido de vagones importante (≥ 600 vagones/diarios) y secundarias, con un volumen inferior de vagones tratados; la segunda particularidad venía dada por la comercialización de tres tipos de regímenes: ordinario, acelerado y expreso.

Por la importancia que en su momento tuvieron, consideramos de interés resumir las principales características de una estación de clasificación. Su estructura era consecuencia de las funciones que debía desarrollar. Disponían (Fig. 8.3) de:

- *Haz de llegada*, para la recepción de los trenes.
- *Haz de clasificación*, para la distribución de los vagones por destinos o direcciones.
- *Haz de formación*, para la clasificación de los vagones por destinos.
- *Haz de salida*, para la formación de los trenes en espera de su salida.

Aun cuando lo deseable era que todos los haces estuviesen alineados para facilitar las operaciones, no siempre la geografía del terreno disponible lo permitía.

El haz de llegada (Fig. 8.4.) tiene por misión recibir los trenes que se van a clasificar y anular la desigual cadencia de llegada de los trenes con objeto que los trabajos de clasificación se realicen de forma regular. Este haz está separado del de clasificación por medio de una elevación que recibe el nombre de *lomo de asno* (Fig. 8.3). Desde la plataforma de la vía de éste, situada aproximadamente 4 m sobre el nivel del haz, los vagones caen por gravedad hacia las distintas vías del haz de clasificación.

El funcionamiento es el siguiente: desde el haz de recepción la locomotora empuja lentamente al tren de vagones que hay que clasificar, estando éstos desenganchados entre sí [operación realizada en el haz de recepción (Fig. 8.3)]. El primer vagón, a su paso por el lomo, encuentra una pendiente muy fuerte (45 a 65 mm/m) sobre la cual desciende, yendo a parar a una de las vías del haz de clasificación. Repitiendo la operación con el resto de los vagones y maniobrando según sea necesario las agujas de las diferentes vías del haz, se consigue distribuir el conjunto de los vagones del tren entre las distintas vías.

ESTACIÓN DE CLASIFICACIÓN PARA EL TRANSPORTE DE MERCANCÍAS (I)

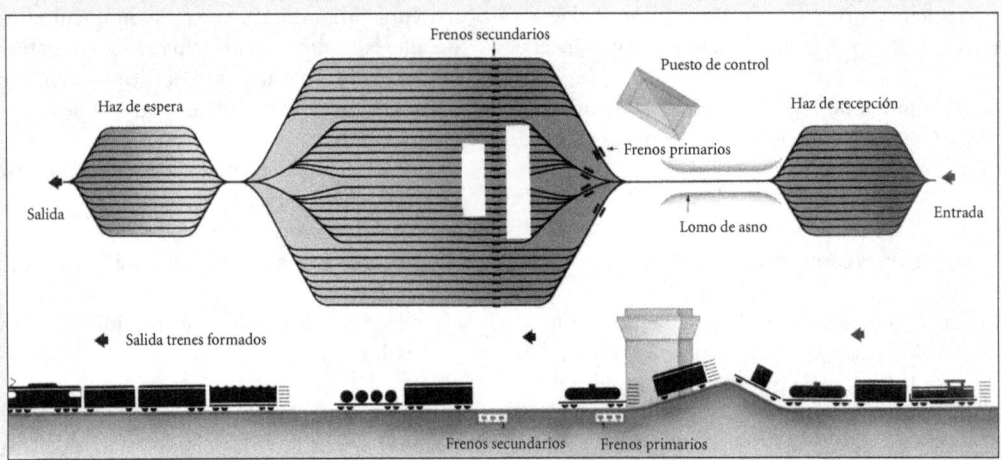

Puesto de control de la estación

Fuente: SNCF

Fig. 8.3

ESTACIÓN DE CLASIFICACIÓN PARA EL TRÁFICO DE MERCANCÍAS (II)

a) Estación de Vicálvaro

b) Lomo de asno

c) Frenos primarios

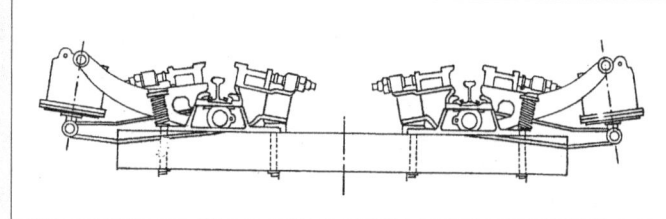

d) Ubicación frenos primarios

Fuente: RENFE

Fig. 8.4

Como se observa en las figuras 8.3 y 8.4, al finalizar el lomo de asno y antes de que los vagones entren en los pinceles de vías, se disponen unos frenos, que reciben el nombre de primarios, cuya misión es:

- *Reducir* la velocidad de los cortes antes de su paso por las agujas de cabeza del haz de clasificación, con objeto de que los cortes se espacien unos de otros, de forma que no se produzcan alcances.

- *Regular* la velocidad de los cortes de forma que lleguen a los frenos secundarios (Fig. 8.3), cuando éstos existan, a la velocidad adecuada para su funcionamiento. Además, lograr que los cortes alcancen su destino en la vía de clasificación a velocidad apropiada para que no se produzcan averías ni en los vagones ni en las mercancías.

En algunos casos, cuando el número de vagones que hay que clasificar no es muy grande, se suele prescindir del haz de formación por destinos, efectuándose la operación en él prevista en el haz anterior. Finalmente, el haz de salida tiene como misión preparar los trenes para la expedición.

El último tipo de régimen al que nos referiremos en este apartado de antecedentes es al transporte de contenedores por ferrocarril. En este ámbito se señala que RENFE no fue ajena al desarrollo del contenedor, de tal forma que, en 1972, inauguró el denominado servicio TECO (Tren Expreso de Contenedores).

Fue necesario dotar a la red ferroviaria española de una serie de estaciones denominadas de *contenedores*, para poder efectuar en ellas el transbordo del contenedor del camión al tren y viceversa. En cada estación de estas características, una empresa de carretera contratada por RENFE efectuaba el transporte viario. En la figura 8.5, se visualizan las estaciones de contenedores inicialmente elegidas, así como otras estaciones denominadas *asociadas a TECO*.

Las estaciones de contenedores constaban de una serie de vías para recibir los trenes, una zona de playas (para los camiones) y una zona mixta (para estacionamiento de contenedores y camiones) (Fig. 8.6). En general, en el caso de RENFE, el número de vías oscilaba entre 4 y 8, según la importancia de la estación. La longitud de las mismas variaba entre 250 y 350 m, acorde con la longitud de los trenes TECO.

Para la manipulación de los contenedores, las terminales disponían de dos tipos de equipos: sistemas grúa-pórtico (Fig. 8.7) y transbordadores móviles (Fig. 8.8). Las grúas-pórtico se designaban con tres números separados con guiones, es decir, a-b-c, siendo b el número de vías que abarcaba en su interior la grúa-pórtico y a y c el número de vías que abarcaba a ambos lados de la misma (Fig. 8.9).

La implementación práctica de la red TECO se produjo en el período 1972-76, pasando de 2 trenes diarios, entre Madrid y Barcelona (uno por sentido), a 24 trenes diarios (en el conjunto de la red TECO) con una velocidad media de 60 km/h y sin paradas intermedias entre las terminales TECO. Se señala que, en 1988, circuló el primer tren de mercancías a 120 km/h de velocidad máxima, entre Silla (Valencia) y Madrid. Se trató de un servicio TECO, con una velocidad comercial de 75 km/h, en un recorrido de 471 km. Su contenido era mercancía perecedera (frutas, hortalizas, etc), con destino a Mercamadrid. El tren salía de Silla a las 15 h 55 y llegaba a la estación de Madrid-Abroñigal a las 22 h 10. Apenas cinco minutos después de la llegada del tren, el primer contenedor se cargaba en el camión, de forma que a las 22 h 30, la mercancía entraba en el Mercado Central de Madrid. En general, el radio de acción de una terminal de contenedores para el acarreo y distribución de los contenedores por carretera, no superaba 120 km.

TERMINALES TECO DE RENFE (1988)

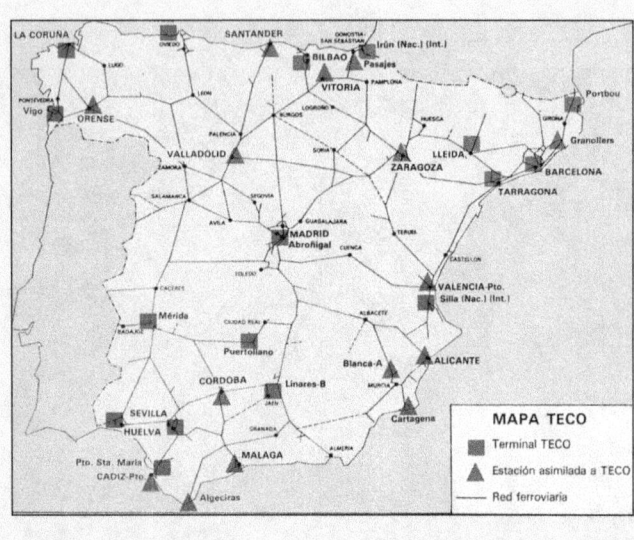

Fuente: RENFE (1988)

Fig. 8.5

ESTACIÓN DE CONTENEDORES DE MADRID-ABROÑIGAL

Fuente: RENFE

Fig. 8.6

GRÚA-PÓRTICO

Fuente: RENFE   Fig. 8.7

TRANSBORDADOR MÓVIL

Fuente: RENFE   Fig. 8.8

8.2 PRINCIPALES FACTORES DE ELECCIÓN MODAL EN EL TRANSPORTE DE MERCANCÍAS

Con la creación de las unidades de negocio en RENFE, a comienzos de la década de los años noventa, se llevaron a cabo trabajos en profundidad para conocer mejor las necesidades de los clientes en el transporte de mercancías.

De una forma gráfica, para el tráfico de cargas (que no incluía transporte combinado) el director de marketing de RENFE, [Marcide (1995)] expresaba que las demandas de los clientes se concretaban en siete peticiones: puntualidad, regularidad, cumplimiento de plazos y servicios adaptados, en el ámbito del desplazamiento físico de las mercancías; garantía en el trato a las mercancías; posibilidad de utilizar otros modos complementarios y, finalmente, precio competitivo frente a la carretera.

Para las condiciones del mercado en ese momento temporal, incluyendo la situación económica del país, la importancia que los clientes de RENFE daban a cada factor se muestra en la figura 8.10. Dos grandes ámbitos ocupaban la atención principal: el nivel tarifario (37%) y el plazo del transporte junto a la fiabilidad de su cumplimiento (32,6%).

Por otro lado, un estudio realizado en 1994 por el Centro de Estudios Logísticos (CEL) ponía de manifiesto los cambios que se estaban produciendo en la relación fabricantes-distribuidores, caracterizados por la reestructuración de sus redes de centros y flujos de mercancías. En este proceso se destacaba que los factores de referencia eran: la adquisición de suministros desde fuentes cada vez más lejanas; la existencia de un menor número de plantas y centros de distribución; la utilización de plataformas locales de reexpedición y consolidación y, finalmente, la desaparición de los estocajes.

La necesidad de coordinar los suministros desde fuentes cada vez más distantes y de realizar las operaciones de consolidación y reexpedición de una forma ágil y coordinada, de manera que se aseguren unos plazos de entrega lo más cortos posibles, son los principales motivos que provocan que el transporte de mercancías se convierta cada vez más en una actividad logística.

El papel del transporte en el nuevo contexto adquiere una nueva dimensión, ya que en lugar de constituir un acto aislado de movimientos de bienes, pasa a convertirse en el elemento de una cadena de suministro.

TIPOLOGIA BÁSICA DE DESIGNACIÓN DE LAS GRÚAS PÓRTICO

a) Tipo 0-3-0

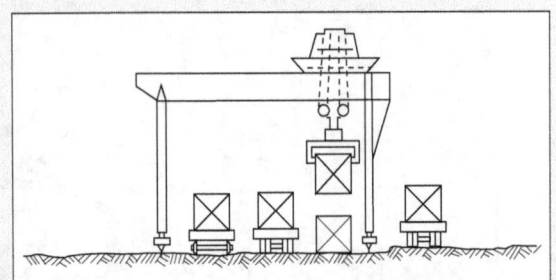

b) Tipo 0-5-0

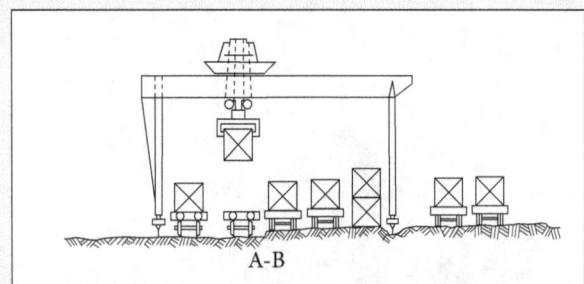

c) Tipo 0-4-0

d) Tipo 0-6-2

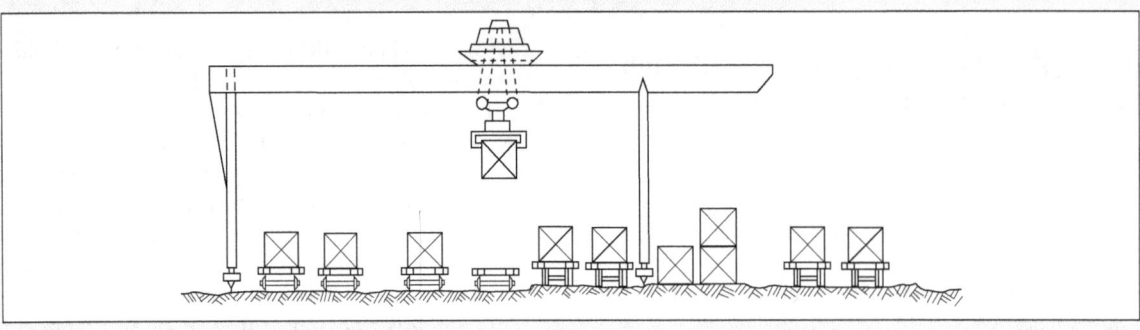

e) Tipo 2-6-2

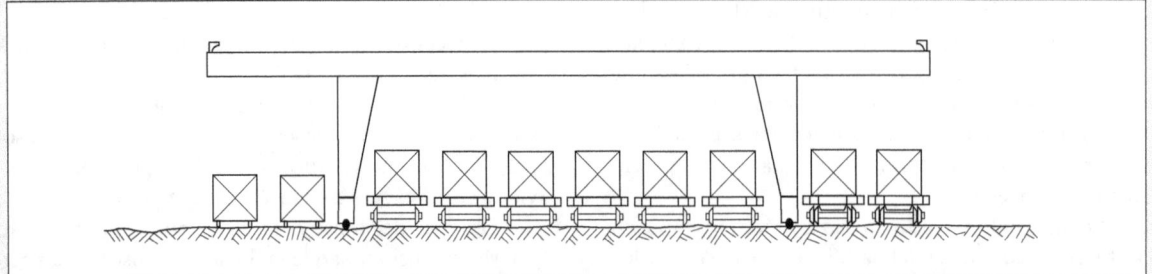

Fuente: RENFE

Fig. 8.9

En este contexto de cambio, algunos de los factores clave para tener éxito en la citada cadena eran los indicados en la figura 8.11. En particular, la información al cliente, la mejora del servicio y la reducción de costes.

Es de interés destacar que, a comienzos de la presente década, la importancia que los clientes del ferrocarril daban a los distintos aspectos que configuran el servicio de transporte de mercancías era la que muestra la figura 8.12, para el tráfico de cargas. Nótese como el cumplimiento de plazos era la variable a la que se le daba la mayor importancia, claramente por encima del nivel tarifario (en contraposición a los resultados de la figura 8.10 correspondientes al año 1994, caracterizado por una complicada situación económica).

CARACTERÍSTICAS DE LA DEMANDA EN EL TRANSPORTE DE MERCANCÍAS (1995)

a) Demandas de los clientes

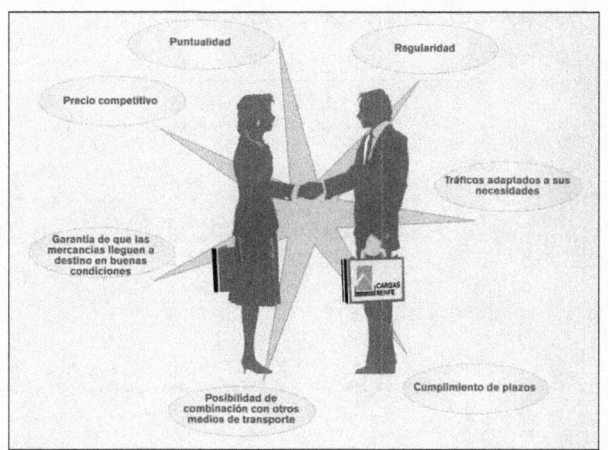

b) Principales factores de elección modal en el transporte de mercancías

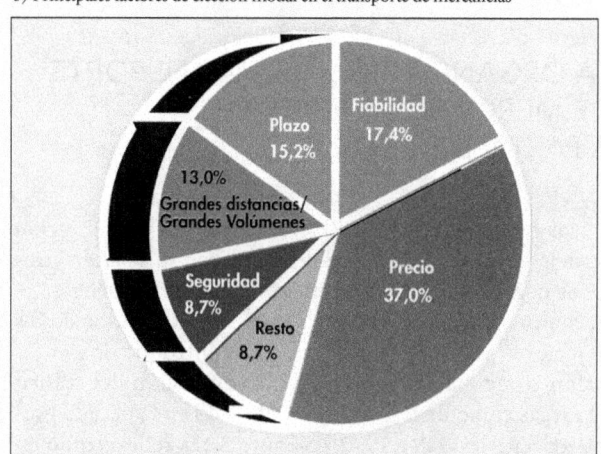

Fuente: RENFE (1995)

Fig. 8.10

FACTORES CLAVE EN LA CADENA DE TRANSPORTE (1994)

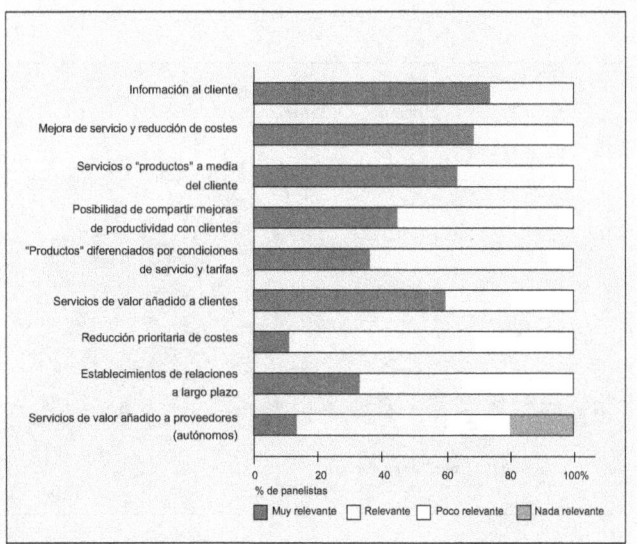

Fuente: CEL (1994)

Fig. 8.11

IMPORTANCIA DE LOS ATRIBUTOS DEL SERVICIO DE CARGAS

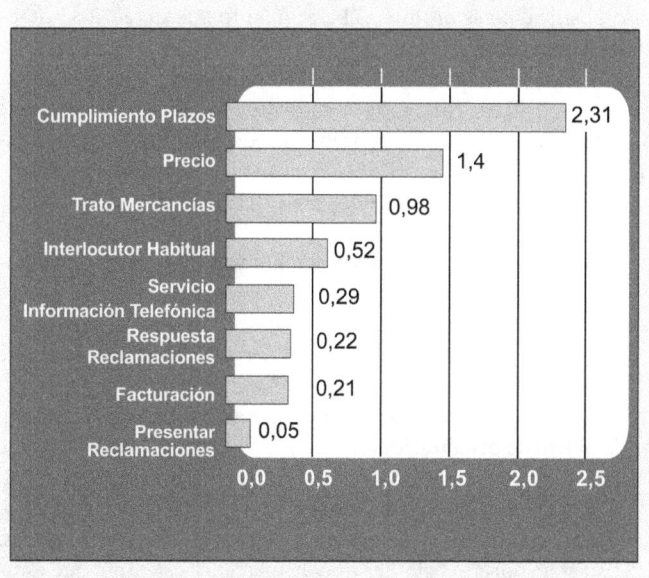

Fuente: RENFE (2000)

Fig. 8.12

En cuanto al transporte combinado, sobre una puntuación máxima de diez puntos, prácticamente a la totalidad de los factores de calidad (plazo, puntualidad, información de la mercancía, etc.) se les valoraba por encima de ocho puntos. Se reflejaba, de este modo, el concepto de calidad total para este segmento de mercado. Puede añadirse que buen número de clientes del ferrocarril preferían un servicio de día A a día C, con un grado de fiabilidad del 95%, a una oferta basada en un servicio de día A a día B, con una fiabilidad del 70/75%.

8.3 LA ORGANIZACIÓN DEL TRANSPORTE DE MERCANCÍAS EN RENFE A PARTIR DE 1992

A comienzos de la década pasada, RENFE disponía de una Dirección de Mercancías en el seno de la cual desarrollaban su actividad tres unidades de negocio: cargas, transporte combinado y paquetería.

Para comprender mejor las actuaciones llevadas a cabo en los citados sectores y los diferentes servicios introducidos en la explotación comercial, es útil conocer la evolución del tráfico tanto de cargas como de transporte combinado en la década precedente, es decir, de 1980 a 1990. La figura 8.13a refleja como en este período temporal el tráfico de mercancías en vagón completo (cargas) experimentó una continuada disminución, tanto en términos de toneladas como de toneladas-kilómetro. En cuanto al tráfico de contenedores (Fig. 8.13b), si bien la evolución había sido positiva, no se producía el crecimiento que su teórico potencial hacía suponer.

Por ello, a mediados de 1994, RENFE puso en servicio la denominada red TEM, configurada entorno a los Trenes Expresos de Mercancías, que circularían por los corredores indicados en la figura 8.14. El primer servicio TEM operó entre Madrid y Barcelona. Los principales atributos de este tipo de trenes eran:

- *Alta fiabilidad*. Circulación con horario fijo y carácter prioritario.
- *Operación diaria*. De lunes a viernes.
- *Circulación en horario nocturno*. Recorridos durante la noche para entrega de la carga en la mañana del día siguiente.
- *Garantía de plazo*. El incumplimiento del plazo pactado era objeto de penalizaciones.

Los TEM eran composiciones de hasta 250 metros de longitud, con una carga máxima neta que podía llegar hasta las 500 toneladas. Podían transportar cualquier tipo de mercancía, siempre que estuviese paletizada o fuese susceptible de manipular mecánicamente, con la finalidad de facilitar las operaciones de carga y descarga en el mínimo tiempo posible y, en paralelo, reducir costes.

Los clientes disponían de una línea telefónica gratuita para efectuar la reserva de «carga» en un tren, con 30 días de antelación. Además, para la información a los clientes, RENFE ponía a su disposición sistemas informáticos como el SACIM, que permitía el seguimiento del transporte en tiempo real y *on line* de la mercancía. Desde el punto de vista tarifario, el ferrocarril indicaba que su precio era, por termino medio, un 7% inferior al de la carretera.

EVOLUCIÓN DE LA DEMANDA DE TRANSPORTE DE MERCANCÍAS POR FERROCARRIL EN RENFE (1980-1990)

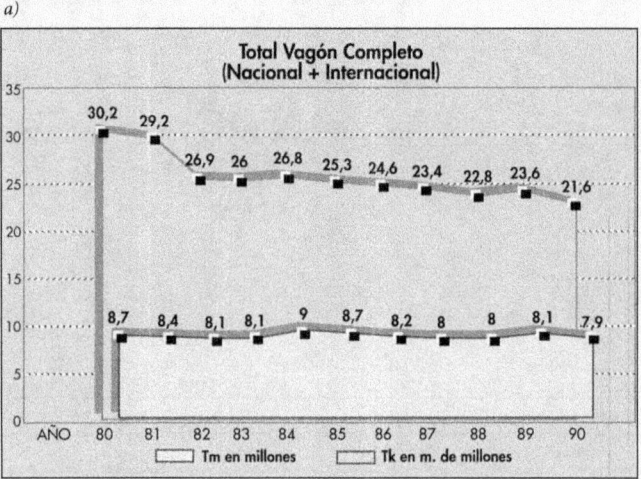

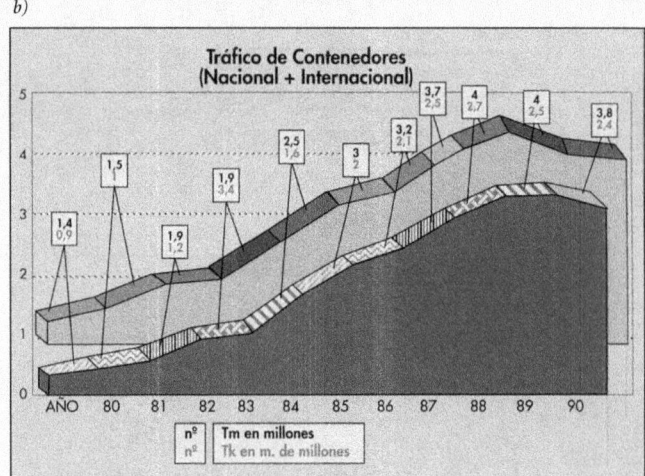

Fuente: RENFE

Fig. 8.13

TRENES EXPRESOS DE MERCANCÍAS EN RENFE (1994)

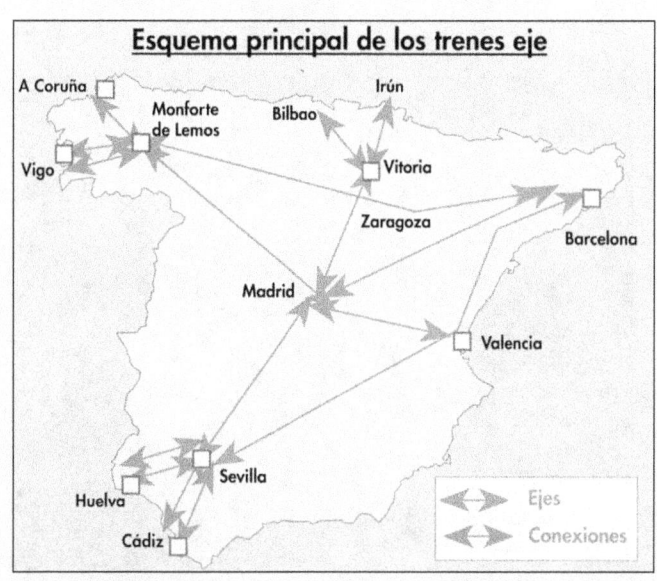

Fuente: RENFE

Fuente: RENFE (1997)

Fig. 8.14

En cuanto al transporte combinado, RENFE, para prestar los citados servicios disponía, a finales de la pasada década, de 30 terminales de contenedores situadas en las principales poblaciones, centros industriales y puertos (Fig. 8.15). El equipamiento de cada terminal, por lo que respecta a grúas pórtico y grúas móviles, variaba de una a otra. Se contaba con 3.500 vagones plataforma portacontenedores y 2.500 contenedores, lo que proporciona una capacidad estática de carga de 10.000 TEU (contenedores equivalentes de 20 pies). En media, se ponían en servicio 500 trenes/semana en relaciones radiales y trasversales.

RENFE continuó extendiendo su red de servicios a otros corredores, tal como se muestra en la figura 8.16. En paralelo, introdujo nuevos productos con la denominación y características indicadas a continuación:

- *Tren puerto*. Para conectar las terminales ferroviarias con los puertos. Programado de acuerdo con el horario de salida y entrada de los barcos. Los trenes realizaban recorridos nacionales e internacionales.
- *Tren interpuertos*. Para conectar entre sí terminales portuarias.
- *Tren euroteco*. De carácter internacional, para unir terminales españolas con la red europea.
- *Tren cliente*. Diseñado a la medida de las necesidades concretas del cliente, que elegía origen, destino y capacidad de carga. Los recorridos podían ser nacionales e internacionales.

Por lo que respeta a los *trenes puerto* (Fig. 8.16), se señala que los principales puertos españoles: Algeciras, Barcelona, Valencia, etc., estaban unidos a Madrid con trenes de tráfico combinado.

TERMINALES DE CONTENEDORES EN RENFE (1997)

Fuente: RENFE

Fig. 8.15

DESARROLLO DE LA RED DE TRANSPORTE DE CONTENEDORES EN RENFE

Red Teco de Larga Distancia (Ejes transversales) (2001)

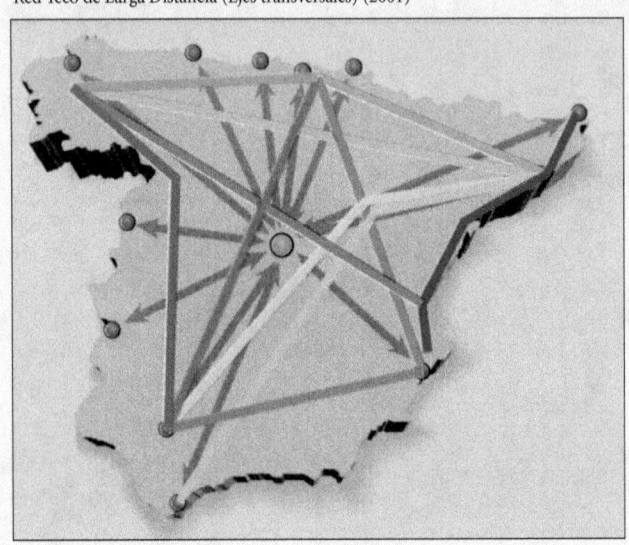

Fuente: RENFE

Fig. 8.16

TERMINALES FERROVIARIAS EN PUERTOS

a) Puerto de Bilbao

b) Puerto de Barcelona

Fuente: RENFE

Fig. 8.17

Es importante destacar que una de las principales limitaciones del ferrocarril en los puertos suele ser la reducida capacidad y funcionalidad de sus terminales, tal como muestra la figura 8.17.

En cuanto a los *trenes interpuertos*, puede mencionarse el que se estableció entre Barcelona y Lisboa (Fig. 8.18a) en el primer tercio de la pasada década. Nació para cubrir las necesidades de transporte de mercancías por vía terrestre entre los mencionados puertos. La necesidad se derivaba de dos hechos:

1. Los armadores de líneas procedentes del Extremo Oriente, recalaban en el puerto de Barcelona.
2. Las mercancías con destino a Portugal, al no tener este país escalas directas de los grandes armadores, debían rodear la Península Ibérica hasta los puertos del norte de Europa, como Amberes y Rotterdam, entre otras ciudades, para ser transferidas posteriormente al país vecino.

La existencia de un servicio ferroviario fiable, rápido y de calidad entre Barcelona y Lisboa permitía obtener una ganancia de varios días en el plazo de transporte hasta Lisboa.

Finalmente, la figura 8.18b muestra algunas de las relaciones servidas con trenes euroteco, en particular en los corredores que desde el Mediterráneo se dirigen hacia Alemania y Benelux.

En enero del año 2002 RENFE introdujo un nuevo producto en el transporte combinado, al que designó como *Combipack* y subtituló: *La alta velocidad de las mercancías*. Estaba destinado a los operadores logísticos de mercancías en la relación Barcelona-Madrid-Barcelona. La oferta se configuraba en torno a tres variables: reducido tiempo de tránsito, plazo garantizado y precio competitivo.

Se trataba, por tanto, de un servicio en una distancia de 700 km y realizado en periodo nocturno (Barcelona 20 h 30, hora de entre-

TREN INTERPUERTO BARCELONA-LISBOA Y EJES INTERNACIONALES

a) Interés servicio Barcelona-Lisboa (1993)

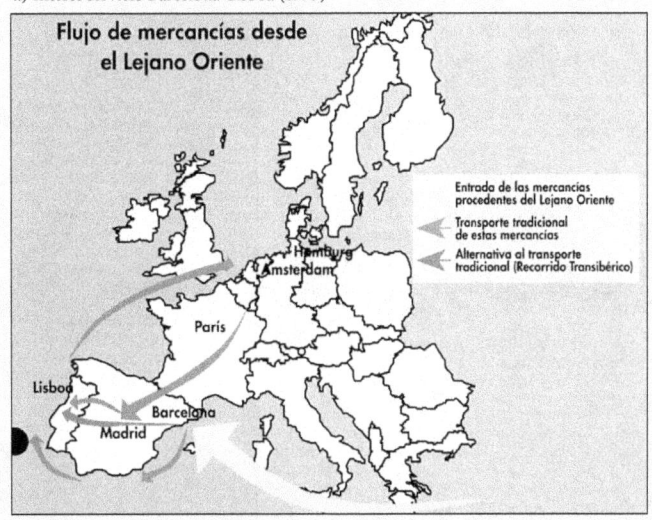

b) Principales ejes internacionales (1994)

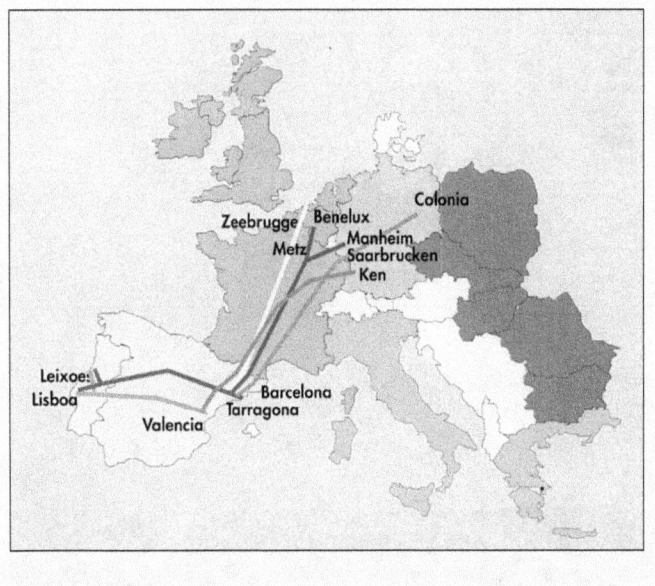

Fuente: RENFE

Fig. 8.18

ga de la mercancía 19 h 30; Madrid 5 h 40, hora de entrega de la mercancía, 6 h 15). Es decir, una velocidad media de 80 km/h. En caso de retraso superior a 60 minutos sobre el horario previsto para entregar la mercancía por parte de RENFE, devolución del importe correspondiente al transporte ferroviario (no incluía, en consecuencia el importe del acarreo por camión). Se subraya que del coste total del servicio, la parte ferroviaria representaba el 66%, correspondiendo el 34% restante a la parte del transporte efectuada con camión.

Se señala, por último, que desde enero del año 2004, las unidades de carga y de transporte combinado quedaron englobadas en una única Unidad de Negocio de Mercancías.

8.4 EL TRANSPORTE INTERNACIONAL DE MERCANCÍAS Y EL ANCHO DE VÍA

El diferente ancho de vía entre la Península Ibérica y el resto de Europa ha constituido una de las dificultades que el transporte por ferrocarril, especialmente de mercancías, ha tenido que superar técnicamente a través de varios sistemas. Los complejos ferroviarios Irún-Hendaya (Fig. 8.19) y Portbou-Cerbère (Fig. 8.20) son los puntos de conexión donde se produce la solución de continuidad de los dos anchos de vía que en ellos confluyen: el ibérico (1.668 mm) hacia el sur, y el internacional (1.435 mm) hacia el norte.

En el caso de Irún, el puente internacional que salva la frontera natural del río Bidasoa (Fig. 8.19), enlazando por ferrocarril Francia y España, está surcado por dos vías, en ancho internacional y RENFE, que posibilitan el encaminamiento de los trenes hasta el país vecino, en cada uno de los sentidos.

A ambos lados de este angosto nexo de unión ferroviaria se extienden, en terrenos de Irún y Hendaya, los muelles y playas de vías de ambos anchos y mixtas, así como el resto de instalaciones destinadas a permitir la continuidad del transporte por ferrocarril.

Para el transporte combinado, el equipo de la Terminal Internacional de Contenedores de Irún gestiona la totalidad de los tráficos, sur-norte y norte-sur, y es aquí donde se llevan a cabo todas las operaciones, tanto comerciales como de transbordo de los contenedores (Fig. 8.19).

Los trenes de cargas cuyas mercancías requieren ser transbordadas a vagones del otro ancho continúan hasta Hendaya, si proceden de la Península Ibérica, para realizar allí estas operaciones y, a la inversa, en el sentido norte-sur efectúan en Irún el transbordo a vagones RENFE.

Los trenes cuyos vagones van a ser objeto del cambio de ejes son encaminados por RENFE o SNCF, dependiendo de su procedencia, hasta las instalaciones de Transfesa (Fig. 8.19), donde esta empresa se encarga de efectuar, con sus propios medios, todas las maniobras y demás operaciones hasta entregar los vehículos a la empresa hacia donde vayan a continuar el transporte, dotados ya de la nueva rodadura.

En el caso del complejo de Portbou-Cerbère (Fig. 8.20), las operaciones de transbordo de carga se realizan en Portbou, cuando los vagones no disponen de la posibilidad de cambiar los ejes. A los vehículos a los que se puede cambiar el ancho se les realiza esta ope-

COMPLEJO FERROVIARIO DE IRÚN-HENDAYA

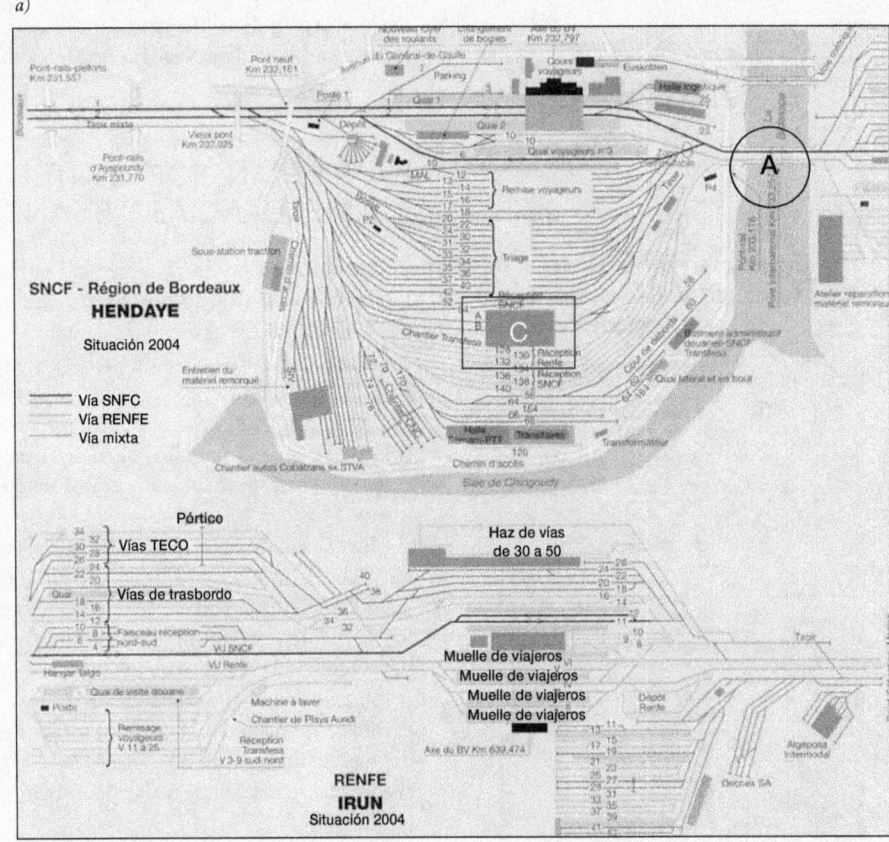

a)

b) Vista aérea años noventa

c) Centro de Transfesa

Fuente: B. Collardey (2004)

Fig. 8.19

ración en la estación de Cerbère (Fig. 8.21). La observación de las figuras 8.19 y 8.20 pone de manifiesto la práctica imposibilidad de ampliar de forma apreciable las instalaciones existentes en ambos puestos fronterizos.

Finalmente, en la figura 8.22 se presenta una vista general de las instalaciones ferroviarias que permiten pasar la frontera hispano-francesa. Se recuerda que el paso por Canfranc está interrumpido desde la década de los años setenta del siglo XX.

COMPLEJO FERROVIARIO DE PORTBOU-CERBÈRE

a) Vista de conjunto

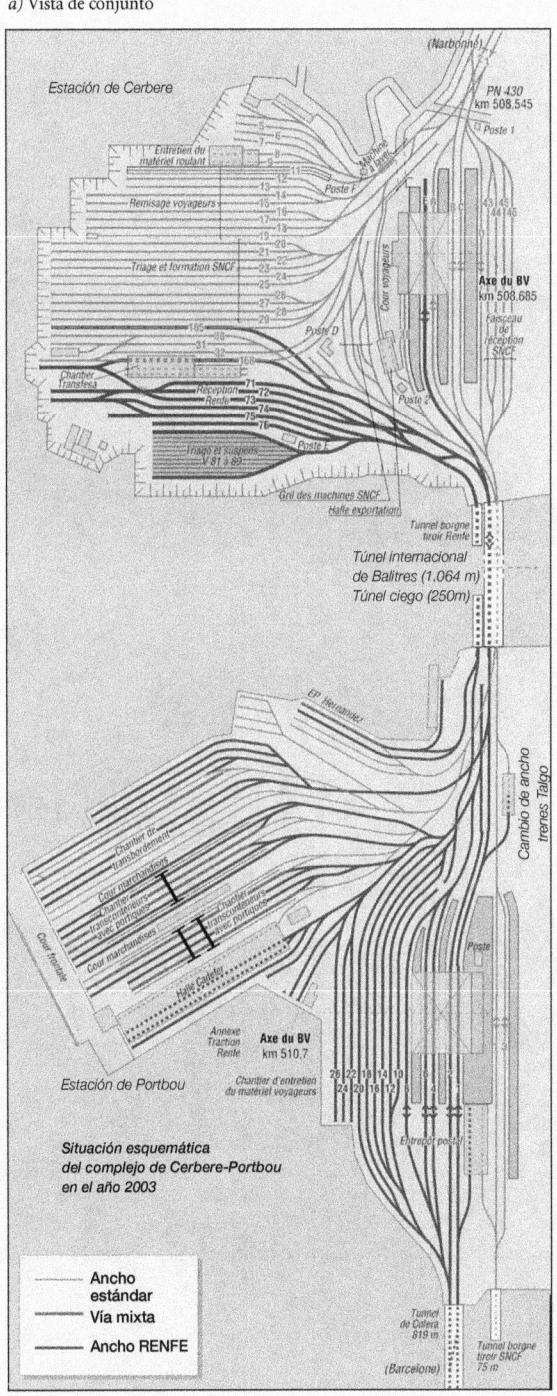

b) Vista de Cerbère

c) Vista de Portbou

Fuente: Elaboración propia con datos Foudurail y Rail Passion

Fig. 8.20

CAMBIO DE EJES A LOS VAGONES DE MERCANCÍAS EN LA ESTACIÓN DE CERBÈRE

Ejes de diferente ancho

Operación de cambio de ejes (I)

Operación de cambio de ejes (II)

Fuente: Elaboración propia con datos Foudurail

Fig. 8.21

CONEXIONES POR FERROCARRIL ENTRE ESPAÑA Y FRANCIA

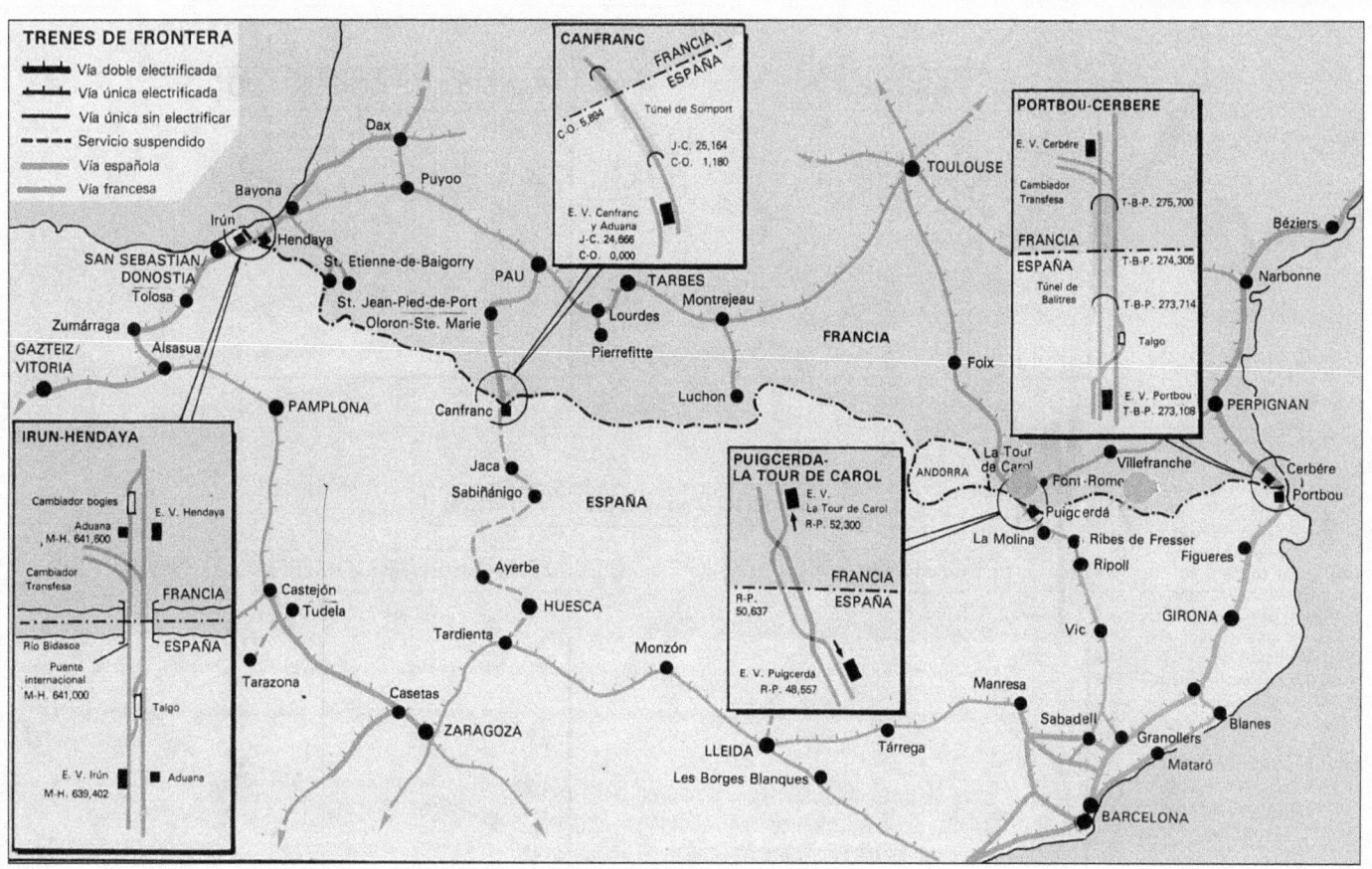

Fuente: E. Resel (1988)

Fig. 8.22

8.5 LA EVOLUCIÓN DE LA DEMANDA DE TRANSPORTE DE MERCANCÍAS POR FERROCARRIL DESDE 1992 EN RENFE

El análisis de las estadísticas del transporte de mercancías por ferrocarril en RENFE, desde la creación de las unidades de negocio, permite apreciar (Fig. 8.23) dos periodos temporales. El primero, del año 1993 al año 1995, en el que tuvo lugar un significativo crecimiento de ambos tráficos, cargas y transporte combinado. El segundo período, de 1995 a 2005, en el cual se produjo un cierto estancamiento de los citados tráficos. Por tanto, puede decirse que el volumen de mercancías transportadas por la unidad de cargas se sitúa, en la actualidad, en torno a 18 / 19 millones de toneladas. Por su parte, en transporte combinado, el volumen de mercancías alcanza de 7 a 8 millones de toneladas.

En términos de calidad percibida por los clientes de cargas, la valoración máxima alcanzada es de 6,75 (sobre 10), con un ligero incremento en los últimos años. La valoración del servicio de transporte combinado ha sido siempre superior a la indicada para cargas, obteniéndose un valor máximo de 7 (sobre 10).

8.6 LA SITUACIÓN DEL TRANSPORTE DE MERCANCÍAS POR FERROCARRIL EN EUROPA

Durante prácticamente un siglo (1865-1975) el ferrocarril europeo desempeñó un importante papel en el transporte de mercancías.

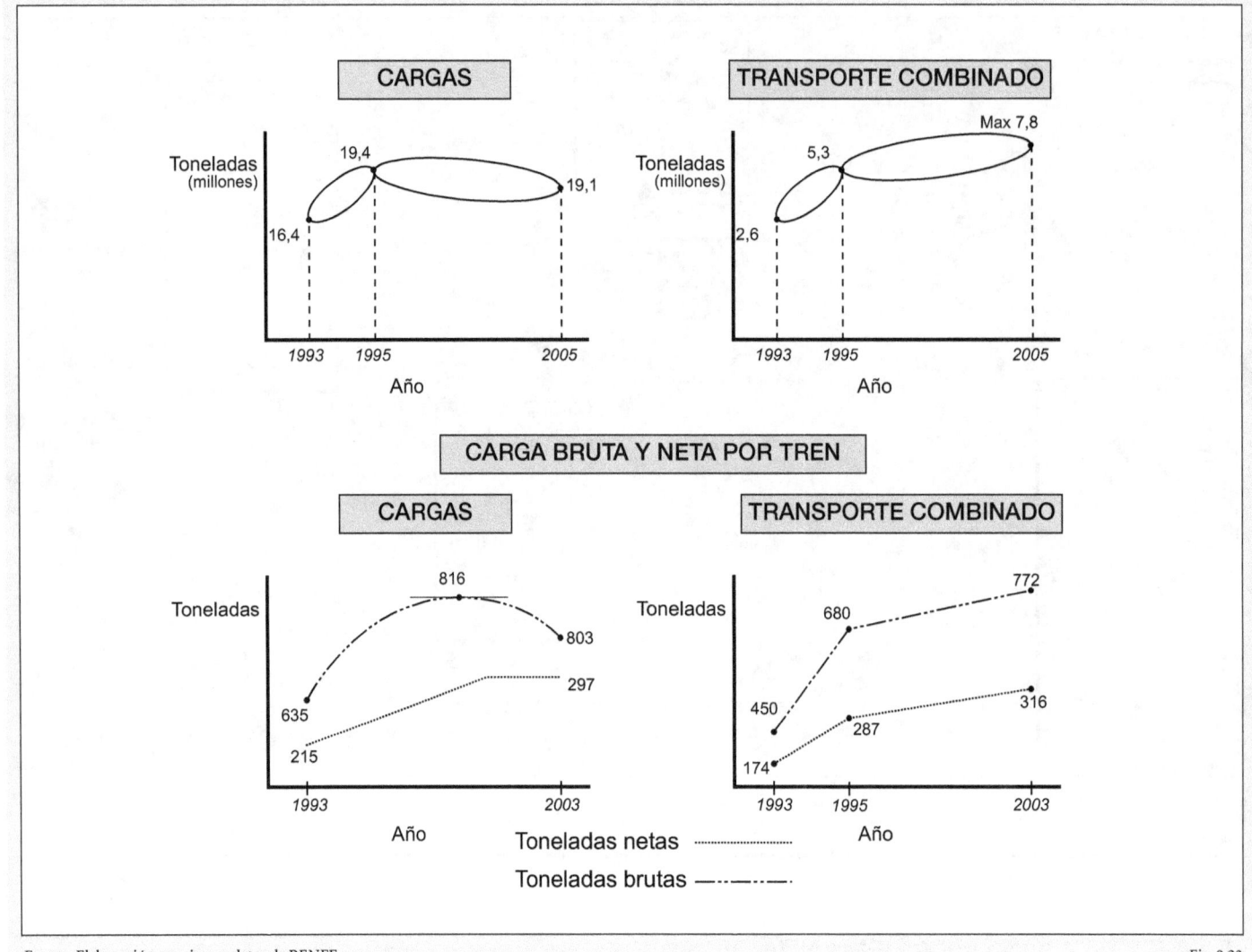

Fig. 8.23 Evolución del tráfico de mercancías por ferrocarril en RENFE en el periodo (1992-2005). Fuente: Elaboración propia con datos de RENFE.

Un ejemplo de esta realidad se muestra en la figura 8.24, que para el ferrocarril español refleja la evolución del tráfico de mercancías realizado en el citado periodo temporal.

Sin embargo, desde hace casi tres décadas, a nivel europeo, el tráfico realizado por este modo de transporte está prácticamente estancado, después de experimentar durante la década de los años ochenta del siglo pasado una brusca caída (Fig. 8.25).

En efecto, las estadísticas de la Comisión Europea sintetizadas en la citada figura 8.25 reflejan la citada tendencia. Si en 1970, en la Europa de los 15 países, el volumen total de mercancías transportadas por ferrocarril fue de 282,5 millones de toneladas-kilómetro, treinta años después, es decir, a comienzos de la presente década, el citado volumen se redujo a 249,5 millones de tkm, para situarse en el año 2003 en 235,6 millones de tkm.

Es de interés constatar también que si el espacio geográfico que se considera es el configurado por la Europa de los 25 países, la tendencia de pérdida de competitividad del ferrocarril no se modifica. En el año 1979, el tráfico fue de 494,3 Mtkm en la EU-25 y se redujo a 358,9 Mtkm en el año 2003.

No sorprende, por tanto, que la cuota de mercado del ferrocarril en cada país se haya reducido progresivamente, tal como se deduce de la observación del cuadro 8.1.

EVOLUCIÓN DEL TRÁFICO DE MERCANCIAS POR FERROCARRIL EN ESPAÑA (1965-1992)

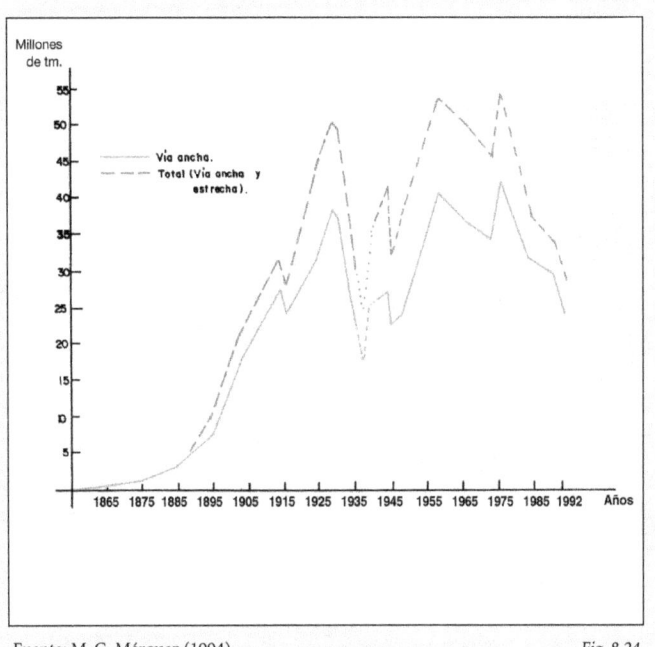

Fuente: M. G. Márquez (1994) *Fig. 8.24*

EVOLUCIÓN DEL TRÁFICO DE MERCANCÍAS POR FERROCARRIL EN EUROPA (1970-2004)

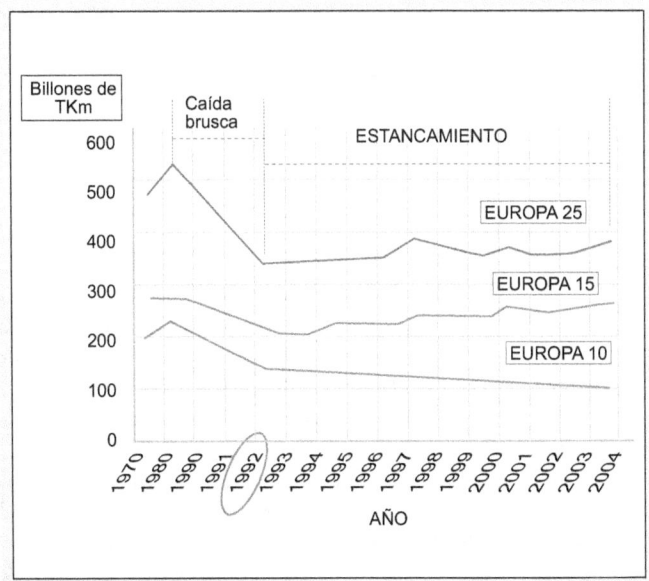

Fuente: Eurostat, UIC, DGTren *Fig. 8.25*

CUADRO 8.1 EVOLUCIÓN DE LA CUOTA DE MERCADO DEL FERROCARRIL EN EL TRANSPORTE DE MERCANCÍAS

	Francia	Alemania	Italia	España	Reino Unido
1984	32,3	23,7	10,6	9,8	12,5
1990	26,0	20,6	10,1	7,0	10,0
1994	23,9	18,1	10,1	4,8	7,8
1997	21,8	18,5	10,4	5,3	9,4
2000	20,6	17,4	9,7	3,8	9,9

Fuente: SNCF

Para la EU15, en el año 2000, la cuota de mercado del ferrocarril era del 14%. Es un hecho, no obstante, que la importancia de este modo varia con la distancia a que se transporta la mercancía, tal como muestra el gráfico adjunto para el caso francés (Fig. 8.26)

EVOLUCIÓN DE LA CUOTA DE MERCADO DEL FERROCARRIL CON LA DISTANCIA DE TRANSPORTE

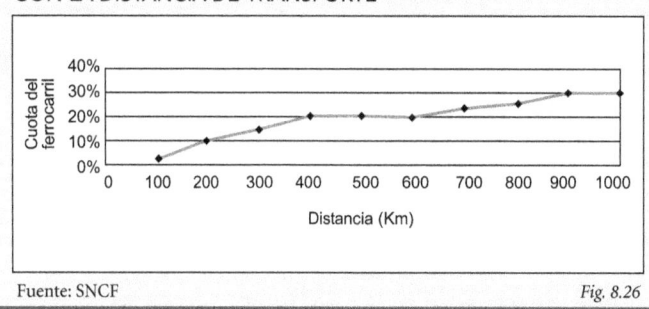

Fuente: SNCF *Fig. 8.26*

En el cuadro 8.2, se explicita para algunas de las principales administraciones ferroviarias el tráfico realizado en los últimos años (2002 a 2005), expresado en toneladas y toneladas-kilómetro.

CUADRO 8.2 EVOLUCIÓN DEL TRÁFICO DE MERCANCÍAS EN ALGUNAS REDES FERROVIARIAS

Ferrocarril	2002		2003		2004		2005	
	Ton.*	Tkm*	Ton.	Tkm	Ton.	Tkm	Ton.	Tkm
OBB (Austria)	86,5	17626	86,2	17852	92	19027	81,7	17036
DBAG (Alemania)	266,9	72423	267,9	73951	269,9	77620	274,6	88022
SNCF (Francia)	127,6	50036	120,7	46835	117,4	45121	107,5	40698
FS (Italia)	83,2	23060	82,1	20297	75,5	21046	68,7	20131
RENFE (España)	30,3	13253	29,7	13668	29,2	13608	25,5	11070

Fuente: Adaptado de UIC. * Millones

Tal vez el hecho más preocupante se deriva de la observación de la evolución del tráfico combinado en los ferrocarriles de los principales países donde, en principio, cabría esperar un mejor comportamiento. Sin embargo, la observación de la figura 8.27 permite comprobar que, excepto en algunos países muy concretos, el desarrollo del transporte combinado no alcanza los niveles deseados y se caracteriza por su relativo estancamiento, cuando no disminución, en los últimos años.

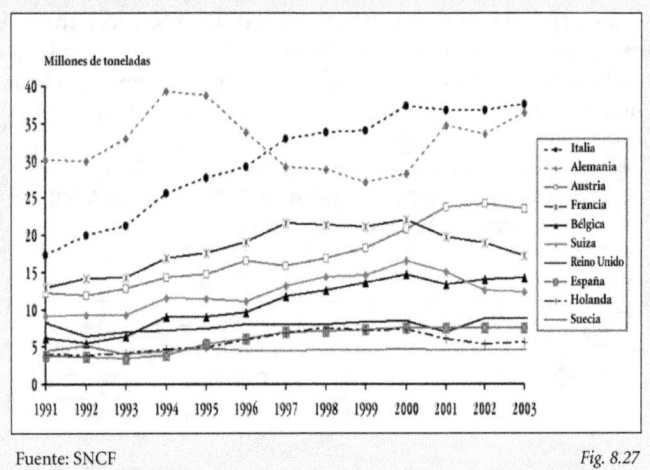

EVOLUCIÓN DEL TRANSPORTE COMBINADO EN ALGUNOS PAÍSES EUROPEOS (1991-2003)

Fuente: SNCF   Fig. 8.27

CUADRO 8.3 EVOLUCIÓN DE LA PUNTUALIDAD EN LOS TRENES COMBINADOS EN EUROPA

Variable	Año	
	1999	2005
Número de trenes	18.347	21.000
Llegados con puntualidad	60%	60%
Retrasados	40%	40%
Debidos al F.C.	65%	75%
Retrasos		
> 3 horas	17%	23%
> 24 horas	3%	7%

Fuente: UIRR

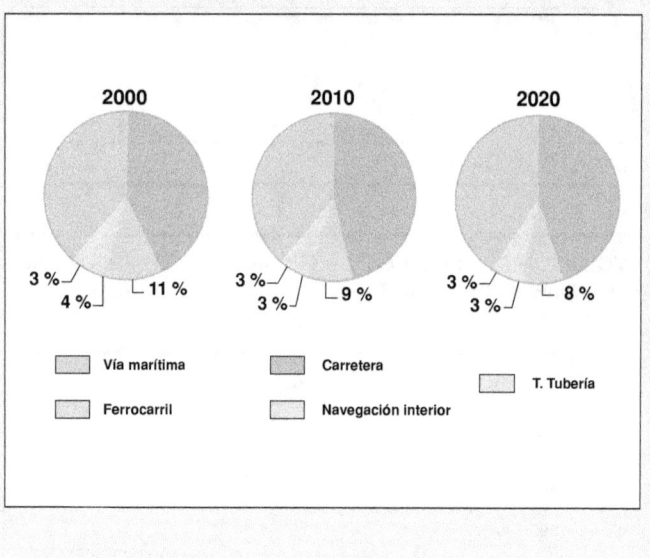

PREVISIÓN DE LA DISTRIBUCIÓN MODAL EN EUROPA PARA EL TRANSPORTE DE MERCANCÍAS

Fuente: Comisión Europea   Fig. 8.28

Dos son los países que no han tenido este comportamiento: Austria e Italia. En el primero, de 1991 al año 2003, el número de toneladas transportadas en transporte combinado pasó de 12 a 22 millones. En el segundo país, Italia, el crecimiento fue mucho más importante, dado que los 17 millones de toneladas de 1991 se convirtieron en 36 millones en el año 2003.

No es menos cierto, sin embargo, que la calidad de la oferta del tráfico combinado es claramente mejorable, tal como muestran los datos de la UIRR, para el periodo 1999-2005, referidos a la puntualidad de los trenes que efectúan el citado servicio. Se observa (Cuadro 8.3) que los motivos de los retrasos por causas ferroviarias aumentaron, en dicho periodo temporal, del 65 al 75% del conjunto de causas. Por otro lado, los porcentajes de trenes retrasados 3 y 24 horas aumentó significativamente.

No sorprende, por tanto, que la Comisión Europea prevea (Fig. 8.28) que en el horizonte del año 2010 la cuota de mercado del ferrocarril será tan solo del 9%, de no producirse un significativo cambio en la actual tendencia. La citada cuota continuaría disminuyendo a lo largo de la próxima década para situarse al finalizar la misma en el 8%.

Sin embargo, es necesario señalar que desde el 15 de marzo del año 2003 el tráfico internacional de mercancías por ferrocarril se liberalizó. El mercado interior se abrió el 1 de enero de 2007. Ha sido, posiblemente, Alemania uno de los países donde el proceso de liberalización comenzó antes. Por ello, se estima de interés analizar en qué medida esta apertura supuso un incremento del tráfico de mercancías por ferrocarril.

Pueden diferenciarse dos periodos temporales: el primero, inicial, de 1996 a 1999, y el segundo, de progresiva consolidación, del año 2000 al año 2006. Los datos del cuadro 8.4 recogen las cifras del tráfico de mercancías efectuado en la segunda mitad de la década de los años noventa, tanto por parte de DBCargo como de los operadores privados.

CUADRO 8.4 TRÁFICO DE MERCANCÍAS POR FERROCARRIL EN ALEMANIA (1996-1999)

Año	DB Cargo	Otros operadores
1996	67,37	0,74
1997	72,39	0,78
1998	73,27	0,87
1999	71,49	1,04

Fuente: VDV

Las cifras de tráfico están expresadas en billones de toneladas-kilómetro. Se observa que durante los primeros cuatro años, la cuota de mercado de los operadores privados se situó entre el 0,7 y el 1%.

Para el periodo temporal más reciente, 2002-2006, la figura 8.29 muestra como el crecimiento del tráfico efectuado por otros operadores distintos de DB Cargo fue mucho más rápido, pasando a realizar un tráfico de 17,5 billones de toneladas-kilómetro en 2006 y a disponer de una cuota de mercado del 16%.

EVOLUCIÓN DEL TRÁFICO DE MERCANCÍAS POR FERROCARRIL EN ALEMANIA (2002-2006)

a) Tráfico

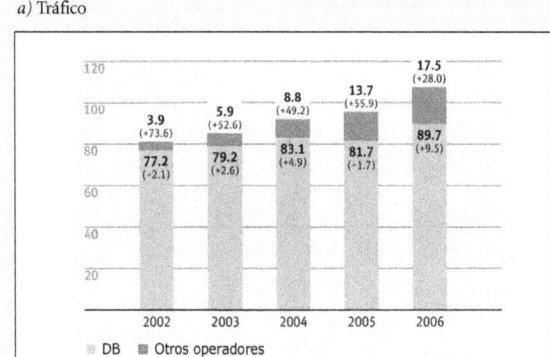

b) Cuota de mercado

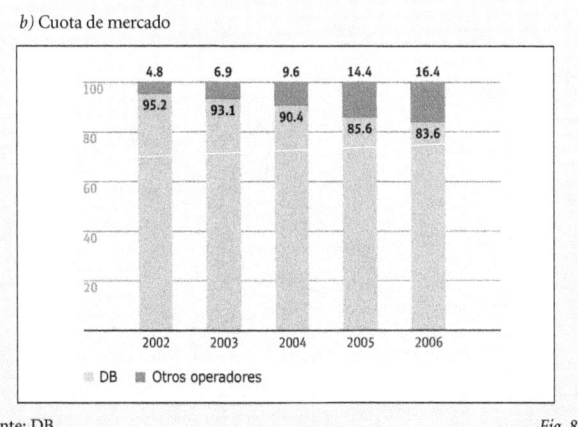

Fuente: DB
Fig. 8.29

En síntesis, puede decirse que la principal asignatura pendiente del ferrocarril europeo es su capacidad para configurar una oferta global de suficiente atractivo para el transporte de mercancías. ¿En un próximo futuro la logrará?

Dos aspectos aparecen como necesarios: la mejora de la calidad del servicio por el propio ferrocarril y la armonización de las condiciones de concurrencia con la carretera.

En relación con la calidad de la oferta, es un hecho que a lo largo de las últimas décadas, el ferrocarril ha realizado avances notables, aun cuando referidos a servicios concretos que, en términos globales, no han conseguido invertir la tendencia negativa del papel de este modo de transporte. En el movimiento de mercancías se sabe desde hace tiempo que, si bien la velocidad es un elemento importante de la oferta, no es un elemento primordial, dado que las variables de referencia para los cargadores son la calidad y la fiabilidad del servicio. R. Tanguy, director de mercancías de los ferrocarriles franceses en el año 2002, afirmaba a este respecto: «el cliente lo que quiere, sobre todo, es fiabilidad».

A pesar de la reflexión precedente, es indudable que la velocidad máxima de circulación puede contribuir a superar ciertas ineficiencias en la gestión total de la cadena de transporte. Nótese, en efecto, en la figura 8.30 como, para lograr un plazo de transporte puerta a puerta análogo al de la carretera, son posibles diversas configuraciones de servicio y de prestaciones en materia de velocidad.

VELOCIDAD Y PROCESOS LOGÍSTICOS EN EL TRANSPORTE DE MERCANCÍAS POR FERROCARRIL

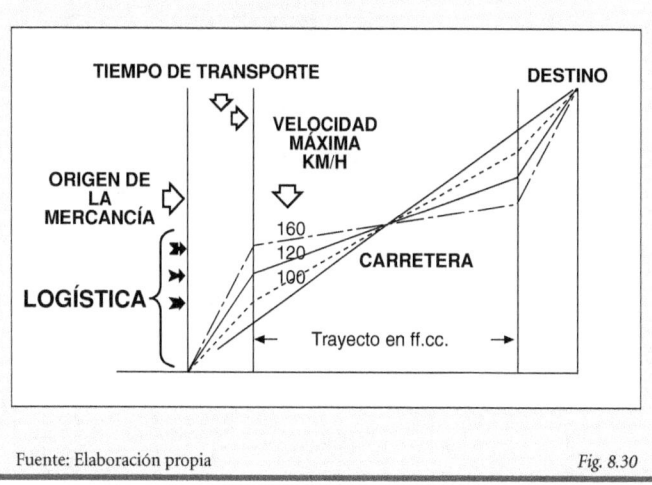

Fuente: Elaboración propia
Fig. 8.30

En todo caso, los ferrocarriles franceses, a finales de la década de los años ochenta del siglo XX, introdujeron los servicios denominados *Fret-Chrono*. Se caracterizaban por alcanzar velocidades máximas de 140/160 km/h en las relaciones francesas norte-sur-norte (Fig. 8.31), respondiendo a la filosofía: ningún *stock*, ningún retraso y ningún fallo.

RED DE MERCANCÍAS CHRONO: 1988/1989 EN FRANCIA

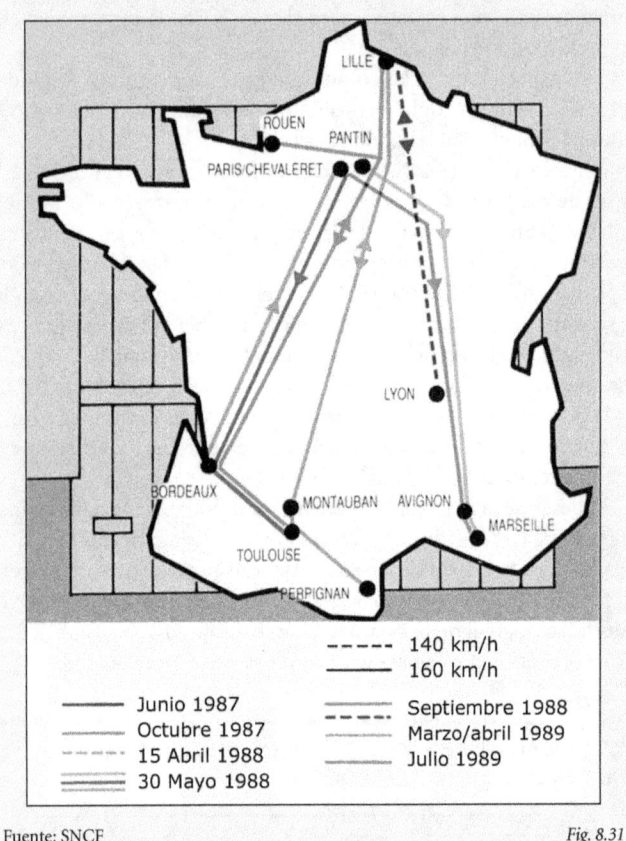

Fuente: SNCF Fig. 8.31

Es de interés destacar la reducción en el plazo de transporte lograda con la introducción de los servicios *Fret-Chrono*. A título indicativo, para la relación Lille-Marsella se obtuvieron los siguientes plazos de transporte con la oferta de servicios convencionales y con los servicios *Fret-Chrono*:

- Convencional: 19 h 45
- *Fret-Chrono*: 11 h 15

La figura 8.32, muestra la evolución de las prestaciones de calidad del transporte de mercancías por ferrocarril en materia de velocidades comerciales.

A finales de la década de los años noventa (noviembre 1997) y bajo el impulso de la Unión Europea, un grupo de ferrocarriles europeos (belgas, franceses, italianos y luxemburgueses) pusieron en servicio comercial una serie de corredores denominados *Red Belifret* con el objetivo de lograr, en servicios internacionales, una mayor calidad de la oferta ferroviaria. La base de la mejora se encontró en la creación de una «ventanilla única» encargada de gestionar en nombre de los ferrocarriles firmantes del acuerdo, la atribución de los surcos internacionales en cada eje. El ferrocarril español se incorporó al citado grupo en febrero (2008). Una mejor superación de los problemas administrativos existentes en cada país y una mayor coordinación en el paso de fronteras permitieron

EVOLUCIÓN DE LAS VELOCIDADES COMERCIALES DE LOS TRENES MAS RÁPIDOS DE MERCANCÍAS

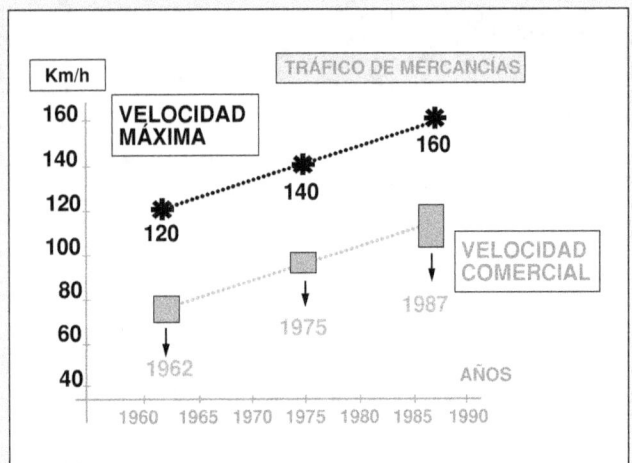

Fuente: A. López Pita (1993) Fig. 8.32

CALIDAD DE LA OFERTA POR FERROCARRIL EN ALGUNAS RELACIONES EUROPEAS

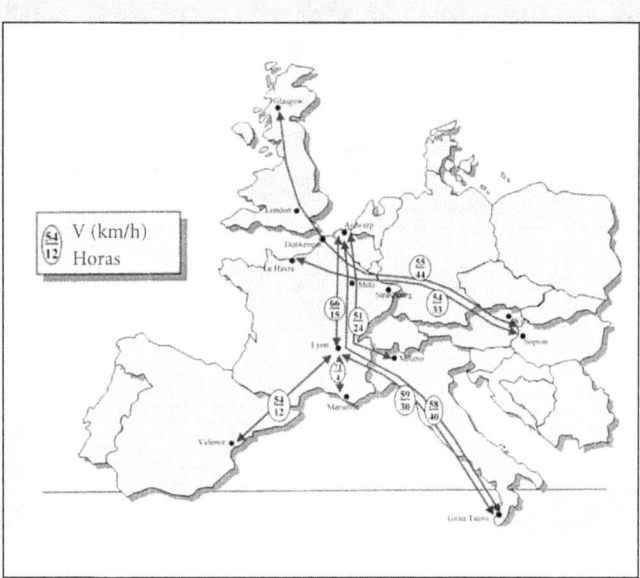

Fuente: SNCF Fig. 8.33

reducir en aproximadamente un 20% el tiempo de viaje de las mercancías por ferrocarril. La existencia de estos corredores libres (*Freeway*) o corredores de mercancías (*Freightway*) permitió alcanzar, para los ejes inicialmente retenidos, el nivel de prestaciones indicado en la figura 8.33. Es decir, velocidades comerciales comprendidas entre 50 y 60 km/h, ciertamente superiores al valor medio indicado por la Unión Europea para el conjunto de las mercancías por ferrocarril (18 km/h).

Es indudable, por tanto, que el ferrocarril deberá mejorar, globalmente, la calidad de su servicio y no limitarla tan solo a algunos trenes o relaciones. Por ejemplo, en la relación Colonia-Estambul, de casi 3.000 km de longitud (Fig. 8.34), el servicio por ferrocarril fue cubierto a manera de ensayo en el año 2004, en 79 horas, es decir en algo más de tres días, frente a los cinco o seis días que requería la carretera.

Se menciona también la excepcionalidad del servicio de mercancías, que utilizando parcialmente las líneas de alta velocidad París-Lyon y TGV-Atlántico alcanzó un elevado nivel de prestaciones. Se trata de mercancías ligeras que desde 1997 se transportan en el marco de los servicios prestados por SERNAM. Afecta a transportes urgentes de alto valor añadido. Se utilizan para ello vagones especiales capaces de circular a 160/200 km/h de velocidad máxima. En el cuadro 8.5 se sintetizan sus prestaciones comerciales en km/h.

CUADRO 8.5 PRESTACIONES COMERCIALES DE ALGUNOS TRENES DE MERCANCÍAS EN FRANCIA UTILIZANDO PARCIALMENTE LÍNEAS DE ALTA VELOCIDAD

Relación	Distancia total (km)	Distancia sobre línea de alta velocidad	Tiempo de recorrido	Velocidad comercial – en línea de alta velocidad	Velocidad comercial – en el conjunto de la relación
París-Orange (sur de Valence)	628	195,3	5h 33	148,3	124
París-Toulouse	832,6	217,5	6h 13	180	133,8

Fuente: R. Viellard (2004)

En el proceso de mejora de la oferta, el ferrocarril se ve limitado en ocasiones por la falta de capacidad de algunas secciones, y casi siempre por la prioridad que tienen de circular los trenes de viajeros. En Francia, a titulo indicativo, la preferencia de paso la tienen, por este orden, los siguientes trenes: 1) viajeros de largo recorrido, 2) trenes regionales y 3) trenes de mercancías.

Para tratar de solucionar este problema, desde la presente década se trabaja, en el marco del proyecto de la Unión Europea *New Opera*, para configurar una red ferroviaria dedicada en exclusividad o preferentemente al transporte de mercancías. Por nuestra parte,

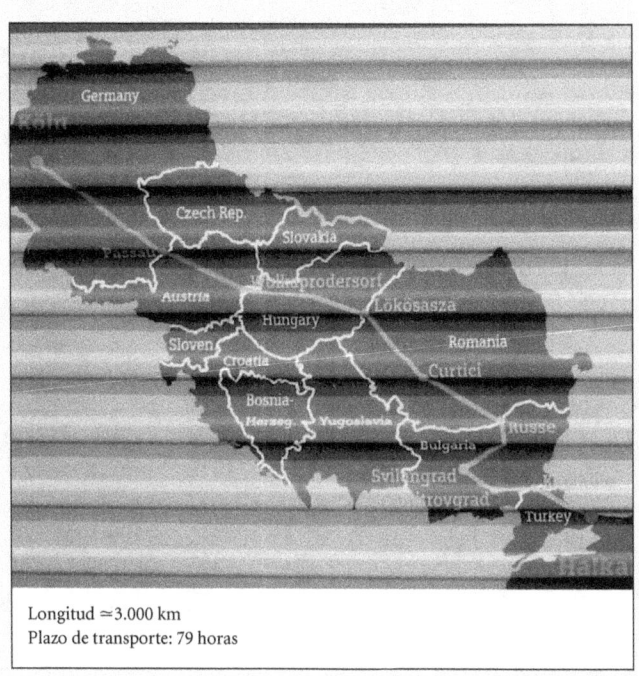

RELACIÓN EXPERIMENTAL DE TRANSPORTE DE MERCANCÍAS POR FERROCARRIL ENTRE COLONIA Y ESTAMBUL (2005)

Longitud ≃ 3.000 km
Plazo de transporte: 79 horas

Fuente: L'Asie-Europe-Express   Fig. 8.34

pensamos que puede establecerse un cierto paralelismo entre el camino seguido para mejorar la calidad de la oferta en el transporte de viajeros por ferrocarril y el que podría seguirse con el transporte de mercancías (Cuadro 8.6).

El citado paralelismo podría analizarse del siguiente modo:

a) En el ámbito de viajeros, el ferrocarril introdujo la red TEE, elevó la velocidad máxima a 160/200 km/h y modernizó algunas secciones de trazado. El impacto comercial obtenido fue positivo y la demanda de transporte aumentó, pero sólo en el selecto y limitado número de relaciones afectadas por tales servicios y durante un cierto tiempo.

b) En el ámbito de las mercancías el paralelismo se encontraría en la introducción por parte del ferrocarril de nuevas técnicas de transporte combinado y en el aumento de la velocidad máxima a 140/160 km/h. Como en el caso de los viajeros, el impacto comercial fue positivo, pero poco relevante en el conjunto del transporte de mercancías por ferrocarril.

CUADRO 8.6 POSIBLE PARALELISMO ENTRE LAS ACTUACIONES EN EL TRÁFICO INTERURBANO DE VIAJEROS Y EL TRÁFICO DE MERCANCÍAS

Etapas	Viajeros	Mercancías
1	– Modernización de trazados – Elevación de la velocidad máxima (140 a 160/200 Km/h)	– Introducción vagón poche – Introducción de servicios comerciales a 120/140 y 160 km/h de velocidad máxima
2	– Introducción vehículos de caja inclinable	– Autopista ferroviaria (Route Roulante)
Impacto en la demanda de tráfico (1) + (2)	– Limitado en volumen y en el tiempo	– Escasa incidencia a nivel global – Balance económico necesitado de subvención
3	– Construcción de nuevas líneas	– Líneas reservada al tráfico de mercancías
Impacto de (3)	– Reducción (50%) del tiempo de viaje. Frecuencia elevada (+100%)	– Máxima fiabilidad, capacidad y calidad comercial de servicio

Fuente: A. López Pita (2007)

Parámetro	Red ferroviaria española	Objetivos RTTC
Longitud del tren (m)	450	700/750
Carga máxima remolcable (toneladas brutas)	800	1200/1500

Debe señalarse que la llegada a la carretera de camiones de 44 toneladas hace aconsejable incrementar la longitud de los trenes para mejorar su competividad. En efecto, J.C. Brunier (2006), presidente del grupo francés de transporte combinado, destaca que los operadores deberían poder implementar trenes de 1000 m. Con esta longitud, 250 metros superior a la indicada en el cuadro comparativo precedente, se podrían transportar 16 cajas móviles (de 13,60 cm) suplementarias, lo que representaría una productividad un 20% mayor para el ferrocarril. El paso al camión de 44 t supone para la carretera un aumento de un 10% en su productividad.

Con anterioridad se indicó que el ferrocarril no necesita nuevas líneas para el transporte de mercancías, exceptuando las secciones que presenten problemas de congestión. En este contexto se menciona (Fig. 8.35) la situación existente en la red francesa, donde se aprecian zonas de saturación en tres zonas concretas: Metz, Lyon y Nimes/Montpelllier. Por otro lado, se da la circunstancia de que las infraestructuras viarias existentes en dicho eje presentan también problemas de falta de capacidad.

En efecto, en la figura 8.36 se muestra el flujo de camiones circulando diariamente en el corredor Lille-Narbona en 1989, así como la previsión para el año 2005. Se comprueba que en algunas secciones se superaría ampliamente el límite comúnmente admitido para la capacidad de una autopista de 2 x 3 carriles ($\simeq$ 13 a 14.000 camiones/día).

Ante esta perspectiva, los ferrocarriles franceses propusieron en 1993 la construcción de una nueva línea en el citado corredor reservada exclusivamente al tráfico de mercancías. Desde el punto de vista de la infraestructura, ésta debería permitir velocidades máximas de hasta 160 km/h y disponer de un gálibo tal que posibilitara la carga de camiones de 4,2 metros de altura sobre vagones convencionales. La rampa máxima de la línea no debería ser superior a 15‰. Desde la perspectiva de la explotación, la línea contaría con trenes que podrían transportar 35 camiones en una longitud de tren de 750 metros (Fig. 8.37a). La posibilidad de configurar composiciones acopladas daría lugar a trenes de longitud doble a la indicada y, por tanto, que transportaran hasta 70 camiones. La capacidad de transporte de esta línea permitiría retirar de la carretera, por día y en ambas direcciones, el número de camiones indicado en la figura 8.37b. Por el momento, esta propuesta no ha sido llevada a la práctica.

Por último, y en lo que concierne a la armonización de las condiciones de concurrencia, un reciente estudio de McKinsey (2005)

Análogas conclusiones podrían señalarse para la introducción de vehículos de caja inclinable en el tráfico de viajeros y para la puesta en servicio en el tráfico de mercancías de la autopista ferroviaria.

Como es bien conocido, tan solo con la llegada al ferrocarril de la alta velocidad, a través de la construcción de nuevas infraestructuras, este modo de transporte pudo configurar una oferta de máxima calidad para los desplazamientos de viajeros. El impacto comercial de los servicios de alta velocidad ha sido ampliamente difundido.

El transporte de mercancías por ferrocarril no necesita construir nuevas líneas, excepto en secciones concretas. Requiere tan solo disponer en las líneas convencionales de la capacidad de transporte suficiente, dado que las prestaciones que en términos de velocidad ofrecen estas son suficientes para los trenes de mercancías. Deberán revisarse, no obstante, las características de las vías de apartado en estaciones de cruce para no limitar la carga remolcable y la longitud de los trenes que les hace económicamente más competitivos. Es en este ámbito donde las instalaciones ferroviarias presentan mayores limitaciones. De forma concreta, las diferencias con las características previstas para la red europea de transporte combinado (RTTC) y las existentes en la red ferroviaria española son las siguientes:

ORGANIZACIÓN DEL TRANSPORTE DE MERCANCÍAS 349

ZONAS DE FUERTE SATURACIÓN DE TRÁFICO FERROVIARIO EN FRANCIA

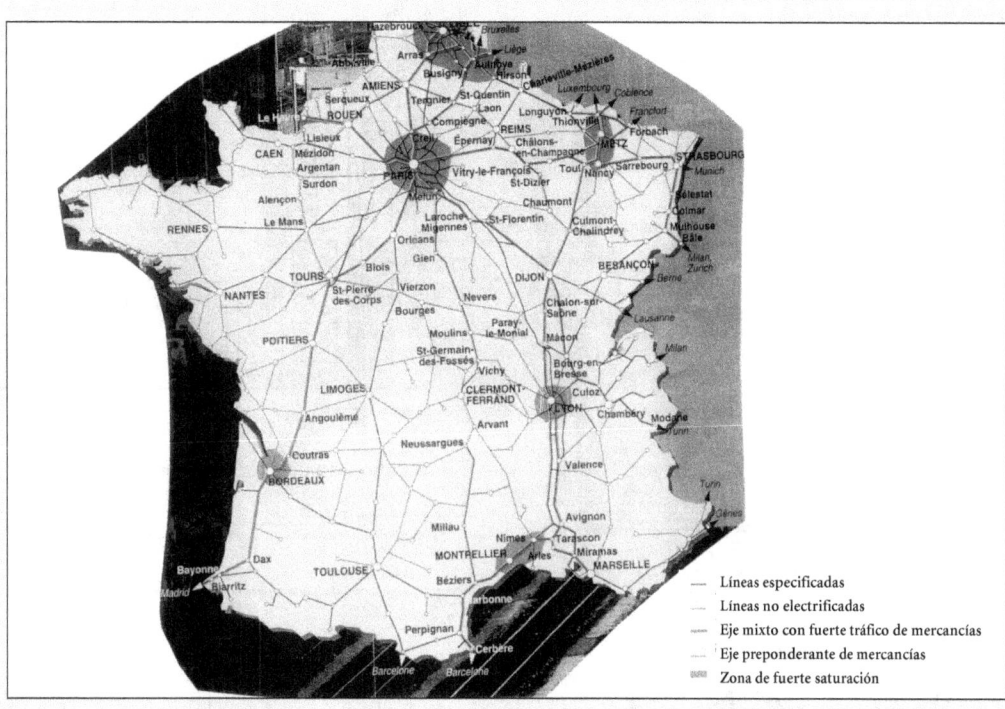

Fuente: SNCF

Fig. 8.35

TRÁFICO DE VEHÍCULOS PESADOS POR CARRETERA EN EL EJE CANAL DE LA MANCHA-NARBONA

a) Año 1989

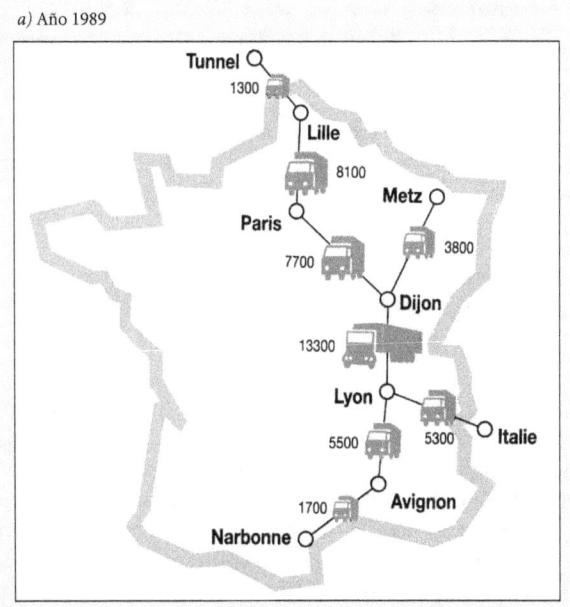

b) Año 2005

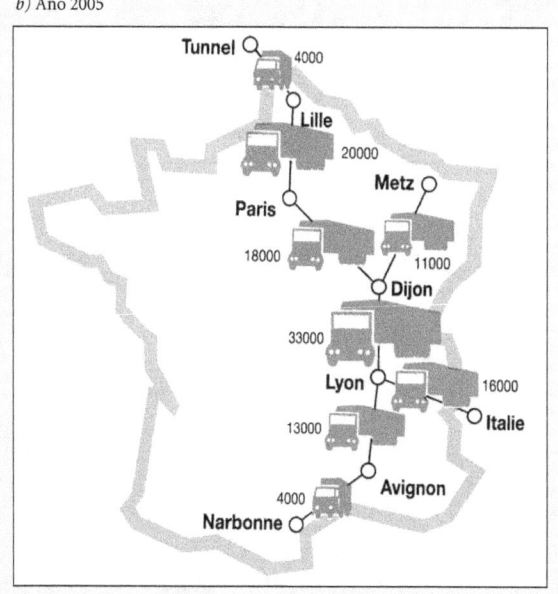

Fuente: J. Pelicand (1993)

Fig. 8.36

POTENCIALIDAD DE LA PROPUESTA DE UNA AUTOPISTA
FERROVIARIA EN EL EJE LILLE-NARBONA

a)

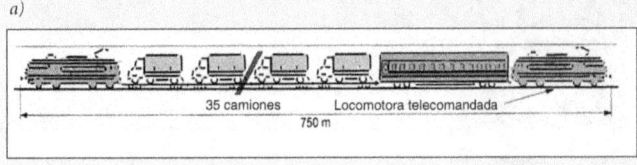

b)

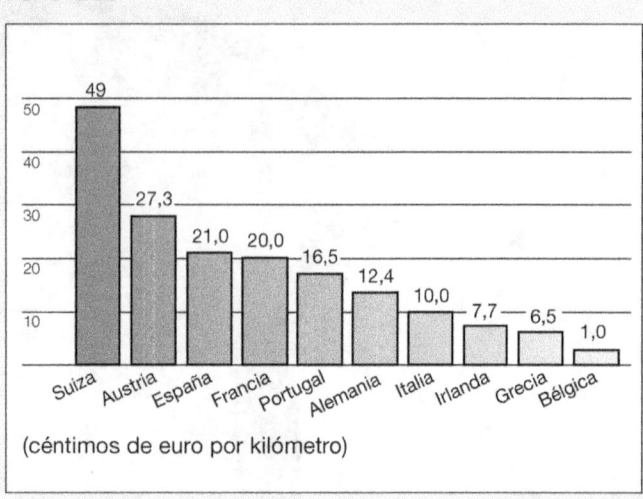

Fuente: J. Pelicand (1993) Fig. 8.37

NIVEL DE PEAJE EN LAS CARRETERAS DE ALGUNOS PAÍSES EUROPEOS

Fuente: McKinsey (2005) tomado de DB Fig. 8.38

sobre «El futuro del transporte de mercancías por ferrocarril en Europa» destacaba los siguientes puntos:

1. La cuota de mercado del ferrocarril alcanzará al final de la presente década la cuota del 8 al 10%, como indicó la Unión Europea.

2. Este débil papel del ferrocarril solo podría modificarse si variasen las condiciones de competencia con la carretera, referidas al peaje (Fig. 8.38).

3. Con los niveles de peaje existentes hoy día en países como Francia y España, del orden de 20 céntimos de euro por kilómetro, la cuota de mercado del ferrocarril se mantendría en el entorno del 10 al 11%, y el número de camiones en la carretera se incrementaría.

4. La implementación de un peaje como el existente en Suiza (49 céntimos de euro por kilómetro) significaría que el ferrocarril incrementase su cuota de mercado hasta el 16/17%.

La justificación de este nivel de peaje se encontraría en la repercusión del tráfico de camiones en el aumento de los costes externos (polución, cambio climático, ruido, accidentes, etc.).

8.7 EL TRANSPORTE COMBINADO EN EUROPA

Se entiende por transporte combinado la utilización de al menos dos modos en la cadena de transporte. No tiene lugar ningún cambio en la mercancía transportada y la parte más importante del recorrido se efectúa por ferrocarril, vía fluvial o vía marítima. La parte final del trayecto, la más corta, se lleva a cabo por carretera.

A continuación, y con carácter preliminar, nos proponemos visualizar algunos ejemplos de transporte combinado. El primer caso corresponde al transporte combinado ferrocarril-carretera, en el que se aprovechan las ventajas de aquel para las grandes distancias y los grandes volúmenes, así como la insustituible presencia del camión en los trayectos cortos (Fig. 8.39). El segundo caso implica la utilización de las autopistas del mar, impulsadas en los últimos años por la Unión Europea, como vía para superar en algunas relaciones los problemas de congestión que presentan las infraestructuras viarias. El tercer caso corresponde a la utilización de la vía fluvial, que, si bien en España es inexistente, no sucede lo mismo en el resto de Europa (Fig. 8.40).

Un estudio recientemente publicado por NEA (2006) ha evaluado el ámbito de distancias en que cada modo presenta un menor coste de transporte. Se tiene en cuenta el hecho de que la capacidad de transporte, tomada en términos de referencia, como la correspondiente al número de contenedores es distinta en cada modo: 2 TEU por camión, 90 TEU por ferrrocarril, 200 TEU por vía fluvial y 500 TEU por vía marítima. Nótese (Fig. 8.41) el ámbito de distancias en que cada modo es más competitivo, por lo que se refiere al coste del transporte. Se observa que por debajo de 150 km, la carretera presenta una indudable ventaja.

En el caso del transporte combinado ferrocarril-carretera, dos son las modalidades utilizadas: transporte no acompañado y acompañado.

1) Transporte no acompañado

Es la forma más extendida, mediante la utilización de contenedores, cajas móviles y semiremolques.

Se llama *caja móvil* a una unidad concebida para el transporte de mercancías por carretera y ferrocarril, adaptada de manera óptima en función de las dimensiones de los vehículos terrestres (lo que la distingue de los contenedores) y equipada con dispositivos adecuados para el transbordo entre modos, habitualmente carretera/tren. Originalmente, estas unidades no podían ser apiladas ni elevadas. Actualmente algunas cajas móviles pueden ser apiladas y elevadas. Lo que las distingue de los contenedores es que éstos no se ajustan a las dimensiones de los vehículos de carretera. Para ser usadas en ferrocarril han de contar con la homologación de la UIC.

Contenedor es el término genérico utilizado para designar una caja que transporta mercancías, suficientemente resistente para su reutilización, habitualmente aplicable y dotada de elementos para permitir las transferencias entre modos. Se considera un elemento unificador y básico del transporte intermodal, puesto que se utiliza en todo tipo de modos: contenedor terrestre (cumple con las especificaciones de la UIC para ser utilizado en el transporte combinado ferrocarril-carretera); contenedor marítimo (utilizado para el transporte marítimo de carga general); contenedor aéreo (adaptado a las normas de la navegación aérea).

2) Transporte acompañado

En este caso, el camión completo accede por medio de una rampa a un vagón especial rebajado. Para permitir el transporte de los conductores de los camiones, el tren dispone de un coche de viajeros especialmente acondicionado.

Es importante destacar que el principal problema del transporte combinado ferrocarril-carretera reside en el gálibo que tiene el primer modo, que constituye un freno a la potencialidad de ambos.

El *gálibo ferroviario de carga* es la sección transversal de referencia que permite determinar el contorno máximo del material motor y remolcado (vagones de carga, conjunto plataforma + UTI, etc.), según la posición relativa de las obras de fábrica y los obstáculos respecto a la vía. En 1973, por tanto hace treinta y cinco años, la UIC definió tres tipos de gálibos, designados por las letras A, B, y C (Fig. 8.42a). Las diferencias esenciales entre los citados gálibos son las distintas posibilidades que ofrecen para el transporte de mercancías, tal como se muestra en la figura 8.42c. Con posterioridad, en 1985/86, los ferrocarriles franceses definieron el gálibo B*, que con relación al gálibo B permitía el transporte de cajas móviles de 2,6 m de ancho por 3 m de alto y semiremolques sobre vagones *poche* de 2,6 x 3,9 m. El ferrocarril español, al tener un ancho de vía distinto, definió una adaptación del gálibo C, reconocido por la designación C'. Se destaca que los ferrocarriles británicos, en sus líneas convencionales, disponen de un gálibo inferior. En la actualidad, todas las líneas de nueva construcción se proyectan con el gálibo C.

En la figura 8.42b se muestra la situación del gálibo ferroviario en los principales corredores europeos a comienzos de la presente década, y en la figura 8.42c, las dimensiones de los contenedores, cajas móviles y remolques que pueden ser aceptados por cada tipo de gálibo.

De los numerosos sistemas desarrollados para efectuar el transporte combinado ferrocarril-carretera, a comienzos de la presente década coexistían los cuatro siguientes tipos de vehículos ferroviarios (Fig. 8.43).

a) *Vagones plataforma*, dotados de clavijas para cajas móviles y contenedores.
b) *Vagones con rebajes en piso*, para transporte de semiremolques y contenedores.
c) *Vagones de piso bajo*, para transporte de vehículos de carretera.
d) *Bogies adaptables* a semirremolques.

Los primeros, *vagones plataformas*, están dotados de clavijas ISO, y regulados por la UIC. La figura 8.44 visualiza las posibilidades de carga en función del tipo de contenedores.

En cuanto a los *vagones con rebajes en piso*, se señala su utilidad para el transporte de semirremolques de carretera. En la actualidad se emplean dos sistemas similares: tipo *poche* (bolsillo) (Fig. 8.45a) y tipo *wipen* (Fig. 8.45b). El primero, heredero del denominado vagón *kangourou*, puesto en servicio en 1959, comenzó a funcionar a finales de la década de los años sesenta de la pasada centuria. Utiliza vagones plataforma que disponen de un rebaje fijo en el piso

EJEMPLOS DE TRANSPORTE COMBINADO

a) Ferrocarril-carretera

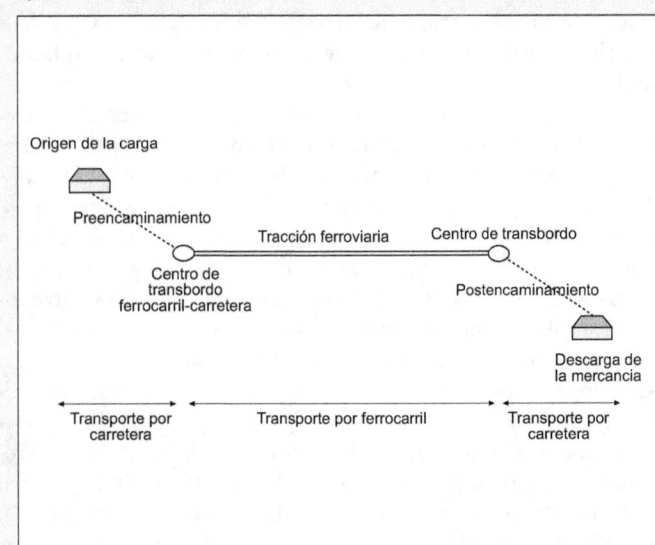

b) Camión-vía marítima (Barcelona-Génova)

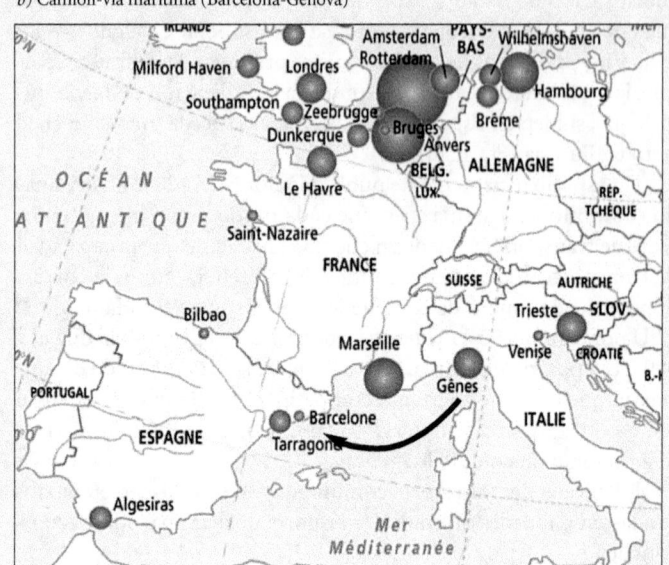

Fig. 8.39

VÍAS FLUVIALES EN EUROPA

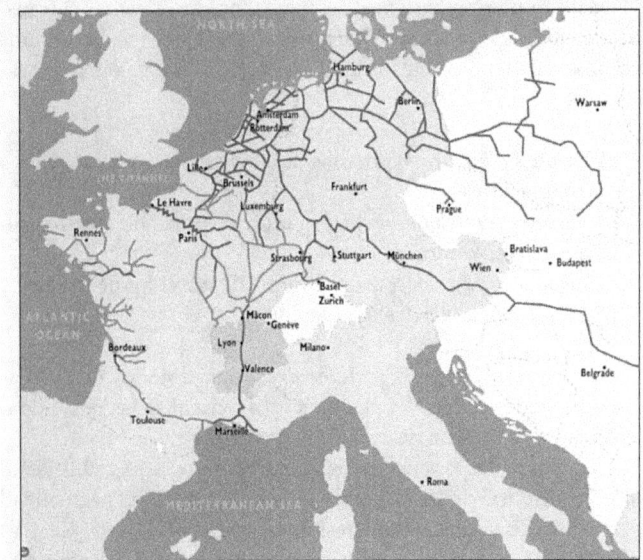

Fuente: Unión Europea   *Fig. 8.40*

COSTE DE TRANSPORTE PUERTA A PUERTA POR MODO

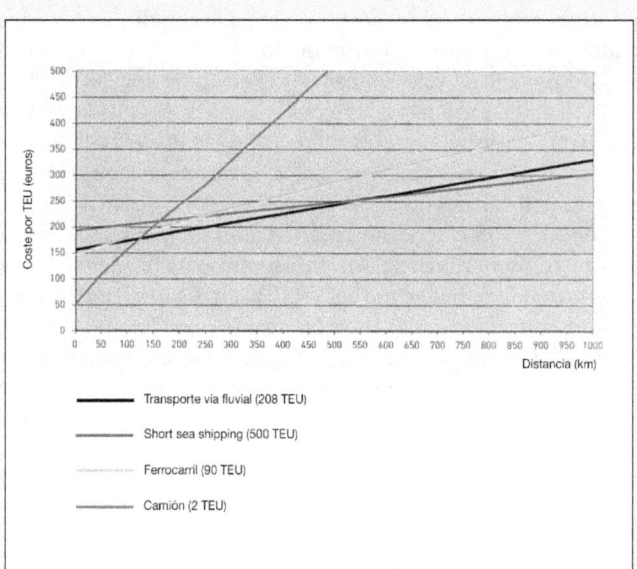

Fuente: NEA (2006)   *Fig. 8.41*

GÁLIBO Y TRANSPORTE COMBINADO

a) Gálibo de carga A, B y C

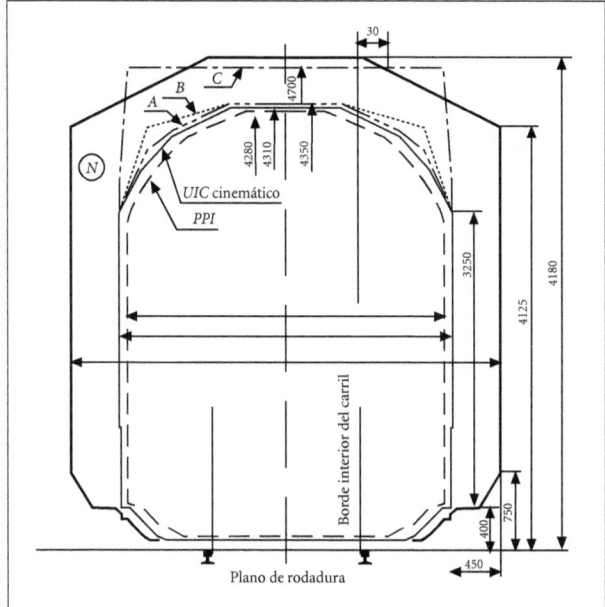

b) Situación del gálibo ferroviario en los principales corredores europeos (2001)

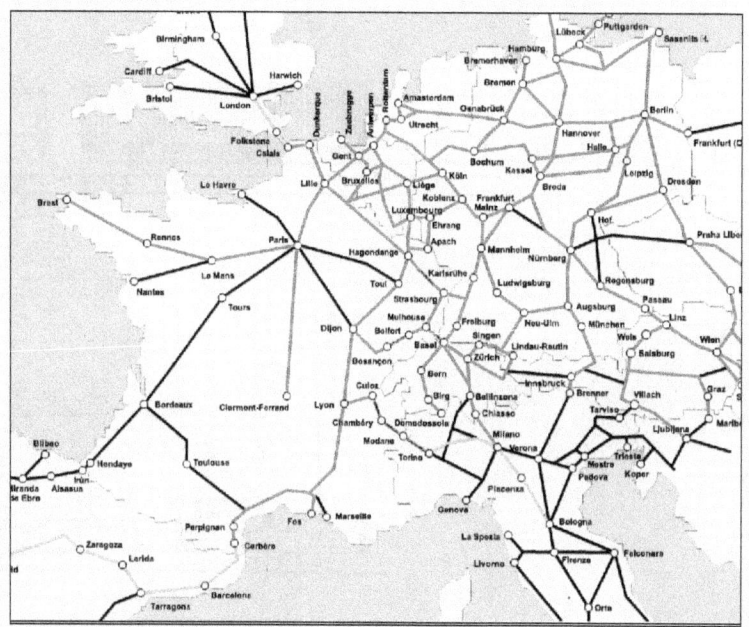

c) Dimensiones de contenedores, cajas móviles y remolques

Gálibo	Contenedores			Cajas móviles			Remolques		
	A	B	B+	A	B	B+	A	B	B+
Altura (m)	2,61	2,90	2,90	2,675	2,905	3,005	5,52	3,75	2,85
Anchura (m)	2,43	2,43	2,59	2,50	2,50	2,60	2,50	2,50	2,50

Fig. 8.42

para permitir alojar el tren de rodadura de los semirremolques y una «quinta rueda» (=«silleta»), ajustable para apoyo del *king-pin*. La manutención se realiza forzosamente por «pinzas», por lo que es obligado que los semirremolques estén dotados de los dispositivos oportunos.

El segundo tipo de vagones rebajados se conoce como *wipen*. Son vagones similares a los anteriores con la diferencia de que el rebaje del piso no es fijo, sino que es una plataforma articulada accionada por los mecanismos oportunos que permite la carga y descarga de los semirremolques por medio de la cabeza tractora, ya que la citada plataforma puede oscilar y adaptarse a las necesidades. Se señala que tanto en este tipo de vagones como en los *poche* se realiza también la carga de contenedores y cajas móviles.

En la figura 8,45c se muestra el denominado vagón *giribets*, fabricado en España por iniciativa privada. En él, la plataforma porta-rodaje ascendía y descendía paralelamente a sí misma por medio de un sistema hidráulico, permitiendo, como en el caso *wipen*, cargar los semirremolques con sus propias cabezas tractoras. Se utilizó en España durante algún tiempo.

Por lo que respecta a los *vagones de piso bajo*, se indica que su fundamento se encuentra en la utilización de vagones dotados de ruedas

SISTEMAS DESARROLLADOS PARA EL TRANSPORTE COMBINADO FERROCARRIL-CARRETERA

a) Vagón plataforma para cajas móviles y contenedores

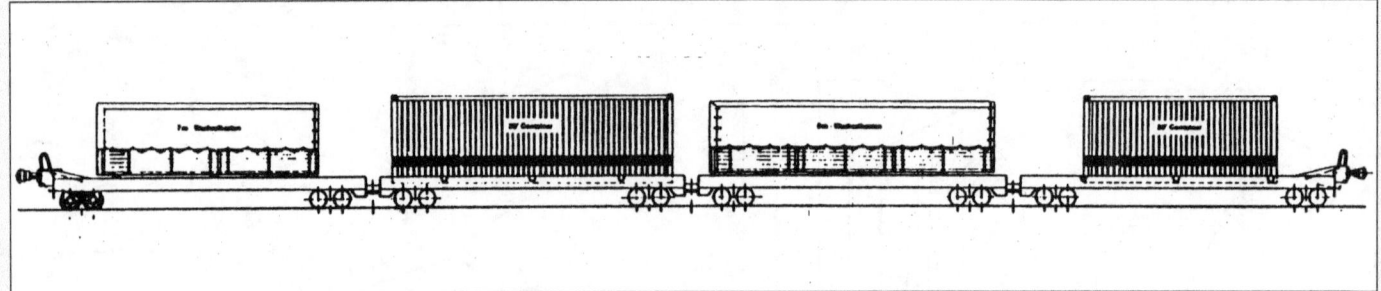

b) Vagón con piso rebajado para transporte de semirremolques

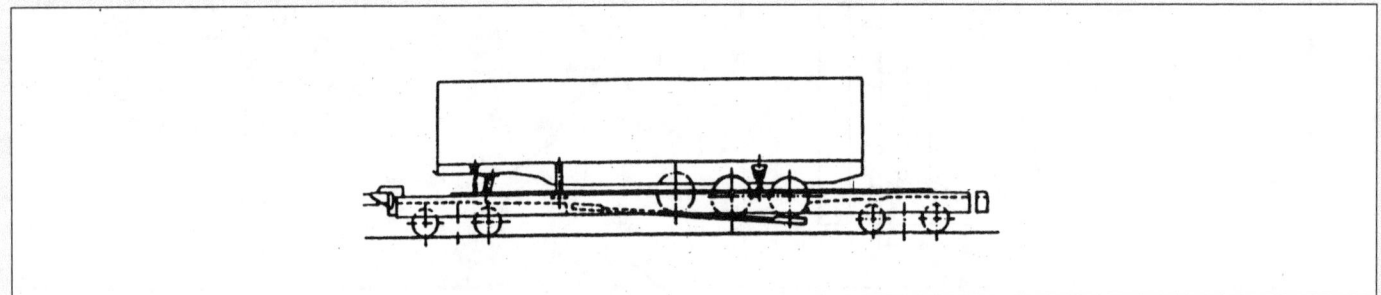

c) Vagón de piso bajo para transporte de vehículos de carretera

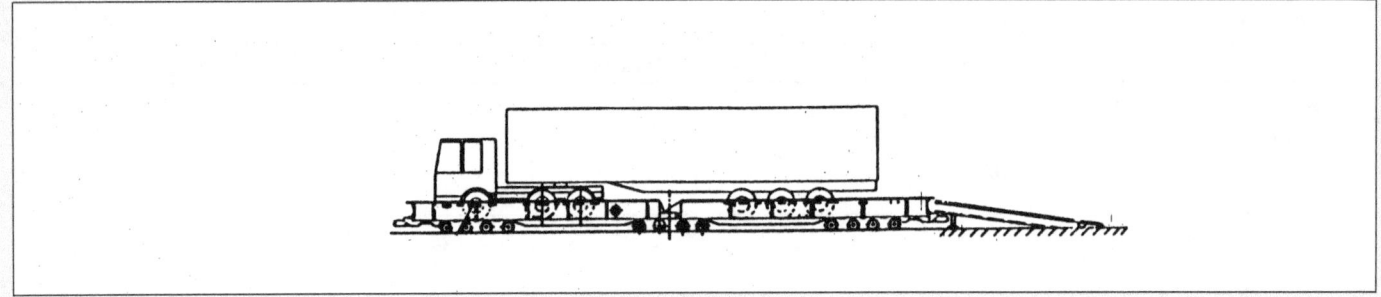

d) Bogies adaptables a semirremolques

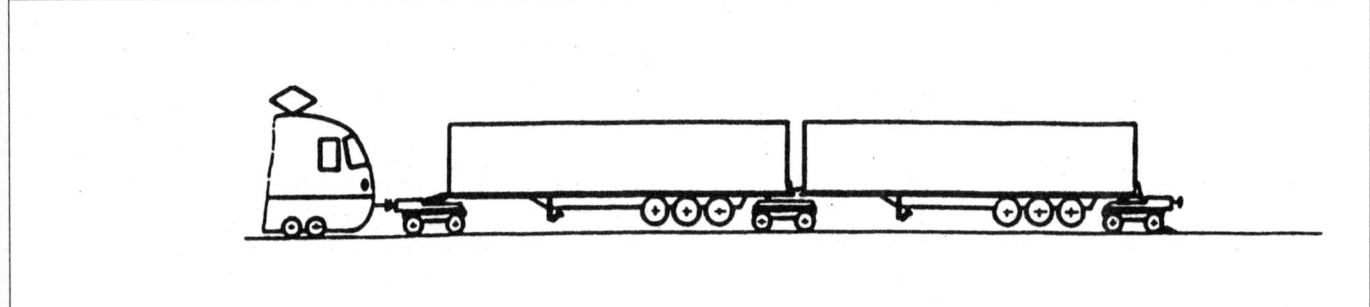

Fuente: Fundación de los Ferrocarriles Españoles

Fig. 8.43

VAGONES PLATAFORMA PARA EL TRANSPORTE DE CONTENEDORES

a) Vagón plataforma portacontenedores de 60'

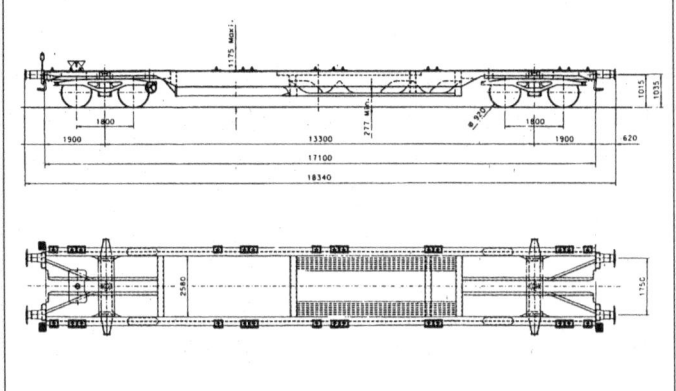

b) Disposición de clavijas

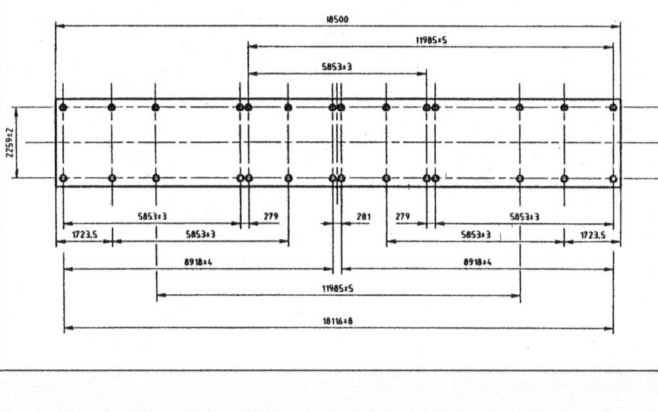

c) Esquema de carga

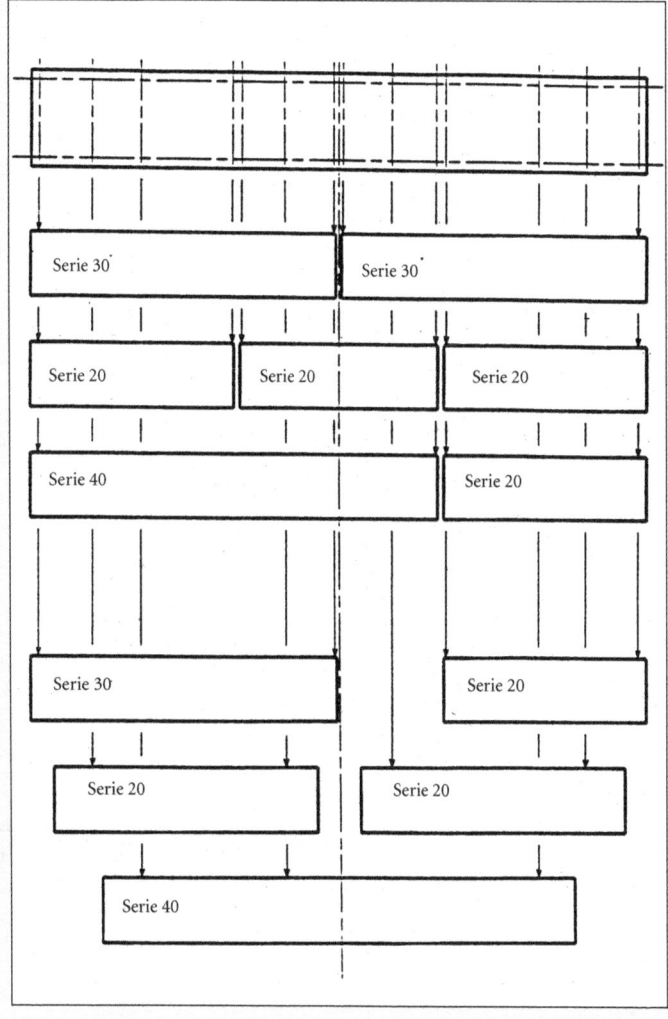

Fuente: Fundación de los Ferrocarriles Españoles

Fig. 8.44

con diámetros sensiblemente inferiores a los de las ruedas empleadas en los vagones convencionales (360 frente a 840 a 920 mm [Fig. 8.46]). Este sistema de transporte se conoce, normalmente, como *autopista rodante* y se emplea básicamente en centroeuropa.

Se puso en servicio comercial en la segunda mitad de los años sesenta del siglo XX, con el objetivo de poder embarcar en el tren los camiones clásicos sin necesidad de efectuar ninguna modificación y de disponer de un andén especial para efectuar la carga de los mismos. Este sistema, que representó un avance sensible en el transporte combinado ferrocarril-carretera, ve limitado su uso por:

a) El elevado coste de los vagones, debido a su carácter singular.
b) Las mayores necesidades de mantenimiento. El rápido deterioro de la superficie de rodadura obliga a un reperfilado más frecuente de las ruedas. Se controla su estado cada 40.000 km y se las cambia cada 160.000 km.
c) La problemática de seguridad que puede presentarse al paso por determinados aparatos de vía.
d) La reducida capacidad de transporte a que obliga por causa de su elevado peso muerto.

VAGONES PLATAFORMA DE PISO REBAJADO

a) Vagón plataforma con piso tipo *poche* rebajado para transporte de semirremolques, cajas móviles y contenedores

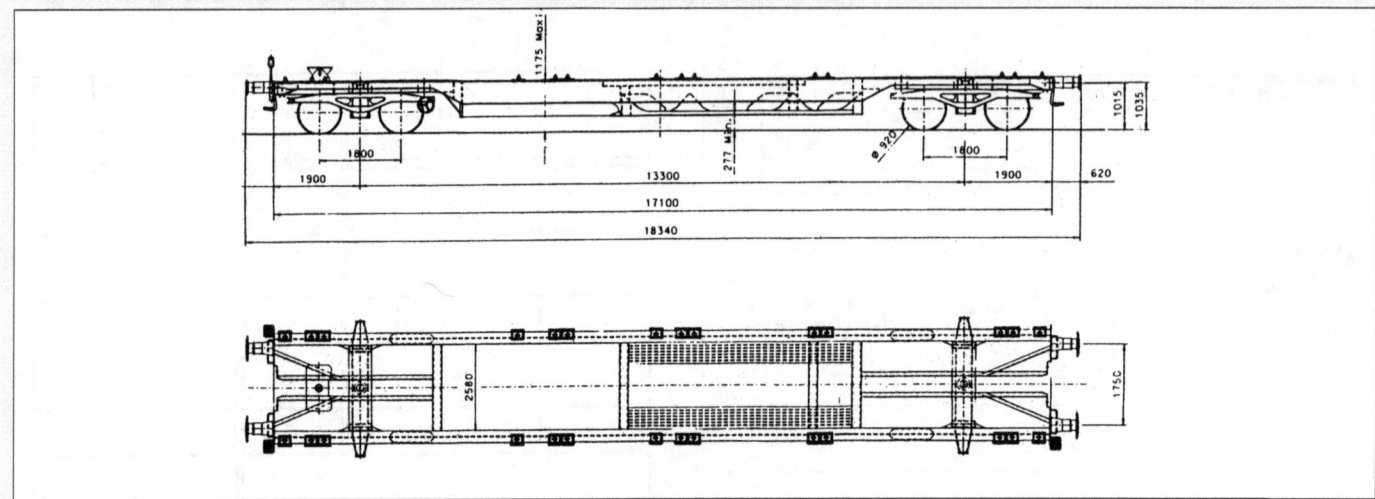

b) Vagón plataforma tipo *wippen* con piso rebajado para transporte de remolques

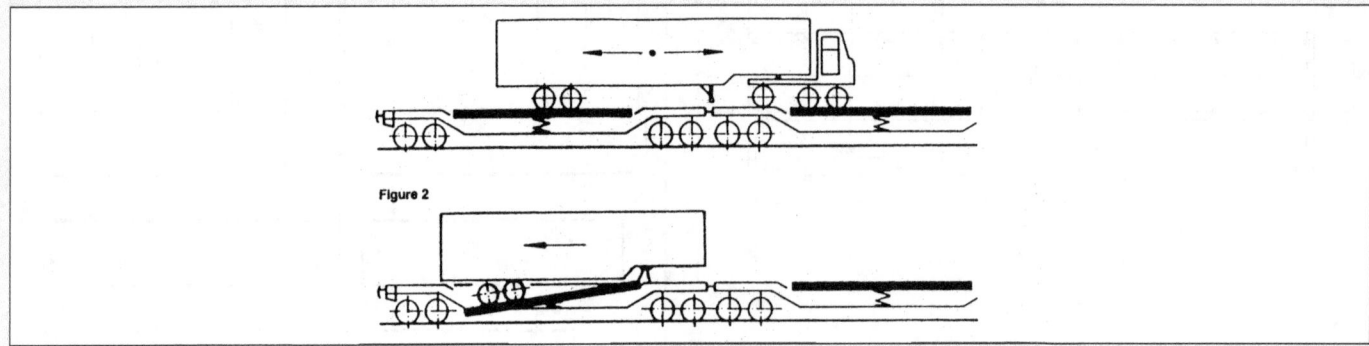

c) Vagón sistema *Giribets*

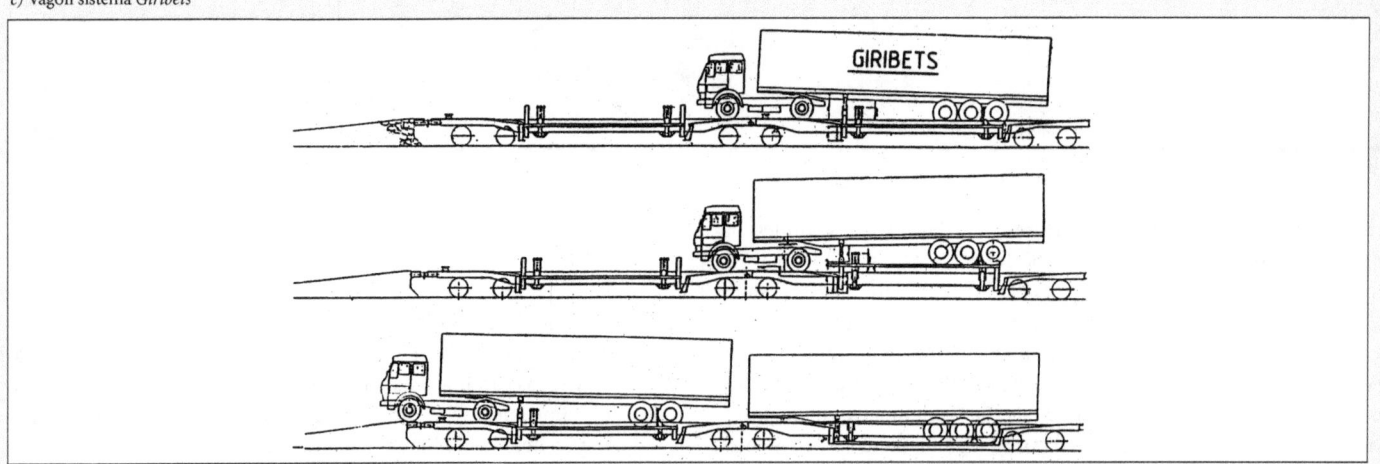

Fuente: Fundación de los Ferrocarriles Españoles

Fig. 8.45

ORGANIZACIÓN DEL TRANSPORTE DE MERCANCÍAS 357

PROCESO DE TRANSPORTE EN LA AUTOPISTA RODANTE

a) Fase 1

c) Fase 3

b) Fase 2

d) Fase 4

e) Fase 5

Fuente: P. Herissé (2002)

Fig. 8.46

Todo ello obliga a que este sistema necesite una importante subvención de los poderes públicos para hacer rentable su explotación (30 a 50%).

Un estudio publicado por el Prof. Baumgartner en 1991, ponía de manifiesto los siguientes elementos económicos de referencia:

1) Economías para el transportista del uso de la autopista ferroviaria

Variable	ECU/km
Gasoil	0,20
Lubricantes	0,05
Neumáticos	0,10
Conservación, reparaciones	0,04
Total	0,39

Se supusieron para el cálculo las condiciones medias generales, habitualmente consideradas, relativas al porcentaje de recorrido que se efectua en vacío, y la tasa de utilización de la capacidad de los vehículos cargados.

2) Costes de la autopista ferroviaria, referidos al kilómetro recorrido por un vehículo articulado

Las características del material rodante empleado en la autopista ferroviaria son singulares. Por un lado, se trataba de vagones especiales de piso rebajado cuyo coste era (1991) del orden de 130.000 ECU (equivalente al coste del vehículo articulado que puede transportar).

Por otro lado, se necesitaban uno o dos coches de viajeros-literas para el transporte de los conductores de camiones, cuyo coste unitario se situaba en el entorno de 790.000 ECU.

Por último, el tren era remolcado por una locomotora al norte y al sur de los Alpes, mientras que en las secciones montañosas se empleaban dos o tres locomotoras. El coste unitario de cada locomotora se situaba próximo a 3,15 M ECU y la remuneración anual bruta total del conductor de la misma se evaluaba en 53.000 ECU.

Se supuso una duración media de vida o de amortización de 15 años para los vagones, 25 años para los coches-litera, y 35 años para las locomotoras. La tasa de actualización se fijó en el 3%.

En primera aproximación el consumo unitario (media de ambas direcciones) de energía de tracción, en los bornes de alta tensión de las subestaciones, se evaluó en 35 Wh, por tonelada bruta completa, en los trayectos realizados al norte y sur de los Alpes, frente a los 45 Wh en los Alpes. El coste medio se estimó en 0,06 ECU/kwh. En consecuencia, referidos al kilómetro recorrido por un vehículo articulado, los costes de la autopista ferroviaria a través de los Alpes resultaban ser en media:

Variable	ECU/km
Locomotoras	0,08
Vagones	0,29
Coches	0,03
Personal de conducción	0,04
Energía de tracción	0,15
Total	0,59

Sin tener en cuenta otros costes (inversiones y costes de funcionamiento de las terminales de la autopista ferroviaria, desgaste adicional de la vía por los vagones de piso rebajado, etc.), el Prof. Baumgartner estableció el siguiente cuadro de referencia:

COSTES DE TRANSPORTE POR CARRETERA Y POR AUTOPISTA FERROVIARIA

Variable	ECU/km
Transporte por carretera	0,39
Autopista rodante a través de los Alpes	0,59
Diferencia absoluta	+ 0,20
Diferencia relativa	+ 51%

Se dedujo, por tanto, que la autopista ferroviaria a través de los Alpes era más cara que el tansporte por carretera, y en consecuencia la necesidad de recurrir a ayudas económicas públicas si se ofertaba (para atraer hacia el ferrocarril parte del transporte por carretera) una tarifa competitiva e inferior a su coste. La justificación formal de estas subvenciones se encontraba en los menores efectos medio-ambientales negativos provocados por el ferrocarril.

Las principales autopistas ferroviarias en Europa con el sistema de ruedas de pequeño diámetro se indican en el cuadro 8.7, explicitándose el número de vehículos terrestres transportados.

Recientemente, desde el año 2002, un nuevo tipo de vagón, denominado *modalhor*, pretende eliminar las desventajas del sistema precedente y sin embargo ofrecer unas mayores posibilidades de transporte. Como se observa en la figura 8.47, dispone de ruedas de diámetro normal, pero cuenta con un piso rebajado que además es giratorio, lo que permite la carga y descarga simultánea de cada vagón. Esta es una gran diferencia (además de la del tamaño de las ruedas) respecto a la *route roulante*, que requiere efectuar el embarque o desembarque de los vagones en el sentido longitudinal del tren, incrementando, por tanto, el plazo de carga y des-

CUADRO 8.7 PRINCIPALES AUTOPISTAS FERROVIARIAS EN EUROPA

Línea	Longitud (km)	N° de servicios ida/vuelta)	N° de remolques (año)
Freiburg-Novara (Alemania-Italia)	414	10/dia	~ 80.000 (2005)
Basel-Lugano (Suiza-Suiza)	263	5/semana	12.200 (2005)
Singen-Milano (Alemania-Italia)	356	2/dia	~ 80.000 (2005)
Wörgf-Brennersee (Austria-Austria)	94	14/dia	~ 90.000
Wörgf-Trento (Austria-Italia)	233	5/dia	~ 30.000
Wels-Maribor (Austria-Eslovenia)	260	6/dia	~ 37.000

Fuente: Ministerio francés de Transportes (2007)

carga. Es de interés destacar que la base de este vagón se encuentra situada a tan solo 22 cm de la superficie del carril, frente a 38 cm en el caso de la autopista rodante. Esta diferencia de cota permite que los vagones *modalhor* puedan transportar camiones de 4 metros de altura, por líneas con gálibo B, mientras que la autopista rodante solo acepta camiones de 3,8 metros de altura. Se recuerda que estos camiones de 3,8 m de alto solo representan el 20% del parque europeo, siendo el restante 80% el correspondiente a camiones con alturas de 4 y 4,2 metros. El primer servicio comercial con esta técnica *modalhor* se estableció, en noviembre del año 2003, entre Aiton, cerca de Chambery (Francia) y Orbassano, cerca de Turín (Italia), a través de un itinerario de 175 km (Fig. 8.48).

Puede llamar la atención el hecho de implantar un servicio de estas características en una relación tan corta, a pesar de las dificultades orográficas que para los camiones supone atravesar los Alpes. Sin embargo, el objetivo principal de esta servicio era analizar, de froma práctica, la factibilitat técnica del vagón modalhor, que por primera vez se utilizaba en la explotación ferroviaria. A pesar de los problemas existentes a causa de los trabajos de adaptación del gálibo del túnel de Mont-Cenís a las necesidades de este transporte para permitir el transporte de camiones de 4 m de altura, la evolución del tráfico ha sido la indicada en la figura 8.49, alcanzándose 19.740 camiones durante el año 2006, frente a los 6.500 transportados en el año 2004.

Dos nuevos servicios comerciales entrarán en servicio: el primero entre Le Boulou (Perpignan) y Bettembourg (2007), (Fig. 8.50), y el segundo entre el País Vasco, Ille de France y el Norte de Europa (2008). Otras relaciones se encuentran en la actualidad, en fase de estudio (Fig. 8.51). Las previsiones de tráfico de la nueva conexión Perpignan-Bettembourg apuntan a una demanda de 30.000 remolques por año, con una frecuencia de servicio de una composición por día y sentido. El plazo de transporte para esta relación de 1.060 km (la más larga de Europa) será de 14 h 30, lo que implicará una velocidad comercial superior a 70 km/h. Se estima que el plazo de la carretera en esta relación se situaría en el intervalo de 17 a 22 horas. El nivel tarifario del ferrocarril es un 10% inferior al de la carretera. Inicialmente, se prevé que la entrada en servicio de esta autopista ferroviaria supondrá una reducción del 10% en el número de camiones que circulan en la actualidad por el corredor.

Para la próxima década el objetivo del servicio es elevar el número de frecuencias a 10 por sentido, lo que podría atraer un tráfico superior a 300.000 camiones/año. En todo caso, la implantación de esta autopista ferroviaria ha requerido una inversión superior a 60 M Euros (36 M euros aportados por el estado francés para la adaptación de la línea, 20 M Euros aportados por Lorry Rail para la fabricación de los vagones *modalhor*, y 6 M euros de subvenciones).

Nos referiremos, por último, al sistema de transporte basado en la utilización de *bogies* adaptables a semirremolques. De entre los sistemas desarrollados citaremos dos: el denominado *road-railer*, y el conocido como *transtrailer*.

El primero, de origen americano, es utilizado normalmente en Estados Unidos. Como se observa en la figura 8.52, este sistema permite añadir a las ventajas del ferrocarril, la facilidad de distribución de la mercancía. Es decir, efectúa el transporte «puerta a puerta» sin transbordo de la mercancía. El semirremolque que se utiliza debe estar reforzado en su infraestructura para permitir soportar las solicitaciones de la tracción ferroviaria. También debe aguantar las flexiones a que está sometido cuando se apoya sobre *bogies*.

A pesar de sus ventajas, este sistema no ha llegado a tener en Europa el éxito que se esperaba. Más allá de ensayos realizados en algunas líneas, en particular en Francia, tan solo se emplea regularmente en el recorrido Colonia-Múnich-Verona. Una de sus principales ventajas es la reducción de peso y, por tanto, la mayor carga transportable.

En efecto, la reducción de peso muerto es relevante. Se utiliza un solo *bogie* de 6,3 toneladas, en lugar de un vagón *poche* que, en vacío, pesa entre 16 y 22 t. Este hecho hace que, incluso considerando el suplemento de tara del semirremolque ($\simeq 2$ t), no llegue más que a un peso total de 8,3 t, es decir, la mitad del peso del vagón *poche*. En consecuencia, con semirremolques de una carga útil del orden de 26 t, equivalente a la de un camión de 40 t, el sistema *road-railer* permite transportar entre un 20 y un 30% más de mercancía.

SISTEMA MODALHOR

a) Tren Modalhor

b) Vagón Modalhor

c) Posición del vagón para la carga

d) Carga de un semirremolque

e) Plataforma de intercambio modal

Fuente: La vie du Rail

Fig. 8.47

AUTOPISTA FERROVIARIA AITON-ORBASSANO

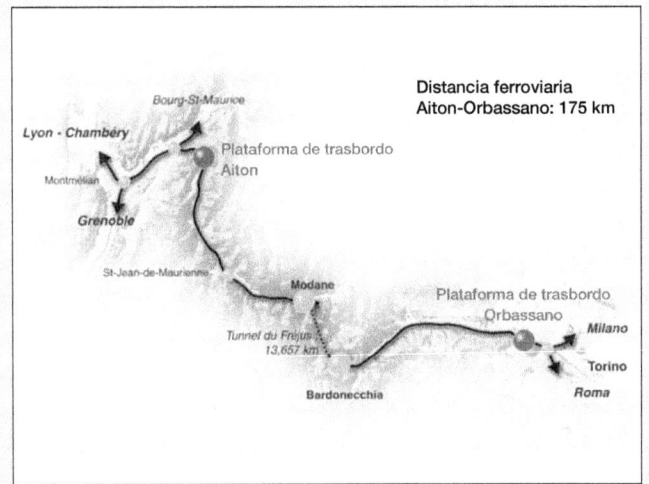

Fuente: Afa   Fig. 8.48

EVOLUCIÓN DEL TRÁFICO EN LA AUTOPISTA FERRROVIARIA AITON-ORBASSANO

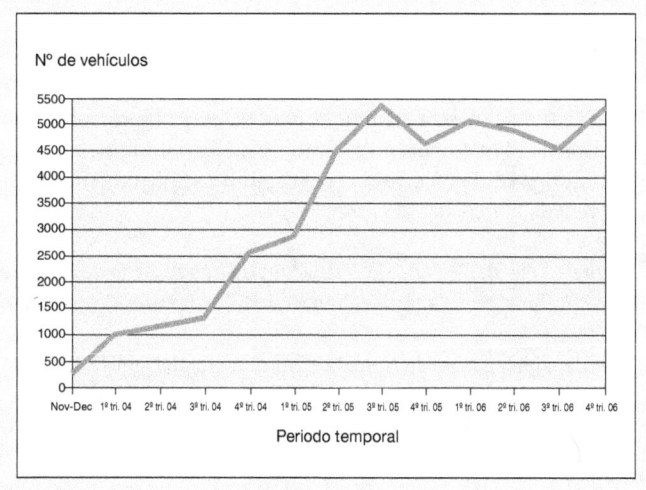

Fuente: Ministère de l'equipement français   Fig. 8.49

PRINCIPALES AUTOPISTAS FERROVIARIAS EN EUROPA

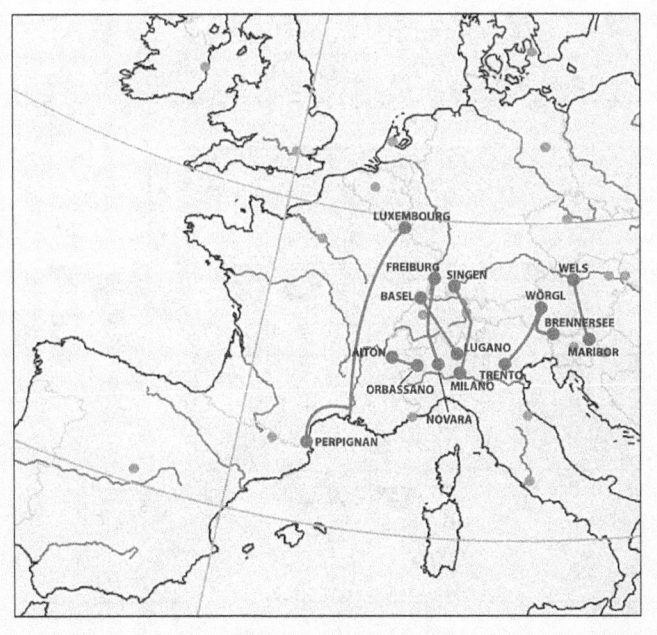

Fuente: Ministère de l'equipement français (2007)   Fig. 8.50

AUTOPISTAS FERROVIARIAS EN FRANCIA

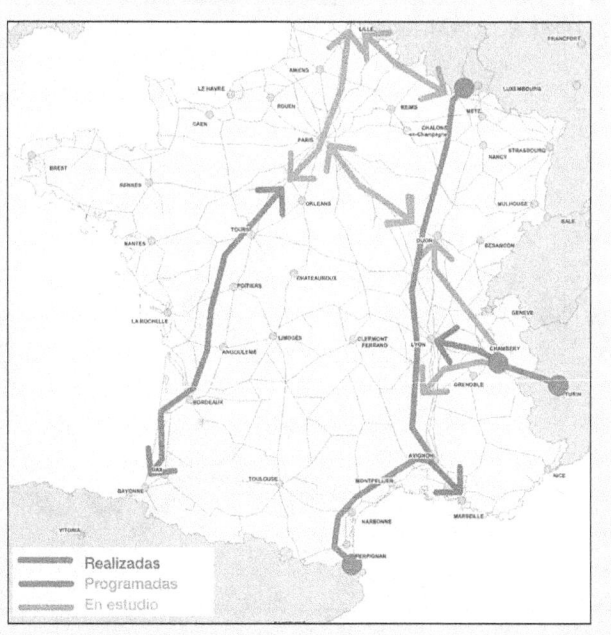

Fuente: Ministère de l'equipement français (2007)   Fig. 8.51

Por otro lado, B. Collardey (2002) indicaba algunas de sus ventajas complementarias:

1. No necesita ninguna instalación relevante en el suelo.
2. No se necesita una terminal específica, sino una pequeña superficie para acoger los camiones.
3. El estacionamiento de los *bogies* requiere menos espacio que el de los vagones.
4. El coste de un semirremolque *road railer* es más caro que uno normal. Sin embargo, el conjunto semirremolque/*bogies* es inferior en un 30 a 40% al del conjunto semirremolque convencional más vagón *poche*.

Nótese (Fig. 8.52) como la formación de una rama ferroviaria se realiza con maniobras simples sin necesidad de fuentes de energía o elementos externos.

En España, a partir de finales de los ochenta del siglo XX, surgió el sistema *transtrailer* (Fig. 8.53), desarrollado por Tafesa, que presentaba algunas diferencias en el sistema de acoplamiento respecto al *road-railer*.

Para las líneas de nueva construcción se dispone del gálibo C, y para aquellas infraestructuras donde está prevista una explotación en tráfico mixto (alta velocidad en viajeros y trenes de mercancías) se dispone de un gálibo superior [autopista ferroviaria (AF)] (Fig. 8.54) para permitir el transporte de camiones sobre vagones convencionales.

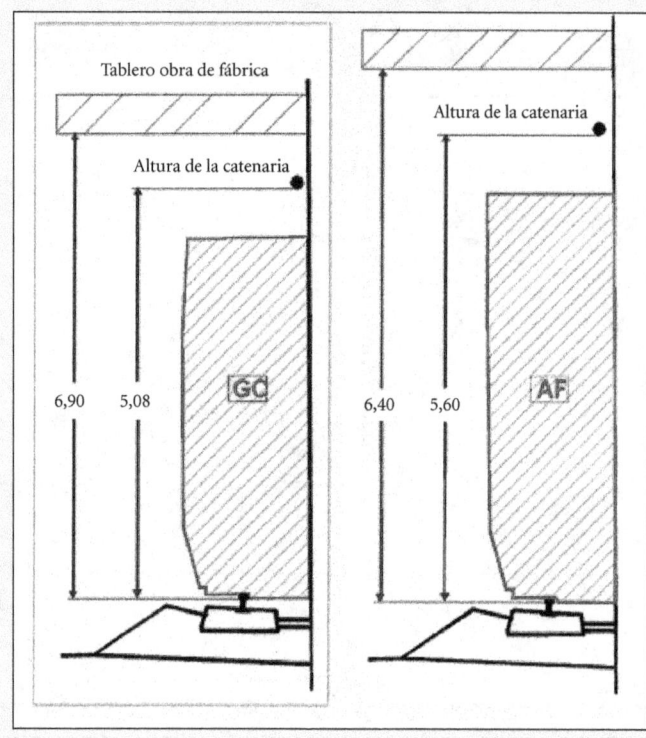

Fig. 8.54

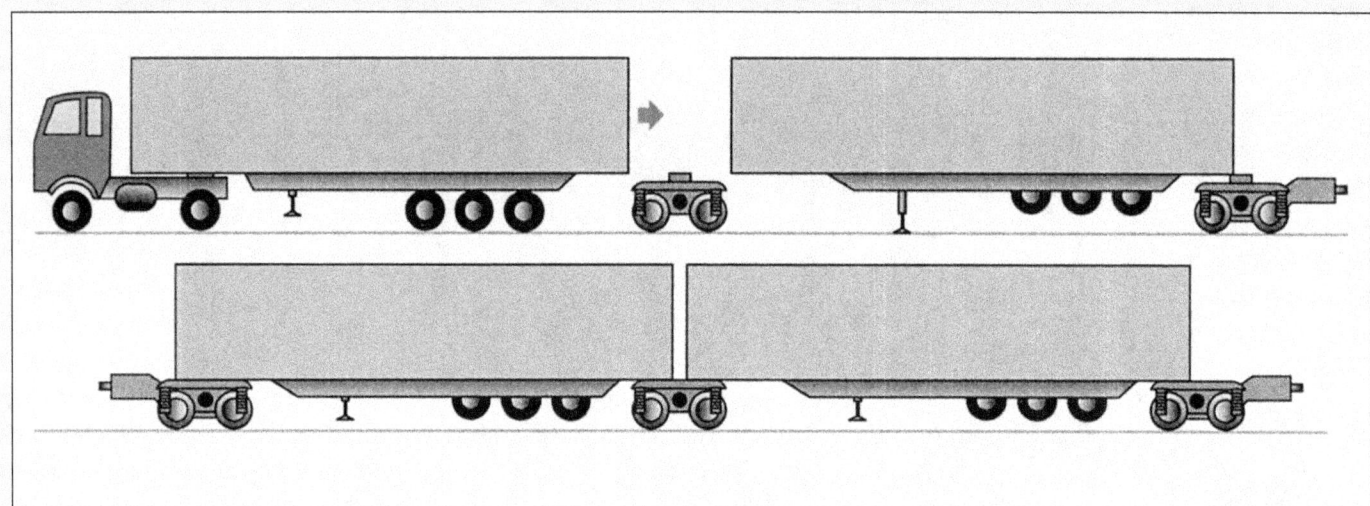

Fuente: La vie du Rail

Fig. 8.52

SISTEMA TRANSTRAILER

a)

1		El semirremolque levanta su parte trasera mediante su propia suspensión neumática.
2		El semirremolque desciende sobre el *bogie* y eleva el rodaje de carretera.
3		Un segundo semirremolque se sitúa sobre un *bogie intermedio*.
4		Se levantan las patas de apoyo del semirremolque anterior y se bajan las del último semirremolque.
5		Se une un nuevo *bogie* al último semirremolque del tren con dispositivo de tracción y choque.

b)
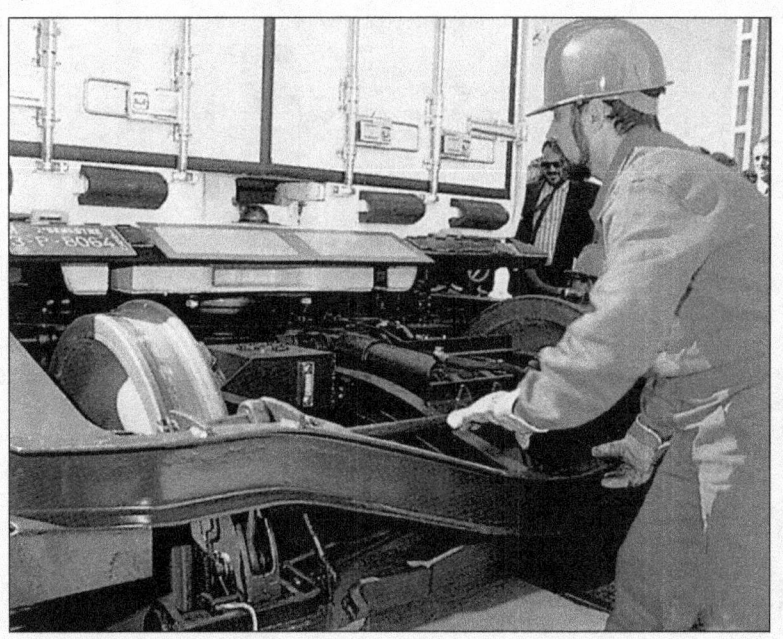

c)

Fuente: A.L. Rodríguez (1995)

Fig. 8.53

Transporte combinado en el túnel bajo el Canal de la Mancha

La entrada en servicio comercial del tunel ferroviario bajo el Canal de la Mancha, en el primer tercio de la pasada década, supuso la posibilidad de transportar camiones por este modo frente al tradicional uso de la vía marítima entre el continente europeo y Gran Bretaña.

La figura 8.55, permite visualizar, de manera sucinta, el proceso que siguen los camiones desde su llegada a la terminal ferroviaria hasta su embarque, el recorrido en el túnel y el desembarque en la terminal de llegada. Desde un punto de vista teórico, dicho proceso se planificó de forma que el tiempo empleado en el conjunto del mismo no superase los 80 minutos con la distribución por fases indicada a continuación:

Registro: 1 minuto
Control de fronteras: 13 minutos
Preparación de acceso al tren (incluyendo tiempo de espera entre dos salidas): 6 minutos
Acceso al tren: 15 minutos
Tránsito: 35 minutos
Descarga: 10 minutos
Total: 80 minutos

Sin embargo, los problemas existentes en la explotacion no han permitido que la demanda de tráfico haya sido la razonablemente prevista, tal como muestra la figura 8.56.

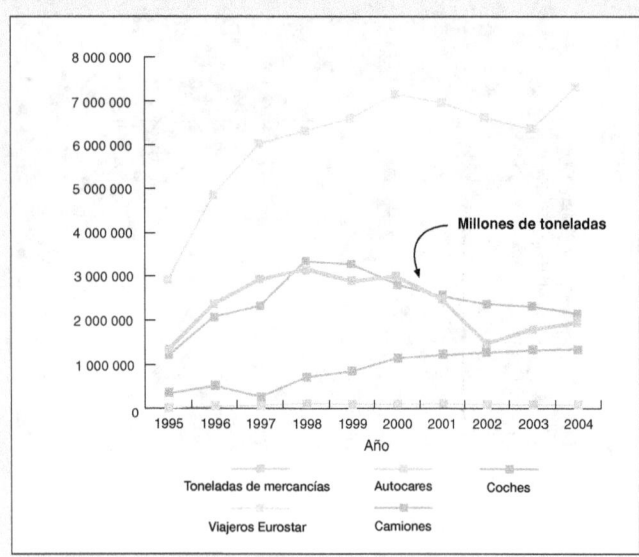

Fuente: M. Fressoz   *Fig. 8.56*

La dimensión económica del transporte combinado

En apartados precedentes se han expuesto los aspectos técnicos que presiden el transporte combinado y los esfuerzos efectuados por el ferrocarril para hacer posible el mismo a través de infraestructuras construidas, esencialmente, en el siglo XIX.

La cuestión que nos planteamos ahora es analizar el transporte combinado desde una óptica económica. Para ello, resulta preciso conocer los costes del transporte por carretera, para poder compararlos con los del sistema ferrocarril-carretera.

Nos ha parecido conveniente utilizar una única base de referencia con objeto de que las magnitudes tengan la mayor coherencia posible. Nos referiremos, por tanto, al análisis efectuado en Francia con datos del año 2000.

Por lo que concierne al transporte de carretera, se señala que un semirremolque clásico de 38 T (volumen útil de 85 m^3) para trayectos superiores a 300 km tiene un coste aproximado de 0,9 euros por kilómetro recorrido. La figura 8.57 muestra la estructura de costes en Francia para el transporte de largo recorrido, en el año 2000.

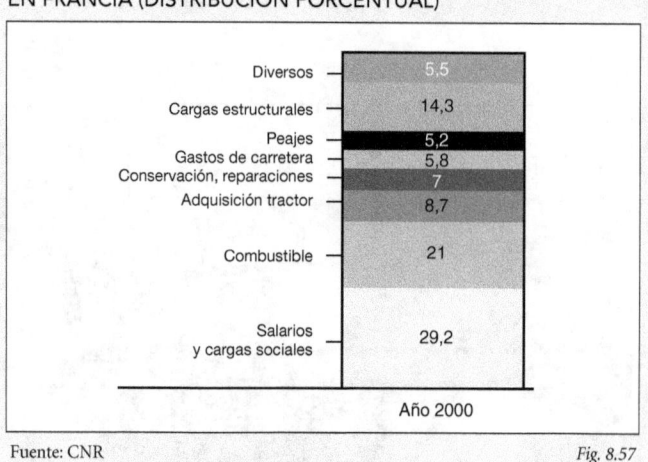

Fuente: CNR   *Fig. 8.57*

En cuanto a la estructura del coste del transporte combinado, el mencionado estudio frances considera cuatro cadenas de transporte: dos completamente terrestres y dos con enlace marítimo. De forma concreta, estas son las hipótesis adoptadas:

- Cadena 1: Relación doméstica de 600 km de distancia, con conexiones ferrocarril-carretera en los extremos de la cadena de transporte. Caja móvil de tipo A, equivalente a 2 TEU.
- Cadena 2: Relación doméstica de 1.000 km de distancia, con análogas características a las indicadas para la cadena 1.
- Cadena 3: Relación internacional de 1.500 km de distancia. Enlace ferrocarril-carretera en un extremo de la cadena de

ORGANIZACIÓN DEL TRANSPORTE DE MERCANCÍAS

PROCESO DEL TRANSPORTE DE CAMIONES A TRAVÉS DEL TÚNEL BAJO EL CANAL DE LA MANCHA

1)
2)

3)

4)

5)

6)

Fuente: Elaboración propia con fotos de Eurotúnel

Fig. 8.55

transporte y enlace directo ferrocarril-puerto, en el otro extremo. Transporte de un contenedor de 40 pies.
- Cadena 4: Relación internacional de corta distancia. Enlace ferrocarril-puerto en un extremo y ferrocarril-carretera en el otro extremo.

Si nos referimos, en primer lugar, al tiempo total empleado en el transporte, y al pasado en cada modo, la figura 8.58a muestra los datos correspondientes a cada una de las cadenas consideradas.

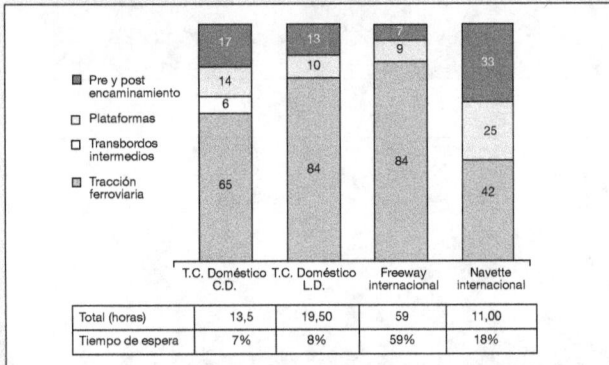

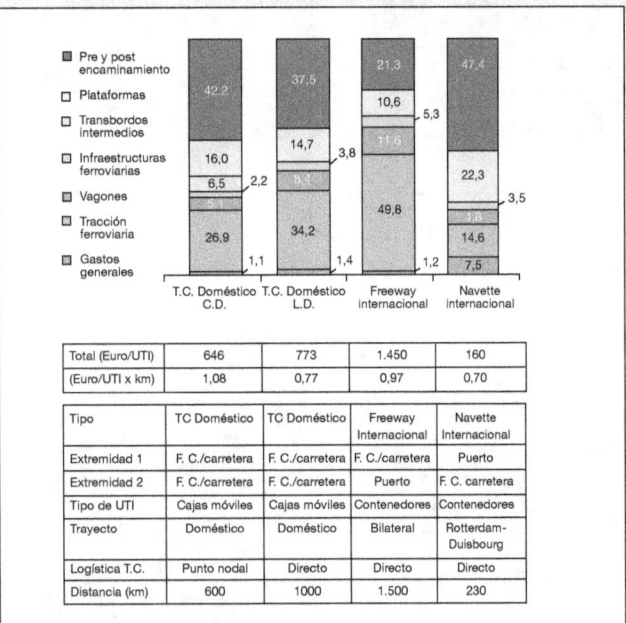

Fuente: Projet RECORDIT, MDS Trasnsmodal, ERRI

Fig. 8.58

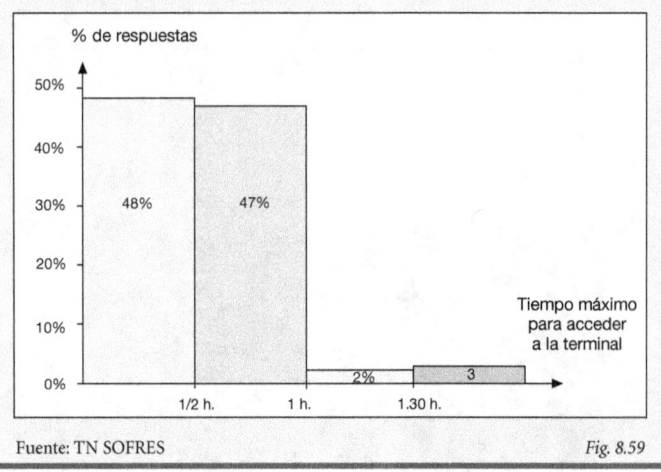

Fuente: TN SOFRES

Fig. 8.59

Si se pasa ahora a la estructura de costes, la figura 8.58b permite conocer la importancia relativa de cada eslabón de la cadena. Un análisis específico de las diferentes relaciones de transporte consideradas aporta conocimientos de indudable interés.

En efecto, en el caso de una relación doméstica de media distancia (600 km), se observa que en el pre y post encaminamiento por carretera se tiene la siguiente dualidad: 17% del tiempo de transporte y 42% del coste total. Por el contrario, el trayecto ferroviario supone el 63% del tiempo de viaje y representa tan solo el (26,9 + 5,1 + 2,2) 34,2% del coste total. Para las cadenas 2, 3 y 4 las conclusiones son análogas. Este hecho invita a pensar en el interés económico del transporte combinado para el ferrocarril.

Nótese, finalmente, que en el conjunto de cadenas de transporte consideradas, el coste se sitúa en el intervalo de 0,7 a 1,08 euros/UTI x km. En todo caso uno de los factores clave en la utilización o no del transporte combinado es la distancia existente entre el punto de origen de la mercancía y la plataforma de intercambio modal ferrocarril-carretera. La figura 8.59, muestra los resultados de una encuesta realizada con 150 cargadores.

La observación de la figura 8.59 pone de manifiesto que el interés del transporte combinado sería prácticamente inexistente si el tiempo de acceso a la plataforma intermodal superara los 60 minutos.

8.8 EL TRÁFICO DE MERCANCÍAS POR FERROCARRIL A TRAVÉS DE LOS PIRINEOS Y LOS ALPES

La realidad física que configura el macizo montañoso de los Pirineos y de los Alpes aconseja analizar en forma individualizada, respecto al resto de la red ferroviaria europea, el papel que este modo de transporte desempeña en el transporte de mercancías.

Se destaca, no obstante, que en los Pirineos los dos ejes principales tanto viarios como ferroviarios que comunican España con Francia no presentan apenas dificultades orográficas, al discurrir los trazados respectivos próximos al nivel del mar. No sucede lo mismo con los dos pasos ferroviarios interiores: por Canfranc (cerrado desde hace más de tres décadas) y por Puigcerdà, que presentan notables dificultades tanto en planta como en alzado (Fig. 8.60). Los problemas se encuentran, como se expuso en el apartado 8.4, en el diferente ancho de vía existente a un lado y otro de los Pirineos.

Por lo que respecta a los Alpes, se considera el espacio geográfico comprendido entre Ventimiglia, en la frontera franco-italiana del Mediterráneo, y los Alpes, que separan Italia de Austria (Fig. 8.61). En este ámbito espacial, la carretera dispuso, inicialmente, de pasos de montaña de considerable altitud (Fig. 8.61), algunos de los cuales fueron complementados posteriormente por túneles que facilitaron la circulación viaria: Mont-Blanc (1965); San Bernardo (1964); San Gotardo (1980); San Bernardino (1967) y Tauern (1975) entre otros.

En cuanto al ferrocarril y a causa de su propia tecnología, se vio siempre obligado a superar las cadenas montañosas mediante la realización de túneles. De forma específica: Mont Cenis/Fréjus (1871); Simplon (1906); San Gotardo (1882), Lotschberg (1913) y Tauern (1909), entre otros.

En la figura 8.62 se visualizan las principales vías de comunicación terrestres a través de los Pirineos y los Alpes.

No sorprende, por tanto, que la distribución modal ferrocarril-carretera por los Alpes haya estado supeditada a la existencia de los mencionados túneles viarios. Este hecho se ve claramente reflejado en la figura 8.63a. En ella se muestra la evolución del tráfico de mercancías por ferrocarril en el arco geográfico que desde el Mont Cenís llega hasta el túnel del Brennero.

ENLACES FERROVIARIOS POR LOS PIRINEOS CENTRALES Y ORIENTALES

a) Planta general de enlaces ferroviarios

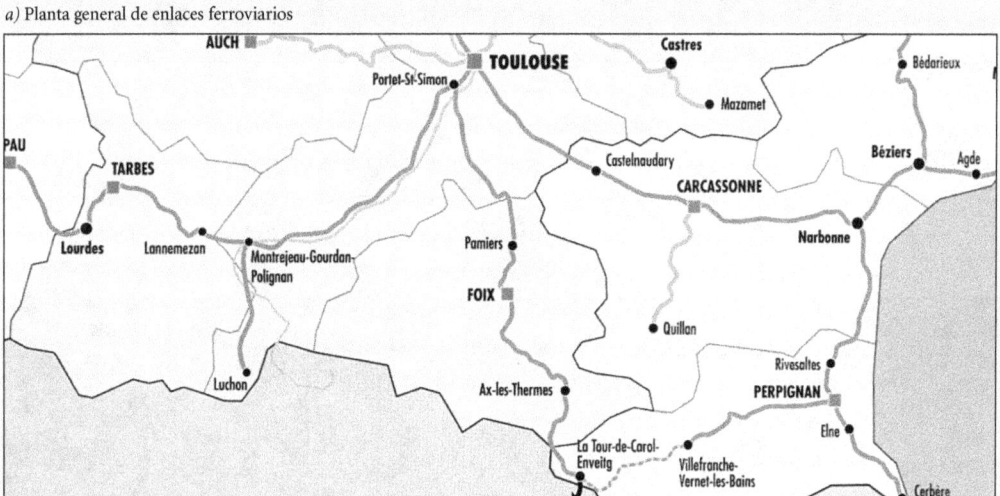

b) Perfiles comparados de las líneas Pau-Canfranc y Toulouse-Barcelona

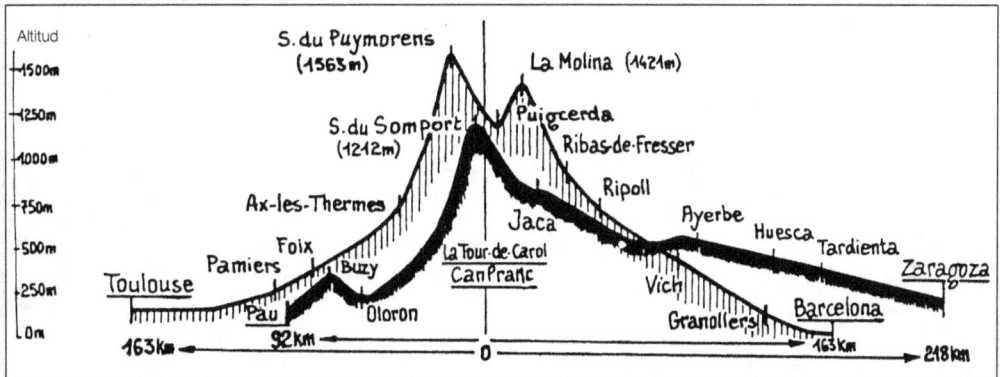

Fuente: A. L. Rodríguez

Fig. 8.60

PRINCIPALES VÍAS DE PASO POR FERROCARRIL Y CARRETERA EN LOS ALPES

a) Planta general

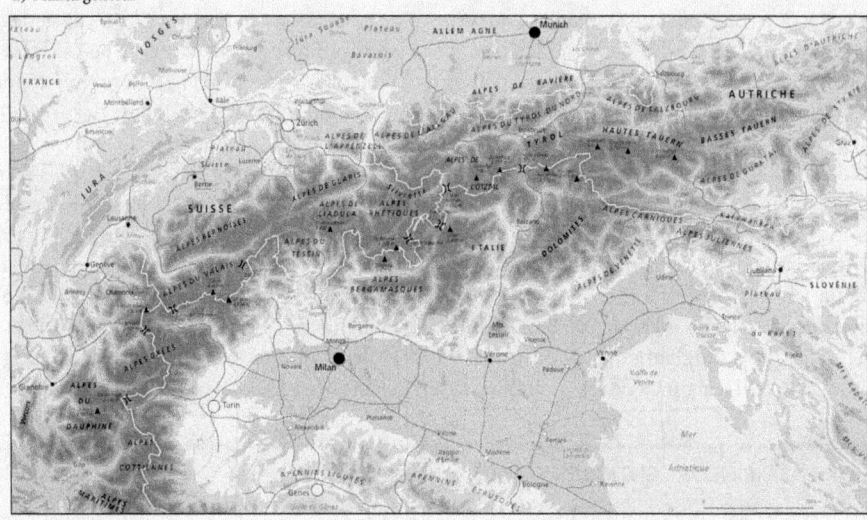

a) Pasos de carretera

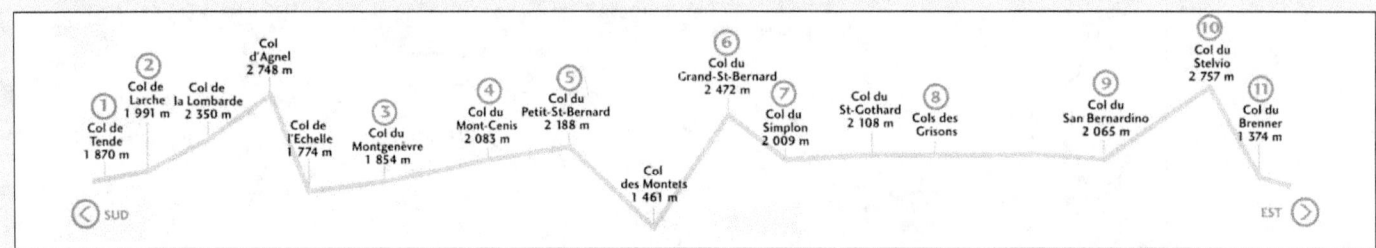

b) Alturas de paso de la carretera

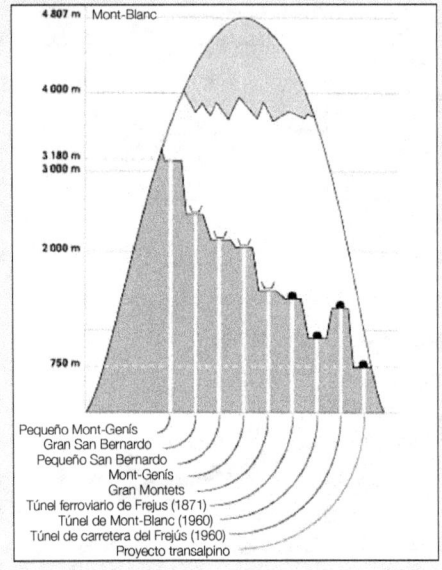

Fuente: Transalpine

c) Principales túneles ferroviarios

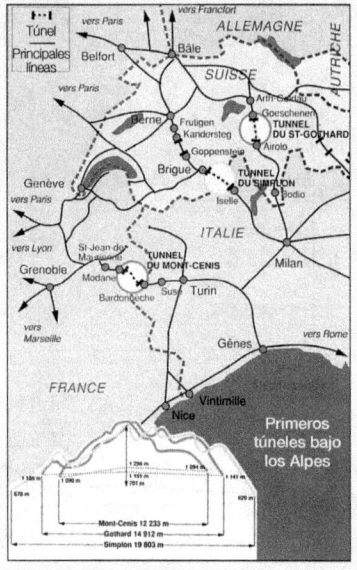

Fuente: La Vie du Rail (1992)

Fig. 8.61

PRINCIPALES VÍAS DE COMUNICACIÓN A TRAVÉS DE LOS ALPES Y LOS PIRINEOS

Carretera

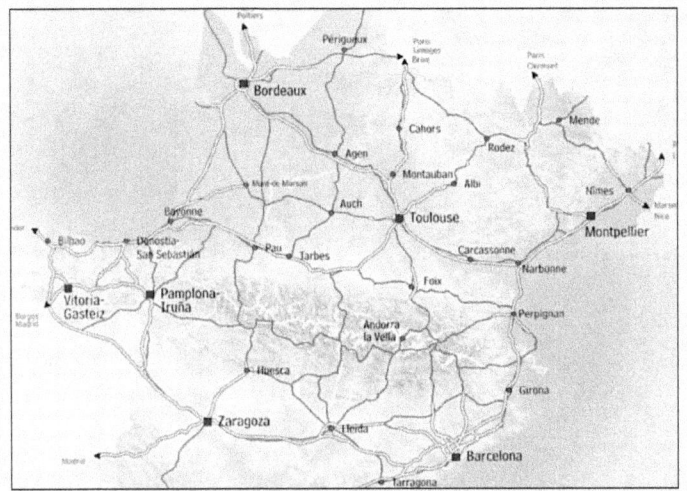

Carretera

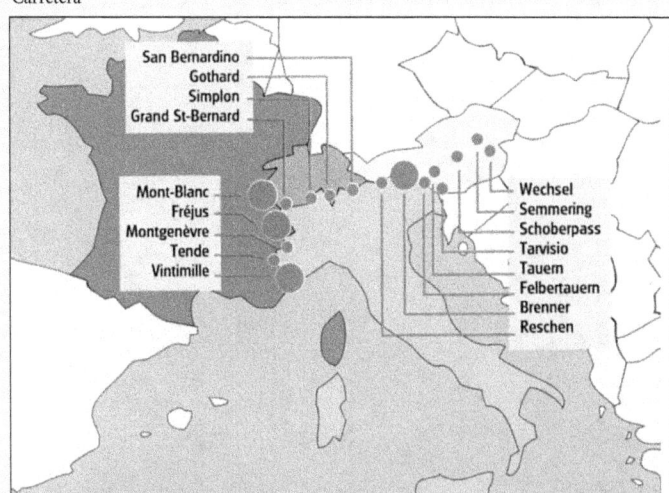

Ferrocarril

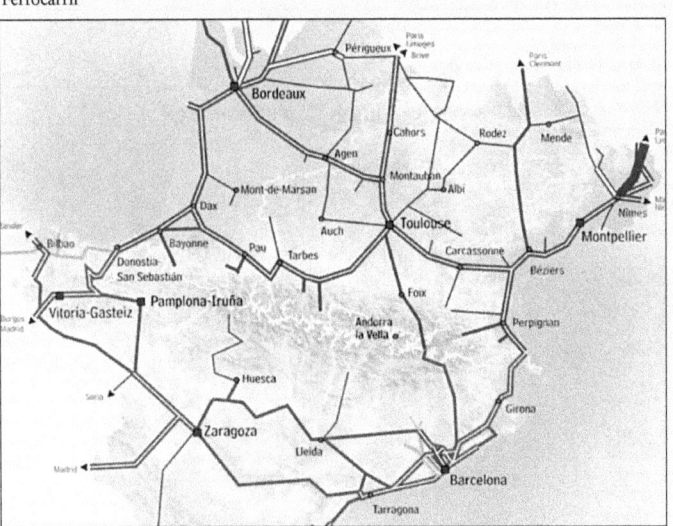

Ferrocarril

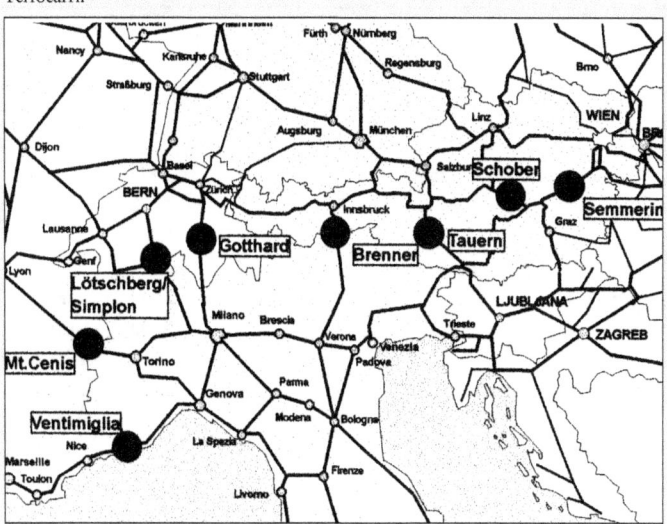

Fuente: H. Lindenberger (1999), D. Bontry (1996) y Atlas transpirenáico (2002)

Fig. 8.62

Por otro lado, si se consideran los primeros veinticinco años de funcionamiento de los túneles de carretera en los Alpes, tomando como referencia de origen el año 1970, la figura 8.63b muestra la evolución del tráfico por carretera y ferrocarril en los corredores: Francia-Italia, Suiza-Italia y Austria-Italia, comprendiendo que los países citados en primer lugar no eran necesariamente el principio o el fin de las mercancías transportadas.

Se comprueba que en el escenario geográfico y temporal considerado, el crecimiento del tráfico por modo y corredor fue el siguiente:

CRECIMIENTO DEL TRÁFICO DE MERCANCÍAS EN LOS ALPES (1970-1995)

Corredor	Carretera	Ferrocarril
Francia-Italia	≃ 1000%	≃ 100%
Suiza-Italia	≃ 1050%	≃ 35%
Austria-Italia	≃ 700%	≃ 150%

Fuente: AlpTransit (2000)

EVOLUCIÓN DEL TRÁFICO DE MERCANCÍAS POR LOS ALPES

a) Influencia de las infraestrcturas existentes

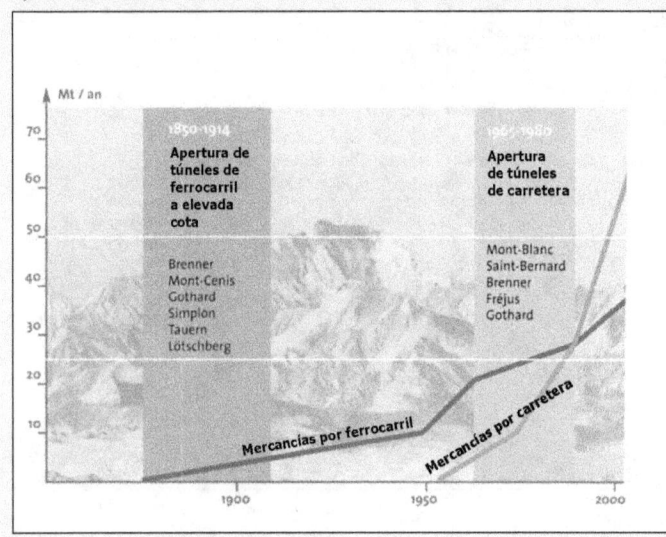

b) Tráfico internacional por fronteras

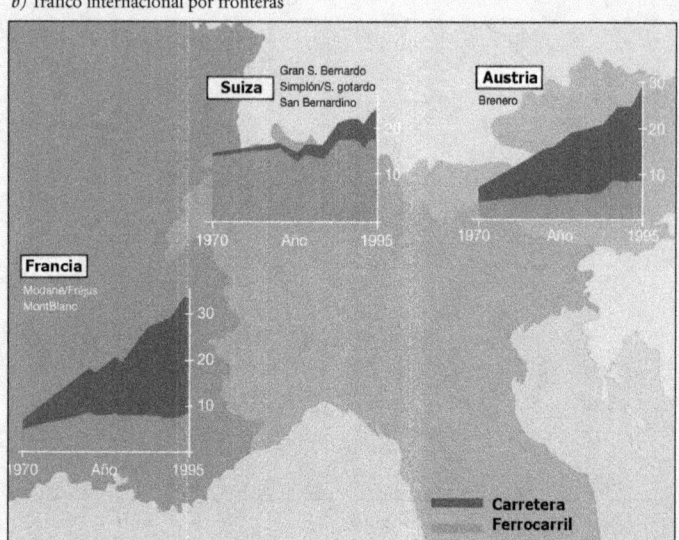

c) Tráfico por ferrocarril y carretera en 1995

Paso	F.C. + Carret (10⁶ t)	F.C. (10⁶ t)	Carretera (10⁶ t)	Camiones por día	País
Brenner	26,9	8,3	18,6	3.175	Austria
Fréjus-Mont Cenis	20,1	7,7	12,4	2.072	Francia
Gothard	17,2	13,2	4,0	1.789	Suiza
Vintimille	14,7	1,0	13,7	2.837	Francia
Mont-Blanc	13,5		13,5	2.120	Francia
Schoberpass	11,4	4,0	7,4	1.890	Austria
Tarvisio	11,2	5,5	5,7	1.041	Austria
Semmering	10,0	6,1	3,9	1.167	Austria
Tauern	9,9	5,3	4,6	1.159	Austria
Wechsel	6,9	0,4	6,5	2.192	Austria
Simplon	4,8	4,6	0,2	51	Suiza
Montgenèvre	1,7		1,7	309	Francia
Tende	1,5		1,5	267	Francia
Reschen	0,8		0,8	153	Austria
San Bernardino	0,4		0,4	204	Suiza
Falbertauern	0,4		0,4	126	Austria
Grand Saint-Bernard	0,3		0,3	110	Suiza

d) Distribución de las mercancías por vías de paso

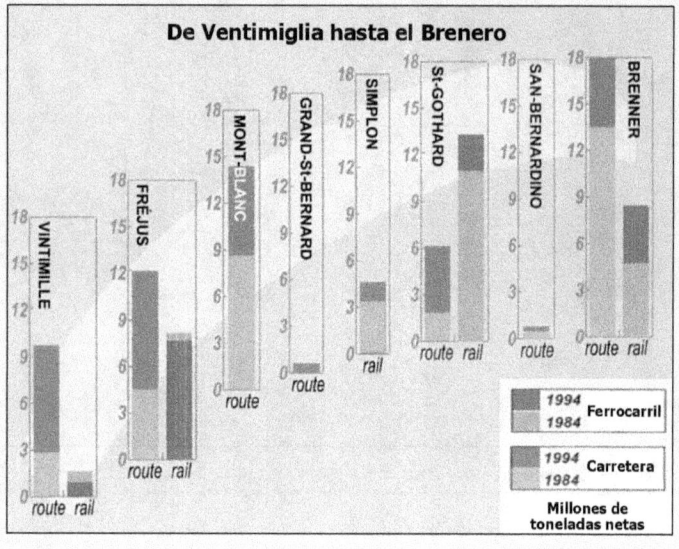

Fuente: La Transalpine (2005); Pour la montagne (1999); D. Boutry (1996) y Alpetunnel (1998)

Fig. 8.63

De forma concreta, en el año 1995, el tráfico por carretera y ferrocarril fue el que se explicita en la figura 8.63c. En conjunto, considerando los 10 corredores ferroviarios existentes y la totalidad de los pasos de carretera indicados en la figura 8.63c, se deduce que ésta transportó 95,6 millones de toneladas, frente a 56,1 millones de toneladas del ferrocarril. La figura 8.63d compara para algunos de los mencionados corredores la evolución del tráfico en el periodo 1984/1994. Es de interés mostrar en la figura 8.64 la traducción del número de toneladas a número de vehículos pesados (camiones) por algunos pasos alpinos (año 1994). Las cifras que se observan

TRÁFICO POR CARRETERA EN LOS ALPES (CAMIONES)

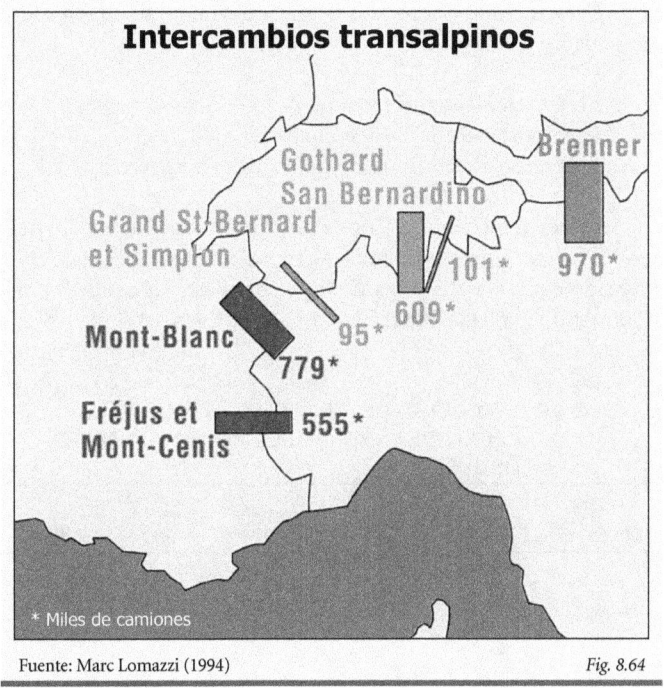

Fuente: Marc Lomazzi (1994) Fig. 8.64

pueden dar una idea de los problemas medio-ambientales que este tipo de tráfico viario puede ocasionar.

El importante crecimiento del tráfico por carretera ha sido una constante, de tal modo que en el arco alpino, de 1984 a 2003, es decir, prácticamente en los últimos veinte años, el número de toneladas transportadas pasó de 29,9 a 81,5 millones. En el mismo periodo de tiempo, el tráfico por ferrocarril evolucionó desde 29,7 a 39,1 millones de toneladas. Es decir, que si en 1984 la distribución modal ferrocarril-carretera era aproximadamente 50/50, en la actualidad el ferrocarril tiene una cuota de mercado de solo el 32% (Cuadro 8.8).

Es de interés constatar que, si en 1984 la parte principal de los flujos de mercancías a través de los Alpes, por carretera, se distribuía en los corredores Francia-Italia y Austria-Italia, en la actualidad los flujos Suiza-Italia han incrementado su cuota de mercado.

Por lo que respecta al tráfico de mercancías a través de los Pirineos, el papel del ferrocarril siempre ha estado penalizado por causa del diferente ancho de vía existente a un lado y otro de la frontera. Por ello fue usual diferenciar, tradicionalmente, el tráfico ferrocarril-ferrocarril del tráfico ferrocarril-carretera.

En el primer caso, las mercancías llegaban por ferrocarril a las fronteras franco-españolas y continuaban después de transbordar de vagón a vagón, o bien, de proceder al cambio de ejes de los vagones, también por ferrocarril, hacia su destino final. En este contexto

CUADRO 8.8 EVOLUCIÓN DEL TRÁFICO DE MERCANCÍAS EN LOS ALPES (1984-2003)

CARRETERA	1984 Millones de toneladas	1992 Nº de camiones >3,5t	1992 Millones de toneladas	1998 Nº de camiones >3,5t	1998 Millones de toneladas	2003 Nº de camiones >3,5t	2003 Millones de toneladas
BRENNER		1 042 000	16,5	1 380 000	22,5	1 650 000	27,0
RESCHEN	13,5	47 000	0,7	96 000	1,4	125 000	1,7
SAN BERNARDINO		109 000	0,6	129 000	0,7	143 000	1,2
GOTHARD	0,5	659 000	3,9	1 035 000	6,5	1 004 000	9,2
SIMPLON		20 000	0,1	27 000	0,1	72 000	0,5
ST-BERNARD		59 000	0,5	44 000	0,4	72 000	0,7
MONT-BLANC	8,6	789 000	13,7	769 000	13,5	274 000	4,5
FRÉJUS	4,5	571 000	9,4	782 000	12,8	1 247 000	20,7
MONTGENEVRE		112 000	2,3	133 000	1,6	51 000	0,6
VINTIMILLE	2,8	612 000	8,9	974 000	12,8	1 209 000	15,4
	29,9	4 020 000	56,6	5 371 000	72,4	5 847 000	81,5

FERROCARRIL	Millones de toneladas		Millones de toneladas		Millones de toneladas		Millones de toneladas
BRENNER	4,7		8,2		8,6		10,7
GOTHARD	11,0		12,4		15,0		14,3
SIMPLON	3,3		5,0		4,3		5,6
MONT-CENIS	8,1		6,8		9,3		7,8
VINTIMILLE	2,0		1,5		0,8		0,7
	29,1		33,9		38,0		39,1
TOTAL FERROCARRIL + CARRETERA	59,0		90,5		110,4		120,6

Fuente: Alp Transit (2005)

es importante mencionar las instalaciones de Le Boulou, cerca de Perpignan (Fig. 8.65), en donde tenía lugar la transferencia de la mercancía del ferrocarril a la carretera o viceversa. Se señala que algunas mercancías españolas (perecederas) procedentes de la huerta murciana llegaban por carretera hasta Le Boulou para continuar después por ferrocarril hasta el mercado de Rungis, en París. En efecto, la SNCF disponía de un servicio de altas prestaciones (trenes de mercancías tipo 140) que, circulando a la velocidad máxima de 140 km/h, efectuaba el recorrido Perpignan (18 h 30)-París (2 h 30) en 8 horas a una velocidad comercial de 125 km/h.

En todo caso, a comienzos de la década de los años ochenta del pasado siglo el tráfico de mercancías entre la Península Ibérica y el resto de Europa se distribuyó del siguiente modo:

Frontera	Carretera	Ferrocarril
Irún/Hendaya	4,6 Mt	1,1 Mt
Portbou/Cerbere	6,7 Mt	1,3 Mt
TOTAL	11,3 Mt	2,4 Mt

Esto significaba que el volumen de toneladas, en todos los modos terrestres, fue de 13,8 Mt, siendo la cuota del ferrocarril del 17%. Se constata que por la frontera mediterránea el tráfico de mercancías suponía el 58% del total.

En el periodo temporal comprendido entre 1989 y 1999, el volumen total de mercancías entre la Península Ibérica y el resto de la UE15 evolucionó por modos de acuerdo con los datos indicados en el cuadro 8.9. Nótese:

1. El estancamiento del ferrocarril
2. La importancia del tráfico marítimo
3. El continuado crecimiento del tráfico por carretera

Se observa que en diez años el tráfico total se duplicó, pero el ferrocarril pasó en ese periodo de tiempo de tener una cuota de mercado del 4,1% al 3%. La figura 8.66 muestra la evolución del tráfico entre Francia y España.

CUADRO 8.9 EVOLUCIÓN DEL TRÁFICO DE MERCANCÍAS (Mt) ENTRE LA PENÍNSULA IBÉRICA Y EL RESTO DE EUROPA

Modo	Año 1989	1994	1999
Carretera	24,3	37,9	58,4
Vía marítima	35,5	44,5	50,0
Ferrocarril	2,6	2,3	3,4
TOTAL	62,4	84,7	111,8

Fuente: Adaptado del Observatorio hispano-francés de tráfico en los Pirineos (2002)

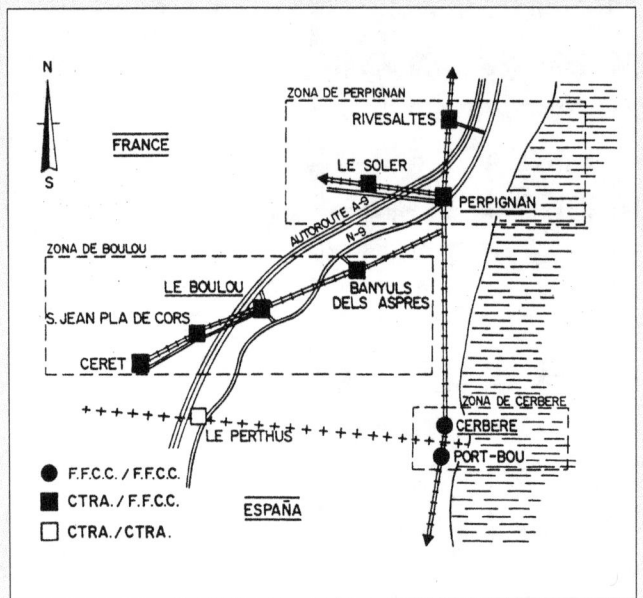

Fuente: SNCF Fig. 8.65

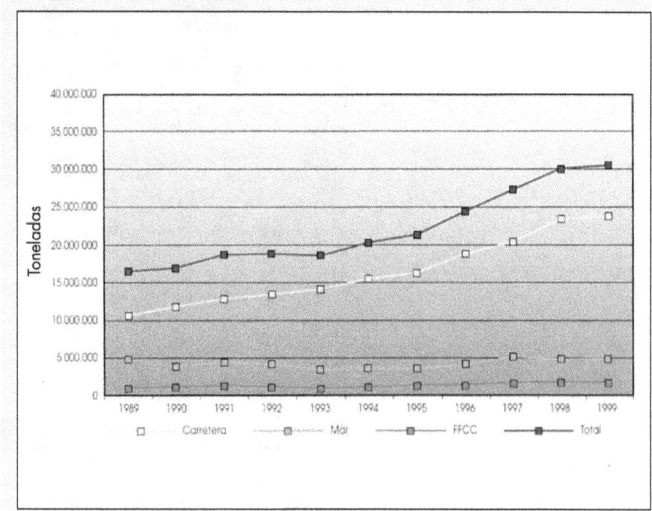

Fuente: Eurostat Fig. 8.66

A comienzos de la presente década, la distribución del tráfico de mercancías por ferrocarril, por zona de paso: mediterránea y atlántica, fue la detallada en el cuadro 8.10. Se comprueba que por la frontera de Portbou/Cerbere transitaba, aproximadamente, el doble de tráfico que por la frontera de Irún/Hendaya.

Si se analiza lo que ha sido la evolución del tráfico por ferrocarril en la frontera mediterránea (Fig. 8.67), se deduce que tanto la técnica de transbordo de tren como la de utilización de los ejes intercambiables están estancadas y que el crecimiento sólo es debido al transporte combinado.

La distribución del tráfico de mercancías por modos de transporte en las relaciones entre la Península Ibérica y el resto de la UE15, en el periodo 1998/2004 se presenta en la figura 8.68. Las principales conclusiones que se deducen de su análisis se pueden resumir en la siguiente forma:

1. El flujo total de mercancías por vía terrestre pasó de 81,4 Mt en 1998 a 105 Mt en el año 2004.
2. Este tráfico total (105 Mt) es superior al que utiliza la vía marítima (70,3 Mt).

CUADRO 8.10 DISTRIBUCIÓN DEL TRANSPORTE DE MERCANCÍAS POR FERROCARRIL CON LA PENÍNSULA IBÉRICA (AÑO 2000) (MILES DE TONELADAS)

en miles de toneladas			HENDAYA-IRÚN	CERBÈRE-PORT BOU	TOTAL
Norte-Sur	FFCC-FFCC	Vagones	831	649	2.769
		Combinado	251	1.038	
	Carretera-FFCC	Vagones	505	1.226	1.896
		Combinado	164	–	
Total Norte-Sur			1.751	2.913	4.665
Sur-Norte	FFCC-FFCC	Vagones	406	337	1.814
		Combinado	262	809	
Carretera-FFCC	Vagones	209		768	1.100
	Combinado	123		–	
Total Sur-Norte			1.000	1.914	2.914

Fuente: Observatorio hispano-francés de tráfico en los Pirineos

TRÁFICO POR TIPO DE TÉCNICA PARA EL PASO DE LOS PIRINEOS POR FERROCARRIL

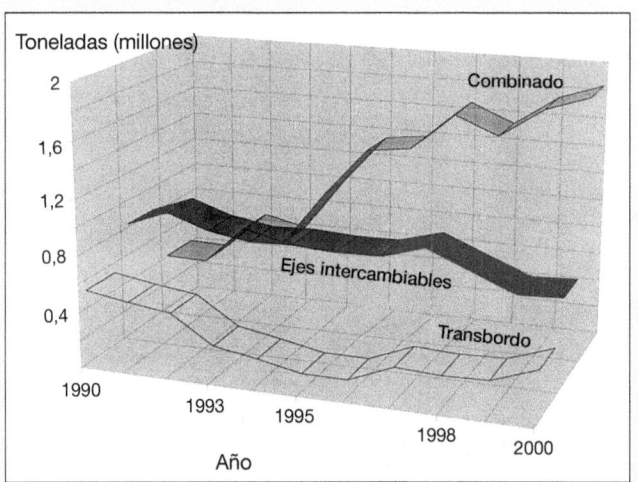

Fuente: SNCF   Fig. 8.67

IMPORTANCIA DE CADA MODO EN EL TRANSPORTE DE MERCANCÍAS PENÍNSULA IBÉRICA-RESTO DE EUROPA

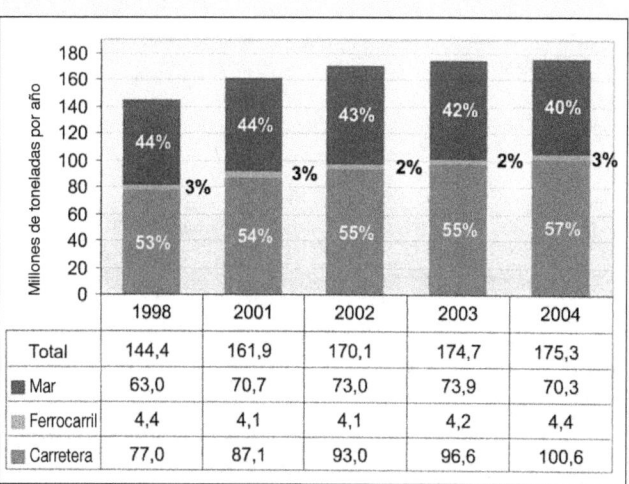

Fuente: Observatorio de los Pirineos   Fig. 8.68

3. El flujo de mercancías por ferrocarril (4,4 Mt) estuvo estancado en el periodo 1998-2004.
4. La carretera vio multiplicado su tráfico en dicho periodo temporal por 1,3, y la vía marítima por 1,11.

En la figura 8.69 se visualizan los orígenes/destinos de los citados flujos entre la península ibérica y el resto de Europa.

Conocida la realidad del transporte de mercancías por vía terrestre a través de los Alpes y los Pirineos, es interesante comparar los resultados de los tráficos correspondientes a dichas zonas geográficas. En este contexto, la figura 8.70 muestra la evolución del tráfico en cuatro corredores: Francia-Italia; Suiza-Italia y Austria-Suiza en los Alpes, así como Península Ibérica-Francia. Los gráficos hablan por sí solos sobre el escaso papel que juega el ferrocarril en

TRÁFICO DE MERCANCÍAS ENTRE LA PENÍNSULA IBÉRICA Y EL RESTO DE EUROPA

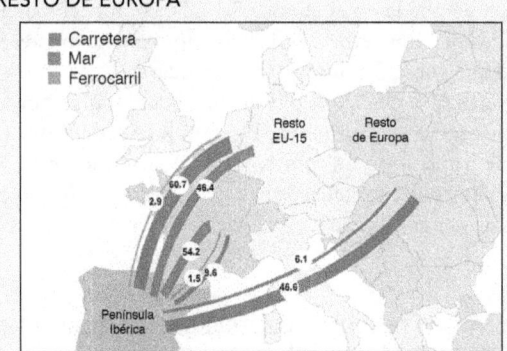

Fuente: Observatorio hispano-francés de tráfico en los Pirineos   *Fig. 8.69*

TRÁFICO INTERNACIONAL DE MERCANCÍAS ENTRE ALGUNOS PAÍSES EUROPEOS

a) Francia-Italia

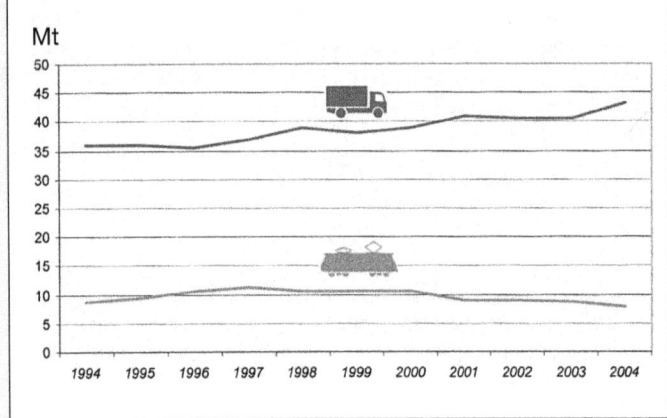

b) Suiza-Italia

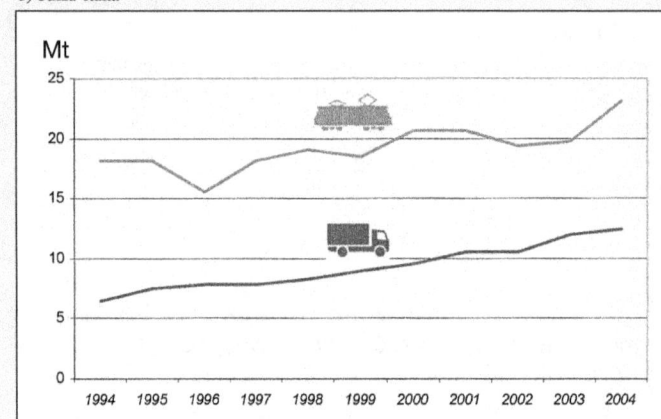

c) Austria-Italia

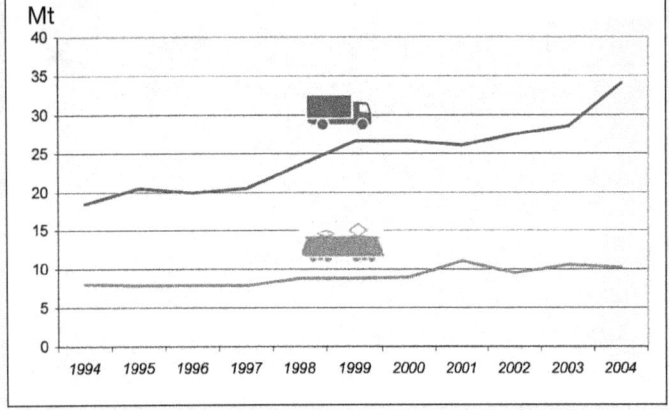

d) Tráfico Península Ibérica-Francia

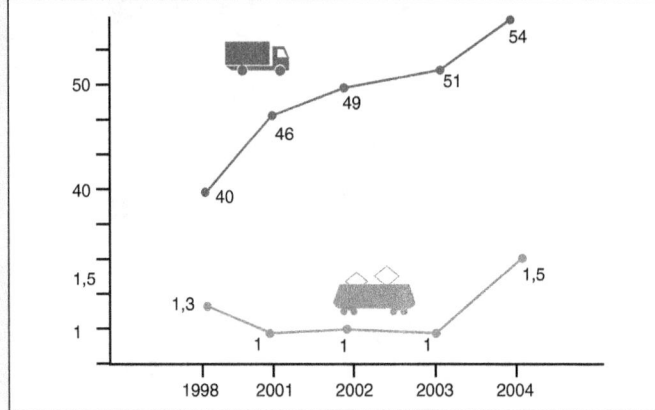

Fuente: COWI   *Fig. 8.70*

el transporte de mercancías entre la Península Ibérica y el otro lado de los Pirineos.

De una manera conjunta, la comparación Alpes-Pirineos se presenta en la figura 8.71. En ella, y para un año dado (1998), se muestran los tráficos para cada una de las zonas alpinas consideradas, incluyendo su equivalencia en términos de camiones por día. El tráfico por carretera en los Alpes es, aproximadamente, un 13% superior al de los Pirineos. Sin embargo, existe una diferencia notabilísima entre la utilización del ferrocarril en los Alpes (51,2 Mt) y en los Pirineos, apenas 4 Mt.

Con perspectiva de futuro, es relevante destacar que, según los estudios realizados con ocasión del análisis de una nueva línea de ferrocarril por el centro de los Pirineos, es razonable pensar que en el período 1998-2020 el crecimiento medio del tráfico de mercancías por esta cadena montañosa supere el 4% anualmente. En este supuesto, el tráfico de mercancías que en 1998 atravesaba los Pirineos en un volumen de 80 Mt pasaría a ser, en el horizonte de 2020, de 200 Mt (Fig. 8.72).

La traslación directa de estos resultados al número de camiones/día, en el horizonte de 2015, daría lugar a que circulasen por los Pirineos del orden de 22.000 camiones/día, sumando todos los puntos de paso.

Para los Alpes, las previsiones del tráfico de mercancías estiman un volumen de 190 Mt en el año 2015 (Fig. 8.73) y de 270 Mt en el horizonte del año 2030.

PREVISIONES DE CRECIMIENTO DEL TRÁFICO DE MERCANCÍAS POR LOS PIRINEOS

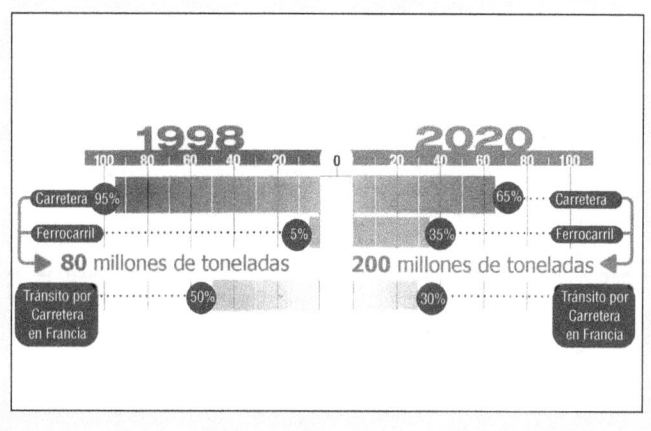

Fuente: La Traversée Central des Pyrénées (TCP)   Fig. 8.72

TRÁFICO TOTAL DE MERCANCÍAS EN LOS ALPES Y PIRINEOS. TONELADAS Y NÚMERO DE CAMIONES/DÍA

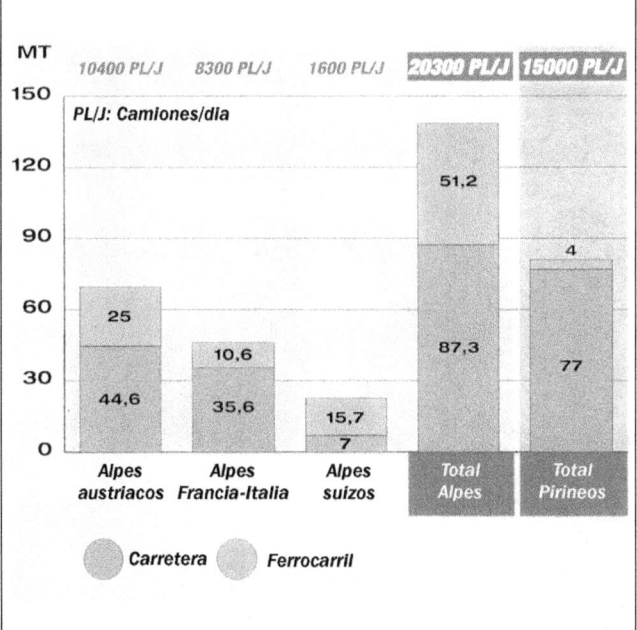

Fuente: La Traversée Central des Pyrénées (TCP)   Fig. 8.71

PREVISIONES DE TRÁFICO POR LOS ALPES (2010/2020)

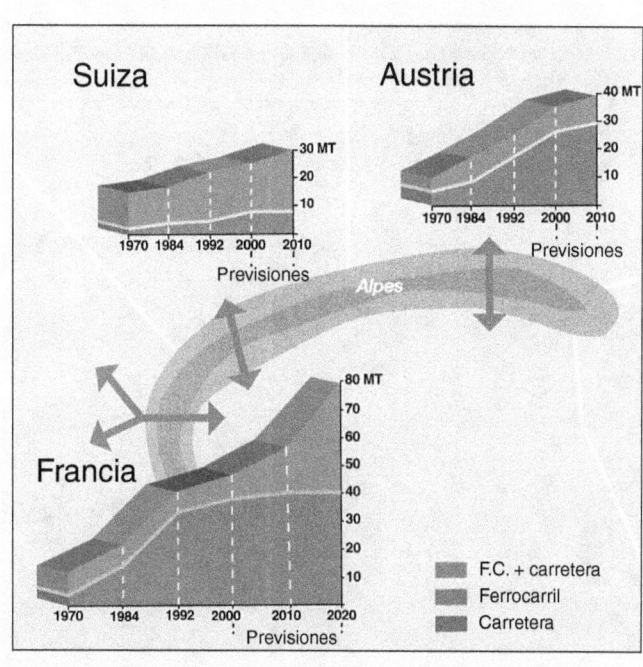

Fuente: La Transalpine   Fig. 8.73

8.9 TRANSPORTE MARÍTIMO Y FERROCARRIL

8.9.1 Introducción

En marzo de 1996 se celebró en Bangkok una reunión entre los líderes de la Unión Europea y los de los principales países asiáticos que significó el comienzo de una relación económica más dinámica entre Asia y Europa. Es un hecho bien conocido que la vía marítima es el principal modo de transporte para el tráfico de mercancías. (Fig. 8.74). En él, el contenedor desempeña desde hace algunas décadas el papel de mayor relevancia.

COMERCIO EXTERIOR DE LA UNIÓN EUROPEA (EU-25) POR MODO DE TRANSPORTE (AÑO 2004)

Exportaciones + Importaciones		
	En valor (Billones de euros)	En toneladas (Millones)
Vía marítima	859.1 (47%)	1.430 (72%)
Vía aérea	473,7 (26%)	10 (0,5%)
Vía terrestre (carretera)	259,7 (14%)	100 (5%)

Fuente: A. López Pita (adaptado de la Unión Europea)

Fig. 8.74

No sorprende, por tanto, que si en 1995 el tráfico de contenedores entre Europa y Asia superó los cinco millones de TEU, al finalizar la década pasada alcanzase ocho millones y que a mediados de la presente se encuentre por encima de once millones de TEU (Fig. 8.75).

Este incremento de tráfico se refleja lógicamente en el volumen de contenedores que pasaron por cada puerto (Cuadro 8.11). Se comprueba como en el periodo 1997-2001 los principales puertos europeos pasaron de tratar 22,84 millones de TEU a superar los 31 millones de TEU. El puerto de Rotterdam siempre ha ocupado el primer lugar, aun cuando cabe señalar que trató en el año 2001 tres veces menos de contenedores que Hong Kong, que en ese momento temporal lideraba el *ranking* mundial de puertos con mayor tráfico de contenedores.

Por lo que respecta a la capacidad de carga, los datos del cuadro 8.12. permiten comprobar la notable evolución experimentada desde la década de los años sesenta hasta el momento actual. Se ha pasado de barcos portacontenedores de 2000 TEU a capacidades de 9 a 11.000 TEU.

Se destaca que, en la actualidad, se encuentran en proceso de construcción barcos de 12.600 TEU (para Daewo), los cuales estaran operativos en el año 2009/2010. Su coste unitario es del orden de 160 millones de dólares.

La globalización de la economía y la generalización de los intercambios han reforzado el papel del transporte, de tal manera que, en la competividad de las empresas, el modo de transporte juega una función principal, pues interviene en la configuración del precio de un producto, el cual debe tener en cuenta el precio del transporte desde el lugar de producción hasta el de consumo.

TRÁFICO MUNDIAL DE CONTENEDORES (2005) (MILLONES DE TEU)

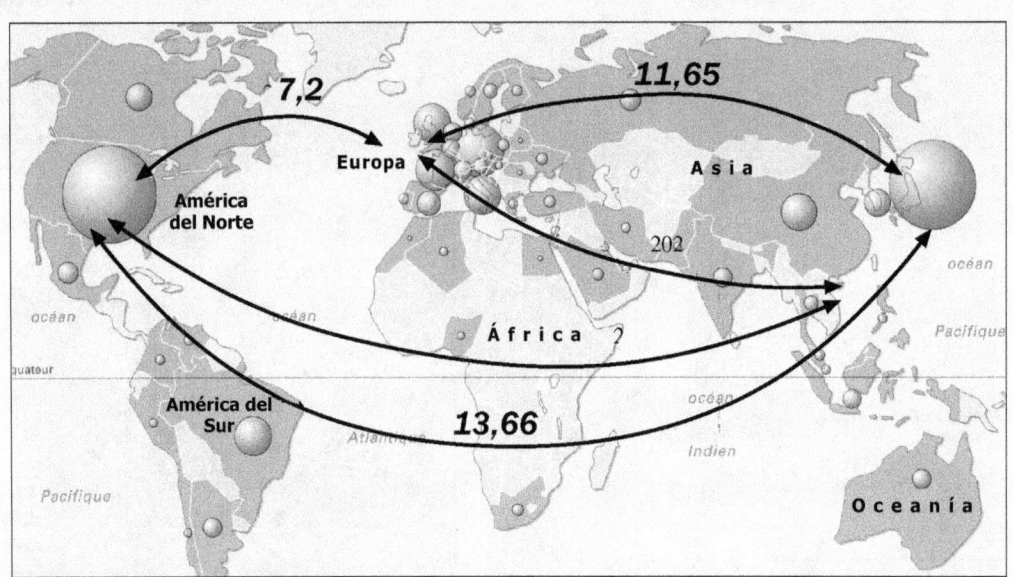

Fuente: Liberation

Fig. 8.75

CUADRO 8.11 EVOLUCIÓN DEL TRÁFICO DE CONTENEDORES EN LOS PRINCIPALES PUERTOS EUROPEOS (10^6 TEU)

Puerto	1997	1998	1999	2000	2001
Rotterdam	5,44	6,01	6,40	6,30	6,09
Hamburgo	3,37	3,54	3,73	4,24	4,68
Amberes	2,97	3,26	3,61	4,08	4,21
Bremen	1,70	1,81	2,18	2,71	2,89
Felixtowe	2,25	2,46	2,69	2,79	2,75
Gioia Tauro	1,44	2,12	2,25	2,65	2,48
Algeciras	1,53	1,82	1,83	2,01	2,15
Génova	1,18	1,22	1,26	1,50	1,52
Le Havre	1,18	1,32	1,37	1,46	1,52
Valencia	0,81	1,00	1,17	1,31	1,50
Barcelona	0,97	1,09	1,23	1,38	1,41
TOTAL	22,84	25,65	27,72	30,43	31,2

Fuente: Elaboración propia, a partir de datos de Puertos del Estado

CUADRO 8.12 EVOLUCIÓN DEL TAMAÑO DE LOS BARCOS PORTACONTENEDORES (1968-2005)

Período temporal	Capacidad (en Teu)	Eslora (en m)	Manga (en m)	Calado (en m)
1968	2.000	200	25	11
1978	3.000	260	32	12
1988	4.000	292	32	12
1996	7.000	320	43	14
1998	8.000	340	42	14
2005	11.000	397	56	15

Fuente: Elaboración propia a partir de diversas fuentes

CUADRO 8.13 INFLUENCIA DEL TRANSPORTE TERRESTRE EN EL TRANSPORTE DE MERCANCÍAS DE EUROPA A ESTADOS UNIDOS Y DE EUROPA AL EXTREMO ORIENTE (%)

Elemento de la cadena de transporte	Influencia porcentual en la relación	
	Europa-Estados Unidos	Europa-Extremo Oriente
Transporte terrestre	32	16
Transporte marítimo	29	35
Servicios en terminales	22	28
Ventas	14	17
Diversos	3	4

Fuente: Unión Europea (1994)

En este contexto, la organización del transporte debe considerar el conjunto de la cadena, circunstancia que para un transporte que deba utilizar la vía marítima significa incluir no sólo el trayecto marítimo propiamente dicho, sino también el paso por los puertos de embarque y de destino, así como el pre o el post encaminamiento terrestre hasta y desde los puertos. Se trata, en último término, de obtener el coste global mínimo.

Desde esta perspectiva, cabe preguntarse cuál es el peso respectivo que tiene cada eslabón de la cadena de transporte. Un informe de la Unión Europea de 1994 señalaba las magnitudes que se indican en el cuadro 8.13 en relación con la importancia del transporte terrestre sobre el conjunto del transporte total.

A partir de cuanto antecede, se deduce que en función de las relaciones que se consideren, el transporte terrestre puede condicionar la elección de uno u otro puerto de paso. En síntesis, podría decirse que, en general, si un tráfico utiliza hoy en día un puerto, es porque el propietario de la mercancía considera que el paso por otro puerto supondría un coste total de transporte, de principio a fin, superior al correspondiente al puerto elegido.

Por otro lado, cabe señalar también que, a medida que la capacidad de transporte de un barco aumenta, la dimensión de la escala portuaria se mueve en la misma dirección. Así, por ejemplo, un barco de 2.000 TEU podría hacer escala para una carga o descarga del orden de 300 contenedores. Por el contrario, un portacontenedores de 6.500 TEU no haría una escala que no afectase al menos a 600 u 800 TEU.

Para concluir, se considera de interés reproducir, siguiendo a D. Marie (1980) y a S. Mas (2001), los factores que intervienen en la elección de un puerto en tanto que escala de una línea regular (Fig. 8.76).

8.9.2 El papel del ferrocarril en el preencaminamiento o postencaminamiento de las mercancías para transporte marítimo

La exposición realizada en los apartados precedentes refleja una tendencia y una preocupación. La tendencia corresponde al incremento de la capacidad de transporte de los barcos portacontenedores en términos de TEU. La preocupación se deriva de la necesidad de reducir los costes del transporte terrestre.

En relación con la primera idea, se destaca que el tamaño medio, en número de TEU, de los barcos portacontenedores ha continuado incrementándose en los últimos años hasta situarse, en la actualidad, en torno a los 3.800 TEU (Cuadro 8.14).

En cuanto a la reducción de costes para los transportes terrestres, a mediados de la década pasada (1996), la situación relativa de los niveles de oferta de la carretera y el ferrocarril desde el puerto de

CRITERIOS DE ELECCIÓN DE UN PUERTO COMO ESCALA DE UNA LÍNEA REGULAR

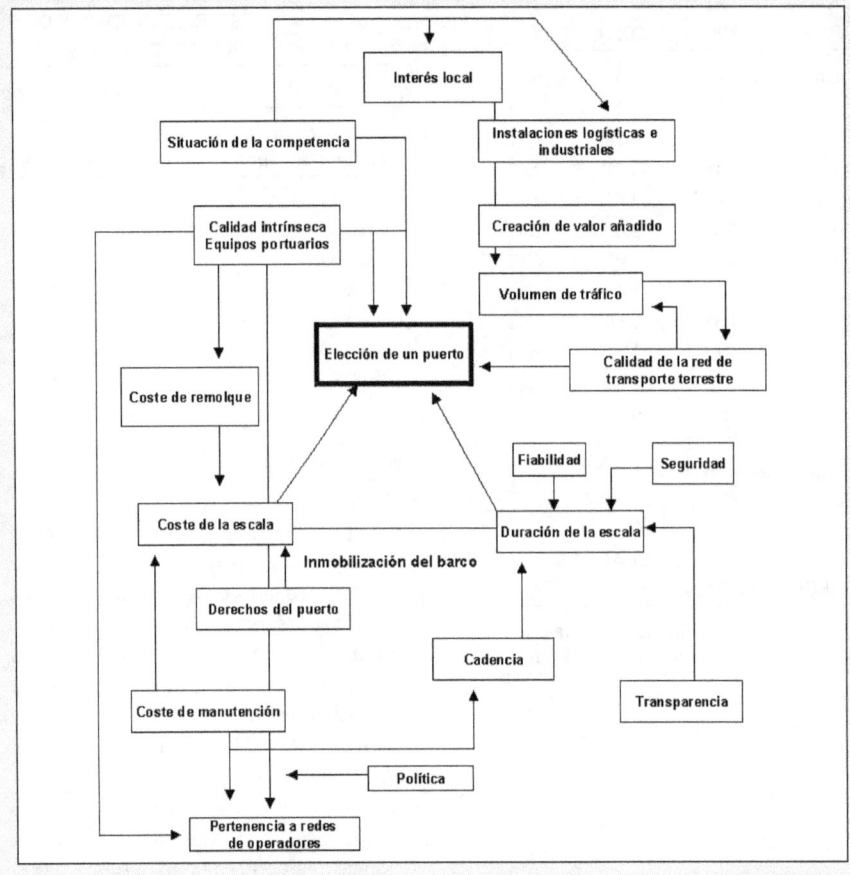

Fuente: D. Marie (1980) y S. Mas (2001)

Fig. 8.76

CUADRO 8.14 EVOLUCIÓN DEL TAMAÑO MEDIO DE LOS PORTACONTENEDORES ENTREGADOS EN EL PERÍODO 1999-2003

Año	Número de barcos	Capacidad (TEU)	Tamaño medio (TEU)
1999	135	266.000	1.970
2000	155	450.000	2.900
2001	190	592.000	2.834
2002	250	750.000	3.000
2003	160	595.000	3.756

Fuente: P. Dowell (2002)

CUADRO 8.15 NIVELES TARIFARIOS POR FERROCARRIL Y CARRETERA DESDE EL PUERTO DE LE HAVRE (1996)

	Tarifa [1] (euros)	
Destino	Ferrocarril [2]	Carretera [3]
Lyon	925	1024/1084
Burdeos	929	963/1009
Dijon	786	828/858

Fuente: Transports Actualités

[1] Para un contenedor de 40' cargado hasta 26 toneladas (de ida, cargado + de vuelta, vacío).

[2] Comprende: prestación por ferrocarril, movimiento en la terminal de contenedores, carga sobre el camión, entrega a domicilio (d < 10 Km desde la terminal ferroviaria), carga del contenedor vacío y retorno al punto de origen.

[3] Comprende la entrega al cliente en el punto de destino.

Le Havre a distintas regiones francesas reflejaba también la potencialidad del ferrocarril (Cuadro 8.15). Es importante, no obstante, tomar los citados valores tan sólo como órdenes de magnitud.

En todo caso, resulta indudable que cada puerto tiene una situación específica que impide generalizar los resultados a otras terminales. En este sentido, es de interés analizar (Cuadro 8.16) la oferta de los operadores de transporte combinado desde los puertos de Le Havre, Amberes y Rotterdam hacia distintas regiones europeas.

Por lo que respecta al papel que desempeña el ferrocarril en el transporte terrestre de mercancías hacia o desde los puertos, cabe recordar, en primer lugar, que el volumen de tráfico de estas características procedente de los contenedores marítimos no se corresponde, en su totalidad, con el conjunto del tráfico efectuado en barcos portacontenedores, debido a la importancia del tráfico de cabotaje que reagrupa o distribuye buena parte de los contenedores en otros puertos. A título indicativo, la parte de contenedores en tránsito marítimo era en la segunda mitad de la década pasada del 10% en Bremen, del 15% en Hamburgo y el 33% en Rotterdam. Para el conjunto de las mercancías, la figura 8.77 muestra la cuota de mercado del ferrocarril para algunos puertos europeos. Destaca la participación de este modo en el puerto de Dunkerque, con un 55%.

CUADRO 8.16 PRECIO MEDIO DE LOS OPERADORES DE TRANSPORTE COMBINADO CON ORIGEN O DESTINO EN DISTINTOS PUERTOS EUROPEOS (1999)

Relación	Distancia (en km)	Precio de ida (en euros)		Precio por km (en euros)	
		20	40	20	40
Le Havre a:					
Lille	310	137	152	0,44	0,49
Lyon	631	247	417	2,56	4,34
Amberes a:					
Lille	149	44	72	0,29	0,48
Estrasburgo	511	256	–	0,50	–
Rotterdam a:					
Lille	288	129	160	0,45	0,55
Milán	1.034	263	447	0,25	0,43

Precio 20 = Precio total para un contenedor de 20'
Fuente: Grupo Interprofesional Portuario (GIP), febrero de 1999.

CUOTA DE MERCADO DEL FERROCARRIL PARA EL CONJUNTO DE LAS MERCANCÍAS EN ALGUNOS PUERTOS EUROPEOS

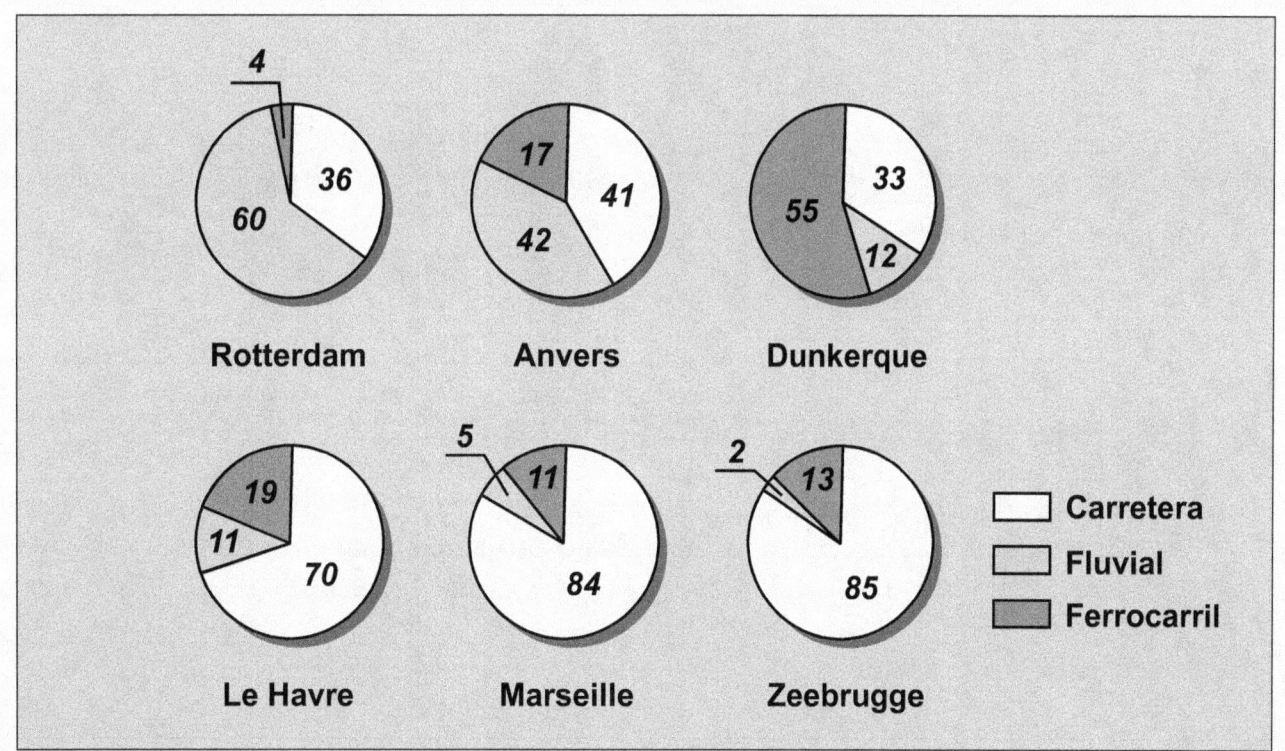

Fuente: Puerto de Dunkerque (2002)

Fig. 8.77

Resulta de interés referir el citado porcentaje al flujo total de mercancías de cada puerto, lo que proporciona una visión global de los volúmenes de tráfico que utilizan la vía terrestre ferroviaria para el transporte de mercancías (Cuadro 8.17). Se constata que el puerto de Amberes transporta por ferrocarril, aproximadamente, el mismo volumen de mercancías que el de Dunkerque, aun cuando la cuota de mercado de este modo sea del 17 y el 55%, respectivamente.

En el ámbito español, los datos de la figura 8.78 ponen de relieve la reducida cuota de mercado que tiene el ferrocarril en los puertos de mayor importancia de tráfico.

En el marco específico del tráfico de contenedores, la situación es diferente por lo que respecta a la participación del ferrocarril en el pre o el postencaminamiento de este tipo de mercancías. Tal como muestra el cuadro 8.18, el puerto alemán de Bremen tiene una cuota de mercado del 60%, y es relevante que el puerto de Rotterdam, el de mayor tráfico europeo de contenedores, disponga tan sólo de una cuota del 11%. Cabe destacar también la elevada participación del ferrocarril en los puertos italianos de Trieste, La Spezia y Livorno, aun cuando sus volúmenes totales de conte-

CUADRO 8.17   VOLÚMENES DE TRÁFICO POR FERROCARRIL HACIA O DESDE ALGUNOS PUERTOS EUROPEOS (2002)

Puerto	Tráfico total (106 toneladas)	Cuota de mercado del ferrocarril (en %)	Tráfico por ferrocarril (en mt)
Amberes	130	17	22
Dunkerque	45,2	55	25
Le Havre	67,5	19	13
Marsella	94	11	10
Rotterdam	323	4	13

Fuente: Elaboración propia con datos de diversas fuentes

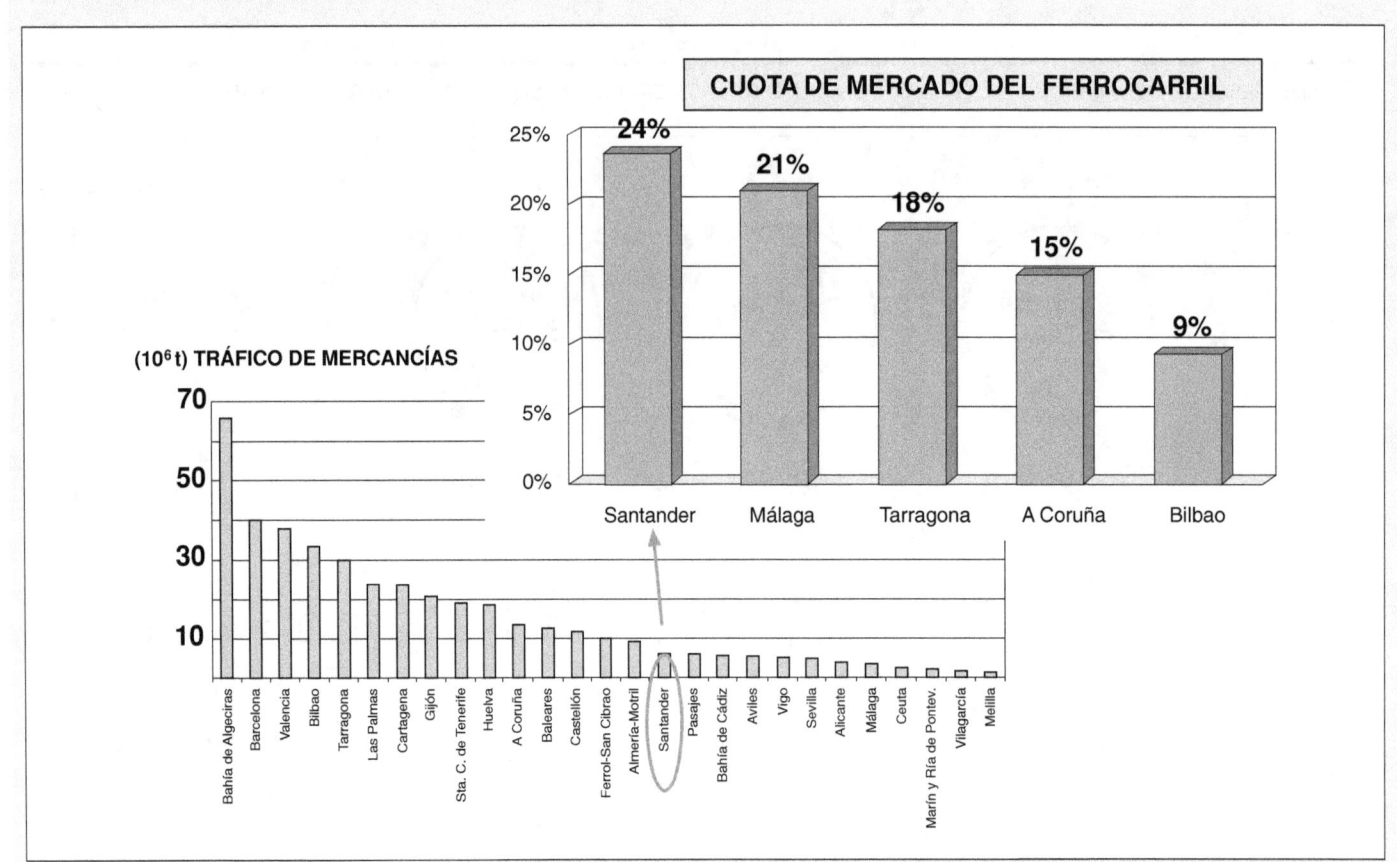

Fuente: A. Dapena y A. Monfort (2006)

Fig. 8.78

nedores sean relativamente modestos respecto al resto de los principales puertos europeos. También es relevante, sin duda, el casi 30% de cuota de mercado del ferrocarril en el puerto de Génova, dado que este puerto se encontraba, en 1998, entre los diez de mayor tráfico.

CUADRO 8.18 PARTICIPACIÓN DEL FERROCARRIL EN EL TRÁFICO DE CONTENEDORES DE ALGUNOS PUERTOS EUROPEOS (1998)

Puerto	Tráfico de contenedores (en millones de TEU)	Encaminamiento por ferrocarril	
		%	Valor absoluto (núm. de TEU)
Rotterdam	6,01	11	660.000
Hamburgo	3,54	31	110.000
Amberes	3,26	8	260.000
Bremen	1,81	60	1.100.000
Le Havre	1,32	18	238.000
Génova	1,26	29	365.000
Marsella	0,66	18	119.000
Livorno	0,53	31	164.000
La Spezia	0,73	35	255.000
Trieste	0,17	55	94.000

Fuente: Elaboración propia con datos de diversas fuentes

Estos resultados contrastan con los correspondientes al puerto de Barcelona (Cuadro 8.19) en el que la cuota de mercado del ferrocarril es sensiblemente inferior a la indicada para los otros puertos europeos.

CUADRO 8.19 TRÁFICO DE CONTENEDORES POR FERROCARRIL EN EL PUERTO DE BARCELONA

Año	TEUs			Toneladas		
	Totales	Ferrocarril	%Ferrocarril	Totales	Ferrocarril	%Ferrocarril
2001	1.411.054	37.688	2,7%	31.863.212	2.069.982	6,5%
2002	1.461.232	30.288	2,1%	32.998.020	1.686.971	5,1%
2003	1.652.366	40.473	2,4%	35.512.073	2.286.304	6,4%
2004	1.916.493	47.070	2,5%	40.198.330	1.254.591	3,1%
2005	2.071.480	48.394	2,3%	45.038.526	936.097	2,1%
2006	2.318.239	37.070	1,6%	47.657.520	769.321	1,6%

Fuente: Puerto de Barcelona. Elaboración propia

Nótese en él la evolución experimentada en el periodo 2001-2006, en donde la cuota de mercado del ferrocarril pasó del 2,7% al 1,6%, frente al tráfico por camión (61,7%) o el tráfico *feeder* (18,7%).

8.9.3 La potencialidad del ferrocarril en los principales puertos europeos: Horizonte 2005/2010

Con perspectiva de futuro se señala que uno de los objetivos principales de los puertos europeos de mayor tráfico de contenedores es incrementar la presencia del ferrocarril en los recorridos terrestres y, por tanto, aumentar la cuota de mercado de este modo.

En este contexto, es de interés recordar que, de acuerdo con las últimas previsiones disponibles, en el periodo 2005-2030 el tráfico marítimo entre la Unión Europea y el resto del mundo se incrementará en un 125%, mientras que el tráfico de contenedores lo hará en un 620% (Fig. 8.79).

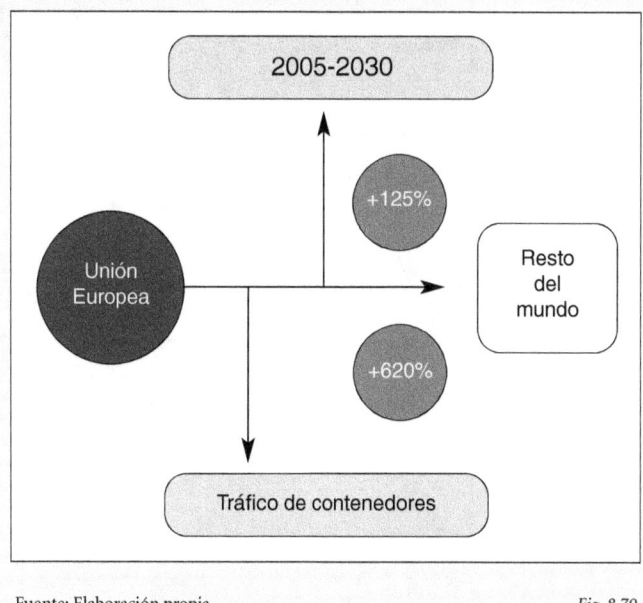

EVOLUCIÓN DE LA ECONOMIA MARÍTIMA Y DE LA LOGÍSTICA DEL TRANSPORTE AL HORIZONTE 2030

Fuente: Elaboración propia   Fig. 8.79

A continuación se pretende exponer, en forma resumida, la forma en que los principales puertos europeos prevén lograr mayor presencia del ferrocarril en el pre o postencaminamiento terrestre de las mercancías.

Puerto de Rotterdam

El desarrollo del tráfico de contenedores en este puerto ha sido enorme en las tres últimas décadas, tanto en términos absolutos como en relación con otros puertos del norte de Europa. Desde esta perspectiva de crecimiento del puerto de Rotterdam, cabe analizar la decisión del gobierno holandés, en 1990, de construir una línea dedicada exclusivamente al tráfico de mercancías, denominada *Betuwe Line*, y orientada, básicamente, a mejorar el transporte de mercancías por ferrocarril hacia el centro de Europa (Fig. 8.80). Se trata de una línea proyectada para una velocidad de 120 km/h y que dispone de una capacidad horaria de 10 trenes por sentido y de una capacidad de transporte de 60 Mt al año.

NUEVA LÍNEA PARA MERCANCÍAS *BETUWE LINE*

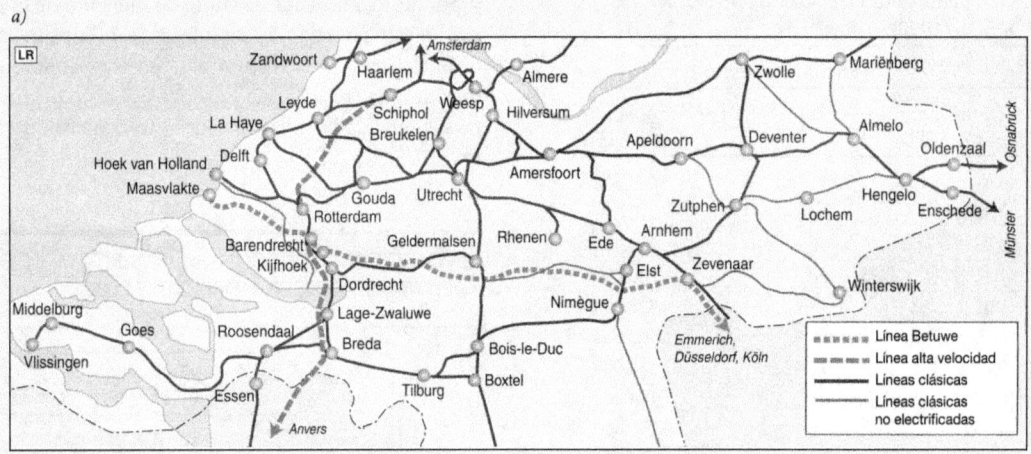

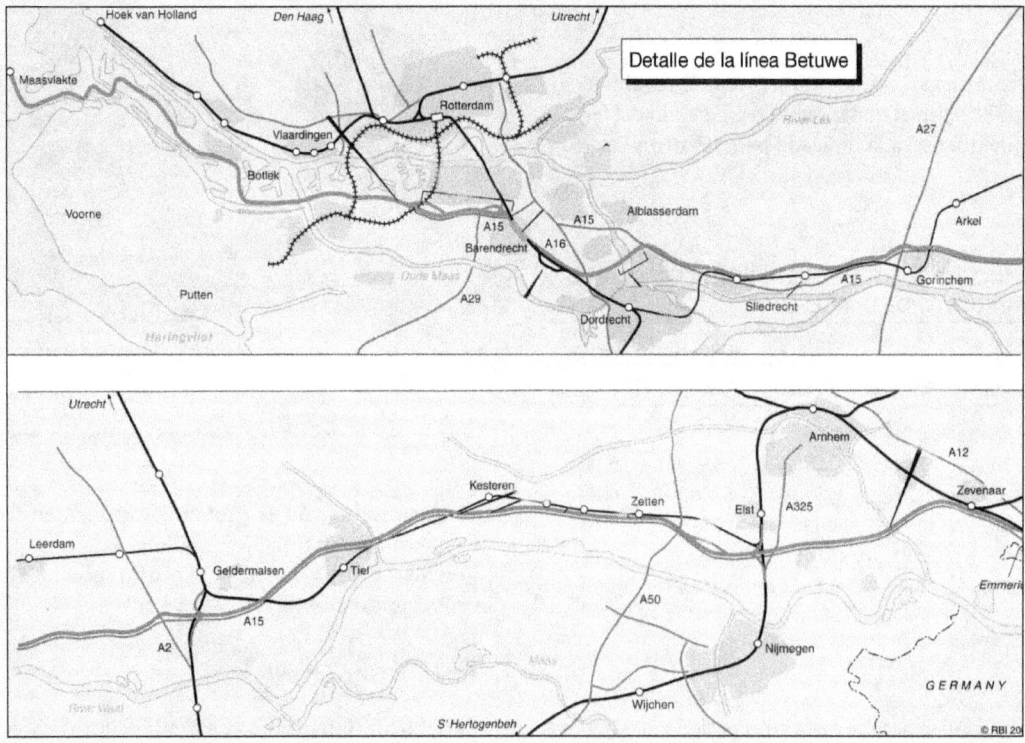

Fig. 8.80

Como se ha indicado, las primeras ideas sobre la construcción de esta nueva línea surgieron en la segunda mitad de la década de los años ochenta. Un comité de expertos consideró que era una medida imprescindible para que el ferrocarril jugase un papel más importante del que había desempañado hasta ese momento en Holanda. Cabe señalar que el gobierno holandés decidió la construcción de la línea en 1994 y que un año más tarde su realización fue ratificada por el parlamento holandés. Los datos precedentes permiten construir el gráfico de la figura 8.81.

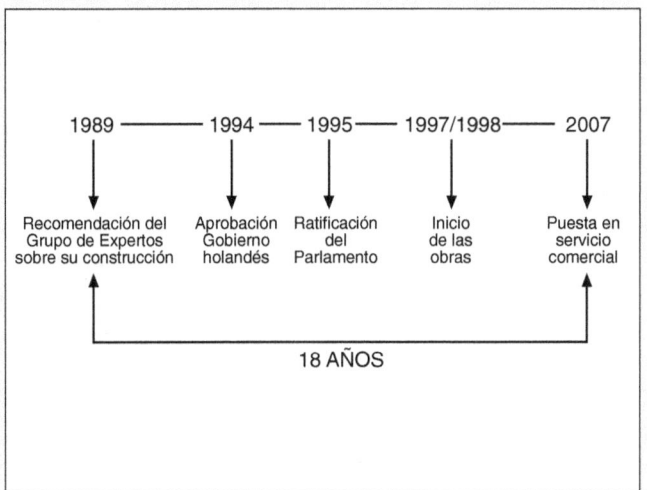

Fuente: Elaboración propia   Fig. 8.81

Nótese que, desde las primeras ideas sobre la pertinencia de esta línea (1989) hasta su puesta en servicio comercial (2007), habrán transcurrido 18 años. Dicho período temporal ha sido análogo al que necesitó la implementación de la primera línea de alta velocidad en Francia.

La nueva línea, que discurre próxima a la autopista A15, para reducir los impactos sobre el territorio (Fig. 8.80), tiene una longitud total de 160 km (95 km junto a la autopista A15) y ha supuesto una inversión de 4,4 millardos de euros. Se señala que aproximadamente el 20% de la misma discurre en puente o túnel.

Con esta nueva infraestructura ferroviaria completada y con el papel que juega la navegación fluvial en este puerto ($\simeq$ 35%), se espera hacer frente al incremento del tráfico total del puerto que, de acuerdo con las previsiones, pasará de los 323 Mt del año 2002 a casi 500 Mt en el horizonte de 2020.

Es importante tener en cuenta que, para evitar que la puesta en servicio comercial de la Betuwe Line provoque problemas de congestión en la red ferroviaria alemana a la que estará conectada, resulta preciso construir una tercera vía, en territorio alemán, a partir de Emmerich, durante una longitud de 50 km.

Las previsiones efectuadas estiman, para esta *Betuwe Line*, un tráfico de 110 trenes en el horizonte 2009. El objetivo comercial final es llegar a 240 trenes en 24 horas, es decir, 5 trenes por hora y sentido. Desde un punto de vista estrictamente técnico, su potencial máximo se sitúa en torno a 480 trenes/día.

Llegados a este punto, resulta del mayor interés disponer de un cierto orden de magnitud en relación con el precio y el plazo de transporte ofrecido por cada modo. De esta forma se dispondrá de una mejor perspectiva para evaluar el interés de los puertos por contar con excelentes conexiones ferroviarias.

En este contexto, el cuadro 8.20 explicita el valor de ambas variables para un contenedor de 40 pies entre Rotterdam y Constanza (Rumanía).

CUADRO 8.20   COSTE Y PLAZO DE TRANSPORTE DE UN CONTENEDOR MARÍTIMO DE 40 PIES ENTRE ROTTERDAM Y CONSTANZA

	Carretera	Ferrocarril	Vía marítima
Coste (euros)	2.260	1.270	1.030
Plazo (días)	3,5	3,5	11

Fuente: NEA (2006)

Puerto de Amberes

Situado entre los puertos de Le Havre y Hamburgo, el puerto de Amberes se encuentra entre los 15 primeros puertos del mundo por su tráfico de contenedores, que en el año 2002 fue de 4,7 millones de TEU.

Si la situación geográfica de un puerto determina, en gran medida, su capacidad para la competencia, el puerto de Amberes es, entre todos los puertos del mar del Norte, el que se encuentra más centrado respecto a los grandes núcleos europeos de producción y consumo, tal como se aprecia en la figura 8.82.

Por otro lado, uno de los aspectos que más caracteriza al puerto de Amberes es la extensión de su red ferroviaria que, en conjunto, se extiende a lo largo de 1.000 km de vías (Fig. 8.83). Cada día cerca de 200 trenes se programan con destino o procedentes del puerto y la estación de clasificación de Amberes Norte. Es importante explicar que esta estación ferroviaria constituye el verdadero pulmón del puerto, pues se extiende a lo largo de una longitud de 5,5 km y una anchura de 1,5 km (Fig. 8.83).

Sin embargo, y como sucede con el puerto de Rotterdam, la limitación principal frente al aumento del tráfico de mercancías es una conexión ferroviaria para acceder al centro de Europa. Por este motivo, desde hace años, se intenta construir una nueva línea ferroviaria en dirección hacia Alemania. El hecho de que el itinerario pudiese afectar a Holanda ha dificultado la toma de decisiones.

Básicamente eran dos las alternativas consideradas (Fig. 8.84): la primera, más recta *(Eiserner Rhein)*, implicaría la reforma de la sección ya existente en la parte belga, correspondiente a una antigua línea, así como la realización de un nuevo tramo en territorio holandés; la segunda *(Montzen Linie)* discurriría más al sur y

ÁREA DE MAYOR INFLUENCIA DEL PUERTO DE AMBERES

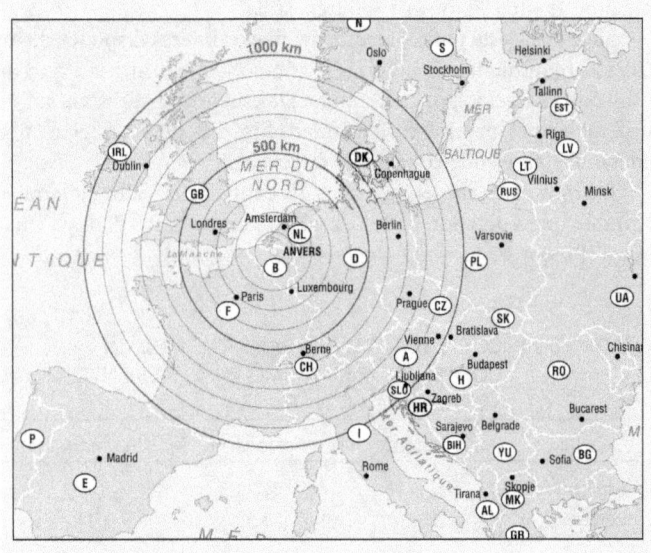

Fuente: Puerto de Amberes Fig. 8.82

ALTERNATIVAS DE TRAZADO PARA LA NUEVA CONEXIÓN FERROVIARIA ENTRE EL PUERTO DE AMBERES Y ALEMANIA

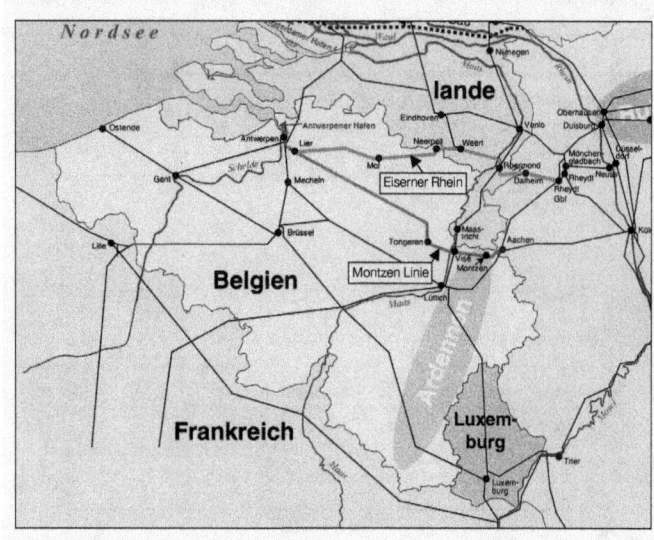

Fuente: A. Hinzen y K. Hohmann (2002) Fig. 8.84

INSTALACIONES FERROVIARIAS DEL PUERTO DE AMBERES

Fuente: A. López Pita (2006) a partir de diversas fuentes Fig. 8.83

ALTERNATIVA EISERNER RHEIN

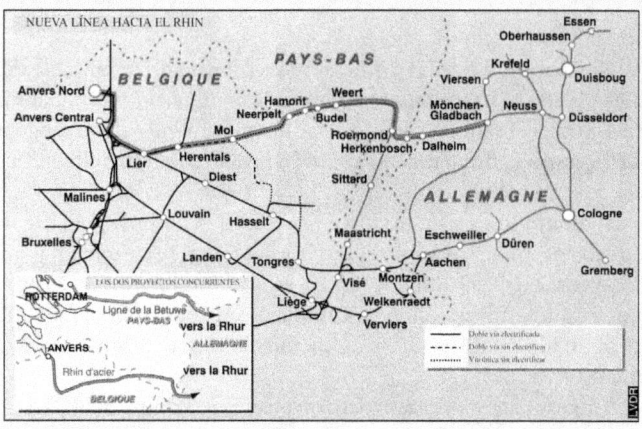

Fuente: A. Soimoneau (1998) Fig. 8.85

conectaría en Aachen con la red ferroviaria alemana. Dado que el puerto de Amberes desea conectarse con la cuenca del Rhur de la forma más directa posible, la alternativa *Eiserner Rhein* era la preferida. Se trataría de renovar una línea que atraviesa Holanda (Fig. 8.84) por Weert y Roermond, en dirección hacia Mönchengladbach, Düsseldorf y sobre todo Duisburg, donde existe una gran terminal de contenedores. De este modo la relación Amberes-Duisburgo podría efectuarse en tres horas, sin necesidad de pasar por ninguna estación de clasificación.

Sin embargo, su realización se ha visto frenada, entre otros, por los motivos siguientes:

1. Es una línea que entra en competencia directa con la Betuwe Line (Fig. 8.85).
2. Discurre a través de una reserva natural en los Países Bajos, cerca de Roermond (Fig. 8.85).

En particular, esta última problemática ha motivado numerosos estudios, incluidos los que ha llevado a cabo la propia Comisión Europea. Recientemente (en 2002), la Unión Europea consideró, después de los estudios medio-ambientales efectuados, que la línea de ferrocarril no constituía una amenaza para la reserva natural De Meinweg (Roermond), una de las más protegidas de Europa.

Es de interés subrayar que la *Eiserner Rhein* fue construida en 1879 y durante mucho tiempo fue la principal conexión entre el puerto de Amberes y el Rhur. Sin embargo, en 1991 fue cerrada por falta de tráfico, a pesar de que el acceso a Duisburg era 50 km más corto que siguiendo el itinerario por Aachen (Fig. 8.84), lo que suponía una reducción de tiempo de al menos una hora.

Puerto de Le Havre

Considerado el más occidental de los principales puertos del norte de Europa por su posición geográfica, el puerto de Le Havre tiene entre sus puntos fuertes que requiere del orden de 10 horas menos de navegación que las que se necesitan para llegar a los puertos de Amberes y Rotterdam (Fig. 8.86).

Con perspectiva de futuro, a finales de 1998 se lanzó la actuación denominada Puerto 2000 (Fig. 8.87), que entre otros objetivos persigue:

a) Posibilitar una accesibilidad marítima con independencia de las condiciones de la marea para barcos portacontenedores con capacidad de 8.000 TEU.
b) Permitir tratamientos logísticos reduciendo los tiempos de espera de los barcos.
c) Mejorar los accesos terrestres, especialmente en lo referente a los accesos por ferrocarril.

Por lo que respecta a la mejora de las comunicaciones por ferrocarril, cabe recordar que la línea más directa hacia el centro de

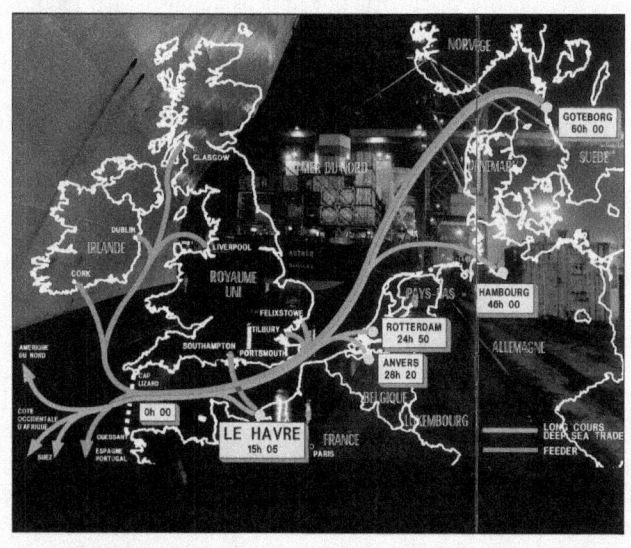

Fuente: Puerto de Le Havre Fig. 8.86

Europa, vía París, ya fue objeto durante la pasada década de una modernización de sus instalaciones, al objeto básicamente de disponer del gálibo (B +), único que permitía encaminar los grandes contenedores sobre vagones convencionales.

Fuente: La Vie du Rail Fig. 8.87

Sin embargo, los problemas de falta de capacidad que presentan las cercanías de París hacían más atractivo el disponer de una línea dedicada exclusivamente al tráfico de mercancías. Esa línea, que ya existe físicamente, discurriría por Amiens, Reims y Metz en dirección hacia Alemania (Fig. 8.88). Sería preciso para ello reacondicionar las instalaciones y finalizar la electrificación en las secciones de línea que aún no son aptas para la tracción eléctrica.

En síntesis, la figura 8.89 muestra como los puertos de Le Havre, Amberes y Rotterdam basan su futuro en potenciar el ferrocarril como modo de transporte para el encaminamiento de sus mercancías.

Puerto de Gioia Tauro

Durante muchos años, los puertos italianos más importantes del Mediterráneo fueron, por lo que al tráfico de contenedores se refiere, los de Génova, La Spezia y Livorno. Así, a comienzos de la década pasada, el volumen de contenedores movidos por dichos puertos fue de 310.000, 450.000 y 416.000 TEU, respectivamente. Sin embargo, a mediados de los años noventa, emergió de forma deslumbrante el puerto calabrés de Gioia Tauro (Fig. 8.90), cuyo tráfico de contenedores ha experimentado, en tan sólo diez años, una evolución extraordinaria (230.000 TEU en 1995 y más de 3 millones en el año 2007).

Así pues, en la actualidad es el primer puerto del Mediterráneo en tráfico de contenedores (Fig. 8.91), y se encuentra entre los 20 primeros puertos del mundo en este segmento de mercado.

Su posición geográfica le confiere una inmejorable ubicación para los tráficos de mercancías con origen el Extremo Oriente, tal como se deduce de la observación de la figura 8.92. En ella se compara el plazo teóricamente posible para encaminar una mercancía desde el Extremo Oriente hasta el sur de Alemania, a través de los puertos de Gioia Tauro, Rotterdam y Hamburgo.

Se comprueba como la navegación desde el puerto italiano hasta Rotterdam y Hamburgo necesita de 7 a 9 días suplementarios, mientras que el ahorro logrado en el desplazamiento terrestre se reduce a tan sólo un día.

Las posibilidades del puerto de Gioia Tauro como vía de entrada a Europa del tráfico de mercancías procedente de Extremo Oriente parecen claras. Dos son, sin embargo, los potenciales puntos débiles que pueden afectar al atractivo de este puerto del sur de Europa:

1. La saturación del principal eje ferroviario que enlaza el norte con el sur de Italia, es decir, Milán con Regio Calabria.
2. Los accesos ferroviarios desde Milán hacia el centro de Europa.

Por lo que respecta al primer punto, cabe señalar que el eje Milán-Nápoles, con una longitud de 850 km ($\simeq$ 5% del total de la red ferroviaria italiana), soporta el 30% de los Vkm y Tkm que cir-

ACCESO FERROVIARIO DESDE EL PUERTO DE LE HAVRE HASTA ALEMANIA

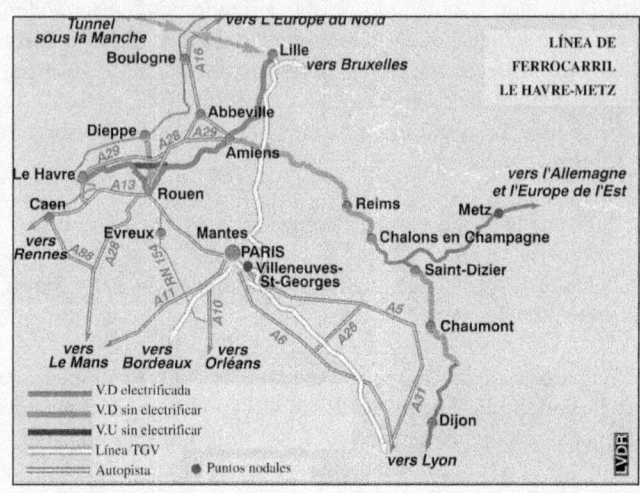

Fuente: R. Goasguen Fig. 8.88

POTENCIACIÓN DEL FERROCARRIL EN ALGUNOS PUERTOS EUROPEOS

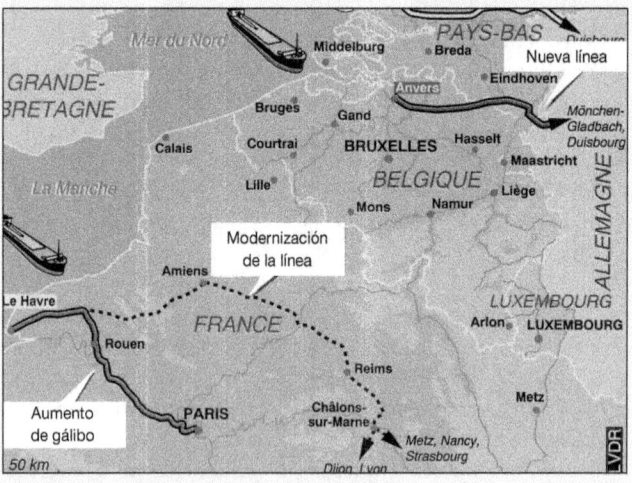

Fuente: R. Querret (1996) Fig. 8.89

UBICACIÓN GEOGRÁFICA DEL PUERTO DE GIOIA TAURO

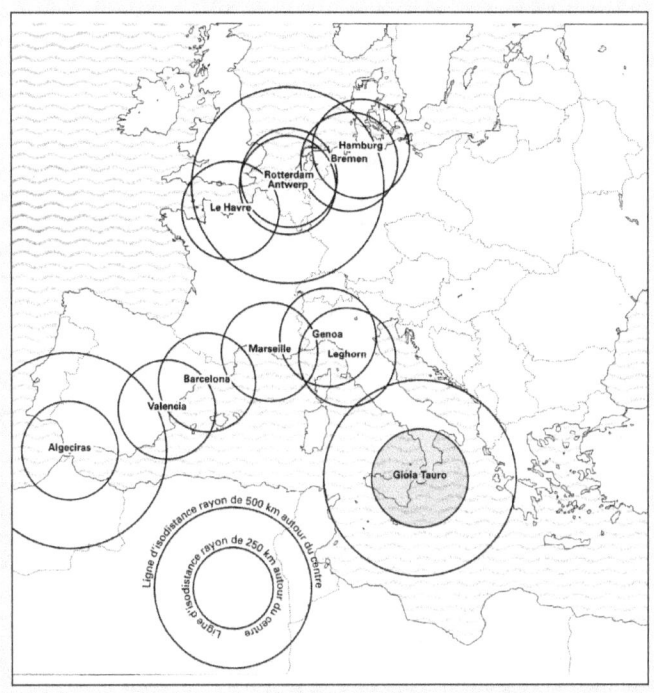

Fuente: Conference Européenne des Ministres des Transports (CEMT)   Fig. 8.90

VISTA PARCIAL DEL PUERTO DE GIOIA TAURO

Fuente: Journal pour le Transport International   Fig. 8.91

POTENCIALIDAD DEL PUERTO DE GIOIA TAURO EN EL TRANSPORTE DE MERCANCÍAS ENTRE EL SUR DE ALEMANIA Y EL SUDESTE ASIÁTICO

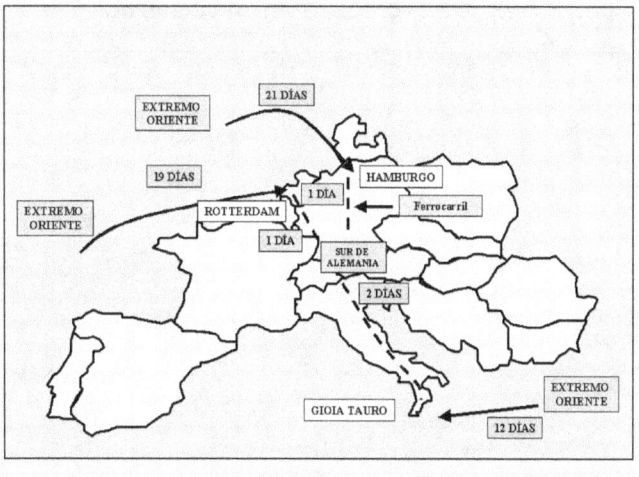

Fuente: M. Pessano (2001)   Fig. 8.92

culan por la citada red. En consecuencia, desde hace años, son conocidos los problemas de falta de capacidad que presenta.

Para solucionar esta problemática, se construyó una nueva línea entre Roma y Florencia, en servicio comercial desde la década pasada (Fig. 8.93), y se encuentran en fase de avanzado desarrollo el resto de las nuevas líneas que completarán el itinerario Milán-Nápoles. A tenor del estado de progreso actual, es razonable pensar que en la segunda mitad de esta década se habrá concluido el nuevo enlace ferroviario de altas prestaciones.

En cuanto a la explotación comercial de las nuevas líneas, se considera que éstas quedarán insertadas en la red existente, disponiendo, por tanto, de un sistema integrado que permitirá optimizar la circulación de cada composición por una u otra línea, en función de las necesidades y de las posibilidades disponibles. A tal efecto, se han establecido numerosas conexiones entre las nuevas líneas y las líneas convencionales. Por todo ello, la denominación del nuevo sistema ferroviario italiano es de *alta velocidad y alta capacidad*. En consecuencia, la potencialidad futura del puerto de Gioia Tauro, desde la perspectiva ferroviaria, parece claramente determinada.

Por lo que respecta al segundo punto débil, el acceso al centro de Europa desde Milán, se señala que, en la actualidad, se encuen-

INTERCONEXIÓN DE LAS LÍNEAS ROMA-FLORENCIA

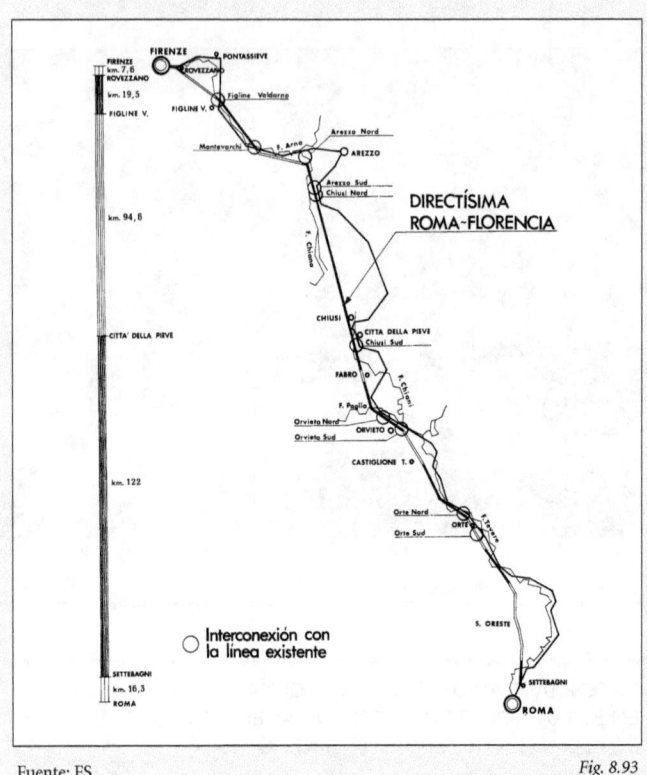

Fuente: FS

Fig. 8.93

tra ya operativo el nuevo túnel del Lötschberg 34,6 km en Suiza y en fase de construcción el de San Gotardo (57 km) (Fig. 8.94).

Formando parte del itinerario Zurich-Milán entre Suiza e Italia, se realizarán también los túneles de Zimmerberg (11 km), cercano a Zurich, y el de Ceneri, con una longitud de 15,6 km. En total, más de 115 km de nuevos túneles.

La importancia de esta actuación en relación con el transporte de mercancías por ferrocarril se deduce al observar que los trenes de tráfico combinado podrán desarrollar una velocidad de 120 km/h, con una carga remolcada comprendida entre 2.000 y 4.000 t, lo que dará lugar, por tanto, a longitudes de tren de 750 a 1.500 m.

La línea de base del San Gotardo presentará unas rampas suaves, que no superarán los 12,5‰. Los radios de las curvas no serán, en general, inferiores a 4.000 m. Todo ello permitirá que los trenes de mercancías puedan circular a 160 km/h, si comercialmente fuese conveniente.

Puerto de Génova

Desde el punto de vista ferroviario, está programada la construcción de una nueva infraestructura de altas prestaciones (Fig. 8.95) que, con una longitud de 54 km, de los cuales 36 discurrirán en túnel, hasta su enlace con la línea Turín-Milán, facilitará notablemente la utilización de este modo de transporte, por parte de las mercancías que por vía marítima salgan o lleguen al puerto de Génova.

NUEVOS TÚNELES DE LOTSCHBERG Y SAN GOTARDO

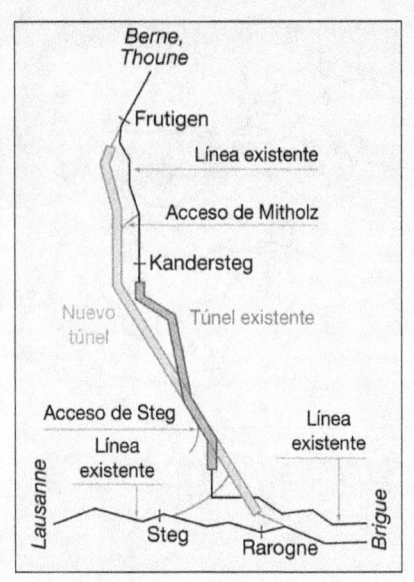
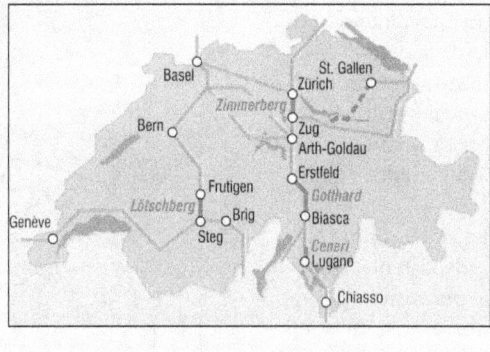
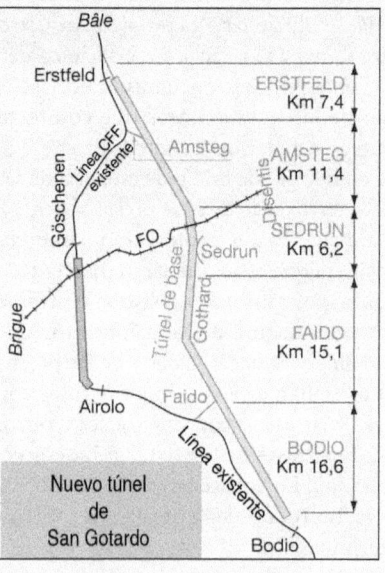

Fuente: CFF

Fig. 8.94

TRAZADO PREVISTO PARA LA NUEVA LÍNEA GÉNOVA-MILÁN

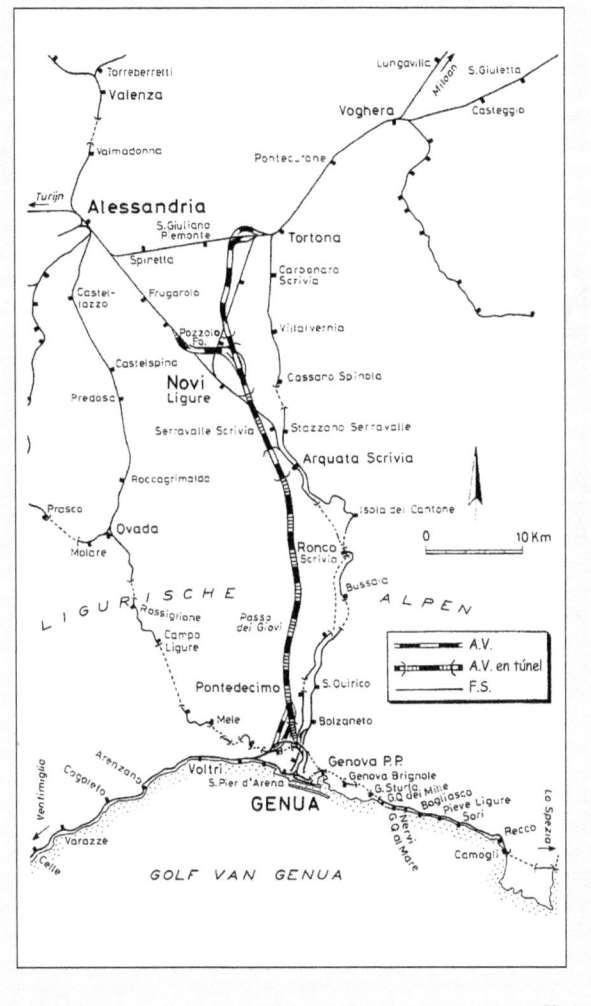

Fuente: Henry van Amstel (2007) Fig. 8.95

Potencialidad del puerto de Barcelona

Insertado en el ámbito de los grandes corredores marítimos (Fig. 8.96), el puerto de Barcelona, uno de los más importantes del Mediterráneo, ha experimentado en la última década un notable incremento de tráfico. Basta para ello recordar que las previsiones efectuadas en 1994 para el horizonte de 2000 señalaban un volumen total de mercancías de 27,5 Mt y un tráfico de contenedores de 750.000 TEU. Sin embargo, la realidad superó las expectativas, pues el tráfico total en el año 2000 fue de más de 30 Mt y se trataron cerca de 1.4 millones de TEU.

De todos los componentes que configuran el transporte marítimo, incluyendo los accesos terrestres, se reconoce habitualmente

PRINCIPALES CORREDORES MARÍTIMOS EN EUROPA

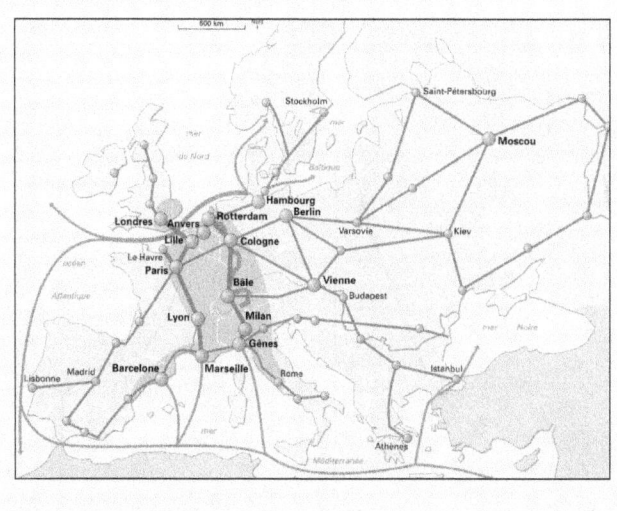

Fuente: J. M. Lambin Fig. 8.96

que los tres siguientes se encuentran entre los que desempeñan un papel relevante: la ubicación geográfica del puerto, los costes de paso por el mismo y las posibilidades de efectuar los pre o los post-encaminamientos de las mercancías desde el puerto en las mejores condiciones de rapidez, fiabilidad y coste.

Con relación al primer aspecto, la posición geográfica, resulta obvio destacar las posibilidades del puerto de Barcelona en las comunicaciones por vía marítima entre Europa y el Extremo Oriente.

En cuanto a los costes que lleva consigo la escala de los barcos en un puerto, es relevante señalar que estudios realizados en Francia a comienzos de la presente década pusieron de relieve que, junto al puerto de Génova, presentaba los menores índices de coste respecto a los restantes puertos considerados en los mencionados estudios: Rotterdam, Amberes y Le Havre, entre otros.

Finalmente, y por lo que concierne al encaminamiento terrestre de las mercancías hacia o desde el puerto de Barcelona, la situación no es ni mucho menos tan favorable, en un ámbito en donde se concentran, precisamente, como se ha expuesto en apartados precedentes, los mayores esfuerzos de los demás puertos principales de Europa. La frase «el futuro de los puertos está en tierra» podría sintetizar perfectamente esta realidad.

Como es bien conocido, una de las limitaciones más importantes al crecimiento del puerto de Barcelona son los problemas derivados de sus conexiones internacionales por ferrocarril.

En efecto, el enlace ferroviario entre Barcelona y Portbou-Cerbère, realizado en 1878, se llevó a cabo con diferente ancho de vía del que existía al otro lado de los Pirineos, lo que obliga siempre a una ruptura de carga en la frontera. Desde el punto de vista de la geometría de esta línea, tanto en planta como en alzado, sus carac-

ESQUEMA LONGITUDINAL DE LA LÍNEA BARCELONA-PORTBOU (TRAMO MONTCADA-PORTBOU)

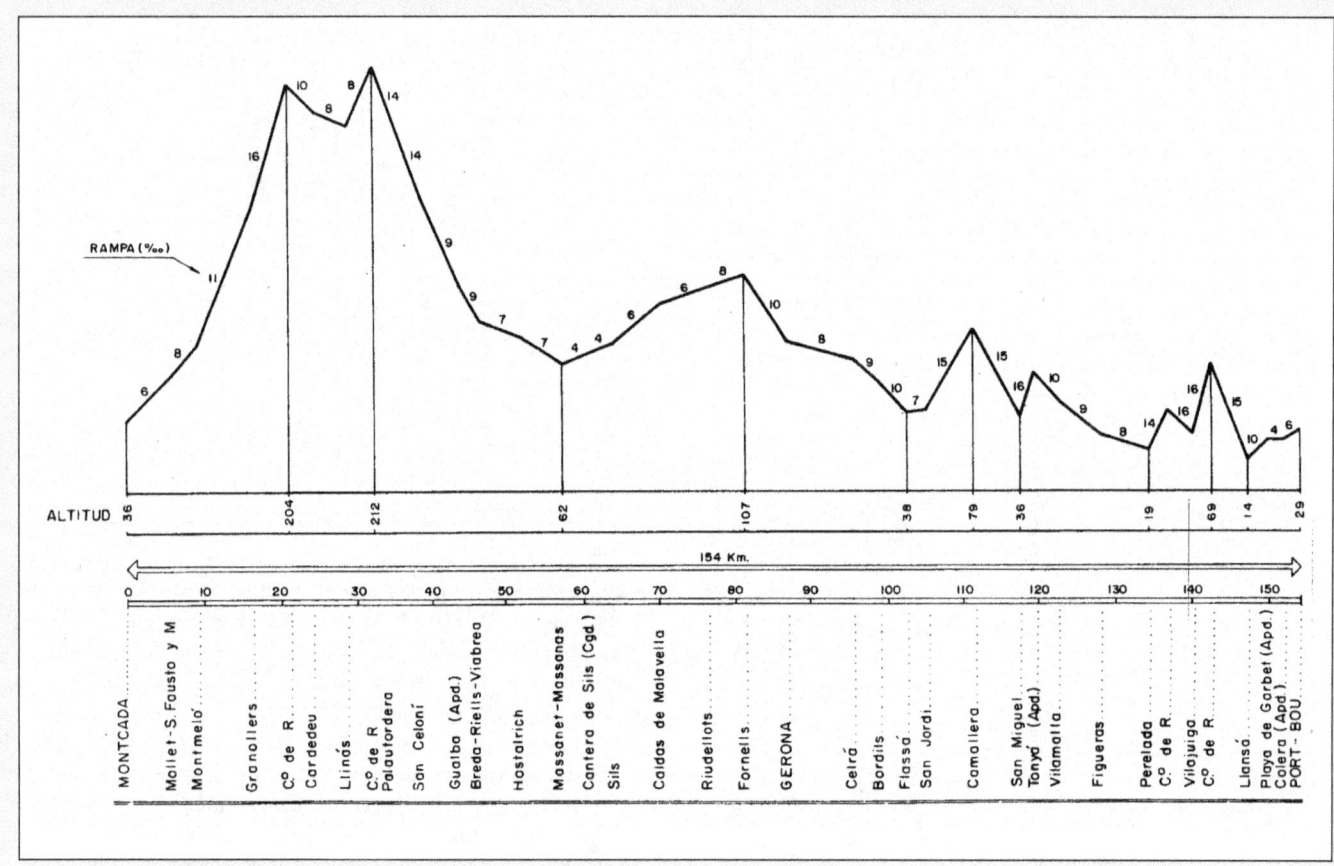

Fuente: Eje Barcelona-Narbona. Estudio de necesidades en el horizonte de 1985. Plan director europeo de infraestructura

Fig. 8.97

terísticas son más que aceptables, pues permiten desarrollar velocidades punta de hasta 140/160 km/h y no presenta rampas superiores a las 16 mm/m (Fig. 8.97). En el lado francés y hasta Perpignan, la línea de ferrocarril ofrece unas prestaciones de velocidades bastante análogas a las indicadas para la sección española.

No obstante, las operaciones de transbordo o cambio de ancho que deben realizarse en las estaciones de Portbou o Cerbère se ven notablemente dificultadas por la orografía de la zona, que apenas deja espacio físico para las actividades ferroviarias y obliga a numerosas maniobras de avance y retroceso.

Por otro lado, cabe destacar también, en términos limitativos, la ubicación y capacidad de las terminales de mercancías en el propio puerto de Barcelona (Fig. 8.98). Esta última limitación está en vía de solucionarse con la ampliación en curso del puerto, que dispondrá de unos enlaces ferroviarios de mayores prestaciones (Fig. 8.99).

La construcción de una nueva línea desde Barcelona hasta Perpignan, proyectada para altas prestaciones en servicios de viajeros y con la posibilidad de que circulen trenes de mercancías, supondrá, sin duda, un fuerte impulso a la potencialidad del puerto de Barcelona. La nueva infraestructura ferroviaria discurrirá próxima a la autopista A-7 y no excesivamente alejada de la línea existente de ferrocarril, hasta Figueres. A partir de este punto, la nueva línea se dirigirá hacia Francia por el Col de Le Perthus, mientras que le trazado construido en el siglo XIX se desvía hacia la costa (Fig. 8.100).

¿Cuál será la repercusión práctica para las mercancías que utilicen esta nueva infraestructura de ferrocarril? El cuadro 8.21 compara las prestaciones comerciales que permitirá la nueva conexión internacional con las que ofrece el trazado actual: distancia de recorrido entre Barcelona y Perpignan, carga media neta por tren y tiempo de recorrido.

PRINCIPALES TERMINALES FERROVIARIAS DEL PUERTO DE BARCELONA

Fuente: Puerto de Barcelona
Fig. 8.98

FUTURAS INSTALACIONES FERROVIARIAS DEL PUERTO DE BARCELONA

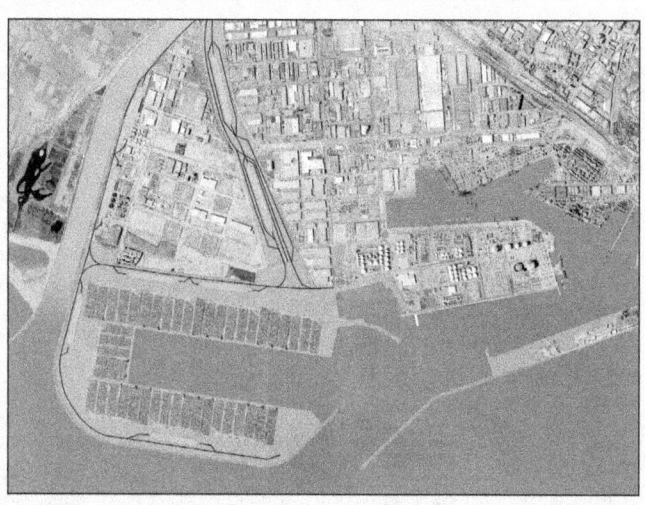

Fuente: Puerto de Barcelona
Fig. 8.99

CUADRO 8.21 INFLUENCIA DE LA NUEVA LÍNEA BARCELONA-PERPIGNAN SOBRE EL TRANSPORTE DE MERCANCÍAS POR FERROCARRIL

Indicador	Línea Actual	Nueva
Distancia (en Km)	212	166
Tonelaje neto medio por tren (en t)		
Francia	380	450
España	270	450
Tiempo recorrido por ferrocarril (en horas)	11	3

Fuente: Liaison Ferroviaire Perpignan-Figueres-Barcelone

Se comprueba que, con la nueva línea, la distancia entre ambas ciudades se reducirá en 46 km, lo que, unido a la ausencia de ruptura de carga en la frontera, permitirá una velocidad comercial de referencia superior a los 55 km/h. Esta cifra puede compararse con la que se alcanza actualmente por causa del diferente ancho de vía, que no supera los 20 km/h. En cuanto a la carga neta remolcada, no sólo se aumentará en casi un 70%, sino que también será homogénea a lo largo del tramo francés y el español. La calidad de la oferta por ferrocarril supondrá, por tanto, una importante potenciación del puerto de Barcelona.

NUEVA LÍNEA FIGUERES-PERPIGNAN

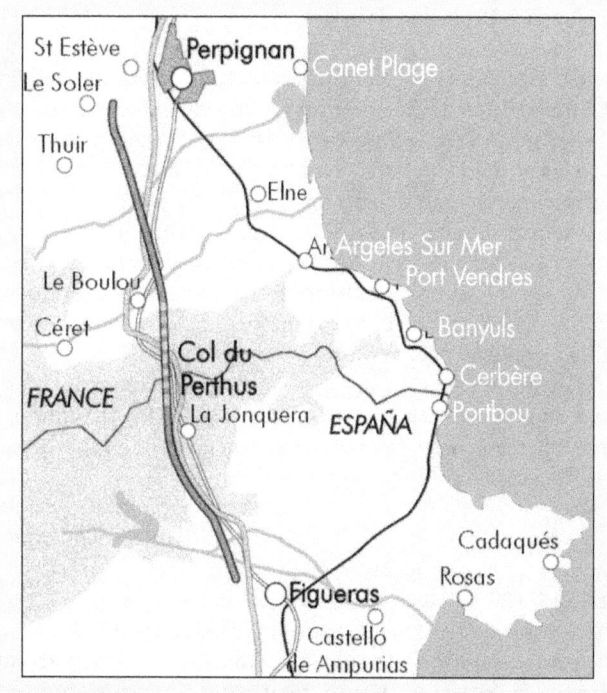

Fuente: TP-Ferro
Fig. 8.100

8.9.4 La potencialidad del ferrocarril en el transporte de mercancías entre continentes

El transporte de mercancías entre Europa y Asia se ha efectuado siempre a través de la vía marítima. Como referencia visual, la figura 8.101 muestra el camino seguido por las mercancías. El plazo de transporte entre Hong-Kong y Rotterdam implicaba del orden de 25 días de navegación y recorrer una distancia máxima de 20.000 km.

Hasta el momento, el ferrocarril ha sido considerado como modo complementario de la vía marítima para el transporte de mercancías en los recorridos terrestres; sin embargo, nuevas posibilidades empiezan a ponerse de manifiesto en relación con el papel que el ferrocarril puede jugar utilizando íntegramente la vía terrestre para el transporte de mercancías desde el Extremo Oriente hasta Europa, por alguno de los corredores indicados en la figura 8.102 a pesar de los diferentes anchos de vía existentes a lo largo de ellos.

En efecto, desde hace algo más de una década, se trabaja en configurar una oferta por ferrocarril que se pueda convertir en alternativa a la vía marítima, utilizando algunos de los itinerarios ferroviarios indicados en la citada figura.

La ventaja del modo terrestre sería la importante reducción de distancia qu supondría para las relaciones entre el Extremo Oriente y Europa Occidental (aproximadamente 12.000 km, frente a los mencionados 20.000 km de la vía marítima).

Se recuerda, a este respecto, que desde hace 100 años, la denominada línea férrea del Transiberiano enlaza Moscú con Vladivostok, a través de un trazado de 9.988 km de longitud (Fig. 8.103). Sin embargo, hasta fechas muy recientes (1993), apenas se prestó atención a las posibilidades que ofrecía para enlazar Europa con Asia, especialmente en el ámbito del tráfico de contenedores.

Esta línea, dotada de doble vía y completamente electrificada desde finales del año 2002, tiene una capacidad teórica de más de 100 Mt por año, aunque actualmente discurren por ella entre 50 y 60 Mt. La incorporación de nuevo material motor y remolcado permitiría incrementar su capacidad hasta 200 Mt/año.

Es de interés recordar que en el año 2001 Intercontainer logró enviar un grupo de contenedores desde Nagoya (Japón), utlizando el Transiberiano, hasta Duisburg, en Alemania, en tan solo 22 días (Cuadro 8.22).

Los aproximadamente 12.000 km del recorrrido fueron efectuados a razón de más de 500 km por día. Si se tiene en cuenta que el periodo de navegación desde Nagoya a Rotterdam se sitúa en el intervalo de 27 a 29 días, a los cuales habría que añadir un día más para el recorrido terrestre Rotterdam-Duisburg, se deduce el excelente posicionamiento del ferrocarril. Sin embargo, en términos tarifarios, la ventaja del transporte marítimo es por el momento incuestionable, aproximadamente de 1 a 3.

CUADRO 8.22 HORARIOS Y DISTANCIAS EN EL CORREDOR FERROVIARIO NAGOYA-DUISBURG

	Fecha	F.c. (km)	Total (km)
Nagoya	13/02		
Vostochny arr.	16/02		
Reload to rail	17/02		
Vostochny dep.	18/02		
Khabarovsk	20/02	915	
Ulan Ude	–	2.884	3.799
Irkutsk	–	456	4.255
Krasnoyarsk	–	1.087	5.342
Omsk	–	1.388	6.730
Ekaterinburg	27/02	898	7.628
Moska	–	1.818	9.446
Smolensk	–	419	9.865
Minsk	–	331	10.196
Brest	–	350	10.546
Malaszewicze	03/03	10	10.556
Warszawa	–	207	10.763
Berlin	–	572	11.335
Duisburg	07/03	556	11.891

Fuente: Today's Railways (2001)

Más hacia al sur del Transiberiano se desarrolla la línea de ferrocarril denominada *New Asia Europe Land Brigde* (Fig. 8.104), que enlaza el Atlántico con el Pacífico a través de un recorrido de 10.900 km. Sus prestaciones comerciales son inferiores a las del Transiberiano. En particular, cabe señalar que la sección china de este itinerario, la que discurre entre Lianyungang (cerca de Shanghai) y Druzhba ($\simeq$ 4.130 km) es recorrida en 18 días, lo que supone un avance medio de 230 km/día, que es la mitad del que se alcanza en el Transiberiano.

Por último, cabe mencionar los trabajos coordinados por la Unión Internacional de Ferrocarriles (UIC), actualmente en curso de desarrollo, para favorecer la implantación de un corredor ferroviario de mercancías denominado Northern East West (N.E.W.), entre China, Europa y América del Nordeste (Fig. 8.105). El objetivo es llegar a disponer de itinerarios ferroviarios internacionales sin ruptura de carga ni obstáculos en las fronteras.

ORGANIZACIÓN DEL TRANSPORTE DE MERCANCÍAS 393

ITINERARIO MARÍTIMO EN LOS ENLACES ASIA-EUROPA

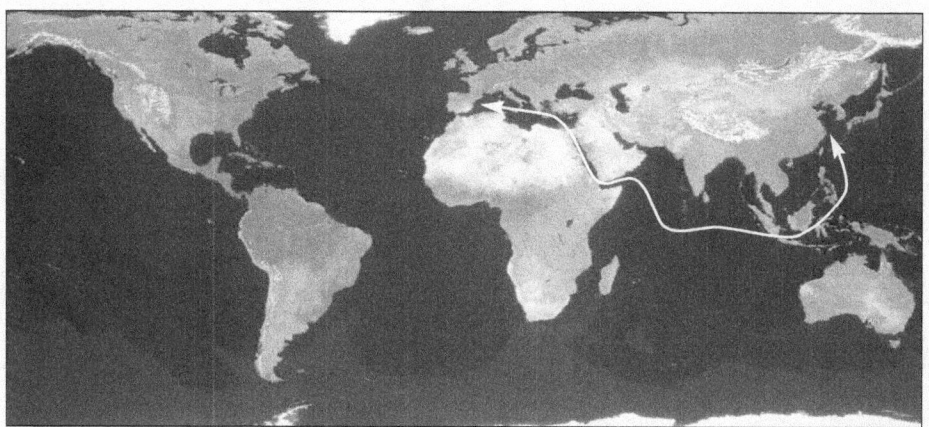

Fig. 8.101

ITINERARIOS FERROVIARIOS EUROPA-ASIA

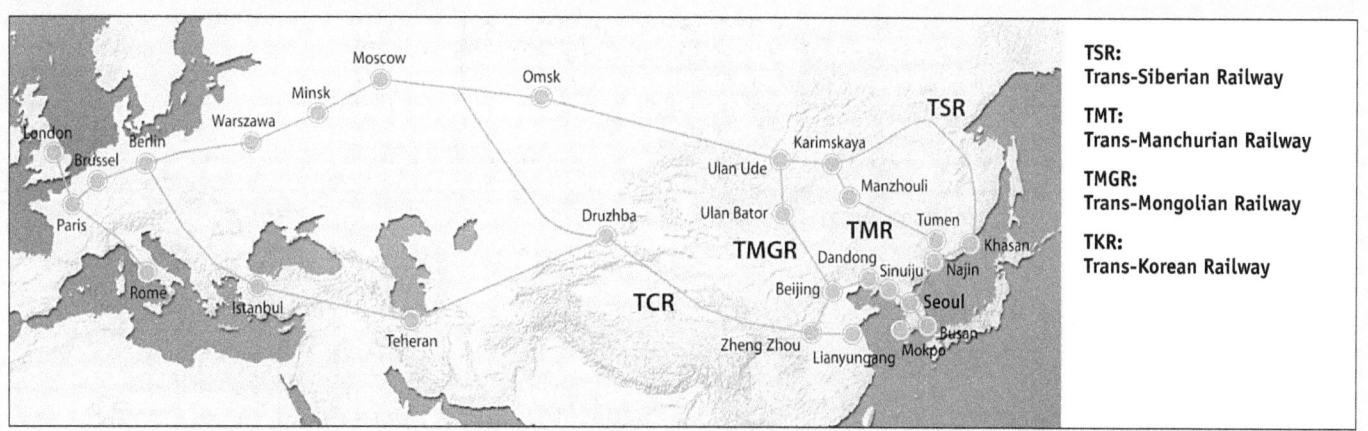

TSR: Trans-Siberian Railway
TMT: Trans-Manchurian Railway
TMGR: Trans-Mongolian Railway
TKR: Trans-Korean Railway

Fig. 8.102

LÍNEA FÉRREA DEL TRANSIBERIANO

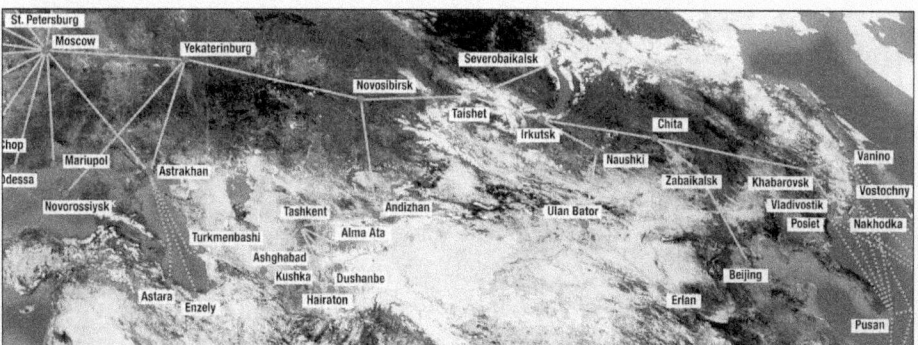

Fuente: Journal pour Le Transport International

Fig. 8.103

RUTA DE LAS LÍNEAS «PUENTE TERRESTRE ASIA-EUROPA» Y TRANSIBERIANO

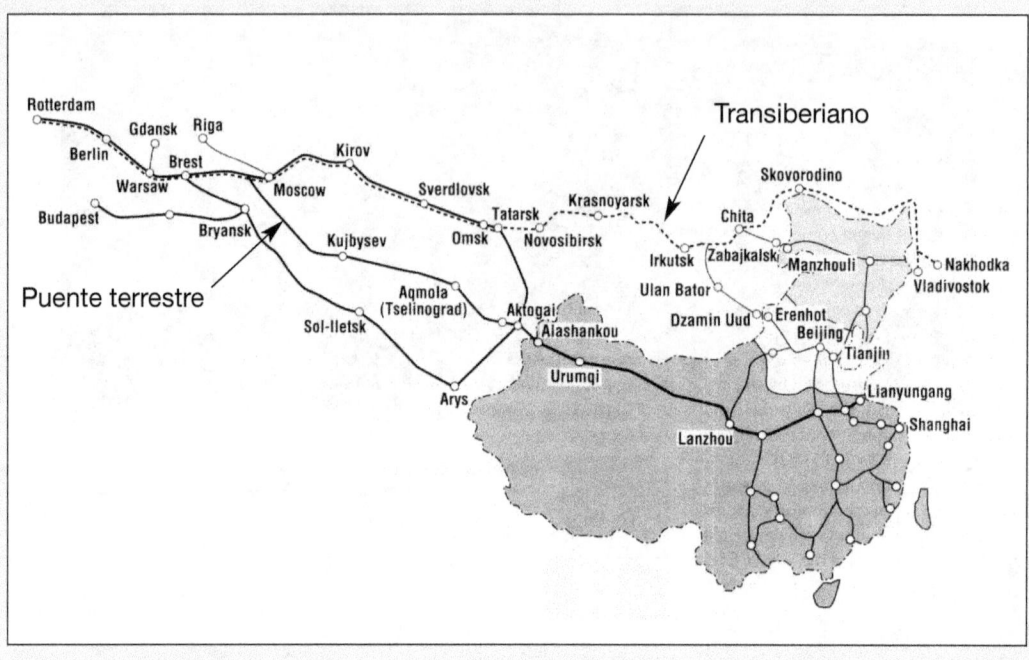

Fuente: Shu (1997)

Fig. 8.104

LA LÍNEA DE MERCANCÍAS N.E.W. (NORTH EAST WEST)

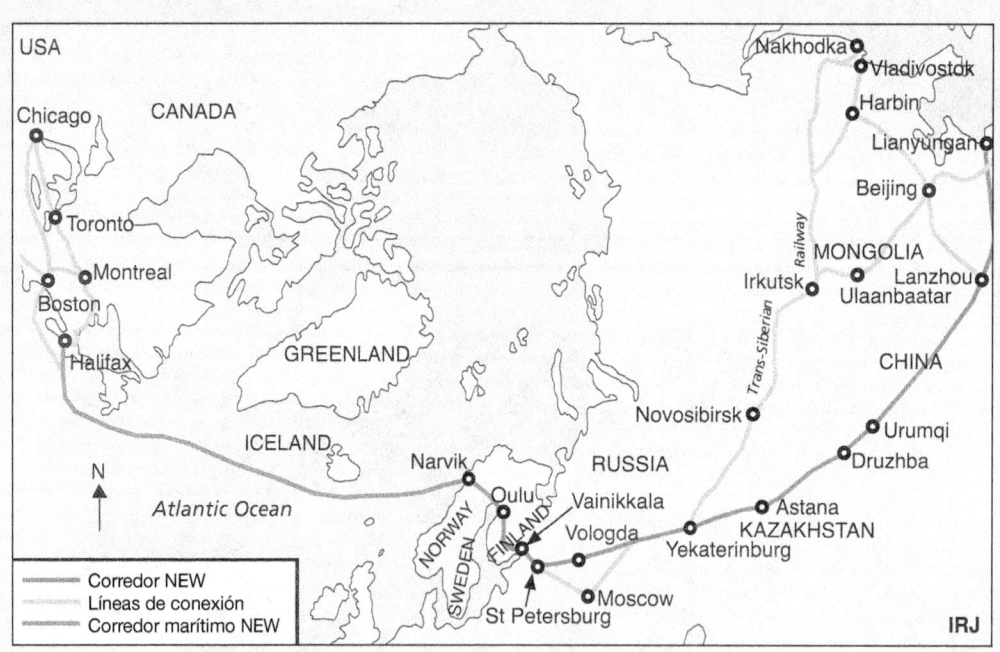

Fuente: UIC

Fig. 8.105

9

EL MOVIMIENTO DE UN TREN: POTENCIA NECESARIA Y CARGA REMOLCABLE EN COMPOSICIONES CLÁSICAS

9.1 PLANTEAMIENTO GENERAL

Para que la circulación de un vehículo o conjunto de vehículos tenga lugar, es preciso que el elemento motor proporcione un esfuerzo (E) que sea capaz de vencer las resistencias (R) que se oponen a la marcha. La relación fundamental del movimiento viene dada por la expresión:

$$E - R = \frac{P}{g} \gamma$$

siendo P el peso total de la composición ferroviaria y γ la aceleración que el esfuerzo E producirá en la misma.

La observación de la ecuación precedente permite precisar dos momentos temporales en el movimiento de un tren: el primero, corresponde al arranque; el segundo, al que tiene lugar cuando el tren circula a velocidad constante. En el primer caso, el elemento motor deberá proporcionar un esfuerzo tal que confiera al tren una cierta aceleración de arranque. En el segundo caso, el esfuerzo sólo deberá equilibrar las resistencias que se opongan a circular a una velocidad (V) constante.

Se comprende, por tanto, que en el estudio del movimiento de una composición ferroviaria, los primeros aspectos a analizar conciernan a las resistencias que se oponen al desplazamiento de un vehículo ferroviario. Para facilitar la comprensión del tema, es práctica habitual referirse, inicialmente, a las resistencias que se desarrollan cuando un tren circula a velocidad constante y, posteriormente, considerar el caso singular del momento del arranque. Conocidas unas y otras, será posible determinar el esfuerzo (E) que deberá proporcionar el material motor para que el movimiento sea posible.

Por otro lado, resulta intuitivo que el esfuerzo máximo dado por una locomotora, como referencia, deberá ser inferior al que produciría el patinado de las ruedas. En el momento del arranque se verificará matemáticamente que, siendo μ el coeficiente de adherencia en el arranque y L_a el peso adherente del material motor,

$$E_a \leq \mu \cdot L_a$$

En el momento del arranque el esfuerzo (E) será igual a la suma de las resistencias generadas por la locomotora y la carga remolcable (Q), es decir, la carga correspondiente al conjunto de los vehículos situados detrás del material motor. Matemáticamente:

$$E_{\text{arranque}} = (Q + L) \cdot (\text{resistencias al arranque})$$

siendo L la carga total del material motor.

Se deduce, por tanto, que a partir de la ecuación precedente resulta posible deducir el valor total (Q) de la carga remolcable. Si todos los vehículos ferroviarios fuesen iguales, por ejemplo, coches de viajeros, bastaría dividir Q por el peso de estos coches para obtener el numero total de vehículos que podrían formar parte de la composición ferroviaria.

La exposición realizada hasta el momento ha incorporado algunas simplificaciones y ha obviado la repercusión de otros factores, que serán desarrollados con posterioridad. A cambio permite visualizar mejor, en nuestra opinión, la presentación de las dos variables esenciales en el movimiento de un tren: el esfuerzo que debe proporcionar el material motor (y por tanto su potencia) y la carga remolcable en una composición ferroviaria.

9.2 RESISTENCIAS AL AVANCE

Las resistencias que se oponen al avance de un vehículo fueron objeto de atención particular en el ámbito ferroviario desde hace más de un siglo. De un modo tradicional, las principales causas de las mismas se atribuían a las características constructivas de los vehículos y de la vía, que podían verse influenciadas por condiciones climatológicas. Por lo que se refería al material, las resistencias tenían su origen en el rozamiento existente en las cajas de grasa, en la resistencia a la rodadura, etc. La influencia de la vía se concretaba en las características del trazado, especialmente en la presencia de rampas y curvas.

Desde un punto de vista teórico, algunos enfoques proporcionan orientaciones de interés sobre la forma de reducir la magnitud de las citadas resistencias. Tal es el caso de las resistencias debidas al rozamiento en las cajas de grasa, a causa de la rodadura, o causa de la flexión del carril durante la circulación del tren. A continuación se analizan, sucintamente, las situaciones mencionadas.

9.2.1 Resistencia debida al rozamiento en las cajas de grasa

Al dotar a los vehículos de ruedas, lo que se hace en realidad es reemplazar un rozamiento de deslizamiento sobre el carril por uno de rodadura de la rueda sobre éste, y otro de deslizamiento de las manguetas de los ejes con los cojinetes de las cajas de grasa.

De acuerdo con el esquema adjunto, supongamos sea:

P_S = peso suspendido por rueda de un vehículo

r = radio de la mangueta

f = coeficiente de rozamiento de la mangueta

R = radio de la rueda

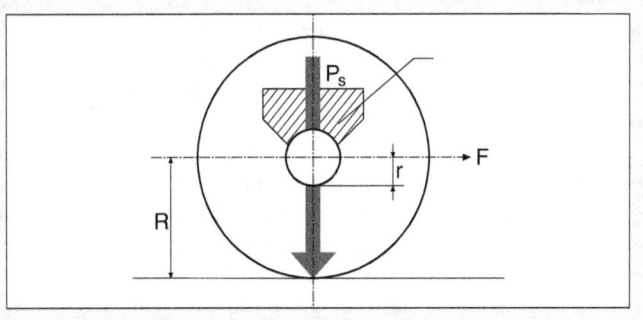

El trabajo (T) producido, en una vuelta, por el rozamiento existente entre el cojinete y la mangueta es:

$$T = \underbrace{P_S \cdot f}_{\text{fuerza}} \cdot \underbrace{2\pi r}_{\text{distancia}}$$

El trabajo (T') que realiza la fuerza F que se aplica a causa de la tracción en la llanta de la rueda es, por vuelta:

$$T' = F \cdot 2\pi R$$

De igualar T y T' se deduce el esfuerzo F necesario para vencer el rozamiento y por tanto, la resistencia al avance originada por esta causa. Se tiene:

$$F = r \cdot \frac{P_S}{R} \cdot f \qquad (9.1)$$

De la expresión 9.1 se deduce que la forma de reducir F es:

a) *Reduciendo el radio (r) de la mangueta*
Esta posibilidad está fuertemente condicionada, dado que el radio viene limitado por razones de resistencia mecánica del eje, imprescindible para resistir los esfuerzos que actúan sobre la mangueta. El empleo de materiales de alta calidad viene frenado por su repercusión económica.

b) *Incrementando el radio (R) de la rueda*
Esta solución no siempre es posible por la limitación del gálibo de los vehículos. Antes al contrario, para determinados transportes, por ejemplo el de vehículos o camiones, interesa reducir lo más posible este parámetro.

c) *Disminuyendo el peso suspendido (P_S) del vehículo*
Es esta una tendencia cada vez más utilizada, no por su influencia en la resistencia al avance, sino a causa de su repercusión en las solicitaciones verticales que actúan sobre la vía.

d) *Disminuyendo el coeficiente de rozamiento (f)*
El valor del coeficiente de rozamiento f varía según se trate de cajas de grasa con cojinetes lisos o con rodillos. Esta última técnica se generalizó con el paso del tiempo con sus mayores ventajas y menores resistencias al avance.

9.2.2 Resistencia debida a la rodadura

La circulación de un vehículo da lugar a una compresión del carril por la actuación de las ruedas de aquel. Estas tienden, bajo la acción de la carga, a penetrar en el carril hasta conseguir que el área de

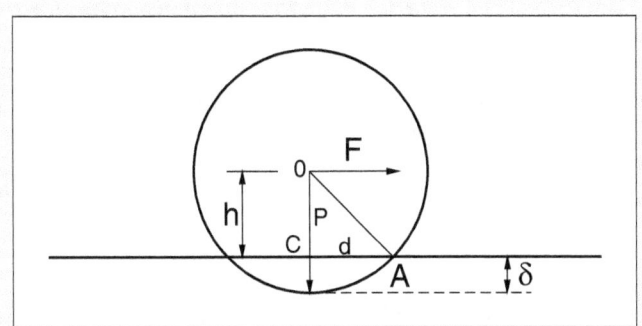

contacto entre ambos elementos (rueda y carril) sea suficiente para poder soportar el esfuerzo. La compresión del carril es del orden de 18×10^{-8} m. Admitida dicha compresión, el esfuerzo necesario para producir el movimiento se deduce sólo con tomar momentos con respecto al punto A, centro instantáneo de rotación. A partir del esquema adjunto, se tiene:

$$P \cdot d = F \cdot h$$

y como:

$$d = \sqrt{OA^2 - OC^2} = \sqrt{R^2 - (R - \delta)^2} = \sqrt{2\delta R}$$

$$h = R - \delta \simeq R$$

resulta:

$$F = P \cdot \frac{d}{h} = P \cdot \sqrt{\frac{2\delta R}{0^2}} = P \sqrt{\frac{2\delta}{R}}$$

La resistencia específica (r) será por tanto:

$$r = \frac{F}{P} \text{ (kgf/kg)} = \sqrt{\frac{2\delta}{R}}$$

conocida como fórmula de Dupuit.

Teniendo en cuenta que $\delta \simeq 18 \cdot 10^{-8}$ m y que el diámetro de las ruedas oscila entre 60 y 100 cm, resulta, para un radio de 50 cm:

$$r = 8,4 \times 10^{-4} \text{ (K}_{gf}/\text{K}_g) = 0,84 \text{ Kgf/t}$$

es decir:

$$r \simeq 1 \text{ Kgf/t}) = 1 \text{ da N/t}$$

9.2.3 Resistencia debida a la flexión del carril

Como se sabe, el paso de una rueda determina una flexión del carril en el sistema balasto-plataforma (esquema adjunto). El descenso más o menos elástico a que dicha flexión da lugar origina una depresión delante de la rueda.

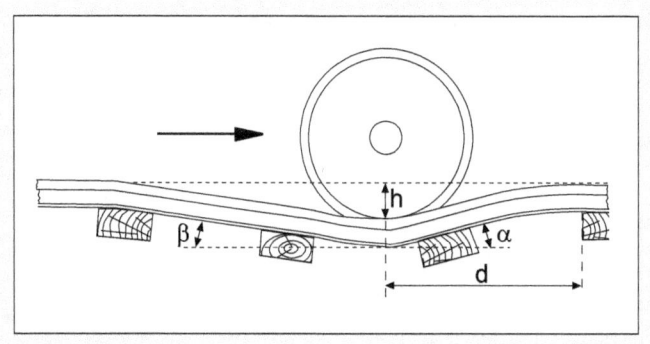

Si el carril, las traviesas y el balasto tuviesen un comportamiento perfectamente elástico y fuesen suficientemente robustos para enderezarse después del paso de las ruedas, la pérdida de energía del vehículo en esa depresión sería mínima. Sin embargo, este comportamiento no tiene lugar y, de acuerdo con Wilson, la resistencia que se produce puede evaluarse mediante la expresión:

$$r = 1.020 \cdot \frac{h}{2d} \text{ (Kg/t)}$$

donde h/d representa la inclinación máxima que toma el carril al paso de un eje, para la cual puede estimarse un valor medio de 1/400, con lo que se obtiene r = 1,25 Kg/t.

9.2.4 Resistencia debida a las curvas

Estas resistencias tienen su origen en tres causas principales:

a) La solidaridad de las ruedas y los ejes
b) El paralelismo de los ejes
c) La fuerza centrífuga

En el primer caso, la citada *solidaridad* supone la misma velocidad angular en ambas ruedas y, como en las curvas el carril exterior es más largo que el interior, si las llantas fuesen cilíndricas, existiría, sin duda, deslizamiento, y por tanto resistencia al avance.

En la práctica, la conicidad de la superficie de rodadura hace que en las curvas el desplazamiento transversal del eje, que es producido por la fuerza centrífuga, obligue a la rueda exterior a girar sobre diámetros mayores que la interior, a pesar de lo cual el rozamiento existe y por tanto la resistencia al avance, cuya magnitud se calcula en la forma siguiente.

En el esquema adjunto, sea R el radio de la curva contado hasta el eje de la vía, y a el ancho de la vía. Para un ángulo en el centro α, el camino recorrido por cada una de las ruedas sería:

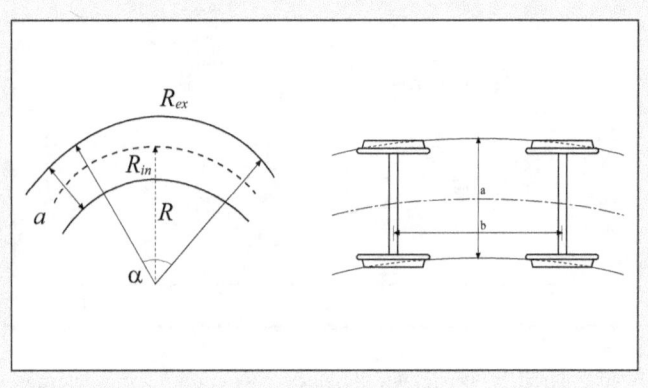

Rueda exterior: $\alpha (R + a/2)$

Rueda interior: $\alpha (R - a/2)$

La diferencia entre ambos caminos es $\alpha \cdot a$ que nos da la longitud en la que tiene lugar el deslizamiento. Suponiendo un coeficiente de rozamiento rueda-carril de valor f y un peso del vehículo de valor P, el trabajo de rozamiento será:

$$\alpha . a . P . f$$

Luego la fuerza necesaria F para vencer este trabajo deberá proporcionar un trabajo:

$$\alpha . R . F$$

igual al precedente. Se deduce entonces:

$$F = a . f . P/R$$

Por lo que se refiere al *paralelismo* de los ejes, señalemos que este condicionante obliga a un deslizamiento transversal para adaptar la rueda a la vía.

Consideremos para ello un vehículo de base rígida b y supongamos que describe una circunferencia completa de radio R, valor medio del correspondiente a la curva. Desde el punto de vista del rozamiento, dicho recorrido equivale a un giro completo (360º) alrededor de su centro geométrico O, movimiento en el cual las partes rozantes describen un círculo cuyo radio OA, es la semidiagonal del rectángulo de lados a y b. (esquema adjunto)

Se tiene entonces que el trabajo consumido por el rozamiento será:

$$P \cdot f \cdot 2\pi \cdot OA = P \cdot f \cdot 2\pi \cdot \sqrt{\frac{a^2 + b^2}{4}} = P \cdot f \cdot \pi \sqrt{a^2 + b^2}$$

Luego la resistencia ofrecida a lo largo del camino recorrido (360º) será:

$$F \cdot 2\pi R = P \cdot f \cdot \pi \cdot \sqrt{a^2 + b^2}$$

es decir:

$$F = \frac{P \cdot f}{2R} \sqrt{a^2 + b^2}$$

Finalmente, la actuación de *la fuerza centrífuga* determina la siguiente resistencia al avance.

Supongamos que un vehículo circula sobre una curva de radio R sobre la que existe un peralte h, que compensa el efecto de la fuerza centrífuga para una velocidad V_o.

Se tiene entonces que la componente de dicha fuerza da lugar a un esfuerzo:

$$\frac{PV^2}{gR} - \frac{PV_o^2}{gR} = \frac{P(V^2 - V_o^2)}{R \cdot g}$$

Según el signo de este esfuerzo, el vehículo cargará sobre el carril interno o externo y la presión lateral de las pestañas determina una resistencia de rozamiento de valor:

$$\frac{P \cdot f}{R \cdot g} \cdot (V^2 - V_o^2)$$

La consideración de las tres resistencias precedentemente calculadas determina una resistencia total al avance en curva Rc de magnitud:

$$Rc = a \cdot f \cdot \frac{P}{R} + \frac{P \cdot f}{2R} \sqrt{a^2 + b^2} + \frac{P \cdot f}{R \cdot g} (V^2 - V_o^2)$$

La aplicación práctica de esta expresión al caso de vehículos a ejes o a *bogies* proporciona los siguientes valores, si no se considera inicialmente el efecto de la fuerza centrífuga.

Vehículo a ejes	Vehículo a bogies
$a = 1{,}668$ m	$b = 2{,}5$ m
$f = 0{,}20$	
$b = 6$ m	$r = \dfrac{Rc}{P} = 500/R$ (Kg/t)
$r = \dfrac{Rc}{P} = 780/R$ (Kg/t)	

La inclusión de la fuerza centrífuga necesita de la consideración de las velocidades V y V_o, sin embargo el esfuerzo de rozamiento que tiene su origen en esta causa es en general pequeño, razón por la cual se suele englobar en el correspondiente a los otros factores de forma empírica.

En la práctica la norma RENFE señala la fórmula:

$$r_{\text{curva}} = \frac{800}{R} \ ; \ R\ (\text{m}) : r_c\ (\text{Kg/t})$$

Cabe señalar que Rockl proporcionó la siguiente fórmula práctica para considerar vías de ancho diferente con curvas de distinto radio:

$$r_{\text{curva}} = \frac{K_1}{R - K_2}\ (\text{Kg/t}) \qquad (9.2)$$

siendo K_1 y K_2 constantes que dependían del ancho de vía y del radio de la curva respectivamente, con los siguientes valores:

Ancho de vía (mm)	K_1	K_2
1.435	650	55
1.000	400	20
600	200	5

La figura 9.1 muestra la aplicación práctica de la expresión 9.2.

9.2.5 Resistencia debida a las rampas

Si se considera el esquema habitual que representa una rampa de pendiente i (= tgα), de forma inmediata se deduce el esfuerzo suplementario a que dicha rampa daría lugar durante la circulación de un vehículo.

En efecto, la componente del peso según el plano inclinado es:

$$P \cdot \text{sen}\alpha \simeq P.\ \text{tg}\alpha = P \cdot i$$

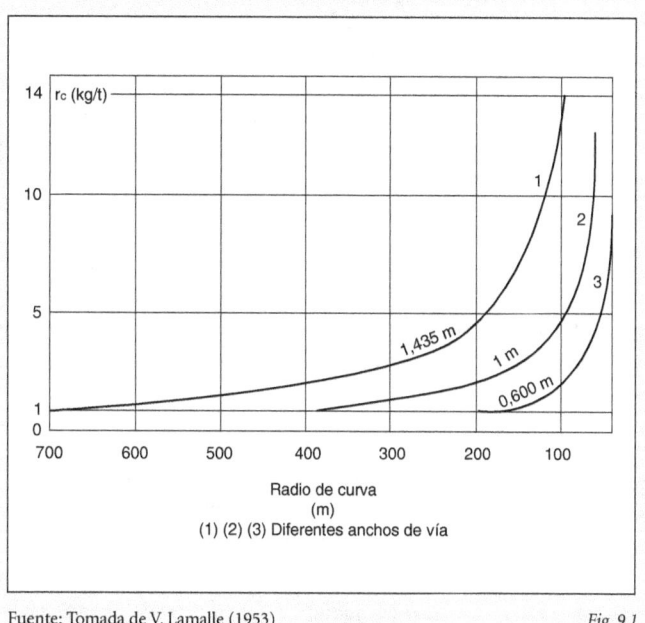

INFLUENCIA DEL ANCHO DE VÍA EN LA RESISTENCIA AL AVANCE EN CURVA

Fuente: Tomada de V. Lamalle (1953)   Fig. 9.1

luego la resistencia específica r valdrá:

$$r = \frac{P \cdot i}{P} = i$$

lo que permite indicar que la resistencia específica que tiene lugar como consecuencia de una rampa de pendiente i es el valor de ésta en Kg/t. Naturalmente, i deberá venir expresada en mm/m.

Los valores de las rampas en las líneas clásicas presentan una notable variación, situándose, en general, por debajo de 20‰ en los principales itinerarios, a excepción de las secciones que discurren

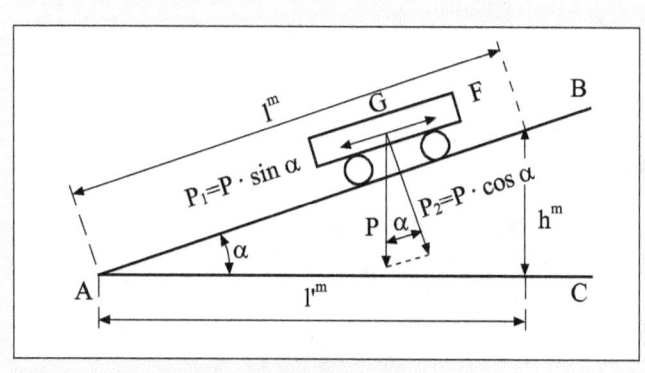

por zonas de especial dificultad orográfica. Como referencia, pueden mencionarse, a título de ejemplo, las siguientes líneas: Pau Canfranc, en la frontera franco-española (Fig. 9.2a); Chambery-Modane, en la frontera franco-italiana (Fig. 9.2b); la línea del Karwendel entre Munich e Innsbruck (Fig. 9.2c y 9.2d) (el itinerario principal entre estas dos últimas ciudades discurre vía Rosenheim), y los accesos al túnel de San Gotardo en Suiza con sus célebres túneles helicoidales (Fig. 9.3). En estas situaciones específicas suele ser necesario, en función de la carga remolcada, recurrir a dobles o triples tracciones, tal como muestra la figura 9.4.

Es importante destacar la relevancia de las rampas en la resistencia al avance de una composición ferroviaria, en relación con la resistencia ocasionada por las curvas e incluso como consecuencia de la velocidad de circulación (que se analiza en el siguiente apartado). En efecto, los datos del cuadro 9.1. resultan por sí mismos ilustrativos.

CUADRO 9.1 ANÁLISIS COMPARADO DE LA RESISTENCIA AL AVANCE OFRECIDA POR LAS CURVAS, RAMPAS Y LA VELOCIDAD DE CIRCULACIÓN A UN COCHE DE VIAJEROS

Parámetro considerado	Magnitud	Resistencia específica al avance (Kg/t)
Velocidad de circulación	100 km/h	2,83
	200 km/h	7,59
Radio de la curva	300 m	2,67
	600 m	1,33
	800 m	1,00
Rampa del trazado	2 mm/m	2
	12 mm/m	12
	20 mm/m	20
	35 mm/m (alta velocidad)	35
	40 mm/m (alta velocidad)	40

Fuente: Elaboración propia

De su observación se deduce que la influencia de las curvas en la resistencia al avance se reduce rápidamente para radios iguales o superiores a 800 m. Se comprueba también que la resistencia al avance a 200 km/h es casi un 40% inferior a lo que provoca una rampa de 12 mm/m, rampa bastante habitual en los trazados convencionales.

Por otro lado, se señala que la consideración conjunta de la resistencia en curva y en rampa da lugar al concepto de perfil ficticio (L') o rampa ficticia, que viene dado por la expresión:

$$L' = \frac{800}{R} + i$$

lo que induce a decir que un trayecto con una curva de radio R y una rampa de valor i es equivalente a un trayecto que tuviese una rampa L'.

En este mismo ámbito de análisis de la influencia de las características del trazado de una línea en las resistencias al avance, surge de forma natural el concepto de longitud o distancia virtual aplicada a un trayecto determinado. Se define como la distancia equivalente que sería preciso recorrer en alineación recta y horizontal para consumir la misma energía de tracción que la necesaria para efectuar el recorrido real de dicho trayecto con la unidad de carga. Matemáticamente, su expresión se obtiene de la forma siguiente:

Sea L la longitud geográfica existente entre dos puntos dados de una línea. Esta magnitud puede descomponerse del siguiente modo:

$l_1, l_2 \ldots l_k$ = longitud de los tramos del recorrido en recta y llano

$l_{k+1}, l_{k+2} \ldots l_m$ = longitud de los tramos del recorrido en recta y con pendiente i

$l_{m+1}, l_{m+2} \ldots l_n$ = longitud de los tramos del recorrido en curva con o sin pendiente

El trabajo total correspondiente a desplazar una tonelada será:

$$\Sigma (r \pm i + r_c) l_i$$

siendo

r = resistencia al avance en horizontal y recta

i = pendiente o rampa

r_c = resistencia en curva

l_i = longitud parcial correspondiente a r_c e i

Por la definición de longitud virtual (L_i) se tiene:

$$L_v \cdot r = \Sigma (r \pm i + r_c) l_i$$

y por tanto resulta posible calcular la longitud virtual buscada.

En relación con las dificultades de un trazado ferroviario, se utiliza también el concepto de *rampa característica* de una sección dada de una determinada línea. Viene definido el citado concepto por el valor de la rampa ficticia que es representativo por sí solo de las características del perfil longitudinal y del trazado de la sección considerada. De acuerdo con el ADIF, las rampas características de las líneas españolas son las indicadas en la figura 9.5.

PERFILES LONGITUDINALES DE ALGUNAS LÍNEAS EUROPEAS

a) Línea Pau-Canfranc

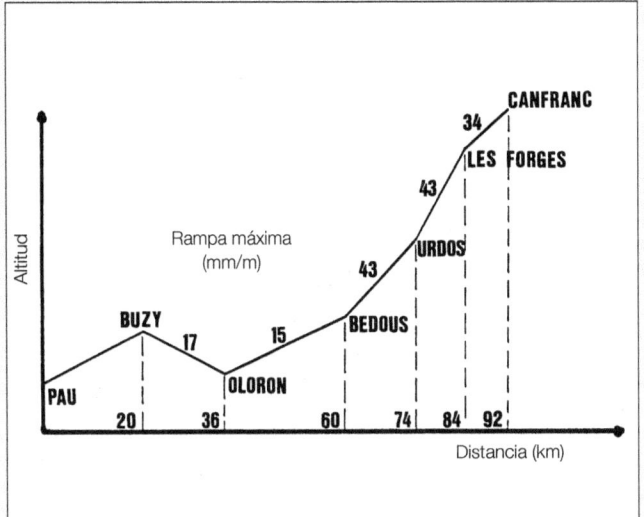

b) Línea Chambery-Modane

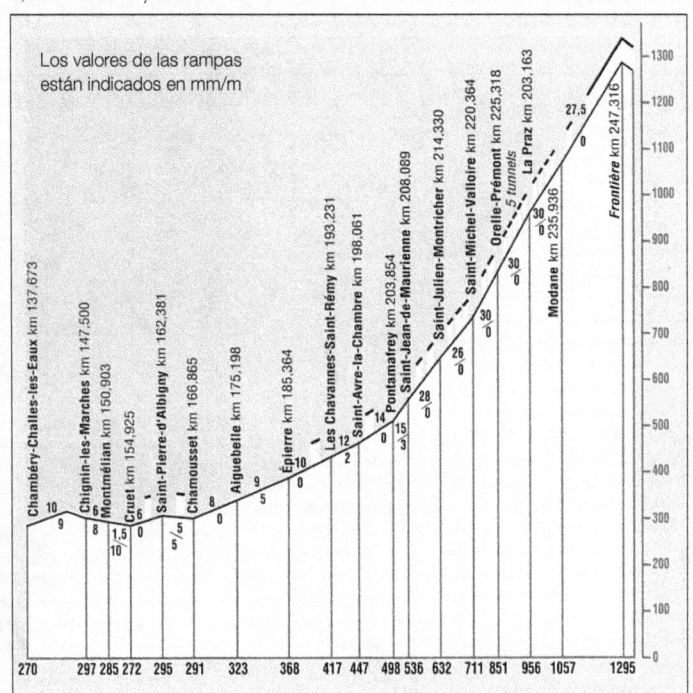

Fuente: B. Collardey (1997)

c) Línea Garmisch-Innsbruck

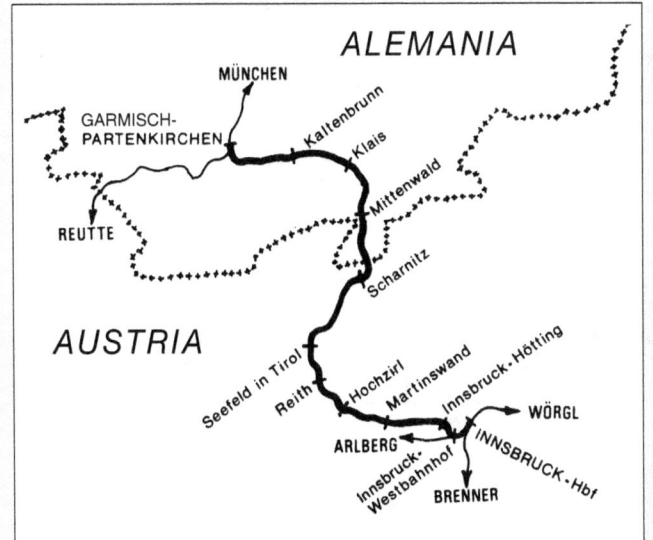

Fuente: B. Collardey (1997)

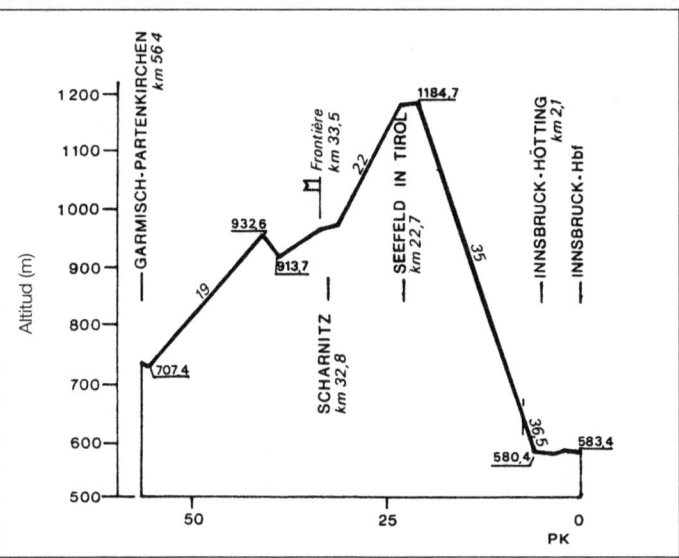

Fuente: Luc-Michel Dodart (1988)

Fig. 9.2

LÍNEA DEL GOTARDO

a) Trazado en planta

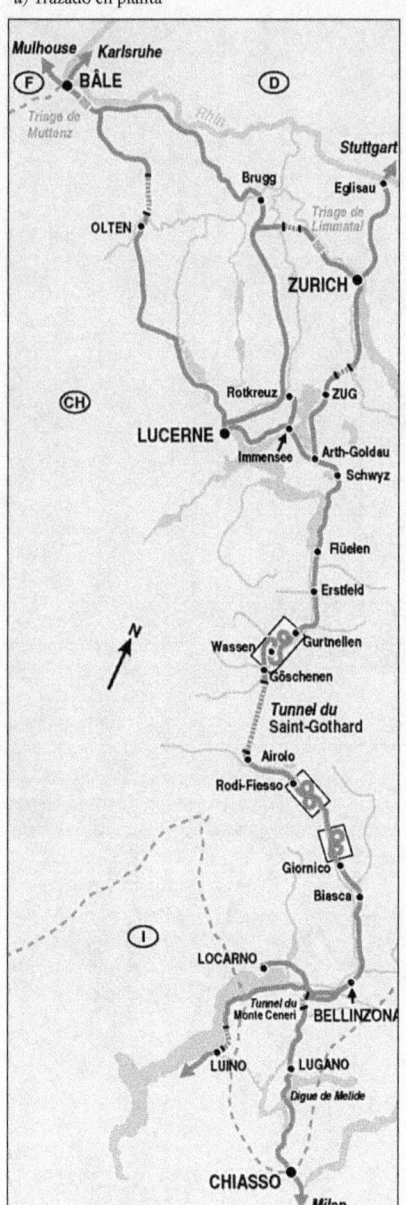

Fuente: J. Tricoire (2005)

b) Túneles helicoidales

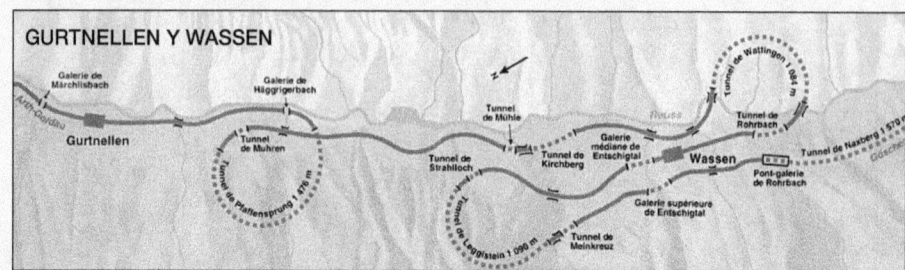

c) Perfil de la línea del Gotardo

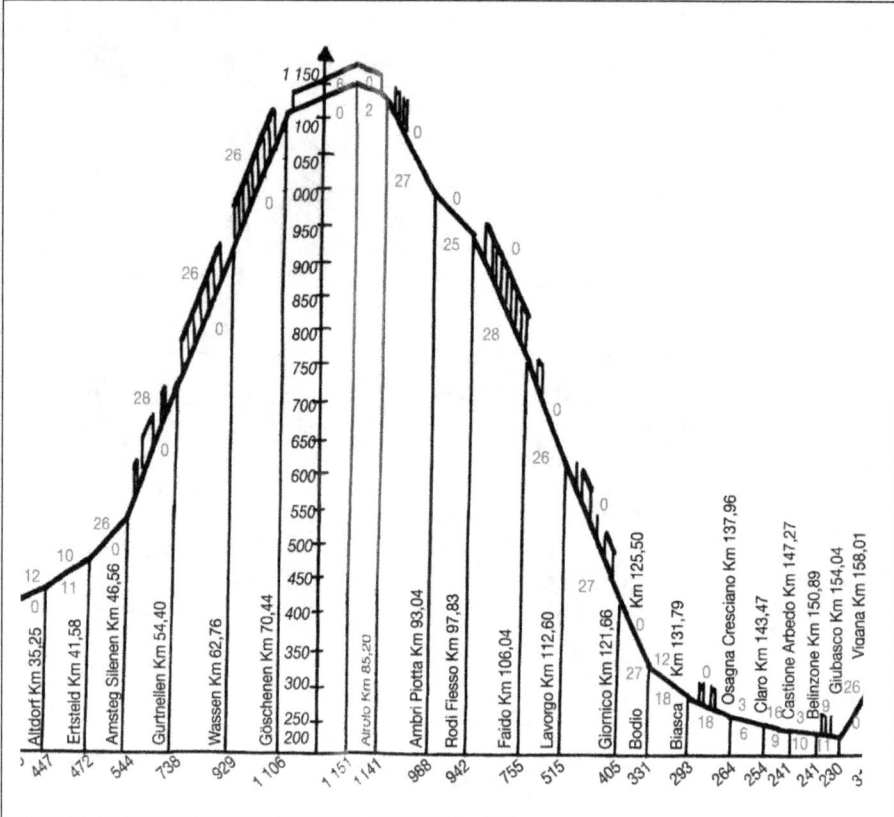

Fuente: Rail Passion (2002)

Fig. 9.3

SECCIONES DE LÍNEAS CON TRACCIÓN MÚLTIPLE

a) Circulación en Avigliana (15-2-2006)

b) Circulación en Modane (14-2-2006)

Fuente: Rail Passion (2006)

c) Tolouse-La Tour-de-Carol

Fuente: B. Collardey (2002)

Fig. 9.4

Puede sorprender, inicialmente, la adopción para líneas de alta velocidad de rampas tan elevadas, 35 a 40 mm/m, pero la explicación se encuentra en diversos aspectos: la posibilidad de evitar la realización de túneles, cuyo coste por unidad de longitud puede considerarse, como referencia, el doble del coste de un kilómetro de línea a cielo abierto; y la limitación en longitud de la citada rampa máxima y el carácter ondulado de los trazados que permite compensar, al menos parcialmente, los tramos de subida con los de descenso.

9.2.6 Resistencia total al avance. Primeras expresiones

Las consideraciones realizadas hasta el momento permiten señalar que las resistencias al avance debidas a las curvas y a las rampas están claramente identificadas y cuantificadas. Sin embargo, las experiencias llevadas a cabo hace más de un siglo pusieron de relieve la dificultad de obtener la resistencia total al avance como suma de las resistencias específicas antes explicitadas (efecto rozamiento de las cajas de grasa, deformación de la vía, etc.)

De esta forma, se comenzaron a proponer expresiones empíricas derivadas de ensayos efectuados con algunos vehículos ferroviarios. A los efectos del presente libro, consideramos de interés recordar las antiguas relaciones siguientes:

$$r \, (Kg/t) = \frac{V}{20} \, (km/h)$$

$$r \, (Kg/t) = 2 + \frac{V}{40} \, (km/h) \, (\text{año } 1951)$$

$$r \, (Kg/t) = 2{,}5 + \frac{(V + \delta V)^2}{K} \, (km/h) \quad \text{Fórmula de Strahl}$$

Se constata que la primera expresión hacía depender la resistencia al avance de la velocidad de circulación del vehículo. Sin embargo, la expresión de Poulet en 1951 hizo intervenir dos sumandos. Con los conocimientos actuales podría decirse que el primero representa el efecto de los cojinetes, y el segundo, el efecto aerodinámico. Finalmente, la fórmula de Strahl estaba formada por dos términos.

1. El primero correspondía a la resistencia al avance para viento en calma.
2. El segundo incorporaba el suplemento (δV), para tener en cuenta el aumento de la resistencia debida al viento, adoptando los siguientes valores:

RAMPA CARACTERÍSTICA DE LOS ITINERARIOS FERROVIARIOS ESPAÑOLES

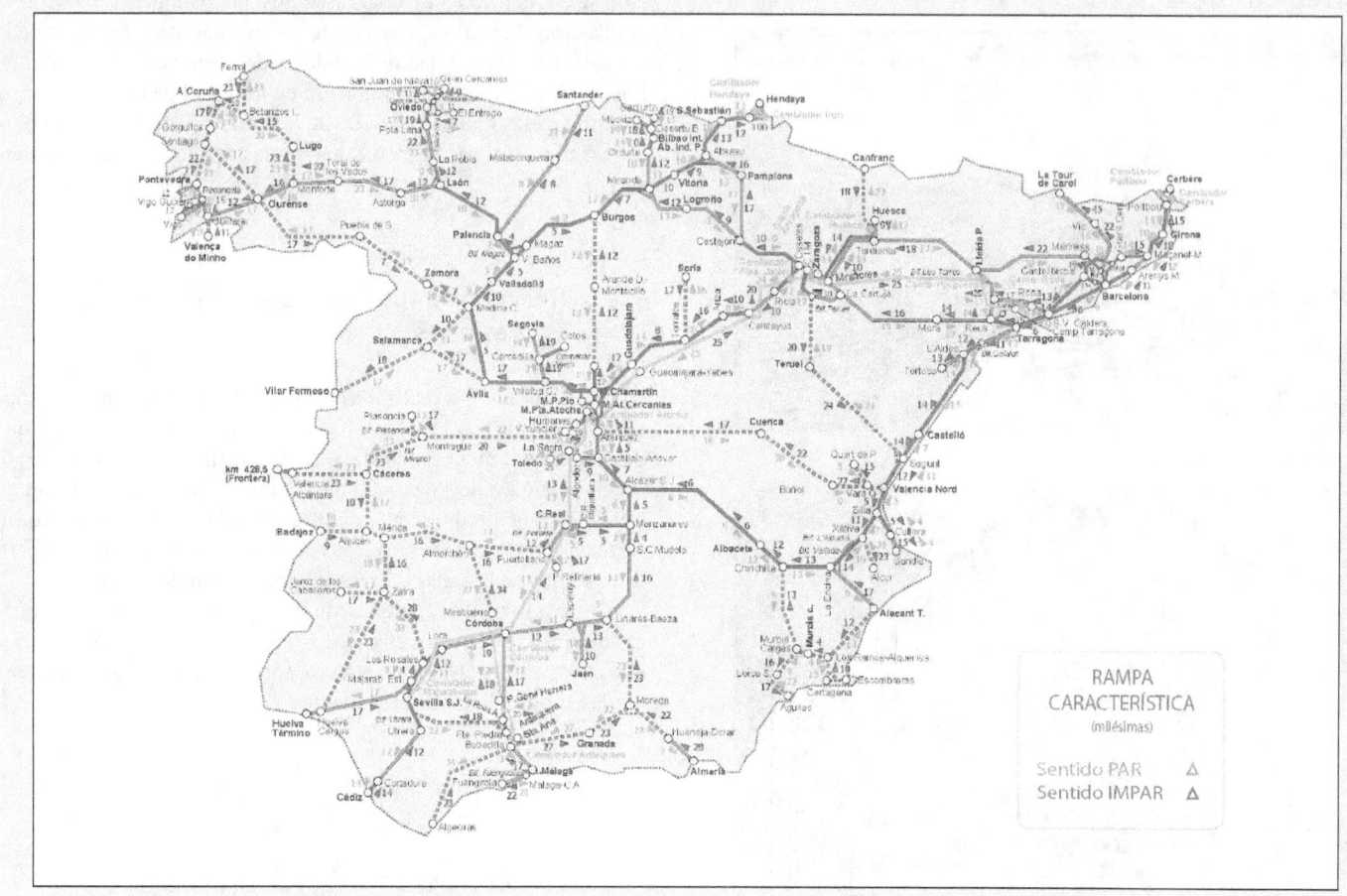

Fuente: Adif (2007)

Fig. 9.5

CONDICIONES CLIMATOLÓGICAS	δV
Viento en calma	($\simeq 0$)
Viento de lado de fuerza media	12
Viento de lado de fuerte intensidad	20
Vientos violentos (mistral)	30

En cuanto a K, su valor oscilaba en el intervalo de 1.000 a 4.000. El límite inferior correspondía a trenes formados por vagones vacíos de mercancías y el límite superior al caso de trenes rápidos de viajeros o trenes de mercancías fuertemente cargados (trenes de carbón, minerales, etc.).

Resulta de interés evaluar los resultados que proporciona la expresión de Strahl para unas ciertas condiciones de referencia ($\delta V = 12$).

Se obtiene, para $V = 100$ km/h, una resistencia específica de 5,6 Kg/t.

Nos referiremos, finalmente, a la denominada fórmula de Santhof, aplicable al material de viajeros, dado que incorporaba la forma del vehículo mediante la introducción de un coeficiente aerodinámico (f). Establecida como resultado de los numerosos ensayos efectuados en Alemania, su expresión matemática era:

$$r = a + bV + \frac{0,0048\,(n+2,7)}{G} \cdot f \cdot (V + \Delta V)^2$$

con el siguiente significado:

a = resistencia correspondiente a un estado medio de conservación del vehículo (= 1,9)

b = parámetro dependiente del número de ejes de los vehículos (0,0025 para vehículo de cuatro ejes; 0,004 para tres ejes y 0,007 para dos ejes)

G = peso total de la composición ferroviaria (t)

n = número de vehículos ferroviarios

2,7 = constante que tenía en cuenta la aspiración del vehículo de cola

f = superficie equivalente del vehículo sometido a la acción del aire (variable de 1,55 m² en el caso de vehículos antiguos, a 1 m² en vehículos carenados)

ΔV = Parámetro para tener en cuenta el efecto del viento (análogo valor que el indicado con anterioridad para δV)

La aplicación de la expresión precedente para una situación de referencia: $a = 1,9$; $b = 0,0025$; $G = 600$ t; $n = 10$; $f = 1$; $\delta V = 12$ y $V = 100$ km/h, conduce a:

$$r = 2,16 \text{ Kg/t}$$

Esta cifra es sensiblemente inferior a la proporcionada por la fórmula de Strahl.

9.2.7 Modernas expresiones de resistencia al avance

Las expresiones indicadas con anterioridad para evaluar la resistencia al avance del material ferroviario, en función de la velocidad de circulación, se correspondían en forma aproximada con el estado de conocimientos existente sobre el tema a mediados de la década de los años cincuenta del siglo XX. Una década más tarde Garreau (1965) y, con posterioridad, Tessier (1978) proporcionaron las expresiones utilizadas por los ferrocarriles franceses, que en la actualidad se continúan considerando como suficientemente válidas.

Para el caso del *material motor* se adoptan expresiones del tipo:

$$R = a + bV + cV^2$$

siendo:

R = resistencia total al avance de la locomotora (t)

a = parámetro representativo de la resistencia a la rodadura

bV = término debido a las resistencias causadas por el movimiento del vehículo (rozamiento de las pestañas con el carril, galope, balanceo, etc.)

cV^2 = término correspondiente a la resistencia aerodinámica

Para el caso de *vehículos remolcados,* ya sean coches de viajeros o vagones de mercancías, la resistencia específica (Kg/t) se evalúa a partir de la expresión general:

$$r = \alpha + \beta V^2$$

Si nos referimos al material motor, los ferrocarriles franceses proponían la fórmula general siguiente para las locomotoras eléctricas:

(9.3)
$$R = 0,65 \, L + 13 \, n + 0,01 \, LV + 0,03 \, V^2$$

siendo:

L = peso de la locomotora (t)

n = número de ejes de la locomotora

V = velocidad de circulación (km/h)

Para una locomotora del tipo BB (dos *bogies* de dos ejes cada uno) con un peso aproximado de 80 t se particularizaba en:

$$R_{BB} = 100 + 0,8 \, V + 0,03 \, V^2 \text{ (Kg)}$$

Si la locomotora fuese del tipo CC (dos *bogies* de tres ejes cada uno) con un peso del orden de 120 t, la expresión 9.3 adoptaba la forma

$$R_{CC} = 150 + 1,2 \, V + 0,03 \, V^2 \text{ (Kg)}$$

Para los vehículos remolcados se proponían las siguientes expresiones:

A) *Coches de viajeros*

$$\bullet \; r_V \text{ (daN/t)} = 1,5 + \frac{V^2}{4.500}$$

(coches normales)

$$\bullet \; r_V \text{ (daN/t)} = 1,25 + \frac{V^2}{6.300}$$

(coches Grand Confort, tipo TEE, V = 160/200 km/h)

B) *Vagones de mercancías*

- $r_M \text{ (daN/t)} = 1{,}5 + \dfrac{V^2}{1.600}$

(vagones de mercancías con carga media de 10 t/eje)

- $r_M \text{ (daN/t)} = 1{,}2 + \dfrac{V^2}{4.000}$

(vagones de 80 t utilizados para transporte de carbón o de mineral)

- $r_M \text{ (daN/t)} = 1{,}5 + \dfrac{V^2}{4.200}$

(vagones para tráfico de detalle, aptos para circular a 120 Km/h)

La observación de las expresiones precedentes pone de manifiesto que a medida que aumenta la velocidad de circulación en los coches de viajeros, la resistencia específica al avance de estos disminuye por su menor resistencia aerodinámica. Por otro lado, se observa (Fig. 9.6) el paralelismo existente entre las resistencias al avance de coches de viajeros y de vagones de mercancías cuando circulan a velocidades similares: 120/140 Km/h. Nótese además que la componente aerodinámica para velocidades de 160/200 Km/h es la de mayor incidencia. En efecto, para $V = 200$ Km/h, se tiene:

- Resistencia de la locomotora (tipo BB)

$$R = 100 + 0{,}8V + 0{,}03\,V^2$$

Para $V = 200$ Km/h se tiene:

$$R = 100 + 160 + 1.200 = 1.460 \text{ Kg}$$

Es decir, la componente aerodinámica representa el 82% del total. Para trenes convencionales autopropulsados, A. García, 2005 establece:

$$\text{TRD (99t): } R = 157 + 0{,}26V + 0{,}035V^2 \text{ (daN)}$$

$$\text{ALARIS (177t): } R = 355 + 3{,}19V + 0{,}066V^2 \text{ (daN)}$$

COMPARATIVA ENTRE EL AVANCE DE COCHES DE VIAJEROS Y DE VAGONES DE MERCANCÍAS

a) Variación de la resistencia con la velocidad

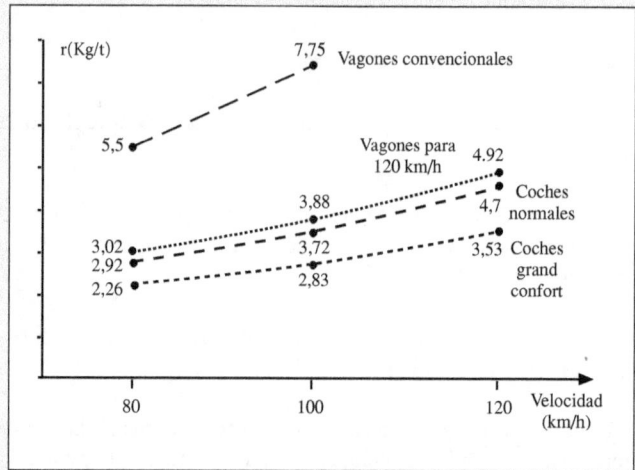

b) Coche de viajeros año 1940

c) Coche de viajeros Gran Confort

Fuente: Elaboración propia y fotos tomadas de J. M. Dupuy (2006) y L. Fieux (2003)

Fig. 9.6

9.2.8 Resistencias en el interior de un túnel

Los efectos de la presencia de un túnel en la resistencia al avance de los vehículos ferroviarios fueron analizados hace más de cinco décadas. Sin embargo, la limitada longitud de los túneles construidos hasta aquel entonces (exceptuando los célebres túneles alpinos del Simplón, y San Gotardo, entre otros) y también las reducidas (en términos relativos) velocidades de circulación no dieron lugar a que se prestase una atención singular a esta temática hasta que se analizó su repercusión en líneas de alta velocidad en fechas más recientes.

En todo caso, y para las líneas convencionales, resulta de interés sintetizar los resultados de las experiencias llevadas a cabo en 1962 por los ferrocarriles suizos, en algunos túneles, para cuantificar el incremento de las resistencias al avance. En la figura 9.7a, se muestra la variación de éstas, en función de la velocidad de circulación, para un tren de mercancías de casi 500 metros de longitud, circulando con velocidades máximas de hasta 140 Km/h, en el interior de túneles de sección transversal comprendida entre 27 y 47 m². Análogos resultados se muestran en la figura 9.7b para un tren de viajeros de casi 400 metros de longitud.

Se comprueba que:

a) En relación con la resistencia al avance obtenida en el caso de circular al aire libre, la circulación en el interior de un túnel de sección transversal próxima a 27 m² supone multiplicar la citada resistencia por 2,4. Para un túnel de vía doble con sección transversal de 41 a 48 m², el citado coeficiente multiplicador es tan sólo de 1,3 a 1,8, para velocidades de 120 Km/h.

b) La resistencia al avance en el interior de un mismo túnel (San Gotardo) y para una velocidad de 120 Km/h fue, para la composición de mercancías indicada con anterioridad, de 108 kN, frente a los 65 kN que correspondieron al tren de viajeros.

9.3 RESISTENCIAS AL ARRANQUE

Un primer análisis de las resistencias que tienen lugar en el momento del arranque de un tren conduciría para su obtención a una particularización de las expresiones precedentemente indicadas, para $V = 0$. Sin embargo, la experiencia pone de manifiesto que, en el arranque, el tren presenta una resistencia notablemente más elevada que la que se deduce de la hipótesis precedente. En efecto, para arrancar un vehículo es preciso un esfuerzo del orden de 10 Kg/t, en lugar de 1 a 1,5 Kg/t cuando el vehículo está ya en movimiento.

Junto a este fenómeno es preciso considerar que durante el arranque, es decir, hasta que el vehículo no alcanza su velocidad de equilibrio, es necesario añadir al esfuerzo resistente precedente el

RESISTENCIA AL AVANCE EN TÚNELES

a) Tren de mercancías

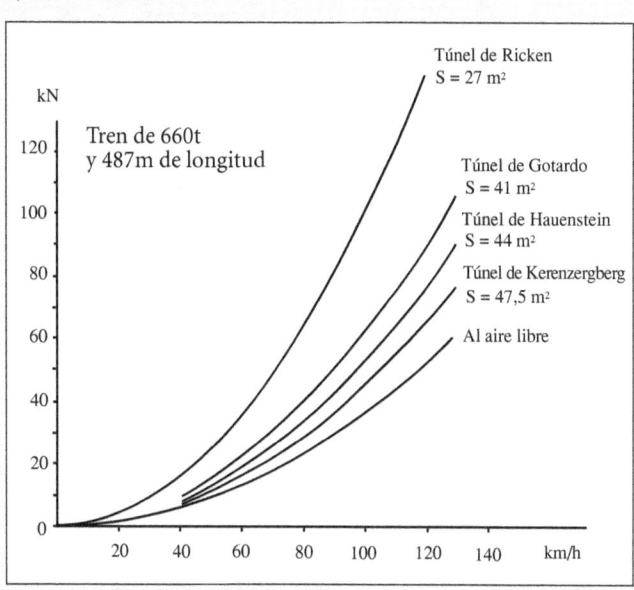

b) Tren de viajeros

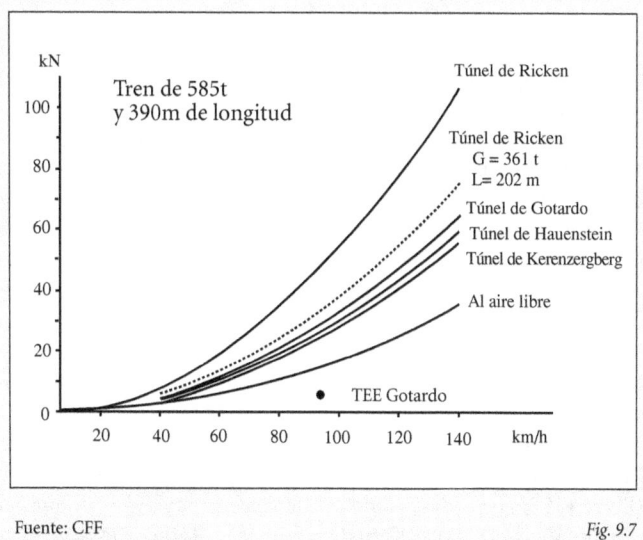

Fuente: CFF

Fig. 9.7

correspondiente a la aceleración que hará que el tren alcance una velocidad admisible en un tiempo aceptable.

En la práctica, las aceleraciones normalmente utilizadas (Lacote, 1996) son:

Para *trenes de mercancías* > 0,03 m/seg² ($\Rightarrow$ 7 minutos para lograr 80 Km/h)

Para trenes de viajeros: > 0,05 m/seg^2 ($\Rightarrow$ 6 minutos para lograr 140 Km/h)

Para automotores: $\simeq$ 0,26 m/seg^2 ($\Rightarrow$ 2,30 minutos para lograr 140 Km/h)

Para ramas de alta velocidad $\simeq$ 0,23 m/seg^2 ($\Rightarrow$ 6 minutos para lograr 300 Km/h)

El valor del esfuerzo requerido para comunicar estas aceleraciones resulta inmediato. En efecto, para dar al conjunto del tren de masa $M = M_P + M_L$, siendo M_P el peso del material remolcado y M_L el de la locomotora, con una aceleración γ se necesita un esfuerzo F, tal que:

$$F \text{ (newtons)} = M_{\text{(Kg masa)}} \times \gamma (\text{m/seg}^2)$$

o bien:

$$F \text{ (newtons)} = 1.000 \, M \text{ (t masa)} \times \frac{1}{100} \gamma (\text{cm/seg}^2)$$

de donde,

$$\frac{F \text{ (daN)}}{M \text{ (t masa)}} = \gamma (\text{cm/seg}^2)$$

es decir, que el esfuerzo acelerador se expresa en daN/t por el número de cm/seg^2 de la aceleración.

De acuerdo con lo indicado precedentemente, la resistencia específica en el arranque, suma de los dos fenómenos expuestos, sería 10 Kg/t + γ, que para el caso de trenes de mercancías se convertiría en unos 15 Kg/Tn y que alcanzaría 15 + i Kg/Tn en el caso de arrancar en una rampa de valor i. Con esta magnitud sería difícil arrancar un tren, pero afortunadamente este no constituye un conjunto indeformable. El juego y la elasticidad de los enganches hacen que los vehículos arranquen sucesivamente, sobre todo en el caso de los trenes de mercancías, donde los enganches no se encuentran muy apretados.

En esas condiciones, el esfuerzo necesario para el arranque disminuye sensiblemente, de tal forma que la norma técnica de RENFE (1973) considera como resistencia específica al arranque en horizontal y recta (r_a): 7 Kg/t, de los cuales 4 Kg/t corresponden al esfuerzo preciso para producir la iniciación y mantenimiento del movimiento del tren a muy bajas velocidades, y los 3 Kg/t restantes al esfuerzo acelerador mínimo necesario para arrancar el tren en un tiempo aceptable. A medida que la rampa aumenta, el valor de la resistencia específica en el arranque es mayor a causa de que los enganches entre los vehículos se encuentran más tensados. Así, la citada norma considera que la resistencia al arranque antes indicada de 7 kg/t es válida para rampas inferiores a 15‰. La resistencia asciende a 8 kg/t para rampas comprendidas entre 15 y 20‰, para llegar a ser de 9 kg/t en presencia de rampas situadas en el intervalo de 21 a 25‰.

Es de interés comparar estas cifras de resistencia al arranque con las existentes cuando se circula a velocidad constante. Nótese, a este respecto, que los valores precedentes de 7 a 8 kg/t se corresponden aproximadamente con los que tienen lugar cuando se circula a 200 km/h, tal como se mostró en el cuadro 9.1.

9.4 CARGA REMOLCABLE POR UNA LOCOMOTORA

9.4.1 Introducción

El remolque de trenes, aspecto esencial de la explotación ferroviaria, constituye un problema cuya solución corresponde a un compromiso entre la dificultad del mismo y la necesidad de disponer de criterios que hagan posible tal compromiso. Intervienen como factores fundamentales del problema, por un lado, las resistencias que se oponen al movimiento de los vehículos, la adherencia como factor limitativo al esfuerzo máximo que puede aplicar el material motor y, finalmente, el valor admisible por el gancho de tracción. Dentro de este primer grupo de factores enunciados cabe destacar el hecho de no resultar posible encontrar magnitudes precisas para su cuantificación, dado el amplio intervalo de variación en que se sitúan.

Junto a estos factores, directamente relacionados con las características del material ferroviario, intervienen, por otro lado, condicionantes que tienen su origen en la explotación ferroviaria como son: el máximo número de ejes de un tren, la longitud de los andenes en las estaciones y la distancia entre piquetes en éstas.

En este marco, el objeto del presente apartado es el análisis cualitativo y cuantitativo del problema que representa la determinación de la carga máxima arrancable por una locomotora; la carga remolcable a una determinada velocidad y, finalmente, la potencia que deberá exigirse al material motor para poder efectuar dichas funciones.

9.4.2 La adherencia

La adherencia constituye la base fundamental de todo movimiento de rodadura, transmitiendo los esfuerzos de tracción y frenado. Durante mucho tiempo el problema de la adherencia no llegó a preocupar seriamente a los responsables de la tracción ferroviaria, ya que otros factores, como la potencia que podía ser instalada por eje motor, o la resistencia a rotura de los enganches entre vehículos, imponían mayores restricciones a los esfuerzos de tracción y frenado que la propia adherencia.

Sin embargo, la evolución técnica, principalmente la aparición y desarrollo del material motor eléctrico, cuya potencia específica fue aumentada de año en año, dio lugar a un cambio completo de los aspectos fundamentales del problema de tracción.

9.4.2.1 Concepto

Si se considera el par motor ejercido sobre un eje, su acción se traduce en la llanta de la rueda por una fuerza horizontal (F). Si la locomotora avanza, es que esta fuerza encuentra sobre el carril un apoyo, dicho de otro modo, una reacción igual y de signo contrario. La existencia de ese apoyo constituye la adherencia. Existirá adherencia siempre que el esfuerzo (F) sea inferior a un cierto límite. Matemáticamente:

$$F \leq \mu P$$

siendo P el peso de la rueda y μ el denominado coeficiente de adherencia.

Se comprende que cuanto mayor sea el peso por rueda, mayor será el esfuerzo horizontal que se pueda transmitir sin que la rueda patine. Si $F > \mu P$, el fenómeno cambia bruscamente de aspecto, se interrumpe la adherencia y la rueda desliza sobre el carril.

9.4.2.2 Factores que influyen en el coeficiente de adherencia

El coeficiente de adherencia (μ) no tiene un valor constante, sino que se ve influenciado por numerosos factores, tales como el estado de la superficie de los carriles, los movimientos que experimentan los vehículos durante su desplazamiento a lo largo de la vía, así como por la velocidad de circulación de aquellos.

Por lo que respecta a la repercusión en el coeficiente de adherencia del estado de los carriles, la figura 9.8 refleja dos de las situaciones más típicas: la primera (Fig. 9.8a), muestra la incidencia de la lluvia fina, que reduce prácticamente a la mitad el valor del citado coeficiente; la segunda (Fig. 9.8b) la situación derivada de la caída de hojas en otoño. Estas llegan a colocarse bajo las ruedas y son laminadas, convirtiéndose bajo los efectos de la humedad en una pasta viscosa que se dispersa sobre distancias considerables bajo el efecto de la circulación de los trenes. La capa delgada que se forma hace disminuir el coeficiente de adherencia hasta valores del orden de 0,05, tal como se ha comprobado experimentalmente (Fig. 9.8b).

Por otro lado, los ensayos realizados hace más de cincuenta años reflejaron que la adherencia disminuye con el aumento de la velocidad. En realidad, y tal como muestra la figura 9.8c, no puede hablarse de una única curva, sino de una nube de puntos que representan tanto la magnitud de la velocidad como el estado de los carriles. Resulta factible trazar las curvas envolvente superior e inferior y deducir una curva media. A efectos prácticos, es posible adoptar una expresión para esta curva media (Fig. 9.8c) del tipo:

$$\mu_v = \mu_o \left(a + \frac{b}{V + c} \right)$$

siendo:

μ_v = coeficiente de adherencia a la velocidad V

μ_o = coeficiente de adherencia a velocidad nula

a, b, y c = constantes de ajuste

En el ferrocarril español se emplea la relación:

$$\mu_v = \mu_o \left(0{,}2115 + \frac{33}{V + 42} \right)$$

El coeficiente μ_0 es un parámetro que proporciona el fabricante. Oscila entre 0,2 para locomotoras con motor eléctrico en corriente continua, sin equipos de antipatinaje, y 0,4 para locomotoras con motor trifásico y equipos antipatinaje. La locomotora 252, de RENFE, tiene un $\mu_0 = 0{,}37$ (A. García, 2005).

9.4.2.3 La adherencia en el arranque

La limitación que introduce la adherencia en el momento del arranque de un tren se traduce en la verificación de la expresión:

$$E_{\mu o} \leq 1.000 \, \mu_o L$$

siendo

$E_{\mu o}$ = esfuerzo tractor máximo admisible en llanta (kg) durante el arranque.

μ_0 = coeficiente de adherencia en el arranque

L = peso de la locomotora (t)

Por otra parte, el esfuerzo que tiene que vencerse a causa de las resistencias existentes en el arranque viene dado por la relación:

$$E = (Q + L)\, r_a + (Q + L)\, i$$

en donde:

E = resistencia total al arranque del conjunto del tren: locomotora + material remolcado (coches de viajeros o vagones de mercancías) (kg)

INFLUENCIA DE DIVERSOS FACTORES EN EL COEFICIENTE DE ADHERENCIA

a) Carril seco y en presencia de lluvia

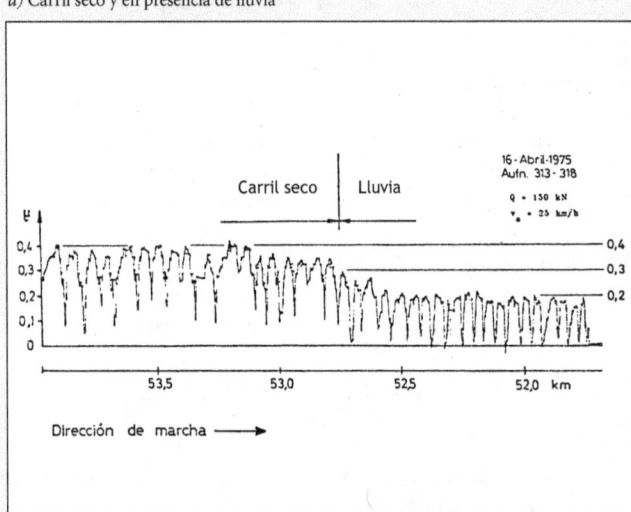

b) Influencia en la adherencia de la presencia de hojas secas sobre el carril

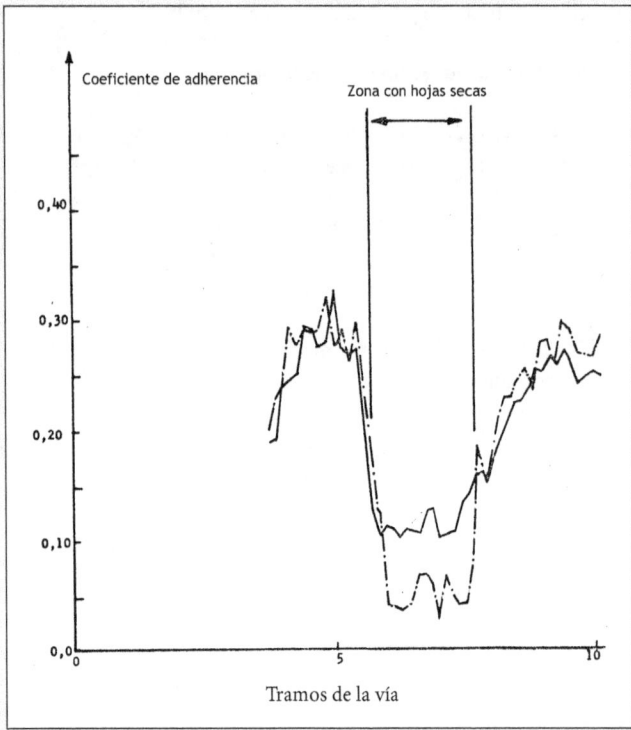

c) Evolución de la adherencia con la velocidad

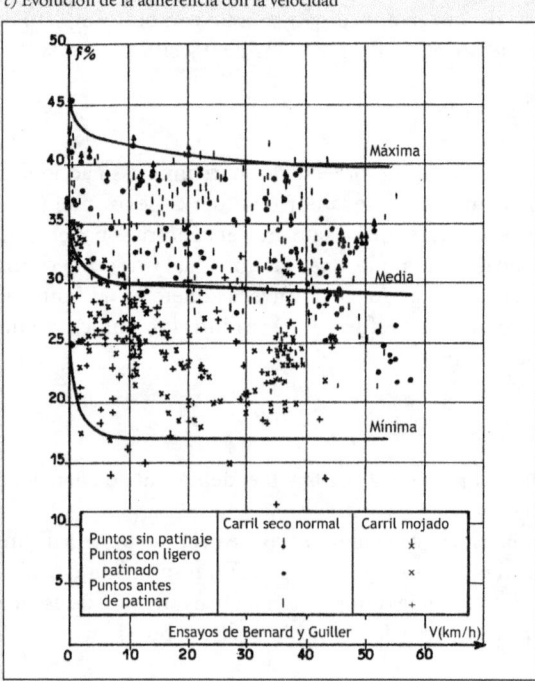

d) Intervalo de variación de la adherencia

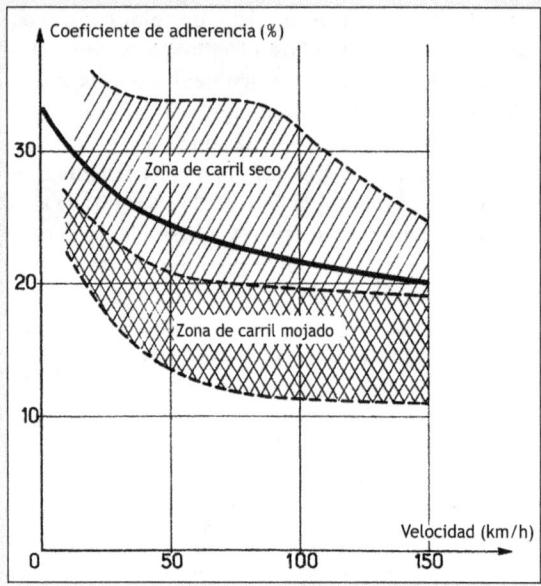

Fuente: M. Garreau (1965)

Fig. 9.8

Q = peso de la carga remolcada por la locomotora (t)

L = peso de la locomotora (t)

r_a = resistencia específica al arranque del tren en kg/t (=resistencia a la rodadura + aceleración de arranque)

i = rampa del trazado (si existiese) en milésimas

En consecuencia, deberá verificarse:
$$(Q + L) \, r_a + (Q + L) \, i \leq 1.000 \, \mu_o \, L \tag{9.4}$$

En el cuadro 9.2, se muestran dos ejemplos de cuantificación de la carga remolcable en el arranque por limitación de adherencia (Tessier, 1978), de acuerdo con el criterio francés.

CUADRO 9.2 CARGA REMOLCABLE EN EL ARRANQUE PARA DOS SITUACIONES DE REFERENCIA

Datos	Tren de viajeros	Tren de mercancías
Locomotora	BB (corriente continua) de 80 t	BB (monofásica) de 84 t
Rampa	8‰	10‰
Radio de curva	—	400m
Resistencia especifica al arranque	2da N/t	1,5 da N/t
Aceleración	8 cm/seg^2	2 cm/seg^2
Coeficiente de adherencia global	0,2	0,35

Cálculos		
Esfuerzo máximo al arranque	80t x 0,2= 16.000 daN	84t x 0,35 = 29.400 daN
Esfuerzo específico al arranque	2 (arranque) + 8 (aceleración) + (8 (rampa) = 18 da N/t	1,5 (arranque) + 2 (aceleración) + 10 (rampa) + 2 (curva) = 15,5 da N/t
Carga total al arranque (Q + L) (material remolcado + locomotora)	$(Q+L) = \dfrac{16.000}{18} \simeq 880t$	$(Q+L) = \dfrac{29.400}{15,5} \simeq 1.896t$
Carga arrancable (Q) por la locomotora	Q=880-80 t = 800 t	Q = 1.896 − 84 = ≃ 1.800t

Fuente: Adaptado de M. Tessier (1978)

9.4.3 Limitación del gancho de tracción

Los vehículos ferroviarios van provistos de enganches para su enlace con los vehículos contiguos o con la locomotora. La resistencia habitual de estos enganches oscila de 70 a 85 t. Si se admite que, sin riesgo de sobrepasar su límite elástico, es posible trabajar con un coeficiente de seguridad del orden de 2,4, se deducen los siguientes esfuerzos admisibles en tracción:

30 t para enganches de 70 t

36 t para enganches de 85 t

Por tanto, la condición de no rotura de los enganches en el momento del arranque del tren implica que se verifique la condición:
$$30 \text{ o } 36 \times 10^3 \text{ Kg} \geq Q \, (r_a + i) \tag{9.5}$$

con el significado indicado previamente para Q, r_a e i.

Si en la expresión anterior se introducen los precedentes valores de r_a para los trenes de viajeros (2 + 8 daN/t) y de r_a para los trenes de mercancías (1,5 + 2 daN/t), se deduce el valor de la carga arrancable, por criterio de gancho de tracción máxima, establecido por los ferrocarriles franceses (Tessier, 1978).

Perfil corregido en ‰ o da N/t	Viajeros	Mercancías	
		Gancho de 70 t	Gancho de 85 t
5	> 1.600 t	3.155 t	3.790 t
10	> 1.600 t	1.965 t	2.360 t
15	1.375 t	1.395 t	1.675 t
20	1.080 t	1.080 t	1300 t
30	745 t	745 t	895 t

9.4.4 Carga remolcable en el arranque

La consideración conjunta de las expresiones 9.4 y 9.5 permite deducir los siguientes valores para la carga remolcable (Q).

De la expresión 9.4:
$$Q \leq \frac{1000 \, \mu_o \, L}{(r_a + i)} - L \tag{9.6}$$

De la expresión 9.5

$$Q \leq \frac{30 \text{ a } 36 \times 10^3}{(r_a + i)} \quad (9.7)$$

Naturalmente, la carga máxima en el arranque será el menor valor del obtenido con las expresiones 9.6 y 9.7.

9.4.5 Carga remolcable a velocidad constante

Para esta situación, las expresiones que hay que utilizar son análogas a las consideradas en el momento del arranque con sólo sustituir: μ_v por μ_o y r_v por r_a, así como incorporando la resistencia al avance de la locomotora.

Matemáticamente:

- Resistencia al avance de la locomotora:

$$R_L = 0{,}65\,L + 13\,n + 0{,}01\,LV + 0{,}03\,V^2$$

- Resistencia al avance de los vehículos:

$$r_v = \alpha + \beta V^2$$

teniendo α y β los valores indicados con anterioridad para cada tipo de vehículo: coches de viajeros o vagones de mercancías.

La resistencia total al avance de un tren formado por locomotora y varios vehículos, dando lugar a una carga remolcable (Q), será:

$$R_{TOTAL} = R_L + r_V \cdot Q + i\,(L + Q)$$

En síntesis, se tendrá:

a) *Por adherencia:*

$$R_L + r_V\,Q + i\,(L + Q) \leq 1.000\,\mu_v\,L$$

b) *Por gancho de tracción*

$$30 \text{ o } 36 \cdot 10^3 \geq (r_v + i)\,Q$$

De donde se deducen los valores de la carga remolcable durante la circulación a V (km/h):

$$Q \leq \frac{1000\,\mu_v\,L - (R_L + iL)}{(r_v + i)} \quad (9.8)$$

$$Q \leq \frac{(30 \text{ o } 36) \cdot 10^3}{(r_v + i)} \quad (9.9)$$

considerándose como valor práctico (para Q) la magnitud inferior deducida de las dos expresiones anteriores.

La figura 9.9 ilustra la influencia que la rampa de un trazado desempeña en la velocidad de circulación de una composición a igualdad de potencia en la locomotora y de carga remolcada.

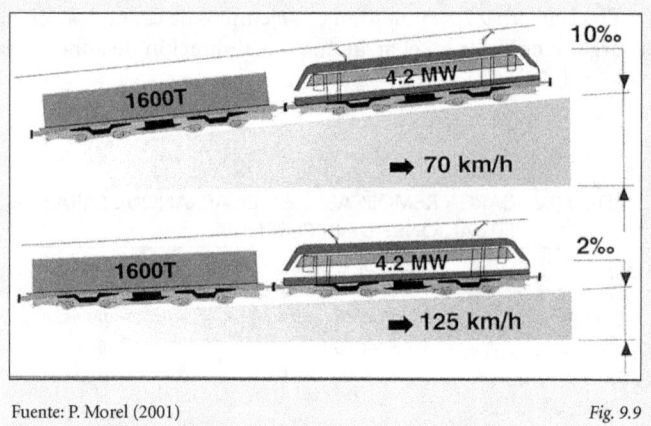

Fuente: P. Morel (2001) — Fig. 9.9

En forma análoga, la figura 9.10 muestra la repercusión, en términos de carga remolcable y velocidad de circulación, del trazado actual de la línea franco-italiana del túnel del Frejus con rampas máximas de 30‰ y de la nueva línea proyectada con rampas máximas alrededor de 10 a 12‰.

Resulta igualmente ilustrativo conocer el impacto del nuevo túnel de base del Lotschberg sobre la carga remolcable y las velocidades de los trenes de viajeros y mercancías previstos por los ferrocarriles suizos (Fig. 9.11). Este túnel ha sido proyectado con rampas máximas alrededor de 10 a 12‰.

9.4.6 Limitaciones complementarias para establecer la carga práctica remolcable

Cuando se trata de precisar la carga máxima remolcable por una locomotora en una línea dada, es necesario considerar, además de los aspectos precedentes que hacían referencia a la posibilidad real del movimiento, otros factores que condicionan, en cierto modo, aquellos. Nos referimos a:

CONEXIÓN FERROVIARIA EN LA FRONTERA FRANCO-ITALIANA

a) Perfil línea tradicional y nueva línea

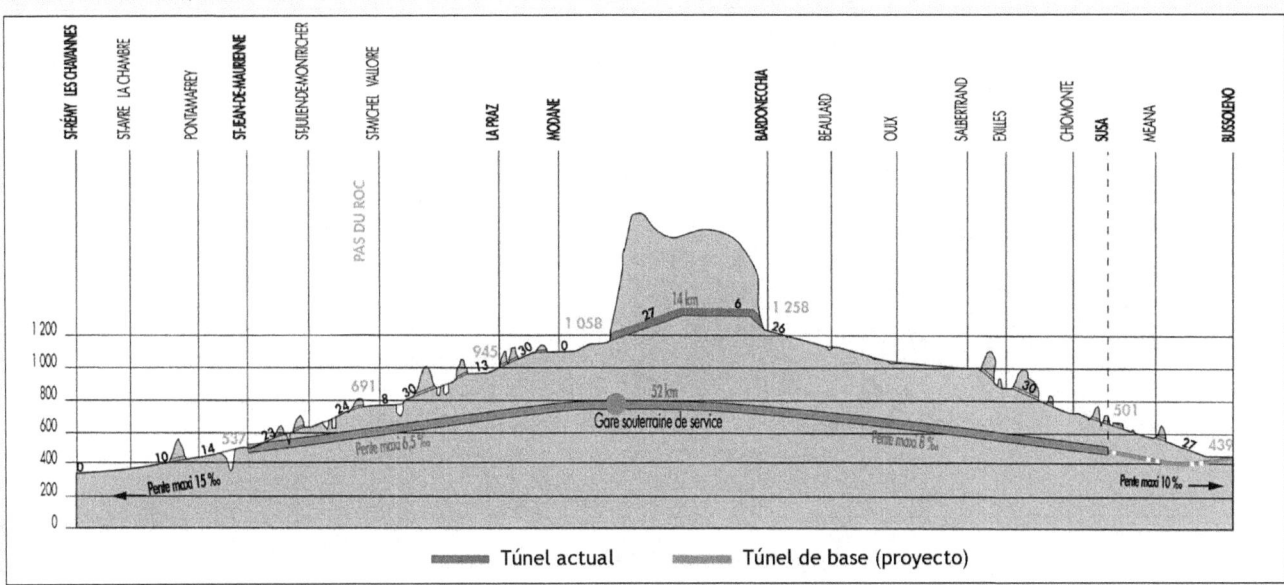

b) Esquema simplificado del perfil del túnel de Frejús

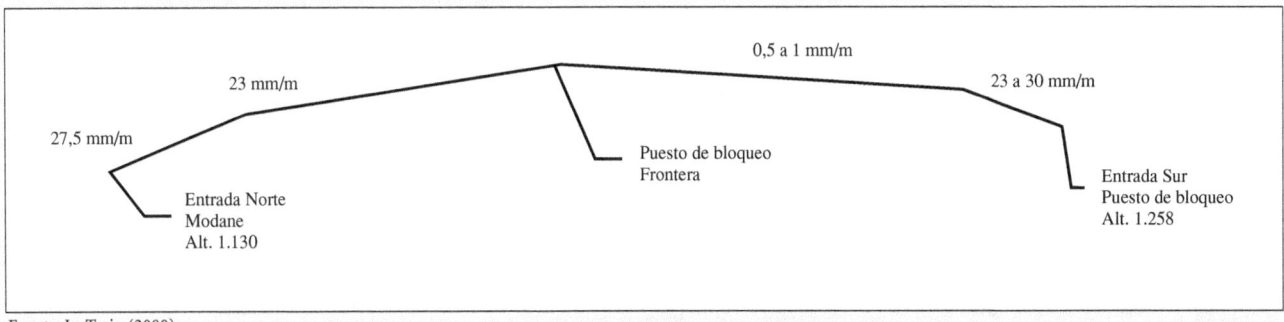

Fuente: Le Train (2000)

c) Carga remolcable por la línea actual y por la nueva línea

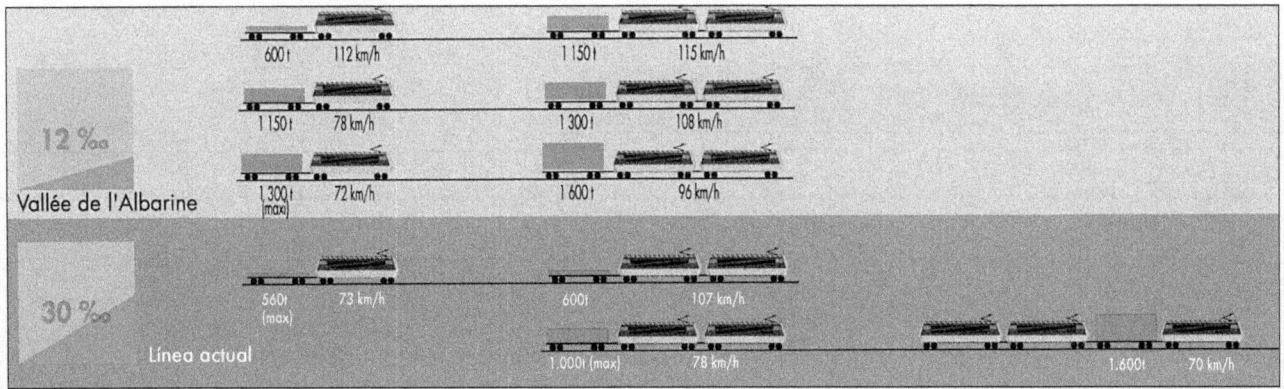

Fuente: Alpetunnel (1998)

Fig. 9.10

NUEVOS TÚNELES DE GRAN LONGITUD EN SUIZA

a) Ejes ferroviarios principales en Suiza

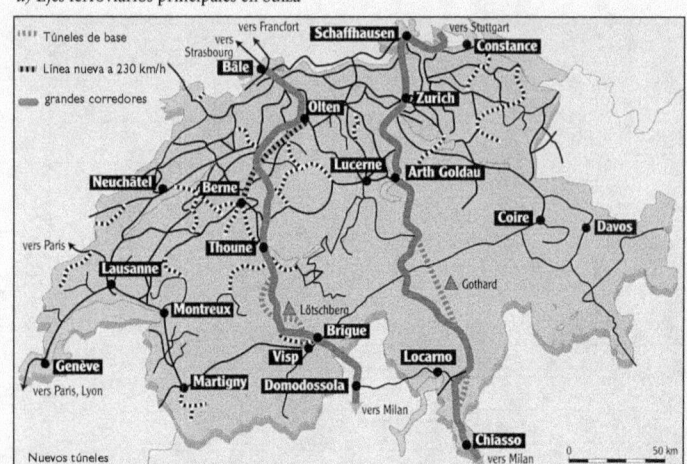

b) Perfil línea existente y nuevo trazado

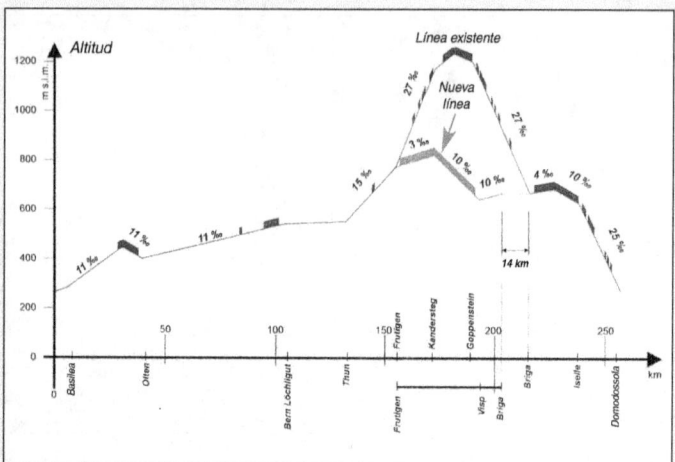

c) Posibilidades de transporte de mercancías por ferrocarril por los nuevos túneles de San Gotardo y Lotschberg

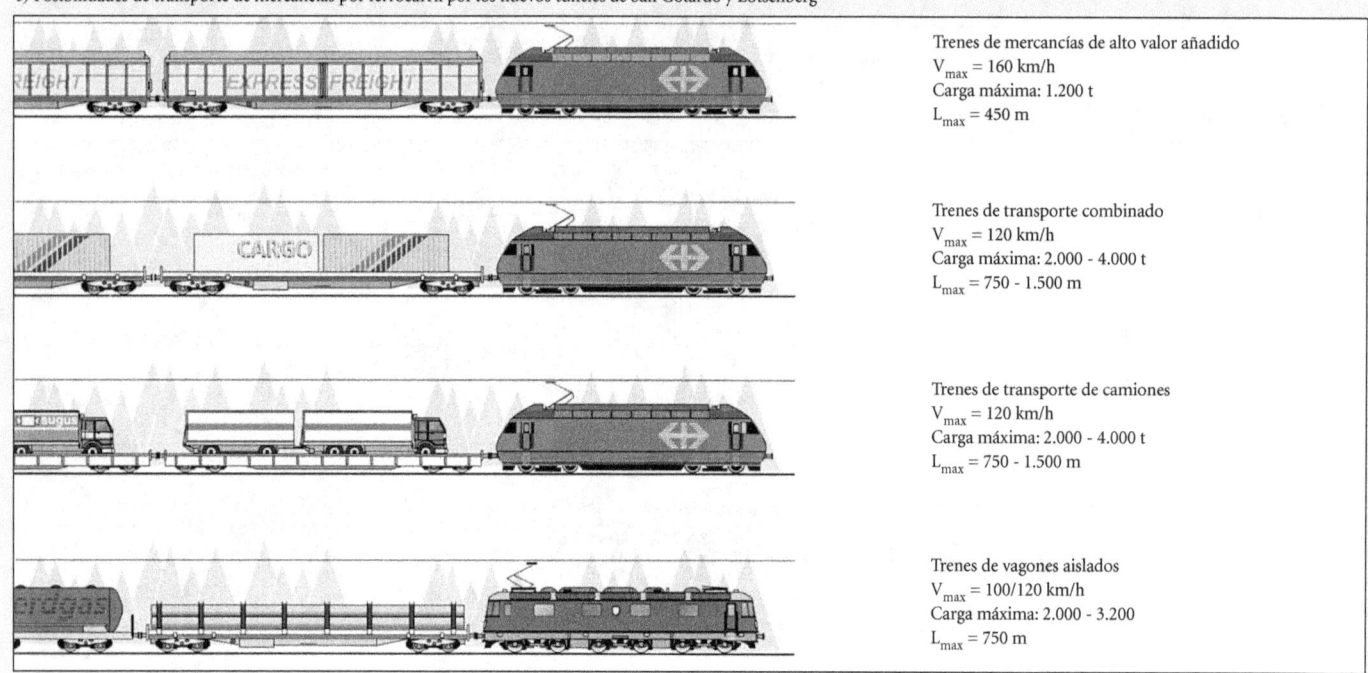

Fuente: Ferrocarriles suizos

Fig. 9.11

1. Máximo número de ejes que puede llevar una composición ferroviaria por imperativos de frenado. En general, 80 ejes para $80 < V \leq 110$ Km/h y 40 ejes para 120 a 140 km/h.

2. Longitud máxima existente en los andenes de las estaciones. Esta variable condiciona la posibilidad de subida y bajada de los viajeros a los vehículos. La magnitud depende de las características de cada estación, pero puede establecerse como límite superior los 600 metros.

3. Distancia entre piquetes en las estaciones. Establece la longitud máxima que puede tener un tren para que sea factible su cruce con otro tren en las estaciones existentes a lo largo de una línea.

9.4.7 Diagramas esfuerzo-velocidad de una locomotora

En apartados precedentes se han indicado el esfuerzo máximo que puede producirse en el momento del arranque de un tren por criterio de adherencia y el esfuerzo necesario para hacer circular un tren a una cierta velocidad. Es indudable que los citados esfuerzos deben ser proporcionados por las locomotoras de cada composición, de donde se deduce el interés de conocer, para cada una de ellas, los diagramas denominados *esfuerzo-velocidad*, es decir, el esfuerzo que puede dar una locomotora en función de la velocidad de circulación. En la figura 9.12 se muestran algunos ejemplos del citado diagrama, para dos tipos de locomotoras, y se comparan con el esfuerzo necesario para arrastrar unas determinadas composiciones a una velocidad dada en función de la rampa máxima existente en la línea.

La locomotora de la serie 252 de RENFE (Fig. 9.12a) es capaz de desarrollar en tracción una potencia continua de 5600 Kw entre 70 y 220 km/h. Nótese (Fig. 9.12b) como el esfuerzo tractor máximo es

CURVAS CARACTERÍSTICAS ESFUERZO-VELOCIDAD DE LAS LOCOMOTORAS DE LAS SERIES 252 Y 42700

a) Locomotora 252

b) Curvas características de tracción (Potencia cont.: 5.600 kw)

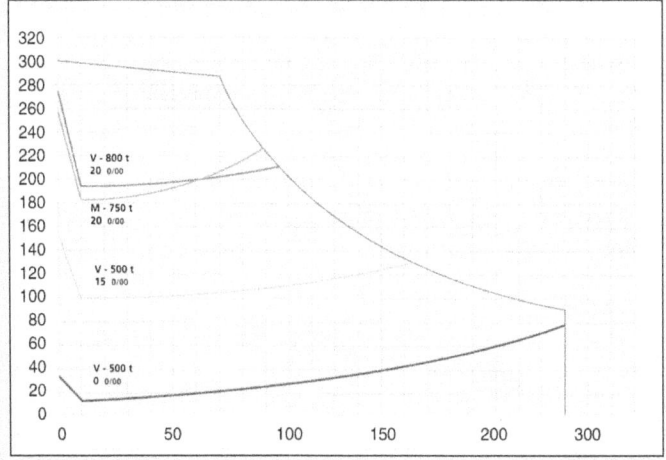

Fuente: Doble Tracció

c) Locomotora BB Serie 427000

Fuente: Le Train (2006)

d) Curvas características

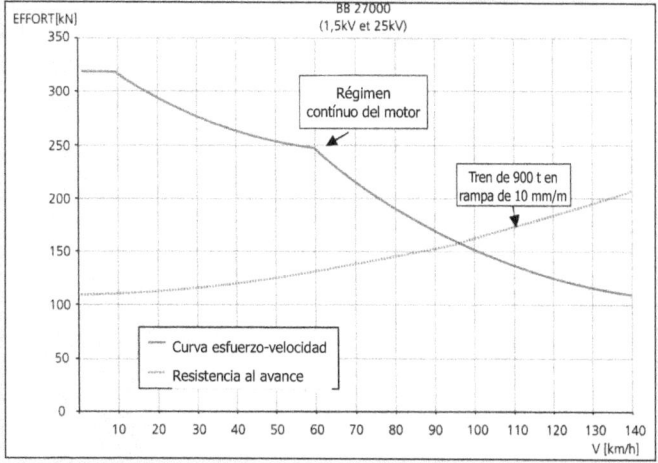

Fuente: C. Laurencin et. al. (2002)

Fig. 9.12

de 300 KN en el momento del arranque. El esfuerzo tractor continuo tiene un valor de 290 KN a una velocidad de 70 Km/h y se reduce a 90 KN a la velocidad máxima (220 Km/h). Este tipo de locomotora puede arrancar y remolcar, como se observa en la citada figura 9.12b:

a) Trenes de viajeros de 500 toneladas en horizontal, con una aceleración residual de 5cm/seg^2
b) Trenes de mercancías de 800 toneladas en rampas de 20 milésimas, a 80 km/h.

Por lo que respecta a la locomotora de la serie BB427000 (Fig. 9.12c), de los ferrocarriles franceses, la figura 9.12d muestra el diagrama esfuerzo-velocidad. Se constata que con una potencia máxima de 4200 Kw, desarrolla un esfuerzo máximo en el arranque de 320 KN. Este nivel de prestaciones le permite arrastrar trenes de 1800 toneladas en rampa de 10‰. Para una carga de 900 t, y con la misma rampa, puede alcanzar velocidades de al menos 80km/h.

9.5 POTENCIA NECESARIA

La potencia mecánica necesaria en el material motor se obtiene multiplicando el esfuerzo tractor por la velocidad de circulación. Expresando el esfuerzo en newtons y la velocidad en m/seg, se obtiene la potencia en vatios, aun cuando, en general, su valor se da en Kilovatios.

Por lo que respecta al material motor preponderantemente utilizado para el tráfico de viajeros, la tendencia en la última década ha sido la de disponer locomotoras con potencias iguales o superiores a 5000 Kilovatios, tal como se muestra en el cuadro 9.3 con una velocidad punta situada en el intervalo de los 200 a 230km/h.

Es usual referirse a la potencia ofrecida por unidad de peso del material motor. Este indicador proporciona una idea bastante visual de las cualidades de la locomotora.

A lo largo del tiempo, su magnitud ha experimentado un notable crecimiento, pasando de los 15 a 20 kw/t en las locomotoras eléctricas del primer tercio del siglo XX a los actuales valores de 50 a 60 kw/t.

CUADRO 9.3 POTENCIA MÁXIMA DE ALGUNAS MODERNAS LOCOMOTORAS EUROPEAS

País	Designación de la locomotora	Velocidad máxima (Km/h)	Potencia (Kw)
Austria	Rh 1016	230	6,400
Alemania	E 101	220	6,400
Francia	BB 26,000	200	5,600
Francia	BB 36,000	220	5,600
Italia	E 402 B	220	5,600
Italia	E 412	200	6,000
Suiza	Re 4/4 465	230	7,000
Bélgica	T 13	200	5,000
España	S 252	220	5,600

Fuente: Elaboración propia con datos de Wiart (1997), Martin (1993), Marini (1997), Herisse (1996) y De Chareil (1997)

En cuanto a las locomotoras empleadas básicamente en el transporte de mercancías, en el cuadro 9.4. se explicita la potencia de algunas series actuales. En la figura 9.13 se visualizan algunas de las locomotoras mencionadas en los cuadros 9.3. y 9.4.

CUADRO 9.4 POTENCIA DE MODERNAS LOCOMOTORAS PARA EL TRANSPORTE DE MERCANCÍAS

País	Designación de la locomotora (año)	Velocidad máxima (Km/h)	Potencia (Kw)
Suiza	Re 482 (2002-2006)	140	5.600
Alemania	E 185	140	5.600
Francia	BB 437000	140	4.200

Cabe señalar, por último, que se diferencian habitualmente dos tipos de potencia: la denominada *potencia unihoraria*, que corresponde a la que puede ofrecer el motor de la locomotora durante un corto espacio de tiempo, y la conocida como *potencia continua*, que es la que puede ofrecer el material de forma indefinida.

Se recuerda que, en determinadas situaciones, la totalidad de la potencia de los motores no se destina al movimiento del tren, por ser necesaria la alimentación de algunos servicios auxiliares (calefacción, iluminación, etc.).

VISUALIZACIÓN DE ALGUNAS LOCOMOTORAS FERROVIARIAS

a) BB36000

b) 460

c) BB437000

d) S252

e) Rh 1016

f) E 185

Fuente: Rail Passion, OBB, La Vie du Rail y Voies Ferrees

Fig. 9.13

10

RESISTENCIAS AL AVANCE, ADHERENCIA Y POTENCIA DE LAS RAMAS DE ALTA VELOCIDAD

10.1 INTRODUCCIÓN

El progresivo incremento de las velocidades comerciales de circulación hasta 200 Km/h por las líneas convencionales (en 1967 se alcanzaba ya este nivel de prestaciones en algunas secciones de la línea París-Toulouse) puso de manifiesto el rápido aumento de las resistencias al avance. Así, en 1970, Nouvion mostraba (Fig. 10.1a) la variación de las mismas para una composición formada por 7 coches de 45 t cada uno, arrastrados por una locomotora CC de 120 t de peso.

En la citada figura 10.1a se observa que el paso de 160 a 200 Km/h llevaba consigo un aumento de la resistencia al avance del orden de 1,5 veces, mientras que para velocidades de 250 Km/h dicho esfuerzo casi se triplicaría respecto al correspondiente a 160 Km/h. Una eventual circulación a 300 Km/h significaría una resistencia al avance superior a 10 t. En este ámbito resulta de interés visualizar en el cuadro 10.1 el valor total de la resistencia al avance de la citada composición y la contribución efectuada tanto por la locomotora como por los coches de viajeros.

CUADRO 10.1 RESISTENCIA AL AVANCE DE UNA COMPOSICIÓN CLÁSICA FORMADA POR LOCOMOTORA Y COCHES DE VIAJEROS

Resistencia (t)	Velocidad (km/h)		
	100	200	300
Locomotora	0,6 (23%)	1,6	2,5
Coches	2,0 (77%)	5,2	8,2
Total	2,6	6,8	10,7

Fuente: Elaboración propia.

Se constata que la resistencia al avance ofrecida por la locomotora representa el 23% de la resistencia total, siendo la mayor contribución la causada por los coches de viajeros. Se comprende, por lo tanto, el interés, e incluso la necesidad, de evitar potencias motrices excesivas, de reducir la resistencia al avance cuya componente principal es, como se mostró con anterioridad, la debida al viento. Para la resistencia frontal es bien conocida la expresión clásica:

$$R = \frac{1}{2} \rho S C_f V^2$$

siendo ρ la densidad del aire; S la superficie frontal del tren; C_f, coeficiente que depende entre otros factores, de la forma de los vehículos, y V la velocidad de los mismos.

Según la citada expresión, con la llegada de la alta velocidad se llevaron a cabo importantes estudios para tratar de buscar el óptimo de la sección transversal de las ramas de alta velocidad y el valor mínimo del coeficiente de forma (C_f). En este contexto es de interés observar (Fig. 10.1b, 10.1c y 10.1d) los resultados de los estudios efectuados por los ferrocarriles franceses respecto a la repercusión en la resistencia al avance de ramas de 200 m de longitud con diferentes anchuras y alturas. Las dimensiones adoptadas para el TGV001 fueron: 2,8 m en anchura y 3,4 m en altura.

En cuanto al coeficiente de forma, la figura 10.2 ilustra el perfil adoptado para las ramas TGV y el Talgo 350, cuyo aspecto aerodinámico contrasta claramente con el perfil de las locomotoras clásicas. La limitada repercusión del material motor en la resistencia al avance de una composición, tal como quedó reflejado en el cuadro 10.1, justificó el no dar a las locomotoras un perfil aerodinámico. La figura 10.2b proporciona una visión comparada de las soluciones

INFLUENCIA DE LAS CARACTERÍSTICAS DEL MATERIAL EN LA RESISTENCIA AL AVANCE

a) Locomotora + siete coches

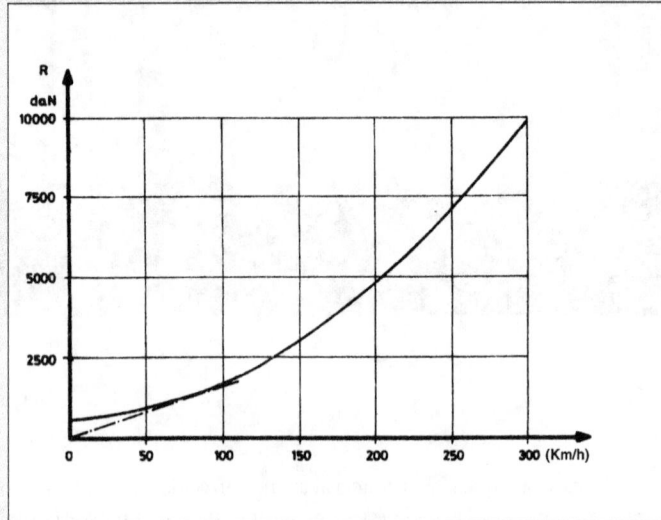

b) Influencia de la anchura de la rama

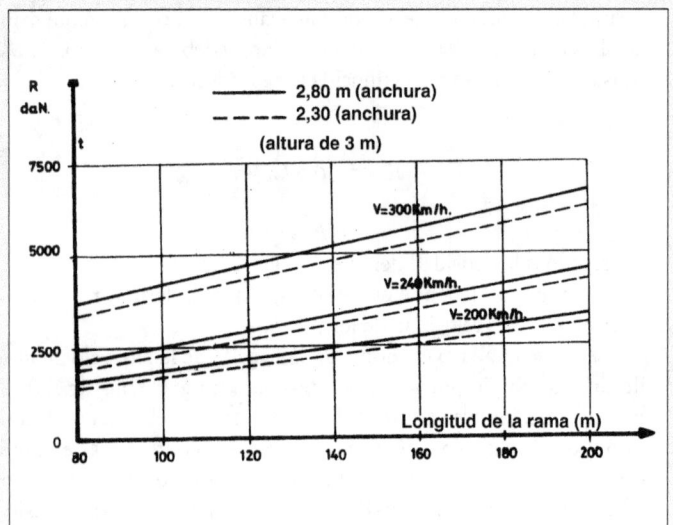

c) Influencia de la altura de la rama (L = 200)

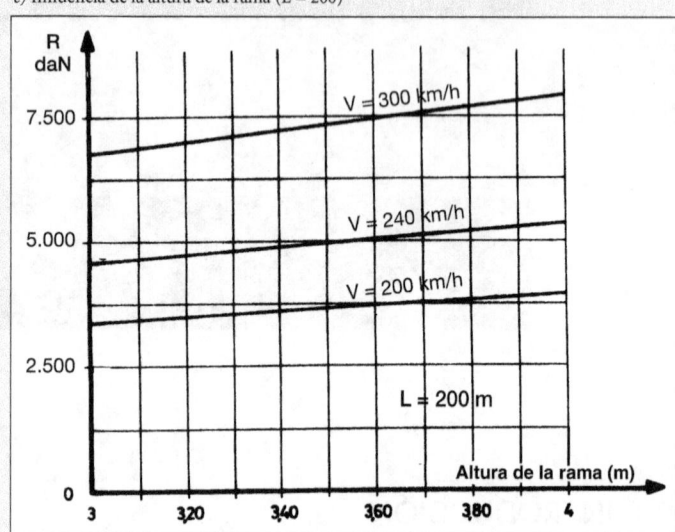

d) Influencia de la altura de la rama (L = 400m)

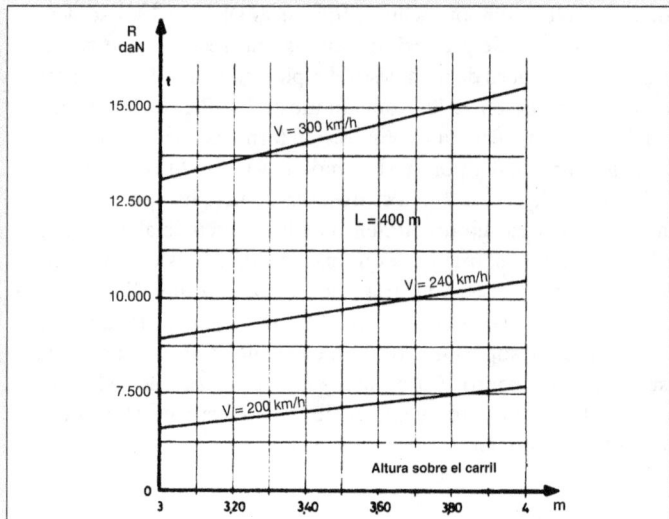

Fuente: ORE (1972)

Fig. 10.1

SECCIÓN TRANSVERSAL TIPO DE LOCOMOTORAS PARA V < 200 KM/H Y DE RAMAS DE ALTA VELOCIDAD

a)

b)

c) Perfil aerodinámico de algunas ramas de alta velocidad en Japón

Fuente: Tomada de la UIC

Fig. 10.2

adoptadas para algunas de las ramas de alta velocidad en la red japonesa.

El resultado práctico del diseño del TGV fue una notable reducción de la resistencia al avance respecto a las composiciones clásicas formadas por locomotora y coches remolcados. La expresión de referencia fue:

$$R = 390 + 4{,}07\,V + 0{,}063\,V^2$$

para evaluar la resistencia al avance de ramas TGV constituidas por 10 vehículos, dando lugar a una longitud total de 200 m y un peso de 407 t. La aplicación de la expresión precedente conduce a los resultados del cuadro 10.2.

Se comprueba que la rama de alta velocidad se caracteriza por tener una resistencia al avance a 300 Km/h, un 15% menor que la presentada por una composición clásica a 200 Km/h. A igualdad de velocidad (300 Km/h), la rama TGV tiene una resistencia al avance casi un 50% inferior a la del material convencional.

CUADRO 10.2 ANÁLISIS COMPARADO DE LAS RESISTENCIAS AL AVANCE DE COMPOSICIONES CLÁSICAS Y DE RAMAS TGV

Composición	Velocidad (km/h)		
	100	200	300
Locomotora + 7 coches	2,6 (t)	6,8 (t)	10,7 (t)
Rama TGV 10 coches	1,3 (t)	3,7(t)	5,7 (t)

Fuente: Elaboración propia

Por lo que respecta al coeficiente de forma, es de interés mostrar (Fig. 10.3) la variación relativa de su magnitud con el paso del tiempo (1964-1999) en algunas ramas japonesas de alta velocidad.

Nótese también su repercusión en términos de resistencia al avance, en particular para velocidades superiores a 200 km/h. De forma explícita puede señalarse que una reducción del 50% en el coeficiente de forma representó, para una velocidad de 300 km/h, una disminución en la resistencia al avance superior al 25%, con el consiguiente impacto en la reducción del consumo de energía.

INFLUENCIA DE LA AERODINÁMICA DE LAS RAMAS JAPONESAS EN LA RESISTENCIA AL AVANCE

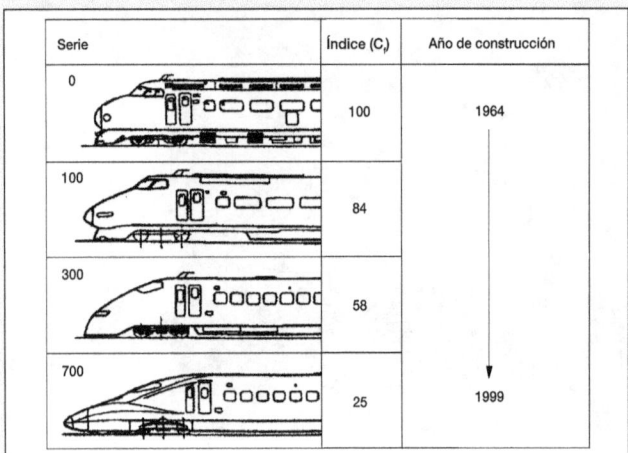

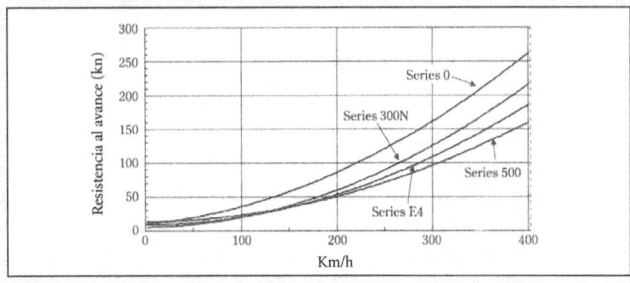

Fuente: M. Ito y T. Watanabe (2000)   Fig. 10.3

10.2 LA RESISTENCIA AL AVANCE DE RAMAS DE ALTA VELOCIDAD: LA EXPERIENCIA FRANCESA

Para las composiciones clásicas, la experiencia disponible puso de relieve, como se expuso con anterioridad, la expresión general de variación de la resistencia al avance en función de la velocidad de circulación, que presentaba la forma:

$$R = A + BV + CV^2 \qquad (10.1)$$

Los numerosos ensayos realizados por los ferrocarriles franceses en la década de los años setenta del siglo XX confirmaron la bondad también de la citada expresión para las ramas de alta velocidad. En todo caso, fue posible explicitar la relación de dependencia existente entre los parámetros A, B y C, con las características constructivas de cada rama. De acuerdo con Senac (1976) se tiene:

• *Parámetro A*

Depende del peso por el eje de los vehículos y del peso total de la composición. Matemáticamente:

$$A = \lambda \sqrt{\frac{10}{P}} \, M \qquad (\text{daN})$$

siendo:

λ = factor comprendido entre 0,9 y 1,4 dependiendo del vehículo considerado

P = peso por eje (t)

M = peso total de la composición (t)

• *Parámetro B*

Se considera proporcional al peso total de la composición:

$$B \simeq 0{,}01\, M \qquad (\text{daN})$$

La suma de las resistencias A y B proporcionan, como orden de magnitud, para $\lambda = 1$, $P = 18$t y $V = 300$ km/h, un valor de 3,7 daN/t.

Recientemente, Alberto García (2005) precisaba la importancia relativa en el parámtro B de la resistencia debida a la entrada de aire en el interior de un tren. De forma explícita, significaba que en los trenes en marcha, entra y sale de forma permanente una notable cantidad de aire: la necesaria para la refrigeración de los motores y la que precisa para la renovación de aire de los viajeros. Para esta segunda finalidad los caudales típicos suelen ser de 10 a 20 m³ por persona y hora, dependiendo de la temperatura exterior.

La cantidad de aire total que entra en los trenes es importante. Por ejemplo, el tren Talgo 350 (serie RENFE 102) necesita 32,4 m³/s para la refrigeración de los motores de las cabezas tractoras y 44, 9 m³/s para la renovación del aire; es decir, un tren de alta velocidad de 350 plazas puede precisar mas de 77,3 m³/s(el ICE 3, de 400 plazas, requiere casi 150 m³/s). Al entrar este aire en el tren debe ser acelerado casi instantáneamente, por lo que el tren hace sobre esta masa de aire una fuerza hacia delante y por lo tanto, el tren experimenta una fuerza de reacción hacia atrás de igual valor:

$$R_{ea} = \frac{Q \times \rho \times dV}{dt} \times \frac{1}{3,6 \times 10}$$

donde

R_{ea} = fuerza instantánea que se opone al avance del tren como consecuencia de la entrada de aire en el mismo. Al ser continua la entrada de aire, se convierte en la *resistencia al avance* debida a la entrada de aire de refrigeración y el aire acondicionado (daN).

t = unidad de tiempo en que se produce el proceso, en segundos.

Q = gasto másico, o flujo de aire que entra en el tren, en m³/s.

ρ = densidad del aire (kg/m³), con valor típico de 1,225 kg/m³ a 15⁰ C y a presión atmosférica estándar a nivel del mar.

V = velocidad del tren en km/h.

De ello se deduce que el valor del término B dependiente de la velocidad (en la parte debida a la entrada de aire en el tren) es:

$$B = Q \cdot \rho \cdot 0,0277 \simeq 0,034 \, Q \text{ (daN/km/h)}$$

• *Parámetro C*

Es el parámetro que más influenciado se ve por numerosas variables:

$$C = K \cdot \rho S + K_1 \cdot p \, [\, L + (n\text{-}1) \, \Delta L \,] \qquad (10.2)$$

siendo:

K = coeficiente dependiente de la forma frontal del vehículo. La SNCF indica para material convencional un valor de $20 \cdot 10^{-4}$, mientras que para las ramas TGV vale $9 \cdot 10^{-4}$

ρ = peso específico del aire

S = superficie de la sección transversal del vehículo. Una locomotora convencional tiene una sección de 10 a 12 m², mientras que las ramas TGV de primera generación se situaban en torno a 9m².

K_1 = coeficiente dependiente de las características de la superficie lateral de los vehículos. Para vehículos convencionales vale $30 \cdot 10^{-6}$ y para el TGV, 20×10^{-6}.

p = perímetro de la sección transversal del tren contado de carril a carril ($\simeq$ 10 m)

L = longitud total de la composición. Para un TGV, 200 m.

n = número de elementos que componen la rama

ΔL = longitud ficticia equivalente al efecto de la separación entre dos vehículos consecutivos

Se recuerda que ρ depende de la presión atmosférica (P_a) y de la temperatura (t), de acuerdo con la expresión:

$$\rho = \rho_a \frac{P_a}{1.013} \cdot \frac{273,16}{273,16 + t}$$

siendo ρ_a = 1,293 kg/m³ a la presión atmosférica normal y P_a=1013 mbar a la temperatura de cero grados centígrados.

La aplicación de la expresión 10.2 sobre la a distintos tipos de composiciones proporciona los resultados de la figura 10.4.

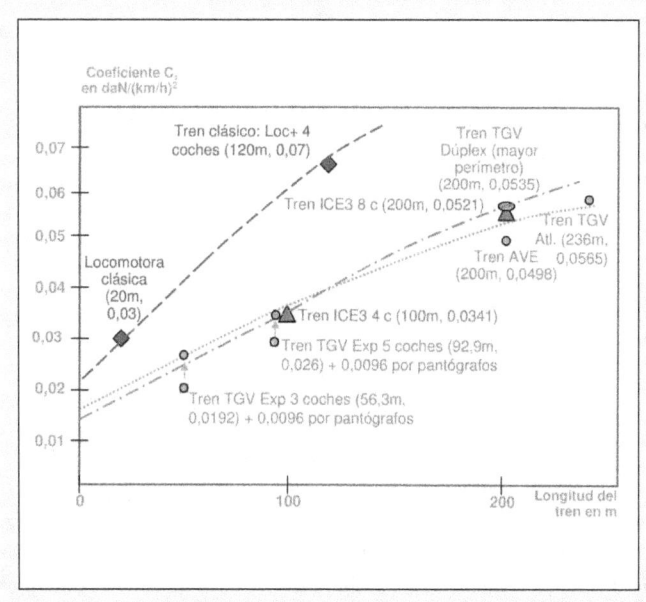

EVOLUCIÓN DEL COEFICIENTE C CON LA LONGITUD DEL TREN

Fuente: Alberto García (2005)

Fig. 10.4

En la citada figura 10.4 puede observarse la referencia que se efectúa respecto a la resistencia ofrecida por el o los pantógrafos intalados en una rama. Para los primeros equipos disponibles (con posterioridad se fue reduciendo su resistencia al avance), su contribución a la misma podía evaluarse por el parámetro: $19{,}8 \times 10^{-4}$ daN/(km/h)^2.

La expresión general 10.1 representa la resistencia al avance con velocidad del viento exterior igual a cero. En presencia de éste y en primera aproximación, puede sumarse (A. García, 2005) la componente longitudinal del viento con la velocidad del tren (ver esquema adjunto).

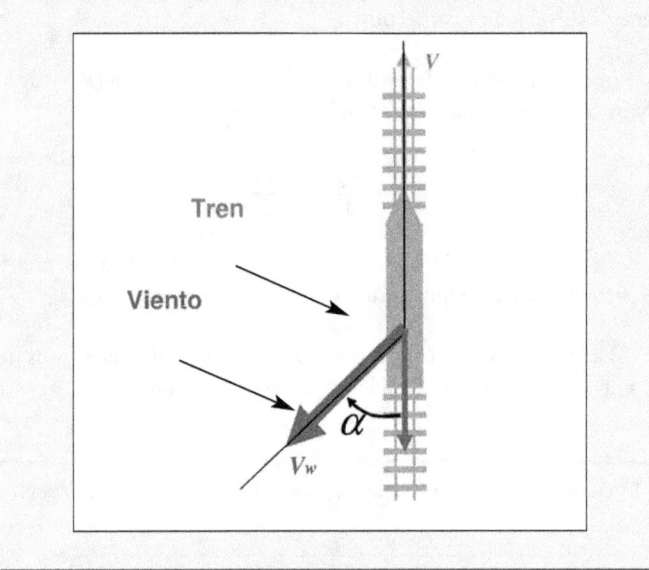

Se señala que esta componente del viento sólo afectaría en la fórmula de la resistencia al avance al término proporcional al cuadrado de la velocidad, ya que el término dependiente de la velocidad sólo tiene en consideración la entrada y salida de aire en el tren y otros factores no aerodinamicos.

Bajo este punto de vista, la fórmula de la resistencia al avance en recta, a cielo abierto, y con una velocidad del viento V_w soplando con un ángulo α con la dirección del movimiento del tren, sería:

$$R_{ar_{viento}} = -[A + (B + V) + C\,(V + V_w \times \cos\alpha)^2]$$

Una idea aproximada del efecto del viento sobre la resistencia al avance, la encontramos en Alcol (2002): «Se estima que vientos menores en tiempos calmados incrementan la resistencia al avance del tren en un 10%. En un día con vientos fuertes el aumento sería de un 50% a velocidades de 200 km/h. Para trenes a velocidades de 300 km/h y un viento de 54 km/h, que sople en la dirección más crítica de 300°, el aumento sería del 60%».

10.3 FÓRMULAS PRÁCTICAS DE RESISTENCIA AL AVANCE DE RAMAS DE ALTA VELOCIDAD

Las primeras líneas de alta velocidad operativas en Europa tuvieron lugar en Francia, 1981/83 y 1989; Alemania, 1991, y España e Italia, en 1992. Fueron por tanto franceses y alemanes los que hicieron posibles las primeras expresiones prácticas para cuantificar la resistencia al avance de ramas de alta velocidad.

Por lo que respecta al caso francés, es de interés dejar constancia que desde los primeros diseños de las ramas francesas de alta velocidad hasta la versión definitivamente puesta en servicio comercial, se produjeron modificaciones que afectaron a la resistencia al avance. Así, en 1975 para una rama TGV semiarticulada, en versión eléctrica y con una composición M+8R+M (motor más ocho coches remolques más motor), dando lugar a un peso total de 390 t, la resistencia al avance era:

$$R = 382 + 3{,}90\,V + 0{,}0623\,V^2 \qquad (\text{daN})$$

en la siguientes condiciones: sin viento, a 15°C, y con una presión de 1013 mbar.

Con posterioridad, las evoluciones constructivas experimentadas en la rama TGV, así como la inclusión de un viento medio de 8 Km/h, condujeron a la expresión:

$$R = 390 + 4{,}07\,V + 0{,}0632\,V^2 \qquad (\text{daN})$$

con V (Km/h) y un peso total de 407 t.

Por último, en 1981, con las ramas TGV en servicio comercial, la expresión que se retuvo para el cálculo de horarios, consumo de energía, etc., fue:

$$R = 254 + 3{,}34\,V + 0{,}0572\,V^2 \qquad (\text{daN})$$

en las condiciones atmosféricas antes indicadas y con un peso total de 418 t.

Por lo que se refiere a la resistencia al avance del tren ICE de primera generación, la expresión considerada [J.L Peters (1990)] fue:

$$R = 11{,}4m + (0{,}025\,m + 13{,}8)\,V + (0{,}19 + 0{,}045\,n)\,V^2$$

siendo:

R = resistencia al avance (N)

m = peso del tren (t)

V = velocidad de circulación (Km/h)

n = número de coches entre las cabezas motrices

Es importante puntualizar que no resulta posible efectuar una comparación directa entre las resistencias al avance de distintas ramas, porque en general la longitud y el peso total varía de unas a otras. En todo caso, A. García (2005) proporciona (Cuadro 10.3) los valores de los coeficientes A, B, y C de la expresión general, así como de sus respectivos coeficientes específicos.

Para concluir con este apartado, se considera de interés visualizar (Fig. 10.5) el peso relativo de cada uno de los componentes de la velocidad de circulación, para el caso del tren Talgo 350 (S102 en la denominación de RENFE) a lo largo de una rampa de 11,2 mm/m (valor medio de las zonas con rampa de la línea de alta velocidad Madrid-Barcelona).

CUADRO 10.3 COEFICIENTES ABSOLUTOS Y ESPECÍFICOS DE LAS FÓRMULAS DE RESISTENCIA AL AVANCE EN DIVERSOS TRENES CONVENCIONALES Y DE ALTA VELOCIDAD

Tren	Masa	Coeficientes absolutos			Coeficientes específicos		
Unidad	(t)	A daN	B daN/km/h	C daN/(km/h)^2	A daN	B daN/km/h	C daN/(km/h)^2
TGV Sud Est	418	235	3,09	0,0535	0,562	0,00739	$1,280\times10^{-4}$
TGV Reseau	416	270	3,30	0,0510	0,649	0,00793	$1,226\times10^{-4}$
TGV Atlantique	490	380	3,90	0,0565	0,776	0,00796	$1,153\times10^{-4}$
TGV Duplex	424	270	3,20	0,0535	0,637	0,00755	$1,262\times10^{-4}$
TGV Regional	231	170	1,51	0,0341	0,735	0,00654	$1,474\times10^{-4}$
AVE	416	292	3,84	0,0498	0,702	0,00923	$1,198\times10^{-4}$
Talgo 350 (S102)	357	282	2,22	0,0529	0,790	0,00622	$1,482\times10^{-4}$
ICE 3 (S103)	426	312	2,24	0,0521	0,733	0,00525	$1,223\times10^{-4}$

Fuente: Alberto García (2005)

PESO RELATIVO DE LOS COMPONENTES DE LA RESISTENCIA AL AVANCE Y GRAVITATORIA DEL TALGO 350

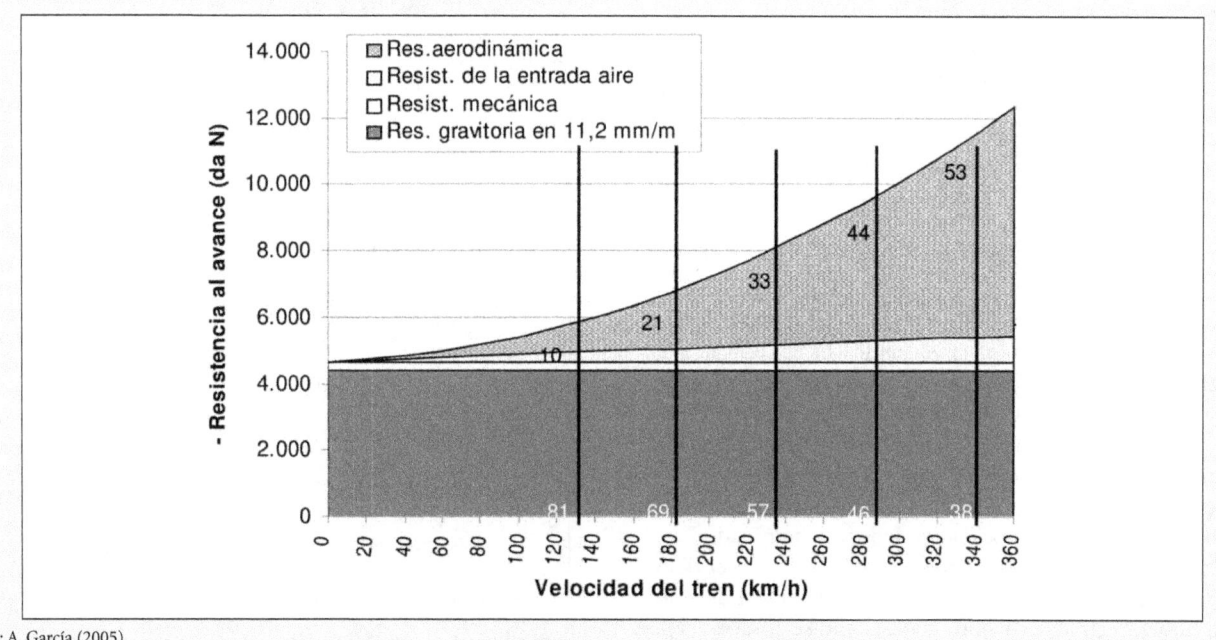

Fuente: A. García (2005)

Fig. 10.5

10.4 LA EXPERIENCIA JAPONESA

La red de alta velocidad japonesa, de una longitud total de 2304 Km (año 2006), se ha configurado a lo largo de más de cuatro décadas, perteneciendo la propiedad de las diferentes líneas a distintas entidades, tal como se explicita en el cuadro 10.4 y se visualiza en la figura 10.6.

CUADRO 10.4 LÍNEAS DE ALTA VELOCIDAD Y OPERADORES EN JAPÓN

Línea	Sección	Propiedad de la Infraestructura	Operador
Tokaido	Tokyo-Shin Osaka	Japan Railway Central (JRC)	JRC
Sanyo	Shin-Osaka-Hakata	Japan Railway Oeste (JRW)	JRW
Tohoku	Tokyo-Morioka	Japan Railway Este (JRE)	JRE
Joetsu	Omiya-Niigata	Japan Railway Este (JRE)	JRE
Hokuriku	Takasaki-Nagano	Japan Railway Transport and Technology	JRE
Tohoku	Morioka-Hachinohe	JRTT	JRE
Kyushu	Shin-Yatsushiro-Kagoshima	JRTT	JR Kyushu

Fuente: Japan Overseas Rolling Stock Association (2004)

No sorprende, por tanto, que las características de las ramas de alta velocidad hayan evolucionado en el tiempo (Fig. 10.7).

A los efectos de la resistencia al avance, es de interés comprobar (Fig. 10.8) la evolución experimentada por el perfil aerodinámico de las ramas japonesas, así como las mayores dimensiones de la sección transversal de las mismas. Como referencia, se destaca que en las ramas europeas se sitúan en el intervalo de 9,6 a 12,08 m², mientras que las ramas de alta velocidad japonesas tienen una sección transversal comprendida entre 12,33 m² (serie 700) y 13,5 m² (serie 100).

En la figura 10.9 se compara la sección transversal de las ramas de alta velocidad europeas y japonesas, con la de algunos aviones comerciales. Se comprende, por tanto, que la resistencia al avance de la rama TGV indicada en el cuadro 10.2, a 300 Km/h, sea del orden de 5,7 t, frente a las casi 16 t de la rama japonesa de la serie 100, aun teniendo en cuenta que la rama europea tenía una longitud total de 200 m, con un peso de 407 t, mientras que la japonesa pesaba 925 toneladas y alcanzaba una longitud de aproximadamente 400 m. Por último, la figura 10.10 muestra el prototipo del nuevo tren de alta velocidad en Japón, denominado Fastech 360S, cuyo objetivo es que circule a 360 Km/h en servicio comercial. Los primeros ensayos se realizaron a mediados del año 2005 y continuarán en los próximos años. Como se observa en la figura 10.10, la rama dispondría de una serie de paravientos que

ORGANIZACIÓN TERRITORIAL DE LA ALTA VELOCIDAD EN JAPÓN

a) Japan Railway Central y Railway West

b) Japan Railway East

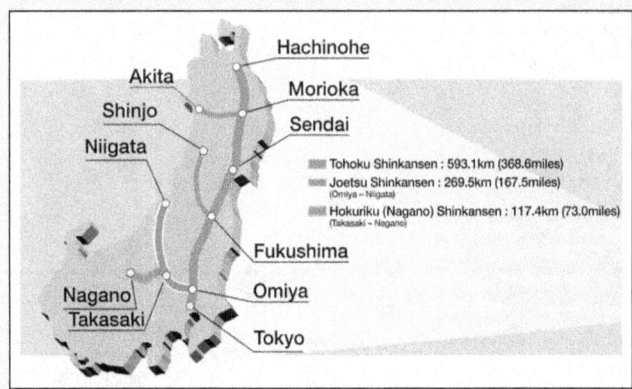

c) Japan Railway East y JRTT

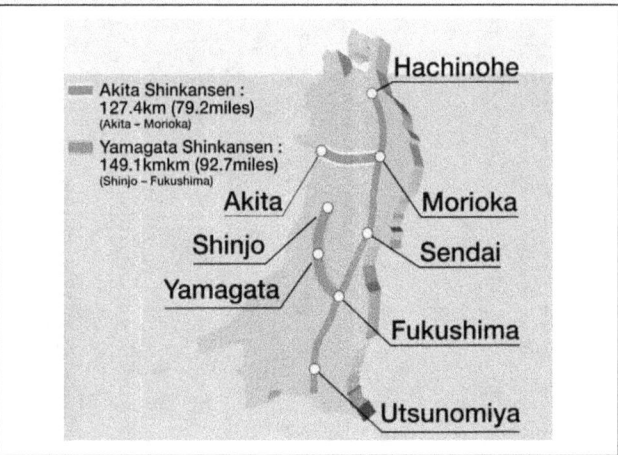

Fuente: Japan Overseas Rolling Stock Association (2004)

Fig. 10.6

TIPOLOGÍA DE RAMAS DE ALTA VELOCIDAD EN JAPÓN

a) Red de alta velocidad en Japón

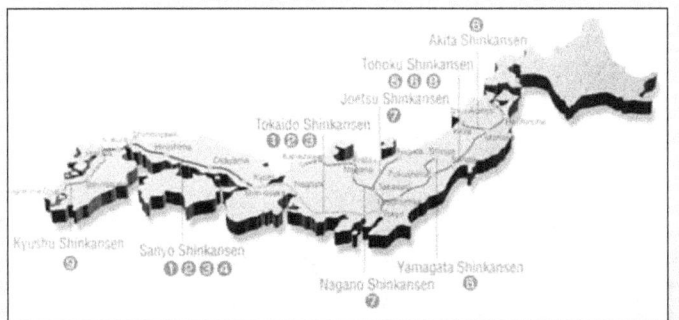

b) Serie 300, Serie 100 y Serie 0

c) Serie 500 (JR West)

d) Serie 700 (JR Central/JR West)

e) Serie E3 (JR. East)

f) Serie E2 (JR. East)

g) Serie 700E (JR. East)

h) Serie E4 (JR East)

i) Serie 800 (JR Kyushu)

j) Serie 400 (JR East)

Fuente: Japan Overseas Rolling Stock Association (2005)

Fig. 10.7

EVOLUCIÓN DEL PERFIL AERODINÁMICO EN LAS RAMAS DE ALTA VELOCIDAD JAPONESAS

a) Visualización ramas de alta velocidad

Fuente: JR East

b) Longitud aerodinámica

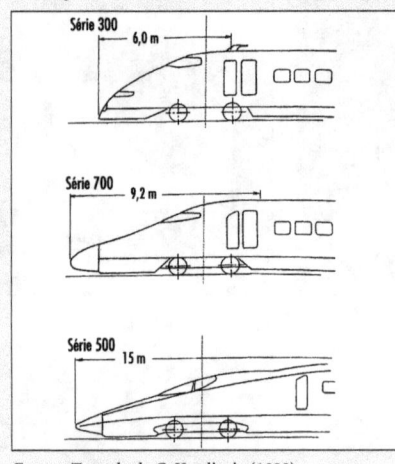

Fuente: Tomada de C. Keseljevic (1999)

c) Sección transversal y perfil aerodinámico

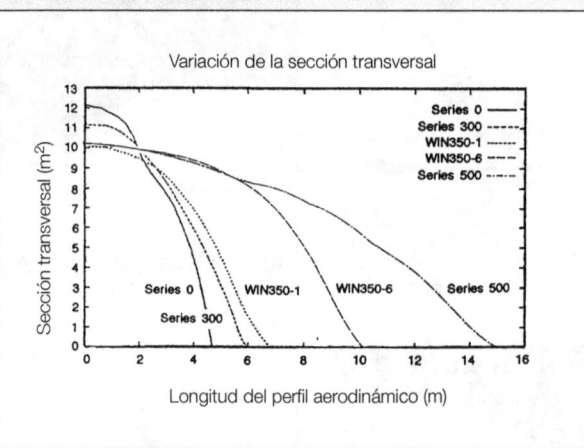

Fuente: Tomada de S. Sone (1992)

Fig. 10.8

SECCIÓN TRANSVERSAL DE RAMAS DE ALTA VELOCIDAD Y AVIONES COMERCIALES

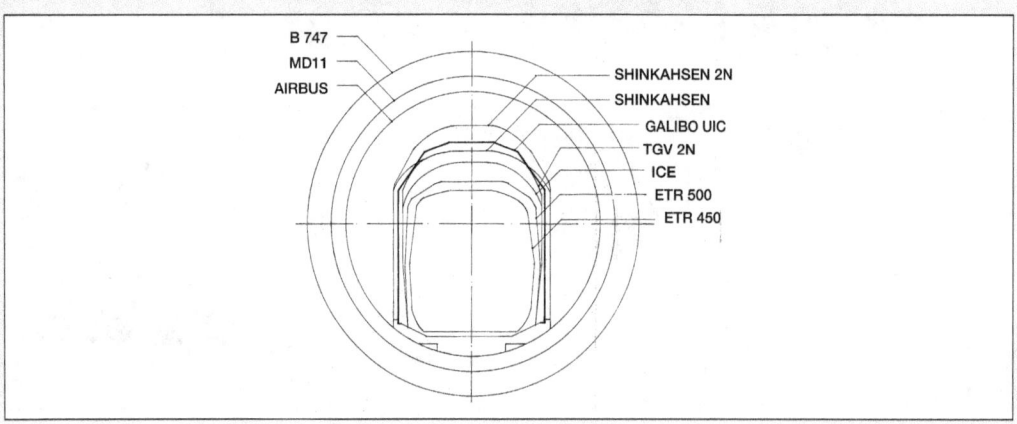

Fuente: P. Camposano (1992)

Fig. 10.9

se desplegarían en el caso de frenado de urgencia. La figura 10.11 muestra la rama de alta velocidad que opera en la línea coreana Seul-Busan.

Desde el punto de vista práctico, las expresiones matemáticas utilizadas para cuantificar la resistencia al avance de las ramas japonesas de alta velocidad son las siguientes para algunas series indicadas anteriormente.

Serie 0

Para una rama con $L = 400$ m y $P = 869$ t,

$$R = 10,23 + 0,486\ V + 0,0159408\ V^2$$

R (KN) y V (m/seg)

RAMA DE ALTA VELOCIDAD FASTECH 360 S

a)

b)

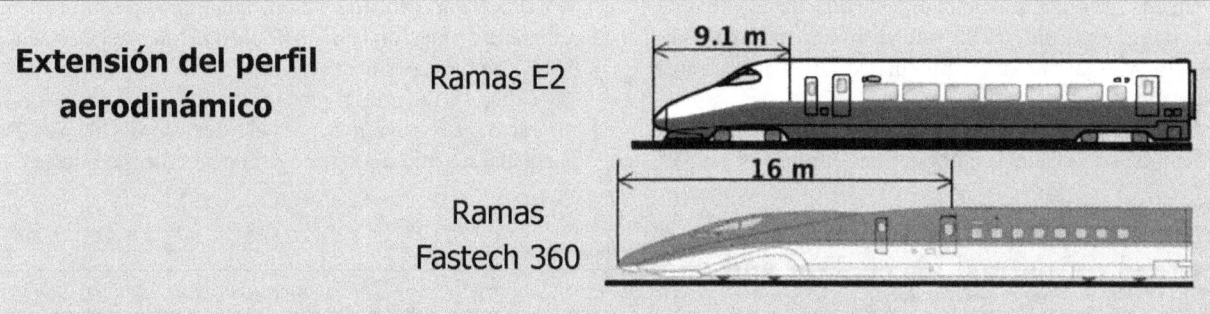

Fuente: T. Endo (2005)

Fig. 10.10

RAMA DE ALTA VELOCIDAD EN COREA

Fuente: La vie du rail (2004)   Fig. 10.11

Serie 100

Para datos de longitud y peso análogos a los indicados para la Serie 0.

$R = 11{,}06 + 0{,}10944\,V + 0{,}0156168\,V^2$
(circulando sobre vía en placa)

$R = 11{,}06 + 0{,}2232\,V + 0{,}0156168\,V^2$
(circulando sobre vía con balasto)

Serie 200

Para una rama de longitud igual a 300 m y peso de 712 t, la resistencia al avance se evalúa por la expresión:

$$R = 8{,}202 + 0{,}10656\,V + 0{,}019232\,V^2$$

En general, se sobreentiende que las expresiones precedentes corresponden a la situación definida por la circulación al aire libre. La presencia de túneles modifica los valores numéricos mencionados. Las experiencias japonesas [A. Mochizuki (1989)] mostraron los resultados indicados en el cuadro adjunto.

Se constata que para $V = 200$ Km/h, las ramas de la serie 100 ven incrementada su resistencia al avance en un túnel en un 53%

respecto a la resistencia al aire libre. En el caso de la serie 200 dicho aumento es del 73%. Es de interés recordar que la sección transversal del tren en la serie 100 era de 12,6 m^2, y en la serie 200, de 13,3 m^2. Por otro lado, la sección transversal de los túneles era de tan sólo 62 m^2. Es decir, un coeficiente de bloqueo de 12,6/62 = 0,2 Como recordatorio, los trenes de alta velocidad europeos tienen una sección transversal del orden de 10m^2 y la sección transversal de los túneles no es inferior a 72m^2, lo que proporciona un coeficiente de bloqueo de aproximadamente 0,14, sensiblemente inferior al indicado para algunas líneas japonesas.

10.5 ADHERENCIA A ALTA VELOCIDAD

En el capítulo anterior se mostró (Fig. 9.8) la variación del coeficiente de adherencia con el aumento de la velocidad de circulación hasta velocidades de 150/160 Km/h. Con la llegada de las ramas de alta velocidad se planteó el interrogante de conocer hasta qué punto se disponía de adherencia suficiente para hacer frente a los esfuerzos tractores necesarios para circular con velocidades superiores a 200 Km/h.

En este ámbito, los ensayos realizados en Francia con la locomotora CC 21000 hasta velocidades de 280 Km/h, en la década de los años sesenta del siglo XX, permitieron comprobar (Fig. 10.12) que a esa velocidad podía disponerse de un coeficiente de adherencia de al menos 0,19. Se pasaba así de 0,5 a 115 Km/h a dicho valor, a través de los siguientes órdenes de magnitud: 0,40 a 150 Km/h; 0,30 a 220 Km/h y 0,21 a 250 Km/h.

A partir de los citados resultados, si se traza la envolvente superior e inferior de los valores obtenidos para el coeficiente de adherencia y se extrapola su tendencia de variación para el intervalo de velocidades comprendido entre los mencionados 280 Km/h y 500 Km/h, se deducen conclusiones de interés. En efecto, en la figura 10.12 se muestran las citadas envolventes, así como el coeficiente de adherencia necesario para alcanzar con una rama experimental de tres elementos, a adherencia total, una velocidad de 300 Km/h. Se comprueba, por tanto, la disponibilidad de adherencia suficiente para esa velocidad. Por otro lado, se constata también que el coeficiente de adherencia obtenido con ocasión del récord de velocidad de 1955 a 331 Km/h fue superior al necesario.

La fig. 10.12c muestra los resultados obtenidos por otras administraciones ferroviarias, para el intervalo de 200 a 300 km/h. En particular los publicados por los ferrocarriles japoneses.

	Resistencia al avance (Kg/t)	
Serie	Al aire libre	En tunel
100	$r = 1{,}27 + 0{,}005\,V + 0{,}00013\,V^2$	$r = 1{,}27 + 0{,}0010\,V + 0{,}00025\,V^2$
200	$r = 1{,}2 + 0{,}013\,V + 0{,}00012\,V^2$	$r = 1{,}2 + 0{,}065\,V + 0{,}00031\,V^2$

Fuente: Adaptado de A. Mochizuki (1989)

EXPERIENCIAS PRÁCTICAS DE EVALUACIÓN DEL COEFICIENTE DE ADHERENCIA

a) Ensayos de adherencia en Francia

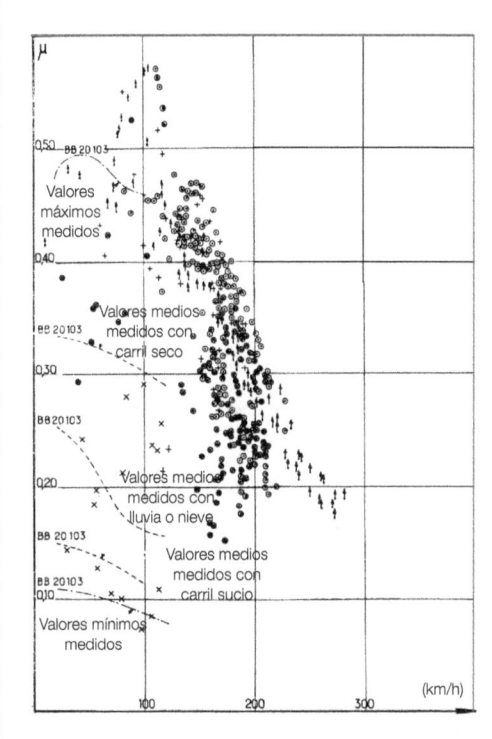

Fuente: F. Nouvion (1977)

b) Variación del coeficiente de adherencia con la velocidad

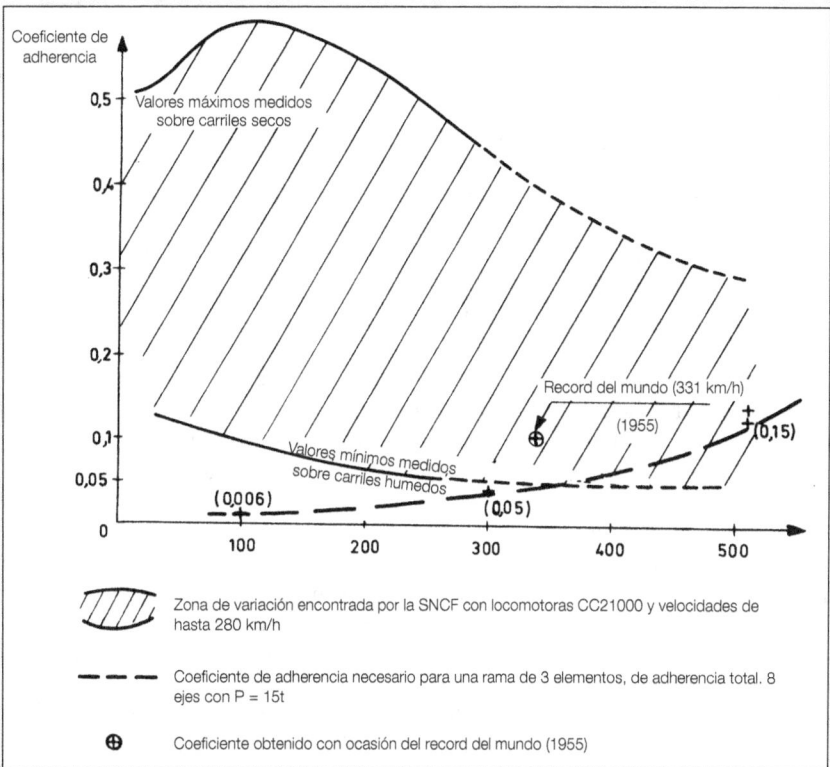

Fuente: ORE (1972)

c) Coeficiente de adherencia a grandes velocidades

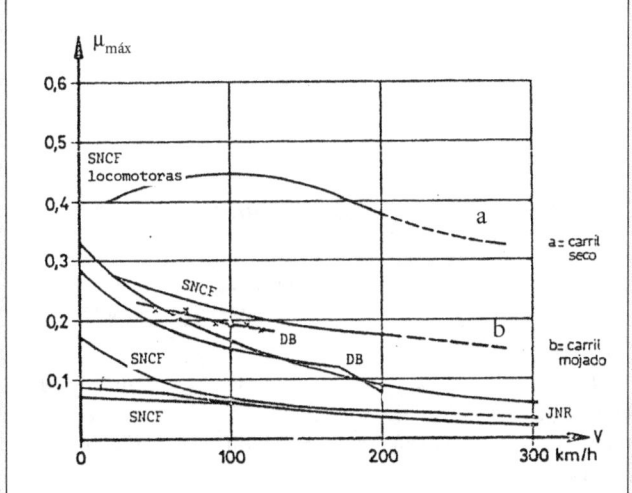

Fuente: R. Danuser (1978)

b) Ensayos de los ferrocarriles japoneses

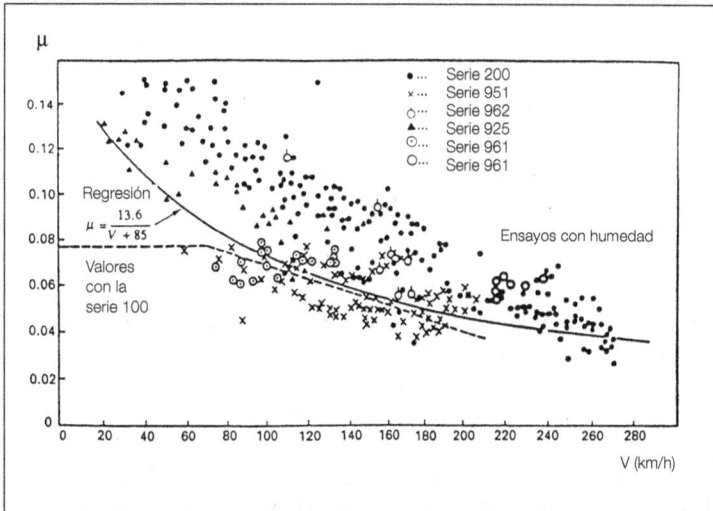

Fuente: T. Ohyama (1992)

Fig. 10.12

10.6 POTENCIA DE LAS RAMAS DE ALTA VELOCIDAD

El desarrollo de la red ferroviaria de alta velocidad en cada país se produce de forma progresiva, de modo que es habitual que las ramas de altas prestaciones circulen tanto por líneas de nueva construcción como por líneas convencionales en donde la velocidad de circulación es inferior. Por otro lado y como se indicó, si bien las nuevas líneas se electrifican en corriente alterna a 25 Kv a 15 Kv, las líneas clásicas se encuentran electrificadas en algunos países en corriente continua a 1500 o 3000 voltios. Finalmente, la implementación de servicios internacionales de alta velocidad determina que a lo largo de una relación dada sea posible encontrar diferentes sistemas de electrificación.

Como ejemplo representativo de la situación mencionada puede citarse la relacion París-Burdeos, que consta de dos tramos: París-Tours, electrificado a 25 Kv, y Tours-Burdeos, en corriente continua a 1500 voltios; en el plano internacional, París-Bruselas-Amsterdam, en la que se encuentran tres tipos electrificación: París-Bruselas en alta velocidad, a 25 Kv, Bruselas-frontera holandesa, a 3000 voltios, y frontera holandesa-Amsterdam, a 1500 v; y, finalmente, la relación París-Bruselas-Colonia-Amsterdam, donde a los tres sistemas de electrificación precedentes se añade la electrificación a 15 Kv de la red alemana.

En síntesis, se deduce que las ramas de alta velocidad van dotadas de sistemas que les permiten circular bajo líneas electrificadas con diferente tensión. Son, por tanto, ramas bi o tricorrientes, desarrollando una potencia distinta bajo cada tensión. De forma sintética puede decirse que:

a) La potencia desarrollada en corriente continua a 1500 voltios alcanza valores máximos de 3700 Kw (velocidad máxima 200 Km/h).
b) La potencia desarrollada en corriente continua a 3000 voltios llega a valores de 5160 Kw (velocidad máxima 220 Km/h).
c) La potencia desarrollada en corriente alterna, tanto a 15 Kv como a 25 Kv, se eleva hasta 8800 Kw (velocidad máxima 300/330 Km/h).

Una perspectiva general de la potencia desarrollada por las ramas de alta velocidad que podrían considerarse como «clásicas» se muestra en el cuadro 10.5. En forma análoga, en el cuadro 10.6 se explicita la potencia de algunas ramas japonesas de alta velocidad. Se constatan valores sensiblemente superiores a los indicados para las ramas europeas, lo que se justifica, en parte al menos, por el mayor peso total de las ramas japonesas, que como se indicó con anterioridad alcanzan valores de 800 a 900 toneladas, frente a las 400 toneladas de las ramas europeas, a excepción de las ramas Eurostar (816 t). La figura 10.13 visualiza la motriz de este último tipo de ramas de alta velocidad consideradas ya como «clásicas». Finalmente, en el cuadro 10.7 se indica

CUADRO 10.5 POTENCIA DE ALGUNAS RAMAS DE ALTA VELOCIDAD EN EUROPA

Rama	Sistema de electrificación	Potencia máxima (Kw)	Velocidad máxima (km/h)
TGV-Sudeste	1.500 V	3.100	200
Bitensión	25.000 V	6.450	270/300
TGV-Sudeste	1.500 V	3.100	200
Tritensión	25.000 V	6.450	270/300
	15.000 V	2.800	160/200
TGV-Atlántico	1.500 V	3.880	220
Bicorriente	25.000 V	8.800	300
TGV-Reseau	1.500 V	3.700	220
Bicorriente	25.000 V	8.800	300
PBA	1.500 V	3.680	S.D.
Tritensión	3.000 V	3.680	S.D.
	25.000 V	8.800	300
PBKA	1.500 V	3.680	S.D.
4 tensiones	3.000 V	5.160	S.D.
	25.000 V	8.800	300
	15.000 V	3.680	S.D.
Eurostar	750 V	3.400	S.D.
(816 t)	1500/3000 V	5.700	S.D.
	25.000 V	12.240	300
TGV Duplex	1.500 V	3.700	220
	25.000 V	8.800	300
AVE	3.000 V	5.400	S.D.
	25.000 V	8.800	300
ICE 1 ((790 T)	15.000 V	9.600	280
ICE 2 (420 t)	15.000 V	5.000	280
ICE T	15.000 V	4.000	230
ETR 500	1.500/3.000 V	–	–
	25.000 V	8.500	300

Fuente: Elaboración propia a partir de diversas fuentes

CUADRO 10.6 POTENCIA DE ALGUNAS RAMAS JAPONESAS DE ALTA VELOCIDAD

Rama	Sistema de electrificación	Potencia máxima (Kw)	Velocidad máxima (Km/h)
Serie 0 (Japón) (970 t)	25.000	11.840	220 (Año 1964)
Serie 100 (Japón) (925 t)	25.000	11.040	220 (Año 1985)
Serie 300 (Japón) (711 t)	25.000	12.000	270 (Año 1992)
Serie 700 (Japón) (708 t)	25.000	13.200	270/285 (Año 1999)

CABEZA TRACTORA DE RAMAS CLÁSICAS DE ALTA VELOCIDAD EN EUROPA

a)

d)

g)

b)

e)

h)

c)

f)

i)

Fuente: Elaboración propia a partir de diversas fuentes

Fig. 10.13

la potencia de las ramas europeas de alta velocidad más modernas, y en la figura 10.14 se visualiza el interior de algunas de ellas.

Como indicamos al referirnos a las locomotoras convencionales, es usual también en el ámbito de las ramas de alta velocidad referirse a la potencia por unidad de peso (en este caso, del tren completo). En el cuadro 10.8 se ofrecen algunos valores de referencia.

Es de interés, para completar la visión sobre las distintas ramas de alta velocidad, explicitar la potencia referida al número de asientos y de manera informativa el peso de la rama por asiento para el material francés y alemán (cuadro 10.9).

Se señala que las normas de interoperabilidad (STI) del subsistema de material rodante de alta velocidad fijan las aceleraciones medias en horizontal que se estiman necesarias para garantizar la correcta compatibilidad con otras operaciones ferroviarias. Estos valores se concretan en aceleraciones medias que deben ser conseguidas desde el arranque hasta velocidad final (en principio, la nominal del tren). Los valores concretos son los indicados (Cuadro 10.10).

CUADRO 10.7 POTENCIA DE LAS RAMAS DE ALTA VELOCIDAD MÁS MODERNAS EN EUROPA

Rama	Sistema de electrificación	Potencia máxima (Kw)	Velocidad máxima (Km/h)
ICE 3M (424 t)	1.500/3.000 V	4.300	S.D.
	15.000/25.000 V	8.000	330
Velaro (S-103)	25.000 V	8.800	350
Nuevo Pendolino	3.000 V	5.500	250
	25.000 V		
S-102 (Talgo 350)	25.000 V	8.000	330
S-104 (221 t)	25.000 V	4.000	250
S-120 (256 t)	3.000/25.000 V	2.700/4.000	220/250
TGV-POS	1.500 V	3.680	220
	15.000 V	6.800	3.000
	25.000 V	9.280	320

CUADRO 10.10 PRESTACIONES DE TRACCIÓN EXIGIDAS POR LAS STI EN HORIZONTAL

Velociad inicial (km/h)	Velocidad final (km/h)	Aceleración mínima (m/s^2)
0	40	0,48
0	120	0,32
0	160	0,17
	Aceleración residual exigida a 300 km/h	
	300	0,05

CUADRO 10.8 PESO Y POTENCIA DE ALGUNAS RAMAS DE ALTA VELOCIDAD

Indicador	Serie (0) JNR	Serie 700 JNR	ICE 3	TGV A	ICE 1
Peso (t)	967	708	409	490	905
Potencia (Kw)	11.840	13.200	8.000	8.800	9.600
Relación potencia/peso /Kw/t)	12,2	18,6	19,6	18	10,6
Año de fabricación	1964	1999	2000	1989	1991

Fuente: Y. Hagiwara et al.

CUADRO 10.9 CARACTERÍSTICAS DE ALGUNAS RAMAS DE ALTA VELOCIDAD EN FRANCIA Y ALEMANIA

	Francia						Alemania		
Indicador	TGV Sudeste	TGV Atlántico	TGV Reseau	TGV Duplex	Thalys	Eurostar	ICE 1	ICE 2	ICE 3
Peso total (t)	385	484	386	380	385	752	690,2	418	409
Asientos	350	485	377	545	377	794			
Potencia (Kw/t)	17	18	23	23	23	16	12,02	11,96	18,39
Peso/asiento (t/plaza)	1,1	1,0	1,02	0,7	1,07	0,98	1,24	1,13	1,04
Potencia/asiento (Kw/plaza)	18,34	18,14	23,34	16,15	23,34	15,98	14,88	13,51	21,05

Fuente: Elaboración propia con datos del proyecto «Hispeedmix» (1999)

MODERNAS RAMAS DE ALTA VELOCIDAD EN EUROPA (INTERIOR)

a) Talgo 350

b) ICE 3

c) Ave, 1ª generación, remodelado

Fuente: RENFE

Fig. 10.14

11 FRENADO

11.1 INTRODUCCIÓN

El frenado de los trenes en la explotación ferroviaria tiene una gran importancia y puede llegar a constituirse en condición restrictiva. Sin embargo, suele ser habitual que se preste más atención a los aspectos de la tracción. Basta para ello tener en cuenta las pendientes máximas existentes en algunos trazados montañosos, así como el perfil longitudinal de determinadas secciones de línea. En la figura 11.1 se muestran las pendientes máximas que se encuentran en las relaciones: Toulouse-Puigcerdá, Pau-Canfranc, Culoz-Bardonnechia e Innsbruck-Bolzano.

De forma sintética puede decirse que los sistemas de freno de los vehículos ferroviarios tienen como misiones esenciales:

- Lograr la detención de las composiciones ferroviarias en las estaciones, delante de las señales que a ello obliguen y en caso de incidente.

- Moderar la velocidad del tren en las pendientes de los trazados, así como cuando lo indiquen las señales existentes en la vía o en el interior del propio vehículo.

- Impedir que, en caso de rotura del enganche entre vehículos, la parte fraccionada del tren pueda continuar en movimiento sin control.

A lo largo de la historia del ferrocarril se han utilizado diferentes sistemas de freno teniendo en cuenta las velocidades máximas de circulación en cada momento temporal. De forma contraria al caso de la tracción, donde los esfuerzos sobre el tren se localizan en la locomotora, el frenado necesita de esfuerzos repartidos sobre el conjunto de los vehículos que constituyen la composición ferroviaria, de cabeza a cola. En efecto, si en tracción la distancia recorrida no es importante más que para respetar los horarios, en frenado la distancia de parada condiciona la seguridad de la circulación, puesto que para una velocidad dada, la citada distancia debe ser inferior a la existente entre la señal de anuncio de parada y la señal de parada obligatoria. Este hecho obliga a que cada vehículo produzca un determinado esfuerzo de frenado.

11.2 CONDICIONANTES PRINCIPALES. EL FRENO CON ZAPATAS

En el proceso de frenado de un vehículo y, por tanto, en la concepción del sistema de frenos, es preciso tener en cuenta cuatro factores básicos:

1. Confort del viajero
2. Distancia en que debe detenerse
3. Adherencia rueda-carril
4. Disipación de energía

Por lo que respecta al *confort del viajero*, ya en 1975 Garbe estableció la referencia indicada en el cuadro 11.1, para relacionar los efectos producidos en los viajeros y la magnitud de la deceleración a la que se encontrarían sometidos. De su observación se deducía el interés de mantener la deceleración de frenado por debajo de 2 g.

PERFILES LONGITUDINALES DE ALGUNAS LÍNEAS EUROPEAS DE MAYOR DIFICULTAD

a) Toulouse-Puigcerdá

b) Pau-Canfranc

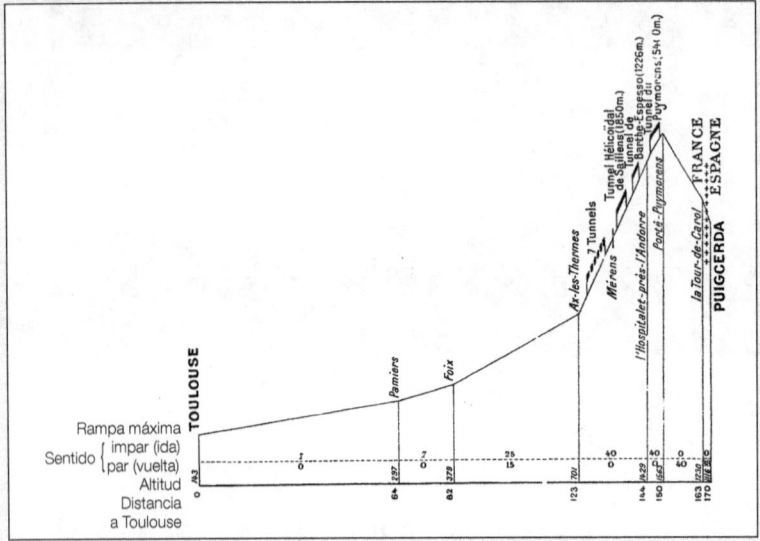

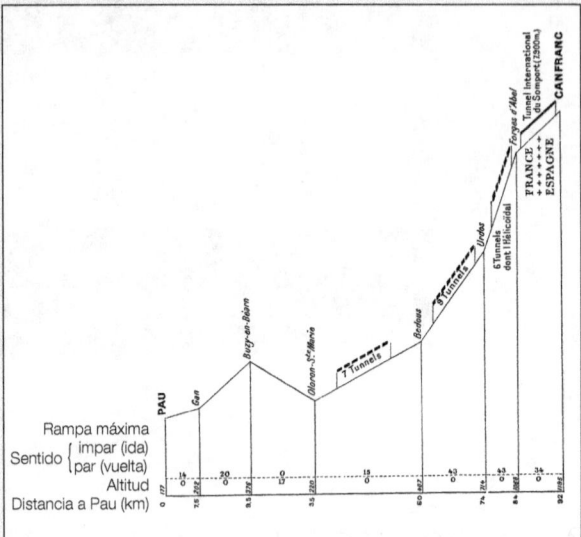

c) Culoz-Modane

d) Innsbruck-Bolzano

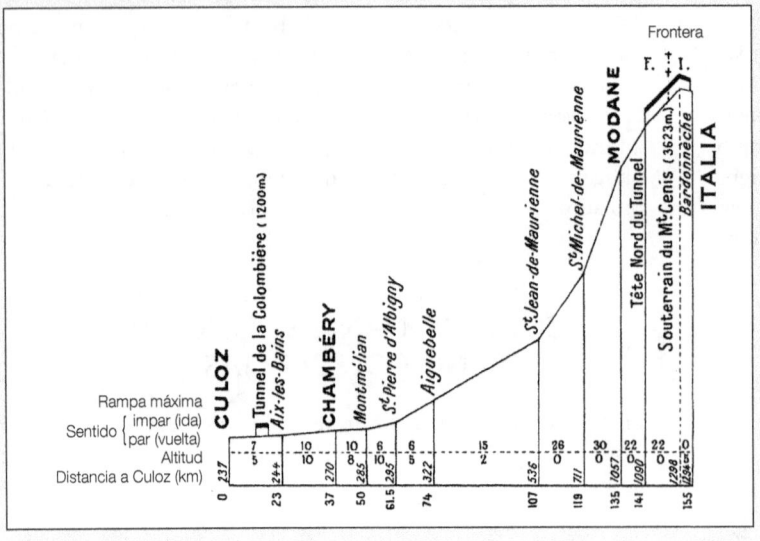

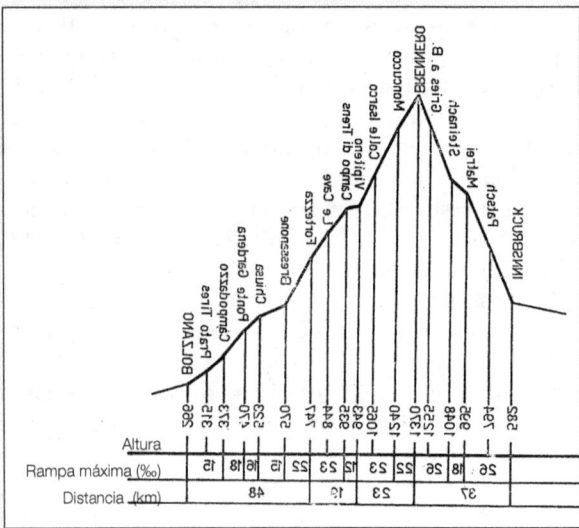

Fuente: H. Lartilleux (1960)

Fuente: R. Marini (1979)

Fig. 11.1

En el ámbito específicamente ferroviario, Carstens estableció, a partir de una serie de ensayos, una dependencia gráfica entre la incomodidad experimentada por el viajero y la deceleración a que fuese sometido. A pesar de la limitada precisión de la noción «sensación» que aparece en la figura 11.2, los resultados obtenidos tuvieron un indudable interés práctico. En particular, retener el valor de 1m/seg^2 como magnitud máxima de la deceleración a efectos de diseño.

CUADRO 11.1 EFECTO SOBRE EL VIAJERO DEL NIVEL DE LA DECELERACIÓN

Efecto	Magnitud de la deceleración	Tliempo de actuación de la deceleración
Problemas fisiológicos	(2 a 10) g	Varios segundos
Problemas físicos	(20 a 40) g	Inferior a un segundo

De hecho, los valores adoptados internacionalmente para la explotación ferroviaria fueron los siguientes:

- Trenes convencionales de mercancías: 0,1 m/seg^2
- Trenes rápidos de mercancías: 0,25 m/seg^2
- Trenes interurbanos de viajeros: 0,4 a 0,5 m/seg^2
- Trenes de cercanías: 0,60 m/seg^2

Recientemente, K. Omino (2006) publicó los resultados obtenidos durante los ensayos realizados con viajeros a distintas deceleraciones. La observación de la figura 11.3 pone de manifiesto la relación de dependencia existente entre la magnitud de la deceleración y la variación de dicha deceleración con respecto al tiempo. Se constata que el porcentaje de viajeros que experimentan disconfort se sitúa en torno al 10% incluso para valores de la deceleración de 1,5 m/seg^2, siempre que el valor del *jerk* (variación de la deceleración respecto al tiempo) no supere, como orden de magnitud, 0,52 m/seg^3. Nótese el fuerte impacto que tiene el valor del *jerk* para magnitudes de la deceleración iguales o superiores a 2 m/seg^2, en el porcentaje de viajeros afectados por la falta de confort. En síntesis, estos nuevos ensayos confirman el criterio existente, desde hace años, de limitar la deceleración máxima a 1 m/seg^2 en condiciones normales de explotación, y a 1,5 m/seg^2 en condiciones de emergencia.

En el caso de RENFE para trenes convencionales, en frenado normal, las deceleraciones medias usadas son las siguientes (A. García 2005):

$V_{máx}$ = 100 Km/h   0,47 m/seg^2
$V_{máx}$ = 120 Km/h   0,61 m/seg^2
$V_{máx}$ = 140 Km/h   0,74 m/seg^2
$V_{máx}$ = 160 Km/h   0,77 m/seg^2

En cuanto a la *distancia de parada* (D), la expresión matemática siguiente proporciona un orden de magnitud en función de la velocidad de circulación del tren (V) y de la deceleración de frenado (γ), suponiendo que se trate de un movimiento uniformemente desacelerado:

$$D = 0,038 \frac{V^2}{\gamma}$$

D(m) ; V(km/h) y γ(m/seg^2)

En la figura 11.4, se representa gráficamente la expresión precedente para tres niveles de deceleración: 0,5, 1 y 2m/seg^2. El primer valor correspondería a un confort excelente del viajero durante el proceso de frenado; el segundo, al límite superior a partir del cual el frenado comenzaría a ser ligeramente incómodo para el viajero y, finalmente, el valor de 2m/seg^2 correspondería, como se indicó con anterioridad, a la deceleración máxima admisible.

La observación de la figura 11.4 pone de manifiesto que:

a) Para la velocidad máxima de circulación en las líneas convencionales, en torno a 200 Km/h, la distancia confortable de parada estaría próxima a 3.000 m.
b) Para la circulación a alta velocidad (300 Km/h) sería necesario disponer de una distancia de parada superior a 6 Km.

Para las líneas convencionales, la mencionada distancia de confort (3000 m) se corresponde, como se vio al referirnos a la señalización, con la distancia de dos cantones de 1500 m, justificando la

RELACIÓN ENTRE LA DECELERACIÓN DEL TREN Y EL CONFORT DE LOS VIAJEROS

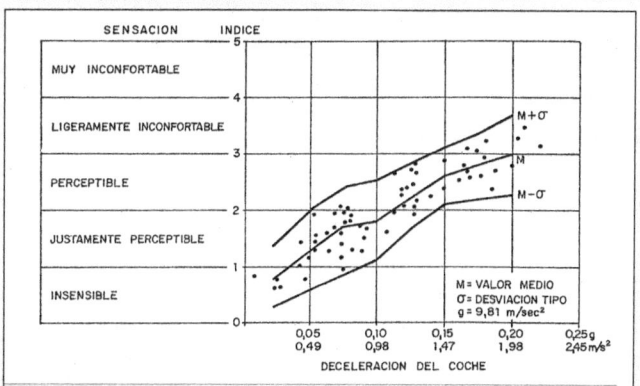

Fuente: ORE/UIC

Fig. 11.2

INFLUENCIA DE LA VARIACIÓN DE LA DECELERACIÓN CON RESPECTO AL TIEMPO EN EL CONFORT

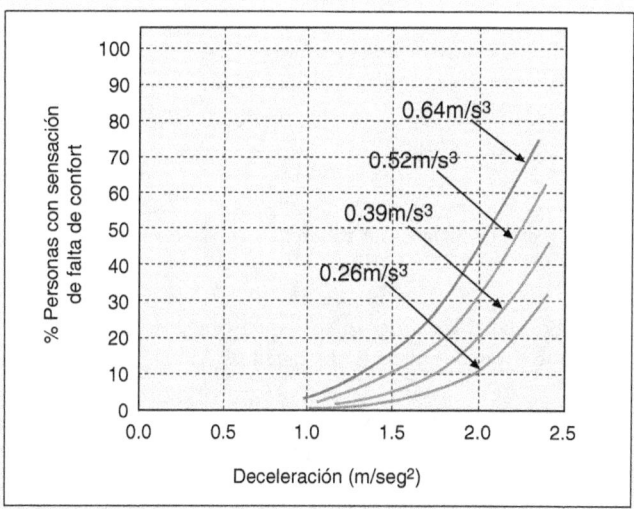

Fuente: K. Omino (2006)

Fig. 11.3

DISTANCIA DE PARADA PARA DIFERENTES VALORES DE LA DECELERACIÓN

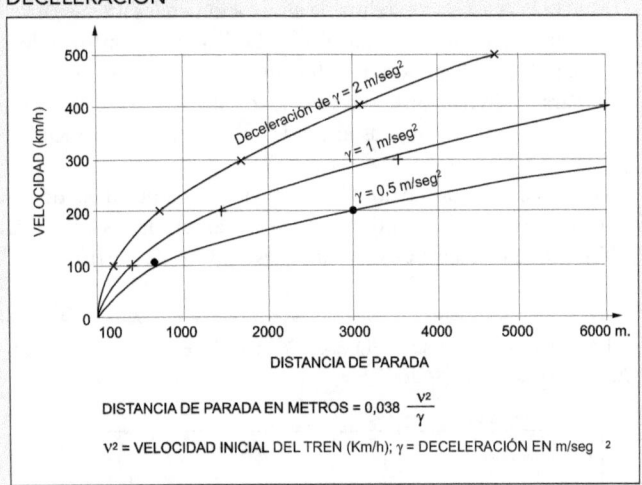

DISTANCIA DE PARADA EN METROS = $0,038 \dfrac{V^2}{\gamma}$

V^2 = VELOCIDAD INICIAL DEL TREN (Km/h); γ = DECELERACIÓN EN m/seg^2

Fuente: SNCF
Fig. 11.4

adopción del verde centelleante para una detención segura y cómoda a 200 Km/h.

Por lo que se refiere al vehículo, el frenado encuentra un nuevo condicionante cuando se utiliza la *adherencia rueda-carril*, dado que una deceleración excesiva podría dar lugar a que las ruedas patinasen.

Si se considera el esquema correspondiente a un frenado con zapatas (Fig. 11.5) y se supone que la zapata aplica sobre la rueda una fuerza normal de valor (N), el esfuerzo retardador T tendrá la magnitud:

$$T = N \cdot f$$

siendo f el coeficiente de razonamiento entre la zapata y la rueda. Para que ésta no deslice sobre el carril, resultará necesario que el esfuerzo T sea inferior al que produce el patinado de la rueda, es decir

$$N \cdot f < \varphi Q$$

siendo φ el coeficiente de adherencia rueda-carril y Q el peso de la rueda.

De la desigualdad anterior se deduce que el esfuerzo máximo (N_{max}) que se puede aplicar a una zapata es:

$$N_{max} = \dfrac{\varphi}{f} Q$$

En forma análoga a lo indicado en tracción, el coeficiente de adherencia φ disminuye con la velocidad (Fig. 11.6), presentando en todo caso valores inferiores a los encontrados en tracción (com-

párense los datos de las figuras 11.6 y 9.8d). De una forma simplificada se puede decir que la relación (φ, V) responde a la siguiente expresión:

$$\varphi = \dfrac{\varphi_0}{1 + 0,001V}$$

siendo $\varphi_0 \simeq 0,25$ para velocidad nula.

PRINCIPIO DEL FRENO DE ZAPATAS

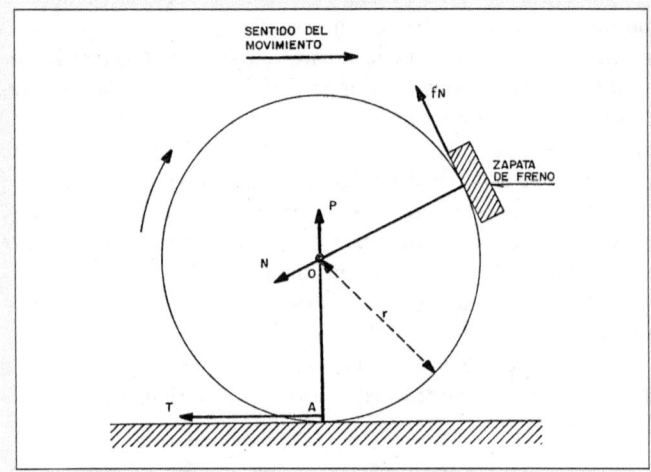

Fig. 11.5

VARIACIÓN DE LA ADHERENCIA, EN FRENADO, CON LA VELOCIDAD Y EL ESTADO DEL CARRIL

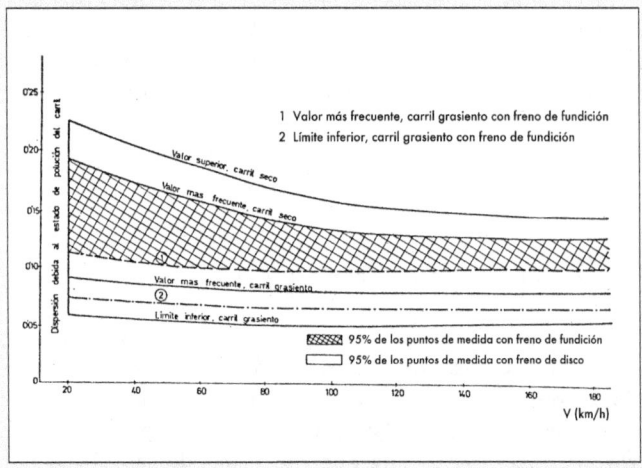

Fuente: Laplaiche (1976)
Fig. 11.6

Por su parte, el coeficiente de rozamiento rueda-zapata (f) también disminuye con la velocidad en la forma:

$$f \simeq \frac{f_0}{1 + 0{,}02V}$$

con $f_0 \simeq 0{,}33$ para $V = 0$

La representación gráfica de ambas expresiones (Fig. 11.7) pone de relieve que el coeficiente de rozamiento rueda-zapata para velocidades de hasta 50Km/h es superior al coeficiente de adherencia, invirtiéndose la relación para velocidades superiores.

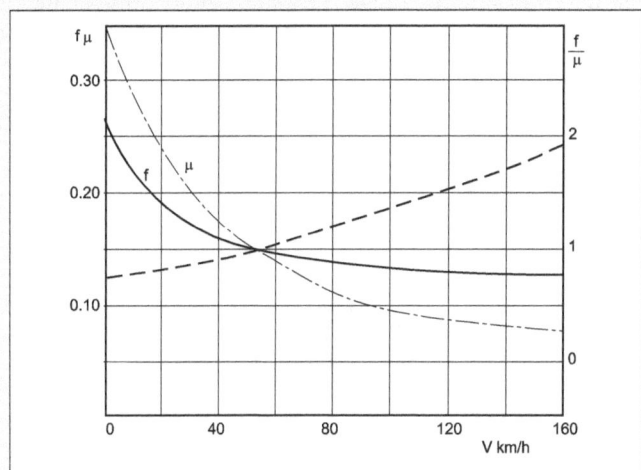

EVOLUCIÓN DEL COEFICIENTE DE ADHERENCIA RUEDA-CARRIL Y DEL COEFICIENTE DE ROZAMIENTO RUEDA-ZAPATA CON LA VELOCIDAD

Fuente: Tomada de R. Panagin (2001)

Fig. 11.7

Se tendrá por tanto:

- $N_{máx} < Q$ para $V \leq 50$Km/h

- $N_{máx} > Q$ para $V > 50$Km/h

- $N_{máx} \simeq 2Q$ para $V \simeq 160$Km/h

La deceleración máxima admisible en frenado para respetar el criterio de adherencia se obtiene de forma inmediata:

$$T_{máx} = N_{máx} \cdot f = \frac{\varphi}{f} Q \cdot f = \varphi \cdot Q$$

luego:

$$\gamma_{máx} = \frac{T_{máx}}{m} = \frac{\varphi Q}{Q/g} = \varphi \cdot g$$

Si se adopta para φ el valor de 0,15 (que corresponde a la velocidad de aproximadamente 50 Km/h), resulta:

$$\gamma_{máx} \simeq 1{,}5 \text{ m/seg}^2$$

Nótese que este valor es claramente superior al que se puede aceptar por criterio de confort ($\gamma \simeq 1\text{m/seg}^2$).

Indiquemos finalmente que el problema de la *disipación* de energía presenta notable importancia, como pone de manifiesto el hecho constatado durante la circulación a 200 Km/h de que un esfuerzo elevado de frenado de la zapata sobre la rueda se traduce, para un cierto valor del mismo, en la destrucción de aquélla por fusión propia.

En los orígenes del ferrocarril se construyeron frenos con zapatas de madera, pero a causa de su precaria estabilidad térmica, pronto se sustituyeron por zapatas de fundición (Fig. 11.8). Con posterioridad aparecieron las zapatas de materiales sintéticos que, entre otras ventajas, evitaban la producción de chispas en zonas con peligro de provocar explosiones, alargaban la vida de la llanta de la rueda y generaban un ruido inferior.

ZAPATAS DE FRENO

Fig. 11.8

11.3 SISTEMA DE ACCIONAMIENTO DE LOS FRENOS CON ZAPATAS

Los principales componentes de un sistema de frenos por zapatas son: la timonería, el aparato motor y las zapatas propiamente dichas. La timonería está formada por un sistema de bielas y palancas que transmite a la zapata el esfuerzo del aparato motor, poniéndolas en movimiento y aplicándolas con fuerza contra las llantas de las ruedas (Fig. 11.9a). Los frenos neumáticos utilizan el aire como elemento intermedio en el accionamiento de los frenos, dando lugar a los frenos de vacío y de aire comprimido. En ambos casos se alimentaban los cilindros de freno (Fig. 11.9c) de los vehículos por medio de una tubería general, instalada bajo los mismos, conectada entre dos vehículos consecutivos por medio de acoplamientos flexibles (Fig. 11.9).

En la figura 11.10 se muestra el principio de funcionamiento de ambos, aun cuando se generalizó hace años, por su mayor seguridad, el freno de aire comprimido. Para frenar con vacío, entra aire de la atmósfera en la tubería general del freno. Se mantiene el vacío en la cámara superior del cilindro de freno y se pone en comunicación con la atmósfera la cámara inferior. A causa de la diferencia de presiones, el émbolo es empujado hacia arriba, lo que provoca que la timonería apriete las zapatas y ejerza la acción de frenado. Para desenfrenar, se restablece el vacío extrayendo el aire en la tubería general y de las cámaras inferior y superior del cilindro de freno, haciendo caer el émbolo y aflojando por tanto las zapatas.

En el caso del frenado con aire comprimido, la tubería general se pone en comunicación con la atmósfera, originándose una disminución de presión que, al ser detectada por el distribuidor, provoca el cierre de la comunicación del cilindro de freno con la atmósfera y el paso del aire comprimido del depósito auxiliar al cilindro de freno. El aire comprimido dentro del cilindro de freno

PRINCIPIO DE FRENADO CON ZAPATAS

a) Vehículo a ejes

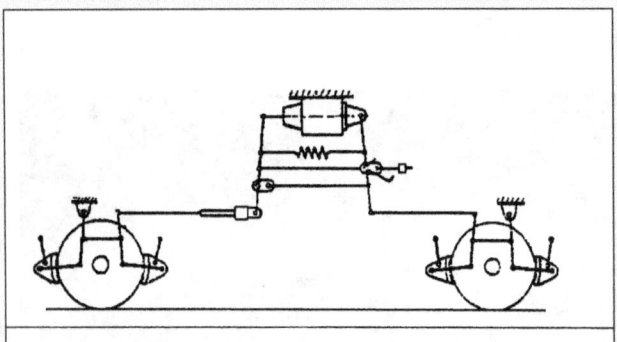

b) Vehículo a bogies

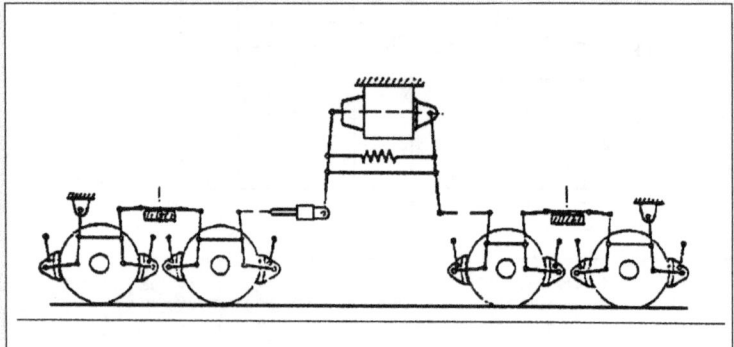

Fuente: M. Boiteux (1991)

c) Freno aflojado

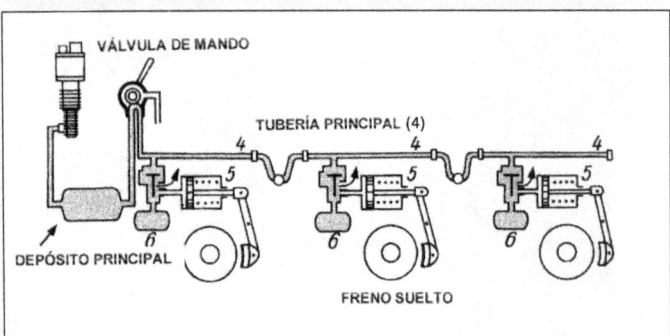

d) Freno apretado

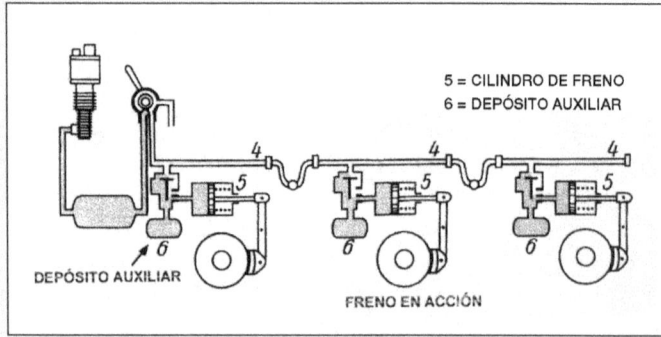

Fuente: F. Minde (2001)

Fig. 11.9

SISTEMAS DE FRENO POR VACÍO Y POR AIRE COMPRIMIDO

a) Freno por vacío

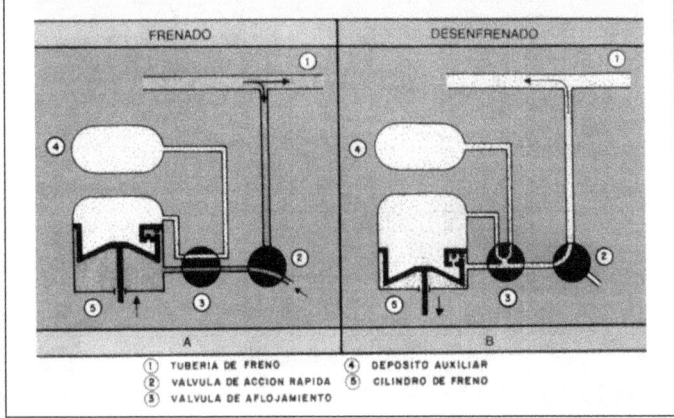

b) Freno por aire comprimido

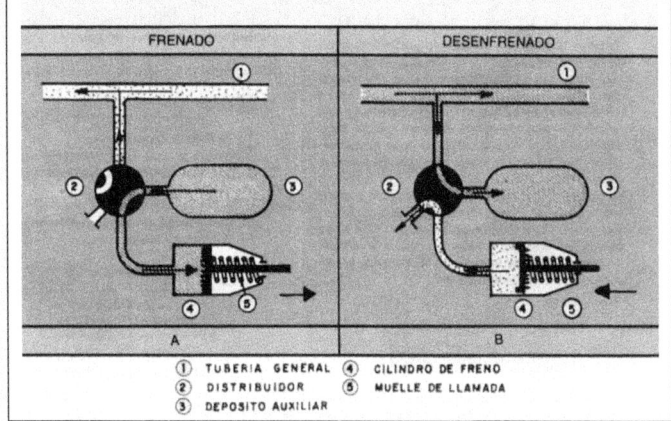

c) Esquema de un equipo de frenado

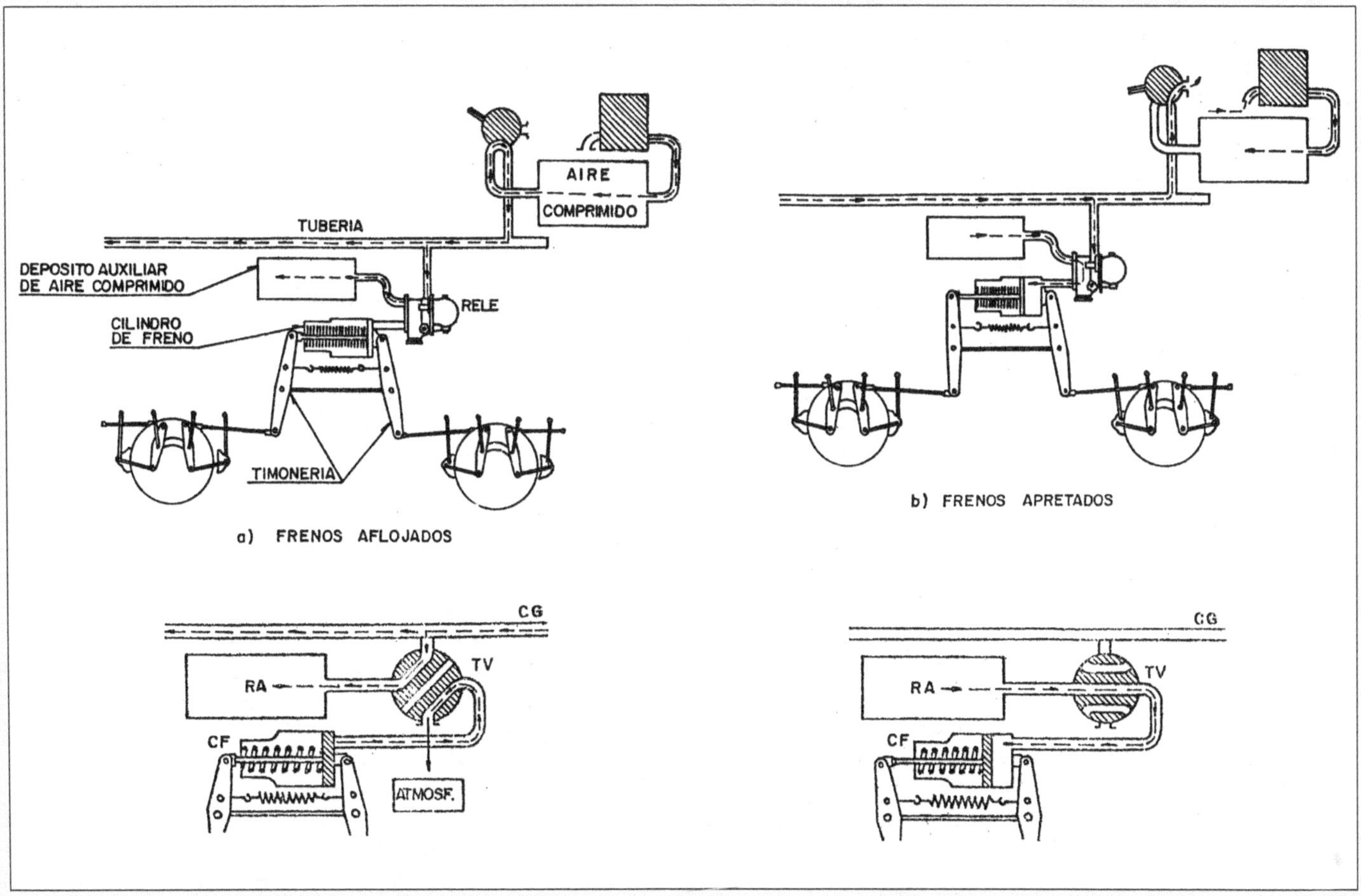

Fuente: J. Morales (2000)

Fig. 11.10

desplaza el émbolo, cuya fuerza se transmite mediante la timonería de freno a las zapatas, ejerciendo mayor esfuerzo de frenado cuanto más aire penetre en el cilindro. Para desenfrenar se restablece la presión en la tubería general introduciendo aire comprimido. El aumento de la presión es detectado por el distribuidor provocando la apertura de la comunicación del cilindro con la atmósfera y el cierre del paso del aire comprimido desde el depósito auxiliar al cilindro de freno. Al desaparecer la presión en este último, el émbolo retrocede por la acción de un muelle, aflojándose las zapatas. Se señala que este sistema de frenado se convirtió en el freno admitido por la UIC (Unión Internacional de Ferrocarriles) en tráfico internacional.

Las ventajas de su empleo son indudables, destacando la seguridad del mismo. Sin embargo, las posibilidades ofrecidas por la tracción, que han permitido configurar trenes de mayor longitud, pusieron de manifiesto la existencia de ciertos problemas derivados de la imposibilidad de lograr un frenado simultáneo de los vehículos de cabeza y cola, al no repercutirse de forma instantánea, en el conjunto de los vehículos, las variaciones de presión en la tubería general.

En efecto, dado que la propagación de una onda de variación de presión en la tubería general se efectúa a una velocidad relativamente baja (del orden de 280m/seg), para un tren de 1200 m de longitud (en general tren de mercancía), en el caso de frenar el tren el comienzo de la variación de presión en el cilindro del último vagón tendrá lugar no antes de cuatro segundos, mientras que el cilindro del primer vagón habrá experimentado el cambio de presión de forma casi instantánea.

En la figura 11.11 se muestran los resultados obtenidos en el caso de un tren de longitud igual a 708 m, en la hipótesis de un aflojado de los frenos después de una acción enérgica de frenado, así como en la hipótesis de un frenado de urgencia. Se señala que, inicialmente, la presión en la tubería general se sitúa en torno a 5 bares y que en caso de frenado se reduce al intervalo comprendido entre 4.8 y 3,4 a 3,7 bares. El maquinista del tren gradúa la intensidad del frenado del tren en función de la presión que comunique a la tubería general en el intervalo antes mencionado.

Nótese como, en el primer supuesto, la subida de la presión en la tubería general (paso de 3,4 a 5 bares) que provoca el aflojado completo de las zapatas se produce en tan solo 0,85 segundos en cabeza de tren, mientras que es necesario que pasen 43,5 segundos para que la citada variación de presión (y por tanto el aflojado de las zapatas) tenga lugar en el último vehículo del tren. En la segunda hipótesis, frenado de urgencia, la reducción de la presión de 5 bares a 3,4 bares se produce en 0,05 segundos en el vehículo de cabeza del tren y en 14,5 segundos en cola del tren. El resultado práctico de estos fenómenos se concreta, básicamente, en dos hechos:

1. La existencia de esfuerzos longitudinales parásitos entre los vehículos de un tren.
2. Modificación (empeoramiento) de las prestaciones de frenado respecto a las teóricamente calculadas.

LIMITACIONES DEL FRENO POR AIRE COMPRIMIDO

a)

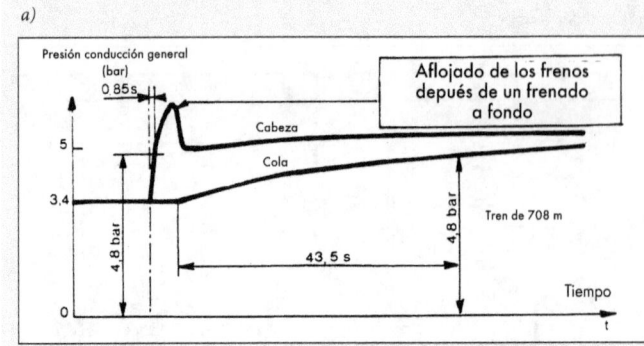

b)

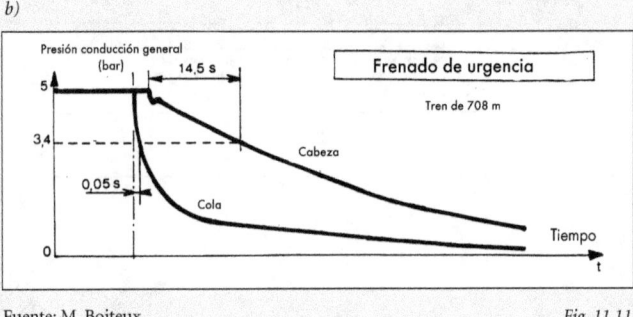

Fuente: M. Boiteux

Fig. 11.11

La solución de estos problemas vino por la vía de sustituir la acción neumática por una acción eléctrica que permitiese realizar de forma simultánea el llenado o vaciado de los cilindros de freno. Aun cuando esta idea fue considerada mucho antes de que concluyese el siglo XIX, su desarrollo solo se produjo a partir de los años treinta del siglo XX.

De entre los diferentes esquemas considerados para realizar un freno electroneumático a partir de un freno clásico, la figura 11.12 reproduce el adoptado por los ferrocarriles franceses.

En el esquema representado, para el apretado y aflojado de los frenos de cada vehículo se utiliza el distribuidor y las electroválvulas accionadas desde la locomotora. Ellas efectúan en la tubería general las variaciones de presión necesarias. La segunda conducción se encuentra cargada de forma permanente a la presión del depósito principal de la locomotora, permitiendo conducir el aire comprimido a cada vehículo para obtener el aflojado de los frenos lo más rápidamente posible. En estas condiciones, los distribuidores funcionan con independencia de la longitud del tren, tanto en el momento del frenado como del aflojado de los frenos.

La utilización del freno electroneumático permite reducir la distancia de parada de un tren, beneficio que es mayor al aumentar la longitud del tren. Lógicamente esta ventaja es consecuencia de la simultaneidad en el tiempo de la acción de los frenos. Tal como se muestra en la figura 11.13, para una velocidad de 160 km/h y un tren formado por 20 coches, la distancia de parada se reduce en unos 180 m.

FRENADO ELECTRONEUMÁTICO

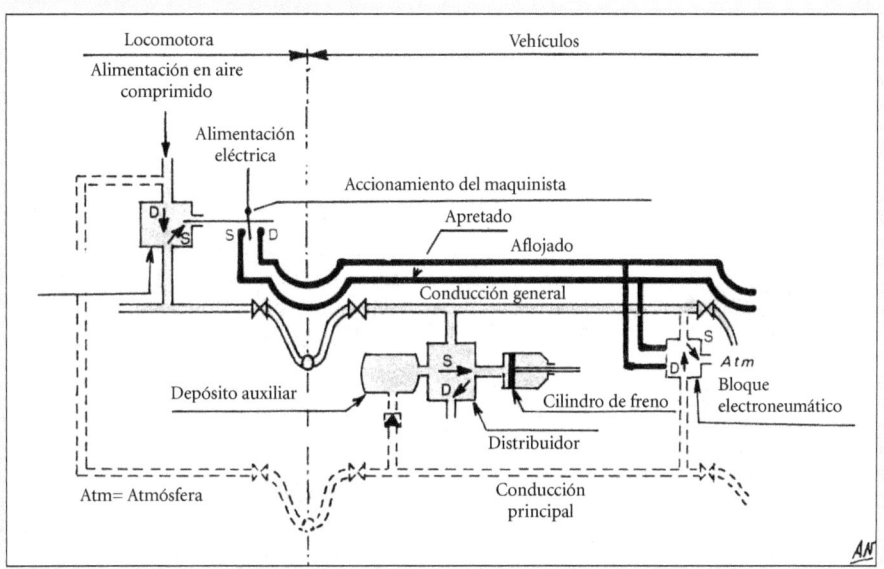

Fuente: M. Boiteux

Fig. 11.12

11.4 POTENCIA DE FRENADO Y DISTANCIA DE PARADA

El problema del frenado de un tren consiste en poder determinar, a partir de las características de los frenos individuales de cada uno de los vehículos que forman una composición dada, la distancia que necesitará para detenerse circulando a una cierta velocidad, mediante la aplicación de la potencia total del freno.

Se trata básicamente de un problema de mecánica que teóricamente no presenta dificultad, pues basta recordar la ecuación fundamental del movimiento:

$$F + R = M\gamma$$

siendo, en este caso, F, el esfuerzo de frenado; R, las resistencias que se oponen al avance del tren; M, la masa del tren y γ la deceleración de frenado.

La ecuación anterior se puede poner en la forma:

$$F + R = -M\frac{dV}{dt}$$

(la aceleración es negativa)

EFECTO DE LA UTILIZACIÓN DEL FRENO ELECTRONEUMÁTICO

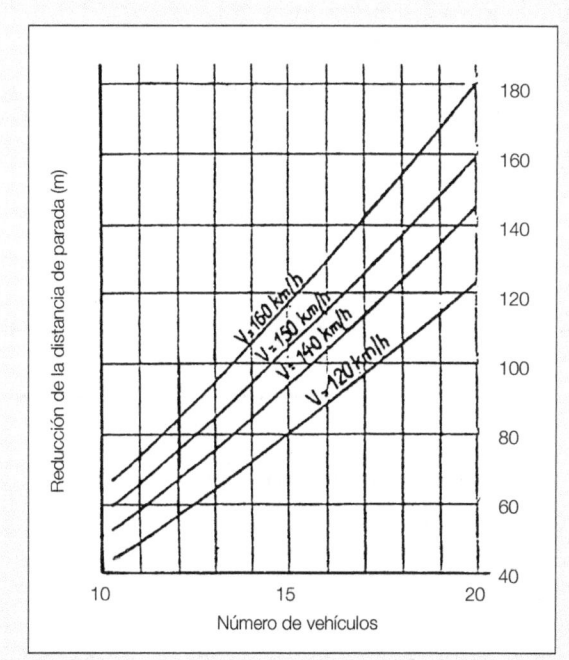

Fuente: M. Boiteux

Fig. 11.13

y, puesto que;

$$\frac{dV}{dt} = \frac{dV}{dS} \cdot \frac{dS}{dt} = V \cdot \frac{dV}{dS}$$

resulta:

$$(F + R)\, dS = - MVdV$$

lo que permite escribir:

$$dS = - \frac{MVdV}{F + R}$$

y, finalmente,

$$S = - \int_{V}^{0} \frac{MVdV}{F + R} \tag{11.1}$$

Por lo que respecta a F, esfuerzo de frenado, la consideración del esquema adjunto permite establecer que:

$$F = N \cdot \mu$$

siendo μ el coeficiente de rozamiento rueda-zapata.

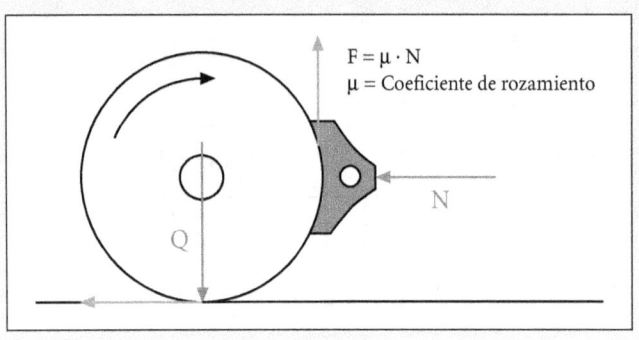

N = esfuerzo aplicado a la zapata de freno

Q_R = peso de una rueda

F = esfuerzo de frenado

No sorprende, por tanto, que hayan sido muy numerosas las investigaciones llevadas a cabo para conocer la ley de variación del coeficiente de rozamiento con distintos factores desde los inicios de la explotación ferroviaria. Douglas-Galton (1878) señaló los tres factores esenciales:

- Velocidad de circulación
- Presión de las zapatas de freno sobre las ruedas
- Tiempo de aplicación del freno

Por lo que se refiere a los dos primeros factores, las experiencias iniciales mostraron (Fig. 11.14) la disminución del coeficiente de rozamiento rueda-zapata con la velocidad y con el incremento de la presión de las zapatas. Finalmente, en cuanto a la influencia del tiempo de aplicación del freno, de entre las expresiones propuestas, puede mencionarse la indicada por Parodi:

$$\mu = \frac{0{,}33}{(1 + 0{,}0183\ V) \cdot (1 + 0{,}004\ t)}$$

Más allá de la precisión de la fórmula, el aspecto más relevante es la constatación de que el coeficiente de rozamiento rueda-zapata disminuía con el tiempo de aplicación del freno. En la práctica se comprobaba, en efecto, que en los frenados prolongados a veloci-

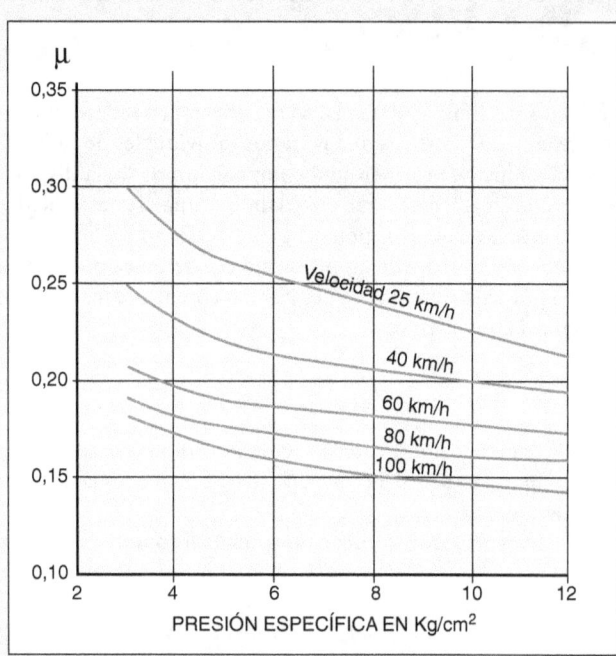

Fig. 11.14

dad constante, como los que se producen en el descenso de puertos de montaña, era preciso apretar gradualmente el freno para poder mantener la citada velocidad.

En cuanto a las resistencias al avance, se expuso con anterioridad que su evaluación se efectúa a partir de una expresión formada por tres términos: el primero es una constante; el segundo varía con la velocidad, y el tercero, con el cuadrado de la velocidad (resistencia aerodinámica). Si a esta realidad se une el que el coeficiente de rozamiento zapata-carril, a presión constante de las zapatas, varía con el cubo de la velocidad (Fig. 11.14), se comprende la dificultad de proceder a la integración de la expresión 11.1, que quedaría en la forma:

$$S = -\int_V^0 \frac{MVdV}{\delta(1/V)^3 \cdot R(\alpha + \beta V + \gamma V^2)}$$

Por ello, el procedimiento de evaluación de la distancia de frenado de un vehículo se basó en aplicar el teorema de la energía. Es decir, en igualar la energía cinética que lleva el vehículo cuando se mueve a una velocidad V con el trabajo realizado por las fuerzas de rozamiento. Matemáticamente:

$$\underbrace{\frac{1}{2} \frac{P}{g} V^2}_{\text{Energía de traslación}} + \underbrace{\frac{1}{2} Iw^2}_{\text{Energía de rotación}} = \int_0^L = \underbrace{R(V) dx}_{\text{Trabajo aerodinámico}} + \underbrace{rPL}_{\substack{\text{Trabajo} \\ \text{debido} \\ \text{a la} \\ \text{rodadura}}} + \underbrace{FL}_{\substack{\text{Trabajo} \\ \text{de} \\ \text{frenado}}} \pm \underbrace{PiL}_{\substack{\text{Trabajo} \\ \text{debido a} \\ \text{rampas o} \\ \text{pendientes}}}$$

En relación con la energía de rotación, se destaca que la energía cinética proporcionada al tren no es solamente la relativa al movimiento principal de traslación (término $1/2\ P/g\ V^2$), sino también la inherente a las masas en movimiento giratorio (ejes, motores de tracción y transmisiones). Es necesario, por tanto, tener en cuenta la influencia de estas masas giratorias que producirán una resistencia suplementaria a la tracción. Se demuestra que el término $1/2\ Iw^2$ puede ser equivalente al valor $0{,}08\ (P/2g)\ V^2$.

Análogamente, a partir de ciertos supuestos, se encuentra que el trabajo aerodinámico tiene el valor aproximado de $1/3\ PV^2aL$, siendo a una constante y L la distancia de parada.

Finalmente, y por lo que respecta al trabajo de frenado, el aspecto fundamental a considerar es el esfuerzo de frenado, que como se expuso, dependía de algunas variables. Su magnitud será igual a N·μ, siendo N el esfuerzo total aplicado a las zapatas y μ el coeficiente de rozamiento rueda-zapata supuesto constante. Es indudable que el esfuerzo de frenado se puede expresar como un porcentaje λ del peso total P del tren.

Matemáticamente: $F = \lambda P$, luego el trabajo de frenado será $\lambda \mu P$. En consecuencia, se tendrá:

$$\frac{1}{2} \frac{P}{g} V^2 + 0{,}08\ \frac{P}{2g} V^2 = \frac{1}{3} PV^2 aL + rPL + \lambda \mu P \pm PiL$$

deduciéndose, por tanto, que la distancia de parada (L) para una velocidad (V) podía determinarse por una relación del tipo:

$$L = f(\lambda, V, \mu, i) \qquad (11.2)$$

En función de las hipótesis realizadas para cuantificar la expresión 11.1 y de las experiencias obtenidas en ensayos, con vehículos de distintas características constructivas (vagones de mercancías, coches de viajeros, etc.), surgieron distintas expresiones concretas de la relación 11.2, dando lugar a las conocidas fórmulas de Mason y Pedelucq entre otros autores, a mediados del pasado siglo.

Matemáticamente:

a) Para trenes de mercancías (Fórmula de Mason)

$$L\ (\text{m}) = \frac{4{,}24\ V^2\ (\text{Km/h})}{1.000\ \mu\ \lambda + 0{,}006\ V^2 + 3 - i}$$

b) Para trenes de viajeros (Fórmula de Pedelucq)

$$L\ (\text{m}) = \frac{\delta V^2}{1{,}09375\ \lambda + 0{,}127 - 0{,}235\ i\ \delta}$$

Con δ adoptando diversos valores para cada velocidad. De forma concreta:

$\delta = 0{,}061$ para V = 70 Km/h
$\delta = 0{,}065$ para V = 100 Km/h
$\delta = 0{,}069$ para V = 120 Km/h
$\delta = 0{,}073$ para V = 140 Km/h

En el periodo temporal en que fueron establecidas las citadas ecuaciones (mediados del siglo XX), las velocidades de los trenes de mercancías alcanzaban valores máximos de 70 Km/h y las de los trenes de viajeros 140 Km/h. Formalmente, por tanto, ese es el ámbito de validez más preciso de las fórmulas de Maison y Pedelucq respectivamente.

Si se suponen dados los valores de δ e i la expresión de Pedelucq adopta la forma:

$$L \cdot (a\ \lambda + b) = c\ V^2$$

y para una velocidad de circulación conocida (V) se obtiene (despreciando b):

$$L \lambda = \text{cte} \qquad (11.3)$$

es decir, la ecuación de una hipérbola, tal como se muestra en la figura 11.15a para el caso de un tren de mercancías.

Sin embargo, si se efectúa una representación en forma logarítmica, la ecuación 11.3 adopta la forma de una recta, tal como se observa en la figura 11.15b, para dos velocidades de circulación, $V = 100$ y $V = 120$ Km/h.

Cabe pensar que, en función de sus propios criterios, cada administración ferroviaria utilizaba normas para determinar la distancia de frenado de una composición ferroviaria que no necesariamente eran coincidentes con las vigentes en otras redes. Si para los trenes circulando en el interior de cada país la citada heterogeneidad normativa podía no ser relevante, no sucedía lo mismo para los trenes que efectuaban recorridos internacionales. Por este motivo, la UIC estableció, según las reflexiones efectuadas con anterioridad, una normativa común.

En la práctica ferroviaria, unos vehículos frenan más que otros, y por consiguiente, es necesario valorar individualmente la capacidad de frenado que tiene cada uno de ellos. Esta capacidad no se mide por el esfuerzo que las zapatas efectúan sobre las llantas de las ruedas, sino por un valor proporcional a dicho esfuerzo establecido con arreglo a unas ciertas normas.

Según lo expuesto precedentemente, se comprende que el esfuerzo que las zapatas efectúan sobre las ruedas no representa por sí mismo la eficacia del frenado, por cuanto, como se vio, el esfuerzo de frenado se veía afectado además por otras variables (presión de las zapatas, tiempo de aplicación del freno, velocidad de circulación, etc.), razón por la cual la UIC no adoptó este indicador como referencia.

En consecuencia, la UIC estableció que la eficacia del equipo de freno de un vehículo se expresaría por lo que se denominó *peso-freno*, magnitud que se expresa en toneladas y que depende de la distancia de parada de dicho vehículo medida bajo determinadas condiciones. Se evalúa, por tanto, experimentalmente. Se denomina *porcentaje de frenado* (λ) a la relación existente entre el peso-freno de los vehículos que componen un tren y el peso total del tren.

Por convenio, se atribuyó el valor $\lambda=80\%$ a un tren de 15 coches (60 ejes) que frenando con zapatas de freno y circulando en horizontal a 120 km/h se detuviese en una distancia de 1000 m. La UIC, a través de las numerosas experiencias realizadas, propuso la relación (L, λ) para distintas velocidades de circulación indicada en la figura 11.15c. Nótese que en la citada figura 11.15c se contemplaban ya velocidades de marcha de hasta 160 km/h. Con el paso del tiempo, como se sabe, la velocidad se elevó hasta 200 km/h para algunas circulaciones comerciales. La figura 11.15d muestra la evolución, en función de la velocidad, del porcentaje de frenado de una locomotora serie CC6500, provista de un freno eléctrico, y de los coches Corail, frenados con discos y zapatas de fundición.

Para un vehículo dado, la determinación del porcentaje de frenado se efectúa por medio de ensayos en vías en las que se dan unas ciertas condiciones, tanto de trazado como climatológicas. Como ejemplo de dichas experiencias, en la figura 11.16 se visualiza el proceso seguido para cuantificar el porcentaje de frenado del coche italiano para viajes de noche.

La prueba se celebró a finales de la década pasada entre las estaciones de Albinia y Talamonte de la línea Roma-Pisa. La composición de ensayo estaba formada por una locomotora eléctrica E 402, un coche de apoyo y el vehículo del que se deseaba conocer su porcentaje de freno. La citada composición inició su recorrido y elevó su velocidad hasta el valor para el que se calcula λ. En este caso, se midió su magnitud para el intervalo de velocidades comprendido entre 110 y 160 km/h (intervalo en el que circularía normalmente en servicio comercial este vehículo). Alcanzada la velocidad de referencia, el vehículo de medida se suelta de la composición; el freno comienza a actuar y, por medio de los equipos instalados a bordo del mismo, se mide el tiempo que tarda en detenerse y, por tanto, la distancia de parada. La figura 11.16 visualiza algunas fases del mencionado proceso.

Si se explicita que el resultado del ensayo puso de relieve que la distancia de parada para $V = 160$ km/h fue de 1050 metros, del gráfico de la figura 11.15c se deduce que el porcentaje de frenado λ fue de aproximadamente 160%. Si se admite que el peso de dicho vehículo era de 48 toneladas, se deduce que el peso-freno del mismo es de 48 x 1,6 = 76,8 toneladas.

El ensayo realizado correspondió al análisis de la eficacia de frenado de un vehículo aislado. Sin embargo, resulta posible también efectuar las medidas considerando todo el conjunto del tren: locomotoras más coches de viajeros o vagones de mercancías. De ahí que en la figura 11,15d aparezcan rectas diferentes, según cuál sea la consideración adaptada. En esta hipótesis, el cálculo del peso-freno de cada vehículo se efectúa del modo siguiente:

Imaginemos un tren formado por 12 vehículos con un peso por vehículo de 48 toneladas, arrastrados por una locomotora de 120 toneladas, es decir configurando un peso total del tren de (48 x 12 + 120) 696 t. Si a una velocidad de 120 km/h el accionamiento de los frenos de los vehículos (no de la locomotora) logra detener la composición en 900 m, del gráfico de la figura 11.15d se deducirá que el porcentaje de frenado es del 78%. Por tanto, el peso-freno del conjunto del tren sería 696 x 0,78 = 542,8 t y, en consecuencia, cada uno de los coches tendría un peso-freno de (542,8: 12) 45,2 t.

11.5 EVOLUCIÓN Y DESARROLLO DE LOS SISTEMAS DE FRENADO

A lo largo de la existencia del ferrocarril han sido numerosos los sistemas de frenos que fueron analizados como alternativa al freno de zapatas. Algunos de ellos no pasaron de la fase experimental y el

EVALUACIÓN DE LA DISTANCIA DE PARADA DE UN VEHÍCULO FERROVIARIO

a)
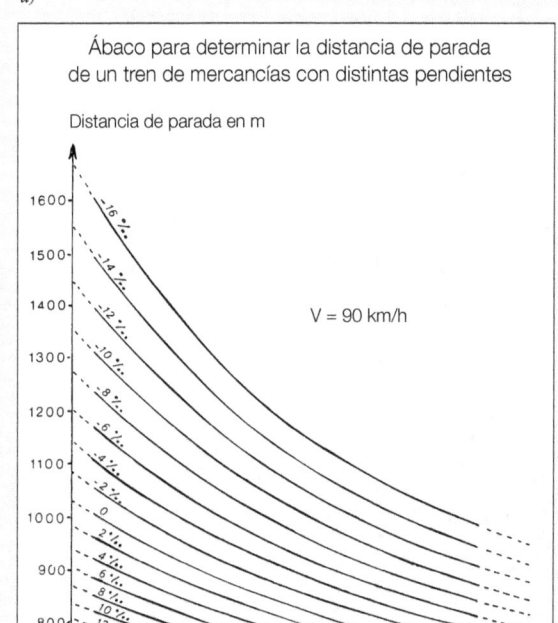

b)
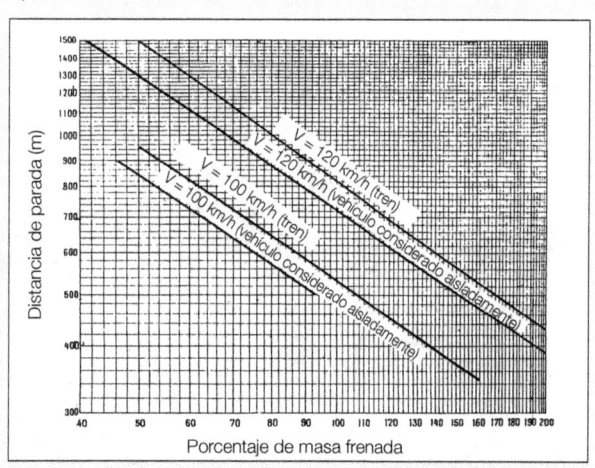

c)
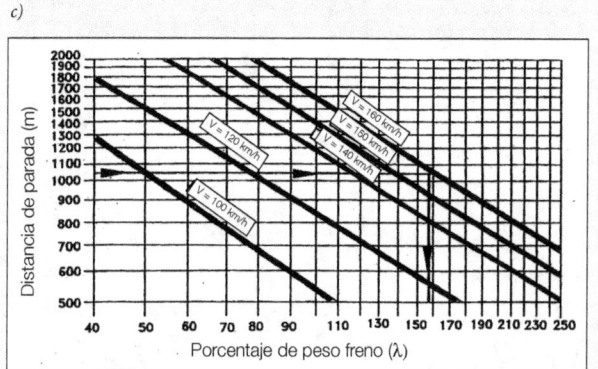

d)
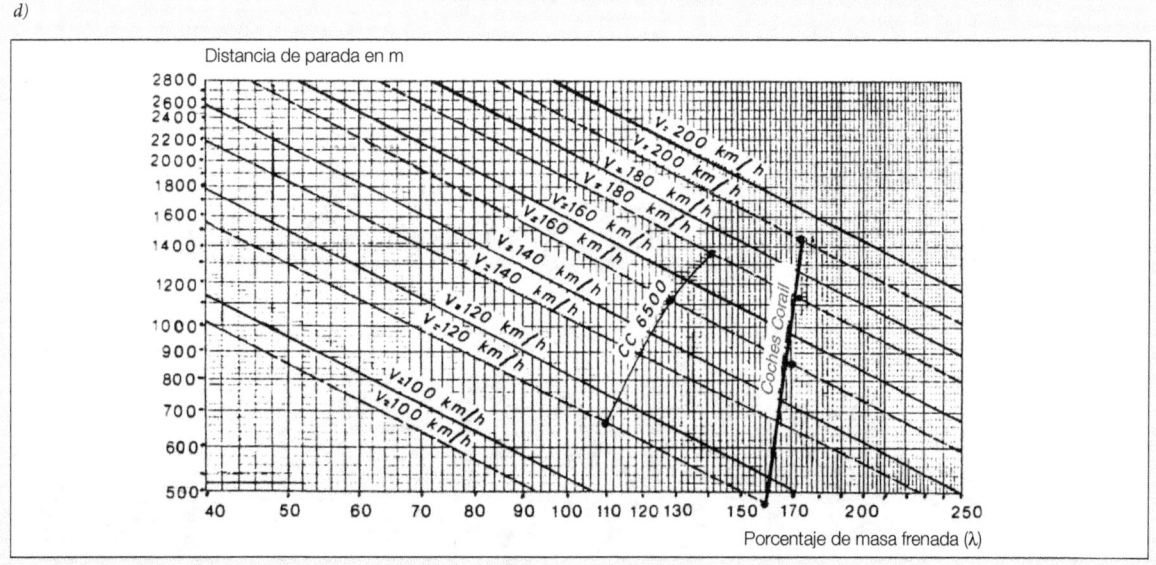

Fuente: M. Boiteux (1991)

Fig. 11.15

DETERMINACIÓN DEL PORCENTAJE DE FRENADO DE UN VEHÍCULO

a) Tren experimental para calcular el porcentaje de frenado del coche «Treno Notte»

b) Inicio de separación del coche de medida

c) Alejamiento del coche de medida de la composición de arrastre

d) Detención del vehículo

Fuente: Adaptado de F. Sozzi (2002)

Fig. 11.16

resto fueron incorporados a la explotación comercial a medida que las mayores velocidades lo hacían necesario.

Con objeto de tener una visión conjunta de los distintos tipos de frenos, en el cuadro 11.2 se recoge la clasificación publicada por Laplaiche (1976), que distingue dos grandes grupos: el que sintetiza el conjunto de frenos que utilizan la fricción sólida y aquel al que pertenecen los frenos dinámicos, distinguiendo en ambos casos el uso o no de la adherencia rueda-carril. A todos ellos se les exige elevada fiabilidad y eficacia, así como los menores costes posibles, incluyendo no solo los gastos de primera instalación, sino también los de mantenimiento. Por nuestra parte, hemos añadido a la citada clasificación el ámbito principal de utilización de cada uno de ellos en la actualidad o en un futuro relativamente inmediato.

Aun cuando la posible utilización de los frenos de disco (Fig. 11.17a y b) en el ferrocarril se inició en la primera mitad del siglo XX, el interés por su empleo llegó con la elevación de las velocidades de circulación. En este ámbito, fueron muy numerosos los ensayos realizados con ocasión de la construcción de la línea de alta velocidad entre Tokyo y Osaka. En Europa, las investigaciones llevadas a cabo por los ferrocarriles franceses para introducir en servicio comercial circulaciones comerciales a 200 km/h en 1967 señalaron la necesidad de este tipo de frenos, al no ser posible la detención del tren en el interior de los cantones de señalización con el frenado clásico con zapatas. Surgió, de este modo, el freno de disco como posible solución a intervalos de velocidades superiores a los del freno de zapatas.

De forma esquemática, un freno de disco está constituido por una superficie móvil, llamada disco, giratoria con el eje, al ir calada a éste. Sobre el disco y en el momento del frenado actúa una zapata. En función de la potencia de frenado necesaria se instalan en un eje dos o más discos. La condición de no superar la adherencia en este tipo de frenos se establece a partir del esquema de la figura 11.17c.

En efecto, si R_D es el radio del disco de freno; R_R es el radio de la rueda y X, el esfuerzo ejercido por la pastilla de freno, el esfuerzo de frenado (F) será:

$$F = X \mu$$

siendo μ el coeficiente de rozamiento de la pastilla del freno de disco. La figura 11.17d, muestra que μ es prácticamente independiente de la velocidad de circulación y de la elevación de la temperatura.

La condición de adherencia se establece por la expresión matemática:

$$F \cdot R_D = Q \cdot f \cdot R_R$$

siendo Q el peso de la rueda.

Sustituyendo el valor de F resulta:

$$X \cdot \mu \cdot R_D = Q \cdot f \cdot R_R$$

de donde

$$X = Q \cdot \frac{f}{\mu} \cdot \frac{R_R}{R_D}$$

Valores típicos de las variables precedentes para un coche de viajeros son: $Q \simeq 6$ t; $R_R \simeq 0{,}43$ m; $R_D \simeq 0{,}31$ m. Además (Fig. 11.17d) $\mu = 0{,}3$ y $f \simeq 0{,}1$ (para la velocidad de aplicación del freno de disco). Resulta, por tanto, $X \simeq 1.400$ kg.

La utilización de locomotoras eléctricas supuso, al tiempo que mejorar las posibilidades de la tracción ferroviaria, ofrecer una solución diferente a los problemas de frenado con sólo hacer traba-

CUADRO 11.2   CLASIFICACIÓN DE LOS SISTEMAS DE FRENO UTILIZADOS EN EL FERROCARRIL

			Ámbito de utilización principal
Frenos que utilizan la fricción sólida	Recurriendo a la adherencia rueda-carril	Frenos de zapatas	Normal
		Frenos de discos	$V \geqslant 160$ km/h
	Sin recurrir a la adherencia rueda-carril	Frenos electromagnéticos	Frenado de urgencia
Frenos Dinámicos	Recurriendo a la adherencia rueda-carril	Frenos reostáticos	–
		Frenos de recuperación	Ahorro de energía
		Frenos hidráulicos	–
		Frenos rotativos de corriente de Foucault	Alta velocidad
Sin recurrir a la adherencia rueda-carril	Freno lineal de corriente de Foucault		Alta velocidad
	Freno aerodinámico		Alta velocidad

Fuente: Adaptado de Laplaiche (1976)

FRENOS DE DISCO

a) Frenos de disco en rama ICE

b) Frenos de disco en rama TGV-Atlántico

c) Esquema simplificado de los discos de freno

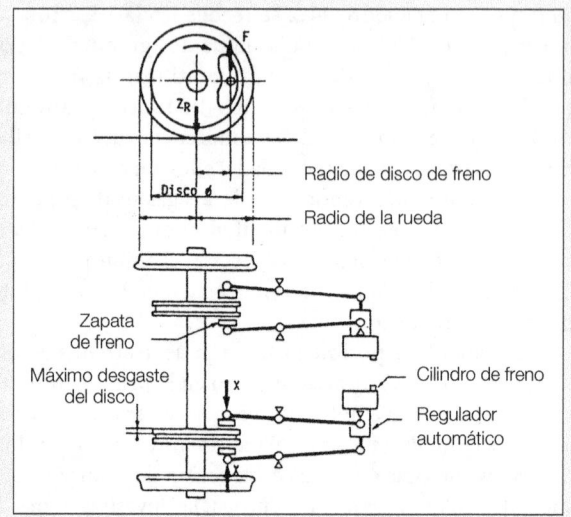

d) Variación del coeficiente de rozamiento de la pastilla de disco de freno con la velocidad

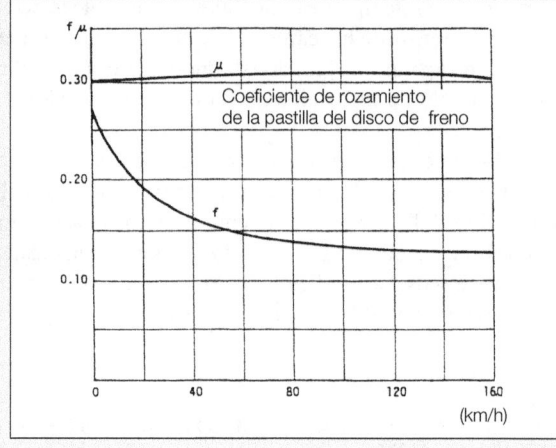

Fuente: SNCF y R. Panagin

Fig. 11.17

jar los motores de las mismas como generadores. Si la energía producida se enviaba a la catenaria, el sistema recibía el nombre de *frenado de recuperación*. Cuando dicha energía se transformaba en calor, a través de resistencias, se hablaba del sistema de *frenado reostático*. Ambos medios de frenar se conocían desde los albores de la tracción eléctrica, sin embargo su aplicación práctica pasó durante un cierto tiempo por diversas vicisitudes, en función del progreso experimentado por la tecnología eléctrica y las posibilidades de las subestaciones para actuar como un sistema reversible.

Por su parte, el freno electromagnético está formado por dos patines electromagnéticos que se encuentran suspendidos del basti-dor del *bogie* y colocados entre las ruedas (Fig. 11.18a). En el momento del frenado se produce una fuerza de atracción entre el carril y los patines que, multiplicada por el coeficiente de rozamiento (carril-patín) (Fig. 11.18b), proporciona el esfuerzo del frenado. Las características principales del freno electromagnético son: la longitud de los patines, del orden de un metro; y la altura del patín sobre le carril, unos 55 mm. La figura 11.18c proporciona una visión de conjunto de un vehículo ferroviario equipado con frenos de disco y freno electromagnético. Aun cuando la aparición de este tipo de freno tuvo lugar a comienzos de siglo XX y se utilizó en los tranvías, su empleo en el ámbito ferroviario no se produjo hasta hace unos cuarenta años. De forma práctica, cabe señalar su incorporación en los TEE de la red alemana a comienzos de la década de los años sesenta, a causa de la limitada distancia existente entre las señales, para actuar como freno de emergencia.

11.6 LIMITACIONES DE VELOCIDAD DEBIDAS AL FRENADO

Como se indicó, si bien los problemas que plantea la tracción son importantes, no es menos cierto, sin embargo, que no debe olvidarse que los aspectos de frenado en determinados trazados pueden ser muy restrictivos, para no superar los límites de funcionamiento del sistema de frenos.

En este ámbito si se denomina por W y P, la energía y la potencia media disipadas al nivel de un eje, se acepta que el producto $W \cdot P$ es un indicador representativo del grado de solicitación de un freno. A partir de esta hipótesis, confirmada en la práctica, se trabaja con el objetivo de lograr que $W \cdot P$ = cte. Se calcula, por tanto, para cada tipo de freno el valor límite aceptable para dicho producto. Conociendo P resulta posible deducir el valor admisible para W correspondiente a cada tipo de freno (zapatas y discos).

En los ferrocarriles franceses, el cálculo de W, función de la velocidad de circulación, de la distancia de parada, de la carga por eje y de la rampa del trazado, se evalúa por la expresión:

$$W = \frac{M V_d^2}{2} + Mg\, S_d \cdot i\, (10^{-3}) \qquad (11.4)$$

siendo:

M (t), la carga por eje

V_d (m/seg), la velocidad inicial del frenado en pendiente

S_d (m), la distancia de parada en pendiente, a la velocidad V_d

i (mm/m), pendiente media en el ámbito de la detención del vehículo

La aplicación de la expresión (11.4), para cada composición que se considere, permite determinar, teniendo en cuenta el tipo de freno asociado, el valor máximo de la pendiente del trazado, para el cual el tren puede circular a la velocidad V_d, sin sobrepasar el valor límite de W. En el cuadro 11.3, se muestran los resultados de algunos de los cálculos efectuados con ocasión del proyecto de la nueva línea Barcelona-frontera francesa-Perpignan.

ESQUEMA DE UN FRENO ELECTROMAGNÉTICO

a) Ubicación del patín

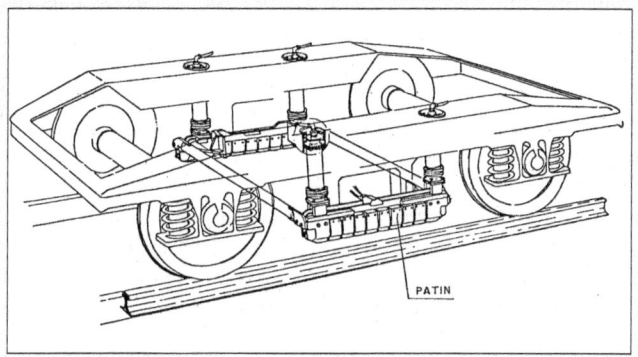

b) Variación del coeficiente de rozamiento con la velocidad

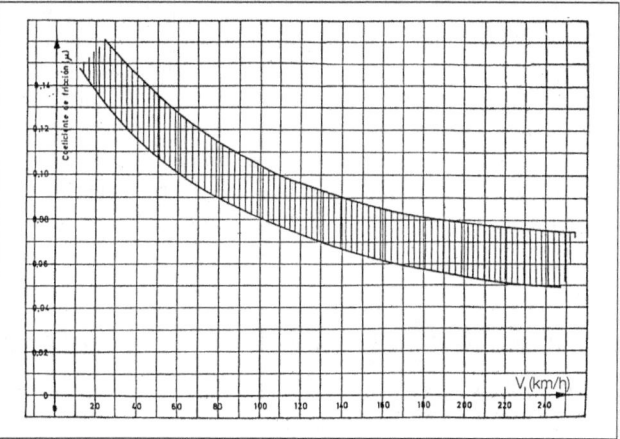

c) Visión general del equipo de freno

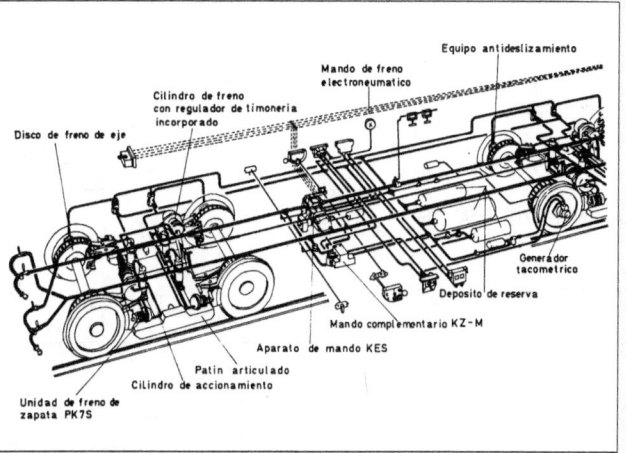

Fuente: Kubath (1976)

Fig. 11.18

11.7 FRENADO A ALTA VELOCIDAD

Como se indicó con anterioridad, uno de los problemas más importantes que se presentaron en el momento de circular a alta velocidad fue la posibilidad de disipación de energía. En efecto, los frenos que utilizan el rozamiento seco (frenos de zapata) tenían su limitación en que se destruían bajo la acción del calor, o bien, se desgastaban rápidamente al incrementarse la temperatura. Los frenos dinámicos disipan la energía de otra manera que a través del rozamiento, si bien también tienen sus límites de empleo por el calor, o por el calentamiento producido en los carriles (freno electromagnético). Finalmente, se constató asimismo que la eficacia de los frenos dinamicos disminuía notablemente para velocidades inferiores a 100/120 km/h.

Una síntesis de las prestaciones ofrecidas por cada tipo de freno. permite destacar que: los reostáticos tienen un comportamiento excelente a velocidades elevadas y no fatigan las ruedas del material; los frenos de disco ofrecen un esfuerzo retardador constante y, finalmente, los frenos de zapatas, al actuar sobre la superficie de las ruedas, aumentan su adherencia y son eficaces hasta 160/200 km/h. Se deduce el interés que presentaba, para una rama de alta velocidad, la utilización combinada de los tres tipos de frenos mencionados, cada uno de ellos en su intervalo óptimo de velocidades, tal como sucedió con las ramas TGV Sudeste, que estuvieron equipadas con:

- *Freno reostático*, que generaba un esfuerzo retardador en la llanta de las dos ruedas de los doce ejes motores, de 10 KN a 260 km/h a 80 km/h, decreciendo hasta la detención de la rama.
- *Freno mecánico de discos*, estando dotados cada uno de los 14 ejes portadores de la rama de dos discos de 640 mm de diámetro y 85 mm de espesor. Desarrollaba un esfuerzo de 9,4 kN desde la velocidad máxima (260 km/h) hasta la parada de la rama.
- *Freno de zapatas de fundición*, actuando sobre el conjunto de las 52 ruedas de cada rama, que añadían a cada eje un esfuerzo retardador de 4,5 KN en el intervalo de velocidades comprendido entre 200 km/h y detención (para un frenado de emergencia), y, entre 160 km/h y detencion para un frenado normal.

En el cuadro 11.4 se explicita, para cada intervalo de velocidad de las ramas TGV-Sudeste, el nivel solicitado de cada uno de los tres tipos de frenos mencionados. Algunos de ellos se visualizan en la figura 11.19.

Es de interés señalar que a causa del progreso experimentado por los frenos de disco, con la llegada del TGV-Atlántico (1989) se logró una mayor potencia de frenado y fue innecesaria la utilización de los frenos de zapata empleados en el TGV-Sudeste. Se destaca que esta supresión tuvo como resultado un menor desgaste de las ruedas y una significativa disminución del ruido emitido. La repercusión económica del primer aspecto es intuitiva y se comprueba en la práctica (Cuadro 11.5).

CUADRO 11.3   INTERVALO DE VELOCIDADES DE UTILIZACIÓN DE FRENOS EN LA LÍNEA BARCELONA-PERPIGNAN

Tipo de tren	Peso por eje (t)	Velocidad (V_d) (km/h)	Pendiente máxima a velocidad V_d i (mm/m)	Desnivelación a pendiente máxima y velocidad V_d d (m)	Resultado final Velocidad V_d
V 200 (discos)	12,50	200	9	19	200 km/h para i = 9 mm/m
	12,50	190	16	34	190 km/h para 9 < i = < 16 y d > 19 m
	12,50	180	23	49	180 km/h para 16 < i = < 20 y d > 34 m
V 160 (discos)	14,50	160	33	72	160 km/h para i = < 20 mm/m
V 160 (zapatas) y V 160 AC (zapatas)	14,50	160	8	11	160 km/h para i = < 8 mm/m
	14,50	150	16	23	150 km/h para 8 < i = < 16 y d > 11 m
	14,50	140	25	35	140 km/h para 16 < i = < 20 y d > 23 m
V 140 AC (zapatas)	14,50	140	33	75	140 km/h para i = < 8 mm/m
ME 160 (discos)	18,00	160	8	11	160 km/h para i = < 20 mm/m
	18,00	150	17	23	150 km/h para 8 < i = < 17 y d > 11 m
	18,00	140	26	34	140 km/h para 17 < i = < 20 y d > 23 m
ME 140 (zapatas)	18,00	140	14	21	140 km/h para i = < 14 mm/m
	18,00	130	22	32	130 km/h para 14 < i = < 20 y d > 21 m
ME 120 (zapatas)	22,50	120	20	31	120 km/h para i= < 20 mm/m

Fuente: FGC/Sofrerail

CUADRO 11.4 INTERVALO DE VELOCIDADES DE UTILIZACIÓN DE CADA FRENO EN LAS RAMAS TGV-SUDESTE

Frenado	Tipo de freno	Velocidad (km/h)			
		270	200	160	40
De servicio	Reostático	100%	100%	100%	
	Discos	50%	100%	50%	
	Zapatas	50% x 1/4	50% x 1/4	50%	
De urgencia	Reostático	100%	100%	100%	
	Discos	100%	100%	100%	
	Zapatas	100%	100%	100%	

Fuente: M. Boiteaux

CUADRO 11.5 SISTEMAS DE FRENADO COMPARADOS DE LAS RAMAS TGV-SUDESTE Y TGV-ATLÁNTICO

	TGV-Sudeste	TGV-Atlántico
Ejes motores	Freno reostático	Freno reostático
	Zapatas de fundición	Zapatas
Ejes portadores	Frenos de disco	Frenos de disco
	Zapatas de fundición	
Desgaste observado por cada 100.000 km	1,1 mm (eje motor)	1,1 mm
	1,0 mm (eje portador)	0,8 mm

Fuente: Elaboración propia a parir de J. Bouvy (1996)

Se comprueba, en efecto, que el desgaste de los ejes portadores de las ramas del TGV-Atlántico, que no disponían de zapatas, fue inferior en un 20% (0,8 mm frente a 1,0 mm) al observado en los ejes portadores de las ramas del TGV-Sudeste. El cuadro 11.6 explicita los tipos de frenos con que se equiparon algunas ramas francesas de alta velocidad.

FRENOS DE ZAPATA Y DE DISCO EN LAS RAMAS TGV-SUDESTE

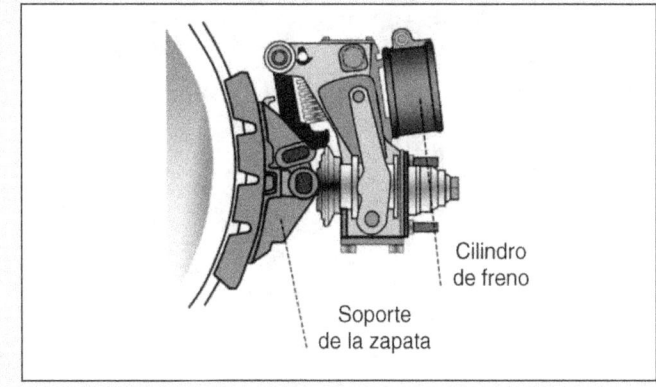
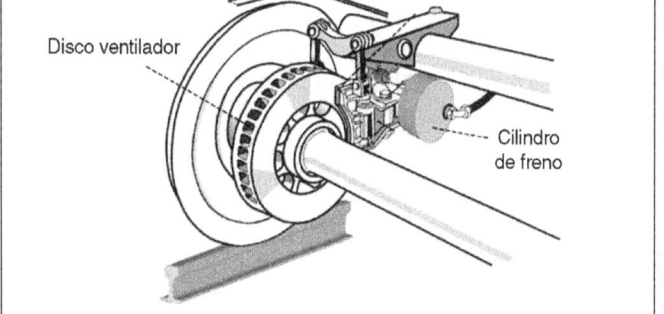

Fuente: C. Soulie (2001)

Fig. 11.19

EQUIPO DE FRENO DEL TREN VELARO

a)

b)

Fuente: C. Küter (2007)

Fig. 11.20

La figura 11.20 muestra el equipo de frenado de los trenes Velaro, y la figura 11.21 el correspondiente al tren Talgo 350.

Con la extensión de la red de alta velocidad en Europa, las distancias se incrementaron sensiblemente: desde los primitivos 414 km de la relación París-Lyon hasta los actuales 750 km de la relación París-Marsella. Distancias todas ellas recorridas a alta velocidad (excepto los kilometros finales de penetración en las ciudades). En paralelo, la velocidad máxima de circulación se ha ido incrementando de forma progresiva: 260/270 km/h en 1981/1983; 300 km/h en 1989 y, recientemente, 320 km/h en una sección de la línea de alta velocidad entre Avignon y Marsella. Con perspectiva de futuro, la circulacion a velocidades punta de hasta 350/360 km/h no se descarta. Pero como se sabe, la disipación de energía es proporcional al cuadrado de la velocidad. Como referencia se señala que los discos de freno de los actuales TGV son capaces de absorber 22 megajoule. Los ensayos realizados a 350 km/h pusieron de manifiesto la necesidad de que los discos para esas velocidades fueran capaces de absorber 30 megajoule. En consecuencia, nuevos sistemas de frenado han sido desarrollados.

Nos referimos, en primer lugar, a los denominados *frenos lineales por corrientes de Foucault*. El principio de este sistema es parecido al del freno electromagnético. En éste, el patín se aplica sobre el carril por la acción de cilindros neumáticos, efectuándose el frenado esencialmente por la acción del rozamiento del patín sobre el carril. En el caso del freno de Foucault, el patín es deplazado hacia la superficie del carril (Fig. 11.22) por medio de cilindros neumáticos, pero es mantenido a una distancia de ésta comprendida entre 7 y 10 mm. La circulación de una corriente continua en el patín genera en el carril un campo magnético que se opone al movimiento del vehículo, produciéndose el frenado.

Uno de los inconvenientes del freno lineal por corrientes de Foucault es la elevación de la temperatura que provoca en el carril, que podría afectar a la estabilidad longitudinal de la vía.

EQUIPO DE FRENO DEL TALGO 350

Fuente: Talgo

Fig. 11.21

CUADRO 11.6   EQUIPOS DE FRENOS DE RAMAS TGV (1998)

	Freno reostático independiente de la tensión de la catenaria	Frenos mecánicos		EFAS	AE-NRE	Freno UIC + FEP
		Bogies motores	Bogies portadores			
TGV.SE V = 270 km/h	X	Zapatas de fundición	Zapatas de fundición Disco de fundición y pastillas de materiales compuestos		X	X
TGV.SE V = 300 km/h	X	Zapatas de materiales compuestos	Discos de acero y pastillas de freno		X	X
TGV.A PBKA V = 300 km/h TGV.R V = 320 km/h	X	Zapatas de materiales compuestos	Como el TGV.SE 300 km/h	X	X	X
TGV Duplex V = 320 km/h	X	Una rueda por eje con discos de acero	Como el TGV.SE 300 km/h	X	X	X

En efecto, después de un cierto número de frenados, la temperatura podría alcanzar el límite admitido por la infraestructura ($\simeq$ 73 a 78ºC). Se recuerda que en el sur de Francia, en verano, la vía puede alcanzar 60º de temperatura y que un frenado de urgencia provocaría una elevación de la misma de aproximadamente 6º. Por otro lado, el campo magnético derivado del freno por corrientes de Foucault podría influenciar negativamente las instalaciones de señalización.

Para limitar este negativo efecto, se han definido (Cauwel et al., 1996) tres niveles de actuación del freno: en el primero, actuando como reductor normal de velocidad, provoca un esfuerzo retardador máximo por *bogie* de 8,5 KN; en el segundo nivel, que correspondería por ejemplo a la aparición inopinada de una restricción de velocidad, el esfuerzo máximo por *bogie* es de 15 KN; en el tercer y último nivel, frenado de urgencia, el citado esfuerzo se eleva a 20 KN. En estas condiciones se acepta para los niveles 1 y 2 que el paso de 10 trenes en unidad múltiple cada 3 minutos no genera problemas particulares por la vía. Por el contrario, en el nivel 3, se limita el paso a 2 trenes separados por 10 minutos. En la figura 11.23 se muestra un ejemplo de lo que podría ser una actuación complementaria de los distintos sistemas de freno de una rama de alta velocidad.

Se destaca que desde el otoño del año 2002 las ramas ICE 3, circulando sobre la línea de alta velocidad Colonia-Frankfurt, utilizan el sistema por corrientes de Foucault indicado en la figura 11.24 para frenado de servicio. Por otro lado y por lo que respecta a los posibles problemas de elevación de temperatura en la vía, cabe señalar que la citada línea está equipada con vía en placa, encontrándose las traviesas encastradas en el hormigón, lo que le confiere una mayor resistencia a la deformación térmica. Cuando el ICE 3 circula por tramos de vía sobre balasto, el sistema de freno por corrientes de Foucault se utiliza solo como frenado de emergencia. Pero esta decisión ha posibilitado que por los citados tramos de vía la velocidad autorizada haya pasado de 140 km/h a 160 km/h, para garantizar la detención del tren, si fuese necesario, en cantones que solo tienen una longitud de 1.000 m. Finalmente, y en cuanto a las perturbaciones electromagnéticas, la modificación de ciertos equipos ha logrado que no se produzcan repercusiones sobre la señalización.

Las Normas Técnicas de Interoperabilidad referidas al material rodante de alta velocidad explicitan algunas indicaciones sobre las características del frenado de este tipo de composiciones. Abordan las exigencias que conciernen al frenado en servicio y al frenado de emergencia (Cuadro 11.7).

- Frenado de servicio: se emplea de forma regular durante la marcha ordinaria de los trenes.

ESQUEMA DEL PRINCIPIO DE FRENADO POR CORRIENTES DE FOUCAULT

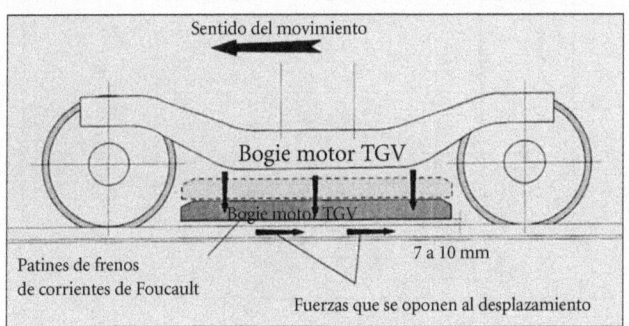

Rama 511 equipada con frenos de corrientes de Foucault

Fuente: Cauwel, P. et al. (1996)   *Fig. 11.22*

NIVELES DE ESFUERZO DE LOS DIFERENTES FRENOS DE LAS RAMAS TGV-NG (NUEVA GENERACIÓN) EN FUNCIÓN DE LA VELOCIDAD DE CIRCULACIÓN

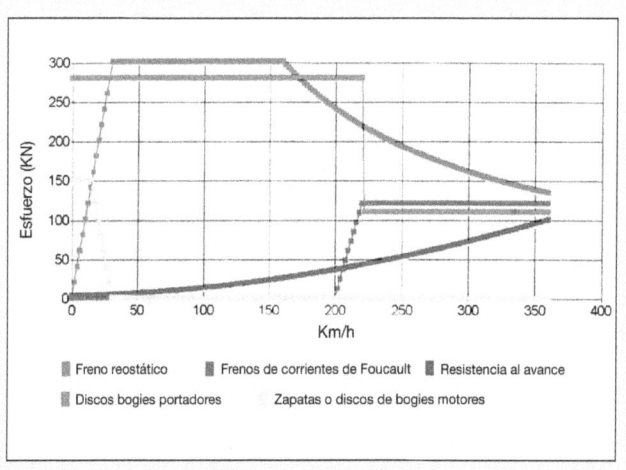

Fuente: P. Cauwel y L. Frechrde (1996)   *Fig. 11.23*

CONFIGURACIÓN DE FRENOS EN LAS RAMAS ICE 3

a) Disposición general

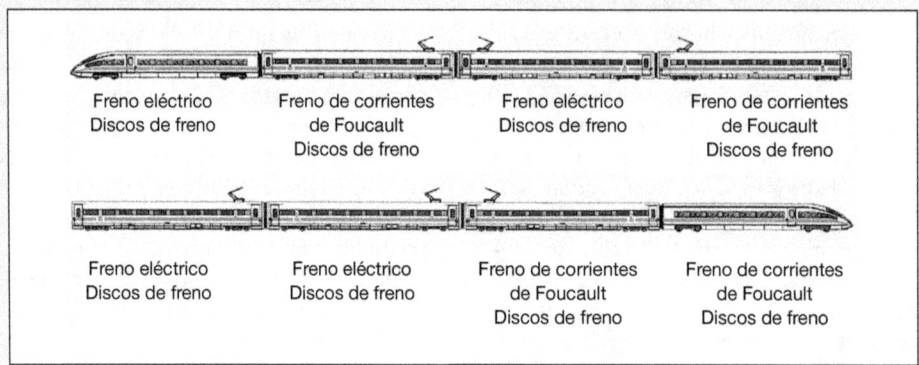

b) Freno de corrientes de Foucault

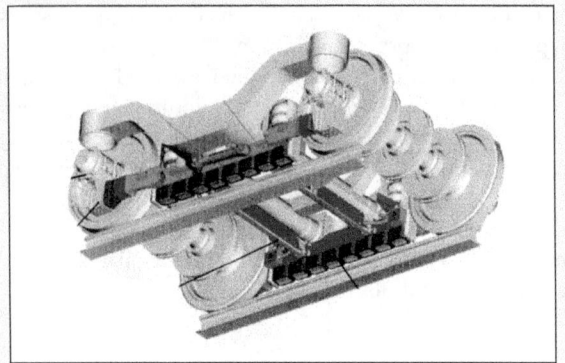

c) Esfuerzo de frenado

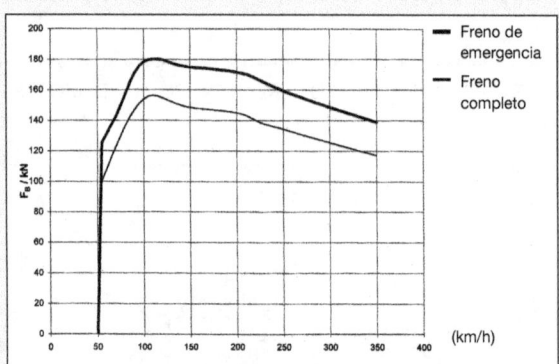

d) Variación de la deceleración de frenado con la velocidad

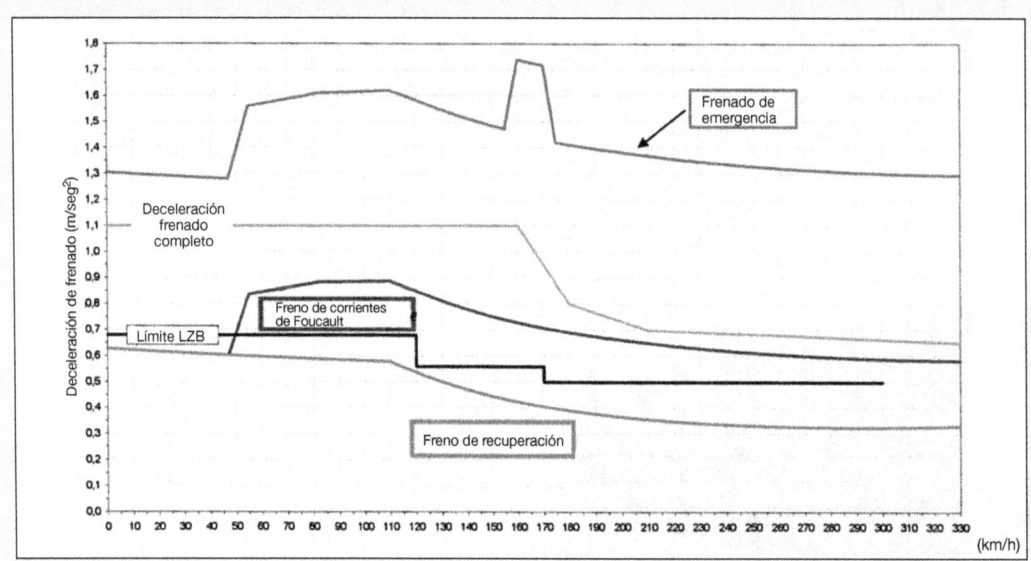

Fuente: W. D. Meier et al (2003)

Fig. 11.24

CUADRO 11.7 PRESTACIONES MÍNIMAS DE LOS FRENOS DE ALTA VELOCIDAD (ETI)

		Deceleración entre 330 y 300 km/h	Deceleración entre 300 y 230 km/h	Deceleración entre 230 y 170 km/h	Deceleración entre 170 y 0 km/h
		m/s^2	m/s^2	m/s^2	m/s^2
Emergencia	Caso A	0,85	0,90	1,05	1,20
Emergencia	Caso B	0,65	0,70	0,80	0,90
Servicio	Caso B	0,35	0,35	0,60	0,60

DISTANCIAS MÁXIMAS DE FRENADO CON FRENO DE EMERGENCIA

		Distancia máxima de 330 a 0 km/h	Distancia máxima de 300 a 0 km/h	Distancia máxima de 250 a 0 km/h	Distancia máxima de 200 a 0 km/h
		m	m	m	m
Emergencia	Caso A	4.530	3.650	2.430	1.500
Emergencia	Caso B	5.840	4.690	3.130	1.940

Fuente: ETI de material rodante, 2003 (Tomada de Alberto García)
Se denomina Caso A el tren en horizontal, con una climatología normal, con carga normal (80 kg por asiento) y un módulo de freno aislado. Se considera Caso B las circunstancias del caso anterior y, además, un distribuidor de freno aislado, una adherencia rueda carril reducida y el coeficiente de fricción entre la guarnición y el disco de freno reducido por la humedad

- Frenado de emergencia: emplea el máximo esfuerzo de frenado, y solo se utiliza en condiciones extraordinarias, ante la necesidad de frenar de forma urgente, normalmente por una incidencia. No se emplea habitualmente, puesto que produce unas deceleraciones molestas para el viajero y un desgaste importante en el material rodante.

Para cada una de las dos formas de frenado, la STI fija como una propiedad o condición de explotación del material rodante, los valores mínimos que deben conseguirse (expresados en la deceleración alcanzable en un determinado rango de velocidad) (Cuadro 11.7). Estos esfuerzos de frenado en cada una de las formas se obtienen por el tren mediante la combinación de los diversos tipos de freno (dinámico, neumático, de Foucault, etc).

12

PLANIFICACIÓN Y EXPLOTACIÓN COMERCIAL DE LÍNEAS DE ALTA VELOCIDAD

12.1 ORIGEN Y JUSTIFICACIÓN DE LA ALTA VELOCIDAD EN EL FERROCARRIL EUROPEO

12.1.1 El límite de velocidad de los itinerarios clásicos

Resulta un hecho bien conocido que la mayor parte de las líneas de ferrocarril fueron construidas durante el siglo XIX, en una época en que los equipos mecánicos y las técnicas de realización de obras lineales estaban lejos de alcanzar el grado de desarrollo que en la actualidad presentan.

Consecuencia de tal situación fue el principio, implícitamente admitido, de diseñar trazados que necesitasen del menor movimiento posible de tierras, procurando adaptar la traza de las citadas líneas a la orografía del terreno para evitar, de este modo, obras de fábrica de especial importancia, lo que no siempre se consiguió, como es sabido.

El resultado fue la existencia de itinerarios con curvas en planta de radios comprendidos entre 300 y 600 m y rampas con magnitudes que alcanzaban, en ocasiones, las 20‰, con mayor o menor extensión de trayectos de estas características, según la administración considerada. Prescindiendo del efecto rampa, los datos en planta precedentemente citados condicionaban la velocidad máxima de los trenes más rápidos, al no poderse superar, con los criterios habituales de cálculo y los vehículos convencionales, los 100/110 km/h.

Debe significarse, no obstante, la existencia de algunos tramos particularmente aptos para el desarrollo de las grandes velocidades, tal como sucede, a título indicativo, con la línea francesa de Las Landas, donde se encuentra la alineación recta más larga de la SNCF, que alcanza los 42 km de longitud.

La existencia de ciertos tramos con características favorables para conseguir velocidades elevadas no constituye, sin embargo, más que una excepción, con mayor o menor grado según cada red, a los condicionantes geométricos de base que, con carácter general, hemos indicado precedentemente.

Como consecuencia, en los primeros años de la década de los sesenta las velocidades punta de los trenes más rápidos europeos, en explotación comercial, se situaban en el intervalo de los 120-150 km/h, límite superior en donde, además del trazado de las líneas, jugaba un papel importante el equipamiento disponible en aquel entonces respecto a las instalaciones fijas y al material motor y remolcado.

El carácter localizado, en general, de los tramos que permitían circular a las citadas velocidades máximas no hacía posible obtener velocidades comerciales netamente superiores a los 100 km/h (excepto en algunos itinerarios como París-Burdeos donde se alcanzaban 121 km/h comerciales, o entre París y Lyon, con 128 km/h de velocidad media).

Sin embargo, la experiencia práctica, así como los numerosos estudios y encuestas realizadas, ponían de manifiesto que, alcanzados y mantenidos ciertos niveles de referencia en algunos de los factores que conforman la calidad de la oferta ferroviaria, en los servicios diurnos interurbanos de media y larga distancia (regularidad, frecuencia y confort) era el tiempo de viaje empleado por el ferrocarril en recorrer una distancia dada, es decir, la velocidad comercial obtenida, la que desempeñaba el papel fundamental en la captación de tráfico por este modo de transporte.

Por esta razón, las principales administraciones ferroviarias emprendieron de forma sistemática, desde finales de los años sesenta, una actividad permanente de progresivo y paulatino incremento de sus velocidades máximas de circulación en explotación comercial sobre los trazados construidos en el siglo XIX.

El convencimiento de las posibilidades que esta dirección ofrecía, basada en introducir significativas mejoras de trazado, bien por rectificación de sus curvas, bien por ejecución de variantes locales (en el caso de dificultades técnicas o económicas que impidiesen o desaconsejasen la solución anterior), así como la constancia en el seguimiento de este enfoque, proporcionó, especialmente a los ferrocarriles franceses y británicos, notables resultados, al permitirles pasar del intervalo de velocidades antes indicado (120/150 km/h) al definido por los 160/200 km/h, con una mayor generalización de estas prestaciones a los diferentes trayectos de su red. Se llegaron a alcanzar, de este modo, los niveles de servicio que se indican en el cuadro 12.1.

CUADRO 12.1 INTRODUCCIÓN DE VELOCIDADES MÁXIMAS DE 160/200 KM/H EN ALGUNAS REDES FERROVIARIAS EUROPEAS

Red (País)	Velocidad máxima en explotación comercial (km/h)	Año de introducción
SNCF (Francia)	200	1967
DB (Alemania)	200	1973
BR (Gran Bretaña)	200	1976
FS (Italia)	180	1970
SJ (Suecia)	160	1985
RENFE (España)	160	1986

La exposición realizada conduce de forma natural a preguntarse si la velocidad máxima de 200 km/h, alcanzada en algunos tramos, era un escalón más de carácter transitorio en el proceso de elevación gradual de las velocidades punta, como lo fueron en su momento los 140 o los 160 km/h, o bien, si constituía un límite superior de los convencionales trazados.

La respuesta a esta cuestión es bien conocida desde hace años, cuando fueron analizadas las condiciones que deberían darse para autorizar circulaciones con velocidades punta superiores a 200 km/h, comprobándose que en torno a esta magnitud podría situarse el techo de velocidad de los trazados clásicos desde el punto de vista técnico-económico.

Las variables que configuran este techo se inscriben en el ámbito de la geometría de la vía y de las instalaciones de seguridad. En el primer caso, a causa, entre otros hechos, de las limitaciones que con relación a la velocidad impone el peralte existente en las curvas, que no puede alcanzar los valores teóricamente necesarios y posibles por causa de las repercusiones negativas que ello tendría durante la circulación de los trenes de mercancías.

Por lo que respecta a los condicionantes que se presentan en el campo de las instalaciones de seguridad, es bien conocido que la distancia entre señales, por los actuales trazados no modernizados, variaba desde los 800 m de algunas líneas a los 1.200 o 1.500 m, en el mejor de los casos, que resultaban insuficientes para circular a 200 km/h y velocidades superiores. La incorporación de una cuarta indicación en la instalación de bloqueo automático con tres señales constituyó la respuesta económica del ferrocarril para hacer viable los 200 km/h por los actuales trazados.

En resumen, el tráfico mixto que discurre por las principales líneas de cada red, por un lado, y por otro, la problemática que presenta el frenado de una composición con el aumento de la velocidad conducen a establecer esta velocidad como el límite superior técnicamente posible y económicamente aconsejable de los actuales trazados, aun cuando la SNCF autorizó desde finales de la década de los años ochenta, la circulación de ramas TGV a 220 km/h por algunas secciones determinadas, a causa de las especiales características constructivas de estas ramas.

12.1.2 Los problemas de falta de capacidad y su influencia en la construcción de nuevas líneas

A partir de este hecho: la velocidad que resultaba posible autorizar por los trazados convencionales y en un proceso normal de mejora de la oferta ferroviaria, parecería lógico analizar, para cada una de las relaciones en donde dicho techo se hubiese alcanzado (o bien en itinerarios cuya velocidad máxima no pudiese ser elevada mediante modificaciones relativamente suaves de trazado), si las prestaciones ofrecidas por el ferrocarril se enmarcaban dentro de la necesidades de la demanda del transporte o si, por el contrario, convendría aumentar el nivel de calidad de las mismas, no en la óptica de mejora *per se*, sino en la de aprovechamiento máximo de las posibilidades de este modo.

Frente a una previsible respuesta que aconsejase mayores prestaciones, la viabilidad técnico-económica de una nueva línea se presentaría como un estudio de ineludible realización. Sin embargo, la lectura de los documentos hechos públicos hace tres décadas y las manifestaciones de los principales responsables de cada una de las administraciones ferroviarias citadas son concluyentes respecto a señalar los problemas de falta de capacidad existentes en algunos tramos como el desencadenante principal de la construcción de nuevas líneas.

Su trazado, apto a circulaciones de alta velocidad, se inscribió en un doble argumento: la perspectiva temporal con que debe considerarse el proyecto de una línea como la que nos ocupa, con una vigencia de al menos 75 a 100 años, y también las posibilidades que la técnica ferroviaria ofrecía para alcanzar con seguridad e interés económico nuevos niveles de prestaciones en términos de velocidades máximas.

Resulta posible afirmar, por tanto, que el origen de las nuevas líneas europeas, como París-Lyon, Roma-Florencia o las alemanas

Hannover-Würzburg o Mannheim-Stuttgart, estuvo en el deseo de encontrar solución a los problemas derivados de la falta de capacidad de algunos trayectos, tal como se expuso en el capítulo 6.

12.1.3 Las dificultades comerciales del ferrocarril convencional frente al desarrollo de la carretera y la aviación

Como se ha indicado en el apartado anterior, en el plano técnico se comprobó, a mediados de los años sesenta del siglo XX la factibilidad de circular a *alta velocidad*. Serían, sin embargo, los condicionantes comerciales los que acelerarían la decisión de construir la primera línea de alta velocidad.

El deseo de elevar la calidad de la oferta en los servicios interurbanos de viajeros por ferrocarril ha estado presente, de forma permanente, en la actividad de este modo de transporte. Deseo que comenzó a convertirse, en Europa, en imprescindible necesidad a partir de los años cincuenta al constatar, por un lado, el rápido desarrollo de infraestructuras viarias de altas prestaciones, y por otro, la progresiva generalización del avión en los desplazamientos a media y larga distancia, al introducir el reactor, lo que proporcionaba mayor rapidez, seguridad y confort.

En una primera fase, y apoyándose en los trazados construidos el pasado siglo, algunos países, especialmente Francia, llevaron a cabo importantes trabajos de modernización en sus principales líneas para hacer posible circulaciones comerciales a mayor velocidad y, por tanto, menores tiempos de viaje.

El cuadro 12.2 permite comprobar los avances logrados desde 1960 a 1979, es decir, dos años antes de la introducción de servicios de alta velocidad por líneas nuevas. Merece la pena destacar el hecho que en la relación París-Burdeos se superaban los 150 km/h de velocidad comercial, en un trayecto cuya distancia de recorrido estaba próxima a 600 km.

Una reflexión preliminar que parecería razonable establecer, una vez conocida la calidad de la oferta por ferrocarril indicada en el cuadro 12.1, sería la de prever una importante cuota de mercado para este modo en la mayoría de las relaciones francesas a media y larga distancia. Sin embargo, la evolución del tráfico de viajeros en la red principal de la SNCF (Fig. 12.1) no se correspondía con la que se presentaba como juiciosa previsión efectuada a partir de la realidad explicitada.

Sea como fuere, el hecho real era la progresiva y continuada disminución del tráfico de viajeros por ferrocarril en la gama de mayores prestaciones. En todo caso, lo cierto es que ya a mediados de la década de los años sesenta, el análisis de la distribución modal en la relación París-Lyon vaticinaba los resultados indicados en la figura 12.1. En 1963, en la referida relación, el ferrocarril ofrecía un tiempo de viaje de 4 h, lo que representaba para los 515 km de recorrido una velocidad comercial próxima a los 130 km/h. Esta prestación le permitía ostentar una cuota de mercado del 65%, frente al 28% de la carretera y al 7% de la aviación.

Sin embargo, (Cuadro 12.3) tan sólo cuatro años más tarde, en 1967, el ferrocarril había perdido 17 puntos de cuota de mercado, y la previsión para 1976, año en el cual el tiempo de viaje de este modo sería de 3 h 45 (velocidad comercial de 137 km/h), indicaba que perdería 23 puntos suplementarios. En síntesis, podría decirse que de 1963 a 1976 el ferrocarril dividiría su cuota de mercado por 2,6, mientras que la aviación la multiplicaría por más de 5. Por el contrario, en caso de construir una nueva línea entre París y Lyon, la distribución modal sería la indicada en el cuadro 12.3.

CUADRO 12.2 LA CALIDAD DE LA OFERTA FERROVIARIA EN FRANCIA AL FINALIZAR LA DÉCADA DE LOS AÑOS SETENTA

Relación desde París con	Tiempo de viaje y velocidad comercial (km/h)		Ahorro de tiempo de 1960 a 1979
	1960	1979	
Burdeos	4 h 48 (121)	3 h 50 (152)	58'
Lille	2 h 35 (97)	1 h 52 (134)	43'
Nantes	3 h 53 (102)	3 h 07 (126)	46'
Estrasburgo	5 h 11 (97)	3 h 52 (130)	1 h 19
Toulouse	7 h 27 (96)	6 h 02 (118)	1 h 25
Marsella	7 h 33 (114)	6 h 33 (132)	1 h

Fuente: A. López Pita (1996)

EVOLUCIÓN DEL TRÁFICO DE VIAJEROS DE LARGO RECORRIDO EN LA SNCF (1962-1981)

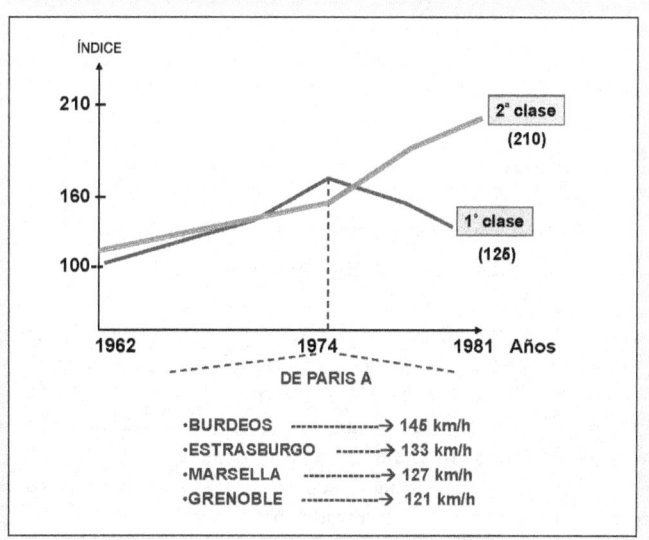

Fuente: Elaboración propia a partir de Mireux (1985) y otras fuentes   Fig. 12.1

CUADRO 12.3 LA DISTRIBUCIÓN MODAL DEL TRÁFICO DE VIAJEROS EN LA RELACIÓN PARÍS-LYON (1963 A 1976)

Modo	Distribución modal de tráfico			
	Año 1963	Año 1967	Año 1975	
			Sin nueva línea	Con nueva línea
Prestación del F.C.	4 h (128 km/h)	4 h (128 km/h)	3 h 45 (137 km/h)	2 h (208 km/h)
F.C.	65%	48%	25,4	58
Avión	7%	20%	39	12,4
Carretera	28%	32%	35,6	29,6

Fuente: Adaptado de Walrave (1970)

CUADRO 12.4 EVOLUCIÓN DE LA DISTRIBUCIÓN MODAL EN LAS RELACIONES PARÍS-MARSELLA Y PARÍS-NIZA EN EL PERÍODO 1963-1967

Relación	Distribución modal (%)					
	Ferrocarril		Avión		Carretera	
Año	1963	1967	1963	1967	1963	1967
París-Marsella	70	54	15	26	15	20
París-Niza	47	32	31	42	22	26

Fuente: Adaptado de M. Walrave (1970)

Para otras relaciones del corredor París-Sudeste, como París-Marsella y París-Niza, la evolución de la distribución modal en el período 1963-1967 fue análoga a la explicitada para los enlaces entre París y Lyon, tal como muestra el cuadro 12.4. Se constata como de la pérdida de cuota del ferrocarril, del orden de 15 puntos en cuatro años, se beneficiaría esencialmente el avión, que ganaría 11 de los citados quince puntos.

12.1.4 Los progresos técnicos que hicieron posible la alta velocidad

La conjunción de la necesidad de resolver los problemas precedentes y los avances técnicos producidos en el ámbito de las instalaciones fijas y del material aconsejaron trazar las nuevas líneas con estándares geométricos que hiciesen posible la circulación a 250/300 km/h de velocidad máxima, dependiendo del criterio de cada red.

Es importante, no obstante, señalar que la alta velocidad es algo más que la existencia de un trazado con características geométricas favorables. La alta velocidad es un sistema formado por diferentes subsistemas, uno de los cuales es la vía, pero no el único. El material, la captación de corriente, las instalaciones de seguridad y la política comercial constituyen con la vía el conjunto de grandes subsistemas que configuran el concepto alta velocidad.

De forma específica, cabe recordar que las primeras reflexiones sobre la factibilidad técnico-económica de construir nuevas líneas en Francia aptas para la circulación a alta velocidad tuvieron lugar a mediados de los años sesenta. Por este motivo, cuando se inició la construcción de la primera línea de alta velocidad en Europa (año 1976), los ferrocarriles franceses disponían ya de una considerable experiencia sobre los aspectos técnicos a superar para circular con velocidades máximas por encima de 200 km/h. Se recuerda a este respecto que la SNCF, en el período 1960-1967, realizó más de 240 circulaciones experimentales con velocidades punta comprendidas entre 200 y 250 km/h (Cuadro 12.5). Posteriormente, en el período 1967-1978, el número de circulaciones de ensayo con velocidades igual o superiores a 300 km/h sería muy relevante (Cuadro 12.5).

CUADRO 12.5 EVOLUCIÓN DEL CONOCIMIENTO DE LA PROBLEMÁTICA DE CIRCULAR A ALTA Y MUY ALTA VELOCIDAD EN FRANCIA

Periodo 1960-1967
Circulación de ensayo a 200/250 KM/H

Velocidad (km/h)	N° de circulaciones
200/210	166
220/230	57
240/250	30

PERIODO 1967-1978
Circulación de ensayo a 200/300 KM/H

Velocidad (km/h)	N° de circulaciones
200 a 280	47
300 a 318	175
300 a 306	> 100

Fuente: A. López Pita con datos SNCF

12.1.5 Alta velocidad y muy alta velocidad

De esta forma, a finales de los años sesenta la idea de establecer un nuevo trazado entre París y Lyon comenzaba a recorrer sus primeros pasos, materializándose con el inicio de la década de los años ochenta. El éxito técnico y económico de la nueva línea París-Lyon en los primeros años de servicio dio paso a una cierta euforia sobre las posibilidades que la alta velocidad ofrecía al ferrocarril para recuperar las significativas cuotas de mercado que había perdido, a nivel europeo, a causa del desarrollo de la carretera y la aviación. En consecuencia, de forma inmediata, se programó la extensión de la circulación a alta velocidad a otros corredores franceses: TGV-Atlántico y TGV-Norte.

En marzo de 1988, la Comunidad Europea de Ferrocarriles concluyó la propuesta de una red europea de alta velocidad, que comprendía la construcción hasta el año 2015 de 8.000 km de nuevas líneas y la modernización para 160/200 km/h de 11.000 km. El desarrollo de dicha red a finales del año 2006 se visualiza en la figura 12.2.

Es útil precisar que desde el punto de vista técnico, el concepto de alta velocidad se asignó (Bouley, 1981) a «toda circulación con una velocidad superior e incluso netamente superior a la velocidad máxima que, en general, podía practicarse por los trazados clásicos, es decir, 200 km/h». En consecuencia, se asociaba el término alta velocidad al intervalo 200/300 km/h, y se reservaba el de *muy alta velocidad*, a las circulaciones que sobrepasara los 300 km/h.

En ambos casos con la necesidad de construir nuevas líneas de ferrocarril, dado que no resulta fácil encontrar tramos de una cierta longitud, sobre la red ferroviaria construida, fundamentalmente, en el siglo XIX, donde se puedan alcanzar velocidades superiores a 200 km/h.

Es oportuno recordar que el significado práctico de los término precedentes trataba de reflejar, básicamente, dos hechos fundamentales:

a) El primero, que por encima de 200 km/h es muy difícil explotar una línea con señalización lateral (la que disponen las líneas convencionales).

RED DE ALTA VELOCIDAD EN EUROPA (DICIEMBRE 2006)

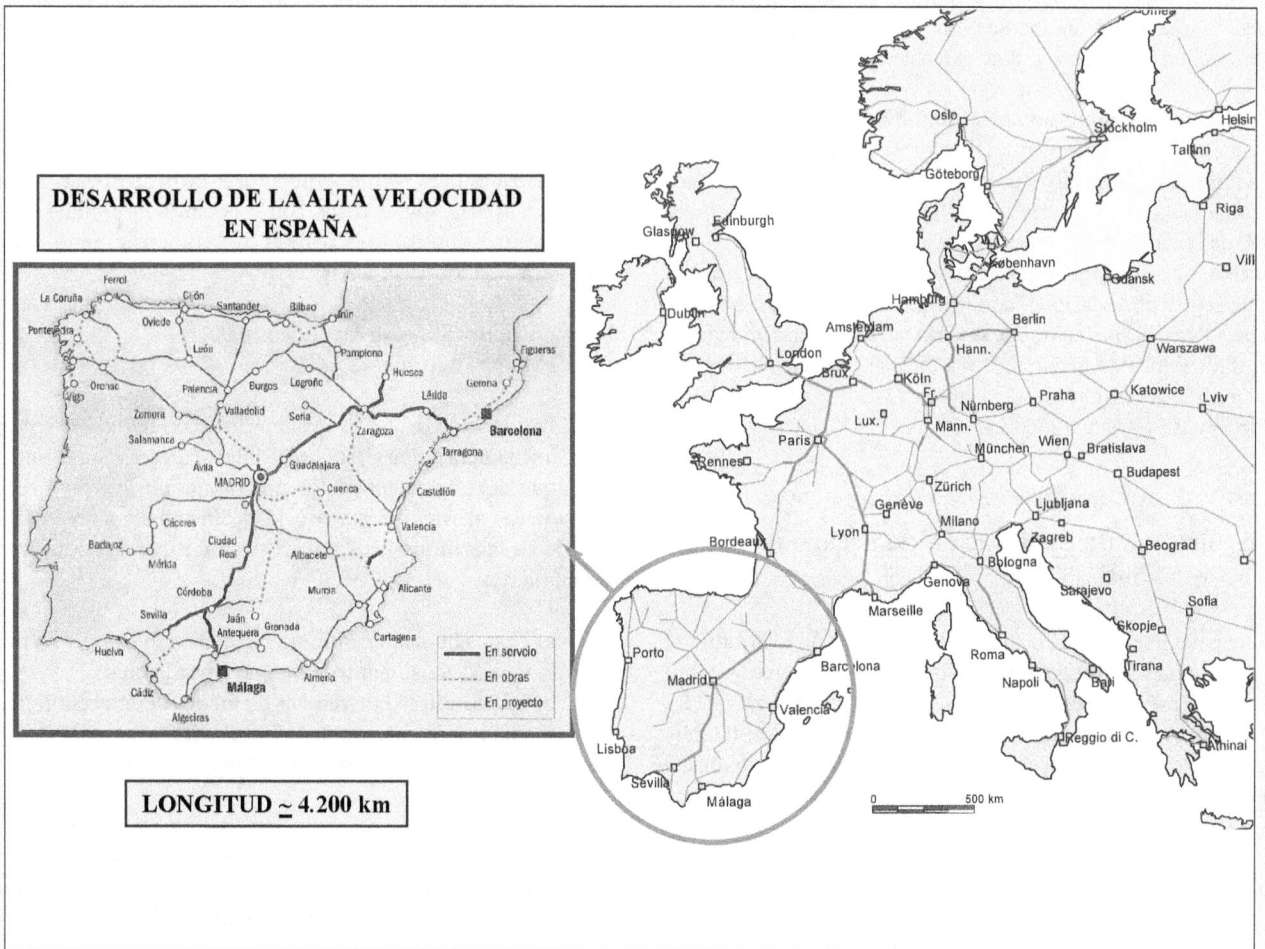

Fuente: Elaboración propia con mapas UIC y Ministerio de Fomento

Fig. 12.2

b) El segundo, que para velocidades superiores a 300 km/h, los problemas aerodinámicos y de ruido adquieren una nueva dimensión.

Desde la perspectiva de la configuración de una red de altas prestaciones se recuerda que en la Decisión 1692/96 del Parlamento Europeo y del Consejo de 23 de julio de 1996, sobre las orientaciones comunitarias para el desarrollo de la red transeuropea de transporte, se explicitaba que la red ferroviaria de alta velocidad se compondría de:

- Líneas especialmente construidas para alta velocidad, equipadas para velocidades generalmente de 250 km/h o superiores mediante tecnologías actuales o nuevas.
- Líneas especialmente acondicionadas para la alta velocidad, equipadas para velocidades del orden de 200 km/h.
- Líneas especialmente acondicionadas para la alta velocidad de carácter específico debido a limitaciones topográficas, de relieve o de medio ambiente urbano, para las cuales la velocidad debería adaptarse a cada caso concreto».

Si utilizamos, el significado práctico indicado por el autor francés, (Bouley) en aquel momento Director de Material de los ferrocarriles franceses, puede afirmarse que el nacimiento de la alta velocidad comercial tuvo lugar con la puesta en explotación, en octubre de 1964, de la nueva línea entre Tokio y Osaka.

En el ámbito europeo, la era de la alta velocidad se desarrolló, a partir de septiembre de 1981, con la apertura parcial de la nueva línea entre París y Lyon, en donde se alcanzaban, en servicio regular, 260 km/h de velocidad máxima. Dos años más tarde, la citada línea estaría completamente terminada en sus 414 km de longitud, y la velocidad punta se elevó a 270 km/h.

12.1.6 Sistema de explotación de las líneas de alta velocidad

Las principales líneas de ferrocarril en Europa han sido y continúan siendo explotadas en tráfico mixto. Es decir, coexisten en ellas tanto trenes de viajeros como de mercancías, incluso en el caso de que las circulaciones más rápidas de viajeros alcancen los 200 km/h. En la figura 12.3, se muestra el número de circulaciones existentes, a comienzos de la década pasada en algunos itinerarios franceses y alemanes.

Sin embargo, en el momento de planificar las nuevas infraestructuras de alta velocidad no se adoptó de forma mimética tal sistema. Por el contrario, cada línea fue proyectada y explotada según las circunstancias orográficas, comerciales y de capacidad que presentaba cada itinerario. En los apartados siguientes se exponen y justifican la diversidad de criterios existentes.

12.1.6.1 Francia

En el momento de proyectar la nueva línea de alta velocidad entre París y Lyon, a mediados de los años setenta del pasado siglo, los responsables de los ferrocarriles franceses afirmaron que el criterio adoptado para su explotación, exclusivamente para ramas de alta velocidad, se basaba, en las siguientes consideraciones:

1. El origen de la nueva línea es la saturación de la existente, siendo por tanto del mayor interés prever para el conjunto de ambas líneas un sistema de explotación que proporcione la mayor capacidad posible de circulaciones, retrasando en el tiempo una nueva saturación.

2. Un estudio realizado sobre la antigua línea entre París y Lyon había mostrado que el hecho de eliminar los trenes de mercancías triplicaría aproximadamente la capacidad de encaminamiento de viajeros entre ambas ciudades. Cuando se dispone de líneas paralelas es evidente que la capacidad óptima del conjunto se obtiene especializando cada una a un cierto tipo de tráfico.

A partir de estas reflexiones, la SNCF adoptó unos parámetros geométricos para la nueva línea París-Lyon acordes con el tráfico que soportaría, sólo viajeros, con la potencia disponible en el equipo motor y con las prestaciones que comercialmente interesaba alcanzar. De forma concreta:

- Radio mínimo de las curvas: 4000 m
- Rampa máxima: 35‰

La adopción de una rampa tan elevada (Fig. 12.4) puede producir, inicialmente, una cierta perplejidad. Parecería, de forma intuitiva, que debería elegirse la menor rampa posible para reducir la resistencia al avance a alta velocidad. Sin embargo, un análisis detallado del perfil longitudinal del trazado que se adoptó pone de manifiesto:

a) La posibilidad de optimizar el consumo energético mediante el concatenamiento de rampas y pendientes.
b) La posibilidad de reducir en un 30% la inversión necesaria en la construcción de la infraestructura de la nueva línea, respecto a un trazado con rampas máximas de 12‰.

Es de interés recordar que, tan solo nueve años después de su entrada en servicio comercial, por esta nueva línea circulaban más de 19 millones de viajeros/año (Fig. 12.5). Difícilmente hubiesen podido coexistir, a causa de la diferencia de velocidades, las ramas TGV y los trenes de mercancías.

Las directrices básicas utilizadas para la construcción de la línea París-Lyon fueron también aceptadas en el proyecto de la segunda

PRESTACIONES EN ALGUNAS LÍNEAS DE FRANCIA Y ALEMANIA (AÑO 1990)

a) Francia

Línea de París a	Número de circulaciones/día	
	Viajeros (140 a 200 km/h)	Mercancías (100 a 120 km/h)
Burdeos	58 a 135	48 a 106
Marsella	108 a 118	60 a 80

b) Alemania

Línea	Número de circulaciones/día	
	Viajeros (140 a 200 km/h)	Mercancías (100 a 120 km/h)
Múnich-Augsburgo	80 a 130	70 a 110
Hannover-Hamburgo	75 a 125	75 a 120

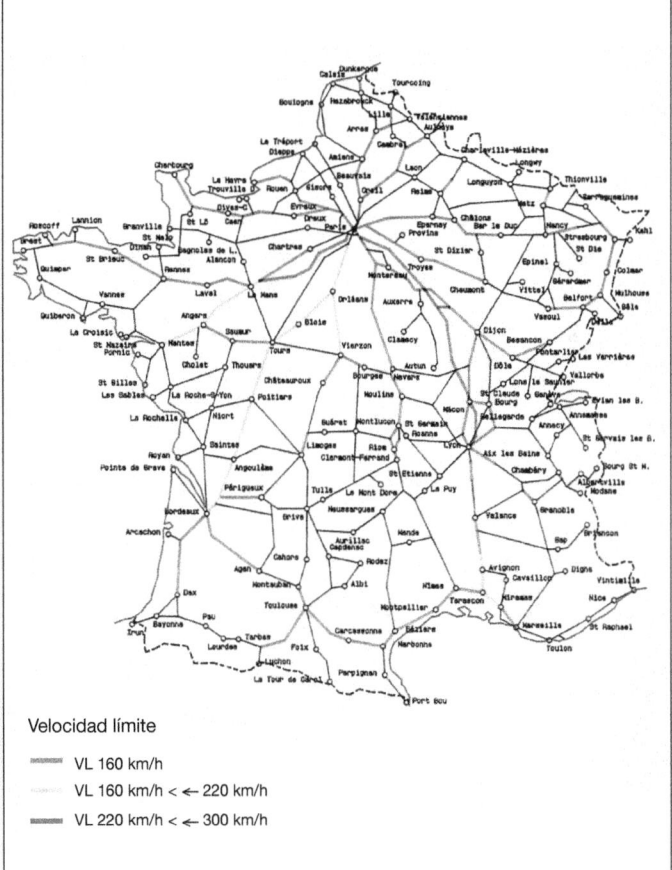

Velocidad límite
- VL 160 km/h
- VL 160 km/h < ← 220 km/h
- VL 220 km/h < ← 300 km/h

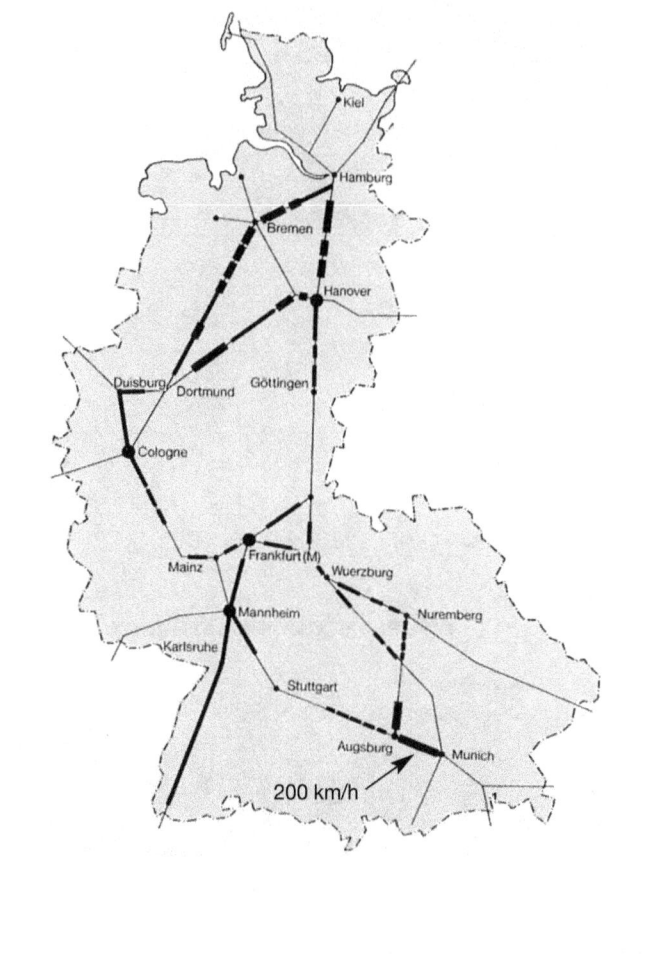

Fuente: Elaboración propia con datos SNCF y DB

Fig. 12.3

PERFIL LONGITUDINAL DE LAS LÍNEAS DE PARÍS A LYON

a) Línea París-Lyon

b) Rampa máxima

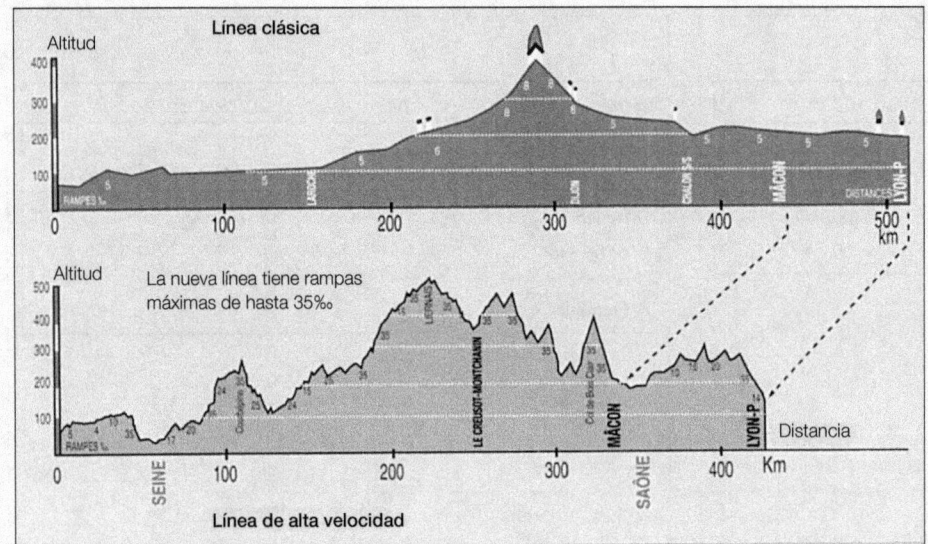

c) Perfil detallado de la línea de alta velocidad

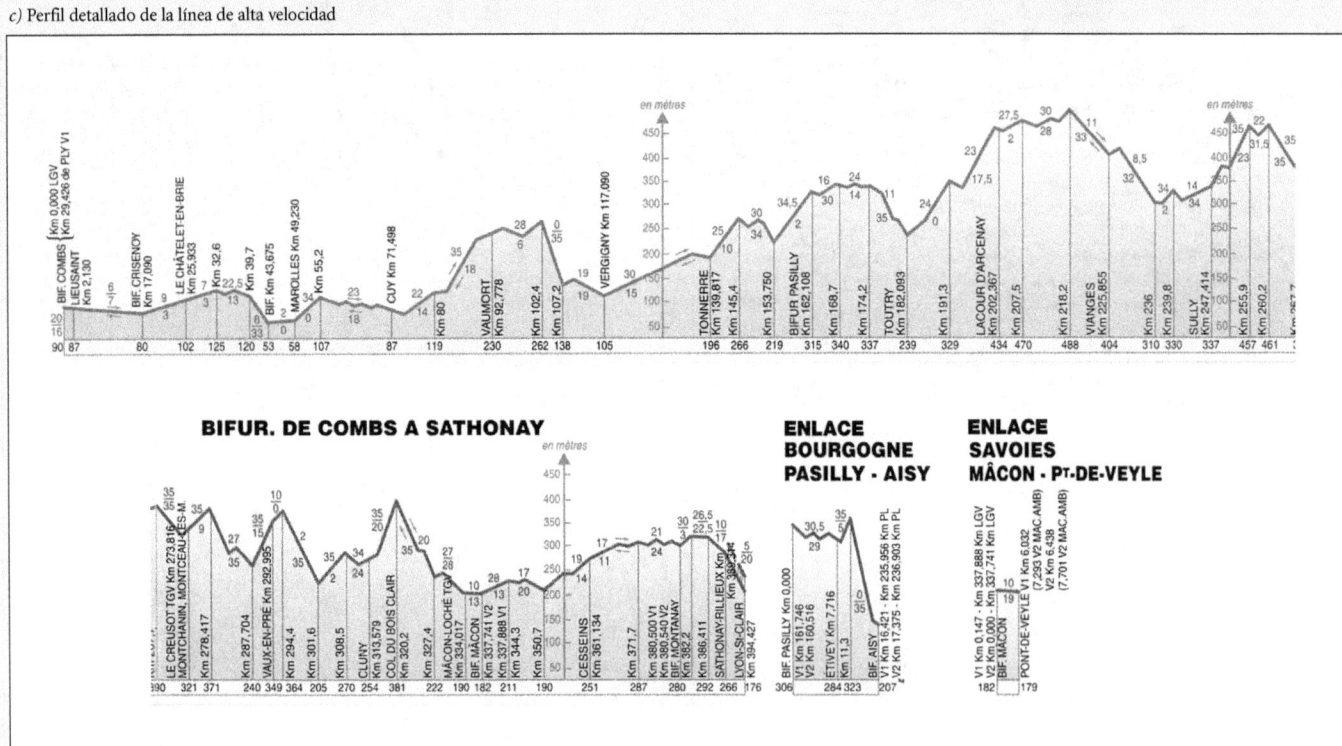

Fuente: Rail Passion

Fig. 12.4

SERVICIOS Y DEMANDA DE VIAJEROS EN EL EJE SUDESTE DE FRANCIA

a) Relaciones con servicios TGV

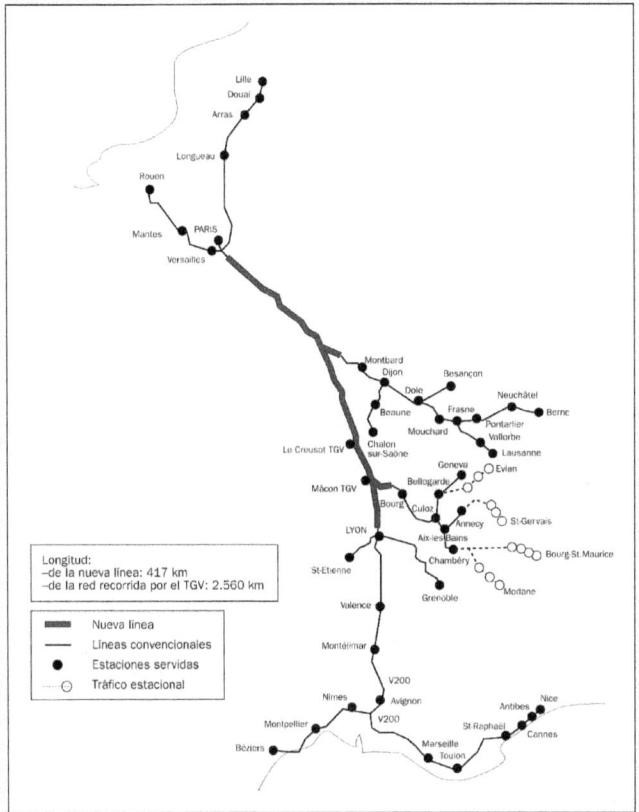

b) Evolución del tráfico de viajeros

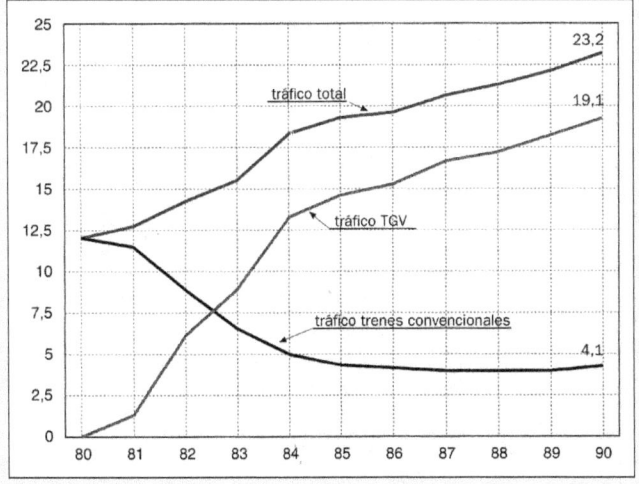

Fuente: SNCF

Fig. 12.5

línea a gran velocidad en Francia, denominada TGV-Atlántico. La reducción de la rampa máxima admisible de 35 a 25 mm/m se debió a la menor entidad de las ondulaciones del terreno.

Sin embargo, la idea de especializar la línea al tráfico de viajeros no era mantenida en la totalidad del recorrido, proyectando un corto tramo de 17 km, en las proximidades de la ciudad de Tours, de forma tal que, funcionalmente, admitía la circulación mixta de viajeros y mercancías. ¿Cuál fue la causa que motivó esta decisión?

Los argumentos a favor de esta excepción se encuentran en la necesidad de aliviar el número de circulaciones de trenes clásicos, viajeros y mercancías por el nudo ferroviario de St. Pierre-des-Corps, que presentaba problemas de saturación. Con tal finalidad se proyectaron tres enlaces entre la línea nueva y las existentes, como puede verse en la figura 12.6a, a efectos de ubicación global de los mismos, y en la figura 12.6b y c, a efectos de detalle.

El objeto concreto de cada enlace fue el siguiente:

1. *Enlace de Saint-Pierre-des-Corps*
Permitir a los trenes de TGV procedentes de París llegar a las estaciones de St. Pierre y Tours.

2. *Enlace de Montlouis*
Hacer posible que los trenes clásicos que no debían detenerse en St. Pierre circulasen por la nueva línea.

3. *Enlace de La Ville-aux-Dames*
Permitir que los trenes de mercancías procedentes del sur de Francia utilizasen la nueva línea para acceder directamente, de este modo, a la estación de clasificación de St. Pierre-des-Corps.

Puede afirmarse, por tanto, que esta sección de 17 km de la línea de alta velocidad TGV-Atlántico constituyó, en aquel momento temporal, una excepción al criterio general de utilizar en Francia los nuevos trazados solo para el tráfico de viajeros. Excepción que se caracterizaba por estar: acotada en longitud (17 km) y en cuanto al número de trenes de mercancías que por ella podrían circular.

Las nuevas líneas de alta velocidad que se proyectaron y construyeron en Francia: TGV-Norte (1993), TGV-Rhône-Alpes (1994), TGV-Mediterráneo (2001) y TGV-Este (2007) siguieron el criterio inicial de ser utilizadas sólo por las ramas de alta velocidad.

Si se analiza con una cierta perspectiva la orientación adoptada en Francia, se constata lo acertado de la misma en relación con el sistema de explotación. Por un lado, es de interés señalar (Fig. 12.7) que a comienzos de la década de los años ochenta, es decir, al comenzar el servicio TGV a través de la línea París-Lyon, el tráfico aéreo desde París con el sudeste francés se situaba en torno a 4,5 millones de viajeros/año. Este dato refleja el potencial de tráfico que el ferrocarril podría captar extendiendo hacia el sur la citada línea y, por tanto, la imposibilidad de hacer circular por ella trenes de mercancías.

LÍNEA TGV ATLÁNTICO

a) Esquema general

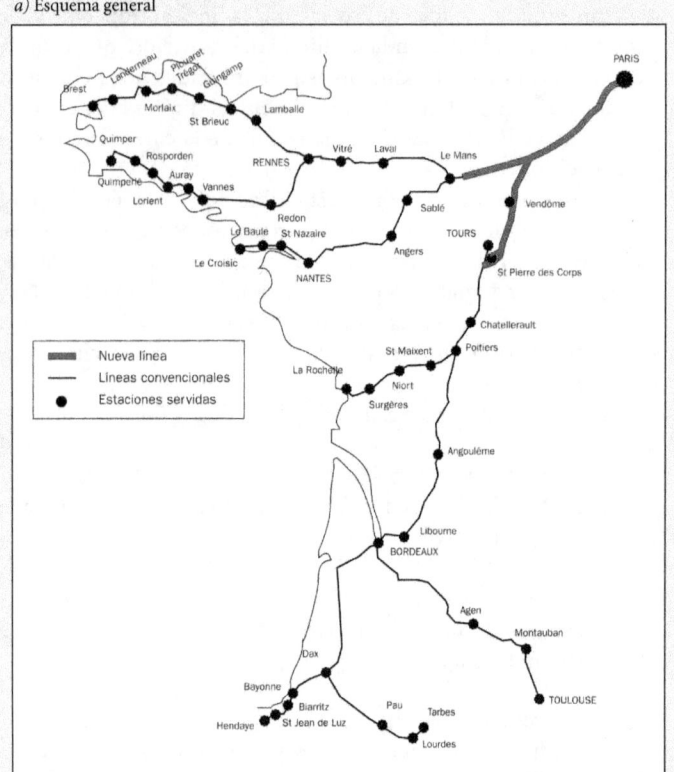

b) Detalle del *by-pass* de Tours

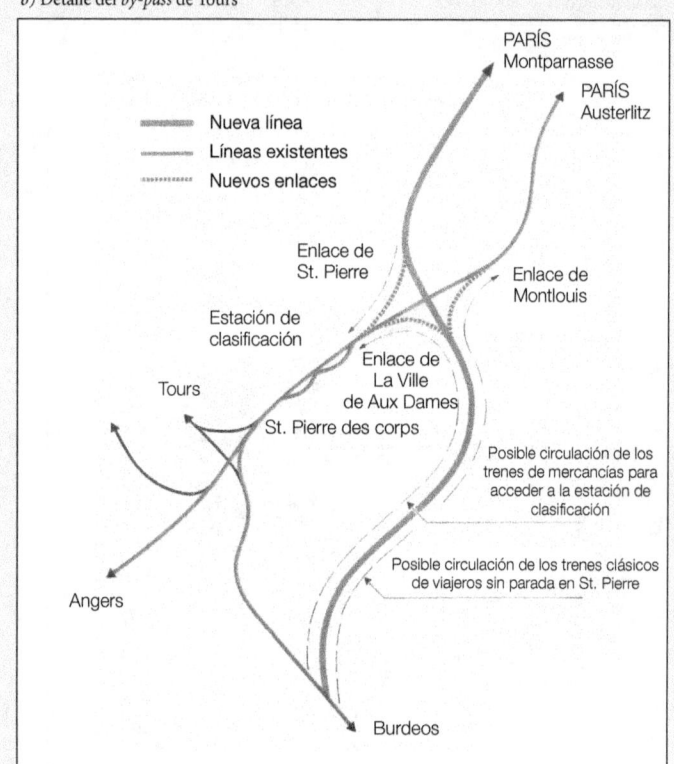

c) Detalle línea de alta velocidad y convencional en Tours

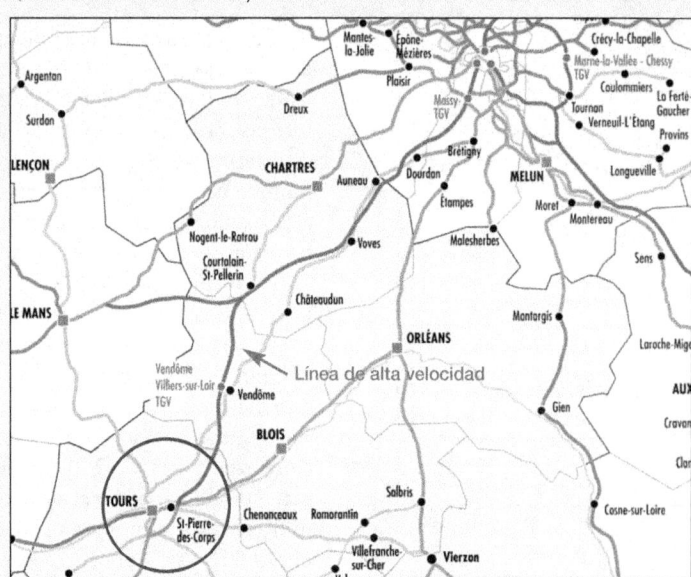

Fuente: SNCF, Le Train y elaboración propia

Fig. 12.6

POTENCIAL DE TRÁFICO AÉREO EN EL CORREDOR
PARÍS-SUDESTE (1980)

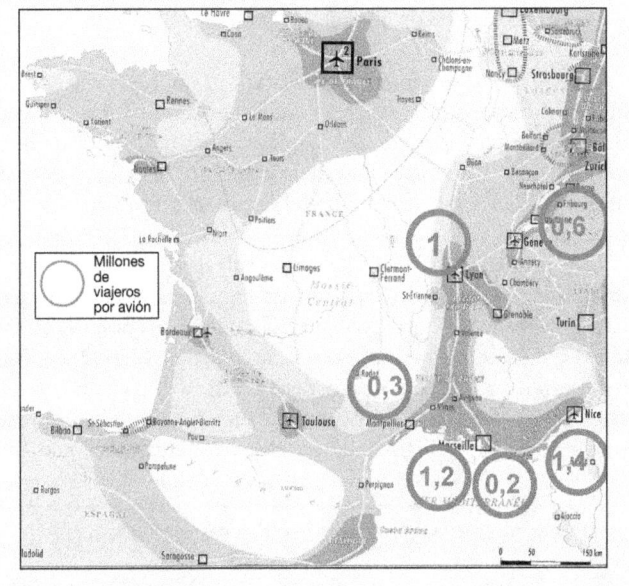

Fuente: A. López Pita (2006) Fig. 12.7

Por otro lado, la figura 12.8 refleja los órdenes de magnitud correspondientes al número de circulaciones presentes en las diversas líneas de alta velocidad. Si se tiene en cuenta la próxima entrada en servicio comercial de la nueva línea Bruselas-Amsterdam (determinadas secciones) y los estudios en curso para construir el TGV Tours-Burdeos y Marsella-Niza, se comprende la necesidad de reservar los nuevos trazados de alta velocidad mencionados para la circulación de trenes de viajeros.

12.1.6.2 Alemania

La necesidad de construir nuevas líneas de ferrocarril en este país se puso de manifiesto a comienzos de la década de los años setenta del pasado siglo; por un lado, a causa del elevado número de circulaciones existente en algunas relaciones, tal como muestra el cuadro adjunto; por otro lado, por las limitaciones que la geometría de

Línea	Número medio de circulaciones/día
Hannover-Wurzburg	280
Mannheim-Stuttgart	300
Colonia-Francfort	560 (4 vías)

DENSIDAD DE CIRCULACIONES DE ALTA VELOCIDAD EN LAS LÍNEAS FRANCESAS Y EXPLICACIÓN DE SU UTILIZACIÓN POR TRENES TGV

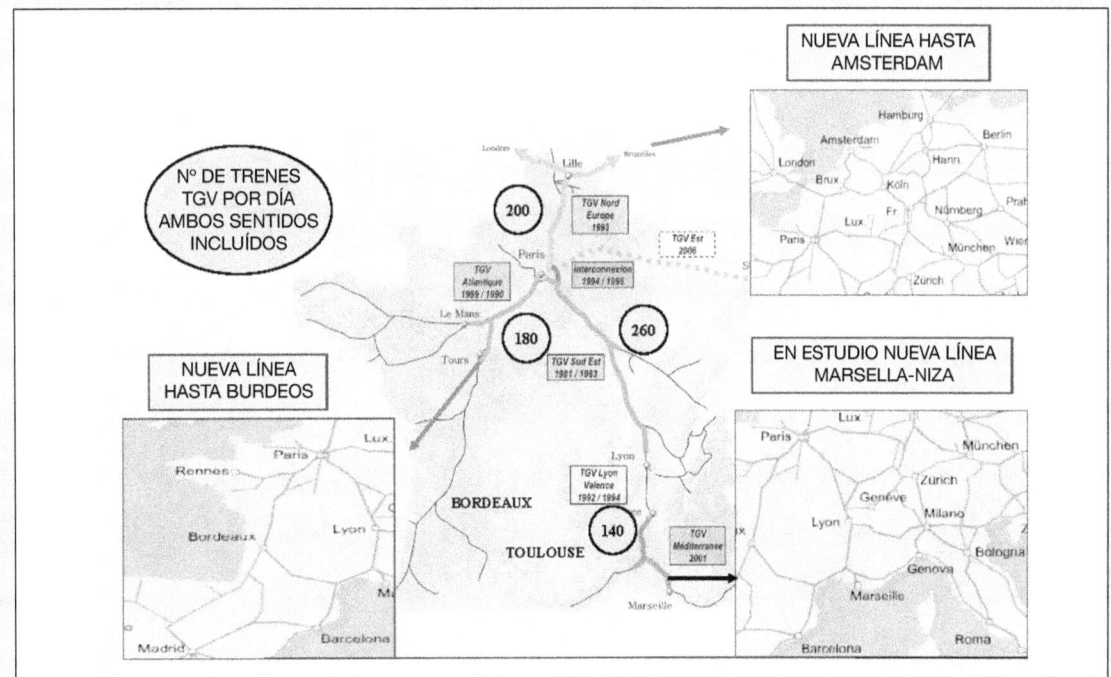

Fuente: A. López Pita (2006) con datos de SNCF Fig. 12.8

la vía de las líneas Hannover-Wurzburg y Mannheim-Stuttgart imponía para ofrecer prestaciones de calidad en términos de velocidad para los trenes más rápidos de viajeros (Fig. 12.9)

Esta situación condujo al Ministerio de Transportes alemán y a la DB a establecer los criterios de proyecto y explotación que debían adoptarse para las nuevas líneas, cuya construcción se hacía inevitable si se deseaba hacer frente a los problemas precedentemente mencionados.

Como premisas básicas se establecieron [Wolf (1974) y Sitzman (1975)] las dos siguientes:

1. Los puntos extremos de las nuevas líneas (Fig. 12.10) no tienen una importancia demográfica suficiente para justificar económicamente una explotación con material especializado circulando exclusivamente entre dichos centros de población. En todo caso, el tráfico debe realizarse con el parque motor actualmente existente, sin necesidad de proceder a estudios de desarrollo.

2. El transporte rápido por ferrocarril de semirremolques o similares tendría la ventaja de reducir la congestión, la polución, etc..., por lo cual las nuevas líneas deberán tener en cuenta este tipo de tráfico.

De este modo se pensó en proyectar nuevas líneas (interconectadas en diversos puntos con los trazados existentes) considerando, por un lado, que los trenes más rápidos de viajeros podrían llegar en una segunda o tercera fase de la explotación de la línea a 300 km/h, y por otro, que existirían en las nuevas infraestructuras trenes de mercancías.

En el cuadro 12.6 se explicita la tipología de trenes que circularon por las primeras líneas de alta velocidad en Alemania, en 1991, cuando fueron abiertas al servicio comercial, y seis años después (1997). Nótese la distribución de tráficos a lo largo del día (Fig. 12.11). Es de interés explicitar que con ocasión de la apertura de las primeras líneas de alta velocidad, la DB introdujo el servicio piloto denominado Intercargo Express. Se trataba de trenes de mercancías circulando

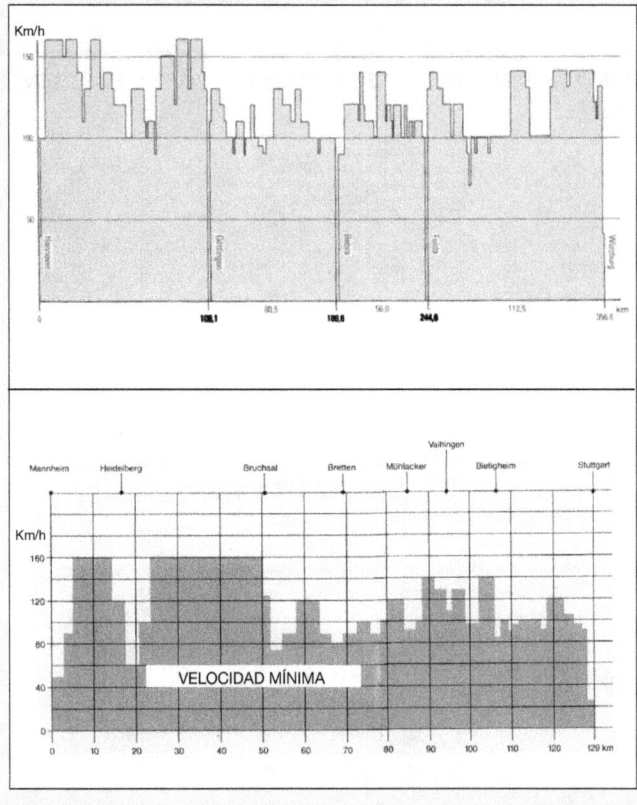

DIAGRAMA DE VELOCIDADES EN LAS LÍNEAS CLÁSICAS HANNOVER-WURZBURG Y MANNHEIM-STUTTGART

Fuente: DB

Fig. 12.9

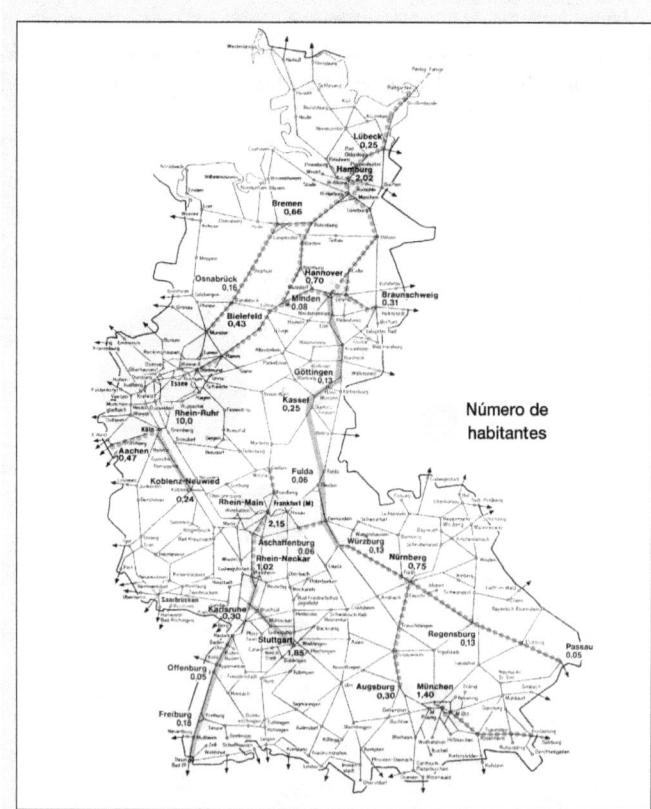

PRINCIPALES NÚCLEOS DE POBLACIÓN EN ALEMANIA (1990)

Fuente: DB

Fig. 12.10

CUADRO 12.6 NÚMERO DE CIRCULACIONES MEDIAS POR LA LÍNEA DE ALTA VELOCIDAD KASSEL-WILHEMSHÖME-FULDA

Año	Tren de viajeros (km/h)			Tren de mercancías (km/h)		
	250	200	160	160	120	100
1991	32	46	4	4	43	3
1997	94	2	–	–	49	3

NÚMERO DE CIRCULACIONES MEDIAS POR LA LÍNEA DE ALTA VELOCIDAD MANNHEIM-STUTTGART

Año	Tren de viajeros (km/h)			Tren de mercancías (km/h)			
	250	200	160	160	120	100	90
1991	34	70	–	–	–	15	–
1997	52	82	6	3	14	9	1

Fuente: DBAG

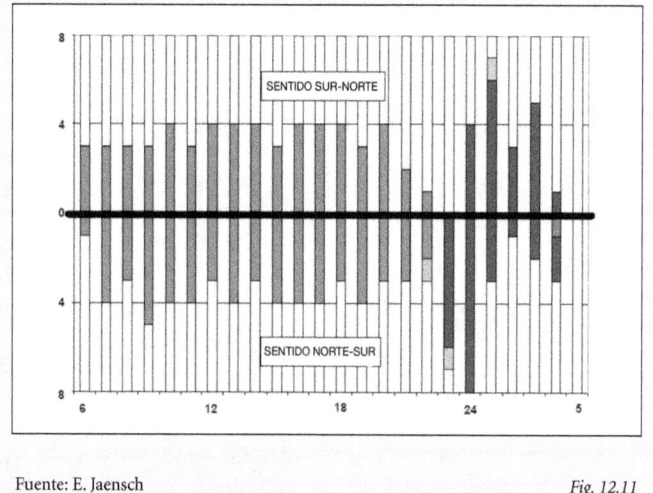

DISTRIBUCIÓN HORARIA DE LOS TRENES DE VIAJEROS Y MERCANCÍAS EN LAS LÍNEAS DE ALTA VELOCIDAD

Fuente: E. Jaensch   Fig. 12.11

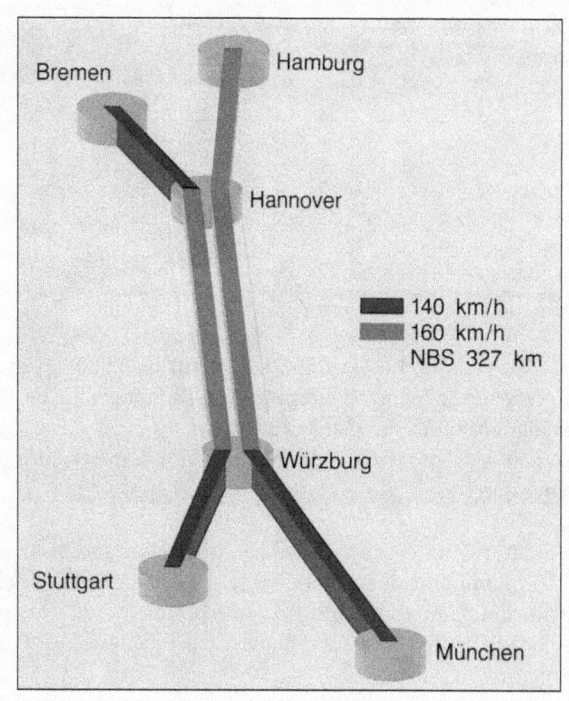

TRAMOS DE LA RED ALEMANA DONDE LOS TRENES DE MERCANCÍAS MÁS RÁPIDOS ALCANZAN LOS 160 KM/H

Fuente: DB   Fig. 12.12

con velocidades punta de 140/160 km/h, y utilizando la sección Hannover-Würzburg. En la figura 12.12 puede observarse como estos servicios afectaban a las relaciones entre Bremen y Hamburgo, en el norte, y Stuttgart y Múnich en el sur. Los servicios Intercargo Express transportaban en un 80% tráfico combinado y en el 20% restante mercancías en el interior de vagones con paredes deslizantes.

Debido a la utilización de las secciones de nueva construcción a 160 km/h, en los recorridos mencionados: Hamburgo-Múnich ($\simeq$ 800km) y Bremen-Stuttgart ($\simeq$ 700km), se lograba una disminución en el tiempo de recorrido próxima a las 2 horas, consiguiendo con un horario adecuado ($\simeq$ 20h salida y 6 h llegada) una posición de preferencia respecto a la utilización de la carretera. De forma concreta, el trayecto Hamburgo-Múnich se efectuaba en 8 horas y en 7 horas el recorrido entre Bremen y Stuttgart. Existían 2 trenes por día en cada itinerario.

Desde el punto de vista técnico, se utilizaron vagones portacontenedores de 4 ejes, tipo Sgas-y703, y vagones de 2 ejes con paredes deslizantes del tipo Hbills-y307 (Fig. 12.13). De acuerdo con Kramer y Wackermann (1992), el paso de 120 a 160 km/h necesitaba la introducción de mejoras técnicas en los equipos, tanto por lo que respecta al sistema de rodadura como al frenado. En consecuencia, la inversión económica en los vagones resultó más elevada. Los citados autores indicaron que sólo una vez concluida la experiencia piloto podría conocerse la rentabilidad de este tipo de servicios.

Más recientemente, en el año 2002, fue abierta a la explotación comercial la línea de alta velocidad Colonia-Frankfurt. El trazado

MATERIAL ESPECIAL DE MERCANCÍAS PARA CIRCULAR A 160 KM/H EN ALEMANIA

Vagones portacontenedores deslizantes para el servicio Intercargo Express a 160 km/h

Detalle del sistema de rodadura de los vagones alemanes aptos a 160 km/h.

Fuente: U. Kramer et al (1992)

Fig. 12.13

fue diseñado con un radio mínimo en planta de 3.500 m y excepcionalmente de 3.250 m. La rampa máxima adoptada fue de 40‰, que en algunos túneles se redujo a 28‰.

El análisis del proceso de planificación de esta nueva línea pone de relieve que:

1. Enlazaría dos conurbaciones con poblaciones respectivas de 10 y 2 millones de habitantes (Fig. 12.10 y 12.14). Estas cifras pueden compararse con las correspondientes al caso de la línea París-Lyon (9 y 1,2 millones de habitantes).

2. A causa de la topografía existente, el trazado debería atravesar las cadenas montañosas de Taunus, Westerwald y Siebengebire (Fig. 12.15).

3. Al estar insertada en el corredor Amsterdam, Bruselas, Stuttgart-Múnich (Fig. 12.16), las previsiones de tráfico efectuadas situaban la demanda de viajeros por ferrocarril, en el horizonte de 2010, en torno a 25-28 millones.

En consecuencia, el criterio de reservar su uso al tráfico de viajeros parecía justificado. La adopción de rampas máximas de hasta 40‰ tuvo como objetivo reducir el porcentaje y la longitud de los túneles necesarios y, por tanto, la inversión necesaria. A pesar de la citada magnitud de las rampas, la línea tiene un total de 47 km en túnel, es decir, el 21% de la longitud total.

Finalmente, en el año 2005, entró en servicio comercial la sección Núremberg-Ingolstadt (89km) de la línea Nuremberg-Múnich. Se trata de una línea proyectada para circular a 300 km/h y con rampas máximas de 20‰.

AGLOMERACIONES URBANAS EN EL EJE COLONIA-FRANKFURT

OROGRAFÍA ATRAVESADA POR LA NUEVA LÍNEA COLONIA-FRANKFURT

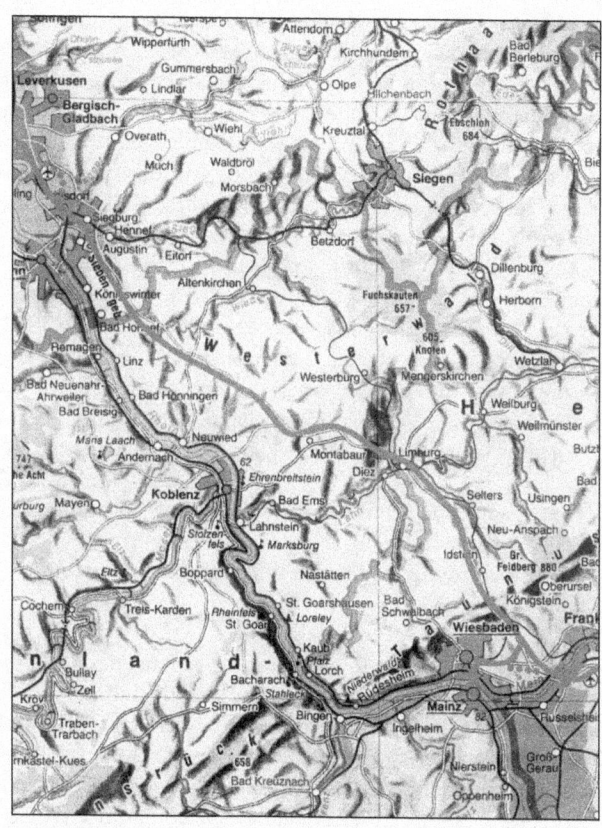

Fuente: J. M. Lambin et al (2000)

Fuente: DB

Fig. 12.14

Fig. 12.15

CONEXIÓN DE LA LÍNEA FRANKFURT-COLONIA CON BÉLGICA Y HOLANDA

a) Tiempos de viaje desde Bruselas

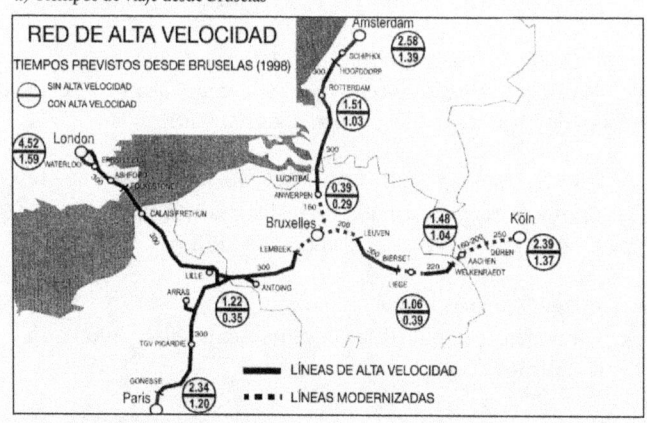

b) Proyecto Diábolo

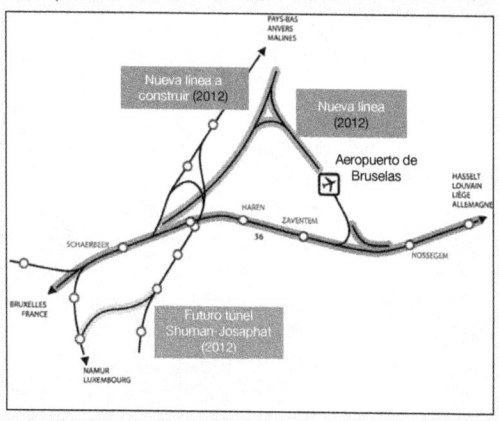

Fuente: J. P. Charlanne (2007)

Fig. 12.16

12.1.6.3 Italia

La administración ferroviaria italiana fue, previsiblemente, la primera red europea que, a mediados de la década de los años sesenta, se vio obligada a definir las características técnicas con que proyectar y explotar una nueva conexión para enlazar Roma con Florencia. Dos fueron los motivos que aconsejaban disponer de una nueva infraestructura: por un lado, el elevado número de circulaciones, que en días punta alcanzaba 220, ambos sentidos incluidos; por otra parte, el hecho de que el trazado entre Roma y Florencia, construido en el siglo XIX, no permitía en el 45% de su recorrido superar la velocidad de 90 a 105 km/h, lo que ocasionaba dificultades de explotación.

No es de extrañar, en consecuencia, que desde el año 1962 se sintiese la necesidad de efectuar una profunda modificación de las prestaciones ofrecidas por este itinerario. De tal modo que, en 1966, una comisión de la FS estableció un plan director sobre las actuaciones necesarias, analizándose las siguientes posibilidades:

1. Extensión de la plataforma de manera que permitiera la instalación de 4 vías en lugar de las dos existentes.
2. Construcción de una nueva línea completamente independiente de la existente.

El primer planteamiento presentaba la ventaja, desde el punto de vista económico, de evitar la construcción de numerosas obras de fábrica, pero tenía el inconveniente de conservar el sinuoso trazado, con las características geométricas ya mencionadas. En este caso, si bien la capacidad de la línea se hubiese incrementado notablemente, en el ámbito de las velocidades máximas de circulación apenas hubiera habido modificaciones apreciables.

La idea de construir una línea independiente presentaba el atractivo de poder adoptar un trazado lo más rectilíneo posible, disminuyendo notablemente la distancia por ferrocarril y el tiempo de viaje. Sin embargo, desde la perspectiva de la explotación, esta solución no era un ideal, dado que en caso de interrupción accidental de la nueva línea, todo el tráfico de ésta debería circular por la antigua, recrudeciéndose los problemas de capacidad ya mencionados.

En paralelo, los análisis de mercado realizados en el corredor Norte/Sur ponían de manifiesto que, si bien había «una necesidad de elevar la velocidad por encima de su nivel clásico, se admitía que no era necesario dedicar enormes sumas a los problemas del tráfico de viajeros exclusivamente, sino que era preciso beneficiar también de una manera u otra al tráfico de mercancías».

La alternativa retenida fue, finalmente, un proyecto que conciliaba, en opinión de la FS, las dos soluciones precedentes: cuadruplicación y línea nueva, superponiendo las ventajas de las dos: el trazado de las vías suplementarias posee una infraestructura nueva que, si bien sigue la línea antigua, presenta una geometría con pocas curvas; además este nuevo itinerario corta al existente en diversos puntos (Fig. 12.17), de modo que permite, en caso de necesidad, una explotación por secciones.

Desde el punto de vista de la explotación, puesto que la inserción de trenes más rápidos sobre una línea ya sobrecargada produce una disminución de su capacidad, surgió la idea de especializar las dos vías nuevas para los trenes más rápidos, incluyendo los trenes de mercancías de mayor velocidad.

Por lo que respecta a las nuevas líneas de alta velocidad que se construyeron o se encuentran en avanzada fase de realización en Italia (Fig. 12.18), los criterios de planificación del diseño y la explotación fueron elaboradas por un grupo de trabajo pluridisciplinar creado por la Dirección de la FS en 1986.

Desde el punto de vista de la explotación comercial, el criterio retenido fue la utilización de la línea en tráfico mixto y se explicitaba en la forma siguiente:

La utilización de las nuevas líneas de alta velocidad no será reservada exclusivamente a las ramas ETR 500, como sucede en las líneas TGV en Francia, pero tampoco se prevé una utilización completamente mixta.

Se ha programado un sistema de explotación según un criterio de tráfico selectivo, con trenes que tengan las mismas características de velocidad en servicio:

- Durante el día, trenes de viajeros
- Durante la noche, trenes compuestos de coches camas y literas, para trayectos de largo recorrido, y algunos trenes de mercancías

Para los itinerarios nocturnos, se empleará un nuevo material especializado de camas y literas, remolcado por locomotoras E402 (velocidad 200 km/h).

Las líneas de alta velocidad presentarán el siguiente empleo horario:

- *De 12 de la noche a 3/4:30 h de la madrugada*
Intervalo de tiempo reservado al mantenimiento de la línea

- *De 3/4:30 h de la madrugada a 8:30 h de la mañana*
Período destinado a la circulación de trenes de noche, para relaciones de largo recorrido, circulando a 200 km/h.

- *De 6 de la mañana a 19/20 h de la tarde*
Franja horaria destinada exclusivamente a la circulación del material ETR 500, con velocidad de 300 km/h.

- *De 19/20 h a 23/24 h*
Circulación compartida de trenes nocturnos a 200 km/h y de trenes diurnos a 300 km/h.

Los trenes de mercancías circularían entre las 22 h y las 6 h, con una velocidad máxima de 120/140 km/h.

PLANIFICACIÓN Y EXPLOTACIÓN COMERCIAL DE LÍNEAS DE ALTA VELOCIDAD

INTERCONEXIÓN DE LÍNEAS EN EL CORREDOR ROMA-FLORENCIA

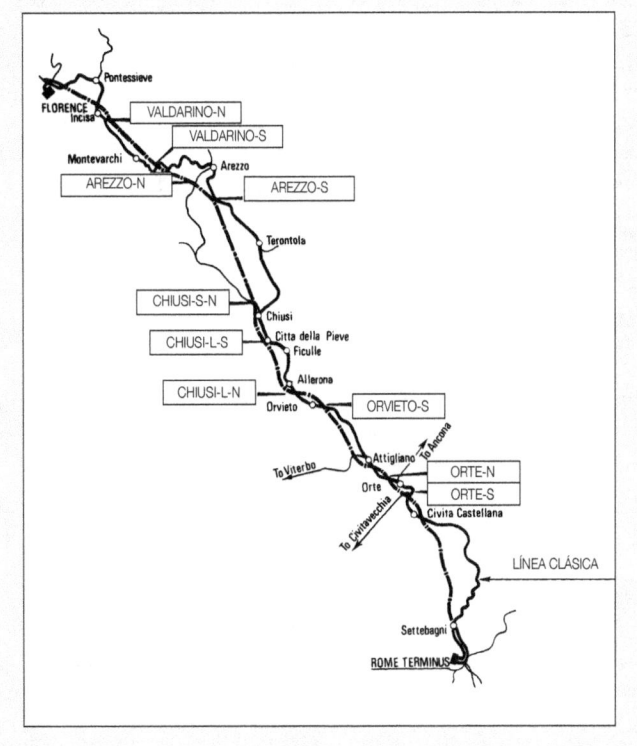

Fuente: FS *Fig. 12.17*

RED DE ALTA VELOCIDAD PROYECTADA EN ITALIA

Fuente: FS *Fig. 12.18*

MALLA DE TRENES PROGRAMADA EN EL CORREDOR TURÍN-MILÁN-NÁPOLES DE ALTA VELOCIDAD

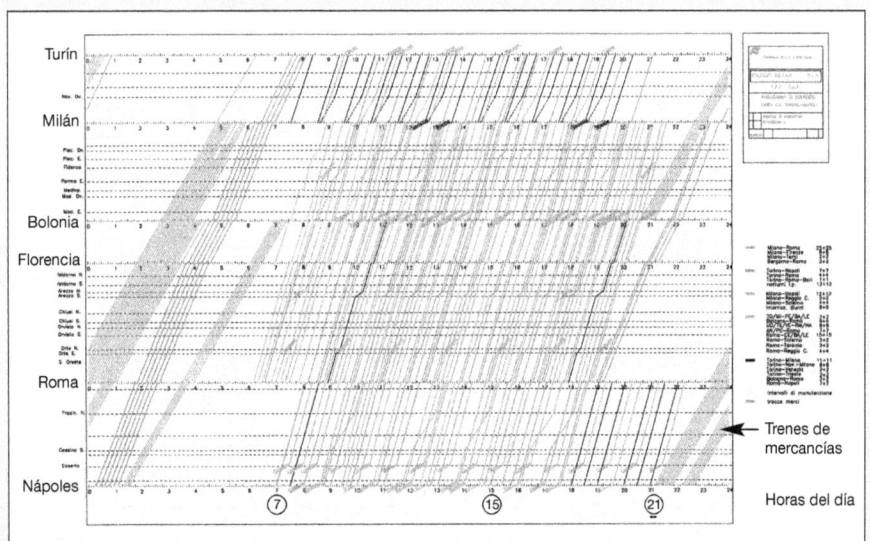

Fuente: Marzullo y Mancini (1998) *Fig. 12.19*

La figura 12.19 muestra la malla de trenes programada en la nueva línea de alta velocidad Turín-Nápoles, en donde puede observarse el intervalo horario reservado a los trenes de mercancías. Las previsiones realizadas apuntan hacia la necesidad de hacer circular del orden de 37 trenes/día durante el período nocturno antes indicado.

12.1.6.4 Bélgica y Reino Unido

La primera línea de alta velocidad en Bélgica (frontera francesa-Bruselas) es explotada desde su inauguración según los criterios estable- cidos por los ferrocarriles franceses para sus líneas de alta velocidad, es decir, circulación exclusiva de ramas especializadas para viajeros. En forma análoga, se explota el primer tramo de la línea de alta velocidad entre el túnel bajo el Canal de la Mancha y Londres. La figura 12.20 muestra el diagrama de velocidades realmente practicadas en las relaciones Bruselas–Londres, Bruselas-Charles de Gaulle, comparándose con el correspondiente a la línea París-Lyon. En ambos casos se alcanzan velocidades máximas de 300 km/h. Nótese la influencia de una parada en el largo proceso de reducción de velocidad que implica (estación de Lille-Europa).

DIAGRAMA DE VELOCIDADES EN ALGUNAS LÍNEAS EUROPEAS DE ALTA VELOCIDAD

a) Bruselas-París Charles de Gaulle

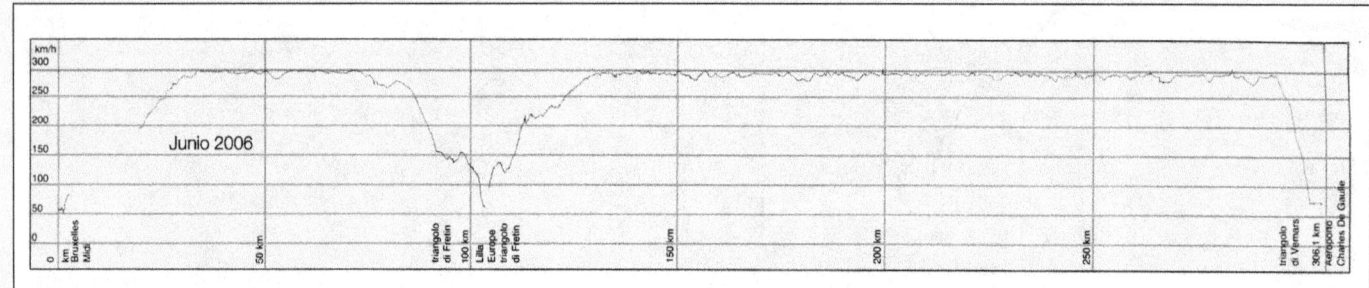

b) Bruselas-Londres-Waterloo

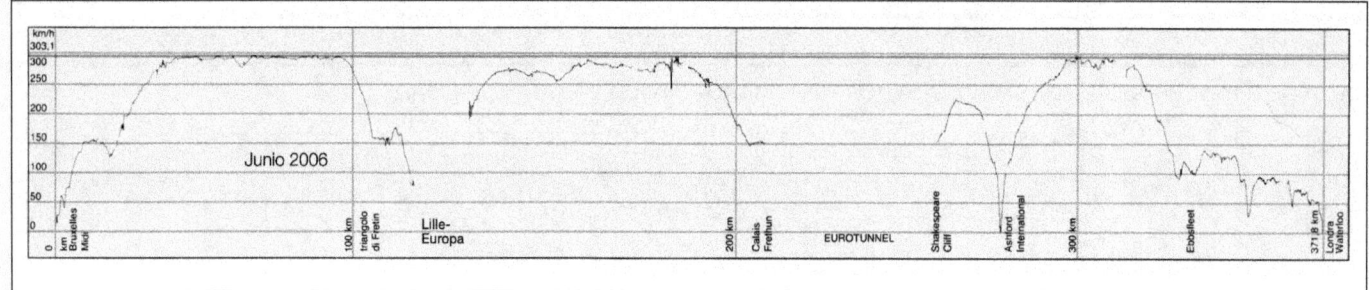

c) París Charles de Gaulle-Lyon Part Dieu

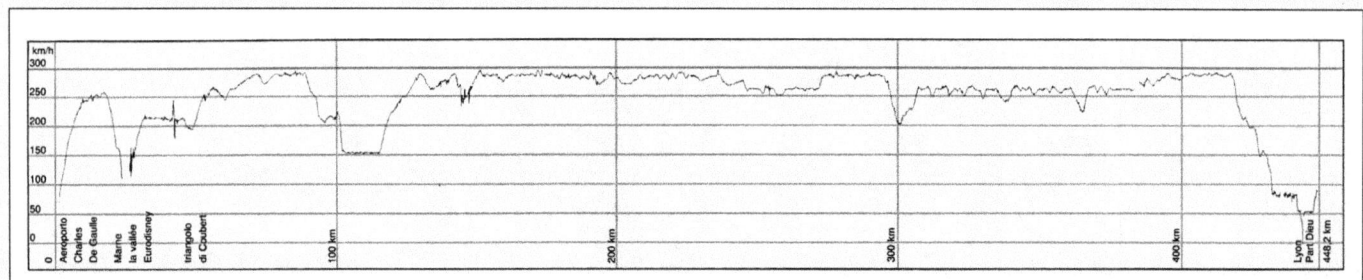

Fuente: F. Numanni (2007)

Fig. 12.20

Sin embargo, una vez construida la nueva línea entre Lovaina y Lieja (Fig. 12.21a), el sistema de explotación estuvo configurado por ramas de alta velocidad y ramas convencionales modernas circulando a 200 km/h (Fig. 12.21a). A partir de noviembre de 2007, con la finalización completa de la línea entre el túnel del Canal de la Mancha y Londres, el sistema de explotación es análogo al indicado para Bélgica. Composiciones convencionales a 200 km/h unirán la capital británica con Ashford en poco más de 35 minutos (Fig. 12.21).

SERVICIOS REGIONALES POR LÍNEAS DE ALTA VELOCIDAD

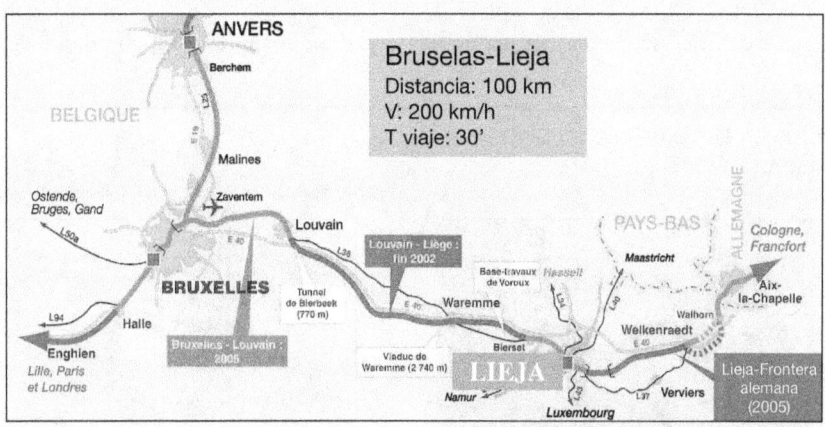

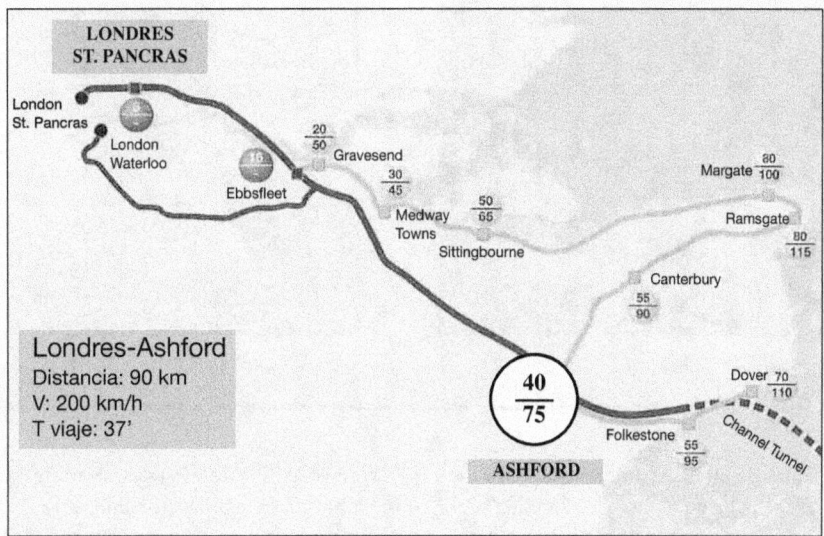

Fuente: A. López Pita (2003) con datos de distintas fuentes

Fig. 12.21

12.1.6.5 España

La primera línea de alta velocidad en España tenía por objeto fundamental resolver los problemas de falta de capacidad existentes en la línea que, en vía única, discurría entre Madrid y Andalucía por el desfiladero de Despeñaperros (Fig. 12.22a). El proyecto de la misma se llevó a cabo a mediados de los años ochenta, aprobando su realización los responsables públicos a finales de 1986. No sorprende, por tanto, que equipada inicialmente con ancho RENFE, el sistema de explotación previera compatibilizar el tráfico de viajeros con el de mercancías.

vos trazados. Desde esta perspectiva se adoptó una rampa máxima de 12,5‰, no adoptándose su normativa en planta por las dificultades orográficas que presentaba el tramo Brazatortas-Córdoba (Fig. 12.22b).

En diciembre de 1988, España decidió incorporar el ancho internacional a todas sus nuevas *infraestructuras ferroviarias*, con lo que, por razones obvias, la línea pasó a explotarse únicamente con servicios de viajeros. La nueva línea de alta velocidad entre Madrid y Sevilla, de 471 km de longitud, entró en servicio comercial en abril de 1992, circulando inicialmente por ella sólo las

INFRAESTRUCTURA Y SERVICIOS EN EL CORREDOR MADRID-SEVILLA

a) Línea convencional

b) Nueva línea: tramo Ciudad Real-Puertollano

Fuente: RENFE

Fig. 12.22

Dado que la velocidad máxima de circulación prevista, para los trenes más rápidos de viajeros, se situaba en torno a los 250 km/h, el diseño geométrico de la nueva infraestructura española estuvo fuertemente influenciado por los criterios alemanes respecto a nue-

ramas AVE para el transporte de viajeros a larga distancia. Sin embargo, con posterioridad, este tipo de servicios se vería incrementado por la incorporación de los denominados servicios Ave lanzaderas y composiciones Talgo a 200 km/h desde Madrid

Málaga, Cádiz, Huelva y Algeciras (Fig. 12.22c). Junto a las mencionadas circulaciones coexistían las composiciones Talgo que servían algunas relaciones en servicios nocturnos entre Andalucía y Cataluña. Con carácter indicativo la figura 12.23 proporciona los tipos de trenes utilizados en los servicios de alta velocidad, servicios Talgo 200 y servicios AVE lanzadera.

TIPOLOGÍA DE SERVICIOS EN LA LÍNEA MADRID-SEVILLA

a) Alta velocidad

b) Talgo 200

c) AVE lanzadera

Fuente: Elaboración propia con fotos RENFE   *Fig. 12.23*

Es importante subrayar que Renfe fue el primer operador ferroviario que introdujo servicios regionales de altas prestaciones, utilizando ramas de alta velocidad por líneas de nueva construcción. De forma concreta en las relaciones Madrid-Ciudad Real / Puertollano, es decir, en recorridos de 170 a 200 Km. de longitud, a partir del año 1992. El hecho quizás más relevante de los citados servicios, denominados AVE lanzaderas, se encuentra en la limitada población de Ciudad Real y Puertollano en torno a 50.000 habitantes.

Se destaca el éxito de este tipo de servicios en términos de demanda, tal como se visualiza en la figura 12.24.

EVOLUCIÓN DEL TRÁFICO DE VIAJEROS EN LOS SERVICIOS MADRID-CIUDAD REAL/PUERTOLLANO (1992-2006)

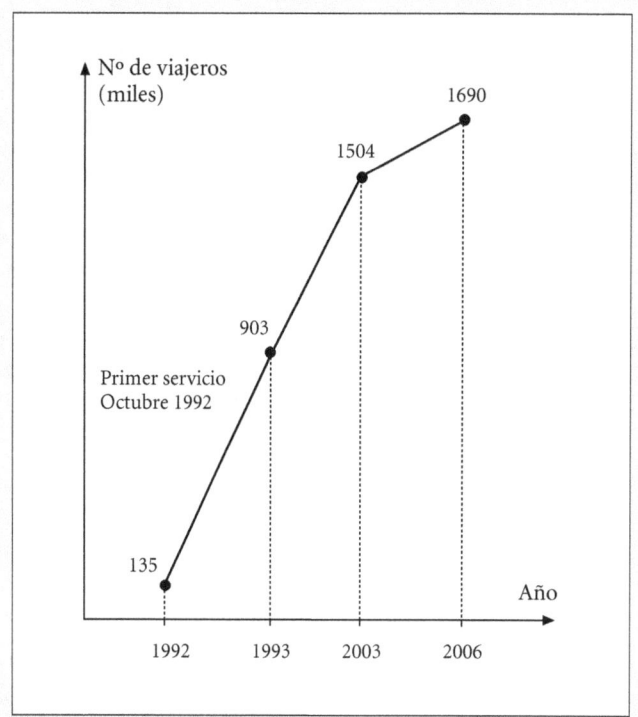

Fuente: Elaboración propia con datos RENFE   *Fig. 12.24*

Se constata, en efecto, como desde la entrada en servicio de los AVE lanzadera en octubre de 1992, el tráfico de viajeros pasó de 132.000 a casi 1,7 millones durante el año 2006.

Con posterioridad, en diciembre del año 2004 se inauguró un servicio análogo entre Sevilla y Córdoba ≃130 Km. que pasó a denominarse, como el resto de servicios regionales por líneas de alta velocidad:

AV media distancia. A este grupo de relaciones se incorporó en noviembre de 2005 la relación Madrid-Toledo (≃70 Km.) (Fig, 12.25)

Fuente: RENFE   Fig. 12.25

A finales del año 2007 y principios del año 2008, otras líneas de alta velocidad fueron abiertas a la explotación comercial: Córdoba-Málaga (155 Km. de nuevo trazado); Madrid-Valladolid (180 Km.) y, finalmente, Madrid-Barcelona (621 Km.), configurando por tanto, en España, la red de alta velocidad que se muestra en la figura 12.26. Se recuerda que la sección Madrid-Zaragoza-Lleida entró en servicio en octubre del año 2003 y el tramo Lleida-Tarragona en el 2006.

Es de interés señalar, en relación con la línea Madrid- Barcelona, que como todas las nuevas infraestructuras de alta velocidad en España, contará con vías de ancho internacional.

Teniendo en cuenta este hecho, dado que la línea convencional entre ambas ciudades quedará, en la práctica, sin circulación de trenes de viajeros de largo recorrido (por tanto, con excelente capacidad para el tráfico de mercancías) y, finalmente, habida cuenta de las dificultades orográficas que encuentra el nuevo trazado en las secciones de línea próximas a Alcolea del Pinar y Medinaceli por un lado, y entre Tarragona y Barcelona, por otro, se adoptó una rampa máxima de 25‰. Su explotación quedará reservada, en consecuencia, al tráfico de viajeros.

En la actualidad se encuentra en fase de construcción la nueva línea de alta velocidad entre Barcelona y la frontera francesa.

Este trazado se ha proyectado, sin embargo, para trafico mixto, es decir, viajeros y mercancías, teniendo por tanto rampas inferiores a 20‰.

Las razones de esta decisión pueden sintetizarse, básicamente, en dos: el moderado tráfico de viajeros esperado en los primeros años (3 o 4 millones), lo que dejará capacidad libre en la línea para circulaciones más lentas; la necesidad del puerto de Barcelona de contar con una vía de ancho internacional, para potenciar su atracción como vía de entrada (o salida) de las mercancías (principalmente contenedores) con origen (o destino) en el Extremo Oriente.

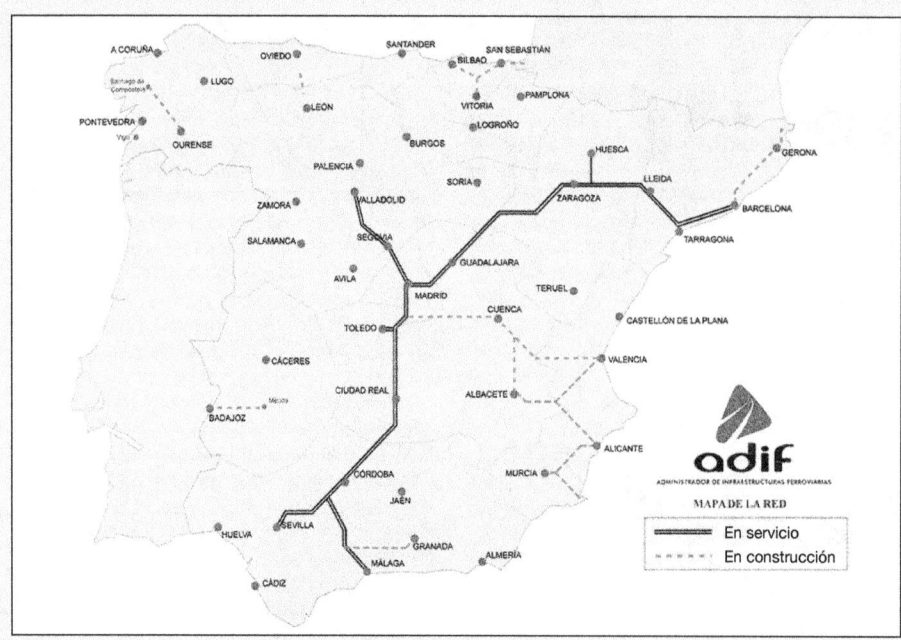

Fuente: ADIF   Fig. 12.26

12.1.7 ¿Tráfico de viajeros o tráfico mixto?

La exposición realizada hasta el momento pone de manifiesto que no puede hablarse (en relación con el sistema de explotación de las líneas de alta velocidad) en términos de criterios únicos, sino de modelos adaptados a cada corredor.

Desde esta perspectiva deben considerarse los diferentes proyectos en curso, las realizaciones en fase de ejecución o las líneas recientemente abiertas a la explotación comercial.

En los citados ámbitos se situarían los proyectos de las nuevas líneas conocidas como contorno de Nimes-Montpellier y rama sur del TGV Rhin-Rhône (Fig. 12.27). En ambos casos se trata de infraestructuras proyectadas para poder recibir tanto trenes de viajeros como de mercancías. Junto a ellas está la nueva línea entre Barcelona y la frontera francesa (Perpignan), que pretende servir de base, como se indicó, para la potenciación del Puerto de Barcelona, y la nueva conexión franco-italiana entre Lyon y Turín.

En el extremo opuesto se encontraría la línea recientemente inaugurada (junio 2007) TGV-Este, desde París en dirección a Estrasburgo, y el nuevo enlace en alta velocidad entre Tours y Burdeos (Fig. 12.27).

En todo caso, es preciso reconocer que, al menos por el momento, la finalidad básica de las principales nuevas líneas de ferrocarril es la de posibilitar la implementación práctica de servicios de viajeros de altas prestaciones. La factibilidad de hacer circular trenes de mercancías formados por composiciones convencionales viene determinada, fundamentalmente, por la consideración de los aspectos básicos siguientes:

a) Capacidad disponible para trenes más lentos y existencia de vías de apartado y adelantamiento
b) Rampas y pendientes máximas de la línea, incluyendo su longitud
c) Radios y peraltes de las curvas
d) Cruzamiento de trenes de altas prestaciones y trenes de mercancías
e) Mantenimiento de la vía

En relación con la capacidad disponible, se señala el hecho evidente de la interferencia que produce en la explotación la presencia de trenes con diferentes niveles de velocidad, en particular ramas de alta velocidad con puntas de hasta 300 km/h y trenes de mercancías que, en general, circulan a 100/120 km/h y excepcionalmente a 140/160 km/h. La figura 12.28a permite visualizar la repercusión práctica de la mencionada heterogeneidad de velocidades. Si se tiene presente que en la actualidad y como referencia indicativa, en la sección más cargada de la línea de alta velocidad París-Lyon se alcanzan 220 circulaciones en jornada laborable, 250 circulaciones los viernes y 300 circulaciones en días punta de vacaciones, la imposibilidad de hacer circular por ella trenes de mercancías resulta evidente.

En cuanto a las vías de apartado y adelantamiento para facilitar la circulación de tráfico mixto, la figura 12.28b muestra el impacto en el diseño de la presencia o no de trenes de mercancías. Nótese en la citada figura 12.28b, como los puestos de apartado y estacionamiento (denominados PAET) en líneas por donde circulan solo ramas de viajeros se encuentran situados cada 60 km, como referencia, mientras que en líneas con tráfico mixto la referida distancia entre PAET se reduce a 20 o 30 km. Este hecho tiene una importante repercusión no solo en los costes de construcción de una línea, sino también en el mantenimiento de la misma.

Por lo que respecta a las rampas máximas, se subraya la relevancia que tiene no solo su valor absoluto, sino la longitud durante la que se mantiene. En la figura 12.29, se muestra la evolución de la velocidad de un tren de mercancías suponiendo que llegase al inicio de la rampa a una velocidad máxima de 120 km/h con cargas remolcables comprendidas entre 600 y 1600 toneladas. Se han considerado dos casos: rampa máxima de 12,5‰ (valor frecuente en las líneas alemanas de alta velocidad y en la línea Madrid-Sevilla en longitud de hasta 10 km), y rampa máxima de 20‰ en el mismo intervalo de longitudes. Se comprueba como, en la primera configuración, la velocidad de los trenes de mercancías no bajaría de 90 km/h para la carga remolcada de mayor valor. Por el contrario, en la segunda configuración, para mantener la citada velocidad de 90 km/h, la carga remolcable no podría exceder de 1000 t, reduciendo la competitividad económica del ferrocarril.

Por lo que se refiere a la repercusión del tráfico mixto en el diseño en planta de las nuevas líneas, en el cuadro 12.7 se explicitan los radios mínimos necesarios en función de la velocidad máxima de circulación de los trenes más rápidos de viajeros. Se hace notar el criterio adoptado por los ferrocarriles alemanes para las líneas Hannover-Wurzburg y Mannheim-Stuttgart: 7000 m de radio, lo que permitía disponer en las curvas de peraltes muy bajos (30 a 50 mm), facilitando la circulación del tráfico de mercancías.

CUADRO 12.7 RADIOS DE CURVA NECESARIOS EN LÍNEAS PROYECTADAS PARA TRÁFICO MIXTO

Velocidad máxima (km/h)	Radios mínimos normales (m) que son necesarios	
	Línea de viajeros	Línea mixta
200	1.400	1.500
250	2.600	2.800
300	4.000	5.400

El cuarto aspecto relevante del tráfico mixto es la factibilidad técnica del cruce de dos trenes en plena línea: el de viajeros a alta

SISTEMA DE EXPLOTACIÓN DE ALGUNAS LÍNEAS DE ALTA VELOCIDAD

TGV Rhin-Rhone sur (tráfico mixto)

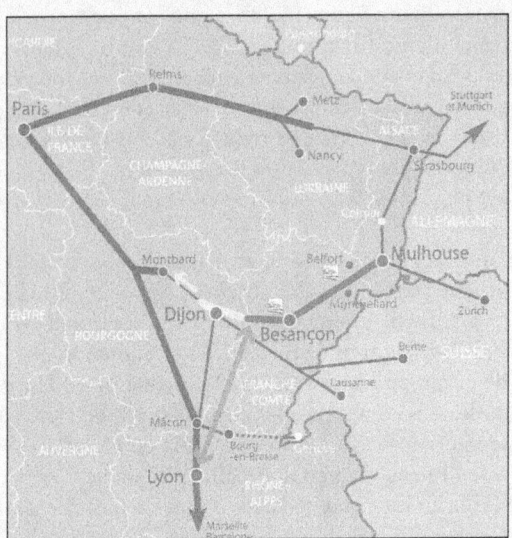

Nîmes-Montpellier

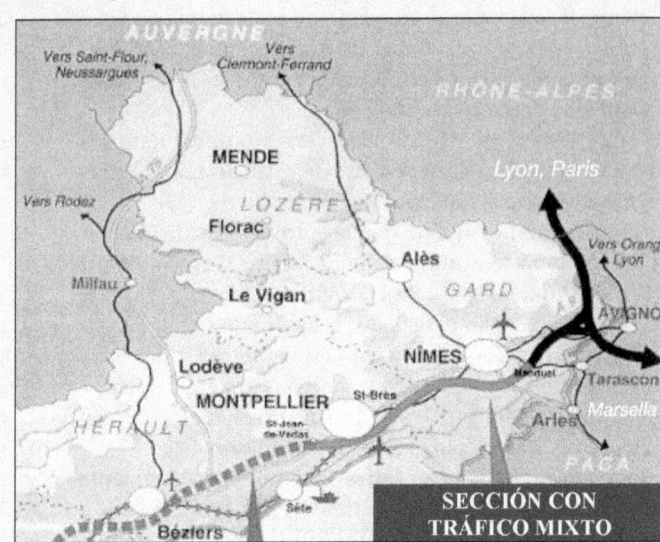

Perpignan-Figueres (tráfico mixto)

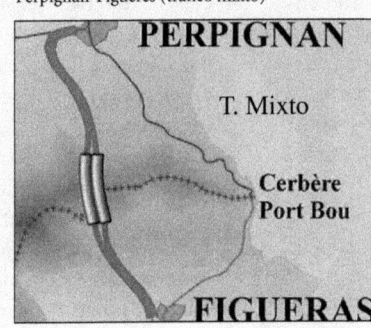

Tours-Burdeos (tráfico viajeros)

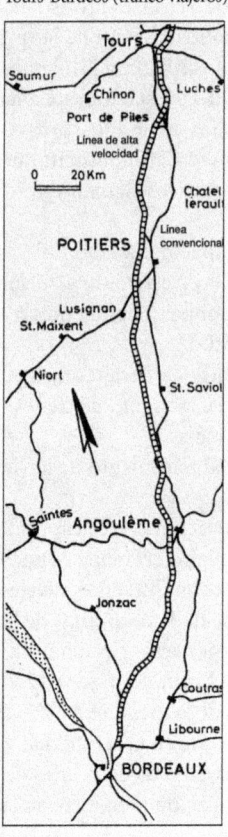

París-Estrasburgo (tráfico de viajeros)

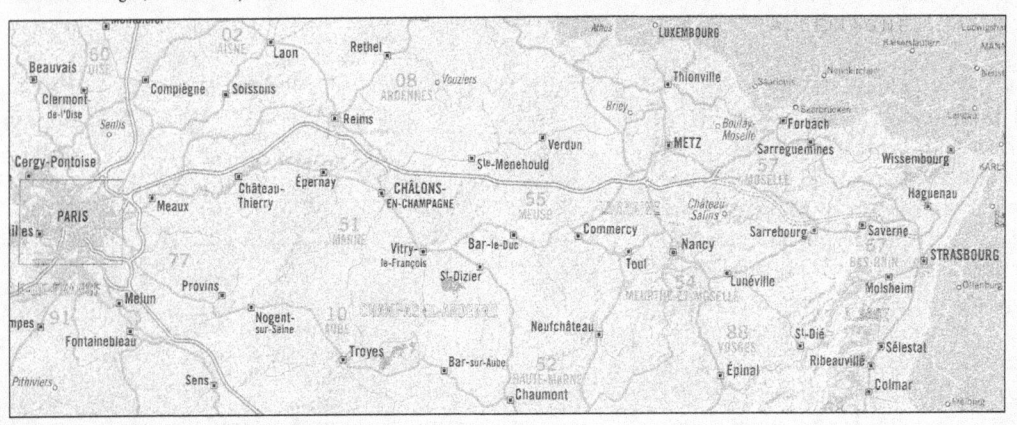

Fuente: Elaboración propia con datos de diversas fuentes

Fig. 12.27

REPERCUSIÓN DE LA EXPLOTACIÓN DE UNA LÍNEA CON TRÁFICO MIXTO

a) Trenes con diferentes velocidades

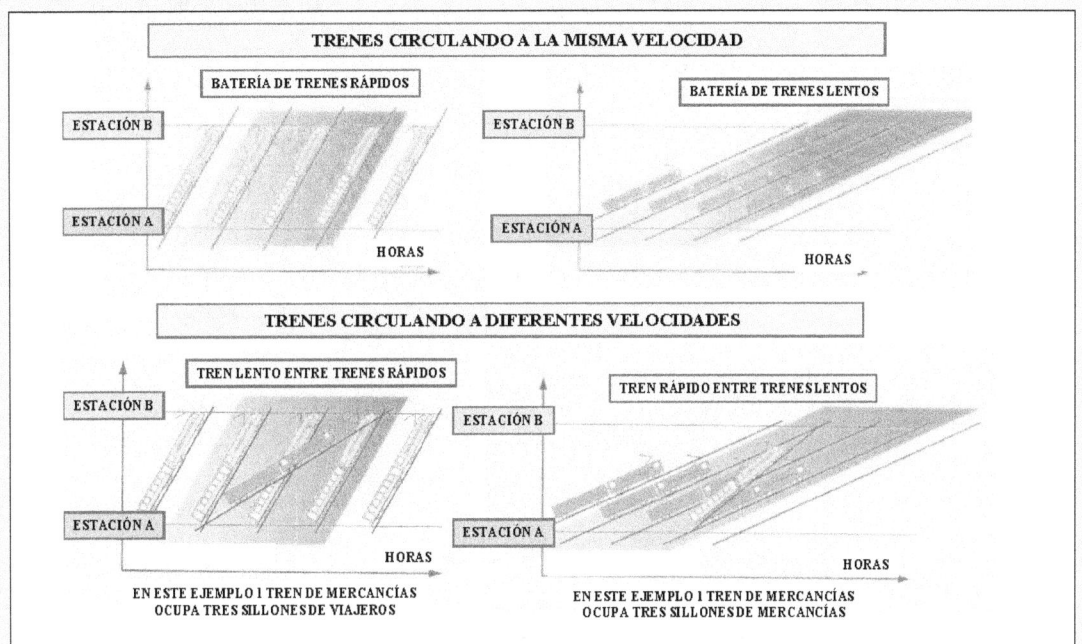

b) Vías de apartado y adelantamiento (PAET)

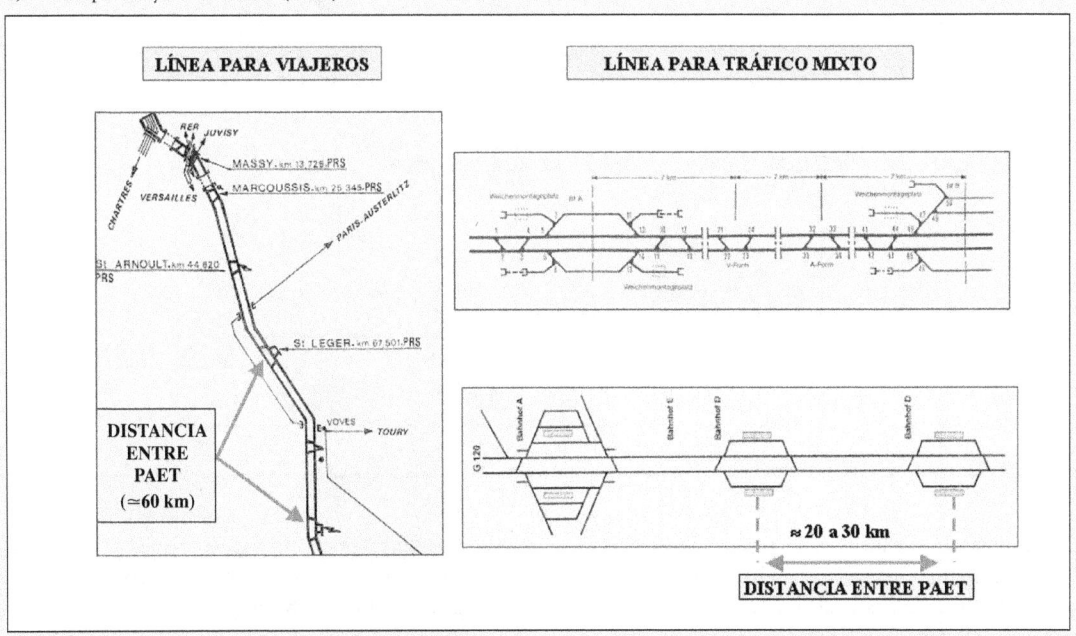

Fuente: Elaboración propia a partir de Reseau Ferree de France, SNCF y DB

Fig. 12.28

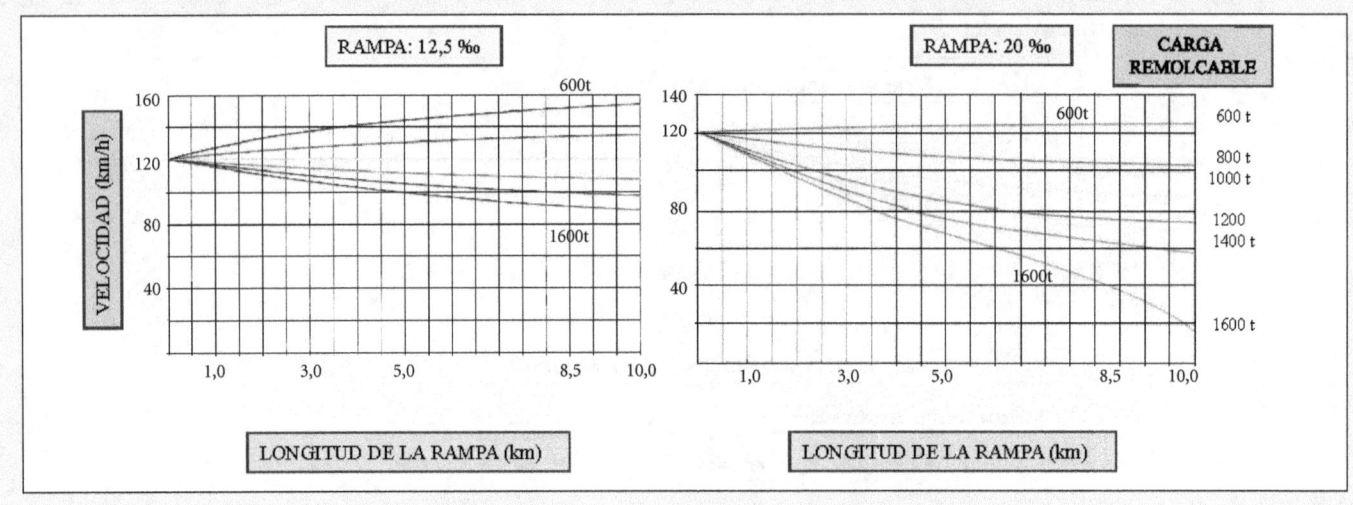

EVOLUCIÓN DE LA VELOCIDAD DE UN TREN DE MERCANCÍAS CIRCULANDO A 120 KM/H EN PRESENCIA DE RAMPAS

Fuente: A. Bachiller (2000)

Fig. 12.29

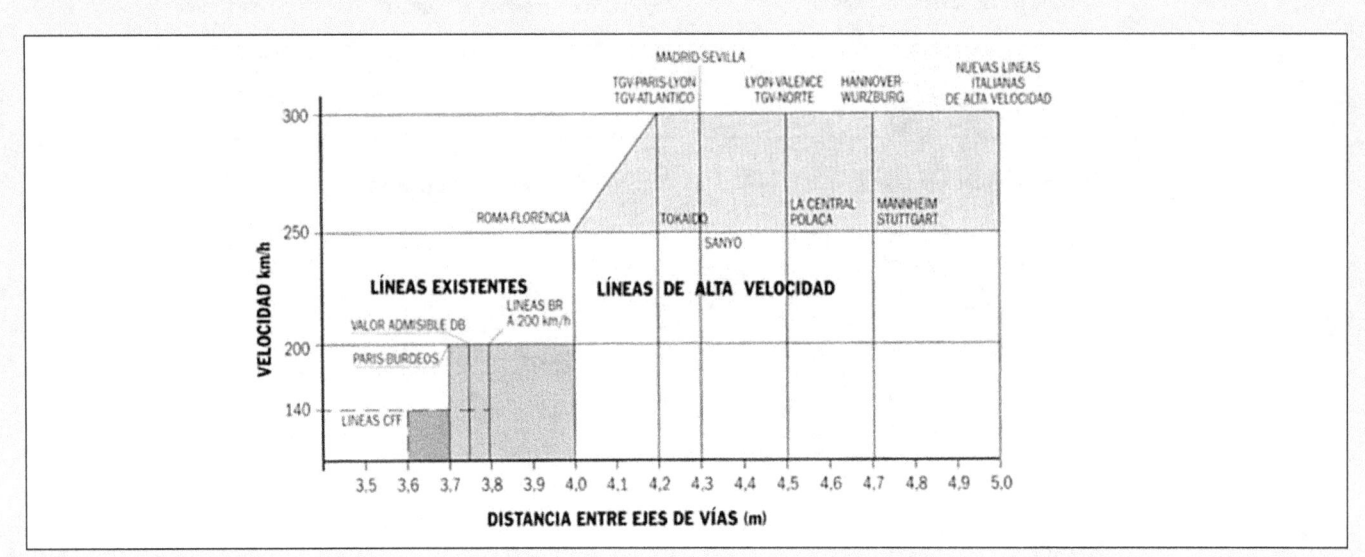

LA VELOCIDAD Y SU RELACIÓN CON LA ENTREVÍA

Fuente: A. López Pita (1993)

Fig. 12.30

velocidad y el de mercancías. Desde luego el parámetro de referencia es la entrevía, al permitir atenuar los efectos aerodinámicos derivados del cruce de ambos tipos de trenes. En la figura 12.30 se muestra la situación correspondiente tanto a algunas líneas clásicas como a otras de alta velocidad. Nótese, en el primer caso, como por razones históricas relativas a la magnitud con que se construyó la entrevía en algunos itinerarios (3,67 m), las ramas TGV y los trenes de mercancías se cruzan en la línea Tours-Burdeos con velocidades respectivas de 220 y 120/140 km/h sin que se haya constatado incidencia alguna. En el caso de líneas de alta velocidad, la entrevía adoptada en las nuevas líneas alemanas de alta velocidad influye de forma muy positiva en la reducción de los mencionados efectos aerodinámicos en el momento de cruzarse dos trenes. En la figura 12.31, se muestra el gráfico de marchas correspondiente a una sección de la línea Hannover-Wurzburg de alta velocidad en el año 1994.

GRÁFICO DE MARCHAS SECCIÓN HANNOVER-GOTTINGEN (20 A 23 HORAS)

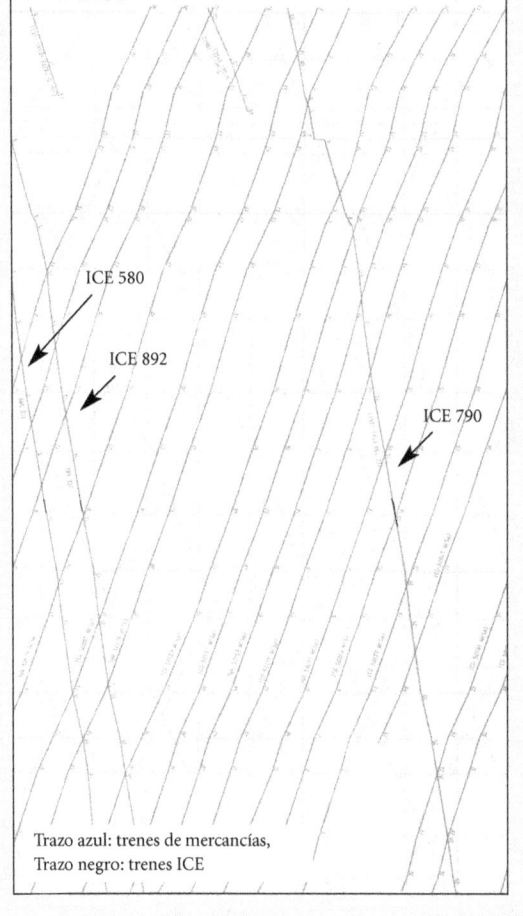

Trazo azul: trenes de mercancías,
Trazo negro: trenes ICE

Fuente: DB (1994) *Fig. 12.31*

Se señala que, en general, los efectos aerodinámicos afectan más, como es lógico, a los vehículos más ligeros, como es el caso de contenedores vacíos, que podrían tener bajo ciertas condiciones una tendencia al vuelco. Un segundo aspecto que ha sido mencionado en ocasiones es el riesgo derivado de una incorrecta posición de la carga, de manera que al invadir el gálibo de la vía contigua pudiese afectar a la seguridad de los trenes de alta velocidad. Es indudable que esta problemática puede darse también en las líneas convencionales y, por tanto, no debería ser asociada a la mayor o menor velocidad de circulación de los trenes de viajeros, 200 a 300 km/h, según se trate de líneas clásicas o de alta velocidad.

Como referencia, en el cuadro 12.8 se explicitan los valores de la entrevía adoptados en algunas líneas de alta velocidad en Europa y la tipología de tráficos que por ellas circula.

CUADRO 12.8   ENTREVÍA DE ALGUNAS LÍNEAS DE ALTA VELOCIDAD EN EUROPA

Línea	Entrevía (m)	Año de inauguración	Tráfico
París-Lyon	4,2	1981/83	Viajeros
TGV-Atlántico	4,2	1989/1990	Viajeros
TGV-Norte	4,5	1993	Viajeros
TGV-Interconexión	4,2	1994/96	Viajeros
TGV-Rhône Alpes	4,5	1992/94	Viajeros
TGV-Mediterraneo	4,8	2001	Viajeros
TGV-Este	4,8	2007	Viajeros
Roma-Florencia	4,0	1997/84/92	Mixto
Roma-Nápoles	5,0	2006	Mixto
Madrid-Sevilla	4,3	1992	Viajeros
Madrid-Barcelona	4,7	2003/2007	Viajeros
Hannover-Wurzburg	4,7	1991	Mixto
Mannheim-Stuttgart	4,7	1991	Mixto
Colonia-Frankfurt	4,7	2002	Viajeros

Fuente: Elaboración propia con datos de distintas fuentes

Finalmente, y en cuanto al posible incremento de los costes de mantenimiento de la línea derivados del tráfico mixto, nos remitimos al capítulo del libro *Infraestructuras ferroviarias* donde se abordó este tema. En todo caso, se estima de interés precisar qué órdenes de magnitud, sobre la influencia de cada componente de una línea en el coste de su mantenimiento, podrían ser los indicados:

- Vía y aparatos de vía: 43%
- Obras de fábrica y túneles: 3,5%
- Obras de tierra: 8,5%
- Señalización: 20%
- Comunicaciones: 3,5%
- Catenaria: 13%
- Alimentación de energía: 8,5%

Es un hecho que, desde la perspectiva concreta de los costes de mantenimiento, la incidencia del tráfico mixto podría estimarse en una primera aproximación del modo siguiente:

a) *Vigilancia e inspección de la línea*
No se vería afectada por el tráfico mixto.

b) *Mantenimiento preventivo y correctivo*
Los principales sobrecostes que se deberían considerar vendrían derivados de:

- Un aumento de vigilancia sobre el estado de los carriles.
- Un incremento del tratamiento de los carriles (especialmente amolados) por causa de la circulación de los trenes de mercancías.
- Un aumento de las operaciones de mantenimiento de la geometría de la vía, especialmente de la nivelación y alineación.

El resto de componentes de la línea: obras de fábrica y túneles, terraplenes, instalaciones de señalización, catenaria, alimentación de energía y telecomunicaciones, no verían modificadas sensiblemente sus necesidades de mantenimiento por la circulación de trenes de mercancías.

Nótese que, aun aceptando que, en términos cuantitativos, los sobrecostes de mantenimiento de la vía fuesen, en función de la importancia del tráfico de mercancías, del orden de un 20% para el conjunto del mantenimiento de la línea (vía, electrificación, señalización, etc.), el citado sobrecoste no representaría más que un 7 u 8% del total.

La decisión, por tanto, sobre el interés de aceptar por una línea de alta velocidad trenes de mercancías se encontraría más en los resultados del análisis de capacidad de la línea y en el conocimiento de las repercusiones comerciales para las mercancías por utilizar o no la línea de alta velocidad. El caso de la nueva línea de alta velocidad entre Barcelona y la frontera francesa (Perpignan) es un ejemplo sobre la conclusión positiva de explotarla en tráfico mixto.

Debe hacerse notar, no obstante, que a medida que pase el tiempo las condiciones de explotación pueden verse modificadas al cambiar los volúmenes de tráfico. En efecto, es razonable pensar que tenga lugar, de forma progresiva, un incremento del servicio de ramas de alta velocidad (como se deduce de la experiencia internacional). En este caso, los trenes de mercancías tendrían cada vez menos posibilidades de utilizar las nuevas infraestructuras, tanto en términos de densidad como en la ocupación de determinados periodos horarios que pudiesen ser comercialmente interesantes (o necesarios) para las citadas mercancías.

A lo largo del presente capítulo se han expuesto las principales características de la explotación de las líneas de alta velocidad en Europa desde hace algunos años, incluyendo la tipología y la densidad de tráfico que soportan. Con carácter de síntesis podría concluirse señalando que:

- Las líneas francesas, belgas y españolas soportan sólo tráfico de viajeros.
- En las líneas francesas circulan exclusivamente ramas de alta velocidad.
- En las líneas belgas y en las líneas españolas circulan, además de ramas de alta velocidad, composiciones tradicionales de viajeros formadas por locomotora y coches remolcados.
- En las líneas alemanas, circulan tanto trenes de viajeros (ramas de alta velocidad y composiciones tradicionales) como de mercancías, excepto en la línea Colonia-Frankfurt.
- Los volúmenes de tráfico de viajeros varían considerablemente de unas líneas a otras. En Francia, los ejes norte, sudeste y sudoeste soportan un tráfico superior a 20 millones de viajeros/año. En Alemania, el tráfico es aproximadamente el 50% del existente en las líneas francesas, y la relación Madrid-Sevilla se sitúa en algo más de 6 millones de viajeros/año.
- En términos de número de circulaciones diarias se dispone de un amplio intervalo de variación, definido en el límite superior por la densidad de tráfico de las líneas francesas más cargadas (200 a 250 circulaciones/día) y en el límite inferior por las 80 a 100 circulaciones/día de la línea Madrid-Sevilla.
- En las líneas alemanas que soportan un tráfico mixto, el porcentaje de trenes de viajeros varía entre el 56% y el 80% del total de los trenes circulando por una línea dada.

12.2 IMPACTO COMERCIAL DE LOS SERVICIOS DE ALTA VELOCIDAD POR FERROCARRIL

12.2.1 La experiencia japonesa: una referencia obligada

Como resulta bien conocido, las primeras circulaciones comerciales a alta velocidad tuvieron lugar en Japón, a mediados de la década de los años sesenta del pasado siglo. Eso significa que, en el momento de la inauguración de la nueva línea entre París y Lyon, ya se disponía de casi veinte años de experiencia sobre la repercusión de este denominado «nuevo modo de transporte», en la modificación de la estructura de viajes en los desplazamientos a media y larga distancia.

Las condiciones de explotación de la primera línea de alta velocidad en Japón, entre Tokio y Osaka, fueron variando de forma notable desde su apertura en 1964, de tal forma que el impacto comercial sobre los otros modos de transporte debe ser analizado teniendo en cuenta las características del servicio ofrecido por el ferrocarril (básicamente, tiempo de viaje, frecuencia de servicios y nivel tarifario) en cada momento temporal.

Como referencia, en el cuadro 12.9 se muestran algunos datos del citado proceso evolutivo. Se constata la importante reducción experimentada en el tiempo de viaje, al pasar de las iniciales 4 horas, a las actuales 2 h 30 min. Es relevante destacar que en 1964 la frecuencia de servicios de alta velocidad entre ambas poblaciones era de 2 trenes/hora, mientras que en la actualidad alcanza los 12 a 15 trenes/hora. En ambos casos por sentido. En términos comerciales, la introducción de la alta velocidad significó que en el primer año de explotación de la línea Tokio-Osaka, el tráfico aéreo perdiese el 30% de los viajeros

CUADRO 12.9 EVOLUCIÓN DEL TIEMPO DE VIAJE EN LA RELACIÓN TOKIO-OSAKA (1964-2005)

Fecha	Tiempo de viaje por ferrocarril	Velocidad máxima (km/h)
1960	6 h 30 (vía métrica)	120
Octubre 1964	4 h 00 (alta velocidad)	160
Noviembre 1965	3 h 10 (alta velocidad)	210
Marzo 1985	3 h 08 (alta velocidad)	210
Noviembre 1986	2 h 56 (alta velocidad)	220
Marzo 1989	2 h 52 (alta velocidad)	220
Marzo 1992	2 h 30 (alta velocidad)	270
–	–	–
–	–	–
Diciembre 2005	2 h 30 (alta velocidad)	270

Fuente: Elaboración propia con datos de distintas fuentes

En las últimas cuatro décadas, la evolución de la oferta y de la demanda en esta relación ha sido muy notable. Como muestra el cuadro 12.10, el número de servicios por ferrocarril pasó de 60 en 1964 a 291 en el año 2004, es decir, se multiplicó casi por cinco. La oferta de servicios aéreos se incrementó también notablemente, pasando de 35 vuelos en 1964 a 104 en el año 2004. En términos de demanda y como se observa en el citado cuadro 12.10, destaca la importante cuota de mercado del tráfico ferroviario, que en términos de viajeros transportados es 4,2 veces superior al tráfico aéreo.

Con el desarrollo de la red de alta velocidad en Japón, a través de la línea Sanyo Osaka-Okayama (161 Km) en 1972 y Okayama-Hakata (393 Km) en 1975, fue posible disponer de una mayor experiencia sobre el impacto comercial en el tráfico aéreo del tiempo de viaje por ferrocarril. En este contexto resulta de interés observar el gráfico de la figura 12.32. En él se muestra [H. Shigehara et al. (1979)] la cuota de mercado del ferrocarril respecto al avión en función del tiempo de viaje ofrecido por el ferrocarril para cada una de las relaciones consideradas en el período 1965-1975. Con carácter de síntesis, en el cuadro 12.11 se indican los órdenes de magnitud representativos de la cuota de mercado del ferrocarril respecto al avión en función del tiempo de viaje ofrecido por el modo terrestre. Nótese, que a mediados de la década de los años setenta del pasado siglo el ferrocarril, con unos tiempos de viaje

CUADRO 12.10 EVOLUCIÓN DE LA OFERTA Y LA DEMANDA EN LA RELACIÓN TOKIO-OSAKA (1964-2004)

	1964		2004	
	F.C.	Avión	F.C.	Avión
Tiempo de viaje	4 h	1 h	2 h 30	1 h
Frecuencia de servicios por día (ambos sentidos)	60	35	291	104
Viajeros por día	18.000	S.D.	110.000	26.000

Fuente: Adaptado de Central Japan Railway Company

CUOTA DE MERCADO DEL FERROCARRIL RESPECTO AL AVIÓN EN FUNCIÓN DEL TIEMPO DE VIAJE DEL MODO TERRESTRE EN JAPÓN (1965-1975)

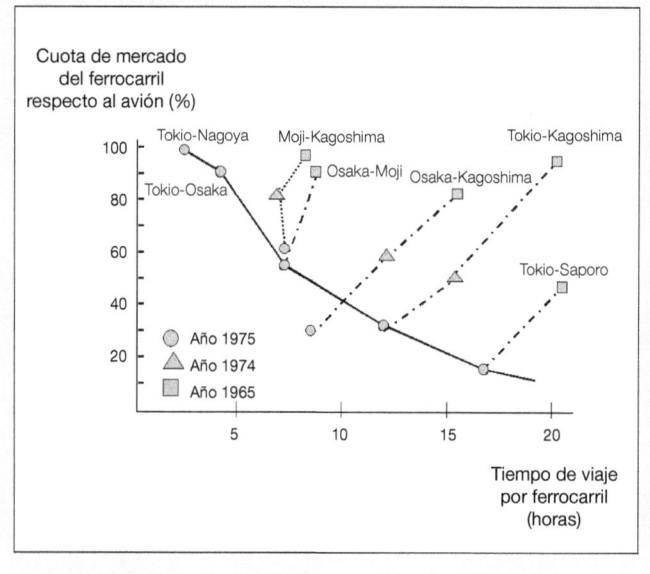

Fuente: H. Shigehara et al (1979) *Fig. 12.32*

CUADRO 12.11 CUOTA DE MERCADO DEL FERROCARRIL RESPECTO AL AVIÓN EN JAPÓN EN EL PERÍODO 1965-1975

Cuota de mercado del ferrocarril respecto al avión (%)	Tiempo de viaje por ferrocarril
95	2 h
80	3 h
73	4 h
65	5 h
50	7 h

Fuente: Elaboración propia con datos de Shigehara

relativamente altos, podía disponer de elevadas cuotas de mercado respecto al avión. Esta constatación se verá de forma más clara al compararla con la realidad europea de finales de siglo.

La competencia ferrocarril-avión en Japón, a mediados de los años noventa del pasado siglo, es decir, veinte años después de la referencia mostrada en la figura 12.32, era la indicada en el cuadro 12.12. Se constata como la comparación de los resultados del cuadro 12.12 y del cuadro 12.11, muestra que el desarrollo de la aviación, en el período 1975-1995, obligó al ferrocarril a elevar su nivel de prestaciones para mantener su competitividad frente a los servicios aéreos.

Cabe señalar, por último, que en el momento actual (junio 2005), la presión de la aviación acentuó aún más, aunque de forma moderada, la reducción de la cuota de mercado del ferrocarril (Cuadro 12.13). Se subraya que el nivel tarifario aéreo es, en media, aproximadamente un 25% superior al del ferrocarril.

CUADRO 12.12 CUOTA DE MERCADO DEL FERROCARRIL RESPECTO AL AVIÓN EN JAPÓN EN 1995

Relación	Distancia por ferrocarril (km)	Tiempo de viaje del F.C.	Cuota de mercado del F.C. respecto al avión (%)
Tokio - Osaka	515	2 h 30	84
Tokio - Okayama	643	3 h 16	75
Tokio - Hiroshima	814	3 h 51	52
Tokio - Fukuoka	1.069	4 h 58	12

Fuente: Elaboración propia con datos de JNR (1999)

12.2.2 La experiencia europea

En septiembre de 1981 se puso en explotación comercial la primera sección de línea de alta velocidad en Europa: Saint-Florentin-Sathonay (al norte de Lyon) en la relación París-Lyon. Desde entonces han transcurrido casi 25 años y la realización de nuevas infraestructuras de altas prestaciones se ha convertido en actividad principal de un cierto número de países europeos: Alemania, Bélgica, España, Italia, Reino y Holanda que, juntamente con Francia, configuran una red próxima a 5.000 Km. Resulta, por tanto factible tratar de efectuar, al menos de forma sintética, un primer balance sobre el impacto comercial de los servicios de alta velocidad en el sistema de transportes europeo.

El desarrollo del mismo puede ser abordado desde diferentes ópticas, según cuál sea la referencia a considerar: las líneas convencionales de ferrocarril; los desplazamientos a nivel nacional o internacional; los modos alternativos como el vehículo privado y la aviación tradicional. o bien, por último, las recién aparecidas (en términos

CUADRO 12.13 CUOTA DE MERCADO DEL FERROCARRIL RESPECTO AL AVIÓN EN JAPÓN (AÑO 2005)

De Tokio a:		Osaka	Okayama	Hiroshima	Fukuoka
Ferrocarril	Tiempo de viaje	2 h 30	3 h 16	3 h 51	4 h 58
	Servicios por día	228	117	69	45
	Cuota de mercado (%)	81	57	47	9
Avión	Tiempo de viaje	1 h (2 h 20)*	1 h 10 (3 h)*	1 h 15 (3 h 10)*	1 h 58 (2 h 40)*
	Servicios por día	94	18	32	90
Tráfico diario de viajeros	Ferrocarril	88.580	4.920	6.720	2.640
	Avión	14.420	1.080	5.280	19.360
	Total	103.000	6.000	12.000	22.000

* Tiempo de viaje centro a centro de ciudades
Fuente: Central Japan Railway Company

relativos) compañías *low cost*. Es un hecho que la información estadística disponible no permite llevar a cabo un tratamiento completo del impacto de la alta velocidad, respecto a todos los ámbitos mencionados con anterioridad. En consecuencia, el análisis se lleva a cabo con un carácter más selectivo y tratando de mostrar las principales líneas de tendencia en cada binomio de comparación.

A los efectos del presente libro, consideraremos la siguiente segmentación de efectos:

a) Evolución del tráfico de viajeros en las relaciones interurbanas a través de líneas convencionales o de alta velocidad.
b) Influencia del carácter nacional o internacional de una relación en el impacto de los servicios de alta velocidad, sobre el tráfico aéreo.
c) Repercusión de las líneas de alta velocidad en los desplazamientos realizados en automóvil.
d) Impacto en la demanda de tráfico por ferrocarril de alta velocidad de la llegada al mercado de transporte de las denominadas compañías aéreas de bajo coste.

12.2.2.1 *Evolución del tráfico de viajeros en líneas convencionales y de alta velocidad*

En las últimas décadas, el desarrollo de la red viaria y de los servicios aéreos ha supuesto un freno a la demanda de transporte en el ferrocarril convencional. En el primer caso, por la construcción de autopistas, y en el segundo, por la introducción y generalización del reactor que proporciona una mayor seguridad y comodidad.

EVOLUCIÓN TECNOLÓGICA DEL TRANSPORTE EN EUROPA

a) Redes nacionales

b) Aviones de hélice

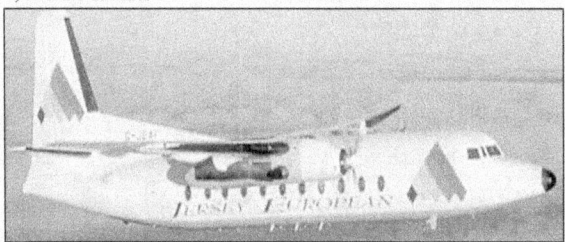

c) Trazados ferroviarios (siglo XIX)

d) Autopistas (1935)

e) Reactores (1960 - 1970)

f) Nuevas líneas (1981)

Fuente: A. López Pita (2000)

Fig. 12.33

En este contexto, es de interés destacar que la carretera pasó de una situación de base configurada por redes nacionales (1x1 carril) a otra de autopistas (con al menos 2x2 carriles) a partir de 1935. La aviación pasó de los motores de hélice a los de reacción y a los sistemas de aterrizaje todo tiempo en la década de los años cincuenta a sesenta. Por el contrario, el ferrocarril tuvo que esperar hasta la década de los ochenta para pasar de los ferrocarriles construidos el siglo XIX a los trazados aptos para la circulación a alta velocidad (Fíg. 12.33).

CUADRO 12.14 EVOLUCIÓN DEL TRÁFICO INTERURBANO DE VIAJEROS POR FERROCARRIL EN ESPAÑA (1993-2004)

Tráfico de viajeros en	Año 1993	Año 2004
Líneas convencionales	12.46 Mviaj.	12,42 Mviaj.
Líneas de alta velocidad Madrid-Córdoba-Sevilla	3,25 Mviaj.	6,19 Mviaj.

Fuente: Elaboración propia con datos de RENFE

No sorprende, por tanto, que la evolución del tráfico de viajeros por las líneas convencionales de ferrocarril haya sido muy diferente a la de las líneas de alta velocidad. Así lo reflejan, cuantitativamente, los datos disponibles. A título de ejemplo, en el cuadro 12.14 se muestra la realidad española en el período 1993-2004. Se constata el estancamiento del tráfico en las líneas convencionales y el incremento relevante del mismo en la línea de alta velocidad Madrid-Sevilla. Nótese que los servicios de alta velocidad prácticamente duplicaron su tráfico de viajeros en algo más de una década.

Análoga situación se encuentra en las líneas francesas de similares características (Cuadro 12.15). Nótese que en septiembre de 1981 entró en servicio comercial parcial la línea de alta velocidad París-Lyon, y de forma completa en 1983. Hasta 1989, con la inauguración de la nueva línea TGV-Atlántico, la red de alta velocidad francesa permaneció constante, lo que permite efectuar la comparación realizada en el cuadro 12.15.

CUADRO 12.15 EVOLUCIÓN DEL TRÁFICO DE VIAJEROS DE LARGA
DISTANCIA POR FERROCARRIL EN FRANCIA
(MVIAJ.) (1981 -1988)

Tráfico viajeros	1981	1982	1983	1984	1986	1988
Líneas convencionales	131	128	130	131	127	128
Servicios de alta velocidad	1,3	S.D.	9,2	13,8	15,8	18,3

Fuente: Elaboración propia con datos SNCF

12.2.2.2 Los efectos de la alta velocidad en las relaciones nacionales e internacionales

Los servicios de alta velocidad nacieron para enlazar, en un primer tiempo, poblaciones situadas en el interior de un mismo país. Sin embargo, rápidamente se extendieron a relaciones internacionales. Así en 1981 se inauguró la conexión TGV entre París y Ginebra; en 1983 el enlace París-Lausanne y en 1987 los servicios de alta velocidad entre París y Berna. Fue necesario esperar a la realización del TGV Norte para que las conexiones París -Bruselas (1995); París-Ámsterdam (1996) y París-Colonia (1997) se hiciesen realidad. Los servicios de alta velocidad entre el Reino Unido y el continente tuvieron lugar en 1994 para las relaciones Londres-París y Bruselas-Londres.

En este contexto cabe preguntarse si se han observado diferencias en el impacto comercial (medido en términos de distribución modal) de la alta velocidad, según se trate de relaciones nacionales o internacionales.

En el primer ámbito, el nacional, la experiencia francesa, española, alemana e italiana se sintetiza en la figura 12.34. En ella se

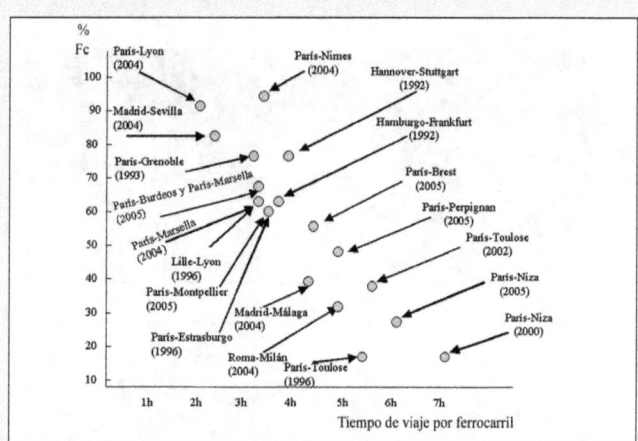

CUOTA DE MERCADO DEL FERROCARRIL RESPECTO AL AVIÓN

Fuente: A. López Pita (2004) con datos de diversas fuentes   Fig. 12.34

ofrece la cuota de mercado del ferrocarril respecto al avión en las principales relaciones internas de los mencionados países, en función del tiempo de viaje empleado por el ferrocarril. Se constata la existencia de una curva de tendencia general que, sin embargo, presenta una cierta horquilla de variación no desdeñable. A título indicativo, para un tiempo de viaje en torno a las 4 horas, la cuota de mercado del ferrocarril puede variar 30 puntos, según cual sea la relación considerada. La experiencia francesa [Leboeuf (2005)], señala el intervalo de confianza indicado en la figura 12.33.

Si nos referimos ahora al ámbito de las relaciones internacionales, la experiencia disponible puede sintetizarse en la forma indicada en el cuadro 12.16. La observación de los datos que en él figuran

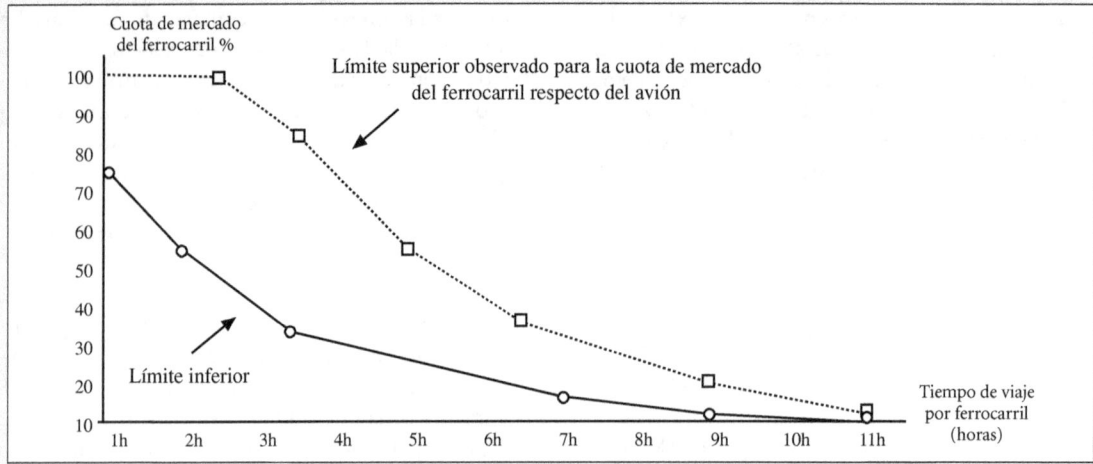

INTERVALO DE VARIACIÓN DE LA CUOTA DE MERCADO DEL FERROCARRIL RESPECTO AL AVIÓN

Fuente: M. Leboeuf (2005)   Fig. 12.35

CUADRO 12.16 CUOTA DE MERCADO DEL FERROCARRIL RESPECTO AL AVIÓN EN ALGUNAS RELACIONES INTERNACIONALES CON SERVICIOS DE ALTA VELOCIDAD

Relación	Tiempo de viaje por ferrocarril (año)	Cuota de mercado del F.C. respecto al avión (%)
París - Londres	2 h 40 (2005)	66
París - Ámsterdam	4 h 10 (2004)	45
Bruselas - Londres	2 h 20 (2005)	60
París - Ginebra	3 h 30	35
París - Bruselas	1 h 25 (2006)	100
París - Colonia	3 h 53 (2004)	70

Fuente: A. López Pita con datos de diversas fuentes

y su comparación con los reflejados en la figura 12.34 ponen de manifiesto que la cuota de mercado del ferrocarril respecto al avión, en función del tiempo de viaje de aquel, es análoga a la obtenida para relaciones nacionales. Llama la atención, sin embargo, la relativamente baja cuota de mercado del ferrocarril en la relación Londres-Bruselas (60%) para un tiempo de viaje de 2 h 20. Inferior incluso a la cuota de la relación Londres-París (66%) con un tiempo de viaje de 2h 40, ligeramente superior. Sin duda, la menor frecuencia de servicios por ferrocarril en la relación británico-belga, puede explicar, al menos parcialmente, esta realidad.

12.2.2.3 *Los servicios de alta velocidad y los desplazamientos en automóvil*

Aun cuando, tradicionalmente, la comparación más habitual se realiza entre el ferrocarril de alta velocidad y el avión, es indudable que la parte más importante del tráfico de viajeros existente en una relación dada corresponde a la carretera. En consecuencia, el estudio de los efectos de los servicios de alta velocidad por ferrocarril en el tráfico por carretera resulta del mayor interés.

En este contexto cabe recordar que un año antes de la apertura

CUADRO 12.17 DISTRIBUCIÓN MODAL DEL TRÁFICO DE VIAJEROS EN EL CORREDOR PARÍS-SUDESTE (AÑO 1980)

De París a:	Cuota de mercado (%)		
	F.C.	Avión	V. privado
Lyon	27	18	54
Marsella	22	33	45
Grenoble	34	15	51
Niza	14	46	40
Montpellier	25	29	45

Fuente: SNCF

de la línea París-Lyon en 1981, la distribución modal en el corredor París-Sudeste era la indicada en el cuadro 12.17. Puede decirse, por tanto, que la carretera representaba, en términos de tráfico, aproximadamente el 40 al 50% del total.

La implementación de los servicios de alta velocidad afectó a los servicios aéreos de forma relevante, tal como se ha expuesto con anterioridad. ¿En qué medida sucedió lo mismo con la carretera?

La experiencia obtenida con la nueva línea París-Lyon en este ámbito puede verse en la figura 12.36. En ella se muestra la evolución del tráfico de vehículos por carretera durante el período 1977-1992. Se comprueba que durante los cuatro primeros años de funcionamiento, el tráfico en la autopista París-Lyon se estabilizó. A partir de 1986 volvió a crecer, pero con un ritmo dos veces inferior al observado en las autopistas que no sufrían la concurrencia de la alta velocidad, como era el caso de las relaciones París-Caen y París-Metz.

Si nos referimos, a continuación a la experiencia alemana, los resultados obtenidos fueron los siguientes (Cuadro 12.18). Nótese como, en Alemania, la carretera perdió, en media, nueve puntos de cuota de mercado respecto al ferrocarril, con la llegada de la alta velocidad.

EVOLUCIÓN DEL TRÁFICO POR CARRETERA EN TRES DE LAS PRINCIPALES AUTOPISTAS FRANCESAS

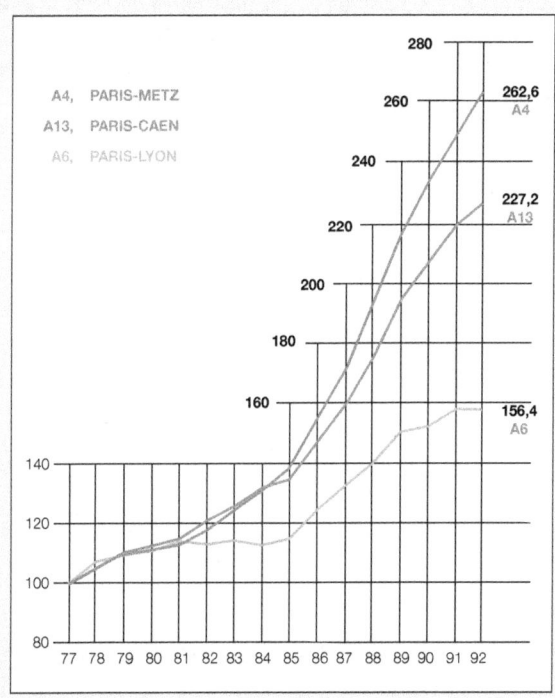

Fuente: SNCF

Fig. 12.36

CUADRO 12.18 IMPACTO DE LA ALTA VELOCIDAD EN EL TRÁFICO POR CARRETERA EN ALEMANIA (1991)

Línea	Cuota de mercado de la carretera (%)*		
	Sin alta velocidad	Con alta velocidad	Puntos de reducción
Hamburgo - Frankfurt	57	46	11
Hannover - Stuttgart	62	52	10
Frankfurt - Múnich	52	52	7

* Respecto al ferrocarril
Fuente: Elaboración propia con referencias de JANSCH (1993)

Por lo que a España, se refiere, la apertura y posterior explotación de la línea Madrid-Sevilla permite afirmar que, con anterioridad a la alta velocidad, la carretera (vehículo privado + autobús) tenía una cuota de mercado del 84% respecto al ferrocarril. Con los servicios de alta velocidad, esta cuota de la carretera pasó a ser del 55%.

Otros ejemplos disponibles son los referidos a las relaciones París - Lille y París - Bruselas. En la primera, el ferrocarril ofrece diariamente 27 frecuencias por sentido y recorre los 225 Km que separan ambas ciudades en 1 h 04 min. El ferrocarril y la carretera se reparten el tráfico de viajeros al 50%.

En cuanto a la relación París-Bruselas, se recuerda que, a partir de 1980 y hasta mediados de los años noventa, el tiempo de viaje ofrecido por el ferrocarril fue de 2 h 30. A partir de 1996, se redujo a poco más de 2 horas y, finalmente, al concluirse la línea de alta velocidad entre las proximidades de Bruselas y la frontera francesa, el tiempo de viaje quedó fijado en 1 h 25 para una distancia de 314 Km. En términos de cuota de mercado, la carretera ostentó las magnitudes indicadas en el cuadro 12.19. Los servicios aéreos entre París y Bruselas dejaron de existir hace algunos años.

CUADRO 12.19 CUOTA DE MERCADO DE LA CARRETERA RESPECTO AL FERROCARRIL EN LA RELACIÓN PARÍS-BRUSELAS

Año	Tiempo de viaje por ferrocarril	Cuota del mercado de la carretera
1994	1 h 30	72
1998	1 h 25	50
2005	1 h 25	48

Fuente: Elaboración propia con datos de diversas fuentes.

Puede deducirse, por tanto, como conclusión, que los servicios de alta velocidad por ferrocarril disminuyen la cuota de mercado de la carretera, pero que en el mejor de los casos, ambos llegan a disponer del 50% del tráfico existente en una relación dada.

12.2.2.4 Las compañías aéreas low cost y los servicios de alta velocidad

A lo largo de las cuatro últimas décadas, la concurrencia entre el ferrocarril y la aviación ha sido una constante. Concurrencia que ha ido acentuándose con el tiempo, tal como muestra la figura 12.37, para adquirir una nueva dimensión con la llegada de las denominadas compañías aéreas de bajo coste que, especialmente, a partir de finales de los años noventa se desarrollaron de forma muy rápida.

Dos son los ámbitos principales en que tiene lugar esta nueva concurrencia: el primero, en las relaciones internas de cada país; el segundo, en itinerarios internacionales. A nivel nacional y en la actualidad, es Alemania el país donde la oferta aérea *low cost* tiene una mayor dimensión. Por lo que respecta a las relaciones internacionales en itinerarios donde operan servicios de alta velocidad, en el momento actual la concurrencia con las compañías *low cost* se produce en las relaciones:

- París-Londres
- Bruselas-Londres
- París-Ginebra
- Colonia-París
- París-Milán

Los dos casos más significativos son, probablemente, los itinerarios servidos por el tren Eurostar, es decir, las dos primeras relaciones mencionadas. En efecto, la relación París-Ginebra se caracteriza por tener la oferta de las siguientes compañías: Air France (11 vuelos/sentido); Easyjet (3 vuelos/sentido) y TGV (8 servicios/sentido). Es decir, se trata de una competencia básicamente con la

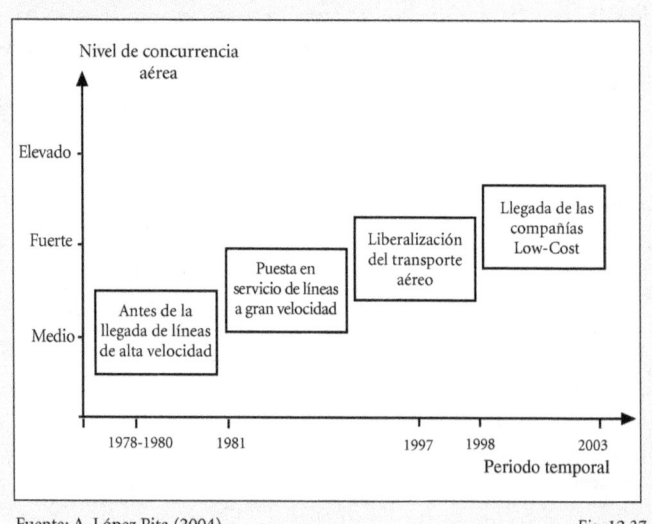

Fuente: A. López Pita (2004)

Fig. 12.37

compañía aérea tradicional. En la relación París-Colonia, la presencia de compañías de bajo coste se limita a Germanwings, con dos vuelos/sentido, frente a los 7 servicios/sentido del tren Thalys. Finalmente, en la relación París-Milán, el tiempo de viaje por ferrocarril es demasiado elevado (6 h 40) para competir de forma significativa con el avión.

En cuanto a la concurrencia aérea en la relación Bruselas-Londres, resulta de interés señalar que en el año 2002 se produjo la mayor concentración de compañías en este corredor, dando lugar a las cuotas de mercado de cada una de ellas, indicadas en el cuadro 12.20.

CUADRO 12.20 DISTRIBUCIÓN MODAL DE VIAJEROS EN LA RELACIÓN BRUSELAS-LONDRES (AÑO 2002)

Compañía	Cuota de mercado (%)
Eurostar (Ferrocarril)	40
Ryanair	16,8
British Airways	14,4
Brussels Airlines	13,2
British Midland	9,0
VLM	5,4
Virgin Express	1,2

Fuente: CAA

Si se recuerda que el tiempo de viaje del Eurostar en esta relación era, en el año 2002, de 2 h 40 min, se deduce que la presencia de las compañías *low-cost* redujo la cuota de mercado que cabría esperar para el ferrocarril, en función de la calidad de la oferta puesta a disposición de los potenciales viajeros.

Por lo que respecta a la relación París-Londres, cabe destacar la singularidad que en términos de concurrencia se da en la misma. En efecto, históricamente, el tráfico de viajeros en esta conexión ha ocupado, a nivel europeo, el primer puesto en términos de demanda de tráfico aéreo, de tal modo que en 1994, antes de la entrada en servicio del Eurostar (tuvo lugar el 14 de noviembre de dicho año con dos frecuencias diarias), alcanzó la cifra récord de 4 millones de viajeros.

Desde entonces se ha reducido considerablemente, hasta situarse en la actualidad en torno a 3 millones de viajeros, y ello a pesar de la incorporación de diversas compañías aéreas. Como referencia en los últimos años el tráfico de viajeros entre ambas capitales se ha distribuido de la forma indicada en el cuadro 12.21.

Se constata, por tanto, de la observación de los datos del cuadro 12.21, que la presencia de diversas compañías de bajo coste en la relación París-Londres no ha supuesto un efecto negativo sobre el tráfico por ferrocarril, que gracias a la reducción del tiempo de viaje en el año 2003 (2 h 40 frente a las primitivas 3 horas) ganó, incluso, cuota de mercado.

CUADRO 12.21 DISTRIBUCIÓN MODAL DEL TRÁFICO DE VIAJEROS EN LA RELACIÓN PARÍS-LONDRES (2002-2004)

Compañía	Cuota de mercado (%)		
	Año 2002	Año 2003	Año 2004
Eurostar	58,10	58,5	66,3
British Airways	15,23	16	12
Air France	13,48	12,2	10,4
Easyjet	5,27	5,8	5,4
British Midland	5,06	4,5	4,7
Buzz	2,56	2,3	–
Otras	0,30	0,7	1,2

Fuente: Elaboración propia con datos de Eurostar y de la Civil Aviation Authority

Puede afirmarse, por tanto, que el efecto de las compañías aéreas de bajo coste tiene lugar, básicamente, en la cuota de mercado que quitan a las compañías aéreas tradicionales.

Un hecho importante, sin embargo, es que la competencia entre modos de transporte ha obligado al ferrocarril a reformar su sistema tarifario adaptando el nivel del mismo a la nueva situación del mercado. De forma concreta, cabe destacar la introducción en algunas relaciones francesas de alta velocidad (París-Marsella, París-Montpellier...) de servicios TGV únicamente accesibles mediante la compra de billetes por internet, lo que ha permitido a la SNCF reducir su importe y aproximarlo al ofrecido por las compañías aéreas de bajo coste.

Con carácter de síntesis puede decirse que la repercusión de los servicios de alta velocidad por ferrocarril se ha producido en diversos segmentos de mercado: relaciones nacionales e internacionales, así como en la concurrencia con la carretera y la aviación.

En los dos primeros ámbitos, es el tiempo de viaje el que determina el papel que juega el ferrocarril, con independencia de que se trate de una relación nacional o internacional. Por otro lado, se observa que el tráfico en las líneas de alta velocidad experimenta un continuado aumento cada año. Por el contrario, en las líneas convencionales, el tráfico ferroviario se encuentra prácticamente estancado, cuando no en disminución.

Por lo que respecta a la concurrencia ferrocarril-avión, puede trazarse una curva de reparto modal en función del tiempo ofrecido por el modo terrestre. Se constata una relación de dependencia que presenta un cierto intervalo de variación para un tiempo de viaje dado, según cuáles sean las características que concurran en cada relación considerada (viajes de negocios, turísticos, etc.).

En cuanto al impacto en el tráfico por carretera, la experiencia disponible muestra que el ferrocarril puede llegar a tener una cuota del 50%.

12.3 OPTIMIZACIÓN DEL PAPEL DEL FERROCARRIL EN LOS SERVICIOS INTERURBANOS DE VIAJEROS

12.3.1 El progreso técnico del ferrocarril

En el apartado 12.1.4 se expusieron de forma resumida los esfuerzos realizados por los ferrocarriles franceses para disponer de la tecnología necesaria para hacer posible velocidades máximas, en servicio comercial, de hasta 300 km/h a comienzos de la década de los años ochenta del siglo XX.

Desde entonces el progreso técnico no se ha detenido, como lo prueban los diversos récords de velocidad alcanzados durante circulaciones de ensayo. De tal manera que, considerando los valores máximos obtenidos y las velocidades punta introducidas en servicios comerciales, puede construirse el gráfico de la figura 12.38.

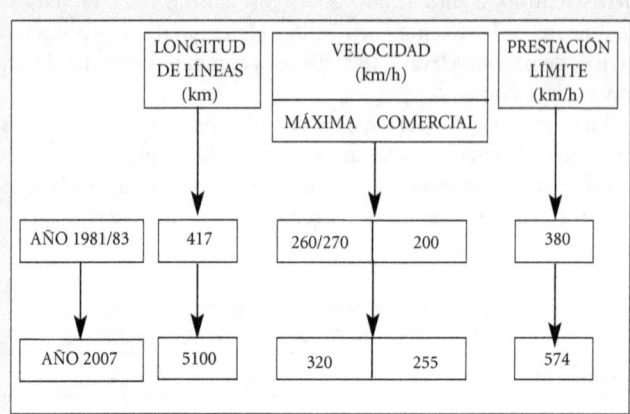

DESARROLLO DE LOS SERVICIOS DE ALTA VELOCIDAD EN EUROPA

Fuente: A. López Pita (2007)   Fig. 12.39

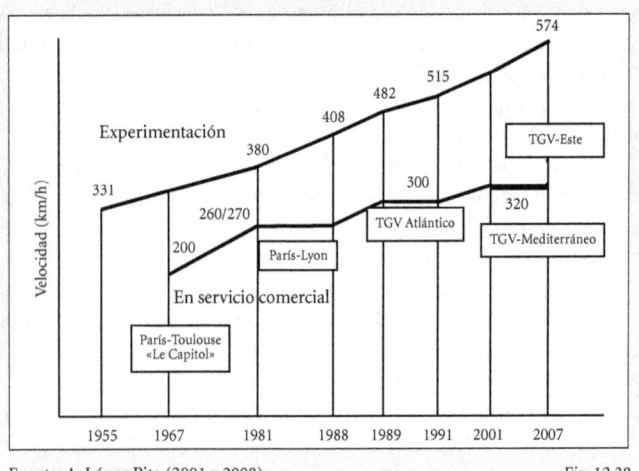

EVOLUCIÓN DE LAS VELOCIDADES MÁXIMAS ALCANZADAS EN EXPERIMENTACIÓN Y EN SERVICIO COMERCIAL

Fuente: A. López Pita (2001 y 2008)   Fig. 12.38

Se constata que entre la velocidad máxima en experimentación y en servicio comercial ha existido siempre una diferencia mínima situada entre 110 y 120 km/h. Aceptando como hipótesis, un mayor margen «de seguridad» con el aumento de la velocidad, parece justificado afirmar la factibilidad técnica de circular, comercialmente, con velocidades punta superiores a los 320 km/h que en la actualidad se practican diariamente en las líneas TGV Mediterráneo y TGV-Este. En todo caso, es un hecho el progreso experimentado por el ferrocarril europeo en las dos últimas décadas en términos de prestaciones comerciales, tal como se muestra en la figura 12.37.

Como referencia, en el cuadro 12.22 se explicitan las tres relaciones más rápidas en los principales países europeos. Es indudable el diferente significado práctico que introduce en el análisis de las prestaciones de cada red, la consideración de la distancia en la que se logran las referidas prestaciones.

CUADRO 12.22 VELOCIDADES COMERCIALES MÁS ELEVADAS EN ALGUNAS RELACIONES FERROVIARIAS EUROPEAS

País	Relación	Distancia (km)	Velocidad comercial (km/h)
Francia	Lorraine TGV-Champagne TGV	176,6	279,3
	Valence TGV-Avignon TGV	129,7	259,4
	París Lyon-Avignon TGV	657,0	255,6
Alemania	Frankfurt Aeropuerto-Siegburg/Bonn	144	233,5
	Montabur-Frankfurt Aeropuerto	81	211,3
	Siegburg/Bonn-Montabur	63	210,0
España	Madrid Atocha-Zaragoza Delicias	307,2	227,6
	Campo de Tarragona-Zaragoza Delicias	219,3	226,9
	Madrid Atocha-Ciudad Real	170,7	204,8
Reino Unido	London King's Cross-York	303,2	173,3
	London King's Cross-Doncaster	250,9	173,0
	York-Stevenage	259,0	172,7
Italia	Roma Termini-Firenze SMN	261,0	170,3
	Arezzo-Roma Termini	198,7	156,9
	Bologna-Roma Termini	357,9	150,2

Fuente: A. López Pita con datos de Colin J. Taylor (2007)

Es de interés recordar que en otros continentes se alcanzan también elevadas velocidades comerciales, tal como se muestra en el cuadro 12.23.

CUADRO 12.23 VELOCIDADES COMERCIALES MÁS ELEVADAS EN JAPÓN, TAIWAN, CHINA Y COREA DEL SUR

País	Relación	Distancia (km)	Velocidad comercial (km/h)
Japón	Okayama-Hiroshima	144,9	255,7
Taiwan	Taichung-Zuoying	179,5	244,7
China	Shenyengbei-Quinhuangdao	404,0	197,1
Corea del Sur	Seoul Yongsan-Seoul-Daejeon	161,0	193,2

Fuente: Elaboración propia con datos de Colin, J. Taylor (2007)

12.3.2 El interés comercial del incremento de la velocidad

Las posibilidades técnicas señaladas en el apartado anterior deben ser consideradas en el contexto de su posible interés comercial. La frase atribuida a los ferrocarriles suizos: «No circular tan rápido como técnicamente sea posible, sino como comercialmente sea necesario», como que estimamos que debería presidir la planificación y la explotación de cada relación.

Desde nuestra perspectiva, un posible enfoque en la planificación de los servicios interurbanos de viajeros por ferrocarril debería incluir, además de la consideración suiza, la delimitación del concepto de inversión mínima útil y la precisión del significado práctico de la atracción del ferrocarril como modo de transporte.

En relación con la velocidad técnicamente posible y comercialmente necesaria, nos gustaría señalar lo que podríamos denominar como «el precio del exceso de la velocidad» en una relación o en un corredor dado. En efecto, reducir el tiempo de viaje por debajo de un cierto límite, variable para cada relación, podría significar un débil incremento de la cuota de mercado del ferrocarril. Este hecho iría acompañado por un incremento de los gastos de explotación del servicio, pero no de los ingresos, lo que produciría un balance económico negativo. Los gráficos de la figura 12.40, tienen por objeto visualizar el denominado precio del exceso de velocidad para una relación tipo de 400 km de longitud.

En cuanto a la delimitación de la inversión útil, la idea que deseamos destacar es que, en determinadas ocasiones, un volumen significativo de recursos económicos aplicados al ferrocarril podría no tener un impacto comercial apreciable y, en consecuen-

cia, se trataría de una inversión desaprovechada. En este caso, parecería mas razonable ajustar la inversión a las verdaderas necesidades comerciales. Como ilustración, en el cuadro 12.24 se muestra de forma numérica este hecho en el caso de las posibles actuaciones de mejora de la oferta ferroviaria en el corredor Barcelona-frontera francesa. Nótese, en efecto, como una inversión importante, como eran 55.000 MPTA, no conseguía ningún efecto apreciable para mejorar la posición del ferrocarril en términos de

CUADRO 12.24 CORREDOR FERROVIARIO BARCELONA-FRONTERA FRANCESA

Parámetro	Situación actual	Actuación	
		Modernizar línea actual	Construir una nueva línea
Tiempo de viaje	2:06	1:50	45'
Inversión media	–	55.000 MPTA	150.000 MPTA
Ahorro de tiempo	–	15'	81'
Inversión/minuto ganado	–	3.700 MPTA	1.850 MPTA

Fuente: A. López Pita (1998)

cuota de mercado.

Por último, y en lo que concierne al concepto de atracción del ferrocarril como modo de transporte, entendemos que su significado práctico debería quedar configurado por «la calidad de la oferta que, optimizando recursos económicos, suponga una presencia significativa de este modo en el sistema de transporte de un corredor, determine un balance de explotación del servicio positivo para el operador y permita la mayor vertebración territorial posible».

De una forma gráfica, la figura 12.41 permite visualizar el concepto precedente, que tendría como objetivo básico delimitar la calidad de la oferta y determinar el tiempo de viaje objetivo que permita optimizar las cuatro variables que figuran en los vértices del rombo. La reflexión precedente viene a indicar que para cada relación o corredor existe un tiempo de viaje diferente, función entre otros aspectos y de las condiciones propias del mercado. En este sentido, hemos construido la figura 12.42, que proporciona la comprobación práctica y la posibilidad de encontrar el citado tiempo objetivo.

Nótese, en efecto, como para lograr una cuota de mercado del 48% respecto al total de modos de transporte, el ferrocarril debe practicar unas prestaciones diferentes según se trate de las conexiones desde París con Nantes o Bruselas. Para un nivel de cuota de mercado inferior, un ejemplo francés y otro alemán permiten mostrar la necesidad de alcanzar prestaciones distintas para alcanzar un mismo resultado comercial.

EL PRECIO DEL EXCESO DE VELOCIDAD

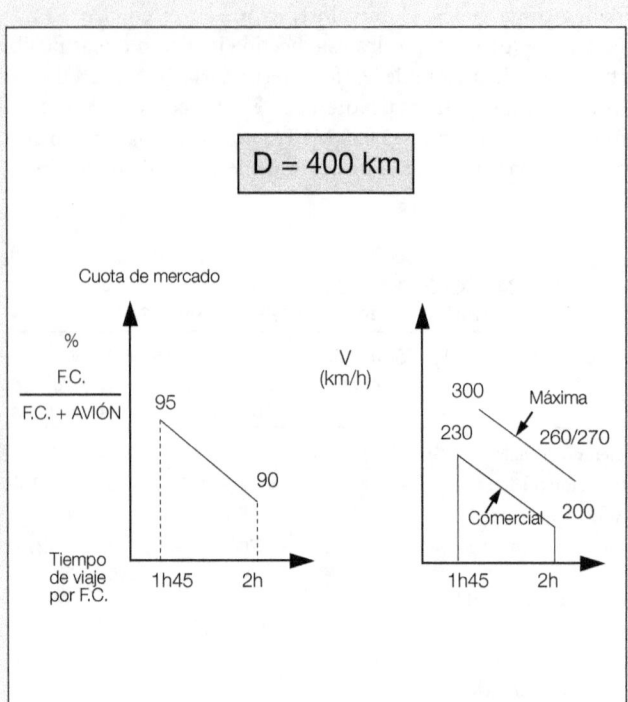

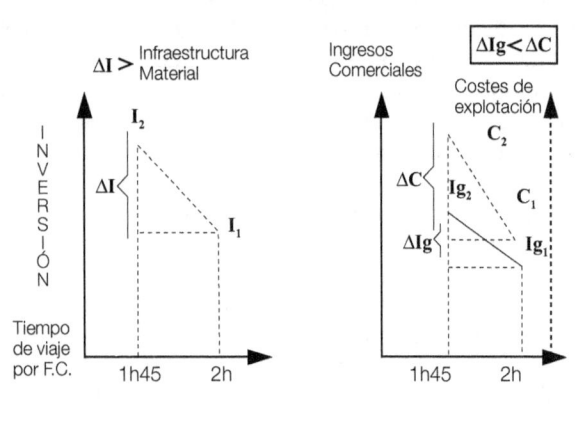

Fuente: A. López Pita (1998) Fig. 12.40

ATRACCIÓN DEL FERROCARRIL COMO MODO DE TRANSPORTE

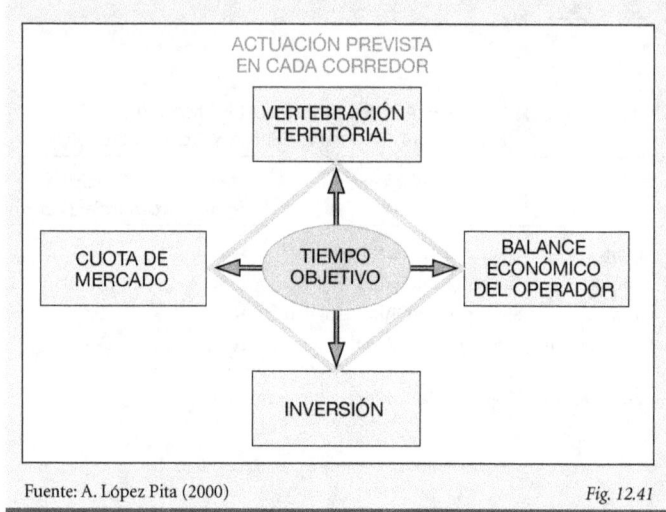

Fuente: A. López Pita (2000) Fig. 12.41

EL TIEMPO OBJETIVO EN ALGUNAS RELACIONES EUROPEAS

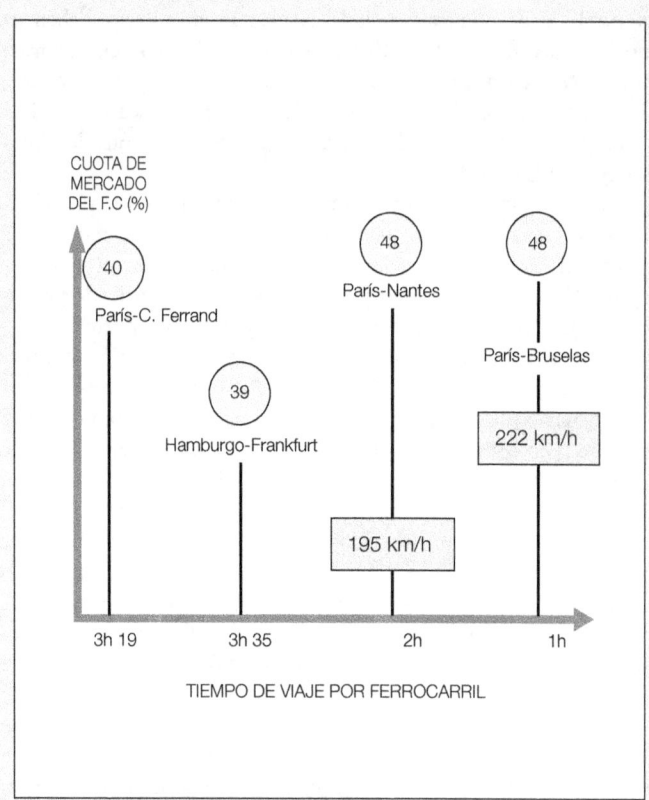

Fuente: A. López Pita (2000) Fig. 12.42

12.3.3 Posibles nuevos escenarios de servicios en líneas de alta velocidad

Transcurridas algo más de dos décadas desde la introducción de servicios de alta velocidad, el ferrocarril europeo comienza a configurar una red de altas prestaciones que supera, en la actualidad 4.500 km de nuevas líneas y se espera alcance en algunos años más de 15.000 km (Fig. 12.41).

Cabe recordar que el ritmo temporal de desarrollo de esta nueva red (170 km/año) ha sido sensiblemente inferior en las dos últimas décadas al de la carretera, en el ámbito de construcción de autopistas y autovías (1.300 km/año).

Desde esta perspectiva de una mayor generalización de las infraestructuras de alta velocidad, se plantea el interrogante de saber si además de los servicios hoy día existentes, a través de ellas, podría vislumbrarse una nueva tipología de servicios. Con carácter preliminar, es de interés recordar la tendencia cada vez mayor hacia la implementación de servicios internacionales de alta velocidad, como muestra el cuadro 12.25, referido a la oferta existente en algunas relaciones en el año 2000.

DESARROLLO DE LA RED DE ALTA VELOCIDAD EN EUROPA

a) Previsión de la evolución de nuevas líneas de alta velocidad

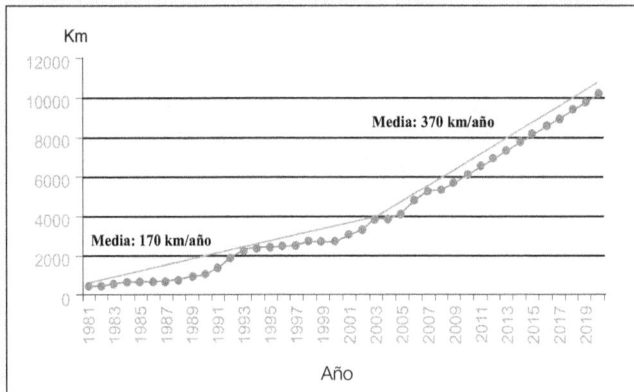

b) Red de alta velocidad prevista para 2020

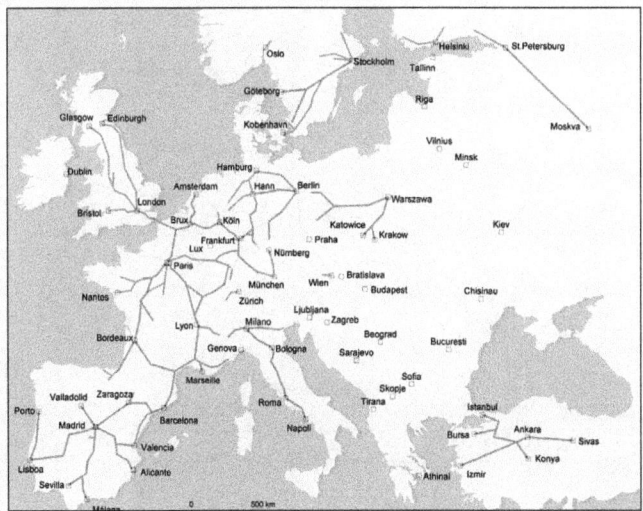

Fuente: I. Barron (a), y UIC (b) Fig. 12.43

CUADRO 12.25 TENDENCIAS EN LOS SERVICIOS INTERNACIONALES DE VIAJEROS POR FERROCARRIL (AÑO 2000)

Relaciones internacionales	Distancia (km)	Tiempo de viaje	Velocidad comercial (km/h)
París-Bruselas	314	1:25h	222
París-Londres	494	3h (2:30)	165 (198)
París-Amsterdam	540	4:13h (3:15 h)	128 (166)
París-Zurich	614	6:05h (3:15h)	101 (190)
París-Milán	821	7h (4:15h)	117 (193)
Bruselas-Burdeos	957	6:06h (3:50h)	157 (250)
Bruselas-Montpellier	1087	6:08h (4:45:h)	177 (229)
Londres-B. St. Maurice	1222	8h	152
Bruselas-Niza	1455	9:20h (8h)	156 (182)

( ): Horizonte 2005 o superior
Fuente: A. López Pita (2000)

Para tratar de responder al citado interrogante, es útil señalar que el ferrocarril convencional con relación al tráfico de viajeros ofrece dos tipos de servicios no mencionados hasta el momento: servicios nocturnos de altas prestaciones y servicios de auto-expresso. ¿En qué medida la alta velocidad puede afectar a estos segmentos del mercado?

Con respecto a los servicios nocturnos, es una realidad que el acortamiento de los viajes diurnos por ferrocarril, así como la mejora de las relaciones por carretera mediante la construcción de autopistas o autovías, ha reducido al mínimo su interés en recorridos nacionales, efecto que se amplificará con la implementación de la red de alta velocidad.

Cabe considerar, por tanto, que sólo en los desplazamientos internacionales la combinación de la alta velocidad con los servicios nocturnos podría atraer una cierta demanda de transporte. En este ámbito se recuerda que, en la actualidad, el ferrocarril ostenta una cuota de mercado respecto al avión del 15 al 20 % en los servicios nocturnos internacionales que requieren tiempos de viaje en torno a las 12 horas, a una velocidad media de 80 a 100 km/h.

Es indudable que, por el momento, no existe comercialmente el material capaz de aglutinar confort y velocidad en servicios nocturnos, pero no es menos cierto que el TGV Duplex representó en su día un importante avance respecto a la concepción inicial de las ramas de alta velocidad.

Si se supone una velocidad comercial de 180 km/h, con los trenes de alta velocidad el ámbito de interés de los servicios nocturnos por ferrocarril se extendería hasta distancias próximas a 2.000 km, para viajes del orden de 10 horas. Es de interés recordar que el Talgo 200, por la línea Madrid-Sevilla, efectúa el recorrido Madrid-Córdoba (345 km), sin paradas. en 2h 02, es decir, a una velocidad comercial de 170 km/h. Este resultado invita a pensar que para los desplazamientos nocturnos por líneas de alta velocidad no sería estrictamente necesario disponer de ramas especializadas a 300 km/h. La figura 12.44 muestra algunas posibles relaciones de interés a título indicativo.

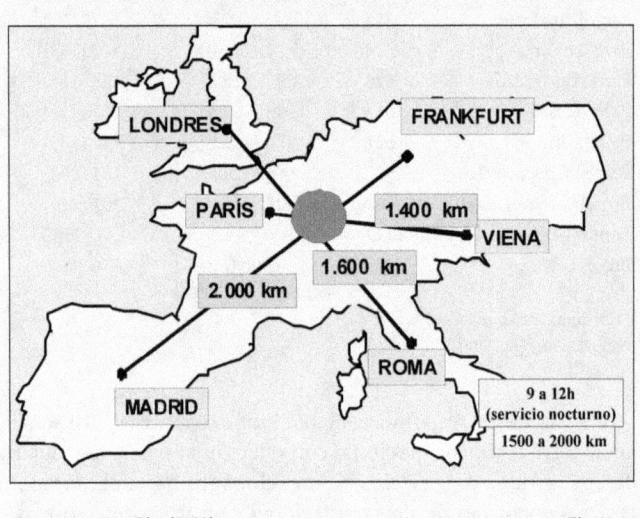

POTENCIALES RELACIONES PARA IMPLEMENTAR SERVICIOS NOCTURNOS DE ALTAS PRESTACIONES

Fuente: A. López Pita (2005)   Fig. 12.44

En cuanto a los trenes auto-expreso, inicialmente, parece obligado ubicar su posible ámbito de desarrollo en relaciones internacionales. En este contexto resulta bien conocida la importancia de los desplazamientos turísticos en coche a través de recorridos de más de mil kilómetros. ¿No podría el ferrocarril, utilizando total o parcialmente las nuevas infraestructuras configurar una oferta de calidad? El mercado existe, la demanda potencial es elevada y quizás sea el momento de profundizar sobre las posibilidades futuras del ferrocarril en este segmento de mercado (Fig. 12.45).

Por otro lado, y continuando con los desplazamientos turísticos internacionales, la existencia de servicios por autocar de carácter regular o charter invita a pensar en como el ferrocarril de alta velocidad puede aportar una oferta alternativa de tansporte. En este ámbito la experiencia llevada a cabo por la SNCF entre París y Niza con servicios TGV de noche, plazas sentadas, y unas tarifas atractivas, es quizás el primer paso en esta dirección que apuntamos.

De la misma forma que las compañías aéreas denominadas de bajo coste han encontrado un hueco en el teóricamente estabilizado mundo del sector aéreo ¿por qué no podría el ferrocarril hacer frente a la oferta del autocar en las grandes distancias?

Los problemas de capacidad hoy día ya existentes en algunos corredores de alta velocidad no deberían ser un freno al análisis técnico-comercial de nuevos escenarios de servicios por ferrocarril. La necesidad de contar con nuevas infraestructuras formaría parte de la adecuación del sistema de transporte europeo a las necesidades de la demanda en el presente siglo.

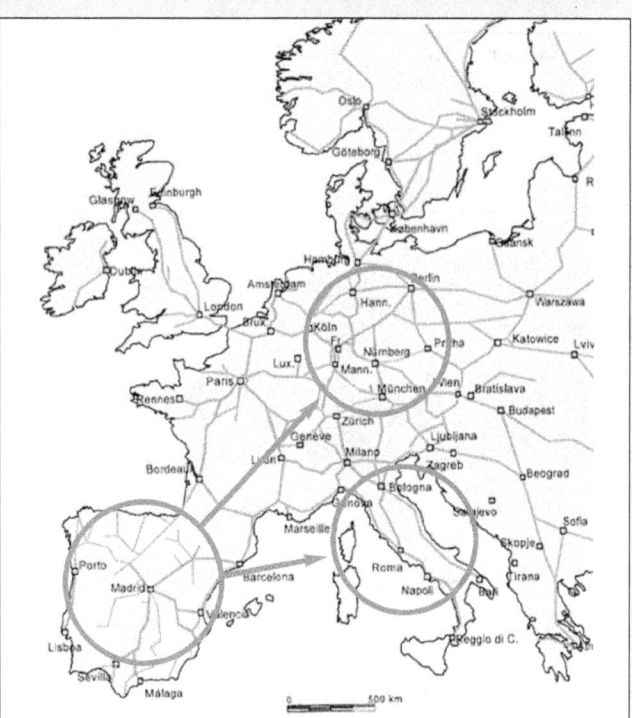

NÚCLEOS POTENCIALES PARA EL ESTABLECIMIENTO DE SERVICIOS NOCTURNOS DE ALTA VELOCIDAD + AUTOEXPRESO

Fuente: A. López Pita (2006)   Fig. 12.45

13

FERROCARRIL, ENERGÍA Y MEDIO AMBIENTE

13.1 INTRODUCCIÓN

La década de los años setenta del siglo pasado marcó el inicio de la concienciación de los países industrializados sobre la vulnerabilidad existente frente a los recursos energéticos. La crisis del petróleo de 1973, con la cuadriplicación del precio del crudo en el período octubre-diciembre de 1973 (Fig. 13.1), fue el hecho que desencadenó la referida concienciación.

Desde ese momento el precio del crudo ha seguido experimentando un continuado crecimiento, tal como se muestra en la figura 13.1 En paralelo a este aspecto económico, de manera recurrente se han venido cuestionando las reservas disponibles de petróleo frente a la evolución de la demanda (Fig. 13.2), anunciándose un incierto futuro sobre esta fuente de energía y proponiendo el recurso a otras fuentes. J.B. Heywood (2006) señala que, en la actualidad, el consumo mundial diario de petróleo se eleva a 80 millones de barriles, de los cuales dos tercios (53 millones) los consume el transporte, con la siguiente distribución: 29 millones para el transporte terrestre de personas, 19 millones para el transporte terrestre de mercancías y 5 millones para el transporte aéreo de personas y mercancías.

En el ámbito europeo, la figura 13.3 muestra el consumo final de petróleo por sectores en 1980 y en el año 2004. Se constata que el transporte es el que más consumo realiza y, por otro lado, también el que mayor crecimiento ha experimentado.

Por todo lo que antecede, no sorprende que desde hace tres décadas se hayan realizado numerosos esfuerzos para tratar de reducir el consumo unitario de energía en el ferrocarril. En paralelo, la concienciación sobre los problemas de contaminación ambiental ha venido a ayudar en el objetivo de mostrar el interés de utilizar el ferrocarril como modo de transporte.

En este contexto estimamos de interés recordar que, a comienzos de la década de los años setenta del siglo XX, los ferrocarriles franceses disponían del turbotren TGV001 (Fig. 13.4), concebido para el desarrollo de la alta velocidad. Estaba equipado con las turbinas que utilizaba el avión Caravelle, disponiendo de una potencia de 3760 kW.

Se trataba, de este modo, al no utilizar la catenaria como fuente de alimentación de energía, de evitar los problemas que en aquel entonces presentaba la captación de corriente por el pantógrafo cuando se circulaba a alta velocidad. La crisis de la energía de 1973 obligó a la SNCF a investigar los citados problemas en profundidad

EVOLUCIÓN DE LOS PRECIOS DEL PETRÓLEO (1970-2006)

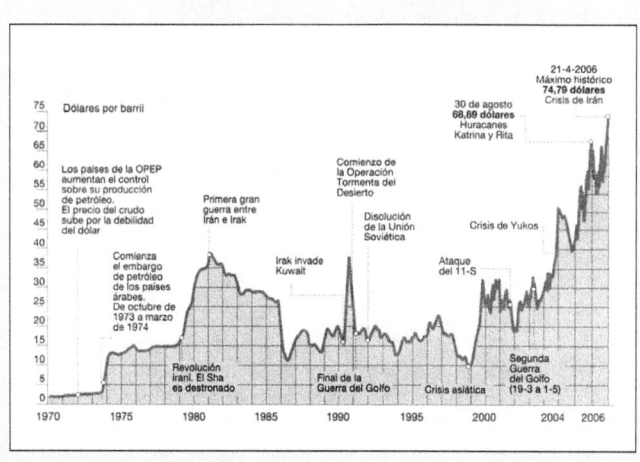

Fuente: MESS, Bloomberg

Fig. 13.1

CONSUMO Y RESERVAS DE PETRÓLEO

a) Evolución de la producción

b) Producción y descubrimiento de petróleo

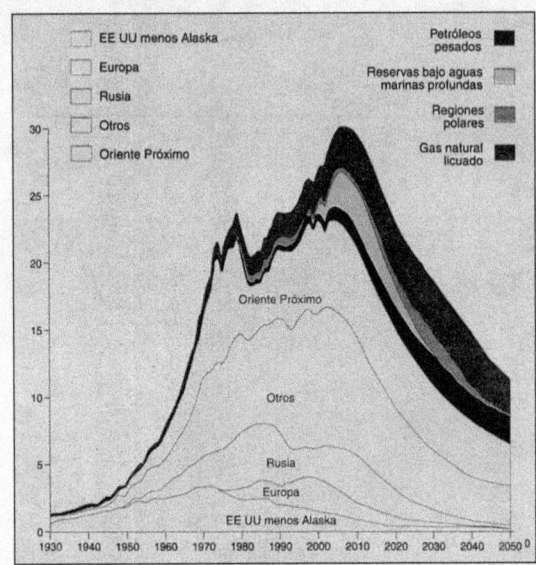
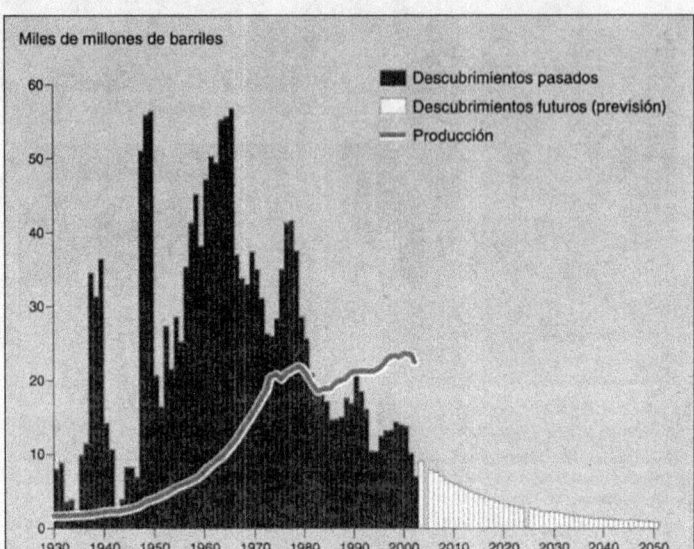

Fuente: Ass. for the study of the peak oil and gas (2004)

Fig. 13.2

CONSUMO DE PETRÓLEO EN LA U.E. (1980 Y 2004)

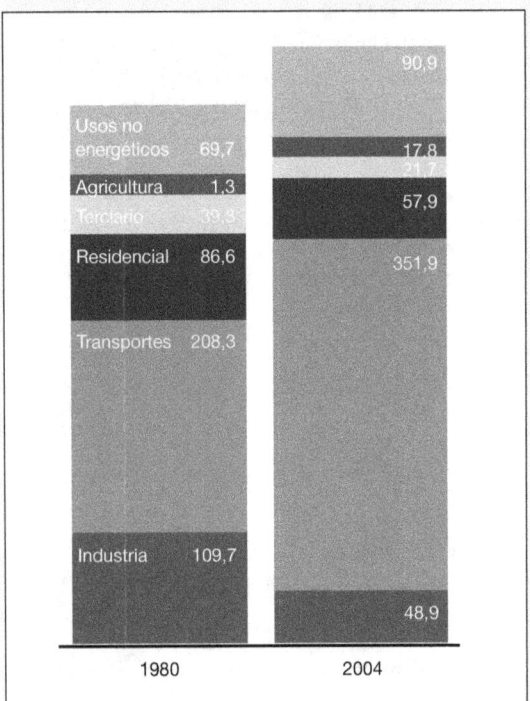

Fuente: Enerdata. Tomada de P. Chalmin (2005)

Fig. 13.3

RAMA DE ALTA VELOCIDAD CON TURBINAS (1973)

a) TGV 001

b) Turbina del Caravelle

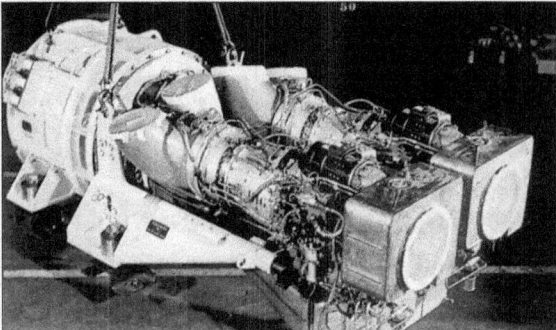

Fuente: Tomada de Le Train (2002)

Fig. 13.4

y con su superación abrir la puerta a las ramas de alta velocidad con tracción eléctrica.

De hecho, uno de los argumentos que se utilizó en Francia para la «venta» de los servicios de alta velocidad fue precisamente el «interés energético para la colectividad de una red de alta velocidad» (G. Rigaud, 1989).

En lo que sigue nos proponemos sintetizar los avances producidos en la reducción del consumo específico del ferrocarril y su comparación con los de los otros modos de transporte.

13.2 CONSUMO ENERGÉTICO DEL FERROCARRIL EN EL TRANSPORTE INTERURBANO DE VIAJEROS (1970-1990)

A comienzos de los años setenta, el consumo de energía en el ferrocarril para la tracción se medía en kg de carbón por cada mil unidades de tráfico (viajeros-kilómetro + toneladas-kilómetro). Si en 1938, en Francia, como referencia, el citado indicador fue de 193, en 1962 se había reducido a menos de la tercera parte (58,23), para situarse diez años más tarde (1972) en 31,64 kg por cada mil unidades de tráfico.

Poco tiempo después la unidad de medida que se utilizó fue el número de kilogramos equivalentes de petróleo. Un estudio publicado por la SNCF en 1975 proporcionó una interesante referencia sobre los consumos de cada modo en el transporte de viajeros (Cuadro 13.1). La observación del mismo puso de relieve, entre otras, las siguientes conclusiones:

1. El consumo a la plaza-kilómetro ofertada en el ferrocarril de altas prestaciones (TEE Mistral entre París y Marsella, velocidad máxima de 160 km/h) era análogo al del autobús e inferior en más de un 50% al del vehículo privado.
2. El turbotren TGV001, circulando a 260km/h tenía un consumo unitario inferior en un 40% al del vehículo privado.
3. El avión convencional (B-727) superaba en casi cuatro veces el consumo unitario del turbotren y en tres veces al moderno Airbus A300.

Con la introducción de los servicios eléctricos de alta velocidad entre París y Lyon, en 1981, nuevas comparaciones fueron efectuadas entre los distintos modos de transporte utilizados en el desplazamiento de viajeros a larga distancia. (≥ 400 km). Los resultados publicados por P.H. Emangard (1981) (Cuadro 13.2) fueron concluyentes respecto a la favorable posición del ferrocarril de alta velocidad en términos de consumo de energía. Se subrayan los siguientes:

a) El consumo por viajero-kilometro del TGV (17,4) era sensiblemente inferior al del turbotren (34,9), estando expresadas ambas unidades en gramos equivalentes de petróleo.
b) El consumo del TGV a 260 km/h era inferior al TEE Mistral a 160 km/h (17,4 frente a 22,9 gramos equivalentes de petróleo).
c) El consumo unitario del automóvil, dependiendo de la mayor o menor fluidez del tráfico, era de 1,3 a 2 veces superior al del TGV.
d) El consumo unitario del avión superaba al del TGV entre 2,5 y 6 veces, en función de la antigüedad del avión y del equipamiento en términos de plazas del mismo.

CUADRO 13.1 CONSUMO DE ENERGÍA POR MODO DE TRANSPORTE EN FRANCIA (1975)

Modo de transporte	Consumo por vehículo-km o tren-km		Número de plazas ofertadas por vehículo o por tren	Consumo por 1.000 plazas-km ofertadas (en kg equivalentes de petróleo)
	Litros o kwh	kg equivalentes de petróleo		
Carretera				
Autocar	0,52 l	0,57	50	11,5
Coche	0,12 l	0,13	5	27
Ferrocarril				
Tren rápido con 15 coches y tracción eléctrica	22,3 kWh	5,9	1.096	5,4
Tren TEE Mistral entre París y Marsella	18,3 kWh	5,3	467	11,4
Turbotren				
ETG París-Caen-Cherbourg	3,1 l	2,63	188	14
RTG	4,8 l	4,1	280	14,7
TGV	7,25 l	6,4	346	16,5
Avión				
Relación París-Niza				
Boeing 727	10,75 l	9,17	148	62
Airbus A 300 B	19,3	16,3	281	58

Fuente: SNCF

CUADRO 13.2 COMPARACIÓN DE CONSUMOS ESPECÍFICOS DEL TGV, AVIÓN Y AUTOMÓVIL

Modo	Consumo por PKO [1]	Tasa de ocupación	Consumo por VK [2] [3]
Fokker 27	67,2	61%	110,1
Caravelle (128 plazas)	51,4	66,7%	77,0
Airbus B2 (280 plazas)	39,4	68,7%	57,4
Automóvil (en autopista)	14,2	1,9%	29,0
TGV (380 plazas)	11,3	65%	17,4
Turbotren	16,9	48,5%	34,9

(1) Plazas-kilómetro ofertadas
(2) Viajeros-kilómetro
(3) Consumo en gramos equivalentes de petróleo
Fuente: P. H. Emangard (1981)

A partir de los consumos unitarios precedentes y teniendo en cuenta el tráfico que el TGV preveía captar a los otros modos de transporte, en la relación París-Lyon se estimó que en el primer año de funcionamiento del tren de alta velocidad se ahorrarían del orden de 100000 tep (toneladas equivalentes de petróleo).

Resulta de interés reproducir los cálculos efectuados por Sato (1980) para el consumo de energía del avión, el ferrocarril de alta velocidad entre Tokyo y Osaka, así como el automóvil (Cuadro 13.3). Nótese que la comparación se efectuó entre un tren Hikari, con 1430 plazas ofrecidas (coeficiente de utilización del 65%) y los aviones de alta capacidad empleados en la citada ruta (Boeing 747-SR y DC-10). El automóvil de referencia fue de altas prestaciones (2000cc). Se constata que el avión consumía 5 veces más que el ferrocarril, cifra situada en el ámbito indicado para el TGV en Francia. El consumo del automóvil, 4,6 veces superior al del Hikari, superaba ampliamente el intervalo encontrado en el ámbito europeo; quizás se deba a que el automóvil considerado en el caso japonés era sensiblemente mayor en prestaciones que el empleado en la comparación francesa, que era de cilindrada media.

13.3 CONSUMO ENERGÉTICO DEL FERROCARRIL EN EL TRANSPORTE INTERURBANO DE VIAJEROS (1990-2007)

En el transcurso de las décadas se ha producido un indudable progreso en la reducción del consumo de energía de cada modo de transporte, por lo que resulta de interés conocer la realidad actual.

Si se adopta un orden cronológico temporal en la publicación de resultados, comenzaremos por mostrar, en la figura 13.5, la comparación energética efectuada en la relación Tokyo-Osaka, en 1991, en función de la velocidad máxima ofrecida por cada modo de transporte. La unidad de medida del consumo de energía utilizada (kilocalorías) fue la misma que la empleada en el cuadro 13.3.

CUADRO 13.3 COMPARACIÓN DEL CONSUMO DE ENERGÍA EN DISTINTOS MODOS ENTRE TOKYO Y OSAKA (SATO, 1980)

		Shinkansen (Hikari = 16 coches)	Aviones (B747-SR)	Aviones (DC-10)	Automóviles (2000cc)
1	Ruta Distancia	Entre estaciones 515 km	Entre aeropuertos 530 km	Entre aeropuertos 530 km	Entre centros ciudades 550 km
2	Núm de asientos	1.430	500	326	5
3	Consumo de energía (por sentido)	20.200 kWh	13100 l	9800 l	61 l
4	Factor de conversión	2450 kcal/kWh	8900 kcal/l	8.900 kcal/l	8600 kcal/l
5 (3X4)	Energía	$49,5 \times 10^6$ kcal	$116,6 \times 10^6$ kcal	$87,2 \times 10^6$ kcal	$52,5 \times 10^4$ kcal
6	Número medio de usuarios	930 viajeros	415 viajeros	271 viajeros	2,2 viajeros
7 (6/2)	Coeficiente de utilización	65%	83%	83%	40%
8 (5/6)	Consumo de energía por persona (Ratio)	53.200 kcal/viajero (1,0)	281.000 kcal/ viajero (5,3)	322.000 kcal/viajero (6,1)	263.000 kcal/voajero (4,9)
9	Consumo de energía unitario (Ratio)	103 kcal/viajero-km (1,6)	530 kcal/viajero-km (5,1)	607 kcal/viajero-km (5,9)	477 kcal/viajero-km (4,6)

Fuente: SATO (1980)

El interés de los nuevos datos reside, en nuestra opinión, en mostrar como el material apto para circular a 300 km/h tendría un consumo unitario análogo al de las primeras ramas de alta velocidad a 210 km/h.

La entrada en servicio comercial del tren alemán de alta velocidad ICE, permitió efectuar un análisis comparativo entre los consumos del tren, avión y automóvil en la relación Hamburgo-Múnich, vía Nuremberg. Los resultados se muestran en la figura 13.6. Es importante subrayar que en esta relación de 813 Km por ferrocarril (200 Km superior a la del avión y 35 Km más que la carretera), el ICE solo disponía, en el momento de efectuar la mencionada comparación de consumo energético, de un tramo de 327 Km ($\simeq$ 40% de la longitud total del recorrido) en alta velocidad, lo que penalizaba sus prestaciones, al tener además que efectuar un cierto número de paradas en estaciones intermedias. La comparación efectuada para la relación Hamburgo-Frankfurt en 1992 (Fig. 13.7) condujo a los siguientes resultados:

a) El vehículo privado consumía por viajero-kilómetro 2,4 veces más de energía que el tren de alta velocidad.
b) El avión presentaba un consumo energético, 3,1 veces superior al del ICE.

Se constata, nuevamente, que las diferencias relativas de consumo entre los diferentes modos de transporte son inferiores a las observadas en Francia y Japón. Téngase en cuenta que en estos dos últimos países la comparación se efectuó para trayectos completos en alta velocidad.

Una idea del progreso experimentado por cada modo de transporte en la reducción del consumo de energía puede verse en la figura 13.8. En ella, ADEME (Agencia francesa del medio ambiente y de la energía) proporciona el consumo unitario de cada modo en gep/UK en 1992 y 1997/2000. Se observa que:

1. Con relación al automóvil, el consumo de energía pasó de 29.9 gep/Vk en 1992 a 25 gep/VK en 1997.
2. Por lo que respecta al avión, el consumo unitario se redujo de 51,1 gep/VK en 1992, hasta 38 gep/VK en el año 2000.

Finalmente, se comprueba que la mejor aerodinámica de las ramas de alta velocidad ha permitido pasar, en el periodo temporal considerado, de 12,1 a 5 gep/VKm.

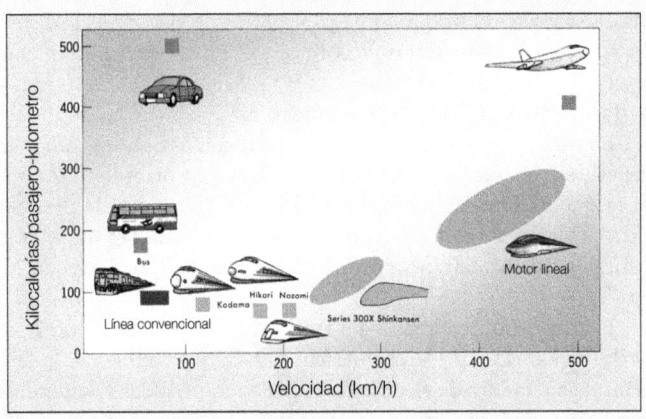

Fuente: JR Fig. 13.5

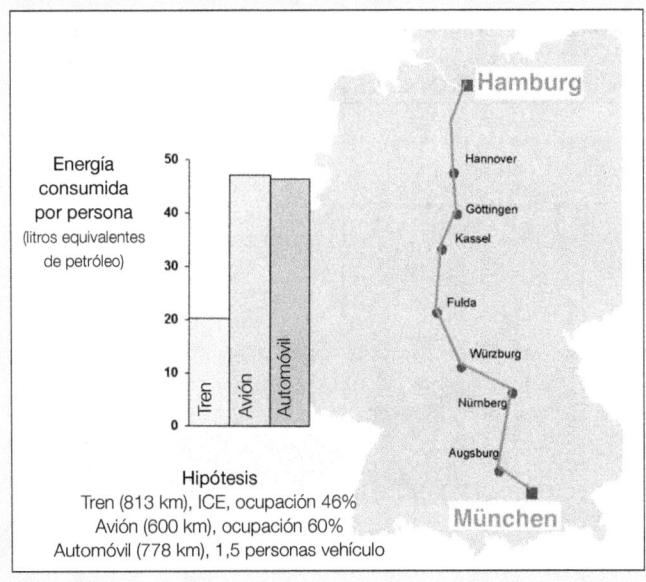

Fuente: DB Fig. 13.6

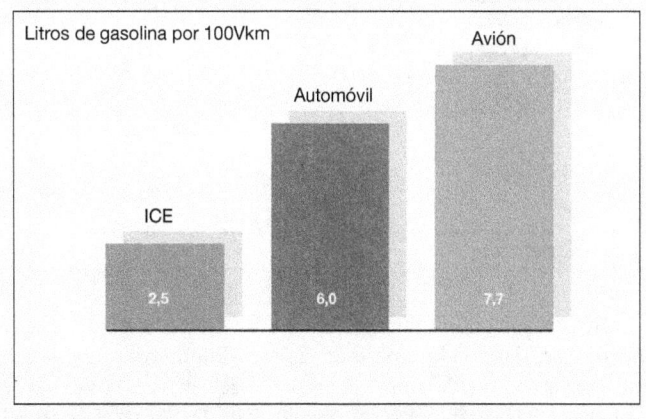

Fuente: DB Fig. 13.7

EVOLUCIÓN DEL CONSUMO UNITARIO DE ENERGÍA EN FRANCIA

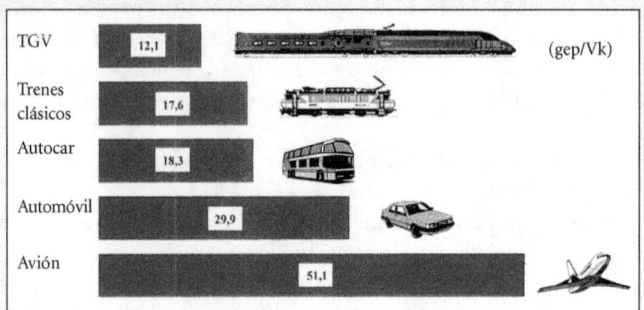

a) Año 1992

b) Consumo unitario en 1997

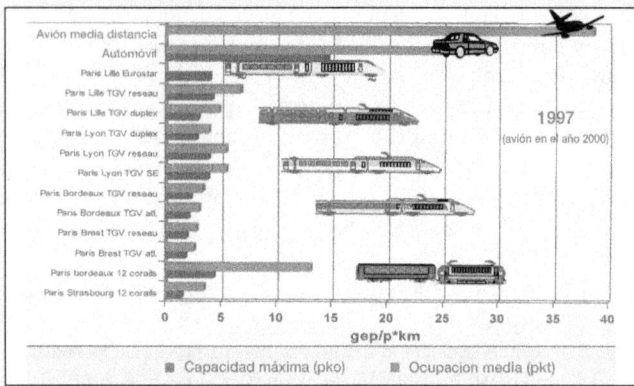

Fuente: ADEME   Fig. 13.8

EFICACIA ENERGÉTICA POR MODO EN EL TRANSPORTE INTERURBANO

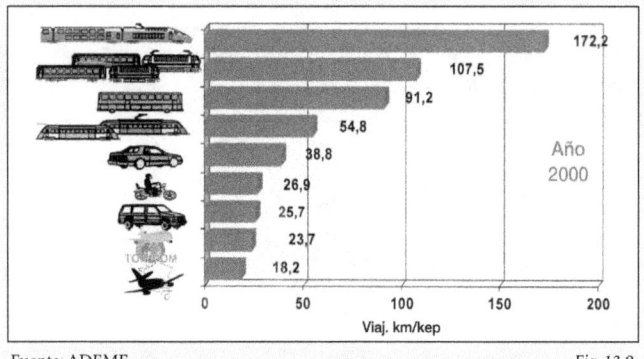

Fuente: ADEME   Fig. 13.9

Otra lectura de la eficacia energética de cada modo puede hacerse calculando el número de viajeros-kilómetro que pueden transportar con un kilogramo equivalente de petróleo. Los datos de la figura 13.9 resultan por si solo explicativos. De forma sintética: el avión trasladaría, con la mencionada cantidad de energía, 18 viajeros a un kilómetro de distancia, frente a los 172 viajeros que movería, a igual distancia, el tren de alta velocidad.

Recientemente, Alberto García (2005) ha publicado un interesante trabajo, comparando los consumos energéticos de algunos trenes españoles en líneas convencionales de altas prestaciones y de alta velocidad. Consideró para ello la línea de Alicante a Barcelona y, en la segunda hipótesis, la línea Madrid-Lleida. Por la primera supuso circulando al tren Arco, formado por una locomotora de la serie 252 y 7 coches de viajeros: por la línea de alta velocidad, el tren Talgo 350 (serie S 102). Para efectuar la citada comparación, el citado autor supuso que en ambos casos los trenes tenían que efectuar tres paradas comerciales. Para la línea de Madrid a Lleida tomó la distancia real (442 km), y para la línea Alicante-Barcelona la distancia real de 523 km se supuso recortada a 442 km, pero manteniendo el perfil medio de las rasantes, curvas y velocidades autorizadas hasta alcanzar la longitud virtual deseada.

En estas condiciones, el tren Arco tarda 175 minutos (sin márgenes y sin contar los tiempos de parada) en recorrer los 442 en su línea, a una velocidad media de 151 km/h. El tren Talgo de alta velocidad, que circula a una máxima de 300 km/h, tarda 114 minutos en cubrir la misma distancia (es decir, su velocidad media es de 232 km/h).

El consumo de energía del tren Arco en 442 Km es de 7.728 kWh (en llantas), que se convierten en 9.412 kWh en la salida de la central generadora de electricidad (sumando pérdidas y restando el aprovechamiento del freno regenerativo). El consumo del Talgo 350 en la LAV (a 300 km/h) con la misma distancia recorrida (442 km) en la salida de la central es de 7.934 kWh, es decir, un 16% menos que el del Arco a 200km/h (cuadro 13.4).

CUADRO 13.4   COMPARACIÓN DEL CONSUMO DE ENERGÍA DE UN TREN CONVENCIONAL EN LÍNEA MEJORADA Y DE OTRO DE ALTA VELOCIDAD

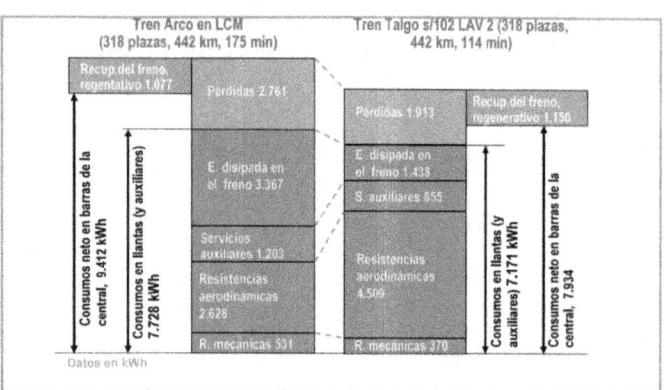

Fuente: A. García (2005)

En el citado cuadro 13.4, se descompone el consumo total de energía entre los diferentes factores que lo generan. Se observa que el consumo debido a las resistencias aerodinámicas en el caso del tren de alta velocidad es sensiblemente superior al correspondiente al tren convencional, consecuencia lógica de la diferencia de velocidades punta: 300 y 200 km/h respectivamente. En todo caso, se comprueba el menor consumo de la rama Talgo de alta velocidad a 300 km/h frente al del tren Arco, circulando a 200 km/h. Este resultado está en línea con el obtenido por los ferrocarriles franceses, los cuales, como se expuso con anterioridad, mostraron como el consumo del TGV de primera generación no era superior al del tren Mistral.

13.4 CONSUMO ENERGÉTICO EN EL TRÁFICO DE CERCANÍAS Y REGIONALES

En tiempos recientes se disponen de valores de referencia en relación con el consumo unitario de energía en el transporte de viajeros por ferrocarril a corta (cercanías) y a media distancia (regionales).

Referidos al caso francés, G. Rigaud et al. (1992) publicaron los resultados correspondientes a los ferrocarriles del otro lado de los Pirineos, los cuales se muestran en el cuadro 13.5.

CUADRO 13.5   CONSUMO UNITARIO POR MODO (AÑO 1990)

Modo de transporte	Consumo (gep/Vk)
Tren de cercanías (París)	20,7
Tren regional	22,6
Tren rápido	15,8
TGV	13,8
Automóvil	36,4
Autocar	18,4

Fuente: G. Rigaud et al (1992)

Se precisa que los valores indicados corresponden a los consumos globales medidos, referidos al número de viajeros-kilómetros. Para el automóvil se tuvo en cuenta una tasa de ocupación de 1,85 viajeros/coche.

Para el caso del ferrocarril español, A. García (2005) señala que, en el año 2002, los trenes de cercanías de RENFE consumieron, en media, 130,3 Wh/Vkm, frente a 93 Wh/VKm de los trenes regionales. No debe sorprender que, para ese mismo año, los trenes grandes líneas consumieran 82,2 Wh/VKm y los trenes AVE, 73,4 Wh/VKm, dadas las características de explotación de cada servicio y el tipo de material empleado. Según estos resultados, el citado autor resume la realidad energética con la afortunada frase de que «el tren de alta velocidad no es un depredador de energía».

13.5 CONSUMO ENERGÉTICO EN EL TRANSPORTE DE MERCANCÍAS

El análisis del consumo energético de cada modo de transporte en el transporte de mercancías ha sido, históricamente hablando, objeto de una cierta controversia, no siendo coincidentes los valores proporcionados por los diversos autores o instituciones que han abordado esta cuestión.

Como en el caso del transporte de viajeros, ADEME publicó el consumo unitario de cada modo de transporte de mercancías, correspondiente al año 1992 (Cuadro 13.6), así como la eficacia energética de cada uno de ellos.

CUADRO 13.6   CONSUMO Y EFICACIA ENERGÉTICA EN EL TRANSPORTE DE MERCANCÍAS

Modo	Consumo unitario (gep/TK)	Eficacia energética (TK/Kep)
Camión (carga útil > 3t)	62,0	16,1
Maxicodes (c.u. 25t)	17,4	57,6
Maxicodes tr. combinado (c.u. 15t)	23,1	42,3
Utilitario (carga útil < 3t)	410,4	2,4
Vagón aislado (SNCF)	19,2	52,1
Tren completo (SNCF)	7,8	128,2
Tren completo (transporte combinado)	10,0	100,0

Fuente: ADEME (1992)

Se observa, por tanto, que a comienzos de la década pasada el consumo unitario de energía en el transporte de mercancías por ferrocarril era sensiblemente inferior al de la carretera. En consecuencia la eficacia energética del ferrocarril era 2 a 3 veces superior a la del camión.

La actualización de los datos precedentes al año 2000 condujo a ADEME a publicar los resultados indicados en la figura 13.10. Se constata la eficacia energética asociada tanto al transporte combinado por ferrocarril como al transporte en tren completo.

Los precedentes resultados son la base del eslogan habitualmente utilizado: «las mercancías al ferrocarril», al considerar que el transporte por este modo requiere un menor consumo de energía primaria y genera una menor producción de CO_2 que el transporte por carretera.

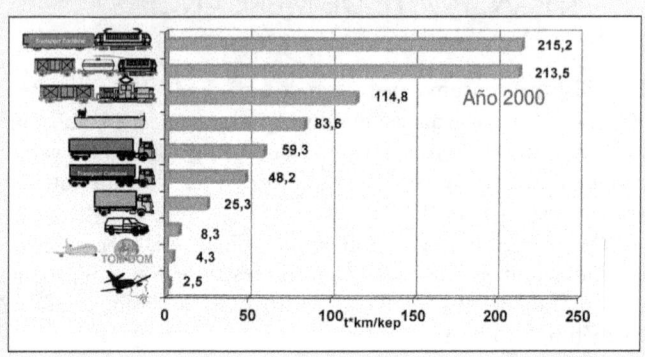

EFICACIA ENERGÉTICA EN EL TRANSPORTE INTERURBANO DE MERCANCÍAS

Fuente: ADEME   Fig. 13.10

Si nos referimos al primer ámbito, al consumo energético, recientemente (año 2003) la IRU (Unión Internacional de Transporte por Carretera) encargó a un instituto alemán, que efectuase un análisis comparativo en relación con el consumo de energía primaria (Fig. 13.11) del transporte de mercancías utilizando exclusivamente la carretera, o bien, empleando el sistema de transporte combinado ferrocarril-carretera, incorporando en esta segunda hipótesis los consumos de energía en los trayectos de pre y postencaminamiento hasta y desde la terminal ferroviaria.

El estudio comparó el transporte de mercancías por camión de 40 toneladas con las diferentes técnicas existentes de transporte combinado ferrocarril-carretera, sea por contenedor, caja móvil, semirremolque y autopista ferroviaria (Fig. 13.12). Se consideraron trayectos ferroviarios en los que estuviese indicado el recurso a la alternativa del transporte combinado. Para el transporte por carretera se tuvieron en cuenta las variaciones de consumo en autopista, carretera nacional y ciudad, así como los perfiles longitudinales de las infraestructuras viarias. Por lo que respecta al consumo de carburante de un camión de 40 t, transportando una carga media, se estimó un valor de 34 l/100km. Este valor es intermedio entre el que corresponde a la circulación en plena carga (39,2 l/100 km) y en vacío (29,3 l/100 km). La comparación se realizó entre el transporte por carretera con un camión a plena carga (consumo de 39,2 l/100 km) y la misma unidad de carga por transporte combinado.

Los resultados obtenidos (Fig. 13.12) reflejan el interés del transporte combinado, excepto en alguna relación concreta como sucede con el trayecto entre Múnich y Verona. Nótese también el coeficiente de carga necesario para que el transporte combinado presente un menor consumo de energía primaria que el transporte exclusivamente por carretera.

13.6 CONTAMINACIÓN ATMOSFÉRICA, CAMBIO CLIMÁTICO Y FERROCARRIL

Se distinguen, habitualmente, tres niveles de contaminación del aire: *local*, en las proximidades de la fuente de polución; *regional*, debida a la dilución espacial de los gases emitidos e influenciada por las condiciones meteorológicas, y contaminación *global*, ilustrada por el «efecto sierra». Este último tipo de contaminación es debido al aumento de las emisiones de ciertos gases: dióxido de carbono (CO_2); metano (CH_4); protoxido de nitrógeno (N_2O); los gases clorofluocarburos (CFC), etc.

El principio del efecto sierra o efecto invernadero consiste en saber que los citados gases y también el ozono son capaces de reflejar o atrapar parte del calor emitido por la Tierra. Su efecto es, básicamente, positivo, dado que si la Tierra no tuviese estos gases

ESQUEMA DE REFERENCIA PARA EL ESTUDIO DEL IRU

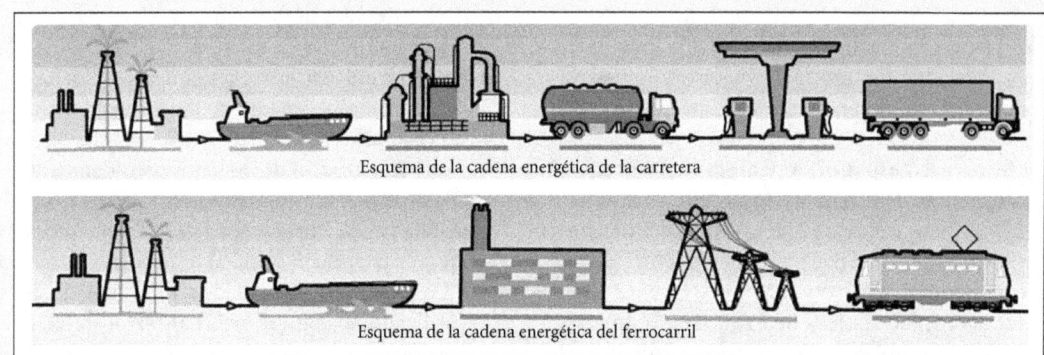

Fuente: IRU (2003)   Fig. 13.11

CONSUMO DE ENERGÍA EN EL TRANSPORTE DE MERCANCÍAS

a) Transporte combinado y camión

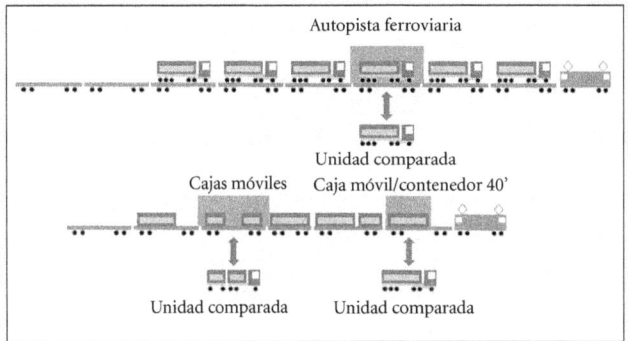

b) Consumo del transporte combinado referido a la carretera

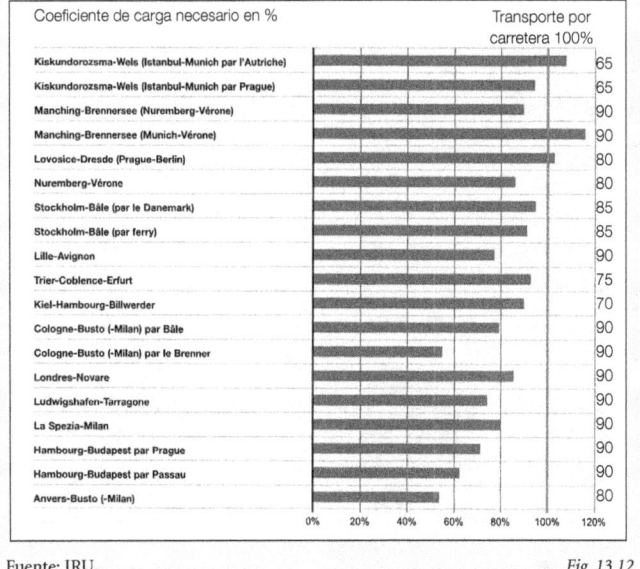

Fuente: IRU

Fig. 13.12

EMISIONES GLOBALES DE CARBONO (1850-1999) Y CONCENTRACIÓN DE CO_2 EN LA ATMÓSFERA

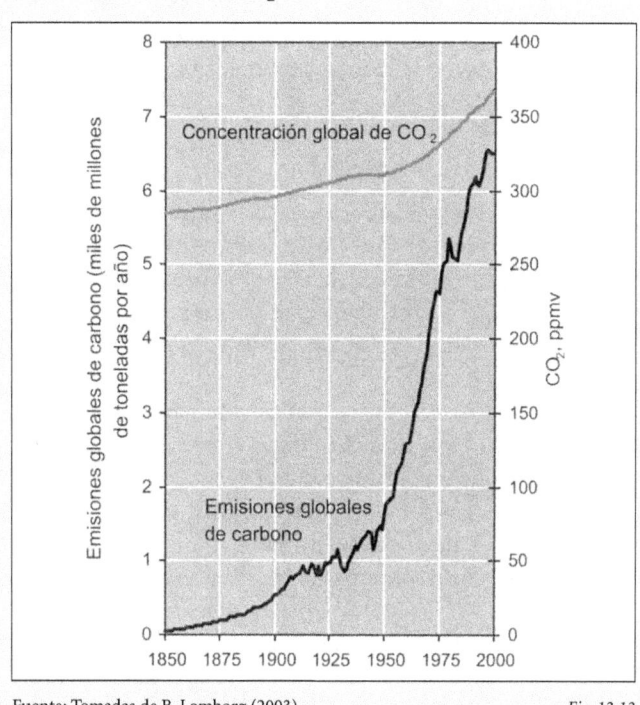

Fuente: Tomadas de B. Lomborg (2003)

Fig. 13.13

gases vienen generados naturalmente, pero su formación puede ser también provocada por la actividad humana. El riesgo es que cantidades mayores de gas sierra procedentes de la industria, de la agricultura, del transporte, etc. aumente el efecto sierra natural.

El problema es que los humanos hemos aumentado la cantidad de gases invernadero, en particular de CO_2, en la atmósfera. Cerca del 80% del CO_2 excedente procede de la combustión del petróleo, el carbón y el gas, mientras que el 20% restante se genera por la deforestación y otros cambios en el suelo de los trópicos. Cerca del 55% del CO_2 liberado es absorbido de nuevo por los océanos, por la expansión de los bosques del norte y en general por el aumento en el crecimiento de las plantas (que utilizan el CO_2 como fertilizante), pero el resto pasa a formar parte de la atmósfera, de forma que la concentración de CO_2 ha aumentado un 31% desde la época preindustrial hasta nuestro días, tal como señala B. Lomborg (2003). En la figura 13.13, puede verse tanto el aumento de las emisiones de CO_2 como el incremento de sus concentraciones.

Lo lógico entonces sería que si esos gases invernadero, y sobre todo el CO_2, reflejan el calor, y cada vez hay más gases invernadero en la atmósfera (suponiendo que el resto siguen igual), la temperatura del planeta aumente. En la figura 13.14 se muestra la temperatura global (1856-2000), expresada en desviaciones (anomalías) del promedio registrado en el periodo 1961-1990. La temperatura es un

(denominados *invernadero*) la temperatura del planeta sería aproximadamente 33ºC más fría que la actual, que es de +15ºC, es decir, -18ºC, siendo probable que la vida no pudiese existir tal como la conocemos.

Los gases sierra, principalmente vapor de agua y anhídrido carbónico, desempeñan un papel fundamental en la regulación de la temperatura de la Tierra, por su transparencia respecto a las radiaciones solares entrantes y por su capacidad de absorber parte de los rayos infrarrojos (calor) emitidos por la superficie caliente. De ello se deriva un aumento de la temperatura en la parte baja de la atmósfera (B. Lomborg, 2003).

También otros gases presentes en cantidades inferiores, como el metano, el protóxido de nitrógeno y los clorofluorocarburos (CFC), contribuyen a este calentamiento global. Muchos de estos

EVOLUCIÓN DE LA TEMPERATURA GLOBAL EN LA TIERRA (1856-2000)

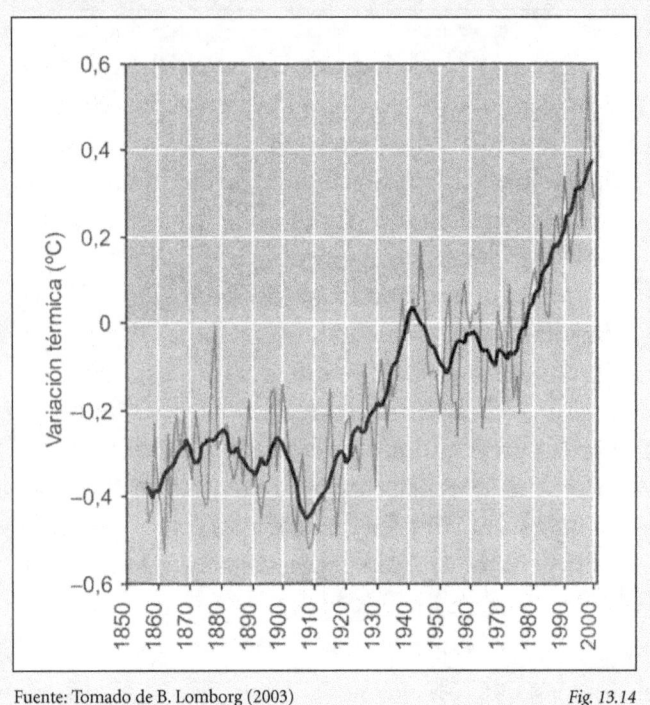

Fuente: Tomado de B. Lomborg (2003)　　　　Fig. 13.14

EMISIÓN DE GASES INVERNADERO EN EU 15 (2004)

a) Emisiones de gases invernadero por sectores

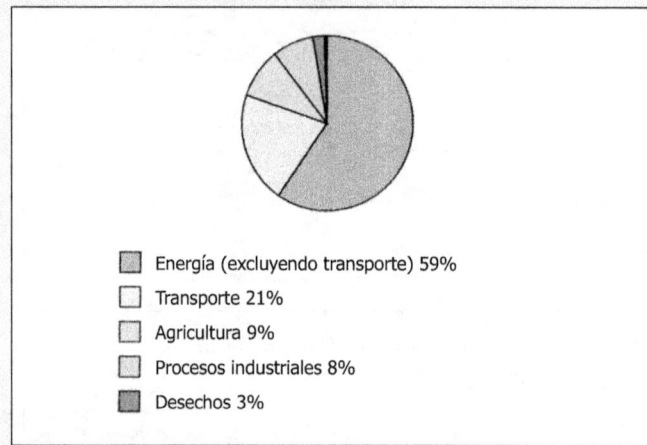

b) Emisiones de gases invernadero por el transporte

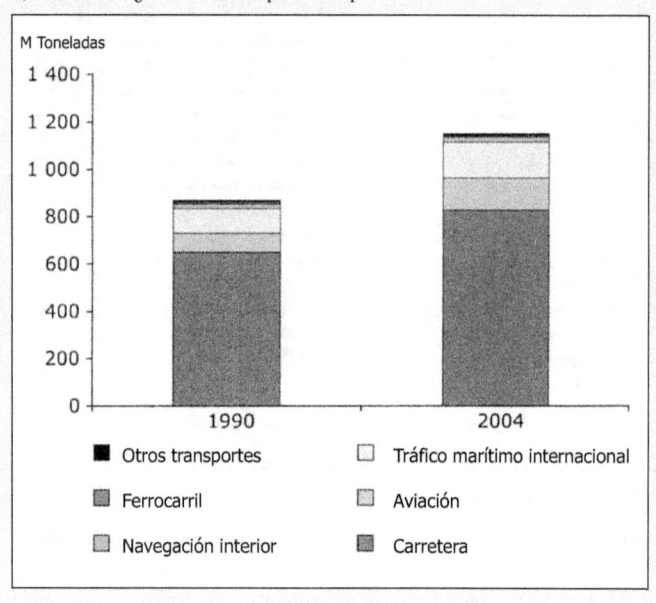

Fuente: European Environment Agency (2007)　　　　Fig. 13.15

promedio de las temperaturas puntuales del aire y la superficie del mar. Las líneas más finas son mediciones anuales reales; la línea negra gruesa es un promedio de nueve años. Para obtener la temperatura global absoluta deberemos añadir 14ºC. La observación de la citada figura 13.14 refleja que el aumento de la temperatura en el siglo XX se ha producido bruscamente en dos periodos de tiempo concretos: de 1910 a 1945, por un lado, y de 1975 hasta el momento actual. De acuerdo con los expertos los efectos del aumento de la temperatura en 0,6ºC desde 1970 se han notado de forma significativa: inundaciones, ríos secos etc. Por ello se estima indeseable que la temperatura continúe elevándose, habiéndose fijado, por el momento, un límite máximo aceptable de +2ºC desde ahora, y las concentraciones de CO_2 no deberían superar las 450 ppm.

La reducción de las emisiones de CO_2 es, por tanto, uno de los elementos claves en el logro del objetivo mencionado. De acuerdo con los expertos del grupo internacional de análisis de evolución del clima creado por la ONU, sería necesario reducir las emisiones de CO_2 en los países industrializados por cuatro o por cinco, desde ahora hasta el año 2050.

En la EU-15, para el año 2004, el transporte fue responsable del 21% de las emisiones de gases invernaderos (Fig. 13.15a) excluyendo los servicios aéreos internacionales y el transporte marítimo. A pesar de que en el periodo 1990-2004, en otros sectores como la industria, la agricultura, etc. se ha producido un descenso en la emisión de gases invernadero, en el sector transportes ha sucedido lo contrario, al haberse incrementado en el mencionado periodo de tiempo aproximadamente un 26% (Fig. 13.15b). El modo que emite más gases es el transporte por carretera (93%). Sus emisiones se han incrementado de 1990 al año 2004 en un 27% en el transporte de viajeros, y en un 51% en el transporte de mercancías (periodo 1990-2003).

Por lo que respecta a la contaminación unitaria por modo, la figura 13.16, debida a J.M. Jancovici (2006), muestra las emisiones de gases de efecto invernadero por viajero-kilómetro por cada modo de transporte. Se dispone también de los cálculos realizados para la emisión de CO_2 en tres líneas de alta velocidad: París-Marsella; Hamburgo-Múnich (nueva línea en el 40% del recorrido) y Nápoles-Milán:

Línea	Emisión de CO_2 (kg/viajero)		
	Avión	Coche	Ferrocarril
París-Marsella (750 km)	97	89	2
Hamburgo-Múnich (813 km)	111,4	109,2	36,2
Nápoles-Milán (791 km)	127,5	92,9	36,3

Fuente: Elaboración propia con datos SNCF; DBAG y FS

Es de interés señalar que en Francia, durante el período 1981-2005, con el desarrollo de la red de alta velocidad, se han logrado unas economías en emisiones de CO_2 de cerca de 22 Mt.

Finalmente, y en cuanto a la emisión de gases en el transporte de mercancías, mencionaremos dos referencias: la primera, debida a P. Muhstein et al. (1996) de la SNCF; la segunda, pubicada en el estudio anteriormente indicado encargado por el IRU sobre las posibles ventajas, en este aspecto, del transporte combinado (Fig. 13.17a).

El autor francés señala que la emisión de CO_2 de un camión cargado con 15 t, es del orden de 72 gramos por tKm, mientras que el transporte combinado sólo emite 7,5 gramos/tKm.

En cuanto a los resultados del IRU, la figura 13.17b muestra las emisiones de CO_2 de toda la cadena del transporte combinado, comparadas al transporte por carretera exclusivamente, para un mismo origen y destino. Se constata que en relación con la carretera el transporte no acompañado reduce las emisiones de CO_2 en un 55%. En el caso de la autopista ferroviaria, la reducción es del 18%.

Por otro lado, si se comparan las emisiones de CO_2 del transporte por carretera con las del transporte combinado por ferrocarril, la figura 13.17c permite comprobar que si se adoptan las emisiones de la carretera como referencia (índice 100), una transferencia hacia el ferrocarril de la mercancía reduciría las emisiones de CO_2 al 40%, es decir, una disminución del 60%. Incluso en la hipótesis de utilizar la autopista ferroviaria (con un peso muerto más elevado), la disminución de CO_2 sería del 23% con relación a la carretera

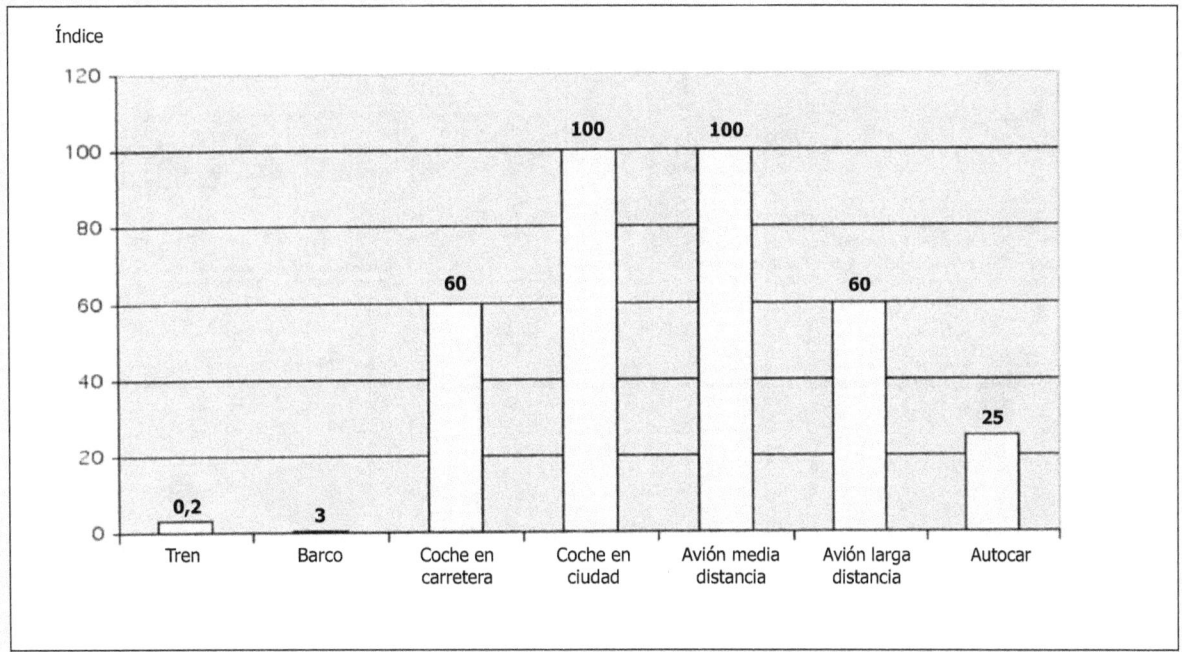

Fuente: Jancovici (2006)

Fig. 13.16

COMPARACIÓN DE EMISIONES DE CO_2 ENTRE LA CARRETERA Y EL TRANSPORTE COMBINADO

a) Cadena de transporte combinado

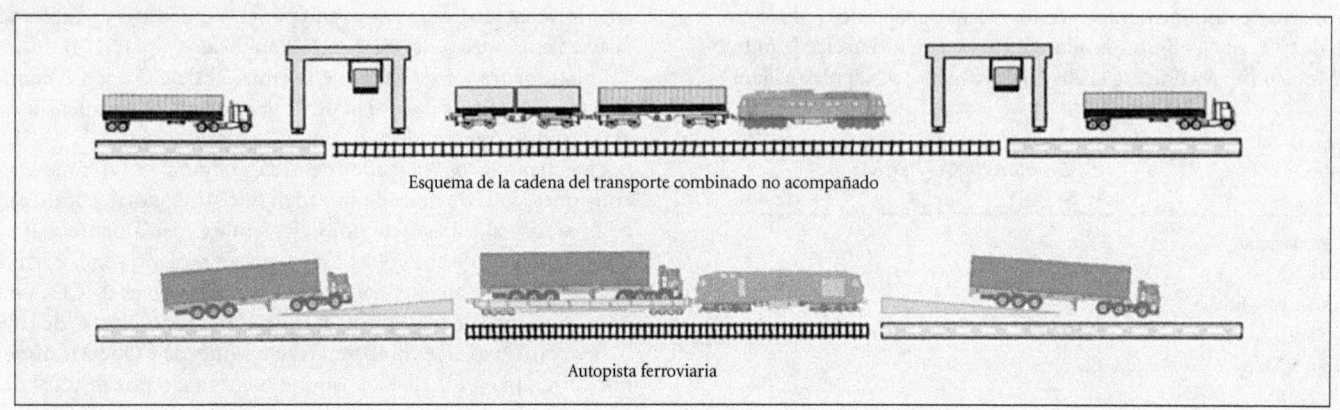

b) Análisis comparativo T.C./carretera

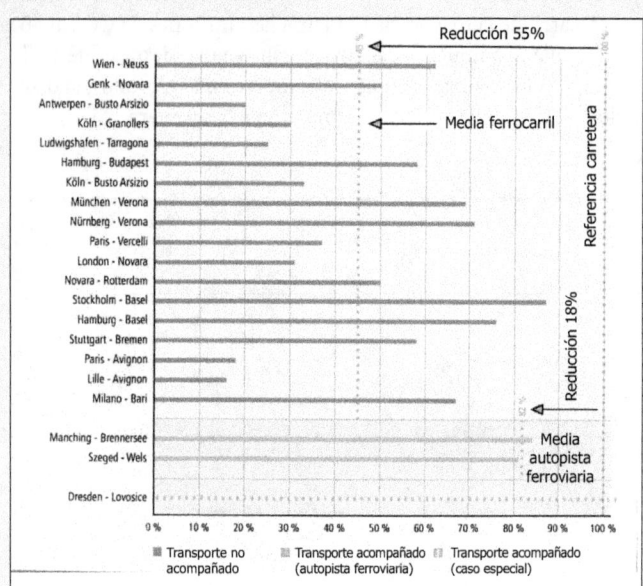

c) Análisis comparativo T.C./ferrocarril

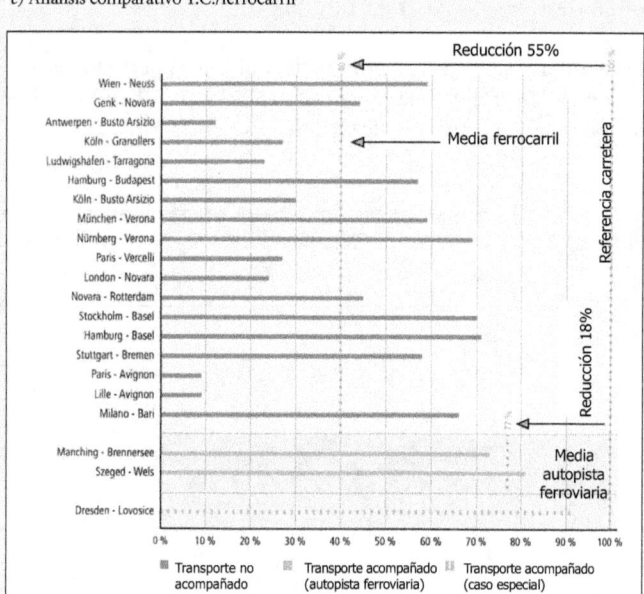

Fuente: IRU (2003)

Fig. 13.17

13.7 UNA VISIÓN INTEGRADA DEL IMPACTO DE UNA LÍNEA DE ALTA VELOCIDAD SOBRE EL MEDIO AMBIENTE

La construcción de nuevas líneas de ferrocarril aptas para la circulación a alta velocidad es una actividad habitual en la mayoría de los países más desarrollados. Sin embargo, la implementación de los nuevos trazados es objeto de análisis sobre los efectos que pueda generar en el medio ambiente. Se considera por ello de interés exponer, de forma sucinta, algunos de los resultados de los estudios llevados a cabo con ocasión de la posible construcción de un nuevo aeropuerto en la ciudad francesa de Toulouse.

En este contexto se consideraron, entre otros, los siguientes aspectos:
- Consumo de energía por modo de transporte, entre Toulouse y París.
- Emisiones de CO_2 en la citada relación por cada modo de transporte.
- Ocupación de suelo requerido por cada modo de transporte.
- Emisiones de ruido por cada modo.

Por lo que respecta al primer parámetro, el consumo de energía, suponiendo que entre Toulouse y París existiese una línea de alta velocidad, se tendrían los resultados indicados en el cuadro 13.7.

CUADRO 13.7 CONSUMO DE ENERGÍA EN LA RELACIÓN PARÍS-TOULOUSE POR MODO DE TRANSPORTE

Modo de transporte	Número de plazas	Velocidad de referencia	Potencia instalada	Tiempo de viaje (centro a centro)	Energía total consumida	Energía por viajero
A320-200	164	900 km/h	45.000 kW	3 h.	40.000 kWh	244 kWh
TGV-A	485	300 km/h	8.800 kw	3 h.	14.640 kWh	30 kWh
Coche	5	100 km/h	75 kW	7 h.	525 kWh	105 kWh

Fuente: Acnat/C-Pannet (20003)

Los consumos de energía obtenidos corresponden a las hipótesis indicadas en el cuadro 13.7. En particular, para la potencia instalada se ha estimado que en el caso del avión, éste cuenta con dos reactores de 11,4 toneladas de empuje, es decir, un total de 222 KN o 45.000 KW. Se ha considerado el 70% de la potencia total. En cuanto al TGV, se sabe que dispone de 8 motores de 1.100 KW, y finalmente se ha supuesto un coche de 100 CV, es decir, de 75 KW. En síntesis, del cuadro 13.7 se deduce que el consumo energético por viajero sería en el avión, ocho veces superior al del tren (244:30).

En cuanto al segundo parámetro, la emisión de gases de CO_2, se parte para el cálculo de los siguientes valores unitarios:

TGV: 4,2 de CO_2 por 100 Vkm
Automóvil: 14,1 kg de CO_2 por 100 Vkm
Avión: 17,1 kg de CO_2 por 100 Vkm

Por tanto, si se tiene presente que la distancia por ferrocarril entre París y Toulouse sería, con línea de alta velocidad, de 700 km, que la distancia por carretera es de 680 km, y que la distancia aérea se sitúa en torno a 590 km, resultaría que el transporte de 100 viajeros supondría una emisión respectiva por cada modo de 2.940 kg, 9.588 kg y 10.089 kg; es decir, que el ferrocarril emitiría tres veces menos CO_2 que la carretera y casi 3,5 veces inferior al avión.

En lo que concierne a la ocupación de suelo, se señala que una línea de alta velocidad (doble vía) requiere 15 m de ancho, frente a los 28 m que necesita una autopista de 2x2 carriles. En consecuencia, para una distancia de 700 km, el ferrocarril ocuparía, aproximadamente, 10,5 km^2 (1050 Ha), frente a la superficie ocupada por la carretera que estaría comprendida entre 19,5 km^2 y 23,8 km^2 (para una distancia de 680 km). Se señala, finalmente, que un nuevo aeropuerto en una ciudad como Toulouse requeriría una ocupación de suelo del orden de 12 km^2 (1200 Ha).

Puede tenerse una apreciación visual del espacio ocupado por una línea de ferrocarril y una autopista observando la figura 13.18. En ella se muestra, en primer lugar, la situación correspondiente a una línea inglesa; en segundo lugar, a la primera línea de alta velocidad entre París y Lyon, y, finalmente, la situación que se da en el caso de la nueva línea Colonia-Frankfurt.

Es de interés, por otro lado, dejar constancia de que una vez construida la nueva línea de ferrocarril, de no ser por la imagen de los trenes que por ella circulan, no podría asegurarse el momento temporal en el que fue construida, tal como se deduce de la observación de la figura 13.19.

Finalmente, y en cuanto al nivel de ruido emitido por cada modo, los valores de referencia serían los siguientes:

TGV a 300 km/h (65dB a 25 m)
Autopista con un tráfico de 30.000 vehículos/día (75dB a 25 m)
Avión (100 dB a 300 m de las pistas y 65 dB a más de 5 km del final de las pistas)

Se hace notar que la protección contra el ruido es más fácil de llevar a cabo para el transporte terrestre, y en particular para el ferrocarril, mediante la construcción de muros antiruido.

En todo caso, es importante subrayar el esfuerzo realizado en las últimas décadas por todos los modos para reducir su nivel de ruido. El cuadro 13.8 muestra el progreso realizado por las ramas TGV desde las primeras series.

De forma análoga, el transporte aéreo ha reducido también de forma notable su incidencia acústica.

SUPERFICIE OCUPADA POR LÍNEAS DE FERROCARRIL Y AUTOPISTAS

a) En el Reino Unido

b) Línea París-Lyon

c) Línea Colonia-Frankfurt

Fuente: Elaboración propia a partir de fotografías BR, SNCF y DB *Fig. 13.18*

CUADRO 13.8 EVOLUCIÓN DEL NIVEL DE RUIDO DE LAS RAMAS TGV A 25 KM DE DISTANCIA EN DB (A)

Rama	300 km/h	270 km/h	250 km/h	200 km/h	150 km/h
TGV París-Sudeste	–	99,5	98,5	95,6	91,8
TGV París-Sudeste modificada	94,0	93,1	92,1	89,2	85,5
TGV Atlántico	94,0	92,6	91,6	88,7	85,0
TGV Reseau	93,0	91,6	90,6	87,7	84,0
TGV Duplex	92,0	90,6	89,6	86,7	83,0

Fuente: SNCF/RFF

ENTORNO VISUAL DE LÍNEAS DE ALTA VELOCIDAD

a) Línea París-Lyon

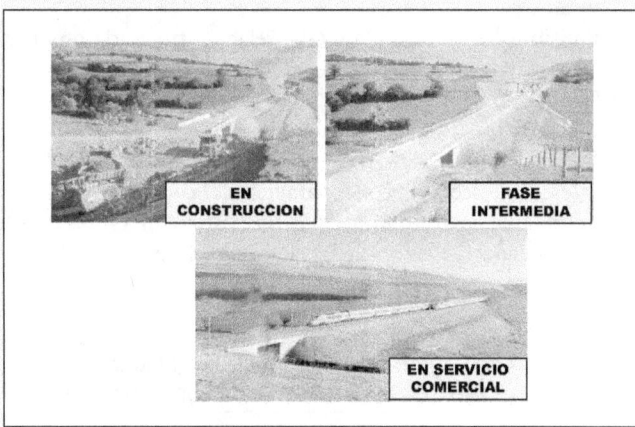

b) Línea Hannover-Wurzburg y Colonia-Frankfurt

Fuente: Elaboración propia a partir de fotografías, SNCF y DB *Fig. 13.19*

14

GESTORES DE INFRAESTRUCTURAS Y OPERADORES DE TRANSPORTE

14.1 INTRODUCCIÓN

La organización del ferrocarril en la segunda mitad del siglo XX respondió a unos criterios relativamente comunes con independencia del país europeo considerado. La idea principal consistía en disponer de una serie de direcciones sobre las que recaían las responsabilidades de las diferentes actividades (Fig. 14.1) que lleva consigo el día a día de una empresa dedicada al mantenimiento y a la explotación de una red de líneas.

Según esta filosofía, cada administración ferroviaria se estructuraba en torno a direcciones encargadas de las infraestructuras y las instalaciones fijas; el material, incluyendo los vehículos tractores y los vehículos remolcados; el transporte; los aspectos comerciales; los temas económicos-financieros y los asuntos de personal.

Sin embargo, a mediados de los años ochenta del siglo XX y siguiendo la tendencia de los criterios organizativos adoptados por algunas compañías aéreas en aquel entonces, determinadas administraciones ferroviarias articularon su estructura en torno a las denominadas «unidades de negocio», con objeto de adecuar mejor la oferta y los recursos asociados a las necesidades de la demanda.

En todo caso, sobre una única empresa recaía la responsabilidad global de la modernización y mantenimiento de la infraestructura y de las instalaciones fijas (catenaria, señalización, comunicaciones, etc.), por un lado, y por otro, la actividad propiamente dicha de la operación-ferroviaria (planificación de la oferta, composición de los diversos tipos de trenes, política comercial, etc.).

Fue, no obstante, la publicación de la Directiva 91/440 de la Unión Europea la que obligó al ferrocarril a organizar su actividad

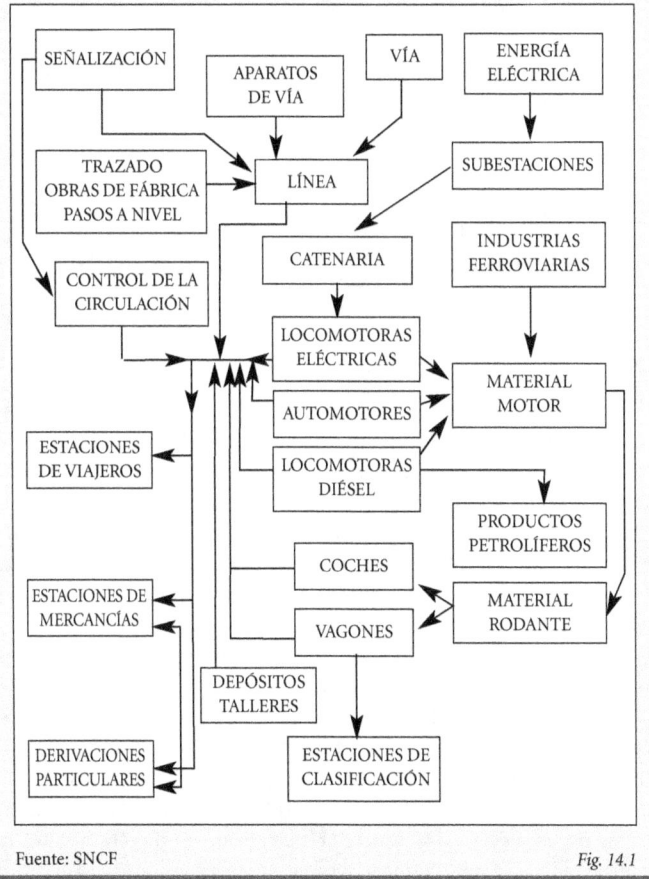

COMPONENTES DEL TRANSPORTE FERROVIARIO

Fuente: SNCF

Fig. 14.1

en dos ámbitos que formalmente deberían corresponder a dos empresas independientes: una de ellas se ocuparía de las líneas propiamente dichas (gestores de infraestructura) y la otra empresa estaría dedicada, en exclusividad, a la implementación de la oferta (operadores de transporte).

Esta separación entre las mencionadas actividades estuvo inspirada en la realidad del transporte aéreo. En él, como se sabe, determinadas empresas públicas o privadas son las responsables de las instalaciones aeroportuarias. En paralelo, las compañías aéreas son las que llevan a cabo la operación de transporte y abonan un cierto peaje o unas ciertas tasas por aterrizar en un aeropuerto, utilizar las terminales, repostar combustible, etc.

En el ámbito ferroviario, el objetivo de la citada Directiva 91/440 era doble: por un lado clarificar, en términos económicos, la actividad ferroviaria, y por otro lado, facilitar la llegada de otros operadores distintos de las campañías nacionales de ferrocarril, los cuales, mediante el abono de un cierto canon por el uso de las instalaciones ferroviarias, podrían configurar una oferta complementaria o alternativa a la ofrecida por las citadas compañías nacionales, que repercutiese de forma positiva en el servicio a los eventuales clientes de este modo de transporte.

En este contexto evolutivo, la finalidad del presente capítulo es, en primer lugar, exponer el funcionamiento tradicional del ferrocarril y su progresiva evolución; en segundo lugar, destacar los principales aspectos que configuran el canon por el uso de la infraestructura y la problemática que de ellos se derivan.

14.2 LA ORGANIZACIÓN TRADICIONAL DE LAS EMPRESAS FERROVIARIAS: EL CASO DE RENFE

El estudio de la organización tradicional del ferrocarril español desde su configuración en 1941 como Red Nacional de los Ferrocarriles Españoles ha sido objeto de diversas publicaciones, de entre las que nos gustaría mencionar, con carácter de síntesis, las siguientes: «Historia de los Ferrocarriles Españoles» de Francisco Wais (1988); «RENFE (1941-1991) medio siglo de ferrocarril público» de Miguel Muñoz (1995), «La cultura de empresa en las compañías ferroviarias: el caso de RENFE», de Carlos Lapastora en 1996 y «150 años de Historia de los Ferrocarriles Españoles» de Francisco Comin et al. de 1998. Nos apoyaremos por tanto, en los textos redactados por los citados autores.

Siguiendo a Francisco Comin et al., se señala que RENFE nació con un tipo de estructura (Fig. 14.2a) que era análoga a la que habían utilizado hasta entonces las compañías privadas. Es decir, articulada en torno a cinco grandes divisiones: explotación, material y tracción, vías y obras, eléctrica, y comercial, que afectaban directamente a la producción ferroviaria; junto a ellas, una serie de servicios como:

ORGANIZACIÓN DE RENFE EN SUS INICIOS

a) Organización productiva de RENFE

b) Estructura organizativa de la división de explotación de RENFE

c) Estructura organizativa de la división de material y tracción

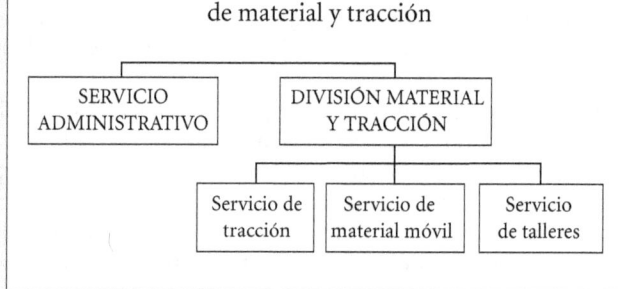

Fuente: Extracto de F. Comin et al. (1998)

Fig. 14.2

asesoría jurídica, contabilidad general, etc. En la figura 14.2b se visualiza la estructura organizativa de la División de Explotación; análogamente, en la figura 14.2c la estructura correspondiente a la División de Material y Tracción.

En los años sucesivos se tendió hacia un modelo de descentralización administrativa, nombrándose siete directores de zona que desarrollaban su actividad en un ámbito geográfico coincidente plenamente con las primitivas demarcaciones en que se dividió territorialmente la División de Explotación, y que tenía como cabeceras: Madrid, Valladolid, León, Bilbao, Barcelona, Valencia y Sevilla. Las funciones de estos directores en principio fueron meramente representativas e inspectoras, no siendo hasta 1947 cuando definitivamente adquirió entidad dicha división territorial. De esta manera, RENFE se estructuró en siete zonas, (Fig. 14.3) en las cuales, y bajo el mando de un director de zona, que asumía la representación de la Dirección de RENFE, se agrupaban todos los servicios de la compañía en un área territorial. Se estableció que la sede de la cabecera de las mismas sería:

- Madrid (1ª y 2ª Zona)
  (después se convertirá en Zona Centro)
- Sevilla (3ª Zona)
- Valencia (4ª Zona)
- Barcelona (5ª Zona)
- Bilbao (6ª Zona)
- León (7ª Zona)

Esta organización, con ligeras modificaciones, se mantuvo hasta el año 1990, en el cual RENFE adoptó una estructura basada en la existencia de unidades de negocio especializadas.

La exposición realizada hasta el momento pone de relieve que desde 1941 hasta 1990 la estructura organizativa de RENFE permaneció basada en dos factores principales: la producción y la distribución geográfica. Sin embargo, en diciembre de 1989, el Consejo de Administración de RENFE aprobó un nuevo modelo basado en la separación del servicio y del mantenimiento de la infraestructura (Fig. 14.4). Al mismo tiempo, se adaptaba el servicio a las leyes del mercado de transporte.

De acuerdo con M. Muñoz (1995), se debían diferenciar en RENFE tres funciones distintas: 1ª) operador de transporte, 2ª) proveedor de bienes y servicios, y 3ª) mantenedor de la infraestructura, que, lógicamente, se correspondían con tres niveles organizativos y con criterios de gestión diferenciados.

VISUALIZACIÓN GRÁFICA DE LAS ZONAS DE RENFE

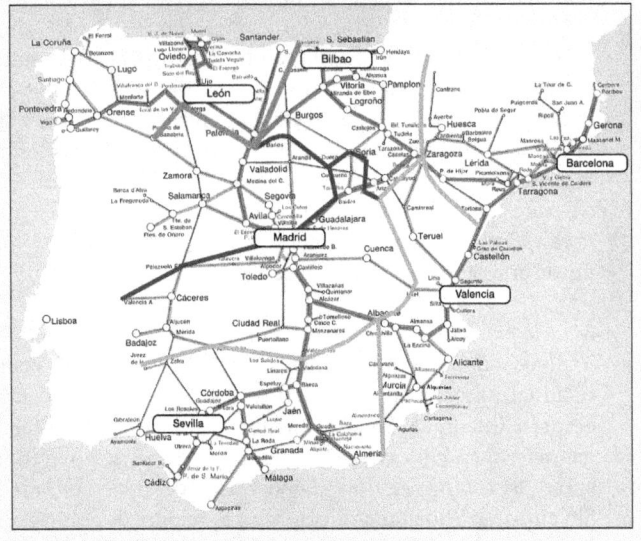

Fuente: RENFE (1985) Fig. 14.3

ORGANIZACIÓN PRODUCTIVA DE RENFE A PARTIR DE 1990

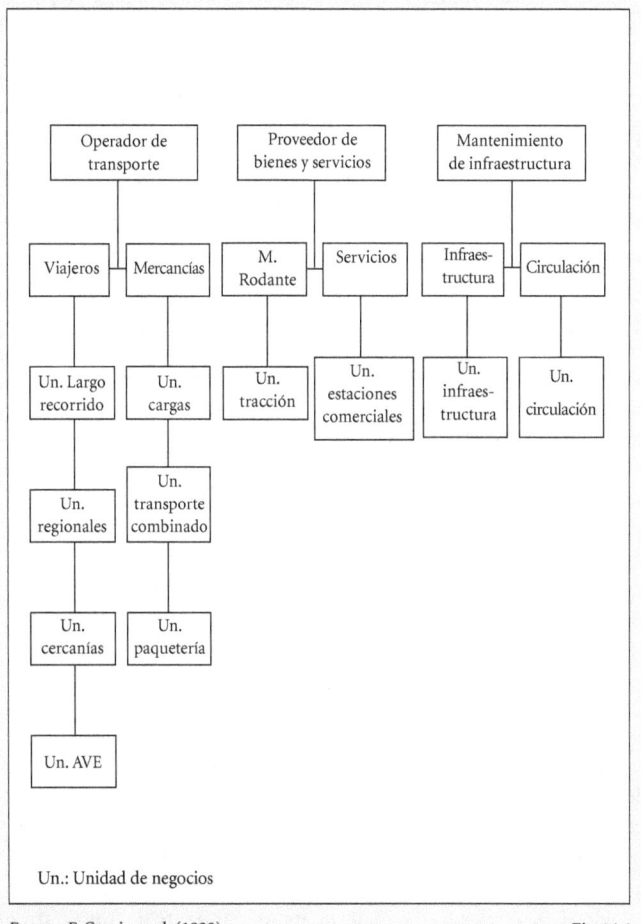

Fuente: F. Comin et al. (1998) Fig. 14.4

En primer lugar, RENFE, como operador, asumía la realización del transporte de viajeros y mercancías, y la adaptaba a la propia demanda. Así, por un lado, se segmentaban estos servicios en largo recorrido, regionales, alta velocidad y cercanías, el de viajeros; y en cargas completas y cargas fraccionadas, el de mercancías. Por otro, se imponían dos criterios de gestión, diferenciados igualmente según el comportamiento del mercado. Cada una de las unidades de negocio debía funcionar con criterios de rentabilidad, estableciendo precios de mercado, excepto para regionales y cercanías, que se consideraban servicios públicos, lo que no les eximía de buscar mecanismos de cofinanciación con las diferentes administraciones públicas.

En segundo lugar, RENFE, como proveedor de bienes y servicios, se hacía cargo de la gestión de la tracción, del material rodante y de un conjunto de servicios (estaciones, taquillas, etc.). Su gestión se realizaba asumiendo el criterio de déficit por su naturaleza de servicio público.

Y, finalmente, la tercera función se concretaba en el mantenimiento de la infraestructura y de la circulación, siendo gestionada con el mismo criterio que en el caso anterior. Estas tres funciones diferenciadas se articulaban en una serie de unidades de gestión que pretendían una mayor calidad de servicio, una mejor gestión, un mayor control del gasto y una clarificación de las relaciones comerciales entre las propias unidades de producción de la empresa. Debe señalarse que algún tiempo después se suprimió la unidad de negocio de Paquetería por la imposibilidad para el ferrocarril de ser competitivo en el mercado. Con posterioridad, las unidades de negocio de Cargas y de Transporte combinado se fusionaron en una sola.

14.3 LA DIRECTIVA 91/440 Y SU REPERCUSIÓN EN LA ORGANIZACIÓN DE LAS EMPRESAS FERROVIARIAS TRADICIONALES

Desde la aprobación, en 1957, del Tratado de la Comunidad Europea, se iniciaron los esfuerzos para establecer una política común de transporte, y del ferrocarril en particular. Una excelente síntesis de las diferentes etapas de la política ferroviaria ha sido realizada recientemente por CENIT (2007) y puede verse en la bibliografía de referencia.

De forma concreta, pueden diferenciarse dos periodos temporales en relación con la citada política: el primero corresponde a la década de los años ochenta del siglo xx; el segundo comprende las dos décadas siguientes. Los primeros intentos de configurar una política común afectaron a tres sectores principalmente: red de alta velocidad, para el tráfico de viajeros; transporte combinado, e infraestructuras.

Desde la óptica que concierne principalmente al contenido de este capítulo, la década de los años ochenta fue sin duda la de mayor interés. Fue precisamente en ese momento cuando la legislación comunitaria a través de la publicación de un cierto número de directivas comenzó a abrir las puertas para configurar un nuevo marco en el transporte por ferrocarril. La CEMT (2002) señaló que el objeto de la misma fue: «mejorar la eficacia, la calidad, la eficiencia económica de las prestaciones de los servicios ferroviarios y estimular el crecimiento de los mercados, garantizando un alto nivel de prestaciones en términos de seguridad.

En este contexto, la publicación de la Directiva 91/440 sobre la separación contable de la infraestructura y los servicios de transporte; la Directiva 95/18 sobre la concesión de licencias de compañía ferroviaria, y la Directiva 95/19, sobre la asignación de la capacidad de la infraestructura ferroviaria y la imposición de cánones de acceso, significó el primer paso para la liberalización del sector ferroviario.

La aplicación de la normativa de la UE en relación con la separación entre la gestión y la operación ha dado lugar en Europa a dos modelos estructurales estándar y a uno que se sitúa a medio camino entre ambos, [CENIT (2007)]. La figura 14.5 muestra los citados modelos y los países donde están vigentes cada uno de ellos, explicitándose a continuación algunas de sus principales características:

- *Modelo integrado:* Es el resultado de la separación organizacional (o separación en *holding*), que vendría caracterizada por una combinación de separación contable y de regulación de acceso. En un modelo integrado, la empresa ferroviaria (EF) y el gestor de infraestructuras (GI) son legalmente entidades separadas que trabajan juntas en una estructura común de *holding* o que forman parte de una misma empresa. Las otras EF pueden competir mediante contratos estándar con el GI de la empresa integrada, con un acceso no discriminatorio regulado por un cuerpo regulador y/o una autoridad de competencia.

- *Modelo separado:* Este modelo resulta de la separación institucional. Introduce una verdadera separación vertical entre las entidades responsables de los componentes competitivos y las entidades responsables de los componentes no competitivos de la industria ferroviaria. En dicho modelo, el gestor de infraestructuras contrata empresas ferroviarias independientes, que llevan a cabo la operación del servicio, puesto que el GI no puede proveer directamente los servicios de transporte.

- *Modelo parcialmente separado (o sistema híbrido):* Este modelo no deja de ser un modelo de separación (separación institucional), aunque en la práctica funcione casi como una empresa integrada. En efecto, a nivel operacional, el sistema ferroviario está integrado, puesto que la EF sigue poseyendo la red, así como la gestión y la operación del tráfico de la red. Sin embargo, el mantenimiento y las funciones de gestión son llevados a cabo mediante un contrato de un GI totalmente separado, que posee la infraestructura y es el responsable del desarrollo de la red.

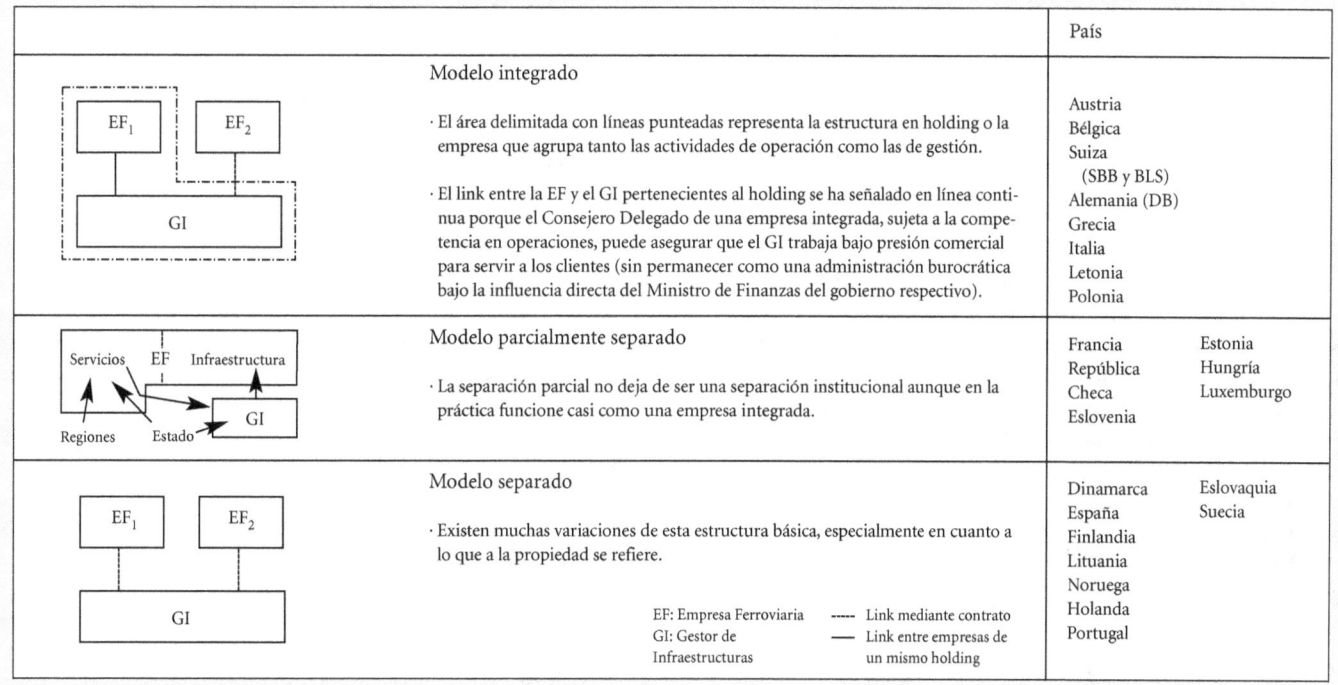

Fig. 14.5

Existen, sin embargo, numerosas variaciones sobre los modelos básicos (modelos integrado y separado), especialmente en cuanto a la propiedad se refiere, al no existir por parte de la Comisión Europea puntualización expresa sobre el tema.

14.4 EL CANON POR EL USO DE LA INFRAESTRUCTURA FERROVIARIA

Con anterioridad a la reorganización de las empresas ferroviarias, estas eran responsables tanto de los servicios como del mantenimiento de las instalaciones de, tal forma que no existía el concepto de canon por el uso de la infraestructura. Al separarse con la Directiva 91/440 el gestor de la infraestructura, del operador (u operadores) ferroviario, surgió de forma natural la necesidad de introducir la denominación *peaje ferroviario*, de forma análoga a como se indicó precedentemente para las tasas pagadas por los aviones por aterrizar en los aeropuertos.

La formulación metodológica y los aspectos cuantitativos del canon, por su dimensión, exceden del tratamiento que puede darse en este libro y han sido objeto de recientes publicaciones, P. Fonseca y Diego Fernández (2007). No puede decirse que en el momento actual exista un cuerpo de doctrina único sobre el tema o si, por el contrario, se continúa trabajando sobre la configuración más idónea del mismo. En este contexto, a continuación se sintetizarán algunos de los aspectos de referencia que pueden servir de base para lecturas más especializadas.

Desde un punto de vista formal y ante la posibilidad de que por una infraestructura ferroviaria dada circulen servicios de distintos operadores, el canon debería responder a criterios de (CEMT 1998):

- *No discriminación:* El canon o tarifa no debería ser discriminatorio, es decir, el gestor de infraestructura debería tratar del mismo modo todas las solicitudes de prestación idéntica efectuadas por parte de operadores distintos.

- *Transparencia:* Las condiciones aplicadas por el gestor de infraestructuras deberían ser conocidas por todos los operadores ferroviarios.

- *Atractivo:* La tarifa debería ser tal que hiciera el servicio a prestar, en este caso el transporte, atractivo, y que, dentro de los límites de la capacidad disponible, aumentara el porcentaje de utilización de la infraestructura hasta alcanzar el nivel considerado como eficiente.

- *Cobertura de los costes:* La tarifa debería permitir lograr los objetivos de tipo financiero establecidos por el gestor de infraestructuras. Así, no sería necesario que la cobertura de los costes fuese total, sino que también podría tratarse de una cobertura parcial de los costes.

- *Reflexividad:* El sistema de tarifación debería basarse en elementos de cálculo empíricamente mesurables.

Puede decirse, que con el fin de que los operadores ferroviarios puedan ofrecer sus servicios en correctas condiciones, es imprescindible que el administrador de infraestructura, lleve a cabo un correcto mantenimiento de las mismas, así como las necesarias tareas de planificación y gestión del tráfico que garanticen la coherencia de la utilización de la red. Esas actividades conllevan una serie de costes, a los cuales el gestor de infraestructura debe hacer frente recaudando suficientes ingresos como para cubrirlos. En este sentido, la concepción de la fijación del canon por el uso de la infraestructura ferroviaria requiere, por un lado, conocer los costes incurridos; en segundo lugar, se debe elegir qué se quiere recuperar, es decir, adoptar un principio o filosofía de tarifación; finalmente, es necesario plantearse cómo se desea recuperar los costes. Es de interés señalar que los costes pueden:

a) Clasificarse en fijos o variables
b) Evaluarse, en términos de coste totales, medios o marginales
c) Diferenciarse, entre costes comunes y evitables
d) Agruparse, según sean privados, externos o sociales

Además, los costes pertenecientes a distintas clasificaciones pueden combinarse entre sí, dando lugar, por ejemplo, a coste social total o a coste privado marginal.

En este ámbito los principios de tarifación aplicados en los distintos países de la Unión Europea varían notablemente, tal como muestra el cuadro 14.1.

Los trabajos efectuados en profundidad en el Centro de Innovación del Transporte (CENIT) por P. Fonseca, M. Sánchez y D. Fernández constituyen una valiosísima referencia para conocer las variables utilizadas por los gestores de infraestructuras existentes en Europa. Para ello se consideraron las «declaraciones sobre la red» vigentes en el año 2006, llegando a establecer el cuadro 14.2. En él se observa que un total de 46 variables distintas son utilizadas para evaluar el canon ferroviario. Finalmente, en el cuadro 14.3 se explicita para cada país las variables que se tienen en cuenta para la cuantificación del canon.

Como se ha indicado, los cuadros 14.2 y 14.3 corresponden a la información vigente en el año 2006. Es importante, no obstante, subrayar que uno de los aspectos que caracteriza al canon en los distintos países es su carácter evolutivo, no sólo en términos cuantitativos (como es lógico) sino en términos cualitativos mediante la introducción de nuevas variables. En España, la evolución temporal del canon ferroviario queda reflejada en el cuadro 14.4 en que se compara el sistema tarifario vigente en el año 2003 con el correspondiente al año 2005 (Calvo y de Oña 2006).

En términos cuantitativos, recientemente, F. Javier Calvo (2007) ha comparado los cánones propuestos en algunos países europeos (sin considerar estaciones) y ha llegado a los resultados indicados en el cuadro 14.5.

Es indudable que la heterogeneidad existente en el conjunto de los países europeos supone un freno a la implementación de servicios internacionales competitivos por ferrocarril, tal como ha señalado la UIC en un reciente estudio (I. Barrón, 2007).

CUADRO 14.1 PRINCIPIOS DE TARIFACIÓN APLICADOS EN DISTINTOS PAÍSES EUROPEOS

FC	FC–	MC	MC+	
(Recuperación completa de costes)	(Rec. completa de costes tras subvenciones)	(Coste marginal)	(Coste marginal con recargos)	
Eslovenia	Alemania	Grecia	Austria	Francia
Hungría	Bélgica	Holanda	Bulgaria	Reino Unido
Letonia	Estonia	Portugal	Dinamarca	Rep. Checa
Polonia	Italia[1]		España	Suecia
Rumanía			Finlandia	Suiza

(1) Sólo gestión del tráfico
Fuente: M. Sánchez (2007)

CUADRO 14.2 VARIABLES UTILIZADAS POR LOS SISTEMAS TARIFARIOS FERROVIARIOS EUROPEOS

Categorías de variables consideradas		Variables consideradas
1. Tipo de infraestructura utilizada	Red	- Categoría/tipo de línea/red - Carga admisible en carril - Velocidad permitida en la sección
	Especificidades	- Relaciones específicas - Infraestructura especial (puentes, túneles...)
	Estaciones	- Categoría de la estación - Distinción entre trenes de partida, llegada...
2. Tipo de asignación solicitada	Surco horario	- Tipo de surco horario solicitado - Surco horario - Surco horario-km
	Tráfico	- Contrato de transporte (número de viajes solicitados) - Nivel de tráfico (número de trenes-km/año)
	Período temporal	- Periodo anual - Periodo horario - Periodo nocturno
	Duración de la reserva	- Año
	Transporte	- Condiciones especiales de transporte - Nivel de prioridad de circulación - Según número de pasajeros por viaje
3. Tipo de servicio	Actores	- Empresa ferroviaria (EF)/tipo de EF
	Campo	- Zona geográfica/zona tarifaria - Tipo de tráfico (distinción viajeros/mercancías) - Doméstico/internacional/alta velocidad...
4. Tipo de material rodante utilizado	Características del tren/ desgaste provocado	- Tipo de tren - Según motricidad/tipo de unidad de tracción - Velocidad del tren - Utilización de tecnología basculante - Peso del tren - Número de pantógrafos del tren - Número de cajas de tren
5. Servicio ofrecido (circulación)	Trayecto	- km recorridos (longitud total del trayecto a realizar) - Tren-km - Plazas-km - Toneladas-km o toneladas brutas-km - Número de trenes/movimiento de trenes
	Paradas en estaciones	- Parada/estación/llegada o salida de una estación - Minutos (en una estación/nodo) - Número de viajeros
	Indicador de prestaciones	- Régimen de funcionamiento/retraso/minutos - Saturación, cuellos de botella temporales y locales - Densidad de tráfico
6. Tipo de tracción	Tipo de tracción	- Tracción eléctrica-diesel
	Consumo (unidades de medida utilizadas)	- KWh consumidos - Litros diesel consumidos - Tren eléctrico-km - Día

Observaciones: datos obtenidos a partir de las declaraciones sobre la red (vigentes en el año 2006) de los administradores de la infraestructura con redes ferroviarias en el marco geográfico definido por los países de la Europa de los 25, con la excepción de Chipre y Malta, más Suiza y Noruega.
Fuente: P. T. Fonseca, D. Fernández y M. Sánchez (2007)

CUADRO 14.3 VARIABLES UTILIZADAS POR LOS ADMINISTRADORES DE LA INFRAESTRUCTURA EUROPEOS

Categorías de variables		Variables	Alemania	Austria	Bélgica	Dinamarca	España	Eslovaquia	Eslovenia	Estonia	Finlandia	Francia	Grecia	Holanda	Hungría	Irlanda	Italia	Letonia	Lituania	Luxemburgo	Noruega	Polonia	Portugal	Reino Unido	Rep. Checa	Suecia	Suiza
Tipo de tracción	Consumo (un. de medida)	Día																									
		Litros diesel consumidos																								✓	
		Tren eléctrico-km									✓									✓							
		KWh consumidos												✓												✓	
	Tipo de tracción	Tracción eléctrica-diesel						✓									✓						✓	✓	✓	✓	
Servicio ofrecido	Indicador de prestaciones	Densidad de tráfico															✓										
		Situación, cuellos de botella temporales y locales		✓																✓							
		Régimen de funcionamiento/retraso/minutos		✓	✓															✓							
	Paradas en estaciones	Número de viajeros					✓																				
		Minutos (en una estación/nodo)															✓										
		Parada/estación/llegada a o salida de una estación		✓	✓							✓		✓						✓							✓
	Trayecto	Número de trenes/movimiento de trenes			✓		✓														✓						
		Tonelada-km o tonelada bruta-km		✓			✓		✓			✓									✓					✓	✓	✓
		Plazas-km					✓																				
		Tren-km		✓		✓	✓	✓	✓			✓						✓		✓	✓	✓	✓	✓	✓		✓
		km recorridos (longitud total del trayecto a realizar)			✓		✓										✓	✓									
Tipo de material rodante utilizado	Características del tren/ usura provocada	Número de cajas de tren															✓										
		Número de pantógrafos del tren															✓										
		Peso del tren	✓									✓								✓	✓						
		Utilización de tecnología basculante	✓																						✓		
		Velocidad del tren															✓			✓	✓						
		Según motricidad/tipo de unidad de tracción		✓														✓										
		Tipo de tren							✓												✓		✓		✓		
Tipo de servicio	Campo	Doméstico/Internacional/regional/alta velocidad									✓						✓	✓									✓
		Tipo de tráfico (distinción viajeros/mercancías)	✓	✓	✓	✓	✓	✓	✓			✓	✓				✓	✓		✓	✓	✓	✓	✓	✓	✓	✓
		Zona geográfica/zona tarifaria																									
	Actores	Empresa ferroviaria (EF)/tipo de EF																									
Tipo de asignación solicitada	Transporte	Según número de viajeros y por viaje					✓																				
		Nivel de prioridad de circulación			✓																	✓					
		Condiciones especiales de transporte					✓																				
	Duración masiva	Año					✓																				
	Periodo temporal	Periodo nocturno																									✓
		Periodo horario			✓	✓	✓					✓						✓			✓						
		Periodo anual																					✓				
	Tráfico	Nivel de tráfico (número de trenes km/año					✓																				
		Contrato de transporte (número de viajes solicitados)					✓																				
	Surco horario	Surco horario-km	✓																								
		Surco horario																			✓						
		Tipo de surco horario solicitado	✓					✓									✓										
Tipo de infraestructura utilizada	Estaciones	Distinción entre trenes de partida, de llegada			✓																						
		Categoría de la estación		✓	✓		✓		✓					✓			✓										
	Especificidades	Infraestructura especial (puentes, túneles)				✓																					
		Relaciones específicas				✓															✓						
	Network	Velocidad permitida en la sección					✓										✓						✓				
		Carga administrativa en carril			✓																						
		Categoría/tipo de línea/red	✓	✓	✓		✓	✓	✓			✓					✓	✓				✓		✓	✓	✓	

Fuente: M. Sánchez, P. Fonseca y D. Fernández (2007)

CUADRO 14.4 COMPARACIÓN DEL CANON EN LA RED FERROVIARIA ESPAÑOLA EN LOS AÑOS 2003 Y 2005

	Orden ministerial 2003		Orden ministerial 2005	
Canon	Costes	Imputación	Costes	Imputación
Asignación y supervisión/ Acceso	Administrativos, gestión capacidad y supervisión circulación	Por surco (2 precios distintos según distancia mayor o menor de 10 km)	Administrativos	Precios escalonados según tren-km
Capacidad	Adjudicación de capacidad y costes fijos de mantenimiento y explotación infraestructura	Según aprovechamiento capacidad línea (surco equivalente-km)	Adjudicación capacidad y costes fijos de mantenimiento y explotación infraestructura	Tren-km. Según calidad infraestructura velocidad tren, viajeros/mercancías y congestión
Circulación	Costes variables	- Tf-km - Toneladas dinámicas-km - Pantógrafo-km	Costes variables mantenimiento, explotación y gestión	Tren-km. Según calidad infraestructura, velocidad tren, viajeros/mercancías y congestión
Tráfico	Intereses, amortización y mejora infraestructura	Plaza-km, tiempo viaje y velocidad	Intereses, amortización y mejora infraestructura	Plazas-km. calidad infraestructura y congestión (sólo en líneas AV)
Electricidad	Energía e instalaciones	MWh	(*)	(*)
Estaciones	(**)	Por viajero. Según duración y longitud viaje	(**)	Por viajero. Según distancia recorrida y categoría estación
Vía de andén	Congestión	Tiempo. Según importancia estación	Congestión	Tiempo. Según importancia estación
Vía de apartado	(*)	(*)	Congestión	Tiempo. Según tipo de línea (sólo en líneas AV)
Cambiador de ancho	Costes totales	Por paso	(**)	Por paso

Observaciones:
(*) Canon no incluido en la Orden Ministerial. (**) Dato desconocido
Fuente: F. Calvo y J. de Oña (2006).

CUADRO 14.5 COMPARACIÓN DEL CANON (EXCEPTO ESTACIONES) EN ALGUNOS PAÍSES EUROPEOS

País	Tren convencional de viajeros (EUR/tren-km)	País	Tren de mercancías (EUR/tren-km)
España	0,31	España	0,18
Países Bajos	1,10	Suecia	0,45
Portugal	1,60	Países Bajos	0,68
Suecia	1,60	Francia	1,10
Austria	1,72	Bélgica	1,61
Dinamarca	1,87	Portugal	1,90
Bélgica	1,95	Italia	2,08
Suiza	2,20	Reino Unido	2,23
Italia	2,41	Suiza	2,54
Francia	4,40	Dinamarca	2,80
Reino Unido	4,41	Austria	3,16
Alemania	5,05	Alemania	3,83

Fuente: F. J. Calvo Poyo (2007)

ANEXO. ESTIMACIÓN DE LA DEMANDA DE VIAJEROS POR LAS NUEVAS LÍNEAS DE ALTA VELOCIDAD

INTRODUCCIÓN

El inicio de la planificación de nuevas líneas de ferrocarril aptas para la circulación a alta velocidad, a mediados de los años cincuenta del siglo XX en Japón y en la segunda mitad de los años sesenta en Europa, supuso también el comienzo de la profundización en los estudios destinados a evaluar la demanda de transporte que podría esperarse por las citadas líneas.

Por este motivo se pusieron a punto, para su empleo en el ámbito ferroviario, algunas metodologías que habían sido aplicadas en otros modos de transporte, metodologías basadas en la formulación de expresiones matemáticas que incluían algunas de las variables consideradas como referencia, tanto en la motivación de un viaje como en la elección de uno u otro modo de transporte.

El campo de la previsión de la demanda de transporte es un ámbito muy especializado que ha generado la publicación de libros específicos sobre el tema. No pretendemos por tanto, en este anexo, exponer las diferentes herramientas disponibles que pueden encontrarse en detalle en la bibliografía que se menciona al final del libro. Hemos considerado preferible presentar los enfoques adoptados para evaluar la demanda de transporte de viajeros en algunas líneas de alta velocidad, líneas que al haberse construido en distintos momentos temporales proporcionan también una cierta perspectiva sobre la evolución de los estudios realizados específicamente en el campo ferroviario.

ESTIMACIÓN DEL TRÁFICO DE VIAJEROS EN LA RED JAPONESA DE ALTA VELOCIDAD

Como se sabe, la primera línea de alta velocidad en Japón entre Tokio y Osaka fue construida cuando la línea existente (en ancho métrico) alcanzó niveles de utilización tan elevados que exigían una respuesta inmediata.

El objetivo de los estudios de tráfico que se efectuaron tuvieron una triple finalidad:

a) Evaluar la demanda total de transporte en el corredor (todos los modos incluidos)
b) Cuantificar su distribución modal
c) Conocer el flujo de viajeros que utilizaría la línea de ferrocarril existente o bien la línea de alta velocidad

Las previsiones de la demanda total se realizaron con la ayuda de un modelo que consideraba la tendencia evolutiva del producto nacional Bruto de Japón en los años siguientes al de puesta en servicio de la nueva línea, así como la evolución del tráfico de viajeros en los diez últimos años anteriores al de inicio de los estudios de la demanda futura.

La repartición modal se estimó a partir de cuestionarios entre los viajeros del corredor que revelaban las preferencias entre los distintos modos de transporte. Finalmente, la distribución del tráfico de viajeros por ferrocarril entre la línea nueva y la línea existente se estimó a partir de los siguientes supuestos: utilización de la línea de alta velocidad para los viajes directos (sin transbordo) a distancias superiores a 50 Km, y con transbordo para viajes de longitud superior a 100 Km. Es de interés recordar que las citadas hipótesis se basaban en la existencia a lo largo de la línea de alta velocidad, entre Tokio y Osaka, (553 km), de 13 paradas intermedias (a una distancia media del orden de 40 Km), correspondientes casi todas ellas con aglomeraciones urbanas de más de 200.000 habitantes (Fig. A.1)

Se subraya que las citadas previsiones, si bien estuvieron basadas en supuestos de un cierto empirismo, concordaron de forma satisfactoria con la realidad, tal como muestra el cuadro A1, para las cuatro primeras líneas de alta velocidad.

CUADRO A.1 DEMANDA FERROVIARIA PREVISTA Y OBSERVADA EN ALGUNAS LÍNEAS JAPONESAS DE ALTA VELOCIDAD

Línea	Demanda prevista (10^9 VK)	Demanda observada (10^9 VK)
Tokaido	25,9	27,9
Sanyo	16,7	18,1
Tohoku	5,6	5,9
Joetsu	2,4	2,2

Fuente: A. Musso (1985)

ESTIMACIÓN DEL TRÁFICO DE VIAJEROS EN LA LÍNEA TGV–SUDESTE

Los primeros estudios sobre la realización de una línea de alta velocidad entre París y Lyon se efectuaron en la segunda mitad de los años sesenta del siglo XX. De forma concreta, el análisis de la demanda se realizó a partir de los tráficos conocidos en 1967 y suponiendo que la nueva línea estaría concluida en el año 1976. A continuación se explicitan las principales etapas del proceso de estimación de la demanda por la nueva línea francesa.

1ª Caracterización de la zona geográfica considerada. En la figura A.2a se visualizan las zonas tenidas en cuenta lado París y lado Lyon.
2ª Tráfico de referencia en los distintos modos (ferrocarril, carretera y avión) en el año 1967 (Fig. A.2b, c, d y e) entre las mencionadas zonas geográficas.
3ª Evolución de los tráficos por cada modo hasta el año 1976.

A partir de distintas consideraciones y teniendo en cuenta la evolución experimentada en el periodo 1963 a 1967, se

DISTRIBUCIÓN DE LA POBLACIÓN Y DE LA RED DE ALTA VELOCIDAD EN JAPÓN

a) Principales ciudades de más de 200.000 habitantes

c) Red de alta velocidad

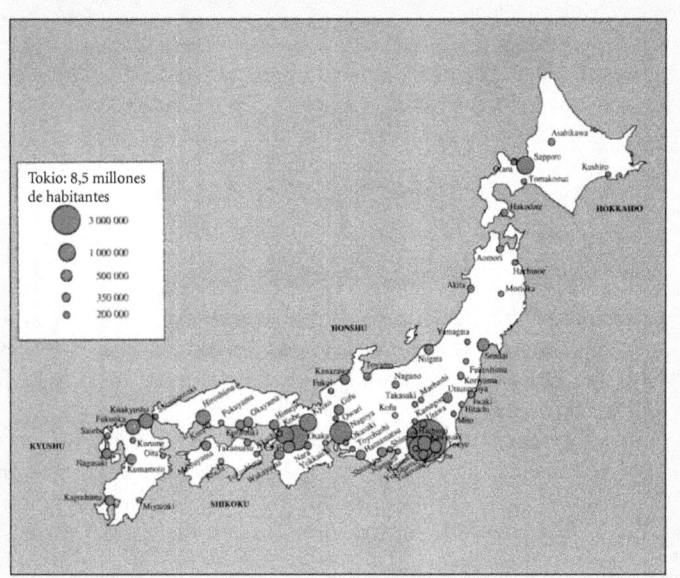
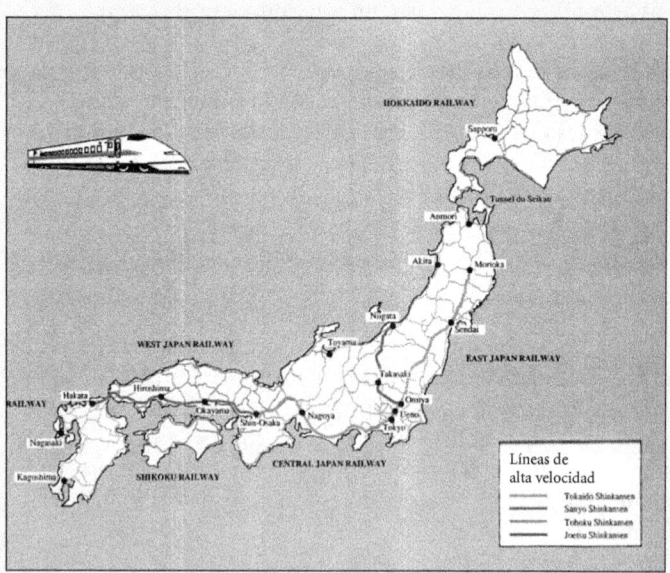

Fuente: G. Mathieu (1992)

Fig. A.1

ELEMENTOS DE BASE PARA LAS PREVISIONES DEL TRÁFICO DE VIAJEROS EN LA LÍNEA TGV-SUDESTE

a) Zonas geográficas consideradas

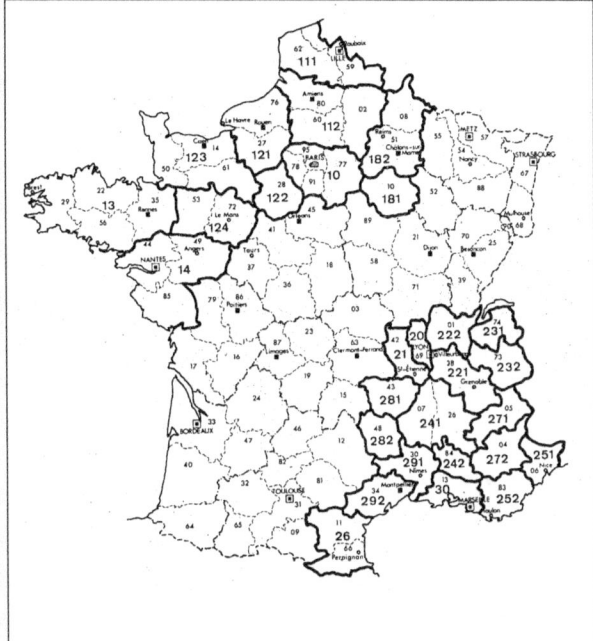

e) Principales corrientes de tráfico aéreo (1967)

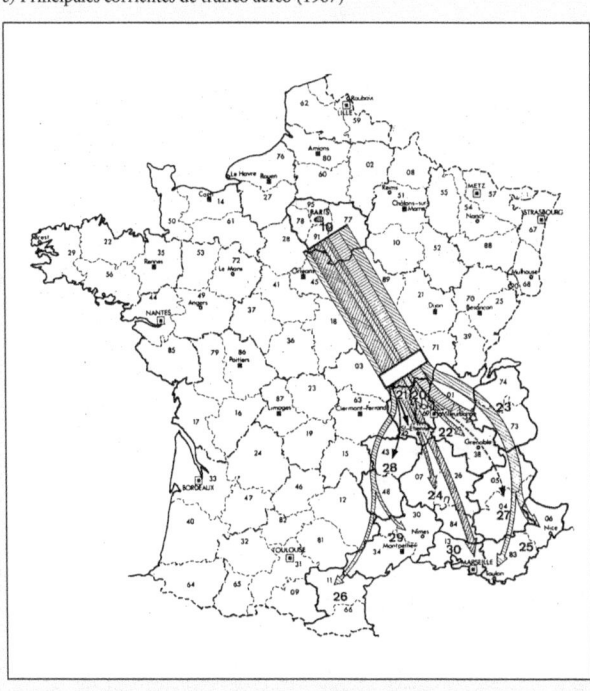

b) Tráfico por ferrocarril (1967) (miles)

	Región de París	Noroeste de Francia	Total interior	Inglaterra y Benelux	Total general
Rhône - Alpes	1.554	246	1.800	35	1.835
Provence - Côte d'Azur	2.390	480	2.870	190	3.060
Languedoc	729	86	815	45	860
Bourgogne	1.195	95	1.290	26	1.316
Saboya	1.285	124	1.409	7	1.416
Total interior	7.153	1.031	8.184	303	8.487
España (Port-Bou)	198	24	222	75	297
Italia (Modane)	249	9	258	45	303
Suiza - Italia	931	105	1.036	59	1.095
Total general	8.331	1.169	9.700	482	10.182

c) Tráfico por carretera (1967) (miles)

	Región de París	Noroeste de Francia	Total interior	Inglaterra y Benelux	Total general
Rhône - Alpes	826	164	990	27	1.017
Provence -Côte d'Azur	1.023	195	1.218	133	1.351
Languedoc	204	38	242	21	263
Bourgogne	971	127	1.098	20	1.118
Saboya	468	94	562	15	577
Total interior	3.492	618	4.110	216	3.426
España (Port-Bou)	81	20	101	23	224
Italia (Modane)	247	44	291	52	343
Suiza	277	34	311	36	347
Total general	4.097	716	4.813	427	5.340

d) Tráfico aéreo (1967) (viajeros/año)

París - Nice	435.000	viajeros /año
París - Genève	342.000	
París - Marseille	323.000	—
París - Lyon	288.000	—
París - Nimes	84.000	—
París - Montpellier	19.400	—
París - Perpignan	13.600	—

Fuente: Elaboración propia con datos de M. Walrave (1970)

Fig. A.2

supuso que desde este último año hasta la inauguración de la línea en 1976, el tráfico crecería de la forma siguiente:

- Ferrocarril (+ 1% anual)
- Carretera (+ 7,5 a 10% anual)
- Avión (+ 15 a 20% anual)

4ª Incidencia de la línea de alta velocidad en el tráfico captado a los otros modos.

La construcción de una nueva línea y la introducción de servicios de alta velocidad debería suponer:

1. la atracción hacia el ferrocarril de una parte de los viajeros que anteriormente utilizaban el avión
2. la atracción, hacia el ferrocarril, de una parte de los viajeros que con anterioridad se desplazaban por carretera
3. una inducción de tráfico nuevo a causa de la aparición de nuevos tipos de desplazamientos

Para estimar el tráfico que pasaría del avión al ferrocarril, se utilizó un modelo precio-tiempo. La idea de base de este modelo consiste en suponer que la elección de un viajero entre uno u otro modo de transporte se efectúa en función del valor que atribuye a su tiempo, y de las características del coste y del tiempo requerido por cada modo. Por tanto, el viajero escogerá el modo cuyo coste generalizado sea menor. Matemáticamente:

$$C_{Fr} = P_{Fr} + h \cdot T_{Fr} \qquad (A1)$$

$$C_{Ar} = P_{Ar} + h \cdot T_{Ar}$$

siendo:

C_{Fr} y C_{Ar} = costes generalizados del ferrocarril y del avión respectivamente

P_{Fr} y P_{Ar} = precios del ferrocarril y el avión

h = valor del tiempo (atribuido por el viajero)

T_{Fr} y T_{Ar} = tiempo de desplazamiento por ferrocarril y avión (incluyendo los tiempos de acceso a cada modo)

En cuanto al tráfico transferido de la carretera al ferrocarril, se supuso que para distancias de hasta 800 Km, en media, el citado tráfico se encontraría comprendido entre el 5 y el 10%.

Finalmente y por lo que respecta al tráfico inducido, se estimó que estaba relacionado con la variación de la oferta ferroviaria. Se evaluó a partir de un modelo de tipo gravitatorio. Matemáticamente, se formula, que el tráfico (T_{ij}) entre dos zonas geográficas (i y j) puede expresarse por la relación:

$$T_{ij} = K \frac{P_i P_j}{C_{gij}^{\gamma}}$$

siendo: P_i y P_j las poblaciones de las citadas zonas geográficas; C_{gij} el coste generalizado por ferrocarril y γ la elasticidad al coste.

Al modificarse la oferta, la variación de tráfico (δ Tráfico$_{ij}$) se relaciona con el coste generalizado de la siguiente forma inmediata:

$$\frac{\Delta T_{ij}}{T_{ij}} = - \frac{\gamma \Delta C_{gij}}{C_{ij}} \qquad (A2)$$

En el caso de la línea TGV Sudeste se consideró $\gamma = 2$ para los viajeros en segunda clase y $\gamma = 1,65$ para los viajeros en primera clase.

La mejor forma de juzgar la calidad de la metodología utilizada en la línea TGV-Sudeste es comparar, como se hizo con las líneas japonesas de alta velocidad, las previsiones con los resultados, comparación que se efectúa en el cuadro A2.

CUADRO A.2 TRÁFICO PREVISTO Y TRÁFICO REAL EN LA LÍNEA TGV–SUDESTE (1984)

De París a	Aumento de tráfico		Ajuste
	Previsto	Real	
Lyon	120%	140%	⊕
Chambery	60%	60%	⊕
Grenoble	40%	40%	⊕
Dijon	10%	20%	⊕
St. Etienne	70%	90%	⊕
Marseille	30%	40%	⊕
Annecy	30%	60%	⊕

Fuente: G. Mathieu (1993)

Se observa la satisfactoria coincidencia entre previsión y realidad.

EJE BARCELONA-NARBONA

La primera línea de alta velocidad en Europa se inició comercialmente, como se sabe, en septiembre de 1981. Sin embargo, la preocupación por la implementación, a nivel europeo, de prestaciones de alta calidad comenzó casi diez años antes con ocasión del establecimiento, por parte de la UIC, del denominado Plan Director Europeo de Infraestructuras (PDEI). El objetivo principal del mismo fue definir una red ferroviaria homogénea que diese respuesta a las necesidades cualitativas y cuantitativas del transporte en el horizonte de 1985, inicialmente y en los años siguientes.

De forma concreta se estimó necesario que para disponer de un ferrocarril competitivo debía lograrse una velocidad comercial del orden de 135 km/h, lo que obligaba a circular de manera continuada a 150/160 km/h de velocidad máxima. En ocasiones sería preciso alcanzar los 200 Km/h para compensar eventuales reducciones de velocidad en algunos tramos concretos, geométricamente más restrictivos. Dado que la mayor parte de los trazados existentes no permitían desarrollar el citado nivel de prestaciones, resultaba inevitable.

a) modificar la geometría de la vía en algunas secciones
b) construir nuevas líneas si ese fuese el balance económico de mayor interés

En la figura A.3 se muestra el conjunto de líneas cuya modernización estaba prevista en 1973, así como aquellos itinerarios donde se preveía (o se realizaba ya) la construcción de nuevos trazados.

ACTUACIONES PREVISTAS EN EL PLAN DIRECTOR EUROPEO DE INFRAESTRUCTURAS (1973)

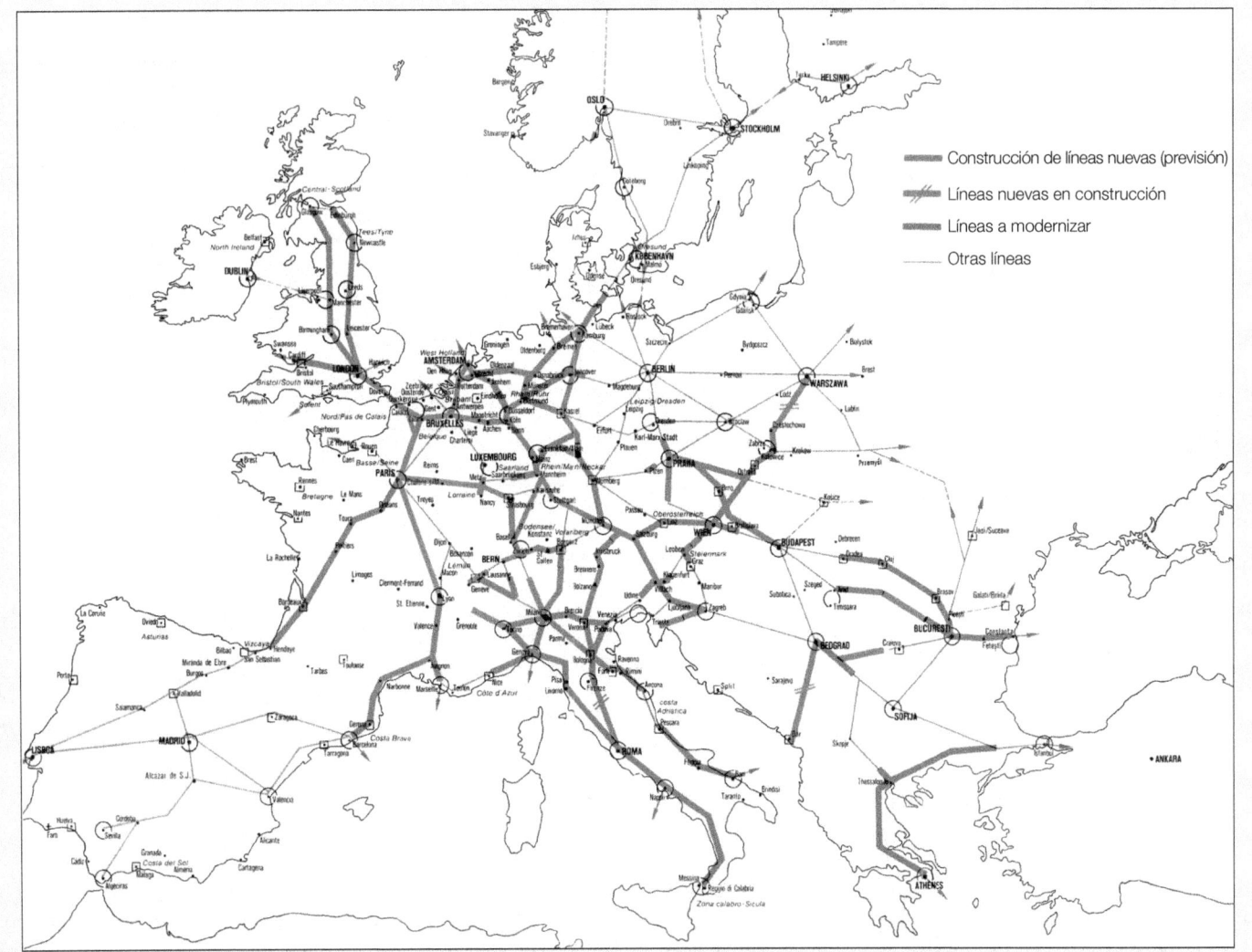

Fuente: UIC

Fig. A.3

Nótese como, en aquella fecha, en la Península Ibérica tan solo se contemplaba la mejora de la relación Barcelona-frontera francesa, insertada en el eje Narbona-Barcelona, estudiado por la SNCF y Renfe a partir de 1971.

En el ámbito de los estudios de previsiones de tráfico efectuados en este corredor, se destacan los realizados para cuantificar la nueva distribución modal entre el avión y el ferrocarril, utilizando el modelo precio-tiempo al que nos referimos precedentemente. Por su interés metodológico, a continuación se sintetizan algunas de las etapas más relevantes en la aplicación práctica del citado modelo siguiendo la exposición efectuada en el documento final preparado por RENFE y SNCF en la década de los años setenta del siglo XX.

A partir de las expresiones, A1, se deduce que para una relación dada (r) existirá un valor del tiempo (h_r) tal que $C_{Ar} = C_{Fr}$, es decir:

$$P_{Ar} + h_r T_{Ar} = P_{Fr} + h_r T_{fr}$$

de donde:

$$h_r = \frac{P_{Ar} - P_{Fr}}{T_{Fr} - T_{Ar}}$$

Si

$h_i < h_r \Rightarrow$ el usuario i elegirá el tren en su desplazamiento

$h_i > h_r \Rightarrow$ el usuario i elegirá el avión

Al valor h_r se le denomina «valor de indiferencia del tiempo» para la relación (r), mostrándose gráficamente en la figura A.4

Supongamos que la población de usuarios en una relación dada se caracteriza por una distribución de sus valores del tiempo cuya función de densidad es $f(h)$ y su función de distribución es $F(h)$, integral de la anterior.

En este caso, para h_r, valor de indiferencia del tiempo en la relación (r), la proporción de usuarios (Y_r) que elegirían el tren para un tráfico total dado sería:

$$Y_r = \int_0^{h_r} f(x)\, dx = F(h_r)$$

siendo la participación del avión (Y_a):

$$Y_a = 1 - Y_r = \int_{h_r}^{\infty} f(x)\, dx = 1 - F(h_r) \quad\quad \text{A.3}$$

La figura A.5 muestra la proporción de usuarios de uno y otro modo, a partir de la función de densidad del valor del tiempo $f(h)$

Para conocer la forma de la distribución de los valores h_i se partió de la constatación experimental que muestra que la distribución de las rentas en una población de usuarios sigue general-

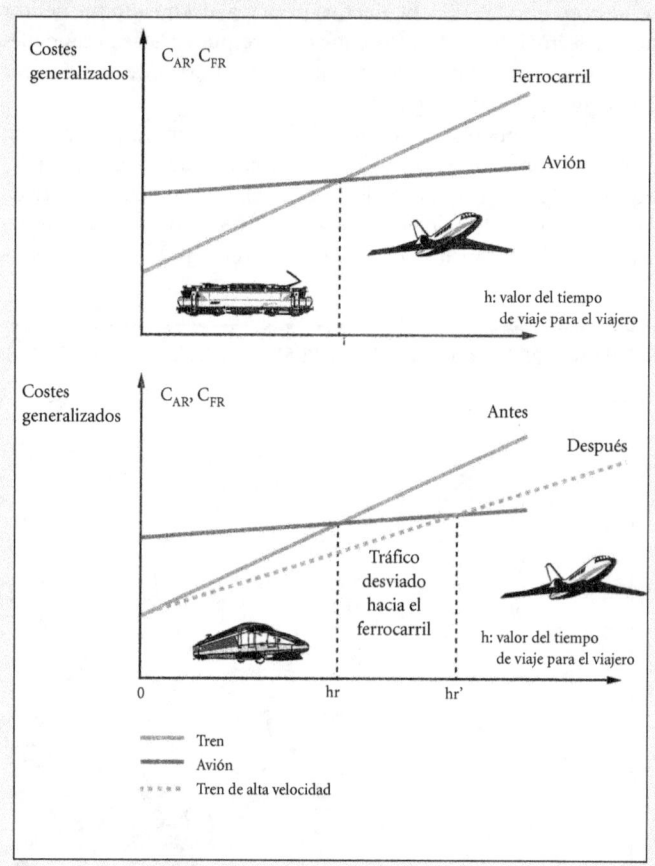

VISUALIZACIÓN GRÁFICA DEL MODELO PRECIO-TIEMPO

Fuente: J. P. Arduin

Fig. A.4

mente una ley logarítmico-normal, y si se supone que además la elasticidad del valor del tiempo con relación a la renta es constante, lo cual es verdad al menos en un cierto intervalo. Se demuestra fácilmente que la distribución de h_i sigue igualmente una ley logarítmico-normal.

Se efectúa, pues, la hipótesis de que la distribución del valor del tiempo en una población de viajeros y para una relación dada sigue una ley logarítmico-normal

$$f(h) = \frac{1}{\sigma \sqrt{2\pi}} e^{-\left(\frac{\log h - \log m}{2\sigma^2}\right)^2}$$

siendo σ la desviación típica del logaritmo de los valores del tiempo y m la mediana de los valores del tiempo.

El ajuste del modelo consiste en calibrar los parámetros precedentes (σ y m). Si se introducen las variables (Z) (inversa de la

PROPORCIÓN DE VIAJEROS EN FERROCARRIL Y AVIÓN

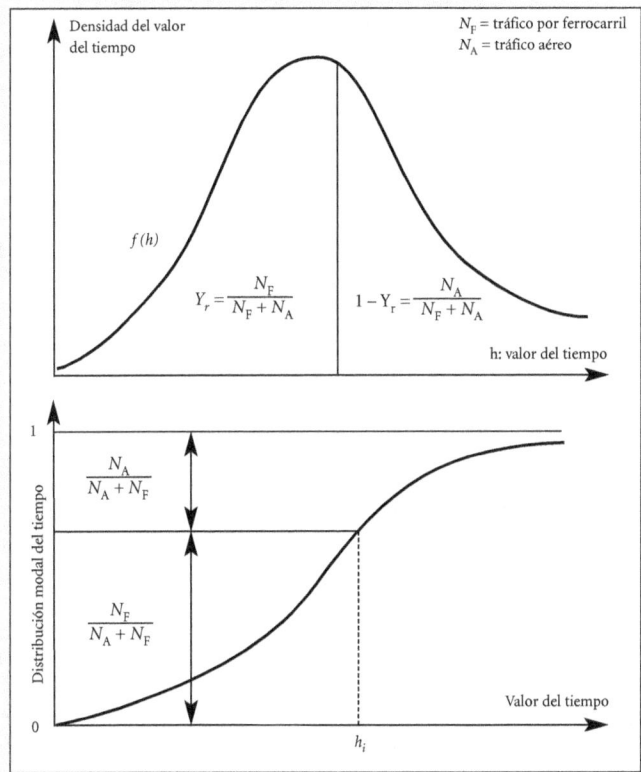

Fuente: J. P. Arduin   Fig. A.5

transformada de Gauss de la variable Y y (X) (logaritmo de h), la relación (A3) $[(Y = 1 - F(h)]$ se convierte en:

$$Z = -\frac{1}{\sigma}(X - \log \cdot m)$$

De este modo el ajuste del modelo sobre las variables (Y) se sustituye por el correspondiente a (Z, X), que al ser lineal, resulta más sencillo.

LÍNEA TGV-ATLÁNTICO

Las previsiones de demanda en la segunda línea de alta velocidad en Francia, se efectuaron con la misma metodología que había sido empleada para el TGV-Sudeste. Sin embargo, la experiencia práctica adquirida durante los primeros años de explotación en alta velocidad del eje París-Sudeste, aconsejó introducir alguna modificación en la formulación del coste generalizado para el ferrocarril.

En efecto, el gráfico de la figura A.6 muestra los efectos de la ruptura de carga en la reducción de los volúmenes de demanda en una relación dada.

Nótese, en efecto, como el flujo de viajeros entre París y dos poblaciones francesas con análogos tiempos de viaje (algo más de 3h 30) experimentó un crecimiento en el periodo 1981/1984 notablemente diferente: + 64% en el caso de la relación París-Chambery que disponía de servicios directos con ramas TGV, y + 35% en el caso de la relación París-Grenoble, que obligaba a un cambio inmediato de tren en Lyon, al no poder establecerse un servicio directo París-Grenoble, por no estar electrificada la sección Lyon-Grenoble en aquel entonces.

En consecuencia, en los estudios del TGV-Atlántico el coste generalizado quedó formulado por la expresión matemática:

$$C_g = p + h\left[t + 0{,}5I + 0{,}5\left(\frac{r}{f}\right)^2 + C\right]$$

siendo:

C_g = coste generalizado

p = precio (= distancia por el producto medio por viajero-Kilómetro)

t = tiempo de viaje (tiempo medio empleado en el recorrido por los trenes circulando por una relación dada)

EFECTO DE LA RUPTURA DE CARGA EN LOS SERVICIOS DE ALTA VELOCIDAD

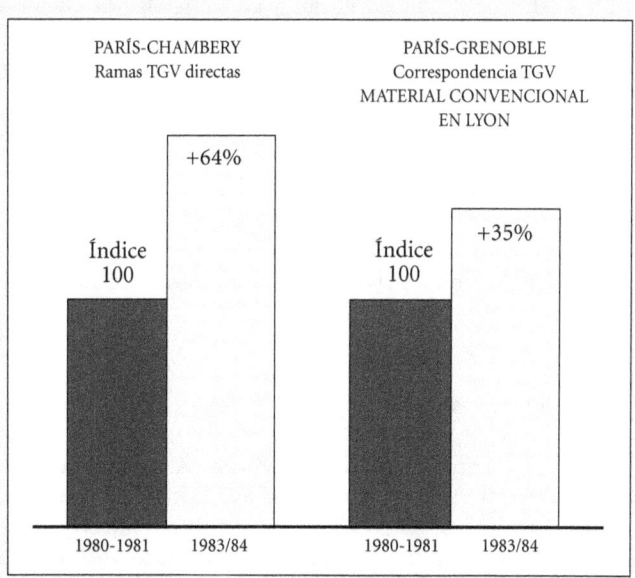

Fuente: SNCF   Fig. A.6

f = frecuencia de los trenes en la relación considerada

I = intervalo medio = $(18 - t)/(f - 1)$ siendo 18 el horario de prestación de servicios comerciales (de 6 de la mañana a 12 de la noche)

r = número de cambios de tren en el conjunto del recorrido

C = constante representativa del tiempo empleado en los trayectos terminales

h = valor del tiempo medio de los viajeros

LÍNEA MADRID-BARCELONA

La experiencia ha puesto de manifiesto que de las numerosas variables que intervienen en el número de viajes generados y atraídos entre dos núcleos de población, en general, adquieren una relevancia especial las que se refieren a la población, la renta y la distancia entre los citados núcleos. Como ilustración de esta realidad puede mencionarse el trabajo de R. G. Alcolea (1990). En él se analizó la demanda total de viajeros en la relación Madrid-Barcelona en el periodo 1970-1987. Se constata (Fig. A.7) la excelente correlación existente entre la citada demanda y la evolución de la renta per cápita. Nótese también como el ajuste es también bueno para el tráfico aéreo y claramente insuficiente para el tráfico por ferrocarril, que en el periodo considerado pasó de 706.000 viajeros a 560.000.

No sorprende por tanto que con ocasión de los estudios de tráfico en la línea de alta velocidad en España, entre Madrid y Barcelona, se seleccionase la expresión (Ineco, 1989):

$$V_{ij} = e^{-47,32349} \cdot (P_i P_j)^{1,20754} \cdot (R_i R_j)^{3,57642} \cdot d_{ij}^{-2,09015}$$

para evaluar el número de viajes (V_{ij}) en todos los modos de transporte (expresado en miles) en cada relación (i, j), siendo:

P_i, P_j = poblaciones de las zonas (i, j) (miles de habitantes)

R_i, R_j = renta per cápita de las zonas (i, j) (miles de ptas.)

d_{ij} = distancia entre las zonas (i, j) (kilómetros)

Por lo que respecta a la distribución de dicho tráfico total en cada modo de transporte, se utilizó (Ineco, 1989) la formulación *logit*, en donde las variables explicativas aparecen como exponentes de la base de los logaritmos neperianos (e), afectados de coeficientes multiplicativos que se obtienen como coeficientes de ajuste en el calibrado del modelo.

La formulación analítica más general es:

$$\frac{V^K_{ij}}{\sum_m V^m_{ij}} = \frac{e^{E_P \cdot P^K_{ij}} \, e^{E_T \cdot T^K_{ij}} \, e^{E_F \cdot F^K_{ij}}}{\sum_m e^{E_P \cdot P^m_{ij}} \, e^{E_T \cdot T^m_{ij}} \, e^{E_F \cdot F^m_{ij}}} \quad \text{A.4}$$

siendo:

V^K_{ij} = Viajes en el modo K para cada relación i-j

P^K_{ij} = Precio del viaje en el modo K en la relación i-j

T^K_{ij} = Tiempo de viaje en el modo K en la relación i-j

$F^K_{ij} = (1 - e^{-Q \cdot f^K_{ij}})$

f^K_{ij} = Frecuencia diaria en el modo K en la relación i-j

E = Coeficiente de ajuste

La observación de la expresión A.4 pone de relieve que la participación de cada modo de transporte en el total de viajes realizados es una función de los niveles de servicio que ofrece cada modo, de forma concreta: del precio, el tiempo de viaje y la frecuencia de servicios. Por otro lado se destaca que la forma en que aparece esta última variable (la frecuencia) tiene por finalidad poner de relieve que a partir de un cierto nivel de la frecuencia su repercusión en el nivel de servicio es cada vez menor, lo que concuerda con la experiencia real.

En el estudio realizado, como se ha indicado, por INECO, se precisaba en relación con las dos restantes variables (precio del viaje y tiempo de viaje) que:

a) El coste de viaje entre dos puntos se obtenía como suma del coste del trayecto principal más el coste del transporte complementario en origen y destino, deduciendo su magnitud como promedio de los valores obtenidos en las encuestas realizadas al efecto.
b) El tiempo se calculaba como suma del tiempo de viaje más el tiempo empleado en el transporte complementario en origen y destino (obtenido como en la variable anterior por encuestas) y sumando el tiempo de espera en la terminal.

Se señala, por último, que la calibración del modelo se podía efectuar mediante dos métodos, regresión lineal múltiple y máxima verosimilitud. En el primer caso, recurriendo a la linealización de las expresiones a ajustar y, en el segundo caso, utilizando un complicado algoritmo que requería de paquetes de programas de ordenador muy especializados (Ineco, 1989).

EVOLUCIÓN DE LA DEMANDA DE TRANSPORTE DE VIAJEROS EN LA RELACIÓN MADRID-BARCELONA (1970-1987)

Madrid

	Población	Renta P.C.	
Año	10^3 hab.	Pta. corr.	Pta. 80
1970	3.690	93.049	386.095
1971	3.810	102.429	392.448
1973	4.010	143.408	455.263
1975	4.226	202.895	476.279
1977	4.380	306.646	490.634
1979	4.539	436.645	504.792
1981	4.702	571.929	494.748
1983	4.744	729.777	496.447
1985	4.777	887.536	498.616
1987	4.894	1.121.688	549.847

Barcelona

	Población	Renta P.C.	
Año	10^3 hab.	Pta. corr.	Pta. 80
1970	3.857	92.368	383.270
1971	3.956	100.945	386.762
1973	4.124	139.411	442.575
1975	4.305	193.756	454.826
1977	4.411	287.413	459.861
1979	4.519	412.935	477.382
1981	4.634	520.931	450.632
1983	4.635	665.470	452.701
1985	4.627	810.316	455.234
1987	4.719	1.043.289	511.416

Evolución de la demanda de transporte de viajeros por modos en la relación Madrid-Barcelona (1970-1989)

	(miles de viajeros)					
	Carretera					
Año	Coche	Autobús	Total	Avión	FF.CC.	Total
1970	256	57	313	659	706	1.678
1975	398	89	487	1.240	669	2.396
1980	581	127	708	1.492	565	2.765
1985	442	151	593	1.373	592	2.558
1988	570	195	765	1.889 (e)	557	3.215
1989	606	208	814	1.990 (e)	572	3.376

Curvas de ajuste de la demanda con la renta per capita provincial (1970-1987)

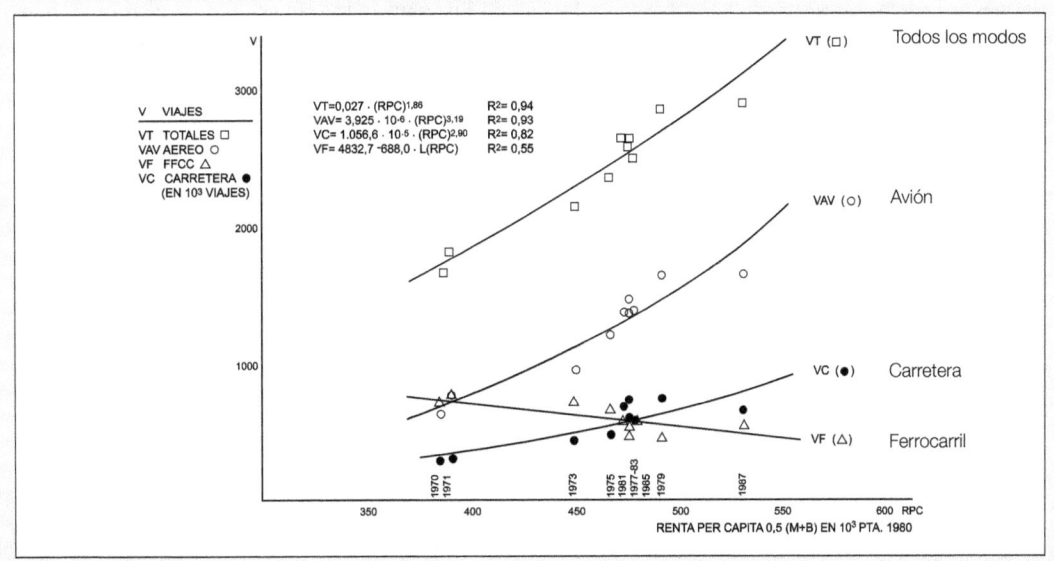

Fuente: R.G. Alcolea (1990)

Fig. A.7

La formulación final del ajuste condujo a la expresión matemática indicada a continuación:

$$\frac{V^k_{ij}}{\sum_m V^m_{ij}} = \frac{e^{-2{,}68308\,\text{E}-4 \cdot P^K_{ij}}\; e^{-0{,}44959 \cdot T^K_{ij}}\; e^{10{,}773 \cdot F^K_{ij}}\; e^{E_{DK} \cdot D_{ij}}}{\sum_m e^{-2{,}68308\,\text{E}-4 \cdot P^m_{ij}}\; e^{-0{,}44959 \cdot T^m_{ij}}\; e^{10{,}773 \cdot F^m_{ij}}\; e^{E_{DK} \cdot D_{ij}}}$$

donde $E_{D \cdot K}$ tenía los siguientes valores, según el modo de transporte considerado:

E_D, Avión = 0

E_D, Ferrocarril = $-6{,}78189 \cdot 10^{-4}$

E_D, Bus = $-3{,}52012 \cdot 10^{-3}$

E_D, Vehículo privado = $-2{,}97260 \cdot 10^{-3}$

y D_{ij} era la distancia entre las zonas i y j. Para el coeficiente Q se llegó a la conclusión que su valor más adecuado era 0,5.

LÍNEA MILÁN-ROMA-NÁPOLES-BATTIPAGLIA

A comienzos del año 1986, la Dirección General de los ferrocarriles italianos creó un grupo de trabajo para llevar a cabo el «Estudio de Factibilidad del Sistema Ferroviario Italiano de Alta Velocidad», afectando al corredor Milán-Battipaglia, al sur de Nápoles (Fig. A.8a). Para efectuar las previsiones de la demanda de tráfico los trabajos que se realizaron contemplaron, entre otras, las siguientes fases iniciales:

1. Zonificación geográfica de Italia (68 zonas) (Fig. A8b)
2. Análisis de la situación de la demanda en el momento del inicio del estudio (Fig. A.8c) por tipo de relación y por modo de transporte

Es de interés constatar que para un día medio, el tráfico que correspondía a las citadas zonas se elevaba a 1754.236 unidades, siendo el 27% del ferrocarril; el 72% de la carretera y el 1% restante del avión. Nótese como en la figura A.8c se explicita el tráfico por modo en los desplazamientos que existían entre ciudades de media dimensión (CM) y de gran dimensión (CG). La representación gráfica de la figura A.8d permite comprobar la importancia de cada modo en la demanda de viajes entre grandes núcleos urbanos en función de la distancia considerada.

Para prever la demanda futura se consideraron dos modelos: el primero, de generación, y el segundo, de distribución modal. Para la generación se utilizó una expresión del tipo:

$$O_j = \sum_j a_j x^i_j$$

siendo:

O_j = viajes generados-atraídos de la zona i

x^i_j = características socioeconómicas de la zona i

a_j = coeficiente de ajuste, establecido a partir de los datos existentes

Se señala que las variables consideradas en las características socioeconómicas de cada zona incluyeron: población, superficie, posición geográfica, actividad agraria y en otros sectores, etc.

En cuanto a la evaluación de la distribución modal, se utilizó un modelo *logit* similar al indicado para el caso español.

PREVISIONES DE TRÁFICO EN EL EJE MILÁN-ROMA-NÁPOLES-BATTIPAGLIA

a) Corredor de alta velocidad

b) Zonificación

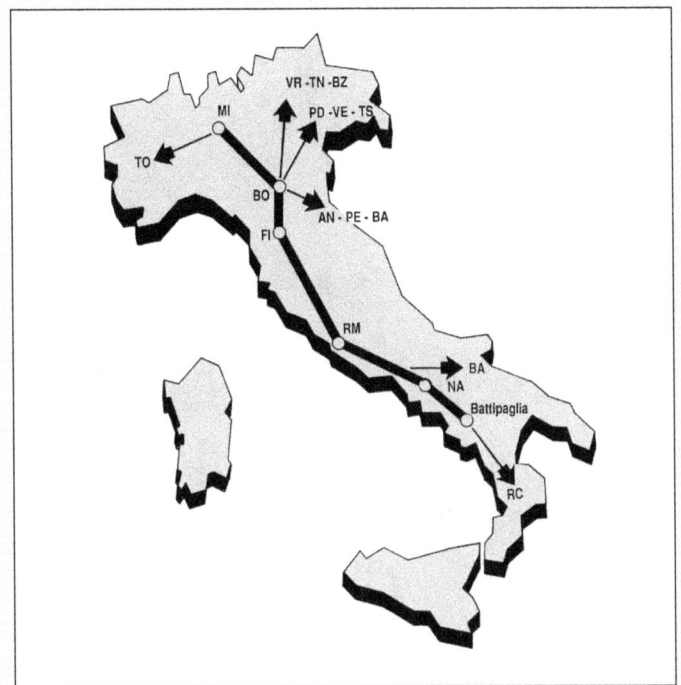
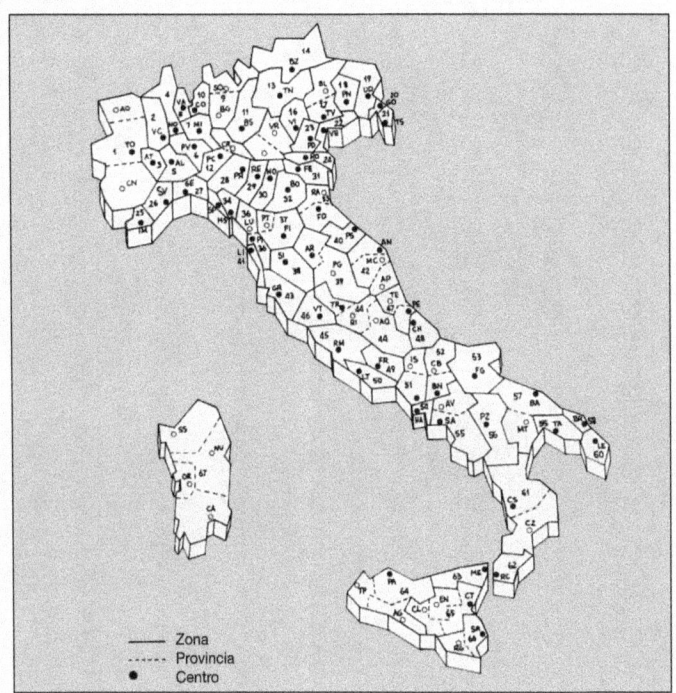

c) Demanda por modo (1986)

Tipo de relación		Ferrocarril	Carretera	Aéreo	Total
CM-CM	< 100	89.190	187.922	0	277.112
"	100-250	22.078	134.014	0	156.092
"	250-400	7.496	40.276	0	47.772
"	400-600	1.386	9.848	0	11.234
"	> 600	2.461	10.606	148	13.215
CM-CG	< 100	206.929	480.652	0	687.581
"	100-250	77.940	247.704	25	325.669
"	250-400	13.389	50.960	577	64.926
"	400-600	6.113	20.224	96	26.433
"	> 600	6.816	18.348	5.376	30.540
CG-CG	< 100	3.353	7.156	0	10.509
"	100-250	20.796	31.460	554	52.810
"	250-400	7.421	11.846	792	20.059
"	400-600	2.329	4.512	2.816	9.657
"	> 600	4.830	6.250	9.547	20.627
		472.527	1.261.778	19.931	1.754.236

d) Distribución de la demanda por distancias

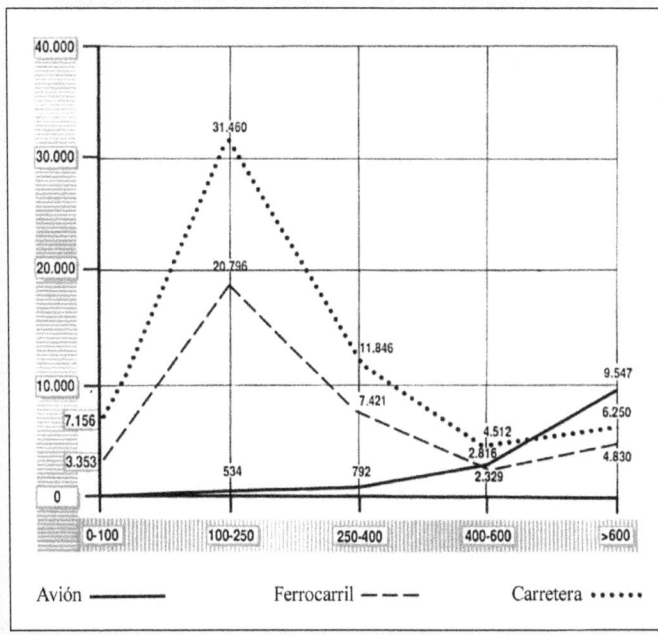

Fuente: F.S. (1986)

Fig. A.8

BIBLIOGRAFÍA

ACCATTATIS, F. CORAZZA, G. (2004). «Determinazione della potenza delle sottostazioni» *Ingegneria Ferroviaria*, 4, 329-336.

ALIAS, J. (1984), *La voie ferrée*. Eyrolles.

ALPETUNNEL (1998) «Nouvelle liaison ferroviaire Transalpine Lyon-Turin», *Rapport d'étape*, Juin.

ALP TRANSIT (1997). *Le nouveau tunnel de base à travers le St. Gothard*.

AMOROSO, S. et al. (2006). «Un metodo di supporto per la programmazione delle trace orarie ferroviarie in funzione dei ritardi», *Ingegneria Ferroviaria*, 7/8, 613-624.

ANSELMA, S. et al. (2007) «Il cadenzamento integrato: applicazione alla rete ferroviairia piemontese». *Ingegneria Ferroviaria*, 6, 491-500.

ARDUIN, J. P. (1993). «Evaluation des grands projets ferroviaires. Les modeles de previsions de trafic. Sixièmes Entretiens du Centre Jacques Cartier», Decembre. *Laboratoire d'Economie des Transports*. Lyon.

ARRIOLA, I. et al. (1981). «Pantógrafos de alta velocidad y de alta intensidad de captación». *ADAF, Cuaderno Técnico* nº 1.

ASSEZ, S. (2005). «Circulations en voie banalisée, à contresens et à contre-voie», *Rail Passion*, nº 88, Janvier.

AUGUSTIN WEIS, P. (2006). «Cadencia horaria integrada para el Sudeste de la Europa Central. Una estrategia para el transporte transfronterizo de largo recorrido (en alemán)». *Revista ETR*, Enero/Febrero, 23-30.

BACHILLER A. y LÓPEZ PITA, A. (2002) *Optimización del diseño de rampas de lineas de alta velocidad*. V Congreso de Ingeniería del Transporte, Santander, ISBN 84-699- 7739-3, 2009-2016.

BACHILLER, A. (2004). *Contribución de las nuevas infraestructuras ferroviarias a la mejora de la calidad de la oferta del transporte de mercancías*. XIII Panamerican Conference Traffic and Transportation Engineering. Albany (New York).

BACHILLER A. et al. (2007). *Consideraciones sobre los efectos socio-económicos de las líneas de alta velocidad*. V Congreso Nacional Ingeniería Civil. Sevilla, ISBN 978-84-380-0363-3.

BACHILLER A. et al. (2006). *La oportunidad para la alta velocidad ferroviaria en los países de Europa Central y Oriental*. VII Congreso de Ingeniería del Transporte. Ciudad Real, 14-16 de junio.

BAGNATO, A. (2007). «Le locomotive interoperabili per il trasporto merci». *Ingegneria Ferroviaria*, nº 3, Marzo, 35-38.

BARRON, I. (2008) Study on a infrastructure charges for High-Speed services in Europe. 6th World Congress on High-Speed Rail, Amsterdam, March.

BARRON, I. (2008) High-Speed rail: Fast track to sustainable mobility. UIC.

BARRON, I. (2007) Vías con y sin balasto ¿Opciones alternativas o complementarias? I Jornadas Internacionales sobre Nuevas Tecnologías y técnicas constructivas en el sector ferroviario. Bilbao. Enero.

BARRON, I. (2005) Estaciones europeas. *Editorial Lunwerg*. ISBN 978-84-9785-188-6.

BARRON, I. (2008) UIC high-speed 2008.The leading world event dedicated to high-speed rail. *Railway Technical Rewiew* (RTR), Vol. 48, 6-10.

BARRON, I. et al. (1998) Premier Rapport sur l'état de la technologie de la caisse inclinable. (UIC), Juin.

BARRON, I. (2005) Reducing journey times on conventional railway routes. *Railway Technical Review*, vol. 45, 7-12.

BARRON, I. (2006). «Alta velocidad: servicios regionales e interconexión de redes». *Revista Ingeniería y Territorio*, nº 76, 76-85.

BARTHOLOMAE, H. (2004). High performance Overhead contact systems. *European Railway Review*, 46-52

BERGHAUS, E. (1964). «Historia del ferrocarril». *Ediciones Zeus*, Barcelona.

BEVOT, R. et al. (2007). Significant developments of GSM-R in France, European Railway Review, *Issue* 6, 56-62.

BIANCHI, C. et al. (1992). «Captazione di corrente sull'ETR 500». *La Tecnica Professionale*, Marzo, 33-41.

BLANC, A. (1990). «Le contrôle de vitesse». *Revue Générale des Chemins de Fer*. Décembre, 5-20.

BOITEUX, M. (1991). «Le frein pneumatique ferroviaire». *Chemins de Fer*, nº 2, 31-41.

CABIROL, M. (2000). «Interaction pantographe-caténaire Etudes et concepts reàlisés par la SNCF», *Rail International*, Septembre, 23-30.

CAMPOSANO, P. (1992). «Alta velocità e minimi dispendi» *Ingegneria Ferroviaria*, Giugno, 335-342.

CAPASSO, A. et al. (1995). «Un modelo simplificato per il calcolo elettrico dei sistemi di trazione ferroviaria 2 x 25 Kv - 50 Hz». *Ingegneria Ferroviaria*, 7, 473-487.

CARÉMANTRANT, M. (2000). 50 ans d'évolution des caténaires et des pantographes. *Rail Passion*, Octobre, 60-65.

CARMELLE, O. y PONT-CARNELLE, V. (2006). *La ligne du Haut-Bugey*, ISBN- 2-906984-66-3.

CARNICERO, A. et al. (2007). «Técnicas computacionales aplicadas al estudio del sistema de captación de energía en sistemas ferroviarios». *Anales de Mecánica y Electricidad*, Enero-Febrero, 40-46.

CARRIERE, B., GRASSAT, P., HEULOT, H. y LAVAL, P. (2006). Le plan de suppression des passages à niveau (RFF), La Vie du Rail, 8 mars.

CASAS, C. et al (2005) *Threats and opportunities for high speed rail transport in competition with the low-cost air operators*. Thredbo, 9th International Conference on Competition and Ownership in Land Passenger Transport. Lisboa, 5-9 September.

CASAS, C. et al (2006*). Las redes Transeuropeas de transporte de mercancías: el interés de un corredor entre el Levante español y los puertos del norte de Europa*. VII Congreso de Ingeniería del Transporte. Ciudad Real, 14-16 junio.

CASAS, C. et al (2006*). La liberación del sector ferroviario: enseñanzas que aporta el caso del sector aéreo*. V Congreso Nacional de Ingeniería Civil. Sevilla, 26-28 noviembre.

CASAS, C. (2008). *Evaluación de la potencial incidencia de las compañías aéreas de bajo coste, en el desarrollo de la red ferroviaria europea de alta velocidad*. Tesis doctoral. Escuela Técnica Superior de Ingenieros de Caminos de Barcelona.

CASTAGNA, V (2004). «Studio delle correnti disperse dal circuito di ritorno TE in terreni non omegenei», *Ingegneria Ferroviaria*, 7-8, 625-639.

CAUWEL, P. et al. (1996). «Les freins à courant de Foucault». *Revue Générale des Chemins de Fer*, Octobre, 5-17.

CEMT (1998). *La restructuration des chemins de fer en Europe*, ISBN 92-821-2233-6.

CER / UIC (2007). *La réduction du bruit sur l'infrastructure ferroviaire européenne*. ISBN 2-7461-1327-9.

CHAPAS, P. (2006). «Exploitation et signalisation: quelques notions de base», *Le Rail*, nº 25, Avril, 48-49.

CHARLANNE, J. P. (2007). «ERTMS: ou en est-on en 2007?» *Revue Générale des Chemins de Fer*, juillet-août, 41-48.

CHEMINS DE FER (1997). Numéro Spécial «Signalisations européennes».

CHERRIER, J. M. (2006) «Le projet de déploiement du GSM-R». *Revue Générale des Chemins de Fer*, Mars, 15-28.

CICCO, PAOLO DE (2007). *Elements of superstructure. signalling, protection and safety elements, telecomunications, 4th Training session in high speed systems*, UIC, June.

CIUFFINI, F. (1999) «Ottimizzazione di un sistema di orario cadenzato dal punto di vista dei costi». *Ingegneria Ferroviaria*, 4, 239-248.

CIUFFINI, F. (2003). «Sistemi di offerta ad orario cadenzato. Parte prima: elementi teorici». *La Tecnica Professionale*. Febbrario, 47-60.

CIUFFINI, F. (2007). «L'orario come fattore di scelta modale». *La Tecnica Professionale*, nº 7/8, 86-91.

CLEÓN, L. M. (2006) «Oscar: la caténaire en 3D». *Revue Générale des Chemins de Fer*, novembre, 37-44.

COLLARDEY, B. (1996). «La déviation de San Remo en voie d'achèvement», *Rail Passion*, Juillet, 40-42.

COLLARDEY, B. (1997). «Déjà 20 ans de caténaire sur la ligne de la Maurienne». *Rail Passion*, Janvier.

COLLARDEY, B. (2003). «L'Athus-Meuse, nouveau corridor de fret européen». *Rail Passion*, Mai, 16-22.

COLLARDEY, B. (2004). «Rennes-Saint Malo: une électrification tardive mais bienvenue». *Rail Passion*, Février, 59-66.

COLLARDEY, B. (2004). «Bourg-Bellegarde: électrifiée et réhabilitée. *Rail Passion* nº 85, 62-80.

COLLARDEY, B. (2007). «Augmentation de capacité sur Marseille-Toulon», *Rail Passion* nº 118, Août, 12-18.

COLOMBAND, B. et al. (1992). «Une ligne, vitesse et capacité». *Revue Générale des Chemins de Fer*, Janvier-Fevrier, 103-109.

COMISIÓN EUROPEA (2005). «Libro Verde sobre la eficiencia energética». ISBN 92-79-00014-4.

COMISIÓN EUROPEA (2006). «Por una Europa en Movimiento». *Movilidad sostenible para nuestro continente*, ISBN 92-79-02313-6.

CONRADO, J. et al. (2007). «Energy in systems of high speed: Aspects of operation and consumption». *4th Training session in high speed system*. UIC, june.

CONSEIL, A. (1989). «Les installations fixes de traction electrique à la SNCF». *Chemins de Fer*, nº 398, 191-205.

CONSTANT, O. (1998). Le TGV, Le train, Spécial 2/1998.

CRUZ MARTÍNEZ (1989). «Bloqueo automático banalizado entre Santa Cruz de Mudela y Manzanares», Septiembre. *Revista Lineas*.

CUYNET, J. (2005) «La traction électrique en France (1900-2005)». *La vie du rail*, ISBN 2-915034-38-9.

DANCOISNE, J. M. (2006). «Thalys: si lent, si rapide...» *Revue Générale des Chemins de Fer*, juillet-août, 17-21.

DEGENÈVE, G. (2001). «Entre Gênes et La Spezia». «L'une des voies ferrées les plus extraordinaires de la planète». *Chemins de Fer*, nº 468, 27-34.

DEGENÈVE, G. (2002). «Entre Gênes et Ventimigle». «Quand doubler la voie veut dire quitter la mer». *Chemins de Fer*, nº 476, 14-23.

DELABORDE, F. (2005). «Les 50 ans du 50 Hz», *Revue Générale des Chemins de Fer*, Septembre, 7-19.

DELFOSSE, P. et al. (1983) «Mesure d'efforts de contact entre pantographe et caténaire», *Revue Générale des Chemins de Fer*, Avril, 203-212.

DEL VIGO, S. (2007). «Le nuove SSE a 25 kv delle linee AV». *La Tecnica Professionale* nº 6, Giugno, 6-13.

DESGUERS, E. (1984). «Circulation à la SNCF de trains transportant certaines marchandises à la vitesse-limite de 140 km/h». *Revue Générale des Chemins de Fer*, Juin, 303-304.

DUPUIS, M. (2004). «La construction du graphique horaire», *Revue Générale des Chemins de Fer*, juin, 7-24.

DUPUY, J. M. (2002). Les Turbotrains, Le Train, ISSN 1267-5008.

DUPUY, J. M. (2006). 50 ans de TEE. Le Train, ISBN 1267-5008.

ECHEVERRI, A. (2001). Apuntes sobre alta velocidad ferroviaria.

EJE BARCELONA-NARBONNE. Estudio de necesidades en el horizonte de 1985. Plan Director Europeo de infraestructura.

ENDO, T. (2005). «Fastech 360 prototypes probe ultra high speed territory», *Railway Gazette International*, November, 693-697.

ESTRADA, J. (1988). «Los pasos a nivel ya funcionan solos». *Trenes hoy*, octubre, 7-15.

FERNÁNDEZ, D. et al (2007). *El papel de la tarificación por uso de infraestructura ferroviaria como garante de la sostenibilidad del transporte*. V Congreso Ingeniería Civil, Sevilla, ISBN 978-84-380-0363-3.

FINZI, V. (2002). «Trazione elettrica. Linee primarie e sottostazoni», *Coedit*, ISBN 88-87032-3-1.

FRAILE, J. et al. (2004). «Líneas e instalaciones eléctricas». *E.T.S.I.C.C. y P* de Madrid, ISBN 84-7493-312-9.

FUMI, A. et al. (2002). «Le linee di trazione elettrica delle FS». *Ingegneria Ferroviaria*, 10, 839-847.

GALAVERNA, M. et al. (1999). «Influenza delle stazioni nella potenzialità di ferrovie a traffico mixto». *Ingegneria Ferroviaria*, 12, 862-868.

GARCÍA ÁLVAREZ, A. (1998). «Operación de trenes de viajeros». *Fundación de los Ferrocarriles Españoles*. ISBN 84-88675-44-5.

GARCÍA ÁLVAREZ, A. (2005). «El tren de alta velocidad no es un depredador de energía», *Revista Dyna*, Junio, 33-38.

GARCÍA ÁLVAREZ, A. (2005). *Dinámica de los trenes de alta velocidad*. Fundación de los Ferrocarriles Españoles.

GARCÍA, A. (2006). ASFA, «Anuncio de Señales y Frenado Automático», *Vía Libre*, Marzo, 59-60 y Abril, 72-73.

GARCÍA ÁLVAREZ, A. et al. (2007). «Más velocidad y menos consumo», *Vía Libre*, Septiembre, 23-25.

GARCÍA ÁLVAREZ, A. (2007) «Consumo de energía y emisiones del tren de alta velocidad en comparación con otros modos de transporte». *Anales de Mecánica y Electricidad*, septiembre-octubre, 26-34.

GARCÍA ÁLVAREZ, A. (2007). «La vía doble en España y el sentido de circulación de los trenes por ella», *Fundación de los Ferrocarriles Españoles*, 2ª edición, ISBN 84-89649-12-X.

GARCÍA ÁLVAREZ, A. (2007). «Cambiadores de ancho, trenes de ancho variable y tercer carril. Nuevas soluciones a un viejo problema». *Anales de Mecánica y Electricidad*. Enero/Febrero, 76-85.

GARREAU, M. (1965). «La traction electrique,» *Editions Scientifiques Riber*.

GAUYACQ, D. et al. (2005). «Outils d'aide à la supervision et à la gestion en opérationnel des circulations». *Revue Générale des Chemins de Fer*, octobre, 17-44.

GIOVANARDI, G. (1984) «Materiale rotabile automotore per velocità di 250 km/h.» *Ingegneria Ferroviaria*, Settembre, 535-545.

GONZÁLEZ FERNÁNDEZ, F. J. (2006). *Ingeniería Ferroviaria*. «Universidad Nacional de Educación a Distancia». ISBN 84-362-5293-4.

GONZÁLEZ, R. (2001). «Nueva normativa de pasos a nivel», *Revista Líneas*, 16 de julio.

GONZÁLEZ, R. (2001). «25 años de ASFA», *Revista Líneas*, Mayo, 54-58.

GOUIN, M. (1996). «Le fret express et la grande vitesse ferroviaire». *Revue Générales des Chemins de Fer*, Avril, 59-63.

GOURGOUILLON, D. et al. (1989). «Transport des marchandises à vitesse élevée». *Revue Générale des Chemins de Fer*, Janvier, 17-21.

GUARAGNA, A. et al. (1992). «La ripetizione dei segnali in machina ed il controllo di velocità presso la SNCF», *Ingegneria Ferroviaria*, Marzo, 131-161.

GUIDI, S. (1992). «L'alta velocità nel transporto delle merci». *La Tecnica Professionale*, nº 4, Aprile, 21-24.

HAHN, U. et al. (2006). 10 «Jahre Regionalisieurung des Schienenpersonennahverkehrs» *Eurail press*. ISBN 978-7771-0355-6.

HENRY, J. L. (2000). «Le KVB au sol». *Revue Générale des Chemins de Fer*, décembre, 21-34.

HÉRISÉ, P. (2006). «Le vrai départ d'ERTMS», *Ville et Transports*, 05/07, 40-47.

HERMIDA, A. et al., (1992). «El puesto central de control de la línea de alta velocidad Madrid-Sevilla». *Revista RTF*, Número especial 19-26.

HERMIDA, F. y BARRON, I. (1998). «El verde centelleante», *Trenes hoy*, 25-27.

HERNÁNDEZ, A. (2007). Las catenarias de alta velocidad. *Anales de Mecánica y Electricidad*. Enero/Febrero, 76-85

HEROUIN, E. et al. (2001). «Cadencement généralisé: Exemple du réseau TGV Sud-Est à l'horizon 2010», *TTK (Transport Tecnologie-Consult Karlsruhe Gmbh)*.

HUERLIMANN, D. (2007). «Railroad simulation using Open Track», European Railway Review, nº 3, 60-63.

ITO, M. (2000). «Improvement to the aerodynamic characteristics of Shinkansen rolling stock». *Proc Instn. Mech. Engrs* Vol. 214 Part F, 135-143.

JAENSCH, E. (2005). «Railway infrastructure and the development of high-speed rail in Germany», *RTR 2*, 3-11.

JAENSCH, E. (2005). «High-speed and network extension», *RTR 2*; 12-18.

JAENSCH, E. (2005). «High-speed railway systems for Europe». *RTR 2*, 6-11.

JAKOB, W. et al. (2007). «ERTMS/ETCS, a powerful tool to make rail traffic more efficient», *RTR 3*, 42-46.

JALARD, B. et al. (1993). «Le fret à grande vitesse». *Revue Générale des Chemins de Fer*, Septembre, 19-24.

JAPAN RAIWAYS GROUP (1992). *High speed railways in Japan: Present and Future*.

JORGENSEN, W. et al. (1997). *Estimaring Emissions from Railway Traffic*, ISBN 87-7474-178-6.

JULIÁN CHACÓN, F. (2003), *Fundamentos de Ingeniería Eléctrica. Universidad Pontificia de Comillas*. ISBN 84-8468-095-9.

KALLER, R. et al. (2001). *Traction électrique*. Vol. I y II, ISBN 2-88074-275-7.

KAMEYAMA, K. et al. (1996). «Series 500 Shinkansen Emu Train». *Japanese Railway Engineering* nº 136, 14-18.

KIEBLING, F. et al. (2001). *Contact Lines for Electric Railways, Siemens*, ISBN 3-89578-152-5.

KOTELNIKOV, A. (2001). «L'électrification des chemins de fer: les tendances mondiales», *Rail International*, Aôut-Septembre, 26-35.

KUSUMI, S. et al. (2006). «Diagnosis of Overhead Contact Line based on Contact Force», *QR of RTRI*, Vol. 47, nº 1, 39-45.

LAMMINGS, C. (2005) Conduite et Marche: à droite ou à gauche? *Correspondances*, nº 20, 52-57.

LAPASTORA, C. (1996). «La cultura de empresa en las compañías ferroviarias. El caso de Renfe». *Fundación de los Ferrocarriles Españoles*. ISBN 84-88675-34-8.

LAURENCIN, C. et al. (2002). «La BB 427000 de la SNCF: les choix tèchniques pour la traction et le freinage». *Revue Générale des Chemins de Fer*, avril.

LAVAL, P. et al. (2001). «ERTMS: une signalisation européenne unique». *La Vie du Rail*, 11 avril, 4-10.

LEGOUEST, B. (2007). Talgo: l'exception espagnole. Correspondences nº 7, 40-56.

L'ENERGIE ET LES TRANSPORTS (2006). *Revue Transports*, Septembre-Octobre. nº 439.

LEONE, M. (2002). «Protezione Automatica Integrativa per Passaggi a Livello», *La Tecnica Professionale*, nº 5, Maggio.

LE ROUX, A. (2005). «Premiers pas vers la cadencement ferroviaire», *Ville et Transports*, 4 Mai, 32-35.

LE TRAIN (2005). Atlas ferroviaire. ISSN 1267-5008

LHERBON, P. (2005). «Les plaques portées par la signalisation lumineuse», *Le Train*, 209.

LICHTBERGER, B. (2007). *Manual de vía, Eurailpress*, ISBN 978-3-7771-0362-4.

LLAMAS, G. (2007). «Stations for high-speed services: situation and functional design». *4th Training session in high speed system*. UIC, June.

LÓPEZ-LUZZATTI, M. C. y GALÁN ERUSTE, M. (2005). 1942-2005 Talgo. *De un sueño a la alta velocidad*. Patentes Talgo. ISBN 84-931344-9-X

LÓPEZ PITA, A. (1979). «Los ferrocarriles europeos: un análisis comparativo de su nivel de calidad». *TR/02 Publicaciones de la E.T.S.I.C.C. y P. de Barcelona*.

LÓPEZ PITA, A. (1984). «La calidad de la oferta ferroviaria y su incidencia en la demanda de transporte», *TR/20, Publicaciones de la E.T.S-I.C.C. y P. de Barcelona*.

LÓPEZ PITA, A. (1983). «Material remolcado». *Ediciones Revista de Obras Públicas*, ISBN 84-7493-078-2, 280 págs.

LÓPEZ PITA, A. (1984). «Tracción». *Ediciones Revista de Obras Públicas*, ISBN 84-7493-084-7. 312 págs.

LÓPEZ PITA, A. (1984). «Instalaciones de Seguridad». *Ediciones Revista de Obras Públicas*, ISBN 84-7493-087-1, 294 págs.

LÓPEZ PITA, A. (1985). «Sistema de explotación técnica». *Ediciones Revista de Obras Públicas*, ISBN 84-7493-086-3, 225 págs.

LÓPEZ PITA, A. (1988). *El desarrollo de nuevas infraestructuras en el ferrocarril*. Seopan, 181 págs.

LÓPEZ PITA, A. (1989). «Amelioration des relations ferroviaires entre l'Espagne et le reste de l'Europe». *Rail International*, Mai.

LÓPEZ PITA, A. (1994). Politique commerciale et tarifaire sous régime déréglementé. Le cas de l'Espagne. Conference Internationale sur la «Modernisation des transports ferroviaires et aeriens. L'impact de la liberalisation». Athenes, 211-218.

LÓPEZ PITA, A. (1993). «Criterios de planificación de las nuevas infraestructuras ferroviarias». *Revista Situación*, Banco de Bilbao, nº 3/4, 37-64.

LÓPEZ PITA, A. (1993). «La alta velocidad en el ferrocarril y la complementariedad entre los modos de transporte». *Revista de Obras Públicas*, Junio, 55-62.

LÓPEZ PITA, A. (1997). «El corredor navarro en la red ferroviaria española de altas prestaciones». *Revista de Obras Públicas*, Abril, 45-59.

LÓPEZ PITA, A. (1998). «Opciones alternativas y complementarias en la mejora de la oferta de los servicios interurbanos de viajeros por ferrocarril». *Revista de Obras Públicas*, Diciembre, 11-19.

LÓPEZ PITA, A. (1998). «Financiación de Inversiones en nuevos ferrocarriles. Seminario sobre "Gestión del Riesgo en las Asociaciones público-privadas para grandes proyectos de transporte"». *Fundación de los Ferrocarriles Españoles*, ISBN 84-498-0416-7, Santander, 53-83.

LÓPEZ PITA, A. (1998). *La participación de la iniciativa privada en la financiación de infraestructuras ferroviarias*. X Congreso Panamericano de Ingeniería de Tránsito y Transporte, Santander, ISBN 84-438-0359-4, 779-778.

LÓPEZ PITA, A. (1989). «España ante la nueva red ferroviaria de alta velocidad». *Revista Espais* nº 16, 29-34.

LÓPEZ PITA, A. (1990). «La inserción de la red ferroviaria española en la malla europea de alta velocidad». *Revista Urbanismo/Coam*, Mayo, 48-57.

LÓPEZ PITA, A. (1987). «El transporte de viajeros y mercancías por ferrocarril». *Revista Situación*. Banco de Bilbao, 114-131.

LÓPEZ PITA, A. (1996). «Situación actual y tendencias sobre el papel del ferrocarril en el sistema de transportes europeo del siglo XXI». *II Symposium Ingeniería de los Transportes*, Madrid, ISBN 84-7493-238-6. 25-32.

LÓPEZ PITA, A. (1989). «Alta velocitá ferroviaria e integrazione europea: miglioramento delle comunicazione del bacino del mediterraneo». *Ingeniería Ferroviaria*. Maggio, 225-234.

LÓPEZ PITA, A. (1990). «Le renoveau du chemin de fer espagnol: la grande vitesse et l'ecartement international». *Revue Transports*, Juillet-Août, 353-364.

LÓPEZ PITA, A. y RICHARD, A. (1987). «La conexión ferroviaire à grande de Barcelona à la frontière française: un maillon-cle». *Revue Travaux*, Fevrier, 45-51.

LÓPEZ PITA, A. (1992). «L'exploitation des lignes à grande vitesse en trafic mixte: une exigence technico-commerciale pour certains itinéraires européennes», *Revue Rail International*, Juillet, 145-148.

LÓPEZ PITA, A. (1992). «Ligne nouvelle Barcelona-frontière française: choix de l'emplacement de la gare à Barcelone». *Revue Transports Urbains*, nº 76, 27-30.

LÓPEZ PITA, A. (1993). «The development of high-speed in spanish railways». *Journal of Advanced Transportation*, vol. 27. nº 1, 3-14.

LÓPEZ PITA, A. (2001). *Ferrocarril y avión en el sistema de transportes europeo*. CENIT/Edicions UPC, ISBN 84-8301-650-8, 102 págs.

LÓPEZ PITA, A. (2003). *Alta velocidad y conexiones aeroportuarias* CENIT/Edicions UPC, ISBN 84-8301-683-4, 138 págs.

LÓPEZ PITA, A. (2003). *Transporte marítimo y ferrocarril*, CENIT/Edicions UPC, ISBN 84-8301-731-8, 127 págs.

LÓPEZ PITA, A. (2004). *Ferrocarril, ingeniería y sociedad*. Real Academia de Ingeniería, ISBN 84-95662-23-X, 56 págs.

LÓPEZ PITA, A. (2006). *Pasado, presente y futuro de los servicios interurbanos de viajeros en el ferrocarril europeo*. CENIT/Edicions UPC. ISBN 978-84-8301-885-9, 70 págs.

LÓPEZ PITA, A. (1994). *El ferrocarril en el sistema de transporte español*, Cemafe. 218 págs.

LÓPEZ PITA, A. (2004). *Retrospectiva y prospectiva de los servicios de alta velocidad en Europa. Jornadas sobre perspectivas del transporte en los albores del siglo XXI*. Real Academia de Ingeniería, Sevilla, ISBN 8495662302, 63-73.

LÓPEZ PITA, A. (2004). *Nuevo escenario concurrencial de los servicios de alta velocidad por ferrocarril: las compañías aéreas "low cost"*. VI Congreso de Ingeniería del Transporte, Zaragoza, ISBN 84-609-1360-0. 1011-1018.

LÓPEZ PITA, A. (2006). *El ferrocarril en el arco mediterráneo: proyectos de futuro*. Congreso ITAM, Valencia, ISBN 84-611-3752-3, 187-226.

LÓPEZ PITA, A. (2003). *Nuevas infraestructuras y servicios de alta velocidad por ferrocarril: ¿final de viaje o nuevos horizontes?* V Congreso Nacional de la Ingeniería Civil, Sevilla, ISBN 978-84-380-0363-3.

LÓPEZ PITA, A. (2000). *La contribución del ferrocarril a la potencialidad de los puertos*. IV Congreso Ingeniería del Transporte, Valencia, ISBN 84-699-2605-5, 2157-2165.

LÓPEZ PITA, A. (2000). *El tiempo óptimo de viaje y las decisiones de actuación en un corredor ferroviario*. IV Congreso Ingeniería del Transporte, Valencia, ISBN 84-699-2605-5, 2103-2111.

LÓPEZ PITA, A. (2000). *¿Es modelizable el desplazamiento de personas por ferrocarril?* Congreso de Métodos Numéricos en Ciencias Sociales, Barcelona, ISBN 84-89925-71-2, 310-320.

LÓPEZ PITA, A. UBALDE, L. y BACHILLER, A. (2002). *El medio ambiente y las líneas europeas de alta velocidad: dos décadas de experiencias*. I Congreso de Ingeniería Civil, Territorio y Medio Ambiente, Madrid, ISBN 84-380-0210-2. 615-624.

LÓPEZ PITA, A. (2002). *Evaluación del impacto de las nuevas infraestructuras ferroviarias en el sistema de transporte europeo*. V Congreso de Ingeniería del Transporte, Santander, ISBN 84-699-7739, 1813-1822.

LÓPEZ PITA, A. (2003). *Nuevas infraestructuras de ferrocarril para el transporte de mercancías*. Congreso Nacional de Ingeniería Civil, Madrid, ISBN 84-380-0261-7, 1721-1726.

LÓPEZ PITA, A. *La política europea de transporte y el medio ambiente*. II Congreso Internacional de Ingeniería Civil, Territorio y Medio Ambiente. Santiago de Compostela, ISBN 84-380-0286-2, 13-26.

LÓPEZ PITA, A. *Metropolitan impact of new high-speed infrastructures in Barcelona IABSE Symposium*, Shangai, ISBN 3-85748-110-2, 120-127.

LÓPEZ PITA, A. y UBALDE, L. (2004). *The railways role in the routing or post-routing of goods for sea transport Barcelona*, ISBN 84-7653-861-8. 441-448.

LÓPEZ PITA, A. (1997). *Necesidades y posibilidades de desarrollo de nuevas infraestructuras ferroviarias en Europa*. Seminario sobre «El ferrocarril del futuro y sus nuevos clientes», Fundación de los Ferrocarriles Españoles, ISBN 84-88675-48-8. 127-145.

LÓPEZ PITA, A. *Approaches for the improvement of the offer in the intercity passengers services*. 9th International Symposium Railways on the Edge of the 3rd Millennium, Zilina (Slovak Republic) ISBN 80-7135-059-1, 69-80.

LÓPEZ PITA, A. y CASAS, C. (2003). *Land acces and port developing: an European scope*. Maritime Transport II, ISBN 84-7653-839-1, 55-66.

LÓPEZ PITA, A. (2000). «Compatibilidad entre trenes de viajeros en alta velocidad y trenes tradicionales de mercancías». *Revista de Obras Públicas*, Noviembre, 57-70.

LÓPEZ PITA, A. (2003). «Los servicios de alta velocidad por ferrocarril como vía para reconciliar movilidad y medio ambiente». *Revista de Obras Públicas*, Julio-Agosto, 13-22.

LÓPEZ PITA, A. (2005). «La contribución de las nuevas infraestructuras ferroviarias a la mejora del transporte regional e interregional: el caso de Cataluña». *Revista Ingeniería y Territorio*, nº 70, 66-71.

LÓPEZ PITA, A. y BACHILLER, S. (2006). «La regionalización de los servicios ferroviarios». *Revista Ingeniería y Territorio*, nº 76, 70-75.

LÓPEZ PITA, A. (2000). *La conexión de la península ibérica con la red europea de alta velocidad*. Congreso «Redes Transeuropeas y modelo federal en la UE». Bilbao, ISBN 84-7248-869-1, 123-138.

LÓPEZ PITA, A. (2001). Integrating intercity and urban railways in Barcelona. Urban Transport Congress 2001, ISBN 1-85312-865-1, 743-750.

LÓPEZ PITA, A. (2001). Sea and rail freight transport: competitiveness and complementary, 1st International Congress on Maritime Transport, Barcelona, ISBN 84-7653-796-4. 337-346.

LÓPEZ PITA, A. (2000). «I servizi regionali per ferrovia nella prospettiva del XXI secolo». *Ingegneria Ferroviaria*, Settembre, 579-587.

LÓPEZ PITA, A. (2001). «A new challenge for Europe's railways: international passenger services». *Rail International*, February, 10-15.

LÓPEZ PITA, A. (2001). «Le rail dans le système des transports du XXIeme siècle». *Revue Transports*, nº 409, Septembre, 327-334.

LÓPEZ PITA, A. (2003). Madrid-Barcelona Speed Line, *Proceedings of the Institution of Civil Engineers*, Vol. 156, February, 3-8.

LÓPEZ PITA, A. (2003). «The effects of high-speed rail on the reduction of air congestion». *Journal of Public Transportation*, February, Vol. 6, nº 1, 37-52.

LÓPEZ PITA, A. (2004). «High-speed lines airport connections in Europe: State of the art study», *Transportation Research Board*, 1863, 9-18.

LÓPEZ PITA, A. (2005). «Impact of high-speed lines in relation to very high frequency air services». *Journal of Public Transportation*, vol. 8, nº 2, 17-36.

LÓPEZ, M. (1992). *Puerta de Atocha*. Lunwerg Editores, ISBN 84-7782-237-9.

LORENZO, J. C. et al. (2007). «El sistema ERTMS: el primer estandar paneuropeo para señalización ferroviaria orientada a la Interoperabilidad». *Anales de Mecánica y Electricidad*, Enero-Febrero, 56-63.

LORIN, P. (1981). *Le train à grande vitesse*. Editions Fernand Nathan.

LOSA, M. (2000). *Gli impianti di stazione: le ipotesi di progetto e la verifica di circolazione*, Ingegneria Ferroviaria, 1/2, 15-25.

LOZANO, P. (2004. «El libro del tren», *Oberon Vía Libre*, ISBN 84-96052-84-2.

LUPPI, J. (1981). «Le captage du courant à grande vitesse». RGE, 2, 100-105.

MACHEFERT TASSIN, Y. et al. (1986). *Histoire de la Traction Eléctrique*, Tome I et II, ISBN 2-902808224.

MALASPINA, J. P. (2005). *Trains d'Europe*, Tome I et II. La vie du rail, ISBN 2-915034-48-6 e ISBN 2-915031-49-4.

MANUEL, J. P. (2007). *Elements of superstructure. Electrification, Catenaires, Substations*. 4th Training session in high speed systems. UI, June.

MARMONSTEIN, L. (1994). *La valeur du temps de transport de fret en France*. RTS nº 44, Septembre, 23-29.

MARTA SÁNCHEZ, et al. (2007). *Canon por uso de infraestructura ferroviaria. Una nueva heterogeneidad dentro del sistema ferroviario europeo*. V Congreso Nacional Ingeniería Civil. ISBN 978-84-380-0363-3.

MATHIAS, W. (2007), *Faster to Paris with ICE and TGV*. RTR 3, 6-12.

MAYER, L. (1986). *Impianti Ferroviari*. Tecnica ed Esercizio CIFI (Collegio Ingegneri Ferroviari Italiani).

MAZZONI, C. (2001). *Stazioni. Architetture 1990-2010*. ISBN 88-7179-310-2.

MEGIA PUENTE, M. (1984) «Un método para el cálculo de los parámetros fundamentales del sistema de control de la circulación en una linea ferrea de vía doble no banalizada dotada de bloqueo automático». *Revista de Obras Públicas*. 131 (3222), 79-90.

MEIER, W. D. et al. (2003). *The Linear Eddy-Current Brake on the ICE 3*. RTR 4, 5-12.

MEILLASSON, S. (2006). «Travaux et aménagement sur Strasbourg-Bâle». *Rail Passion*, nº 102, Avril.

MENUET, J. P. (2007). Elements of superstructure. Electrification, Catenaires. 4th Training session in high speed systems, UIC, June.

MERTENS, M. (1986). Les TransEurop Express. La vie du rail.

MIGLORINI, C. (2002) «Calcolo dei Tempi di percorrenza». *La Tecnica Professionale*, Dicembre, 5-10.

MINDE, F. (2001), *Febis el freno controlado electrónicamente y asistido por sistema de comunicación*. ETR, mayo 256-263 (en alemán).

MINISTERIO DE FOMENTO/GIF. Línea de alta velocidad Madrid-Zaragoza-Lleida.

MINISTERIO DE FOMENTO (2003). Estación de Zaragoza-Delicias. Alta Velocidad.

MINISTERIO DE FOMENTO (2003). Estación de Guadalajara. Alta Velocidad.

MINISTERIO DE FOMENTO (2005). Plan de Seguridad en pasos a nivel, ISBN 84-498-0746-8.

MIRVILLE, P. (2007). 574,8 km/h. L'excellence ferroviaire française. ISBN 978-2-35401-028-7.

MOLINARO, G. (2002). Potenzialitá del sistema di alimentazione 3 KVcc». *La Técnica Professionale*, nº 11, 39-45.

MONTES, F. (2007). «Los sistemas de señalización en el ferrocarril: su evolución». *Anales de Mecánica y Electricidad*, Enero-Febrero, 30-39.

MONTESINOS, J. y CARMONA, M. (2002). «Tecnología de catenaria». *Mantenimiento de Infraestructura RENFE*, ISBN 84-607-4015-3.

MUGNETTI, P. et al. (2004). «Incremento prestazioni dei treni merci». *La Tecnica Professionale*, nº 9, Settembre, 33-39.

MUHLSTEIN, P. et al. (1993). «Le fret et l'environnement», *Revue Générale des Chemins de Fer*, Avril, 65-77.

MUÑOZ RUBIO, M. (1995). RENFE (1941-1991) «Medio siglo de ferrocarril público». *Fundación de los Ferrocarriles Españoles*. ISBN 84-86618-07-X.

OHYAMA, T. (1992). «Recent Research and Development for the Speedup of Shinkansen», *QR of RTRI*, Vol. 33, nº 4, 235-241.

OLEA, M. (2003). *La línea de alta velocidad Madrid-Sevilla. Subestaciones y Mantenimiento* (1992-2003), RENFE.

OLIVEROS, F., RODRÍGUEZ MÉNDEZ, M. y MEGIA, M. (1980). «Tratado de Ferrocarriles II», *Ingeniería Civil e Instalaciones*. Editorial Rueda.

OLIVEROS, F., RODRÍGUEZ MÉNDEZ, M. y MEGIA, M. (1983). «Tratado de Explotación de Ferrocarriles (I)». *Planificación*. ISBN 84-7207-025-5.

OMINO, K. (2006) «A new method to evaluate ride confort under Braking conditions», *Railway Technology A*. nº 15, october.

ORDOÑEZ, J. L. (1996) «Pasos a nivel», *Vía Libre*, octubre.

OSCAR CRIADO, et al. (2007) *Condiciones económicas de operación de los distintos modos de transporte para viajeros y mercancías en el caso español*. V Congreso Nacional Ingeniería Civil, Sevilla, ISBN 978-84-380-0363-3.

PACHL, J. (2002). Railway Operation and Control. VTD Rail Publishing, ISBN 0-9719915-1-0.

PAPI, M. et al. (2000). «La captazione di corriente e l'interazione pantografo-catenaria», *Ingegneria Ferroviaria*, 4, 149-172.

PELLANDINI, G. (2003). «Orario cadenzato integrato», *Ingegneria Ferroviaria*, 7/8, 661-680.

PÉREZ BEATO, M. et al. (1992). «El sistema integrado de señalización y telecomunicación para la línea de alta velocidad Madrid-Sevilla». *Revista RTF*, Número especial, 7-12.

PEREZ MORALES, G. (1976). Toma de corriente para alta velocidad. Revista A.I.T- nº 11, Agosto, 53-65.

PEREZ MORALES, G. (1977). «Línea aérea de contacto». *Memorando*. Renfe, ISBN 84-400-2465-7.

PÉREZ SANZ, J. (2006). «El servicio de cercanías y media distancia y la movilidad metropolitana e intermedia». *Revista Ingeniería y Territorio*, nº 76, 86-93.

PERTICAROLI, F. (2001). «Sistemi elettrici per i trasporti». *Trazione elettrica*, Casa Editrice Ambrosiano, Milan.

TEIXEIRA, P. F. et al. (2007). «Rail infrastructure pricing for intercity passenger services in Europe: possible impacts on the railways competitive framework». The 10th International Conference on Competition and Ownership in Land Passenger Transport. Australia, August

PILO, E. et al. (2002). «Silvia: una herramienta de diseño de la electrificación de ferrocarriles de alta velocidad». *Anales de Mecánica y Electricidad*, noviembre-diciembre, 8-16.

POGGIO, A. (1995). «Analisi comparata dei sistemi di controllo e regolazione della circolazione sulle linee ferroviarie». *Ingegneria Ferroviaria*, nº 8, 573-603.

PORÉ, J. (2006). «ERTMS/ETC in service». *Today's Railways Europe*, 127, 22-29.

PORÉ, J. (2007). «La détection des trains». *Rail Passion*, nº 122, Décembre, 44-49.

QUINCHON, C. (1983). «Elaboration et tracé des horaires». *Revue Générale des Chemins de Fer*, Octobre, 607-616.

RAHN, T. et al. (1991). ICE, *Zug der Zukunf, Hestra-Verlag*, ISBN 3-7771-0232-6.

RENFE (1974). *Plan de transformación de pasos a nivel*.

RENFE (1998). *El Camino del Tren, 150 años de infraestructura ferroviaria*. ISBN 84-88675-57-7.

RENFE (2003). Madrid en sus Cercanías. Un recorrido por la metrópoli y su ferrocarril.

RÉTIVEAU, R. (1987). «La signalisation ferroviaire», *Presses de l'École Nationale des Ponts et Chaussees*. ISBN 2-85978-102-1.

REVUE GÉNÉRALE DES CHEMINS DE FER (2001). Numèro spècial. *Alimentación éléctrique* 1ère partie (avril)); 2ème partie (juillet-août).

REVUE GÉNÉRALE DES CHEMINS DE FER (2001). Numéro spècial. *Bruit*, 1ere partie.

REVUE GÉNÉRALE DES CHEMINS DE FER (2004). *La signalisation* ERTMS. Mai.

REYNAUD, C. (1996). «Transport et environnement en Mediteranee». *Economica*.

RIECHERS, D. (2001). *ICE, Neue Züge für Deutschlands Schnellverkehr*, Transpress, ISBN 3-613-71172-9.

RIGAUD, J. (1993). La signalisation du TGV Nord. Le Rail, Avril-Mai, nº 38, 14-17.

RIGAUD, G. et al. (1992) «Chemin de Fer et énergie». *Revue Générale des Chemins de Fer*, Avril, 65-77

ROBLEDO, J. (1999). «El CTC de Vic», *Trenes hoy*, Marzo, 27-29.

RODRÍGUEZ, C. et al. (2007). «Introducción de nuevas tecnologías de comunicaciones en trenes». *Anales de Mecánica y Electricidad*. Enero-Febrero, 70-75.

ROMANO, L. (1982). Ipotesi di orario cadenzato, Ingegneria Ferroviaria nº 7, 453-463.

SANTOS, R. (1996). Plan para eliminación de pasos a nivel.

SAVY, M. (2007). «Le transport de marchandises». *Eyrolles* ISBN 2-7081-3701-8.

SCARANO, P. (2003). «Emissione sonora dei rotabile ferroviari», *Ingegneria Ferroviaria*, 3, 245-251.

SEMMENS, P. (1997), *High Speed in Japan*, ISBN 1-872524 88-5.

SENESI, F. et al. (2006). «Il controllo delle prestazioni delle ETCS livello 2». *La Tecnica Professionale*, nº 10. 5-11.

SILVELA, M. (1955) «Un año de CTC en España». *Marconi*.

SNCF (1989). *Les equipements ferroviaires de la ligne nouvelle TGV-Atlantique*.

SORIGUERA, F. et al. (2006). «Optimization of handling equipement in the container terminal of the port of Barcelona», *Transportation Research Record*, nº 1963, 44-51.

SOULIE, C. y TRICOIRE, J. (2002). Le grand livre du TGV. ISBN 2-915034-01-X, *La vie du rail*.

TAMARIT, J. (2001). *Interoperabilidad ferroviaria europea*, Real Academia de Ingeniería, Informe nº 5, ISBN 89-95662-03-5.

TEILLET, B. et al. (1992). «La technologie bi-modale. Un challenge pour l'avenir du transport combiné?» *Revue Générale des Chemins de Fer*, Mars, 31-34.

TESSIER, M. (1978) *Traction électrique et thermo-électrique*. Editions Scientifique Riber.

THOUVENOT, H. (2000). «Le KVB à bord», *Revue Générale des Chemins de Fer*, décembre, 35-42.

TORRINI, B. (2005). «La gestión de la flotte TGV à la SNCF, une performance mondiale au quotidien». *Revue Générale des Chemins de Fer*. Fevrier, 7-14.

TRENITALIA (2005). Rapporto Ambientale.

TRICOIRE, J. (2005). «Traversées alpines: la ligne du Saint-Gothard», *Le Train* 205.

TRICOIRE, J. (2007). «Les Trans Europ Express. 1ère Partie», *Le Train* nº 230, 13-17.

UBALDE, J., BACHILLER, A. y CASAS, C. (2004). *Criteria for level crossing removal risk evaluation and cost-benefit analysis*. 8th International Level Crossing Symposium, April.

UIC (2000). «Marges de régularité à prevoir dans les dans les horaires dans le but de garantir la ponctualité du service». *Fiche UIC* 451-1, 4e édition, Décembre.

UIC (1977). «Marges de regularite à prevoir dans les horaires dans le but de garantir la ponctualité du service», *Fiche UIC* 451-1.

UIC (1998). Les aspects qualité du transport ferroviaire de fret.

UIC (1995). La grande vitesse une bonne voie pour la mobilité.

UIC (2005). «High Speed», *Rail's leading asset for customers and society*, november.

UIRR (2003). *Contribution du transport combiné à la rèduction des émission de CO_2* Juillet.

UNE (1998). Norma Europea, EN 50206-1. Pantógrafos para vehículos de línea principal.

UNE (2002). Norma Europea EN 50119, Líneas aéreas de contacto para tracción eléctrica.

VEGA, T. et al, (2006). «Catenarias instaladas en las líneas de alta velocidad». Tecnirail, Octubre.

VUILLAMIE, M. (1995). «L'évolution du contrôle-commande des lignes à grande vitesse de la SNCF». *Revue Générale des Chemins de Fer*, Mai, 5-12.

WAIS, F. (1949), *Compendio de Explotación Técnica de Ferrocarriles*, Editorial Labor.

WATANABE, T. (2000). «Recent Trend of Inverter and its Control Method for Electric Car», *QR of RTRI*, Vol. 47, n 1, Mar, 5-10.

WATANABE, T. (2003). «Some aspects of Rollings Stock Technologies in the Future», *QR of RTRI*, Vol. 44, nº 1, Mar, 4-6.

WIART, A. (1996). «Les courants dominants». *La vie du rail*, 12 Juin, 20-25.

WOLFGRAM, D. (2003). *Diesel locomotives for cross-border train in Europe* RTR 1, 11-17.